THESAURUS
CULTUS ET RITUUM
ANTIQUORUM

THESAURUS CULTUS ET RITUUM ANTIQUORUM (ThesCRA)

VI

STAGES AND CIRCUMSTANCES OF LIFE
WORK · HUNTING · TRAVEL

and Addendum to vol. II
MUSIC

The J. Paul Getty Museum, Los Angeles

Supported by the Swiss Academy
of Humanities and Social Sciences
www.sagw.ch

Onassis Foundation

GERDA HENKEL STIFTUNG

© 2011 Fondation pour le Lexicon Iconographicum Mythologiae Classicae (LIMC)

At LIMC, Basel:
Antoine Hermary, *Editor in Chief*
Bertrand Jaeger, *Editorial Coordinator*

Getty Publications
1200 Getty Center Drive
Suite 500
Los Angeles, California 90049 – 1682
www.gettypublications.org

Typography by Martino Mardersteig,
printing and binding by Stamperia Valdonega Group, Verona

Library of Congress Cataloging-in-Publication Data

Thesaurus cultus et rituum antiquorum.
    p. cm.
  English, French, German, and Italian.
  Includes bibliographical references.
  ISBN 978-0-89236-787-0 (8-volume set--hardcover)
  ISBN 978-1-60606-073-5 (volume 6--hardcover)
  1. Greece--Religion--Encyclopedias. 2. Rites and ceremonies--Greece--Encyclopedias.
  3. Ritual--Greece--Encyclopedias. 4. Rome--Religion--Encyclopedias.
  5. Rites and ceremonies--Rome--Encyclopedias. 6. Ritual--Rome--Encyclopedias.
  I. Lexicon Iconographicum Mythologiae Classicae (Organization)
  BL727.T44 2004
  292'.003--dc22
2004013084

Patronage
Union Académique Internationale, Bruxelles
Conseil International de la Philosophie et des Sciences Humaines (CIPSH), Paris
UNESCO, Paris
Commission Internationale de Numismatique (affiliée au CISH)

Publié
sur la recommandation du CIPSH avec le concours financier de l'UNESCO

par la
Fondation pour le LEXICON ICONOGRAPHICUM MYTHOLOGIAE CLASSICAE (LIMC)
Président: RICHARD G. A. BUXTON

avec l'aide financière de
Heidelberger Akademie der Wissenschaften, Heidelberg
Gerda Henkel Stiftung, Düsseldorf
Supreme Council of Antiquities, Le Caire
Consejo Superior de Investigaciones Científicas, Madrid
Académie des Inscriptions et Belles-Lettres, Paris
Centre National de la Recherche Scientifique, Paris
Université Paris Ouest Nanterre La Défense, Paris
Les Amis du LIMC, Paris
British Academy, London
University of Bristol, Bristol
Ministère grec de la Culture, Athènes
Académie d'Athènes, Athènes
Université d'Athènes, Athènes
The Alexander S. Onassis Public Benefit Foundation, Athènes
The John S. Latsis Public Benefit Foundation, Kifissia
Unione Accademica Nazionale, Roma
Centre Polonais d'Archéologie Méditerranéenne, Université de Varsovie
Fonds National Suisse de la Recherche Scientifique, Berne
Académie Suisse des Sciences Humaines et Sociales, Berne
Universität Basel, Basel
Ceramica-Stiftung, Basel
Max Geldner-Stiftung, Basel
Freiwillige Akademische Gesellschaft, Basel
L. und Th. La Roche-Stiftung, Basel
Frey Clavel-Stiftung, Basel
Institut National du Patrimoine, Tunis

et par le
J. PAUL GETTY MUSEUM, Los Angeles, California (USA)

Édité par le
J. PAUL GETTY MUSEUM, Los Angeles,
en association avec la Fondation pour le
LEXICON ICONOGRAPHICUM MYTHOLOGIAE CLASSICAE (LIMC), Basel

Comité de rédaction
JEAN CH. BALTY, SIR JOHN BOARDMAN, RICHARD G. A. BUXTON,
GIOVANNANGELO CAMPOREALE, ANTOINE HERMARY, TONIO HÖLSCHER,
VASSILIS LAMBRINOUDAKIS, JOHN SCHEID, ERIKA SIMON

Rédaction
Secrétaire de rédaction: BERTRAND JAEGER (Bâle)
Texte: MARTIN DENNERT (Bâle), PASCALE LINANT DE BELLEFONDS (Paris)
Illustration: BRUNO MAGRI et OTHMAR JAEGGI (Bâle)

Secrétaire général du LIMC
ANTOINE HERMARY

In memoriam LILLY KAHIL
(1926–2002)

Preface

The publication of Volumes VI-VIII of *ThesCRA* brings to fruition a programme of scholarship conceived fifteen years ago. The rationale of these three volumes, and their relationship to Volumes I-V, is described in the General Introduction below. In this Preface it falls to me simply to thank all those who – whether as long-standing or as more recent friends of the *LIMC* Foundation – have collectively enabled us to complete the project. It is a pleasure, then, to thank for their continuing support Prof. Jean Leclant, Secrétaire perpétuel de l'Académie des Inscriptions et Belles-Lettres (Institut de France), Dr. Mounir Bouchenaki, Director-General of the ICCROM, Mme Danielle Ritter (Fonds national suisse de la recherche scientifique), Prof. Peter Blome, Director of the Antikenmuseum Basel und Sammlung Ludwig and our Treasurer, as well as the J. Paul Getty Trust for agreeing to include *ThesCRA* in its publications, and especially Dr. Kenneth Lapatin, Associate Curator of Antiquities at the J. Paul Getty Museum. We are also greatly indebted to the University of Basel, above all to its Rector, Prof. Antonio Loprieno, for willing collaboration, and more recently for having welcomed the *LIMC* Foundation into the premises of the Departement Altertumswissenschaften at the University of Basel. In addition, a special dept of gratitude is owed to the Académie suisse des sciences humaines et sociales (ASSH) and its successive Presidents Prof. Anne-Claude Berthoud and Heinz Gutscher and its Secretary-General Dr. Markus Zürcher, for invaluable aid at a critical moment.

The non-profit-making *LIMC* Foundation remains wholly dependent on the generosity of its supporters. We gladly acknowledge, therefore, the financial backing received from the institutions named on the page of Patronage, especially the Fonds national suisse de la recherche scientifique (FNS) in Bern, several institutions in Basel (the Freiwillige Akademische Gesellschaft, the Max Geldner-Stiftung, the L. und Th. La Roche-Stiftung, the Frey Clavel-Stiftung and the Ceramica-Stiftung), the Greek Ministry of Culture and the Alexander S. Onassis Public Benefit Foundation in Athens, the John S. Latsis Public Benefit Foundation in Kifissia, the Gerda Henkel Stiftung in Düsseldorf, Les Amis du *LIMC* in Paris, and UNESCO. Valuable too has been collaboration with the National Archaeological Services, Museums and other institutions, which provided the Editorial Office with the necessary photographs in timely fashion. To all of these the Foundation is deeply indebted.

This project is the product of the work of numerous authors and teams of scholars in many countries, coordinated by an Editorial Board (Jean Ch. Balty, Sir John Boardman, Richard G. A. Buxton, Giovannangelo Camporeale, Antoine Hermary, Tonio Hölscher, Vassilis Lambrinoudakis, John Scheid, Erika Simon) and realised in the *LIMC* Editorial Centre in Basel (Bertrand Jaeger, Martin Dennert, Bruno

Magri, Othmar Jaeggi, Cédric Scheidegger, Petra Huser, Johanna Wintzenrieth, Josette Roth). Three other editorial centres have also made major contributions: Paris (Pascale Linant de Bellefonds, Noëlle Icard-Gianolio, Catherine Lochin, Anne Nercessian, Anne-Violaine Szabados), Heidelberg and Würzburg (Ingrid Krauskopf, Anneliese Kossatz-Deissmann), and Athens (Photini Balla). Thanks to the generosity of Professor Martin Guggisberg, the Basel Centre has been able to continue to profit from use of the rich resources of the Library of the Archaeological Seminar of Basel University.

I conclude by naming *honoris causa* two other individuals. The first is Antoine Hermary, who has overseen the entire editorial process with an unequalled mixture of tact, scholarly acumen and wisdom. The second is Lilly Kahil, whose shade presides, we hope approvingly, over this whole enterprise; we trust that the result would have been to her liking.

Richard G. A. Buxton
President of the Foundation Council of the *LIMC*

General Introduction

The first five volumes of the *Thesaurus Cultus et Rituum Antiquorum* (*ThesCRA*) presented the reader with a range of documentation, visual illustration and interpretative analysis of the cults and festivals of the ancient Greeks, Romans and Etruscans. The material covered in these volumes relates both to the manifold *types of ritual performance* which we know about – sacrificing, supplicating, cursing, praying, dancing, and so forth, more or less independent of their application in specific cult situations (vols. I–III) – and also to the constituent, static, inanimate or human «building blocks» of performance, namely the *instruments, places and personnel* involved in the performance of ritual (vols. IV–V). The aim implicit in the recording of the evidence was – we want to emphasise this as strongly as we can – not exhaustiveness but *representativeness*: the reader should take the relevant *ThesCRA* article not as the last word on the matter, but rather as a starting point for further research. This needs stressing especially in relation to the catalogues of evidence deployed in the first five volumes; here, our aim was to put side-by-side (often for the first time) the archaeological, literary, iconographical and epigraphical material, and to begin to explore some of the issues arising from that juxtaposition. As with any collective enterprise on a massive scale, sometimes the analysis was more compelling, sometimes more tentative; but we venture to think that our fundamental objective – making the relevant *ThesCRA* article the first and obvious port of call for the would-be student of this or that feature of ancient religious practice – was achieved more often than not.

From the outset, the editorial team which oversaw the first five volumes had it in mind to complete the project with a series of chapters of synthesis (vols. VI–VIII), demonstrating *how ritual performances and their constituent building-blocks were deployed in the context of real-life circumstances*, such as: the progression of an individual's life from cradle to grave, in sickness and in health, in times of good and bad fortune; the broad range of possible ways of working («making a living») in the world; the contrasting area of activity which we could designate as «holiday» (or «holy day») – in other words, the almost infinitely vast spectrum of festivals which structured the separate performative elements of ritual into more elaborate and complex dramas. We could not ignore, either, the role played by ritual practice in the public events of the ancient world, ranging from diplomacy and law to the constitution and operation of armies in peace and war; and it followed that the very notion of the «public» role of ritual demanded consideration of its apparent opposite in the area of «private» religion. Nor was public/private the only polarity which seemed to us to demand exploration: in view of the enormous weight and richness of recent scholarship on gender and identity in antiquity, no account of the life-circumstances within which ancient ritual was embedded could afford to ignore the diverse implication of «in» and «out» groupings.

The editorial team is only too well aware that the Greeks, Romans and Etruscans were part of a wider world. The assumed cultural superiority of the Classical World – «classical» in a normative sense – sounds today like a jaded anachronism. Nevertheless, that Greco-Romano-Etruscan world is indeed, for better or worse, what the editors are aiming to illuminate in this project. But vol. VIII ends with a glance at – perhaps – the future, by offering a «thin» sketch of the next «thick» project (a colossal project with rich potential, but to be undertaken by others, not ourselves). Our sketch is deliberately nothing more than a gesture: we invited a number of experts on the religions of territories bordering on the Greek, Roman and Etruscan worlds to set down some thoughts about how the religions and rituals of those territories may be seen as relating to their «classical» neighbours. Here, more than anywhere else in these three volumes, contributors were asked to give a personal synthesis: once more, not the last word, nor even, this time, the first port of call, but merely the port of departure, together with a brief chart of the waters which might lie ahead.

Vols. VI–VIII of *ThesCRA* necessarily follow a very different path from the traditional concept of a lexicon or encyclopedia in which the lemmata are separated according to clear and uniform principles. As a result there are significant departures – planned from the outset – from the practice followed in vols. I–V.

– Our aim of producing a synthesis of religious cults and rites in the context of social life means that in vols. VI–VIII, unlike in vols. I–V, interpretation rather than documentation takes centre stage. We started from the general assumption that the basic elements underlying the syntheses – processions, sacrifice, temples, priesthoods, cult instruments, for example – had already been extensively documented in catalogues in vols. I–V, and hence needed amplifying only in certain individual cases. For that reason, and also to stress the synthetic character of vols. VI–VIII, additional evidence is cited not in catalogues but in footnotes, the reader being given just enough to go on in order to pursue further research (with the aid of bibliographies).

– In general, ancient religion, with its cults and rites, is nothing if not pluralistic. Therefore the editors decided not to be too prescriptive and to admit also a pluralism of approaches and of treatment: individual authors, and the coordinators of individual sections, were given a great deal of freedom to select and shape their material as to them seemed most fitting. One consequence of this is the fact that the same bodies of evidence – say, the evidence about a festival such as the Thesmophoria – are analysed in more than one chapter of vols. VI–VIII (as well as in relevant sections of vols. I–V, in connection with the constitutive performance-modes and «building-blocks»).

– Depending on the nature of their subject matter, some authors in vols. VI–VIII decided to amalgamate their treatments of Greek, Roman and Etruscan material into one account, whereas others (the majority) discussed each culture's data separately. Such a multi-aspectual approach opens up the possibility of inconsistencies, and we are sure that some will be found. In particular, the principles on which authors *selected* the examples to illustrate their argument exhibit a good deal of variety; the editors deliberately refrained from imposing consistency here, but simply encouraged authors to *justify* their selections.

The bringing together of literary, epigraphical, archaeological, iconographical and numismatical data – which is *ThesCRA*'s aspiration – is not primarily designed to serve the purpose of quantitative completeness. The objective, rather, is a *qualitatively* comprehensive understanding of ancient religion. Essential to the achieving of this objective is the integration of the different types of evidence. But these different types must not be regarded as simply «filling in the gaps» left by other types. Each medium makes its own distinctive and irreplaceable contribution to our understanding.

– Literary sources often describe cultic and ritual actions, and may provide significant explanations of religious phenomena. However, such sources rarely take cults and rites as their central theme; rather, they tend to mention such matters in passing, in contexts which are for the most part not of a religious character. It follows that literary sources can only take us part of the way.

– Inscriptions authoritatively document cult practices and the regulations which govern them. They also offer multiple insights into the prosopography and structure of priesthoods. However, inscriptions are inevitably restricted to cases in which the data they record is meant to be preserved *permanently*. All in all, inscriptions too, like literary sources, can give only a partial account of religious life.

– Artistic images constitute the only type of evidence which provides concrete visual representations of cults and rites. Such images are far more than mere amplifications of written sources, and should not be regarded as simply «reproducing» or «illustrating» religious phenomena. Rather, they represent particular cults from particular perspectives which were of significance in relation to the material bearer of the image – temple decoration, sympotic or funerary vessel, or whatever. They depict those aspects of a cult which were considered to be «image-worthy» in a given social context.

– Sanctuaries and temples are sacred spaces in which cults and rites were performed. The form of sanctuaries was shaped by religious ideas and needs, and in turn shaped the sacred actions which took place within them. Sanctuaries are not just static constructions, but testimonies of cults and rites, which have to be reconstructed from the physical evidence.

– Cult instruments and objects transmit information about cult actions. But by themselves they are often insufficient to enable reliable inferences to be made about the performance, or especially the symbolism, of a whole ritual. A distinctive contribution of one particular class of religious object, namely votive offerings, is to provide information about the *diachronic* aspect of a given community's religious activities.

We can only understand religion, as a central form of practice within ancient societies, by means of a balanced and inclusive consideration of all the above kinds of evidence. *ThesCRA*'s aim in vols. VI–VIII is to take a step in this direction. In the current state of scholarship, however, the synthesising of all these categories of evidence is a rather distant aspiration. In many countries at least, the study of classical antiquity finds itself compartmentalised into the disciplines of philology, archaeology and ancient history, with the result that cross-disciplinary themes such as religion are too often approached from the standpoint of just one of the disciplines, other types of evidence being brought in as a kind of afterthought. Few scholars have achieved mastery of all the various kinds of evidence to an equal degree; few academic works can stand as models for the integrated study of ancient religion.

The absence of institutionalisation in the study of ancient religion has favoured the formation of local or national «schools», concentrated around individual scholars or groups of scholars; the result has been fragmentation into different approaches, each with its own assumptions, concepts, teminology and traditions. This may be seen as either a strength or a weakness. On the one hand, the formation of schools has strengthened theoretical reflection; on the other hand, it has often led to a degree of hermetic isolationism. In any case there exists at present no body of shared and generally accepted knowledge out of which a thesaurus can be created. In response to this situation the editors have opted for a middle way: while trying to avoid highlighting idiosyncratic or extreme methodological positions, they have nevertheless sought to give due recognition to the multiplicity of approaches currently in play. In fact to allow the expression of heterogeneous approaches seemed to be not just unavoidable, but thoroughly desirable. Instead of waiting until robust paradigms for the study of religion might one day be established, it seemed preferable to welcome and reflect the fluidity of the current situation, in which the study of ancient religion is still searching for a new way forward.

Work on the final volumes of *ThesCRA* has proceeded hand-in-hand with the establishing of a database for the photo archive upon which not only *ThesCRA* but also its ancestor *Lexicon Iconographicum Mythologiae Classicae* (*LIMC*) was founded. But there is far more to *LIMC* and *ThesCRA* than the images. *LIMC* has no printed thematic index (the database can be used as an index), though it does have other indexes to guide the reader; and of course it is ordered according to an alphabetical principle (in an ideal world, *LIMC* would also have a printed thematic index, but at present, given the constraints of funding, no such index is in prospect). The first five volumes of *ThesCRA* were accompanied by an index of museums, collections and sites, which provides one way of differentially referencing the material evidence. But the editors recognize that that kind of index is inadequate to help the reader to search for cross-references and thematic links in vols. I–V. With the publication of the more essay-like volumes VI–VIII, the need for a thematic index has become not just desirable but urgent. Such an index is in preparation; it will cover the whole eight volumes, and will index proper names as well as themes. We can only beg the reader to be patient.

ThesCRA is very far from being «the whole truth». Our overall aim has been the modest one of *utility*: to offer a serviceable tool for research and teaching in a remarkable area of the classical world which is currently attracting more interest than ever before. If they have produced something useful, the editors will feel that their own efforts, and above all the efforts of the world-wide team of collaborators, have not been wasted.

RICHARD G. A. BUXTON and TONIO HÖLSCHER
Editorial Board of the *Thesaurus Cultus et Rituum Antiquorum*

Plan of ThesCRA / Plan du ThesCRA
Plan des ThesCRA / Piano del ThesCRA

DYNAMIC ELEMENTS, ACTIVITIES
ÉLÉMENTS DYNAMIQUES, ACTIVITÉS
DYNAMISCHE ELEMENTE, HANDLUNGEN
ELEMENTI DINAMICI, ATTIVITÀ

VOLUME I

1. Processions / Processions / Prozessionen / Processioni
2.a. Sacrifices / Sacrifices / Opfer / Sacrifici
2.b. Libation / Libation / Libation / Libazione
2.c. Fumigations / Fumigations / Rauchopfer / Fumigazione
2.d. Dedications / Offrandes votives / Weihgeschenke / Offerte votive

VOLUME II

3.a. Purification / Purification / Reinigung / Purificazione
3.b. Consecration, foundation rites/ Consécration, rites de fondation / Konsekration, Gründungsriten / Consacrazione, riti di fondazione [see Addendum vol. III]
3.c. Initiation / Initiation / Initiation / Iniziazione
3.d. Heroization and apotheosis / Héroïsation et apothéose / Heroisierung und Apotheose / Eroizzazione e apoteosi
4.a. Banquet / Banquet / Bankett / Banchetto
4.b. Dance / Danse / Tanz / Danza
4.c. Music / Musique / Musik / Musica
5. Rites and activities related to cult images / Rites et activités relatifs aux images de culte / Kultbilder betreffende Riten und Handlungen / Riti e attività relativi alle immagini di culto

VOLUME III

6.a. Divination / Divination / Divination / Divinazione
6.b. Prayer, gestures and acts of prayer / Prière, gestes et actes de prière / Gebet, Gebärden und Handlungen des Gebetes / Preghiera, gesti e atti di preghiera
6.c. Gestures and acts of veneration / Gestes et actes de vénération / Gebärden und Handlungen der Verehrung / Gesti e atti di venerazione
6.d. Hikesia / Hikésie / Hikesie / Hikesia
6.e. Asylia / Asylie / Asylie / Asilia
6.f. Oath / Serment / Eid / Giuramento
6.g. Malediction / Malédiction / Fluch und Verwünschung / Maledizione
6.h. Profanation / Profanation / Profanation / Profanazione
6.i. Magic / Magie / Magie / Magia

ADDENDUM TO VOL. II
3.b. Consecration, foundation rites / Consécration, rites de fondation / Konsekration, Gründungsriten / Consacrazione, riti di fondazione

STATIC ELEMENTS / ÉLÉMENTS STATIQUES
STATISCHE ELEMENTE / ELEMENTI STATICI

VOLUME IV
1.a. Cult places / Lieux de culte / Kultorte / Luoghi di culto
1.b. Representations of cult places / Représentations de lieux de culte / Darstellungen von Kultorten / Rappresentazioni di luoghi di culto

VOLUME V
2.a. Personnel of cult / Personnel de culte / Kultpersonal / Personale di culto
2.b. Cult instruments / Instruments de culte / Kultinstrumente / Strumenti di culto

CONTEXTS AND CIRCUMSTANCES OF CULTIC AND RITUAL ACTIVITIES
OCCASIONS ET CIRCONSTANCES DES ACTIVITÉS CULTUELLES ET RITUELLES
GELEGENHEITEN UND ANLÄSSE VON KULTHANDLUNGEN UND RITEN
OCCASIONI E CIRCOSTANZE DELLE ATTIVITÀ CULTUALI E RITUALI

VOLUME VI
1. Stages and circumstances of life / Étapes et circonstances particulières de la vie / Altersstufen, besondere Ereignisse und Umstände des Lebens / Tappe e circostanze particolari della vita
1.a. Birth and infancy / Naissance et petite enfance / Geburt und Kleinkindalter / Nascita e prima infanzia
1.b. Childhood and adolescence / Enfance et adolescence / Kindheit und Jugend / Infanzia e adolescenza
1.c. Marriage / Mariage / Hochzeit / Matrimonio
1.d. Old Age / Vieillesse / Alter / Vecchiaia
1.e. Death and burial / Mort et inhumation / Tod und Bestattung / Morte e inumazione
1.f. Health, illness, medicine / Santé, maladie, médecine / Gesundheit, Krankheit, Medizin / Salute, malattia, medicina
1.g. Good fortune and misfortune / Fortune et infortune / Glück und Unglück / Fortuna e sfortuna
2. Work, hunting, travel / Travail, chasse, voyage / Arbeit, Jagd, Reise / Lavoro, caccia, viaggi
2.a. Agriculture / Agriculture / Landwirtschaft / Agricoltura
2.b. Artisanry, trade / Artisanat, commerce / Handwerk, Handel / Artigianato, commercio

2.c. Hunting / Chasse / Jagd / Caccia
2.d. Fishing / Pêche / Fischerei / Pesca
2.e. Travel by land / Voyages terrestres / Landreise / Viaggi per terra
2.f. Travel by sea / Voyages en mer / Seereise / Viaggi per mare

Addendum to vol. II
4.c. Music, Gr. / Musique, gr. / Musik, gr. / Musica, gr.

Volume VII
3. Festivals and contests / Fêtes et jeux / Feste und Spiele / Feste e giochi

Volume VIII
4. Private space and public space / Espace privé et espace public / Privater und öffentlicher Bereich / Spazio privato e spazio pubblico
4.a. Private/public / Privé/public / Privat/öffentlich / Privato/pubblico
4.b. Domestic cults / Cultes domestiques / Hauskulte / Culti domestici
4.c. Public cults / Cultes publics / Öffentliche Kulte / Culti pubblici
4.d. Associations and colleges / Associations et collèges / Vereine und Kollegien / Associazioni e collegi
4.e. Institutions (incl. army) / Institutions (incl. armée) / Institutionen (inkl. Heerwesen) / Istituzioni (incl. esercito)
4.f. Monetary economy / Économie monétaire / Monetäre Ökonomie / Economia monetaria
4.g. Law / Droit / Recht / Diritto
4.h. Politics, diplomacy / Politique, diplomatie / Politik, Diplomatie / Politica, diplomazia
4.i. War / Guerre / Krieg / Guerra
5. Polarities in religious life / Polarités de la vie religieuse / Polaritäten im religiösen Leben / Polarità della vita religiosa
5.a. Male/female / Masculin/féminin / Männlich/weiblich / Maschile/femminile
5.b. Inclusion/exclusion / Inclusion/exclusion / Einschliessung/Ausschliessung / Inclusione/esclusione

RELIGIOUS INTERRELATIONS BETWEEN THE CLASSICAL WORLD
AND NEIGHBOURING CIVILIZATIONS
INTERACTIONS RELIGIEUSES ENTRE LE MONDE CLASSIQUE
ET LES CIVILISATIONS VOISINES
RELIGIÖSE BEZIEHUNGEN ZWISCHEN DER KLASSISCHEN WELT
UND DEN BENACHBARTEN KULTUREN
INTERFERENZE RELIGIOSE TRA IL MONDO CLASSICO E LE CIVILTÀ VICINE

1. Near East / Proche-Orient / Vorderer Orient / Vicino Oriente
2. Egypt / Égypte / Ägypten / Egitto
3. Scythia / Monde scythe / Skythische Welt / Mondo scitico
4. Thrace / Thrace / Thrakien / Tracia

5. Gaul and Germania / Gaule et Germanie / Gallien und Germanien / Gallia e Germania
6. Iberian World / Monde ibérique / Iberische Welt / Mondo iberico

ADDENDUM TO VOL. VI
1.e., Death and burial, Gr. IV. Greek funerary rituals in their archaeological context

SUPPLEMENT / SUPPLÉMENT / SUPPLEMENT / SUPPLEMENTO

Animals and plants / Animaux et plantes / Tiere und Pflanzen / Animali e piante

Authors / Auteurs / Autoren / Autori (volume VI)

Gilda BARTOLONI
Dominique BRIQUEL
Michèle BRUNET
Stefano BRUNI
Richard G. A. BUXTON
Giovannangelo CAMPOREALE
Olivier de CAZANOVE
Jacqueline CHAMPEAUX
Alexandra DARDENAY
Véronique DASEN
Luigi DONATI
Annie DUBOURDIEU
Ingrid E. M. EDLUND-BERRY
Annick FENET
Fernando GILOTTA
Paolo GIULIERINI
Danielle GOUREVITCH
Henriette HARICH-SCHWARZBAUER
Antoine HERMARY
Tonio HÖLSCHER
Valérie HUET
Noëlle ICARD

Othmar JAEGGI
Philippe JOCKEY
Jacques JOUANNA
Thomas KNOSALA
Anneliese KOSSATZ-DEISSMANN
Charalambos KRITZAS
Vassilis LAMBRINOUDAKIS
Marie-Karine LHOMMÉ
Pascale LINANT DE BELLEFONDS
Philippe MOREAU
Jacopo ORTALLI
Zozie D. PAPADOPOULOU
Tim PARKIN
Federica PITZALIS
Erika SIMON
Ulrich SINN
Amy SMITH
Anne-Violaine SZABADOS
Jean-Paul THUILLIER
Nicolas TRAN
Emmanuel VOUTIRAS

Note to the reader

1. The term 'chapter' (chapitre, Kapitel, capitolo) is always used for the main chapters of *ThesCRA* (for a list of these see the 'Plan of *ThesCRA*'), while a part of a chapter is called a 'section' (section, Abschnitt, sezione). This usage is designed to avoid confusion in the cross-references.

2. The references in the bibliographies – which are set in smaller print – are cited with the name of the author only (more rarely, with a keyword of the title; if there are several works by the same author, with a number) in the footnotes. To find the complete titles of abbreviated references the reader should look either in the bibliography belonging to the relevant section, or in the main bibliography of the chapter, or in the list of abbreviations applying to all the volumes of *ThesCRA*.

3. Cross-references to other chapters of *ThesCRA* employ the abbreviation '*ThesCRA*', followed by the number of the volume (in Roman numerals) and the number of the chapter (consisting of an Arabic numeral and a letter) together with the abbreviated version of its title:

e.g.: s. *ThesCRA* I 2 a Sacrifices, etr.

If an object is discussed in several different chapters, the cross-references to these other chapters of *ThesCRA* and to *LIMC* are always set in brackets.

e.g.: (= *ThesCRA* III 6 b Prayer, gr. **74**, = *LIMC* II Apollon **973***)

If another section in the same chapter is cross-referenced, there is no mention of the volume, chapter number or title, but only the numbers refering to that specific section:

e.g.: s. **2.1.2.3**

4. Catalogue numbers of *LIMC* and *ThesCRA* are set in bold type, as are the numbers of sections when these are cross-referenced within the same chapter.

5. An asterisk (*) after a catalogue number indicates an illustration in the plates; a bold dot (•) indicates an illustration in the text. The same symbols are used concerning *LIMC*.

Abbreviations / Abréviations / Abkürzungen / Abbreviazioni

Supplement to the List of Abbreviations, *ThesCRA* Abbreviations/Index (2006) 1–48

Supplément à la liste des abréviations, *ThesCRA* Abréviations/Index (2006) 1–48

Ergänzungen zum Abkürzungsverzeichnis, *ThesCRA* Abkürzungen/Index (2006) 1–48

Supplemento all'elenco delle abbreviazioni, *ThesCRA* Abbreviazioni/Index (2006) 1–48

AJAH	*American Journal of Ancient History*
de Grummond/Simon, *Religion*	de Grummond, N. T./Simon, E. (eds.), *The Religion of the Etruscans* (2006)
Furley/Bremer, *Hymns*	Furley, W. D./Bremer, J. M., *Greek Hymns* I–II (2001)
Parker, *Polytheism*	Parker, R., *Polytheism and Society at Athens* (2007)
Scheid, *Quand faire, c'est croire*	Scheid, J., *Quand faire, c'est croire. Les rites sacrificiels des Romains* (2005)
Torelli, *Etruschi*	Torelli, M. (ed.), *Gli Etruschi. Catalogo della mostra Palazzo Grassi, Venezia* (2000)
Torelli, *Religione*	Torelli, M., «La religione», in Pugliese Carratelli, G. (ed.), *Rasenna. Storia e civiltà degli Etruschi* (1986) 159–237

Contexts and circumstances of cultic and ritual activities
Occasions et circonstances des activités cultuelles et rituelles
Gelegenheiten und Anlässe von Kulthandlungen und Riten
Occasioni e circostanze delle attività cultuali e rituali

1.a. NAISSANCE ET PETITE ENFANCE

Naissance et petite enfance dans le monde grec

PLAN DU CHAPITRE
1. Les premiers jours 1
   1.1. Venir au monde 1
   1.2. Entrer dans la vie 2
2. Amphidromies et *Dekatè* 2
   2.1. Les Amphidromies 3
   2.2. La fête du dixième jour (*Dekatè*) 3
   2.3. Annoncer la naissance 3
3. Les divinités protectrices de l'accouchée et du nouveau-né 3
4. Sanctuaires et ex-voto 4
   4.1. Propitier et remercier les dieux 4
   4.2. Rites de purification 5
5. Protéger la mère et l'enfant: amulettes et protections magiques 5
6. Les fêtes hors de la maison 6
   6.1. Les Apatouries 6
   6.2. Les Anthestéries 6
7. La mort des petits enfants 7
   7.1. Mourir avant de naître 7
   7.2. Des morts à part? 8
   7.3. Rites funéraires 8

BIBLIOGRAPHIE GÉNÉRALE: Ammerman, R. M., «Children at Risk. Votive Terracottas and the Welfare of Infants at Paestum», dans Cohen/Rutter 131–151; Bonnard, J.-B., «Un aspect positif de la puissance paternelle: la fabrication du citoyen», *Métis* n.s. 1 (2003) 69–93; Cohen, A./Rutter, J. (éds.), *Constructions of Childhood in Ancient Greece and Italy* (2007); Dasen, V., «Amulettes d'enfants dans le monde grec et romain», *Latomus* 62 (2003) 275–289 (= Dasen 1); *ead.* (éd.), *Naissance et petite enfance dans l'Antiquité romaine* (2004) (= Dasen 2); *ead.*, «Les lieux de l'enfance», dans Harich-Schwarzbauer, H./Späth, Th. (éds.), *Gender Studies in den Altertumswissenschaften: Räume und Geschlechter in der Antike* (2005) 59–81 (= Dasen 3); *ead.*, «'All Children are Dwarfs'. Medical Discourse and Iconography of Children's Bodies», *OJA* 27 (2008) 49–62 (= Dasen 4); *ead.*, «Childbirth and Infancy in Greek and Roman Antiquity», dans Rawson, B. (éd.), *A Companion to Families in the Greek and Roman Worlds* (2011) 291–315 (= Dasen 5); *ead.*, «Archéologie funéraire et histoire de l'enfance dans l'Antiquité: nouveaux enjeux, nouvelles perspectives», dans Guimier-Sorbets, A.-M./Morizot, Y. (éds.), *L'enfant et la mort dans l'Antiquité* I (2010) 19–44 (= Dasen 6); Dierichs, A., *Von der Götter Geburt und der Frauen Niederkunft* (2002); Garland, R., *The Greek Way of Life, from Conception to Old Age* (1990); Golden, M., *Children and Childhood in Classical Athens* (1990); Hamilton, *Choes*; Morizot, Y., «Offrandes à Artémis pour une naissance. Autour du relief d'Achinos», dans Dasen 2, 159–170; Neils, J./Oakley, J. (éds.), *Coming of Age in Ancient Greece. Images of Childhood from the Classical Past* (2003); Pache, C. O., *Baby and Child Heroes in Ancient Greece* (2004); Papaikonomou, I.-D., «Enfance et identité sexuée dans les cités grecques», dans Gusi, F./Muriel, S./Olària, C. (éds.), *Nasciturus, infans, puerulus, vobis mater terra. La muerte en la infancia. La mort dans l'enfance* (2008) 683–710; Pirenne-Delforge, V., «Nourricières d'immortalité: Déméter, Héra et autres déesses en pays grec», dans Pache Huber, V./Dasen, V. (éds.), *Politics of Child Care in Historical Perspective. From the World of Wet Nurses to the Networks of Family Child Care Providers, Paedagogica Historica* 46, 6 (2010) 685–697; Reeder, E. D. (éd.), *Pandora. Women in Classical Greece* (1995); Rühfel, H., *Kinderleben im klassischen Athen. Bilder auf klassischen Vasen* (1984); *ead.*, *Das Kind in der griechischen Kunst. Von der minoisch-mykenischen Zeit bis zum Hellenismus* (1984); Van Hoorn, G., *Choes and Anthesteria* (1951).

1. Les premiers jours

1.1. Venir au monde

En Grèce ancienne, l'accouchement est une affaire de femmes, et la plupart des rites qui l'accompagnent nous échappent. Seul Platon (*Tht.* 149d) laisse entendre que les sages-femmes font usage non seulement de drogues, mais aussi d'incantations pour aider la délivrance. Le silence des sources écrites n'est que partiellement compensé par l'imagerie. L'usage d'amulettes est suggéré par quelques vases attiques et italiotes figurant des femmes nues avec de petits objets attachés à différents endroits du corps, notamment autour de la cuisse[1]. D'autres documents de la même période, comme les stèles et lécythes funéraires en pierre (fin V[e]–IVe s. av. J.-C.), présentent des détails qui signalent le respect de pratiques magiques. Tout lien doit être ôté pendant l'accouchement: la défunte, morte en couches, est généralement affaissée sur un siège ou allongée sur un lit, les cheveux dénoués et vêtue d'une tunique sans ceinture (pl. 1, 1–2)[2]. On relèvera dans cette série l'influence de l'iconographie des modèles mythiques de Léto et

---

1. Dasen, V., «Une 'Baubô' sur une gemme magique», dans Bodiou, L., *et al.* (éds.), *Chemin faisant. Mythes, cultes et société en Grèce ancienne. Mélanges P. Brulé* (2009) 271–284 figs. 6–7.
2. P. ex. pl. 1, 1: Stèle en marbre, Athènes, Mus. Nat. 749; Clairmont, *Tombstones* 4.470; Dierichs fig. 51; Neils/Oakley 186 fig. 28; pl. 1, 2: Lécythe en marbre, Paris, Louvre MA 3115 (MND 726); Clairmont, *Tombstones* 3.375; Dierichs fig. 49. Sur la série, voir Dierichs figs. 49–61; Vedder, U., «Frauentod – Kriegertod im Spiegel

Sémélé[3]. La statuaire votive de Chypre (VIe s. - ép. hellénistique) constitue un ensemble particulier manifestant la volonté de placer sous la protection divine le moment de l'expulsion de l'enfant, figuré avec un réalisme exceptionnel[4].

L'iconographie des naissances divines doit être utilisée avec précaution; le moment de la délivrance est traité de manière très allusive et transformé en étant transposé sur le plan mythique. Dans la naissance d'Athéna, les Ilithyes jouent le rôle d'assistantes surnaturelles; elles évoquent le rôle des femmes qui participent à l'accouchement, mais avec des gestes sans rapport avec la vie réelle, leurs bras tendus vers la tête de Zeus d'où émerge la déesse en armes[5]. D'autres images représentent Zeus avec Athéna ou Dionysos debout sur ses genoux, comme pour manifester la légitimité de ses enfants, mais sans qu'il soit possible de rattacher la scène à un acte du père dans la vie quotidienne[6].

1.2. Entrer dans la vie

De nombreuses questions restent ouvertes. Par quels gestes marquait-on l'entrée de l'enfant dans le monde des vivants? Étaient-ils ritualisés? Le premier bain, qui élimine toute trace de la vie utérine, est quasiment absent des textes et de l'iconographie. Seules les descriptions littéraires de naissances mythiques décrivent un bain dans l'eau d'une source[7], et quelques auteurs d'époque romaine évoquent la valeur probatoire du premier bain en Grèce[8]. Les premiers soins ne semblent pas faire l'objet de rites proprement dits, mais ils sont empreints de croyances et de références mythiques. Lavé et massé, l'enfant est emmailloté pour éviter toute déformation de son corps, malléable «comme de la cire»[9]. Son immobilisation et son profond sommeil le font paraître si inerte qu'un caillou peut lui être substitué. Cronos avale la pierre que lui présente Rhéa sans remarquer sa méprise[10].

Diverses croyances président à l'alimentation du nouveau-né que l'on conseille de ne pas nourrir de lait humain, mais d'eau miellée pendant un jour ou davantage. Le miel est l'aliment par excellence des enfants humains et divins parce qu'il possède de nombreuses qualités purificatrices et conservatrices[11]. Tombé du ciel étoilé avec la rosée, le miel a une nature céleste qui le dote de toutes les vertus. En médecine comme en cosmétique, on l'utilise pour retarder le pourrissement et éviter la corruption; il apaise et écarte les forces malfaisantes, voire procure une inspiration divine.

La figure de la nourrice possède aussi des référents mythiques. Sa fonction est importante, car elle ne s'arrête pas à la période de l'allaitement, mais se poursuit bien au-delà. Le modèle divin de Déméter montre que son rôle est d'accompagner l'enfant dans sa croissance et de l'amener au seuil de la puberté, jusqu'à l'*hébé*, la fleur de la jeunesse, synonyme de mariage pour les jeunes filles. Cette fonction trouve une parfaite illustration dans le mythe de l'allaitement d'Héraclès par Héra, qui aboutit au mariage arrangé par la déesse entre le héros et sa fille, Hébé en personne[12].

L'abandon ou l'infanticide devait s'opérer rapidement et discrètement avant les Amphidromies[13].

2. Amphidromies et *Dekatè*

Après la naissance, un certain laps de temps s'écoule avant que le nouveau-né reçoive une première existence sociale. Aristote explique la durée de ce temps de marge par la forte mortalité infantile durant la première semaine (*hist. an.* 7, 588a 8–10). Les sources littéraires, fragmentaires et souvent tardives, nous livrent des éléments d'information qui concernent essentiellement Athènes. Deux cérémonies semblent y avoir eu lieu dans le cercle

---

der attischen Grabkunst des 4. Jhs. v. Chr.», *AM* 103 (1988) 161–191; Demand, N. H., *Birth, Death, and Motherhood in Classical Greece* (1994) 122–128 pls. 1–10; Stewart, A./Gray, C., «Confronting the Other: Childbirth, Aging, and Death on an Attic Tombstone at Harvard», dans Cohen, B. (éd.), *Not the Classical Ideal. Athens and the Construction of the Other in Greek Art* (2000) 248–274. Sur la valeur magique des liens dans les rites d'accouchement, Gaillard-Seux, P., «Rites magiques néfastes à l'accouchement d'après les sources de l'époque romaine impériale», dans Boudon-Millot, V./Dasen, V./Maire, B. (éds.), *Femmes en médecine, en l'honneur de D. Gourevitch* (2008) 51–73.
3. Catoni, M. L., «Le regole del vivere, le regole del morire. Su alcune stele attiche per donne morte di parto», *RA* (2005) 27–53.
4. (= ThesCRA I 2 d Offrandes votives, Chypre **34***) Nicosie, Cyprus Mus. B 56. De Lapithos. Voir aussi Dierichs figs. 43–48.
5. *Cf. LIMC* II Athena **334–342**, III Eileithyia **1–35**. Voir aussi *LIMC* IV Ge **13–27**, Add. Erechtheus **1–28**; Darthou, S./Strawczynski, N., «Naissance, reconnaissance, légitimation: les gestes de la filiation dans la céramique attique», dans Bodiou, L./Frère, D./Mehl, V. (éds.), *L'expression des corps. Gestes, attitudes, regards dans l'iconographie antique* (2006) 49–59.
6. *Cf. LIMC* II Athena **365–370**, III Dionysos **704–705**; Bonnard, J.-B., *Le complexe de Zeus. Représentations de la paternité en Grèce ancienne* (2004) 25–43.
7. *h. Hom. Ap.* 91–125; Plut. *Lys.* 28, 7. Les témoignages figurés datent de l'époque romaine. *Cf.* les reliefs du théâtre d'Hiérapolis (205–207 ap. J.-C.) (= *LIMC* II Apollon **987***, Artemis **1260***, III Eileithyia **60a–b**).
8. Plut. *Lyc.* 16, 3; Soran. *gyn.* 2, 6 (= 2, 11 Ilberg).
9. Plat. *nom.* 7, 789e; Dasen 4, 49–62.
10. *Cf. LIMC* VI Kronos **21–23**; Neils/Oakley 87. 205–206 n° 4.
11. Borgeaud, Ph., «L'enfance au miel dans les récits antiques», dans Dasen 2, 113–126.
12. *Cf. LIMC* V Herakles **3344**, Herakles/Hercle **402–404**; Pirenne-Delforge.
13. Dasen, V., «Normal, anormal? Aux frontières de la différence dans le monde classique», dans de Reyff, S./Viegnes, M. (éds.), *Les frontières de la tolérance*, Actes du colloque de Fribourg 2009 (2011, sous presse). Voir aussi *ThesCRA* VIII 5 b Inclusion/exclusion, gr. **1.4**.

de la famille et des amis proches entre le cinquième et le dixième jour après la naissance, successivement ou le même jour selon les auteurs. Ces deux fêtes, qui se déroulent au domicile, constituent les premières étapes de la reconnaissance de l'enfant légitime, qu'il soit garçon ou fille[14].

2.1. Les Amphidromies

Le rituel des Amphidromies (cinq, sept ou dix jours après la naissance) n'est pas décrit de manière précise dans les textes et son déroulement demeure controversé. L'étymologie du nom («courir autour»), suggère un rite de circumambulation, généralement décrit par les scholies comme une course autour du foyer par une personne qui porte l'enfant[15]. Les modernes interprètent l'acte comme un rite d'agrégation symbolique à l'*oikos*. La circumambulation autour du feu avait peut-être aussi une dimension cathartique; il est tentant de l'articuler aux mythes d'immortalisation d'un enfant par le feu, rejoignant d'autres actes symboliques destinés à assurer la survie du bébé, comme l'usage du miel vu plus haut (*supra* **1.2**)[16].

Avant que cette circumambulation autour du foyer ait lieu, une étape préalable a peut-être consisté à tourner autour de l'enfant posé à terre. Platon le suggère dans le *Théétète* 160e–161a où la mise à l'épreuve d'un raisonnement est comparée avec l'examen du nouveau-né par la sage-femme[17]. Les Amphidromies se composaient peut-être de deux «courses», la première à la naissance, autour de l'enfant sur le sol, la seconde cinq à dix jours plus tard avec l'enfant porté autour du foyer, ce qui expliquerait le trouble des exégètes.

D'autres aspects des Amphidromies sont évoqués par les sources, comme le sacrifice, suivi d'un repas (p. ex. Ephipp., *PCG* V F 3). Des membres de la famille et des amis apportaient des présents (ὀπτήρια), aussi désignés par l'expression δόσις γενέθλιος ou γενέθλια qui comprenaient peut-être les amulettes (βασκάνια ou προβασκάνια) offertes à l'enfant (*infra* **5**)[18]. Le lieu de la cérémonie n'est pas précisé par les textes. Les sources écrites et iconographiques se taisent aussi sur les rites concernant d'autres catégories d'enfants, comme les esclaves.

2.2. La fête du dixième jour (*Dekatè*)

Le septième ou dixième jour (δεκάτη), l'enfant recevait un nom[19]. L'importance de l'événement, synonyme de la reconnaissance paternelle, est démontrée par les plaidoyers qui l'utilisent comme une preuve de légitimité en invoquant comme témoins les proches, parents ou amis, qui ont assisté à la cérémonie[20]. Sa dimension festive est marquée par un sacrifice[21], des danses[22] et un banquet[23]. Ce jour-là aussi avait probablement lieu la purification de la parturiente et des femmes ayant participé à l'accouchement (*infra* **4.2**).

Les variantes des scholies peuvent s'expliquer de différentes manières: par l'existence à l'origine d'une seule fête alliant Amphidromies et nomination, par la variation des traditions selon les époques, les familles ou les cités. Le décalage entre le septième et le dixième jour pourrait aussi avoir conservé la trace d'un traitement différencié des filles et des garçons, comme à Rome, où la cérémonie du *dies lustricus* est décalée d'un jour selon le sexe (Plut. *quaest. Rom.* 288c–e) (*cf. ThesCRA* VI 1 a Naissance, rom. **2**).

2.3. Annoncer la naissance

Une différence se marque entre les sexes quand les lexicographes évoquent la coutume de placer à la porte de la maison un signe qui indique le sexe du nouveau-né[24]. Une touffe de laine annoncera la naissance d'une fille, «à cause du filage», sa future occupation domestique; la laine fait aussi allusion à la nature humide du corps féminin, prédisposé à accumuler les fluides[25]. Pour les garçons, une couronne d'olivier suggère de futures qualités athlétiques et fait ainsi référence à un corps plus dense et musclé.

3. Les divinités protectrices de l'accouchée et du nouveau-né

De nombreuses divinités sont invoquées pour protéger la grossesse, procurer un accouchement facile et assurer la survie du nouveau-né. À côté

---

14. Hamilton, R., «Sources for the Athenian Amphidromia», *GRBS* 25 (1984) 243–251; Paradiso, A., «L'agrégation du nouveau-né au foyer familial: les Amphidromies», *DHA* 14 (1988) 203–218; Bonnard 69–93.
15. *Suda* s.v. «ἀμφιδρόμια»; Harp. s.v. «ἀμφιδρόμια» (accompli par un homme); Hesych. s.v. «δρομιάμφιον ἦμαρ» (par un homme nu); *Schol*. Plat. *Tht*. 160e (par les femmes qui ont participé à l'accouchement).
16. *Cf*. *h. Hom. Cer*. 237–240 sur le processus d'immortalisation par le feu que Déméter applique au petit Démophon; Pirenne-Delforge.
17. *Cf*. *Schol*. Aristoph. *Lys*. 757 (des personnes tournent autour de l'enfant déposé par terre et pas autour du foyer) et l'examen probatoire de l'enfant posé à terre à Rome, Soran. *gyn*. 2, 5 (= 2, 10 Ilberg).
18. Hesych. s.v. «γενέθλια»; Kall. *fr*. 202, 21. 68 Pf.

19. Sept jours: Aristot. *hist. an*. 7, 588a, 8; Harp. s.v. «ἐβδομευομένου». Sept ou dix jours: *Etym. m*. s.v. «ἐβδομευόμενα»; dix jours: Hesych. s.v. «δεκάτην θύομεν».
20. Demosth. 39, 22. 27 et 29; Is. 3, 30.
21. La sage-femme accomplit le sacrifice chez Eur. *El*. 1124–1133.
22. Eub., *PCG* V F 2.
23. Aristoph. *Av*. 493–495. 922–923; Ps. Demosth. 40, 28. 59; Is. 3, 70.
24. Hesych. s.v. «στέφανον ἐκφέρειν» (= *ThesCRA* II 3 a Purification, gr. **29**). Le signe reste sur la porte jusqu'aux Amphidromies (Ephipp., *PCG* V F 3), ce qui suggère qu'il devait aussi servir à signaler au reste de la communauté la pollution causée par une naissance, bientôt purifiée lors du rituel de la fête.
25. Sur ces propriétés du corps féminin, Hippokr. *Gland*. 16; King, H., *Hippocrates' Woman* (1998) 28–31.

des sources littéraires, leurs noms apparaissent dans les «calendriers» et les «lois sacrées», ainsi que dans les inscriptions relatives à des rites propitiatoires ou de remerciements pour une heureuse naissance.

Le domaine de compétence de ces figures divines concerne la protection de la maternité dans ses dimensions biologique et symbolique. Certaines intègrent des aspects «kourotrophiques» ou nourriciers au sens large. Déméter est ainsi liée à la fertilité de la terre, à la fécondité des femmes, à l'alimentation et plus largement à la «trophie» des enfants[26]. Artémis, qui préside aux douleurs de l'enfantement sans avoir enfanté elle-même (Plat. *Tht.* 149b), assure aussi, avec Apollon, la croissance et le développement harmonieux des êtres humains, de la conception aux rites d'entrée dans l'âge adulte[27]. À côté de divinités spécialisées, telles les Ilithyes, parfois associées à Hécate ou aux Moires[28], d'autres figures manifestent occasionnellement leur puissance d'action dans ce domaine, comme Asclépios[29]. Leur dimension peut être privée (Hestia, les Nymphes)[30] ou publique, telle Athéna, garante de la survie de la communauté et, par là, de la pérennité de la cité[31]. Relevons qu'il existe aussi des entités anonymes qui ne sont identifiées que par leur fonction, comme la kourotrophe de l'Acropole[32].

Un éventail plus large de puissances divines semble être associé au jour de naissance. Le nouveau-né devait développer un lien privilégié avec le dieu né le même jour du mois, son *agathos daimon*, comme le nomme Socrate (Plat. *Phaidon* 107d)[33].

4. Sanctuaires et ex-voto

4.1. Propitier et remercier les dieux

La femme enceinte doit être protégée de toute pollution qui pourrait menacer le bon déroulement de la grossesse. On lui impose diverses restrictions, comme l'interdiction de participer aux funérailles, que respectent également les femmes en âge de se marier et d'avoir des enfants. Elle peut visiter les sanctuaires pour se concilier la bienveillance de la divinité[34], mais tout en prenant des précautions. Elle est porteuse du danger potentiel d'une fausse-couche ou d'une naissance qui causerait une souillure[35]. Naître ou mourir dans un lieu consacré est un sacrilège.

Les rites de reconnaissance pour un heureux accouchement sont plus particulièrement attestés dans les sanctuaires d'Artémis. Les inventaires de l'Artémision de Brauron et d'autres sites dressent la liste d'offrandes de vêtements, neufs ou portés par la parturiente[36]. Des reliefs votifs montrent la jeune mère en cortège avec sa famille, s'apprêtant à accomplir un sacrifice, et plaçant le jeune enfant sous la protection bienveillante de la déesse[37]. Parmi les offrandes en terre cuite, le placenta semble avoir figuré sous la forme métaphorique d'une figue ou d'un gâteau[38].

À côté des figurines de divinités kourotrophes avec un ou deux nourrissons (pl. 1, 3)[39], les représentations de bébés provenant de sanctuaires sont rares[40], contrairement à ce qui se pratique dans le

---

26. Pirenne-Delforge, V., «Maternité et divinité en Grèce antique: l'exemple de Déméter», dans Dermenjian, G./Guilhaumou, J./Lapied, M. (éds.), *La puissance maternelle en Méditerranée. Mythes et représentations* (2008) 37–54.

27. P. ex. Kall. *h. Artemis* 3, 126–132. Burkert, W., *ThesCRA* II (2004) 119–121 *s.v.* «Initiation, B. Brauron» avec la bibliographie; Brulé, *Fille*; Cole, S. G., «Domesticating Artemis», dans Blundell, S./Williamson, L. (éds.), *The Sacred and the Feminine in Ancient Greece* (1998) 27–43; Ellinger, P., *Artémis, déesse de tous les dangers* (2009). Sur l'association d'Artémis avec Hécate, Morizot 235 n. 20 avec la bibliographie.

28. Olmos, R., *LIMC* III Eileithyia p. 696–699.

29. Voir *infra* n. 43.

30. Larson, J., *Greek Nymphs. Myths, Cult, Lore* (2001).

31. Pirenne-Delforge, V., «La maternité des déesses grecques et les déesses-mères: entre mythe, rite et fantasme», *Clio. Histoire, Femmes et Sociétés* 21 (2005) 129–138.

32. Pirenne-Delforge, V., «Qui est la Kourotrophos athénienne?», dans Dasen 2, 171–185. Sur les divinités kourotrophes, voir aussi le catalogue de Hadzisteliou-Price, Th., *Kourotrophos. Cults and Representations of the Greek Nursing Deities* (1978) et Ammermann.

33. Voir aussi Men., *PCG* VI 2 F 500; Aristeid. 10, 68 Dindorf; Hesych. *s.v.* «γενέθλια»; Aischyl. *Eum.* 7. Pour Hdt. 2, 82, cette théorie aurait été développée par les Égyptiens. Schmidt, W., *RE* VII 1 (1912) 1135–1149 *s.v.* «Γενέθλιος ἡμέρα»; Stuiber, A., *RAC* 9 (1972/76) 217–243 *s.v.* «Geburtstag».

34. *Cf.* le pinax de Pitsà, Athènes, Mus. Nat. 16464, 540–520 av. J.-C. (= *ThesCRA* I 1 Processions, gr. **97***, VI Suppl. Music, gr. **34***). Voir aussi les offrandes anatomiques représentant des parties du corps (vulve, seins) dont seule une inscription permet de préciser les circonstances du don; *cf.* Forsén, *Gliederweihungen*; *ThesCRA* I 2 d Offrandes votives, gr. **194-195***; King, H./Dasen, V., *La médecine dans l'Antiquité grecque et romaine* (2008) 94–96.

35. (= *ThesCRA* II 3 a Purification, gr. **7-9**) Parker, *Miasma* 32–73.

36. *Anth. Pal.* 6, 202 (= *ThesCRA* I 2 d Offrandes votives, gr. **9** avec la bibl.). Les pères en apportent aussi; *Anth. Pal.* 6, 271 (offrande de sandales); Günther, W., «'Vieux et inutilisable' dans un inventaire inédit de Milet», dans Knoepfler, D. (éd.), *Comptes et inventaires dans la cité grecque* (1988) 215–237; Gentili, B./Perusino, F. (éds.), *Le orse di Brauron. Un rituale di iniziazione femminile nel santuario di Artemide* (2002). Les vêtements des femmes mortes en couches sont également dédiés à Artémis; Eur. *Iph. T.* 1464–1466.

37. (= *ThesCRA* I 2 d Offrandes votives, gr. **118***) Lamia, Mus. 1041, vers 300 av. J.-C.; Morizot; Dasen 5, fig. 5.

38. P. ex. Brumfield, A., «Cakes in the *liknon*: Votives from the Sanctuary of Demeter and Kore on Akrokorinth», *Hesperia* 66 (1997) 147–172. Sur les représentations de placenta dans les sanctuaires grecs, notamment dans le Thesmophorion de Thasos, Papaikonomou, I. D./Huysecom-Haxhi, S., «Du placenta aux figues sèches: mobilier funéraire et votif à Thasos», *Kernos* 22 (2009) 133–158.

39. Terre cuite, de Claros, temple d'Apollon, dépôt votif de l'autel d'Artémis (IVe s. av. J.-C.?). Selçuk, Mus. KL 96.15; Dasen, V., *Jumeaux, jumelles dans l'Antiquité grecque et romaine* (2005) 209 fig. 141. *Cf.* Neils/Oakley 224–229, avec la bibliographie; *ThesCRA* I 2 d Offrandes votives, Chypre **38***.

40. Marbre, Brauron, sanctuaire d'Artémis. Brauron, Mus., IVe s. av. J.-C.; Themelis, P., *Brauron. Guide du site*

monde italico-romain (*cf. ThesCRA* VI 1 a Naissance, rom. **3**). Les enfants, en majorité des garçons, sont d'ordinaire figurés plus âgés, souvent accroupis à la manière des *temple boys* chypriotes (pl. 1, 4)[41]; certaines figurines représentent des enfants divins (Eros?), comme l'indique parfois l'ajout d'ailes[42]. Ces offrandes ont pu constituer une manière de placer l'enfant sous la protection d'une divinité (le plus souvent Artémis, Ilithye, Athéna, Déméter, Asclépios), afin d'assurer une croissance en bonne santé, ou pour marquer l'accomplissement d'une étape de leur existence, comme l'entrée dans le cercle de la phratrie lors des Apatouries (*infra* **6.1**).

4.2. Rites de purification

La loi cathartique de Cyrène (fin du IVe s. av. J.-C.) constitue notre source la plus ancienne sur la nature et l'importance de la souillure associée à la délivrance d'un enfant, vivant ou mort[43]. Le sang de l'accouchement fait peur parce qu'il manifeste l'irruption incontrôlée du biologique dans le social. Il pollue aussi comme tout produit de l'intermédiaire, ici de deux êtres dont le statut est transitoire[44]. La loi nous apprend que l'accouchée rend impure sa maison, les personnes qui y vivent et toutes celles qui y entrent. Cette pollution est toutefois limitée dans le temps (trois jours) et ne se transmet que par le contact direct avec la femme en couches ou sa maison. La loi nous informe aussi de ce qui se passe en cas de fausse-couche: sa pollution est assimilée à celle d'une naissance si le fœtus n'est pas encore formé, à celle d'une mort si ses membres et son sexe sont reconnaissables. D'autres lois cathartiques distinguent également, en précisant les durées, la souillure causée par une naissance (trois à dix jours), de celle d'un avortement, plus importante (quarante jours en moyenne), sans doute à cause de la mort de l'enfant[45]. La purification de la parturiente, du nouveau-né et des personnes qui les ont entourés est accomplie par la sage-femme ou la mère de l'accouchée[46].

5. Protéger la mère et l'enfant: amulettes et protections magiques

Lors d'une naissance, de nombreuses mesures sont prises pour écarter les forces mauvaises et peut-être aussi contrôler l'extension de la souillure maternelle[47]. De multiples amulettes sont portées par les petits enfants afin d'écarter les puissances occultes nuisibles, personnifiées par des démons croque-mitaines, dont les plus célèbres s'appellent Gellô, Mormô et Lamia[48]. Ces figures maléfiques incarnent la face obscure de la féminité; les récits en font généralement des mortelles qui ont échoué dans leur rôle de mère. Elles sont soit mortes prématurément avant d'avoir eu des enfants, soit les ont perdus de bonne heure. Leurs méfaits déchargent les vivants de la culpabilité des morts périnatales, maternelles et infantiles. Ces protections sont fréquentes dans l'iconographie des tout-petits et désignent leur jeune âge. Sur les vases attiques et italiotes, de nombreux enfants arborent un cordon d'amulettes au travers de la poitrine ainsi que des bracelets aux poignets et aux chevilles (pl. 2, 1)[49]. On distingue des pendentifs en demi-lune, des anneaux et parfois des objets de forme plus complexe, dont la typologie peut être précisée grâce aux trouvailles provenant de tombes d'enfants (animaux, double-hache, coquillage, main...) (pl. 2, 2)[50]. Ces attributs caractérisent si

---

et du musée (s. d.) 67 fig. b. Voir aussi les têtes en marbre, Raftopoulou, E. G., *Figures enfantines du Musée national d'Athènes* (2000) n°s 8. 16-19. 22. Tête en terre cuite, Thesmophorion, Thasos, Mus. F 5395; Muller, A., *Les terres cuites votives du Thesmophorion* (1996) 490-491 n° 1112 pl. 135.

41. Terre cuite, Corinthe, Mus. V 111, sanctuaire d'Asclépios, IVe s. av. J.-C.; Roebuck, C., *The Asklepieion and the Lerna, Corinth* XIV (1951) 140 n° 24 pl. 55. Voir aussi Merker, G. S., *The Sanctuary of Demeter and Kore. Terracotta Figurines, Corinth* XVIII 4 (2000) 68-73 n[os] C 227-249 pls. 19-20. – Fillette assise: Marbre, Athènes, Mus. Nat. 696, d'Agrai, près de l'Ilissos (sanctuaire d'Artémis ou d'Ilithye), fin IVe–début IIIe s. av. J.-C.; Raftopoulou (n. 40) n° 33 (= ici pl. 17, 3). – Fillette accroupie: Marbre, Athènes, Mus. Nat. 695, d'Athènes, d'Agrai, près de l'Ilissos (sanctuaire d'Artémis ou d'Ilithye), fin IVe–début IIIe s. av. J.-C.; Raftopoulou (n. 40) n° 30; Kaltsas, N./Shapiro, H. A. (éds.), *Worshiping Women. Ritual and Reality in Classical Athens* (2009) 302-303 n° 133.

42. Terre cuite, Thesmophorion, Thasos, Mus. F 5380, ép. hell.; Muller (n. 40) n° 1092 pl. 135. *Cf.* les enfants transposés en *Erotes* ailés sur les choés attiques; van Hoorn figs. 364. 367-374.

43. (= *ThesCRA* II 3 a Purification, gr. **31**) *SEG* 9, 72 (*LSS* 115) A; Parker, *Miasma* 332-351.

44. (= *ThesCRA* II 3 a Purification, gr. **26**) Eur. *Iph. T.* 381-383.

45. Sanctuaire d'Eresos à Lesbos: *LSCG* 124. Sanctuaire des dieux syriens de Délos: *IDélos* 2530; *LSS* 54. Sanctuaire d'Isis et Sérapis de Megalopolis en Arcadie: *SEG* 28, 421. Loi sacrée de Ptolémaïs: *LSS* 119.

46. Lustrations: Eur. *El.* 651-654 et 1124-1128; voir aussi *ThesCRA* II 3 a Purification, gr. **27**, I 2 c Fumigations p. 258 et **14** (offrande d'encens à Ilithye).

47. Sur la poix qui éloigne les *daimones*, Phot. *s.v.* «μιαρὰ ἡμέρα».

48. Johnston, S. I., «Defining the Dreadful: Remarks on the Greek Child-killing Demon», dans Meyer, M./Mirecki, P. (éds.), *Ancient Magic and Ritual Power* (1995) 361-387.

49. Chous, Paris, Louvre MNB 3061, vers 420 av. J.-C.; van Hoorn n° 832 fig. 437; Dasen 3, 64-65. 73 fig. 3. Voir aussi Dasen 5, fig. 10.

50. Eléments de collier en os. Abdère, Mus. MA 366, tumulus Touzla Giol, tombe IX (fillette d'environ 3 ans), IVe s. av. J.-C.; Papaikonomou, I.-D., «L'interprétation des 'jouets' trouvés dans les tombes d'enfants d'Abdère», dans Guimier-Sorbets, A.-M./Hatzopoulos, M./Morizot, Y. (éds.), *Rois, cités, nécropoles. Institutions, rites et monuments en Macédoine* (2006) 239-249; *ead.*/Kallintzi, K., «A Methodical Approach to Funeral Goods Offered to Children in Ancient Abdera», dans Brauer, A./Mattusch, C./Donohue, A. (éds.), *Common Ground. Archaeology, Art, Science and Humanities. Proceedings of the 16th Int. Congress of Classical Archaeology* (2006) 480-484.

bien la petite enfance que les imagiers en dotent même les nouveau-nés mythiques. À Chypre, les statues de jeunes garçons (*temple boys*), produites entre le Ve et le IIIe siècle av. J.-C., présentent des variantes locales sous la forme d'amulettes pyramidales[51]. Quand offrait-on ces amulettes? Aucun texte ne le précise. Peut-être après la naissance, lors de la fête des Amphidromies et, par la suite, aux anniversaires[52].

La multiplicité des récits relatifs aux enfants divins et héros enfants (Hermès, Héraclès, Opheltès, Mélicerte, Pélops...) traduit le souci de la survie des tout-petits. La mort des enfants prépubères, disparus prématurément de mort violente, est expiée par leur héroïsation; l'instauration d'un culte est souvent liée à la fondation de jeux funéraires, comme à Némée[53].

6. Les fêtes hors de la maison

Les enfants prennent part dès leur plus jeune âge à la vie religieuse dans le cadre familial. Sur plusieurs reliefs votifs attiques du IVe siècle av. J.-C., on les voit accompagner leurs parents qui se rendent au sanctuaire accomplir un sacrifice; les plus petits sont portés par leur mère ou leur nourrice, les plus grands sont debout à côté des adultes[54]. Ils ne semblent pas avoir encore de rôle actif à jouer, mais font l'apprentissage des procédures rituelles en observant les gestes et les paroles à accomplir. Leur présence secondaire souligne la dimension familiale des rites auxquels ils participent. On trouve aussi de très jeunes enfants, dont l'âge exact est difficile à définir, dans des scènes de rituels funéraires et de mariage.

6.1. Les Apatouries[55]

L'intégration dans la cité est marquée par différentes fêtes[56]. Lors des Apatouries, qui se déroulaient chaque année en automne, le père présentait l'enfant, dont l'âge diverge selon les sources, aux membres de la phratrie[57]. Quelques reliefs votifs pourraient se rapporter à ces rites d'introduction (pl. 18, 2; 23, 3)[58]. À Thasos, les figurines d'enfants du Thesmophorion, proche du lieu où se célébraient les Apatouries locales, pourraient avoir été consacrées à la divinité à l'issue de la fête[59]. Les pères semblent avoir répété l'inscription de leurs fils dans le cercle de la phratrie quand ils atteignaient la puberté; les familles accomplissaient des sacrifices à Zeus Phratrios et Athéna Phratria, tandis que l'adolescent faisait l'offrande d'une mèche de cheveux (*koureion*)[60].

6.2. Les Anthestéries[61]

Les enfants entraient dans la communauté élargie des citoyens lors de la fête printanière des Anthestéries qui se déroulait à Athènes durant trois jours en l'honneur de Dionysos Limnaios[62]. À la journée des *Pithoigia*, où l'on ouvrait les *pithoi* de vin nouveau, succédait celle des *Choés* ou Cruches, avec un concours de buveurs, un banquet et une procession au sanctuaire du *Limnaion*[63]. Des textes suggèrent que la participation à cette fête représentait un rite d'agrégation pour les petits Athéniens, garçons et filles, âgés d'environ trois ans[64].

A côté d'autres cadeaux, les enfants (ou seulement les garçonnets?) semblent avoir reçu des *choés* ou cruches à vin miniatures pour imiter les activités des adultes. Fabriquées entre le troisième quart du Ve siècle et le début du IVe siècle av. J.-C., ces

---

51. (= ThesCRA I 2 d Offrandes votives, Chypre **41*–43**) Sur la trouvaille de ces objets sur l'île de Yeronisos, Connelly, J. B./Plantzos, D., «Stamp-seals from Geronisos and their Contexts», *RDAC* (2006) 263–293.
52. Cf. Plaut. *Epid.* 639–640.
53. Neils, J., dans Neils/Oakley 141–142 fig. 3; Pache 95–134 fig. 37 (Opheltès).
54. Lawton, C. L., «Children in Classical Attic Votive Reliefs», dans Cohen/Rutter 41–60. Cf. Schulze, H., *Ammen und Pädagogen* (1998) 41–42; Edelmann, M., *Menschen auf griechischen Weihreliefs* (1999) 44–46; Dasen 5, fig. 1.
55. Voir aussi ThesCRA VI 1 b Enfance, gr. **3.2.2.2** avec la bibliographie.
56. Sur la participation des enfants aux cérémonies religieuses en général, *cf.* Seifert, M., «Children without Childhood? Social Status and Child Representation on Attic Vases and Votive Reliefs (6th–4th c. B.C.)», dans Brauer, et al. (n. 50) 443–445.
57. *Schol.* Plat. *Tim.* 21b. Golden 26–29. Les opinions sont partagées sur la participation des fillettes aux Apatouries; Schmitt, P., «Athéna Apatouria et la ceinture. Les aspects féminins des Apatouries à Athènes», *Annales. Économies, sociétés, civilisation* 32 (1977) 1059–1073; Neils, J., dans Neils/Oakley 144–145.
58. Pl. 18, 2: (= ThesCRA I 1 Processions, gr. **71**, I 2 a Sacrifice, gr. **112**, III 6 c Veneration **63**, = LIMC II Athena **587***) Athènes, Mus. Acr. 581, vers 490 av. J.-C.; Palagia, O., «Akropolis Museum 581: a Family at the Apaturia?», *Hesperia* 64 (1995) 493–501 pl. 114; Neils, J., dans Neils/Oakley 144–145 fig. 5; Dasen, V., *Jumeaux, jumelles dans l'Antiquité grecque et romaine* (2005) 219–220 fig. 155. *Contra* l'identification des Apatouries, Dillon, M., *Girls and Women in Classical Greek Religion* (2002) 31–32 fig. 1.4. – pl. 23, 3: Athènes, Mus. Acr. 3030, vers 350 av. J.-C.; Shapiro, H. A., «Fathers and Sons, Men and Boys», dans Neils/Oakley 97 fig. 14.
59. Muller (n. 40) 491.
60. (= ThesCRA I 2 d Offrandes votives **190***) Relief en marbre, Londres, BM 798, de Thèbes, IIe s. av. J.-C.; Versnel, *Faith* 90 fig. 29.
61. Voir aussi ThesCRA VI 1 b Enfance, gr. **3.2.2.1** et **3.2.2.3**, VII 3 Fêtes et jeux, gr. **III.2.2.2.4** avec la bibliographie.
62. Sur le découpage des Anthestéries (*Pithoigia, Choés, Chytroi*), voir en dernier lieu Neils, J., dans Neils/Oakley 145–149.
63. Plut. *quaest. conv.* 643a. Hamilton, *Choes* 6–9 (*Pithoigia*). 10–33 (*Choés*).
64. La fête apparaît comme une étape significative dans l'inscription des Iobacchants d'Athènes (IIe s. ap. J.-C.), entre la naissance et l'éphébie; *IG* II/III² 1368, 127–136; Jaccottet, A.-F., *Choisir Dionysos. Les associations dionysiaques ou la face cachée du dionysisme* (2003) II n° 4, 27–35.

cruches forment un groupe distinct de vases, définis par leur taille réduite (6–9 cm). Leur décor comporte essentiellement des enfants, isolés ou en groupe, mais livre peu d'informations concrètes sur le déroulement proprement dit de la fête. La présence de grappes de raisin, de gâteaux de toutes sortes, de cruches à vin ornées de lierre, posées par terre ou sur une table basse, suggère un cadre festif de type dionysiaque. Le raisin rappelle le vin nouveau arrivé à maturité, les cruches évoquent le concours de buveurs, les gâteaux la récompense des gagnants et le banquet, tandis que les couronnes de plusieurs enfants semblent se rapporter à la coutume de les coiffer de fleurs (*anthea*) ce mois-là.

Les sexes sont traités de manière différente. Les filles ne figurent que dans une minorité de scènes, ce qui confirme que la fête, sans exclure les filles, concerne d'abord les garçons en tant que futurs citoyens. L'asymétrie se lit aussi dans la distribution des activités. Alors que les garçons semblent déjà constituer une communauté et évoluent en groupes, les fillettes sont d'ordinaire figurées seules ou en compagnie d'un ou plusieurs garçons. Seuls les garçons miment le cortège des adultes, coiffés d'épaisses couronnes de fleurs, exécutent les danses des comastes, font mine de s'apprêter à boire et parfois banquettent (pl. 2, 3)[65]. Un satyreau peut se substituer au garçonnet, traduisant l'introduction de l'enfant dans l'espace dionysiaque (pl. 3, 1)[66]. Les fillettes ne connaissent pas ce type de transformation[67].

Les *choés* mettent ainsi en scène une classe d'âge où garçons et filles se mêlent tout en se conformant à leurs futurs rôles sociaux. Seuls les petits garçons semblent y faire l'apprentissage de leur statut de citoyen. Pendant la guerre du Péloponnèse, ce rite d'agrégation a probablement répondu au besoin de renforcer les liens de la communauté en affirmant l'espoir de voir se renouveler le corps des citoyens[68]. Les forces hostiles, représentées par les esprits des morts, étaient chassées lors de la dernière journée du festival, les *Chytroi*. L'importance de la fête dans la vie des garçonnets est aussi éclairée par son étiologie. Oreste y aurait participé après le meurtre de sa mère, un épisode qui donne une résonance particulière à cette première activité des petits garçons hors de l'espace contrôlé par les femmes.

Le rite de l'*Aiora*, ou balançoire, semble avoir fait partie de la fête[69]. Une oenochoé montre un père déposant sur une balançoire son petit garçon, coiffé d'une couronne végétale et drapé dans un himation, en présence de deux autres garçons plus âgés, également en habits de fête (pl. 22, 5)[70]; une phiale et de la nourriture déposées sur une table font allusion au repas festif qui suivra. La valeur symbolique du rite lie les notions de renaissance et de promotion de la fécondité; le mouvement de balancement est associé à la purification de l'enfant et de ses vêtements grâce aux plantes aromatiques qui se consument sous la balançoire.

L'importance de l'étape que représentent les Anthestéries se traduit sur le plan funéraire. Les parents ne semblent investir dans la réalisation d'un monument funéraire que si l'enfant a passé le cap de l'entrée dans la communauté des citoyens. Une stèle attique du IIe siècle ap. J.-C., qui représente un petit garçon, porte une inscription qui souligne la valeur de cette fête dans la construction de l'identité sociale de l'enfant: « Il avait l'âge des *choés*, mais le destin a anticipé les *choés* » (pl. 3, 2)[71].

7. La mort des petits enfants

7.1. Mourir avant de naître

Plusieurs découvertes récentes ont permis d'observer l'existence de rites spécifiques réservés aux femmes mortes en couches, éclairant l'importance accordée au fœtus dans le monde grec. Le cas le plus fameux est celui de la « Rich lady » de l'Agora d'Athènes (vers 850 av. J.-C.), enceinte d'un fœtus de huit à neuf mois lunaires. La richesse du matériel de sa tombe pourrait trouver une explication dans la présence d'un héritier potentiel qui aurait donné à la défunte son statut exceptionnel[72]. À l'époque classique, le respect de rites funéraires spécifiques se traduit aussi par des monuments dont l'iconographie rappelle les circonstances du décès (*cf.* **1.1**). Sur le plan mythique, plusieurs récits expriment l'horreur de la mort d'une femme enceinte et traduisent le secret espoir de sauver l'enfant prisonnier du corps de sa mère[73].

---

65. (= *LIMC* Suppl. 2009 Komos **add.2***) Chous, Londres, BM 1929.10–16.2, vers 410-400 av. J.-C.; van Hoorn n° 668 fig. 300; Smith, A. C., dans Cohen/Rutter 160–161 fig. 8.6. Deux enfants, nommés *Komos*, personnifient la procession festive. Voir aussi Rühfel 1, figs. 71. 73. 74; Dasen 3, 73 figs. 2–3.

66. Chous, Londres, BM E 530, vers 420 av. J.-C.; van Hoorn n° 634 fig. 2.

67. Sur leurs jeux communs et différenciés Dasen 3, 65 fig. 4a–b.

68. Ham, G. L., « The Choes and Anthesteria Reconsidered: Male Maturation Rites and the Peloponnesian Wars », dans Padilla, *Rites of Passage* 201–218.

69. *ThesCRA* II 3 a Purification, gr. pp. 29–30, VI 1 b Enfance, gr. **3.2.2.1** avec la bibliographie. Sur le mythe d'Erigone à l'origine du rite, voir aussi *LIMC* III Erigone I.

70. (= *ThesCRA* II 3 a Purification, gr. **143***) Oenochoé, Athènes, Mus. Nat. VS 319, 430–420 av. J.-C.; *ARV*[2] 1249, 14; Rühfel 1, 126 fig. 68; Shapiro, H. A., dans Neils/Oakley 103–104 fig. 18a–b.

71. (= *ThesCRA* 2 b Instruments de culte **1251**) Stèle, Athènes, Mus. Nat. 3088, IIe s. ap. J.-C. *IG* II[2] 13139; Deubner 115 pl. 16, 1; Hamilton, *Choes* 73. 159 T31; von Moock, D. W., *Die figürlichen Grabstelen Attikas in der Kaiserzeit* (1998) 146 n° 320 pl. 49a.

72. Papadopoulos, J. K./Liston, M. A., « The 'Rich Athenian Lady' was Pregnant: the Anthropology of a Geometric Tomb Reconsidered », *Hesperia* 73 (2004) 7–38; Dasen 6, fig. 2.

73. *Cf. LIMC* V Kallisto **5–8**, VI Koronis, VII Semele **C–D**. Sur l'iconographie du fœtus, Dasen, V., « Femmes à tiroir », dans Dasen 2, 126–144.

7.2. Des morts à part?

Diverses stratégies de deuil ont servi de réponse à la forte mortalité infantile qui caractérise les sociétés traditionnelles. Pour le monde grec, on ne dispose pas de témoignages littéraires qui évoquent le traitement funéraire différentiel des enfants. Seules les données archéologiques offrent quelques éléments d'information. On peut observer que le traitement des corps et le matériel funéraire se transforment en fonction du développement biologique et de l'intégration socio-religieuse de l'enfant. Les principales étapes se situent autour de l'âge de six mois (pousse des dents et changement de régime alimentaire), d'un an (acquisition du langage, premiers pas), de deux à trois ans (terme du sevrage, première participation aux fêtes collectives de la cité comme les Anthestéries à Athènes), puis entre six et huit ans (chute des dents de lait et apparition des deuxièmes dents).

La sous-représentation des immatures, décédés avant un an, dans les ensembles funéraires communautaires, s'explique par leur présence dans des espaces spécifiques ou hors des cimetières d'adultes. L'exemple le plus remarquable est celui de l'île d'Astypalée dans le Dodécannèse qui a déjà livré plus de 2500 enchytrismes de fœtus et nouveau-nés s'échelonnant du géométrique récent à l'époque romaine (VIIe s. av. - Ier s. ap. J.-C.). Ces morts prématurées semblent y avoir été placées sous la protection divine[74]. Attestée à l'époque helladique, la présence de bébés dans les espaces domestiques est plus rare aux périodes historiques[75]. Enterrés dans la maison, ils sont déjà intégrés à l'*oikos*, même s'ils ne sont pas encore des membres de la communauté au sens plus large; leur corps n'engendre pas de pollution jusqu'à l'âge de six mois, quand s'opère le changement de nourriture. Plus exceptionnelle, la déposition d'enfants dans des puits ou d'autres lieux isolés reste l'objet de différentes hypothèses (conséquences d'abandons ou d'une épidémie?)[76].

7.3. Rites funéraires

La tendance à l'inhumation prédomine clairement. L'enchytrisme est le mode d'ensevelissement préféré, peut-être à cause de la métaphore utérine des pots utilisés, renforcée par la position du corps, la tête du côté de l'embouchure. D'autres associations peuvent être signalées. L'inhumation d'enfants dans des ruches fait référence à la symbolique du miel, garant d'immortalité, dont témoignent les récits sur le plan du mythe (*supra* **1.2**)[77].

Le nombre d'objets déposés avec l'enfant augmente avec son âge au décès. Même modeste, ce matériel de nature variée témoigne de l'investissement affectif des parents. À côté d'objets personnels ayant appartenu aux parents ou à l'enfant, certains objets possèdent une valeur funéraire spécifique, comme les biberons en forme de grenade[78]. D'autres pourraient se référer aux rites de passage inaccomplis, comme les figurines d'animaux du sacrifice (coq, bélier). L'exemple aujourd'hui le mieux documenté est celui de la « poupée », articulée ou non, qui renvoie au double enjeu du destin féminin, devenir épouse et mère; associée à des objets qui font allusion au mariage de la jeune fille dans l'au-delà (bottines, grenade, objets de toilette), elle permet de convertir en « bonne mort » un destin inachevé[79].

Ces témoignages confirment l'importance des tout-petits dans le cadre familial, même si les différents rites d'entrée dans la communauté n'ont pas encore été accomplis. Ils remettent en question l'idée reçue que les périnataux, morts avant la nomination, sont potentiellement des morts dangereux. Les sépultures d'enfants associées à du matériel magique sont très rares[80].

VÉRONIQUE DASEN

---

74. Deux dédicaces, l'une à Ilithye, l'autre à Artémis Lochia ont été retrouvées dans la ville moderne; Michalaki-Kollia, M., « Un ensemble exceptionnel d'enchytrismes de nouveau-nés, de fœtus et de nourrissons découvert dans l'île d'Astypalée en Grèce: cimetière de bébés ou sanctuaire? », dans Guimier-Sorbets, A.-M./Morizot, Y. (éds.), *L'enfant et la mort dans l'Antiquité* I (2010) 161–205. Voir aussi p. ex. Lagia, A., « Notion of Childhood in the Classical Polis. Evidence from the Bioarchaeological Record », dans Cohen/Rutter 293–306.

75. Ingvarsson-Sundström, A., *Children Lost and Found. A Bioarchaeological Study of Middle Helladic Children in Asine with a Comparison to Lerna* (2003) 116–117 et 165 (fœtus et périnataux).

76. Sur 450 enfants retrouvés dans un puits de l'Agora d'Athènes au nord du temple d'Héphaistos à la période hellénistique, *cf.* Little, L./Snyder, L./Rottroff, S., *AJA* 103 (1999) 284–285.

77. Garland, R., *The Greek Way of Death* (1985) 78 fig. 17D (Marathon, Ier s. ap. J.-C.); Dasen 6, fig. 1; *Cité sous terre. Des archéologues suisses explorent la cité grecque d'Erétrie* (2010) 166–167 n° 80 (Erétrie, ép. classique-hellénistique). *Cf.* la mort et renaissance du petit Glaukos tombé dans une jarre de miel, *LIMC* IV Glaukos **1–6**.

78. Neils/Oakley 232 n° 33.

79. Dasen 3; Papaikonomou; Langdon, S., « The Awkward Age: Art and Maturation in Early Greece », dans Cohen/Rutter 173–192, spéc. 184–188; Dasen, V., « La petite fille et le médecin. Autour d'une étiquette de momie d'Egypte romaine », dans Boudon-Millot, *et al.* (n. 2) 39–59; Dasen 6, fig. 4 et 10.

80. Baills-Talbi, N./Dasen, V., « Rites funéraires et pratiques magiques », dans Gusi, F./Muriel, S./Olària, C. (éds.), *Nasciturus, infans, puerulus, vobis mater terra. La muerte en la infancia. La mort dans l'enfance* (2008) 595–618. Pour le monde romain, voir aussi Dasen, V., « Roman Birth Rites of Passage Revisited », *JRA* 22 (2009) 199–214.

Naissance et petite enfance dans le monde étrusque

PLAN DU CHAPITRE
1. Bambins emmaillotés 9
2. La bulle 9
3. Les bébés appelés *Maris* 10

1. Bambins emmaillotés

L'absence de textes étrusques ne permet pas de connaître les différents rites qui devaient certainement marquer, dans cette société décrite comme particulièrement religieuse, la naissance et les premiers jours de l'enfant. De même, on ne peut identifier de façon certaine les divinités qui présidaient éventuellement au salut de l'accouchée ou à la protection des nouveaux-nés. L'iconographie ne permet pas de combler cette lacune, même si elle offre d'assez nombreuses représentations de nourrissons emmaillotés, qui témoignent du succès dont a joui le thème de la maternité dans l'Italie centrale, dès l'époque préromaine. On connaît par exemple, au troisième quart du Ve s. av. J.-C., la «Mater Matuta», cette statue-cinéraire en pierre fétide de Chianciano Terme montrant une femme assise sur un trône et qui tient un bébé langé sur les genoux: mère de famille de l'aristocratie clusienne ou déesse-mère (pl. 3, 3)[1]? Mais c'est peut-être en-dehors de l'Étrurie tyrrhénienne que l'on rencontre les exemples les plus anciens et les plus spectaculaires: le sanctuaire du Fondo Patturelli à Capoue, capitale de l'Étrurie campanienne, a en effet livré de très nombreuses statues et statuettes figurant une kourotrophos qui porte dans ses bras ou allaite un ou plusieurs bébés (pl. 3, 4)[2]. On peut remarquer particulièrement les grandes statues de tuf local, de facture très grossière, qui remontent pour certaines à la fin du VIe s. et qui pourraient descendre jusqu'au Ier s. av. J.-C. (pl. 4, 1-2)[3]: la mère, installée sur un trône, peut tenir dans son giron jusqu'à douze nourrissons au maillot. Le même problème d'interprétation se pose pour ces statues, mais on estime en général qu'il ne s'agit pas de la représentation de la Déesse-Mère, mais plutôt des femmes capouanes «remettant entre les mains de leur patronne leurs vœux et leurs espoirs d'heureuse maternité»[4]. Quant aux images votives de terre cuite provenant du même sanctuaire, elles sont majoritairement d'époque hellénistique.

Pour revenir à l'Étrurie proprement dite, on peut d'abord citer ces ex-voto de terre cuite représentant cette fois deux femmes également assises sur un trône et accompagnées d'un ou plusieurs enfants (pl. 4, 3)[5] dont l'âge n'est pas toujours facile à déterminer: ces offrandes proviennent de sanctuaires de Véies, de Cerveteri, de Gravisca ou de Peciano près de Cortone et sont à situer entre le Ve et le IIIe s. av. J.-C. Le redoublement de la figure féminine souligne sans doute la fonction kourotrophique des divinités (*Vei*, *Menerva*, *Artumes*) auxquelles ces ex-voto étaient dédiés. C'est aussi du IIIe s. av. J.-C. que date la Kourotrophos Maffei de Volterra: il s'agit d'une statue de femme debout cette fois-ci et tenant un bébé dans les bras (pl. 4, 4)[6]. Et, de fait, c'est bien à l'époque hellénistique que les bébés emmaillotés tiennent le haut du pavé[7]: on en a trouvé de très nombreux exemplaires, en terre cuite, dans la plupart des dépôts votifs datés entre le IIIe et le Ier s. av. J.-C., par exemple à Tarquinia (dépôt près de l'Ara della Regina), à Gravisca ou Vulci[8]. Pour la signification de ces ex-voto, qui sont bien des «offrandes résolutoires d'un vœu», on pense souvent à des demandes de fécondité ou de guérison, mais il faut aussi tenir compte de «la multiplicité des occasions de vœux»[9].

2. La bulle

Un certain nombre de ces bébés portent la *bulla*, par exemple à Véies (pl. 4, 5)[10], mais c'est à

---

1. (= *LIMC* VI Mater Matuta **8** avec bibl., VII Suppl. Sphinx **257***) Florence, Mus. Arch. 73694. Camporeale, *Etr* fig. 101; Thuillier, J.-P., *Les Étrusques* (2006) ill. p. 203.
2. Capua, Mus. Prov. Heurgon, J., *Recherches sur l'histoire, la religion et la civilisation de Capoue préromaine* (1942) 334-338 pl. 3, 3-4; Camporeale, *Etr* 440 fig. 355. Ici Inv. 40-1 (394).
3. Adriani, A., *Sculture in tufo del Museo Campano* (1939) 44-59. Ici Capua, Mus. Prov. 21.88 e 8-46.
4. Heurgon (n. 2) 5. Sur la divinité à laquelle était dédié ce sanctuaire du Fondo Patturelli et la figure de Vénus/Fortuna, Carafa, P., *Culti e santuari della Campania antica* (2008) 91-95 et fig. 73.
5. Ducaté-Paarmann, S., «Deux femmes à l'enfant. Etude d'une classe d'offrandes étrusco-latiales en terre cuite», *MEFRA* 115 (2003) 837-865. Ici Bonn, Akad. Kunstmus. D 34. Ducaté-Paarmann *o.c.* 843 fig. 4.
6. Volterra, Mus. Guarnacci. Haynes, S., *Etruscan Civilization. A Cultural History* (2000) 357 fig. 279.
7. L'emmaillotement est considéré comme faisant passer l'enfant de la position fœtale à la position «droite» et le fait ainsi entrer dans le groupe social.
8. Comella, A., *Il deposito votivo presso l'Ara della Regina* (1982) 17-22; Pautasso, A., *Il deposito votivo presso la porta Nord a Vulci* (1994) 33-44 (le dépôt comprend quarante-six nourrissons langés, sans compter cinq enfants accroupis, *ibid.* 59-63); de Cazanove, O., «Enfants en langes: pour quels vœux?», dans Greco, G./Ferrara, B. (éds.), *Doni agli dei. Il sistema dei doni votivi nei santuari* (2008) 271-277.
9. de Cazanove (n. 8) 274. Et si les divinités concernées sont liées, au moins pour certaines d'entre elles, à la sphère de la fécondité, elles ne sont pas toujours féminines: Pautasso (n. 8) 33 n. 99.
10. (= *ThesCRA* I 2 d Offrandes votives, rom. **37**) Rome, Villa Giulia 59760. Haynes (n. 6) 362 fig. 284.

Fig. 1

Vulci (pl. 5, 1)[11] que ce détail est le plus fréquent. Cette marque qui à Rome souligne la condition libre des enfants – la *bulla* était consacrée aux Lares au sortir de l'adolescence, en même temps qu'on abandonnait la toge prétexte – est sans aucun doute d'origine étrusque, comme sans doute aussi le mot lui-même (*pulumchva*) et l'on a trouvé des bulles de bronze dès le VIIIe s. av. J.-C. dans des mobiliers funéraires d'Étrurie[12]. Mais, dans ces époques hautes et jusqu'au IVe s. av. J.-C., le port de la bulle n'est en rien réservé aux petits enfants: ce sont, au contraire, les adultes qui l'exhibent sur leurs bras, et même les dieux, comme on le voit avec *Veltune* (Voltumna) sur un célèbre miroir de Tuscania montrant l'enseignement de l'haruspicine[13], ou sur un torse d'homme en terre cuite d'Orvieto (temple de la rue San Leonardo) (pl. 5, 2)[14] qui figure peut-être aussi le même dieu. Et c'est seulement au IIIe s. av. J.-C. que la bulle réapparaît en Étrurie comme l'attribut des enfants, sous influence romaine cette fois-ci et par un phénomène de double transfert culturel (pl. 5, 3)[15].

3. Les bébés appelés *Maris*

Il faut enfin faire un sort particulier à deux miroirs gravés de la fin du IVe s. av. J.-C. montrant deux ou trois bébés appelés à chaque fois Maris, ce nom étant accompagné de surnoms ou adjectifs différents (Halna, Husrnana, Isminthians) (fig. 1)[16]. L'un d'entre eux est figuré au-dessus d'un grand cratère tout en étant tenu par la Minerve étrusque, cependant que d'autres divinités – dont certaines tiennent aussi un bébé – assistent à la scène (*Turms, Turan, Laran, Herclé* peut-être). L'interprétation de la scène, comme d'ailleurs celle de l'ensemble de ce mythe proprement étrusque, au caractère rituel affirmé, est des plus délicates: ou bien le bébé est en train de sortir du cratère, comme l'indique N. Thomson de Grummond[17], ou bien, comme le suppose G. Camporeale, c'est le moment où il est plongé dans l'eau (bouillante?) du grand vase. En tout cas, on s'accorde pour penser qu'il s'agit bien d'une scène de naissance, ou plutôt de renaissance et de lustration: c'est, pour ce groupe de *Genii* (?), un rite d'initiation impliquant un bain purificateur[18].

JEAN-PAUL THUILLIER

---

11. Par exemple (= *ThesCRA* I 2 d Dedications, rom. **33***) Vulci, Mus. Naz. 59740. C'est le cas pour la cinquantaine d'exemplaires de la décharge votive de Vulci, porte Nord: Pautasso (n. 8).

12. Haack, M. L., «Boules et bulles. Un exemple de transfert culturel», *DHA* 33/2 (2007) 59–62. Mais sur ces différents points voir les réserves d'O. de Cazanove, *ThesCRA* VI 1 a Naissance, rom. **4**.

13. (= *ThesCRA* I 2 a Sacrifice, étr. **255**, II 3 a Purification, étr. **16**, III 6 a Divination, étr. **16●**, = *LIMC* III Eos/Thesan **13●**, VII Pavatarchies **1***, VIII Veltune **1***) Florence, Mus. Arch. 77759.

14. Orvieto, Mus. Faina 143: Torelli, *Etruschi* 624 n° 283; Massa-Pairault, F.-H., *Iconologia e politica nell'Italia antica. Roma, Lazio, Etruria dal VII al I secolo a.C.* (1992) 144.

15. Haack (n. 12) 57–67. Un bronze de Montecchio (Cortone), du milieu du IIIe s. av. J.-C. (Leyde, Mus. C.O. 4), représente un putto portant à la fois un collier avec une *bulla* et un brassard avec *bullae*: l'inscription gravée indique que la mère de l'enfant Velia Fanacnei a dédié le bronze à la divinité *Thufltha* (TLE² 652; Cristofani, *BrEtr* n° 128) qui serait «un équivalent des Lares ou du Liber latin, importants dans les rites de puberté» (Massa-Pairault, F.-H., *La cité des Étrusques* [1996] 223–225).

16. Cristofani, M., *LIMC* VI (1992) 358–360 *s.v.* «Maris I»; Camporeale, G., *ThesCRA* II 3 a Purification, étr. p. 53–54. (= *ThesCRA* II 3 a Purification, étr. **98**, = *LIMC* I Ares/Laran **19**, VI Maris I **2●**) London, BM Br 618. De Bolsena et (= *ThesCRA* II 3 a Purification, étr. **97●**, = *LIMC* I Ares/Laran **20●**, VI Maris I **1**) Berlin, Staatl. Mus. Fr 47. De Chiusi. Une ciste prénestine est peut-être à inclure dans les représentations du même mythe (= *ThesCRA* II 3 a Purification, étr. **99***, = *LIMC* I Ares/Mars **11***, V Herakles/Hercle **126●**).

17. Thomson de Grummond, N., *Etruscan Myth, Sacred History and Legend* (2006) 74: «My own belief is that the babies are probably new born spirits, who are to be protected and nurtured by the goddess and her entourage... it is clear that the scene depicts a ritual, perhaps providing a paradigm for the initiation of boy babies.»; *ibid.* 144: «Their emergence from a large krater or amphora may refer to the birth or rebirth of the Maris Genii». Pour le sens de Maris, qui serait un nom générique (l'équivalent du latin Genius) affublé de surnoms et d'aspects divers, voir *ead.*, «Maris, the Etruscan Genius», dans *Across Frontiers: Etruscans, Greeks, Phoenicians and Cypriots. Studies in Honour of D. Ridgway and F. R. Serra Ridgway* (2006) 413–426.

18. *Cf.* aussi Pairault-Massa, F.-H., «Minerve, le fatum et la constitution de la société», *PP* 42 (1987) 227–230.

Naissance et petite enfance dans le monde romain

PLAN DU CHAPITRE
1. Les premiers jours 11
2. Le *dies lustricus* 12
3. Vœux et ex-voto pour le nourrisson 13
4. La bulle 14
5. La mort des petits enfants 15

BIBLIOGRAPHIE GÉNÉRALE: de Cazanove, O. «Enfants en langes: pour quels vœux?», dans Greco, G./ Ferrara, B. (éds.), *Doni agli dei. Il sistema dei doni votivi nei santuari* (2008) 271–284; Corbier, M., «La petite enfance à Rome: lois, normes, pratiques individuelles et collectives», *Annales ESC* 54 (1999) 1157–1290; Coulon, G., *L'enfant en Gaule romaine* (2004); Dasen, V., «Les amulettes d'enfants dans le monde gréco-romain», *Latomus* 62 (2003) 275–289 (= Dasen 1); ead. (éd.), *Naissance et petite enfance dans l'Antiquité* (2004) (= Dasen 2); ead., «Roman Birth Rites of Passage Revisited», *JRA* 22 (2009) 199–214 (= Dasen 3); ead., «Childbirth and Infancy», dans Rawson, B. (éd.), *A Companion to Families in the Greek and Roman Worlds* (sous presse); De Marchi, A., *Il culto privato di Roma antica* (1896) 165–171; Gabelmann, H., «Römische Kinder in Toga praetextata», *JdI* 100 (1985) 497–541; Goette, H. R., «Die Bulla», *BonnJbb* 186 (1986) 133–164; Gourevitch, D./Moirin, A./Rouquet, N. (éds.), *Maternité et petite enfance dans l'Antiquité romaine*. Cat. de l'exposition Bourges (2003); Köves-Zulauf, T., *Römische Geburtsriten* (1990); Palmer, R. E. A., «Bullae insignia ingenuitatis», *AJAH* 14 (1989 [1998]) 1–69; Rawson, B., *Children and Childhood in Roman Italy* (2003); Tels-De Jong, L. L., *Sur quelques divinités romaines de la naissance et de la prophétie* (1960).

1. Les premiers jours

L'iconographie romaine offre un certain nombre de scènes d'accouchement placées sous le patronage de divinités, les Parques, sur des gemmes[1], des reliefs, des sarcophages. Sur ceux-ci, à partir du début du IIe s. ap. J.-C., on les voit en train d'assister au premier bain du nouveau-né ou à sa présentation par la nourrice; ces gestes codifiés[2] s'insèrent dans une évocation plus générale de la vie du défunt et symbolisent le caractère inéluctable de la destinée dès la naissance[3]. Un autre problème d'iconographie et de topographie romaines très controversé est celui des *Nixae* du Champ de Mars, que certains identifient aux Ilithyes[4].

Les sept ou huit premiers jours de la vie, jusqu'au *dies lustricus*, ne donnent pas lieu à Rome à un encadrement religieux spécifique. Peut-on alors parler de «rites de la naissance»? T. Köves-Zulauf, qui s'est occupé des *Geburtsriten*, a minutieusement déconstruit un pseudo-rite social, celui de la reconnaissance supposée par le père de son enfant par le geste de soulever celui-ci de terre (*tollere infantem*)[5]. En réalité, c'est la sage-femme qui relevait l'enfant après l'avoir posé à terre et était assistée pour ce faire d'une divinité spécialisée, Levana. La décision d'élever l'enfant ou non revenait certes au père, mais ne passait pas par un geste spécifique.

L'exposition de l'enfant qu'on décidait de ne pas garder n'était pas non plus ritualisée. La *columna lactaria* du Forum Holitorium (Paul. *Fest.* 105 L.) n'était sans doute qu'un marché aux nourrices[6] ou le souvenir légendaire de la «charité romaine» et non, comme on l'a supposé, un lieu d'exposition à proximité du temple de *Pietas*[7]. Les seuls abandons de nouveaux-nés qui soient juridiquement encadrés sont, en fait, ceux des enfants malformés ou monstrueux[8]. Lorsqu'ils sont considérés comme des prodiges[9], ils sont également pris en considération d'un point de vue religieux, procurés et expulsés (ainsi, les androgynes sont jetés à la mer[10]).

Les rites des premiers jours s'intéressent en fait davantage à l'accouchée qu'au nouveau-né. Tandis qu'on vérifiait si l'enfant était viable, c'est «en faveur de l'accouchée» (*pro puerpera*) qu'on dressait un lit dans l'atrium pour Pilumnus et Picumnus, appelés alternativement «dieux conjugaux» et «dieux des enfants»[11]. Un autre texte parle d'un lit

---

1. Voir *LIMC* Suppl. 2009 Moirai **add.1–5**.
2. Dasen 3.
3. Amedick, R., *Die Sarkophage mit Darstellungen aus dem Menschenleben*, 3 *Vita privata*, *SarkRel* I 3 (1991); Huskinson, J., *Roman Children Sarcophagi. Their Decoration and Social Significance* (1996); Dimas, St., *Untersuchungen zur Themenwahl und Bildgestaltung auf römischen Kindersarkophagen* (1998); Corbier 1262–1263. – Sarcophages représentant le premier bain d'un nouveau-né avec en arrière-plan la figure des trois Parques, *cf. LIMC* VI Moirai **38*. 39. 41. 42*–43*. 44**, ici (= *LIMC* VI Moirai **43***) Paris, Louvre MA 319; Baratte/Metzger, *SarcLouvre* 33–35 n° 5.
4. Flambard, J.-M., «Deux toponymes du Champ de Mars: ad Ciconias, ad Nixas», dans *L'Urbs. Espace urbain et histoire* (1987) 191–210; Lega, C., *LTUR* IV (1999) 344–345 *s.v.* «Nixae».
5. Köves-Zulauf 1–93.
6. Bradley, K. R., *Discovering the Roman Family. Studies in Roman Social History* (1991) 31 n. 26; Corbier 1257–1290.
7. Marchetti Longhi, G., «*Theatrum Marcelli* e *Mens fabiarum*», *RendPontAcc* 20 (1943–44) 64–65.
8. Dion. Hal. *ant.* 2, 15 (Romulus); Cic. *leg.* 3, 19 (XII Tables).
9. Allély, A., «Les enfants malformés et considérés comme *prodigia* à Rome et en Italie sous la République», *REA* 105 (2003) 127–156; ead., «Les enfants malformés à Rome sous le Principat», *REA* 106 (2004) 73–101.
10. Liv. 31, 12, 8; Obseq. 27a (= *ThesCRA* III 6 a Divination, rom. **47**).
11. Varro *de vita pop. Rom. fr.* 390 Salvadore (= 81 Riposati) *ap.* Non. 848 L.; Serv. auctus *Aen.* 10, 76 (= *ThesCRA* II 4 a Banquet, rom. **44**). On connaît aussi, épigraphiquement, un dieu Pitumnus (identique à l'un des deux précédents?): Olivieri, V., «Attorno al deposito votivo di Macchiagrande a Veio», dans Comella, A./Mele, S. (éds.), *Depositi votivi e culti dell'Italia antica dall'età arcaica a quella tardo-repubblicana* (2005) 179–187 pl. 2b.

pour Junon, d'une table pour Hercule, «lors de la naissance d'enfants nobles» (Philarg. Verg. ecl. 4, 62)[12]. Pilumnus réapparaît dans un étrange rite rapporté par Augustin, d'après Varron, et qui, à nouveau, ne concerne que l'accouchée: «on assigne trois dieux à la garde d'une accouchée pour empêcher le dieu Silvanus de venir pendant la nuit la tourmenter: et pour figurer ces gardiens, trois hommes font des rondes nocturnes autour de la maison, frappant le seuil, d'abord avec une hache, puis avec un pilon, le nettoyant enfin avec un balai: triple emblème de l'agriculture destiné à interdire tout accès au dieu Silvanus: car on ne taille ni ne coupe les arbres sans la hache, on ne fait pas de farine sans pilon, et sans balai on ne met pas les graines en tas. De ces trois objets les trois dieux tirent leur nom: *Intercidona* du tranchant de la hache, *Pilumnus* du pilon, *Deuerra* du balai. Tels sont les dieux qu'il faut préposer à la garde de la femme accouchée contre les violences du dieu Silvanus. Ainsi contre la brutalité d'un dieu malfaisant, la protection des dieux bons serait impuissante s'ils n'étaient pas plusieurs contre un et n'opposaient à ce dieu âpre, effrayant, inculte, c'est-à-dire dieu des forêts, les emblèmes de la culture qui lui sont contraires» (Aug. *civ.* 6, 9, trad. G. Combès)[13].

Des dieux sont certes présents aussi aux côtés du petit enfant au moment de la naissance, mais d'une autre manière. Ce sont les «dieux protecteurs de l'enfance» (*di praesides puerilitatis*: Varro, cité par Non. 352 L.), les «dieux puérils» (*di pueriles*: Aug. *civ.* 4, 34) dont nous possédons plusieurs listes: «Sous le nom d'Opis, qu'il (Jupiter) porte secours aux nouveau-nés en les recevant du sein de la terre; que sous le nom du dieu Vaticanus il ouvre leur bouche aux vagissements, sous le nom de la déesse Levana, il les soulève de terre; sous le nom de la déesse Cunina, qu'il veille sur leur berceau; que ce soit lui et non pas un autre qui, sous le nom des déesses appelées Carmentes, prédise aux bébés leur destin, qui, sous le nom de Fortuna, préside aux événements fortuits, qui, sous celui de la déesse Rumina, amène le lait de la mamelle sur les lèvres du nourrisson (*mamelle* en vieux langage se disait *ruma*), qui, sous le nom de la déesse Potina, lui verse à boire, et sous celui de la déesse Educa lui donne à manger...» (Aug. *civ.* 4, 11, trad. G. Combès)[14]. Cet extrême fractionnement des fonctions divines n'est pas pure spéculation d'érudits: il renvoie aux «façons romaines de penser l'action» comme une accumulation plutôt que de manière globale et unifiée[15].

2. Le *dies lustricus*

Le *dies lustricus* est le jour de l'imposition du nom; Tertullien l'appelle d'ailleurs *Nominalia* (*idol.* 16). On attend d'être sûr que l'enfant soit viable (Plut. *quaest. Rom.* 288c)[16]; il s'agit du huitième à partir de la naissance pour les filles, du neuvième pour les garçons (Paul. *Festi* 107–108 L.; Macr. *Sat.* 1, 16, 36; Plut. *quaest. Rom.* 288c) et l'on a voulu comparer ce délai d'attente à celui qui précède les Amphidromies grecques[17]. À Rome, l'intervalle de neuf jours (*nundinae*) revêt une grande importance dans le calendrier[18]. Aussi avait-on forgé une déesse *Nundina* qui aurait tiré son nom «du neuvième jour suivant la naissance, dit jour lustral» (Macr. *Sat.* 1, 16, 36). Mais rien ne permet d'affirmer qu'elle ait patronné à proprement parler le *dies lustricus*, ni encore moins qu'elle soit identique à *Nona*, l'une des Parques, dont on retrouve le nom, sous la forme *Neuna Fata*[19], sur l'un des cippes de Tor Tignosa non loin de Lavinium (IVe s. av. J.-C.)[20].

Nous sommes très peu informés sur les rites du *dies lustricus* romain qui devait être l'occasion, comme son nom l'indique, d'une lustration. Aussi a-t-on supposé qu'y faisait allusion un passage d'une satire de Perse, dans laquelle il est question d'une «grand-mère ou tante maternelle» (*auia aut ... matertera*) qui purifie le front et les lèvres de l'enfant au berceau avec le médius mouillé de «salive lustrale» (*lustralibus saliuis*) avant de le balancer dans ses bras en proférant des vœux à Jupiter (Pers. 2, 31–40)[21]. Plutôt qu'un rite d'ouverture des yeux à la lumière (les petits humains naissent les yeux ouverts!), sans doute faut-il voir dans cette humectation de salive, un «remède de bonne femme» bien connu, souverain contre les inflammations des yeux (Plin. *nat.* 28, 76; Marcell. Empiricus 8, 43) – et ne pas oublier que ce toucher concerne aussi les lèvres. De toute façon, on ne doit pas penser que ce type de geste ait nécessairement pris place le jour du *dies lustricus*, ni qu'il se soit agi d'une norme rituelle. On est plutôt ici dans

---

12. (= *ThesCRA* II 4 a Banquet, rom. **45**) Cf. Tert. *an.* 39, 2.

13. Briquel, D., «Le pilon de Pilumnus, la hache d'Intercidona, le balai de Deverra», *Latomus* 42 (1983) 265–276; Köves-Zulauf 95–219.

14. Cf. Tert. *nat.* 2, 11 et 15; *an.* 37 et 39.

15. Scheid, J., «Façons romaines de penser l'action», *ARG* 1 (1999) 184–203 = id., *Quand faire, c'est croire* 58–83.

16. Cf. Aristot. *hist. an.* 588a 8–10.

17. Brind'Amour, P. et L., «Le *dies lustricus*, les oiseaux de l'aurore et l'amphidromie», *Latomus* 34 (1975) 17–58.

18. Rüpke, J., «Nundinae. Kalendarische Koordination im republikanischen Rom», dans *Kommunikation in politischen und kultischen Gemeinschaften. Stätten und Formen der Kommunikation im Altertum* 5 (1996) 75–98.

19. *ILLRP* 10–12.

20. Ainsi Weinstock, S., «Parca Maurtia und Neuna Fata», dans *Festschrift Andreas Rumpf* (1950) 151–160, suivi par Tels-De Jong 93–104. *Contra* Guarducci, M., «Tre cippi arcaici con iscrizioni votive», *BullCom* 72 (1946–48) 3–10; ead., «Enea e Vesta», *RM* 78 (1971) 73–118; Torelli, M., *Lavinio e Roma* (1984) 181–182.

21. Cf. déjà le commentaire de M. Casaubon dans son édition des *CUF*, suivi par Brind'Amour, L. et P., «La deuxième satire de Perse et le *dies lustricus*», *Latomus* 30 (1971) 999–1024; *contra* Wissowa, *Religion* 329 n. 1.

le champ des pratiques domestiques, qui est un espace de (relative) liberté et de choix multiples possibles. À la limite du privé et du public, le comportement des empereurs le montre: Caligula, après avoir reconnu à sa naissance la fille qu'il a eue de Cesonia, choisit de l'appeler Iulia Drusilla, de la porter successivement dans les temples de toutes les déesses, et de la déposer sur les genoux de Minerve dont il fait en quelque sorte sa nourrice (Suet. *Calig.* 25).

L'imposition du nom ce jour-là n'est pas le fait de l'oncle maternel, comme on le dit parfois: si Caligula donne au petit Néron, le fils de sa sœur Agrippine la Jeune, le prénom de Claude «par plaisanterie» (*per iocum*), c'est parce qu'il est l'empereur et donc le chef de famille (Suet. *Nero* 6). Cet épisode est, en fait, le seul qui se rapporte explicitement à un *dies lustricus* «historique». D'autres allusions se trouvent peut-être contenues dans les biographies impériales: le même Caligula reconnaît et nomme, comme on vient de le voir, Iulia Drusilla. Quant à Néron, devenu empereur à son tour, il appelle Claudia Augusta la fille de Poppée (Tac. *ann.* 15, 23). Et l'on voit bien, dans ces deux cas, que c'est au père qu'est due l'imposition du nom[22].

La souscription de vœux pour le nourrisson, entre autres pour sa sauvegarde (*pro salute*), devait être faite lors du *dies lustricus*. Perse l'atteste dans le cadre domestique (s'il parle bien de ce jour-là). De manière cette fois très officielle, lorsque la petite Claudia Augusta reçoit son nom, les vœux souscrits publiquement par le Sénat pour l'heureuse grossesse de Poppée sont acquittés et l'on en ajoute de nouveaux: on décrète des supplications, l'érection d'un temple à la Fécondité, des jeux, enfin l'installation de deux effigies des Fortunes en or sur le trône de Jupiter Capitolin. Le 21 janvier 63, jour où les Arvales s'acquittent au Capitole des vœux souscrits «pour l'accouchement et la bonne santé de Poppée (Auguste)» (*[pr]o partu et incolumitate Poppaeae [Augustae]*)[23], est-il celui de la naissance de la petite fille ou le *dies lustricus*? Il est difficile de trancher. En tout cas, l'enfant meurt avant d'atteindre quatre mois.

3. Vœux et ex-voto pour le nourrisson

D'une manière plus générale, les occasions d'acquittement de vœux dans les débuts de la vie de l'enfant sont multiples: offrandes résolutoires à la naissance, qu'il se soit agi du terme d'une grossesse normale (le plus souvent sans doute), d'une grossesse difficile ou longtemps différée (dans des cas de stérilité ou d'impuissance); mais également vœux «pour la sauvegarde» et «pour la santé» (*uota pro salute, pro ualetudine*) souscrits en faveur de nourrissons menacés par une mortalité périnatale et infantile élevée. Les nombreux enfants en langes de terre cuite de l'Italie républicaine ont sans doute commémoré ces différents types de vœux acquittés (pl. 5, 4)[24]. On trouve ces mêmes représentations d'enfants emmaillotés réalisées soit en métal, en Italie même[25], en Gaule[26] et jusqu'en Espagne[27], soit en pierre ou en bois, en Gaule romaine (pl. 86, 5)[28].

Les enfants au maillot dans les bras de leurs mères, surtout s'ils sont multiples et en nombre variable, comme c'est le cas pour les statues de tuf et de terre cuite du sanctuaire du Fondo Patturelli à Capoue (pl. 4, 1-2)[29], commémorent sans doute tant de grossesses (ou d'allaitements) heureusement menés à terme et renvoient, en ce cas, plus à la mère qu'à l'enfant. Mais en fait, plus généralement, le nourrisson devait être inclus dans les vœux prononcés par le père de famille «pour sa sauvegarde et celle des siens» (*pro salute sua et suorum*), ou bien «pour la sauvegarde de ses enfants et de son épouse» (*pro salute liberorum suorum ... et coniugis*: *CIL* V 8207), vœux dont certains groupes plastiques, représentant une famille entière avec la mère tenant son dernier-né sur les genoux, semblent la traduction figurée (pl. 6, 2)[30].

---

22. Sur le choix du prénom pour les garçons, voir en général Salomies, O., *Die römischen Vornamen. Studien zur römischen Namengebung* (1987) 466.

23. Scheid, *CFA* 76-78, 29, l. 19-21.

24. de Cazanove 271-284. Ici statue de terre cuite représentant un enfant en langes, Pratica di Mare (Lavinium) P 77.171; *Enea nel Lazio: archeologia e mito* (1981) 208 n° D 124. – *Cf.* différentes statues d'enfants en langes provenant d'Italie (= *ThesCRA* I 2 d Offrandes votives, rom. **36-44. 183**).

25. Cassieri, N., «Il deposito votivo di tratturo Caniò a Sezze», dans *Religio. Santuari ed ex voto nel Lazio meridionale* (2004) 163-181, part. 174 fig. 42; 176 et n. 47; 180.

26. Denajar, N., *Carte archéologique de la Gaule*. 10 *Aube* (2005) 233 n° 15 fig. 97 (Arcis-sur-Aube).

27. *Les Ibères*, cat. d'exposition (1997) 329 n° 297 (Colladode Los Jardines, Jaén).

28. Deyts, S., «La femme et l'enfant au maillot en Gaule. Iconographie et épigraphie», dans Dasen 2, 227-237. Attestations en Bourgogne essentiellement (Escolives-Sainte-Camille, Essarois, Beire-le-Châtel, Alise-Sainte-Reine, Sainte-Sabine). Aux sources de la Seine, on compte un seul exemplaire de bois (Deyts, S., *Les bois sculptés des sources de la Seine* [1983] 89 n° 74 pl. 20; *cf.* 134), mais une vingtaine en pierre (*ead.*, *Un peuple de pèlerins. Offrandes de pierre et de bronze aux sources de la Seine* [1994] 34-39, *cf. ThesCRA* I 2 d Offrandes votives, rom. **583**). Dans l'Oise, au sanctuaire de la forêt d'Halatte près de Senlis, on recense également une vingtaine de nourrissons emmaillotés en calcaire (Durand, M./Finon, C., dans *Le temple gallo-romain de la forêt d'Halatte (Oise)* [2000] 11-16). *Cf.* Coulon, G., «L'emmaillotage», dans Gourevich et al. 152-154. 203-204.

29. Adriani, A., *Cataloghi illustrati del Museo campano*. 1. *Sculture in tufo* (1939). Pour les statuettes de terre cuite d'Italie centrale portant un enfant, Ducaté-Paarmann, S., «Deux femmes à l'enfant. Etude d'une classe d'offrandes étrusco-latiales en terre cuite», *MEFRA* 115 (2003) 837-865; voir ici pl. 4, 3.

30. (= *ThesCRA* I 2 d Offrandes votives, rom. **177**) Statuettes en terre cuite représentant un groupe familial, Lavinium, Pratica di Mare inv. P 77.227; *Enea nel Lazio: archeologia e mito* (1981) 212 n° D 137.

Les enfants un peu plus grands (à la sortie des langes, qui intervenait au bout de quelques mois), en général nus et assis, selon un schéma qui remonte en dernière instance aux *temple boys* chypriotes[31], sont également une offrande courante dans les sanctuaires d'Italie centrale[32]. Ils sont réalisés en terre cuite et en bronze, ces derniers portant des dédicaces aux dieux Selvans et *Tece Sans*. Bien postérieures mais d'iconographie comparable, les petites statues de pierre calcaire ou de marbre de Gaule romaine représentant des enfants debout, le plus souvent nus, tenant des animaux qui sont les attributs de l'enfance[33], sont les offrandes résolutoires de vœux *pro salute filii*, comme l'atteste une inscription retrouvée dans le sanctuaire de Lenus Mars à Trèves[34].

4. La bulle

Les insignes distinctifs de l'enfance sont au nombre de deux: la toge prétexte, bordée d'une bande pourpre[35], et la bulle[36]. La bulle d'or se présente comme un pendentif lenticulaire – elle ressemble à la pleine lune (Plut. *quaest. Rom.* 288b) ou encore à une goutte d'eau (Isid. *orig.* 19, 31, 11; 20, 8, 2) – que seuls ont le droit de porter les «enfants nobles» (*pueri nobiles*) ou «les enfants de naissance libre» (*ingenui pueri*, Macr. *Sat.* 1, 6, 10. 17) – nos sources sont ambiguës sur ce point – portant la prétexte, jusqu'à ce qu'ils abandonnent celle-ci pour revêtir la toge virile, à l'adolescence. Et c'est aussi à ce moment qu'on ôte la bulle pour l'offrir aux Lares domestiques[37].

Quand les petits enfants commencent-ils à porter la bulle? Dans l'Italie républicaine, les statues en terre cuite d'enfants en langes – sans doute âgés de quelques mois – portent des bulles assez souvent (pl. 6, 3)[38], les statues d'enfants nus assis ou debout, en terre cuite ou en bronze, presque toujours (pl. 4, 5)[39]. Pompeia, sœur de Sextus Pompée, donne une chlamyde, une fibule, des bulles d'or au petit Tibère alors âgé d'un an et demi (Suet. *Tib.* 6)[40]. Germanicus, portant la toge et la bulle, est représenté sur la frise sud de l'*Ara Pacis* alors qu'il a deux ans. La plupart des représentations d'époque romaine concernent toutefois des enfants plus âgés[41].

Il existe cependant un récit d'origine de la bulle qui la fait attribuer pour la première fois à un adolescent: Tarquin l'Ancien l'aurait décernée comme marque d'honneur à son fils, en même temps que la toge prétexte, parce que celui-ci, âgé de quatorze ans, avait tué un ennemi à la guerre[42]. Cette étiologie renvoie à l'origine étrusque de la bulle, largement acceptée par les Romains eux-mêmes (c'est l'*aurum Etruscum* par antonomase, Iuv. 5, 163-165), ce qui ne veut pas automatiquement dire qu'elle soit exacte[43], malgré de nombreuses tentatives des modernes pour la fonder archéologiquement[44]. On ne peut considérer comme une bulle, au sens technique du terme, n'importe quel joyau étrusque de cou ou de bras, surtout s'il est en bronze ou porté par une femme. On pourrait tout aussi bien rappeler qu'il existait une version latino-sabine de l'origine de la bulle, qui n'a pas davantage de consistance historique, mais renvoie au «premier nouveau-né» romain, celui d'Hersilia et d'Hostus (Hostilius) (Plut. *quaest. Rom.* 101). On peut enfin signaler que Pline l'Ancien fait de la bulle l'emblème des fils de chevaliers à partir de Tarquin, alors que c'est lui qui passe parfois pour avoir créé l'*equitatus* (Cic. *rep.* 2, 36)[45].

Selon Macrobe (dont la reconstitution érudite est peut-être sujette à caution), bulle et toge prétexte auraient d'abord distingué les fils de patriciens

---

31. (= *ThesCRA* I 2 d Offrandes votives, Cypr. **41**).
32. (= *ThesCRA* I 2 d Offrandes votives, rom. **33*–35. 182. 212–213**).
33. (= *ThesCRA* I 2 d Offrandes votives, rom. **577**).
34. *Cf.* *AEpigr* (1924) 17; Derks, T., «Le grand sanctuaire de Lenus Mars à Trèves et ses dédicaces privées: une réinterprétation», dans Dondin-Payre, M./Raepsaet-Charlier, M.-T. (éds.), *Sanctuaires, pratiques culturelles et territoires civiques dans l'Occident romain* (2006) 239-270 (commémoration d'un rite de passage d'âge, la prise de la toge virile); de Cazanove 281 n. 73 (vœux périodiques).
35. Gabelmann 497-541. *Cf.* *ThesCRA* VI 1 b Enfance et adolescence, rom. **1.1.1**.
36. Porph. Hor. *epodi* 5, 12-13; Paul. *Festi* 32 L.
37. Pers. 5, 30-31 et Schol. Pers. 5, 31; Petron. 60; Prop. 4, 1, 131-132; Hor. *s.* 1, 5, 65-66 et Porph. Hor. *s.* 1, 5, 65-66. Sur un autel consacré aux Lares, deux bulles et une situle sont suspendues au-dessus d'une guirlande de laurier: (=*ThesCRA* V 2 b Instruments de culte **189**) Rome, Mus. Cap. Goette 138-139 fig. 4.
38. Statues de terre cuite représentant des enfants en langes: Casamari, Mus. de l'abbaye CM 362, de Casamari, Casale Antera: Rizzello, M., *I santuari della media valle del Liri IV-I sec. a.C.* (1980) 15, c 8-9. *Cf.* Rome, Mus. Nat. 14543, du Tibre: Pensabene, P., *et al.*, *Terrecotte votive dal Tevere* (1980) 219 n° 541 pl. 91 et de Lucera: D'Ercole, M. C., *La stipe votiva del Belvedere a Lucera* (1990) 127-128 D II et III pl. 42b.
39. (= *ThesCRA* I 2 d Offrandes votives, rom. **33***) Petite statue de petite fille assise portant une bulle, Vulci, Mus. Nat. 59740, de Vulci, dépôt de la porte Nord. – (= *ThesCRA* I 2 d Offrandes votives, rom. **38**) Statue d'enfant en langes, Vulci, Mus. Nat., de Vulci, dépôt de la porte Nord.
40. Tibère, né le 16 novembre 42 av. J.-C., partage en Sicile l'exil de ses parents entre la guerre de Pérouse (hiver 41-40) et la paix de Brindes (octobre 40).
41. *Cf.* l'inventaire dressé par Goette 149-164.
42. Plin. *nat.* 33, 10; Plut. *quaest. Rom.* 287f; Serv. auctus *Aen.* 9, 587; Macr. *Sat.* 1, 6, 8-10.
43. Selon Palmer, l'histoire de Tarquin aurait été imaginée à partir de la «statue portant la bulle et la prétexte» de M. Aemilius Lepidus tuant à quinze ans un ennemi, lors de la 2ᵉ guerre punique (*cf.* Val. Max. 3, 1).
44. Ficoroni, F., *La bolla d'oro de'fanciulli nobili romani e quella de'libertini* (1732); Warden, P. G., «Bullae, Roman Custom and Italic Tradition», *OpuscRom* 14 (1983) 69-75; Goette 133-164; Haack, M. L., «Boules et bulles. Un exemple de transfert culturel», *DHA* 33/2 (2007) 57-67.
45. *Cf.* Nicolet, C., *L'ordre équestre à l'époque républicaine* (1966) 29-45.

ayant exercé une magistrature curule, les autres se contentent de la prétexte (Macr. *Sat.* 1, 6, 11–12). Puis, tous les fils de famille de la *nobilitas* patricio-plébéienne en auront une (Plin. *nat.* 33, 10), dont ils ne peuvent se séparer (Liv. 26, 36, 5), sinon dans des circonstances tout à fait exceptionnelles[46]. Durant la deuxième guerre punique, les fils d'affranchis se seraient vus aussi autoriser le port de la prétexte et, autour du cou, celui d'« une lanière de cuir (*lorum*) remplaçant l'ornement de la bulle, à condition qu'ils fussent nés d'un mariage légitime » (Macr. *Sat.* 1, 6, 13–14). À l'époque de Juvénal, on continue à opposer la bulle d'or (l'*aurum etruscum*) et « l'insigne fait d'une pauvre lanière » (*signum de paupere loro*, Iuv. 5, 163–165)[47]. Le fantasme d'une bulle de cuir (*bulla ... scortea*)[48] est dénoncé par Palmer[49]. À la fin de la République et au début du Principat, sur les reliefs funéraires d'affranchis figurant des groupes familiaux, l'enfant arbore parfois la bulle. On s'accorde pour considérer qu'on indique par là son *ingenuitas*, donc qu'il est né d'un mariage légitime, après l'affranchissement de ses parents (et qu'il porte par conséquent l'espoir de promotion sociale, à la deuxième génération, de leur lignée) (pl. 6, 4; 7, 1)[50].

On admet d'habitude que la bulle des enfants détourne d'eux le mauvais œil (mais la chose n'est affirmée explicitement que pour celle des triomphateurs, Macr. *Sat.*1, 6, 9). Elle aurait la même fonction que d'autres amulettes qu'on suspendait au cou des enfants[51], comme le *scaevola* « objet très indécent » selon Varron (*ling.* 7, 97), les *praebia* (*ling.* 7, 107), ou encore des mandibules de lucane (Plin. *nat.* 11, 97). Le médecin Marcellus (vers 400 ap. J.-C.) affirme qu'est souverain contre les maux d'yeux le port d'une bulle d'or avec des yeux de lézard dedans[52]. On peut de surcroît remarquer qu'aux périphéries de l'Italie centrale, les enfants en langes de terre cuite n'arborent pas la classique bulle lenticulaire, mais des parures, sans doute prophylactiques, d'autre sorte: pendentif triple à Saturnia en Étrurie[53], et à Paestum sautoir à breloques[54] d'un modèle par ailleurs courant dans le monde grec.

5. La mort des petits enfants

La mort de l'enfant en bas âge est, à Rome, en raison de sa fréquence même, littéralement « dédramatisée » (du point de vue des parents[55]) et fait l'objet d'un traitement simplifié (du point de vue du rituel funéraire). Un texte juridique énonce: « de l'enfant de moins de trois ans, on ne porte pas le deuil, seulement un 'sous-deuil' (*minor trimo non lugetur, sed sublugetur*). De l'enfant de moins d'un an, on ne porte ni le deuil ni le sous-deuil »[56]. Et même, selon d'autres sources, une loi attribuée à Numa, qui aurait « réglé lui-même le deuil et sa durée selon l'âge du mort », stipulait de ne pas porter « le deuil d'un enfant au-dessous de trois ans » (Plut. *Num.* 12, 2). Aux funérailles avant terme (*funus acerbum*[57]), à « la mort prématurée ... correspond un cérémonial rapide »[58]. Les nourrissons, comme plus généralement les impubères, sont portés au tombeau de nuit, à la lueur des torches[59].

La procédure est également simplifiée en ce qui concerne la tombe: les nouveau-nés de moins de 40 jours n'ont pas droit à une sépulture dans une nécropole, ne peuvent être incinérés, mais sont enterrés « sous les gouttières » (*sub grundis*), dans ces *suggrundaria* qui sont « sous l'auvent du toit de la maison ». Un seul texte, tardif, l'affirme (Fulg. *serm. ant.* 7 p. 113 Helm), mais une notation plus générale de Pline va à peu près dans le même sens: « on n'a pas coutume d'incinérer un être humain avant la pousse de ses dents » (*nat.* 7, 72), ainsi qu'une allusion de Juvénal[60]. Et surtout, l'inhu-

---

46. Suet. *Iul.* 84: les matrones jettent dans le bûcher de César « les parures qu'elles portaient, les bulles et les prétextes de leurs fils ».

47. *Cf.* aussi Scipio Aemilianus Africanus Minor, *ORF* fr. 30.

48. Ps.-Ascon. comm. p. 254 Stangl à Cic. *Verr.* 1, 152; *cf. Schol.* Iuv. 5, 164.

49. Palmer 45–46.

50. Pl. 6, 4: Relief des Servilii, Rome, Mus. Vat. 10491: *CIL* VI 26410; Zanker, P., «Grabreliefs römischer Freigelassener», *JdI* 90 (1975) 287 fig. 19; Fabre, G., *Libertus. Recherches sur les rapports patron-affranchi à la fin de la République romaine* (1981) 203 n. 332; Goette 154 n° 4. Couple d'affranchis représenté avec son jeune fils, P. Servilius Q. f. Globulus, portant la bulle, vers 20 av. J.-C.; pl. 7, 1: Relief des Vettii, de Rome, Via Po: von Sydow, W., *AA* (1973) 620 pl. 62; Zanker *o.c.* 295 fig. 25; Fabre *o.c.* 205 fig. 48; Goette 155 n° 9. Couple d'affranchis avec une jeune fille et un petit garçon portant une bulle. *Cf.* Relief à Ince Blundell Hall: Ashmole, B., *A Catalogue of the Ancient Marbles at Ince Blundell Hall* (1929) 87 n° 222 pl. 34; Gabelmann 529–531 fig. 9; Goette 155 n° 10.

51. Dasen 1, 275–289, part. 283 et suiv.

52. Marcell. *de medicamentis* 8, 50; *cf.* Palmer 66–69.

53. Rendini, P., «Stipi votive e culti nella valle dell'Albegna in età ellenistica», dans Comella/Mele (n. 11) 285–293 pl. 4d.

54. Torelli, M., *Paestum romana* (1999) 62.

55. Cic. *Tusc.* 1, 93: «Les mêmes gens, s'il meurt un petit enfant, estiment qu'il faut en supporter la perte avec fermeté, et, pour un enfant au berceau, qu'il n'y a pas même lieu de se plaindre» (trad. J. Humbert, CUF). *Cf.* Dasen, V., «La mort des enfants à Rome: l'impossible chagrin», dans *L'Enfant*, numéro spécial de *La Vouivre* 15 (2006) 29–37.

56. *Frag. Vat.* 321 = *FIRA* II 536.

57. Boyancé, P., «*Funus acerbum*», *REA* 54 (1952) 275–289; Scheid, J., «*Contraria facere*. Renversements et déplacements dans les rites funéraires», *AION* 6 (1984) 117–139.

58. Néraudau, J.-P., «La loi, la coutume et le chagrin. Réflexions sur la mort des enfants», dans Hinard, F. (éd.), *La mort, les morts et l'au-delà dans le monde romain*, Colloque Caen (1987) 195–208.

59. Serv. auctus *Aen.* 11, 143; *cf.* Sen. *Herc. f.* 851–855; *brev. vit.* 20, 5.

60. Iuv. 15, 139–140: «nous gémissons lorsque ... on inhume un enfant trop jeune pour le feu du bûcher».

méditerranéen et au-delà, de la protohistoire à l'Antiquité tardive, mais particulièrement, à l'époque orientalisante, dans le Latium (Castel di Decima, Ficana[61]) et à Rome, où l'on continue à ensevelir des enfants sur le Forum, sur l'emplacement des anciennes nécropoles des premières phases de la culture latiale, tandis que les tombes d'adultes sont désormais éloignées (fig. 1)[62]. La même pratique se retrouve dans l'Italie tardo-antique (Loppio S. Andrea[63], Lugnano in Teverina[64] où 47 enfants de moins de trois ans étaient accompagnés de 13 chiens de moins d'un an – des animaux de compagnie?), et dans la Gaule impériale (cette fois dans des ateliers de potiers: Lezoux, Sallèles d'Aude[65]).

Les inhumations de petits enfants peuvent également se trouver dans les nécropoles suburbaines, mêlées à celles des adultes ou regroupées[66]. À Musarna, en Étrurie méridionale, les tombes à fosse de petites dimensions, avec parfois un mobilier funéraire caractéristique (l'*askos*-biberon), gravitent autour des monuments funéraires familiaux d'époque hellénistique. Dans la nécropole impériale du même site, sur 136 tombes, 12 appartiennent à des immatures de moins de quatre ans, sans mobilier ou avec un mobilier réduit (cruche, pot) (pl. 7, 2)[67].

Les inscriptions et l'iconographie funéraires révèlent le chagrin des parents devant la mort prématurée de leurs enfants «doux et innocents»[68], parfois aussi une infantilisation voulue de l'imagerie religieuse, comme sur la stèle romaine d'Achilleus mort à sept mois, un Hermès enfant qui peut être le psychopompe ou bien le petit défunt *in forma deorum* (pl. 8, 1)[69].

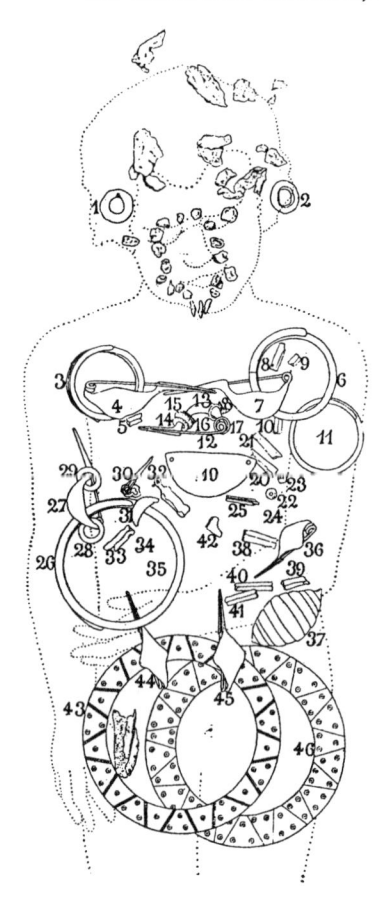

Fig. 1

mation des nourrissons dans l'habitat, souvent contre les murs des maisons, est une pratique archéologiquement très bien attestée, dans l'espace

OLIVIER DE CAZANOVE

---

61. Jarva, E., «Aree di tombe infantili a Ficana», *ArchLaz* 4 (1981) 269–273.

62. Nécropole du temple d'Antonin et Faustine, tombe M, fillette de 3–4 ans; Fayer, C., *Aspetti di vita quotidiana nella Roma arcaica* (1982) 122–138, en part. 133 fig. 40.

63. Gaio, S., «*Quid sint suggrundaria*: la sepoltura infantile a enchytrismos di Loppio S. Andrea (TN)», *Annali del Museo civico di Rovereto* 20 (2004) 53–90.

64. Soren, D. et N., *A Roman Villa and a Late Roman Infant Cemetery. Excavation at Poggio Gramignano, Lugnano in Teverina* (1999).

65. Laubenheimer, F., «La mort des tout petits dans l'Occident romain», dans Dasen 2, 293–315; Duday, H./Laubenheimer, F./Tillier, A.-M., *Sallèles d'Aude. Nouveau-nés et nourrissons gallo-romains* (1995).

66. De nombreux cas de figure sont évoqués dans Laubenheimer (n. 65).

67. Rebillard, E., *Musarna 3. La nécropole impériale* (2009). Musarna, nécropole orientale, tombes à fosse de nouveau-nés.

68. Baills, N., «Les stèles épigraphiques dédiées aux enfants en bas âge», dans Gourevitch et al. 122–128; King, M., «Commemoration of Infants on Roman Funerary Inscriptions», dans Oliver, G. J. (éd.), *The Epigraphy of Death. Studies in the History and Society of Greece and Rome* (2000) 117–154.

69. (= *LIMC* V Mercurius **229***) Stèle funéraire de Sextus Rufius Achilleus, Rome, Mus. Nat. 29739, provenance inconnue: *CIL* VI 25572; *MusNazRom* I 7, 1, 50–51 n° II 33; Wrede, *Consecratio* 279–280 n° 222 pl. 32, 3; relief représentant un jeune enfant nu avec un manteau sur le bras droit, portant les attributs de Mercure, le caducée et la bourse, accompagné d'un coq et d'une tortue. – IIe s. ap. J.-C.

1.b. KINDHEIT UND JUGEND

Kindheit und Jugend in der griechischen Welt

GLIEDERUNG
1. Einleitung 17
2. Kinder und Heranwachsende bei Kultausübungen der Familie im Haus . . . 20
   2.1. Hochzeit 20
   2.2. Totenkult 22
3. Kinder und Heranwachsende bei Kulthandlungen im Heiligtum 25
   3.1. Privater Besuch im Heiligtum – Parastasis der Kinder bei verschiedenen Gottheiten – Stiftungen von Weihreliefs und Kinderstatuen 25
   3.2. Die Teilnahme an öffentlichen Festen . 30
      3.2.1. Kultämter für Mädchen in offiziellen Kulten der Polis . . . 30
         3.2.1.1. Arrhephoren 31
         3.2.1.2. Arktoi 33
         3.2.1.3. Kanephoren 34
      3.2.2. Kinder und Heranwachsende sind in rituelle Handlungen bei verschiedenen Anlässen und Festen eingebunden 36
         3.2.2.1. Aiora 36
         3.2.2.2. Apatouria 38
         3.2.2.3. Choenfest 41
         3.2.2.4. Diasia 45
         3.2.2.5. Oschophoria 46
         3.2.2.6. Pyanopsia 46
         3.2.2.7. Pythais 47
         3.2.2.8. Mysterienfeiern 47
      3.2.3. Kinder und Heranwachsende als Ministranten bei kultischen Anlässen 48
      3.2.4. Kinder und Heranwachsende als Teilnehmer an sportlichen und musischen Agonen bei Festen 50
4. Kultausübung und Palästra 53
5. Kinder und Heranwachsende als Stifter . . 56
6. Initiations- und Übergangsrituale bei Heranwachsenden 58

ABKÜRZUNGEN: Cohen, A./Rutter, J. B. (Hsg.), *Constructions of Childhood in Ancient Greece and Italy*, Hesperia Suppl. 41 (2007); Crelier, M.-C., *Kinder in Athen im gesellschaftlichen Wandel des 5. Jhs. v. Chr.* (2008); Dillon, M., *Girls and Women in Classical Greek Religion* (2002); Edelmann, M., *Menschen auf griechischen Weihreliefs* (1999); von den Hoff, R./Schmidt, S. (Hsg.), *Konstruktionen von Wirklichkeit. Bilder im Griechenland des 5. und 4. Jhs. v. Chr.* (2001); Mattusch, C. C./Donohue, A. A./Brauer, A. (Hsg.), *Common Ground: Archaeology, Art, Science, and Humanities. Proceedings of the XVIth International Congress of Classical Archaeology*, Boston 2003 (2006); Mitsopoulou-Leon, V., «Zu Knaben und Mädchen in Artemisheiligtümern. Die Aussage der Quellen und Votive», in ἀμύμονα ἔργα. FS V. K. Lambrinoudakis (2007) 189–200; Neils, J./Oakley, J. H. (Hsg.), *Coming of Age in Ancient Greece. Images of Childhood from the Classical Past* (Ausstellung Hanover, New Hampshire 2003); Rühfel, H., *Kinderleben im klassischen Athen* (1984); Seifert, M., «Auf dem Weg zum Erwachsenwerden: Welche Rolle spielten die Kinder in attischen Kulten und Festen?», AntW 37, 3 (2006) 71–79 (= Seifert 1); Xagorari-Gleißner, M., «Kinderbilder in der attischen Grabkunst klassischer Zeit», Philia (2009), 2) 23–27.

1. Einleitung

Die vorliegende Untersuchung widmet sich Kindern (ab ca. 3 Jahren) und Heranwachsenden, die in der griechischen Bildkunst und in Schriftquellen als Teilnehmer an Kulthandlungen auftreten[1]. Kleinkinder, die das Säuglingsalter verlassen haben, werden bis zum 7. Lebensjahr als *paidion* (παιδίον), *paidarion* (παιδάριον) oder *neaniskos* (νεανίσκος) bezeichnet. Neben *paidiskos* (παιδίσκος) für einen jungen Knaben und *paidiskē* (παιδίσκη) für ein junges Mädchen findet sich als häufigste Bezeichnung einfach *pais* (παῖς), wobei das Kind durch den jeweiligen Artikel als männlich (Sohn) oder weiblich (Tochter) identifiziert wird; *pais* bezieht sich auf alle Altersstufen bis zum Eintritt in das Erwachsenenalter. *Teknon* (τέκνον) betont eher die Beziehung zwischen Erzeuger und Kind[2]. Etwas ältere männliche Kinder werden nach dem 12.

---

1. Nicht zugänglich war mir die ungedruckte Habilitationsschrift von Seifert, M., *Dazugehören. Kinder in griechischen Kulten und Festen. Bildanalysen zu attischen Sozialisationsstufen (6.–4. Jh. v. Chr.)* (Hamburg 2004).
2. s. Golden, M., «'Pais', 'Child' and 'Slave'», AntCl 54 (1985) 91–96; Kleijwegt, M., RAC XX (2004) 866–868 s.v. «Kind». Zu den verschiedenen Altersstufen der Heranwachsenden s. auch Eyben, E., et al., RAC XIX (2001) 390–409 s.v. «Jugend». Zu den verschiedenen Bezeichnungen, Altersstufen und Differenzierung der Geschlechter: Papaikonomou, I. D., «Enfance et identité sexuée dans les cités grecques», in *Nasciturus, infans, puerulus, vobis mater terra: la muerte en la infancia* (2008) 683–710.

Lebensjahr oft *meirakion* (μειράκιον), kurz vor dem Eintritt ins Erwachsenenalter *kouros* (κοῦρος) bzw. die Mädchen *korē* (κόρη) genannt. In deren Fall definiert daneben *parthenos* (παρθένος) die Altersstufe, in der die Mädchen heiratsfähig werden, aber noch nicht zu den erwachsenen (= verheirateten) Frauen gezählt werden[3].

Die Adoleszenzphase reicht bei Mädchen bis zur Hochzeit, die nach Hesiod im fünften Jahr nach dem Auftreten der Pubertät stattfinden sollte (Hes. *erg.* 698), was etwa einem Alter der Mädchen von 16-17 Jahren entsprechen dürfte. Bei Jünglingen dagegen gibt es einen Unterschied zwischen dem physischen und dem gesellschaftlichen Erwachsenenalter. Sie wurden mit ca. 16 Jahren durch eine feierliche Aufnahme beim Apaturienfest mündige Mitglieder der Phratrie, dann mit 18 Jahren nach ihrer Eintragung in die Demenliste volljährig auf staatlicher Ebene, womit sie reif für den Ephebendienst wurden. Vollwertige Bürger mit Berechtigung zur Ausübung von Ämtern und Teilnahme an der *Boule* waren die jungen Männer aber erst mit 30 Jahren, weshalb dies in der Antike als das ideale Heiratsalter für Männer galt (so bereits Hes. *erg.* 695-697). Im Folgenden wird die Teilnahme der männlichen Heranwachsenden an kultischen Ritualen nur bis zu deren physische Reife, d. h. bis zu Beginn der Ephebie betrachtet.

Jedoch ist das genaue Lebensalter der Jungen und Mädchen in den Bilddarstellungen oft schwierig zu bestimmen, da Kinder nicht immer mit den für sie typischen Charakteristika, sondern öfter wie verkleinerte Erwachsene gezeigt werden[4]. Erschwerend kommt in einigen Fällen – besonders bei Ministranten in Opferszenen – hinzu, daß nicht immer zwischen einem Kind und einem Sklaven unterschieden werden kann, da die letzteren ebenfalls als *pais* bezeichnet und wegen ihrer geringeren Bedeutungsgröße ähnlich kleingestaltig wie die Kinder wiedergegeben werden können[5]. Hier müssen nähere Hinweise oft aus dem Kontext erschlossen werden. Als Bildträger für Szenen mit Kindern bei Kulthandlungen fungieren vor allem schwarz- und rotfigurige Vasenbilder sowie Reliefs. Dabei zeigen sich z. T. unterschiedliche Darstellungsweisen, die gattungsbedingt sind. Während die Vasenmalerei auf den Choenkännchen krabbelnde Kleinkinder oder ins Spiel vertiefte größere Kinder wiedergibt, stellen die Weihreliefs bei den Kindern in der Regel keinerlei kindgemäßes Verhalten dar, sondern präsentieren diese als sich bereits früh in die Erwachsenenpflichten einfügende Personen und geben damit einem auf die Kinder projizierten Wunschdenken der Erwachsenen Ausdruck. Da ein Großteil des Bildmaterials zu unserem Thema aus Athen und Attika stammt, wird hier überwiegend auf die Verhältnisse in Athen und auf attische Feste eingegangen. Die chronologische Verbreitung der Darstellungen erstreckt sich vor allem auf die Zeit vom 6. bis 3. Jh. v. Chr.

Das gemeinsame Feiern von Festen zu Ehren der Götter im Ablauf des Jahres zählte auf Grund gemeinschaftlich durchgeführter Rituale zu den wichtigsten identitätsstiftenden Elementen eines Kollektivs, sei es das der Polis oder einer kleinen Gruppe wie einem Familienverband, der beim Feiern die Geschlossenheit eines Oikos demonstrieren kann. Die Kinder erlebten diese Feste zuerst als Anlässe für Geschenke und Schulferien[6]. Bei den Riten, welche die Familie im häuslichen Bereich zu privaten Anlässen wie Hochzeit und Begräbnisritual ausübte, sind die Kinder nicht nur als Mitglieder der Oikos-Gemeinschaft *passiv* anwesend (Plat. *nom.* 887d-e), sondern übernehmen z. T. auch *aktive* Rollen bei den Ritualausübungen wie etwa bei der Hochzeit. So waren Kinder von früh an in das religiöse Leben eingebunden.

Ein zweiter, weitaus größerer Bereich betrifft Kinder und Heranwachsende bei Kulthandlungen im Heiligtum. Zuweilen treten die Kinder hier nur im Rahmen der Großfamilie als Begleiter der Eltern auf, die aus privaten Gründen einen sakralen Bezirk aufsuchen. Häufig rücken die Kinder aber auch in den Mittelpunkt, da sie der Anlaß

---

3. Nicht alle im Kultkontext *parthenoi* genannten Priesterinnen können deshalb auf das Kindalter festgelegt werden (s. z.B. Paus. 7, 8, 12); es gibt auch Priesterämter auf Lebenszeit, die Mädchen im Kindesalter antreten und dann *parthenos* bleiben: s. Syll.³ 1012 (Dekret, daß die Dionysospriesterin auf Kos bei ihrer Weihung nicht jünger als 10 Jahre sein darf).
4. Zum Problem der Altersdifferenzierung der Kinder in bildlichen Darstellungen s. Beaumont, L., «Constructing a Methodology for the Interpretation of Childhood Age in Classical Athenian Iconography», *Archaeological Review from Cambridge* 13, 2 (1994) 81-96; Dickmann, J.-A., «Das Kind am Rande. Konstruktionen des Nicht-Erwachsenen in der attischen Gesellschaft», in von den Hoff/Schmidt 173-181 (zur Bedeutung der Alterskennzeichnung bei Kindern vom Säugling bis hin zum verkleinerten Erwachsenen und deren Verschiedenheit in spezifischen Gattungen der griechischen Bildkunst); id., «Bilder vom Kind im klassischen Athen», in *Die griechische Klassik. Idee oder Wirklichkeit* (Ausstellung Berlin 2002) 310-320; Crelier 101-110 (mit weiterer Lit.); Gutschke, F., «Ein griechischer Musterschüler im Robertinum», in *Zurück zum Gegenstand. FS A. Furtwängler* I (2009) 309-312. Zu den unterschiedlichen Altersklassen auf Weihreliefs: Lawton, C. L., «Children in Classical Attic Votive Reliefs», in Cohen/Rutter 41-60.
5. s. Golden (Anm. 2) 91-104. Zu diesem Problem s. auch Kratzmüller, B., «The Different Sides of the Medal: Male *paides* within the Attic Sports Environment of Late Archaic and Classical Times», in Mattusch/Donohue/Brauer 621-623; Crelier 105 sowie hier **3.2.3**. Vgl. auch die Beobachtungen von Moraw, S., in von den Hoff/Schmidt 15-16, die anhand von Frauengemachsdarstellungen des 4. Jhs. v. Chr. darauf aufmerksam macht, daß bürgerliche Kinder in solchen Szenen nur selten wiedergegeben sind und daß es sich bei einigen gestalteten Personen hier meist um Dienerfiguren und Eroten handelt.
6. In Magnesia setzt ein Dekret die Schulferien während des Artemisfestes fest: Syll.³ 695, 30; s. auch hier **3.2.2.4**.

des Besuches im Heiligtum sind. Sie werden der Gottheit in einer Parastasis präsentiert, die meist von Gebet und Danksagung für das kindliche Wohlergehen begleitet wird. So überliefert etwa Chariton Call. 3, 8, 7-8, daß Kallirhoe ihren Säugling der Statue der Aphrodite entgegenhält und um dessen Beschützung bittet. Votivgaben sollten häufig die Anliegen der Adoranten unterstützen. Bei Begleitung ihrer Eltern zu öffentlichen Festen lernten die Kinder von klein auf durch Nachahmung den Ablauf von Kulten und Riten kennen[7]. Mit der Durchführung festgelegter Riten bei sakralen Handlungen wurden den Kindern auch auf ihrem Weg der Integration in die Erwachsenenwelt strenge Verhaltensnormen vermittelt. So zeigt bereits ein korinthisches Salbölfläschchen des 7. Jh. v. Chr. Frauen und mehrere kleine, korrekt gekleidete Mädchen – die erwachsenen Frauen nachahmend – bei einer gemeinsamen Prozession ins Heiligtum (Taf. 8, 2)[8]. Auch Adoleszenzriten führten die betreffenden Kinder an sakrale Plätze. Es ist bezeugt, daß sie auch selbst als Pilger ein Heiligtum besuchen konnten[9]. Sie traten sogar als Schutzflehende im Heiligtum auf, wie verschiedene Beispiele aus der Welt des Mythos, etwa das der Herakliden, zeigen[10]. Manchmal übten Kinder auch Kultämter aus, die oft mit einem längeren Aufenthalt im Heiligtum verbunden waren, wie etwa die Arrhephoren auf der Akropolis und die Arktoi in Brauron. Junge Mädchen traten hier im Gruppenverband bei religiösen Handlungen auf[11]. Aber auch einzelne Mädchen verschiedenen Alters leisteten den Kultdienst für bestimmte Gottheiten, so z.B. in Messene für Artemis[12] oder in Troizen für Poseidon[13]. Jungen verrichteten ebenfalls solche Dienste; so gab es z.B. in Theben einen kindlichen Kultdiener des Apollon, nahe bei Elateia in Phokis diente ein Knabe als Priester der Athena Kranaia (Paus. 9, 10, 4; 10, 34, 8). Auch gemeinsame Kultdienste von Mädchen und Jungen sind belegt. Die «Überredung» der Geschwistergottheiten Apollon und Artemis in Sikyon wurde von einer Gesandtschaft von je sieben Jungen und Mädchen gemeinsam ausgeführt[14], in Magnesia dienten beim Kult des Zeus Sosipolis je neun weibliche und männliche *paides amphithaleis*[15].

W. Burkert hebt drei wesentliche Elemente bei den Feiern griechischer Feste hervor: *pompe* (πομπή), *agon* (ἀγών) und *choroi* (χοροί)[16]. Überall konnten dabei Kinder aktiv teilnehmen und sogar mit sakralen Aufgaben betraut werden. Bei Prozessionen (*pompai*) oblag Kindern und Jugendlichen etwa die Präsenz bei Festgesandtschaften[17]. Vor allem in den Festzügen hellenistischer Zeit war eine große Anzahl von Epheben, Neoi und Paides zugegen[18]. Als Ministranten in Prozessionen und Opferszenen können sie verschiedene zum Opfer notwendige Gerätschaften tragen und spielen als *paides amphithaleis* eine wichtige Rolle. Was die *choroi* anbelangt, so traten die Heranwachsenden bei Festgesandtschaften und auch bei anderen Prozessionen und kultischen Feiern oft als Sänger auf, da Kinderchöre beliebt waren. Vielfach erwähnt werden sowohl Mädchen- wie Knabenchöre, die eine Prozession begleiten[19], aber auch Chorvorträge vor dem Tempel oder an anderen heiligen Stätten halten[20]. In Korinth hingegen sangen auserwählte Knaben wie Mädchen, die sich für ein Jahr dem Tempeldienst der Hera weihten, in schwarzen Gewändern und mit geschorenen

---

7. Zur Rolle der Kinder in attischen Kulten und Festen s. auch Seifert 1, 71-79.
8. London, BM 1865.7-20.20: Amyx, *CVP* I 230, 1 Taf. 99, 2; Rühfel 117 Abb. 65. – Schon *h. Hom. Ap.* 146 erwähnt die Teilnahme von Kindern am Kult in Delos; in Hermione nehmen Kinder am Festzug der Chthonia teil, die weiße Gewänder tragen und mit Hyazinthen bekränzt sind: Paus. 2, 35, 5; in Tamynai auf Euböa ist die Teilnahme von Mädchen wie Jungen (unter 7 Jahren) wichtiger Bestandteil des Festzuges für Asklepios: *IG* XII 9, 194. Auf die Jüngeren ausgerichtet ist auch am Rande der Oschophorien der Halt der Prozession in Phaleron, wenn die Deipnophoren den mitlaufenden Kindern Essen verteilen und ihnen Geschichten über Theseus erzählen: Plut. *Thes.* 23, 4-5.
9. Vgl. Dillon, M., *Pilgrims and Pilgrimage in Ancient Greece* (1997) 200-201.
10. s. weiter zu Schriftquellen und Darstellungen Schmidt, M., *LIMC* IV 723-728 *s.v.* «Herakleidai».
11. Zur Rolle von Mädchengruppen im Heiligtum s. ausführlich Calame, *Choruses* 89-206.
12. s. die Inschrift einer Statuenbasis, die berichtet, daß das dargestellte Mädchen das Xoanon der Artemis Ortheia getragen und die Fackel zum Altar gestreckt hat: Orlandos, A. K., *Praktika* (1962) 110.
13. Die Priesterin des Poseidon muß abdanken, sobald sie ins heiratsfähige Alter kommt: Paus. 2, 33, 2.

14. Die Kindergesandtschaft trägt die Götterbilder zuerst ins Heiligtum der Peitho, von dort ins Heiligtum des Apollon: Paus. 2, 7, 7.
15. Syll.[3] 589, 20ff.
16. Burkert, W., «Die antike Stadt als Festgemeinschaft», in Hugger, P. (Hsg.), *Stadt und Fest* (1987) 30.
17. s. dazu etwa hier **3.2.2.7**.
18. s. weiter Köhler, J., *Pompai. Untersuchungen zur hellenistischen Festkultur* (1996) 162-163.
19. Ein Mädchenchor begleitet die Daphnephorie: Prokl. *chr.* in Phot. *bibl.* 321a 35-37 (= *ThesCRA* II 4 b Tanz **196**); ein Knabenchor trägt singend Lorbeer und Olive zum Altar des Asklepios in Athen: Furley/Bremer, *Hymns* II 228-233.
20. Ein Mädchenchor tanzt für Artemis Karyatis: Paus. 3, 10, 7; 4, 16, 9; Pollux 4, 104 (= *ThesCRA* II 4 b Tanz **219**. **80**); zu diesen Karyatiden s. Hupfloher, A., *Kulte im kaiserzeitlichen Sparta* (2000) 102-104. – Für Artemis Leukophryene in Magnesia: Syll.[3] 695 (= *ThesCRA* II 4 b Tanz **258**); der Mädchenchor der Deliaden singt für Apollon: *ThesCRA* II 4 b Tanz S. 319-321; Furley/Bremer, *Hymns* I 142-146; in Samos tanzen Chöre beiden Geschlechts für Artemis und bekommen Kuchen: Hdt. 3, 48 (= *ThesCRA* II 4 b Tanz **264**); ebenfalls Chöre beiden Geschlechts tanzen während der Pannychis für Athene: Eur. *Heracl.* 777-783 (= *ThesCRA* II 4 b Tanz **276**); zur speziellen Rolle der *parthenoi* in den Pannychides s. Parker, *Polytheism* 166 (mit Quellen).
182. Weitere Beispiele bei: Calame, *Choruses* 91-206.

Haaren Trauerchöre zu Ehren der getöteten Kinder Medeas (Paus. 2, 3, 7). Die Ausbildung im Chorgesang gehörte zur schulischen Erziehung der Kinder[21]. Sie traten bei Festen mit Instrumenten als Musiker auf und boten auch Tänze dar[22]. An Wettspielen (*agones*) jeglicher Art anläßlich verschiedener Feste hatten die Jugendlichen ebenfalls Anteil. Es ist bezeugt, daß dort musische und sportliche Agone für verschiedene Altersklassen abgehalten wurden[23]. Sogar an Mysterienfeiern durften sie als Eingeweihte teilnehmen. An Festtagen konnten die Kinder auch gruppenweise allein durch die Stadt ziehen und unter Absingen von Versen, in denen Glück und Fruchtbarkeit verheißen wurde, Gaben erbitten[24]. Der bekannteste, wohl auf ältere Segensriten zurückgehende Kinderumzug fand am Apollonfest *Pyanopsia* statt.

Ein genereller Überblick über die bildlichen Darstellungen zeigt, daß die Rolle der Kinder oft nur formelhaft ist. Die Kinder stehen nicht *per se* im Mittelpunkt, sondern bilden häufig nur die Folie, um Eigenschaften aus dem Wertekanon der Erwachsenen ins Bild zu setzen[25], wie etwa die vorbildlichen Eltern, die sich treusorgend um ihre Nachkommen kümmern oder auch die Erwachsenen, welche, unterstützt von Kindern, ihre religiösen Pflichten im Heiligtum erfüllen. Wenn Kinder, wie auf vielen Weihreliefs zu sehen, korrekt gekleidet und wie Erwachsene schreitend mit ihrer Familie ins Heiligtum ziehen, so entspricht dies nicht kindgemäßem Verhalten in der Realität. Vielmehr sollen auch hier die Eltern gelobt werden, die ihren Kindern Zucht, Ordnung, korrektes Verhalten und Erfüllung der religiösen Pflichten beigebracht haben. Auch die Kultämter der Kinder dienen in erster Linie dazu, das Ansehen einer Familie hervorzuheben[26]. So ist es denn die Hauptaufgabe der Kinder, die Oikosgemeinschaft zu repräsentieren. Nur durch ihre Anwesenheit kann sich eine Familie überhaupt als eine solche darstellen. Als deren jüngste Mitglieder stehen die Kinder symbolisch für Zukunft und Fortbestand eines Hauses.

2. Kinder und Heranwachsende bei Kultausübungen der Familie im Haus

2.1. Hochzeit

BIBLIOGRAPHIE: Crelier 171–179; Kauffmann-Samaras, A., «Mère et enfant sur les lébétès nuptiaux à figures rouges attiques du Ve s. av. J.-C.», in *AGRP* (Copenhagen) 286–299; Mösch-Klingele, R., in *ThesCRA* V (2005) 176–178; ead., *Die Loutrophoros im Hochzeits- und Begräbnisritual des 5. Jhs. v. Chr. in Athen* (2006) (= Mösch-Klingele); Oakley, J. H./Sinos, R., *The Wedding in Ancient Athens* (1993); Rühfel 107–114; Weiss, C., «Ein bislang unbekanntes Detail auf dem Hochzeitsbild der Karlsruher Lutrophoros 69/78», in *AGRP* (Copenhagen) 652–664; Winkler, H., *Lutrophorie. Ein Hochzeitskult auf attischen Vasenbildern* (1999); s. auch *ThesCRA* VI 1 c Hochzeit, gr.

Während der Bräutigam die Ehe erst als erwachsener Mann, häufig im Alter von 30 Jahren, einging, bedeutete die Hochzeit für die ca. 16 Jahre alten Mädchen bereits das Ende der Adoleszenz. Als Symbol dafür wurden die Spielsachen einer Gottheit, meist Artemis, geweiht und das Hochzeitsritual machte die jungen Mädchen zur *gyne* (γυνή). An den dreitägigen Feierlichkeiten nahm der ganze Oikos teil. Kinder waren dabei bereits vom Säuglingsalter an präsent. Eine wichtige Rolle spielten die *paides amphithaleis* (παῖδες ἀμφιθαλεῖς), die bei verschiedenen Zeremonien des mehrtägigen Festes bestimmte Aufgaben übernahmen[27]. Die Präsenz von *auf beiden Seiten blühenden* Kindern, deren beide Eltern noch am Leben waren, sollte dem jungen Paar Glück verheißen und Symbol für eigene Nachkommenschaft sein. Darauf deutet auch der für Naxos bezeugte (Kall. *aitia fr.* 75) und vielleicht ebenso anderenorts übliche Hochzeitsbrauch hin[28], wonach am Vorabend der Eheschließung jeweils ein *pais amphithales* neben der Braut bzw. dem Bräutigam ruhte. Auf einem Vasenbild hat sich die Wiedergabe eines Paares im Hochzeitsbett mit einem kleinen, am Fußende des Bettes schlafenden Knaben erhalten, das auf einen derartigen Ritus Bezug nehmen

---

21. Die Ausbildung im Chorgesang fand idealerweise von klein auf (ἐκ νηπίων) statt: Pol. 4, 20, 8; Platon fordert sie für alle Kinder: Plat. *nom.* 654b. Weitere Nachweise dazu bei Rühfel 120–121; zur musikalischen Ausbildung der Mädchen: Vazaki, A., *Mousike Gyne. Die musisch-literarische Erziehung und Bildung von Frauen im Athen der klassischen Zeit* (2003).
22. In Amyklai spielten Knaben an den Hyakinthien zu Ehren Apollons Kithara oder sangen zu Flötenbegleitung; bei diesem Fest paradierten auch Knaben auf geschmückten Pferden, Mädchen fuhren auf Karren und Streitwagen: Polykrates, *FGrH* 588 F 1 (Athen. 4, 139e-f, =*ThesCRA* II 4 b Tanz **178**); s. weiter auch Anm. 20.
23. s. dazu hier **3.3.2.4**.
24. Zu den Bettelumzügen der Kinder s. Rühfel 79–82.
25. Daß vielen griechischen Kinderdarstellungen normierte Sichtweisen der Erwachsenen zugrundeliegen, ist auch das Thema mehrerer Studien von J.-A. Dickmann (Anm. 4), zuletzt *id.*, «Der Mann im Knaben. Das Ent-

schwinden des Kindes im klassischen Athen», *AW* 39, 6 (2008) 19–24; s. auch Schlegelmilch, S., *Bürger, Gott und Götterschützling. Kinderbilder der hellenistischen Kunst und Literatur* (2009) 44–89.
26. Eine Inschrift belegt, daß es in Mykene zu solchen Rivalitäten unter den Eltern kam, wessen Kinder am Kult des Perseus teilnehmen durften, daß eigens zur Schlichtung dieses Problems ein Schiedsrichter eingesetzt werden mußte: *IG* IV 493; s. Hölkeskamp, K.-J., *Schiedsrichter, Gesetzgeber und Gesetzgebung im archaischen Griechenland* (1999) 218.
27. Zu den Aufgaben der *paides amphithaleis* s. Oepke, A., «Amphithaleis im griechischen und hellenistischen Kult», *ARW* 31 (1934) 42–56; Rühfel 82–95. 107–114; Kauffmann-Samaras 290–297; Baudy, D., *NPauly* 1 (1996) 618–619 s.v. «Amphithaleis paides»; Golden, M., *Children and Childhood in Classical Athens* (1990) 14.
28. Vgl. Pollux 3, 39–40; s. auch Simon, E., *OeJh* 41 (1954) 81.

könnte (Taf. 8, 3)²⁹. Einige hochzeitlich konnotierte Szenen auf att. rf. Vasen, wie z.B. auf drei Lebetes gamikoi, zeigen die Beschäftigung einer Braut mit einem Säugling (Taf. 9, 1–2; 10, 1)³⁰. Auch hier dürfte es sich um den *pais amphithales* handeln, dessen Berührung durch die Braut einem magischen Fruchtbarkeitszauber gleicht, der ihr zu eigenem Kindersegen verhelfen soll.

Stellvertretend für viele ähnliche Darstellungen bietet das Bild auf einer att. rf. Loutrophoros in Karlsruhe (um 430 v. Chr.) ein prägnantes Beispiel für die passive wie aktive Teilnahme von Kindern und Jugendlichen am Hochzeitsfest (Taf. 10, 2; 36, 2)³¹. Eine feierliche Prozession bringt das Wasser für das Brautbad vom Brunnen ins Haus der Brauteltern. Anführer des Zuges ist ein den Doppelaulos blasender, bekränzter Jüngling. Ihm folgt ein junges Mädchen, das eine Loutrophoros mit dem Badewasser trägt. Dahinter führt eine Frau mit Fackel ein kleines Mädchen an der Hand. Die aktiven Rollen als Musikanten und Loutrophorosträger bei Hochzeitsfeierlichkeiten sind für Jugendliche auch durch Schriftquellen bezeugt (s. u.). Zwar ist das von der Mutter geleitete Mädchen für die Ausübung eines Kultamts noch zu klein, doch dokumentiert seine Präsenz, daß – wie es auch bei den Ritualen des Totenkults der Fall ist – der gesamte Oikos bis hin zum jüngsten Mitglied an allen bei Familienfeiern ausgeübten rituellen Handlungen anwesend ist.

Die Wortbedeutung von *loutrophoros* (λουτροφόρος) ist mehrschichtig, da damit sowohl ein Gefäß wie auch eine das Badewasser tragende Person bezeichnet wird³², wobei diese männlichen wie weiblichen Geschlechts sein kann³³. Laut Schriftquellen wird ein dem Brautpaar nächstverwandter Knabe (*pais*) zur Einholung des Wassers ausgeschickt³⁴. In der Bildkunst sieht man allerdings – sofern nicht eine erwachsene Frau die Loutrophoros trägt – eher die Mädchen mit dieser Aufgabe betraut, wie es auch auf dem Karlsruher Vasenbild der Fall ist. Bereits bei der frühesten gesicherten Hochzeitsdarstellung auf einer protoattischen Vase aus dem Athener Nymphenheiligtum wird die Prozession von einem jungen Mädchen angeführt, das die Loutrophoros für das Badewasser auf dem Kopf trägt (Taf. 35, 3)³⁵.

Auch als Musikanten in der Hochzeitsprozession können häufig Kinder fungieren. So tritt etwa auf der Karlsruher Loutrophoros ein bereits erwähnter jugendlicher Aulosbläser auf und auf einer böotischen Pyxis begegnet ein mit Krotala spielendes Mädchen (Taf. 11, 1)³⁶. Bevorzugt werden im Hochzeitszug jedoch Knaben unterschiedlichen Alters gezeigt, die meist den Doppelaulos spielen, zuweilen aber auch auf einem Saiteninstrument musizieren. Wie auch auf der Vase in Karlsruhe führen die Kinder dabei häufig die das Badewasser bringende Prozession an³⁷.

Während des Hochzeitsmahls bot ein bekränzter *pais amphithales* den Gästen aus einem Liknon Brot an. Dabei sprach er die bekannte Mysterienformel «ich entfloh dem Schlechten, ich fand das Bessere»³⁸. Da ein Liknon ebenfalls als Kinderwiege fungieren kann, ist auch dieser Auftritt des *pais amphithales* wohl als Fruchtbarkeitsritus anzusehen.

Zur Hochzeitsfeier gehören auch Tänze, an denen ebenfalls Jünglinge und Mädchen teilnahmen, wie schon Homer und Hesiod überliefern³⁹. Ein att. rf. Lebes gamikos aus Delos zeigt zwei sich entgegengesetzt bewegende Reihen von Frauen beim Reigentanz (Taf. 123)⁴⁰. Unter ihnen

---

29. (= *LIMC* II Athena **490**, III Add. Ariadne **52***) Lekythos, att. rf. Tarent, Mus. Naz. I.G. 4545: *ARV*² 560, 5 (nahe dem Pan-Maler); Simon (Anm. 28) 77–90 Abb. 47–48; Kauffmann-Samaras 291 Abb. 6; Oakley/Sinos 37 Abb. 112–114 (um 480 v. Chr.). Zwar ist hier eine mythische Szene dargestellt, doch spiegeln diese oft Rituale der menschlichen Lebenswelt wider.

30. Taf. 9, 1: Athen, Kerameikos Mus. 2694, Kauffmann-Samaras 288 Abb. 4. – Taf. 9, 2: München, Staatl. Antikenslg. 7578, Kauffmann-Samaras 288 Abb. 3. – Taf. 10, 1: Athen, NM 1250, Kauffmann-Samaras 287 Abb. 2. – Insgesamt s. ausführlich dazu Kauffmann-Samaras. Wahrscheinlich handelte es sich bevorzugt um Babies männlichen Geschlechts; weiter Oakley/Sinos 20; Sabetai, V., *The Washing Painter. A Contribution to the Wedding and Genre Iconography in the Second Half of the Fifth Century B.C.* (1994) 69; Mösch-Klingele 53–54; Crelier 171–179.

31. (= ThesCRA II 4 b Tanz **113***, V 2 b Kultinstrumente **127**, VI Add. Musik, gr. **35**) Karlsruhe, Bad. Landesmus. 69/78: Weiss 652–664 Abb. 1–13; *CVA* 3 Taf. 44–45; Oakley/Sinos 60–61 Abb. 16–19; Winkler XI. Katalog, 12–14 Nr. 9; Mösch-Klingele Kat. Nr. 26 Abb. 65–68; Kreilinger, U., *Anständige Nacktheit* (2007) 141–142 Abb. 438a–c.

32. Die Schriftquellen zusammengestellt bei Winkler 16–24; Mösch-Klingele 219–224.

33. Vgl. etwa Paus. 2, 10, 4–6, der im Zusammenhang mit einem Aphroditeheiligtum von einem Mädchen als Priesterin spricht, das *loutrophoros* genannt werde.

34. Nächstverwandte Knaben als *loutrophoroi*: Harp. und Phot. jeweils *s.v.* «loutrophoros, loutrophorein» (Mösch-Klingele 222 T 7; 223 T 10).

35. (= ThesCRA V 2 b Kultinstrumente **124**) Athen, Akropolis-Mus. 1957-Aa 189: Winkler XI. Katalog, 20–21 Nr. 17 Taf. 1; Mösch-Klingele 96. 226 Kat. Nr. 3 Abb. 61a (3. Viertel 7. Jh. v. Chr.).

36. Pyxis, Theben, Mus. 31923: *CVA* 1 Taf. 21, 3; *Eros. From Hesiod's Theogony to Late Antiquity* (Ausstellung Athen 2009) 186 (mit Abb.). Ein kitharaspielender Jüngling als Geleiter des Brautpaares findet sich auf der att. rf. Schale (= ThesCRA VI Add. Musik, gr. **49***), Berlin, Staatl. Mus. F 2530: *ARV*² 831, 20 (Amphitrite-Maler); Oakley/Sinos 33 Abb. 91.

37. Vgl. etwa die Vasenbilder Oakley/Sinos Abb. 14 sowie 97; s. auch den kleinen bekränzten Flötenbläser auf einer att. rf. Loutrophoros in Sarajevo, Nat. Mus. 418: Mösch-Klingele 228 Kat. Nr. 19 Abb. 64a–d.

38. s. die Schriftquellen dazu bei Golden (Anm. 2) 30; weiter Oakley/Sinos 29 mit Anm. 39. Dort auch zu den *Likna*.

39. Hom. *Il.* 18, 490–495; Hes. *asp.* 272–285. Zu Hochzeitstänzen s. Oakley, J. H., *ThesCRA* II 4 b Tanz S. 312–314 (mit Lit.).

40. (= ThesCRA II 4 b Tanz **112***, VI Add. Musik, gr. **44***, = *LIMC* II Apollon **947***) Mykonos, Mus. 970 (um 470 v. Chr.).

befinden sich auch ganz junge Mädchen. Da es sich hier um ein für die Hochzeit bestimmtes Gefäß handelt, dürfte sich der Tanz auf die Hochzeitsfeierlichkeiten beziehen.

Vielleicht waren die *paides amphithaleis* auch bei den Anakalypteria anwesend. Dies erschließt Oakley aus der Darstellung auf einer att. rf. Loutrophoros (Taf. 39, 2)[41]. Dort sind die *anakalypteria* der Braut und das Ausschütten der *katachysmata* über den Bräutigam in einer einzigen Bildszene vereint. Der zwischen dem sitzenden Brautpaar stehende, bekränzte Jüngling könnte auf Grund seiner hervorgehobenen Position ein *pais amphithales* sein.

Auch am Geleit der Braut ins Haus der Schwiegereltern nehmen Kinder – sicher ebenfalls *paides amphithaleis* – in der Funktion als *paides propempontes* (παῖδες προπέμποντες) teil[42]. In einer bemerkenswerten Darstellung auf einem att. rf. Kelchkrater, auf der ein Bräutigam seine Braut ins neue Heim führt, beleuchtet ganz links ein nackter bekränzter Knabe mit zwei Fackeln die nächtliche Szenerie (Taf. 10, 3)[43]. Häufig begegnen die *paides propempontes* als Eskorte neben dem Hochzeitswagen. So schaut etwa auf einer att. rf. Loutrophoros in Berlin (Taf. 11, 2)[44] ein kleiner, bekränzter und vollständig in sein Himation gehüllter Knabe zu, wie ein Bräutigam seine Braut auf den Wagen hebt. Auf einer att. sf. Hydria in Heidelberg (Taf. 11, 3)[45] steht ein ähnlich gekleideter Knabe vor dem Gespann und erwartet den Zug.

Was die Hochzeitsdarstellungen des 4. Jhs. angeht, so beschränkt sich das Bildprogramm der Kertscher Vasen vor allem auf die Epaulia und die Geschenkübergabe[46]. Auch hier können Kinder auftreten und der Braut Geschenke reichen, wie etwa die reizvolle Darstellung auf einem Lebes gamikos in St. Petersburg zeigt (Taf. 12, 1)[47], bei der ein kleines, langgewandetes Mädchen der Braut eine Lekanis präsentiert. In der unteritalischen Vasenmalerei spielen hochzeitlich konnotierte Szenen vor allem auf apulischen Vasen eine große Rolle. Das Interesse gilt hier bevorzugt der Schmückung der Braut und der Darbringung von Gaben. Kinder, die im Hochzeitsritual eine Rolle spielen, treten nicht auf.

Insgesamt läßt sich feststellen, daß die Kinder in den Hochzeitsszenen der griechischen Bildkunst dennoch nur eine Nebenrolle spielen. Die Darstellungen gelten vor allem der Wiedergabe der Braut und wollen das Gedenken an die Hochzeit festhalten, da dies die größte Ehre im Lebenslauf einer Frau war. Alle sie umgebenden Personen, auch die Kinder, dienen dazu, das Ansehen der Braut hervorzuheben, bilden also die Folie, um diese in den Mittelpunkt des Interesses für den Bildbetrachter zu setzen.

2.2. Totenkult

BIBLIOGRAPHIE: Brigger, E.,/Giovannini, A., «Prothésis: étude sur les rites funéraires chez les Grecs et chez les Étrusques», *MEFRA* 116 (2004) 179–248; Dillon 268–292; Huber, I., *Die Ikonographie der Trauer in der Griechischen Kunst* (2001); Laxander, H., *Individuum und Gemeinschaft im Fest. Untersuchungen zu attischen Darstellungen von Festgeschehen im 6. und frühen 5. Jh. v. Chr.* (2000) 75–124. 189–205; Merthen, C., *Beobachtungen zur Ikonographie von Klage und Trauer. Griechische Sepulkralkeramik vom 8.–5. Jh. v. Chr.* (Diss. Würzburg 2005, http://www.opus-bayern.de/uni-wuerzburg/volltexte/2009/2930/pdf/Dissertation_Merthen.pdf); Mösch-Klingele, R., *Die Loutrophoros im Hochzeits- und Begräbnisritual des 5. Jhs. v. Chr. in Athen* (2006); Oakley, J. H., «Death and the Child», in Neils/Oakley 163–194 (= Oakley 1); id., *Picturing Death in Classical Athens* (2004) (= Oakley 2); Pedrina, M., *I gesti del dolore nella ceramica attica (VI–V secolo a.C.)* (2001); Seifert 1, 72–74; ead., «Norm und Funktion. Kinder auf attischen Bilddarstellungen», in *Hermeneutik der Bilder – Beiträge zu Ikonographie und Interpretation griechischer Vasenmalerei, CVA* Beiheft 4 (2009) 94–95 (= Seifert 2); ead., «Norm and Function. Children on Attic Vase Imagery», *HASB* 21 (2009) 122–124; Shapiro, H. A., «The Iconography of Mourning in Athenian Art», *AJA* 95 (1991) 629–656; Siurla-Theodoridou, V., *Die Familie in der griechischen Kunst und Literatur des 8. bis 6. Jhs. v. Chr.* (1989); Sojc, N., *Trauer auf attischen Grabreliefs* (2005); Winkler, H., *Lutrophorie. Ein Hochzeitskult auf attischen Vasenbildern* (1999) (Prothesisszenen auf Loutrophoren); s. auch *ThesCRA* VI 1 e Tod, gr.

Bei den rituellen Handlungen der Familie rund um den Totenkult sind die Kinder ebenfalls präsent, wie zahlreiche vor allem in der griechischen Vasenmalerei dokumentierte Wiedergaben des Trauerrituals bezeugen. Kinder verschiedener Altersstufen, darunter sogar Babies, sind bereits ab der Bildkunst geometrischer Zeit in Darstellungen von *Prothesis* und *Ekphora* in direkter Umgebung der Totenbahre zu sehen[48]. Verwiesen sei etwa auf einen spätgeometrischen Krater in New York (Taf.

---

41. Boston, MFA 10.223 (fr.): *ARV²* 1017, 44 (Phiale-Maler); Oakley/Sinos 25 Abb. 60; *Pandora* (Ausstellung Basel 1996) 169–171 Nr. 26.
42. Zu den *paides propempontes* s. Oakley/Sinos 27. Wichtigste Schriftquelle: Hyp. *Lyc.* 5.
43. (= *ThesCRA* VI Add. Musik, gr. **47**) Athen, NM 1388: *ARV²* 1317, 1 (Maler der Athener Hochzeit); *ArchEph* (1905) 210–214 Taf. 6–7 (Knabe nur dort abgebildet); Oakley/Sinos 33 Abb. 87–89 (um 410 v. Chr.).
44. Berlin, Staatl. Mus. F 2372: Rühfel 113 Abb. 64; Oakley/Sinos 30–31 Abb. 72–73; *Pandora* (Anm. 41) 171 Nr. 27.
45. Heidelberg, Univ. 72/1: Krauskopf, I., *AA* (1977) 13–16 Abb. 1–2.

46. s. Kogioumtzi, D., *Untersuchungen zur attischrotfigurigen Keramikproduktion des 4. Jhs. v. Chr.* (2004) 159.
47. (= *ThesCRA* II 4 b Tanz **115***) St. Petersburg, Ermitage Π 1906.175 (15592): *ARV²* 1475, 1 (Marsyas-Maler); Rühfel 111 Abb. 62; Oakley/Sinos 40 Abb. 124; Moraw, S., in von den Hoff/Schmidt 215–216 Abb. 3 (um 360 v. Chr.). Von der ikonographischen Erscheinung her (langes Gewand, Binde im längeren offenen Haar) kann hier keine Dienerin gemeint sein.
48. Während es sich bei dem New Yorker Krater (Anm. 49) sicher um Kinder handelt, ist dies bei anderen kleingestaltigen Figuren in der geometrischen Kunst zuweilen unsicher, so auch bei der kleinen, sich auf dem Leichentuch wälzenden Person auf dem Modell eines Leichenwagens (=

48, 1)⁴⁹. Hier steht zu Füßen des Toten ein Erwachsener mit einem Kind an der Hand und vor der Kline sitzt eine Person mit einem Kind auf ihren Knien.

Besonders beliebt waren Wiedergaben des Trauerrituals in der attisch schwarzfigurigen Vasenmalerei des 6. und frühen 5. Jhs. v. Chr. Die *Prothesis* wurde häufiger dargestellt als die *Ekphora* und die bevorzugten Bildträger sind Pinakes, Loutrophoren und Phormiskoi. Die Kinder sind bei Verstorbenen beiderlei Geschlechts anzutreffen. Sie sind innerhalb des Familienverbundes wiedergegeben und stehen in verwandtschaftlicher Beziehung zu dem Toten. Zwar sind sie von ihrer Statur her als Kinder gekennzeichnet, doch agieren sie wie Erwachsene, indem bereits Kleinkinder bei der Ausübung des charakteristischen Klagegestus – erhobene Arme bzw. Berühren des Kopfes – gezeigt werden, was nicht der Realität entspricht. Denn diese Gesten entspringen nicht spontaner Emotion, sondern sind als Bestandteil einer durch das Ritual streng vorgeschriebenen Verhaltensnorm eine stereotype Pflichterfüllung gegenüber dem Toten. Vielleicht führen größere Kinder diese bereits durch, indem sie die Erwachsenen nachahmen. Bei Kleinstkindern ist dies aber nicht anzunehmen, sodaß die unrealistische Wiedergabe von klagenden Kleinkindern eher nur ein bildlicher Topos ist, um eine bestimmte Aussage zu übermitteln. Es soll hier verdeutlicht werden, daß der Oikos in seiner Gesamtheit den Verstorbenen betrauert. Die Kinder sind Mittel zum Zweck der Selbstrepräsentation einer Familie und fungieren als Metapher, um die Intensität der Trauer der Hinterbliebenen vor Augen zu führen und durch deren kollektives Handeln vom jüngsten bis zum ältesten Mitglied die Geschlossenheit des Familienverbundes beim Vollzug des Trauerrituals zu demonstrieren. Dem Bildbetrachter soll so der Aspekt einer im Ritus geschlossenen Gemeinschaft übermittelt werden. Die Rolle der Kinder ist hier also dem festgelegten Ritus der *Prothesis* angepaßt, der gleichermaßen formelhaft wiedergegeben ist. Auch dienen solche Bilder dazu, aufzuzeigen, daß das Ausführen ritueller Handlungen Bestandteil der Erziehung war und Kindern von klein auf durch Vorbildverhalten beigebracht wurde.

Zuweilen sind auch mehrere Kinder verschiedener Altersstufen bei der *Prothesis* anwesend. Die

Abb. 1

wohl größte Anzahl (sechs Kinder unterschiedlicher Größe, darunter ein auf der Schulter einer Frau sitzendes Kleinkind) ist bei der *Prothesis* auf einem sf. Phormiskos um 530 v. Chr. anzutreffen (Taf. 12, 2)⁵⁰. Die Einbeziehung von ganz kleinen Kindern ins Trauerritual bezeugen bereits zwei um 600 v. Chr. entstandene Pinakes in Tübingen und Athen. Auf dem Exemplar in Tübingen (Taf. 13, 1)⁵¹ hält die am Fußende der Kline dargestellte Frau ein Kind im Arm, das seine Hände flehend zum Verstorbenen vorgestreckt hat. Der Pinax in Athen (Taf. 13, 2; Abb. 1)⁵² zeigt eine Frau und ein Baby, das sich klagend an den Kopf faßt sowie den Kopf eines kleinen Mädchens, welches sich trauernd die Haare rauft. Auf einem sf. Phormiskos (Taf. 13, 3)⁵³ sieht man die Frau, die das klagende Kind hält, an der für die Angehörigen zentralsten Stelle, am Kopfteil der Kline, was wohl eine Chiffre für eine enge verwandtschaftliche Beziehung zwischen Kind und Verstorbenem ist. Mommsen weist darauf hin, daß die Wiedergabe von Frauen mit Säuglingen im Arm an der Kline weiblicher Verstorbener auch als formelhafter Hinweis für den Tod der Mutter im Kindbett gelten kann⁵⁴.

Auf einer Serie von einzigartigen Grabpinakes⁵⁵ stellte Exekias den Ablauf von *Prothesis* und *Ekphora* dar, wobei sich unter den Personen auch insgesamt sieben Kinder befinden. Besonders eindrucksvoll ist das Thema des verwaisten Kindes

---

ThesCRA V 2b Kultinstrumente **915***, VI 1e Tod, gr. Taf. 54, 2) Athen, NM 26747: Xagorari, M., *Untersuchungen zu frühgriechischen Grabsitten. Figürliche plastische Beigaben aus geschlossenen Grabfunden Attikas und Euböas* (1996) 80 Nr. 17 Taf. 14; Huber 90 Abb. 6; Oakley 1, 167 Abb. 6.

49. (= ThesCRA II 3a Reinigung, gr. **47***) New York, MMA 14.130.14: Oakley 1, 164 Abb. 2; Merthen 390 G 147.

50. Bologna, Mus. Civ. 1438: *CVA* 2 Taf. 24; Rühfel, H., *Das Kind in der griechischen Kunst* (1984) 39 Abb. 13; Laxander 94. 193 PS 29 Taf. 49, 1–3; Hatzivassiliou, E., *BICS* 45 (2001) 124 Abb. 8. 128; Seifert 1, 72 Abb. 2; Seifert 2, 95 Abb. 3.

51. Tübingen, Univ. H./10 1153: *CVA* 2 Taf. 44; Laxander 77–78. 190 PS 6 Taf. 40, 2; Pedrina 129. 219 Abb. 10; Huber 95. 220 Nr. 81.

52. Athen, NM 12352: Boardman, J., *BSA* 50 (1955) 58–59 Nr. 3 Taf. 1; Huber 95. 220 Nr. 82; Pedrina 34. 220 Abb. 11.

53. Berlin, Staatl. Mus. V.I. 3333: Laxander 94–95. 196 PS 55 Taf. 50, 2; Huber 109. 222 Nr. 114.

54. Mommsen, H., *Exekias I. Die Grabtafeln* (1997) 58; zur Doppelfunktion des Motivs «Kleinkind» auf attischen Grabstelen s. Schlegelmilch (Anm. 25) 29–44.

55. Zu diesen Pinakes s. Mommsen (Anm. 54) *passim*.

gestaltet. Denn auf einer Platte sieht man eine Frauengemachsszene bestehend aus acht Frauen, die sich ein kleines Kind von Hand zu Hand herumreichen (Taf. 14, 2; 49, 4)[56]. Dies soll verdeutlichen, daß das Kind nach dem Tod der Mutter nun von den weiblichen Anverwandten fürsorglich weiter betreut wird.

Ein Pinax des Sappho-Malers zeigt einen aufgebahrten jungen Mann umgeben von vielen Verwandten, darunter auch drei Kindern, einem kleineren Jungen sowie zwei Mädchen, die beide Klagegesten ausführen (Taf. 14, 1)[57]. Die Angehörigen sind durch Beischriften individualisiert, die jedoch keine Eigennamen, sondern das Verwandtschaftsverhältnis zum Toten nennen. So wird das kleine neben der Mutter am oberen Klinenbein stehende Mädchen als Schwester (ἀδελφή) bezeichnet. Die Position am Kopfteil der Totenbahre ist ein bevorzugter Platz für die Wiedergabe von Kindern[58]. Wenn weitere Kinder zugegen sind, werden diese dann – wie auch hier – unten am Fußende der Kline dargestellt.

Zu den von Kindern, vor allem weiblichen Geschlechts, imitierten Klagegesten zählt auch das bereits erwähnte Raufen der Haare, was meist verdeutlicht wird durch einzelne, aus der Frisur herausgezogene und über Stirn und Wangen herabhängende Haarsträhnen, wie man es auch auf dem genannten Pinax des Sappho-Malers bei dem kleinen Mädchen am Kopfteil der Kline sieht. Auch dieses Motiv hat Exekias bei einem klagenden jungen Mädchen auf einem seiner Pinakes sehr anschaulich wiedergegeben[59]. Der Akt des Raufens selbst ist in einer Prothesisszene auf einem att. sf. Loutrophorosfragment dargestellt (Taf. 14, 3)[60]. Neben einer sich die Haare raufenden Frau agiert hier ein Mädchen auf ähnliche Weise.

Als Trauergestus der Frauen ist auch das Verhüllen des Hinterkopfs mit einem Manteltuch bezeugt[61]. Dieser Topos begegnet ebenfalls bei den kleinen Mädchen, wie ein att. sf. Loutrophorosfragment zeigt[62]. Auf die Nachahmung des Kleiderzerreißens bzw. Entblößens des Körpers[63] könnten zwei Prothesis-Darstellungen mit Wiedergaben klagender kleiner Mädchen mit nacktem Oberkörper hinweisen (Taf. 14, 4; 15, 1)[64].

Eine weitere Bildchiffre der Trauer kann das Kauern auf einem Sitz sein[65]. Auf einer att. sf. Loutrophoros[66] mit einer Prothesisszene sitzt neben dem vorderen Klinenbein ein klagendes Mädchen auf einem Block. Zuweilen können die Kinder auch unter dem Kopfteil der Kline auf dem Boden knien (Taf. 15, 3)[67]. Die Gestik des Trauerns wird bei den sitzenden Kindern öfter durch das Motiv des aufgestützten Kopfs charakterisiert[68].

Daß die Existenz von Kindern den Hinterbliebenen zum Trost gereicht, dokumentiert die Bildszene auf einer att. sf. Bügelhenkel-Oinochoe des Sappho-Malers mit der Darstellung der nächtlichen Einsargung eines Toten in Gegenwart vieler Familienmitglieder, von denen ein älterer Mann sitzend und in tiefe Trauer versunken wiedergegeben ist (Taf. 15, 2)[69]. Vor ihm steht ein kleines Mädchen, das seine Hände tröstend auf die Knie des Mannes legt.

Die Geschlechtertrennung beim Totenritual scheint nach Ausweis der archaischen Darstellungen auch für Kinder zu gelten. Da es Aufgabe der Frauen war, den Leichnam für die *Prothesis* herzurichten, wurden diese meist dicht um die Bahre herum dargestellt, während die Männer an anderer Stelle zu sehen sind[70]. Sogar der Vater muß abseits stehen, wie ein bereits genannter Phormiskos beweist (Taf. 14, 4)[71]. Der *oimoi thygater* ausrufende Vater hält sich nicht bei der *Prothesis* seiner Tochter auf, sondern ist durch eine Säule von der Szene getrennt, steht also außerhalb des Hauses. Es

---

56. Berlin, Staatl. Mus. F 1813: Mommsen (Anm. 54) 55–59 Taf. 15.

57. Paris, Louvre MNB 905 (L 4): Haspels, *ABL* 229, 58; Laxander 95–96. 198 PS 77 Taf. 51; Huber 99–100. 221 Nr. 91; Seifert 1, 71 Abb. 1; 73; Seifert 2, 95 Abb. 4.

58. s. dazu auch Mommsen (Anm. 54) 19. Verwiesen sei als Beispiel auf das kleine Mädchen am Kopfteil der Kline auf einer sf. Loutrophoros in Athen, NM 450: *ThesCRA* V 2 b Kultinstrumente **125** (Halsbild); Laxander 103. 200 PS 95 Taf. 59, 1; Mösch-Klingele 227 Kat. 11 Taf. 45.

59. Berlin, Staatl. Mus. F 1812b: Mommsen (Anm. 54) Taf. 2a.

60. Paris, Louvre CA 1325: *CVA* 8 Taf. 73, 1; Laxander 95. 198 PS 76 Taf. 50, 1; Huber 105. 222 Nr. 103; zum Ritus des Haareraufens s. auch Mommsen (Anm. 54) 30.

61. s. Huber 106.

62. Bonn, Akad. Kunstmus. 1002b: *ABV* 140, 7; Zschietzschmann, W., *AM* 53 (1928) 41 Nr. 60 Beil. 14; Laxander 196 PS 59.

63. Zu diesem Ritus s. Reiner, E., *Die rituelle Totenklage der Griechen* (1938) 44; Mommsen (Anm. 54) 19.

64. Taf. 14, 4: Phormiskos. Athen, Kerameikos 691: Mommsen (Anm. 54) 23; Shapiro 636–637 Abb. 7–9; Laxander 96. 194–195 PS 43 Taf. 52, 3; Hatzivassiliou (Anm.

50) 125 Abb. 9a–b: 128–129; Huber 109 Abb. 9. 222 Nr. 116; Neils, J., in Neils/Oakley 130 Abb. 21; Oakley, J. H., in *Worshiping Women. Ritual and Reality in Classical Athens* (Ausstellung New York 2008) 336–337 Abb. 3a–c. – Taf. 15, 1: Pinax. Athen, NM VS 321: Boardman (Anm. 52) 63 Nr. 30 Taf. 7a; Laxander 195 PS 49.

65. Dazu Laxander 98.

66. New York, MMA 27.228: Laxander 98. PS 71 Taf. 54; Huber 103–104 Abb. 8. 221 Nr. 101.

67. Att. sf. Loutrophoros, Berlin, Staatl. Mus. F 3999: Laxander 101–102. 202–203 PS 115 Taf. 56, 1.

68. Pinax, att. sf. New York, MMA 54.11.15: Shapiro 638 Abb. 11; Laxander 198 PS 72; Huber 98–99 Abb. 7. 221 Nr. 90.

69. (= *ThesCRA* V 2 b Kultinstrumente **86. 700**) Brunswick, Bowdoin College 1984.23: *Para* 247; Shapiro 635 Abb. 4; Laxander 120. 203 PS 120 Taf. 68, 3–4; Oakley 1, 166 Abb. Kat. 112. 297–298 Detailabb. 112 c.

70. So fand etwa Merthen 175 heraus, daß in 76 untersuchten Prothesisszenen insgesamt nur acht Männer am Geschehen um die Totenbahre beteiligt sind.

71. s. den Phormiskos Athen, Kerameikos 691 (Anm. 64).

zeigt sich, daß die Trennung nach Geschlechtern bereits für die Heranwachsenden zutrifft, da an der Kline bevorzugt Mädchen wiedergegeben werden. Knaben und Jünglinge erscheinen hier nur selten[72], sondern treten dagegen zusammen mit den männlichen Erwachsenen auf. Der bereits erwähnte Pinax mit der Nennung der Verwandtschaftsgrade der Angehörigen[73], der die kleine Schwester des Verstorbenen im Zentrum neben dem Klinenbein des Kopfteils zeigt, gibt den Bruder jedoch weiter links außen innerhalb der Männergruppe wieder. Die Männer und Jünglinge sind entweder mit dem Wagen für die *Ekphora* beschäftigt oder ziehen klagend in einer Prozession hinter der Bahre her und nehmen die Rolle eines den Verstorbenen rühmenden Chores wahr, wie es auch auf einigen Pinakes des Exekias zu sehen ist[74]. Hier bilden in der Prozession jeweils ein Mann und ein Jüngling ein Paar. Reizvoll ist die Szene auf einem Pinax in Baltimore, da hier die links von der *Prothesis* wiedergebene Männergruppe einen Knaben fürsorglich in ihre Mitte genommen hat (Taf. 16, 1)[75]. Das Kind schaut nach oben zu den Älteren, um deren Verhalten zu imitieren. Zuweilen ist der Kreis der Männer auch in zwei Gruppen aufgeteilt, die die Totenbahre links und rechts einrahmen, wie dies ein sf. Pinax in Brüssel zeigt, auf dem in der rechten Männergruppe ebenfalls Knaben auftreten[76]. Die Darstellungen des Totenrituals dokumentieren, daß das unterschiedliche Rollenverhalten von Männern und Frauen schon vom frühen Kindesalter an Gegenstand der Erziehung war.

Auch wenn in späterer Zeit *Prothesis* und *Ekphora* weit seltener dargestellt wurden als in der archaischen Bildkunst, so bleibt dennoch das Ritual von Aufbahrung und Totenklage als Bestandteil menschlicher Empfindung und festgelegter Totenfürsorge immer bestehen[77]. Dazu gehört auch, daß die Bekundung der Trauer stets der gesamten Großfamilie bis hin zum jüngsten Mitglied obliegt. Und so weist denn die *Prothesis*, wenn sie etwa auf späthellenistischen ostgriechischen Grabreliefs wieder dargestellt wird, ein ähnliches ikonographisches Schema auf. Dies bezeugen etwa zwei Grabreliefs in Bursa (Taf. 16, 2; 17, 1)[78]. Beide Stelen zeigen in den figürlichen Reliefs auch eine *Prothesis* mit dem aufgebahrten Toten und zahlreichen klagenden Personen. Dabei sind auf einem der Reliefs links zwei Mädchen unterschiedlichen Alters zu sehen, die beide exzessive Trauergebärden ausführen. In der *Prothesis* auf der anderen Stele trauern vor der Totenbahre zwei kleine Knaben mit hocherhobenen Armen. Auch wenn die Gesten hier zu Floskeln erstarrt sind, so erfüllen doch solche Wiedergaben immer noch die Funktion, die Geschlossenheit der Familie unter Einbeziehung der Kinder zu dokumentieren. Ein derartiges Bildprogramm mit einer ihre rituellen Pflichten erfüllenden Familie war wohl für den Käufer einer solchen Stele eine bedeutsame Aussage und als positives Bild einer häuslichen Gemeinschaft zugleich auch eine wichtige Mitteilung an den potentiellen Bildbetrachter.

3. Kinder und Heranwachsende bei Kulthandlungen im Heiligtum

3.1. Privater Besuch im Heiligtum – Parastasis der Kinder bei verschiedenen Gottheiten – Stiftungen von Weihreliefs und Kinderstatuen[79]

BIBLIOGRAPHIE: Ajootian, A., «Male Kourotrophoi», in Mattusch/Donohue/Brauer 617–620; Beer, C., «Comparative Votive Religion: The Evidence of Children in Cyprus, Greece and Etruria», in Linders, T./Nordquist, G. (Hsg.), *Gifts to the Gods*, Boreas 15 (1987) 21–29; Comella, A., «Testimonianze di importanti avvenimenti della vita sociale dei giovani ateniesi nei rilievi votivi attici», in *Iconografia 2001* (Kongress Padua 2001) (2002) 239–250 (= Comella 1); ead., *I Rilievi votivi greci di periodo arcaico e classico* (2002) (= Comella 2); Dickmann, J.-A., «Das Kind am Rande. Konstruktionen des Nicht-Erwachsenen in der attischen Gesellschaft», in von den Hoff/Schmidt 180–181; id., «Bilder vom Kind im klassischen Athen», in *Die griechische Klassik. Idee oder Wirklichkeit* (Ausstellung Berlin 2002) 310–320; Dillon 31–36; Edelmann; Geagan, D., «Children in Athenian Dedicatory Monuments», in Fossey, J. M. (Hsg.), *Boeotia antiqua* IV (1994) 163–173; Hamilton, R., «Basket Case: Altars, Animals and Baskets on Classical Attic Votive Reliefs», in *Aspects of Ancient Greek Cult. Context, Ritual and Iconography* (2009) 29–53 (mit Liste von Weihreliefs mit Kinderdarstellungen); Klöckner, A., «Votive als Gegenstände des Rituals – Votive als Bilder von Ritualen», in *Archäologie und Ritual* (Kongress Heidelberg 2004) (2006) 139–152; Lawton, C. L., «Children in Classical Attic Votive Reliefs», in Cohen/Rutter 41–60; Löhr, Ch., *Griechische Familienweihungen. Untersuchungen einer Repräsentationsform von ihren Anfängen bis zum Ende des 4. Jhs. v. Chr.* (2000); Neils, J., «Children and Greek Religion», in Neils/Oakley 139–159; Pomeroy, S. P., *Families in Classical and Hellenistic Greece: Representations and Realities* (1997); Schlegelmilch, S., *Bürger, Gott und Götterschützling.*

---

72. Die wenigen Darstellungen sind aufgelistet bei Laxander 85 Anm. 417.
73. s. Anm. 57.
74. Berlin, Staatl. Mus. F 1815. F 1818a-b: Mommsen (Anm. 54) 19–20. 33–35. 37 Taf. 3–4.
75. Baltimore, Walters Art Mus. 48.225: Boardman (Anm. 52) 63 Nr. 34 Taf. 8 b; Laxander 201 PS 105.
76. Brüssel, Mus. Roy. A 3369: Laxander 100–101. 203 PS 119 Taf. 55, 5.
77. Plat. nom. 947b-d kontrastiert hierzu eine besondere Bestattung, bei der je 15 Mädchen und Knaben bei *Prothesis* und *Ekphora* statt der üblichen Klagelieder und -gesänge hymnischen Chorgesang darbieten sollen.
78. Taf. 16, 2: Bursa, Mus. 1633: Pfuhl/Möbius I 188 Nr. 686c Taf. 103. II 495 Nr. 686c Taf. 299 (zwei Knaben). – Taf. 17, 1: Bursa, Mus. 2080: Pfuhl/Möbius I 218 Nr. 835c Taf. 122. II 495 Nr. 835c Taf. 299 (zwei Mädchen).
79. Großen Dank schulde ich A. Klöckner, die mir Einblick gewährte in das Kapitel über Kinder aus ihrer ungedruckten Habilitationsschrift *Bilder des Unsichtbaren. Griechische Weihreliefs als Medien religiöser Kommunikation* (Saarbrücken 2004).

Kinderbilder der hellenistischen Kunst und Literatur (2009) 105–122; Seifert 1, 74–77; *ead.*, «Children without Childhood? Social Status and Child Representation on Attic Vases and Votive Reliefs (Sixth to Fourth Centuries B. C.)», in Mattusch/Donohue/Brauer 470–472; Shapiro, A. H., «Fathers and Sons, Men and Boys», in Neils/Oakley 96–98; Vorster, C., *Griechische Kinderstatuen* (1983).

Wann immer die Familie das Haus verließ, um aus privatem Anlaß ein Heiligtum zu besuchen, scheinen auch die Kinder jeglicher Altersstufe an diesem Ereignis teilgenommen zu haben. Zuweilen standen sie dabei im Mittelpunkt des Interesses, da ihr Wohlergehen den Grund für das Aufsuchen einer Gottheit bildete. Auch die griechische Bildkunst nahm von solchen Besuchen Notiz, jedoch bevorzugt innerhalb bestimmter Denkmälergattungen. So zeigte etwa die Vasenmalerei vom 7. Jh. v. Chr. an[80] und vor allem vom 6.–4. Jh. v. Chr. bei den zahlreichen Prozessions- und Opferwiedergaben zuweilen Kinder und Heranwachsende beim Ausüben eines Ministrantenamtes (s. u.) oder auch als Heiligtumsbesucher innerhalb eines Familienverbandes. Reizvoll ist die Darstellung auf einem att. rf. Kolonettkrater in Neapel mit der Wiedergabe einer Prozession von weiblichen Personen mit Stöcken in den Händen in ein Hermenheiligtum[81]. Anführerin ist eine junge, langhaarige Kanephoros, gefolgt von zwei Frauen und einem kleinen Mädchen mit Sakkos auf dem Kopf, das wie auch die anderen Figuren in einen langen Mantel gehüllt ist. Daß sich derartige Szenen nicht allzu häufig in der Vasenmalerei finden, mag damit zusammenhängen, daß die meisten Bilder mit Prozessions- und Opferwiedergaben eher öffentliche Feiern zeigen wollen, die nicht von der Familie privat, sondern von der Polisgemeinschaft begangen werden, bei der die Kinder meist nur in der Rolle als Kultpersonal auftreten. Jedoch sind Familienverband und private Kultausübung Hauptthemen bei den zahlreichen Prozessions- und Opferszenen auf den griechischen Weihreliefs vom späten 5. Jh. bis ins 3. Jh. v. Chr.[82]. Demgegenüber werden in der mit den Reliefs gleichzeitigen Vasenmalerei Opferszenen kaum noch bildlich umgesetzt, da hier jetzt andere Themen bevorzugt werden. In diesem Zusammenhang ist deshalb ein att. rf. von einem Mann namens Pausanias gestifteter Pinax von besonderem Interesse, da er den Weihreliefs zeitgleich ist (330/320 v. Chr.) und auch eine durch die Gattung der Totenmahlreliefs bekannte ähnliche Darstellung zeigt (Taf. 17, 2)[83]. Im erhaltenen linken Teil sieht man außer dem beliebten Fenster mit der Pferdeprotome noch eine Adorantenfamilie bestehend aus einem Ehepaar mit vier Kindern. Die keramische «Kopie» eines Weihreliefs dürfte ein wesentlich preiswerteres Votiv gewesen sein als ein teures Marmorrelief.

Votive mit Kinderdarstellungen wurden in der Regel von den Eltern gestiftet. Zu den frühesten freiplastischen Gruppen, bei denen zwei Generationen dargestellt werden, gehört die sog. Geneleosgruppe (560/550 v. Chr.), die das Elternpaar mit vier Kindern zeigt[84]. Die bescheidensten Objekte sind kleine Terrakottafiguren in Gestalt einer Frau mit Kind im Arm. Häufig wurden diese als Gaben des Dankes für die Geburt eines gesunden Kindes in Heiligtümer von Kourotrophos-Gottheiten gespendet[85]. Während solche Tonfigürchen vor allem im 6. und 5. Jh. v. Chr. geweiht wurden, finden sich dann ab dem späteren 5. Jh. v. Chr. gehäuft kostspieligere Weihgaben mit Kinderdarstellungen in Form von Statuen, Statuetten und Reliefs. In der Plastik werden jetzt die Kinder allein, d.h. nicht mehr als Teil einer Gruppe auf dem Arm von Mutter oder Amme, wiedergegeben[86]. Die Gattung dieser Votiv-Kinderstatuen verläuft zeitgleich zu den Weihreliefs. Neben einigen anderen Orten waren derartige Exvotos als Dank für erwiesene Gunst oder wegen einer Fürbitte vor allem in Attika verbreitet. Sie finden sich bevorzugt in Sakralbezirken von Schutzgottheiten mit Heil- und Kourotrophosfunktionen, wie etwa Flußgöttern, Nymphen, Asklepios, Artemis und vielen anderen mehr[87]. Vor allem aus dem Artemis-Heiligtum in Brauron ist eine große Zahl von Kinderstatuen bekannt[88].

Dabei werden alle Altersstufen und Kinder beiderlei Geschlechts dargestellt. Die jüngsten sind im Babyalter – wie etwa diese Votivstatuette eines nackten Knäbleins aus dem Athener Asklepieion zeigt (Taf. 17, 3) – und erscheinen in der bereits aus der Kleinkunst früherer Zeit bekannten Typologie des Bodenhockers, dessen Motiv seine Ent-

---

80. Vgl. dazu etwa das Anm. 8 genannte korinthische Salbölfläschchen mit einer Prozession von Frauen und Mädchen.
81. (= *ThesCRA* I 1 Prozessionen, gr. **93***, II 5 Kultbilder **383**, IV 1 b Darstellungen von Kultorten **130d**, = *LIMC* V Hermes **100***) Neapel, Mus. Naz. 81295. *ARV²* 523, 9 (Orchard-Maler).
82. Zu Weihreliefs s. *ThesCRA* I 2 d Weihgeschenke, gr. S. 284–287 mit Bibl. sowie Edelmann; Klöckner; Comella 1 und 2; Lawton; Hamilton.
83. Athen, NM 1244: Boardman, J., *JHS* 76 (1956) 24–25 Taf. 3, 3.
84. (= *ThesCRA* II 4 a Bankett, gr. **166**) Vathy (Samos), Mus. 768 + Berlin, Staatl. Mus. Sk 1739. Aus dem samischen Heraion: Freyer-Schauenburg, B., *Bildwerke der archaischen Zeit und des Strengen Stils*, Samos XI (1974) Taf. 44–53; Löhr 14–17 Nr. 10.
85. s. dazu etwa die Beispiele bei Hadzisteliou Price, Th., *Kourotrophos. Cults and Representations of Greek Nursing Deities* (1978); Ammerman, R. M., «Children at Risk. Votive Terracottas and the Welfare of Infants at Paestum», in Cohen/Rutter 131–151.
86. Zu den Kinderstatuen und -statuetten s. Vorster.
87. Zu den Gottheiten s. Hadzisteliou Price (Anm. 85). Eine Aufstellung der Artemisheiligtümer, in denen kultische Riten für Heranwachsende stattfanden, findet sich bei Mitsopoulou-Leon 194–198.
88. s. Vorster. Zu den Weihreliefs mit Kinderdarstellungen aus Brauron: Comella 2, 65–67. 205–206 mit Lit.

sprechung bei den im phönikisch/kyprisch/ägyptischen Raum verbreiteten sog. *Temple Boys* findet[89]. Die größeren Kinder werden meist stehend dargestellt. Knaben treten häufig nackt auf, so etwa auch in einer freiplastischen Kindergruppe aus dem Asklepieion in Epidauros, bei der zwei nackte Knaben ein Mädchen einrahmen (Taf. 17, 4)[90]. Bei den links und rechts noch zugefügten wesentlich kleineren Figuren dürfte es sich auf Grund der Körperproportionen eher um verkleinerte Erwachsene handeln. Wie es auch bei dem Mädchen in diesem Gruppenanathem der Fall ist, so sind diese meist mit einem langen, hochgegürteten Chiton bekleidet und tragen manchmal noch ein Manteltuch um den Unterkörper. Öfter halten die Kinder Tiere oder Spielzeug in den Händen, wie etwa eine Statuette aus Brauron zeigt, bei der die Kleine in ihrem Mantelbausch vor der Taille einen Hasen hält[91]. Die Statue eines nackten Knaben aus Volos trägt eine Gans in der linken Hand[92] und eine nackte Knabenfigur aus Brauron hält Ball und Vogel (Taf. 18, 1)[93]. Insgesamt begegnen mehr Knaben- als Mädchenfiguren[94].

Verschiedene Untersuchungen zum Thema *Kinder in der klassischen Skulptur* haben aufgezeigt, daß – abgesehen von wenigen Grabstatuen – Kinderstatuen bis in hellenistische Zeit hinein insgesamt im Wesentlichen zweckgebunden als Votivfiguren gefertigt wurden[95]. Wie auch bei den Weihreliefs, so kann dies in den Inschriften mit der geläufigen Formel ὑπὲρ τῶν παιδίων als Anlaß der Stiftung kenntlich gemacht werden[96]. Als private Anatheme waren solche Statuen und Reliefs öffentlich im Heiligtum aufgestellt. Die Statuen können als Stellvertreter der lebenden Kinder gelten und sollten mit ihrem dauerhaften Verbleib im Heiligtum denjenigen Kindern, zu deren Wohl sie geweiht wurden, permanenten göttlichen Schutz zusichern. Erst die späthellenistische und vor allem die römische Zeit kennt Kinderstatuen als Genrebilder *per se*, die man allein aus Freude am kindlichen Motiv hat herstellen lassen. Sie dienen jetzt als dekoratives Ambiente im Privatbereich von Haus- und Gartenausstattung[97], sind als Brunnenfiguren beliebt und erhalten auf diese Weise eine von sakralen Kontexten losgelöste Aufstellung. Dagegen erfüllen die griechischen, ins Votivwesen eingebundenen Kinderstatuen und Reliefs eine ähnliche Funktion wie viele griechische Kinderwiedergaben in anderen Gattungen auch, nämlich eine vor allem auf die Erwachsenen ausgerichtete Repräsentation des Oikos, indem sie deren Rollen und Pflichten positiv übermitteln. Die Kinder sind es, die den Fortbestand der Familie gewährleisten müssen; die Weihung einer teuren Kinderfigur aus Marmor bezeugt die Wohlhabenheit eines Hauses und schließlich dokumentieren die Exvotos in Kindergestalt die noble Fürsorge, die Eltern ihren Kindern angedeihen lassen. Sie sind besorgt um deren Wohlergehen und scheuen keine Kosten, dafür göttlichen Beistand zu erbitten, womit sie zugleich auch religiöse Pflichten erfüllen. Dies bezeugt auch ein Epigramm, in dem die Standbilder eines Geschwisterpaares auf Nachfrage erzählen, daß ihre Bilder wegen eines Gelübdes (εὐχή) der Eltern aufgestellt wurden (*Anth. Pal.* 6, 357)[98]. Dem Betrachter solcher Statuen soll damit das löbliche Bild eines Oikos vermittelt werden.

Während die Statuen die Kinder allein zeigen, sind sie auf den Weihreliefs innerhalb eines Familienverbandes dargestellt[99]. Wie bei den Votivstatuen, so sind auch hier Kinder beiderlei Geschlechts und verschiedenen Alters anwesend. Außer dem engsten Familienkreis der Adoranten begegnet noch Personal in Gestalt von Opferdiener, Mundschenk, Cistophore, Amme usw. und zuweilen ein Opfertier. In der Regel wird auch die Gottheit wiedergegeben, mit der die Menschen in Kontakt treten. Das früheste Weihrelief dieser Art (um 490 v. Chr.) stammt von der Athener Akropolis und zeigt ein Ehepaar mit drei Kindern vor Athena (Taf. 18, 2)[100]. Doch scheint dieses Relief, das thematisch vielleicht mit den Apaturien zu verbinden ist (s. u.) als Vorläufer eine Sonderstellung einzunehmen, da die Masse der Reliefs mit

---

89. Athen, NM 2211: Raftopoulou, E. G., *Figures enfantines du Musée National d'Athènes* (2000) 54–56 Nr. 31 Taf. 60; vgl. auch das kleine sitzende Mädchen mit fein gefälteltem, hochgegürteten Chiton mit Kreuzband über dem Rücken aus dem Heiligtum der Eileithyia in Agrai, Athen, NM 696: Raftopoulou a.O. 57–58 Nr. 33 Taf. 60–61; ThesCRA VI Kindheit, gr. Taf. 17, 3. – Zu den *Temple Boys* s. Schollmeyer, P., «Zwischen Ost und West: Der 'Knabe mit der Fuchsgans' und die 'Temple Boys'», in *Mouseion. FS P. C. Bol* (2007) 321–327 (mit Lit.). – Bodenhocker aus dem Artemisheiligtum aus Lusoi: Sinn, U., in *The Iconography of Cult in the Archaic and Classical Periods* (Kongress Delphi 1990) (1992) 185 Abb. 7.

90. Athen, NM 304: Vorster 215. 382 Nr. 156; Raftopoulou (Anm. 87) 61–64 Nr. 36 Taf. 65 (um 320/310 v. Chr.).

91. Brauron, Mus. 1158: Vorster 345 Nr. 41 Taf. 3, 1. 23, 2; Neils 152 Abb. 12; Backe-Dahmen A., *Die Welt der Kinder in der Antike* (2008) 110 Abb. 59 (um 320 v. Chr.).

92. Volos, Mus. Λ 785. Vorster 159–160. 360 Nr. 86 Taf. 6, 1.

93. Brauron, Mus. 1167: Vorster 160–161. 222. 361–362 Nr. 91 Taf. 18, 2 (um 320 v. Chr.).

94. s. die Statistik bei Vorster 249.

95. s. weiter Vorster 48–83; Schlegelmilch (Anm. 25).

96. Nachweise: ThesCRA I 2 d Weihgeschenke, gr. S. 279; Geagan; s. auch Parker, *Polytheism* 40.

97. Dazu etwa Neudecker, R., *Die Skulpturenausstattung römischer Villen in Italien* (1988) 55–57.

98. Weitere schriftliche Zeugnisse: *Anth. Pal.* 6, 312. 355 (Votivbilder). 353. 356 (Votivstatuen); Herond. 4, 30–34 (Beschreibung eines Kindervotivs in einem Asklepiostempel), hierzu Schlegelmilch (Anm. 25) 91–104. 105–106 (Baseninschrift eines Kindervotivs in Hexametern).

99. Zu den Weihreliefs s. die Lit. Anm. 82.

100. (= ThesCRA I 1 Prozessionen, gr. **71**, I 2 a Opfer, gr. **112**, III 6 c Verehrung **63**, = LIMC II Athena **587***) Athen, Akr. Mus. 581: Palagia, O., *Hesperia* 64 (1995) 493–501 Taf. 114–116; Edelmann 28–29. 184 A 14 Abb. 4; Comella 1, 244 Abb. 5; Neils 144 Abb. 5; Comella 2, 19 Abb. 11. 190 Nr. Atene 8; Dillon 33 Abb. 1.4.

Adorantenfamilien als private Stiftungen erst gegen Ende des 5. Jh. v. Chr. einsetzt. Was das Thema der Teilnahme von Kindern an Kultritualen anbelangt, so bietet die Gattung der Weihreliefs die größte Anzahl an Kinderdarstellungen. A. Klöckner kommt in ihrer Untersuchung auf eine Gesamtzahl von 650 Kindern[101]. Jedoch zeichnet sich das Familienbild auf den Reliefs nicht unbedingt durch Realitätstreue aus, sondern es wird mithilfe von stereotypen Schemata eine konstruierte Wirklichkeit erzeugt, die bestimmte Aussagen vermitteln soll. Dies betrifft schon die Platzierung der Kinder im Bild, mit der bereits näherer Aufschluß über den Anlaß des Heiligtumsbesuchs gegeben werden kann. Stehen die Kinder im Mittelpunkt des Interesses und sind der Anlaß für eine Parastasis vor der Gottheit (Heilung von Krankheit, Adoleszenzriten usw.), so sind die Kinder in diesen Fällen oft an prominenter Stelle, meist sogar noch vor den Erwachsenen an der Spitze des Zuges direkt der Gottheit gegenüber dargestellt (s. u.), und zwar bevorzugt in Seitenansicht ziemlich dicht vor dem vordersten Erwachsenen. Selten sieht man sie in Frontalansicht, wie z.B. auf einem Relief in Venedig, wo der kleine Knabe noch dazu in deutlicher Entfernung von den Erwachsenen auf einer Art Anhöhe steht (Taf. 18, 3)[102]. Es können auch mehrere Kinder gleichzeitig der Gottheit vorgestellt werden. Ein fragmentiertes Relief aus dem Athener Asklepieion zeigt zwei Kinder vor der Göttin Hygieia an einem Altar[103]. Hinter den Kindern stehen die Eltern und erbitten Segen für ihre Nachkommen. Ist der Anlaß ein anderer, dann fungieren die Kinder zuweilen nur als *Mitläufer* weiter hinten in der Prozession, um das Bild der Anverwandten zu vervollständigen. Dies verdeutlicht etwa ein Weihrelief an Asklepios mit der Darstellung einer Krankenheilung (Taf. 19, 1)[104]. Im Mittelpunkt steht hier eindeutig die kranke Frau auf der Kline. Das Kind links neben der hintersten Person erfüllt nur die Aufgabe, die Anteilnahme des gesamten Oikos zu bezeugen.

Zu den schönsten Darstellungen der Parastasis eines Kleinkindes zählt das Xenokrateia-Relief[105]. Hier stellt die Mutter ihren Sohn in Gestalt eines nackten Knäbleins unter den Schutz einer Versammlung von zahlreichen Gottheiten. Der Kleine streckt vertrauensvoll den Arm zum Flußgott Kephisos empor, dem das Relief geweiht ist. Das Relief bietet nicht nur ein besonders prägnantes Beispiel für eine Parastasis, bei der das Kind im Mittelpunkt steht, sondern auch dafür, daß nicht immer beide Eltern auftreten müssen. Hier zeigt sich, daß auch eine Frau (Mutter) allein als Stifterin fungieren kann[106]. Umgekehrt sind auf einigen Reliefs Männer allein mit Kind, im Wesentlichen Väter mit Söhnen, zu sehen. So befinden sich auf einem Weihrelief in Berlin Vater und Sohn allein vor einer schlangengestaltigen Gottheit, wohl Zeus Meilichios (Taf. 19, 2)[107]. Doch auch Mutter und Tochter können allein Zeus Meilichios aufsuchen (Taf. 19, 3)[108]. Was das Vorkommen von Vätern und Söhnen allein betrifft, so zeigt sich, daß die Adoration hier oft in Heiligtümern des Herakles oder verwandten, mit Adoleszenzriten verbundenen Gottheiten stattfindet, weshalb man sicher zurecht erwogen hat, die Darstellungen mit Apaturienfeiern oder ähnlichen Festen zu verbinden[109].

Doch kommen einzelne Erwachsene mit Kind auf den Reliefs eher selten vor. Die meisten Reliefs zeigen als formelhafte Chiffre das Bild einer Familie bestehend aus Elternpaar mit ein bis zwei neben ihnen herlaufenden Kindern. Weniger oft werden drei oder mehr Kinder dargestellt und eine auf einem fragmentierten Relief in Cambridge erhaltene Gesamtzahl von sechs Kindern scheint singulär[110]. Stellvertretend für den bildlichen Topos *Vater, Mutter, zwei Kinder* sei auf zwei Reliefs verwiesen, das eine aus dem Athener Pankrates-Heiligtum (Taf. 19, 4)[111], das andere für Pan und

---

101. s. Klöckner (Anm. 79).
102. (= *ThesCRA* I 2 d Weihgeschenke, gr. **66***) Venedig, Mus. Arch. 80: Traversari, G., *Sculture del V.–IV. secolo a. C. del Mus. Arch. di Venezia* (1973) 86 Nr. 34; Edelmann 218 F 47; Raftopoulou (Anm. 89) 4 Taf. 95, 15; Lawton 46. 48 Abb. 2.5 (1. Hälfte 4. Jh. v. Chr.).
103. (= *LIMC* V Hygieia **56**) Athen, NM 1356: Edelmann 203 D 17; Comella 2, 198 Nr. Atene 97; Leventi, I., *Hygieia in Classical Greek Art* (2003) 136–137 R 17 Taf. 17 (um 400 v. Chr.).
104. (= *ThesCRA* III 6 a Divination, gr. **46**, III 6 b Gebet, gr. **63***, III Add. 3 b Konsekration **174**, = *LIMC* II Asklepios **105**, V Hygieia **138**) Piräus, Mus. 405: Edelmann 215 F 24; Comella 2, 73 Abb. 65. 219 Nr. Pireo 17; Leventi (Anm. 103) 133–134 Nr. R 13 Taf. 15; Manuwald, B., in *Kult und Kommunikation. Medien in Heiligtümern der Antike* (Kongress Köln 2005) (2007) 95 Abb. 1 (Ende 5. Jh. v. Chr.).
105. (= *ThesCRA* I 2 d Weihgeschenke, gr. **52***, III 6 a Divination, gr. **148**, III 6 c Verehrung **10**, IV Darstellung von Kultorten **113a**, = *LIMC* VI Kephisos I **2*** [mit Verweisen]) Athen, NM 2756: Güntner, *Göttervereine* 161 G 5 Taf. 36; Edelmann 209 E 6 Abb. 28; Comella 2, 71 Abb. 63. 212 Nr. Falero 2; Dillon 24 Abb. 1.3; Lawton 49 Abb. 2.6 (420/410 v. Chr.).
106. Frauen als Stifterinnen von Votiven: Dillon 9–36.
107. (= *LIMC* I Agathodaimon **6**) Berlin, Staatl. Mus. Sk 724: Edelmann 210 E 9 Abb. 21; Schild-Xenidou, V., *Corpus der Boiotischen Grab- und Weihreliefs des 6. bis 4. Jhs. v. Chr.* (2008) 306–307 K 75 Taf. 30.
108. (= *LIMC* VIII Zeus **201**) Relief, Athen, NM 1779: Edelmann 209 E 4.
109. s. zu den betreffenden Darstellungen hier **3.2.2.2**, mit Lit.
110. Cambridge, Fitzwilliam Mus. GR 15.1865: Budde, L./Nicholls, R., *A Catalogue of the Greek and Roman Sculpture in the Fitzwilliam Mus.* (1964) 36–37 Nr. 62 Taf. 19; Edelmann 242 U 124; im linken Teil sind hier die Adoranten in drei Reihen übereinander gestaffelt. In der untersten Reihe befinden sich die sechs Kinder.
111. (= *ThesCRA* I 2 a Opfer, gr. **292a**, III 6 c Verehrung **47**) Athen, Fethyie Camii P 53 B: Vikela, E., *Die Weihreliefs aus dem Athener Pankrates-Heiligtum am Ilissos* (1994) 18 A 9 Taf. 6, 3; Edelmann 202 D 12 (um 320 v. Chr.).

die Nymphen (Taf. 19, 5)[112]. Der Mann schreitet jeweils voran, gefolgt von seiner Frau. Die Kinder laufen an der Seite der Eltern. Handelt es sich um Knabe und Mädchen, wie etwa auf dem Pankrates-Relief, so wird gern die gleichgeschlechtliche Kombination bevorzugt (Sohn neben Vater, Tochter neben Mutter). Zuweilen laufen die Kinder auch *hinter* den Eltern her[113].

Die genannten Reliefs geben auch die typische Erscheinung der Kinder wieder[114]. Während ganz kleine Kinder, vor allem Knaben, oft nackt dargestellt werden können, sind die größeren, Mädchen wie Knaben, meist vollständig in voluminöse, auch Arme und Hände bedeckende Mäntel gewickelt, aus denen nur der Kopf herausschaut, weshalb das Geschlecht oft nicht genau auszumachen ist. Mädchen sind dann eindeutig zu erkennen, wenn sie eine weibliche Frisur tragen und unter dem riesigen Mantel noch der Chitonsaum sichtbar ist, wie es auf dem Pankrates-Relief der Fall ist[115]. Diese Kleiderordnung verleiht den Kindern eine gesittete Erscheinung als Zeichen guter Erziehung. Offenbar legte man Wert darauf, die Kinder bei Anlässen in der Öffentlichkeit diszipliniert zu präsentieren. Auch dies geschieht wohl aus dem Grund, dem Betrachter solcher Reliefs einen positiven Eindruck einer Familie zu vermitteln, in der Ordnung und Wohlerzogenheit vorherrschen. Denn diese Vorstellung entsprach dem gesellschaftlichen Wertekanon, wobei es den Kindern zur Aufgabe gemacht wird, ein solches Bild ihrer Eltern zu übermitteln. Weder die eng gewickelte Kleidung, die kaum Bewegung zuläßt, noch das brave, wenig kindgemäße Herlaufen neben den Eltern entsprechen der Wirklichkeit kindlichen Verhaltens, sondern zeigen eine konstruierte, auf das Ansehen in der Polisgemeinschaft ausgerichtete Verhaltensnorm auf. Diesem Erziehungsideal entspricht eine Stelle bei Xenophon, auf die F. Gutschke aufmerksam gemacht hat[116]. Der Autor berichtet, daß man in Sparta, um den in der Pubertät befindlichen Knaben das *aidesthai* anzugewöhnen, verlangt habe, in der Öffentlichkeit die Hände unter dem Mantel zu tragen, den Blick auf den Boden zu richten und still zu sein. Ein ähnlich ideales Bild dürfte auch für Athen gegolten haben.

Zur Steigerung des Ansehens einer Familie trägt weiter auch die Art des Opfertiers bei. A. Klöckner hat beobachtet, daß «prestigeträchtige Schlachttiere», wie etwa Rinder, häufig auf Weihreliefs wiedergegeben sind, die eine Familie/Familiengruppe für Kinder aufgestellt hat[117]. So finden sich Wiedergaben von Rindern als Opfertiere auch auf Vorstellungsreliefs[118]. Damit soll wohl die Botschaft vermittelt werden, daß die *ideale* Familie keinerlei Kosten scheut, sich für das Wohlergehen ihrer Nachkommen einzusetzen.

Nur selten scheint die bildliche Chiffre dieses gesitteten Verhaltens, bei dem die Kinder in Reih und Glied stehen, durchbrochen worden zu sein, um reales Agieren von Kindern zu zeigen. Auf einem fragmentierten Relief in Athen (Taf. 19, 6)[119] naht von links ein Adorantenzug mit mehreren Kindern. Zuvorderst rennt ein kleiner, nackter Knabe nach vorn in Richtung Altar und Gottheit, wird aber dabei von seiner Schwester am Arm gepackt und zurückgehalten. Solche Szenen dürften eher der Realität bei Familienbesuchen im Heiligtum entsprechen. Auch das Bild eines kleinen Jungen, der auf einem weiteren Relief (Taf. 20, 1)[120] im ansonsten geordnet verlaufenden Adorantenzug eine Gans zu ärgern versucht, vermag sicher auf einer realen Begebenheit basieren.

Nicht immer ist es nur der engste Kreis von Vater oder Mutter, bzw. das Elternpaar gemeinsam, der mit Kind/Kindern ein Heiligtum besucht. Zuweilen sind auch mehrere Erwachsene zugegen, die wohl als größerer Familienverband gelten können. Auf einem Parastasis-Relief aus Brauron stellt eine Frau, sicher die Mutter, den vor ihr stehenden Knaben unter die Obhut der dem Kind gegenübersitzenden Artemis (Taf. 20, 2)[121]. Hinter der Frau folgen drei bärtige Männer, ein junger Mann sowie zwei weitere Kinder und die Cistophore. Eine genauere verwandtschaftliche Zuordnung der verschiedenen Männer zu dem im Mittelpunkt stehenden Knaben und seiner Mutter ist hier nicht möglich.

Was das Alter der Kinder angeht, so begegnen

---

112. (= *LIMC* I Acheloos **181**) Berlin, Staatl. Mus. Sk 711: Güntner, *Göttervereine* 124 A 37 Taf. 8, 2; Edelmann 205 D 36 (Ende 4. Jh. v. Chr.).
113. Vgl. ein weiteres Relief aus dem Pankrates-Heiligtum: (= *LIMC* VII Pankrates I **17**) Athen, Fethyie Camii P 46 B: Vikela (Anm. 111) 25 A 16 Taf. 14; Edelmann 202 D 11 (Ende 4. Jh. v. Chr.).
114. s. dazu auch Edelmann 38.
115. Vgl. Anm. 113.
116. Xenophon, *Lak. pol.* 3, 4; Gutschke (Anm. 4) 311.
117. Klöckner 141–144, Zitat S. 143.
118. Vgl. dazu etwa das Anm. 124 genannte Relief (Vater mit Kleinkind im Arm, Altar, Rind als Opfertier).
119. Athen, Agora S 750: Lawton 46–47 Abb. 2.4 (2. Hälfte 4. Jh. v. Chr.).
120. (= *ThesCRA* I 1 Prozessionen, gr. **113**, I 2 a Opfer, gr. **301**, II 4 a Bankett gr. **46★**, V 2 b Kultinstrumente **1276**) Totenmahlrelief, Athen, NM 3873: Kaltsas, N., *Sculpture in the National Archaeological Museum* (2002) 231 Nr. 487; Lawton 46–47 Abb. 2.3 (Ende 4. Jh. v. Chr.). Da sich der Knabe spielerisch mit der Gans beschäftigt, dürfte es sich kaum um einen zweiten Opferdiener handeln, der ein zweites Opfertier herbeibringt, wie z. T. auch vermutet wurde (Kaltsas u. a.), sondern um ein Familienmitglied (s. auch Lawton). Dabei sei dahingestellt, ob die Gans als Spieltier mitgeführt wird oder auch zum Opfer dient; Gänse als Opfertier: vgl. das Weihrelief Athen, NM 1950: (= *ThesCRA* I 1 Prozessionen, gr. **91★**, I 2 a Opfer, gr. **71**, III 6 c Verehrung **64**, = *LIMC* II Artemis **461★**); Comella 2, 79 Abb. 72. 209 Nr. Egina 4 (um 400 v. Chr.).
121. (= *ThesCRA* I 1 Prozessionen, gr. **56**, I 2 a Opfer, gr. **73**, = *LIMC* II Artemis **673★**) Brauron, Mus. 1153: Edelmann 216 F 29; Comella 2, 127 Abb. 126. 206 Nr. Brauron 3; Lawton 53 Abb. 2.10 (2. Hälfte 4. Jh. v. Chr.).

außer den vor der Gottheit stehenden bzw. im Zug mitlaufenden Kindern, auch Säuglinge oder Kleinkinder, die noch nicht selbst laufen können[122]. Selten sind diese bei einer Parastasis auf dem Boden hockend dargestellt, wie auf einem Relief in Padua (Taf. 20, 3)[123], sondern werden bevorzugt von Erwachsenen auf dem Arm getragen, häufig von Mutter oder Amme. Weniger oft begegnen bei der Parastasis Kleinkinder bei Vätern, wie etwa auf einem fragmentierten Weihrelief aus dem Asklepieion im Piräus, auf dem neben Altar und Opfertier ein Mann mit einem Baby auf dem linken Arm zu sehen ist (Taf. 20, 4)[124]. Die größeren Kinder, die bereits selbst laufen können, sind in der Regel steif hintereinander aufgereiht, und es findet kaum eine Anteilnahme der Erwachsenen statt. Anders auf einem dem Asklepios geweihten Relief im Louvre (Taf. 20, 5)[125], da hier als Abschluß des Adorantenzuges rechts eine Amme mit einem Säugling im Arm als innigst verbundene Gruppe gezeigt wird. Auch beim Ablauf der Kulthandlungen spielen die Kinder auf den Weihreliefs meist eine passive Rolle. Auf dem Relief im Louvre jedoch sieht man außer der Amme mit ihrem Säugling links neben ihr noch eine Frau, wohl die Mutter, die dem vor ihr stehenden Mädchen teilnahmsvoll die Hand auf den Kopf legt. Und schließlich ist auch der vorn stehende nackte Jüngling im Ephebenalter in die familiäre Zeremonie eingebunden, da er einen Gegenstand in der Hand hält und dem Vater am Altar assistiert. Zwar können die Söhne zuweilen dem Vater beim Opfer zur Seite stehen, doch tragen die innerhalb des Adorantenzuges dargestellten Kinder in der Regel keine (kultischen) Objekte.

Während bei einer Parastasis die direkte Gegenüberstellung von Gottheit und Kind dazu dient, das Kind betreffende Belange als Anlaß der Stiftung eindeutig ins Bild zu setzen, gibt es in der Bildkunst jedoch noch die Möglichkeit, ursächlich in die Weihung einbezogene Kinder auch *innerhalb* des Adorantenzuges gezielt hervorzuheben. Dies kann eine Frontalstellung der ansonsten in Seitenansicht gezeigten Kinder sein, Nacktheit bei Jünglingen und bei Mädchen das Tragen einer bestimmten Festtagstracht. Diese besteht aus einem langen, über den Rücken fallenden Mantel, der an den Schultern befestigt ist. Häufig greifen die herabhängenden Hände der Mädchen beidseits in den Stoff hinein. Der Mantel charakterisiert vor allem Mädchen einer bestimmten Altersklasse, die herangewachsenen Parthenoi, wie L. J. Roccos aufgezeigt hat[126]. Mit diesem Rückenmantel auftretende Mädchen finden sich nicht nur auf Weihreliefs, sondern sind auch auf Grabreliefs bezeugt sowie bei Kanephoren in Darstellungen von Opfer und Prozession. Auf dem genannten Weihrelief im Louvre[127], auf dem eine Mutter ihrer Tochter durch Handauflegung besondere Zuwendung verleiht, zieht das Mädchen auch durch das Tragen des Festtags-Rückenmantels noch mehr den Blick des Betrachters auf sich. Ein Weihrelief aus dem Athener Asklepieion (Taf. 21, 1)[128] zeigt unter den Adoranten ein größeres Mädchen, ebenfalls mit Rückenmantel, das zusätzlich durch Frontalstellung in vorderster Reihe als wichtige Person betont ist. Auf einem weiteren Weihrelief aus dem Piräus (Taf. 21, 2)[129] schreitet das Mädchen mit Rückenmantel an vorderster Stelle der weiblichen Personen.

Was die Verteilung der Geschlechter angeht, so ergibt sich für die Weihreliefs ein ähnliches Bild wie bei den oben genannten Votiv-Kinderstatuen. Es finden sich mehr Knaben- als Mädchendarstellungen[130]. Dies muß nicht den realen Familienverhältnissen entsprechen, sondern mag damit zusammenhängen, daß man männlichen Nachkommen mehr Bedeutung beigemessen hat als weiblichen.

3.2. Die Teilnahme an öffentlichen Festen

3.2.1. Kultämter für Mädchen in offiziellen Kulten der Polis

Wichtige Kenntnis über die sakralen Aufgaben junger, unverheirateter Mädchen[131] bietet eine

---

122. Zu den unterschiedlichen Altersstufen der Kinder auf Weihreliefs s. jüngst vor allem Lawton.

123. Padua, Mus. Civ. 820: Ghedini, R., *Sculture Greche e Romane del Museo Civico di Padova* (1983) 18 Nr. 2; Edelmann 102. 207 D 47 (1. Hälfte 4. Jh. v. Chr.). Wegen des seltenen Motivs wurde auch erwogen, das Kind als göttliches Wesen (Asklepios?) zu deuten (Wiedergabe des Asklepios als Kleinkind: Relief, Athen, NM 1424 = *LIMC* II Asklepios 6*). Doch ist das hier verwendete Motiv des Bodenhockers für menschliche Kleinkinder in der griechischen Kunst durch die Votivfiguren der *Temple Boys* hinreichend bezeugt s. o.

124. Athen, NM 3304: Klöckner 143. 150 Abb. 2; Ajootian 619 Abb. 2; Lawton 45 Abb. 2.2. Rechts des Mannes ist noch die adorierende Hand einer weiteren erwachsenen Person erhalten.

125. (= *ThesCRA* I 1 Prozessionen, gr. **62**, I 2 a Opfer, gr. **85***, = *LIMC* II Asklepios **64***, V Hygieia **32**) Paris, Louvre MA 755: Edelmann 217 F 41; Comella 2, 106 Abb. 103. 204 Nr. Atene 175; Leventi (Anm. 103) 148 R 53 Taf. 35; Lawton 44 Abb. 2.1 (Ende 4. Jh. v. Chr.).

---

126. Roccos, L. J., *AJA* 99 (1995) 641–666; weiter Klöckner 144–146; s. auch Lawton 55–56. Zuletzt zum Rückenmantel: Xagorari-Gleißner 26; ead., in *Folia in memoriam Ruth Lindner collecta* (2010) 121–124 (mit Beispielen von Mädchen mit Rückenmantel auf Grabreliefs); s. weiter Anm. 177–179.

127. s. Anm. 125.

128. (= *ThesCRA* I 1 Prozessionen, gr. **63**, I 2 a Opfer, gr. **86***, = *LIMC* II Asklepios **66***, V Hygieia **33**) Athen, NM 1333: Roccos (Anm. 126) 665 Abb. 25; Edelmann 213 F 13 Abb. 25 (Detailabb. des Mädchens mit Rückenmantel); Kaltsas (Anm. 120) 226 Nr. 475; Comella 2, 106 Abb. 102. 196 Nr. Atene 78; Leventi (Anm. 103) 153 R 70 Taf. 46; Klöckner 144–145. 151 Abb. 3–4; Lawton 57 Abb. 2.13.

129. (= *ThesCRA* I 2 a Opfer, gr. **473**) Athen, NM 1429: van Straten, *Hiera* 281 R 28 Abb. 65; Edelmann 214 F 19; Comella 2, 218 Nr. Pireo 5; Klöckner 145. 152 Abb. 5 (Ende 4. Jh. v. Chr.).

130. Ausführlich äußert sich dazu Klöckner (s. Anm. 79).

131. s. das Kapitel «Parthenoi in Ritual» bei Parker, *Polytheism* 218–252 (mit Lit.); Neils, J., «Looking for the

Stelle in der *Lysistrate* des Aristophanes (641–646), in der vier wichtige Kultämter aufgezählt werden, mit denen die Polis Athen Mädchen aus angesehenen Familien der Stadt betraute. Man erfährt, daß siebenjährige Mädchen das Amt der Arrhephorie wahrnahmen, mit zehn Jahren als *aletrides* Opfermehl mahlten und danach im Safrangewand den Dienst als *arktoi* für Artemis Brauronia antraten. Später fungierten sie als *kanephoroi* bei Opferfesten. Die genannten Kultämter wurden nicht von der Gesamtheit der unverheirateten Mädchen ausgeübt, sondern es wurden immer nur einige wenige Mädchen bestimmt, die wohl stellvertretend für ihre Altersklasse diese kultischen Funktionen wahrnahmen. Während über die Aletrides[132] kaum viel Weiteres bekannt ist und die Deutung der in der Forschung mit diesem rituellen Dienst verbundenen bildlichen Darstellungen eher hypothetisch ist[133], scheinen die drei anderen Kultämter größerer Beachtung gefunden zu haben.

3.2.1.1. Arrhephoren

BIBLIOGRAPHIE: Baudy, G. J., «Der Heros in der Kiste. Der Erichthoniosmythos als Aition athenischer Erntefeste», *AuA* 38 (1992) 1–47; Brulé, *Fille* 79–99; Burkert, W., «Kekropidensage und Arrhephoria. Vom Initationsritus zum Panathenäenfest», *Hermes* 94 (1966) 1–25 (= Burkert 1); id., *ThesCRA* II 120 (mit Lit.) (= Burkert 2); Calame, *Choruses* 131–133; Deubner 9–17; Dillon 46–48. 57–60; Donnay, G., «L'Arrhéphorie: Initiation ou rite civique? Un cas d'école», *Kernos* 10 (1997) 177–205; Kadletz, E., «Pausanias 1, 27, 3 and the Route of the Arrhephoroi», *AJA* 86 (1982) 445–446; Kahil, L., «Le 'cratérisque' d'Artemis et le Brauronion de l'Acropole», *Hesperia* 50 (1981) 253–263; Lambert, S. D., *ZPE* 142 (2003) 65–86; Neils, J., «Children and Greek Religion», in Neils/Oakley 149–151; Palagia, O., in *Worshiping Women. Ritual and Reality in Classical Athens* (Ausstellung New York 2008) 31–37 (= Palagia 1); ead., «The Parthenon Frieze: Boy or Girl?», *AntK* 51 (2008) 3–7 (= Palagia 2); Palaiokrassa, L., «Neue Befunde aus dem Heiligtum der Artemis Munichia», *AM* 104 (1989) 1–40; Parker, *Polytheism* 221–223; Reeder, E., in *Pandora* (Ausstellung Basel 1996) 247–251; Robertson, N., «The Riddle of the Arrhephoria at Athens», *HSCP* 97 (1983) 241–288; Rosenzweig, R., *Worshipping Aphrodite* (2004) 45–58; Sichelen, L. van, «Nouvelles orientations dans l'étude de l'arrhéphorie attique», *AntCl* 56 (1987) 88–102; Simon, *Festivals* 39–46; Waldner, K., «Kulträume von Frauen in Athen: Das Beispiel der Artemis Brauronia», in Späth, Th./Wagner-Hasel, B. (Hsg.), *Frauenwelten in der Antike* (2000) 54–55; Wesenberg, B., «Panathenäische Peplosdedikation und Arrhephorie. Zur Thematik des Parthenonfrieses», *JdI* 110 (1995) 149–178.

Die Arrhephoren mußten für eine bestimmte Zeit kultische Aufgaben für die Athena Polias auf der Athener Akropolis erfüllen. Aus Schriftquellen und epigraphischen Zeugnissen läßt sich erschließen, daß vier Mädchen im Alter zwischen sieben und elf Jahren aus den vornehmsten Familien der Stadt vom Volk und dem Archon Basileus für den Kultdienst ausgewählt wurden[134]. Diese lebten für die Dauer ihrer sakralen Pflichten in einer eigens dafür bestimmten Wohnung auf der Akropolis und verfügten dort sogar über einen Ballspielplatz in der Nähe des Erechtheion (Paus. 1, 27, 3; Plut. *X orat.* 839c). Neben ihren alltäglichen Pflichten wie dem Ministrieren bei Opfern und der Pflege des heiligen Ölbaumes oblagen ihnen besondere Dienste. Zwei der Mädchen waren beteiligt, wenn am Athenafest *Chalkeia* der Webstuhl hergerichtet wurde und man mit dem Ritual der Webarbeiten am neuen Peplos der Athena für das Panathenäenfest begann[135]. Das Weben selbst scheint danach von älteren Mädchen, den *ergastinai*, durchgeführt worden zu sein. Die anderen zwei Mädchen übten im Monat Skirophorion die *Arrhephoria* aus. In einem geheimen Ritus übergab die Athenapriesterin des Nachts den Mädchen Kisten, in denen sich für alle Beteiligte unbekannte Objekte befanden, die die Arrhephoren durch einen unterirdischen Gang ins Heiligtum der *Aphrodite in den Gärten* bringen mußten. Dort wurden die Gegenstände deponiert und die Mädchen brachten andere, ebenfalls verhüllte geheimnisvolle Dinge wieder mit hinauf. Danach endete die kultische Amtszeit der Mädchen und es wurden neue Arrhephoren ausgewählt (Paus. 1, 27, 3). Bei dieser Zeremonie scheint es sich um einen mit dem Wachstum der Früchte und der menschlichen Fortpflanzung verbundenen Fruchtbarkeitsbrauch zu handeln[136]. Aitiologisch gelten die Kekropstöchter Aglauros, Pandrosos und Herse als mythische Vorgängerinnen der Arrhephoren[137]. Diesen hatte einst Athena das in einem Korb verborgene Erichthonioskind anvertraut.

Images: Representations of Girl's Rituals in Ancient Athens», in *Finding Persephone. Women's Rituals in the Ancient Mediterranean* (2007) 55–78.

132. Zu diesen Parker, *Polytheism* 227–228; zur Interpretation des Ausdrucks *tarchegeti* im zugehörigen Scholion (ein Kult für Artemis oder Demeter statt für Athene?) s. Brulé, *Fille* 114–116; Parker, *Polytheism* 223.

133. Neils, J., «Kitchen or Cult? Women with Mortars and Pestles», in *Greek Art in View* (FS B. Sparkes) (2004) 54–62 (s. weiter auch Neils [Anm. 131] 59–64) hat einige Vasenbilder zusammengestellt, auf denen Frauen mit Mörsern hantieren. Doch handelt es sich dort – worauf Neils selbst hinweist – um Frauen und nicht um kleine Mädchen. Weiter ist nicht gesichert, ob hier die Herstellung von Gebäck oder ähnlichem für eine Kultfeier gemeint ist oder ob es sich vielleicht doch nur um eine einfache «Küchenszene» handelt. – Zu den *aletrides* s. auch Villing, A., in Tsingarida, A. (Hsg.), *Shapes and Uses of Greek Vases (7th–4th Centuries B.C.)* (2009) 329.

134. Die Quellen gesammelt und kommentiert bei Donnay 177–205.

135. Harp. *s.v.* «ἀρρηφορεῖν»; Suda *s.v.* «χαλκεῖα». In manchen Schriftquellen werden statt *parthenoi* für diesen Dienst *gynaikes* genannt; s. hierzu Brulé, *Fille* 99.

136. Darauf deutet die Angabe im *Schol. Lukian.* 276, 13, wonach es sich bei den *arrheta*, den unsagbaren Dingen, welche die Mädchen hin- und hertragen mußten, u. a. um aus Brotteig gefertigte Abbilder von Schlangen und Phalloi gehandelt habe; sie führten außerdem einen Pinienzweig mit sich.

137. s. dazu Burkert 1, 1–25; Burkert 2, 120.

Ab hellenistischer Zeit sind zahlreiche Basen von Statuen erhalten, die den Inschriften zufolge Mädchen als Arrhephoren darstellen und in der Regel von deren Eltern auf die Akropolis gestiftet wurden[138]. Gesicherte Szenen, welche die Arrhephoren bei ihren sakralen Aufgaben wiedergeben, sind in der griechischen Bildkunst nicht nachgewiesen, doch wurden einige Darstellungen hypothetisch mit den Arrhephoren in Verbindung gebracht[139]. Auf einer att. sf. Lekythos des Amasis-Malers in New York (Taf. 21, 3)[140] sind ringsum Frauen beim Spinnen, Weben und Zusammenlegen von Tüchern dargestellt. Man wollte hier kein Abbild der weiblichen Lebenswelt im Haus erkennen, sondern eine sakrale Handlung in Gestalt der Arbeit für den panathenäischen Peplos. Doch müssen die beiden vor dem Webrahmen hantierenden, kleiner wiedergegebenen Gestalten nicht unbedingt junge Mädchen (Arrhephoren) meinen. Da der Querbalken des Webrahmens auf gleicher Höhe mit den Köpfen der übrigen Frauen liegt, mußten die *vor* dem Rahmen dargestellten Personen kleiner sein, um diesen nicht zu überschneiden und können deshalb also durchaus erwachsene Frauen sein[141]. Dagegen handelt es sich auf einem Weihrelief von der Athener Akropolis bei der weiblichen Figur vor einem Webrahmen definitiv um ein junges Mädchen, vielleicht eine Arrhephore[142].

Nicht eindeutig gesichert ist die Präsenz von Arrhephoren in der Mittelszene des Parthenon-Ostfrieses, die als Peplosübergabe beim Panathenäenfest interpretiert wird. Drei Personen wurden verschiedentlich als Arrhephoren gedeutet. Zum einen ist dies die kindliche Figur, die gemeinsam mit dem Archon Basileus das Peplostuch anfaßt[143].

Umstritten ist das Geschlecht des Kindes[144]. Doch dürfte es sich u. a. wegen des seitlich offenen Gewandes und der damit sichtbaren Nacktheit der linken Körperseite eher um einen Knaben handeln, also den *pais amphithales*, der bei vielen sakralen Handlungen zugegen ist. Die Argumente, hier ein Mädchen, d. h. eine Arrhephore, zu erkennen, wie sie jüngst von O. Palagia wieder vertreten wurden, überzeugen nicht[145]. Des Weiteren ist links von der Übergabeszene die Priesterin der Athena Polias zu sehen, die sich nach links zu zwei Mädchen mit Gegenständen auf dem Kopf wendet. Diese Ministrantinnen wurden meist als Diphrophoren oder Arrhephoren gedeutet[146]. Doch scheint es unsicher, ob hier wirklich Mädchen im Alter zwischen sieben und elf Jahren gemeint sind, denn sie sehen eher wie herangewachsene, dem Arrhephorenalter bereits entwachsene Mädchen bzw. junge Frauen aus. Aus diesem Grund greift E. Simon für die beiden die schon früher vorgeschlagene Deutung als *Trapezo* und *Kosmo* wieder auf[147]. Allerdings bleibt die Diskrepanz, daß die Präsenz von Arrhephoren im Parthenonfries zu postulieren ist und daß kaum andere Personen als diese beiden dafür in Betracht kommen.

Da Schriftquellen einen Ballspielplatz der Arrhephoren auf der Akropolis bezeugen, könnte dies vielleicht die Szene auf einem att. rf. Vasenfragment in Tübingen näher erklären[148]. Zu sehen sind außer ballspielenden Mädchen auch die auf einem Klismos sitzende Aphrodite (Beischrift), deren ikonographisches Schema einem berühmten plastischen Vorbild gleicht, das in der Forschung mit dem Kultbild der *Aphrodite in den Gärten* in ihrem Heiligtum am Nordabhang der Akropolis in Ver-

---

138. Zu diesen Donnay 180–183; Palagia 1, 34 Abb. 4. Von den 20 bekannten Basen der Arrhephorenstatuen wurden 19 auf der Akropolis gefunden. Die ältesten Weihungen entstammen der 2. Hälfte des 3. Jhs. v. Chr.
139. So wurde auch das von einer Sonnenschirmträgerin begleitete Mädchen auf einer Lekythos in Paestum (s. Anm. 183) als Arrhephore gedeutet, doch fehlen dafür sichere Argumente.
140. (= *ThesCRA* II 4 b Tanz **278**) New York, MMA 31.11.10: *ABV* 154, 57; Himmelmann, N., *Archäologisches zum Problem der griechischen Sklaverei* (1971) 15 Abb. 12; Neils 151 Abb. 10; Backe-Dahmen (Anm. 91) 107–108 Abb. 56 (um 550 v. Chr.).
141. Ähnlich argumentiert Himmelmann a.O., der die geringere Größe der beiden weiblichen Figuren ebenfalls in Relation zur Querbalkenhöhe des Webstuhls erklärt und deshalb hier auch keinen Unterschied in der Bedeutungsgröße sehen möchte, sie also nicht als Sklavinnen, sondern ebenfalls als erwachsene Frauen deutet.
142. (= *LIMC* III Charis, Charites **13**) Athen, Akropolis-Mus. 2554: Palagia 1, 35 Abb. 5 (hellenistisch). Rechts vom Webrahmen sind frontale Halbfiguren der Chariten dargestellt.
143. London, BM. Steinhart, M., «Die Darstellung der Praxiergidai im Ostfries des Parthenon», *AA* (1997) 475–478 Abb. 1 (Deutung: Praxiergidai); Palagia 2, Taf. 1, 1.

144. Die bisherigen Forschungsmeinungen sind zusammengestellt bei Berger/Gisler-Huwiler, *PartheDokFries* 158–159. 172–174; Steinhart a.O. 476; Palagia 2, 3–7.
145. Palagia 2, 3–7. Zur Diskussion s. auch Boardman, J., «The Naked Truth», *OJA* 10 (1991) 119–121. Palagia will die Hypothese, es handele sich um ein Mädchen, mit der Vermutung begründen, daß das Kind unter dem Gewand nicht nackt sei, sondern einen nur aufgemalten Chiton trug. Für die Deutung als Knabe tritt jetzt auch wieder J. Neils ein: *Le donateur, l'offrande et la déesse. Kernos* Suppl. 23 (2009) 144–145 Abb. 5 (sie argumentiert mit der Länge des Gewandes, das bei einem Mädchen deutlich länger sein müßte).
146. Es betrifft die Figuren 31 und 32. Zusammenstellung und Diskussion der Deutungsvorschläge bei Berger/Gisler-Huwiler, *PartheDokFries* 157–159. 171–174 Taf. 134. Wesenberg 149–164 spricht sich wieder für Arrhephoren aus und ergänzt den Gegenstand in der Hand von 32 zu einer Lampe; Backe-Dahmen (Anm. 91) 108–109 Abb. 57.
147. *LIMC* VIII s.v. Trapezo/Trapezophoros et Kosmos **2**. Zustimmend zu dieser Deutung: Burkert, W., in *Religion. Lehre und Praxis* (Kongress Basel 2004) (2009) 46 Anm 71.
148. (= *LIMC* II Aphrodite **827**. **1559***) Tübingen, Univ. S./10 1632a+b: *CVA* 4 Taf. 32, 3–4; Rosenzweig Abb. 20.

bindung gebracht wird[149]. Damit ließe sich als Ort des Ballspiels hier die Akropolis erschließen und zudem besteht ja zwischen den Arrhephoren und dem Heiligtum der Aphrodite engste Verbindung, da dieses eine wichtige Rolle beim geheimnisvollen Ritus der *Arrhephoria* spielt. Denn das Kultamt der Arrhephoren war nicht nur mit Athena Polias, sondern auch mit Aphrodite verbunden[150].

Die öfter geäußerte Hypothese, daß die Tätigkeiten der Arrhephoren Initiationsriten widerspiegeln, welche die Mädchen für die Ehe vorbereiten sollen[151], wie etwa die Anleitung zu traditionell weiblichen Arbeiten (Weben des Peplos) und die Einführung in die Sexualität (vgl. die *arrheta*), wird von Donnay und anderen Autoren überzeugend abgelehnt[152].

3.2.1.2. Arktoi

BIBLIOGRAPHIE: Burkert, W., *ThesCRA* II (2004) 119-121 (mit weiterer Lit.); Cole, S. G., «The Social Function of Rituals of Maturation: The Koureion and the Arkteia», *ZPE* 55 (1984) 233-244; Dillon 220-222; Ekroth, G., «Inventing Iphigeneia», *Kernos* 16 (2003) 59-118; Faraone, C. A., «Playing the Bear and Fawn for Artemis: Female Initiation or Substitute Sacrifice?», in Dodd, D. B./Faraone, C. A. (Hsg.), *Initiation in Ancient Greek Rituals and Narratives: New Critical Perspectives* (2003) 43-68; Gennimata, M., «Der Umgang athenischer Mädchen mit der Sexualität im Spiegel der Arkteia in Brauron», in *Die Macht der Erotik und die Erotik der Macht. Zur diskursiven Verknüpfung von Macht und Erotik in der griechisch-römischen Antike. Iphis. Beiträge zur altertumswissenschaftlichen Gender-Forschung* 4 (2011) 93-116; Gentili, B./Perusino, F. (Hsg.), *Le orse di Brauron. Un rituale di iniziazione femminile nel santuario di Artemide* (2002); Goette, H. R., «Further Thoughts on the Athenian Girls at Brauron», in Mattusch/Donohue/Brauer 605; Hamilton, R., «Alkman and the Athenian Arkteia», *Hesperia* 58 (1989) 449-472; Kahil, L., «L'Artémis de Brauron: Rites et mystère», *AntK* 20 (1977) 86-98; Lonsdale, S. H., *Dance and Ritual Play in Greek Religion* (1993) 171-194; Mitsopoulou-Leon 195-198; Mylonopoulos, J., «Greek Sanctuaries as Places of Communication through Ritual», in *Ritual and Communication in the Graeco-Roman World. Kernos* Suppl. 16 (2006) 100-103; Parker, *Polytheism* 228-248; Perlman, P., «Acting the She-Bear for Artemis», *Arethusa* 22 (1989) 111-133; Poulkou, M., «Arkteia. Überlegungen zu den nackten 'Bärinnen' in Bauron», in *Akten des 10. Österreichischen Archäologentages in Graz 2003* (2006) 155-159; Reeder, E. D., *Pandora* (Ausstellung Basel 1996) 321-327; Scanlon, T. F., «Race or Chase at the Arkteia of Attica?», *Nikephoros* 3 (1990) 73-120; id., *Eros and Greek Athletics* (2002) 139-174; Seifert, M., «Kleine Bärinnen in Brauron? Ein Kult und seine Interpretation», in *Archäologie zwischen Befund und Rekonstruktion. FS R. Rolle* (2007) 55-71 (= Seifert 3); Sourvinou-Inwood, C., *Studies in Girls' Transitions. Aspects of the Arkteia and Age Representation in Attic Iconography* (1988); ead., «Ancient Rites and Modern Constructs: On the Brauronian Bears Again», *BICS* 37 (1990) 1-14; Steinhart, M., *Die Kunst der Nachahmung* (2004) 82-85; Waldner, K., «Krräume von Frauen in Athen: Das Beispiel der Artemis Brauronia», in Späth, Th./Wagner-Hasel, B. (Hsg.), *Frauenwelten in der Antike* (2000) 53-81.

Der Dienst junger Mädchen im Heiligtum der Artemis von Brauron ist in *ThesCRA* bereits von W. Burkert ausführlich behandelt worden[153]. Wegen der unsicheren Quellenlage ist Vieles umstritten. Gesichert scheint, daß im 5. Jh. v. Chr. in Brauron eine gewisse Anzahl junger, wohl zehnjähriger Mädchen der Artemis in einem als *arktos* (Bärin) bezeichneten Kultamt dienten und dort auch für einige Zeit wohnten[154]. Ein aitiologischer Mythos erklärt dies als Sühne für die Tötung eines einst im Heiligtum lebenden Bären. Bei dem penteterischen Fest *Brauronia* traten die Mädchen als Bärinnen auf (*arkteia* = den Bären spielen). Betreffs der Rituale an diesem Fest erfährt man aus Schriftquellen, daß die Mädchen ein Krokosgewand tragen bzw. dieses auszuziehen[155]. Weiter gibt es eine bevorzugt in Brauron gefundene, als Kultgeschirr fungierende kleinformatige Keramikgattung[156], deren Bildschmuck wohl auf Riten an den Brauronia Bezug nimmt (Taf. 21, 4)[157]. Es handelt sich um Krateriskoi, auf denen junge Mädchen unterschiedlichen Alters zusammen mit älteren Frauen (Priesterinnen) dargestellt sind. Palmen und Altäre kennzeichnen das Heiligtum. Die Mädchen werden beim Wettlauf gezeigt, den sie nackt oder mit kurzen Chitonen bekleidet ausüben. Dabei handelte es sich wohl um ein Ritual, nicht um einen bloßen gymnischen Agon[158]. Einige Bilder scheinen Opferprozessionen wiederzugeben.

Schließlich kamen in Brauron Kinderstatuetten zutage, die ab dem Ende des 5. Jhs. v. Chr. entstan-

---

149. s. weiter Delivorrias, A., *LIMC* II (1984) S. 90 *s.v.* «Aphrodite»; *Villa Albani* II 204-208 Nr. 215 Taf. 142-149; Koch, L., *Weibliche Sitzstatuen der Klassik und des Hellenismus und ihre kaiserzeitliche Rezeption* (1994) 15. 183-187 Nr. 3a-l; Strocka, V. M., in id. (Hsg.), *Meisterwerke* (Kongress Freiburg 2003) (2005) 133-140.
150. s. dazu zuletzt ausführlich Rosenzweig.
151. Für Initiationsriten treten vor allem Burkert 1 und 2 und andere ein.
152. Donnay 200-202.
153. Burkert 119-121.
154. Dies bezeugen die literarischen und epigraphischen Quellen, s. Burkert 120-121 Nr. **242-252**. Das genaue Lebensalter ist nicht sicher; während in der bereits genannten Aristophanesstelle (*Lys.* 641-646) von zehnjährigen Mädchen (aber vor ihrem Antritt des Kanephorenamtes) die Rede ist, sprechen die Scholien von 5-10jährigen Mädchen (Suda *s.v.* «ἀρκτεῦσαι»). Nicht überzeugend scheint die These von Grebe, S., «Jüngere oder ältere Mädchen? Aristophanes, Lysistrate 641-647» *MusHelv* 56 (1999) 194-203, daß die Mädchen älter als 10 Jahre alt gewesen seien. – Auch in Kyrene gab es *Arktoi* im Kult der Artemis: (= *ThesCRA* II 3 c Initiation **251**) *LSS* 115 B = *SEG* 9, 1, 74. Zu den Arktoi im Heiligtum der Artemis Mounichia im Piräus s. Palaiokrassa, L., *Τὸ ἱερὸ τῆς Ἀρτέμιδος Μουνιχίας* (1991) 33-35; Mitsopoulou-Leon 195-196.
155. Aristoph. *Lys.* 645; s. Burkert 120 Nr. 243.
156. s. *ThesCRA* I 2 d Weihgeschenke, gr. S. 306; V 2 b Kultinstrumente S. 256-258 (mit Lit.); Reeder 321-327. Zu weiteren Fundorten s. Reeder 321; Seifert 3, 55 Anm. 3.
157. (= *ThesCRA* II 3 c Initiation **254**, V 2 b Kultinstrumente **672**) Basel, Slg. Cahn HC 501; Reeder 322-325 Nr. 98 mit Farbabb.
158. s. dazu Mylonopoulos.

den sind und in denen man ebenfalls Arktoi dargestellt sehen wollte. Jedoch handelt es sich nicht nur um Mädchenfiguren – was aber für Bärinnen zu postulieren wäre –, sondern es wurden weitaus mehr Standbilder von Knaben gefunden[159]. Zudem sind auch Figuren von krabbelnden Kindern bekannt, die altersmäßig viel zu jung für die Ausübung der Tätigkeiten der Arktoi sind. All dies deutet darauf hin, daß die Weihung dieser Figuren nicht mit dem Ritual der Arkteia zusammenhängt und daß die dargestellten Kinder keine Abbilder der Arktoi sind. Vielmehr dürfte es sich, ähnlich wie auch bei den in Brauron gefundenen Weihreliefs mit Wiedergaben von Familien bei einer Opferprozession[160], um Statuen von gewöhnlichen sterblichen Kindern handeln, die Eltern auch sonst einer Kourotrophosgottheit als Dank für das Wohlergehen ihrer Kinder ins Heiligtum stifteten[161].

Auch bei den Arkteia wird in der Forschung kontrovers diskutiert, ob es sich um ein Initiations- oder Übergangsritual handelt, mit dem Mädchen an der Schwelle der Pubertät auf Hochzeit und Sexualität vorbereitet werden[162]. Da aber nur eine kleine Auswahl von Mädchen in Brauron Dienst tat, wollte man hier das Relikt einer früheren Mädcheninitiation sehen, das im 5. Jh. v. Chr. nur noch *pars pro toto* als *survival* stattfand. Gegen die Initiationstheorie sprach sich zuletzt mit guten Argumenten M. Seifert aus, die darauf hinweist, daß Wettläufe und Prozessionen von Mädchen (wie in Brauron) als rituelle Handlungen generell charakteristische Bestandteile von Festen für verschiedene Göttinnen sind und nicht per se auf Initiationsriten weisen, so daß auch für die Annahme der Existenz eines solchen Ritus in Brauron weitere Anhaltspunkte fehlen[163].

3.2.1.3. Kanephoren

BIBLIOGRAPHIE: Brulé, *Fille* 302–308. 317–323; Dillon 37–42; Gebauer, *Pompe* 169–171. 500–504; Gebauer, J., «Die Gestaltung des Kanoun im Parthenonfries», in *Bildergeschichte. FS K. Stähler* (2004) 179–186; Krauskopf, I., ThesCRA V 2 b Kultinstrumente S. 262–265. 269–274 (zum *kanoun* als Opferkorb); Parker, *Polytheism* 223–226; Reeder, E. D., *Pandora* (Ausstellung Basel 1996) 235–236; Roccos, L. J., «The Kanephoros and her Festival Mantle in Greek Art», *AJA* 99 (1995) 641–666; Scheffer, Ch., «Boeotian Festival Scene: Competition, Consumption and Cult in Archaic Black Figure», in Hägg, *Iconography* 117–141 (mit Liste von Kanephoros-Darstellungen); Schelp, *Kanoun* 15–21. 54–56. 89; Sourvinou-Inwood, C., *Studies in Girls' Transitions* (1988) 54–57. 94–97.

Die Kanephoroi erhielten ihre Bezeichnung nach einem *kanoun* benannten Korb, in dem Gaben und Gerätschaften für Feste und Opferrituale transportiert wurden. Dessen Form (flach, meist mit drei Henkeln) und Verwendung hat bereits I. Krauskopf ausführlich besprochen[164]. Der Korb wurde bei Prozessionen in Athen und anderenorts von ein oder zwei dem Opferzug voranschreitenden Kanephoren zum Altar gebracht und dort dem Priester übergeben. Das Anführen der Prozession dokumentiert bereits die Wichtigkeit dieses Kultamtes, das von den Töchtern angesehener Familien ausgeübt wurde[165]. Bei der Aufzählung der Kultämter junger Mädchen in der *Lysistrate* des Aristophanes (s. o.) wird es als letztes Amt der Mädchen vor der Hochzeit genannt, weshalb es sich bei den Kanephoren bereits um erwachsene Mädchen im heiratsfähigen Alter (*parthenoi*) handeln muß[166], wie sie auch in der Bildkunst dargestellt werden. Auf die Altersstufe kurz vor der Hochzeit und auf die vornehme Abstammung der Korbträgerinnen weist bereits deren mythisches Vorbild, die Erechtheustochter Oreithyia, die einigen Quellen zufolge als Kanephoros für Athena Polias tätig war und mitten aus dem Festzug von Boreas als Geliebte geraubt wurde[167].

Die Kanephoren wurden einem strengen Auswahlverfahren durch den Archon Eponymos unterworfen; umso ehrenvoller war es für die Familie, wenn die Tochter zur Kanephore gewählt wurde bzw. eine Schmach, wenn sie – wie die Schwester des Harmodios – vom Kanephorendienst ausgeschlossen wurde, was letztendlich mit den Anlaß zum Tyrannenmord gab[168]. Die Kanephoros bot im Zug eine prachtvolle Erscheinung: in schönen Kleidern, weiß gepudert, mit Goldschmuck und eigenem Schirmträger[169]. Nach Heliodor führten die Mädchen, den Korb auf dem Kopf und einander an den Händen fassend, sogar noch Tanzschritte aus (*Aith*. 3, 2, 1–2). Die Zuweisung eines eigenen Fleischanteils vom Opfertier an die Kanephoren, wie es z.B. für die Kleinen Panathenäen bezeugt ist, spricht ebenfalls für ihr hohes

---

159. s. dazu ausführlich Vorster, Ch., *Griechische Kinderstatuen* (1983) 62–65 sowie Seifert 3, 62–64.
160. Burkert 121 Nr. 255 mit Auflistung von Reliefs.
161. So auch Vorster (Anm. 159).
162. s. dazu die in der Bibliographie genannte Lit.
163. Seifert 3, 55–71.
164. Krauskopf.
165. Das Amt war auch eine Frage des Geldes: Men. *Epit*. 440; die Töchter der Metöken konnten bei den Panathenäen nur als Schirm- oder Stuhlträgerinnen fungieren: Parker, *Polytheism* 170. 258.
166. Vgl. *Schol. Theokr*. 2, 66–68.
167. Akusilaos von Argos, *FGrH* 2 F 30.

168. Der Vater des Mädchens erhält per Ehrendekret eine Auszeichnung: s. z.B. *IG* II[2] 668; 89b. Die Kanephoren selbst werden oft durch Inschriften oder Statuen geehrt: *IG* II[2] 3727. 3483. 3477. 3554. 3635 u.ö. Ausschluß vom Kanephorendienst: Thuk. 6, 56; Ail. *var*. 11, 8.
169. Aristoph. *Lys*. 1189–1193 (Festkleidung und Schmuck; ein Hinweis auf männliche Kanephoren gibt hier *tois paisin*); Aristoph. *Eccl*. 732 und Schol. *Av*. 1551 (Puder); Aristoph. *Ach*. 258 (Goldschmuck); Aristoph. *Av*. 1549–1551 mit Schol. (Prometheus verkleidet sich mittels eines Schirms als Diener einer Kanephore); zu den Schirmträgern für Kanephoren s. auch Berger/Gisler-Huwiler, *PartheDokFries* 194–195 Nr. 185. 186–187. Vgl. auch das in Anm. 183 genannte Vasenbild.

Ansehen[170]. Die wichtige Stellung ihres Amtes dokumentiert sich auch darin, daß die Kanephoren Gegenstand der Parodie waren und sogar mehrere Komödien mit dem Titel *Kanephoros* verfaßt wurden[171]. Den Stolz der Eltern auf ihre Töchter bezeugen die Inschriften auf den Basen zahlreicher, von den Eltern geweihten Statuen von Kanephoroi in Heiligtümern[172]. Da Kanephorie und Prozession meist miteinander verknüpft sind, traten Kanephoren nicht nur bei öffentlichen Anlässen auf, sondern junge Mädchen konnten als Kanephoren bei Prozessionen jeglicher Art fungieren, so auch bei privaten Kultausübungen wie etwa im Rahmen der *pompe* bei Hochzeitsfeierlichkeiten[173].

In der Bildkunst sind Opferzüge mit Kanephoren ab dem 6. Jh. v. Chr. vor allem in der Vasenmalerei zu sehen[174]. Als Korbträger fungieren Frauen, Mädchen und vereinzelt auch Männer und Jünglinge[175]. Bei den archaischen Darstellungen ist die Unterscheidung zwischen Frauen und jungen Mädchen schwierig. Mit einem Korb auf dem Kopf erlangen die verkleinerten Personen die gleiche Größe wie die anderen Prozessionsteilnehmer, da im Bildfries gewöhnlich Isokephalie angestrebt wird. Deshalb könnte es sich bei den verkleinerten Erwachsenen auch durchaus um Frauen mit Kana auf dem Kopf handeln.

Besser zu erkennen sind die jugendlichen Kanephoren in klassischen Darstellungen. Häufig tragen sie eine der feierlichen Prozession angemessene festliche Kleidung, zu der ein über dem Chiton bzw. Peplos getragener langer Mantel gehört, der im Rücken fast bis zum Boden herabhängt und vorn an den Schultern befestigt wird. Zuweilen können auch zwei kurze Zipfel vorn über die Schultern hängen. Was die Unterscheidung zwischen Mädchen und Frauen angeht, so dürfen wohl in den Kanephoren mit langem, offen getragenen Haar die Parthenoi zu erkennen sein. Als Paradebeispiel für eine so dargestellte Korbträgerin sei auf den att. rf. Volutenkrater des Kleophon-Malers in Ferrara (um 440/430 v. Chr.) verwiesen (Taf. 22, 1)[176]. Die zum delphischen Apollonheiligtum ziehende Prozession führt ein langhaariges Mädchen an, das mit Chiton, Ependytes und langem Rückenmantel bekleidet ist. Beide Hände sind erhoben, um den Korb auf ihrem Kopf festzuhalten.

Der lange Rückenmantel, dem L. J. Roccos eine ausführliche Untersuchung gewidmet hat[177], ist keine rein kultische Tracht und auch nicht als eine Art «Berufskleidung» auf Korbträgerinnen beschränkt. Derart gekleidete Mädchen (ohne Kanoun) sind häufig auf Grab- und Weihreliefs anzutreffen[178]. Es handelt sich, wie bereits betont wurde[179], allgemein um eine reiche Kleidung, welche Mädchen bei den verschiedensten Anlässen tragen konnten, die eine festliche Kleidung erforderten, darunter auch die Kanephorie[180]. Wenn Mädchen auf Grab- und Weihreliefs auch ohne Kana mit dieser Festtagstracht dargestellt werden, so soll dies einer besonderen Hervorhebung ihrer Person dienen.

Aufgrund der obligatorischen Präsenz von Kanephoren an Opferzügen allgemein und der zusätzlichen literarischen Bezeugung für deren Teilnahme am Panathenäenfestzug – erinnert sei nur an die bereits erwähnte Kanephorie der Heroine Oreithyia an diesem Fest – dürften Kanephoren auch in der feierlichen Panathenäenprozession im Ostfries des Parthenon dargestellt sein. Wiedergegeben ist hier eine große Anzahl von weiblichem Kultpersonal. Zahlreiche Mädchen und Frauen schreiten z. T. mit Kultgerät in den Händen beidseits auf die Mittelgruppe mit den zwölf Göttern und der Peplosübergabe zu. Allerdings trägt keine der weiblichen Personen ein Kanoun, sondern es begegnen Phialen, Kannen und Thymiaterien, weshalb weitere Hinweise zur Bestimmung der Kanephoren vonnöten sind. Doch können dazu weder der besagte lange Rückenmantel noch eine Frisur mit langem, offenen Haar beitragen, da beides hier bei vielen Mädchen begegnet. So muß man auf andere Entscheidungskriterien zurückgreifen, wie z.B. die Anordnung der Mädchen im Fries. An der Spitze des Zuges laufen zwei Mädchen ohne Attribute nebeneinander her, denen ein Mann mit einem nicht vollständig erhaltenen Gegenstand in den Händen gegenübersteht[181]. Mit ihnen müssen die Korbträgerinnen gemeint sein, da diese als Anführerinnen der Opferzüge an prominentester Stelle wiedergegeben werden. Ihre

---

170. *IG* II² 334; s. weitere Lit. bei Roccos 645 Anm. 39.
171. s. die Belege bei Schelp, *Kanoun* 68 Anm. 72. 73.
172. s. die Liste bei Roccos 645 Anm. 35-37.
173. Vgl. *ThesCRA* V 2 b Kultinstrumente **759. 789a-d**.
174. Zu den Darstellungen s. die in der Bibliographie genannte Lit.
175. Zu männlichen Korbträgern s. etwa Gebauer, *Pompe* 43. 63. 92. 95; *ThesCRA* V 2 b Kultinstrumente **779. 780. 783. 787**.
176. (= *ThesCRA* I 1 Prozessionen, gr. **52***; I 2 a Opfer, gr. **43a**; I 2 c Rauchopfer **34**; IV 1 b Darstellungen von Kultorten **4h. 110d**; V 2 b Kultinstrumente **408. 785**) Ferrara, Mus. Naz. 44894: *ARV*² 1143, 1; Valavanis, P., *Games and Sanctuaries in Ancient Greece* (2004) 168 Abb. 226.
177. Roccos 641-666; s. auch Sojc, N., *Trauer auf attischen Grabreliefs* (2005) 107-114. Vgl. weiter Anm. 126.
178. Grabreliefs: Scholl, A., *Die attischen Bildfeldstelen des 4. Jhs. v. Chr.* (1996) 121; Sojc (Anm. 177) 111-112; Xagorari-Gleißner 25-27; *ead.*, in *Folia in memoriam Ruth Lindner collecta* (2010) 121-124. Weihreliefs: Klöckner, A., in *Archäologie und Ritual* (Kongress Heidelberg 2004) (2006) 144-146.
179. Vgl. Vorster (Anm. 159) (1983) 17-19; Scholl (Anm. 178) 121; Klöckner (Anm. 178) 144-146.
180. Dabei bedarf es dann einer besonderen Erklärung, daß sogar eine junge Hetäre, die gerade von einem jungen Mann innigst umarmt wird, mit Chiton und langem Rückenmantel auftreten kann: att. rf. Schale, Privatbesitz, *ARV*² 118, 14 (Epidromos-Maler); Simon, E., in *Gli atleti di Zeus* (Ausstellung Mendrisio 2009) 106-107. 115-117 mit Abb.
181. Gemeint sind die Personen Ost VII 49-51: Schelp, *Kanoun* 55-56; Simon, E., *AM* 97 (1982) 131-132. 138; Roccos 654-659; Berger/Gisler-Huwiler, *PartheDokFries* 150-154. 165-169 (mit weiterer Lit.); s. ausführlich bei Gebauer 179-186.

Attributlosigkeit hat man damit begründet, daß die Tätigkeit der Kanephoren bereits beendet sei und sich der herbeigebrachte Opferkorb schon in den Händen des Priesters befinde. Das von ihm gehaltene Objekt stellt dann wohl das Kanoun dar[182]. Die Vielzahl junger Mädchen im Ostfries läßt sich vielleicht als Wiedergabe der den Peplos webenden *Ergastinai* erklären.

Da für die Kanephoren im Festzug Sonnenschirmträger als Begleiter bezeugt sind, wollte man auf einer att. rf. Lekythos in Paestum eine solche Szene erkennen (Taf. 22, 2)[183]. Zu sehen ist eine nach rechts schreitende Frau, die einen großen Sonnenschirm über ein kleines, ihr vorausgehendes Mädchen mit Zweigen in der Hand hält. Jedoch fehlt das Kanoun und das Mädchen scheint jüngeren Alters als die üblichen Kanephoren zu sein. Miller deutet sie als Arrhephore, was altersmäßig besser passen würde, doch fehlen weitere Hinweise und Sonnenschirmträger sind als Begleiter von Arrhephoren nicht schriftlich bezeugt. Vielleicht darf man aber vermuten, daß der hohe Status verschiedener Kultämter den Mädchen einen Anspruch auf Sonnenschirmträger verschaffte. Auch wenn sich hier das Amt des Mädchens nicht genau definieren läßt, so deutet vieles darauf hin, daß es eine hohe Position einnimmt.

3.2.2. Kinder und Heranwachsende sind in rituelle Handlungen bei verschiedenen Anlässen und Festen eingebunden (Auswahl)

Kinder und Jugendliche waren bei vielen Festen mit aktiven Aufgaben betraut, doch fand dies nicht immer Nachhall in der Bildkunst. Als Beispiel dafür sei die Bedeutung der Kinder beim delphischen Septerion- (Stepterion-) Fest erwähnt[184]. Bei diesem alle acht Jahre gefeierten Fest, bei dem die Kultlegende vom Kampf des Apollon gegen Python nachgespielt wurde, trat im ersten Teil ein den Apollon darstellender *pais amphithales* auf. Im zweiten Teil fand eine Theorie nach Tempe statt, die aus *paides eugeneis* und einem *architheoros* bestand[185], welcher wohl mit dem *pais amphithales* vom Beginn der rituellen Handlung identisch war. Im Tempetal wurden von der jugendlichen Theorie Entsühnungsopfer vollzogen und es wurde der heilige Lorbeer, der die Sieger in den pythischen Spielen krönte, von dort nach Delphi verbracht. Auch wenn sich in der Bildkunst keine Wiedergabe der Durchführung dieser feierlichen Handlung selbst nachweisen läßt, will E. Simon doch eine andere Art der Reminiszenz an die Teilnehmer des Septerionfestes in bildlichen Darstellungen erkennen. Sie vermutet, daß Wiedergaben des opfernden Apollon, bei denen dieser sehr jugendlich oder gar verkindlicht aufgefaßt ist, an den *pais amphithales*, der ja beim Septerionfest den Gott selbst spielte, erinnern sollen[186].

Im Folgenden wird eine Auswahl an Festen aufgelistet, mit denen in der Forschung bildliche Darstellungen verbunden wurden.

3.2.2.1. Aiora

BIBLIOGRAPHIE: Ajootian, A., «Male Kourotrophoi», in Mattusch/Donohue/Brauer 617-620; Burkert, *HN* 266-269; Burn, *Meidias* 89-93; Deubner 118-121; Dillon 69-71; Dietrich, B. C., «A Rite of Swinging during the Anthesteria», *Hermes* 89 (1961) 36-50; Hani, J., «La fête athénienne de l'Aiora et le symbolisme de la balançoire», *REG* 91 (1978) 107-122; Lonsdale, S. H., *Dance and Ritual Play in Greek Religion* (1993) 132-136; Neils, J., «Children and Greek Religion», in Neils/Oakley 149; Noel, D., «Les Anthestéries et le vin», *Kernos* 12 (1999) 149-150; Paoletti, O., *ThesCRA* II 3 a (2004) 29-30 s.v. «Purifikation, gr.» (mit Lit.); Parker, *Polytheism* 301-302; Rosokoki, A., *Die Erigone des Eratosthenes* (1995) 107-114; Sabetai, V., *The Washing Painter* (1993) I 176-185; Schmidt, S., *Rhetorische Bilder auf attischen Vasen. Visuelle Kommunikation im 5. Jh. v. Chr.* (2005) 178-182; Shapiro, A., «Fathers and Sons, Men and Boys», in Neils/Oakley 85-111; Simon, E., *AntK* 6 (1963) 18-19; Steinhart, M., *Die Kunst der Nachahmung* (2004) 90-91. – S. auch *ThesCRA* VI 1 a Geburt **6.2**.

Die Anthesterien waren ein dreitägiges Vegetationsfest für Dionysos[187]. Am dritten Tag wurde das Totenfest *Chytroi* gefeiert, zu dem auch der Ritus der *Aiora* gehört. Dies war eine Kultfeier, bei der Mädchen und wohl auch Knaben auf Schaukeln gesetzt wurden. Des Weiteren wurde das kultische Lied *Aletis* (die Umherirrende) gesungen. Der mit dem Schaukelritus verbundene aitiologische Mythos verweist auf die Ikariostochter Erigone, die sich nach der Ermordung ihres Vaters aus Trauer an einem Baum erhängt haben soll[188]. Als

---

182. Bei dem Objekt handelt es sich um einen flachen Gegenstand mit vier Bohrlöchern (Detailabb. bei Roccos 659 Abb. 17), bei dem vielleicht die drei für die *Kana* charakteristischen zackenartigen Spitzen in Metall angesetzt waren. Berger/Gisler-Huwiler, *PartheDokFries* 167 sprechen nur von einem Opfertablett; s. weiter Gebauer 179-186.

183. Paestum, Mus. Naz.: Sestieri, P. C., *AA* (1954) 99-102 Abb. 3; Miller, M. C., *JHS* 112 (1992) 101. 103 Taf. 5c; Golden, M., in Neils/Oakley 18 Abb. 2; *Le Vase grec et ses destins* (Ausstellung Mariemont 2003) 153 Abb. 11.

184. Zu diesem Fest s. Simon, *Opfernde* 28-33; Fontenrose, J., *Python. A Study of Delphic Myth and Origin* (1980²) 453-464; Burkert, *HN* 144-147; Steinhart, M., *Die Kunst der Nachahmung* (2004) 80-82.

185. Zu den Schriftquellen zum Fest s. die Lit. in Anm. 184.

186. Simon, *Opfernde* 38; s. dazu auch ausführlich Steinhart (Anm. 184) 81, der in diesen Wiedergaben des jugendlichen Apollon nicht unbedingt einen Hinweis auf den mimetischen Charakter solcher Darstellungen sehen möchte. Dagegen führt Steinhart weitere Bilder an, die Apollon zusammen mit einem Knaben zeigen. Hier sieht er eher die Möglichkeit eines Reflexes des Septerionfestes.

187. Anthesterien als Vegetationsfest: Simon, *Festivals* 92-99. Parker, *Polytheism* 301-302 verbindet die Aiora nicht mit den Anthesterien.

188. Pochmarski, E., *LIMC* III (1986) 823-824 s.v. «Erigone I». Anderen Versionen zufolge war Erigone die Tochter des Aigisthos, die sich aus Kummer über den Freispruch des Orest getötet habe.

später eine Plage die Athener heimsuchte, befahl das delphische Orakel, Kinder und auch Puppen im Gedenken an Erigone auf Schaukeln zu setzen. Der magische Charakter dieses Ritus diente der Sühnung des Freitods der Erigone und damit der Reinigung[189]. Zugleich weist das Schaukeln auf einen Fruchtbarkeitsritus[190], was gut zu einem Vegetationsfest paßt.

Eine Reihe von Wiedergaben schaukelnder Jugendlicher auf attischen Vasenbildern aus der Zeit zwischen dem 6. und 4. Jh. v. Chr. wurde mit den Riten des Aiorafestes verbunden[191]. Dabei zeigen drei sf. Bilder des 6. Jhs., darunter eine Amphora des Princeton-Malers in Stuttgart (Taf. 22, 3)[192], jeweils ein auf der Schaukel sitzendes Mädchen, das von Männern, Frauen und Kindern beiderlei Geschlecht umgeben sein kann, die teilweise die Schaukel zum Schwingen anstoßen. Auf den rf. Darstellungen des 5. Jhs. sind die Schaukelszenen variationsreicher. So kann etwa ein Satyr die Schaukel anschwingen, auf der ein Mädchen namens *Antheia* sitzt (*ThesCRA* VII Taf. 15, 3)[193]. Zwei Vasenbilder, z.B. eine Hydria in Berlin (Taf. 22, 4), zeigen das Schaukeln über einem im Boden fixierten pithosartigen Gefäß, während dieses in einer dritten Darstellung (Taf. 22, 5) mehr an einen umgestülpten Kinderstuhl als an einen Pithos erinnert[194]. Dieses vermag auf Dionysos und den ersten Tag des Festes *Pithoigia* hinzuweisen oder deutet – wie auch vermutet wurde – auf die Darbringung von Totenspenden am Chytrentag, die dann durch Gefäße ohne Boden direkt in die Erde gegossen wurden[195]. Schmidt, der einen kultischen Bezug der Schaukelbilder ablehnt, will hier tönerne Verkleidungen von Brunnenöffnungen erkennen und lokalisiert die Schaukelszenen im Hof eines Privathauses[196].

Auch Eros kann die Schaukel eines Mädchens bewegen[197]. Das erotische Element hängt vielleicht mit einem weiteren Aspekt des Schaukelns zusammen. Da auf anderen rf. Schaukelbildern zusätzlich Gegenstände des Gynaikeions wie etwa ein Kalathos usw. begegnen[198], also auch hochzeitlich konnotierte Objekte, sieht L. Burn zu Recht eine Verbindung zur Hochzeit und erwägt, daß das Schaukeln der Mädchen an den Anthesterien vielleicht die Hoffnung auf eine Hochzeit im kommenden Jahr bedeute[199]. Eine weitere Darstellung, auf der *Paidia* den kleinen *Himeros* (Beischriften) schaukelt[200], bezeugt die erotische, vorhochzeitliche Symbolik noch deutlicher. Denn die Personifikation *Paidia* steht der Aphrodite nahe und repräsentiert das Spiel (auch in erotischem Kontext), während Himeros die Liebessehnsucht und das erotische Verlangen kennzeichnet[201].

Aber die Hochzeit deckt wohl nur *einen* Bereich des vielschichtigen Schaukelritus ab. Auf den Aspekt von Sühne- und Fruchtbarkeitsritus wurde bereits hingewiesen. Auch Knaben können beim rituellen Schaukeln gezeigt werden[202], was wohl bedeutet, daß es sich um ein Adoleszenzritual für beide Geschlechter handeln kann. Da Dionysos auch als Gott der Jugend verehrt wird[203], bietet das ihm geltende Anthesterienfest den passenden Anlaß für Übergangsriten, zumal auch bereits das tags zuvor gefeierte Choenfest einen *rite de passage* für eine bestimmte Altersstufe darstellt[204]. Das Schaukeln als Adoleszenzritus bezeugt auch eine bislang wenig beachtete apulische Lekythos in New York (Taf. 23, 1)[205]. Gezeigt

---

189. Zum Schaukelfest als Reinigungsritus s. auch Paoletti 29–30; Dillon 69–71.
190. s. weiter Simon, Festivals 99.
191. Zu den Darstellungen ausführlich Sabetai I 180–185 sowie die in der Bibl. genannte Lit. – Skeptisch ist Schmidt 179–180, der nur Schaukelszenen mit Hinweis auf den dionysischen Bereich mit den Anthesterien verbinden möchte und den Bezug der übrigen Schaukelbilder zu diesem Fest für fragwürdig hält.
192. Stuttgart, Württ. Landesmus. 65/1: Böhr, E., *Der Schaukelmaler* (1982) 52 Taf. 163, zu den anderen sf. Vasenbildern des Schaukelmalers Böhr a.O. 52 Taf. 64 (Boston, MFA 98.918, = *ThesCRA* II 3 a Reinigung, gr. **141a**, VII 3 Feste u. Spiele, gr. Taf. 15, 2). 126 (Paris, Louvre F 60, = *ThesCRA* II 3 a Reinigung, gr. **141b***).
193. (= *ThesCRA* II 3 a Reinigung, gr. **142**, = *LIMC* VIII Suppl. Silenoi **151***) Skyphos. Berlin, Staatl. Mus. F 2589: *ARV²* 1301, 7 (Penelope-Maler); Steinhart Taf. 33, 1; *Von Göttern und Menschen. Bilder griechischer Vasen. Antikensammlung Staatliche Museen zu Berlin* (2010) 64 Nr. 31.
194. Taf. 22, 4: Hydria. Berlin, Staatl. Mus. F 2394: *ARV²* 1131, 172; FR III 28 Abb. 11; Sabetai I 176. 180. 184–185; II 39 H 24; Steinhart Taf. 34, 2; Schmidt 181 Abb. 92. – weitere Darstellung: (= *LIMC* III Eros **764**) Hydria. Paris, Louvre CA 2191: *ARV²* 1131, 173; *CVA* 9 Taf. 50, 2; Sabetai I 176. 182, II 40 H 25 Taf. 9; Steinhart Taf. 34, 1. – Taf. 22, 5 (umgestülpter Kinderstuhl, s. Lezzi, *Eretria* 202 Anm. 305): (= *ThesCRA* II 3 a Reinigung, gr. **143***) Chous. Athen, NM VS 319: *ARV²* 1249, 14; Shapiro 104 Abb. 18a–b; Ajootian 618 Abb. 1; Steinhart Taf. 34, 4; Schmidt 178–182 Abb. 91; Dickmann, J.-A., *AntW* 23, 6 (2008) 23 Abb. 6. – Zu solchen Kinderstühlen zuletzt: Lynch, K. M./Papadopoulos, J. K., «Sella Cacatoria: A Study of the Potty in Archaic and Classical Athens», *Hesperia* 75 (2006) 1–32.
195. s. weiter die Diskussion bei Sabetai I 184–185.
196. Schmidt 181–182.
197. So z.B. auf der Anm. 194 genannten Hydria in Paris.
198. Ein Kalathos ist präsent auf der Hydria in Berlin (Anm. 194).
199. Burn, *Meidias* 90–93.
200. (= *LIMC* VII Paidia **7***) Lekythos, att. rf. München, Antikenslg. 2520: Lezzi, *Schuwalow* Taf. 172; Borg, B., *Der Logos des Mythos* (2002) 189 Nr. 8. 197–198. 304 Abb. 61.
201. Borg (Anm. 200) schlägt weitergehend vor, im Schaukelmotiv auch eine Anspielung auf den Sexualakt zu sehen.
202. So auf dem Chous in Athen (Anm. 194): ein Vater setzt seinen kleinen Sohn auf die Schaukel, während l. zwei Knaben unterschiedlichen Alters (wohl weitere Söhne) zuschauen. Daß es sich um ein rituelles Schaukeln handelt, geht aus der Bekränzung von Schaukel und sämtlichen Personen hervor.
203. s. dazu hier **3.2.2.2**.
204. s. dazu hier **3.2.2.3**.
205. New York, MMA 13.232.3: *RVAp Suppl.* 1, 15 Nr. 235a; Neils/Oakley Farbtaf. S. 6. 288 Nr. 102; Steinhart 92 Abb. 22.

wird eine Frau, die eine Schaukel mit einem jungen Mädchen anschwingt. Rechts gestikuliert Hermes mit einem auf einem Altar sitzenden Jüngling mit Strigilis. Eine Säule deutet eine Sakralarchitektur und damit den kultischen Charakter der Szene an. Die Strigilis kennzeichnet den Jüngling als Besucher der Palästra, deren Schutzpatron Hermes ist. Die Gegenüberstellung eines schaukelnden Mädchens mit einem zukünftigen Palästriten innerhalb eines sakralen Bezirks dürfte bei beiden auf rituelle Handlungen für Heranwachsende hinweisen. Ob hier ein aus der attischen Vasenmalerei bekanntes Thema aufgegriffen wird oder die Darstellung die Feier der Aiora auch für Großgriechenland bezeugt, sei hier nicht weiter diskutiert[206].

Neben dem Schaukeln der Kinder scheint aber nach Ausweis einiger Bildszenen bei der Aiora noch ein weiteres Ritual ausgeführt worden zu sein, bei dem Gewänder und deren Aromatisierung eine Rolle spielten (Taf. 23, 2)[207]. Dillon interpretiert die betreffenden Darstellungen als Bestandteil der an der Aiora praktizierten Reinigungsriten[208]. Burn erwägt zwei Stadien ein und desselben Rituals, bei dem zunächst die auf der Schaukel liegenden Gewänder rituell gereinigt und danach die Kinder auf die Schaukeln gesetzt werden[209].

3.2.2.2. Apatouria

BIBLIOGRAPHIE: Ajootian, A., «Male Kourotrophoi», in Mattusch/Donohue/Brauer 617–620; Böhr, E., «Kleine Trinkschalen für Mellepheben?», in Tsingarida, A. (Hsg.), *Shapes and Uses of Greek Vases (7th–4th Centuries B.C.)* (2009) 119–120; Burkert, W., *ThesCRA* II 3 c Initiation 118–119; Cole, S. G., «The Social Function of Rituals of Maturation: The Koureion and the Arkteia», *ZPE* 55 (1984) 233–244; Comella, A., «Testimonianze di importanti avvenimenti della vita sociale di giovani ateniese nei rilievi votivi attici», in *Iconografia 2001* (Kongress Padua 2001) (2002) 239–250; Deubner 232–234; Knauer, E. R., «Two Cups by the Triptolemos Painter», *AA* (1996) 221–246; Lambert, S. D., *The Phratries of Attica* (1993) 143–189 (ausführlich); Lawton, C. L., «Children in Classical Attic Votive Reliefs», in Cohen/Rutter bes. 57–60; Leitao, D. D., «Adolescent Hair-growing and Hair-cutting Rituals in Ancient Greece», in Dodd, B. D./Faraone, C. A. (Hsg.), *Initiation in Ancient Greek Rituals and Narratives* (2003) 109–129; Neils, J., «Children and Greek Religion», in Neils/Oakley 144–145; Palagia, O., «Akropolis Museum 581: A Family at the Apaturia?», *Hesperia* 64 (1995) 493–501; Parker, *Polytheism* 458–461; Polinskaya, I., «Liminality as Metaphor. Initiation and the Frontiers of Ancient Athens», in Dodd, B. D./Faraone, C. A. (Hsg.), *Initiation in Ancient Greek Rituals and Narratives* (2003) 85–106; Salviat, F., «La source ionienne: Apatouria, Apollon Delphinios et l'oracle, l'Aristarchéion», in *Les Cultes des cités phocéennes* (Kongress Aix-en-Provence 1999) (2000) 26–31; Scheibler, I., «Bild und Gefäss. Zur ikonographischen und funktionalen Bedeutung der attischen Bildfeldamphoren», *JdI* 102 (1987) 100–118; Schmitt, P., «Athena Apatouria et la ceinture: Les aspects féminins des Apatouries à Athènes», *Annales. Économies, sociétés, civilisations* 32 (1977) 1059–1073; Seifert, M., «Norm und Funktion. Kinder auf attischen Bilddarstellungen», in *Hermeneutik der Bilder – Beitrage zu Ikonographie und Interpretation griechischer Vasenmalerei, CVA* Beiheft 4 (2009) 95–96; Tagalidou, E., *Weihreliefs an Herakles aus klassischer Zeit* (1993) 32–49; Vidal-Naquet, P., *Der schwarze Jäger* (1989) 105–122; Waldner, K., *Geburt und Hochzeit des Kriegers. Geschlechterdifferenz und Initiation in Mythos und Ritual der griechischen Polis* (2000) 147. 182–184. 244–247; Zoepffel, R., «Geschlechtsreife und Legitimation zur Zeugung im Alten Griechenland», in Müller, E. W. (Hsg.), *Geschlechtsreife und Legitimation zur Zeugung* (1985) 319–401. – S. auch *ThesCRA* VI 1 a Geburt **6.1**.

Dieses dreitägige Fest der ionisch-attischen Geschlechterverbände wurde in Athen von den Phratrien (Familienverbänden) im Herbstmonat Pyanopsion für Zeus Phratrios und Athena Phratria gefeiert. Dabei bezogen sich vor allem die am dritten Tag (*koureotis*) stattfindenden Opfer auf die Eingliederung der jüngeren Familienmitglieder in die Phratrie und in die gesellschaftlichen Strukturen der Polis[210]: Kleinkinder wurden der Phratrie vorgestellt und ihre Abstammung legitimiert[211]. Die älteren Söhne (und Töchter?[212]), die das Stadium der *hebe* erreicht hatten, wurden in Listen der Phratrien eingeschrieben und damit definitiv in die Familienverbände aufgenommen. Begleitet wurden diese Zeremonien von rituellen Handlungen mit dem Charakter von Initiation und Pubertätsweihen. Die Knaben im Alter von ca. 16 Jahren[213] erhielten eine Haarschur und brachten Opfer dar, u. a. *oinisteria* für Herakles[214]. Auch

---

206. Zu weiteren Schaukelszenen mit Mädchen in Unteritalien s. Schauenburg, K., *AntW* 7, 3 (1976) 43. 46 Abb. 15 (= *LIMC* III Eros **579**), jedoch immer ohne sakrales Ambiente bzw. Hinweis auf einen rituellen Akt.
207. (= *ThesCRA* I 2 c Rauchopfer **9**, II 3 a Reinigung, gr. **144***) Chous. New York, MMA 75.2.11: *ARV*[2] 1313, 11; Burn, *Meidias* 89–93 Taf. 52b; Schmidt 176–178 Abb. 90 (bekränzter Knabe, Stuhl mit Gewändern, auf der Schaukel Gewandstoffe); vgl. weiter auch den Chous in Athen (Anm. 194): neben der Schaukelszene Stuhl mit kostbaren Gewändern und Zweigen) sowie weiter (= *ThesCRA* I 2 c Rauchopfer **9**, II 3 a Reinigung, gr. **144***).
208. Dillon 69–70.
209. Burn, *Meidias* 92–93. Anders Simon, E., *ThesCRA* I 2 c Rauchopfer S. 264 (Peplos der Athena?).
210. Zur Deutung und Interpretation der Opfer s. Vidal-Naquet; Waldner 245.

211. Isaios 8, 19. Aufgrund der Quellenlage gibt es in der Forschung keinen Konsens über das genaue Lebensalter der Kleinkinder bei der Eintragung (*Etym. m. s.v.* «Apatouria»: im Vorjahr Geborene; Prokl. *in Tim.* 1, 88: drei bis vier Jahre alt) sowie auch darüber, ob nur Knaben offizielle Aufnahme in die Phratrie erhielten, s. Hedrick, Ch. W., *The Attic Phratry* (1984) 172–173; Lambert 161–163. 178–181.
212. Nach der Quellenlage ist es unklar, ob auch Töchter in die Listen eingetragen wurden. Erwägenswert ist der Vorschlag von Zoepffel 375–376, daß bei Töchtern vielleicht die *gamelia* die Stelle des *koureion* der Jünglinge als vergleichbarer *rite de passage* einnahm.
213. Auch für diesen Ritus ist das genaue Lebensalter unklar. Für das Alter von 16 Jahren sprechen verschiedene Argumente, s. auch Zoepffel 376.
214. Zu den *oinisteria* für Herakles s. weiter unten sowie Anm. 230.

Agone in Gestalt von Pferderennen und rhapsodischen Wettbewerben wurden für die Jugendlichen abgehalten[215]. Für junge Frauen wurde das Opfer *gamelia* gefeiert[216]. Nach der Aufnahme in die Phratrie wurden die jungen Männer Epheben und leisteten einen zweijährigen Militärdienst.

Verschiedene Darstellungen wurden mit den Riten am Koureotisfest in Verbindung gebracht. Ein spätarchaisches Votivrelief von der Athener Akropolis zeigt eine fünfköpfige Familie mit Geschenken und Opferschwein vor Athena (Taf. 18, 2)[217]. Der sonst erst für die späteren Weihreliefs charakteristische Aspekt, daß eine Familie mit Kindern von einer Gottheit privaten Schutz erbittet, läßt sich hier erstmals feststellen[218], da Athena hier nicht als Schutzgöttin der Polis aufgefaßt ist, sondern als Patronin für Familienangelegenheiten. O. Palagia möchte deshalb hier Athena Phratria sehen und erwägt eine Verbindung mit den Apaturien[219]. Gegen diese Deutung spräche, daß die Opfertiere bei diesem Fest keine Schweine, sondern Schafe und Ziegen waren (Poll. 3, 52)[220] und zum anderen weist bereits Neils darauf hin, daß es sich bei den beiden vorangehenden Knaben weder um Kleinkinder, die in die Listen eingetragen werden sollen, noch um Jünglinge handelt, welche durch das Ritual der Haarschur ins Ephebenalter eintreten[221]. Problematisch ist auch, daß das Relief auf die Akropolis geweiht wurde, wo es aber wenige Hinweise auf Phratrien-Schreine und Kult der Athena Phratria gibt[222]. Ein weiteres (fragmentiertes), ebenfalls von der Athener Akropolis stammendes Weihrelief mit der Wiedergabe von Athena und einem Vater mit einem Sohn im Kleinkindalter wird von Comella und Shapiro als Präsentation eines Knaben durch seinen Vater vor der die Phratrie vertretenden Athena gedeutet (Taf. 23, 3)[223]. Hier könnte die Tatsache, daß der Vater allein dargestellt ist und daß es sich um ein Kleinkind handelt, eher für einen Bezug zu den Apaturien sprechen.

Mit der Zeremonie der Haarschur an der Koureotis verbindet E. Knauer die Darstellungen auf einer att. rf. Schale von 490 v. Chr. (Taf. 24, 1)[224]. Das Innenbild zeigt Dionysos mit Kantharos und einen langhaarigen Jüngling mit Kanne. Umgeben sind diese von einer Prozession von 28 männlichen Personen (alle in Himatia gehüllt und mit Binde um den Kopf), von denen 26 hinter Flötenspieler und Festordner paarweise hintereinander herschreiten. Teilweise bilden zwei Jünglinge ein Paar, zuweilen ist auch ein älterer Mann mit einem Jüngling gepaart. Die Prozession scheint sich auf einer Außenseite fortzusetzen, da hier ein weiterer Flötenspieler vier männliche Paare geleitet, die ikonographisch denen auf der Vorderseite gleichen. Die andere Außenseite zeigt bärtige Männer und Jünglinge mit Stöcken bzw. Trainer-Stäben. Diese Vielzahl von Jünglingen wurde verschieden gedeutet, bevorzugt als Dithyrambenchor und im Innenbild als Dionysos mit seinem Sohn Oinopion[225]. Knauer lehnt dies mit guten Gründen ab und interpretiert die Paare als Väter und Söhne bzw. zwei Jünglinge (Söhne), die feierlich zur Haarschur schreiten. Auf die an den Apaturien stattfindenden Agone weisen vielleicht die Epheben und Paidotriben auf der Außenseite. Auch das Medaillon läßt sich mit den Koureotis-Riten in Einklang bringen. Denn neben Zeus Phratrios und Athena Phratria wird auch Dionysos (Melanaigis) als der an den Apaturien von der Jugend verehrte Gott genannt[226]. Isler-Kerényi macht zu Recht darauf aufmerksam, daß Dionysos als Gott für Identitätsänderungen im Menschenleben auch ein geeigneter Patron für Legitimierungsrituale sein kann[227]. Der langhaarige Jüngling im Vasenbild vor ihm könnte nach Knauer Stellvertreter der übrigen, sich vor der Haarschur befindenden Jünglinge sein und deshalb hier dem Gott die Libationsspende eingießen. Eine Haarschur am Ende der Kindheit verbunden mit der Weihung an eine Gottheit war ein weitverbreiteter Ritus[228]. Die ab-

---

215. Pferderennen: Aristoph. *Pax* 887–899 mit Scholien; Gesangswettbewerbe: Plat. *Tim.* 21a-b; s. auch Hedrick (Anm. 211) 174; Lambert 158–160.
216. Zu diesem s. Anm. 212.
217. s. Anm. 100.
218. s. dazu ausführlich Edelmann 28–29.
219. Palagia 493–501.
220. s. weiter Palagia 495–497 mit Hinweis auf Schweineopfer für Athena zu anderen Gelegenheiten.
221. Neils 160 Anm. 19; s. auch die Bemerkung von Comella 244–245 zur Deutung von Palagia.
222. Auf ein mögliches Indiz für einen Kult der Athena Phratria auf der Akropolis weist Comella 247 hin.
223. Athen, Akropolis-Mus. 3030: Comella 245–247 Abb. 6; Shapiro, A., in Neils/Oakley 97 Abb. 14; Lawton 49 Abb. 2.7 (von Athena ist nur ein Arm mit Käuzchen und der Rest vom Helm erhalten) (Mitte 4. Jh. v. Chr.).
224. (= ThesCRA I 1 Prozessionen, gr. **84**, II Musik, gr. **184***, = LIMC III Dionysos **786***, VIII Suppl. Oinopion **4***) Paris, Louvre G 138: ARV² 365, 61 (Triptolemos-Maler); Knauer 221–239 Abb. 1–2. 4–11. Einige Personen tragen Namensbeischriften.

225. Die früheren Deutungsvorschläge sind zusammengestellt bei Knauer 232.
226. *Etym. m.* 118, 54 s.v. «Apatouria»; weitere Quellen bei Lambert 145–146. 163. Zu Dionysos als Gott der Apaturien s. auch Scheibler 110–118; Ham, F., in *Games and Festivals in Classical Antiquity* (Kongress Edinburgh 2000) (2004) 57. Beziehungen zwischen Jugendlichen und Dionysos: Waldner 146–149.
227. Isler-Kerényi, C., *AntK* 36 (1993) 9.
228. Haaropfer von Jünglingen: *Anth. Pal.* 6, 156; 198; 242; 278; 279; Kall. *h.* 4, 298–299; Haaropfer von Mädchen: *Anth. Pal.* 6, 60; 276; Paus. 1, 43, 4; 2, 32, 1; Kall. *h.* 4, 297–298; s. auch Xagorari-Gleißner 25. Zu Haarschur und -opfer als Adoleszenzritus allgemein s. Cole 233–244; Harrison, E. B., «Greek Sculpted Coiffures and Ritual Haircut», in Hägg/Marinatos, *EarlyGCP* 247–254; Leitao (mit Lit.); Mitsopoulou-Leon 191; Xagorari-Gleißner 24. – Die in einigen Heiligtümern entdeckten Votive in Gestalt von kleinen Röllchen aus Bronzeblech (so z.B. auch im Artemisheiligtum von Lusoi) deutet U. Sinn als Banderolen zum Umfassen der geweihten Haarlocken: *EarlyGCP* 158 Abb. 13–14; s. auch Mitsopoulou-Leon 191–192 Abb. 2.

geschnittenen Haare konnten verschiedenen Göttern und Heroen gespendet werden. Reizvoll ist die Darstellung von zwei abgeschnittenen Zöpfen auf einem Weihrelief aus dem phthiotischen Theben, das laut Inschrift zwei Brüder dem Poseidon gestiftet haben[229].

Die Schriftquellen bezeugen für die Apaturien Oinisteria für Herakles, die vor der Haarschur dargebracht wurden[230]. Mit Pubertätsriten und Ephebenfeiern wird der Kult des Herakles Alexikakos in Verbindung gebracht[231]. Der Jugend ist Herakles auf vielfältige Weise verbunden, war er doch im Olymp mit der personifizierten Jugend Hebe verheiratet. Gemeinsam mit Hermes war er Schutzpatron der Gymnasien[232]. Zahlreiche Darstellungen mit Herakles in einem Tetrastylon wurden als Wiedergaben des Herakles Alexikakos gedeutet[233]. Unter diesen ist ein att. rf. Kelchkrater in Würzburg bedeutsam[234], auf dem Herakles nicht wie sonst mit kurzgeschorenem Haar dargestellt ist, sondern mit zwei langen, über seine Wange herunterhängenden Locken[235]. Er trägt also selbst noch seine Jugendlocken und ist damit Repräsentant der Jünglinge an der Koureotis, zumal er – neben Artemis – auch Adressat der Weihung der abgeschnittenen Haare sein kann[236]. Zudem hält Herakles hier einen Kantharos, den E. Simon mit den vor der Schur dargebrachten Weinspenden (oinisteria) verbindet. Bei den Weihreliefs mit Herakles im Tetrastylon[237] fällt auf, daß die Adoranten in der Regel männlich sind und daß sowohl ältere Männer als auch Jünglinge und Knaben begegnen, so daß man wohl an Väter und Söhne denken darf. Während sich die Stiftungen der Frauen (Mütter) für die Nachkommen eher allgemein auf Geburt, Gesundheit und Wohlergehen beziehen, scheint sich der Anlaß der Weihung bei Darstellungen mit Männern und Knaben mehr auf bestimmte Rituale im Rahmen der Adoleszenz zu beziehen. Dafür spricht etwa auch ein Relief mit Viersäulenbau in Athen (Taf. 24, 2)[238], auf dem ein Vater seinen Sohn, der hier nackt wie ein Athlet gezeigt wird, der Obhut des Herakles als Schutzherrn der Gymnasien unterstellt. Auch ein Relief mit Wiedergabe des Theseus, dem ein Vater seinen halbwüchsigen Sohn vorstellt, dürfte auf einen Pubertätsritus anspielen[239].

Mit den Apaturien verbindet J. H. Oakley die Szene auf einer att. rf. Choenkanne, auf der ein Pferd, ein architektonisches, einer offiziellen Stele gleichendes Monument sowie ein junger Mann zu sehen sind, der sich einem sitzenden älteren Mann zuwendet[240]. Oakley denkt hier an die Registrierung eines Jünglings in seiner Phratrie. In diesem Zusammenhang verweist er weiter darauf, daß auch Darstellungen auf anderen großformatigen Choenkannen, insbesondere Wiedergaben von Agonen mit Jugendlichen, vielleicht mit Übergangsriten zu erklären sein könnten[241]. Da für die Apaturien ein Pferderennen bezeugt ist (s.o.), erwägt Oakley eine Verbindung zwischen diesem Fest und den auf einigen Choes dargestellten älteren Knaben mit Pferden oder bei Wagenrennen. Doch hat I. Scheibler anhand von schwarzfigurigen Vasenbildern des 6. Jhs., auf denen Jünglinge auf vielfältige Weise mit Pferden beschäftigt sind, was vielleicht mit Pubertätsfesten und Ephebie zusammenhängen mag, festgestellt, daß in der Bildkunst kaum einzelne Riten realistisch geschildert werden, sondern: «vor Augen gestellt sind vielmehr Grundsituationen, die aber den Schritt in die Mündigkeit zu betreffen scheinen»[242]. Diese Reduzierung auf eine Grundsituation trifft durchaus auch auf spätere Darstellungen zu und erschwert deren Interpretation.

Diese Deutung der Röllchen ist unsicher, da in den im Heiligtum von Kalapodi gefundenen Exemplaren Reste von organischem Material, wahrscheinlich Leder, nachgewiesen sind: Felsch, R., AA (1980) 81–82.

229. (= *ThesCRA* I 2 d Weihgeschenke, gr. **190***) London, BM 798 (2. Jh. v. Chr.).

230. s. Hesych. *s.v.* «oinisteria»; Lambert 163–164; Tagalidou 32–37; Krauskopf, I., *ThesCRA* V 2 b Kultinstrumente S. 203–204 (mit Lit.).

231. Vgl. Woodford, S., in *Studies presented to G. M. A. Hanfmann* (1971) 213–214; Tagalidou 32–39; Herakles als Kourotrophos: Vikela (Anm. 111) 168.

232. s. dazu im Abschnitt **4**.

233. s. die Zusammenstellung der Darstellungen bei Tagalidou sowie in *ThesCRA* IV 1 b Darstellungen von Kultorten S. 371–373 (mit Lit.); zuletzt zum Tetrastylon: Despinis, G. I., *AM* 122 (2007) 131–137. Die Lokalisierung des Heiligtums (Melite?) ist umstritten, s. die Lit. bei Lalonde, G. V., *Horos Dios. An Athenian Shrine and Cult of Zeus* (2006) 91 Anm. 58.

234. (= *ThesCRA* IV 372 Darstellungen von Kultorten **71***, = *LIMC* IV Herakles *ad* **1372**) Würzburg, Wagner-Mus. L 645: *ARV*² 1427, 39 (Telos-Maler) (390/380 v. Chr.).

235. Simon, E., *Anodos* 6/7 (2006/7) 416 Abb. 10. 418.

236. Weihung an Artemis: Hesych. *s.v.* «Koureotis»; an Herakles: Quellen bei Leitao 127 Anm. 12 und *passim*.

237. Zu diesen s. Anm. 233; s. jetzt auch Lawton 57–58.

238. (= *ThesCRA* IV 1 b Darstellungen von Kultorten **8c**) Athen, NM 2723: Tagalidou 215–216 K 21 Taf. 12; Shapiro, A., in Neils/Oakley 96–97 Abb. 13; Comella 242–243 Abb. 3; Lawton 59 Abb. 2.15 (um 370 v. Chr.).

239. (= *LIMC* VIII Theseus **322***) Paris, Louvre MA 743: Edelmann 211 E 14; Comella, A., *I rilievi votivi greci di periodo arcaico e classico* (2002) 60 Abb. 51; Shapiro, A., in Neils/Oakley 96 Abb. 12.

240. Providence, Rhode Island School of Design 25.090: *ARV*² 1215, 2; Holloway, R. R., in *Ancient Egyptian and Mediterranean Studies in Memory of William A. Ward* (1998) 129–132 Abb. 1 (mit anderer Deutung); Oakley, J. H., in Neils/Oakley 153 Abb. 13. Ebenfalls mit anderer Deutung: Shapiro, H. A., in *Festschrift in Honour of J. R. Green, MeditArch* 17 (2004) 90–91; id. in *Koine. Mediterranean Studies in Honor of R. Ross Holloway* (2009) 23 Abb. 3.1 (Orestes vor Pandion).

241. Oakley (Anm. 240) 153; s. zu diesen Bildthemen auf Choenkannen auch Schmidt, S., *Rhetorische Bilder auf attischen Vasen. Visuelle Kommunikation im 5. Jh. v. Chr.* (2005) 193–194.

242. Scheibler 105.

E. Böhr hat im Zusammenhang mit kleinformatigen Trinkschalen die Frage nach deren Bestimmung gestellt und erwägt, ob diese vielleicht – vergleichbar den Choenkännchen – als Geschenke für Jugendliche bei einem Fest fungierten[243]. Dabei denkt sie an eine Art Initiationsgeschenk in Form der ersten eigenen Trinkschale, die bei den Apaturien dem Melepheben zur Koureotis von der Familie oder der Phratrie überreicht worden sein könnte.

3.2.2.3. Choenfest

BIBLIOGRAPHIE: Collin-Bouffier, S., «Des vases pour les enfants», in Villanueva Puig, M. Chr., et al. (Hsg.), *Céramique et peinture grecques, modes d'emploi* (1999) 91–96; Crelier 152–168; Deubner 97–111. 238–247; Dickmann, J.-A., «Adults' Children or Childhood Gendered Twice», in Mattusch/Donohue/Brauer 466–469; Ham, G. L., «The Choes and Anthesteria Reconsidered: Male Maturation Rites and the Peloponnesian Wars», in Padilla, M. W. (Hsg.), *Rites of Passage in Ancient Greece* (1999) 201–218; Hamilton, R., *Choes and Anthesteria. Athenian Iconography and Ritual* (1992); Heinemann, A., ThesCRA V (2005) 2 b Kultinstrumente S. 347. 351–354; Kotitsa, Z., «Form, Funktion und Bildinhalt: Zu einem Chous des 4. Jh. v. Chr. in Pydna», in *Folia in memoriam Ruth Lindner collecta* (2010) 131–145; Noel, D., «Les Anthestéries et le vin», *Kernos* 12 (1999) 125–152; Parker, *Polytheism* 297–302; Rühfel 125–174; Schmidt, S., *Rhetorische Bilder auf attischen Vasen. Visuelle Kommunikation im 5. Jh. v. Chr.* (2005) 152–221; Seifert, M., «Choes, Anthesteria und die Sozialisationsstufen der Phratrien», in ead. (Hsg.), *Komplexe Bilder. HASB Beiheft* 5 (2008) 85–100; Shapiro, H. A., «Orestes in Athens», in *Koine. Mediterranean Studies in Honor of R. Ross Holloway* (2009) 23–29; Smith, A. C., «Komos Growing up among Satyrs and Children», in Cohen/Rutter 158–171; Spineto, N., *Dionysos a teatro. Il contesto festivo del dramma greco* (2005) 24–61 und *passim*; Steinhart, M., *Die Kunst der Nachahmung* (2004) 82. 88–90; Stern, E. M., «Kinderkännchen zum Choenfest», in Lorenz, Th. (Hsg.), *Thiasos. Sieben archäologische Arbeiten* (1978) 27–37; van Hoorn, G., *Choes and Anthesteria* (1951). – S. auch ThesCRA VI 1 a Geburt **6.2**.

Der zweite Tag des zu Ehren von Dionysos gefeierten Anthesterienfestes wurde als *choes* bezeichnet. Wie bei vielen Festen war auch hier der Nachwuchs präsent und Kinder bestimmter Altersgruppen waren wohl in die an diesem Tag stattfindenden Rituale eigens einbezogen[244]. Denn Schriftquellen bezeugen eine Bekränzung der Dreijährigen im Monat Anthesterion (Philostr. her. 35, 9)[245]. Eine Inschrift auf einem Kindergrabmal spricht davon, daß der Knabe verstorben sei, bevor er die *choischen Dinge* erlebt habe (Taf. 3, 2)[246]. Damit war vielleicht eine Art *rite de passage* gemeint, mit dem die Kinder nach dem Überleben der von Sterblichkeit bedrohten Säuglingsphase nun im öffentlichen Leben der Polis wahrgenommen wurden[247]. Ham sieht dies als Altersstufe, in der die Knaben aus dem Gynaikeion entlassen und von Pädagogen weiter betreut wurden[248]. Die soziale Integration bestand in einer erstmaligen offiziellen Teilnahme am Choenfest, die mit dem rituellen Akt der Bekränzung bekräftigt wurde. Eine Verbindung zwischen Choenfest und Kindern ist auch der Nachricht zu entnehmen, wonach Lehrer an diesem Tag Geschenke und ihren jährlichen Lohn erhielten (Theophr. char. 30, 14; Athen. 10, 437d). Die Bedeutung dieses Festes für Kinder bezeugt auch die Satzung des Kultvereins der Iobakchen[249]. Aufgelistet sind hier die wichtigsten Anlässe für Familienfeiern, bei denen für die Heranwachsenden Libationen dargebracht werden sollen. Dabei rangiert das Choenfest gleichwertig mit Geburt, Ephebie und Hochzeit.

Die Bezeichnung *choes* geht auf eine *chous* benannte Weinkanne zurück. Denn zu den an diesem Tag ausgeübten Riten gehörte auch ein Wetttrinken, bei dem diese Kanne kultische Verwendung fand. Jedoch handelt es sich dabei nicht um ein Gefäß rein zeremoniellen Charakters. Die hier verwendete Kanne ist eine Oinochoe der Form III (kugelförmiger Körper, ausladende Kleeblattmündung), die in der griechischen Keramik gegen Ende des 6. Jhs. v. Chr. auftritt und im 5. Jh. v. Chr. in der attisch rotfigurigen Vasenmalerei allgemein zu einer der verbreitetsten Kannenformen avanciert[250]. Zwar geht deren Beliebtheit in späterer Zeit zurück, insgesamt läßt sich die Form aber noch bis ins 1. Jh. v. Chr. nachweisen[251]. Interessant ist das überlieferte Größenspektrum dieser Form, dem auch die Bildszenen auf den Kannen Rechnung tragen. Denn während auf den vor allem in der Zeit zwischen 430 bis 390 v. Chr. sehr beliebten kleinen Choenkännchen (bis zur Höhe von etwa 15 cm) bevorzugt Bildszenen aus dem Leben der Kinder dargestellt sind[252], präsentieren die großformatigen Oinochoen besonders vor der Mitte des 5. Jhs. v. Chr. Themen, die häufig nicht

---

243. Böhr 119–120.
244. Anders Schmidt, der sich gegen ein spezielles Kinderfest an den Choen ausspricht und in der Beschenkung der Kinder mit den kleinen Choenkännchen nur eine familiär geprägte Sitte sehen will, um auch die Kinder in irgendeiner Weise an den von den Erwachsenen ausgeübten Riten des Choenfestes teilnehmen zu lassen. Doch berücksichtigt Schmidt nicht alle hier im Folgenden genannten Quellen, die für ein wichtiges Kinderfest sprechen. Darauf weist auch bereits Scheibler, I., *GGA* 258 (2006) 15 in ihrer Rezension von Schmidt hin.
245. Da hier nur von *oi paides* die Rede ist, dürfte sich das Ritual nur auf Knaben bezogen haben.

246. (= ThesCRA V 2 b Kultinstrumente **1251**) IG II/III² 13139.
247. Zur Bedeutung dieser Altersstufe s. auch Ham 203–204; Smith 163.
248. Ham 207.
249. (= ThesCRA V 2 b Kultinstrumente **1236**) IG II² 1368, 130–131.
250. Zum Typus des Chous, Form und Verwendung s. Heinemann 351 (mit Lit.); Schmidt 156–165; Kotitsa 132–134.
251. s. dazu Kotitsa 132–134.
252. Zu den Kinderkännchen s. die Kataloge bei Deubner; van Hoorn; Hamilton. Auf die spätesten Beispiele aus dem 4. Jh. v. Chr. weist Kotitsa 134. 137–139 hin.

mit den Anthesterien in Zusammenhang stehen[253]. Innerhalb der griechischen Vasenmalerei sind auf den Choenkännchen die meisten Kinderdarstellungen vertreten. Anders als auf den Weihreliefs, wo die Kinder meist im familiären Kontext dargestellt sind, treten auf den Kännchen die Kinder allein auf. Unterschiede zeigen sich auch im Verhalten der Kinder. Während sie auf den Weihreliefs in lange Mäntel gehüllt, ordentlich Seite an Seite mit den Erwachsenen in einer Prozession ins Heiligtum ziehen[254], sind die Kinder auf den Choenkännchen häufig nackt (vor allem Kleinkinder) und fallen durch wildes Treiben auf. Den Rezipienten sollen hier unterschiedliche Botschaften übermittelt werden. Die wohlerzogenen Kinder auf den Weihreliefs imitieren das Verhalten der Erwachsenen und dokumentieren, daß sie sich bestens in die Verhaltensnormen der Haus- bzw. Polisgemeinschaft einfügen und ihr Elternhaus positiv nach außen repräsentieren. Dagegen dient das eher der Realität entsprechende kindliche Treiben auf den Choenkännchen primär der Erheiterung der Bildbetrachter.

Im Wesentlichen sind auf den Choenkännchen drei verschiedene Altersstufen dargestellt, krabbelnde Babies, größere Kinder ab ca. drei Jahren sowie Herangewachsene bis zur Pubertät. Dabei sind deutlich mehr Knaben als Mädchen wiedergegeben. Die Kännchen wurden z. T. außerhalb von Athen gefunden und auch anderenorts produziert, etwa in Unteritalien[255]. Vielleicht deutet dies auf Anthesterienfeiern in weiteren Städten hin[256].

Die Funktion der Kinderkännchen wird kontrovers diskutiert, worauf hier nicht näher eingegangen werden kann. Verwiesen sei auf die neuere Untersuchung von M. Crelier, die die verschiedenen Interpretationsvorschläge ausführlich diskutiert hat[257]. Gesichert scheint, daß man die Kännchen wohl eigens für das Choenfest fertigte, da sie dort auf einem Markt verkauft wurden[258]. Sie fungierten als Geschenke für die Kinder an diesem Tag, worauf schon ihr Miniaturformat hindeutet. Zu sehen sind mit vielerlei Spielen beschäftigte Kinder. Sie agieren mit Tieren aller Art oder ziehen einen Roller und hantieren oft vor einem Tischchen mit Kuchen. Die Jugendlichen fahren zu Wagen oder messen ihre Kräfte auch in Agonen. Die unterschiedlichen Altersstufen der Kinder auf den Bildern müssen nicht gegen die Theorie einer speziellen Feier für die Dreijährigen am Choenfest deuten, wie Schmidt jüngst wieder argumentiert hat[259], sondern könnten eher darauf hindeuten, daß nicht nur die dreijährigen, erstmalig am Ritual teilnehmenden Kinder ein solches Kännchen geschenkt bekamen, sondern die älteren am Fest anwesenden Geschwister ebenfalls. Da auf den Bildern zuweilen auch Mädchen zu sehen sind, darf man annehmen, daß auch diese von den Geschenken nicht ausgeschlossen waren. Zwar scheint es sich bei der Bekränzung der Dreijährigen um ein reines Knabenritual gehandelt zu haben[260], aber der Brauch, den Kindern Kännchen zu schenken, dürfte nicht allein an dieses Bekränzungsritual geknüpft gewesen sein, sondern betraf wohl alle Kinder[261]. Somit sollten sich Eltern mit Kindern beiderlei Geschlechts und jeden Alters von den Darstellungen angesprochen fühlen, um ein entsprechendes Kännchen für ihren Nachwuchs zu erwerben[262]. Die Krabbelbabies auf den Kännchen sind also kein Ausweis dafür, daß schon die Allerkleinsten in irgendein Ritual einbezogen waren, zumal diese in der Regel auch nicht bekränzt dargestellt sind[263]. Die Wiedergabe der pummeligen Kleinen und ihr drolliges Verhalten sollten das Herz der Eltern erfreuen. Insgesamt wollen die Bildthemen die Botschaft übermitteln, es handele sich stets um *glückliche* Kinder, die vom Schicksal und den Göttern begünstigt sind[264].

Es stellt sich die Frage, ob die Wiedergaben – abgesehen von reinen Spielszenen – auch am Choenfest selbst ausgeübte Rituale illustrieren. Dabei zeigt sich, daß die Darstellungen, die in irgendeiner Weise auf rituelle Handlungen Bezug nehmen, jedoch mehr das festliche Treiben der Erwachsenen ansprechen und es in die Welt der Kinder projizieren. Dieser Blick auf das eigene Verhalten im Spiegel einer fiktiven Kinderwelt soll Erwachsene erheitern und zum Kauf der Gefäße anregen. Zu den ikonographischen Elementen, die zum rituellen Umfeld des Choenfestes passen, zählt etwa auch die häufige Präsenz einer bekränzten Choenkanne in unterschiedlichen Bildkontexten auf den Choenkännchen. Entweder wird mit den Kannen hantiert oder die Kanne kann auf dem Boden, auf dem Tischchen oder sogar auf einem Altar stehen (s. u.). Die Verbindung zum Wetttrinken der Erwachsenen an diesem Tag, bei dem ja Choenkannen und deren Bekränzung eine wichtige Rolle

---

253. Zu den Bildthemen auf den größeren Choenkannen s. Shapiro sowie Schmidt 165–171. 194–201, der für das Bildrepertoire der großen Choenkannen der 2. Hälfte des 5. Jhs. v. Chr. eine Zunahme von Bezügen zum Anthesterienfest und anderen Festen beobachtet hat.
254. s. dazu ausführlich oben.
255. Fundorte (und Produktionsstätten) außerhalb Attikas: Hamilton 69–70; Heinemann 351 (mit Lit.); Kotitsa 138–139. Zu den unteritalischen Choes s. Hamilton 95–96. 223–229.
256. s. dazu die Testimonien bei Hamilton 70.
257. Crelier 152–160.

258. Skyl. 112 (= Skylax von Karyanda [*GGM* I S. 94 Müller]); s. dazu auch Hamilton 84 Anm. 2. Ihre Verwendung als Grabbeigabe scheint demnach erst sekundär: s. Stern 32–33; Hamilton 70–71.
259. Schmidt 201–221.
260. Vgl. Anm. 245.
261. So auch Stern sowie Scheibler (Anm. 244) 16 in ihrer Rezension zu Schmidt.
262. So interpretiert auch Dickmann 468.
263. Anders Ham 206. Ausführlich zu den Krabbelkindern s. auch Rühfel 163–168.
264. s. auch Stern 33.

spielen, ist evident. Das zahlreiche Vorkommen von Tischchen mit Kuchen könnte auf die Festbankette der Erwachsenen weisen. Dickmann erwägt sogar, daß hier keine Symposiontische, sondern vielleicht sogar Kulttische gemeint sind[265]. Zu den Hinweisen auf die Riten der Erwachsenen am Choenfest zählt z. B. auch die Durchführung eines Komos, wie dies etwa auf einem Kännchen in New York gezeigt wird[266]. Vier Buben, alle nackt bis auf Schultermäntelchen bzw. kleinem Ärmelmantel bei dem einen, ahmen die Großen nach und ziehen im seligen Komos mit ihrem Hündchen einher. Der eine schlägt das Tympanon, zwei halten eine Fackel, der vierte eine bekränzte Weinkanne. Von besonderem Interesse ist der Knaben-Komos auf einem Kinderkännchen in Berlin (Taf. 24, 3)[267]. Denn die kleinen nächtlichen Schwärmer sind hier zugleich als Personifikationen aufgefaßt (Kalos = Schönheit, Neanias = Jugend, Komos = Umzug, Paian = Lied), wobei darauf hingewiesen sei, daß Knaben auf Choenkännchen noch öfter Komos benannt sind[268]. Insgesamt betrachtet gibt es drei häufiger vorkommende Bildthemen mit deutlichen Anspielungen auf rituelle Handlungen. Dies sind im Heiligtum spielende Szenen, Prozessionen mit Wagenfahrten und die Aufführung von Agonen:

Szenen im Heiligtum und rituelle Handlungen: Ein Kännchen in Tübingen zeigt ein junges Mädchen, das aus einem Chous eine Libation spendet[269]. Eine Heiligtumsszenerie bestehend aus Altar, Herme sowie einem auf dem Boden stehenden Chous ist auf einem Kännchen in Paris zu sehen (Taf. 24, 4)[270]. Von links kommt ein nackter Knabe mit Roller, der die rechte Hand betend vorstreckt. Eine verwandte Szene findet sich auf einem Kännchen in Leiden[271]. Zu sehen sind Herme, Boukranion und ein Altar, zu dem von rechts ein verhüllter Knabe mit Hündchen kommt. Mit den Hermen sind sicher Hermesheiligtümer gemeint. Daß gerade diese auf den Choenkännchen gezeigt werden[272], hängt sicher damit zusammen, daß der Kult des Hermes als bevorzugter Gott der Jugend mit allerlei Adoleszenzriten verbunden ist.

Häufig kommen auf den Choenkännchen tanzende Kinder vor, die sich um einen am Boden abgestellten Chous herum bewegen[273]. Bezeugt sind auch Tänze in Sakralbezirken. Auf einem Kännchen in London tanzt ein nackter Knabe mit ausgebreiteten Armen zwischen einem Altar und einem Chous (Taf. 24, 5)[274] und auf einem großformatigen Chous in Bodrum[275] tanzt der nackte Knabe (Mäntelchen über den Schultern) begleitet von einem Flötenspieler ebenfalls zwischen Chous und Altar, auf dem ein weiterer, bekränzter Chous steht. Eine bemerkenswerte Szene findet sich auf einem Kännchen in Paris (Taf. 24, 6)[276]. Hier ziehen zwei Knaben mit verschiedenen Gegenständen, darunter einem Zweig, ins Heiligtum. Sie werden von einer auf einem Stuhl sitzenden Frau mit Fackel in der Hand empfangen, mit der wohl die Basilinna gemeint ist. Hinter ihr steht ein Chous am Boden. Hier ist eine für die Erwachsenen am Choentag bezeugte Szene in die Welt der Kinder verlegt[277]. Denn angespielt wird darauf, daß die Großen nach dem Wetttrinken am Abend im Komos mit ihren Kannen ins Dionysosheiligtum *en limnais* ziehen, um dort die Weinreste zu spenden und der Basilinna ihre Kränze zu überreichen. Der Zweig in der Hand des Knaben ist vielleicht ein solcher von der Kanne abgelöster Kranz.

Wagenprozessionen: Die bedeutsamste, jedoch verschieden interpretierte Darstellung findet sich auf einem Kännchen in New York[278]. Auf einem Wagen mit einem Baldachin aus Efeu, der eine Laube andeuten soll, sitzt der bärtige Dionysos mit Thyrsos und Kantharos. Ein Knabe besteigt den Wagen und reicht einer Person, die meist als weiblich erachtet wurde, die Hand. Drei weitere Knaben tragen ein T-förmiges Objekt[279]. Man meinte sicher zurecht, hier den Hochzeitswagen des Dionysos und seiner Braut zu sehen. Die Szene wird als Reminiszenz des an den Choen ge-

---

265. Dickmann 468.
266. New York, MMA 06.1021.196: Richter/Hall 210 Nr. 164 Taf. 161. 177; Rühfel 160 Abb. 93 (um 400 v. Chr.).
267. (= ThesCRA V Kultinstrumente **1247**, = LIMC VI Komos **3***, VII Paian **1**, VIII Suppl. Neanias **1**) Berlin, Staatl. Mus. F 2658: ARV² 1318, 1; van Hoorn 105 Nr. 328 Abb. 503; Rühfel 156 Abb. 89; Smith 159 Abb. 8.5 (um 410 v. Chr.)
268. s. dazu Smith 158–165; vgl. Kossatz-Deissmann, A., LIMC Suppl. 2009 S. 312 *s.v.* «Komos».
269. Tübingen, Antikenslg. S./101378: van Hoorn Nr. 961 Abb. 201; CVA 4 Taf. 40, 3 (um 460 v. Chr.).
270. (= ThesCRA III 6 c Verehrung **103***, = LIMC III Dionysos **172***, V Hermes **150**) Paris, Louvre CA 1683: van Hoorn Nr. 840 Abb. 58a–b (430/420 v. Chr.).
271. Leiden, Rijksmus. 1950/7,5: van Hoorn Nr. 613bis Abb. 60; CVA 4 Taf. 189, 5–6. 190, 2 (430/420 v. Chr.).
272. Zur Wiedergabe von Hermen auf Choenkännchen s. Rückert, B., *Die Herme im öffentlichen und privaten Leben der Griechen* (1998) 253 Nr. 89. 254 Nr. 94–97.
273. s. dazu auch Lesky, M., *Untersuchungen zur Ikonographie und Bedeutung antiker Waffentänze in Griechenland und Etrurien* (2000) 63–64.
274. London, BM E 533: van Hoorn Nr. 637 Abb. 64 (420/410 v. Chr.).
275. Bodrum, Mus. 4240: Bron, Ch., «Danser aux Anthestéries», in *Griechische Keramik im kulturellen Kontext* (Kongress Kiel 2001) (2003) 117–119 Taf. 21, 1 (440/430 v. Chr.).
276. Paris, Louvre CA 2527: Deubner 99 Taf. 9, 2; van Hoorn Nr. 842 Abb. 87; Rühfel 158 Abb. 91 (Anfang 4. Jh. v. Chr.).
277. Vgl. auch den erwähnten Kinderkomos auf dem Kännchen in New York (Anm. 266).
278. (= ThesCRA I 1 Prozessionen, gr. **87**; V 2 b Kultinstrumente **924/1588•**, = LIMC III Dionysos **825***) New York, MMA 24.97.34: Deubner 104–105 Taf. 11, 3–4; Neils/Oakley 287 Nr. 100; Steinhart (Anm. 184) 88 Taf. 30, 3–4 (um 430 v. Chr.).
279. Dieses wurde unterschiedlich gedeutet: «Maypole», *stylis*, Kottabos, Kandelaber; s. dazu weiter Krauskopf, I., ThesCRA V 2 b Kultinstrumente S. 402–403; Neils/Oakley 287.

feierten *hieros gamos* des Dionysos mit der Basilinna interpretiert[280]. Da die als Braut benannte Person bis auf ein über eine Schulter und den Unterkörper geführtes Himation nackt ist, deuten Neils/Oakley diese als Knaben und lehnen damit die Interpretation als *hieros gamos* ab. Sie sehen hier Hinweise auf ein Symposion und erklären die Szene als Parodie der an den Anthesterien aufgeführten Komos-Prozession. Jedoch spricht die Präsenz des Dionysos auf dem eigens mit einer Efeulaube versehenen Wagen eher für einen Hochzeitswagen und eine Brautfahrt als für einen Komastenzug nach dem Wetttrinken. Da es sich hier um ein Nachspiel handelt, bei dem der Dionysos von einem Knaben dargestellt wird, könnte dann auch durchaus die Braut von einem Knaben verkörpert werden, zumal ja auch im Theater die Frauenrollen von Männern gespielt wurden. Damit entfällt im Grunde das Hauptargument von Neils/Oakley gegen die *hieros gamos*-Deutung. Steinhart weist darauf hin, daß die als Dionysos und Basilinna zu Wagen fahrenden Kinder hier einen Hochzeitszug vorführen, wie er in Athen für menschliche Hochzeiten bezeugt ist[281].

Der Wagen mit dem laubenartigen Baldachin begegnet noch in weiteren Szenen. Hier spielen die Kinder jetzt auf ihre Weise damit, indem sie freudig die Prozession nachahmen und mit dem Hochzeitswagen durch die Gegend ziehen. Auf einem Kännchen wird der Wagen von einem Hund (?) gezogen[282], ein anderes mal läßt der unter dem Baldachin sitzende Knabe seinen Wagen von einem anderen Knaben ziehen (Taf. 25, 1)[283], wobei hier auf der Deichsel noch eine miniaturhaft wiedergegebene Flötenspielerin dargestellt ist.

Agone: Die Wagen mit Lauben wurden wie auch die Wagen ohne Baldachin offenbar zu vielerlei Gelegenheiten benutzt. Auf manchen dieser Bilder machen Wendemarken, auf Pfeilern platzierte Dreifüße sowie andere Objekte einen agonalen Kontext deutlich. Auf einem Kännchen in München[284] lenkt ein Knabe seinen Wagen (mit Laube), vor den ein Ziegenbock gespannt ist, zu einer Säule mit einer Kugel (Zielsäule?) und auf einem Kännchen in Athen fährt ein Knabe mit Hundegespann an einer Dreifußsäule vorbei, während sein kleiner nackter Gefährte mit Kuchen und Chous in den Händen ihm vorauseilt[285]. Neben Ziegen als Zugtiere waren Hundegespanne offenbar bei den Kleinsten sehr beliebt. Dies bezeugt ein Kännchen mit einer ähnlichen Szene (ebenfalls mit Dreifußsäule) (Taf. 25, 2)[286]. Der vorangehende Freund führt hier die Hunde an einem Strick. Der runde, an einer Stange befestigte Gegenstand hinten ist als Kuchen und damit als Siegespreis gedeutet worden[287]. Ein ähnliches Gebilde begegnet auf einem Kännchen mit Wiedergabe einer Wagenfahrt, bei der zwei Ziegen das Gefährt (mit Baldachin) ziehen[288]. Was genau gemeint sein könnte, geht vielleicht aus der Szene auf einem Kännchen in München hervor[289]. Hier sieht man einen an einem Pfahl aufgehängten Schild sowie drei junge Reiter, von denen der eine gerade mit seinem Speer auf den Schild zielt. Eine fliegende Nike sowie eine auf einer Säule aufgestellte panathenäische Amphora vervollständigen das Bild. Es muß sich hier um das für die Panathenäen bezeugte Schildstechen zu Pferd handeln[290]. Es wäre daher zu überlegen, ob nicht auch auf den beiden zuvor genannten Bildern mit dem runden Objekt an der Stange eher ein Schild gemeint ist. Die Imitation des Schildstechens der Erwachsenen durch die Kinder könnte dann so aussehen, daß die Kinder diesen Wettkampf nicht beritten, sondern mit ihren Wägelchen austragen und daß sie keinen Schild stechen, sondern vielleicht einen runden, auf eine Stange gesteckten Kuchen, was für die Kleinsten sicher attraktiver ist. Gespanne mit Haustieren sind vor allem bei den Kleinen beliebt. Die Herangewachsenen, die eher auf den großformatigeren Choes zu sehen sind, werden dagegen öfter mit Pferdegespannen dargestellt.

Auch Reitwettbewerbe oder andere hippische Agone für Knaben und Jünglinge sind auf den Kannen bezeugt, wie etwa das oben erwähnte Kännchen mit den Reitern beim Schildstechen dokumentiert. Ein Pferderennen mit zwei Knaben findet sich auf einem Kännchen in Boston[291]. Der vordere Reiter versucht hier, das Pferd seines Ver-

---

280. s. dazu auch Steinhart (Anm. 184) 88.
281. Steinhart (Anm. 184) 88.
282. Fragment. Athen, Agora P 12293: van Hoorn Nr. 208 Abb. 254 (frühes 4. Jh. v. Chr.). Vom Zugtier ist nur noch der Schwanz erhalten.
283. Paris, Louvre MNB 1158: Deubner Taf. 13, 3; van Hoorn Nr. 830 (Ende 5. Jh. v. Chr.).
284. München, Antikenslg. von Schoen 71: van Hoorn Nr. 725; *Kunst der Schale. Kultur des Trinkens* (Ausstellung München 1990) 445 Abb. 81.16 (um 410 v. Chr.).
285. Athen, NM 1560: *ARV²* 1321; van Hoorn Nr. 55 Abb. 131a-b (410/400 v. Chr.).
286. Boston, MFA 95.51: van Hoorn Nr. 366 Abb. 130 (um 400 v. Chr.).
287. So van Hoorn 111 Nr. 366.
288. St. Petersburg, Eremitage St. 2255: van Hoorn Nr. 580 Abb. 256; Rühfel 149 Abb. 84 (frühes 4. Jh. v. Chr.).

289. München, Antikenslg. von Schoen 72: van Hoorn Nr. 727; Sparkes, B. A., *AntK* 20 (1977) 10 Taf. 4, 1–4; *Kunst der Schale* (Anm. 284) 445 Abb. 81.17; Maul-Mandelartz, E., *Griechische Reiterdarstellungen in agonistischem Zusammenhang* (1990) 176 S 3 Taf. 44, 1; Frielinghaus, H., in *Panathenaika* (Kongress Rauischholzhausen 1998) (2001) 151 Abb. 4.15. S. 153. 155 (Anfang 4. Jh. v. Chr.); *Lockender Lorbeer. Sport und Spiel in der Antike* (Ausstellung München 2004) 222–223 Abb. 23. 24a–c.
290. Zum hippischen Agon des Schildstechens an den Panathenäen s. *IG* II² 2311; Sparkes (Anm. 289) 9–12; Maul-Mandelartz (Anm. 289) 175–185; Bentz, M., *Panathenäische Preisamphoren* (1998) 15; *Lockender Lorbeer* (Anm. 289); Zu den Darstellungen dieses Agons auf Preisamphoren s. Bentz a.O. 218–219.
291. Boston, MFA 13.171: *ARV²* 1324, 41 (Art des Meidias-Malers); van Hoorn Nr. 388 Abb. 128a-b (um 410 v. Chr.).

folgers scheu zu machen. Die Kinder ahmen also auch die Tricks der Erwachsenen nach. Neben Wettkämpfen mit Pferden finden sich auf den Bildern der Choenkännchen weitere von Knaben ausgeübte Sportarten wie Boxen (Taf. 25, 3)[292], Wettrennen[293] und auch Fackelläufe (Taf. 25, 4)[294]. Daneben begegnen auch musische Wettbewerbe wie etwa im Leierspiel[295].

Solche Darstellungen werfen die Frage auf, ob am Choenfest Agone veranstaltet wurden[296]. Sicher wäre es zu weitgehend, alles, was auf den Kännchen dargestellt ist, auch als realiter an den Anthesterien stattfindende Veranstaltungen zu betrachten, wie es auch umgekehrt nicht berechtigt scheint, Wiedergaben von Aktivitäten, die nicht durch Quellen für die Anthesterien belegt sind, als «Non Anthesteria Choes» zu bezeichnen[297]. Es muß sich durchaus nicht alles, was die Kinder auf den Bildern treiben, auch direkt auf das Choenfest beziehen[298]. Vielmehr können die Kinder Riten und Bräuche verschiedener Feste imitieren[299]. Dies belegt z. B. auch das oben genannte Kännchen in München[300] mit dem für das Panathenäenfest bezeugten Schildstechen, auf dem auch eine panathenäische Amphora als Siegespreis dargestellt ist, woraus definitiv hervorgeht, daß kein zweites, sonst nicht belegtes Schildstechen am Choenfest gemeint sein kann. Weiter hat Oakley bei anderen Darstellungen von Jugendlichen mit Pferden auf Choenkannen Hinweise auf Rituale an den Apaturien sehen wollen[301]. Mit der Vielfalt der Illustrationen auf den Kännchen sollen also wohl eher diejenigen Riten demonstriert werden, die die Erwachsenen und auch die Jugendlichen allgemein bei unterschiedlichen Festgeschehen ausführen. Dem widerspricht nicht, daß Kännchen mit solchen Darstellungen durchaus auch am Choenfest gekauft und den Kindern geschenkt wurden. Es wäre wohl zu eng gefaßt, wenn man für diese Geschenke auch nur Wiedergaben von Ritualen der Anthesterien postulieren wollte.

Diskutiert wird auch, warum das über Jahrhunderte gefeierte Choenfest nur für einen sehr begrenzten Zeitraum (Blütezeit von 430–390 v. Chr.) von der Produktion der Kinderkännchen begleitet wurde. Zuspruch findet hier vor allem die von Ham wieder aufgegriffene Interpretation, wonach die heile Welt der auf den Kännchen gezeigten Bilder im Gegensatz zur Wirklichkeit jener Zeit stand, in der Seuchen und der peloponnesische Krieg herrschten[302]. Die materielle Verstärkung eines Knabenrituals, das jetzt nicht nur in der Bekränzung, sondern zusätzlich noch in der Herstellung der Kännchen bestand, war nach Ham gerade in jener Zeit, in der viele Soldaten getötet wurden, vonnöten, um die Knaben als zukünftige Bürger und Hopliten in der Gesellschaft zu bestätigen.

3.2.2.4. Diasia

BIBLIOGRAPHIE: Deubner 155–158; Giuman, M., «Il dio serpente. Alcune note sul culto attico di Zeus Meilichios», in *Le perle e il filo* (FS M. Torelli) (2008) 135–141; Lalonde, G. V., *Horos Dios. An Athenian Shrine and Cult of Zeus* (2006) 107–110 (mit Lit.); Parker, *Polytheism* 466; Rühfel 78–79; Seifert 1, 74–76; Simon, *Festivals* 12–15.

Die Diasia waren ein im Monat Anthesterion für Zeus Meilichios ausgerichtetes Fest[303]. Mehrere Kultplätze in Athen und Umgebung bezeugen die Popularität dieses Gottes. Wie andere chthonische Gottheiten auch, so ist Meilichios ebenfalls mit der Agrikultur und Fruchtbarkeit des Bodens verbunden. Damit zählt er zu den Kourotrophos-Gottheiten, die zu Schutzpatronen von Kindern erkoren wurden. Diese waren beliebte Adressaten für Bitten, die das Wohlergehen der Heranwachsenden betrafen. Man nahm die Kinder in die betreffenden Heiligtümer mit[304], stellte sie dort den Gottheiten vor (Parastasis) und spendete zum Dank Votive[305]. Von Familien gestiftete Weihreliefs an Zeus Meilichios, der schlangengestaltig oder mit Schlange als Attribut auftreten kann[306],

---

292. (= ThesCRA III Add. 3 b Konsekration **155**) Kännchen Boston, MFA 95.53: van Hoorn Nr. 368 Abb. 132; Rühfel 147 Abb. 83; Neils/Oakley 252 Abb. 54 (um 420 v. Chr.). Die beiden Pfeiler, die die Faustkämpfergruppe links und rechts einrahmen, sind wohl Platzbegrenzungen.
293. Vgl. den startenden Wettläufer auf dem Kännchen New Haven, Yale Univ. 1913.141: van Hoorn Nr. 737 Abb. 133 (um 440 v. Chr.).
294. Kännchen, München, Antikenslg. 7502: van Hoorn Nr. 705 Abb. 115; *Kunst der Schale* (Anm. 275) 443 Abb. 81.6; *Lockender Lorbeer* (Anm. 289) 209 Abb. 22.8. – Vgl. auch die Szene auf einer größeren Kanne in Rom, Villa Giulia: van Hoorn Nr. 902 Abb. 120; Bentz, M., «Torch Race and Vase-painting», in *The Panathenaic Games* (Kongress Athen 2004) (2007) 76 Abb. 5. – Zu Darstellungen von Fackellauf-Agonen s. zuletzt Bentz 73–80.
295. Athen, NM 12961: *ARV²* 1282; Deubner 116 Taf. 17, 1; *Mind and Body. Athletic Contests in Ancient Greece* (Ausstellung Athen 1988) Nr. 203. Zu weiteren Darstellungen von musizierenden Knaben auf Choes s. Smith 162.
296. Zu weiteren Sportarten s. Deubner 116. Zu Fackelläufen s. die Bemerkungen von Hamilton 67–68. 173.

297. Hamilton 67–69.
298. Darauf weisen auch schon etwa Deubner 97 und Krauskopf (Anm. 279) 403 hin.
299. s. dazu auch Schmidt 193–194.
300. s. Anm. 289.
301. s. oben mit Anm. 241.
302. Ham bes. 202; Stern 34; Rühfel 165. – Zur Diskrepanz zwischen der kurzen Produktionszeit der Choenkännchen im Verhältnis zu dem über Jahrhunderte hinweg gefeierten Anthesterienfest s. auch Burkert, W., «Diskontinuitäten in der literarischen und bildlichen Ritualtradition», in *Religion. Lehre und Praxis* (Kongress Basel 2004) (2009) 41–44.
303. s. zum Fest und zu den verschiedenen Kultplätzen Deubner; Lalonde; Parker, *Polytheism*.
304. In Patrai laufen mit Ähren bekränzte Kinder in der Prozession zum Meilichios: Paus. 7, 20, 1.
305. Zu diesen Votiven s. auch hier den Abschnitt über die Weihreliefs.
306. Kinder auf Reliefs für Meilichios s. Anm. 105–106; Giuman 138–139 Abb. 1–3; Katalog der Weihreliefs für Meilichios bei Lalonde 105–120.

bezeugen dessen Kourotrophos-Funktion. Bei seinem Fest *diasia* fanden nicht nur Opfer statt, sondern man gedachte auch der Kinder, da man sie an diesem Tag mit Spielsachen beschenkte[307].

3.2.2.5. Oschophoria

BIBLIOGRAPHIE: Böhr, E., «Ein Jüngling beim Fest der Oschophoria?», in *Potnia Theron. FS G. Schwarz* (2007) 69–73 (mit weiterer Lit.); Calame, *Thésée* 143–148. 324–341; Deubner 142–147; Parker, *Polytheism* 208–217; Robertson, N., *Festivals and Legends. The Formation of Greek Cities in the Light of Public Ritual* (1992) 120–133; Simon, E., «Theseus and Athenian Festivals», in Neils, J. (Hsg.), *Worshipping Athena* (1996) 19–21; Simon, E./Kathariou, K., «Weinlesefest und Theseia», *QuadTic* 34 (2005) 73–91; Steinhart, M., *Die Kunst der Nachahmung* (2004) 98; Vidal-Naquet, P., *Der schwarze Jäger* (1989) 115–117; Waldner, K., *Geburt und Hochzeit des Kriegers. Geschlechterdifferenz und Initiation in Mythos und Ritual der griechischen Polis* (2000) 102–175.

Das Fest der Oschophoria wurde in Athen, wie auch die Pyanopsia, im Herbstmonat Pyanopsion gefeiert[308]. Dabei begab sich eine Prozession, der auch *paides* angehörten, von einem Heiligtum des Dionysos aus nach Phaleron zum sakralen Bezirk der Athena Skiras. Alle Teilnehmer trugen Rebzweige mit Trauben (*oschoi*), die dem Fest seinen Namen gaben. Der Festzug wurde von zwei mit Frauengewändern bekleideten *paides amphithaleis* angeführt. Diese Transvestie wurde aitiologisch mit dem Theseusmythos in Verbindung gebracht, der einst von Phaleron aus nach Kreta aufbrach, um dort je sieben Knaben und Mädchen als Tribut für Minotauros abzuliefern. Plutarch berichtet, daß Theseus aber nur fünf Mädchen und stattdessen 9 Knaben mitgenommen habe, von denen er zwei als Mädchen verkleiden ließ (*Thes.* 23, 2–5)[309]. Diese beiden hätten den Zug bei der glücklichen Rückkehr der Kinder nach Phaleron angeführt. Die jährlichen Oschophorienfeiern sollten an den Sieg über Minotauros und das Ende der Tributpflicht erinnern. Nicht nur beim Festzug der Oschophorien standen die *paides* im Mittelpunkt, sondern zum Programm gehörte auch ein von den Epheben ausgetragener Wettlauf. Verschiedene Elemente des Festes, darunter auch die weibliche Verkleidung der beiden *paides*, deuten darauf hin, daß die Oschophorien den Charakter eines Initiationsrituals hatten[310]. Gesicherte Darstellungen dazu lassen sich nicht nennen, aber E. Böhr hat kürzlich mit guten Argumenten versucht, das Innenbild einer att. rf. Schale in München mit der Oschophoria zu verbinden (Taf. 26, 1)[311]. Links von einem Altar, auf dem Feuerholz und der Schwanz eines Opfertieres liegen, steht ein Jüngling in Seitenansicht mit vorgestreckten Armen (Gebetsgestus?). Unter dem fußlangen Ärmelchiton ist das männliche Glied deutlich angegeben. Böhr erwägt, hier einen der beiden mit Frauenkleidern auftretenden *paides* zu sehen, der (als *pais amphithales*) in eine mit der Oschophoria zusammenhängende Opferhandlung involviert ist[312]. Mit dem Wettlauf der Epheben am Oschophorienfest möchte E. Knauer die Darstellung auf einer fragmentierten att. rf. Schale in Leipzig verbinden[313]. Außer einer Prozession sind vier jugendliche Läufer in kurzen Chitonen zu sehen. Zwar sind die Köpfe nicht erhalten, doch vermutet Knauer, daß es sich hier nicht um Mädchen, sondern um Jünglinge handelt[314].

3.2.2.6. Pyanopsia

BIBLIOGRAPHIE: Calame, *Choruses* 125–128. 183–184; Calame, *Thésée* 291–324; Deubner 198–201; Krauskopf, I., *ThesCRA* V 2 b Kultinstrumente S. 385. 389–390 (zur *eirisione*), mit weiterer Lit.; Parker, *Polytheism* 204–206; Rühfel 82–83.

Im Herbstmonat Pyanopsion wurde in Athen ein Apollonfest (*pyanopsia*) gefeiert, bei dem unter Absingen eines Liedes ein *pais amphithales* am Tempel des Apollon eine *eiresione* niederlegte. Dabei handelte es sich um einen Lorbeer- oder Olivenzweig, der mit verschiedenen Gegenständen geschmückt und behängt war: Früchte, Kuchen, Binden, kleine Gefäße gefüllt mit Honig, Öl und Wein[315]. Zweig und Objekte symbolisieren Fruchtbarkeit und Wohlstand, passend für einen Erntemonat. Der Weihung der Eiresione ins Apollonheiligtum dürfte ein alter Segensritus zugrundeliegen. Eine weitere Überlieferung berichtet, daß Knabengruppen in Athen Bettellieder singend durch die Stadt von Haus zu Haus zogen und dort Eiresione-Zweige abstellten, wofür sie dann eine Belohnung erbaten[316]. Daß das Tragen der

---

307. Der kleine Strepsiades bekommt von seinem Vater ein Wägelchen zu den Diasia geschenkt: Aristoph. *Nub.* 846.

308. Zum Fest und seinem Ablauf s. die in der Bibliographie genannte Lit.; zu den Schriftquellen zum Thema s. Calame und Waldner (ausführlich).

309. Zur Transvestie dieser beiden Knaben und zur überlieferten Transvestie des Theseus selbst s. Waldner sowie Kenner, H., *Das Phänomen der verkehrten Welt in der griechisch-römischen Antike* (1970) 112. 148.

310. s. dazu auch Burkert, W., *ThesCRA* II 3 c Initiation S. 118. Die Nachricht bei Plutarch, Mädchen brächten an einem bestimmten Tag im Monat Mounichion einen mit einer weißen Binde umwickelten Olivenzweig zum Delphinion, so wie es Theseus vor seiner Abreise tat (*Thes.* 18, 1–2), wird in gleicher Weise interpretiert: s. Parker, *Polytheism* 208–209.

311. München, Antikenslg. 2610: *ARV²* 340, 72 (Antiphon-Maler); Böhr 69–73 Abb. 1–2 (mit Lit.) (um 510 v. Chr.).

312. Böhr 69–72.

313. Knauer, E., *AA* (1996) 240–245 Abb. 17. 20.

314. Zustimmend zu Knauer: Steinhart 98.

315. Zur Eiresione s. ausführlich Krauskopf sowie weiter *ThesCRA* III Add 3 b Konsekration **139**.

316. Vgl. *ThesCRA* V 2 b Kultinstrumente **1488a**. Der Brauch ist auch für Samos bezeugt: *ThesCRA* V 2 b Kultinstrumente **1490**.

Eiresione für die Knaben eine große Ehre gewesen sein muß, bezeugt auch das Grabepigramm auf der Stele des siebenjährigen Thesmophanes, in dem davon die Rede ist, daß die Priester dem Knaben zu großem Ansehen verhalfen, da sie eine sehr große Eiresione für ihn herstellen ließen[317]. Der Brauch, im Herbst die Eiresione-Zweige zu fertigen, scheint so fest mit dem Monat Pyanopsion verknüpft gewesen zu sein, daß auf einem attischen späthellenistischen Kalenderfries[318], auf dem die Monate personifiziert dargestellt sind und auf dem auch auf die wichtigsten Feste im Ablauf des Jahres verwiesen wird, ein solcher Zweig den Pyanopsion repräsentiert. Wiedergegeben ist ein nach rechts laufender, in einen großen Mantel gehüllter Knabe, wohl der *pais amphithales*, der über der linken Schulter die Eiresione mit den daran befestigten Gegenständen trägt.

3.2.2.7. Pythais

BIBLIOGRAPHIE: Deubner 203–204; Edelmann 108–111; Karila-Cohen, K., «Apollon, Athènes et la Pythaïde», *Kernos* 18 (2005) 219–239 (mit Lit.); Parker, *Polytheism* 83–87; Rühfel 120–124.

Bei der Pythais handelte es sich um ein großes athenisches Opferfest zu Ehren des delphischen Apollon. Dabei zog in unregelmäßigen Abständen eine Festgesandtschaft von Athen nach Delphi. Delphische Schatzhauslisten des 2. Jhs. v. Chr. überliefern, daß zu den Theorien auch πυθαϊσταὶ παῖδες gehörten[319]. Dieses waren Kinderchöre in Gestalt zahlreicher Knaben und Epheben aus angesehenen Athener Familien. Von Chorleitern angeführt liefen sie neben den Erwachsenen im Festzug mit[320]. Eine solche Teilnahme an einer öffentlichen Kultausübung im Rahmen einer Festgesandtschaft war sicher ein bedeutendes Ereignis im Leben griechischer Kinder. Auch wenn die genannten Inschriften erst aus hellenistischer Zeit stammen, so darf man wohl annehmen, daß der Brauch, Kinder an der Pythais aktiv zu beteiligen, schon früher ausgeübt wurde. Dies dokumentiert auch ein um 370 v. Chr. entstandenes attisches Weihrelief (Taf. 26, 2)[321] mit der Trias Leto, Artemis, Apollon, denen ein älterer Mann mit einer Adorationsgeste vier in Mäntel gehüllte Knaben mit Binden im Haar zuführt. Während der erste und der letzte Knabe zu Apollon schauen, wenden sich die beiden mittleren Kinder einander zu. Die Inschrift auf dem Architrav des Reliefs bezeugt dieses als Weihung der Pythaisten an Apollon, während die Inschrift auf der Standleiste die Namen der vier Knaben (jeweils mit Patronym) nennt (Peithon, Timokritos, Ameinokles, Hagnodemos). Diese müssen die Stifter des Reliefs sein, das wohl von den stolzen Eltern finanziert wurde. Der erwachsene Mann ist zwar nicht näher benannt, muß aber in enger Verbindung zu den Kindern stehen[322]. Timokritos und sein Vater Timokrates stammen aus Ikaria, weshalb zu vermuten ist, daß das Relief auch ins Heiligtum des Apollon Pythios in Ikaria geweiht wurde, zumal aus Ikaria noch weitere Pythaistenreliefs bekannt sind[323].

3.2.2.8. Mysterienfeiern

Kinder hatten auch teil an Initiationsriten. Zum einen waren dies Zeremonien, bei denen die Kinder im Mittelpunkt standen, da sie in Form von Adoleszenzriten Statusänderungen bei Heranwachsenden und Übergänge in andere Altersklassen betrafen[324]. Doch außer speziellen Pubertätsweihen konnten auch Kinder schon bei Initiationen an den von Erwachsenen praktizierten Mysterien präsent sein und an den jeweiligen Festen mitfeiern[325]. Kinder zogen im Zug mit zu den Mysterienfeiern nach Eleusis. Ein att. sf. Loutrophorosfragment[326] zeigt eine Prozession von Mysten mit Bakchosstäben in der Hand. Zwischen den erwachsenen Männern und Frauen sind auch Kinder dargestellt, die mit den Älteren gemeinsam das Heiligtum besuchen. Für Eleusis ist bezeugt, daß außer den Erwachsenen jeweils noch ein Kind, in der Regel ein Knabe, als παῖς ἀφ' ἑστίας zur Weihe ausgewählt wurde[327]. Dieser vom Herd her ge-

---

317. (= ThesCRA V 2 b Kultinstrumente **1491**) IG II/III² 11674.
318. (=ThesCRA V 2 b Kultinstrumente **1492**; = LIMC V Menses **2***) Athen, Panagia Gorgoepikoos (Kleine Metropolis): Simon, E., *JdI* 80 (1965) 112 Abb. 6. 118; Rühfel 83 Abb. 48; Palagia, O., *JdI* 123 (2008) 220–221 Abb. 3 (mit anderer Datierung: hadrianisch). Eine weitere Darstellung, auf der ein Jüngling einen Lorbeerzweig trägt, wird von Simon 117 Abb. 2 (= ThesCRA V 2 b Kultinstrumente **1493**) als Personifikation des Pyanopsion mit der Eiresione gedeutet.
319. *FDelphes* III 2, 19–20 Nr. 11 und 12.
320. In delphischen Kulten spielen Kinder und Jugendliche durch den Mythos vom kindlichen Apollon, der den Python besiegt, eine besondere Rolle, vgl. etwa das Septerionfest, s. dazu oben mit Anm. 184–186.
321. (= LIMC II Apollon **969**) Rom, Mus. Barracco 1116: Rühfel 121 Abb. 67; Edelmann 108–109. 211 E 17 Abb. 20; Comella, A., *I rilievi votivi di periodo arcaico e classico* (2002) 130 Abb. 131. 213 Kat. Ikaria 6; Lawton, C. L., in Cohen/Rutter 51–52 Abb. 2.9.
322. Es könnte sich um einen der Väter oder vielleicht auch um den Chorlehrer der Kinder handeln.
323. s. weiter Edelmann 109 mit Anm. 685; Comella a.O. 129–130. 212–213.
324. Zu griechischen Pubertätsweihen s. Burkert, W., *ThesCRA* II 3 c Initiation S. 118–123. Adoleszenzriten: s. Dodd, D. B./Faraone, C. A. (Hsg.), *Initiation in Ancient Greek Rituals and Narratives* (2003).
325. Ein abergläubischer Mann schleppt Frau und Kinder jeden Monat zu Mysterienfeiern: Theophr. *Char.* 16, 11. Zu Kindern bei Mysterienfeiern s. auch Rühfel 116–120; Burkert, *Mysterien* 54.
326. (= ThesCRA V 2 b Kultinstrumente **1386**. **1468**) Eleusis, Mus. 1467: Shapiro, *Art and Cult* 83 Taf. 38 b-c.
327. Deubner 74–75; Clinton, *SO* 98–114 (mit Liste von Darstellungen des *pais aph hestias* aus römischer Zeit); Burkert, *HN* 309–310.

weihte *pais amphithales* hatte dann die Aufgabe, die Mystengemeinde zu repräsentieren und für alle Teilnehmer Kulthandlungen zu verrichten. Wie verbreitet die Initiation von Kindern in Mysterien war, offenbart auch der altbekannte Spruch παῖς μύστης, ἐπόπτης ἀνήρ – «als Kind ein Myste, als erwachsener Mann ein Schauender» – womit eine höhere Stufe der Einweihung gemeint ist.

Kinder als Eingeweihte bei Mysterienfeiern zeigt ein bereits vielfach erwähnter att. rf. Volutenkrater in Ferrara (Taf. 26, 3)[328]. In Gegenwart des thronenden Götterpaares Sabazios und Kybele führen Mysten einen orgiastischen Tanz auf. Es handelt sich vor allem um Frauen, darunter mehrere Mädchen verschiedenen Alters. Wie die Großen, so halten auch die jungen Mädchen Schlangen in den Händen und bewegen sich wie die Erwachsenen ekstatisch im Tanz mit weit in den Nacken zurückgeworfenem Kopf. Auch der männliche, mit einem Ependytes bekleidete Kymbalaspieler ist im Alter eines heranwachsenden Jünglings.

Ein als Gott verehrtes Kind scheint schließlich im Mysterienkult der Kabiren mit dem Gott *Kabeiros* und seinem Sohn (*pais*) eine Rolle gespielt zu haben[329]. Erhalten sind Votivinschriften an den Pais[330], und auf einer böotischen Kabirenvase erscheint der inschriftlich genannte Pais als nackter Knabe, der dem gelagerten Kabeiros als Mundschenk dient[331]. Hemberg betont die wichtige Rolle des männlichen Kindgottes im Kult der Kabiren[332]. Weihungen an die Kabiren in Gestalt von Spielzeug sowie Kinder- und Jünglingsfiguren lassen an Adoleszenzkulte in Form eines *rite de passage* denken[333].

3.2.3. Kinder und Heranwachsende als Ministranten bei kultischen Anlässen

BIBLIOGRAPHIE: Edelmann 144–147; Gebauer, J., «Sklaven beim Opfer? Zur Bestimmung der sozialen Stellung von Helferfiguren in Tieropferdarstellungen», in *Griechische Keramik im kulturellen Kontext* (Kongress Kiel 2001) (2003) 111–113; Gebauer, *Pompe* 479–486; Himmelmann, N., *Archäologisches zum Problem der griechischen Sklaverei* (1971) (= Himmelmann 1); Himmelmann, N., *Tieropfer in der griechischen Kunst* (1997) (= Himmelmann 2); Laxander, H., *Individuum und Gemeinschaft beim Fest* (2000) 38–50; Seifert, M., «Norm und Funktion. Kinder auf attischen Bilddarstellungen», in *Hermeneutik der Bilder – Beiträge zu Ikonographie und Interpretation griechischer Vasenmalerei*, CVA Beiheft 4 (2009) 98–99; Rühfel 82–95. 107–114; van Straten, *Hiera* 168–170.

Sowohl Mädchen wie Knaben konnten bei Opferhandlungen helfend in Erscheinung treten. Wie bereits erwähnt, waren sie als *paides amphithaleis* bei privaten Anlässen wie der Hochzeit, aber auch bei vielen Kultausübungen zu öffentlichen Festen anwesend. Erinnert sei auch an die oben genannten Kultämter für Mädchen, allen voran die Tätigkeit der Kanephoros, die an vorderster Stelle die Prozession anführte. Mädchen sind z. B. mit bei den Webarbeiten für den Peplos der Athena Polias beschäftigt oder mit rituellen Handlungen rund um die Pflege der Kultbilder[334]. So ist überliefert, daß am Fest der Plynterien zwei *korai* die Statue der Polias waschen[335]. Was die Wiedergabe von ministrierenden Knaben und Jünglingen in der griechischen Bildkunst angeht, ist deren Benennung jedoch nicht immer einfach. Denn bei vielen Opferszenen in der griechischen Vasenmalerei[336] treten seit dem 6. Jh. v. Chr. kleingestaltige, in verschiedene Vorgänge von Prozession und Opferhandlung involvierte Personen auf (Musikanten, Akolythen, Tierführer, Splanchnopten, Knaben schenken Libationen ein, halten Priestern die Handwaschbecken bereit usw.). Da aber auch Sklaven beim Opfer assistierten und aufgrund geringerer Bedeutungsgröße ebenfalls verkleinert wiedergegeben wurden[337], läßt sich auf den Bildern nicht immer deutlich zwischen Sklaven und den ihren Vätern beim Opfer helfenden Söhnen unterscheiden. Auf diese Problematik wurde in der Forschung bereits mehrfach hingewiesen[338].

Aber nicht nur die Körpergröße, sondern auch die Tracht der jugendlichen Opfergehilfen vermag bei der Lösung des Problems kaum weiterzuhelfen. Diese sind entweder nackt oder tragen nur ein

---

328. (= *ThesCRA* I 1 Prozession, gr. **88**, I 2 b Libation **36**, II 3 c Initiation **201**, II 4 b Tanz **323**, II 4 c Musik, gr. **338**, IV 1 a Darstellungen von Kultorten **4i**, V 2 b Kultinstrumente **851**. **1429**, = *LIMC* III Dionysos **869***, VIII Suppl. Kybele **66***, Sabazios 1) Ferrara, Mus. Naz. 2897: *ARV²* 1052, 25 (Polygnot-Gruppe) (um 430 v. Chr.). – Mysterien für Sabazios: Burkert (Anm. 324) 113–114.

329. Zu Pais s. Hemberg, B., *Die Kabiren* (1950) 185–205. 279–282; *LIMC* VII Pais; Burkert (Anm. 324) 103; Schachter, A., «The Theban Kabiroi», in Cosmopoulos, M. B. (Hsg.), *Greek Mysteries* (2003) bes. 121–124 (mit weiterer Lit.).

330. s. Hemberg (Anm. 329) 185.

331. (= *ThesCRA* II 3 c Initiation **104***, = *LIMC* VI Krateia **1***, VII Pais **1**) Athen, NM 10426.

332. Hemberg (Anm. 329) 280: «In erster Hand denkt man vielleicht dabei an den Gott des Ephebenalters, den Götterdiener, παισ-Kadmilos-Hermes-Ganymedes...».

333. s. die Statistik der Kinder betreffenden Votive bei Hemberg (Anm. 329) 186. An *rite de passage* denkt auch Burkert (Anm 324) 103.

334. Mädchen sammeln z.B. auch Eppich und Kräuter, die auf dann das Kultbild der Artemis Daitis gelegt wird: *Etym. m. s.v.* «Daitis». Bekannt sind auch männliche Anthophoren, stets *paides amphithaleis*, die Blumen aus dem Garten der Artemis der Priesterin bringen, die dann einen Kranz für das Götterbild daraus flicht: Istros *FGrH* 334 F 19.

335. s. weiter *ThesCRA* II 5 Kultbilder **49**. **53**; Deubner 18–19; Parker, *Polytheism* 478–479.

336. Zu diesen s. die in der Bibl. genannte Lit.

337. Hingewiesen sei auch auf die Bezeichnung *pais* für einen Sklaven s.o. Anm. 5.

338. s. die Arbeiten von Gebauer und Himmelmann, zuletzt Crelier 105. Die meisten der von Rühfel 82–95. 107–114 zu diesem Thema aufgelisteten Darstellungen von Kindern werden von anderen Forschern als Wiedergaben von Sklaven gedeutet.

um die Hüfte bzw. den Unterkörper geschlungenes Tuch, das hier wohl nicht unbedingt immer einen Sklaven[339], sondern eher die Ausübung der Tätigkeit charakterisiert. Da der Oberkörper beim Herbeiführen des Tieres, beim Schlachten und den anschließenden Arbeiten frei beweglich sein mußte, wäre eine Oberkörper-Bekleidung dabei nur störend gewesen. Daß der Hüftschurz keineswegs nur die soziale Stellung des Trägers kennzeichnet, geht z. B. daraus hervor, daß dieser sich auch bei Opferhelfern im Jünglingsalter findet, die wegen ihrer bekränzten Köpfe kaum Sklaven sein können oder durch Namensbeischriften als attische Bürger zu erkennen sind. So assistieren auf einem att. rf. Glockenkrater des Kleophon-Malers drei Jünglinge (Kallias, Mantitheos, Hippokles) beim Opfer[340]. Mantitheos trägt einen Hüftschurz und fungiert als Tierführer. Dies zeigt, daß bei den Opfergehilfen ohne Namensbeischriften die Tracht allein nicht unbedingt ein Unterscheidungsmerkmal zwischen Sklaven und Heranwachsenden ist. Der Hüftmantel findet sich sogar bei erwachsenen Männern und Würdenträgern in kultischen Szenen. So setzt ein bekränzter Mann mit Hüftmantel in einer Darstellung des Schaukelfestes Aiora einen Knaben auf die Schaukel[341]. E. Simon vermutet, daß es sich hier nicht – wie sonst meist vorgeschlagen – um den Vater des Kindes handelt, sondern um den Archon Basileus[342]. Auf einem anderen Chous mit einer rituellen Szene treten die beiden Brüder Prometheus und Epimetheus mit Hüftschurz bekleidet in priesterlicher Funktion auf; auch Frauen können beim Opfern und Schlachten den Hüftmantel tragen, wie die mythischen Beispiele Medea beim Kindermord und die Peliaden beim Schlachten und Kochen eines Bockes zeigen[343].

Wie komplex das Problem ist, hat N. Himmelmann auch anhand der Hieroskopie-Darstellungen auf spätarchaischen Vasenbildern aufgezeigt[344]. Eine Reihe von Wiedergaben zeigt den Abschied eines Kriegers von Haus und Familie. Dabei wird im Haus eine Leberschau veranstaltet, um das zukünftige Geschick und den Ausgang des Krieges zu erfahren. Bildlich wird dies meist so wiedergegeben, daß eine knabenhafte Gestalt eine Opferleber hält, die vom Krieger begutachtet wird. Man könnte vermuten, daß es sich hier um einen jungen Anverwandten des Kriegers handelt wie Sohn, kleinerer Bruder oder ähnliches. Auch ein *pais amphithales* könnte gemeint sein. Jedoch weist Himmelmann darauf hin, daß die besagte kleine Person auf zwei der Hieroskopie-Darstellungen einen Bart trägt, womit eindeutig klar ist, daß es sich um einen erwachsenen Sklaven handeln muß. Vielleicht sind dann auch die übrigen kleinfigurigen Leberträger in diesem Sinne zu interpretieren.

Himmelmann möchte sicher richtig in den meisten der kleinen Opfergehilfen auf den Vasenbildern eher Sklaven erkennen. Auch auf einer der frühesten Wiedergaben dieser Ministranten, auf dem berühmten bemalten hölzernen Pinax aus Pitsa (um 540/530 v. Chr.), deutet Himmelmann nicht nur den Tierführer und die beiden Musikanten als Sklaven, sondern auf Grund ihrer Kurzhaarfrisur auch die mädchenhafte Kanephoros am Altar (Taf. 121)[345].

Etwas einfacher verhält sich die Sache auf den Weihreliefs, da hier die zur Familie gehörenden Kinder eher selten als Ministranten auftreten, sondern als heranwachsende Familienmitglieder erkennbar an der Seite der Erwachsenen mit ins Heiligtum ziehen. Bei den auf den Reliefs verkleinert dargestellten Tierführern und anderen Opferhelfern dürfte es sich um Personal handeln. Dabei vermutet Edelmann, daß dies vielleicht nicht immer von zu Hause mitgebrachte Sklaven sind, sondern möglicherweise auch Opferdiener, die aufgrund ihrer Fertigkeiten zum Tempelpersonal gehörten, das von der Verwaltung des betreffenden Heiligtums den Adoranten beim Opfer zur Verfügung gestellt wurde[346].

So scheint es, daß der *pais amphithales*, dessen häufige Präsenz bei kultischen Ritualen zahlreiche Schriftquellen bezeugen, in der Bildkunst dagegen nicht so häufig auftritt bzw. nicht eindeutig nachzuweisen ist, da er nicht immer vom übrigen Opferpersonal zu unterscheiden ist. In diesem Zusammenhang ist das Bild auf einer att. sf. Hydria von besonderer Bedeutung (Taf. 26, 5)[347]. Der Opfer-

---

339. Zur Bedeutung des Schurzes s. van Straten, *Hiera* 168 («working men or slaves»); Gebauer, *Pompe* 172. 480-481; Laxander 41-43.

340. (= ThesCRA II 3 a Reinigung, gr. **119***, III Add. 3 b Konsekration **11**, V 2 b Kultinstrumente **786**) Boston, MFA 95.25: *ARV²* 1149, 9; Himmelmann 2, 11 Abb. 2. 36; van Straten, *Hiera* V 131 Abb. 32; Gebauer, *Pompe* 219-221 A 4 Abb. 114. – Zu weiteren jugendlichen, meist bekränzten Opferhelfern mit Hüftmantel s. Neils, J., in *Festschrift in Honour of J. R. Green*, *MeditArch* 17 (2004) 61-64 Taf. 9-10.

341. Chous des Eretria-Malers, Athen, NM VS 319, s. o. Anm. 194.

342. Simon, E., *QuadTic* 38 (2009) 75-76 Abb. 7-8.

343. Prometheus und Epimetheus: (= ThesCRA V 2 b Kultinstrumente **1244**) Chous. Athen, 3. Ephorie 3500: Tsachou-Alexandri, O., in *Athenian Potters and Painters* (1997) 473-490 Abb. 1-3; Schmidt (Anm. 241) 184-186 Abb. 94; Wiles, D., *Mask and Performance in Greek Tragedy* (2007) 216-219 Abb. 9.6. Medea: *LIMC* VI Medea **10*. 11*. 30*. 31*. 58***. Peliaden: *LIMC* VII Peliades **7*. 12*. 21***; zuletzt *CVA* Berlin 11 S. 63 zu Taf. 65, 1.

344. Himmelmann 1, 25-26; Himmelmann 2, 26. Zu den Leberschaubildern: Spiess, A. B., *Der Kriegerabschied auf attischen Vasen der archaischen Zeit* (1992) 82-83. 172; Gebauer, *Pompe* 341-351; ThesCRA III 6 a Divination, gr. S. 6-8.

345. (= ThesCRA I 1 Prozessionen, gr. **97***, I 2 a Opfer, gr. **291c**, I 2 d Weihgeschenke, gr. **70**, II 4 c Musik, gr. **220**, III 6 b Gebet **58**, VI Add. Musik, gr. **34***) Athen, NM 16464: Himmelmann 2, 20-21 Abb. 9; van Straten, *Hiera* 57-58 Abb. 56; Gebauer, *Pompe* 163 Pv 142.

346. Edelmann 144-145.

347. (= ThesCRA I 1 Prozessionen, gr. **119***, I 2 a Opfer, gr. **451**, IV 1 b Darstellungen von Kultorten **65**) Paris, Louvre F 10 (um 540 v. Chr.).

zug wird hier von einem Priester angeführt, dem zwei jugendliche, mit Schurz bekleidete Tierführer mit einer Kuh folgen. Empfangen wird die Prozession am Altar von einem kleinen, den Ankömmlingen zugewendeten Knaben. Das Kind trägt eine Binde im Haar, hält einen Zweig in der Hand und ist mit einem reichgemusterten langen Mantel bekleidet. Bei den Tierführern dürfte es sich um Sklaven handeln, während mit dem Knaben auf Grund seiner prominenten Stellung und seiner festlichen Kleidung wohl der *pais amphithales* gemeint ist. Damit ist hier eine ikonographische Unterscheidung zwischen Opferdienern und dem *pais amphithales* gegeben.

3.2.4. Kinder und Heranwachsende als Teilnehmer an sportlichen und musischen Agonen bei Festen

BIBLIOGRAPHIE: Bentz, M., *Panathenäische Preisamphoren. Eine athenische Vasengattung und ihre Funktion vom 6.-4. Jh. v. Chr.* AntK Beiheft 18 (1998) 61–62; Beck, F. A. G., *Album of Greek Education* (1975); Dillon, M., «Did Parthenoi Attend the Olympic Games? Girls and Women Competing, Spectating, and Carrying Out Cult Roles at Greek Religious Festivals», *Hermes* 128 (2000) 457–458; Frass, M., «Gesellschaftliche Akzeptanz 'sportlicher' Frauen in der Antike», *Nikephoros* 10 (1997) 119–133; Goulaki-Voutira, A., in *ThesCRA* II 4 c Musik, gr. S. 378–381 (mit weiterer Lit. zu musischen Agonen); Hug, A., *RE* Suppl. VIII (1956) 374–400 s.v. «paides»; Kephalidou, E., Νικητής· εικονογραφική μελέτη του αρχαίου ελληνικού αθλητισμού (1996); Kotsidu, H., *Die musischen Agone der Panathenäen in archaischer und klassischer Zeit* (1991); Kratzmüller, B., «The Different Sides of one Medal: Male *paides* within the Attic Sports Environment of late Archaic and Classical Times», in Mattusch/Donohue/Brauer 621–623; Lesky, M., in *ThesCRA* II 4 b Tanz S. 316–317; Maul-Mandelartz, E., *Griechische Reiterdarstellungen in agonistischem Zusammenhang* (1990); Miller, St. G., *Ancient Greek Athletics* (2004); Mitsopoulou-Leon 193–198; Papalas, A. J., «Boy Athletes in Ancient Greece», *Stadion* 17 (1991) 165–192; Reisch, E., *RE* III 2 (1899) 2431–2438 s.v. «χορικοὶ ἀγῶνες» (Quellen zu Agonen von Knabenchören); Rühfel 53–61; Schmidt, S., «Die Athener und die Musen. Die Konstruktion von Bildern zum Thema Musik im 5. Jh. v. Chr.», in von den Hoff/Schmidt 281–298; Serwint, N., «The Female Athletic Costume at the Heraia and Prenuptial Initiation Rites», *AJA* 97 (1993) 403–422; Shapiro, H. A., «Mousikoi Agones: Music and Poetry at the Panathenaia», in Neils, J., *Goddess and Polis* (Ausstellung Hanover 1992) 53–75; Vazaki, A., *Mousike Gyne. Die musisch-literarische Erziehung und Bildung von Frauen im Athen der klassischen Zeit* (2003) 140–196; Vos, M. F., «Aulodic and Auletic Contests», in *Enthousiasmos* (FS J. M. Hemelrijk) (1986) 121–130.

Zum Programmablauf an den regelmäßig für die Götter veranstalteten Festen gehörte ab dem 6. Jh. v. Chr. vielerorts auch die Durchführung von sportlichen und musischen Wettbewerben. Auch hier konnten die Heranwachsenden teilnehmen und so im weiteren Sinne kultischen Dienst leisten, da solche Agone zugleich den Charakter von Adoleszenzritualen hatten. Zudem erfüllten diese Veranstaltungen die wichtige Funktion, mit der Einbeziehung der Jugendlichen deren Integration in die Polisgemeinschaft zu fördern. Für die Heranwachsenden sind sowohl gymnische wie musische Agone bezeugt. Bei ersteren traten hauptsächlich männliche Jugendliche an. Neben den in der Palästra ausgetragenen Hermaia sind für Athen Agone belegt für die Panathenäen[348] und die Theseia[349]. Ähnliche Wettkämpfe fanden aber an vielen Orten, z.B. auch in Oropos anläßlich der Amphiaräen[350] statt. Knabenagone umfaßten oft mehrere Disziplinen wie Fackellauf, Dolichos, Diaulos, Ringkampf, Faustkampf, Pankration und Wettlauf[351]. Dabei wurde die männliche Jugend in zwei Altersklassen unterteilt, die ca. 12–16jährigen *paides* und die 16–18 Jahre alten *ageneioi*[352]. Bei Siegen wurden die Jugendlichen geehrt und erhielten Kampfpreise, wenn auch von geringerem Wert als die für die Männer[353]. Pausanias berichtet von der Siegerstatue eines Zwölfjährigen in Olympia (6, 2, 10). Dichter verfaßten Epinikien für die Knabensieger, wie etwa Pindars 8. olympische Ode den Knaben Alkimedon für seinen Sieg im Ringkampf feiert. Aber nicht immer hatten die Knaben Glück. Pausanias erzählt, daß 480 v. Chr. ein Knabe von der Teilnahme ausgeschlossen wurde, weil er den Anforderungen nicht gewachsen war (6, 14, 1). Jedoch gab es für die Jüngeren Wettkampferleichterungen: der Diskus war von geringerem Gewicht und die Laufstrecke im Stadion kürzer[354].

Anders als bei Männern, die als *andres* selbst bei Agonen auftraten, beschränkte sich der sportliche Agon bei Frauen dagegen nur auf die Altersklasse der jungen Mädchen, für die zudem eher selten gymnische Wettkämpfe (d. h. vorwiegend Wettläufe) veranstaltet wurden[355]. In Olympia fand anläßlich der Heraia ein nach drei Altersgruppen gestaffelter Lauf der Mädchen statt[356]. Sie liefen

---

348. *CIG* 232.
349. *IG* II 444ff.
350. *IG* VII 414. – Zu Knabenagonen an weiteren Orten s. ausführlich Hug.
351. s. dazu die Belege in Anm. 348–349 sowie Hug 387.
352. Während im 6. Jh. v. Chr. neben den Männern nur eine Altersklasse für die Jugendlichen bezeugt ist, wurde diese ab dem 5. Jh. v. Chr. noch einmal in *paides* und *ageneioi* unterteilt; zu den Altersklassen und deren Auftreten bei Agonen s. weiter Hug 383–400; Frisch, P., «Die Klassifikation der παῖδες bei den griechischen Agonen», *ZPE* 75 (1988) 179–185; Petermandl, W., «Überlegungen zur Funktion der Altersklassen bei den griechischen Agonen», *Nikephoros* 10 (1997) 135–147; Pfeijffer, I. L., «Athletic Age Categories in Victory Odes», *Nikephoros* 11 (1998) 21–38; Miller.
353. s. Hug 398.
354. s. die Belege bei Knauß, F., in *Lockender Lorbeer* (Anm. 289) 81. 105.
355. s. dazu auch das Kap. «Women and Athletics» bei Miller 150–159; weiter Frass; Vazaki 144–149.
356. s. weiter Scanlon, T. F., «The Footrace of the Heraia at Olympia», *Ancient World* 9 (1984) 77–90; id., *Eros and Greek Athletics* (2002) 98–120; Langenfeld, H., «Olympia. Zentrum des Frauensports in der Antike? Die Mädchen-Wettläufe beim Hera-Fest in Olympia», *Nikephoros* 19 (2006) 153–185.

mit offenem Haar und trugen ein knielanges Gewand, das die rechte Schulter und Brust frei ließ. Die Siegerin wurde mit einem Olivenkranz und einem Anteil am Rinderopfer für Hera ausgezeichnet (Paus. 5, 16, 2–3)[357]. Für Lakonien ist ein Dionysosfest überliefert, bei dem elf Mädchen (die *Dionysiades*) einen Wettlauf bestritten[358]. Daß der größte Teil der gymnischen Agone Männern und männlichen Heranwachsenden zukam, hing damit zusammen, daß das sportliche Training gleichzeitig auch der militärischen Ausbildung und der Ertüchtigung von Kriegern diente[359]. Bei den Mädchen werden die gymnischen Wettkämpfe eher mit Initiationsritualen der Parthenoi vor der Hochzeit verknüpft[360].

Musische Agone bestanden vorwiegend aus (Chor-) Gesang, Tanz (vor allem Reigentanz) und Spiel auf einem Instrument[361]. Wettkämpfe von Knabenchören finden wir in Athen z.B. an den Dionysien und Thargelien[362]. Dies waren z. T. Dithyrambenagone, bei denen die Knabenchöre von den Phylen gestellt wurden[363]. An den Panathenäen traten *paides* zum Wettstreit im Flötenspiel, Kitharaspiel und Chorgesang an[364]. Für Sparta bezeugt das Partheneion des Alkman einen Chorwettstreit von Mädchen[365]. Zu den beliebtesten Tänzen zählte der von Jünglingen und auch von Mädchen aufgeführte Waffentanz, die Pyrrhiche, die neben profaner Darbietung beim Symposium auch als agonistische Disziplin bei sakralen Festen bezeugt ist[366]. Insgesamt scheint es, daß die Mädchen bei musischen Agonen – im Verhältnis zu gymnischen Wettbewerben – öfter in Erscheinung treten[367].

Gymnische Knabenagone bei Götterfesten sind in der Bildkunst anscheinend nur selten dargestellt worden, wenn man von den Kindern absieht, die auf den Bildern der Choenkännchen Agone aufführen bzw. agonistisches Treiben imitieren[368]. Dagegen führt jedoch eine Vielzahl von rotfigurigen Vasenbildern (vor allem Trinkschalen) des 5. Jhs. v. Chr. das Training der Heranwachsenden in Gegenwart von Paidotriben in der Palästra vor, mit dem sich die Jünglinge für die späteren Agone vorbereiten. Dabei übt in solchen Unterrichtsszenen häufig jeder Athlet etwas Verschiedenes ein. Die Vorliebe für diese Thematik beruht darauf, daß hier dem Bildbetrachter das vielfältige Muskelspiel von nackten, durchtrainierten Körpern schöner Jünglinge in allerlei Positionen und Aktionen präsentiert werden kann[369]. Die spätere Durchführung der Knabenagone im Heiligtum selbst ist auf den Bildern in der Regel nicht dargestellt. Man möchte vermuten, daß bei den Wiedergaben der agonistischen Disziplinen auf den panathenäischen Preisamphoren vielleicht Jugendliche dargestellt sind. In der Tat sieht man auf einigen Preisamphoren kleiner dargestellte, unbärtige (bzw. mit kleinem Bartflaum an der Wange ausgestattete) Sportler[370], mit denen vielleicht die Jugendlichen gemeint sind, wobei jedoch keinerlei Unterscheidung zwischen *paides* und *ageneioi* möglich ist und vielleicht auch von den Vasenmalern gar nicht beabsichtigt war[371]. Jedoch hat M. Bentz festgestellt, daß die genannten Charakteristika auf den Bildern nicht immer der Kennzeichnung von Jugendlichen dienen, sondern daß bei der Verwendung der Bildformel *kleiner, bartloser Sportler* auch chronologische Kriterien eine Rolle spielen. So treten auf den Bildern des 6. Jhs. und frühen 5. Jhs. bärtige und unbärtige Athleten gemeinsam auf, was aber nicht auf gemischte Altersklassen weist, sondern nach Bentz als Streben der Vasenmaler nach Variation zu erklären ist, um zwischen den einzelnen Athleten zu differenzieren und ihnen ein individuelles Aussehen zu verleihen[372].

Für die 1. Hälfte des 5. Jhs. listet Bentz nur zwei und für die 2. Hälfte nur acht Darstellungen von bartlosen Sportlern mit kleiner Gestalt auf[373]. Verwiesen sei für die 1. Hälfte des 5. Jhs. auf eine Amphora in Tolmeita mit einem kleinen Diskuswerfer zwischen einem Aulosbläser und einem Kampfrichter, die beide größer wiedergegeben sind[374], und für die 2. Hälfte des 5. Jhs. v. Chr. auf eine Amphora in Bologna[375]. Hier sieht man zwei Knaben beim Wettlauf sowie neben dem Kampfrichter noch einen als Sieger bekränzten

---

357. Zur Art der Bekleidung der Wettläuferinnen s. ausführlich Serwint 411–417.
358. Paus. 3, 13, 7; Hesych. s.v. «Dionysiades»; Calame, *Choruses* 187; Hupfloher (Anm. 20) 94–96 erwägt keinen einfachen Agon, sondern eine Veranstaltung mit enger ritueller Bindung; s. bei Hupfloher 85–105 auch zu weiteren Mädchenkollegien in Sparta mit kultischen Funktionen.
359. Vgl. auch Lavrencic, M., «Krieger und Athlet? Der militärische Aspekt in der Beurteilung des Wettkampfes der Antike», *Nikephoros* 4 (1991) 167–175; Lorenz, S., in *Lockender Lorbeer* (Anm. 289) 213–223.
360. s. dazu weiter Serwint 417–422; Vazaki 147 (mit Lit.).
361. Zu musikalischen Darbietungen von Jugendlichen im sakralen Bereich s. auch Anm. 19–22.
362. *Syll.³* 1091; s. weiter Reisch.
363. Froning, H., *Dithyrambos und Vasenmalerei in Athen* (1971); Zimmermann, B., *Dithyrambos. Geschichte einer Gattung* (1992).
364. s. Kotsidu 61.

365. *Fr.* 12 Diehl 40 ff. s. dazu jetzt Hinge, G., «Cultic Persona and the Transmission of the Partheneions», in Jensen, J. T., et al. (Hsg.), *Aspects of Ancient Greek Cult* (2009) 215–236.
366. Dazu Lesky (Anm. 273); id., ThesCRA II Tanz S. 314–317; Vazaki 153–165; Steinhart (Anm. 184) 11–20.
367. Zu den musischen Agonen der Mädchen s. ausführlich Vazaki 149–152. 166–183.
368. s. dazu **3.3.3.2**.
369. Palaistraszenen: s. Beck 30–37; Weitere Darstellungen: *Lockender Lorbeer* (Anm. 289) 242–261 und passim.
370. Bentz 61 listet 31 Preisamphoren mit Wiedergaben bartloser Sportler auf, die z. T. kleiner als Kampfrichter sind.
371. s. dazu Kratzmüller.
372. s. Bentz 61–62.
373. Bentz 61.
374. Tolmeita, Ptolemais: Bentz 140 Nr. 5.027 Taf. 52.
375. Bologna, Mus. Civ. 18039: *ABV* 409, 1 (Achilleus-Maler); Bentz 150–151 Nr. 5.163 Taf. 75; Kephalidou 201 Γ 68 Taf. 51; Miller 14 Abb. 9.

Knaben mit Zweigen in den Händen. Im 4. Jh. v. Chr. sind die Athleten auf den Preisamphorenbildern eher bartlos, so daß kaum eine Unterscheidung zwischen Jugendlichen und Männern möglich ist.

Für die hippischen Agone gab es bei den Wagenlenkern keine Altersklasse für Heranwachsende, sondern nur bei den Reitern der Pferderennen[376]. Auf den Preisamphoren werden die Reiter häufig sehr jung (kleine Gestalt, unbärtig, meist nackt, zuweilen langhaarig) wiedergegeben, wie z.B. auf einer Amphora in London (Taf. 26, 4)[377]. Die kleine Körpergröße der Reiter hängt auch damit zusammen, daß für diese Disziplin gern Jockeys benutzt wurden[378]. B. Kratzmüller weist darauf hin, daß man für deren Wiedergabe in der Bildkunst bevorzugt eine verallgemeinernde ikonographische Chiffre in Form eines *Kind/Knabe* bezeichnenden Symbols verwendete[379].

Insgesamt könnte die geringe Zahl von Heranwachsenden als Teilnehmer an Agonen auf Preisamphorenbildern nach Bentz[380] darauf schließen lassen, daß die Sieger der Knabenwettbewerbe vielleicht nicht immer Preisamphoren erhielten, so daß es auch keinen Anlaß für eine größere Produktion solcher Bilder gab.

Demgegenüber gibt es eine größere Anzahl von Darstellungen, in denen Jugendliche als **Sieger** bei sportlichen Wettbewerben ausgezeichnet werden. Diese Wiedergaben hat E. Kephalidou ausführlich untersucht und macht darauf aufmerksam, daß die mit der Siegeszeremonie verknüpften Rituale auch in ähnlicher Weise bei Übergangsriten und Statusänderungen wie Hochzeit und Tod vorkommen, weshalb sie auch in der Siegerehrung einen *rite de passage* sehen möchte[381]. Hier seien pars pro toto nur wenige Darstellungen solcher Siegerehrungen genannt: auf eine panathenäische Preisamphora in Bologna mit einem jugendlichen Sieger wurde bereits hingewiesen[382]. Eine weitere Preisamphora in Nauplia zeigt die Ehrung eines jungen Reiters[383]. Ein auf einem Bema stehender kleiner Speerwurfsieger ist auf einer Schale in Baltimore wiedergegeben[384]. Auf einer Pelike in Tarent (Taf. 27, 1) sieht man im Zentrum des Bildes einen die Sieger des Agons ausrufenden Mann, flankiert von den beiden siegreichen Knaben, die beide von je einer auf einer Basis stehenden Nike bekränzt werden und eine reizvolle Darstellung auf einer Schale in Paris (Taf. 27, 2) gibt einen nackten, neben einem Altar stehenden Jüngling und zwei mit Siegesbinden herbeifliegende Niken wieder [385].

Was die Darstellung gymnischer Agone der Parthenoi in der Bildkunst angeht, so wurde öfter auf den Bildschmuck der Krateriskoi aus Brauron verwiesen, auf denen junge Mädchen beim Wettlauf zu sehen sind[386]. Doch dürfte es sich hier eher um ein mit einem Agon verknüpftes Ritual gehandelt haben, wie Hupfloher dies auch für die wettlaufenden Dionysiaden in Sparta betont hat[387]. Weiter stellen einige archaische Bronzestatuetten Läuferinnen dar[388]. Die bedeutendste unter diesen ist eine wohl aus Lakonien stammende Mädchenstatuette in London, da sie die von Pausanias (5, 16, 2) beschriebene Frisur mit offenen Haaren und das knielange Gewand mit entblößter Schulter und Brust aufweist (Taf. 27, 3)[389], weshalb man hier die Wiedergabe einer Teilnehmerin bei den Heräen sehen wollte[390].

Für die bildlichen Zeugnisse der musischen Agone läßt sich Ähnliches feststellen wie für die sportlichen Wettbewerbe, wo wir häufig nur das Training und nicht den Wettstreit beim Götterfest sahen. Die meisten Darstellungen mit jugendlichen Musikanten, Sängern und Tänzern, seien sie männlich oder weiblich, zeigen ebenfalls deren Tun im Rahmen von Unterrichtsstunden. Zusammen mit Lehrern wird im Gymnasium oder bei Mädchen im Frauengemach und in Tanzschulen für die Aufführungen bei Agonen geübt[391]. Eine att. rf. Schale in New York[392] zeigt auf den Au-

---

376. Zu diesen s. Bentz 75–76.
377. London, BM B 133: *ABV* 395, 1 (Eucharides-Maler); Bentz 142 Nr. 5.046 Taf. 56; Valavanis (Anm. 176) 197 Abb. 267 (500/480 v. Chr.).
378. s. weiter Bentz 75–76; Schmölder-Veit, A., in *Lockender Lorbeer* (Anm. 289) 196–199 (mit Lit.); Kratzmüller 622.
379. Kratzmüller 622.
380. Bentz 62.
381. Kephalidou 69–79. Zu der Vielzahl solcher Darstellungen (z. T. auch mit Wiedergabe eines Altars) s. ausführlich Kephalidou.
382. s. Anm. 375.
383. Nauplia, Mus. Glym. 1: *ABV* 260, 27 (Mastos-Maler); *Mind and Body* (Ausstellung Athen 1989/90) 308–310 Nr. 197; Bentz 127 Nr. 6.051 Taf. 13; Kephalidou 225–226 Nr. I 1 Taf. 8; Valavanis (Anm. 176) 435 Abb. 630 (530/520 v. Chr.).
384. Baltimore, Johns Hopkins Univ. B 5: *ARV²* 177, 3 (Kuss-Maler); Rühfel 54 Abb. 29; Kephalidou 217 Nr. Γ 114 Taf. 6 (um 500 v. Chr.).
385. Tarent, Mus. Naz. 52368: *ARV²* 1040, 15 (Peleus-Maler; Beck Taf. 48, 257; *Atleti e Guerrieri. Cat. del Mus. Naz. Arch. Taranto* I 3 (1994) 88 Abb. 64; Kephalidou 210–211 Nr. Γ 96 Taf. 50. – Schale, att. rf. Paris, Louvre G 278: Valavanis (Anm. 176) 152 Abb. 206.
386. s. **3.2.1.2** mit Anm. 154–158.
387. Vgl. Hupfloher (Anm. 20). – Daß der Wettlauf der Arktoi kein einfacher gymnischer Agon, sondern ein Teil eines Rituals ist, betont Mylonopoulos (Anm. 158).
388. Zu diesen s. die Zusammenstellung bei Serwint 410 Anm. 35; Stibbe, C. M., *AM* 122 (2007) 29–30.
389. London, BM 208: Scanlon, T. F., *Eros and Greek Athletics* (2002) 102 Abb. 4–1; Serwint 407 Abb. 1; *Lockender Lorbeer* (Anm. 289) 282 Abb. 27.5; Stibbe a.O. 79–80 Nr. 50 (um 560 v. Chr.).
390. s. weiter Serwint.
391. Beck; Vazaki; Bundrick, S. D., *Music and Image in Classical Athens* (2005) 92–102 und passim.
392. New York, MMA 27.74: *ARV²* 407, 18 (Briseis-Maler); Richter/Hall Nr. 51 Taf. 48; Froning (Anm. 363) 28 (um 480 v. Chr.). Froning: Probe eines Dithyrambenchores. Die dithyrambischen Knabenchöre hatten 50 Teilnehmer, so daß in der Bildkunst jeweils stellvertretend nur wenige Choreuten gezeigt werden können.

ßenseiten einen Chor bestehend aus acht in Mäntel gehüllten Knaben in Begleitung von zwei Flötenspielern. Die Anzahl der Choreuten ist wohl repräsentativ für einen größeren Chor zu betrachten. Als Ort ist eine Architektur wiedergegeben, die an eine Säulenhalle erinnert und somit wohl auch eher die Einstudierung der Chorlieder im Gymnasium meint als die Aufführung im Heiligtum beim Fest.

Ähnlich wie beim gymnischen Wettstreit, so finden sich auch bei auf musische Agone Bezug nehmenden Bildern eher Siegerehrungen[393] als die Durchführung der Agone selbst. Zuweilen sind auch Aufführung und Siegerehrung kombiniert, wie bei einer att. rf. Pelike in Leiden mit Wiedergabe eines Schiedsrichters vor zwei auf einem Bema stehenden Jünglingen (Taf. 27, 4)[394]. Der vordere Knabe agiert als Sänger, der größere dahinter bläst die Flöte. Von hinten fliegt bereits Nike mit dem Siegespreis heran. Eine ähnliche Szene zeigt ein att. rf. Kolonnettenkrater in Baranello[395]. Auch hier stehen auf einem Bema ein kleiner Sänger und der größere Flötenspieler. Die Nike mit dem Siegeskranz fliegt hier von vorn direkt auf den kleinen Sänger zu. Eine andere Möglichkeit, auf einen Sieg im musischen Agon aufmerksam zu machen, ist die Stiftung eines Weihreliefs. Ein Relief im Louvre (Taf. 27, 5)[396] zeigt zwei Männer und sieben Knaben vor einem Rundaltar, an dem eine Ziege geopfert werden soll. Rechts steht eine Gottheit, deren Benennung nicht eindeutig geklärt ist[397]. Voutiras hat aufgezeigt, daß es sich hier um einen Knabenchor handelt, der von Chortrainer und Agonothet angeführt wird und nun nach dem Sieg in einem Choragon das Siegesopfer darbringen wird[398].

Dagegen spielen sich die Siegerehrungen für Mädchen häufig im Frauengemach ab, sind also nicht an eine sakrale Lokalität gebunden. Das genannte Podest, auf dem sich die Musiker präsentieren, und das sonst eher ein Kennzeichen der offiziellen musischen Agone der Männer ist[399], findet sich deshalb bei Musikantinnen auch innerhalb der Gynaikonitis[400]. Die Siegerinnen werden hier nicht von Niken, sondern oft von Gefährtinnen bekränzt[401]. Falls dies realen Verhältnissen entspricht, so vermutet Vazaki, daß der im Haus veranstaltete Agon vielleicht Ersatz für die in der Öffentlichkeit stattfindenden musischen Wettbewerbe der Männer sein könnte, zu denen Frauen in klassischer Zeit noch keinen Zugang hatten[402]. Zahlreiche Wiedergaben zeigen Reigentänze weiblicher Personen in der Nähe eines Altars, bei denen aber oft keine Unterscheidung zwischen Frauen und jungen Mädchen möglich ist.

Zu den reizvollsten Wiedergaben eines Kinderagons zählt ein im Apollontempel von Korinth gefundener, mit einer Inschrift versehener Aryballos mit einem Flötenspieler und mehreren nackten Knaben, die einen Wettbewerb im Springtanz ausführen, der in Sparta unter dem Namen *bibasis* bekannt ist (Abb. 2)[403]. Der Pyrrhias benannte Vortänzer (Beischr. *prochoreuomenos*) führt den paarweise angetretenen Knaben hier den Tanzsprung vor. Die Vase war wohl ein Siegespreis, der später dem Apollon als Dank ins Heiligtum gestiftet wurde. Den Wettstreit zweier Mädchenchöre zeigt wahrscheinlich eine fragmentierte Hydria aus dem samischen Heraion (um 600 v. Chr.), die vielleicht ebenfalls als Siegespreis und späteres Votiv fungierte[404]. Hier sind in zwei Friesen übereinander – begleitet von zwei Flötenspielern – Reigen mit sich anfassenden Mädchen zu sehen, deren Anführerin jeweils einen Zweig in der Hand hält. Furtwängler weist nach, daß hier kein Reigen rituellen Charakters gemeint ist, sondern daß es sich um einen Agon zweier Gruppen anläßlich eines Götterfestes (vielleicht beim samischen Herafest *Tonaia*) handelt[405].

4. Kultausübung und Palästra

BIBLIOGRAPHIE: Aneziri, S./Damaskos, S., «Städtische Kulte im hellenistischen Gymnasion», in Kah,

---

393. Zu Siegerehrungen im musischen Bereich s. die verschiedenen Arbeiten von Goulaki-Voutira (vgl. *ThesCRA* II 380 Bibliographie).
394. Leiden, Rijksmus. RO II 60: *ARV*² 1084, 16 (Kassel-Maler); *CVA* 3 Taf. 135; Vos 123 Abb. 1 (450/440 v. Chr.). – S. weiter auch die Liste mit Darstellungen von Wettbewerben für Gesang und Flötenspiel bei Vos 129–130.
395. Baranello, Mus. Civ. 86: Dareggi, G., *Ceramica attica nell Museo di Baranello* (1974) Taf. 28 (Orestes-Maler); Rühfel 60 Abb. 34.
396. (= *ThesCRA* I 1 Prozessionen, gr. **80**; I 2 a Opfer, gr. **45***, = *LIMC* IV Demeter **27***) Paris, Louvre MA 756: Voutiras, E., «Paidon Choros», *Egnatia* 3 (1991/92) 29–55. 51 Abb. 1.
397. Als Benennung wurde Demeter bzw. Apollon (s. Voutiras a.O.) vorgeschlagen, doch wären auch andere Deutungen möglich.
398. Voutiras (Anm. 396).
399. Zu Wiedergaben von Musikern auf einem Podest s. Schmidt 284–289. Schmidt geht auch auf die Problematik ein, ob es sich bei solchen Darstellungen um einfache Aufführungen mit Zuhörern oder um Bilder von Agonen mit Kampfrichtern handelt und spricht sich eher für Letzteres aus.
400. s. dazu Vazaki 168–169.
401. Vazaki 179.
402. Vgl. Vazaki 169.
403. (= *ThesCRA* II 4 b Tanz **93*** [s. hier auch zur Inschrift, mit Lit.], II 4 c Music, gr. **177**) Korinth, Mus. C-54-1: Neils, J., in Neils/Oakley 154–155 Abb. 16 (um 580 v. Chr.).
404. Vathy (Samos), Mus. K 1770: Furtwängler, A. E., *AM* 95 (1980) 188–197 Taf. 54–55; Borbein, A. H., *Das alte Griechenland* (1995) 153 mit Abb. Vazaki 152 macht ebenfalls deutlich, daß hier junge Mädchen und keine erwachsenen Frauen gemeint sind.
405. Furtwängler (Anm. 404) 196–197. Nicht überzeugend wendet sich Kleine, B., *Bilder tanzender Frauen in frühgriechischer und klassischer Zeit* (2005) 63 gegen die Deutung als Wiedergabe eines Tanzwettbewerbs.

Abb. 2

D./Scholz, P. (Hsg.), *Das hellenistische Gymnasion* (2004) 247–271; Rückert, B., *Die Herme im öffentlichen und privaten Leben der Griechen* (1998) 126–139; Jaillard, D., *Configurations d'Hermès: Une théogonie hermaïque* (2007) 181–184; Parker, *Polytheism* 249–252; Pimpl, H., *Perirrhanteria und Louteria* (1997) 123–130; Wrede, H., *Die antike Herme* (1986) 34–36. 44–48.
(zu Knaben, die an Altären, z.T. in der Palästra, Votive darbringen, s. hier weiter Kap. **5**)

Für Knaben war die Palästra ein wichtiger Ort, da ihr Besuch einen weiteren Schritt in der Entwicklung zum Vollbürger bedeutete. Hermes war hier präsent als der Gott des Agons und als Schutzpatron der Epheben. Er wurde neben Herakles und Eros, die hier ebenfalls als Schutzgötter fungierten (Athen. 561d)[406], von den Jugendlichen in Sport- und Schulstätten wie Gymnasium und Palästra verehrt, wobei Hermes für den geistigen und Herakles für den körperlichen Bereich zuständig gewesen sein sollen (Corn. nat. 16 p. 25–26 Lang). Hermes galt als Erfinder bzw. Vater der Palästra (Serv. Aen. 8, 138; Philostr. im. 2, 32). Die kultische Verehrung der Palästragötter spiegelte sich in der Aufstellung von Altären und Hermen, die teils im Freien standen, teils auch in kleinen Tempelchen (Paus. 8, 39, 6)[407]. Die Hermen in den Palästren konnten Anatheme sein[408], als Kultmale Empfänger von Opfergaben, aber auch den Eingangsbereich markieren (Hermes Propylaios)[409]. Zu Ehren des Hermes Enagonios fanden Opfer und Feste statt (*IG* II² 1227; Paus. 8, 14, 10). Die Hermaia waren eine Art Schulfest für Knaben und Epheben in der Palästra, bei dem weitere Zuschauer oft nicht zugelassen waren. Platon läßt Sokrates die Palästra während der Hermaia auch erst betreten, nachdem die Knaben (*paides*) das Opfer und zugehörige Rituale als *hieropoioi* bereits vollendet haben und sich nun, noch bekränzt, beim Würfelspiel vergnügen (Plat. Lys. 206c–207a; 207d). Außer rituellen Handlungen wurden auch Agone veranstaltet: ein Epigramm berichtet von einem Fackellauf, nach dem ein siegreicher Knabe seine Fackel dem Hermes weiht (*Anth. Pal.* 6, 100). Die Startlinie für solche Wettläufe wird in zwei anderen Epigrammen durch eine Herme markiert (*Anth. Pal.* 6, 259; 9, 139). Weitere Bestandteile des Festes konnten Preisvergabe oder sogar eine Pompē der Jugendlichen sein[410].

In der griechischen Vasenmalerei sind Palästraszenen auf rotfigurigen Vasen vom Ende des 6. Jhs. bis in die 2. Hälfte des 5. Jhs. v. Chr. sehr beliebt. Die Verehrung des Hermes in den Sportstätten spiegelt sich auch in diesen Bildern, da hier öfter Hermen in Kombination mit Altären, Bukranien und Pinakes dargestellt sind. So zeigt etwa eine Schale in Berlin auf beiden Außenseiten sich im Sport übende Jünglinge zuseiten einer Herme[411]. Oft wird auch aktiv die Verehrung des Hermes bzw. seines Kultmals, der Herme, wiedergegeben. Eine Schale in Stuttgart zeigt auf beiden

---

406. Am Eingang der Akademie stand eine Statue des Eros: Paus. 1, 30, 1; Plut. Sol. 1, 7; Athen. 609d. – Zu den in Gymnasien verehrten Gottheiten s. auch Aneziri/Damaskos.

407. *Schol.* Aischin. 1, 10 berichtet von Statuen des Hermes, des Herakles und der Musen in den Palästren sowie von *naiskaria*, wo Kinder Trinkwasser schöpfen konnten; in diesen Tempelchen versteckten sich Knaben, die Durst vortäuschten, um dem Training zu entgehen. Zu den Naiskaria s. auch Aneziri/Damaskos 251.

408. *Anth.Pal.* 16, 86; das jugendliche Aussehen einer geweihten Herme spiegelt die Jugend des weihenden *kouros*: *Anth. Pal.* 13, 2; Rückert 121–122.

409. *Anth. Pal.* 6, 143. 144; 9, 316. Bei Festen wurde der Eingang für Hermes geschmückt: *Anth. Pal.* 6, 143.

410. s. Bringmann, K., *Schenkungen hellenistischer Herrscher an griechische Städte und Heiligtümer* 1 (1995) KNr. 225 [E]: Festkalender auf Kos; s. auch *RE* Suppl. VIII (1956) 380–381 *s.v.* «Paides».

411. Berlin, Staatl. Mus. F 2308: *ARV*² 818, 25 (Telephos-Maler); *CVA* Berlin (DDR) 1 Taf. 22, 1–2; Rückert 251 Nr. 76 (470/460 v. Chr.).

Außenseiten Sportler beim Ringkampf[412]. Im Hintergrund hängen Palästra-Utensilien wie Schwämme und Aryballoi. Während auf einer Seite bereits gekämpft wird, befinden sich die drei um ihren Paidotriben versammelten Jünglinge auf der anderen Seite noch vor dem Kampf (Taf. 28, 1). Alle haben eine Hand betend erhoben und rufen (laut Inschrift) *O Herme*. Sicher gilt dieses an den Schutzpatron gerichtete Gebet einem guten Ausgang des Kampfes. Die Bitten an Hermes finden in den Darstellungen vielerlei Ausdruck. So kann ein Flötenspieler eine Prozession von Jünglingen zum Kultmal (Herme, Altar und Pinax) führen[413] oder Jünglinge üben an den Hermen Riten in Gestalt von Gebet, Berührung oder Bekränzung aus. Ein von Athleten umgebener Adorant vor einer Herme findet sich etwa auf der Außenseite einer Schale in Genf[414]. Eine Herme an Kopf bzw. Bart berührende Jünglinge sind auf einem Schaleninnenbild in Würzburg[415] und auf einer Amphora in Laon[416] zu sehen. Die Bekränzung einer Herme ist auf einem Schaleninnenbild in Kopenhagen dargestellt (Taf. 28, 2)[417]. Zuweilen findet auch keine Aktion statt und die einer Herme gegenüberstehenden Jünglinge scheinen mit dieser in einer Art Konversation begriffen zu sein, wie auf zwei Schaleninnenbildern in Arezzo und Altenburg[418].

Bilder, auf denen Sportszenen mit Hermenverehrung verknüpft sind, scheinen häufiger vorzukommen als solche mit Musikdarstellungen. Für Letzteres sei auf eine Pelike in Athen[419] verwiesen, die einen kitharaspielenden Jüngling vor Altar und Herme zeigt.

Das Palästraambiente ist auf den Vasenbildern durch Elemente wie ein Louterion auf einer Schale in Paris[420] oder durch die Wiedergabe der typischen Athletenausrüstung mit Schwamm, Aryballos, Strigilis[421] gekennzeichnet. Auch eine Terma-Säule kann die Lokalität der Palästra andeuten[422]. Aber auch Szenen ohne weitere Ortsangabe wie auf dem genannten Schaleninnenbild in Würzburg[423] dürften sich auf die Palästra beziehen, zumal die Darstellungen auf beiden Außenseiten wohl auf hippische Agone anspielen. Doch wäre zu überlegen, ob Wiedergaben hermenverehrender Jünglinge ohne zusätzliches Vorhandensein von Palästra-Utensilien vielleicht ebenfalls in der Palästra zu lokalisieren sind. Denn die ikonographische Floskel *Jüngling vor Herme* scheint eine feste Chiffre für den Handlungsort *Palästra* zu sein. Auch Wrede wies bereits darauf hin, daß die Präsenz einer Herme als symbolhafte Bezeichnung des gymnasialen Ambiente ausreichend sein kann[424].

Hermen und Gymnasium-Szenerie spielen eine wichtige Rolle auf hellenistischen Grabreliefs aus Ostgriechenland[425]. Bei Jünglingen sollen potentielle Bildbetrachter damit auf deren Siege bei Agonen aufmerksam gemacht werden. Aber auch frühverstorbene Kinder können auf den Grabreliefs mit verschiedenen Objekten aus dem Bereich des Gymnasiums dargestellt werden, um so der vergeblichen Hoffnung auf zukünftige agonale Siege Ausdruck zu geben[426]. Dies ist z.B. bei dem Kleinkind auf einem aus Smyrna stammenden Relief der Fall (Taf. 28, 3)[427]. Gezeigt wird ein am Boden neben einem Früchtekorb sitzendes Knäblein mit Obst in den Händen. Es scheint vor einem Hahn fliehen zu wollen, der durch das Obst angelockt wird. Im Hintergrund sieht man eine Herme und daneben einen Rahmen, in dem der Ehrenkranz hängt, der in Smyrna vorbildlichen Bürgern verliehen wird. Ein anderes smyrnäisches Relief zeigt zwei jungverstorbene Brüder (Taf. 28, 4)[428]. Der größere ist frontal dargestellt und hält eine Traube in der Hand. Der kleinere, mit Klap-

---

412. Stuttgart, Landesmus. 79/2: Honroth, M., in *Praestant Interna. FS U. Hausmann* (1982) 221–229 Taf. 47–49; Buitron-Oliver, D., *Douris* (1995) 73 Nr. 15 Taf. 10 (500/490 v. Chr.).

413. (= *ThesCRA* I 1 Prozessionen, gr. **94**, II 4 c Musik, gr. **354***, IV 1 b Darstellungen von Kultorten **130b**, = *LIMC* V Hermes **101***) Oxford, Ashm. Mus. 305: *ARV²* 416, 3 (Maler von Louvre G 265); Rückert 244 Nr. 31.

414. (= *LIMC* V Hermes **144***) Genf, Mus. I 529: *ARV²* 154, 7; Rückert 243 Nr. 23.

415. Würzburg, Wagner-Mus. L 475: *ARV²* 147, 19 (Epeleios-Maler); Langlotz, *KatWürzb* 93 Nr. 475 Taf. 144; Rückert 243 Nr. 24 (um 500 v. Chr.).

416. (= *ThesCRA* II 5 Kultbilder **385***, = *LIMC* V Hermes **155**) Laon, Mus. 37.1023: *ARV²* 553, 33 (Pan-Maler); Rückert 248 Nr. 54.

417. (= *ThesCRA* II 5 Kultbilder **327***, IV1 b Darstellungen von Kultorten **103a**, = *LIMC* V Hermes **108***) Kopenhagen, Nat. Mus. 6327: *ARV²* 413, 16 (Dokimasia-Maler); Rückert 243 Nr. 25.

418. Arezzo, Mus. Naz. 1410: *ARV²* 905, 85 (Veii-Maler); *Il Mus. Arch. Naz. G. C. Mecenate in Arezzo* (1987) 150 mit Abb.; Rückert 251 Nr. 77b (um 460 v. Chr.). - = *ThesCRA* III 6 b Gebet, gr. **39**, = *LIMC* V Hermes **147***) Altenburg, Lindenau-Mus. 229: *ARV²* 875, 18 (Ancona-Maler); Rückert 244 Nr. 30.

419. (= *ThesCRA* II 4 c Musik, gr. **356***) Athen, NM 17170: Rückert 247 Nr. 48.

420. (= *LIMC* V Hermes **146***) Paris, Louvre Cp 10994: *ARV²* 824, 23 (Orleans-Maler); Rückert 252 Nr. 80 (um 450 v. Chr.).

421. Diese Gegenstände kommen z.B. auf der Schale in Arezzo vor (Anm. 418).

422. So auf dem Schaleninnenbild in Kopenhagen (Anm. 417).

423. Vgl. Anm. 415. Auf der Schale in Oxford (Anm. 413) ist der Prozession auf der anderen Vasenseite eine Unterrichtsszene gegenübergestellt.

424. Wrede 35 (im Zusammenhang mit den hier weiter unten genannten Grabreliefs).

425. s. dazu Wrede 44–48.

426. Schlegelmilch (Anm. 25) 48–49. 71–72. 78–79.

427. Paris, Louvre MA 3302: Pfuhl/Möbius I 211 Nr. 804 Taf. 117; Heidebroek-Soldner, E., *Die Traube auf hellenistischen und kaiserzeitlichen Grabdenkmälern* (2004) 210 Nr. 71 Taf. 14, 4; Schlegelmilch (Anm. 25) 50–51 Abb. 8; *D'Izmir à Smyrne*, Ausstellung Paris (2009) 76–77 Nr. 31 (2. Jh. v. Chr.).

428. (= *LIMC* IV Herakles **1115***) Leiden, Rijksmus. Pb. 18: Pfuhl/Möbius I 198 Nr. 730 Taf. 110; Schlegelmilch (Anm. 25) 50 Abb. 7 (2. Jh. v. Chr.).

per in der Hand, sitzt auf einem Block, hinter dem sich ein Baum mit einer Schlange befindet. Rechts sieht man den kleinen Diener vor einem hohen Pfeiler mit einer Heraklesherme. Oben hängen zwei Ehrenkränze. Ein Relief in Istanbul[429] gibt einen größeren, mit Mantel verhüllten Jüngling frontal wieder. Rechts steht sein kleiner Diener und links sieht man neben einer Herme eine Amphora und den Wedel einer Siegespalme. Viele Darstellungen nehmen auch auf Schulszenen Bezug. Hier sei nur ein Relief in Berlin[430] genannt. Ein junger Mann hält sein Diptychon hoch und blickt zu einer auf einer hohen Basis stehenden Herme. Weiter sind Diener und Hund zugegen. Oben ist mit Beischrift der öffentlich vom Demos verliehene Siegeskranz dargestellt. Die Beispiele ließen sich weitaus vermehren[431] und zeugen davon, welche Bedeutung die Aktivitäten in Gymnasium und Palästra für die Jugendlichen hatten und wie wichtig die agonalen Siege waren, um die Tüchtigkeit der Jugend herauszustellen. Nicht nur auf den Grabreliefs der Erwachsenen werden deren Tugenden mittels bestimmter bildlicher Topoi hervorgehoben, sondern, übertragen auf die Welt der Kinder, dienen auf deren Reliefs die Hinweise auf die Sphäre des Gymnasiums (auch schon bei Kleinkindern) dazu, bereits für die Altersgruppe von Kindern und Heranwachsenden Heroisierungsformeln aufzuzeigen[432].

5. Kinder und Heranwachsende als Stifter
(starke Auswahl)

BIBLIOGRAPHIE: ThesCRA I 2 d Weihgeschenke, gr. (mit weiterer Lit.); Mertens-Horn, M., «Initiation und Mädchenraub am Fest der lokrischen Persephone», *RM* 112 (2005/2006) 7–75; Krauskopf, I., *LIMC* Suppl. 2009 (2009) 416–423 s.v. «Persephone».

Kinder und Heranwachsende konnten bei verschiedenen Gelegenheiten selbst den Göttern Gaben spenden. Die häufigsten Anlässe dafür waren Reiferituale wie Pubertät und Ähnliches. Abgeschnittene Haare, Kleidung und Spielzeug waren beliebte Weihungen, wenn ein neues Lebensstadium oder die Hochzeit bevorstand. Auf die rituelle Haarschur der Jünglinge im Rahmen des Apaturienfestes wurde oben bereits hingewiesen. Für Mädchen berichten die Epigramme, daß sie vor ihrer Hochzeit außer abgeschnittenen Haaren[433] auch noch Gürtel, Schleier, Kränze, Puppen, Bälle und sogar Instrumente, wie etwa eine Pauke, an verschiedene Göttinnen stiften (*Anth. Pal.* 6, 59; 6, 133; 6, 280). Obwohl das Haaropfer ein vielpraktizierter Ritus ist, wird dieser in der Bildkunst jedoch nicht wiedergegeben.

Einige Vasenbilder zeigen Knaben bzw. Jünglinge mit Votivgaben vor Altären. Wenn die Adoranten nackt sind, so könnte es sich um junge Athleten handeln, die nach einem Sieg den Göttern danken und opfern. Meist werden Weihgeschenke dargebracht, die vorher als Siegespreise fungierten, oder auch zur Ausrüstung von Sportlern gehörende Utensilien, wie dies z.B. bei der Stiftung einer Strigilis durch einen nackten Jüngling auf einer att. rf. Schale in München der Fall ist[434]. Auf einem anderen att. rf. Schaleninnenbild weiht der junge, nackte Sportler eine Blüte, die vielleicht ein Siegespreis war[435]. Auf musische Agone spielen wohl zwei att. rf. Schaleninnenbilder in Malibu und Pennington an[436]: Auf dem Bild in Malibu (Taf. 28, 5) ist ein mit Himation bekleideter Knabe im Begriff, seine Phorbeia auf einem Altar zu deponieren. In der anderen Hand hält er seine Leier und einen Zweig. Ein weiterer Zweig liegt auf dem Altar. Wahrscheinlich hat der Knabe im Flötenspiel gesiegt. Der nackte Knabe auf der Schale in Pennington (Taf. 28, 6) hält seine rechte Hand mit einem verehrenden Gestus über den Altar und trägt in der anderen seine Leier, die er möglicherweise als Votiv darbringen will. Unklar bleibt dabei, weshalb der Knabe nackt ist, es sei denn, der Vasenmaler habe ihn eher als Sportler darstellen wollen. Der an der «Wand» hängende Phormiskos mit den Astragalen darin war ein beliebtes Kinderspielzeug und galt deshalb sicher auch als bevorzugtes Votiv. Hier hat ihn wohl ein Junge, der vor unserem Leierspieler das Heiligtum besucht hat, als Weihgeschenk zurückgelassen[437].

Für die von Mädchen vor der Hochzeit dargebrachten Votive bieten z. B. die Szenen auf den in der ersten Hälfte des 5. Jhs. v. Chr. entstandenen Pinakes von Lokri und Francavilla di Sicilia weitere Informationen[438]. Dargestellt sind Riten, die von Frauen und Mädchen für ein Fest der Persephone ausgeübt werden, das einen Mysterienaspekt

---

429. Istanbul, Arch. Mus. 695: Pfuhl/Möbius I 83 Nr. 126 Taf. 29 (2. Jh. v. Chr.).
430. Berlin, Staatl. Mus. Sk 771: Pfuhl/Möbius I 84 Nr. 131 Taf. 30 (2. Jh. v. Chr.).
431. s. Wrede 47–48.
432. Auf diese Tendenz macht auch Wrede 47 aufmerksam.
433. Zu vorhochzeitlichen Haaropfern von Mädchen s. auch Paus. 1, 43, 4; 2, 32, 1; s. Anm. 228.
434. München, Antikenslg. 7492: *Lockender Lorbeer* (Anm. 289) 260 Abb. 25.40; 486 Nr. 137 (um 410 v. Chr.).
435. Slg. Lichtenhahn: Hofstetter, E., *Griechische Vasen. Die Sammlung Lichtenhahn* (2009) 90–94 mit Abb. (440/430 v. Chr.); s. dort auch zu Blüten als Wettkampfpreise.

---

436. Malibu, Getty Mus. 86.AE.288: *CVA* 8 Taf. 423 (Brygos-Maler). – Pennington, Slg. Haldenstein: Neils/Oakley 290 Nr. 104 (die Deutung von Neils/Oakley, der Knabe prüfe mit der ausgestreckten Hand die Hitze des Feuers, ist nicht überzeugend, da es sich hier eindeutig um einen Gebets- oder Adorationsgestus handelt).
437. Zu Spielzeugopfern von Knaben s. auch *Anth. Pal.* 6, 309 (Klapper, Ball). – Zu Phormiskoi als Kinderspielzeug und Votive: Hatzivassiliou, E., *BICS* 45 (2001) 121–123.
438. Verwiesen sei auf die Behandlung der lokrischen Pinakes im Corpus *I pinakes di Locri Epizefiri* I–III (1999–2007) u. *ThesCRA* VII 3 Feste u. Spiele, gr. **III.2.4**. – Zu den Pinakes s. auch Dillon 222–228; Torelli, M., «Quaedam de Locrensibus tabellis», in *Sertum Perusinum Gemmae*

Abb. 3

Abb. 4

aufweist. Denn das *telos* dieses Festes scheint nicht nur als *rite de passage* die jungen Mädchen vor dem Übergang zur Ehe zu betreffen, sondern galt auch wohl deren Einführung in den Persephonekult und damit ihrer Vorbereitung für ein besseres Los im Jenseits bei einem vorzeitigen Tod im Kindbett. Einige der kleinen Tonreliefs geben verschiedene Variationen einer Gewandweihe wieder. Zum einen ist eine Prozession zu sehen, bei der vier von einer Priesterin angeführte junge Mädchen einen ausgebreiteten Peplos tragen[439]. Andere Reliefs zeigen die Priesterin, der jetzt ein Mädchen vorausgeht, das auf dem Kopf ein Tablett mit dem zusammengefalteten Gewandtuch trägt. Vor ihr befindet sich ein noch kleineres Mädchen mit einem Thymiaterion in der Hand (Abb. 3)[440]. Bei einer Variation dieses Typus fehlt die Thymiaterionhalterin und zwischen der Priesterin und der Gewandträgerin befindet sich ein Louterion (Abb. 4) bzw. ein Ständer mit einem Hahn[441]. Und schließlich zeigen weitere Reliefs das Mädchen (gefolgt von der Priesterin), das auf dem Kopf das Tablett mit dem Gewand trägt, vor der thronenden Persephone stehend, um der Göttin das Geschenk zu übergeben[442]. Was griechische Gewandweihungen angeht, so weist Mertens auf zwei verschiedene Riten hin[443]. Bei dem einen werden private Kleidungsstücke ins Heiligtum geweiht[444], bei dem anderen sind es offizielle Weihungen von kostbaren Stoffen und Gewändern, die in Heiligtümern den Kultbildern dargebracht werden[445], wie etwa der Peplos für Athena beim Panathenäenfest. Für das auf den Pinakes wiedergegebene Persephonefest nimmt Mertens die Weihung privater Kleidungsstücke an, doch spricht die Tatsache, daß in den meisten Szenen eine Priesterin zugegen ist oder sogar in der Prozession mitschreitet und auch die genannte Szene, in der vier Mädchen gemeinsam ein einziges Gewand transportieren, doch eher für eine der Göttin zugeeignete Bekleidung[446].

Es wurde bereits erwähnt, daß Mädchen vor der Hochzeit auch Spielzeug, vor allem Bälle, ins Heiligtum stiften können. Solche Ballweihungen sind – mit Variationen – ebenfalls auf den Pinakes dargestellt. Ein Beispiel zeigt die thronende Persephone mit einer Phiale in der Hand, vor der ein sehr kleines Mädchen steht, das der Göttin einen Ball in die Schale legt (Abb. 5)[447]. Reliefs aus Lo-

---

oblatum … in onore di G. Sena Chiesa (2007) 403–418, der in einigen Szenen nicht die Göttin selbst, sondern das Ritual der Kosmesis der Braut dargestellt sehen möchte.

439. (= *ThesCRA* II 5 Kultbilder **153a***, VII 3 Feste u. Spiele, gr. **III.2.4** Abb. 18) Typus 5/3: Mertens-Horn 23–24 Abb. 15; J. Neils, in *Le donateur, l'offrande et la déesse*. *Kernos* Suppl. 23 (2009) 142–143 Abb. 4.

440. Typus 5/5: Mertens-Horn 25 Abb. 16.

441. Mit Louterion, Typus 5/7: Mertens-Horn 25 Abb. 17. Mit Hahnständer. Tyus 5/x; *ThesCRA* II 5 Kultbilder **153b***.

442. (= *ThesCRA* VII 3 Feste u. Spiele, gr. **III.2.4** Abb. 19, = *LIMC* Suppl. 2009 Persephone **add.22a***) Typus 5/15: Mertens-Horn 26–28 Abb. 20;.

443. Mertens-Horn 28–32.

444. Zu privaten Gewandweihungen junger Mädchen vor der Hochzeit s. auch *ThesCRA* I 2 d Weihgeschenk, gr. S. 296–297.

445. Dazu weiter *ThesCRA* II 5 Kultbilder S. 427–437.

446. Dies vermutet auch Krauskopf, I., *ThesCRA* VII 3 Feste u. Spiele, gr. **III.2.4**.

447. (= *LIMC* Suppl. 2009 Persephone **add.19***) Typus 8/29: Mertens-Horn 41–42 Abb. 28. Der hinter dem Mädchen stehende bärtige Krieger mit Hahn in der Hand wird verschieden gedeutet. – Zu weiteren Darstellungen von Mädchen mit Bällen auf den Pinakes s. *LIMC* Suppl. 2009 Persephone **add.16***.

Abb. 5

Abb. 6

kri und Francavilla bezeugen auch die Dedikation von Kalathoi. Überliefert ist ein Typus, bei dem ein kleines Mädchen mit Korb in der Hand vor der thronenden Persephone steht (Abb. 6)[448]. Kalathoi zählen zu den beliebtesten Attributen von Mädchen und Frauen. Zudem spielen sie im Persephone-Kult eine wichtige Rolle[449]. Auch Spiegel, Kästchen oder Kanoun mit Früchten können die Mädchen der Göttin bringen (Abb. 7)[450]. Was die Tieropfer angeht, so zeigt sich, daß auf den Pinakes Hähne die beliebtesten Gaben für die Göttin sind.

6. Initiations- und Übergangsrituale bei Heranwachsenden

Pubertätsweihen, Elemente und Reflexe von Reiferitualen sowie Knabeninitiationen vor allem in Kreta und Sparta sind bereits von W. Burkert im *ThesCRA* behandelt worden[451]. Burkert weist darauf hin, daß die Forschung heute in vielen Ritualen, die mit unterschiedlichen Stadien der Adoleszenz verbunden sind, Initiationsstrukturen erkennen will. Da ein Statuswechsel bei Altersübergängen häufig mit der erstmaligen Teilnahme an einem bestimmten Ritual bei Polisfesten, Gentilkulten und Familienfeiern verknüpft ist, weist diese erste Teilnahme nach Burkert *per se* immer einen prägenden Charakter auf[452]. Diese Art von Übergangsritualen wurde oben bereits verschiedentlich angesprochen, wie etwa die erste Teilnahme der Kinder beim Choenfest, Koureion der Knaben und Aufnahme in die Phratrie bei den Apaturien usw.

Charakteristische Initiationsstrukturen sind auch Rituale, bei denen die Jugendlichen für eine gewisse Zeit von der Familie getrennt werden, dann meist als Gruppe an einem anderen Ort leben – als Zeichen der Liminalität oft in einem unwirtlichen Randgebiet – und später wieder in die Gesellschaft re-integriert werden. Reflexe solcher Rituale wollte man bei Mädchen sehen, die zur Ausübung von Kultämtern gewählt wurden, die mit Trennung von Familie, längerem Aufenthalt in einem sakralen Bezirk und Rückkehr ins Elternhaus verbunden waren. Exemplarisch dafür sei hier auf die Arktoi im Heiligtum der Artemis von Brauron und die Arrhephoren im Dienst der Athena auf der Akropolis von Athen verwiesen. Interpretiert wurde dies als survival von Relikten früherer Mädcheninitiationen. In der Forschung wird diskutiert, ob es sich hier um ein Übergangsritual handelt, mit dem Mädchen an der Schwelle der Pubertät auf ihre Hochzeit vorbereitet werden[453].

Bei Jünglingen wurden mit Ausgrenzung und Re-Integration verbundene Strukturen der Initia-

---

448. (= *LIMC* Suppl. 2009 Persephone **add.20**) Typus 8/39.
449. Zu Kalathoi s. *ThesCRA* V 2 b Kultinstrumente S. 262. 265–269.
450. (= *LIMC* Suppl. 2009 Persephone **add.21***) Typus 8/5–7.

451. Burkert, W., *ThesCRA* II 1 Initiation S. 118–123 (mit weiterer Lit.).
452. Burkert (Anm. 451) 118.
453. Gegen die Initiationstheorie bei den Arktoi: Seifert, M., «Kleine Bärinnen in Brauron? Ein Kult und seine Interpretation», in *Archäologie zwischen Befund und Rekonstruktion. FS R. Rolle* (2007) 55–71.

tion vor allem bei mit dem Status der Ephebie verknüpften Ritualen erkannt[454]. Als interessantes Beispiel hierfür sei auf Gebräuche im Heiligtum des Hermes Kedrites und der Aphrodite von Kato Simi auf Kreta verwiesen[455]. Denn hier lassen sich im 1. Jahrtausend v. Chr. bis zum 4. Jh. v. Chr. derartige Riten durch Schriftquellen und archäologische Funde bestätigen. Der Historiker Ephoros[456] berichtet von einem nach strengen Regeln verlaufenden kretischen Übergangsritual. Ein junger Mann wurde von einem älteren *Erastes* in ein Andreion entführt. Dort bekam er Geschenke und wurde dann an einen beliebigen Ort gebracht. Zusammen mit den Jünglingen, die bei seiner Entführung zugegen waren, verbrachte er zwei Monate in den Bergen bei der Jagd. Schließlich schenkte der ältere Liebhaber dem Entführten die vorgeschriebenen Gaben: einen Trinkbecher, ein kriegerisches Gewand (*stole polemike*) sowie ein Rind, das als Opfertier bei einem Fest für Zeus geschlachtet wurde und mit dem der Entführte die mit ihm in die Stadt Zurückkehrenden bewirten muß. Das Ganze endet mit der Re-Integration des Epheben in die Gesellschaft. Hier muß er ein Urteil abgeben über seinen Liebhaber. Die Entführten genießen auch weiterhin Privilegien. Sie nehmen bei Reigentänzen und Wettläufen die ehrenvollsten Plätze ein und schmücken sich mit der vom Liebhaber geschenkten Kleidung. Auch als Erwachsene tragen sie außergewöhnliche Kleidung (*diasemon estheta*), an der jeder erkennen soll, daß der Träger früher als Auserwählter ein *Ruhmreicher* (*kleinos*) war.

Lebessi erkannte Bezüge zwischen diesem von Ephoros geschilderten Ritual und den einzigartigen Funden des außerhalb der Stadt auf einem Berg gelegenen Heiligtums von Kato Simi, das nicht von einer Polis allein, sondern überregional benutzt wurde. Bereits durch ihre extraurbane Lage ist diese sakrale Örtlichkeit prädestiniert für Ephebenfeiern, die einen vorübergehenden Ausschluß der Jünglinge aus der Gesellschaft erforderten. Wie oben bereits mehrfach erwähnt, ist auch die Verehrung des Hermes charakteristisch für Ephebenkulte. Besonders bemerkenswert unter den geweihten Artefakten sind aus dünnem Bronzeblech ausgeschnittene Pinakes aus archaischer und frühklassischer Zeit, die u. a. junge Jäger mit Bogen, Köcher und geschulterten Tieren, vor al-

Abb. 7

lem Wildziegen, zeigen und mit denen vielleicht die von Ephoros beschriebenen jagenden Epheben gemeint sind (Abb. 8)[457]. Weiter begegnet auch eine Zweifigurengruppe in Gestalt des jungen Jägers und seines älteren Liebhabers (Abb. 9)[458]. Auffallend sind einige Wiedergaben von jungen Männern in kostbaren Himatia (Abb. 10)[459], was ein Hinweis auf die den Epheben von ihren Erastes geschenkte Tracht sein könnte, mit der sie auch als erwachsene *kleinoi* gesellschaftlich hervorgehoben sind.

Nach Lebessi war die Weihung von Metallobjekten in Kato Simi offenbar ein Privileg für Personen männlichen Geschlechts, während Mädchen und Frauen eher durch Terrakotta-Votive repräsentiert sind[460]. Die in Kato Simi gefundenen Tonfiguren zeigen u. a. auch den Typus einer Göttin im Anasyrma-Motiv, aus dem sich schließen läßt, daß es sich wohl um Votive von Frauen handelt, die für die hier zusammen mit Hermes verehrte «erotic Goddess», von Lebessi Aphrodite benannt, bestimmt waren. Im Heiligtum fanden also

---

454. s. auch Burkert (Anm. 451) 121–123 sowie hier **3.2.2.2**.
455. Zum Heiligtum s. Lebessi, A., *Το ιερό του Ερμή και της Αφροδίτης στη Σύμη Βιάννου* I (1985); Sporn, K., *Heiligtümer und Kulte Kretas in klassischer und hellenistischer Zeit* (2002) 85–89. 331–333. 358–360 (mit ausführlicher Lit. 85 Anm. 512); Burkert (Anm. 451) 122; Prent, M., *Cretan Sanctuaries and Cults* (2005) 344–348. 574–597; Chaniotis, A., in Freitag, K., et al. (Hsg.), *Kult - Politik - Ethnos. Überregionale Heiligtümer im Spannungsfeld von Kult und Politik* (2006) 200–202 (mit weiterer Lit. zu kretischen Übergangsritualen); Lebessi, A., «The Erotic Goddess of the Syme Sanctuary, Crete», *AJA* 113 (2009) 521–545 (mit der neuesten Lit.).
456. *FGrH* 70 F 149, überliefert bei Strab. 10, 4, 21; s.vgl. auch 10, 4, 20.
457. z.B. Lebessi, *Το ιερό* a.O. 41–42 Nr. A 50 Taf. 30. 49; Prent (Anm. 455) Abb. 69 a-b.
458. Paris, Louvre Br 93: Lebessi, *Το ιερό* a.O. 52–53 Nr. G 5 Taf. 5. 41; Prent (Anm. 455) Abb. 70.
459. z.B. Lebessi, *Το ιερό* a.O. 98–100. 145–146 Nr. A 23. A 45. A. 51. A. 59 Taf 28. 51.
460. s. Lebessi, *AJA* a.O. 524.

Abb. 8

Abb. 9

Abb. 10

nicht nur Ephebenkulte statt, sondern die Parhedros des Hermes war für weibliche Belange zuständig. Interessanterweise wurde Aphrodite hier nicht nur von erwachsenen Frauen verehrt, sondern es fand nach Lebessi – analog zum Ritual, das die Epheben zu erwachsenen Bürgern werden ließ – auch ein Übergangsritual für die Parthenoi vor der Hochzeit statt[461]. So war dieses Heiligtum von Hermes und Aphrodite ein bedeutendes kretisches Zentrum für Reiferituale von Mädchen und Jünglingen verschiedener Altersklassen.

Adoleszenzriten scheinen bevorzugt in Artemisheiligtümern ausgeübt worden zu sein, wie eine Zusammenstellung bei Mitsopoulou-Leon dokumentiert[462]. Im Fall des Artemisheiligtums von Lusoi weisen Votivfigürchen in Gestalt von nackten Mädchen mit knabenhaften Körpern und nackten Jünglingen mit Kithara darauf hin, daß hier Riten für Heranwachsende beiderlei Geschlechts stattfanden[463]. Vor allem Agone jeglicher Art scheinen beliebte Initiationsrituale vor der Aufnahme in die Erwachsenenwelt gewesen zu sein[464].

Häufig läßt sich auch nicht mehr klären, welcher Art die für oder von Jugendlichen ausgeübten Rituale waren. So deutet z. B. eine mit dem Beginn des 6. Jhs. v. Chr. einsetzende Vielzahl von großformatigen Terrakottafiguren aus dem Heiligtum der Demeter und Kore in Korinth, die nackte und bekleidete Knaben (seltener junge

---

461. Ausführlich dazu Lebessi, AJA a.O. 532–541. Auf junge Mädchen, d.h. jugendliches Alter, weist bei den Weihungen z.B. der Zusatz *kala* hinter dem Name hin, vgl. Lebessi, ebenda 532.
462. Mitsopoulou-Leon 194–198.
463. Zu den Figürchen s. Mitsopoulou-Leon 191–192.

Auf die üblichen Haarweihungen von Jugendlichen könnten vielleicht die kleinen hier gefundenen Bronzetüllen deuten (s. Anm. 228), falls man diese als Behälter für Haaropfer interpretieren kann.
464. s. dazu auch Mitsopoulou-Leon 193–198. – Zu den verschiedenen Agonen s. das Kapitel **3.2.4**.

Mädchen) wiedergeben, darauf hin, daß die Jugendlichen hier auf irgendeine Weise in den Kult eingebunden waren[465]. N. Bookidis erwägt, daß dies in Form eines Initiationsrituals möglich gewesen sein könne bzw. daß Demeter hier als Kourotrophos-Gottheit galt und die Eltern Statuen ihrer Nachkommen ins Heiligtum stifteten oder daß es noch einen anderen Anlaß für die Weihungen gab.

ANNELIESE KOSSATZ-DEISSMANN
(unter philologischer Mithilfe
von Sabine Schlegelmilch)

---

465. Bookidis, N., in *Le donateur, l'offrande et la déesse. Kernos* Suppl. 23 (2009) 225–237. Bedeutsam für die Frage nach der möglichen kultischen Handlung ist auch eine dorthin geweihte, fragmentierte Schale, auf der neben der inschriftlich benannten Persephone wettlaufende Knaben dargestellt sind, die Mäntel über ihren Schultern tragen: Inv. C-65-291: Pemberton, E. G., *Corinth* XVIII 1 (1989) 133–134 Nr. 292 Taf. 32; Reichert-Südbeck, P., *Kulte von Korinth und Syrakus* (2000) 223; Bookidis a.O. 232–233 Abb. 5; *ThesCRA* VII Feste u. Spiele, röm. Abb. 13; um 470/460 v. Chr.

Enfance et adolescence dans le monde étrusque

PLAN DU CHAPITRE
1. Tagès: le puer-senex de l'Etrusca disciplina 62
2. Des enfants ou des nains 63
3. La bulle 64
4. Adolescents 64

BIBLIOGRAPHIE GÉNÉRALE: Camporeale, G., «Vita privata», dans *Rasenna. Storia e civiltà degli Etruschi* (1986) 265–269; Haack, M. L., «Boules et bulles. Un exemple de transfert culturel», *DHA* 33/2 (2007) 57–67; Haynes, S., *Etruscan Civilization. A Cultural History* (2000) 25–29. 220 221. 361 363; Massa-Pairault, F.-H., *La cité des Étrusques* (1996) 223–225.

1. Tagès: le puer-senex de l'Etrusca disciplina

Les représentations d'enfants ne sont certes pas inexistantes dans l'iconographie étrusque, comme on le verra plus loin, mais elles ne constituent pas pour autant un motif privilégié, en particulier à l'époque archaïque: l'Étrurie, de ce point de vue, ne se distingue guère d'autres civilisations anciennes. Et la littérature étrusque étant presque entièrement perdue, on ne peut que se reporter aux sources indirectes, grecques et latines, pour connaître quelques aspects religieux liés à cet âge de la vie: or, là, on voit apparaître, non sans surprise, le rôle essentiel d'un enfant dans une des créations les plus originales et les plus importantes de la culture étrusque. Il s'agit en effet de *l'Etrusca disciplina*, de cette science sacrée des Étrusques qui aurait été révélée au peuple toscan par l'enfant Tagès[1]. On peut s'appuyer ici sur le récit de Cicéron dans son *De Divinatione* 2, 23: un laboureur de Tarquinia (on pense ici à un célèbre petit groupe de bronze d'Arezzo[2], pl. 98, 3) vit surgir du sillon un enfant (*puerili specie*) au savoir merveilleux (*senili prudentia*) qui dicta ensuite à tout le peuple étrusque réuni ses principes religieux essentiels, consignés par la suite dans des livres qui formèrent donc cette fameuse *disciplina Etrusca*, où l'haruspicine jouait un rôle éminent[3]. La religion étrusque est ainsi non seulement une religion révélée, mais aussi une religion du livre, et ces livres sacrés ou *libri tagetici*, qui portaient donc le nom de leur «inventeur» comprenaient des écrits sur les entrailles des victimes sacrificielles, sur les foudres, sur les rites, sur l'Achéron et sur les prodiges.

Une telle légende est lourde de multiples sens. Si elle renvoie, par exemple, à la question débattue de l'autochtonie du peuple étrusque, le mythe de l'enfant à la sagesse de vieillard n'est pas une spécificité toscane. Il est aussi important de souligner l'accent mis sur la cité de Tarquinia (*ager Tarquiniensis*): cette ville, qui fut peut-être la plus puissante d'Étrurie, continua à l'époque romaine à tenir une place de premier plan dans l'organisation des haruspices et, d'ailleurs, dans certaines versions du mythe de Tagès, c'était, non pas les princes d'Étrurie dans leur ensemble, mais le seul Tarchon, fondateur légendaire de la cité, qui était censé recueillir la révélation de Tagès.

Les fouilles archéologiques récentes, menées au cœur de l'habitat de Tarquinia (Pian di Civita), ont apporté d'intéressantes indications sur les origines religieuses de la cité, et on serait tenté de relier certaines découvertes à ce mythe de Tagès. En effet, on a identifié une aire sacrée autour, non pas d'un sillon certes, mais d'une cavité naturelle; mais là, dès le IXe s. av. J.-C., c'est un enfant de sept ans environ qui a été enterré, un enfant qui semble surtout avoir été victime de crises d'épilepsie susceptibles d'impressionner les premiers habitants et de laisser supposer des contacts divins. Un siècle plus tard, ce sont trois nouveau-nés (on pense aux pratiques carthaginoises), puis un adulte, qui sont inhumés dans cette zone à leur tour, et le contexte archéologique laisse pencher en faveur de sacrifices humains[4]. Un peu plus loin, le puissant podium du temple dit de l'Ara della Regina, un des plus

---

1. Voir *LIMC* VII Tages.
2. (= *ThesCRA* I 2 d Offrandes votives, rom. **451** avec bibl.) Rome, Villa Giulia 24562; fin du Ve s. av. J.-C. Cristofani, *BrEtr* n° 54.
3. Pour les autres sources Wood, J. R., «The Myth of Tages», *Latomus* 39 (1980) 325–344.
4. La question des sépultures de bébés, et d'enfants en général de moins de quatre ans, dans les zones d'habitat est bien connue, en particulier au VIIIe s., pour le Latium (*cf.* à Rome même, les fouilles récentes du Capitole: De Santis, A./Salvadei, L., «Tombe, Aspetti antropologici», dans *Il tempio di Giove e le origini del colle Capitolino* [2008] 62–65), mais elle ne semble pas se poser dans les mêmes termes: sur cette analyse des fouilles de Tarquinia, voir Chiaramonte Treré, C., dans Bonghi Jovino, M. (éd.), *Gli Etruschi di Tarquinia* (1986) 178–186. Pour l'Étrurie, Prayon, F., *Früh-etruskische Grab- und Hausarchitektur* (1975) 149–181. Pour une étude de tombes d'enfants en Étrurie padane, voir Muggia, A., *Impronte nella sabbia. Tombe infantili e di adolescenti dalla necropoli di Valle Trebba a Spina* (2004). La tombe G de la nécropole orientalisante de Casale Marittimo montre la diversité des pratiques en matière de sépultures d'enfants: un enfant de deux à quatre ans était inhumé dans la même fosse qu'un jeune homme entouré d'un très riche mobilier (Esposito, A. M. [éd.], *Principi guerrieri* [2001] 68–71). Plus généralement, sur l'absence de tombes d'enfants âgés de moins de cinq ans et demi dans les nécropoles principales de Tarquinia et d'Étrurie, voir Becker, M. J., «Childhood among the Etruscans» dans Cohen, A./Rutter, J. B. (éds.), *Constructions of Childhood in Ancient Greece and Italy* (2007) 281–292.

grands d'Étrurie, et qui nous apparaît aujourd'hui dans son état du IVe s. av. J.-C., conserve dans son angle sud-est des structures archaïques d'orientation différente, et que l'on a voulu soigneusement préserver[5]. Il y a là tout un faisceau d'indices qui renvoient à une scène originelle tout à fait fondamentale, et ce mythe de Tagès à Tarquinia fournit une bonne piste.

Ce n'est d'ailleurs pas la seule fois que l'on a cru retrouver le *puer-senex* fondateur de l'haruspicine. On l'a suggéré également pour le fameux «Putto Carrara», une statuette de bronze connue conservée au Vatican. Ce petit bronze, daté des années 300, qui représente un enfant assis portant une bulle, et qu'une dédicace gravée sur le bras gauche mutilé consacre au dieu Selvans (pl. 29, 2)[6], a en effet été trouvé dans un sanctuaire de Tarquinia. Et «certains caractères de la statuette, tels que la coiffure d'adulte, la main posée sur le sol et la tête levée, ont fait penser qu'il pourrait s'agir du mythique Tagès...»[7].

2. Des enfants ou des nains

Une certaine maladresse dans la figuration des enfants conduit d'ailleurs à hésiter parfois entre l'interprétation d'un enfant et celle d'un nain. C'est le cas pour plusieurs documents étrusques datés de la fin du VIe ou de la première moitié du Ve s. av. J.-C.: pour la Tombe du Singe à Chiusi (pl. 29, 1; *ThesCRA* VII pl. 21, 1)[8], pour une amphore à figures noires du peintre de Micali (pl. 29, 3; *ThesCRA* VII pl. 25, 1)[9], ou encore pour d'autres tombes de Chiusi aujourd'hui perdues[10], où l'on voit en particulier, dans le cadre de jeux sans doute funéraires, un adulte tirant un petit personnage, souvent affublé d'une fausse barbe, par la main. Mais le document le plus intéressant pour nous, de ce point de vue, est la Tombe François de Vulci (vers 330 av. J.-C.): on y voit en effet le titulaire de l'hypogée *Vel Saties* se livrant à une prise d'auspices, cependant que devant lui *Arnza* (= le petit *Arnth*: *za* est en étrusque un suffixe de diminutif) va lancer un pic épeiche dans le ciel. Il serait évidemment révélateur qu'un enfant, qu'un jeune membre de la famille joue un rôle dans une scène de divination, dans une consultation bien étrusque du vol des oiseaux (pl. 29, 4)[11]. À vrai dire, l'iconographie semble plutôt en faveur d'«un serviteur atteint de nanisme» pour ce «petit *Arnth*»[12]: il est vrai que l'ambiguïté règne en ce domaine dans l'Antiquité[13].

En revanche, au moins dans certaines cités, ce sont bien des enfants (d'une dizaine d'années?) qui participent aux rites funéraires en tant que membres du groupe familial. Comme on le voit à plusieurs reprises sur les reliefs archaïques de Chiusi, les enfants, des deux sexes, sont souvent présents dans les scènes de *prothésis*: ils accomplissent parfois les mêmes gestes que les hommes de la famille, en particulier en se touchant la tête des deux mains, dans une attitude de lamentation funéraire, qui évoque sans doute le fait de s'arracher les cheveux (pl. 30, 1)[14]. Mais on peut voir aussi des scènes plus rares: deux enfants accroupis au pied de la klinè et se tenant les mains (pl. 31, 1)[15]; une fillette aux cheveux dénoués caressant le visage de la défunte (pl. 31, 3)[16]. Même si la seule iconographie laisse souvent planer un doute sur le statut social des personnages représentés, il semble bien que ces enfants ne soient pas à mettre sur le même plan que les jeunes garçons ou les jeunes filles, parfois nus, qui apparaissent sur les fresques funéraires en train de servir les banqueteurs, et que l'on considère généralement comme des domestiques de condition «servile».

---

5. Haynes 220; Bonghi Jovino (n. 4) 355-357 fig. 361.
6. (= *ThesCRA* I 2 d Offrandes votives, rom. **212** avec bibl., = *LIMC* VII Tages **2**) Vatican, Mus. Greg. Etr. 12108. Helbig[4] I n° 717; Cristofani, *BrEtr* n° 126.
7. Buranelli, F., dans *Les Étrusques et l'Europe* (1992) 143 n° 178; Small, J. P., *LIMC* VII Tages **2** considère cette identification «unlikely».
8. Bianchi Bandinelli, R., *MonPitt* 1, Chiusi 1 (1939) fig. 11; Steingräber, *PittEtr* 279-281 n° 25.
9. (= *ThesCRA* I 1 Processions, étr. **29**, II 4 b Dance **343**, 4 c Musique, étr. **15***) London, BM B 64 (1865.1-3.25). *EVP* 2-3 pl. 2, 2; Thuillier, J.-P., *Les jeux athlétiques dans la civilisation étrusque* (1985) 148-149 fig. 25a-d; Van der Meer, L. B., «Greek and Local Elements in a Sporting Scene by the Micali Painter», dans *Italic Iron Age Artefacts in the British Museum* (1986) 439-446; Jolivet, V., «Les jeux scéniques en Étrurie. Premiers témoignages (VIe-IVe s. av. J.-C.)», dans Thuillier, J.-P. (éd.), *Spectacles sportifs et scéniques dans le monde étrusco-italique* (1993) 353-364.
10. Jannot, J.-R., «Phersu, Phersuna, Persona. A propos du masque étrusque», dans Thuillier (n. 9) 281-320.
11. Sur cette interprétation généralement acceptée, voir par exemple Massa-Pairault 184-187. En revanche, pour Weber-Lehmann, C., on aurait là un enfant jouant avec son oiseau favori, en l'occurrence une hirondelle: «Die Auspizien des Vel Saties: Ein Kinderspiel», dans *Proceedings of the XVth International Congress of Archaeology, Amsterdam 1998* (2000) 449-453 (mais une telle interprétation ne convient guère au registre d'ensemble de ces fresques vulciennes).
12. Roncalli, F., «La decorazione pittorica», dans Buranelli, F. (éd.), *La Tomba François di Vulci* (1987) 99-102 fig. 11; Jannot, *RelEtr* 43.
13. Voir Aristote pour qui les petits enfants sont proportionnés «comme des nains» (*part. an.* 4, 10, 686b 8-12). Pour la question iconographique Dasen, V., «All Children are Dwarfs. Medical Discourse and Iconography of Children's Bodies», *OJA* 27 (2008) 49-62.
14. (= *ThesCRA* I 1 Processions, étr. **11** avec renvois [autre côté]) Relief Pérouse, Mus. 264 (634). Jannot, *Chiusi* 151 n° D I1 4a; 396 fig. 519. — En revanche, les jeunes aulètes sont sans doute des dépendants, des professionnels: *ibid.*, n° C III 3a fig. 318, relief du Museo Barracco 201, ici pl. 29, 5.
15. Relief Chiusi, Mus. Naz. 2276. Jannot, *Chiusi* 28-29 n° B II 4b fig. 120.
16. Relief Palerme, Mus. Reg. 8435. Jannot, *Chiusi* 30-31 n° B II 6 fig. 123.

3. La bulle

Comme on l'a vu avec le Putto Carrara, ce ne sont pas seulement les bébés qui portent la bulle, mais c'est aussi le cas des enfants un peu plus âgés, montrés debout (pl. 5, 3)[17], ou assis[18], dans la tradition des *temple boys* chypriotes[19]: ainsi en est-il de ce bronze du IIIe s. av. J.-C. trouvé sur les rives du lac Trasimène, dont une inscription, gravée sur toute la jambe droite, nous apprend qu'il était consacré au dieu *Tec Sans* (pl. 31, 4)[20]. On serait donc volontiers tenté de voir en ce dernier un dieu paternel, protecteur de l'enfance, si l'inscription gravée sur le bas de la toge du célèbre Arringatore ne faisait apparaître à son tour que cette statue votive avait été dédiée par Aule Meteli à la même divinité *Tec Sans*, «Ciel-Père». L'Arringatore ayant été mis au jour dans la même région (soit au nord du lac, près de Cortone, soit à Pila, près de Pérouse), on peut donc se demander si *Tec Sans* n'était pas plutôt une divinité liée principalement à cette zone géographique, en rapport avec le lac Trasimène[21] dont il serait le protecteur: en tout cas, son rapport avec une classe d'âge déterminée paraît moins évident. Sur un grand nombre de ces ex-voto d'enfants assis, les organes sexuels masculins sont nettement marqués: peut-être voulait-on montrer par là l'entrée de ces enfants dans la communauté masculine après leur sevrage[22].

S'agissant toujours de la bulle, toute une tradition, qui accorde à cet insigne une origine étrusque, la met en rapport lors de son apparition non avec les enfants, tout petits ou non, mais avec des adolescents proches de l'âge adulte. Selon Pline l'Ancien en effet, «il est bien établi que c'est Tarquin l'Ancien, le premier de tous, qui fit don d'une bulle d'or à son fils pour avoir tué un ennemi quand il était encore à l'âge de la toge prétexte» (*unde mos bullae duravit*)[23]. Et Macrobe de préciser que ce fils avait quatorze ans[24]. «Dans ce cas, contrairement à ce que l'on observe dans le monde romain, la bulle symboliserait la virilité acquise par le jeune homme: celui-ci mérite la bulle parce qu'il a atteint l'âge d'homme et qu'il a démontré sa bravoure»[25].

4. Adolescents

On sait malheureusement peu de choses de l'éducation des jeunes Étrusques: le plus sûr est qu'il existait des écoles spécialisées où les fils de l'aristocratie pouvaient apprendre l'*Etrusca disciplina*[26]. Et, s'il faut en croire Tite Live, c'est même en Étrurie que les *pueri* romains seraient venus parfaire leur éducation, comme ils devaient le faire plus tard en Grèce: il en était ainsi au moins au IVe s. av. J.-C., mais il est difficile de savoir ce qu'étaient précisément ces «lettres Étrusques» dans lesquelles ils étaient instruits[27]. Le point qui apparaît le plus clair, d'après les sources épigraphiques (on connaît bien les termes de parenté en étrusque), iconographiques et archéologiques, est l'existence d'une famille étrusque, au sens restreint du terme, tout à fait classique et fort peu différente de celle que nous voyons en Grèce et à Rome, avec le père, la mère et les enfants. Il est nécessaire de le rappeler puisque Théopompe n'hésitait pas à écrire: «Les Tyrrhéniens élèvent tous les enfants qui viennent au monde, ne sachant de quel père est chacun d'eux. Ces enfants vivent de la même façon que leurs nourriciers, passant la plupart du temps en beuveries et ayant commerce avec toutes les femmes indistinctement»[28]. Si l'historien n'était pas discrédité, il suffirait, pour constater l'inanité de son propos, de regarder les images étrusques qui mettent l'accent, depuis la fin de l'époque villano-

---

17. C'est le cas pour le beau putto en bronze de Cortone qui tient dans sa main gauche un petit canard (Leyde, Mus. C.O. 4, milieu du IIIe s. av. J.-C.): la statuette a été dédiée par la mère de l'enfant *Velia Fanacnei* à la divinité appelée *Thulptha*. *Cf. TLE*² 652; Cristofani, *BrEtr* n° 128; Massa-Pairault 224-225 avec fig.

18. Mais il n'est pas facile de déterminer l'âge de ces enfants assis sur leur derrière (entre deux et cinq ans?): pour certains critiques, cette position indiquerait qu'ils ne savent pas encore marcher (ainsi pour la sculpture représentant un enfant à l'oie, œuvre de Boethos de Chalcédoine datée des années 300 av. J.-C., et dont le Vatican possède une copie romaine: Bieber, M., *SculptHell*² 81 fig. 285; Trinquier, J., «Le dialogue entre les arts à l'époque hellénistique» dans *Perspective* [2009] 72-73 fig. 3). En tout cas, les bébés, étrusques ou non, une fois libérés de leurs langes, devaient marcher avec retard et avoir des problèmes de déambulation: Celuzza, M., dans Rendini, P. (éd.), *Le Vie del Sacro. Culti e depositi votivi nella valle d'Albegna* (2009) 145-146.

19. Beer, C., «Comparative Votive Religion: the Evidence of Children in Cyprus, Greece and Etruria», dans Linders, T./Nordquist, G. (éds.), *Gifts to the Gods* (1987) 21-29. À noter qu'il peut y avoir quelques filles parmi ces «temple boys».

20. (= *ThesCRA* I 2 d Offrandes votives, rom. **212** avec bibl.) Vatican, Mus. Greg. Etr. 12107. Cristofani, *BrEtr* n° 127; Haynes 362 fig. 285; *TLE*² 148: «*fleres.tec.sansl.cver*».

21. Voir Colonna, G., «Il dio Tec Sans, il Monte Tezio e Perugia», dans *Etruria e Italia preromana, Studi in onore di G. Camporeale* (2009) 239-253. De Colonna déjà, sur les cultes des territoires liés au lac Trasimène, «La dea etrusca Cel e i santuari del Trasimeno», *Rivista storica dell'Antichità* 6-7 (1976-77) 45-62.

22. Crawford-Brown, S., «Votive Children in Cyprus and Italy», *Etruscan News* 12 (2010) 5 fig. 3.

23. Plin. *nat*. 33, 10.

24. Macr. *Sat*. 1, 6, 8. *Cf*. aussi Plut. *quaest. Rom*. 287f-288a.

25. Haack 58. Et l'auteur de rappeler que, selon une version un peu confuse de Plut. *Rom*. 25, c'est même un adulte, un roi de Véies, qui aurait porté cette bulle identique à celle des enfants de Rome.

26. Cic. *Div*. 1, 41, 92.

27. Liv. 9, 36, 3. Sur cette question Heurgon, J., *La vie quotidienne chez les Étrusques* (1961) 293-297.

28. Theop., *FGrH* 115 F 204 (*ap*. Athen. 12, 517d-518b). Sur les commérages de Théopompe «friand d'anecdotes scabreuses et de ragots croustillants», Heurgon *o.c.* 48-49. 95-96.

vienne, sur l'importance du groupe familial appartenant en général, dans nos sources, à la classe aristocratique[29]. Un des exemples les plus anciens (seconde moitié du VIIIe s. av. J.-C.) est constitué par un chariot brûle-parfums en bronze trouvé dans une riche tombe féminine de la nécropole de l'Olmo Bello à Bisenzio, sur la rive occidentale du lac de Bolsena (pl. 31, 5)[30] : trois figurines sont alignées sur un montant horizontal, et il est aisé de reconnaître le père ithyphallique en guerrier (casque, lance), la mère portant un vase sur la tête et touchant le sexe de l'homme – les gestes du couple évoquent la procréation – et, à côté d'eux, plus petit, le fils vêtu d'un pagne et tenant un bouclier. À l'époque archaïque, certaines chambres funéraires de Caeré donnent parfois leur place, à côté du couple titulaire de la tombe, à un enfant placé sur une banquette plus petite[31]. Dans les deux nécropoles d'Orvieto, on parvient à distinguer les tombes d'adultes (a camera) des tombes d'enfants (souterraines, a cassa et dotées d'un cippe parallélépipédique) qui venaient remplir les vides existant entre les premières[32]. Les inscriptions, souvent plus tardives, ne manquent pas de mettre les jeunes membres de la famille sur le même plan que leurs aînés en les dotant d'une même formule onomastique qui les relie au groupe gentilice. Et, en ce qui concerne les adolescents à l'époque hellénistique, on ne peut pas ne pas signaler le célèbrissime «Ombra della Sera» : ce bronze filiforme de Volterra, daté du IIIe s. av. J.-C., est certainement à considérer comme une grande statuette votive qui fait plus de 50 cm de hauteur, et la tête souriante, à la coiffure bouclée, doit bien être celle d'un jeune adolescent (pl. 31, 2)[33]. On ne peut enfin qu'évoquer ici la complexe question des classes d'âge en Étrurie qui repose sur la seule iconographie et les interprétations multiples et souvent contradictoires qui sont faites des images à partir de données littéraires extérieures, grecques ou romaines[34]. Beaucoup d'études récentes insistent, entre autres pour les fresques, les reliefs, les terres cuites ou les cistes gravées[35], documents d'époques très diverses, sur des grilles de lecture faisant appel à la *paideia* des jeunes gens et des jeunes filles qui doit mener pour les premiers à la guerre, pour les secondes au mariage. Ces parcours éducatifs devaient être scandés par des rites d'initiation autorisant le passage d'une classe d'âge à une autre[36].

JEAN-PAUL THUILLIER

---

29. Camporeale 265-269.
30. Rome, Villa Giulia 57022/2. Haynes 21-22 fig. 21a-b.
31. Belelli Marchesini, L., dans Drago Troccoli, L., *Cerveteri* (2006) 81-96 (et spécialement p. 88, à propos du «letto 'maschile' a kline e cuscino ad incasso semicircolare» : «è il tipo di letto più frequente, presente anche in una versione miniaturizzata per individui di età infantile...»).
32. Stopponi, S., «Note sulla topografia della necropoli», *AnnFaina* 3 (1987) 61-82 ; Feruglio, A. E., «Nuove acquisizioni della necropoli di Crocefisso del Tufo», *AnnFaina* 6 (1999) 137-158.
33. (= *ThesCRA* I 2 d Offrandes votives, rom. **252** avec bibl.) Volterra, Mus. Guarnacci 226. Cristofani, *BrEtr* n° 75 ; Haynes 372-374 fig. 293.

---

34. Une glose d'Hésychius indique que le mot étrusque pour le grec «pais» serait *agalêtora* (= *acaletura*?) : *cf. TLE*[2] 101 n° 802.
35. Sur les cistes, voir Menichetti, M., ...*Quoius forma virtutei parisuma fuit*... *Ciste prenestine e cultura di Roma medio-repubblicana* (1995). Sur le lexique, Colonna, G., «Note di lessico etrusco (*farthan, huze, hinthial*)», *StEtr* 48 (1980) 170-173.
36. On renverra pour ce sujet à différentes études de Torelli, M., *Lavinio e Roma. Riti iniziatici e matrimonio tra archeologia e storia* (1984) et *id.*, «Riti di passaggio maschili di Roma arcaica», *MEFRA* 102 (1990) 93-106. Voir aussi Muggia (n. 4) 207-216 ; Esposito (n. 4) 71 et Massa-Pairault 223-225.

Enfance et adolescence dans le monde romain

PLAN DU CHAPITRE
1. Culte privé (A. Dubourdieu) 67
   1.1. Rôle principal 67
      1.1.1. La prise de la *toga virilis* 68
      1.1.2. La *depositio barbae* 68
   1.2. Rôle secondaire 69
2. Culte public 69
   2.1. Rôle principal 69
      2.1.1. Les *Matralia* 69
      2.1.2. Le *Lusus Troiae* 71
         2.1.2.1. Les sources 71
         2.1.2.2. Les participants 71
         2.1.2.3. L'équipement des *pueri* . . . 71
         2.1.2.4. Le déroulement, les occasions de célébration, et la signification du *Lusus Troiae* 72
      2.1.3. Les Jeux séculaires 74
      2.1.4. Les traces de rituels archaïques d'initiation 75
         2.1.4.1. Le *Tigillum sororium* 75
         2.1.4.2. La fête d'Anna Perenna . . . 76
      2.1.5. Les Lupercales 76
      2.1.6. Les *Liberalia* 78
   2.2. Rôle secondaire 78
3. Kinder und Heranwachsende in Darstellungen rituellen Charakters in der Bildkunst (E. Simon) 79
   3.1. Gottheiten als Nichterwachsene 79
   3.2. Knaben als Gehilfen bei ritueller Reinigung 80
   3.3. Porträts von Knaben mit «Horuslocke» 80
   3.4. Mädchen als Vestalinnen 80
   3.5. Knaben- und Mädchenchöre bei Säkularfeier und Tempelweihung . . . 80
   3.6. Kinder bei *supplicationes* 81
   3.7. Junge «Kronprinzen» bei Kulthandlungen 81
   3.8. Heranwachsende mit Schilden 82

BIBLIOGRAPHIE GÉNÉRALE: Backe-Dahmen, A., *Innocentissima Aetas. Römische Kindheit im Spiegel literarischer, rechtlicher und archäologischer Quellen des 1.-4. Jhs. n. Chr.* (2006); Bettini, M., *Antropologia e cultura romana* (1986); Capdeville, G., «Jeux athlétiques et rituels de fondation», dans *Spectacles sportifs et scéniques dans le monde étrusco-italique* (1993) 141–187 (= Capdeville 1); *id.*, «Les épithètes cultuelles de Janus», *MEFRA* 85 (1973) 395–436 (= Capdeville 2); Eyben, E., «Geschlechtsreife und Ehe im griechisch-römischen Altertum», dans Müller, E. W. (éd.), *Geschlechtsreife und Legitimation zur Zeugung, Historische Anthropologie* 3 (1985) 403–478 (= Eyben 1); *id.*, «Zur Sozialgeschichte des Kindes im römischen Altertum», dans Martin, J./Nitschke, A. (éds.), *Zur Sozialgeschichte der Kindheit, Historische Anthropologie* 4 (1986) 317–363 (= Eyben 2); Fraschetti, A., «Il mondo romano», dans Levi, G./Schmitt, J.-C. (éds.), *Storia dei Giovani*, 1 *Dall'antichità all'età moderna* (1994) 55–100; Gagé, J., *Matronalia* (1963); Harmon, D. P., «The Family Festivals of Rome», *ANRW* II 16, 2 (1978) 1592–1603; Mantle, I. C., «The Role of Children in Roman Religion», *G&R* 49 (2002) 85–106; Néraudau, J.-P., *La jeunesse dans la littérature et les institutions de la Rome républicaine* (1979); Rawson, B., *Children and Childhood in Roman Italy* (2005); Thomas, Y., «A Rome, pères citoyens et cité des pères (IIe s. av. J.-C. – IIe s. ap. J.-C.)», dans Burguière, A., et al. (éds.), *Histoire de la famille*, 1 *Mondes lointains, mondes anciens* (1986) 195–229; Torelli, M., *Lavinio e Roma. Riti iniziatici e matrimonio tra archeologia e storia* (1984) (= Torelli 1); *id.*, «Riti di passaggio maschili di Roma arcaica», *MEFRA* 102 (1990) 93–106 (= Torelli 2); Wiedemann, Th., *Adults and Children in the Roman Empire* (1989).

Traiter de la place des enfants et des adolescents dans les rituels romains pose d'abord un problème de terminologie. S'il est vrai que ces deux mots viennent du latin *infans* et *adulescens*, les deux termes latins ont un sens différent des mots français auxquels ils ont donné naissance: *infans* désigne étymologiquement «l'enfant qui ne sait pas parler» (*in-fans*), âgé de 0 à 3 ans, ou, selon une autre définition, de 0 à 7 ans[1], et s'applique aux deux sexes; *adulescens* désigne le jeune homme à partir de la puberté jusqu'à l'âge de 30 ans environ, et n'est employé que pour des individus de sexe masculin; dans cette catégorie sont classés à la fois des jeunes gens qui n'ont pas encore accédé à ce que les Romains considèrent comme l'âge adulte, et d'autres qui ont atteint cet âge[2]. Les mots latins ne sont donc pas pertinents pour délimiter la période dont nous avons à traiter, qui ressortit à Rome de la catégorie du *puer* (Gell. 10, 28), substantif sans postérité directe dans le lexique français. *Puer* peut désigner un enfant de naissance libre, mais aussi un jeune esclave. L'étymologie du mot est obscure pour les linguistes modernes[3]; les grammairiens anciens le rattachaient à *purus*, «pur», «avec une valeur d'abord religieuse»[4], étymologie fantaisiste, mais révélatrice du statut de l'enfant à Rome, qui doit être religieusement protégé de la souillure et vit, d'une certaine manière, à la marge de la communauté civique, tout en étant, paradoxalement, très souvent exposé aux les yeux du public[5]. On désigne au pluriel par le mot *pueri*, les garçons,

---

1. Pour Isidore de Séville, l'*infantia* dure jusqu'à 7 ans, parce que ce n'est qu'à cet âge que l'enfant maîtrise vraiment le langage (*orig.* 11, 2, 2; *diff.* 2, 74).
2. Sur les différentes façons dont on délimitait les âges de la vie à Rome, d'après Varron et Servius, voir Néraudau 93–96; Eyben 1, 403–411.

3. Ernout/Meillet 960–961.
4. Ernout/Meillet 967.
5. Rawson 274.

mais aussi parfois les enfants des deux sexes. La fille est appelée *puella*, formation à suffixe de diminutif dérivé de *puer*. La parenté des deux mots est la marque d'une certaine indifférenciation sexuelle dans le statut des enfants durant cette période, où garçons et filles ont une vie en partie commune, à la maison ou à l'école[6], mais, dans le même temps, l'emploi de la suffixation marque nettement la prééminence du masculin sur le féminin. La différenciation entre les sexes se manifeste très fortement à la fin de la *pueritia*, quand l'enfant de naissance libre entre dans l'âge adulte et que sa place et sa fonction dans la société romaine lui sont assignées: rôle civique pour les garçons, qui seront citoyens et soldats après la prise de la *toga virilis*, rôle biologique pour les filles, qui seront épouses et mères après leur mariage. Ces deux cérémonies bien différenciées s'accompagnent de rituels spécifiques.

L'entrée dans l'âge adulte est marquée biologiquement par la puberté, vers 14 ou 15 ans pour les garçons, 12 ou 13 ans pour les filles. Cette condition biologique, toutefois, n'est pas suffisante, à Rome, pour faire de l'enfant un adulte au sens social du terme. Ce passage dépend de la décision du *paterfamilias*, tout puissant sur ses enfants jusqu'à sa mort[7]: c'est lui qui décide de la date de la prise de la *toga virilis* faisant de son fils un citoyen, et de celle du mariage de sa fille, faisant d'elle une épouse destinée à être une mère.

À Rome, aucune divinité n'a pour fonction spécifique et unique la protection des *pueri* et *puellae*. D'autre part, le statut social des enfants de naissance libre, marqué par la dépendance vis-à-vis des adultes dans tous les domaines, et notamment religieux, empêche, à de rares exceptions près, qu'ils soient les acteurs principaux des cérémonies et des cultes, sauf le jour de leur entrée dans l'âge adulte. S'ils ont un rôle cultuel, dans le culte privé comme dans le culte public, c'est essentiellement comme assistants des responsables et chefs du culte, le *paterfamilias*, les prêtres ou les magistrats. Quand ils sont au centre d'un rituel, comme dans le *Lusus Troiae* ou les Jeux séculaires (voir **2.1.2–3**), il s'agit d'une séquence s'intégrant dans des ensembles plus vastes, dans les autres parties desquels ils jouent un rôle secondaire, ou pas de rôle du tout. Ce statut social et religieux particulier des enfants les place dans une position de marginalité, manifestée, entre autres, par le port de la *toga praetexta*, *toga* blanche bordée de rouge qui les distingue des citoyens adultes vêtus de la *toga* blanche. La *toga praetexta* était à ce point caractéristique de la *pueritia* qu'on employait couramment *praetextatus* comme synonyme de *puer* (Plin. epist. 4, 13, 3). Il ne faudrait pas cependant conclure de cette forme de marginalité que les enfants n'étaient pas l'objet d'un fort investissement affectif de la part de leurs parents[8], en témoignent au contraire les monuments figurés, en particulier les sépultures et les épitaphes qui y figurent[9]. Ces représentations servent parfois la propagande gentilice: ainsi le futur triumvir M. Aemilius Lepidus fit-il reproduire sur des monnaies de 61 av. J.-C., la statue équestre d'un de ses ancêtres, qui avait eu à 15 ans, pendant la deuxième Guerre Punique, une conduite héroïque, justifiant que son père fît ériger cette statue: le jeune garçon n'avait pas encore pris la *toga virilis*, et on voit sa *bulla* autour de son cou[10]; de même, les deux petits-fils d'Auguste, héritiers successifs du prince et désignés comme *principes iuventutis*, ont-ils été représentés dans de nombreux bustes ou reliefs répandus dans toute l'Italie romaine[11]. Les représentations figurées, comme les textes, montrent que les enfants étaient plongés très jeunes dans la vie publique à laquelle, à des titres divers, ils participaient.

1. Culte privé

1.1. Rôle principal

Dans le culte privé, les enfants ne sont jamais les acteurs centraux du culte. Il est remarquable que l'indifférenciation entre les deux sexes, que nous avons précédemment relevée, soit encore présente, et pour la dernière fois, dans les pratiques rituelles de la veille du jour d'entrée dans l'âge adulte, qui va marquer la différenciation des statuts des deux sexes. En effet, suivant Festus (342 L.; 364 L.), les jeunes gens revêtaient, la nuit précédant la prise de la *toga virilis* pour les garçons, la veille du mariage pour les filles[12], un vêtement rituel spécifique: il s'agit d'une tunique blanche, la *tunica recta*, ou *regilla*, tissée suivant un mode particulier, puisque les fils de trame y étaient verticaux, d'où sa qualification de *recta*: les tisserandes se tenaient debout, et non assises comme dans le tissage ordinaire. L'autre qualification de ce vêtement, *regilla*, permettait un jeu de mots étymologique: on pouvait en effet voir, dans cet adjectif, soit un dérivé de *rectus* « droit », renvoyant à la position particulière de la trame, soit un dérivé de *regius*, « royal », rappelant l'origine « historique » de cette pratique, attestée par Pline: elle aurait été inventée par la reine Tanaquil (*nat*. 8, 194). Les trois textes antiques

---

6. Ainsi, un relief de Capoue d'époque augustéenne, accompagné d'une épitaphe, montre un maître entouré de deux de ses élèves, un garçon et une fille (Rawson 158–161 fig. 5.2).
7. Voir Thomas 195–229.
8. À propos de cette valorisation de l'enfant, Rawson 83 rappelle les textes de Lucr. 3, 894–901 et de Catullus 61, 66–70; Eyben 2, 318–322.
9. Rawson 26.
10. Crawford, *RRC* 419/1a–e pl. 51; Rawson 26 fig. 9.3.
11. Rawson 31–32.
12. Voir Torelli 1, 23–31 (notamment 26); Eyben 1, 412–416.

mentionnant la *tunica recta* ne s'accordent pas parfaitement sur le moment où les jeunes gens la revêtaient: selon Festus, elle était portée la veille des cérémonies d'entrée dans l'âge adulte, selon Pline, le jour même du mariage ou de la prise de la *toga virilis*; les deux témoignages ne sont pas complètement contradictoires, dans la mesure où la tunique est un vêtement de dessous, porté la nuit, mais aussi, le jour, sous les vêtements. D'après Festus, les jeunes filles portaient également, la nuit précédant leur mariage, une résille couleur de feu (*reticulum luteum*), à bords droits, peut-être coiffure préparatoire au port du voile de la mariée le jour des noces, le *flammeum* orangé (Catullus 61, 8). Dès le lendemain, la différenciation entre les sexes se manifestait par le mode d'entrée dans l'âge adulte: mariage pour les filles, prise de la *toga virilis* pour les garçons.

1.1.1. La prise de la *toga virilis*

Cette cérémonie a un double aspect: elle se déroule pour partie dans la sphère privée, pour partie dans la sphère publique.

L'âge auquel le jeune homme revêt la *toga virilis* est variable; d'après les témoignages littéraires, entre 14 et 18 ans au plus tard, souvent dans la dix-septième année, c'est-à-dire à 16 ans[13]. Cette pratique républicaine connaîtra des exceptions sous le principat: certains enfants de la famille impériale ont pris la *toga virilis* dès 13 ans[14], tant il est vrai que la décision dépend du seul chef de famille. Des considérations diverses pouvaient influer sur la décision de ce dernier, notamment des problèmes juridiques de capacité du jeune homme à hériter, et, sous le principat, des problèmes de succession[15]. La date de la cérémonie privée n'est pas forcément corrélée à celle de la cérémonie publique, qui réunit tous les jeunes gens qui ont pris la *toga virilis* dans l'année. La *toga* de l'homme adulte est dite *virilis* (Cic. *Phil.* 2, 18; Suet. *Claud.* 2, 2), *pura* (Cic. *Att.* 5, 20, 9; Catullus 68, 15), ou encore *libera* (Ov. *fast.* 3, 771; Prop. 4, 1, 132), ce qui la définit comme le vêtement de l'homme, de l'adulte qui ne porte plus la *toga praetexta* bordée de rouge, et de l'homme libre[16]. Alors que la *toga praetexta* est portée par des gens qui, à des titres divers, sont en dehors de l'ensemble des citoyens – les enfants et les magistrats – la *toga* blanche est la marque extérieure de l'intégration dans la communauté civique des *togati*. Le jour où il accomplit cette mutation vestimentaire (*praetextam ponere / togam virilem sumere*), le jeune homme est dit *vesticeps* «qui a pris le vêtement de citoyen romain», adjectif devenu synonyme de «Romain d'âge adulte», ce qui souligne la valeur symbolique et l'importance de ce vêtement, comme s'il était le seul digne de ce nom; le jeune homme quitte de la sorte son statut d'*investis*, «celui qui n'a pas de vêtement», c'est-à-dire qui n'a pas droit à la *toga virilis*[17]. Il ôte de son cou la *bulla* qu'il portait depuis sa naissance en guise d'amulette[18]. L'abandon de la *bulla* est une manifestation publique, au sein de la famille, du nouveau statut du jeune homme, désormais responsable[19]. Il dédie cet objet aux Lares de la maison et le suspend sur l'autel domestique[20]. La cérémonie s'accompagnait d'un sacrifice, d'une fête familiale d'une importance variable, proportionnée au rang social du *paterfamilias*. Cependant, le jeune adulte n'est pas immédiatement intégré dans le corps des citoyens: pendant un an, il est un *tiro*, un «apprenti» qu'on conduit au forum (*deductio in forum*) pour qu'il y soit formé; le *tirocinium fori*, apprentissage de l'éloquence et de la vie politique, se doublait d'un *tirocinium militiae*, apprentissage du métier des armes, se faisant l'un et l'autre sous l'autorité d'un tuteur plus âgé[21]: ainsi Cicéron avait été confié par son père au grand juriste Scaevola, qu'il suivait pas à pas dans Rome (*Lae.* 1). Le *tirocinium* n'a pas toutefois l'organisation rigoureuse de l'éphébie grecque[22]. Selon une source antique, ce n'est qu'au moment de la prise de la *toga virilis*, c'est-à-dire quand il accédait au statut de citoyen, que le jeune Romain recevait un prénom, mais ce témoignage est isolé, et il semble que l'enfant recevait le plus souvent son nom complet quelques jours après sa naissance[23].

1.1.2. La *depositio barbae*

Certains textes mentionnent une cérémonie privée appelée *depositio barbae*, «dépôt de la première barbe» des garçons dans un coffret: c'est une marque d'abandon de l'enfance, car la *lanugo*, léger duvet sur les joues, est la caractéristique du *puer* (par exemple Ov. *met.* 12, 291; 13, 754). Il s'agit d'un usage grec, qui, à Rome, n'était pas réservé aux fils des citoyens, mais aussi aux esclaves favoris (Petron. *Sat.* 73, 6). Cette pratique est rarement attestée, et seulement dans des contextes où se trou-

---

13. Harmon 1597–1598.
14. Goethert, Fr. W., *RE* VI A 2 (1937) 1660 s.v. «Toga»; voir *infra*.
15. Cic. *Att.* 6, 1, 12 fait état de son intention d'exécuter dans l'année la décision prise par son frère de faire prendre la *toga virilis* à son neveu Quintus, comme il avait déjà pensé le faire de sa propre initiative.
16. Eyben 1, 421–422.
17. Voir aussi Harrill, A. J., «Coming of Age and Putting on Christ: The Toga Virilis Ceremony, its Paranesis, and Paul's Interpretation of Baptism in Galatians», *Novum Testamentum* 44 (2002) 242–277.
18. Voir *ThesCRA* VI 1 a Naissance, rom. **4**; Torelli 1, 23–31.
19. Juvénal parle d'un vieillard au comportement si irresponsable qu'il aurait pu porter la *bulla* (13, 33); Wiedemann 116.
20. Pers. 5, 31; mais on trouve aussi la mention d'une dédicace aux Pénates dans une scholie à Hor. *Sat.* 1, 5, 65.
21. Eyben 2, 339–340.
22. Vidal-Naquet, P., *Le chasseur noir* (1991²) 151–174.
23. Voir *ThesCRA* VI 1 a Naissance, rom. **2**.

Fig. 1

ve en arrière-plan une influence grecque ou un désir d'imiter les pratiques grecques: dans le *Satyricon* (29, 8), la première barbe de Trimalcion est conservée dans une boîte en or déposée dans le laraire de l'entrée et consacrée aux Lares domestiques; selon Suétone (*Nero* 12, 4; 34, 5), Néron avait déposé la sienne au Capitole dans un riche reliquaire, mais il l'avait auparavant promise à sa tante[24].

1.2. Rôle secondaire

Les enfants, garçons et filles, ont aussi dans le culte privé un rôle, comparable à celui qu'ils jouent dans le culte public[25], d'assistants du *paterfamilias* dans son rôle de prêtre du culte domestique. Les représentations figurées, notamment les peintures de Pompéi, en offrent quelques images: on y voit des enfants des deux sexes, d'âge prépubère, représentés avec une taille inférieure à celle des adultes, portant soit une tunique, souvent longue, parfois à manches, avec ou sans ceinture, soit la *toga praetexta* des enfants (Fest. 282 L.); leur chevelure est apprêtée et bouclée (fig. 1)[26]. Les enfants tiennent en mains ou présentent au sacrifiant différents ustensiles rituels, le plus souvent une boîte d'encens (*acerra*); trois de ces enfants figuraient dans les cortèges nuptiaux[27]. La documentation littéraire les désigne, à une date relativement tardive, du nom de *camilli* et *camillae*, mot à l'étymologie obscure, expliqué par Varron comme un mot grec désignant «le serviteur des dieux» (*ling.* 7, 34: *amminister diis magnis*); le mot est défini de la même façon par Paulus Diacre (*Festi* 55 L.), Macrobe (*Sat.* 3, 8, 6–7) et Servius (*Aen.* 11, 543–558). Dans un rôle cultuel assez proche de celui des esclaves, ils sont néanmoins différenciés d'eux par leur statut de *pueri ingenui*[28]. On peut considérer que ce rôle d'assistants du *paterfamilias* est une forme d'apprentissage du rôle que ces enfants auront à jouer en tant qu'adultes, comme *paterfamilias* ou *materfamilias*, dans le culte domestique.

2. Culte public

2.1. Rôle principal

Le culte public est placé sous la responsabilité des prêtres et des magistrats, qui officient *pro populo Romano*; pour faire partie de l'une ou de l'autre de ces catégories, il faut être adulte et citoyen. Cette condition exclut les enfants du rôle principal dans presque tous les rituels publics, à quelques exceptions près, où ils ont un rôle à tenir précisément en tant qu'enfants.

2.1.1. Les *Matralia*

Le 11 juin avait lieu la fête des *Matralia*, célébrée en l'honneur de Mater Matuta, déesse latine assimilée à la grecque Ino/Leukothea; son temple, construit, selon la tradition romaine, par le roi Servius Tullius (Ov. *fast.* 6, 480)[29], se trouvait à côté de celui de Fortuna, au pied du Palatin. Nous connaissons cette fête par le témoignage de deux auteurs anciens, Ovide (*fast.* 6, 473-562) et Plutarque (*Cam.* 5, 2; *quaest. Rom.* 267d-e), qui en mentionnent deux particularités rituelles singulières: lors de la fête, célébrée par les matrones romaines, ces dernières chassaient du temple de Mater Matuta toutes les esclaves, selon Ovide; ou, selon Plutarque, battaient et chassaient les esclaves

---

24. Sur un aspect particulier du rite, interprété en rapport avec l'homosexualité, voir Obermayer, H. P., *Martial und der Diskurs über männliche «Homosexualität» in der Literatur der frühen Kaiserzeit* (1998) 103–107.
25. ThesCRA V 2 a Personnel de culte, rom. p. 143; Mantle 91–99.
26. Pompeji VII 4, 20. Boyce, G. K., *Corpus of the Lararia of Pompeii* (1937) 65 n° 271 pl. 18, 2; Fröhlich, *Lararien* 285–286 n° L 83 figs. 5–6; Giacobello, F., *Larari pompeiani* (2008) 193 n° 77 avec bibl. et fig.

27. Fest. 282 L.; Fless, *Opferdiener* 50–51.
28. Fest. 38 L. Pour la discussion sur l'identification et le rôle des *camilli*, voir **2.2**.
29. Champeaux, *Fortuna* I 307–313; Boëls-Janssen, N., *La vie religieuse des matrones dans la Rome archaïque* (1993) 341–353; Prescendi, F., «Matralia und Matronalia: Feste von Frauen in der römischen Religion», dans Späth, Th./Wagner-Hasel, B. (éds.), *Frauenwelten in der Antike. Geschlechterordnung und weibliche Lebenspraxis* (2000) 124–126.

à l'exception d'une seule, qu'elles avaient introduite dans le temple auparavant; d'autre part, elles prenaient dans leurs bras non leurs propres enfants, mais ceux de leurs sœurs, selon Plutarque, et imploraient pour eux la protection de la déesse, selon Ovide et Plutarque; elles offraient des galettes à Mater Matuta (*flava liba*, Ov. *fast.* 6, 476). Les deux séquences rituelles sont donc composées pour la première de gestes – esclaves battues et chassées –, pour la seconde de paroles selon Ovide – les matrones disent des prières pour leurs neveux –, de gestes et de paroles selon Plutarque – les tantes maternelles prennent dans leurs bras les enfants de leurs sœurs, et prient la déesse en leur faveur –. Ni Ovide ni Plutarque ne précisent l'ordre dans lequel se déroulaient les deux séquences, mais ils les exposent dans le même ordre, et on peut supposer que c'était celui du rituel. Les deux auteurs rendent compte de ces gestes et de ces paroles par des explications étiologiques empruntées à la mythologie grecque: l'expulsion de l'esclave est expliquée par la jalousie d'Ino/Leukothea envers une esclave qui avait séduit son mari; elle se venge sur le fils de ce dernier. D'autre part les matrones romaines, en cajolant les enfants de leurs sœurs et en demandant pour eux la protection de la déesse, imitent le comportement d'Ino recueillant et élevant Dionysos, le fils de sa sœur Sémélé, à qui elle a servi de mère de substitution.

Ces deux rites ont fait l'objet d'exégèses variées de la part des historiens modernes des religions, dont on trouvera un résumé chez G. Dumézil[30]. Le savant français a proposé de ces rituels une explication qui n'a pas à ce jour reçu de démenti convaincant[31]; elle se fonde sur la comparaison entre Leukothea/Mater Matuta, «déesse-mère aurorale», et la déesse védique de l'aurore: l'Aurore prend en charge, à la manière d'une mère, le Soleil, fils de sa sœur la Nuit, pendant les premières heures du jour, qui représentent le temps de son enfance. La servante figure les forces confuses de l'obscurité, que l'Aurore doit chasser pour les empêcher de nuire à l'enfant[32]. Ainsi, lors des *Matralia*, les matrones romaines miment les gestes de Mater Matuta, assimilée à L'Aurore védique. Cette explication, fondée sur la mythologie comparée, permet d'expliquer, par la proximité temporelle et familiale de l'Aurore et de la Nuit dans la mythologie védique, qu'Ovide puisse désigner les matrones officiant dans les *Matralia* comme des *bonae matres* (*fast.* 6, 475), et de rendre compte des deux rites et du rapport existant entre eux, alors que les auteurs antiques les mentionnent successivement, par juxtaposition, sans les lier l'un à l'autre.

A côté de cette explication mythique, M. Bettini[33] a proposé une analyse anthropologique de la fête qui, loin d'invalider la première, s'appuie au contraire sur elle. Il note en effet que les gestes et les paroles des matrones romaines, prenant dans leurs bras les enfants de leurs soeurs et priant Mater Matuta en leur faveur, s'expliquent par la place particulière accordée à la tante maternelle dans la société romaine: son nom, *matertera*, qui la différencie de la tante paternelle, *amita*, la désigne bien, suivant la définition de l'abréviateur de Festus (121 L.: *matris soror quasi mater altera*), comme une seconde mère, ou une mère de substitution. Plusieurs exemples renvoyant à la préhistoire ou à l'histoire de la Rome primitive illustrent cette conception. Ainsi, Amata est la tante maternelle de Turnus, ce qui explique son affection passionnée pour le jeune homme, évoquée dans l'*Enéide* (7, 341-391); selon Denys d'Halicarnasse (*ant.* 3, 15, 2), les mères des Horaces et des Curiaces étaient sœurs; sur un cippe de Pisaurum, est gravée une dédicace de deux sœurs à Mater Matuta: chacune d'entre elles s'adresse à la déesse non en tant que mère, mais en tant que tante maternelle, pour lui demander de protéger les enfants de sa soeur[34]. Le modèle social de la *matertera*, liée à ses neveux par une affection de type maternel, a pour équivalent, sur le plan religieux, le rituel des *Matralia*. Les enfants des deux sexes participaient à la fête. Les textes anciens ne précisent pas leur âge, mais rien n'indique que la fête ne concernait que des bébés: selon Ovide, chaque mère «prie» (*fast.* 6, 559: *adoret*) pour ses neveux, et Plutarque exprime le geste des matrones par les verbes ἐναγκαλίζονται («elles prennent dans leurs bras») et τιμῶσιν («elles manifestent leur affection») (Plut. *de frat. amor.* 492d; *Cam.* 5, 2)[35], qui n'indiquent pas qu'il s'agisse de nourrissons; on peut considérer que les *materterae* faisaient participer leurs neveux au rituel aussi longtemps qu'ils avaient besoin d'une protection maternelle, c'est-à-dire jusqu'à ce qu'ils atteignent l'âge adulte. Une anecdote rapportée par Valère Maxime confirme cette hypothèse: Caecilia Metella cherche un présage concernant le mariage de la fille de sa soeur, ce qui implique qu'elle joue auprès de la jeune fille le rôle d'une mère, alors même qu'il n'est pas dit que la mère véritable est morte; installée sur un siège dans un sanctuaire pour attendre ce présage, elle va céder ce siège à sa nièce, ce qui annonce sa propre mort et le mariage de la jeune fille avec son oncle: la nièce va «prendre la place de sa tante maternelle» également au sens conjugal du terme (1, 5, 4)[36].

---

30. Dumézil, G., *Mythe et épopée* 3 (1981³) 305-315.
31. L'hypothèse faisant des *Matralia* une cérémonie initiatique et de Mater Matuta une déesse favorisant la croissance des seins des jeunes filles, aujourd'hui généralement abandonnée, est néanmoins défendue par Torelli 1, 305-306.
32. Dumézil (n. 30) 315-330; *id.*, *Déesses latines et mythes védiques* (1956) 9-43.

33. Bettini 77-112.
34. *CIL* I 2, 379; voir Bettini 95-96.
35. Pour le sens des deux verbes: Chantraine I 10 et IV 1120.
36. Bettini 98-101, pour le rôle joué dans cette anecdote par la tante maternelle, et la place de la lignée maternelle.

2.1.2. Le *Lusus Troiae*

Ce «jeu» de cavalerie consiste en un carrousel où des garçons d'illustre famille, montés à cheval, exécutent des figures compliquées qui font ressembler l'exercice à un combat. Il porte des noms divers: *Lusus Troiae, Ludus Troiae, Ludicrum Troiae, Troiae decursio, Troia; Troianum agmen* peut désigner les participants[37].

2.1.2.1. Les sources

Le *Lusus Troiae* nous est essentiellement connu par un texte de Virgile (*Aen.* 5, 545–603), et aussi par des mentions, souvent elliptiques ou allusives, chez Suétone (*Aug.* 43, 2; *Cal.* 18, 3; *Claud.* 21, 3), Tacite (*ann.* 11, 11), Sénèque (*Tro.* 778), Dion Cassius (49, 43, 3; 51, 22, 4; 54, 26, 1; 59, 7, 4. 11, 2), Plutarque (*Cato Mi.* 3), Servius (*Aen.* 5, 545–603), et l'abréviateur de Festus (Paul. *Festi* 504 L.). Trois autres textes, de Silius Italicus (*Pun.* 4, 323), Stace (*Theb.* 6, 213–226), et surtout Claudien (*carm.* 28, 621–639), sont fortement inspirés par celui de Virgile. Le *Lusus Troiae*, toujours désigné comme une cérémonie au caractère à la fois sportif et religieux – «course sacrée», selon Plutarque (*Cato mi.* 3, 1) –, apparaît doté d'un immense prestige aux yeux des Romains.

Au livre 5 de l'*Enéide*, le *Lusus Troiae* constitue l'épisode final des jeux funèbres donnés par Énée en Sicile sur la tombe de son père. Les protagonistes en sont de jeunes Troyens (*puerile agmen*). Ils forment trois pelotons de deux files de six garçons, précédés et conduits par un *ductor* et terminés par deux écuyers (*magistri*). À un signal donné, les cavaliers se séparent en deux chœurs à l'intérieur de chaque peloton, et se livrent à des courses circulaires, tantôt dans un sens, tantôt dans un autre, en un simulacre de combat (*pugnae simulacra*) (5, 583–585).

À la fin du XIXe siècle, on a découvert près de Cerveteri, l'antique Caere, à Tragliatella, une oenochoé étrusque datée de la fin du VIIe s. av. J.-C., décorée de scènes figurées[38]. La plupart des spécialistes ont voulu reconnaître en l'une d'elles une représentation du *Lusus Troiae*[39]. Cette identification fait problème, car le détail de la représentation ne coïncide pas en tous points avec le texte de l'*Enéide*[40].

2.1.2.2. Les participants

Ils appartiennent à des familles de la *nobilitas* romaine, auxquelles le choix de leurs enfants rend hommage. Cette *nobilitas* ne se réduit pas aux patriciens, comme le donnerait à penser le mot d'«eupatrides» employé par Dion Cassius (par ex. 43, 23, 5; 51, 22, 4; Liv. 26, 1) pour qualifier ces jeunes gens; elle inclut aussi des familles plébéiennes: ainsi, à l'époque de Sylla, le plébéien Caton le Jeune fut choisi par ses compagnons de préférence au patricien Sextus, neveu de Pompée (Plut. *Cato Mi.* 3, 1–2).

Les témoignages antiques concordent sur le fait que ce sont des enfants (*pueri*), comme l'indique explicitement une définition donnée par Festus du mot *Troia: lusus puerorum equestris dicitur* (504 L.). Selon Suétone, il y avait parmi les enfants deux groupes d'âges différents, les *maiores* et les *minores pueri* (*Iul.* 39, 2; *Aug.* 43, 25). Il semble, d'après un autre texte du même auteur (*Aug.* 41, 2), que la limite entre les deux groupes était l'âge de 10 ans. Nous ignorons comment cette distinction opérait dans l'organisation des figures du *Lusus*.

Selon Virgile, les enfants étaient répartis en trois *turmae* (*Aen.* 5, 560). Mais, d'après Suétone, le *Lusus Troiae* qu'avait organisé César comprenait une *turma duplex maiorum minorumque puerorum* (*Iul.* 39, 2). L'anecdote racontée par Plutarque à propos de la désignation de Caton comme chef d'un bataillon suggère la même division. Cette configuration permet également d'expliquer la distinction entre *maiores* et *minores*. Comment comprendre alors la mention de trois *turmae* chez Virgile? Certains commentateurs voient dans le texte de l'*Enéide* le reflet d'une innovation introduite par Auguste, faisant passer le nombre des *turmae* de deux à trois[41]. Il n'existe néanmoins chez les historiens antiques aucune attestation d'un tel changement. Selon Servius, les trois *turmae* mentionnées par Virgile reflèteraient la division tripartite originelle du peuple romain (*Aen.* 5, 560).

2.1.2.3. L'équipement des *pueri*

D'après la description de Virgile, l'équipement du *Troianum agmen* est essentiellement militaire: deux javelots de bois avec une pointe de fer pour tous, et un carquois pour certains (*Aen.* 5, 557: *cornea bina [...] praefixa hastilia ferro*; et plus loin 5, 582: *tela*; 5, 586: *spicula*). Les *pueri* ont une coiffure particulière, rapportée par Virgile à «l'usage», donc, dans ce contexte, troyen (*Aen.* 5, 556: *in morem*): une couronne taillée (*tonsa corona*), faite de feuilles coupées d'une longueur uniforme[42]; par conséquent, la tête des cavaliers n'est pas protégée, comme elle le serait dans un vrai combat. Selon

---

37. Pour des études d'ensemble sur le *Lusus Troiae*: Schneider, K., *RE* XII 2 (1927) 2059–2067 *s.v.* «Lusus Troiae»; Mehl, E., *RE* Suppl. VIII (1956) 888–905 *s.v.* «Troiaspiel»; Kern, H., *Labyrinthe* (1982) 99–111; Fuchs, H., *Lusus Troiae* (1990).
38. (= *ThesCRA* I 1 Processions, etr. **34**, I 2 a Sacrifices, etr. **124**, II 3 a Purification, etr. **117*** avec bibl.) Rome, Mus. Cap. 358.
39. Voir Kern (n. 37) 101–105; Fuchs (n. 37) 11–15 (avec bibliographie).
40. Small, J. P., «The Tragliatella Oinochoe», *RM* 93 (1986) 63–95, esp. 68–87.
41. Toutain, J., *DA* 5 (1919) 493–494 *s.v.* «Troja, Trojae Ludus».
42. Une autre lecture a été proposée de ce vers de Virgile par Servius (*Aen.* 5, 556), qui fait de *tonsa coma* un

Virgile, les enfants portent autour du cou une torsade d'or[43]. Les enfants possèdent des armes offensives, les javelots, mais aucune arme défensive, comme des boucliers. Au contraire, sur l'oenochoé de Tragliatella, les deux cavaliers qui s'affrontent combattent aussi tête nue, mais portent des boucliers.

2.1.2.4. Le déroulement, les occasions de célébration, et la signification du *Lusus Troiae*

Les trois escadrons défilent (*Aen.* 5, 577–578: *laeti* [...] *lustrauere*), puis, à un signal donné, ils se séparent chacun en deux demi-chœurs; à un nouveau signal, ils se lancent les uns contre les autres, puis tournent bride et repartent en arrière, suivant des figures complexes où les mêmes mouvements sont reproduits à plusieurs reprises. À la fin «la paix est conclue et ils chevauchant côte à côte» (*Aen.* 5, 587). Le *Lusus Troiae* est donc la représentation d'un combat dans la mesure où les enfants imitent les mouvements de deux armées affrontées, mais on sait que l'issue, réglée à l'avance, en sera la réconciliation et la paix.

Plusieurs interprétations ont été proposées pour expliquer le sens de ce jeu, et, d'abord, de son nom. Le texte de Virgile donne au *Lusus Troiae* une origine troyenne: selon le poète, il est célébré pour la première fois depuis la chute de la ville par les jeunes Troyens, parmi lesquels Ascagne, qui le fera célébrer lors de la fondation d'Albe et en enseignera les règles aux Latins (*Aen.* 5, 596–599)[44]. Quelques vers de Sénèque dans les *Troyennes* (777–779: *puer citatas nobilis turmas [non] aget*) font référence à cette même origine troyenne du jeu. Selon Virgile, cette tradition passera d'Albe à Rome, où la célébration du jeu n'est que très rarement attestée jusqu'au principat d'Auguste, qui, affirme Suétone, le fit représenter *frequentissime* (*Aug.* 43, 2). Le *Lusus* apparaît donc comme une des composantes de la légende des origines troyennes de Rome, une des justifications idéologiques du pouvoir de la *gens Iulia*. La triple définition donnée par l'abréviateur de Festus du mot *Troia* va dans le même sens: *et regio Priami et lusus puerorum equestris dicitur et locus in agro Laurente, quo primum Italiae Aeneas cum suis constitit* (504 L.). Ces trois définitions, juxtaposées, désignent des entités de nature différente – ville, exercice sportif, territoire –, mais elles ont un point commun, l'affirmation des origines troyennes de Rome. Cette interprétation est une «resémantisation historicisante»[45] d'un nom et d'une pratique sans doute plus anciens, qui n'invalide pas une autre étymologie exposée par les Anciens et reprise par des commentateurs modernes. En effet, sur l'oenochoé de Tragliatella est inscrit le mot *TRVIA*, qu'on a rapproché d'une indication de l'abréviateur de Festus (9, 3 L.): *Truant mouentur*. D'autre part, selon Suétone, dans un ouvrage perdu cité par Servius (*Aen.* 5, 602), le *Lusus* était couramment appelé du mot grec *pyrrhica*, mais son nom véritable était *Troia*: le *Lusus Troiae* serait alors un ensemble de mouvements constituant une danse guerrière, peut-être d'origine étrusque, comme le suggérerait le lieu de découverte de l'oenochoé[46].

Une troisième étymologie a été récemment proposée par J. Scheid et J. Svenbro[47]: *troia* est un mot grec équivalent du latin *subtemen*, «la trame», et *trôa* désigne «le fil à tisser». Si *Truia*, sur l'inscription de l'oenochoé de Tragliatella, est bien une forme étrusquisée de *troia*[48], l'image représentée serait une trame. En prenant en compte cette nouvelle étymologie, ajoutée aux deux traditionnellement proposées, on aurait trois couches de sens dans le mot *troia*: le nom de la ville de Priam, le ballet équestre, la trame; le premier et le troisième font référence à l'origine et à la signification du jeu, le second aux figures qui y sont exécutées.

Les mouvements des jeunes cavaliers inspirent à Virgile deux comparaisons (*Aen.* 5, 588–591 et 594–595). La première, développée sur six vers assimile leurs mouvements aux parcours sinueux des chemins du labyrinthe de Crète, et la seconde, beaucoup plus brève – deux vers –, aux ébats des dauphins en mer. Ces deux comparaisons appartiennent, à première vue, à des registres différents: l'une, allusion savante, renvoie elliptiquement aux récits mythiques concernant le labyrinthe de Cnossos; l'autre est empruntée à l'observation de la nature animale. La première fait référence au tracé du chemin que les jeunes cavaliers parcourent sur le sol, la seconde au type de mouvements qu'ils exécutent: ce sont des sauts, ce qui a amené certains commentateurs[49] à rapprocher *troia/truia* du verbe *amptruare*, ou *antruare*; ce verbe est emprunté au grec, selon Festus (9 L.), et signifie «courir en faisant des figures circulaires». La comparaison avec le labyrinthe fait écho à de nombreux textes littéraires[50], en particulier à un passage célèbre d'Homère où sont décrites les danses des jeunes gens et

---

groupe syntaxique, en dépit de la métrique, puisque le *a* de *tonsa* est long, alors que celui de *coma* est bref; cette lecture est reprise par Torelli 1, 107. 151. 201.

43. Voir Suet. *Aug.* 43, 2 pour une explication possible de la présence de cet ornement.
44. Capdeville 1, 166–170; Menichetti, M., «Sul 'Lusus Troiae' e altro», *Ostraka* 4 (1995) 365–366; selon Kern (n. 37) 108–109, le *Lusus Troiae* pourrait être essentiellement un rite de fondation.
45. Scheid, J./Svenbro, J., *Le métier de Zeus* (1994) 54.
46. Kern (n. 37) 103.
47. Scheid/Svenbro (n. 45) 54–55.
48. Comme l'affirme Weeber, K.-W., «Troiae lusus – Alter und Entstehung eines Reiterspiels», *Ancient Society* 5 (1974) 172–174; l'absence du «o» en étrusque explique cette forme.
49. Schneider (n. 45) 2059.
50. Kern (n. 37) 103; Capdeville, G., «Virgile, le labyrinthe et les dauphins», dans Porte, D./Néraudau, J.-P. (éds.), *Hommages à H. Le Bonniec. Res Sacrae* (1988) 65–67.

des jeunes filles sculptées par Héphaïstos sur le bouclier d'Achille: la place de danse de Cnossos, bâtie par Dédale (*Il.* 18, 590–593. 599–602). Les jeunes cavaliers font donc sur leurs montures des mouvements ressemblant à ceux des danseurs, circonvolutions qui tracent ou reproduisent les chemins du labyrinthe[51], comme on peut le voir sur d'autres représentations figurées[52]. Cette danse est exécutée par des jeunes gens des deux sexes et a un caractère initiatique de rite de passage à l'âge adulte[53]. Au contraire, le *Lusus Troiae* est pratiqué uniquement par des enfants de sexe masculin n'ayant pas encore atteint l'âge de prendre la *toga virilis*, et s'opère à cheval. Ce carrousel paraît donc assez différent dans sa signification, sinon dans ses figures, de la danse de Crète. Néanmoins, M. Torelli considère que le *Lusus Troiae* est un rite de passage à l'âge adulte, et il en veut pour preuve la coiffure des enfants évoquée par Virgile, *tonsa coma*, mots qu'il interprète, après Servius (*Aen.* 5, 556)[54], comme un groupe syntaxique: la coupe et l'oblation de la chevelure à la divinité sont, remarque-t-il, caractéristiques de ce type de rites[55].

La comparaison avec les dauphins, beaucoup plus rapidement traitée, ne renverrait, selon certains exégètes, qu'à la rapidité de la course des jeunes cavaliers. La mention des dauphins est pourtant beaucoup plus riche, et s'insère, elle aussi, dans une longue tradition littéraire, où les dauphins sont souvent décrits à l'aide d'un vocabulaire anthropomorphique, et présentés comme des sortes d'acrobates, exécutant une chorégraphie rappelant la danse d'Ariane; cette comparaison n'est pas gratuite: elle renvoie à l'expression *deductis choris*, première figure du *Lusus*[56]. L'étymologie, proposée par J. Scheid et J. Svenbro, selon laquelle, outre le nom d'une ville et celui d'une sorte de danse, *troia* serait la transcription d'un mot grec signifiant « la trame » permet de donner une troisième interprétation du *Lusus Troiae*, qui n'invalide pas les deux autres, mais se superpose à elles, à la manière des étymologies et des étiologies antiques: « les *pueri* constituent la trame de ce jeu, réglé comme par sa propre chaîne rigoureuse »[57]. Leurs évolutions imiteraient donc celle de la navette qui passe, dans une sorte de mouvement de danse, par-dessus et par-dessous la chaîne constituée par le code du jeu, la règle de ce ballet du tissage. La comparaison avec les dauphins, pour sa part, renverrait à une espèce animale constituant de véritables sociétés, très soudées, se déplaçant en groupes, en des formations presque militairement réglées, et donnant l'impression de danser. Le mouvement de dauphins, allant et venant sur l'eau et sous l'eau, peut se comparer à celui de la navette passant sur et sous le fil de la chaîne[58].

Les deux comparaisons présentes chez Virgile invitent, selon J. Scheid et J. Svenbro, à comprendre le *Lusus Troiae* comme un « jeu de la trame », dans lequel les mouvements des cavaliers opèrent un tissage comparable à celui qu'on effectue pour la confection des vêtements rituels de divinités en Grèce, comme le *péplos* d'Athéna: une pièce unique est réalisée à partir d'éléments divers, « un tissu dans lequel les forces opposées de la cité sont maîtrisées au profit de la paix sociale »[59]. Cependant, les jeunes cavaliers du *Lusus Troiae* sont armés, ce qui donne à l'exercice une dimension guerrière, fût-elle fictive. Le *Lusus Troiae*, poursuivent J. Scheid et J. Svenbro, ne figure donc pas seulement le tissage au quotidien liant entre eux les éléments disparates de la cité, mais représente, après l'harmonie initiale de la parade, un état de crise violente où des forces opposées s'affrontent, puis trouvent un accord restaurant la paix première. Ces forces antagonistes ne représentent pas les Romains face à leurs ennemis, mais des Romains face à d'autres Romains.

Si on met en rapport ce symbolisme avec les circonstances lors desquelles le carrousel était représenté, on peut voir entre elles une certaine parenté: ce sont des moments où l'unité du groupe doit être resserrée, après des ébranlements de natures diverses. J. Scheid et J. Svenbro s'interrogent sur le sens que pouvait avoir le *Lusus* en 46, 40, ou 29 av. J.-C.: les rivalités simulées dans le tournoi évoquaient des affrontements réels entre les représentants des grandes familles, mais la paix finale offrait l'image d'une société vivant dans l'harmonie, retissée par César ou Octavien, et d'une aristocratie finalement soumise au *princeps*. Dans le prolongement de l'interprétation de ces deux savants, on pourrait voir aussi dans la présence de deux groupes de cavaliers au *Lusus Troiae*, *maiores et minores*, qui combattent ensemble à cette occasion, la métaphore d'une autre unité qui ne pouvait peut-être se réaliser que dans un jeu, en parvenant à dépasser un conflit particulièrement vif à Rome, et constitutif du droit romain, celui des *seniores* et des *iuniores*, ou des pères et des fils. Alors que, dans la vie quotidienne, l'autorité du *paterfamilias*, auquel les fils étaient soumis jusqu'à la mort de ce dernier, était parfois source de violentes oppositions[60], le jeu permettait de faire

---

51. Dans le texte de Claudien imité de celui de Virgile, les figures du jeu exécuté lors du triomphe d'Honorius sont comparées aux chemins du labyrinthe, puis au tracé du cours du Méandre (*VI cons. Hon.* 634–635).
52. Simon, E., «Daidalos – Taitale – Daedalus», *AA* (2004/2) 420 fig. 1a–b.
53. Kern (n. 37) 106.
54. Cette interprétation du texte soulève néanmoins une importante difficulté métrique: voir n. 42.
55. Torelli 1, 107; 151; 201; sur les rites de passage, voir Van Gennep, A., *Les rites de passage: étude systématique des rites* (1909) passim.
56. Capdeville 4, 75–82.
57. Scheid/Svenbro (n. 45) 55.
58. Scheid/Svenbro (n. 45) 53.
59. Scheid/Svenbro (n. 45) 40.
60. Thomas 195–229.

étroitement collaborer deux groupes d'âge différents, symbolisant l'accord des générations au sein de la famille, difficile à réaliser dans la vie quotidienne, mais possible dans le jeu.

Le *Lusus Troiae* était aussi représenté lors d'événements à forte connotation politique, où le pouvoir se célébrait lui-même: jeux funèbres (Tac. *Ann.* 11, 11, 1–3), consécration de certains monuments à haute valeur dynastique (Cass. Dio 51, 22, 4; 54, 26, 1; 59, 7, 4). La mention d'une célébration par César et de célébrations très fréquentes par Auguste (Suet. *Aug.* 43, 2), qui voulait rappeler les glorieuses origines de sa famille, expliquent probablement la «resémantisation historicisante» mentionnée plus haut[61]. Ce Jeu est bien une parade, à tous les sens du terme, pour les participants comme pour les spectateurs[62].

2.1.3. Les Jeux séculaires

Les enfants et jeunes gens des deux sexes pas encore parvenus à l'âge adulte (*pueri et puellae*) jouent, à côté des célébrants adultes, un rôle rituel spécifique dans le déroulement des Jeux séculaires, sans doute les fêtes les plus importantes et les plus solennelles de Rome[63], censées se dérouler une fois par «siècle», mais dont le rythme de célébration a connu des variations importantes. L'origine de la fête est d'ailleurs liée, selon Valère Maxime (2, 4, 5), à des enfants, puisqu'il la rapporte à la guérison de ceux d'un certain Valesius, ayant vécu aux tout premiers temps de la République, près d'une petite ville de Sabine: lors d'une terrible épidémie, ce dernier obéit à l'oracle qui lui ordonnait de conduire ses enfants par le Tibre jusqu'à «Tarente» pour y boire l'eau d'une source. Le voyage s'arrêta près du Champ de Mars, où les enfants furent guéris par l'eau du Tibre, en un lieu appelé *Tarentum*, où se déroule une partie des cérémonies des jeux.

Nous savons que ces jeux furent célébrés deux fois sous la République[64]; Auguste les renouvela en 17 av. J.-C., en donnant du relief au rôle des enfants, conformément à d'autres aspects de ses réformes de la politique familiale: il ajouta de nouveaux rituels, comme le culte rendu à la déesse des naissances, Ilythia, Lucina, ou Genitalis[65], et l'offrande de banquets à Junon et Diane par cent-dix matrones soigneusement choisies[66]. L'accent mis sur la participation des enfants apparaît aussi dans les célébrations des Jeux sous les règnes de Claude et de Domitien, et sans doute, lors des derniers, ceux qu'organisa Septime Sévère. Les jeunes gens des deux sexes étaient ainsi associés à une cérémonie de caractère à la fois national et religieux, les présentant comme les «enfants» du *pater patriae* qu'était le prince[67], et les mettant en contact direct avec les dieux de la cité[68]. C'est le troisième et dernier jour de la fête que les jeunes gens sont appelés à jouer un rôle spécifique. Ce jour, en effet, conclut les cérémonies par une grande procession partant du Palatin pour monter au Capitole; un chœur de vingt-sept jeunes garçons et de vingt-sept jeunes filles, *patrimi et matrimi*, «ayant leur père et leur mère vivants»[69], peut-être répartis chacun en trois sous-groupes de neuf, chante un hymne en l'honneur des dieux, d'abord au temple d'Apollon sur le Palatin, puis sur le Capitole. C'est pour ce chœur qu'Horace composa en 17 av. J.-C., à la demande d'Auguste, son *Carmen saeculare* en l'honneur d'Apollon, Diane et d'autres dieux; selon l'historien Zosime (2, 5, 5), ce *carmen* aurait été chanté alternativement en latin et en grec. Il est difficile de déterminer si le choeur entier chantait le *carmen* de bout en bout, ou s'il y avait une répartition des strophes entre le demi-chœur des garçons et le demi-chœur des filles, les premiers chantant les strophes adressées aux dieux, les secondes celles destinées aux déesses[70]. La présence de ces jeunes gens contribuait à donner à la célébration des jeux sa signification: ils représentaient l'avenir du *saeculum* qui commençait et étaient un gage d'espoir et d'optimisme pour le futur[71]. Lors de ces célébrations, garçons et filles étaient mêlés, et la surveillance exercée sur eux par les adultes leur laissait néanmoins une certaine liberté, malgré les précautions prises par Auguste pour que la morale fût sauve[72]; et surtout, fait d'une haute signification symbolique, le rôle des filles avait une importance égale à celui des garçons.

Il existe très peu de représentations figurées attestant la participation des enfants à la célébration des Jeux séculaires. Un monnayage de Domitien montre deux adultes vêtus de la *toga*, tenant un rouleau dans la main gauche, précédant trois enfants portant des rameaux (pl. 33, 3)[73], et les rouleaux que tiennent les deux adultes contiennent sans doute le texte du *carmen saeculare*; les trois

---

61. Weeber (n. 48) 189 sqq. note qu'aucune mention du *Lusus Troiae* n'est faite dans Tite-Live, ni, peut-on supposer, dans ses sources annalistiques; cette omission ferait douter de l'existence du Jeu avant Sylla; ce dernier, remarque Weeber *o.c.* 191, se flattait d'être «le protégé d'Aphrodite», et avait contribué, par l'assimilation faite à Rome entre Aphrodite et Vénus, à accréditer la légende des origines troyennes de Rome.
62. Fuchs (n. 37) 46–48.
63. Nilsson, M., *RE* I A 2 (1920) 1696–1720 *s.v.* «Saeculares Ludi»; Pighi, G. B., *De ludis saecularibus populi Romani Quiritium* (1941); Schnegg-Köhler, B., *Die augusteischen Säkularspiele*, *ARG* 4 (2002); voir *ThesCRA* VII Fêtes et jeux, rom. **4.2.6**.
64. Rawson 317 et n. 111.
65. Schnegg-Köhler (n. 63) 229.
66. Rawson 318 et n. 114.
67. Rawson 41.
68. Rawson 318.
69. Schnegg-Köhler (n. 63) 234.
70. Schnegg-Köhler (n. 63) 230–233.
71. Rawson 317–318.
72. Rawson 319.
73. Voir n. 145.

figures d'enfants sont plus petites: il s'agit de deux garçons entourant une fille, vêtue d'un long vêtement de dessous recouvert d'un manteau drapé, caractéristique de la tenue vestimentaire des femmes[74]. Nous ne possédons aucune figuration d'ensemble du chœur des jeunes gens chantant le *carmen saeculare*, mais on peut considérer, étant donné le faible espace disponible sur la monnaie, que ces trois jeunes gens représentent l'ensemble des chœurs, à ceci près que les deux sexes ne sont pas également représentés. On connaît cependant des documents iconographiques montrant des cortèges d'enfants participant à des cérémonies religieuses, comme la fresque d'Ostie figurant le «*Navigium Isidis*»[75] (*ThesCRA* VII pl. 31, 1).

2.1.4. Les traces de rituels archaïques d'initiation

À partir de l'époque médio-républicaine au moins, on ne trouve plus à Rome de rituels d'initiation clairement définis comme tels, ni pour les garçons, ni pour les filles. L'archéologie et les témoignages littéraires conservent néanmoins quelques traces, souvent difficilement interprétables, de rituels de ce type. Comme les marques du passage à l'âge adulte, nettement différencié suivant le sexe de l'enfant – prise de la *toga virilis* pour les garçons, mariage pour les filles –, les traces de rituels d'initiation ont un caractère civique et militaire pour les garçons, biologique pour les filles. M. Torelli a minutieusement étudié la place dans le calendrier romain de fêtes très anciennes appelées *Agonia*, dont il explique en partie la signification par certaines découvertes archéologiques de Lavinium, notamment des statuettes en terre cuite de jeunes offrants[76]. Il note que ces fêtes peuvent être regroupées en deux pôles, organisés autour du solstice d'hiver – décembre et janvier –, et du solstice d'été – mars-juin –, représentant l'un la capacité de croissance du soleil, l'autre la puissance de génération des êtres[77]. Pour les garçons, ces rituels sont essentiellement guerriers, et ne sont pas différents de ceux du passage à l'âge adulte dans cette société de citoyens-soldats. Le modèle de cette initiation, selon M. Torelli[78], est le costume et le rituel des saliens[79]; le *Lusus Troiae* serait l'un de ces rituels, où les pratiques guerrières sont codifiées comme celles d'un jeu. Les fêtes de mars, considérées ultérieurement comme marquant l'ouverture de la saison guerrière[80], auraient été originellement des rituels d'initiation militaire, incluant les *Liberalia* du 17 mars[81] et se terminant, le 23 mars, par le *Tubilustrium* – purification des trompettes –, et le départ du *populus* en armes pour la guerre.

2.1.4.1. Le *Tigillum sororium*

À la fin de la saison guerrière, qui sert d'apprentissage militaire aux jeunes gens devenus adultes dans l'année, ces derniers, selon M. Torelli[82], étaient purifiés des souillures de la mort qu'impliquait la guerre, par un passage sous le *Tigillum sororium*, la «Poutre de la sœur»; cette sorte de porte, située à une extrémité de la *Via Sacra*, sur les *Carinae*, marquait l'une des entrées de la cité archaïque[83]. Le mythe de fondation de cette porte est rapporté à l'histoire d'Horace, que son père purifia du meurtre de sa sœur, consécutif à sa victoire sur les Curiaces, en le faisant passer sous cette poutre: tel est le récit de Tite-Live[84], qui rend compte de cette façon de l'adjectif *sororium*[85]; l'historien latin indique que le *Tigillum sororium*, construit aux frais de l'Etat (*pecunia publica*) pour la purification d'Horace par son père, existait encore de son temps, qu'il était entretenu par l'Etat (*publice*), et que le rite s'était transmis dans la *gens Horatia*. On peut penser qu'il s'agit d'un des rites originellement gentilices, passés ensuite à l'Etat[86]. Le *Tigillum sororium* était flanqué de deux autels, l'un consacré à Janus *Curiatius*, l'autre à Junon *Sororia*[87]. Janus portait donc là une épiclèse que Denys d'Halicarnasse explique par un lien avec le nom des Curiaces (*ant.* 3, 22, 7)[88]. Cette étymologie est contestée par certains historiens modernes, qui mettent l'épithète *Curiatius* en rapport avec *curia* et *ciuis*, et voient dans le *Tigillum sororium* le lieu où se déroulaient des rituels d'initiations juvéniles pour les deux sexes[89]. L'explication historique de ce rituel de purification des guerriers par le souvenir de celle du jeune Horace effectuée par son père a dû recouvrir un sens plus ancien et beaucoup plus large de rituel initiatique[90]: les jeunes gens étaient purifiés là de leur excès de *furor*, au moment où ils devaient passer de l'extérieur de la cité, monde sauvage, à l'intérieur de cet es-

---

74. Schnegg-Köhler (n. 63) 234–236.
75. (= *ThesCRA* II 5 Images de culte 600, V 2 b Instruments de culte **944**, = *LIMC* VI Menses **30**) Vatican, Bibl. Vat. 41017.
76. Torelli 1, 23–50.
77. Torelli 1, 106–115; pour une autre interprétation des *Agonia*, Rüpke, *Kalender* 264–266.
78. Torelli, *Typology* 93–106.
79. *Cf.* Estienne, S., *ThesCRA* V 2 a Personnel de culte, rom. p. 85–87.
80. Dumézil, *RRArch* 208.
81. Voir *infra* **2.1.6.**
82. Torelli, *Typology* 99.

83. Coarelli, F., *Il Foro romano* 1. *Periodo arcaico* (1983) 112; *id.*, *LTUR* 4 (1997) 74–75 s.v. «Tigillum Sororium».
84. Liv. 1, 26, 12–13; Dion. Hal. *ant.* 3, 22, 7–9; Fest. 380 L.
85. Cette interprétation a été contestée, comme celle des *Matralia* et avec les mêmes arguments, par H. J. Rose: pour la thèse et la discussion de celle-ci, voir Capdeville 2, 130–132.
86. Dumézil, G., *Horace et les Curiaces* (1942) 113; Capdeville 2, 428.
87. Coarelli (n. 83) 114.
88. C'est à cette interprétation que se rallie aussi Capdeville 2, 432.
89. Latte, *RR* 133.
90. Dumézil (n. 86) 111.

pace religieusement délimité où vivent les *ciues*, regroupés en *curiae*, dans les structures civiques de Rome. Janus, dieu des commencements, patronnait les jeunes gens lors de leur accès à la vie civique. Junon *Sororia*, présente au côté du dieu, doit être comprise, selon G. Dumézil, comme la déesse patronne des *iuniores*[91]. Une autre hypothèse, sujette à caution, s'appuie sur l'épithète *sororia* qui dériverait de *sororiare*, et s'appliquerait à la croissance parallèle des seins des jeunes filles, et suppose que la déesse veillait là sur les initiations féminines[92].

2.1.4.2. La fête d'Anna Perenna

La fête joyeuse d'Anna Perenna, le 15 mars, comporte, selon M. Torelli[93], quelques traces de rites d'initiation des jeunes filles à la vie sexuelle. Ovide, qui donne de la fête une longue description (*fast.* 3, 523–696), note à deux reprises que les jeunes filles, les *puellae*, y profèrent des obscénités (*fast.* 3, 675–775: *obscena ... probra*; 3, 695: *obscena*); on peut mettre cette pratique en rapport avec celle qui avait cours lors des mariages de chanter des paroles obscènes[94], sans doute destinées à conjurer la stérilité; d'autre part, Anna Perenna, considérée par Ovide comme une déesse fluviale, une déesse des écoulements liquides, aurait, pense M. Torelli, un rapport avec le flux menstruel: cette interprétation serait corroborée par une autre tradition, qui ferait d'Anna Perenna une déesse lunaire, présidant, entre autres, au cycle féminin. L'autel de Junon *Sororia* serait en rapport étymologique non pas avec la *soror* dont Horace expie le meurtre, mais avec le verbe *sororiare*[95], désignant la croissance égale des seins des jeunes filles, patronnée par la déesse. M. Torelli insiste sur le parallélisme existant, selon lui, entre, d'une part, initiations juvéniles et cycle végétal, d'autre part, initiations masculines et initiations féminines: les fêtes de mars voient alterner dans le calendrier les cérémonies concernant les uns et les autres; les autels de Janus *Curiatius* et de Junon *Sororia* sont tout proches, et voisins l'un et l'autre du *Tigillum sororium*. La tenue même des jeunes gens à la veille de leur initiation est très semblable: *tunica recta*[96] et cheveux coupés; M. Torelli interprète un vers de Virgile dans la description du *Lusus Troiae* (*Aen.* 5, 566) comme une allusion à cette coiffure chez les garçons; cette coupe de cheveux, rituelle à la veille des initiations juvéniles, trouverait un équivalent féminin dans la coiffure de certaines des statues archaïques découvertes à Lavinium: des jeunes filles y portent une coiffure identifiée par M. Torelli comme celle de la mariée, en raison des trois boucles pendantes qu'elles portent des deux côtés du visage, tandis que le reste de leur chevelure est coupé sur la nuque[97].

2.1.5. Les Lupercales

Les Lupercales, célébrées le 15 février par la confrérie des luperques[98] en présence du *flamen Dialis*[99] nous sont connues par des textes d'Ovide (*fast.* 2, 267–452) et de Plutarque (*Rom.* 21, 4–10), et quelques allusions éparses, chez Varron notamment (*ling.* 6, 34). D'après ces textes, les *Lupercalia* comportent deux séquences rituelles: d'abord un sacrifice animal d'une ou de plusieurs chèvres; ensuite une course des luperques répartis en deux groupes, les *Quinctiales* et les *Fabiani*, partant de la grotte du Lupercal, au pied du Palatin, et faisant le tour de la colline, ou, suivant une autre tradition, courant sur le Forum et la *Via Sacra* (Aug. *civ.* 18, 12); lors de cette course, les luperques frappent avec des lanières découpées dans la peau des animaux sacrifiés ceux qui se trouvent sur leur passage, et en particulier les femmes, qui s'offrent à leurs coups pour devenir fécondes.

Selon Ovide et Plutarque, les luperques courent «nus», c'est-à-dire vêtus seulement d'un *perizona* leur ceignant les reins. Le port de cette tenue est justifié de diverses manières par Ovide et Plutarque. Dans l'une des étiologies proposées par Ovide pour expliquer le rite, le poète fait de la course des deux groupes de jeunes gens une commémoration mimétique d'un événement antérieur à la fondation de Rome: Romulus, Rémus et leurs compagnons, menant encore une vie sauvage, venaient de sacrifier une chevrette à Faunus, et se livraient à des exercices sportifs «nus», lorsqu'un berger les avertit que leurs troupeaux avaient été

---

91. Dumézil (n. 86) 114–115.
92. Coarelli (n. 83) 114–116; Torelli 1, 106.
93. Torelli 1, 57–75; *cf. LIMC* I Anna Perena; Piranomonte, M., *LTUR Suburbium* 1 (2001) 59–63 *s.v.* «Annae Perennae Nemus»; ThesCRA II 3 a Purification, rom. p. 73. Une découverte archéologique récente a permis d'identifier la fontaine d'Anna Perenna: Piranomonte M. (éd.), *Il santuario della musica e il bosco sacro di Anna Perenna* (2002) 17-20.
94. Boëls-Janssen (n. 29) 172–173.
95. Cette interprétation est liée avec le sens que M. Torelli donne aux *Matralia*: voir n. 31; Bettini 90–95; Fraschetti 65–68.
96. Voir *supra* 1.1.
97. Torelli 1, 31–41.
98. Bibl. sélective: Marbach, E., *RE* XIII 2 (1925) 1816–1830 *s.v.* «Lupercalia»; Scholz, U. W., «Zur Erforschung der römischen Opfer (Beispiel: die Lupercalia)», dans *Sacrifice (Entretiens)* 289–340; Fraschetti, A., «Cesare e Antonio ai Lupercalia», dans Fales, F. M./Grotanelli, C. (éds.), *Soprannaturale e potere nel mondo antico e nelle società* (1985) 165–186; Ulf, Ch., *Das römische Lupercalienfest* (1985); Ampolo, C./Manfredini, M., *Plutarco: Le vite di Teseo e di Romolo* (trad. et comm.) (1988) 326–328; Wiseman, T. P., *Remus, un mito di Roma* (1999) 73–83; ThesCRA II 3 a Purification, rom. p. 67, V 2 a Personnel de culte, rom. p. 89–91.
99. Blaive, F., «Le *flamen Dialis* et la liturgie des Lupercales», dans Deproost, A./Meurant, A. (éds.), *Images d'origines, origines d'une image. Hommages à J. Poucet* (2004) 207–214; Fraschetti, A., «A proposito di uno statuto antitetico: i *luperci* e il *flamen Dialis*», dans Lelli, E. (éd.), *Arma virumque: studi di poesia e storiografia in onore di L. Canali* (2002) 143–152.

volés (*fast.* 2, 361-380); ils se précipitent à leur recherche dans la tenue où ils étaient. L'anecdote rend compte à la fois de la « nudité » des officiants, de la course, et de la présence de deux groupes de luperques, représentant les compagnons de Romulus et ceux de Rémus.

Du point de vue topographique, la grotte du Lupercal, point de départ de la course, est située au pied du Palatin, aux marges de la cité romuléenne[100]; d'autre part, la course des luperques fait le tour du Palatin, c'est-à-dire qu'elle se situe sur la frontière entre le monde civilisé – la ville – et le monde sauvage, et marque leurs frontières respectives. Cette sorte d'ambiguïté des luperques, qui appartiennent à la fois au monde civilisé et au monde sauvage – au point que Cicéron les qualifie de *fera sodalitas* (*Cael.* 11, 26), peut-être avec une nuance d'ironie[101] – se trouve déjà dans leur nom: de formation incertaine, il signifie, selon les étymologies anciennes, « les hommes-loups » ou « les hommes qui chassent les loups »[102], ce qui les définit comme appartenant soit au monde animal, sauvage, soit au monde humain, civilisé[103]. Enfin, le comportement de Rémus, au retour de la course qui lui a permis de récupérer les troupeaux volés, relève aussi d'un monde où les règles régissant les habitudes alimentaires des hommes et le partage de la viande sacrificielle entre les hommes et les dieux ne sont pas encore bien établies.

Plutarque (*Rom.* 21, 6) mentionne un autre rite des Lupercales absent du texte d'Ovide: après le sacrifice des chèvres, on fait approcher de l'autel deux jeunes gens de noble famille et on touche leur front avec le couteau sacrificiel baigné de sang. Peut-être ce geste rappelle-t-il le meurtre d'Amulius par Romulus et Rémus, comme le suggère une tradition rapportée par Plutarque? On peut aussi y voir, plus généralement, la représentation d'une mise à mort animale ou humaine, trait du monde sauvage présent dans la fête. De la même manière, la chasse, comme la lutte agonistique, font partie du monde de l'éphébie archaïque athénienne[104].

Le contact avec le monde sauvage et les souillures qu'il entraîne exigent des rituels de purification pour ceux qui l'ont côtoyé, avant une intégration ou une réintégration dans le monde policé de la cité. On les trouve dans la fête des Lupercales. En effet, la course des luperques autour du Palatin isole la cité par un rite de purification qui joue à deux niveaux: d'une part, cette course, qui rappelle les *Ambarvalia*, rite de purification des champs dont une procession conduite par les arvales faisait le tour[105], a pour fonction de purifier la cité des souillures du monde sauvage qui l'environne; d'autre part, la course est une purification des luperques eux-mêmes avant leur intégration – s'il s'agit de rites initiatiques – ou leur réintégration dans la cité après un passage par le monde sauvage[106].

Ovide et Plutarque mentionnent un autre rite des Lupercales, noté par Ovide sans explication et dans un contexte où on ne l'attendrait pas: après que Rémus et ses amis ont dévoré la viande arrachée au feu, Romulus « rit et s'afflige de voir la victoire échoir à Rémus » (*fast.* 2, 377). La remarque d'Ovide, très elliptique, s'éclaire par le texte de Plutarque. D'après Plutarque, les deux jeunes gens dont on a touché le front taché de sang éclatent de rire. Or, le rire marque traditionnellement la fin d'une série de rituels de purification[107]. Plutarque mentionne, enfin, un autre rite dont Ovide ne dit rien, un autre sacrifice accompli aux Lupercales, celui d'un chien.

Les Lupercales sont donc essentiellement une cérémonie de purification, comme l'indique bien leur place dans le calendrier, pendant le mois de février, consacré à ce type de rituels[108]. Dans le texte d'Ovide, l'origine de la fête est rapportée à la préhistoire de Rome, les gestes des luperques reproduisant ceux de Romulus et Rémus lors d'un épisode de leur vie précédant la fondation de Rome[109]. Mais les jumeaux sont à la frontière de l'âge adulte, Rome sera bientôt fondée, et la délimitation de son enceinte instaurera un passage à la vie urbaine, réglée par les lois. C'est ce qui a pu faire supposer que les rites des Lupercales aient pu être originellement des formes d'initiation à la vie civique. D'autre part, la compétition entre deux individus ou deux groupes d'individus semble marquer le rituel: les deux jeunes gens de famille noble conduits près de l'autel, selon Plutarque; Romulus et Rémus et leurs deux bandes de compagnons; les deux groupes de luperques, qui sont choisis, comme tous les prêtres à Rome, au sein des familles puissantes de la ville, souvent en rivalité pour la conquête du pouvoir. La réforme de César, introduisant un troisième groupe de luperques, les *luperci Iulii*, a évidemment brouillé cette image.

Quelle place donner au second aspect de la seconde séquence rituelle, la flagellation fécondante des femmes? Pour U. W. Scholz, cette partie du rituel est non pas une « restauration » d'Auguste, comme le prince l'affirme dans les *Res Gestae*, mais une « modification »[110]. La forte connotation sexuelle qu'elle implique s'accorde mal avec la place de la fête au mois de février. Une autre réforme de la fête est attribuée par Suétone à Au-

---

100. Coarelli (n. 83) 275-276.
101. Ampolo/Manfredini (n. 98) 327.
102. Ampolo/Manfredini (n. 98) 327; Scholz (n. 98) 312-316.
103. Fraschetti, A., « I re latini e le selve del Lazio », *Quaderni catanesi di studi antichi e medievali* 2 (1990) 93-105.
104. Vidal-Naquet (n. 22) 156-161.
105. Scheid, *Romulus* 442-451; Scholz (n. 98) 297 (avec bibl.).
106. Vidal-Naquet (n. 22) 152-154; Fraschetti 63.
107. Scholz (n. 98) 303.
108. Le nom même du mois, *februarius*, est dérivé de *februa*, « moyens de purification » (Ov. *fast.* 2, 18-31).
109. Dumézil, *RRArch* 252-253.
110. Scholz (n. 98) 321 ss.

guste: le prince interdit aux imberbes de participer à la course (*Aug.* 31, 4), pour les préserver de la pratique de ce rite indécent.

2.1.6. Les *Liberalia*

Sous la République, l'accès des garçons à l'âge adulte est solennellement marqué, dans la sphère privée, par la prise de la *toga virilis*, dont la date est fixée par le *paterfamilias* et marquée par une fête privée. Cependant, la mesure où ce passage est celui qui amène le jeune homme à l'état de citoyen, la cérémonie privée se double d'une cérémonie publique, marquée par la fête publique des *Liberalia*, le 17 mars. M. Torelli note que cette date correspond à *l'Agonium Martiale*[111], situé, dans le calendrier romain, à la fois au cœur des fêtes du mois de mars, – qu'il considère comme marquant les initiations juvéniles, parallèlement à la croissance végétale –, et dans la série des *Agonia*, fêtes scandant l'année solaire. Cette cérémonie aurait eu originellement un caractère guerrier – initiation guerrière – en liaison avec le rituel des saliens[112]. Pendant la république et le principat, il s'agit seulement d'une cérémonie publique réunissant les parents et amis de la famille du jeune homme, qui l'accompagnaient sur le Forum (*deducere in Forum*). À cette occasion, le jeune homme était inscrit sur le tabularium des tribuns au Capitole, c'est-à-dire sur les listes civiques (App. *civ.* 4, 30)[113]. La cérémonie se terminait par un sacrifice à Jupiter et le jeune homme déposait une pièce de monnaie dans le tronc de la déesse Iuventas, dont la chapelle se trouvait dans le vestibule de la *cella* de Minerve[114]. Lorsque le jeune homme appartenait à une famille riche, la cérémonie s'accompagnait de libéralités faites au peuple: ce fut notamment le cas pour l'arrivée à l'âge adulte des jeunes gens de la famille impériale (*R. gest. div. Aug.* 15; Tac. *Ann.* 3, 29, 3; Suet. *Tib.* 51, 4). À partir du principat d'Auguste, néanmoins, après l'inauguration du Forum d'Auguste et du temple de *Mars Ultor*, la *deductio* des jeunes gens se fit vers le nouveau Forum, et le sacrifice s'accomplit au sanctuaire de Mars, dont le programme iconographique et la décoration exprimaient les valeurs mythico-historiques du principat[115]. Ce n'est pas là la seule innovation du principat d'Auguste: contrairement à ce qu'indiquent la plupart des textes littéraires, les fastes épigraphiques montrent que le jour des *Liberalia* n'était pas le seul choisi pour l'accomplissement des rites publics accompagnant la prise de la *toga virilis*, et qu'il régnait une grande liberté pour le choix de la date, en raison des modifications survenues dans celles des recrutements militaires, disséminés sur toute l'année, mais aussi en fonction des circonstances familiales de la vie des princes et des problèmes posés par leur succession[116].

Cette fête publique de l'accès à l'âge adulte avait lieu, sous la république, le 17 mars, en même temps qu'une autre fête, celle de Liber-Bacchus. Ovide a proposé trois explications de cette coïncidence: éternelle jeunesse de Bacchus; nom latin du dieu, Liber, le définissant comme celui qui libère les jeunes gens en leur donnant la *toga libera*; souvenir d'une époque ancienne où les sénateurs travaillaient dans les champs et se voyaient ainsi offrir la possibilité de ne se déplacer qu'une seule fois, pour tout à la fois honorer le dieu et entourer ceux de leurs jeunes parents qui prenaient la *toga virilis* (*fast.* 3, 771–788). On a aussi supposé que Liber patronnait la force fécondante des hommes[117].

2.2. Rôle secondaire

Les enfants et les adolescents de naissance libre pouvaient assister aux cérémonies du culte public, sans être, comme dans les rituels précédemment étudiés, au centre de la fête. Les représentations figurées des reliefs de *l'Ara Pacis Augustae* (pl. 32, 1) montrent des enfants, garçons et filles, dans la procession, parmi lesquels on reconnaît les petits-fils d'Auguste, Gaius et Lucius Caesar, successivement désignés pour être ses héritiers[118]. Cependant, il n'est pas toujours facile de distinguer les enfants *patrimi matrimique* des divers assistants de l'officiant[119]. La tentative faite par F. Fless[120] pour

---

111. Torelli 2, 100–101: selon Masurius Sabinus, cité par Macrobe (*Sat.* 1, 4, 15), les *Liberalia* sont définies comme *l'Agonium Martiale*. Cf. ThesCRA VI 3 Fêtes et jeux, rom. **4.2.4**.

112. ThesCRA V 2 a Personnel de culte, rom. p. 85–87.

113. Il arrivait que les cérémonies de prises de la *toga virilis* n'aient pas ce caractère solennel: selon Suet. *Claud.* 2, 2, lorsque Claude prit la *toga virilis*, il fut porté sur une litière au Capitole au milieu de la nuit; mais le trait est présenté comme une incongruité.

114. Dion. Hal. *ant.* 3, 69, 5; voir Wissowa, *Religion* 135–136; Tagliamonte, G., *LTUR* 3 (1996) 163–164 *s.v.* « Iuventas, Aedicula ».

115. Bonnefond, M., « Transferts de fonctions et mutations idéologiques. Le Capitole et le Forum d'Auguste », dans *L'Vrbs, espace urbain et historique (Ier s. av. J.-C. – IIIe s. ap. J.-C.)* (1987) 251–278; Herz, P., « Zum Tempel des Mars-Ultor », dans Ganzert, J., *Der Mars-Ultor-Tempel auf dem Augustusforum* (1996) 266–281.

116. Derks, T., « Le grand sanctuaire de Lenus Mars à Trèves et ses dédicaces privées: une réinterprétation », dans Dondin-Payre, M./Rapsaet-Charlier, M.-Th. (éds.), *Sanctuaires, pratiques cultuelles et territoires civiques* (2006) 252–254, et notamment tableau de la p. 253.

117. Ce caractère paraît confirmé par le témoignage de Varron cité par Aug. *civ.* 7, 21, selon lequel une image de phallus représentant le dieu était portée par les matrones lors de la fête du dieu à Lavinium; Torelli 1, 65–66.

118. Pollini, J., *The Portraiture of Gaius and Lucius Caesar* (1987) 21–28; néanmoins, l'identification de ces enfants est parfois problématique: voir Syme, R., « Neglected Children on the Ara Pacis », *AJA* 88 (1984) 583–589; Rose, Ch. B., « Princes and Barbarians on the Ara Pacis », *AJA* 94 (1990) 453–467; Fless, *Opferdiener* 51; Kuttner, A. L., *Dynasty and Empire in the Age of Augustus* (1995).

119. Fless, *Opferdiener* 48.

120. Fless, *Opferdiener* 45–48.

établir une distinction entre, d'une part, les *camilli* exclusivement affectés à l'assistance des flamines et, d'autre part, les autres enfants *patrimi matrimique* jouant un rôle dans le culte public, n'est pas pleinement convaincante.

Les enfants peuvent jouer un rôle cultuel secondaire dans les cérémonies du culte public, équivalent du rôle joué par eux dans le culte privé comme assistants du *paterfamilias*; dans le culte public, ils assistent le sacrifiant, prêtre ou magistrat[121]. Ils doivent être de naissance libre, *patrimi matrimique*, et *inuestes*, c'est-à-dire impubères. Les termes de *camillus* et de *camilla* employés par les auteurs modernes pour les désigner, ne se trouvent que rarement dans les textes classiques, et sont le fait d'auteurs tardifs[122]. On ne connaît avec une certaine précision la place assignée à ces enfants que dans des cas limités: ainsi, le *flamen Dialis* était assisté d'un *flaminicus camillus*, la *flaminica Dialis* d'une *flaminia sacerdotula*[123]. Ce *ministerium* des enfants peut être considéré comme un honneur, mais aussi, à l'instar de ce qui se passait dans le culte privé, comme un apprentissage des rites pour ces futurs prêtres et magistrats.

On peut comparer à ce type d'office des enfants auprès des prêtres du culte public les années d'apprentissage des jeunes vestales, fillettes recrutées jeunes et formées par les prêtresses en titre, jusqu'au moment de leur *captio* par le Grand pontife, qui les fait accéder à la fois au statut de prêtresses et, en lieu et place du mariage pour les autres jeunes filles, à celui d'adultes[124].

ANNIE DUBOURDIEU

3. Kinder und Heranwachsende in Darstellungen rituellen Charakters in der Bildkunst

BIBLIOGRAPHIE: Backe-Dahmen; Rawson; Uzzi, J. D., *Children in the Visual Arts of Imperial Rome* (2005).

Durch neue Publikationen sind die Rollen von Kindern und Jugendlichen in der römischen Religion besser definierbar geworden. Daher erscheinen hier einige Zusätze in eigener Anordnung und starker Auswahl. Es ist zwar in der römischen (wie in der griechischen) Bildkunst nicht immer leicht zu entscheiden, ob verkleinerte Figuren als Nichterwachsene oder nach dem Maßstab der Bedeutung zu verstehen sind, aber in den hier ausgewählten Beispielen sind Kinder und Heranwachsende gesichert. Das Bildmaterial ist gegenüber dem griechischen Bereich geringer, da die Vasenbilder wegfallen.

3.1. Gottheiten als Nichterwachsene

Unter den römischen Göttern treten Amor und Cupido als *pueri* auf, selten als *iuvenes* wie Eros und Pothos in der griechischen Kunst. Die Lares erscheinen als Heranwachsende. Ihnen entspricht auf weiblicher Seite Juventus, die mädchenhafte Göttin der *iuvenes*.

Unter den zahllosen Darstellungen von Amores sind solche bei Kulthandlungen selten; doch gibt es geflügelte *pueri* sowohl bei Libationen als auch in anderen rituellen Szenen[125]. In Pompeji bildet Amor als Heranwachsender mit Venus, der Hauptgöttin der Stadt, eine Kultgruppe[126]. Er tritt als *tunicatus* auf und hält einen kleinen Schild (vgl. **3.5**. **3.7-8**). Als Heranwachsenden zeigen Cupido wenige Opferszenen mit Psyche[127].

Die Laren (Taf. 32, 2)[128] treten in dreiviertellanger Tunika und mit lockigen Frisuren auf, die sich vom normalen Haarschnitt der frühen Kaiserzeit unterscheiden. Die Frisur der Laren gleicht der von manchen jungen Opferdienern (*ministri*, «*camilli*»), für die seit mittelaugusteischer Zeit länger wachsendes Nackenhaar nachzuweisen ist[129]. Wenn Larenstatuetten in Prozessionen mitgeführt werden, so haben deren Träger – *iuvenes* – das gleiche Alter wie die Laren[130]. Diese flankieren meist als «Zwillinge» den Genius des *pater familias* im häuslichen Lararium[131] und den Genius Augusti auf den Altären an den Wegkreuzungen in den 14 römischen *regiones*[132]. Ihre Bewegungen, die symmetrisch aufeinander bezogen sind, machen sie zu Tänzern in rituellem Zusammenhang (vgl. **3.8**).

Juventus war die altrömische Göttin der Jugend, die auf dem Kapitol im Tempel des Jupiter mitverehrt wurde[133]. Die fünfzehnjährigen römischen Bürger traten nach Ablegen der *bulla*, die kleine Kinder schützte, und beim Anlegen der *to-*

---

121. Sur la nécessité de leur présence, voir Dion. Hal. *ant*. 2, 22, 1.
122. Paul. *Fest*. 38 L., 82 L.; Macr. *Sat*. 3, 8, 6-7; Serv. *Aen*. 11, 558; voir *ThesCRA* V 2 a Personnel de culte, rom. p. 116.
123. Paul. *Fest*. 82 L.; Fless, *Opferdiener* 46-47.
124. *ThesCRA* V 2 a Personnel de culte, rom. p. 74-77.
125. *LIMC* III Eros/Amor, Cupido **697-714**.
126. (= *LIMC* VIII Venus **35a***) Pompeji IX 7, 1. Fröhlich, *Lararien* 148-151 Taf. 59, 1.
127. z.B. *LIMC* VII Psyche **35***.
128. Hier (= *ThesCRA* V 2 b Kultinstrumente **300**) Bronzestatuette. Augst, Römermus. 69.11776. *RömBrCH* I Nr. 52 Taf. 52-54; Simon, *GRöm* 121 Abb. 148. – Zu Laren allgemein: *LIMC* VI Lar, Lares.

---

129. Rom, Ara Pacis, Südfries. Fless, *Opferdiener* 38 Anm. 222 u. 57 Taf. 18, 1. – Zur Bedeutung langen Haares bei Opferdienern: Fless, *Opferdiener* 60-69; zur Bezeichnung *ministri* anstelle von *camilli*: Fless, *Opferdiener* 13 ff.
130. Fless, *Opferdiener* 51-53 Taf. 16, 2; 17 (= *ThesCRA* I 1 Prozessionen, röm. **102**, II 5 Kultbilder **590***, V 2 a Kultpersonal, röm. **146**, 2 b Kultinstrumente **9**).
131. s. *LIMC* VI Lar, Lares **62-80**; Fröhlich, *Lararien passim*.
132. Zu diesen Altären Simon, E., *Augustus. Kunst und Leben in Rom um die Zeitenwende* (1986) 97-103 Abb. 127-131. 133 mit Literatur (hier 97 unzutreffend 12 statt 14).
133. s. *LIMC* IV Hebe I/Iuventus; s. Anm. 114. – Der oberste Gott konnte selbst den Beinamen *Iuventus* haben.

ga virilis (vgl. **1.1.1**) in den Schutz dieser Göttin. Auf dem 2 v. Chr. datierten Larenaltar vom römischen Vicus Sandaliarius, heute in Florenz[134], steht Juventus rechts bei den beiden Enkeln und Adoptivsöhnen des Augustus. Der jüngere, Lucius Caesar, legte in jenem Jahr die *toga virilis* an und wurde Augur. Als solcher (nicht als Augustus) amtiert er in der Mitte der Dreiergruppe, während links der um drei Jahre ältere Gaius Caesar steht, der damals im Begriff war, nach dem Osten aufzubrechen (vgl. **3.7**).

3.2. Knaben als Gehilfen bei ritueller Reinigung

Brachte man den Göttern Trank- oder Speiseopfer dar, so musste es mit rituell reinen Händen geschehen. Dazu war vorher eine Handwaschung nötig, die von Homer (z.B. *Il.* 24, 302–305) bis zur heutigen katholischen Messe bekannt ist. Zum Ritus gehörte ein «Set» von zwei Gefäßen, eine Kanne für das Wasser und eine Griffschale, dazu ein Handtuch (*mantele*)[135]. Die *patera* mit Griff diente zum Auffangen des Wassers, mit dem der kleine *minister* die Hände dessen, der vor dem Vollzug des Opfers stand, übergoss. Diese Handlung ist uns nicht bildlich überliefert, wohl aber werden in Altarszenen oft die beiden genannten Gefäße gezeigt, um anzudeuten, dass die Forderung nach ritueller Reinheit erfüllt ist. Der Träger von Kanne und Griffschale ist ein *puer* – er ist oft kleiner als das übrige Kultpersonal. In der Opferszene auf dem augusteischen Altar (nach 7 v. Chr.) im kaiserlichen Heiligtum von Pompeji (Taf. 32, 3) ist es der Knabe ganz links[136]. Er hält wie üblich rechts die Kanne und links die Griffschale. Für das Tragen der beiden Gefäße wählte man sicher deshalb ein Kind, weil es durch seine *innocentissima aetas*[137] Reinheit verkörperte (vgl. **3.5**).

3.3. Porträts von Knaben mit «Horuslocke»

Unter den römischen Knabenporträts der mittleren und späteren Kaiserzeit gibt es solche mit «asymmetrischer» Frisur, das heißt, auf der rechten Seite findet sich ein Zöpfchen (Taf. 33, 1) oder ein Lockenbüschel («Horuslocke»)[138]. Es handelt sich um eine Frisur, die von isisgläubigen Eltern an ihren kleinen Söhnen gepflegt wurde, um das Haar der Heranwachsenden später der ägyptischen Göttin zu weihen[139]. Die erhaltenen Porträts stellen *pueri* dar, die vor der Haarweihung an Isis verstorben sind. Auch in griechischen Kulten gab es entsprechende Weihungen an Gottheiten, die Kinder schützten. wie etwa an Artemis.

3.4. Mädchen als Vestalinnen

An der Ara Pacis waren in dem kleinen Fries, der den Altar selbst schmückt, Personen dargestellt, die das *anniversarium sacrificium* fur Pax Augusta vollzogen. Augustus nennt dafür in seinen *res gestae* (12) Beamte, Priesterschaften und Vestalische Jungfrauen. Diese sind an der erhaltenen linken Altarwange dargestellt: sechs weibliche Gestalten mit Schleiermantel, die der Anzahl der Vestalinnen entsprechen[140]. Die beiden vorausgehenden sind kleiner gebildet, also noch nicht erwachsen. Das entspricht der Realität. Wenn eine *puella* den 30 Jahre umfassenden Dienst für Vesta begann, durfte sie nicht jünger als 6 und nicht älter als 10 Jahre sein[141]. Folglich gab es unter den Vestalinnen junge Mädchen. Die Aufnahme einer etwa Zehnjährigen in den Vestadienst ist wahrscheinlich auf einer der Providentia des Kaisers Trajan gewidmeten Statuenbasis in Terracina dargestellt (Taf. 33, 2)[142]. Der Kaiser tritt *capite velato* als *pontifex maximus* auf. Dieser hatte die *captio* von *puellae* für den Dienst im Vestaheiligtum zu vollziehen. Ein Schleier weist auf das künftige Leben des Mädchens hin.

3.5. Knaben- und Mädchenchöre bei Säkularfeier und Tempelweihung

Für das 17 v. Chr. von Augustus ausgerichtete Fest (vgl. **2.1.3**) haben wir das *carmen saeculare* des Horaz. Und wir wissen aus der Säkularinschrift[143],

---

134. (= *ThesCRA* V 2 a Kultpersonal, röm. **41***, = *LIMC* IV Hebe I/Iuventus **3***) Florenz, Uffizien 972. Die mittlere Figur der Dreiergruppe pflegt Augustus genannt zu werden. Jedoch wurde im Jahre 2 v. Chr. Lucius Caesar unter die *augures* aufgenommen. Zudem bestand die Tendenz, die beiden «Kronprinzen» gemeinsam darzustellen (vgl. Taf. 33, 6), sodass die Deutung auf Lucius Caesar, die ich seit langem vertrete (z.B. Simon [Anm. 132] 70–72 Abb. 87; 103 Abb. 133) die besseren Argumente hat.
135. Zur rituellen Reinigung: *ThesCRA* V 2 b Kultinstrumente S. 165–191; speziell in Rom: 183–191.
136. (= *ThesCRA* I 2 a Opfer, röm. **90**, II 3 a Reinigung, röm. **89***, IV Kultorte, etr., ital. röm. Altar [Kaiserzeit] **5**, V 2 b Kultinstrumente **11a***) Fless, *Opferdiener* 16 Taf. 19, 2.
137. Der Titel des Buches von Backe-Dahmen spielt auf Grabinschriften für römische Kinder an. Der Autorin sei Dank für eine Fülle von *CIL*-Belegstellen aus dem Italien der mittleren und späteren Kaiserzeit, die sie mir sandte.

138. s. Backe-Dahmen 93–94 (mit Literatur). 104 Taf. 88b. 90. 91a–b. Hier Würzburg, Wagner-Mus. ZA 23. Simon, E., «Ein frühantoninisches Knabenbildnis», in *Eikones*. *FS Hans Jucker* (1980) 173–176 Abb. 1–4.
139. Deren kleiner Sohn Horos-Harpokrates, von dem es zahlreiche Darstellungen gibt (s. *LIMC* IV Harpokrates), hat die asymmetrische Frisur allerdings nur einige Male.
140. (= *ThesCRA* I 1 Prozessionen, röm. **100*** mit Literatur, V 2 a Kultpersonal, röm. **32**, die dortige Beschreibung «alle in Mantel und *suffibulum*» [N. Mekacher] trifft nicht zu. In dem Relief ist der Schleier unter dem Kinn nicht zusammen gesteckt) Simon, *GRöm* 232–233 Abb. 295.
141. *ThesCRA* V 2 a Kultpersonal, röm. S. 74–77 mit Literatur.
142. Terracina, Mus. Civ. Simon, *GRöm* 231 Abb. 293.
143. Kiessling, A./Heinze R., *Q. Horatius Flaccus, Oden und Epoden* (1958⁹) 466–483; Inschrift-Text zu den Kinderchören: a.O. 470; Schnegg-Köhler (Anm. 63) 42–43. 146–147.

dass dieses Lied von zwei Chören gesungen wurde. Sie bestanden jeweils aus 27 *pueri patrimi et matrimi* und 27 *puellae*, deren Eltern ebenfalls am Leben waren. Im Knaben- wie im Mädchenchor war die altheilige Dreizahl in doppelter Potenz präsent.

Im Zusammenhang mit der Säkularfeier des Jahres 88 n. Chr. ließ Domitian Münzen prägen. Auf einem Münztypus (Taf. 33, 3) sind aus den beiden Chören drei Kinder ausgewählt, ein Mädchen zwischen zwei Jungen, alle in festlicher Tracht[144]. Sie schreiten vor zwei stehenden, viel größeren Togati, die ihnen nachblicken. In der Rechten erheben die Kinder Lorbeerzweige, wie sie auch bei der *supplicatio* (vgl. **3.6**) getragen wurden. Zur gleichen Serie von Denaren gehört ein junger *tunicatus* mit Schild und zwei Federn am Helm (Taf. 33, 4)[145]. Der flavische Stempelschneider griff hier auf eine augusteische Münzprägung im Zusammenhang mit der Säkularfeier von 17 v. Chr. zurück (Taf. 33, 5)[146].

Chöre von *pueri* und *puellae*, deren Eltern lebten, traten auch bei der Einweihung des Augustus-Tempels im Jahre 37 n. Chr. durch Caligula auf (Cass. Dio 59, 7, 1). Der aus diesem Anlass geprägte Sesterz[147] zeigt allerdings nur den *puer* mit der Griffschale (vgl. **3.2**) bei dem Opfernden.

3.6. Kinder bei *supplicationes*

In einer Ode auf die Rückkehr des Augustus aus Spanien (24 v. Chr.) spricht Horaz *virgines, iuvenes, pueri* und *puellae* aus der *supplicatio* zu Ehren des Princeps an (*carm*. 3, 14, 9–12). Die *supplicatio* zur Rückkehr desselben aus Spanien und Gallien (13 v. Chr.) fand ihr Echo in den Reliefs an Nord- und Südseite der Ara Pacis (Taf. 32, 1, Südfries). Im hinteren Drittel beider Friese, deren Figuren wir uns nebeneinander schreitend vorstellen müssen, sind Kinder dabei[148]. Sie bilden in diesem Zusammenhang keinen Chor, sondern repräsentieren die Zukunft der kaiserlichen Familie (vgl. **3.7**). Weiter vorn, zwischen den Priestern, ist in Nord- und Südfries je ein Knabe zu sehen, der nach seinem Typus nicht römisch ist[149]. In Rom wuchsen manche Kinder auswärtiger Herrscher als Garanten des Friedens mit ihrem Volk heran (vgl. *R. gest. div. Aug.* 32). Sie sind in die Feier anlässlich der Gründung der Ara Pacis sinnvoll einbezogen. Manche Beteiligte an der Prozession tragen Lorbeerzweige (vgl. Taf. 32, 1), wie sie bei einer *supplicatio* üblich waren.

3.7. Junge «Kronprinzen» bei Kulthandlungen

Augustus adoptierte seine Enkel Gaius und Lucius, die 20 und 17 v. Chr. geborenen Söhne seiner Tochter Julia und des Agrippa als Kleinkinder[150]. Sie wuchsen in seinem Haus am Palatin auf und waren als seine Nachfolger vorgesehen, starben aber lange vor ihm. Um sie der Öffentlichkeit zu präsentieren, wurden sie schon jung in staatliche Kulthandlungen einbezogen. Im Nordfries der Ara Pacis schreitet einer der beiden Enkel, Gaius Caesar, in Ministrantentracht hinter seiner Mutter Julia[151]. Auf dem Larenaltar vom Vicus Sandaliarius[152] steht links Gaius mit der rituellen Schöpfkelle (*simpuvium*), dem Attribut der *pontifices*[153] deren Priesterschaft ihn als Fünfzehnjährigen beim Anlegen der *toga virilis* aufgenommen hatte. Drei Jahre später wurde sein Bruder Lucius aus dem gleichen Anlass Mitglied in der Priesterschaft der *augures*. Er trägt daher deren Attribut, den *lituus* (Augurstab)[154]. Das Orakelhuhn neben ihm sagt aus, dass er für seinen Bruder Gaius, der im Begriff ist, nach dem Orient zu reisen, ein Orakel einholt.

Auf der einen Nebenseite schwebt Victoria mit einem Schild heran[155]. Einen Ehrenschild erhielt jeder der beiden Brüder am Tag der *toga virilis*. Das war bei Lucius 2 v. Chr., in dem Jahr, aus dem dieser Larenaltar stammt. Auf augusteischen Münzen[156] und Gemmen (Taf. 33, 6)[157] erscheinen die Brüder wie Zwillinge als *togati*, die Rundschilde zwischen sich. Neben ihnen schweben *simpuvium* und *lituus*, die Symbole der *pontifices* und der *augures*. Bei den Schilden kommt der Gedanke an

---

144. (= *ThesCRA* I 1 Prozessionen, röm. **55**) *RIC* II 201 Nr. 376 und 379; Fless, *Opferdiener* 51 Anm. 334; Rawson 41 Abb. 1.7; Sobocinski, M. G., «Visualizing Ceremony: The Design and Audience of the Ludi Saeculares Coinage of Domitian», *AJA* 110 (2006) 581–602 Abb. 1 Nr. 10.

145. *RIC* II 167 Nr. 116; Fless, *Opferdiener* 28 Anm. 131 Taf. 11, 3; Sobocinski (Anm. 144) 588 Abb. 3.

146. Fless, *Opferdiener* 28 Anm. 129 Taf. 11, 2; Sobocinski (Anm. 144) 588 Abb. 4.

147. (= *ThesCRA* V 2 b Kultinstrumente **30★**) bessere Abbildung: Fless, *Opferdiener* Taf. 42, 2.

148. Bei Rawson 31. 34–35 wird die Ara Pacis, das für ihr Thema wichtige Monument, zu wenig herangezogen.

149. (= *ThesCRA* V 2 b Kultinstrumente **25★**) Dort ist das Kind hinter Agrippa nicht erwähnt. Es wurde leider viel zu lange unzutreffend als Enkel des Augustus erklärt, wogegen ich mich seit einem halben Jahrhundert wende; vgl. Simon, E., *Ausgewählte Schriften* II (1998) 48–50. Die Zustimmung ist inzwischen nachhaltig. Erwähnt seien außer R. Syme, Ch. B. Rose, A. J. Kuttner (s. Anm. 118) und M. Stahl speziell Borchhardt, J., *Der Fries vom Kenotaph für Gaius Caesar in Limyra* (2002) 92 und *passim* sowie Uzzi 146–155; s. jetzt Simon, E., *Ara Pacis Augustae* (2010) 38–39.

150. Noch im hohen Alter trauert Augustus über den Verlust seiner Enkelsöhne: *R. gest. div. Aug.* 14.

151. Simon (Anm. 149) 40 Abb. 36.

152. Vgl. Anm. 134.

153. *simpuvium* und *pontifices*: *ThesCRA* V 2 b Kultinstrumente S. 206–207.

154. *lituus* und *augures*: *ThesCRA* V 2 b Kultinstrumente S. 394–396.

155. (= *LIMC* VIII Victoria **176★**)

156. Zwierlein-Diehl, E., «Simpuvium Numae», in *Tainia. Festschrift R. Hampe* (1980) 413 Taf. 77, 3–5. Vgl. *ThesCRA* V 2 b Kultinstrumente **348★**, hier halten die beiden *simpuvium* und *lituus* in den Händen.

157. Würzburg, Wagner-Mus. *Glaspasten Würzb* I Nr. 492; Simon (Anm. 132) 68 Abb. 81.

den *clupeus virtutis* hinzu[158], den der Princeps 27 v. Chr. zusammen mit dem Augustusnamen erhalten hatte. Der Schild symbolisiert also *virtus*, die Eigenschaft des *vir*, die den *iuvenes* und «Kronprinzen» die auf Augustus folgen sollten, nun zukommt.

3.8. Heranwachsende mit Schilden

Auf einer ganzen Reihe römischer Reliefs sind junge *tunicati* mit Schilden abgebildet[159]. Sie können federgeschmückte Helme tragen – auch auf augusteischen und domitianischen Münzen (Taf. 33, 5 und 4)[160] – und dazu eine kurze, zepterförmige Lanze. Die Verbindung mit einem *turibulum* auf einem Denar aus der Säkularfeier-Serie des Domitian (Taf. 33, 4) und in dem Zwischenfries des Trajansbogens in Benevent[161] weist auf einen rituellen Zusammenhang. Am Trajansbogen haben zudem die Schildträger keine Helme, sondern tragen das volle Haar vieler Opferdiener *(ministri)*. Ein Teil dieser Jünglinge mit Schild wird in der Forschung als *ludiones (lydiones)* bezeichnet, die zu bestimmten Feiern Waffentänze aufführten[162]. Sie waren *servi publici*, während andere Schildträger zu den *iuvenes* (jungen Bürgern) gehörten.

ERIKA SIMON

ANNIE DUBOURDIEU (**1–2**)
ERIKA SIMON (**3**)

---

158. Zum *clupeus virtutis* vgl. Simon (Anm. 132) 228 Abb. 285 mit Literatur. Die vier auf dem Schild verzeichneten Tugenden waren *virtus, clementia, iustitia, pietas* (gegen Götter und Menschen).
159. Fless, *Opferdiener* 28–31.
160. Vgl. Anm. 145–146.
161. (= ThesCRA V 2 b Kultinstrumente **13c/476**) Fless, *Opferdiener* 26–28. 108 Kat. 28 II Taf.18, 2.
162. Fless, *Opferdiener* 29–31. 100.

1.c. MARRIAGE

Marriage in the Greek World

CONTENTS
1. Cultural context 84
   1.1. Sources 84
   1.2. Types of marriage 84
   1.3. Matrimonial systems 85
2. Divine precedents and participants 85
   2.1. The first bride/wedding 85
   2.2. Festivals 86
   2.3. Tutelary divinities 86
      2.3.1. Aphrodite and her entourage . . 86
      2.3.2. Artemis (and Apollo) 87
      2.3.3. Hera and Zeus 87
3. Ritual acts 87
   3.1. *Engye* 87
   3.2. Wedding (*gamos*) 88
      3.2.1. Dates/Calendar 88
      3.2.2. Individuals 88
         3.2.2.1. Bride 88
         3.2.2.2. Bridegroom 88
         3.2.2.3. Assistants 88
      3.2.3. Events 88
         3.2.3.1. *Proaulia* 88
         3.2.3.2. *Gamos* 90
         3.2.3.3. *Epaulia* 93

GENERAL BIBLIOGRAPHIE: Avagianou, A., *Sacred Marriage in the Rituals of Greek Religion* (1991); Clark, I., «The Gamos of Hera», in *The Sacred and the Feminine in Ancient Greece* (1998) 13–26; Cohn-Haft, L., «Divorce in Classical Athens», *JHS* 115 (1995) 1–14; Cox, C. A., «Marriage in Ancient Athens», in Rawson, B. (ed.), *A Companion to Families in the Greek and Roman Worlds* (2010); Deussen, P., «The Nuptial Theme of Centuripe Vases», *OpRom* 9 (1973) 125–133; Dillon, M. P. J., «Post-nuptial Sacrifices on Kos (Segre. ed 178) and Ancient Greek Marriage Rites», *ZPE* 124 (1999) 63–80 (= Dillon 1); *id.*, *Girls and Women in Classical Greek Religion* (2002) (= Dillon 2); Erdmann, W., *Die Ehe im alten Griechenland* (1934); Hague, R., «Marriage Athenian Style», *Archaeology* 41 (1988) 32–36; Kauffmann-Samaras, A., «Mère et enfant sur les lébètes nuptiaux à figures rouges attiques du Ve s. av. J.-C.», in *AGRP* (Copenhagen) 286–299; Leduc, C., «Marriage in Ancient Greece», in *A History of Women in the West* 1 (1992) 235–294; Di Lello-Finuoli, A. L., «Donne e matrimonio nella Grecia arcaica (Hes. Op. 405–406)», *SMEA* 25 (1984) 275–302; Lissarrague, F., «Regards sur le mariage grec», in *Silence et Fureur* (1996) 415–433; Llewellyn-Jones, L., *Aphrodite's Tortoise: The Veiled Woman of Ancient Greece* (2003); Magnien, V., «Le mariage chez les Grecs anciens: L'initiation nuptiale», *AntCl* 5 (1936) 115–138; Modrzejewski, J., «La structure juridique du mariage grec», in *Scritti in onore di O. Montevecchi* (1981) 231–268; *id.*, «Greek Law in the Hellenistic Period: Family and Marriage», in *The Cambridge Companion to Ancient Greek Law* (2005) 343–356; Mösch-Klingele, R., *Die 'loutrophóros' im Hochzeits- und Begräbnisritual des 5. Jhs. v. Chr. in Athen* (2006); Mossé, C., «De l'inversion de la dot antique?», in *Familles et biens en Grèce et à Chypre* (1985) 187–193; Nilsson, M., «Wedding Rites in Ancient Greece», in *id.*, *Opuscula Selecta* (1960) 243–250; Oakley, J., «The Anakalypteria», *AA* (1982) 113–118; Oakley, J./Sinos, R., *The Wedding at Ancient Athens* (1993); Patterson, C. B., *The Family in Greek History* (1998); *id.*, «Marriage and the Married Woman in Athenian Law», in *Women's History and Ancient History* (1991) 48–72; Pirenne-Delforge, V., «La loutrophorie et la 'prêtresse-loutrophore' de Sicyone», in *L'eau, la santé et la maladie dans le monde grec*, BCH Suppl. 28 (1994) 147–155; Pomeroy, S. B., *Families in Classical and Hellenistic Greece. Representations and Realities* (1997); Redfield, J., «Notes on the Greek Wedding», *Arethusa* 15 (1982) 181–201; Rehm, R., *Marriage to Death. The Conflation of Wedding and Funeral Rites in Greek Tragedy* (1994); Reinsberg, C., *Ehe, Hetärentum und Knabenliebe im antiken Griechenland* (1993) 12–76; Sabetai, V., *The Washing Painter* (PhD Univ. of Cincinnati 1993) (= Sabetai 1); *ead.*, «Marriage Boiotian Style», *Hesperia* 67 (1998) 323–334 (= Sabetai 2); *ead.*, «Women's Ritual Roles in the Cycle of Life», in Kaltsas, N./Shapiro, A. (eds.), *Worshiping Women. Ritual and Reality in Classical Athens* (2008) 289–297; Sgorou, M., *Attic Lebetes Gamikoi* (PhD Univ. of Cincinnati 1994); Smith, A. C., «The Politics of Weddings at Athens: an Iconographic Assessment», *Leeds International Classics Studies* 4, 1 (2005) 1–32; Stampolidis, N. Chr./Tassoulas, Y. (eds.), *Eros. From Hesiod's Theogony to Late Antiquity*. Exhibition Athens (2009) 180–193; Sutton, R. F., *The Interaction between Men and Women Portrayed on Attic Red-Figure Pottery* (Ph. D. Univ. of North Carolina 1982) 145–215. 237–257. 261–271 (= Sutton 1); *id.*, «On the Classical Athenian Wedding: Two Red-figure Loutrophoroi in Boston», in *Daidalikon. Studies in Memory of R. V. Schoder* (1989) 331–359 (= Sutton 2); Vatin, C., *Recherches sur le mariage et la condition de la femme mariée à l'époque hellénistique* (1970); Vérilhac, A.-M./Vial, C., *Le mariage grec du VIe siècle av. J.-C. à l'époque d'Auguste* (1998); Vernant, J.-P., *Mythe et société en Grèce ancienne* (1979) 57–81; Wagner-Hasel, B., «Geschlecht und Gabe», *ZRG* 105 (1988) 32–73; Weiß, C., «Ein bislang unbekanntes Detail auf dem Hochzeitsbild der Karlsruher Lutrophoros 69/78», in *AGRP* (Copenhagen) 652–664; Winkler, H., *Lutrophorie. Ein Hochzeitskult auf attischen Vasenbildern* (1999); Wolff, H. J., «Marriage Law and Family Organisation in Ancient Athens», *Traditio* 2 (1944) 43–49.

Marriage in ancient Greece is a process whereby a woman moves or is transferred from her father's home to another home, and is transformed from the status/role of *parthenos* (virgin) through *nymphe* (bride) to *gyne* (woman, on birth of her first child). These two processes could be effected through ceremonies: first, the transfer is marked by *engye* (betrothal), which involves men; second, the transformation of the bride involves the participation of women, and is marked by the *gamos* (wedding)[1]. A third stage, which is less remarked upon in scholarship (as in antiquity) is the matter of *synoikein* (living together). Viewed as a rite of passage for a girl, however, the marriage also comprises three phases: (1) separation; (2) transition; and (3) integration. She is transferred from one family to another, that is, given away to a man, for the purpose of begetting children, by the *kyrios* (guardian, literally lord or controller), normally her father or the nearest adult male relative if the father is deceased. Through the marriage the girl becomes a woman and the men (father-in-law and son-in-law) become *etai* (allies). Marriage was normally occasioned by the need for political alliance and the procreation of legitimate *gnesioi* (heirs), as noted by Plutarch (*Per.* 37), so monogamy was customary. Even at Athens, however, a wife could consent to her husband's children via concubines (*nothoi*) being appointed as heirs[2], although marriage became and remained a financial matter (Plut. *Sol.* 20; Plat. *nom.* 6, 774c).

1. Cultural context

1.1. Sources

The primary sources for pre-Classical marriage are Homeric and related epic texts from the 9th to 7th cent. B.C. In the Archaic and Classical periods, literary and visual arts provide the vast majority of evidence for Greek marriage and weddings, and details thereof; artistic sources cannot be taken at face value, as they serve fictive purposes, and may be best understood as glimpses of the actual rituals and procedures, which are exaggerated or parodied in particular contexts. Athenian marriage trends are best known because of the dominance of Classical Athens in the literary and visual arts, especially red-figure (and some black-figure) vase paintings that decorate many of the vases that were used or given as gifts in Athenian weddings[3]. The wedding scenes that decorate many Greek vases from the 6th–4th cent. B.C. attest almost all known aspects of the wedding and associated events[4]. Relevant historical sources, from Archaic and later periods, include funerary and legal documents. From the 4th cent. B.C., there is evidence of marriage in private letters, as well as judicial, legislative, and financial documents[5], including dowries, inventories, even contracts. For contracts marriage terms such as *ekdosis* (giving away) and *pherne* (dowry) are relevant, as are, to a lesser degree, *agraphos gamos* and *agraphos syneinai* (unwritten marriage and cohabitation, respectively)[6]. Writers, especially scholiasts and lexicographers, from the Roman empire and later provide useful accounts of marriage details, which are mostly amalgamated from earlier sources. The essayist Plutarch (late 1st–early 2nd cent. A.D.) and the travel writer Pausanias (2nd cent. A.D.) are particularly useful, as is the lexicographer Pollux (2nd cent. A.D.).

1.2. Types of marriage

Aristotle (*pol.* 1, 1253b9–10) emphasises the absence of a Greek word for the institution of marriage. *Gamein* (to marry) refers primarily to the man's role but is also used of non-contractual sexual unions, as is the noun, *gamos* (wedding ceremony, *infra* **3.2.3.2**). *Gamos* refers, in its narrowest and primary sense, however, to the sexual act that consummated the wedding. It is also used for the main day of the wedding, or the entire process of the wedding[7]. By the same standards, the terms *koinonia* (association) and *philotes* (friendship) also come to be confused with sexual relationships (Hom. *Od.* 8, 271; 10, 335; Aristot. *pol.* 7, 1334b; Eur. *Bacch.* 1276). Greek marriage relationships are, however, described with these and other general terms for relationships: *koinonia* (Xen. *oik.* 3, 15; Eur. *Bacch.* 1276); *philotes* (Emp., *VS* 31 B 17); *philia* (Aristot. *eth. Nic.* 8, 1161b18–1162a24). *Gamike* might be added to describe it as a «wedded» relationship. In literary and visual arts a wedded relationship was symbolised by a marriage bed (*lektron* or *lechos*; n.b. *alochos/akoitis* is wife/bed companion) in the *thalamos* (bridal chamber or storage room)[8] to which processions led (*infra* **3.2.3**). Other terms for marriage might include: *homophrosyne* (union of hearts and minds), as contrasted to guest friendship in Hom. *Od.* 6, 181; *homonoia* (being of one mind, as in Plat. *Alk.* 1, 126c–127d), a favourite of orators and philosophers; *zeugos* (a yoke between the husband and wife «team», as in Xen. *oik.* 7, 18).

Ekdosis is the transfer of the bride from her *kyrios* (or *archon* in the absence of a *kyrios*) to another man, for the purpose of producing children (Men. fr. 682 K.). The bride therein gives up ties to her own *oikos* and is adopted by her husband's *oikos*. Simultaneously the father gives up his role as *kyrios*, which is assumed by the husband. This was initiated at Athens (as elsewhere) by *engyesis* (*infra* **3.1**). The *gamos* (wedding ceremony), which formalises the *ekdosis*, occurs over several days, and involves the community, among whom the new relationship is affirmed (*infra* **3.2.3.2**). A civil marriage, *hieros gamos* (Plat. *pol.* 5, 458e, *nom.* 8,

---

1. Redfield 188.
2. Ogden, D., *Greek Bastardy in the Classical and Hellenistic Periods* (1996) 59–62.
3. Smith.
4. Oakley/Sinos 3.
5. Vérilhac/Vial.

6. Yiftach-Firanko, U., *Marriage and Marital Arrangements. A History of the Greek Marriage Document in Egypt, 4th c. BCE–4th c. CE* (2003).
7. Robert, L., «Sur des inscriptions d'Éphèse», *RPh* 41 (1967) 77–81.
8. Xen. *oik.* 9, 3; Nevett, L. C., *House and Society in the Ancient Greek World* (1999) 37.

841d), is distinct from *methemerinoi gamoi* with prostitutes (Demosth. 18, 129) and *panos gamos* (a marriage in the wild connected with masturbation, bestiality and rape)[9]. Marriage and wedding ceremonies are often conflated in the literary sources, e.g. Eur. *Medea* 206. 265. 436.

Traditionally a man could also marry a girl by stealing her (as war booty) or winning her in competition. In the latter case, as at Sikyon under the tyrants (according to Hdt. 6, 126-131), a groom might marry into the home of the bride (son-in-law marriage, *infra* 1.3). *Synoikein* or simple cohabitation between man and woman might result from the woman allowing it herself or by the consenting family giving (or selling) their daughter to a man, without a dowry, as a *pallake* (concubine). The legal status of the *pallake* and her children varied over time.

1.3. Matrimonial systems

Divergent marriage structures are stereotyped in Homeric literature: (1) *ktete gyne* (possessed woman) or daughter-in-law marriage, exemplified by Penelope's marriage to Odysseus; (2) *gamete gyne* (married woman) or son-in-law marriage, exemplified by Alkinoos' attempt to wed Odysseus to his daughter, Nausikaa[10]. In the first case a daughter is given, and in the second a son is gained. Gortyn's law code (ca. 460 B.C.) suggests a more complex system, organised according to whether or not the bride had a brother[11]. If she had a brother she was given in marriage by her father and brother. Such a marriage would make the husband the master of their children, establish an alliance between the families, and render the wife mistress of her person and belongings; if widowed or divorced she would be able to remarry without her father's intervention. Unlike the Homeric system, which was open to *exogamy*, or marriage outside the kinship group or community[12], however, Gortyn's community rejected those who were ineligible to inherit civic lands, i.e. bastards and non-citizens, except in the case of a *patroiochos* (holder of the patrimony, i.e. heiress) unable to find a man within the tribe[13]. Such a sense of ownership on the part of a *patroiochos* (known at Sparta as *patrouchos*) is not afforded to the Athenian heiress, called *epikleros*, which literally means «attached to the family property»[14]. So, under a democracy (as at Athens), women came to be tied to cash dowry rather than land and were thus treated as minors under the guardianship of their men[15].

In Archaic times *exogamous* marriages were essential to the spread of Greek culture throughout the Mediterranean, as Greek colonists frequently intermarried with native populations, and Greek elites allied themselves with aristocratic families from other *poleis*. Vernant and Modrzejewski, following Gernet, argued that Classical Athenian marriage is an inversion of Homeric marriage, insofar as the *proix* given by the bride's father is in fact a reversal of the traditional *hedna* (bridewealth) given by the groom's father in Homeric society[16]. Mossé sees two «ruptures» in the evolution of the Athenian matrimonial system[17]: (1) *pherne* (trousseau) replaced the Homeric *hedna*, at the time of Solon; (2) Periklean marriage legislation, in 451 B.C., made *proix* (cash dowry) pre-eminent. A *proix* might be specified, in Classical Athens, on the occasion of the *engye* (*infra* 3.1), which legalised a marriage, as suggested by Isaios 3, 8. An alternate term for dowry is *pherne*, although this is simply used of the bride's luggage (Plut. *Sol.* 20, 4), which might be sent to the bride on the *epaulia* (*infra* 3.2.3.3). These terms to some degree replace *hedna*, which later comes to constitute or include all wedding gifts (*dora*) brought from the bride's *oikos* (house)[18].

Marriage law clearly evolved in cities in order to define legitimacy of progeny for the purposes of property inheritance and community membership/citizenship (Arist. *eth. Nic.* 8, 1162a, Xen. *oik.* 3, 15). Marriage legislation introduced under Perikles in 451/0 B.C., for example, forbade marriage between an Athenian and a foreigner[19], resulting in a rise in the proportion of *endogamous* marriage.

2. Divine precedents and participants

2.1. The first bride/wedding

Pandora, the first bride (and first woman, according to Paus. 1, 24, 7 and Apollod. *bibl.* 1, 7,

---

9. Borgeaud, P., «Du paysage à l'érotique. Musique», in Borgeaud, *Pan* 115-135.
10. Leduc.
11. *ICret* IV. *Tituli Gortynii* (1950); Willetts, R. F., *The Law Code of Gortyn* (1967). See, more recently, Morris, I., «The Gortyn Code and Greek Kinship», *GRBS* 31 (1990) 233-254.
12. Aristot. *Ath. pol.* 42 for endogamous marriage in Classical Athens; *cf.* also Demosth. 59, 16-17.52; 57, 30; Isaios 8, 43.
13. Hdt. 6, 57. For a comparable situation with *patrouchoi* at Sparta see Hodkinson, S., «Female Property Ownership and Status in Classical and Hellenistic Sparta», in *Women and Property in Ancient Near Eastern and Mediterranean Societies* (2003) 1-22.
14. Plat. *nom.* 1, 630e. See Patterson 70-137, especially 103-105 on Plato's fictive set of regulations.
15. Leduc 238-239, *passim*.
16. Vernant 1979, 70-71; Modrzejewski 261-263; following Gernet, L., «Le mariage en Grèce», lecture at the Institut de Droit Romain, Université de Paris (1953).
17. Mossé.
18. Reinsberg 17-18.
19. Plut. *Per.* 37. Patterson, C., «Athenian Citizenship Law», in *The Cambridge Companion to Ancient Greek Law* (2005) 267-289; ead., *Pericles' Citizenship Law of 451-450 B.C.* (1981).

1), exemplifies the role of the bride as a gift and a bearer of gifts (*polydoros*)[20]; the root of her name, Pandora, belongs to the family of verbs for the act of giving, *didomi*. She is created by the Olympian gods, at the behest of Zeus, when he is angered by Prometheus, and given by Zeus in marriage to Epimetheus with a jar of evils as her dowry. This story, as recorded primarily in Hes. *theog.* 570–612 and *erg.* 60–105, is a prototype of Greek marriage in that Pandora is given freely, as was the norm in Greece, at least from the 8th through 4th cent. B.C.

There are other divine claimants on the status as first bride. Xen. *symp.* 9, 2 presents an idealised portrayal of Ariadne and Dionysos as the first union of bride and groom. At Athens, however, Kekrops, the legendary king (Paus. 1, 2, 6; 1, 5, 3), was said to have established monogamous marriage (and civilised mankind), thus establishing lines of heredity.

2.2. Festivals

Hieros gamos (sacred marriage, also called *Theogamia*) is the name of a festival attested at Athens by Men. *fr.* 265 K. (*PCG* VI 2, *fr.* 225). Such a ritual, which seemingly referred to (and perhaps reenacted) the sacred marriage of Hera to Zeus, is also attested at Argos, Knossos, Samos, and Plataia[21]. The *Daidala*, the relevant festival at Plataia, involved Hera interrupting the marriage of Zeus to a wooden log! The use of such festivals to allude to fertility are supported by the description in Hom. *Il.* 14, 347–351 of Hera and Zeus' wedding amid rain and lush vegetation (perhaps itself an allusion to the marriage of Sky and Earth). Similarly, the mythic abduction of Persephone/Kore by Hades (*h. Hom. Cer.*), itself a kind of sacred marriage, was mirrored at Athens in the annual ritual marriage of Dionysos to the *Basilinna*, wife of the *Archon basileus*, in the *Anthesteria* festival.

2.3. Tutelary divinities

The deities and especially local heroines relevant to marriage varied greatly across *poleis*. At *quaest. Rom.* 264b, Plutarch notes need of five deities: Aphrodite, Peitho, Artemis, Hera *Teleia* and Zeus *Teleios* (The Fulfillers).

2.3.1. Aphrodite and her entourage

Aphrodite's erotic role is of course relevant to marriage. Zeus implicates her in Hom. *Il.* 5, 429. Diodorus Siculus 5, 73, 2 emphasises her role regarding grooms. Aphrodite's more overarching concern for social order, especially harmony among citizens, is reflected through her association at Athens and elsewhere with Harmonia (Harmony), Peitho (Persuasion), and other virtues, particularly in her cults with her epithet *Pandemos* (Of all the people) at Athens and *Pandamos* at Kos. These roles as well as her aspect as Aphrodite *Ourania* (Heavenly) underscore her marital role[22].

Aphrodite *Pandemos* seemingly took over the Sanctuary of Nymphe (Bride) at Athens, by the 1st cent. A.D.[23]. The sanctuary of this minor deity, on the South slope of the Akropolis at Athens, unknown from literary sources, is attested by a *horos* marker[24]. Paus. 9, 35, 1–5 indicates that some ancient writers, e.g. Hermesianax, numbered Peitho among the Charites (Graces), with whom she shared a role as an assistant to Aphrodite. Plutarch lists Peitho, the Charites, and even the Muses as spirits revered by newlyweds (*Mor.* 138c–d). Yet Peitho's connection to Aphrodite *Pandemos* was stronger. *h. Hom. Ven.* 34–39 equates the power of Aphrodite with the power of Peitho, which she exercises even over her father, Zeus (*cf.* Empedokles' cosmogony based on the principle of this opposition in *VS* 31 B 17). At Athens Peitho's name was not joined as an epithet to that of Aphrodite, but Peitho was Aphrodite's attendant, in cult and in art[25]. She accompanies Aphrodite at mythic «weddings» on Athenian vases, such as the judgment of Paris on Makron's skyphos in Boston (pl. 35, 1)[26]. Peitho was worshipped with Aphrodite *Pandemos* here from the 6th cent. B.C., or earlier, legendarily since the *synoikismos* of Athens, when Theseus set up a cult of Aphrodite *Pandemos* and Peitho on the South(west) slope of the Athenian Akropolis, according to Paus. 1, 22, 3[27], and the *demos* traditionally assembled by this sanctuary[28].

---

20. Leduc 235–236.
21. Cremer, M., «Hieros Gamos im Orient und in Griechenland», *ZPE* 48 (1982) 283–290; *LIMC* VII Suppl. Hieros Gamos.
22. Waldner, K., *Geburt und Hochzeit des Kriegers. Geschlechtdifferenz und Initiation in Mythos und Ritual der griechischen Polis* (2000) 196–200.
23. An inscribed early imperial seat in the Theatre of Dionysos, *IG* II² 5149, is reserved for the priestess of Aphrodite Pandemos and the Nymphs.
24. *IG* I³ 1064; *SEG* 17, 10; Travlos, *TopAtt* 361–363 fig. 465.
25. Icard-Gianolio, N., *LIMC* VII (1994) 242–250 *s.v.* «Peitho»; Smith 10–16; Borg, B. E., *Der Logos des Mythos. Allegorien und Personifikationen in der frühen griechischen Kunst* (2002) 58–71.

26. (= *LIMC* II Aphrodite **1256/1455**, IV Helene **166***, VII Peitho **2**) Boston, MFA 13.186, ca. 490–480 B.C. *ARV*² 458, 1; 481; *Add*² 243; Oakley/Sinos fig. 86.
27. The sanctuary, on a terrace beneath the Nike bastion, and inscribed (and relief decorated) architrave blocks (*IG* II² 4596) seem to belong to a 4th cent. B.C. building associated with cult: Beschi, L., «Contributi di topografia ateniese», *ASAtene* n.s. 29–30 (1967–68) 517–526 figs. 3–10. For Aphrodites other sanctuaries around Athens see Pala, E., «Aphrodite on the Akropolis: Evidence from Attic Pottery», in Smith, A. C./Pickup, S. (eds.), *Brill's Companion to Aphrodite* (2010) 195–216.
28. Apollod., *FGrH* 244 F 113 (= Harp. *s.v.* «Πάνδημος Ἀφροδίτη»). According to Nikandros of Kolophon, *FGrH* 271/272 F 9a (= Ath. 13, 569d) Solon set up this sanctuary of Aphrodite Pandemos (neither source mentions Peitho).

The popularity of Peitho's cult at Athens by the 4th cent. B.C. is attested definitively by Isokrates, in his *Antidosis* (354/53 B.C.). Peitho is worshipped with Aphrodite elsewhere in the Greek world, e.g. Megara (Paus. 1, 43, 6). She is worshipped as an epithet of Aphrodite at Mytilene on Lesbos (*IG* XII 2, 73) and near Knidos[29], and as an epithet of Artemis at Argos (Paus. 2, 21).

Several inscriptions associate Aphrodite Pandamos and other deities with marriage at Kos. Nike received sacrifices on the occasion of marriage, at her Koan sanctuary (*LSCG* 163, 1). Demeter *Antimacheia* joined Aphrodite as a sponsor of marriage on this island[30]. In a similar vein, Plut. *Mor.* 138b has the priestess of Demeter attending to the role of the *thalameutria*, perhaps specifically at Boeotia (*infra* **3.2.3.2**). In the same work, Plutarch later attests Herakles' association with Koan marriage (Plut. *qaest. Graec.* 304c–e).

2.3.2. Artemis (and Apollo)

Artemis received pre-nuptial sacrifices, as part of her role in a girl's transition to womanhood. Athenians experienced such transitions at Brauron, where prepubescent girls served Artemis as *arktoi* (bears)[31]. Artemis' twin, Apollo, likewise had a role, according to Plutarch (*quaest. Rom.* 264b). Apollod. *bibl.* 1 (105) 9, 15 provides a mythic reason for pre-nuptial sacrifices to Artemis, in his tale of Admetos of Pherai, who won the hand of Alkestis, daughter of Pelias. (This is the background to the dramatic story of Alkestis in Eur. *Alc.*; *cf.* Zenob. 1, 18.) Although Admetos fulfilled the requirement to yoke a lion and a boar to a chariot (with Apollo's help) he forgot a pre-nuptial sacrifice to Artemis with the result that his *thalamos* (marriage chamber) was filled with coiled snakes. Apollo persuaded the Moirai to agree that, when Admetos should die, he would be released if someone would die for him. On the day of his death Alkestis died in his stead, only to be returned by Persephone/Kore or Herakles.

2.3.3. Hera and Zeus

Hera provides the clear divine model of a wife and is thus the goddess of marriage, especially with her epithets *Teleia* and *Gamelia* (Plut. *Mor.* 141e–f). The customary division of a married Greek woman's role into those of wife and mother reflects the ambivalent mythic presentation of Hera[32]. Hera received nuptial sacrifices, especially at Athens (Pollux 3, 38). Statues of Hera *Teleia* and Hera *Nympheuomene* are recorded in her Temple at Plataiai (Paus. 9, 2, 7)[33]. Hera *Teleia* is also recorded at Erythrai on Euboia (*LSAM* 25, 157, 163). In most places she shared worship with Zeus *Teleios*, who is also attested at Erchia, in Attika (*LSCG* 18 G 39–40). Zeus in his own right is implicated in the sacrifice of pigs before marriage, with the explanation that a sow who suckled the baby Zeus had drowned out his cries (*FGrH* 472 F 1a; 84 F 15).

3. Ritual acts

A variety of ceremonies and rituals pertained to marriage across the ancient Greek *poleis*. The *engye* (pledge of marriage) and 3-day *gamos* in the ensuing discussion correspond to the Athenian model, but all Greek marriages tended to follow the same procedures: sacrifices and offerings, ritual baths, a banquet, a procession to the groom's house, the consummation of the marriage, and the unveiling of the *nymphe*. Plutarch tells us that at Sparta a mock abduction was included in the marriage ceremony (*Lyc.* 15, 3). Similarities are also found across Greece in the purpose of marriage (*supra* **1.2**) and the relevant deities (*supra* **2.3**).

3.1. Engye

The *engye* (pledge of marriage) was made by oral agreement and sealed with handshake, as in Herodotos' description of the marriage of Megakles of Athens to Agariste, daughter of the tyrant of Sikyon, Kleisthenes (6, 130)[34]. The handshake is represented on only a few vases: on a loutrophoros in Boston (pl. 34, 1)[35], the father, a bearded man on the left, shakes hands with the groom, a clean-shaven youth. Both solemnly bow their heads. The wedding scenes on the other side of the vase and red wreath that hangs above them both allude to the wedding. This illustration agrees with the literary sources that suggest the *engye* had nothing to do with the women (Ps.-Demosth. 44, 49; Demosth. 40, 57; 59, 65). Pindar's

---

See also Pirenne-Delforge, V., «Épithètes cultuelles et interpretation philosophique: À propos d'Aphrodite Ourania et Pandemos à Athenes», *AntCl* 57 (1988) 142–157.

29. *SEG* 12, 42; Bean, G. E./Cook, J. M., «The Cnidia», *BSA* 47 (1952) 189–190 pl. 40c. See also *IG* IX 2, 236, discussed in Stafford, E. J., *Worshipping Virtues. Personification and the Divine in Ancient Greece* (2000) 116.

30. *LSCG* 175, 4–5; *SGDI* 3721; *SIG*³ 1006; *PH* 386; Dillon 1, 67.

31. Sourvinou-Inwood, C., *Studies in Girls' Transitions. Aspects of the Arkteia and Age Representation in Attic Iconography* (1988).

32. E.g. Eur. *Iph. A.* 1305–1306; Redfield 182.

33. (= *LIMC* IV Hera **16–17**) Dillon, M. P. J., «Restoring a Manuscript Reading at Paus. 9.2.7», *ClQ* 43 (1993) 327–329.

34. Gernet, L., «Hypothèses sur le contrat primitif en Grèce», *REG* 30 (1917) 249–293. 368–383. An alternative interpretation (that engye is the giving of the bride) is suggested by Wolff 43–94.

35. (= *ThesCRA* V 2 b Cult instruments **122**, *LIMC* III Eros **639e**) Boston, MFA 03.802, ca. 430–420 B.C.; Oakley/Sinos fig. 1; Sutton 2, 347–351.

description of an *engye*, in O. 7, 1–6, focuses on the exchange between the men, with a slight allusion to the marriage bed and no mention of the bride. The formulaic pledge repeated in Menander's *Pk.* 1012-1015, «I betroth my daughter for the plowing of legitimate children», might be used by the *kyrios* (*cf.* also Men. *Samia* 897–900 [= 725–728], *Dysk.* 842–845).

3.2. Wedding (*gamos*)

3.2.1. Dates/Calendar

At Athens the winter month of Gamelion (equivalent to our January) brought about the most weddings (Aristot. *pol.* 7, 1335a). Gamelion referred to the festival celebrating the *Hieros gamos* (sacred wedding) of Hera and Zeus, who in this matter Athenians sought to emulate. Weddings in other months are recorded, e.g. Skirophorion (June: Demosth. 30, 15) and Pyanepsion (October: Alkiphr. 3, 13). Soran. *gyn.* 1, 41 tells us that old men believed the full moon to be the best time for conception, and that it was therefore a favoured time of the month for weddings (*cf.* also Pind. *I.* 8, 44–45; Eur. *Suppl.* 990–992).

3.2.2. Individuals

3.2.2.1. Bride

The bride would marry young, soon after the onset of menstruation, perhaps at the age of fourteen, as Hesiod recommends (*erg.* 695–697; cf. Plat. *nom.* 6, 772d–e.785b and Solon *fr.* 27 West), or older, according to Aristotle (*pol.* 7, 1335a and *hist. an.* 7, 581a; *cf.* Xen. *oik.* 7, 5 where the speaker declares his wife was not yet 15 when she married him). A woman's transition from the status of *nymphe* culminated in the birth of her first child, at which point she could be referred to as a *gyne* (woman). A Koan inscription makes a subtle distinction between *epinympheumenais* (those betrothed) and *teleumenais* (those marrying) with regard to rites conducted by the priestess of Demeter (*supra* **2.3.1**). The latter term, *teleumenais*, however, recalls the epithets of Zeus *Teleios* and Hera *Teleia* (*supra* **2.3.3**) especially as recipients of marriage sacrifices (*proteleia*, *infra* **3.2.3.1**).

3.2.2.2. Bridegroom

Athenian custom forbade a woman to marry a direct ascendant or descendant or a matrilineal half-brother (Dem. 57, 20; Plut. *Them.* 32, 2)[36], yet at Sparta, rather, a patrilineal half-brother was outlawed (Philo, *De Spec. Leg.* 3, 22). Whereas in Sparta men married before they were thirty, this was a young age for men to marry at Athens[37].

3.2.2.3. Assistants

The primary helpers were the mother(s). Groomsmen included the *parochos* (attendant, who ensured for the bride's safety): Aristoph. *Av.* 1740; Pollux 3, 40; 10, 33; Phot. *s.v.* «ζεῦγος ἡμιονικὸν ἢ βοεικόν», *proegetes* (procession leader, usher) and younger boys, *paides propempontes* (Hyp. *Lycophron* 5), and later the *thyroros* (doorkeeper: Theocritus 15, 77; Hesych. *s.v.*). Bridesmaids included the *nympheutria* (bridal helper: Aristoph. *Ach.* 1056; Plut. *Lyc.* 15; Pollux 3, 41; Paus. 9, 3, 7) and the *nymphokomos* (cosmetic arranger: Sappho 194 Voigt), a *loutrophoros* (to carry the *loutrophoros*: Men. *Samia* 901–902 [= 729–730]; Pollux 3, 43; Harp. *s.v.* «λουτροφόρος καὶ λουτροφορεῖν»; Hesych. *s.v.* «λουτροφόρα ἄγγη», *s.v.* «λουτροφόρος»; Phot. *s.v.* «λουτροφόρον»), and a *kanephoros* (basket bearer). A junior attendant, called *pais amphithales* (a child with both parents living, according to Pollux 3, 25), wearing a crown of thistles mixed with acorns, might carry a basket full of bread and exclaim «I escaped the bad, I found the better» (Zenob. 3, 98). The contrast of the boy's held attribute with his crown, symbolizing the cultured domestic diet that replaced a wild and ancient form of nourishment, replicates the civil marriage that is seen as an improvement on *panos gamos* (*supra* **1.2**)[38].

3.2.3. Events

The division of the wedding into three days – *proaulia*, *gamos*, and *epaulia* – is a ritualisation of the three-phased rite of passage that the bride experiences – separation, transition, and integration. That is, the *proaulia* as marked by the *proteleia* or pre-marital offerings, enables separation from her status as a girl and her childhood things; the *gamos* or wedding day culminates in a procession that brings her to her groom's home; and the *epaulia* allows her integration and that of her bridal gifts into her new home.

3.2.3.1. *Proaulia*

Proaulia (day before), includes the bride's time among female relatives, friends, and servants; preparations; and particularly the dedication of offerings (Eur. *Iph. A.* 433–439). Another term for this «day before» is the *apaulia*[39]. Pollux 3, 39–40 discusses it in the context of sleeping arrangements, noting that on the *apaulia* the bride would sleep with the *pais amphithales*, a small boy with

---

36. Pomeroy 34, 59; see also 184–188.
37. Pomeroy 59.
38. For illustrations of the *pais amphithales* see Sabetai 1, 49–69, and Kauffmann-Samaras (re *lebetes gamikoi*); see *ThesCRA* VI 1 b.

39. Deubner, L., «ΑΠΑΥΛΙΑ», *ARW* 16 (1913) 631–632.
40. Mactoux, M.-M., *Pénélope: Légende et mythe* (1975).

parents on both sides, while the groom would sleep with a little girl, also with both parents living. Pollux goes on to tell that the bride gave an *apaulisteria chlanis*, or luxurious garment, perhaps woven by herself, to the groom. Notably this is the only gift from the bride. The *chlanis* of course recalls the literary *topos* of the weaving bride, especially her Homeric paradigms of Penelope[40] and even Helen at their looms (Hom. *Od.* 2, 94, *Il.* 3, 125-128), and the fact that Athena *Ergane* dressed both Pandora and Hera for their weddings (Hes. *erg.* 72; Hom. *Il.* 14, 178).

While Photios gives *proteleia* as the sacrifice before marriage, the *Suda* substitutes *proteleia* for *proaulia*, defining it as the day on which Athenian parents led the bride to the Akropolis to sacrifice to Athena (Phot. *s.v.* «προτέλεια» [= Men. *fr.* 903 K.]; *Suda s.v.* «προτέλεια»). Athena alludes to this in Aischyl. *Eum.* 834-836 when she foretells that the Erinys would receive sacrifices on behalf of marriage as well as children. *Proteleia* is elsewhere used for the mythic sacrifice of virgins[41], presumably in reference to the marriage of a deceased virgin to underworld god Hades. Plato specifies that men should consult *exegetai* (interpreters) regarding the form that *proteleia* should take, and seemingly the appropriate gods to whom sacrifices and/or dedications were due (*nom.* 6, 774e-775a). Whether or not these sacrifices and dedications were mandated by law, tradition and social pressure would have predicted a high percentage of participation[42]. Both parties could offer first fruits (Hesych. *s.v.* «γάμων ἔθη»). A *thesauros* (treasury box) at Athens bears a dedicatory inscription, dated to the early 4th cent. B.C.: «Thesauros, first fruits to Aphrodite Ourania as *proteleia* for marriage»[43]. Dedications to Aphrodite are indicated on a squat lekythos in Oxford (p. 34, 2), which shows a bride and probably her mother approaching a statue of Aphrodite, with a phiale in each hand[44]. They are are also noted at Hermione (Paus. 2, 34, 12), and *Anth. Pal.* 6, 318 indicates that men sacrificed to Aphrodite *Kourotrophos* before the bridal procession (*cf.* Paus. 3, 13, 9; Diod. 5, 73, 2). Ge and Ouranos also received marriage offerings at Athens (Procl. *In Tim.* 3, 176, 27-28 Diehl). Diodoros 5, 73, 2-5 notes that, along with Zeus *Teleios*, Hera *Teleia* would receive marriage sacrifices and libations.

The bride would make dedications to Artemis, the virgin goddess, protector of animals and children (Eur. *Iph. A.* 433-434, 718-719; Pollux 3, 38; Xenophon of Ephesus 1, 8, 1; Plut. *Arist.* 20, 7-80; *SEG* 9, 72, 84-85). Artemis, who presided over virginity and transition, was a recipient of offerings from both brides and bridegrooms (Plut. *Arist.* 20, 7-8). Brides might give offerings of childhood clothes and toys, to Artemis or others, thus freeing her from her past and establishing a protective bond between her and the relevant deities. In anticipation of her bridal veil, the girl would dedicate the veil that she had begun to use at *menarche*, the onset of menstruation (e.g. *Anth. Pal.* 6, 133)[45]. A pyxis in Mainz (pl. 34, 3) shows a bride, with her mother, bringing offerings to the temple of Artemis (Artemis is shown seated within the temple, on the right)[46]. Indeed, women gave Artemis childhood belongings: toys, clothes, and hairbands (*Anth. Pal.* 6, 200); belts and sandals (*Anth. Pal.* 6, 201). In *Anth. Pal.* 6, 280 a certain Timareta dedicates to Artemis, before her wedding, her tambourine, ball, hairnet, dolls, and their dresses. The scene on a lekythos in Syracuse (pl. 35, 2), shows the bride loosening her *zone* (belt) in front of Artemis (signified by her torch)[47]. Athena also received belts, at least at Troizen (Paus. 2, 33, 1). Brides also gave Artemis their maiden locks of hair (*Anth. Pal.* 6, 201 and 276-277; Pollux 3, 38). In Eur. *Hipp.* 1423-1427 Artemis promises Hippolytos (who is dying because of the wrath of Aphrodite on his renouncement of her and marriage) that he would receive these hair dedications from *nymphai*. Other deities who received dedications of hair (and perhaps other items) included Hera, the divine wife/head of household (Archil. *fr.* 326 West), the Moirai (as Fates, the goddesses of transition), and the virgin goddess Athena: *Anth. Pal.* 6, 59 notes a dedication of hair to Athena in thanks for finding a husband. In some localities heroines, especially those who had died before marriage, might receive such votive dedications[48]. Iphinoe, a virgin heroine, received dedications of hair at Megara (Paus. 1, 43, 4). Hdt. 4, 34 reports that Delian couples (both bride and groom) dedicated their hair to the Hyperborean maidens: the bride's hair was wound around a spindle (emphasising her productive role) while the groom's hair was wound around a branch. The Hyperboreans,

---

41. E.g. Aischyl. *Ag.* 227 and Eur. *Iph. A.* 432-439, 718-719, discussed in Foley, H. P., «Marriage and Sacrifice in Euripides' *Iphigeneia in Aulis*», *Arethusa* 15 (1982) 161 and Seaford, R., «The Tragic Wedding», *JHS* 107 (1987) 109; see also Rehm 43.

42. Dillon 1, 74.

43. (= *ThesCRA* IV 1 a Cult Places, Gr. Thesauros II **3** with bibl.) *SEG* 41, 182.

44. (= *ThesCRA* IV 1 b Representations of Cult Places **92h**, V 2 b Cult Instruments **410***, = *LIMC* II Aphrodite **44***) Oxford, Ashmolean Mus. GR 1966.714, 420-410 B.C. *ARV²* 1325, 51: Manner of the Meidias P.; *Para* 478; *Add²* 364; Oakley/Sinos figs. 3-5.

---

45. Losfeld, G., *Essai sur le costume grec* (1991) 322-323 has collected more than 35 such examples from *Anth. Pal.* See also Llewellyn-Jones 215-218.

46. (= *LIMC* Hestia **27***) Mainz, Univ. 116, ca. 450-440 B.C. *ARV²* 1224, 2: Oppenheimer Group; *Add²* 350; Oakley/Sinos figs. 6-8.

47. (= *LIMC* II Artemis **721a***) Syracuse, Mus. Reg. 21186, ca. 450-440 B.C. *ARV²* 993, 80: Achilles P.; *Add²* 312; Oakley/Sinos fig. 9. For the loosening of the belt see also *Suda s.v.* «λυδίζωνος γυνή».

48. See discussions in Dillon 1, 72 and Larson, J., *Greek Heroine Cults* (1985) 73.

Fig. 1

perpetual virgins, were appropriate recipients at Delos because they had died on their journey to Eilithyia (the childbirth goddess), to inquire about sacrifices as part of their *proteleia* or pre-nuptial sacrifices. Plut. *Lyc.* 15, 3 indicates that at Sparta the *nympheutria* (bridal attendant) shaved the bride's hair, although he does not mention a dedication of the hair as part of this ritual. She then dressed the bride in a man's cloak and sandals and laid her down by herself on a mattress in the dark, awaiting a short visit from her husband, for the purpose of consummating the marriage[49].

3.2.3.2. *Gamos*

The wedding day (also called *gamos*) involved more preparations in the morning, especially bathing as a form of ritual cleansing. Bridegrooms benefited from the fertile and generative qualities of the river, as a scholiast to Eur. *Phoen.* 347 explains. Aischines' discussion of bridal baths in the Skamander, at Troy, suggests women were similarly affected by the fertility of the river (Aischin. *epist.* 10, 3–8). Bath water was fetched from a nearby spring[50]; Athenians seem to have preferred the Kallirhoe, or rather its fountainhouse, the *Enneakrounos* (Thuk. 2, 15, 5). The water was carried in large vases called *loutrophoroi* (bath carriers)[51], of which there were two types: the loutrophoros-amphora, with long handles between rim and shoulder, and the loutrophoros-hydria, with one long handle in the back, stretching from rim to shoulder, as well as shorter handles on either side of the neck, resting on the shoulder. For the purpose of simplification in the ensuing discussion I will refer to all of them as loutrophoroi. A loutrophoros identifies the scene of a bathing youth, on the shoulder of a hydria at Warsaw (fig. 1)[52], as a nuptial bath. Bath water for the *loutron nymphikon* (bridal bath) was fetched in a great procession, the *loutrophoria*; like the *proteleia*, or marriage sacrifice, ritual songs accompanied this outdoor procession; a chorus of Okeanids alludes to the wedding song in connection with (ritual) bath and bed (in the marriage chamber) in Aischyl. *Prom.* 552–560. Between the noise and the show – the large loutrophoroi also drew the attention of onlookers – it was clear to all that a wedding was about to happen. The *loutrophoria* (festival) far outshadows the *loutron* (bath) in the bridal imagery on Athenian vases[53].

The earliest *loutrophoria* scene appears on a Protoattic loutrophoros dedicated at Athens' Sanctuary of Nymphe (Bride) (pl. 35, 3)[54]. The image becomes even more popular after 480 B.C. Some scenes on loutrophoroi even show *loutrophoroi*[55]. On a loutrophoros fragment in Oxford (pl. 35, 4)[56], for example, Eros, flying next to the bride, holds a loutrophoros in each arm. According to the imagery, musicians numbered among participants in the *loutrophoria*[57]. Another loutrophoros in Athens (pl. 36, 1) illustrates the entire procession to the Enneakrounos, in a scene that stretches from one handle to the next[58]. The leader of the procession is a torchbearer, behind whom comes a boy playing flutes. The loutrophoros itself was entrusted to a female child, also called the *loutrophoros*, who comes next, with Eros. Next comes the bride, signified by her modest tilt of her head as well as the wreath before her; two more attendants, one with a torch, follow her. A contempo-

---

49. Pomeroy 46.
50. Ginouvès, *Balaneutikè* 265–282; Rehm 14. 30–31.
51. See Winkler; Mösch-Klingele; *ThesCRA* V 2 b Cult Instruments p. 176–178.
52. (= *ThesCRA* II 3 a Purification, Gr. **34***, V 2 b Cult instruments **126**) Warsaw, Nat. Mus. 142290, ca. 470–460 B.C. *ARV²* 571, 76: Leningrad P.; *Para* 390; Oakley/Sinos fig. 13.
53. Oakley/Sinos 15–16.
54. (= *ThesCRA* V 2 b Cult instruments **124**) Athens, Akropolis Mus. 1957-Aa-189; Oakley/Sinos 5; Winkler 20–21 no. 17 pl. 1; Mösch-Klingele 96. 226 no. 3 fig. 61a.
55. Oakley/Sinos 6; Reinsberg 70.
56. (= *ThesCRA* V 2 b Cult instruments **128***, = *LIMC* III Eros **639c***) Oxford, Ashmolean Mus. 1966.888, 430–420 B.C.
57. Pirenne-Delforge; Sabetai 1, 150–161; Weiß.
58. (= *ThesCRA* VI Add. Music, Gr. **36**) Athens, NM 1453, ca. 430–420 B.C. *ARV²* 1127, 18: Washing P.; *Para* 453; *Add²* 332; Oakles/Sinos figs. 14–15.

rary loutrophoros in Karlsruhe shows the journey home again (pl. 36, 2)[59]. The fountain house is shown at the far left, while a herm and an altar by the doorway to the home, at the far right of the scene, allude to the ritual aspect of the procession.

A bathing scene on a pyxis in New York (pl. 36, 3)[60] illustrates the next stage after the bath, that is, the adornment of the bride, in which she is assisted by the *nymphokomos*[61]. Such multiple-event scenes show a series of emblematic wedding motifs[62]; the final scene is of the bride in the realm of Aphrodite: Aphrodite (crowned) and her assistant, Peitho (Persuasion) watch over the bride, who is seated, with Eros in her lap. The other scenes, from left to right, show: the bride bathing; then the same bride (with long hair) dressing in her undergarment after the bath; after she has bound her hair (or cut it, as at Delos, according to Paus. 1, 43, 4; *cf.* Hdt. 4, 34) she adds a peplos. The bride may have been dressed in a purple dress. Sappho's use of the epithet *iokolpos* (with violet overfold) suggests a darker, purple hue (Sappho 30, 5 Voigt). Achilles Tatius' description (2, 11, 2-4), in the 2nd cent. A.D., of a purple dress that he likens to the colour of Aphrodite's, seems to continue the same tradition. We are not certain of the colour of the bridal veil. Ancient sources indicate that it was rich in colour, texture, and symbolism. Iphigenia's veil (Aischyl. *Ag.* 231-248) was decorated with a crocus dye, which would fit in the range of yellows, reds, and purples. As Llewellyn-Jones notes, the actual colour may have varied; a reddish hue is likely, given the popularity of this colour for marriage veils throughout the history of Near Eastern and Mediterranean cultures[63]. Red, like the red rose, a symbol of love and fertility, was associated with Aphrodite and her lover Adonis (Paus. 6, 24, 7).

The name vase of the Painter of Athens 1454, a lebes gamikos (pl. 37, 1)[64], shows the culmination of the bridal preparations, the crowning of the bride with her *stephane*. Illustrations of bridal crowns are variable, but they usually contain vegetal elements[65]. In *Mor.* 138d, Plutarch tells us that Boeotian brides wore asparagus. The groom was also crowned, perhaps with sesame (fertility) and mint (aphrodisiac) (*Suda s.v.* «νυμφίου βίου»;

Schol. Aristoph. *Aves* 160). Some images show myrtle, a plant dedicated to Aphrodite[66]: a clear example is found on the Peleus Painter's name vase, a calyx krater in Ferrara (pl. 37, 2)[67]. The groom might also carry a myrtle wreath, as on a lidded red-figure Boeotian pyxis from the Kanapitsa cemetery of Thebes (11, 1; 37, 4)[68]. Images of the bride's adornment, such as the name piece of the Painter of Athens 1454, indicate that another procession consisted of women with containers, some holding perfume, others holding garments and jewelry; especially in the visual sources this is likely to be confused with the procession of gifts that was part of the *epaulia* (*infra* **3.2.3.3**). Not surprisingly, however, such scenes frequently decorate the ointment and perfume containers – alabastra, lekythoi, and plemochoai – and jewelry boxes – pyxides and lekanides – that were used for this part of the wedding. Indeed, literary sources emphasise the perfumes worn by the participants, especially myrrh (Aristoph. *Plut.* 529; Xen. *symp.* 2, 3). Further accessories included elaborate jewelry and *nymphides* (special shoes: Hesych. *s.v.* «νυμφίδες»). A shoe or sandal-binding scene, which often includes Eros, is common on red-figure Attic vases, e.g. the Washing Painter's hydria in New York (pl. 37, 5)[69]. In this scene Eros prepares the paradeigmatic willing bride, Helen. All the attention to the adornment of the bride reflects the preparation of the divine bride, Hera, by Aphrodite (Hom. *Il.* 14, 170-223) and that of another mythic bride, Pandora (*supra* **2.1**), by the Graces, Peitho, and the Horai, working for Athena, at the behest of Zeus (Hes. *erg.* 60-82).

The *gamelia* (wedding feast) included both families. It was normally given by the bride's father, in her original home (e.g. Hom. *Od.* 1, 275-278), but occasionally by the groom or his father: the latter is perhaps shown in the context of a mythic «wedding» on Sophilos' black-figure dinos in London[70]. This scene, a who's who of Greek divinities, clearly shows the divine guests, in their chariots, arriving at the home of Peleus, on the occasion of his marriage to Thetis (Hom. *Il.* 18, 432-436; Hom. *Il.* 24, 58-63; Hes. *theog.* 1006-1007; Pind. *I.* 8, 25-48; Pind. *N.* 4, 62-68).

---

59. (= *ThesCRA* II 4 b Dance **113***, V 2 b Cult instruments **127**, VI Add. Music, gr. **35**, = *LIMC* III Dionysos **163**, IV Hermes **103**) Karlsruhe, Landesmus. 69/78, ca. 440-430 B.C. *ARV*² 1102, 2: near the Naples P.; *Para* 451; *Add*² 329; Weiß 652-664; Oakley/Sinos figs. 16-19.
60. (= *ThesCRA* II 3 a Purification, Gr. **35***, V 2 b Cult instruments **129**, = *LIMC* II Aphrodite **987**, III Eros **651d***) New York, MMA 1972.118.148, ca. 430-420 B.C. Oakley/Sinos figs. 20-21.
61. According to Hesych. *s.v.* «νυμφοπόνος», the *nymphoponos* had a similar job to the *nymphokomos*.
62. Sabetai 1, 319-320.
63. Llewellyn-Jones 224-226.
64. (= *ThesCRA* V 2 b Cult instruments **110***) Athens, NM 1454, 420-410 B.C. *ARV*² 1178, 1: P. of Athens 1454; 1685; *Para* 460; Oakley/Sinos figs. 28-29.

65. Oakley/Sinos 16; Blech, M., *Studien zum Kranz bei den Griechen* (1982) 75-81.
66. Kunze-Götte, E., *Myrte als Attribut und Ornament auf attischen Vasen* (2006) 42-46.
67. (= *LIMC* II Aphrodite **1505**, VII Peleus **206**) Ferrara, Nat. Mus. 2893, ca. 440-430 B.C. *ARV*² 1038, 1; 1679; *Para* 443; *Add*² 319; Oakley/Sinos fig. 74.
68. Thebes, Mus. 31923, ca. 420-400 B.C. Sabetai 2, 326 pl. 63a-b; Stampolidis/Tassoulas 186 n° 153.
69. (= *LIMC* IV Helene **80***) New York, MMA 19.192.86, ca. 430-420 B.C. *ARV*² 1130, 152: Washing P.; *Para* 443; *Add*² 319: Oakley/Sinos fig. 31. For the sandal motif see Säflund, M.-L., *The East Pediment of the Temple of Zeus at Olympia* (1970) 105-107.
70. (= *LIMC* VII Peleus **211***) London, BM GR 1971.11-1.1, ca. 580-570 B.C. *Para* 19, 16bis; *Add*² 10.

Peleus is shown at the door of his house. The absence of gifts, including the bride, in this mythic representation, suggests that the guests are arriving for the feast rather than a divine *epaulia*. The bride remains veiled within the house, in the context of the same mythic «wedding», on the François Vase in Florence[71]. This indicates that the consummation has not taken place. The feast might also take place in a sanctuary (*LSCG* 177), but if in the home of the bride, as was usual, some attention might be given to decorating the house with ribbons and branches, as on the Syracuse Painter's loutrophoros in Athens (pl. 37, 3)[72]. It is unlikely that, as commonly thought, the groom introduced his new wife to the entire *phratry* (kinship group) at the *gamelia*[73]. Lynkeus of Samos notes a limit of 30 guests (Athen. 6, 245a). The feast preparations, which lend themselves to parody, are treated by the comics, e.g. Men. *Samia* 223-227, and illustrations on vases. A lekanis in St. Petersburg (fig. 38, 1), for example, shows the making of the sesame cakes (mixed with honey)[74], such as those that are distributed by a bridegroom to his friends, albeit in a daydream, in Men. *Samia* 124-125. We have no extant account of the feast itself, unless one counts the many examples of the mythic feast for the marriage of Peirithoos and Hippodameia, not least on the east pediment of the Temple of Zeus at Olympia[75]. Accompanying dances, however, are rife in literary descriptions (e.g., Hom. *Il.* 18, 490-496; Eur. *Tro.* 328; Men. *Dysk.* 950-953) as well as countless vases, on which it is difficult, however, to distinguish wedding dances from other dances.

The wedding culminated, at dusk, in the torchlit procession from the bride's home to the groom's home, beginning with words such as «Get up! Make way! Carry the torch!». These and similar words are used in comic parodies of weddings, e.g. in Aristoph. *Vesp.* 1326 and *Av.* 1720, as well as tragic weddings, e.g. Eur. *Tro.* 308. This procession, the *nymphagogia* or *gamelia* – with dances, music, and vases, as well as torches – was by far the most public and elaborate event of the three-day wedding (Hom. *Il.* 18, 490-496). The whole procession is shown on a frieze encircling a pyxis in London (pl. 38, 3)[76]. The procession approaches the groom's house, which is indicated by the door on the far right, to which the *proegetes* (usher) leads. The bride's mother, with torches, walks alongside the chariot in which the couple travels. She is followed by the *parochos* (best man) who, torch in hand, ensures the bride's safe journey, in his role as *paranymphos* or *nymphagogos*. Several women carry containers behind him and this procession is thus confused with those of the *anakalypteria dora* and *epaulia* (*infra* **3.2.3.3**); these containers may have held the bride's *pherne* (trousseau). Behind the procession is the opened door of the bride's family's house, which they have left. Other details are not visible on images: music dominated, especially *hymenaioi* (wedding songs) or *epithalamia* as they were later known[77]; we are told also that guests threw apples, leaves, and flowers at the couple (Stesich., Page, *PMG fr.* 187; Chariton 8, 1, 12). In this aspect the *gamelia* might have been related to a *phyllobolia* (victory procession)[78].

A cart seems to have been the preferred means of conveyance of the bride (Eust. 652, 42-49 *ad* Hom. *Il.* 6, 420; Hesych. *s.v.* «κλινίς» and «πάροχοι»; Phot. *s.v.* «ζεῦγος ἡμιονικὸν ἢ βοεικόν»; Paus. 9, 3, 1-2; Pollux 3, 40; 10, 33; Pausanias Atticus *s.v.* «πάροχος»; *Suda s.v.* «ζεῦγος ἡμιονικὸν ἢ βοεικόν»). A good example is shown on the Amasis Painter's lekythos in New York (pl. 38, 2)[79]. The abundance of chariots in such scenes is, according to Oakley and Sinos, an allusion to the heroic ideal[80]. Alternatively the bride might travel on foot, *chamaipous*, as on the name vase of the Painter of the Athens Wedding, a calyx krater (pl. 10, 3)[81], or the Boeotian pyxis (pl. 11, 1)[82]. Walking processions are increasingly common in visual sources from the Classical and Hellenistic periods, yet textual sources apart from Pollux 3, 40-43, do not clarify the mode of transport; the *nymphagogia* at the end of Aristoph. *Pax.* (1315-1359) certainly suggests a walking procession[83]. As later in Rome, the groom might be excluded from this procession (Xenophon of Ephesos 1, 8); Pollux explains (3, 41) that this would happen if the groom marries for the second time (Hesych. *s.v.* «νυμφαγωγός» makes the same point). In

---

71. (= *LIMC* VII Peleus **212***) Florence, Mus. Arch. 4209, ca. 570-560 B.C. *ABV* 76, 1.
72. Athens, NM 17456, ca. 470-460 B.C. *ARV²* 520, 31bis; Oakley/Sinos 21. For house decoration see also Lysippos *fr.* 1, *PCG* 4, 78 (= *Etym. m. s.v.* «κορυθάλη»).
73. Pomeroy 79 rightly rejects this claim, based on a confusion of the *gamelia* and *apaturia* in *Anecd*. Bekker 1, 228, 4-8 and *Etym. m. s.v.* «γαμηλία».
74. (= *ThesCRA* V 2 b Cult instruments **789a***, = *LIMC* II Aphrodite **212***, V Hermes **158***) St. Petersburg, Hermitage Ю-О 9 (St 1791), ca. 360-350 B.C. *ARV²* 1477, 3: Eleusinian P.; *Para* 496; *Add²* 381; Oakley/Sinos figs. 44-45.
75. (= *LIMC* VII Peirithoos **14***, VIII Suppl. Kentauroi et Kentaurides **211***) Olympia, Mus., ca. 470-460 B.C.
76. (= *ThesCRA* V 2 b Cult instruments **109***/**923**) London, BM GR 1920.12-21.1, ca. 440-430 B.C. *ARV²* 1277, 23: Marlay P.; 1282, 1; 1689; Oakley/Sinos figs. 75-78.
77. Hom. *Il.* 18, 490-496; Hes. *asp.* 272-285; Eur. *Tro.* 308-341; Aristoph. *Pax* 1316-1359; Apoll. Rhod. 4, 1160. See Contiades-Tsitsoni, E., *Hymenaios und Epithalamion. Das Hochzeitslied in der frühgriechischen Lyrik* (1990).
78. Avagianou 12. 16.
79. (= *ThesCRA* V 2 b Cult instruments **919a***, VI Suppl. Music **43**) New York, MMA 56.11.1, ca. 550-540 B.C. *Para* 66; *Add²* 45; Oakley/Sinos figs. 68-70.
80. Oakley/Sinos 30.
81. (= *ThesCRA* VI Add. Music, Gr. **47**) Athens, NM 1388, ca. 420-410 B.C. *ARV²* 1317, 1; *Para* 478; Oakley/Sinos figs. 87-88.
82. Sabetai 2.
83. Avagianou 10-12; Deussen 129-131.

any case, the mother of the groom awaited and greeted the bride at the end of the procession, at the door of the bride's new family home[84]. The door, as a goal of such processions is a *topos* in both literary and visual sources. Homer's description of wedding processions, in his *ekphrasis* of the shield of Achilles, for example, specifies the women who stand «each before her door» (Hom. *Il.* 18, 490–496). The arrival scene on a lebes gamikos in Athens (pl. 39, 3)[85] shows the mothers greeting each other. The arrival at the house of the groom might be occasioned by *katachysmata*, a ritual sequence of symbolic rites to ensure fertility and prosperity and begin the integration of the bride into her new home. Fruit and nuts – *tragemata*, alternatively called *katachysmata* (*Schol.* Aristoph. *Plut.* 798; Theop., *PCG* VII *fr.* 15; Harp. *s.v.* «καταχύσματα»; Demosth. 45, 74; Hesych. *s.v.* «καταχύσματα») – were seemingly poured over the couple, as illustrated on a fragment of the Phiale Painter's loutrophoros in Boston (pl. 39, 2)[86]; a mock *katachysmata* occurs in Aristoph. *Plut.* 794–799. Shoes might be thrown at the couple, as illustrated on the name vase of the Painter of the Athens Wedding (pl. 10, 3)[87]. The bride is welcomed at the groom's family hearth. More wedding songs (*gamelioi*) might be sung at this point (Eust. 1541, 49). Some examples are preserved in Sappho *frr.* 112–113 Voigt. Besides the sesame and honey cake, other fruit might be exchanged as fertility symbols. The bride would be offered apple or quince[88]; her acceptance of food, as on a loutrophoros in Toronto (pl. 40, 1)[89], symbolized her integration into her new home. This is the point at which the groom would grab the bride by the wrist, *cheir' epi karpoi*, to lead her away[90]. Another symbol of the surrender of the bride and the husband gaining control would be the loosening of the bride's belt, which is conspicuously shown on a *cheir' epi karpoi* scene on the Toronto loutrophoros.

And so to bed. The *thalamos* or wedding chamber was duly decorated, perhaps also marked by a pestle hung in front of it[91]. According to Pollux 3, 41, a female companion called the *thalameutria* (perhaps the same person as the *nympheutria* who, according to Aristoph. *Ach.* 1056–1060, might discuss the sexual fantasies of the bride) took the couple to their bed[92]; Plutarch (*Mor.* 138b) gives this role to a priestess of Demeter. The door was closed behind the couple, and guarded by the *thyroros*[93]. Pollux 3, 42 tells us that the *thyroros* yells at the women who try to rescue the bride, and this gives the impression that the consummation of the marriage was seen as or treated as some sort of rape. Friends might also knock on the chamber door (Hesych. *s.v.* «κτυπιῶν»), perhaps to sing more wedding songs. A sepulchral epigram from the *Palatine Anthology* suggests that knocking at the door accompanied music making (*Anth. Pal.* 7, 182; *cf.* also 7, 711). The term *epithalamion*, used for such songs from the Hellenistic period, literally means song at the bridal chamber[94]. Menander Rhetor 405–412 Spengel uses the term *kateunastikos* (bedding-down song) for the speech/song at the (bed) chamber door. Both during and after the procession guests would shout *makarismoi* (blessings) to the couple. Certainly all this noise of this *pannychis* (all night celebration, as in Sappho 30 Voigt) drowned out the cries of the bride being violated by her new husband, and there are indications that that was the main purpose of the noisemaking (Theokr. 18, 1–8).

3.2.3.3. *Epaulia*

The third day, *epaulia* (*Suda* and *Etym. m. s.v.* «ἐπαύλια»), involved the reception of gifts (also called *epaulia*[95]). Gifts associated with the *epaulia* have long been conflated with *anakalypteria dora* or gifts on the occasion of the *anakalypteria* (unveiling of bride: Harp. *s.v.* «ἀνακαλυπτήρια»; *Suda s.v.* «ἀνακαλυπτήρια»; Pollux 3, 36), especially in the visual sources, which tend to freely pick and choose events and details that have the strongest visual or symbolic impact. The *anakalypteria* was one such moment: the moment of consent and thus the vital event that signified a civil wedding[96]; with the emphasis on viewing and showing off the bride, it is appropriate that the other names of the associated gifts, *opteria* and *theoretra*, derive from words for seeing (e.g. Pollux 2, 59). This

---

84. Haight, E. H., *The Symbolism of the House Door in Classical Poetry* (1950); Halm-Tisserant, M., «ΕΞΩ-ΕΝΤΟΣ – De l'ambiguïté des portes et des fenêtres dans la peinture de vases grecque», *REA* 97 (1995) 473–503.

85. (= ThesCRA V 2 b Cult instruments 101/919b, = *LIMC* II Artemis 1252) Athens, NM 19363, ca. 540–530 B.C. *Para* 122: Manner of the Antimenes P.; Schauenburg, K., *RM* 71 (1964) 69–70 pl. 11, 3; Buchholz, H.-G., *JdI* 102 (1987) 37 fig. 24e.

86. (= ThesCRA II 4 a Banquet, Gr. 118, = *LIMC* III Eros 639a*) Boston, MFA 10.223, ca. 440–430 B.C. *ARV²* 1017, 44; Sutton 2, 331–359; Oakley/Sinos figs. 60–61.

87. Avagianou 12; Sutton 1, 179–180.

88. Plut. *Mor.* 138d; *quaest. Rom.* 279f; Sol. 20,4. For the symbolism of such fruits see Faraone, C., «Aphrodite's ΚΕΣΤΟΣ and Apples for Atalanta: Aphrodisiacs in Early Greek Myth and Ritual», *Phoenix* 44 (1990) 219–243.

89. Toronto, Royal Ontario Mus. 929.22.3, ca. 450–440 B.C. *ARV²* 1031, 51: Polygnotos; *Add²* 317; Oakley/Sinos figs. 82–84.

90. Rehm 14–17; Oakley/Sinos 25–26.

91. See Pollux 3, 37 for the pestle. On the *thalamos* in general see Lane, E. N., «ΠΑΣΤΟΣ», *Glotta* 66 (1988) 100–123; Magnien 115–117.

92. *cf.* also Plut. *Lyc.* 15.

93. Sappho 110 Voigt.

94. Dion. Hal. *rhet.* 4, 1; Pind. *P.* 3, 16–19; Theokr. 18; Longus 4, 40; Him. *or.* 9, 4. For such songs see especially Page, D. L., *Sappho and Alcaeus* (1955) 71–74. 119–126.

95. Pollux 3, 39; Eust. 1337, 39–49 ad Hom. *Il.* 24, 29; Deubner, L., «ΕΠΑΥΛΙΑ», *JdI* 15 (1900) 144–154.

96. Sissa, G., *Greek Virginity* (1990) 94–99.

stresses the importance of the community witnessing the unveiling and the subsequent gifts. Two of the lexicons, by Harpokration and the *Suda*, agree that the *epaulia* and the *anakalypteria* were the same event. The *anakalypteria*'s mythic paradigm is provided in Pherekydes of Syros' (6th cent. B.C.) description of the third day of the wedding of Zeus and Chthonie, from which «unveiling [*anakalypteria*] ... became custom among both gods and men» (*VS* 7 B 2). Although Pherekydes clearly specifies that this was on the third day of the wedding, scholars since Deubner have preferred to push the *anakalypteria* back to the second day, or the day of the *gamelia*, either before or after the procession[97]. Yet *Anecd.* Bekker 1, 200, 6–8 is the only ancient source that connects the *anakalypteria* with the wedding feast. Deubner rationalised that perhaps things were different in Pherekydes' day (6th cent. B.C.), and indeed, we must remind ourselves, as does Llewellyn-Jones[98], that many variations occur across time and space. We must also allow for artistic licence: Deubner was unduly swayed by the visual evidence. Llewellyn-Jones' suggestion that the *anakalypteria* comprised a series of unveilings, first with a public unveiling, in full view of the assembled guests at the wedding feast, and later in private, is an extreme response to this scholarly quandary[99]. The unveiling certainly makes logical sense after the *gamos* or consummation of the marriage[100], on the third day according to the system outlined here. At Sparta, by comparison, the bride was sheathed in the darkness of night until and during the consummation, not even seen by her bridegroom (Plut. *Lyc.* 15, 3–5).

The *anakalypsis* gesture, which is not restricted to wedding scenes, normally shows a woman unveiling (or veiling) herself, as in the bridal procession that decorates the Amasis Painter's lekythos (pl. 38, 2). The *anakalypsis* is commonly used as an attribute of an archetypal mythic bride in the direction of her husband, e.g. Hera towards Zeus, as on the central slab of the East frieze of the Parthenon[101]. Despite the association of the *anakalypsis* with the *ekdosis*, the father giving away his daughter, men are never shown unveiling the bride. A scene on the Phiale Painter's fragmentary loutrophoros in Boston shows the *nympheutria* (bridesmaid) unveiling the bride (pl. 39, 2).

The Pherekydes fragment noted above also indicates that the *anakalypteria* was also the occasion for the groom to give a gift (a robe in this case) to the bride. This and perhaps other gifts, the *anakalypteria dora* (Lysias *ap.* Theon *Progymnasmata* 2, p. 69 Spengel), were given seemingly in reciprocation of the surrender of the bride's virginity. As noted above, it is hard to distinguish images of the *anakalypteria dora* from those of the *epaulia* as the gifts, in both cases, are held by female companions, and are similar if not identical to those used in preparations. In any case, the procession of gifts would have come after the unveiling, because the bride would play an active role in the procession of gifts: according to Pollux, Solon even encouraged brides to carry a grill for roasting barley (1, 246) and a sieve (3, 37). Such household vessels were symbols of her domestic skills. The gifts shown in such a procession on a pyxis in Berlin (pl. 40, 2)[102], serve several purposes: beautification tools sustain the bride's beauty and thus retain the husband's attraction; small containers, lekanides and pyxides, hold jewelry and cosmetics; the kalathos basket that the bride herself holds is a container for woolwork, one of her primary household responsibilities.

Feasting at the home and expense of the groom's family continued through and after the *epaulia*, and until the bride dedicated her wedding pottery – some of the actual vessels used during the three days of events – at the Sanctuary of the Nymphe (*supra* **2.3.1**). Indeed the excavations at this important sanctuary have yielded rich deposits of lebetes gamikoi, lekanides, and especially loutrophoroi, from the 7th through the 3rd cent.[103]. Loutrophoros fragments with inscribed dedications have been found also at extraurban Athenian sanctuaries, e.g. the cave of the nymphs at Vari and the shrine of Artemis on the Akropolis[104]. There is little certain evidence elsewhere, however, of postnuptial sacrifices. Scant epigraphic evidence attests a legal requirement for women to make such sacrifices at Kyrene and Kos (to Artemis and Aphrodite, respectively): Kyrene's cathartic law (4th cent. B.C.) mandates a penalty for brides who fail to sacrifice to Artemis at the Artemisia[105]; at Kos all women – whether citizens, *nothai* or *paroikoi* – were required to sacrifice to the civic deity, Aphrodite *Pandamos*, within a year of their marriage[106].

AMY C. SMITH

---

97. Deubner *o.c.*; for summaries of scholarship see Oakley and Llewellyn-Jones 228.
98. Llewellyn-Jones 229.
99. Llewellyn-Jones 227–248.
100. Hesych. *s.v.* «ἀνακαλυπτήριον» agrees with Pherekydes. While Harp. *s.v.* «ἀνακαλυπτήρια» puts it on the day of the *epaulia* he makes that the second day.
101. (= *LIMC* III Dodekatheoi **4a***, IV Hera **208***, Suppl. 2009 Zeus **add.22**) London, BM, 442–438 B.C.
102. (= *ThesCRA* V 2 b Cult instruments **112**, VI Add. Music, gr. **41**, = *LIMC* III Eros **640b**) Berlin, Staatl. Mus. V.I. 3373, ca. 460–450 B.C. Oakley/Sinos figs. 115–119.

103. For a survey of the excavation reports see Dillon 2, 219–220; Papadopoulou, *Louthrophorai*.
104. Dillon, M. P. J., «The Ecology of the Greek Sanctuary», *ZPE* 118 (1997) 120; King, L. S., «The Cave at Vari. IV», *AJA* 7 (1903) 320–327; Schörner, G./Goette, H. R., *Die Pan-Grotte von Vari* (2004) 94–95. For nuptial dedications of loutrophoroi and footstools at Athens and Eleusis see also *IG* II² 1469 B 89. 1485, 54. 1544, 63.
105. *LSS* 115 B, 9–14; a similar requirement is put on pregnant women at Cyrene.
106. For Kos see *ICos* ED 178a(A), 15–20.

Matrimonio nel mondo etrusco

INDICE
Introduzione 95
1. Terminologia 96
2. Divinità inerenti il matrimonio e luoghi
   sacri connessi 96
3. Atti rituali 97
   3.1. Matrimonio come rito di passaggio .. 97
   3.2. Atti rituali propedeutici
        al matrimonio 98
   3.3. Doni nuziali 98
   3.4. Elementi della cerimonia 98
        3.4.1. Corteo su carro 98
        3.4.2. *Dextrarum iunctio* 99
        3.4.3. Copertura degli sposi con
               il manto 99
   3.5. Abiti nuziali 100

BIBLIOGRAFIA GENERALE: Baglione, M. P., «Considerazioni sul 'ruolo' femminile nell'arcaismo e nel tardo-arcaismo», in Rallo 107-119; Bartoloni, G., «La società e i ruoli femminili nell'Italia preromana», in von Eles, P. (ed.), *Le ore e i giorni delle donne*, cat. mostra (2008) 13-23; Cantarella, E., *Passato prossimo. Donne romane da Tacita a Sulpicia* (2006); Colonna, G., «Nome gentilizio e società», StEtr 45 (1977) 175-192; Fayer, C., *La familia romana* 2 (2005) in part. 402; Guarducci, M., «Il 'conubium' nei riti del matrimonio etrusco e di quello romano», BullCom 55 (1928) 205-224; Heurgon, J., *Vita quotidiana degli Etruschi* (1963) 109-138; Montepaone, C., *Lo spazio del margine. Prospettive sul femminile nella comunità antica* (1999); Nielsen, M., *La donna e la famiglia nella tarda società etrusca*, in Rallo 121-145; Rallo, A. (ed.), *Le donne in Etruria* (1989); ead., «Il lusso, le donne, il potere», in Torelli, M./Moretti Sgubini, A. M. (edd.), *Etruschi. Le antiche metropoli del Lazio* (2008) 140-147, in part. 141-142; Romano, A., «*Matrimonium iustum*». *Valori economici e valori culturali nella storia giuridica del matrimonio* (1996); Scheid Tissinier, E., «Le mariage et les femmes», in ead., *L'Homme grec aux origines de la cité (900-700 av. J.-C.)* (1999) 129-150; Schmitt Pantel, P. (ed.), *Storia delle donne. L'antichità* (2003).

Introduzione

Una riflessione sul tema del matrimonio, come su qualunque altro aspetto della società etrusca, risente gravemente della mancanza di fonti storiche e letterarie dirette, che avrebbero potuto rendere ragione della complessità e della reale articolazione del tema trattato.

Gli storici antichi, in particolare greci, hanno alimentato l'equivoco, del tutto chiarito solo in tempi relativamente recenti, di un malinteso e improbabile matriarcato etrusco, in virtù del quale la diade matrimoniale avrebbe potuto presentarsi perfettamente equilibrata o addirittura talvolta sbilanciata a favore della donna (Aristot. *fr*. 566 Rose [*ap*. Athen. 1, 23d]; Timai. *FGrH* 566 F 1a [*ap*. Athen. 4, 38, 153d]. 1b [*ap*. Athen 12, 517d]; Theop. *FGrH* 115 F 204 [*ap*. Athen. 12, 517d-518b]; Alkimos, *FGrH* 560 F 3 [*ap*. Athen. 12, 518b]; Plaut. *Cist*. 561-562; Hor. *c*. 3, 10, 11-12). In particolare, la leggenda di Arunte il chiusino, che abbandona la propria città di fronte alla pubblica infedeltà della moglie, pretendendo inizialmente solo un indennizzo e mettendo in atto poi una tardiva vendetta (Liv. 5, 33)[1], e quella di Tarquinio, umiliato dal confronto tra la pudicizia delle donne latine e la dissolutezza della propria sposa (Liv. 1, 57-58), appaiono indicative dei pregiudizi diffusi sulla cattiva condotta femminile etrusca. Questi racconti sono smentiti solo da pochi autori latini come Virgilio (Verg. *georg*. 2, 523-535; *Aen*. 12, 271-272) e Musonio Rufo, ammiratori della solidità e dell'umanità della famiglia etrusca, all'interno della quale erano allevati tutti i figli senza distinzione ed era concessa pari dignità ad entrambi i sessi, «ugualmente dotati di intelligenza» (Musonius *fr*. 15, Pap. Harr. 1).

Nonostante la dominanza del principio maschile sia indubitabile, esistono tuttavia evidenti indizi storici ed archeologici dell'influenza delle donne etrusche, e in molti casi italiche, a differenza di quelle greche o romane, nei processi di successione e di eredità, come evidenzia soprattutto lo studio della prosopografia delle città etrusche e delle formule onomastiche, che prevedono l'uso generalizzato del prenome, e la diffusione del matronimico[2]. Le iscrizioni funerarie mostrano, infatti, il frequente scambio femminile tra eminenti famiglie, come ad esempio i Cilni di Arezzo e gli Spurina di Tarquinia. La donna etrusca, a differenza di quella romana, possiede un'autonomia giuridica che mantiene anche all'interno del matrimonio[3]. L'iconografia offre numerose testimonianze della presenza femminile nei contesti di interazione sociale, ritraendo ad esempio spesso le signore nell'atto di partecipare ai banchetti.

Nelle fasi più antiche della cultura etrusca (IX-VII sec. a.C.), risulta documentato il matrimonio con donne forestiere, come si evince soprat-

---

1. V. anche Sordi, M., «La leggenda di Arunte chiusino e la prima invasione gallica in Italia», *Rivista Storica dell'Antichità* 6 (1976-77) 111-117.
2. Amann, P., *Die Etruskerin. Geschlechterverhältnis und Stellung der Frau im frühen Etrurien (9.-5. Jh. v. Chr.)* (2000) 80-87; Morandi, M., *Prosopographia etrusca* I. *Corpus* 1. *Etruria meridionale* (2004) *passim*; Gasperini, L., «La dignità della donna nel mondo etrusco e il suo lontano riflesso nell'onomastica personale romana», in Rallo 181-211. Sull'argomento si veda anche Camporeale, G., «La donna nella società etrusca arcaica», *Pagine della Dante* 80, Ser. 3/4 (1996) 8-11, in particolare 8-9.
3. Sordi, M., «La donna etrusca», in *ead*. (ed.), *Prospettive di storia etrusca* (1995) 1-173.

tutto dalle deposizioni di numerosi ornamenti d'importazione nelle sepolture[4]. In alcuni casi, inoltre, nelle famiglie aristocratiche, era preferibile un matrimonio con un uomo straniero piuttosto che con uno di livello inferiore, come dimostra ad esempio il mito di Demarato (Dion. Hal. *ant.* 3, 46; Strab. 5, 2, 2. 8, 6, 20; Plin. *nat.* 35, 16; Liv. 1, 34). L'unione tra un'aristocratica etrusca e un piceno sembra documentata inoltre a Verucchio[5]. Bisogna sottolineare, tuttavia, come l'integrazione nella compagine sociale di elementi italici fosse ben più diffusa ed accettata rispetto a quella dei greci[6]. Il *conubium*, rielaborato nelle sua forma giuridica nota dal diritto romano, sembrerebbe impiantarsi su una tradizione più antica, che lo intendeva nel senso dell'*accesso ad uno scambio matrimoniale tra popolazioni confinanti dell'area etrusco-laziale* (Liv. 1, 9, 2).

Con il consolidarsi dell'assetto urbano la prassi coniugale deve aver subito un irrigidimento, virando verso un sistema endogamico, come attesta la documentazione epigrafica anche in epoca recenziore. A partire dal II sec. a.C., in Etruria settentrionale le epigrafi sepolcrali ci restituiscono la realtà di donne sposate, che tornano a gravitare nell'orbita della famiglia paterna e vengono sepolte nella tomba della famiglia di origine. Un caso limite è rappresentato dalla Tomba delle Madri e delle Figlie di S. Lucia a Perugia con quattro o cinque generazioni di sepolture unicamente femminili[7].

La mobilità sociale, che nelle fasi più antiche deve essere intesa esclusivamente in senso orizzontale, seguendo un principio di «solidarietà di classe»[8], conquista in epoca avanzata un maggiore dinamismo, contemplando la possibilità di vincoli tra membri di ceti diversi, come dimostrerebbe un'urna chiusina sulla quale si celebra la legittima unione tra una donna etrusca di rango e un suo liberto di origine siriaca[9].

1. Terminologia

Tra i vocaboli di lingua etrusca noti, riconducibili alla sfera dei rapporti parentelari, oltre ai sostantivi *apa* («padre») e *ati* («madre»), *clan* («figlio») e *śec* o *śeχ* («figlia»), certamente tutti riferibili ad un'unione legittimamente riconosciuta, un esplicito riferimento al legame matrimoniale ed al ruolo che i coniugi assumono reciprocamente si individua nei termini *puia* «moglie», spesso usato sotto forma di gamonimico, e *tuśurthi, tuśurthii, tusurthir* («quelli (che giacciono) sui cuscini»), cioé «i coniugi»[10].

GILDA BARTOLONI

2. Divinità inerenti il matrimonio e luoghi sacri connessi

BIBLIOGRAFIA: Cristofani, M., «Sul processo di antropomorfizzazione nel pantheon etrusco», in *id.* (ed.), *Miscellanea Etrusco-Italica* I (1993) 9–21, in part. 13–14; Izzet, V., «Etruscan Mirrors», in *ead.*, *The Archaeology of Etruscan Society* (2007) 43–86, in part. 60 sgg.; Pautasso, A., «Anakalypsis e Anakalypteria. Iconografie votive e culto nella Sicilia dionigiana», in Di Stefano, C. A. (ed.), *Demetra; la divinità, i santuari, il culto, la leggenda* (2008) 285–291.

Tra le divinità etrusche connesse con la sfera del matrimonio, nella sua accezione più istituzionale, figura Uni, sposa per eccellenza e paredra della massima divinità maschile, rappresentata talvolta proprio durante la cerimonia nuziale, come esemplifica la decorazione di uno specchio databile intorno al 340 a.C. (tav. 41, 1)[11]. Uni è legata più della Hera greca alla sfera della riproduzione[12] e nella versione etrusca del mito, Era-Uni e Eracle potrebbero aver avuto un rapporto diverso rispetto a quello della Grecia.

Una divinità che compare con frequenza sugli specchi, oggetti fortemente legati al mondo muliebre e più indirettamente alla sfera matrimoniale, è Turan, «la Signora», raffigurata, ad esempio, come testimone di incontri amorosi o di scene di vestizione molto spesso riconducibili al rito nuziale, come su uno specchio con toletta ispirato al giudizio di Paride, di provenienza sconosciuta[13]. La dea, talvolta protagonista delle stesse scene, può apparire accompagnata e coadiuvata da figure femminili variamente connesse alla sfera dell'amore e

---

4. Sul tema dell'esogamia si veda: Franciosi, G., «Primo approccio all'esogamia gentilizia attraverso le iscrizioni etrusche», in *id.* (ed.), *Ricerche sull'organizzazione gentilizia romana* 2 (1988) 27–35; Amann, P., «Verwandtschaft, Familie und Heirat in Etrurien. Überlegungen zu Terminologie und Struktur», in *ead.*/Pedrazzi, M./Taeuber, H. (edd.), *Italo-tusco-romana. Festschrift für L. Aigner-Foresti* (2006) 8–11.
5. Veruchio, tomba 89, inizio del VII sec. a.C.; v. Torelli, *Rango* 73–81.
6. Marchesini, S., *Studi onomastici e sociolinguistici sull'Etruria arcaica: il caso di Caere* (1997) 164. Sull'argomento vd. anche Zevi, F., «Demarato e i re 'corinzi' di Roma», in *L'incidenza dell'Antico. Studi in Memoria di E. Lepore* 1 (1995) 291–314.
7. Nielsen 143.
8. Marchesini, S., *Prosopografia etrusca* II 1. *Studia Gentium Mobilitas* (2007) 122.

9. *CIE* 3088 H; Sordi (n. 3) 168 (con bibliografia).
10. V. Pallottino, M., *Etruscologia*[7] (1984) 516; Heurgon 109; Amann (n. 2) 87–92; Amann (n. 4) in particolare 1–6.
11. (= *LIMC* VIII Uni **9***, Zeus/Tinia **2***) Berlin, Staatl. Mus. Fr 37 (Misc. 3497). CSE 2, n° 20; Carpino, A. A., *Discs of Splendor. The Relief Mirrors of the Etruscans* (2003) 76 fav. 108. Tinia è raffigurato mentre cinge la vita di Uni con il braccio sinistro. Una figura femminile con *alabastron* in mano assiste alla scena vestita. Sulla destra, a terra, un contenitore cilindrico con coperchio, forse una cista.
12. Torelli, *Religione* 207.
13. (= *LIMC* Althaia **1***, Athena/Menerva **245**, Eos/Thesan **16**, Iolaos/Vile **32**, Malavisch **8**, Paridis iudicium **66**, Uni **36**) Bloomington, Indiana Univ. Art Mus. 74.23. c. 300 a.C. *CSE USA* 1, n° 4. Specchio su cui diverse divinità, tra cui Turan, Uni e Menerva, assistono nella toletta un personaggio femminile, probabilmente Elena.

della fertilità, della nascita o dell'allevamento dei figli; tra queste, risulta attestata con particolare frequenza Thalna, personaggio caratteristico dell'immaginario etrusco almeno dalla fine del V sec. a.C. e ricorrente nell'iconografia degli specchi anche in associazione con altre divinità[14].

Ugualmente legata al mondo femminile e assimilata in età romana a Demetra o a Kore, entrambe intimamente connesse sebbene in modo diverso alla sfera matrimoniale, è Vei[15], divinità eponima di Veio, che protegge i passaggi più importanti della vita femminile[16] e che sembrerebbe coinvolta nei riti propiziatori della fertilità e lustrali attribuiti al santuario della Cannicella di Orvieto, con un'assimilazione tra la divinità etrusca e la latina Bona Dea[17]. Il nome Vei è riprodotto anche su due uteri fittili da Fontanile di Legnisina a Vulci[18].

Menerva, in alcune forme del suo culto, attestate ad esempio nei santuari di Caere-Punta della Vipera[19] e di Veio-Portonaccio, viene onorata quale protettrice del potere riproduttivo dei giovani[20] e della *fertilità nuziale*[21].

Vasche e piscine identificate in contesti santuariali extra-urbani, ai quali è stata riconosciuta una specifica valenza di *promozione sessuale e socio-giuridica dei giovani*[22], sono state talvolta messe in relazione con il *loutron nymphikòn*[23]. Presso una sorgente era ad esempio fondato il tempietto di Valle Zuccara a Caere, dedicato probabilmente ad una divinità omologa della latina Anna Perenna, figura legata, almeno inizialmente, alla sfera sessuale dei riti iniziatici femminili, che precedono e predispongono al matrimonio[24].

FEDERICA PITZALIS

3. Atti rituali

3.1. Matrimonio come rito di passaggio

BIBLIOGRAFIA: Valenti, R., «Violenza contro le donne e matrimonio nell'antica Roma: tra storia e attualità», in Grisolia, R./Rispoli, G. M./Valenti, R. (edd.), *Il matrimonio tra rito e istituzione* (2004) 105-116.

Il matrimonio rappresenta senza dubbio in molte culture, non solo antiche, una tappa fondamentale della vita, soprattutto femminile. Per questo esso doveva essere inteso come un vero e proprio rito di passaggio, preceduto ed accompagnato da una serie di atti codificati, solo in alcuni casi tramandati dalle fonti, che sancivano la rottura con il passato di fanciulla e l'acquisizione del nuovo *status*. In base alle iscrizioni funerarie è possibile fissare questo momento intorno al sedicesimo anno di età[25]. Nel repertorio iconografico, le scene di rapimento sono state considerate, ad esempio, come una sorta di violento «paradigma mitologico del matrimonio»[26]. Il tema gode in ambito etrusco-italico di larga fortuna. A titolo esemplificativo si ricordano alcuni frammenti di terrecotte architettoniche databili al secondo quarto del VI sec. a.C. e pertinenti ad un edificio a carattere pubblico localizzato nell'abitato di Poggio Buco con scena mitica di rapimento[27] e il gruppo di Mlacuch e Eracle raffigurato su uno specchio arcaico, probabilmente di fattura vulcente, attualmente conservato presso il British Museum, che ripete uno schema simile a quello altrimenti adottato nella rievocazione del mito di Peleo e Teti[28].

In un gruppo frontonale del tempio di Celle a Falerii, databile alla prima metà del IV sec. a.C.,

---

14. Camporeale, G., «Thalna e scene mitologiche connesse», *StEtr* 78 (1960) 233-262. Es.: a) (= *LIMC* I Achvizr 2, VII Thalna 1*) Tarquinia, Mus. Naz. RC 4198. Neri, L., *Gli specchi etruschi*, Materiali del Mus. Arch. Naz. di Tarquinia 14 (2002) 20-24 fig. 19 tav. 2b specchio con abbraccio erotico tra Turan e Atunis al cospetto di Thalna e Achvizr, che impugnano rispettivamente una corona e un *alabastron*; b) (= *LIMC* VII Thalna 13*) Parigi, Louvre Br 1721, prov. scon. 330-320 a.C. - *CSE* 3, n° 1. esemplare con Turan, seduta, mentre tende le mani verso Thalna, in piedi davanti a lei. Tra le due c'è un contenitore cilindrico con coperchio.
15. Colonna, G., *REE* 35 (1967) 547-548; Torelli, M., «Il santuario greco di Gravisca», in *Lazio arcaico e mondo greco*, *PP* 32 (1977) 438-441.
16. Carosi, S., «Veio, Roma e il culto di Demetra/Cerere», in *Symposium Cumanum* (2008) c.s.
17. Colonna, G., «I culti del santuario della Cannicella», *AnnFaina* 3 (1987) 22-23.
18. *CIE* 11134-11135; Massabò, B./Ricciardi, L., «Vulci II. Nuove scoperte nel santuario etrusco di Fontanile di Legnisina», *BollArch* 73 (1988) 32 figg. 11-13; Ricciardi, L., «Canino (Viterbo). - il santuario etrusco di Fontanile di Legnisina a Vulci. Relazione delle campagne di scavo 1985 e 1986: l'altare monumentale e il deposito votivo», *NotSc* (1988-89) 189 fig. 48; Comella, A., «Il messaggio delle offerte dei santuari etrusco-italici di periodo medio- e tardo-repubblicano», in ead./Mele, S. (edd.), *Depositi votivi e culti dell'Italia antica dall'età arcaica a quella tardo repubblicana* (2005) 47 tav. 1a.

19. Tomassucci, R., «Il santuario etrusco di Punta della Vipera», in Comella/Mele (n. 18) 237-243.
20. Colonna, G., «Note preliminari sui culti del santuario di Portonaccio a Veio», *ScAnt* 1 (1987) 430.
21. Torelli, M., «Veio. La città, l'arx e il culto di Giunone Regina», in *Miscellanea Dohrn* (1982) 126.
22. Colonna (n. 20) 429.
23. Attraverso il bagno, la fanciulla acquista la *charis* che prelude al matrimonio, Menichetti, M., «Lo specchio nello spazio femminile. Tra rito e mito», in *Image et religion dans l'antiquité gréco-romaine* (2008) 222.
24. Torelli, M., *Lavinio e Roma. Riti iniziatici e matrimonio tra archeologia e storia* (1984) 66.
25. *ET* Ta 1, 113.
26. Webster, T. B. L., *Potter and Patron in Classical Athens* (1972) 107; Napolitano, G., «L'iconografia nuziale sulle *loutrophoroi* attiche a figure rosse di V sec. a.C. Considerazioni preliminari», *AION* 14 (1992) 277-281.
27. Firenze, Mus. Arch. 78965. Secondo quarto del VI sec. a.C. Bartoloni, G., «Palazzo o tempio? A proposito dell'edificio arcaico di Poggio Buco», *AION* 14 (1992) 9-33, in part. 20-25. Sulle lastre, frammentarie, si distinguono almeno tre personaggi femminili in fuga mentre sollevano un lembo della veste con la mano e un torso maschile proteso in avanti verso un busto femminile.
28. (= *LIMC* IV Herakles/Hercle 331*, VI Mlacuch 1 con bibl.) Londra, BM 1772.3-4.74. Prima metà del V sec. a.C. *CSE* 1, n° 20.

si considera addirittura sfumato il confine tra ratto e ierogamia[29].

3.2. Atti rituali propedeutici al matrimonio

BIBLIOGRAFIA: Piergrossi, A., «Pesi da telaio», in Di Mario, F. (ed.), *Ardea, il deposito votivo di Casarinaccio* (2005) 289–293, in part. 292–293, con confronti in ambiti sacri.

È stato ipotizzato che gli strumenti tessili, come simbolo del lavoro delle donne sposate, potessero assumere la funzione di *ex voto* negli atti rituali propedeutici al matrimonio[30]. Menerva e Uni sembrerebbero infatti le principali destinatarie di questi doni, l'una in veste di nume tutelare della tessitura, l'altra del matrimonio e delle attività domestiche in genere; ma sono note anche dediche ad altre personalità legate all'ambito coniugale, come Vei[31]. Altri elementi offerti a divinità connesse soprattutto con la sfera della fertilità in occasione della cerimonia potrebbero essere stati oggetti d'uso, come giochi infantili[32], e riproduzioni fittili di organi genitali sia femminili che maschili, forse in relazione con un rituale di «purificazione preventiva» all'unione coniugale[33]. Allo stesso scopo doveva essere destinato il sacrificio di un porcellino, tramandato dalle fonti[34].

3.3. Doni nuziali

BIBLIOGRAFIA: Rallo, G., «Il lusso, le donne, il potere», in Torelli, M./Moretti Sgubini, A. M. (edd.), *Etruschi, le antiche metropoli del Lazio* (2008) 140–147, in part. 143.

Il patto matrimoniale doveva prevedere, secondo il modello omerico, verosimilmente valido anche per le aristocrazie tirreniche dell'VIII sec. a.C., almeno nella sua formulazione più antica, la corresponsione di doni (*hedna*) alla famiglia della sposa da parte dello sposo, che compensava così non tanto la perdita della donna, quanto quella del suo «potenziale generativo». Con la fase urbana, i costumi dovrebbero aver subìto un'evoluzione parallela a quella appurata nel mondo greco, sostituendo gli *hedna* con la *pròix*, la dote che la *numptia* portava con sé, nel suo nuovo *oikos*[35].

È possibile inoltre che alcuni oggetti dalla forte connotazione muliebre come fusi e conocchie prima e, per un periodo recenziore, ciste e specchi[36], costituissero dei doni per il matrimonio, esibiti dalla sposa durante la cerimonia nuziale, come avvalorerebbe anche la testimonianza di Plinio[37].

GILDA BARTOLONI

3.4. Elementi della cerimonia

3.4.1. Corteo su carro

BIBLIOGRAFIA: Sinos, R. H., «Godlike Men. A Discussion of the Murlo Procession Frieze», in De Puma, R. D./Small, J. P. (edd.), *Murlo and the Etruscans* (1994) 100–117.

Il trasferimento ritualizzato della sposa sul carro, dalla casa paterna alla dimora post-matrimoniale, è uno degli atti relativi alla cerimonia nuziale più compiutamente documentati nell'iconografia (fig. 1)[38]. In alcune versioni, il modello prescelto è quello ierogamico, che riflette evidentemente un costume consolidato nella società reale. Nelle lastre di rivestimento fittili di palazzi e templi del tipo Roma-Veio-Velletri (fig. 2), ad esempio, è stata riconosciuta sul carro la coppia di sposi emblemati-

---

29. Massa Pairault, F.-H., «Considerazioni su un gruppo frontonale da Falerii», in *Deliciae Fictiles* III (2006) 243–250.
30. Gleba, M., «Textile Tools in Ancient Italian Votive Context: Evidence of Dedication or Production?», in Gleba, M./Becker, H. (edd.), *Votives, Places and Rituals in Etruscan Religion. Studies in Honor of J. Macintosh Turfa* (2009) 69–84, in part. 70 e 74.
31. Un peso da telaio con iscritto il nome di Vei è noto da Roselle, Ambrosini, L., «I pesi da telaio con iscrizioni etrusche», *ScAnt* 10 (2000) 149. 154–159.
32. Torelli (n. 24) 137.
33. Camporeale, G., in *ThesCRA* II 3 a Purificazione, etr. p. 48. *Cf.* Recke, M., *Kultische Anatomie* (2008); id., «Auf Herz und Niere», *Spiegel der Forschung* 2 (2008) 56–63.
34. «Sembra infatti che dai suini abbiano avuto inizio i sacrifici animali. Ve ne sono tracce nel fatto che nella iniziazione del culto di Cerere s'immolano dei porcellini e nelle cerimonie di stipulazione dei trattati di pace, quando si suggellano i patti, si uccide un maiale e che a principio del rito nuziale degli antichi re e dei personaggi etruschi di alto rango, nel congiungersi in matrimonio gli sposi novelli immolano un porcellino» (Varro *rust.* 2, 4, 9, trad. A. Traglia, = *TheCRA* II 3 a Purificazione, etr. **64**).
35. Leduc, C., «Come darla in matrimonio? La sposa nel mondo greco, secoli IX–IV a.C.», in Schmitt Pantel, P. (ed.), *Storia delle donne. L'antichità* (2003) 246–314; Scheid Tissinier, E., «Le mariage et les femmes», in ead., *L'Homme grec aux origines de la cité (900–700 av. J.-C.)* (1999) 129–150.
36. Massa Pairault, F. H., «Problemi ermeneutici a proposito degli specchi. Esame di alcune scene connesse con il mito di Eracle», in *Aspetti e problemi della produzione degli specchi etruschi figurati* (2000) 181–207, in part. 181; Menichetti, M., «La donna alla fontana. *Charis* e matrimonio sulle ciste prenestine», in Colpo, I./Favaretto, I./Ghedini, F. (edd.), *Iconografia 2005. Immagini e immaginari dall'antichità classica al mondo moderno* (2006) 51–64.
37. «Marco Varrone afferma per averlo visto che nel tempio di Sanco c'era ancora ai suoi tempi la lana sulla conocchia e sul fuso di Tanaquilla, la donna che fu chiamata anche Gaia Cecilia; riferisce che era conservata nel tempio della Fortuna la toga regale ondulata fatta da lei stessa e della quale si era servito Servio Tullio. Da questo derivò la tradizione che una rocca ornata ed un fuso con il filo accompagnino nel corteo nuziale le vergini spose» (Plin. *nat.* 8, 194, trad. E. Giannarelli).
38. Per gli esempi si rimanda a: *ThesCRA* I 1 b Processioni, etr. **15*** (Murlo). **16. 17.** *Cf.* anche Amann (n. 2) 135–138; Winter, N. A., *Symbols of Wealth and Power. Architectural Terracotta Decoration in Etruria & Central Italy, 640–510 B.C.* (2009) 185–186. Per una diversa interpretazione delle lastre di Murlo: Krauskopf, I., «Was war in Situla?», in Amann, P./Pedrazzi, M./Taeuber, H. (edd.), *Italo-Tusco-Romana Festschrift für L. Aigner Foresti* (2006) 259–269 tav. 52; ead., «Die Rolle der Frauen im etruskischen Kult», c.s. 6–8.

Fig. 1

Fig. 2

ca di Dioniso e Arianna[39], sublimazione dell'amore coniugale eterno, in cui si fondono tenerezza e sensualità[40]. In alcuni casi, su urne e sarcofagi, è difficile stabilire se il corteo su carro evochi la cerimonia nuziale o il rito funebre, o se piuttosto celebri entrambi, quali fondamentali momenti di passaggio del ciclo biotico (tav 41, 2)[41].

3.4.2. *Dextrarum iunctio*

Sulla parete laterale di un sarcofago vulcente ora a Boston, databile tra il 370 e il 360 a.C., compare una delle più antiche raffigurazioni della *dextrarum iunctio* (tav. 41, 2)[42]. Il bassorilievo mostra, accanto agli sposi, una serie di oggetti evidentemente connessi alla cerimonia, tra cui un flabello, una lira e un parasole, accanto alla donna, un lituo, uno sgabello e una tromba accanto all'uomo, oggetti in parte già presenti su uno dei motivi figurativi più controversi delle lastre architettoniche di Murlo, interpretato da alcuni studiosi come una scena di ierogamia[43].

3.4.3. Copertura degli sposi con il manto

Si tratta uno degli elementi principali della simbologia nuziale, sia nella sfera reale che in quella sacrale[44]. Questo atto rituale ispirerebbe ad esempio il bassorilievo di un'urna chiusina arcaica in pietra fetida (tav. 42, 1)[45] e i motivi figurativi riprodotti sui coperchi di due noti sarcofagi vulcenti ora a Boston, di cui il più antico, con scena laterale di *dextrarum iunctio*, e attribuiti a due coppie maritali, della famiglia Tetnies, poste sulla stessa linea di discendenza maschile a distanza di una generazione (tav. 41, 3; 42, 2)[46]. Un'affermazione di

---

39. Sommella Mura, A., «La dea del *titulus* di Sant'Omobono», in *Deliciae Fictiles* IV c.s. Sulle lastre, databili tra il terzo e l'ultimo quarto del VI sec. a.C., variamente interpretate e già ricondotte da altri studiosi ad un episodio di ierogamia, sono raffigurate due processioni convergenti ciascuna su una triga e su una biga con cavalli alati, e preceduta da un araldo. Uno dei cortei contempla solo personaggi maschili, mentre nell'altro la lunga veste rivelerebbe la presenza di almeno due personaggi femminili, Menichetti, M., *Archeologia del potere* (1994) 96–102; Torelli, *Rango* 89–98. 106. Sulle lastre v. Sommella Mura, A., «La decorazione architettonica del tempio arcaico», *PP* 32 (1977) 68–83; Fortunelli, S., in Torelli, M./Moretti Sgubini, A. M. (edd.), *Etruschi, le antiche metropoli del Lazio* (2008) 263 n° 249 con bibl.; Winter (n. 38) 362–365. Per il ruolo di Dioniso nell'iconografia nuziale, v. anche Menichetti, M., «La donna alla fontana. *Charis* e matrimonio sulle ciste prenestine», in Colpo, I./Favaretto, I./Ghedini, F. (edd.), *Iconografia 2005. Immagini e immaginari dall'antichità classica al mondo moderno* (2006) 60–61.
40. Vatin, C., «Le couple dionysiaque dans l'Italie étrusque», in *id.*, *Ariane et Dionysos, un mythe de l'amour conjugal* (2004) 55–67.
41. (= *ThesCRA* V 2 b Strumenti di culto **950*** con bibl., = *LIMC* VII Vanth **19***) Boston, MFA 1975.799. Sui lati corti del più antico dei sarcofagi bisomi vulcenti di Boston si distinguono rispettivamente due donne su carro con ombrello parasole e un uomo che sale sulla biga (tav. 4). Herbig, *EtrSark* 13–14 n° 5 tav. 40; Torelli, *Rango* 64 figg. 52–53.
42. (= *ThesCRA* V 2 b Strumenti di culto **588**) Torelli, *Rango* 63 fig. 51. Il tema è riproposto anche su un'urna da Perugia-Casaglia, Perugia, Mus. Arch. 87220. Cenciaioli, L. (ed.), *Il piacere della seduzione. Materiali dalle necropoli perugine* (2004) 17–19 n° 5.
43. Tuck, A., «The Social and Political Context of the 7th Century. Architectural Terracottas at Poggio Civitate (Murlo)», in Edlund-Berry, I./Greco, G./Kenfield, J. (edd.), *Deliciae Fictiles* III (2006) 130–135, in part. 135. La scena figurata rappresenta una serie di personaggi muniti di attributi specifici, tra cui un lituo, un flabello, una situla ed una doppia ascia, alcuni ritratti in piedi e altri seduti su sgabelli, e un personaggio femminile velato in trono; Rathje, A., in Stopponi, S. (ed.), *Case e palazzi d'Etruria* (1985) 122–123; Lacy, L. R., in *ibid*. 125 n¹ 417–424; Winter (n. 38) 186–187.
44. Fridh-Haneson, B. M., *Le manteau symbolique. Études sur les couples votifs en terre cuite assis sous un même manteau* (1983) 74–82.
45. Chiusi, Mus. Arch. 2260. La scena raffigurata su uno dei lati lunghi è interpretata da alcuni studiosi come una *manu captio*. Si distinguono, tra l'altro, tre personaggi coperti fino a metà del busto da un mantello sorretto lateralmente da altre due figure. I personaggi posti ai lati del trio, uno maschile e uno femminile, trattengono con una mano la veste del personaggio centrale, femminile (Guarducci 205–209 tav. 1; Jannot, *Chiusi* 59–60 n° C I 30b fig. 203).
46. SBH, *Etrusker* 143 tavv. 208–209. Per il sarcofago più antico v. n. 41. Sul coperchio del sarcofago più recente (Boston, MFA 86.145a-b, c. 340 a.C.) è distesa la coppia di defunti, nudi e abbracciati sotto un mantello. Su uno dei lati lunghi è riprodotta una scena di amazzonomachia (= *LIMC* I Amazones Etruscae **35***), sull'altro una battaglia eroica; sui lati corti due coppie di leoni e grifi in atto di azzannare rispettivamente un toro e un cavallo.

Aristotele[47] e alcuni modelli iconografici hanno sollevato il dubbio che l'uso si estendesse anche ai giacigli conviviali, sebbene sia possibile che anche quei casi costituiscano un riferimento metaforico al vincolo matrimoniale (tav. 42, 3; 43, 1)[48].

3.5. Abiti nuziali

BIBLIOGRAFIA: Bonfante, L., «Ritual Dress», in Gleba, M./Becker, H. (edd.), *Votives, Places and Rituals in Etruscan Religion. Studies in Honor of J. MacIntosh Turfa* (2009) 183-191, in part. 189.

La tradizione latina attribuisce all'etrusca Tanaquilla la consuetudine per le fanciulle di indossare, la notte precedente alle nozze, la *tunica recta*, realizzata con un unico pezzo di tessuto[49]. Durante la cerimonia, il capo delle spose etrusche, così come di quelle latine, doveva essere quasi costantemente coronato, probabilmente di alloro, e velato (tav. 43, 2–3)[50]. I riscontri archeologici di quest'uso possono ravvisarsi, forse, nella posizione di alcune fibule alla sommità della testa delle defunte, notata in modo particolare per la necropoli latina di Castel di Decima[51]. La diffusa attestazione, sempre in contesti funebri, di spirali metalliche per le ciocche di capelli potrebbe inoltre riconnettersi con i *seni crines* acconciati per mezzo dell'*hasta celibaris*[52]. A partire dalla metà del IV sec. a.C. si diffonde in Italia centrale un tipo di teste votive femminili, caratterizzate da un'acconciatura ordinata in due o tre file di boccoli paralleli ai lati del viso e raccolta da una reticella a nastri. Alcune di queste teste votive velate rinvenute nei depositi votivi ellenistici sono state ipoteticamente attribuite a *nubendae*[53]. Velata appare anche la testa di Penelope, evidentemente sentita anche in Etruria come una figura paradigmatica della condizione di sposa, in uno specchio prenestino[54].

FEDERICA PITZALIS

GILDA BARTOLONI (Introduzione, 1, 3.1–3)
FEDERICA PITZALIS (2, 3.4–5)

---

47. «Gli Etruschi mangiano insieme con le donne giacendo sotto lo stesso manto» (Aristot. *fr.* 566 Rose *ap.* Athen. 1, 23d).
48. Pallottino (n. 10) 389. Es.: tav. 42, 3: (= *LIMC* VII Olta **6**) Perugia, Mus. 341. Da Perugia, Palazzone, II sec. a.C. SBH, *Etrusker* 156 tav. 265. Urna fittile con defunti in posizione semirecumbente; tav. 43, 1: Volterra, Mus. Guarnacci 613, fine del II e gli inizi del I sec. a.C. – SBH, *Etrusker* 166 tavv. 286-287; Camporeale, G., «Vita privata», in *Rasenna. Storia e civiltà degli Etruschi* (1986) 269 fig. 229. Urna fittile con coppia di anziani coniugi. *Cf.* Chiusi, Palermo, Mus. Arch. N.I. 8459, da Chiusi, decenni centrali del IV sec. a.C. – *Etruschi. Chiusi, Siena, Palermo. La collezione Bonci Casuccini* (2007) 98-99 n° 16. Urna in alabastro in cui l'uomo sostiene una patera con la mano sinistra e poggia la mano destra sulla spalla della moglie.
49. «Tanaquilla fu la prima a tessere una tunica dritta, come quelle che, insieme ad una toga priva di ornamenti, sono indossate da un giovane o da una giovane sposa novella.» (Plin. *nat.* 8, 194-195, trad. E. Giannarelli).
50. Es.: donna seduta su carro nella scena di corteo e figura femminile in trono nella cosiddetta scena di assemblea delle lastre di Murlo (v. nota 39); tav. 43, 2: Firenze, Mus. Arch. 73577. Da Città della Pieve, Bottarone. Cristofani, M., *Statue-cinerario chiusine di età classica* (1975) 44 n° 19 tav. 37; SBH, *Etrusker* 138 tav. 191; Camporeale, G., «Vita privata», in *Rasenna* (1986) 269 fig. 197; Maggiani, M., «Problemi della scultura funeraria a Chiusi», in *La civiltà di Chiusi e del suo territorio*, Atti del XVII Convegno di Studi Etruschi e Italici (1993) 160-161. Defunta seduta ai piedi del marito sul coperchio di un'urna bisoma in alabastro, ritratta nell'atto della *anakalypsis*; tav. 43, 3: Firenze, Mus. Arch. Da Chiusi, Poggio Cantarello. SBH, *Etrusker* 162 tavv. 270-271. Larthia Seianti, semieretta sul coperchio di un sarcofago fittile.
51. Bartoloni, G./Cataldi Dini, M./Zevi, F., «Aspetti dell'ideologia funeraria della necropoli di Castel di Decima», in Gnoli, G./Vernant, J. P. (edd.), *La mort, les morts dans les sociétés anciennes* (1982) 260.
52. Torelli (n. 24) 34.
53. Olivieri, V., «Attorno al deposito votivo di Macchiagrande a Veio», in Comella/Mele (n. 18) 183.
54. (= *LIMC* VII Pasiphae **26**, VIII Suppl. Caeculus **3**) Mainz, RGZM O.16730. Prov. scon. Ultimo quarto del IV sec. a.C., *CSE Bundesrepublik Deutschland* 1, n° 31. Sullo specchio, Penelope è seduta con il capo coperto da un lungo velo, sotto il quale si distinguono i capelli sciolti, di fronte a lei una figura femminile stante.

Mariage dans le monde romain

PLAN DU CHAPITRE
1. Notions, terminologie, rites 102
2. Mythe et rites 102
3. Calendrier 103
4. Divinités, actes cultuels, prêtres 103
5. Actes rituels 104

BIBLIOGRAPHIE GÉNÉRALE: Boëls-Janssen, N., *La vie religieuse des matrones dans la Rome archaïque* (1993); Boyancé, P., «La main de Fides», dans *Hommages à J. Bayet* (1964) 101–113; De Marchi, A., *Il culto privato di Roma antica*. I. *La religione nella vita domestica* (1896) 146–165; Dumézil, G., *Mariages indo-européens* (1979) 73–76; Fasce, S., «I tre assi della sposa», *Studi Noniani* 9 (1984) 97–110; Fayer, C., *La familia romana. Aspetti giuridici ed antiquari. Sponsalia matrimonio dote* (2005); Guarducci, M., «Il *conubium* nei riti del matrimonio etrusco e di quello romano», *BullCom* 55 (1928) 205–225; Harmon, D. P., «The Family Festivals of Rome. III Marriage», *ANRW* II 16, 2 (1978) 1592–1603; Hersch, K. K., *The Roman Wedding. Ritual and Meaning in Antiquity* (2010); Humbert, M., *Le remariage à Rome. Etude d'histoire juridique et sociale* (1972); Kampen, N. B., «Biographical Narration and Roman Funerary Art», *AJA* 85 (1981) 47–58; Krause, J.-U., *Die Familie und weitere anthropologische Grundlagen. Bibliographie zur römischen Sozialgeschichte* 1 (1992) 78–80; Le Bonniec, H., «Le témoignage d'Arnobe sur deux rites archaïques du mariage romain», *REL* 54 (1976) 110–129; Linderski, J., c. r. de Treggiari (1991), *AJPh* 116 (1995) 154–156; Noailles, P., «Les rites nuptiaux gentilices et la *confarreatio*», *RHD* 15 (1936) 414–416 (= Noailles 1); id., «Les dii nuptiales», *RHD* 16 (1937) 549–551 (= Noailles 2); id., *Fas et jus. Etudes de droit romain* (1948) (= Noailles 3); Orestano, R., *La struttura giuridica del matrimonio romano dal diritto classico al diritto giustinianeo* I (1951); Piccaluga, G., «Penates e Lares», *StudMatStorRel* 32 (1961) 81–97; Porte, D., *L'étiologie religieuse dans les Fastes d'Ovide* (1985); Rage-Brocard, M., *La deductio in domum mariti* (1933); Reekmans, L., *La dextrarum iunctio dans l'iconographie romaine et paléochrétienne*, *BIHBR* 31 (1958); Reinsberg, C., «Das Hochzeitsopfer. Eine Fiktion. Zur Ikonographie der Hochzeitssarkophage», *JdI* 99 (1984) 291–317 (= Reinsberg 1); ead., *Die Sarkophage mit Darstellungen aus dem Menschenleben*, 3 *Vita Romana*, SarkRel I 3 (2006) (= Reinsberg 2); Rossbach, A., *Untersuchungen über die römische Ehe* (1853) (= Rossbach 1); id., *Römische Hochzeits- und Ehedenkmäler* (1871) (= Rossbach 2); Schilling, R., «Le voile de consécration dans l'ancien rit romain», dans *Mélanges M. Tardieu* (1956) 403–414; Scott Ryberg, *Rites* 163–167; Sensi, L., «*Ornatus* e status sociale delle donne romane», *AnnPerugia* 18 (1981) 53–102; Torelli, M., *Lavinio e Roma. Riti iniziatici e matrimonio tra archeologia e storia* (1984); Treggiari, S., *Roman Marriage. Iusti coniuges from the Time of Cicero to the Time of Ulpian* (1991); Van Gennep, A., *Les rites de passage. Étude systématique des rites* (1909); Volterra, E., *La conception du mariage d'après les juristes romains* (1940); Weiss, P., «Die vorbildliche Kaiserehe. Zwei Senatsbeschlüsse beim Tod der älteren und der jüngeren Faustina, neue Paradigmen und die Herausbildung des 'antoninischen' Prinzipats», *Chiron* 38 (2008) 1–45; Williams, G., «Some Apects of Roman Marriage Ceremonies and Ideals», *JRS* 48 (1958) 16–29.

Les rites, essentiellement des «rites de passage»[1], et actes cultuels proprement dits (corrélés à une divinité[2]), accomplis lors de tout mariage romain[3], ne sont qu'imparfaitement connus par des sources littéraires de dates diverses et d'inégale valeur[4] (notices d'«antiquaires», fictions littéraires). Les représentations figurées, jadis considérées comme réalistes, comportent une part élevée d'abstraction et de symbolisme qui rend périlleuse leur utilisation dans la reconstitution des pratiques effectives[5]. Ainsi, dans l'état actuel de la documentation, l'étude iconographique du thème du mariage romain pourra apparaître décevante, dans la mesure où elle n'apporte que très peu d'informations sur le déroulement proprement dit des cérémonies, et ce, pour plusieurs raisons. En premier lieu, la documentation iconographique reste très limitée, quasiment circonscrite à la sphère funéraire, et très redondante dans le choix des schémas iconographiques. C'est ainsi que seules des scènes de *dextrarum iunctio* ou de sacrifice sont attestées dans le cadre de la représentation du mariage romain. Concernant la question de l'apport de l'iconographie à la connaissance des rites du mariage, particulièrement éclairant est le débat sur les sarcophages dits «biographiques» ou du type «*vita humana*». Cette série de sarcophages met en scène un citoyen romain dans quelques épisodes marquants de sa vie (pl. 44, 1–2)[6]. Elle présente, souvent, la même séquence de scènes: mariage (*dextrarum iunctio*), sacrifice, présentation de captifs, bataille. Or, il est convenu d'identifier dans ces quelques «tranches de vie», non des scènes réalistes, mais des illustrations des principales vertus romaines: *concordia* (le mariage), *pietas* (le sacrifice), *clementia* (la présentation des captifs), *virtus* (la bataille)[7].

---

1. Van Gennep 14–15. 165–199.
2. Distinction justement posée par De Marchi 146, qui oppose toutefois à tort «religion» et «superstition».
3. Quint. *inst.* 1, 7, 28: *nuptialia sacra*; Serv. *Aen.* 3, 136; Noailles 3, 30.
4. Ensemble de la documentation textuelle dans Fayer; description détaillée des rites et actes cultuels dans Boëls-Janssen 99–221, qui remplace Rossbach 1.
5. Rossbach 2; Rodenwaldt, G., «Über den Stilwandel in der antoninischen Kunst», *AbhBerlin* 3 (1935) 6; Kampen 47; Reinsberg 1, 316; Reinsberg 2, 75–85.

6. Ici pl. 44, 1 (= *LIMC* V Homonoia/Concordia **74d**) Los Angeles, County Mus. 47.8.9a-c, vers 170–190 ap. J.-C. – pl. 44, 2 (= *ThesCRA* I 2 a Sacrifices, rom. **214★**, = *LIMC* V Homonoia/Concordia **74c★**; Iuno **188**) Mantoue, Pal. Ducale I.G. 6728, vers 170–190 ap. J.-C. – Voir aussi (= *ThesCRA* I 2 a Sacrifices, rom. **218**, = *LIMC* V Homonoia/Concordia **74a**) Florence, Off. 82; (= *ThesCRA* I 2 a Sacrifices, rom. **219**, = *LIMC* V Homonoia/Concordia **74b**; Iuno **189★**) Frascati, Villa Borghese; Poggio a Caiano, Villa Medicea. – Reinsberg 2, pls. 1, 1–4; 13, 2.
7. Rodenwald (n. 5) 8. 16; Reekmans 32–36; Kampen 47.

Quant aux quelques décors de sarcophages centrés sur une unique scène de mariage – les mariés sont alors figurés soit accomplissant un rite au-dessus d'un autel (*praefatio*? *supplicatio*?) (pl. 44, 3; 45, 1)[8], soit en *dextrarum iunctio* (pl. 45, 2)[9] –, quelques détails montrent que la cérémonie est, là encore, plus symbolique que réaliste. La *pronuba*, par exemple, est généralement remplacée par une divinité: on reconnaîtra en cette dernière Concordia plus volontiers que Junon[10]; la présence d'Hymenaios concourt, par ailleurs, à donner à cette cérémonie un caractère des plus symboliques. On notera également que, sur les images, l'animal offert en sacrifice est le plus souvent un bovidé, bien qu'une telle offrande ne soit pas attestée par les sources dans le cadre des rites nuptiaux[11].

Le mariage, qui relevait du culte privé familial (à l'exception de la *confarreatio*, *cf. infra*)[12], n'était accessible qu'aux citoyens romains et membres de communautés bénéficiant du *conubium* avec Rome[13]. On a cependant supposé l'existence de cérémonies nuptiales entre esclaves permises par leurs maîtres[14]. Bien que non nécessaires à la validité juridique du mariage, dont l'instauration et le maintien reposaient uniquement sur la volonté concordante des époux ou des détenteurs de la *patria potestas* sur chacun d'eux[15], les rites nuptiaux produisaient un effet cultuel: l'association de la *nupta* au culte domestique de son mari[16]. Les rites différaient sur quelques points dans le cas d'un mariage primaire (celui d'une *uirgo*) et d'un mariage secondaire (remariage d'une *uidua* ou divorcée), du seul point de vue de la femme[17].

1. Notions, terminologie, rites

Des quatre termes qui ont fini par être employés comme synonymes dans la langue commune[18], *conubium*[19], *matrimonium*[20], *coniugium*[21] et *nuptiae*, seul le dernier désigne l'ensemble des actes cultuels et rituels accomplis ponctuellement au moment de l'instauration du lien matrimonial[22]. Les termes, distincts selon le sexe, désignant la création de l'union matrimoniale (*uxorem ducere*, pour un homme; *nubere*, pour une femme) expriment le caractère fondamentalement dissymétrique et inégal du lien et renvoient à deux aspects rituels des *nuptiae* (*domum deductio* et *pompa*, vêtement). *Conubium*, *nuptiae* (cf. *nubere*) et *matrimonium* mettent en évidence l'importance toute particulière du mariage pour les femmes, dont il modifie profondément le statut, ce qu'il ne fait pas pour l'homme[23].

Les *nuptiae* proprement dites étaient précédées par les *sponsalia*, contrat verbal par lequel deux *patres familias* s'engageaient à transférer et à recevoir une femme à titre d'épouse, et qui s'accompagnait d'actes rituels (don d'un anneau; présents, *donatio ante nuptias*; baiser, *osculum*[24]).

Enfin, bien que les juristes romains aient nettement distingué le lien matrimonial proprement dit[25] et la *manus*, forme spécifique d'autorité éventuellement détenue par l'époux ou son *pater familias* sur l'épouse, impliquant le transfert de cette dernière de sa *familia* potestative de naissance à la *familia* de son époux[26], les auteurs «antiquaires» associaient fortement au mariage proprement dit une des trois formes d'acquisition de la *manus*, la *confarreatio*, propre au statut patricien, d'ailleurs accomplie simultanément. Celle-ci comportait des actes cultuels et rituels spécifiques et communiquait aux époux et à leur postérité une capacité cultuelle: le *flamen Dialis*, ceux de Mars et de Quirinus, le *rex sacrorum* devaient être nés de parents *confarreati* et le *Dialis* et son épouse, avoir célébré ce rite[27].

2. Mythe et rites

Dans le mythe de fondation de la cité par Romulus, l'épisode des Sabines constituait le mythe étiologique romain du mariage[28]: lors de la fête des *Consualia*, tous les hommes de la première génération de la cité nouvellement fondée et unique-

---

8. Pl. 44, 3 (= *ThesCRA* V 2 a Personnel de culte, rom. **286***; V 2 b Instruments de culte **451**, = *LIMC* V Homonoia/Concordia **77***, Hymenaios **7**) Saint-Pétersbourg, Ermitage A 433, vers 180 ap. J.-C. - pl. 45, 1 (= *LIMC* V Homonoia/Concordia **78***) Vatican, Mus. Vat. 1089, vers 190-200 ap. J.-C. - Typologie et iconographie: Reinsberg 2, 116-123.

9. (= *ThesCRA* I 1 Processions, rom. **129**, = *LIMC* V Homonoia/Concordia **76**) Vatican, Mus. Vat. 268, vers 150-175 ap. J.-C. - *Cf.* (= *LIMC* V Homonoia/Concordia **84**) «Sarcophage de l'annone», Rome, Mus. Naz. Rom. 40799, vers 270-280 ap. J.-C. - Iconographie de la *supplicatio*: Weiss 28-29.

10. Fayer 509-511. Sur le caractère symbolique de l'iconographie: Reinsberg 2, 109; Weiss 27-28.

11. Fayer 506-507.

12. Le Bonniec, *Cérès* 78.

13. Treggiari 43-49.

14. Dumont, J.-C., *Servus. Rome et l'esclavage sous la République* (1987) 409-415.

15. Quint. *decl.* 247 (p. 12 Ritter); Ulp. *dig.* 35, 1, 15; Volterra.

16. Le juriste Modestinus, *dig.* 23, 2, 1, définissait d'ailleurs le mariage comme *diuini et humani iuris communicatio*; Humbert 4, 19.

17. Humbert 3-30: calendrier, *cf.* n. 33, rite du seuil, *cf.* n. 88.

18. Fayer 411.

19. Treggiari 43-49; Fayer 389-390. 402-412.

20. Treggiari 5; Fayer 464.

21. Treggiari 6.

22. Treggiari 161, 163.

23. *Contra* Treggiari 161.

24. Fayer 15-184; rites: 66-73; *cf.* n. 89.

25. *Cf. supra* et n. 15.

26. *Conuentio in manum*: Fayer 185-222. Harmon 1598-1599, ne distingue pas les deux notions.

27. Fayer 223-245. Gaius 1, 112, définit la *confarreatio* comme «un certain type de sacrifice».

28. Boëls-Janssen 151.

ment masculine enlevèrent par force chacun une vierge de cités voisines, leur donnant ensuite un statut matrimonial impliquant diverses marques honorifiques et limitant leur travail manuel à celui de la laine (Liv. 1, 9. 13; Dion. Hal. *ant.* 2, 30; Plut. *Rom.* 14–16). Outre l'institution même du mariage monogamique, le statut privilégié des épouses (*matrimonium*, Plut. *Rom.* 20, 3–4) et l'instauration d'un échange matrimonial entre groupes (*conubium*), le récit de ce mariage premier était invoqué pour rendre compte d'éléments rituels spécifiques: *hasta caelibaris* (Plut. *Rom.* 15, 7; *quaest. Rom.* 285b–c), *domum deductio*, soulèvement de l'épouse sur le seuil (Plut. *Rom.* 15, 6; *quaest. Rom.* 271d; Fest. 364 L.), cri *Talassio* (Liv. 1, 9, 12; Plut. *Rom.* 15, 3; Serv. *Aen.* 1, 651), torche de *spina alba* (Plin. *nat.* 16, 75), offrande de l'eau[29]. Le thème de l'enlèvement des Sabines n'est que très sporadiquement attesté en iconographie romaine. C'est ainsi que l'image n'est connue qu'en contexte public, sur des émissions monétaires de la fin de l'époque républicaine, dans le décor de la basilique *Aemilia*, à Rome, et dans celui de la basilique d'Ostie, probablement inspiré du précédent[30]. Les quelques documents identifiés présentent tous le même schéma iconographique, lequel est réduit à sa plus simple expression: deux ou trois Romains, vêtus de cuirasses, soulèvent dans leurs bras des jeunes filles. Le schéma, en lui-même, est emprunté aux épisodes d'enlèvements amoureux, récurrents dans l'art grec[31]. Toutefois, aussi maigre que soit la documentation, la représentation de cet épisode apparaît dans un contexte qui pourrait justifier son interprétation comme mythe étiologique du mariage romain. Une récente relecture du relief sculpté de la basilique *Aemilia* révèle ainsi que cette frise figurée – dont le contenu narratif était en relation avec la légende des origines de Rome – associait à plusieurs épisodes de la légende les fêtes romaines qui en seraient nées[32]. Dès lors, plus qu'une représentation narrative des épisodes mythiques des premiers temps de Rome, ce décor était avant tout une mise en scène étiologique des fêtes romaines. Dans un tel contexte, le thème de l'enlèvement des Sabines devait sans doute être associé à une image de la cérémonie du mariage romain.

3. Calendrier

Les dates des *sponsalia* et des *nuptiae* étaient fixées en tenant compte des prescriptions du calendrier cultuel (évitement des *dies festi* et *religiosi*); celles-ci, cependant, différaient en cas du mariage primaire d'une *uirgo* ou d'un mariage secondaire, les contraintes étant plus strictes pour une *uirgo*[33]. Il se peut que les auspices aient concerné uniquement la détermination du jour du mariage (*dies nuptialis*)[34].

4. Divinités, actes cultuels, prêtres

On constate dans les textes et les monuments figurés l'existence d'une pluralité de divinités liées au mariage (parfois nommées *di nuptiales* ou *coniugales*[35]), correspondant à la pluralité d'épisodes se succédant lors des *nuptiae*[36]. Toutefois, un rôle proprement cultuel n'est pas attesté pour toutes, certaines n'exerçant qu'un patronage sur un aspect donné (*cura*, Verg. *Aen.* 4, 59; Serv. *Aen.* 4, 58).

Bien que fréquemment mentionné dans la littérature latine d'influence hellénistique (Catullus 61; 62; Ov. *met.* 10, 2–7; *her.* 2, 33–34) et souvent identifié dans les représentations figurées[37], Hymenaeus, personnification d'une exclamation rituelle grecque (Plaut. *Cas.* 800; Ter. *Ad.* 905; Prop. 4, 4, 61), n'avait aucun rôle rituel ou cultuel dans les cérémonies nuptiales. La même analyse vaut pour Concordia, souvent identifiée dans les représentations figurées[38], et peut-être pour Vénus (mentionnée uniquement dans les textes), à qui les jeunes filles auraient consacré leur poupée la veille des noces[39]. En revanche, *Fortuna Virginalis*, qui recevait leur toge[40], avait une fonction cultuelle assurée.

Junon, qui apparaît fréquemment avec diverses épiclèses (*cf. infra*), n'est devenue que secondaire-

---

29. *Cf.* n. 91.
30. Monnaies: deniers, 89 av. J.-C., L. Titurius Sabinus Cons., Crawford, *RRC* 352 n° 344/1a–c; Basilique *Aemilia*: (= *LIMC* VII Romulus et Remus **16**) Rome, Ant. Forense 3175. Kränzle, P., «Der Fries der *Basilica Aemilia*», dans *APl* 23 (1994) 93–127 spéc. 102–104 pl. 46a; basilique d'Ostie: Ostia, Mus. 546. Calza, R./Floriani Squarciapino, M., *Museo Ostiense* (1962) 69.
31. Kaempf, *Liebe der Götter*. Exemple: *LIMC* VIII Suppl. Persephone **177–248**; VIII Suppl. Kentauroi **137–153**.
32. Arya, D. A., «Il fregio della *Basilica Paulii (Aemilia)*», dans Carandini, A./Cappelli, R., *Roma, Romolo, Remo e la fondazione della città*. Cat. expos. Rome (2000) 312–315.
33. Plut. *quaest. Rom.* 289a; Ov. *fast.* 2, 557; 5, 487–488; Macr. *sat.* 1, 15, 21–22; Fayer 467–475. *Cf.* n. 17.
34. Linderski 155.
35. Varro ap. Non. 848 L.; Sen. *Medea* 1; Quint. *decl.* 347, 5; Serv. *Aen.* 4, 167; Fayer 557–559.

36. L'ordre de succession des actes rituels et cultuels n'est pas parfaitement connu, et il n'est pas certain que tous les rites attestés dans les sources aient été intégralement pratiqués lors de chaque mariage; Treggiari 161. 169.
37. *LIMC* V Homonoia/Concordia **74. 77. 80. 82. 83**, Hymenaios **7**. Selon une hypothèse de Rossbach, la représentation d'Hymenaeus pourrait être une image symbolique du jeune garçon qui, une torche à la main, conduisait la procession qui menait la jeune mariée dans sa nouvelle demeure: Rossbach 2, 15. P. Linant de Bellefonds émet également des réserves: plutôt qu'Hymenaeus, il pourrait s'agir d'un membre du cortège nuptial (*LIMC* V Hymenaios 585).
38. *LIMC* V Homonoia/Concordia **74–90**. Fayer 510–511; Reinsberg 1, 313–316; Kampen 51–52.
39. Pers. 2, 70, *contra*, Ps.-Acro *serm.* 1, 5, 65 (Lares); Stat. *silv.* 1, 2, 11–13 (*epithalamion*).
40. Arnob. *nat.* 2, 67; Champeaux, *Fortuna* I 268–274.

ment la déesse du mariage à époque historique, en qualité d'épouse du principal dieu poliade[41] : ce sont Cérès et Tellus qui remplissaient, anciennement, cette fonction[42], comme l'attestent l'invocation à Tellus lors de la prise d'auspices (Serv. *Aen.* 4, 166), le rapport établi entre Cérès et la torche nuptiale en *spina alba*, ainsi que son rôle de garante de la durée du mariage dans une « loi royale » (Paul. *Festi* 77 L.; Plut. *Rom.* 22, 3). Ces divinités agraires patronnaient peut-être la fécondité des humains comme celle des végétaux[43]. Les auspices nuptiaux étaient demandés à deux autres dieux agraires, Picumnus et Pilumnus[44].

La mariée offrait au foyer de ses nouveaux *Lares familiares* une des trois pièces qu'elle portait (dans sa chaussure), une autre, portée dans une bourse, apparemment aux *Lares compitales*, outre celle qu'elle portait à la main à son mari, exprimant ainsi son incorporation dans son ménage, sa demeure et son quartier[45].

Une prière était adressée, peut-être par la mariée quand elle entrait dans le lit conjugal, au *Genius* de l'époux, divinité de la génération liée au *lectus genialis*[46], et la *nupta* devait chevaucher une représentation ithyphallique de Mutinus Tutinus, geste propitiatoire de la fécondité de l'épouse ou plutôt apotropaïque, protégeant l'époux des risques de la première union[47].

Certains dieux nuptiaux apparaissent soit sous forme d'épiclèses de divinités polyvalentes (*Iuno Pronuba*, Varro ap. Serv. *Aen.* 4, 59; Ov. *met.* 9, 762; Serv. auct. *Aen.* 4, 45), soit comme «Sondergötter», intervenant successivement, de manière très spécialisée, à plusieurs étapes des *nuptiae* (*Domiducus*; en particulier dans le premier rapport sexuel : *Subigus*, *Prema*, *Pertunda*, etc.[48]), soit sous les deux aspects (*Cinxia*, à côté de *Iuno Cinxia* ou *Cinctia*[49]). Souvent attestés uniquement dans des textes polémiques d'apologètes, on ne leur connaît généralement pas de rôle cultuel, mais *Iuno Iuga* possédait un autel (Paul. *Festi* 92, 29-30 L.). On a supposé qu'une litanie d'invocation leur était adressée[50]. Ces figures doivent s'interpréter comme l'expression de la décomposition abstraite d'un processus complexe d'intervention divine[51].

Dans la *confarreatio*, qui concernait les titulaires présents et futurs des grands sacerdoces, les époux offraient (et peut-être consommaient en partie) un pain de *far* (épeautre) en *sacrificium* à Iuppiter Farreus en tant que dieu poliade[52].

Les actes cultuels attestés sont des prières[53], une prise d'auspices, remplacée d'abord par une extispicine puis tombée en désuétude, seul subsistant le titre d'*auspex* pris par un ou plusieurs assistants[54], des offrandes[55], des sacrifices : outre le sacrifice permettant l'ancienne extispicine, deux sont attestés : d'une part, celui d'un porc offert le jour des noces par les deux époux, à date ancienne, remplacé par une victime discutée (un bélier?)[56] ; il est associé à la *dextrarum iunctio* sur les monuments figurés[57]. D'autre part, le lendemain, un sacrifice auquel participait l'épouse, peut-être lié au repas solennel appelé *repotia*[58], une procession[59] (*cf. infra*). Dans la *confarreatio*, une brebis était sacrifiée et sa peau garnie de laine recouvrait également les deux sièges des époux[60].

Le mariage relevant du culte privé[61], les actes cultuels étaient effectués par les époux ou leurs *patres*, mais à la *confarreatio* assistaient, outre dix citoyens témoins, les prêtres les plus importants de la cité, *pontifex maximus* et *flamen Dialis*[62].

5. Actes rituels

Ces actes socialement prescrits et intrinsèquement liés à l'événement spécifique du mariage, pourvus d'une signification symbolique perceptible ou non à leurs acteurs, mais n'engageant pas systématiquement une divinité[63], assuraient dans la cité la publicité de l'union par la présence d'intervenants, d'invités et de spectateurs, et exprimaient

---

41. Verg. *Aen.* 4, 59; Noailles 3, 33-43.
42. Le Bonniec, *Cérès* 77-88.
43. Rossbach 1, 259.
44. Varro ap. Serv. *Aen.* 9, 4; Non. 848 L.; Boëls-Janssen 136-137.
45. Non. 852 L.; Dumézil, *RRArch* 586. Les rapprochements avec la dot et la compensation matrimoniale ou l'idée d'une acquisition de la *manus* sont sans fondement.
46. Arn. *nat.* 2, 67; *Schol.* Lucan. 2, 357; Le Bonniec 110-113; Fayer 549-553.
47. Aug. *civ.* 4, 11, l'assimile à Priape; autres désignations, dont certaines dédoublent par erreur le nom du dieu: Fayer 554 n. 893. Arnob. 4, 7; Lact. *inst.* 1, 20, 36; interprétations: Boëls-Janssen 216-220. La réalité cultuelle de ce dieu est attestée par un *sacellum*: Fest. 142 L. et Paul. *Festi* 143 L.
48. Tert. *nat.* 2, 11; Aug. *civ.* 6, 9; Fayer 557-559.
49. Arnob. *nat.* 3, 25; Paul. *Festi* 55 L.; Mart. Cap. 2, 149.
50. De Marchi 162.
51. Scheid, *Quand faire, c'est croire* 58-83.
52. Gaius 1, 112; Fayer 223-233. Consommation: Dion. Hal. *ant.* 2, 25, 3; Fayer 227-228.
53. *Cf.* n. 46.
54. Cic. *Cluent.* 14; *div.* 1, 28; Lucan. 2, 371; Iuv. 10, 336; Serv. auct. *Aen.* 1, 346; 4, 45; Fayer 501-504. *Cf.* n. 44.
55. *Cf.* n. 45.
56. Varro *rust.* 2, 4, 9; Tac. *ann.* 11, 27; Fayer 505-508.
57. Cependant, sur les monuments figurés, l'animal représenté est le plus souvent un bovidé (voir n. 8); l'animal est un bélier sur au moins un sarcophage (= *ThesCRA* I 2 a Sacrifices, rom. **104**, V 2 a Personnel de culte, rom. **285**, = *LIMC* V Homonoia/Concordia **79***) Rome, S. Lorenzo fuori le mura. Reinsberg 2, 126. 224-225 n° 113 pl. 65, 1.
58. Macr. *sat.* 1, 15, 22; Fest. 350 L.; Ps. Acro *serm.* 2, 2, 60; Boëls-Janssen 221.
59. *Cf.* 5.3.
60. Serv. *Aen.* 4, 374, *cf.* Paul. *Festi* 102 L.; Fayer 231.
61. Fest. 284, 18-21 L.; Harmon 1598-1600.
62. Serv. *georg.* 1, 31; Fayer 228-234.
63. Les interprétations rationalisantes des érudits anciens réintroduisent souvent des divinités dans l'explication des rites: ainsi Vesta, pour le franchissement du seuil, *cf.* n. 88, ou Jupiter, pour le jet de noix, *cf.* n. 85.

à la fois l'instauration du lien matrimonial entre les deux conjoints et le changement de statut affectant l'épouse (rupture, passage et agrégation), par divers actes: l'abandon d'objets liés à son enfance[64], la prise d'un costume particulier (pl. 45, 3)[65], la réception d'objets touchant son corps, un transfert spatial et l'accomplissement solennisé, pour la première fois, de divers actes de sa future vie quotidienne de *matrona*. La part des rites concernant la sexualité et la fécondité semble avoir été moindre.

Lors des *sponsalia*, le *sponsus* remettait ou envoyait à la *sponsa* un anneau, originellement de fer, puis d'or, l'*anulus pronubus*, porté à l'annulaire de la main gauche et sans valeur juridique dans la *sponsio*[66], et deux éléments du costume de la *nupta* impliquaient d'autres gestes ritualisés: elle était peignée à l'aide d'une pointe de lance recourbée, la *hasta caelibaris*, qui séparait ses cheveux en *seni crines* (six mèches ou tresses). Paul Diacre prétend que la *hasta* devait avoir été retirée du corps d'un gladiateur mort ou blessé, et le rite n'était plus compris dès l'Antiquité, d'où diverses interprétations[67]. Un changement de coiffure exprime souvent un changement de statut[68], mais il est peu probable que le rite ait marqué une revendication d'autorité du *sponsus*[69] ou l'ait protégé magiquement[70]. La tunique de l'épousée était serrée d'une ceinture de laine nouée d'un nœud complexe, *nodus Herculaneus*, que dénouait l'époux, sous le patronage de *Iuno Cinxia*[71].

Le rite essentiel, qui assurait la publicité de l'union matrimoniale, était la *domum deductio*[72], qui commençait par un rite de séparation: la résistance réelle ou simulée de l'épousée en pleurs, fictivement arrachée aux bras de sa mère[73]. Ce transfert public de l'épouse, sans intervention active de l'époux[74], découle du caractère virilocal ou patrivirilocal du système romain d'alliance. Il prenait la forme d'une *pompa* nocturne, d'où l'emploi de torches devenues, dans la littérature et l'art, le symbole par excellence des *nuptiae*[75] et mettait en jeu divers acteurs: la *pronuba*, femme mariée *uniuira* (statut ayant valeur de présage favorable) qui guidait en tout l'épousée[76] (dans les représentations figurées, son rôle est souvent tenu par Concordia, plutôt que par Junon[77]); trois *pueri patrimi matrimi*, enfants dont les deux parents étaient en vie (autre présage favorable), deux d'entre eux tenaient la mariée par la main[78], le troisième portait la torche d'aubépine allumée au foyer familial de l'épouse[79], qui faisait ensuite l'objet d'un combat ritualisé entre amis de chacun des conjoints pour sa possession, porteuse de présages différents selon le camp victorieux[80] (ritualisant peut-être la tension entre donneurs et preneurs de femme). La mariée portait ou faisait porter sa quenouille et son fuseau, symboles de l'activité artisanale des femmes qu'elle consacrerait désormais à son mari[81]. La *pompa* s'accompagnait du cri *talassio*, lié au travail de la laine et réinterprété dans le mythe étiologique[82], de *uersus fescennini*, moqueurs et obscènes[83], de chants et de musique de flûte[84]. Les enfants demandaient au marié de leur jeter des noix (fruit lié à Jupiter), geste pour lequel les Anciens présentaient diverses rationalisations: rite de fécondité, présage de solidité de l'union, marque du passage du marié à l'âge adulte[85].

D'autres rites fortement spatialisés exprimaient l'intégration de la *nupta* dans son nouveau milieu: quartier (*uicus*), par l'offrande d'un as aux *Lares compitales*, et maison, par une même offrande aux *Lares familiares*[86]. Accueillie devant cette maison

---

64. Sous forme de consécration à une divinité, *cf.* n. 39. 40.
65. Voir le détail dans Boëls-Janssen 99-134; La Follette, L., « The Costume of the Roman Bride », dans Sebesta, J. L./Bonfante, L. (éds.), *The World of the Roman Costume* (1994) 54-64; Fayer 475-500. La coiffure et le costume de la *nupta* sont généralement reconstitués à partir de ceux des vestales et des statues féminines du sanctuaire de Lavinium. Les travaux de M. Torelli ont ainsi montré que les statuettes votives féminines mises au jour dans le sanctuaire oriental de Lavinium étaient peut-être des représentations de jeunes mariées: Torelli 31-50; *Enea nel Lazio. Archeologia e mito. Cat. expos.* Rome (1981) 214-264 (en particulier D 226, D 234 [= ThesCRA I 2 d Dedications, rom. **22**] Pratica di Mare (Lavinium) P 77.162 [ici pl. 45, 3], D 235). Pour le rapprochement entre la tenue et la coiffure des vestales et celles de la mariée: La Follette *o.c.* 54; Sensi 58, 67-71.
66. Plin. *nat.* 33, 12; Tert. *apol.* 6, 4; Fayer 69-73. Iuv. 6, 27 dit cependant *pignus*.
67. Paul. *Festi* 55 L.; Ov. *fast.* 2, 557-560; Plut. *Rom.* 15, 7; *quaest. Rom.* 285b-d; *cf.* Fest. 454, 23-27 L.; Fayer 490-495.
68. Le Bonniec 126.
69. Le Bonniec 128-129, mais le mariage n'implique pas le passage sous la *manus*.
70. Boëls-Janssen 123-124.
71. Varro ap. Non. 68 L.; Paul. *Festi* 55 L.; Fayer 480-481; *cf.* n. 49.
72. Rage-Brocard.
73. Fest. 364 L.; Boëls-Janssen 162. Ce rite ne suffit pas à attester une pratique ancienne du mariage par rapt.
74. Williams 17.
75. Fayer 515 n. 722. La torche apparaît le plus souvent dans les documents figurés entre les mains d'un jeune garçon, dans lequel on reconnaît généralement Hymenaeus (*cf.* n. 37).
76. Varro ap. Serv. *Aen.* 4, 166; Fest. 282 L.; Paul. *Festi* 283 L.; Isid. *etym.* 9, 7, 8; Williams 16-29.
77. *LIMC* V Iuno 839; Fayer 509-511.
78. Varro ap. Non. 161 L.; Fest. 282; Boëls-Janssen 166; Fayer 521-522.
79. *Cf.* **2**.
80. Fest. 364 L.; Boëls-Janssen 167-168.
81. Plin. *nat.* 8, 194; Plut. *quaest. Rom.* 271f; Boëls-Janssen 173. 175-180; Fayer 478-480. 525-526.
82. Varro ap. Fest. 478, 34 L.; Catullus 61, 134; Liv. 1, 9, 12; Boëls-Janssen 174-175; Fayer 515-521; *cf.* **2**.
83. Catullus 61, 126-127; Plin. *nat.* 15, 86; Boëls-Janssen 172-173; Fayer 515-517.
84. Plaut. *Cas.* 798-799; Ter. *Ad.* 904-906; Fayer 515.
85. Geste: Catullus 61, 131; Verg. *buc.* 8, 30. Interprétations: Varro ap. Serv. *buc.* 8, 29; Plin. *nat.* 15, 86; Schol. Veron. Verg. *buc.* 8, 30; Paul. *Festi* 179, 8-9 L.; Fayer 526-529.
86. *Cf.* n. 45.

par son époux, la *nupta* enduisait les jambages de la porte de graisse, anciennement de loup, ensuite, de porc (Plin. *nat.* 28, 135, 142; Serv. *Aen.* 4, 458) et l'ornait de bandelettes de laine[87]. Au moment de franchir le seuil (rite de passage par excellence, qui ne concernait que la *uirgo* allant devenir *uxor*, non la femme remariée), elle était soulevée par les *pueri patrimi*, pour éviter le mauvais présage d'un heurt du pied sur le *limen*[88].

Enfin, à côté des rites concernant les effets sociaux et statutaires du mariage, d'autres exprimaient l'instauration d'un lien interpersonnel entre les deux époux, impliquant relations sexuelles et communauté de vie. Selon des sources tardives, les *sponsi* échangeaient un baiser (*osculum*)[89]. Devant sa maison, l'époux demandait son nom à la *nupta*, dont la réponse était une formule transmise seulement par Plutarque « Là où (ou: Puisque) tu es Gaius, je suis Gaia », que ces deux prénoms aient été effectivement prononcés ou qu'ils aient remplacé les *praenomina* variables des époux. Ce décalque onomastique définissait pour l'avenir l'identité de la femme par rapport à son mari, sans signifier, malgré Plutarque, l'identité ou l'égalité de leurs rôles[90]. Sur le seuil de sa maison, l'époux, en vertu d'un rite que l'on faisait remonter à Romulus et aux Sabines (Dion. Hal. *ant.* 2, 30, 6), présentait à l'épouse l'eau, puisée par un enfant *patrimus matrimus*, contenue dans un *aquale*, et le feu, sous forme d'un tison (*titio*) tiré d'un *arbor felix*, et allumé à son foyer ou à celui des édiles (donc à un foyer public). L'eau servait à asperger la *nupta* ou à lui laver les pieds, ou elle se contentait de la toucher[91]. Plutôt qu'un rite de purification[92], il s'agissait d'un rite d'agrégation exprimant, au moyen des éléments de base de la vie quotidienne, la future communauté de vie et de culte des époux[93].

Des sources littéraires peu nombreuses et peu décisives suggèrent qu'à l'initiative de la *pronuba* les époux se donnaient la main droite[94], geste devenu, dans l'iconographie, le symbole même, sinon de la cérémonie nuptiale, du moins de l'état conjugal, appelé par les modernes *dextrarum iunctio*[95]. En effet, le schéma iconographique de la *dextrarum iunctio* dépasse le simple cadre de la représentation des rites nuptiaux[96]. En attestent les nombreuses images funéraires mettant en scène un couple accomplissant ce geste, hors de tout contexte rituel (pl. 46, 1)[97]. Dans ce cas, il n'est pas question de représenter la cérémonie du mariage elle-même. Les monuments du début de l'époque impériale pouvaient – à l'instar des représentations funéraires grecques ou étrusques – symboliser la séparation au moment de la mort de l'un des partenaires, et une allusion à l'éternelle fidélité promise par le couple au-delà de la mort[98]. L'interprétation proposée pour les documents postérieurs est généralement différente. En effet, dès le IIe s. ap. J.-C., plusieurs empereurs firent frapper des monnaies montrant le couple impérial se donnant la main droite avec l'inscription CONCORDIA (pl. 45, 4)[99]. Nul doute que ces images de « concorde domestique » impériale influencèrent la lecture des images funéraires, dans lesquelles on voit, dès lors, une représentation de la *concordia* régnant entre les époux et de la force du lien social les unissant[100].

PHILIPPE MOREAU / ALEXANDRA DARDENAY

---

87. Serv. *Aen.* 4, 458; Fayer 531; *cf.* n. 81.
88. Plaut. *Cas.* 815–816; Varro ap. Serv. *buc.* 8, 29 (seuil consacré à Vesta); Catullus 61, 166–167; Boëls-Janssen 190–192; Fayer 535–537. *Cf.* **2**.
89. Tert. *de verginibus velandis* 11, 5; *Cod. Theod.* 3, 5, 6; Fayer 109–110.
90. Quint. *inst.* 1, 7, 28; Plut. *quaest. Rom.* 271d–e; Paul. *Festi* 85 L.; Boëls-Janssen 183–185; Fayer 531–535.
91. Varro *ling.* 5, 61; ap. Serv. *Aen.* 4, 167; ap. Non. 268 L.; Plut. *quaest. Rom.* 263d; Scaeuola *dig.* 24, 1, 66; Serv. *Aen.* 4, 103. 339; Non. 161. 469 L.; Boëls-Janssen 152. 193–201; Fayer 538–541.
92. Paul. *Festi* 3. 77 L.; Porte 269.
93. Varro *ling.* 5, 61; Boëls-Janssen 199.
94. Ter. *Andr.* 295–297 et Don. *ad. loc.*; Ov. *her.* 2, 31; Claud. *carm. min.* 25, 128–129; Boëls-Janssen 139–142; Fayer 508–511.
95. Treggiari 165 n. 40.
96. Reekmans; Davies, G., « The Significance of the Handshake Motif in Classical Funerary Art », *AJA* 89 (1985) 627–640.

97. L'hypothèse selon laquelle le geste ferait spécifiquement allusion à la cérémonie du mariage est depuis longtemps abandonnée: Davies (n. 96) 632–635. 638–639. Une grande partie de la documentation concerne des stèles, urnes ou autels funéraires du début de l'époque impériale (Davies *o.c.* 632–635); en particulier: Autel funéraire de Ti. Claudius Dionysius, Vatican, Mus. Greg. Prof. 9836 (Davies *o.c.* fig. 8).
98. Reekmans 27–30; Davies (n. 96) 633–635.
99. Ces émissions s'inscrivent dans la lignée de types monétaires célébrant « l'harmonie politique ». Rappelons que, dans l'iconographie romaine, l'image de la *dextrarum iunctio* ne se limitait pas, loin de là, à la sphère nuptiale, et était particulièrement fréquente en contexte politique et militaire. Davies (n. 96) 637–638; *LIMC* V Homonoia/Concordia **92. 94*. 95*. 96*. 97**. Monnaies en l'honneur de la Diva Faustina: Weiss figs. 2–5. Ici *BMC Emp* IV pl. 8, 5; 28, 8.
100. Weiss 24–29.

1.d. OLD AGE IN THE GREEK AND ROMAN WORLD

CONTENTS
1. Old Age 107
2. Old Made Young 108
3. Older People in Cult 109

GENERAL BIBLIOGRAPHY: *Alter in der Antike. Die Blüte des Alters aber ist die Weisheit*. Exhibition cat. Bonn (2009); Bakhouche, B. (ed.), *L'ancienneté chez les Anciens* (2003); Brandt, H., *Wird auch silbern mein Haar. Eine Geschichte des Alters in der Antike* (2002); Bremmer, J. N., «The Old Women of Ancient Greece», in Blok, J./Mason, P. (eds.), *Sexual Asymmetry* (1987) 191–215; Brockhaus, C. (ed.), *Altersbildnisse in der abendländischen Skulptur*. Exhibition cat. Duisburg (1996) 41–129; Cokayne, K., *Experiencing Old Age in Ancient Rome* (2003); Cole, S. G., *Landscapes, Gender and Ritual Space: The Ancient Greek Experience* (2004); Connelly, J. B., *Portrait of a Priestess: Women and Ritual in Ancient Greece* (2007); Dillon, M., *Girls and Women in Classical Greek Religion* (2002); Finley, M. I., «The Elderly in Classical Antiquity», *G&R* 28 (1981) 156–171; Gnilka, C., *RAC* XII (1983) 995–1094 s.v. «Greisenalter»; Goff, B., *Citizen Bacchae: Women's Ritual Practice in Ancient Greece* (2004); Gruman, G. J., «A History of Ideas about the Prolongation of Life: the Evolution of Prolongevity Hypotheses to 1800», *TAPhS* 56, 9 (1966) 1–102; Gutsfeld, A./Schmitz, W. (eds.), *Am schlimmen Rand des Lebens? Altersbilder in der Antike* (2003); Henderson, J., «Older Women in Attic Old Comedy», *TAPhA* 117 (1987) 105–129; Kirk, G. S., «Old Age and Maturity in Ancient Greece», *EranJb* 40 (1971) 123–58; Mattioli, U. (ed.), *Senectus* (1995-2007); Matheson, S. B., «Old Age in Athenian Vase-Painting», in *Athenian Potters and Painters* II (2009) 192–200; McCartney, E. S., «Longevity and Rejuvenation in Greek and Roman Folklore», *Papers of the Michigan Academy of Science, Arts and Letters* 5 (1925) 37–72; Parkin, T. G., «The Ancient Greek and Roman Worlds», in Thane, P. (ed.), *The Long History of Old Age* (2005) 31–69. 304–305; id., *Old Age in the Roman World: a Cultural and Social History* (2003) (= Parkin); Preisshofen, F., *Untersuchungen zur Darstellung des Greisenalters in der frühgriechischen Dichtung* (1977); Roussel, P., «Étude sur le principe de l'ancienneté dans le monde hellénistique du Ve siècle av. J.-C. à l'époque romaine», *Mémoires de l'Académie des Inscriptions et Belles-Lettres* 43, 2 (1942) 123–227; Suder, W. (ed.), *Geras. Old Age in Greco-Roman Antiquity. A Classified Bibliography* (1991); Takács, S. A., *Vestal Virgins, Sibyls, and Matrons: Women in Roman Religion* (2007); Wiedemann, T., *Adults and Children in the Roman Empire* (1989).

In this section we intend to consider the relevance of old age to ancient cults and rites from several perspectives. Firstly we shall consider the extent to which old age was a significant concept in its own right in a religious context, and following on from that we shall discuss the role of older people in cults and rites. It must be stated from the outset that very few cults and rites were attached to old age in antiquity; in the case of the Etruscans we are hampered by the lack of evidence generally, but in the context of classical Greece and Rome it is clear that the dearth of material is a reflection of reality. Indeed, compared to childhood or youth, old age was not demarcated to any significant extent as a discrete stage of life[1]. That is not to say, of course, that in antiquity people did not grow old, nor that ageing was not remarked upon. But as a «real» stage of life (rather than as a philosophical or mathematical topos in classifications like the «seven ages of man» [and woman]), older people tended to be incorporated into a general group of adult men and women. If and when an individual's physical and/or mental capacities waned, then he or she tends either to disappear from notice or is regarded as a potential problem or burden. Accordingly, many literary descriptions of old age and of older people stress their utility (this is a typical refrain in prose and poetry written by the elderly themselves)[2], or expresses abhorrence at their decrepitude and uselessness[3]. Images on vases and in sculpture conform to this pattern to some extent, although a large body of material – Greek, Etruscan, and Roman – celebrates advanced age, either by idealizing, or by highlighting the realities of, the physical appearance of the older man and woman. In mythology and religion, the relatively minor role played by old age suggests a degree of marginalization of those individuals who were perceived as being in decline.

1. Old Age

In ancient societies «Youth» was typically celebrated as an ideal, and as a concept was even deified[4]. Old age was accorded no such prestige. In Claudian's *Epithalamium* on the marriage of Hon-

---

1. On this theme see Parkin, which includes (ch. 1) definitions of old age in the Roman context.
2. See e.g. Richardson, B. E., *Old Age Among the Ancient Greeks* (1933) and Falkner, T./de Luce, J. (eds.), *Old Age in Greek and Latin Literature* (1989).

3. See further Parkin ch. 3.
4. See *ThesCRA* VI 1 b Childhood and adolescence.

orius, *Senium*, personified Old Age, is prohibited from entering the grove by *petulans Iuventas* (*carm.* 10, 84-85) – a clever metaphor, perhaps, for social reality. The Greek personification of old age, Geras (Γῆρας), is first explicitly attested in Hesiod: Nyx (Νύξ, Night) is the mother of destructive (*oulomenos*) Old Age, as well as of hateful Moros (fate), black Ker (violent death), Thanatos (death), sleep, dreams, Momos (blame), misery, the Hesperides, Moirai (fates), death-fates (Keres), Nemesis, Apate (deceit), friendship, and strife (*Theog.* 211-225). In the *Homeric Hymn to Aphrodite* (233) hateful Geras is said to press with all his might upon the limbs of Tithonus, granted eternal life but not eternal youth, so that he is rendered immobile. Moreover, in the same hymn we find the ominous observation (245-246) that «old age stands some day at the side of every person, destructive and wearisome, which even the gods abhor».

The Romans adopted a comparable ancestry for Old Age: Cicero (*nat.* 3, 44) mentions «Love, Deceit, Fear, Labour, Envy, Fate, Old Age, Death, Darkness, Misery, Lamentation, Favour, Fraud, Obstinacy, the Destinies, the Hesperides, and Dreams, all of which are the offspring of Erebus and Night». Hyginus (*fab. pr.* 1) follows the same tradition, and indeed the references throughout classical literature are uniformly negative: old age is one of a repugnant band that includes all of life's malevolent aspects – grief, misery, disease, hunger, discord, envy, fear, poverty, greed, war and the like, normally consigned to the Underworld but all too often let loose among frail mortals[5].

The contrast with desirable youth could not be clearer; old age is an object of fear, not of worship. There is one exception, commented on twice in later antiquity purely for its uniqueness: an altar of Geras is said to have been found in Gades (modern Cádiz), and this might suggest a cult. Apparently the people of Gades were «excessive in religion», singing paeans to death and worshipping at shrines to Πενία and Τέχνη, Poverty and Craft (Philostr. *v. Ap.* 5, 4, 167; Eust. *Comm. in Dionys.* 453). Altars to Heracles are also mentioned in Gades: it is perhaps no coincidence that this hero alone is shown battling personified old age on vases from the first half of the 5th cent. B.C.; here Geras typically appears as an emaciated figure with grotesquely swollen but flaccid genitals[6]. However, this episode is the exception; overall Geras plays a very minor rôle in classical mythology. The exception proves the rule, itself not overly surprising, that old age as a personified concept in the ancient world merited not worship but awe, if not dread.

2. Old Made Young

Old age, as the final stage of life rather than as a distinct character, does feature in the mythological descriptions of mortal heroes and villains, but not of gods, who are held to be ageless and immortal (e.g. Soph. *Oid. K.* 607-608 although, as we have seen, the *Homeric Hymn to Aphrodite* 244-246 alleges that the gods too abhor old age)[7]. Immortality is an honour that just occasionally can be accorded to privileged mortals. But many monstrous figures from mythology are old and haggard precisely because this will invoke fear in the hearts of mortals. Some of the most terrible and loathsome creatures, for example, the Graeae, Fates and Furies, might in fact be classified as old spinsters[8], a sign of their complete separation or marginality from «normal» society.

In contrast, quests for rejuvenation and immortality by mortal men are frequently remarked upon; indeed both have been aspirations of humankind throughout history[9]. As early as the Homeric era mortals have wished to have their old age «scraped» from them (e.g. Hom. *Il.* 9, 446; *h. Hom. Ven.* 223-224), just as it was observed that the snake sheds its wrinkled skin (also called *geras* or *senectus/a*) to appear youthful again. The rejuvenation of Aeson at the hands of Medea was perhaps the most celebrated story, familiar to both Greeks and Romans[10]. Also well-known was the tale of Tithonus, as we have already seen; his award of immortality without eternal youth led to his ever-increasing age and decrepitude[11]. One thinks too of such figures as Teiresias, Peleus, and Phineus[12]. It is also worth remarking that the extant fragments of Aristophanes' *Geras* suggest that the play's chorus was made up of old men who are rejuvenated.

It would appear that the prayer for a long life was a familiar one, perhaps not as common as the

---

5. E.g. Verg. *Aen.* 6, 268 ff. (*tristis Senectus*); *cf.* Sen. *epist.* 108, 29, *Oed.* 594, *Herc. f.* 696; Sil. *Pun.* 13, 583; Claud. *in Rufin.* 1, 31.
6. Brommer, F., «Herakles und Geras», *AA* (1952) 60-73; *LIMC* IV Geras; Shapiro *PersGrArt* 89-94. 238-239.
7. *Cf.* McCartney; Griffin, J., *Homer on Life and Death* (1980) 187; Janko, R., «'Αθάνατος καὶ ἀγήρως: the Genealogy of a Formula», *Mnemosyne* 34 (1981) 382-385; Clay J. S., «Immortal and Ageless Forever», *ClJ* 77 (1981-82) 112-117.
8. See Henderson for a very useful discussion of this topic.

9. For a survey of theories of prolongevity, see Gruman; on rejuvenation see still McCartney.
10. *Nostoi fr.* 7; Ov. *met.* 7, 159-293; McCartney 42-43. 55-57. *Cf.* the case of Pelias *LIMC* VII Pelias.
11. *h. Hom. Ven.* 218-238; Plut. *Mor.* 792e; Cic. *Cato* 1, 3; *Suda s.v.* «Τιθωνοῦ γῆρας»; King, H., «Tithonos and the Tettix», *Arethusa* 19 (1986) 15-35; Brillante, C., «Il vecchio e la cicala, un modello rappresentativo del mito greco», in Raffaelli, R. (ed.), *Rappresentazioni della morte* (1987) 47-89; *LIMC* VIII Tithonos.
12. *LIMC* VIII Teiresias, VII Peleus, VII Phineus.

wish for wealth and good health but common enough for Juvenal in his tenth satire to denounce it as pointless: Juvenal's bitter attack on old age and the elderly is well known[13]. Beyond requests for divine or medical interventions, recourse might also be had to magic, in the hope of uncovering «drugs to ward off ills and old age» (Emp. VS 31 B 111 ap. Diog. Laert. 8, 59: «φάρμακα δ' ὅσσα... κακῶν καὶ γήραος ἄλκαρ»). But the grim reality of man's vulnerability is evident, as the *Homeric Hymn to Apollo*, for example, states baldly (192–193): «they live witless and helpless and can find no cure for death nor defence (ἄλκαρ) against old age». In the *Suppliant Women*, Euripides has Iphis, the elderly and despairing father of Evadne, speak more bluntly: «How hateful it is when people drag out their lives with food and drink and magic, perverting nature's course to ward off death; when they are no longer of use to their country they ought to die and make way for the young»[14]. Clearly, Pliny the Elder agreed (*nat.* 28, 9): «We do not look upon life as so essentially desirable that it must be prolonged at any cost. Whoever you are, you will die all the same, even though you shall have lived in the midst of obscenities or abominations. Let each then reckon this as one great solace to his mind, that of all the blessings which Nature has bestowed on humankind, there is none better than the death which comes at a seasonable hour».

3. Older People in Cult

Old Age *per se* may figure only negligibly as an object of veneration, but this does not preclude elderly people from playing a more prominent role as participants or practitioners in religious cult and rites. It has been well said that, in many cultures, «the old are thought to be particularly numinous»[15]. As individuals who are in a sense marginalized or distanced from the central ideal of the adult male, it might be considered that older people – male but especially female, often stereotyped as witches – enjoy a closer rapport with non-human elements, be they animal or supernatural[16]. Prophets and seers in literature were often depicted as marginal members of society: women and aged men[17]. At an official, public level it appears that a standard role for older people was as priests and priestesses. Indeed Plato and Aristotle both remarked that in their ideal states religious duties would be reserved for those (male and female) in old age (Plato specifies that they should be over 60 years of age)[18]. In Ptolemy I's edict to Cyrene (*SEG* 9, 1, ca. 322/1 B.C.), priests of Apollo are to be selected from the *gerontes*, who are 50 years of age or over. Dionysius of Halicarnassus records that Romulus enacted a law that each *curia* should choose two men over the age of 50 to act as priests[19]. Of course in the Roman world the *paterfamilias*, as the senior male member of the household, had the duty to observe the customary religious rites, the worship of *Lares*, *Penates* and ancestors. More generally, priests at Rome need not be old, though the office normally lasted for life, and, in line with traditional ideas of respect for age, seniority would normally be expected to be given to the oldest member of the college, or at least to the individual who had belonged to the college the longest[20].

The rôle of older women in ancient cults and rites is particularly noteworthy. According to a law of Solon, in Athens the only women allowed to take an active part in funerals were close relatives and those over the age of 60 years, possibly in the latter case because there was no risk that the corpse could have any malign influence on a woman's fertility[21]. Post-menopausal – and frequently also widowed – women, from whom celibacy would be expected, often feature (although not exclusively, it should be noted). At Delphi, for example, the rape of a beautiful young priestess by the Thessalian Echekrates prompted authorities to decree that the Pythia should thereafter be at least 50 years of age (but also that she

---

13. Iuv. *Sat.* 10, 188–288; Parkin 80 ff.; *cf.* Dunbar, N. (ed.), *Aristophanes, Birds* (1995) 402–403.

14. Eur. *Suppl.* 1109–1113; these lines are quoted with approval by Plutarch in his letter of consolation to Apollonius, whose son has died (*cons. ad Apoll.* 110c).

15. Wiedemann 177.

16. This concept is explored at length in Parkin, esp. ch. 9 (and see p. 86 on old women as witches).

17. *Cf.* Kirk 123: «Prophets and seers constituted a special case; they were often envisaged as ancient, and are regularly so depicted in art; Apollo chose the elderly as his vessels because of their venerability and consequent credibility». But see also Finley 163. For the iconographic tradition of the so-called «old seer» in Late Archaic and Early Classical art, see Hurwit, J. M., «Narrative Resonance in the East Pediment of the Temple of Zeus at Olympia», *ArtBull* 69 (1987) 6–15 (esp. 9–12) figs. 2–5.

18. (= *ThesCRA* V 2 a Personnel of cult, Gr. **11** and **17**) Plat. *nom.* 6, 759d; Aristot. *pol.* 7, 1329a.

19. (= *ThesCRA* V 2 a Personnel of cult, gr. **20**) Dion. Hal. *ant.* 2, 21, 3.

20. *Pontifex maximus*: Fest. 152 L. (with Sall. *Cat.* 49, 2). College of augurs: (= *ThesCRA* V 2 a Personnel of cult, rom. **37**) Cic. *Cato* 64; Cokayne 101. For a funerary base from classical Athens identified as showing an elderly priest, see Kosmopoulou, A., *The Iconography of Sculpted Statue Bases in the Archaic and Classical Periods* (2002) no. 46, pp. 98–99, 216–218, fig. 72. For some Roman examples, see, e.g., *MusNazRom* I 9 1 (1987) 84–87 no. R52 (a priest of Isis), and the marble head of the aged, veiled Roman priest in the Museo Chiaramonti, nr. 135, depicted in (e.g.) Schweitzer, B., *Die Bildniskunst der römischen Republik* (1948) 72–79 figs. 89. 96.

21. [Demosth.] 43, 62; *cf.* Lysias 1, 15; Kall. *h.* 6, 124–130; Paus. 2, 35, 7–8; *h. Hom. Cer.* 101–102 (but see now also Pratt, L., «The Old Women of Ancient Greece and the Homeric *Hymn to Demeter*», *TAPhA* 130 [2000] 41–65, with Cole 133). Regarding fertility *cf.* Plat. *nom.* 947d, with Goff 32.

remain dressed as a young virgin – Diod. 16, 26, 6). Likewise Pausanias recounts that when a virgin priestess was raped at the sanctuary of Artemis Hymnia at Orchomenos, a celibate older woman «who has had enough of sexual intercourse» was chosen as her replacement[22]. In the cult of Aphrodite on Sikyon, according to Pausanias, only a celibate *neokoros* and a virgin *loutrophoros* were allowed to enter the temple[23]. Pausanias also tells us that in the cult of the hero Sosipolis at Elis only an old celibate priestess was allowed to enter the inner sanctuary; dressed as a bride or *parthenos* and bringing bath-water and barley cakes, she was clearly regarded as protected by her age from the perils of sexuality. Younger women at Olympia, on the other hand, worshipped Sosipolis' co-resident, the goddess of childbirth, Eileithyia[24]. The idea that older priestesses are a safe means of ensuring celibacy only very rarely transfers to the opposite gender: Plutarch relates that in Phocis the priest at the shrine of Herakles Misogonos («Women-hating») is usually an older man since celibacy is required (*de Pyth or*. 403f).

Older women in the Greek world may also be seen to play a less central but still important role in certain tasks relating to cults, such as the care of sacred fires (for example, at Athens and Delphi: Plut. *Num*. 9, 5). In the cult of Hera at Olympia it was a committee of sixteen elderly women who wove the robe for Hera every fourth year and who held games in honour of the goddess (Paus. 5, 16, 5 on their age). In the cult of Dionysos at Athens venerable older women (*gerarai*) oversaw cult activities[25]; one also finds *gerarades* involved in the cult of Athene at Argos[26], and older women involved with sacrifices in the cult of Demeter at Hermione (Paus. 2, 35, 7-8) and the cult of Sabazios at Athens, according to Demosthenes in an attack on Aeschines[27]. There is also some epigraphical evidence pointing to the advanced age of Greek priestesses, such as the inscribed marble statue base of Lysimache, the priestess of Athene Polias at Athens in the 4th cent. B.C., who served for 64 years[28].

On occasion, however, advanced age might preclude participation: in Callimachus' *Hymn to Demeter* (1, 130) the initiated may not enter the temple if they are over 60 years of age. The situation with perhaps the most famous Roman priestess, the Vestal Virgin, was rather different again: she was permitted to retire after thirty years of service (the age of forty years, according to Aulus Gellius), at a time in her life which would have roughly coincided with the onset of the menopause[29]. It appears to be the case that with the Vestal Virgins too seniority was granted by age, or perhaps by length of service (*cf*. Ov. *fast*. 4, 639). Although in the Roman context elderly women are even less commonly associated with religious cult and rites, they are still present, at least in the Roman imagination – one thinks immediately of the Sibyl[30], of course (and the aged [Etruscan?] woman who attempts to sell the Sibylline books to Tarquin[31]), but witness also, for example, the *anus annosa* (aged old woman) of the Feralia during the Parentalia in February[32], the old woman who presides at the Liberalia in honour of Bacchus (Ov. *fast*. 3, 765–766: *vinosior aetas*), and the *anus* priestess of Propertius 4, 9, 61. From Roman North Africa one thinks too of the priestesses of the cult of the Cereres: there is epigraphic evidence for eleven such priestesses, and of these the ages of six are known: the youngest is 72, the oldest 97 years of age, it is recorded[33].

TIM PARKIN

---

22. (= *ThesCRA* V 2 a Personnel of cult, Gr. **24**) Paus. 8, 5, 11–13; *cf*. Connelly 43–44, who discusses the increasing roles of older women as opposed to young virgins; see also Dillon 299–300 and Goff 151–152 («the postsexual woman»).
23. (= *ThesCRA* V 2 a Personnel of cult, Gr. **22**) Paus. 2, 10, 4.
24. Paus. 6, 20, 2–3; Cole 130.
25. [Demosth.] 59, 73. 78 (*Against Neaira*); Dillon 101–103. Hellenistic statues (and their Roman copies) of elderly women, such as the well-known images of the old woman with her wine jug (see also n. 32 below) and of the aged market woman, might be interpreted as individuals engaged in Dionysiac rites; *cf*. e.g., Pollitt, J. J., *Art in the Hellenistic Age* (1986) 142–143 figs. 152–154.
26. Hesych. *s.v.* «γεραράδες»; Cole 134. See also *Anecd*. Bekker I 228. 231–232.

27. Demosth. 18, 259–260; Dillon 159. 299.
28. *ThesCRA* V 2 a Personnel of cult, Gr. **32**, with Connelly 130–132, an important discussion. See also Brockhaus 46–51.
29. Gell. 7, 7, 4; Dion. Hal. *ant*. 2, 67, 2 (who states that few take the option of retiring and those who did had a bad end); *ThesCRA* V 2 a Personnel of cult, rom. **III.1.b**. See Tac. *ann*. 2, 86 and *CIL* VI 2128 (= *ILS* 4923: *annis LXIIII*) for two aged Vestals.
30. Phlegon, *FGrH* 257 F 37, 99; *IEryth* II 224 (Sibyl of Erythrae); Ov. *met*. 14, 142–149 (Cumae); *cf*. *LIMC* VII Sibyllae.
31. Varro *ant. ap*. Lact. *inst*. 1, 6, 10; Dion. Hal. *ant*. 4, 62, 2–4; Gell. 1, 19 (*anus*); Takács 64–70.
32. Ov. *fast*. 2, 571; Takács 39–40.
33. Rives, J., *Religion and Authority in Roman Carthage* (1995) 160; *ThesCRA* V 2 a Personnel of cult, Rom. **IV.D.3**.

1.e. TOD UND BESTATTUNG

Tod und Bestattung in der griechischen Welt

GLIEDERUNG
I. Tod und Bestattung in der griechischen Literatur (H. Harich-Schwarzbauer) ... 111
  1. Einführung 111
  2. Homer 112
    2.1. Das Bekanntmachen des Todes in der Gemeinschaft 113
    2.2. Reinigen und Aufbahren des Leichnams (*prothesis*) 113
    2.3. Totenmahl (*perideipnon*) 114
    2.4. Der Leichenzug (*ekphora*) 114
    2.5. Der Scheiterhaufen (*pyra*) ... 114
    2.6. Die Bestattung der Gebeine .. 114
    2.7. Die Leichenspiele 115
  3. Tod in der Polis 115
    3.1. Fokussierung auf die *ekphora* und die öffentliche Leichenrede . 115
    3.2. Die *Prothesis* 116
    3.3. Zeichen der Trauer: Die Haarschur 116
    3.4. Gaben bei der Bestattung 116
    3.5. Reinigung der Familie 116
  4. Der Besuch des Grabes 116
    4.1. Spenden am Grab 116
    4.2. Persönliche Grabspenden 117
  5. Besondere Totenehrungen – Ehren an den Gräbern der Heroen 117
  6. Die funerären Riten und der Rechtsdiskurs 117
    6.1. Die Solonischen Maßnahmen .. 117
    6.2. Platons *Nomoi* 118
    6.3. Reglementierung funerärer Riten in anderen Poleis 118
  7. Totenfest 118
    7.1. *Genesia* 118
    7.2. *Chythroi* – der Besuch der Toten bei ihren Angehörigen 118
  8. Fluchtäfelchen 119
  9. Gefahren für den Leichnam – Bestattung im Spiegel magischer Praktiken 119
II. Rituels funéraires grecs: le témoignage des inscriptions (A. Hermary) 120
III. Tod und Bestattung in der griechischen Bilderwelt (O. Jaeggi) 121
  1. Vorbemerkung 122
  2. Athen und Attika
    2.1. Vasenmalerei 122
      2.1.1. *Prothesis* und *Ekphora* 122
      2.1.2. Sarg- und Grablegung ... 127
      2.1.3. Leichenspiele 127
      2.1.4. Darstellung von Loutrophoren 128
      2.1.5. Schmuck und Besuch des Grabes 129
    2.2. Skulptur 130
    2.3. Überblick über die Entwicklung 131
  3. Unteritalien 132
    3.1. Grabmalerei 132
    3.2. Vasenmalerei 134
    3.3. Skulptur 136
  4. Makedonien 136
    4.1. Grabmalerei 136
  5. Auswertung 138

ALLGEMEINE BIBLIOGRAPHIE: Garland, R., *The Greek Way of Death* (1985); Herfort-Koch, M., *Tod, Totenfürsorge und Jenseitsvorstellungen in der griechischen Antike. Eine Bibliographie* (1992); Johnston, S. I., *Restless Dead. Encounters Between the Living and the Dead in Ancient Greece* (1999) (= Johnston); ead., *NPauly* XII 1 (2002) 710–711 s.v. «Totenkult IV. Griechenland»; Kurtz, D./Boardman, J., *Greek Burial Customs* (1968) (deutsche Fassung *Thanatos. Tod und Jenseits bei den Griechen* [1985]); Morris, I., *Death Ritual and Social Structure in Classical Antiquity* (1992); Sourvinou-Inwood, Ch., *'Reading Greek Death'. To the End of the Classical Period* (1995).

I. Tod und Bestattung in der griechischen Literatur

BIBLIOGRAPHIE: Garland; Humphreys, S. C., «Family Tombs and Tomb Cult in Ancient Athens. Tradition or Traditionalism?», *JHS* 100 (1980) 96–126; Johnston (mit ausführlicher Diskussion der älteren Literatur); Kurtz/Boardman (repräsentiert den Stand der älteren Forschung; umfassende Quellendokumentation)[1]; Morris; Sourvinou-Inwood.

1. Einführung

Todesrituale dienten in antiken Kulturen der Herstellung eines sozialen Zusammenhangs und erfuhren im griechischen Raum je nach Epoche,

---

1. Diese verdienstvolle Untersuchung ist in der jüngeren Forschung weitestgehend einbezogen und anerkennend berücksichtigt worden, sodass Kurtz/Boardman hier implizit vorausgesetzt, doch nicht im Einzelnen zitiert werden.

Region und sozialer Zugehörigkeit des Verstorbenen unterschiedliche Ausprägungen. Vorstellungen von einem Leben nach dem Tod, die für die archaische Zeit nicht maßgeblich sind, bilden sich erst sukzessive aus und geben dem Tod über die unmittelbare Bestattung hinaus Raum. Spenden an die Toten und gemeinsame Mahlzeiten mit den Toten verweisen auf eine Präsenz der Toten im Leben der Nachkommen.

Die ältere Forschung, welche die archäologische Evidenz wie auch Textbefunde im Sinne von «Quellenforschung» auswertete, wobei sie das Verhältnis der Informationsträger methodisch nur sehr bedingt näher reflektierte[2], stellt nach wie vor einen kaum zu überbietenden Reichtum an Material zur Verfügung. Dieses Material, hier die Texte, bedarf vermehrt der Ergänzung durch nachklassische hellenistische, vor allem aber kaiserzeitliche Testimonien. In der Forschung besteht ebenfalls nach wie vor eine Bevorzugung der archaischen und klassischen Epoche. Dieses doppelte Ungleichgewicht kann in diesem Beitrag nicht behoben werden, jedoch sollen hier auch Texte der Kaiserzeit berücksichtigt werden[3].

Während in der anthropologisch orientierten Forschung Toten- und Bestattungsrituale als Symbole sozialer Strukturen[4] bzw. als Teil einer gesellschaftlichen Kommunikation untersucht werden, mit der Verhältnisse und Bedürfnisse einer Gruppe definiert und jeweils neu formuliert werden müssen, sobald ein Mitglied der Gemeinschaft durch den Tod ausscheidet[5], richtet sich neuerdings das Interesse vermehrt auf ein Leben nach dem Tod und auf die Interaktion mit den Verstorbenen, die sich im griechischen Raum erst sukzessive ausbilden[6]. Getragen werden diese neuesten Tendenzen durch Rückgriffe auf theoretische Angebote der Semiotik und der Literaturtheorie[7].

Mit Ende des 6. Jhs. v. Chr. treten mit dem Pythagoreismus, der Orphik und den Mysterien Strömungen hervor, welche für ein den gesellschaftlichen Regeln konformes Leben eine Belohnung für das Leben nach dem Tode versprechen wie sie umgekehrt Vergehen mit Strafe ahnden, während vor dieser Zeit von Belohnung nie generell, sondern in Ausnahmefälle und nur für ausgewählte Menschen in Aussicht gestellt wurde[8]. Die Offenheit Homers in der Frage eines Lebens nach dem Tode wird aus seinem doppelten «Angebot» von Jenseits mit Unterwelt und Insel der Seligen ersichtlich[9]. Platon hat die Gedanken des Lebens nach dem Tode in sein Werk integriert[10], was ausschlaggebend dafür war, dass das Leben danach zu einem der viel traktierten Themen der griechischen Literatur avancierte[11].

Die Angst vor dem Tod, die in der Philosophie intensiv diskutiert wird, findet in der Literatur ebenfalls reiche Resonanz (Traumgesichte Verstorbener), auch sie trägt tendenziell ebenfalls dazu bei, Erzählungen über Todesrituale und Bestattungen zu konkurrenzieren. Besitzansprüche auf das Vermögen eines Verstorbenen werden durch die Bestattungsrituale geregelt. Die Nachkommen bezeugen die Zugehörigkeit zum Toten durch das korrekte Durchführen der funerären Riten und durch die Grabpflege, wodurch sie sich als Erben legitimieren. Dieser Diskurs wird in den rechtlich argumentierenden Texten (vor allem den Gerichtsreden und in der Historiographie, aber auch im Roman) vordergründig.

Die Einschränkung und die Korrektur von Bestattungsritualen, soweit es um den Aufwand geht, wird mit der Gestalt Solons im beginnenden 6. Jh. verbunden, als die Polisstruktur Gestalt annimmt und eine Ablöse der Adelsgemeinschaft stattfindet. Die seit den Solonischen Maßnahmen erstmals formulierte Luxuskritik bei funerären Riten wird in der Literatur bevorzugt in parodistischen Texten behandelt und bleibt ein über die Jahrhunderte hin viel besprochenes Thema im Kontext von Tod und Bestattung[12].

2. Homer

Mit dem Archegeten der antiken Literatur, Homer, setzte die literarische Überlieferung funerärer Riten ein[13]. Die wiederholten, umfänglichen und nicht minder detailgenauen Beschreibungen sind gleichsam als Matrix vieler textlicher Darstel-

---

2. Kurtz/Boardman; Garland.
3. Inschriften werden hier, dem Konzept des Bandes folgend, nicht besprochen, s. **II.**
4. So Morris, welcher der Sozialanthropologie verpflichtet die Kontextualisierung der Riten zur Beschreibung sozialer Strukturen ins Zentrum stellt.
5. Dazu Wagner-Hasel, B., *Der Stoff der Gaben. Kultur und Politik des Schenkens und Tauschens im archaischen Griechenland* (2000), die bei den funerären Praktiken geschlechterspezifische Aufgaben herausarbeitet und ökonomischen Aspekten von Bestattungsritualen nachgeht.
6. Dazu Sourvinou-Inwood; Johnston.
7. Methodisch wegweisend für die Hermeneutik des Zusammenspiels visueller und textlicher Evidenz ist Sourvinou-Inwood; vgl. Rez. Graf, F., *MusHelv* 53 (1996) 343-344.

8. Vgl. Sourvinou-Inwood 94-103.
9. Vgl. Garland 48-76; Sourvinou-Inwood Kap. 1, bes. 32-56.
10. Zur Unsterblichkeit der Seele zentral *Phaidon* 69e-84d.
11. Dazu Bremmer, J. N., *The Rise and Fall of the Afterlife* (2002).
12. Vgl. Cic. *leg.* 2, 66, der sich für römische Bestimmungen auf die Redimensionierung der funerären Riten durch Solon und Demetrius von Phaleron beruft.
13. Zur Frage der Epochenzuordnung der Riten, die Homer erzählt, vgl. aus historischer Perspektive Sourvinou-Inwood, bes. 10-56.

lungen zu Tod und Bestattung anzusehen. Ihnen verdankt sich die dichte Wahrnehmung funerärer Riten in Textzeugnissen, zugleich dürfte auch die selektive Wahrnehmung der rituellen Handlungen durch Homer präfiguriert worden sein.

Umfängliche und häufige Erzählfolgen zu Todes- und Bestattungsszenen strukturieren den epischen Text[14]. Die anrührende Schilderung vom Tod, dem Verbrennen und der Bestattung des Patroklos, zu dessen Ehren Leichenspiele veranstaltet werden, sowie direkt anschließend vom Tod und der Lösung des Leichnams Hektors, mit dessen Bestattung die Ilias daraufhin schließt, gehören zu den vielfach nachgeahmten Erzählsequenzen der antiken Literatur[15]. Tod und die Bestattung des Kriegers werden durch Homer ein fester Bestandteil epischer Texte, an dem bis weit in die Kaiserzeit hinein, und zwar nicht nur im Epos, immer wieder Maß genommen wird[16].

Im Vergleich zur Ikonographie, die in einem ersten Schritt auf die Aufbahrung fokussiert, werden rituelle Handlungen im Zusammenhang mit dem Sterben einer Person in Texten in einem früheren Moment, nämlich bei der ersten Betroffenheit Nahestehender und mit dem ersten Einsetzen ritueller Handlungen, erfasst.

Der Verlauf der homerischen Erzählung dokumentiert die wichtigen Etappen ab dem Bekanntwerden des Todes bis zum Ende der Leichenspiele (*Il.* 23, 897) akribisch, sodass der Patroklos-Tod als treffliches Beispiel dienen kann, um in die Grundzüge der Bestattungsrituale auf der Basis griechischen Textmaterials einzuführen.

2.1. Das Bekanntmachen des Todes in der Gemeinschaft

Die Ehren (*geras*), die Patroklos und Hektor mit den Totenritualen gewährt werden, unterscheiden sich nicht von Privilegien, die Göttern und Herrschern zuerkannt werden, sodass die Beobachtungen für das Paradigma eines Heroen-Todes Geltung besitzen[17]. Männer und Frauen nehmen dabei unterschiedliche Aufgaben wahr.

Achilleus, der engste Kampfgefährte des Patroklos, setzt in seinem jäh hervorbrechenden Schmerz eine erste rituelle Handlung. Er streut sich schwarzen Staub übers Gesicht und beschmutzt sein Gewand mit schwarzer Asche (*Il.* 18, 23-25), um sich dann im Staub zu wälzen und sich die Haare zu raufen (*Il.* 18, 26-27), während die herbeigerufenen Beutefrauen sich an die Brust schlagen (*Il.* 18, 28-31). Dies markiert den Beginn der Trauergemeinschaft auf dem Felde. Danach setzt die Totenklage (*goos*) der Mutter Thetis ein (*Il.* 18, 51), die bei der nachfolgenden Aufbahrung und Bestattung Achilleus und die Myrmidonen anstimmen (*Il.* 18, 316. 355; 23, 153) und deren Ausführung im Falle Hektors den verwandten Frauen, Andromache, Hekabe und Helena obliegt (*Il.* 24, 723. 747. 761). Zuvor (*Il.* 24, 720-722) treten bei der Bestattung Hektors gedungene Sänger (Aoiden) auf. Sie singen die Klagelieder (*threnoi*), die inhaltlich vom Dichter im Unterschied zu den *gooi* nicht ausgeführt werden[18].

2.2. Reinigen und Aufbahren des Leichnams (*prothesis*)

Das Aufbahren machen die engsten Gefährten des Patroklos zu ihrer Aufgabe, um sich anschließend rund um die Bahre zu stellen und zu weinen[19]. Zu ihnen tritt Achilleus, weinend, hinzu (*Il.* 18, 232-236)[20]. An welchem Ort die *prothesis* erfolgte, ob im Freien oder in einem geschlossenen Raum, muss Spekulation bleiben[21].

Der Obsorge um den Leichnam gelten die nachfolgenden Handlungen (*Il.* 18, 343-351): Der tote Körper wird mit warmen Wasser gewaschen (Aufsetzen des Wasserkessels) und gesalbt, dann werden die Wunden mit Balsam gefüllt. Der Tote wird auf eine Bahre gelegt, in weißes Linnen gehüllt und mit einem leuchtenden Leichentuch bedeckt (*Il.* 18, 352-353). Die Totenwache und das Klagen dauern die Nacht über an (*Il.* 18, 354-355)[22].

---

14. Vgl. den allerletzten Vers der *Ilias* (*Il.* 24, 804: «... die Bestattung des Rossebändigers Hektor»).

15. Vgl. auch die Kurzversion der Todesrituale für Achilleus, die vom intradiegetischen Erzähler Patroklos (*Il.* 23, 91-92), dann vom extradiegetischen Erzähler (*Il.* 23, 125-126) dargelegt und vom intradiegetischen Erzähler Achilleus (*Il.* 23, 236-248) präzisiert und ergänzt werden. Die Bestattung des Achilleus wird in der *Odyssee* (24, 35-94) aus der Sicht Agamemnons (als internen Erzählers) in der Unterwelt nochmals, komplementär angelegt, referiert werden.

16. So etwa Stat. *Theb.* 6, 1-248 die Leichenspiele für den jungen Opheltes. Dazu Lovatt, H., «Epic Games and Real Games in Statius' *Thebaid* 6 and Virgil's *Aeneid* 5», in Bell, S./Davies, G. (Hsg.), *Games and Festivals in Classical Antiquity* (2004) 107-114; Erasmo, M., *Reading Death in Ancient Rome* (2008) 127-140.

17. Zur Ritualfolge beim Tode des Patroklos im Zusammenhang mit den gesellschaftlichen Bindungsverhältnissen vgl. Wagner-Hasel (Anm. 5) 206-219; zum *geras* 206.

18. In der Forschung wird die Unterscheidung zwischen *goos* (als persönlichem Schmerz) und durch professionelle Sänger vorgetragenen Totenklage (*threnos*) hervorgehoben. Demgegenüber unterstreicht Wagner-Hasel (Anm. 5) 210, die Gemeinschaftsfunktion beider Formen der Totenklagen. S. *ThesCRA* VI Add. Musik, gr. Abs. **3**.

19. Zum Kausalitätsverhältnis von *prothesis* und Totenklage vgl. Brigger, E./Giovannini, A., «Prothésis. Étude sur les rites funéraires chez les Grecs et les Etrusques», *MEFRA* 116 (2004) 179-198.

20. Zum Erzeugen von Tränen durch die Totenklage und zum durch die Tränen manifestierten Verpflichtungsverhältnis vgl. Wagner-Hasel (Anm. 5) 210-211.

21. Für den öffentlichen Ort votiert zuletzt Seaford, R. A. S., *Reciprocity and Ritual. Homer and Tragedy in the Developing City State* (1994) 90 mit Verweis auf die archäologischen Befunde.

22. Ähnlich der Ablauf der Riten in *Od.* 24, 43-46. Signifikant die Totenklage, welche die Musen anstimmen (*Od.* 24, 55-60).

Die Sorge um die Unversehrtheit des toten Körpers bis zur Verbrennung wird zentrales Motiv für die Begründung der Reinigung des Leichnams. So äußert Achill gegenüber seiner Mutter Thetis die Angst, Insekten (Fliegen, Maden) könnten den Leichnam auffressen (*Il.* 19, 21–27). Aus dieser Angst sprechen ein vordergründig ästhetisches Interesse und ein symbolischer Sachverhalt, andere Begründungen (wie Hygiene) können daraus nicht direkt abgeleitet werden. Um das Nicht-Verwesen eines Leichnams gibt es in der Literatur nachfolgend geradezu einen Wettstreit, wessen Leiche am längsten vor Verwesung verschont bleibt, ein Sachverhalt, aus dem auf den Rang des Verstorbenen geschlossen wird[23]. Thetis versichert ihrem Sohn, dass Patroklos dank Ambrosia nicht verwesen werde (*Il.* 19, 29–39)[24]. Eine verlässliche Zeitangabe, wie lange die Aufbahrung dauerte, ist aus derlei indirekten Zeitmessungen nicht zu erfahren. Das Motiv, wonach sich eine göttliche Herkunft bzw. Zugehörigkeit durch den nicht verwesenden Leichnam manifestiere, findet sich noch Jahrhunderte später bei der Schilderung des aufgebahrten Alexander des Großen bei Curtius Rufus (vermutlich im 1. Jh. n. Chr.) wieder[25].

2.3. Totenmahl (*perideipnon*)

Im 23. Gesang der *Ilias* werden die Leichenspielen zu Ehren des Patroklos geschildert. Die Krieger ziehen dreimal um den Leichnam, Achilleus stimmt die Klage an (*Il.* 23, 13–14), legt die Hände auf den Toten (*Il.* 23, 17–18), danach wird das Totenmahl (*perideipnon*) ausgerichtet (*Il.* 23, 29–34), das einen Akt der Wiedereingliederung der Trauernden in die Gemeinschaft darstellt und ein rituelles Fasten während der Zeit der Bestattung beendet[26].

Ein Traumgesicht des Patrokles erscheint nachts und ermahnt Achilleus, die Bestattung nicht zu verzögern. Dass diese Szene im Sinne des Motivs der Rastlosigkeit des Unbestatteten gewertet werden darf, liegt nicht nahe (*Il.* 23, 65–92)[27]. Abgesehen von der narratologischen Finesse, die mithilfe dieses Traumgesichts möglich wird[28], ist ein Diskurs um den Stellenwert der Rituale abzulesen: Die Rituale geben den Ton vor, durch die Interessen oder die Gefühlslagen der Hinterbliebenen dürfen sie nicht behindert, d.h. verzögert werden. Damit verbunden ist auch die Frage um die richtige Abfolge der Riten. Das Leichenmahl wird dadurch in der zeitlichen, von Achilleus vorgesehenen Abfolge, in seiner Funktion infrage gestellt.

2.4. Der Leichenzug (*ekphora*)

Zahlreich sind die Krieger, die den Leichenzug (*ekphora*) zum Brandplatz begleiten (*Il.* 23, 128–139). Die Aufgaben der Teilnehmer und die Abfolge einzelner Gruppen sind genau überlegt: Wagen fahren voran, Fußvolk schließt an, zwischen den beiden Gruppen schreiten die nächsten Gefährten mit der Bahre. Für den Leichenzug wird der Tote mit Haaren zugedeckt, die sich die Gefährten abgeschnitten hatten. Achilleus holt diese Haarspende erst dann nach, als der Brandplatz erreicht und die Bahre abgestellt ist (*Il.* 23, 140–153).

2.5. Der Scheiterhaufen (*pyra*)

Der Scheiterhaufen wird an dem Ort errichtet, an dem die Brandasche bestattet werden soll. Arbeitsteilig bereitet man die Opfergaben für die Verbrennung vor, Tiere werden getötet und zerlegt, der Scheiterhaufen wird gebaut, auf den man ganz zuoberst Patroklos legt (*Il.* 23, 163–165)[29].

In und am Rande des Scheiterhaufens des Kriegers werden die unterschiedlichsten Opfergaben platziert: ätherische Substanzen (Öl) und Honig, die direkt am Totenlager aufstellt werden, und Tiere (Schafe und Rinder), deren Fett benötigt wird, damit Achilleus den Leichnam zur Gänze einhüllen kann. Die gehäuteten Tierleiber werden rings um den Scheiterhaufen aufgestapelt. Pferde und Hunde sowie zwölf Troer werden unmittelbar vor dem Brand von Achilleus geschlachtet und in den Scheiterhaufen geworfen (*Il.* 23, 166–176).

Der Scheiterhaufen brennt die ganze Nacht über, Achilleus begießt unter Wehklagen das Feuer fortwährend mit Weinspenden. Weitere Libationen dienen am nächsten Morgen dazu, die Glutnester zu ersticken[30].

2.6. Die Bestattung der Gebeine

Il. 23, 239–243 wird von Achilleus die Vorgehensweise beim Einsammeln der Gebeine erläu-

---

23. Vgl. *Od.* 24, 63: 17 Tage dauert das Klagen um Achilleus, bevor er verbrannt wird.
24. Der Heroentod ist damit markiert. Vgl. *Od.* 24 zum Tod des Achilleus, den die Mutter in ambrosische, also göttliche Gewänder (59) hüllt.
25. Curt. 10, 10, 12–13 betont, dass die extreme Hitze in Mesopotamien dem Leichnam Alexanders nichts anhaben konnte. Sieben Tage lag der Tote, ohne Spuren der Verwesung zu zeigen. Dann wurde er gewaschen (*purgavere corpus*) und in einen Sarkophag gelegt, um sein Haupt herum wurden seine *insignia* arrangiert.
26. Die Funktion erklärt Achilleus dem Priamos anhand des Essens der Niobe nach dem Tod all ihrer Kinder (*Il.* 24, 601–628).

27. Vgl. Johnston 9.
28. Vgl. z.B. Latacz, J., «Funktionen des Traums in der antiken Literatur», in Benedetti, G./Wagner-Simon, T. (Hsg.), *Traum und Träumen. Traumanalysen in Wissenschaft, Religion und Kunst* (1984) 10–31.
29. Dass der Leichnam mitsamt den Tüchern, in die er gehüllt war, verbrannt wurde, gilt als sicher. Einen späten Beleg für das Verbrennen des Leichentuchs liefert Xen. *Eph.* 3, 7, 4.
30. Ähnlich der Ablauf der Verbrennung des Achilleus (*Od.* 24, 66–72).

tert. Ein spezielles Wissen um das Sortieren der Gebeine des Toten (von den Totengaben) ist daher ableitbar. Es bezieht sich auf die Anordnung der Gebeine in der Brandasche, wobei angenommen wird, dass die Gebeine des Patroklos in der Mitte liegen, ohne mit Tierknochen vermengt zu sein. Die nun weißen Knochenreste werden in einem goldenen Gefäß (*phiale*), umgeben von einer doppelten Fettschicht, gesammelt, dieses Gefäß in ein Schleiertuch gewickelt (*heanos*) und in ein Grab mit aufgeschüttetem Erdhügel (*tumbos*) gelegt.

2.7. Die Leichenspiele

Die Kampfspiele zu Ehren des Patroklos nehmen den größten Teil von Gesang 23 (257-897) ein. Sie umfassen Wagenrennen, Faustkampf, Ringkampf, Wettlauf, Lanzenstechen, Diskuswerfen, Bogenschiessen und Speerwurf (den Achilleus nicht durchführen lässt). Die Preise für den Wettkampf haben eine ähnliche Funktion wie das Grabmal. Sie begründen den Nachruhm des Toten, der über einen genau definierten Adressatenkreis hinausweist[31]. Durch den Wettkampf wird der Zusammenhalt innerhalb der Kriegergemeinschaft ein weiteres Mal thematisiert[32].

Der hier als exemplarisch definierte Ablauf sowie die in Anwendung kommenden Riten beim Tod des Patroklos erfahren durch die Schilderung der Riten beim Tod Hektors im Wesentlichen ihre Bestätigung, nur werden hier stärker die Aufgaben der verwandten Frauen akzentuiert, ihre Aufgabe der Totenwaschung und Totenklage, und damit die Gemeinschaftsbezüge innerhalb der Verwandtschaftsgruppe und Stadtgemeinde hervorgehoben[33]. Die *prothesis* wird vom Gegner in Angriff genommen – was der Erzählung geschuldet ist, der zufolge Achilleus durch die Obsorge um den Leichnam die vorangehende Schändung der Leiche wieder gut macht – womit das Ritual unterbrochen wird. Der Leichnam wird von Achilleus auch für den Transport vorbereitet und von diesem selbst auf das Lager gelegt (*Il.* 24, 589-590). Das Ritual wird später wieder aufgenommen und von der Troern und Troerinnen zu Ende geführt (*Il.* 24, 719-804)[34]. Während im Falle des Patroklos die Erinnerung an den Toten mit den Siegespreisen verknüpft wird, assoziiert der Dichter den Nachruhm (*kleos*) Hektors mit den beim Leichenbegängnis zu verbrennenden Kleidern (*Il.* 22, 510-514) und hebt die Ausstattung der Totenbahre hervor (*Il.* 24, 588), die übrigens auch in der geometrischen Vasenmalerei akzentuiert wird[35]. Die Zeitspanne, über die Hektor im Haus betrauert werden soll, wird auf neun Tage festgesetzt. Sie korreliert mit dem zwischen Achilleus und Priamos vereinbarten Waffenstillstand (*Il.* 24, 664-667). Die Neunzahl wird als symbolische Zahl für Rituale bei Homer erachtet[36].

3. Tod in der Polis

3.1. Fokussierung auf die *ekphora* und die öffentliche Leichenrede

In der nachhomerischen Literatur, so vor allem in der attischen Tragödie, tritt der Krieg als Schauplatz des Todes zurück und an die Stelle des Kriegers rücken die Bürger der Poleis. Zugleich verlagert sich der Schwerpunkt von der *prothesis* und der *ekphora* auf die Grabriten und damit vermehrt auf die Trauer und Pflichten der Hinterbliebenen nach der Bestattung. Damit wird die Beziehung innerhalb des Hauswesens, des *oikos*, stärker in den Mittelpunkt gerückt. Zugleich wird in Athen mit der Einführung der öffentlichen Grabrede zu Ehren gefallener Krieger – ihre Datierung ist umstritten – das öffentliche Totengedenken aus der Verantwortung verwandter Frauen und Kriegsgeführten in die Hände der Repräsentanten der Polisgemeinschaft überführt[37]. Individualisierungsprozesse sowie sich lockernde Strukturen in den Familienverbänden werden für diesen Wechsel ins Treffen geführt, wodurch die Angst vor dem Tod, worin sich auch Vorsorge für und Angst vor dem eigenen Tod spiegeln, vordergründig zu werden scheinen[38]. Besondere Rituale wurden in Sparta für die Könige durchgeführt, in die auch die unfreie Bevölkerung einbezogen war (Hdt. 6, 58).

---

31. Vgl. auch die von Thetis organisierten Kampfspiele für Achilleus (*Od.* 24, 85-94). Vgl. auch die Leichenspiele für Amphidamas (Hes. *erg.* 654-657).

32. Auf die einzelnen Kampfarten und die damit verbundenen Leistungen kann in diesem Rahmen nicht näher eingegangen werden Zu den Leichenspielen vgl. Laser, S., *Sport und Spiel, Leibesübungen, Feste zu Ehren Toter*, ArchHom III T (1988) 21; Andronikos, M., *Totenkult*, ArchHom IV W (1968) 35-37.

33. Parallelen zu den übrigen *loci* in Ilias und Odyssee, die Bestattungsrituale umfassen, ausführlich bei Brügger, C., *Homer Ilias. Gesamtkommentar. VIII: Vierundzwanzigster Gesang (Ω). 2: Kommentar* (2009) 204ff.

34. Vgl. Sourvinou-Inwood, Ch., «A Trauma in Flux. Death in the 8th Century and After», in Hägg, R. (Hsg.), *The Greek Renaissance of the Eighth Century BC. Tradition and Innovation* (1983) 33-49.

35. Eben dieser textile Aufwand für die Toten steht nach Wagner-Hasel, B., «Die Reglementierung von Traueraufwand und die Tradierung des Nachruhms der Toten in Griechenland», in Späth, Th./Wagner-Hasel, B. (Hsg.), *Frauenwelten in der Antike. Geschlechterordnung und weibliche Lebenspraxis* (2000) 94-96 im Zentrum der späteren Solonischen Reglementierungsversuche des Bestattungsrituals.

36. Vgl. Andronikos (Anm. 32) 9. Umfassende Literaturübersicht nun bei Brügger (Anm. 33) 233.

37. Vgl. Loraux, N., *L'invention d'Athènes. Histoire de l'oraison funèbre dans la cité classique* (1981) 56ff. Loraux geht von einer Einführung der Grabrede zwischen 470 und 460 v. Chr. aus.

38. So Sourviou-Inwood 299-302.

3.2. Die *Prothesis*

Prothesis-Narrative verlieren in der Literatur nach Homer an Bedeutung. Vereinzelt finden sie im Hinblick auf technische Einzelheiten Erwähnung. So wird in den *Ecclesiazusen* des Aristophanes geschildert, wie Weinranken und Oregano unter die Leiche gestreut werden, um Insekten abzuwehren (*Eccl.* 1030-1033)[39]. Auch die Bedrohung des aufgebahrten Leichnams durch böse Geister wird bevorzugter Gegenstand von Texten[40].

3.3. Zeichen der Trauer: Die Haarschur

Die Haarschur fungiert in der Tragödie als prominentes Zeichen der Trauer. Euripides schildert in der *Alkestis*, dass Admetos, bevor die *ekphora* stattfinden soll, allen Thessalern befiehlt, die Trauer um seine Frau mit ihm zu teilen, indem sie ihr Haar abscheren[41] und ein dunkles Gewand anlegen. Das Scheren als Zeichen der Trauer soll auch auf die Pferde (auf Gespannpferde und auf einzelne Tiere) ausgeweitet werden. Eine sonst in der Stadt übliche Geräuschkulisse wird untersagt, für ein Jahr sollen Flöten und Saiteninstrumente schweigen. Haarspenden bedecken den Leichnam, wenn er hinausgetragen wird (Eur. *Alc.* 422-431). Haarspenden werden dem Toten auch noch nach der Bestattung dargebracht. Die Worte des Admetos geben Aufschluss darüber, wer den Leichenzug begleiten soll: Die hohe Zahl der Teilnehmer kann als Ausdruck der Loyalitätsverpflichtung gelesen werden.

3.4. Gaben bei der Bestattung

Zu den wichtigen Gaben für den Toten gehörten *choae*, Trankspenden. Bevorzugt wurden Honig, Milch oder Wasser. Es handelt sich dabei um die gleichen Spenden, die den Toten auch beim späteren Grabbesuch offeriert werden[42]. Ein Mahl für den Toten wird zubereitet, das etwa aus einem Backwerk mit Honig besteht (Aristoph. *Lys.* 599-601)[43]. Vermutet wird selbst, dass man dem Toten Wasser gab, mit dem er sich die Hände vor dem Mahl waschen konnte[44].

3.5. Reinigung der Familie

Die Angehörigen waren durch den Toten verunreinigt, es bedurfte diverser Reinigungsrituale, um die Kontamination mit dem Tod zu beenden[45]. So wurde etwa vor dem Trauerhaus ein Waschbecken mit Quellwasser zur Reinigung aufgestellt[46].

4. Der Besuch des Grabes

Im attischen Recht gehörte die Sorge um die Gräber zu den Pflichten des Polisbürgers und war Bestand der Überprüfung der Reputation eines potentiellen Amtsträgers (Aristot. *Ath. Pol.* 55, 3). Die Verpflichtung zu Grabriten war durch das Erbrecht vorgegeben. Auch konnten die Angehörigen vom Demos dazu verpflichtet werden, eine Bestattung durchzuführen[47].

4.1. Spenden am Grab

Tote, denen die ihnen zustehenden Ehren verweigert wurden, kehren zu den Lebenden zurück, wodurch weitere und umfassendere Riten notwendig werden. Neben Libationen und Speisungen gehört auch die Darbietung von Bändern (Tänien) zum Repertoire der Ehrungen am Grab. Selbst figürliche Nachbildungen der Toten wurden bewirtet[48].

Aischylos zeigt Elektra, die am Grab des Vaters zum Zeichen der Trauer einen Weiheguss vornehmen will. Ein Chor begleitet sie, um zu klagen und ein Preislied für den toten Vater anzustimmen (Aischyl. *Choeph.* 84-161).

Weihegaben wie Haarspenden können verspätet, weit nach der Bestattung aufs Grabmal gelegt werden. Die *Choephoren* führen dieses Motiv vor: Elektra entdeckt am Grab des Agamemnon eine Locke. Orestes hatte sie dort bei seiner Rückkehr niedergelegt (*Choeph.* 6-7). Elektra rätselt, ob das Haar von einer Frau oder von einem Mann stammt (*Choeph.* 168-177). Das Motiv findet sich bei Sophokles wieder (Soph. *El.* 51-53). Orestes besucht, wie es ihm befohlen ist (Soph. *El.* 51), das Grab Agamemnons. Er bringt Trankspenden und hinterlegt eine Haarlocke.

Elektra trifft ihre Schwester Chrysothemis, als sie dabei ist, auf Befehl Klytaimestras das Grab des Vaters zu besuchen. Sie rät der Schwester, dem Befehl der Mutter nicht zu gehorchen, sondern vielmehr eine Haarlocke zu weihen und die ihre (Elektras) ebenfalls aufs Grab zu legen (Soph. *El.* 405-463, bes. 450-451).

---

39. Johnston 39-40 bringt dies mit der Angst in Zusammenhang, dass die Seele beim Verlassen des Körpers von bösen Geistern attackiert werden könnte.
40. Vgl. Abschnitt 7.
41. Parker, L. P. E., *Euripides, Alcestis* (2007) 142 zu V. 427 erklärt das Scheren der Haare mit Blick auf *El.* 335 und *Phoen.* 372.
42. Über die Substanzen der Trankspenden unterrichten die Tragiker im Kontext der Grabbesuchsszenen: Aischyl. *Ch.* 84-85; Soph. *El.* 894-895; Eur. *El.* 511. Vgl. Garland 113-115.

43. Bei Athen. 8, 344c (= Klearchos, *fr.* 58 Wehrli) dürfte es sich um eine ironische Anspielung auf diesen Ritus handeln. Vgl. Johnston 41 mit Anm. 13.
44. Athen. 9, 409f-410a (Athenaios zitiert Antikleides, *Exegetikos*). Dazu Johnston 41 mit Anm. 14.
45. Vgl. Parker, *Miasma* 35.
46. Eur. *Alc.* 98-100; Aristoph. *Eccl.* 1033. Von Reinigungsriten sprechen auch inschriftlich überlieferte Bestimmungen: Iulis auf Keos (*Syll.*³ 1218); Delphi (*IG* XII 5, 593).
47. Vgl. Demosth. 43, 57-58 (datiert nach 430).
48. Dazu Johnston 46-63.

4.2. Persönliche Grabspenden

Grabspenden sind in ihrem symbolischen Wert, nicht in ihrem Handelswert zu messen. Die Spende ist nach dem eigenen Vermögen und auch nach persönlichem Dafürhalten zu geben. Sich von einem Gegenstand zu trennen, der vertraut und lieb ist, gehört zum zentralen Auftrag der Grabspenden. Sophokles' Elektra kommentiert diese affektive Geste. Unvorbereitet und ohne Aufforderung gibt sie der Schwester neben einer Haarlocke einen Gürtel, den sie vom Gewand löst, damit Chrysothemis diese Gaben ans Grab des Agamemnon bringen möge. «Von mir, die ich arm bin, ... gib ihm ... meinen Gürtel, der nicht üppig geschmückt ist ... damit wir ihn in Zukunft mit reicheren Händen ausstatten als wir ihn jetzt beschenken können» (El. 448-458). Die Verhältnismäßigkeit der Grabspenden, nicht ersehnter Prunk, wird von Elektra an dieser Stelle reflektiert. Damit wird ein Gegensatz zu Klytaimnestra aufgebaut und die Gabe als Zeichen der Loyalität gegenüber dem Toten erklärt.

Unlautere Motive beim Grabbesuch und damit verbundene Gaben, werden hingegen von Elektra (Soph. El. 431-448) gegenüber Chrysothemis ins Spiel gebracht. Die Totenruhe des Vaters, so die Interpretation Elektras, würde durch Geschenke seiner Mörderin, Klytaimestra, gestört sein (Soph. El. 432-433)[49].

5. Besondere Totenehrungen – Ehren an den Gräbern der Heroen

Besondere Riten werden an den Gräbern der Kulturheroen durchgeführt, die im Gegensatz zu den Bürgern ihre Gräber innerhalb der Stadtmauern hatten, sowie an den Gräbern der Kriegsgefallenen, für die öffentliche Grabmäler errichtet wurden. Von jährlich dargebrachten Totenspenden, Kleidergaben, Tieropfern, Wein-, Öl- und Salbenspenden sowie Myrtenzweigen und Kränzen für die Gefallenen von Plataiai spricht Thukydides (Thuk. 3, 58, 4, Plut. *Arist.* 21). In Athen selbst wurde den Gefallenen ein *demosion sema* errichtet (Thuk. 2, 34). In Sparta waren anders als in Athen nur die Gräber von Gefallenen und von Frauen, die im Kindbett gestorben waren, namentlich ausgewiesen (Plut. *Lyc.* 27, 1-3[50]), nur sie erhielten purpurne Leichentücher.

Den Heroengräbern wird eine besondere Schutzfunktion zuerkannt. Herodot berichtet von einem Spruch des delphischen Orakels an die Lakedaimonier. Diese könnten erst dann über Tegea siegen, wenn der Sarg des Orestes nach Sparta gebracht sei (Hdt. 1, 67)[51].

6. Die funerären Riten und der Rechtsdiskurs

6.1. Die Solonischen Maßnahmen[52]

Mit Solon werden mehrere Einschränkungen des Begräbnisaufwandes in Verbindung gebracht, die den Zugang zu den Toten bei der Aufbahrung, den Zeitpunkt des Leichenzuges und den Aufwand für den Toten betreffen[53]. Ein Grossteil der Bestimmungen reglementiert explizit die Aufgaben der weiblichen Angehörigen. Die *prothesis* wird ins Haus verlegt, die *ekphora* muss am Tag nach der Aufbahrung, sogleich in der Früh vor Sonnenaufgang stattfinden, die Männer haben voranzugehen, die Frauen sich ihnen anzuschließen. Nur Frauen, die über 60 Jahre alt oder engste Familienmitglieder sind, dürfen die *ekphora* begleiten (Demosth. 43, 62 = Solon, *fr.* 109 Ruschenbusch). Der Scheiterhaufen soll nicht mit geglättetem Holz errichtet, der Aufwand begrenzt (3 Schleier, ein purpurnes Gewand und zehn Flötisten) sein, die Totenklage wird verboten, Selbstverletzungen im Rahmen des Trauerrituals (Zerkratzen der Wangen) werden untersagt (Cic. *leg*, 2, 59 = Solon, *fr.* 72b Ruschenbusch). Die trauernden Frauen sollen nicht mehr als drei Kleider (*himatia*) aufwenden, die Speisen am Grabe sollen bescheiden sein, so auch der Korb mit den Totenspenden nicht groß dimensioniert und zuletzt sollen die Trauernden nicht des nachts vor das Haus treten, außer wenn es dann darum geht, den Leichentransport zu begleiten (Plut. *Sol.* 21 = Solon, *fr.* 72c Ruschenbusch). Weitere Bestimmungen beziehen sich u.a. auf das Verweilen an fremden Gräbern oder das Betrauern einer anderen Person als des eben Verstorbenen.

Die Solonischen Maßnahmen werden in der Forschung mit der Festigung der Polisstruktur und mit dem Zurückdrängen größerer familiärer Bindungen (*gene*) in Zusammenhang gesehen[54], wobei in jüngster Zeit in der Deutung stärker auf den weiblichen Beitrag zum Bestattungsaufwand abgehoben wird[55]. Die Frage, wie weit die Gesetze im Einzelnen umgesetzt wurden, lässt sich nicht beantworten, da die Bestimmungen keinerlei Hinweise auf Bestrafung enthalten. Vor allem aufgrund der Überlieferungslage ist nicht gesichert, welche der Bestimmungen, die z.B. bei Demosthenes (*or.* 43 gegen Makartatos), bei Cice-

---

49. Vgl. Johnston 46.
50. Der Text wurde an dieser Stelle (von K. Latte) emendiert (indem *lecho*, Kindbett, konjiziert wurde). Dazu Pomeroy, S., *Goddesses, Whore, Wives and Slaves* (1975) 36 u. Anm. 8; Loraux, N., *L'Homme* 21 (1981) 37.
51. Vgl. auch Hdt. 1, 167. Dort fordert die Pythia Totenopfer der Argyllier ein.
52. Dazu umfassend nun Blok, J. H./Lardinois, A. P. M. H. (Hsg.), *Solon of Athens. New Historical and Philological Approaches* (2006).
53. Vgl. Sourvinou-Inwood 370.
54. Dazu Johnston 95-98; Blok, J. H., «Solon's Funerary Laws: Questions of Authenticity and Function», in Blok/Lardinois (Anm. 52) 239.
55. Wagner-Hasel (Anm. 35) 96.

ro (*leg.*)⁵⁶ und bei Plutarch (*Sol.*) überliefert werden, tatsächlich bis auf Solon zurückgehen⁵⁷, oder ob es sich um Maßnahmen des 5. Jh. handelt, die den Demokratisierungsprozess absichern.

6.2. Platons *Nomoi*

Die funerären Riten werden auch nach den Solonischen Gesetzen weiterhin in legistischen Diskursen erörtert. In den *Nomoi* Platons (12, 958d-960c) äußert sich der namentlich nicht genannte Gastfreund aus Athen zu den funäreren Riten. In den *Nomoi* verlagert sich der Schwerpunkt der Aussagen. Hervorgehoben wird die Rolle der Personen, welche die Gesetze auslegen (*exegetai*), womit die oberste Kompetenz von der gelebten Praxis, die im besten, ersten Wortsinn auf Tradition gründet, in die Kompetenz übergeordneter Spezialisten übertragen wird (Plat. *nom.* 12, 959d)⁵⁸. Der Aufwand für die Toten wird hier nach Vermögensklassen unterschiedlich reglementiert (*nom.* 12, 959c). Die Argumentation geht in die Richtung, dass von Natur aus Vorgaben existierten, die man respektieren solle. Als Beispiel wird angeführt, dass Begräbnisstätten nicht an den Plätzen liegen sollten, die für die agrarische Nutzung ertragreich sind. Platons Bekenntnis zum Naturrecht (die Mutter Natur bestimmt die Begräbnisstätten) schimmert hinter diesen Aussagen durch⁵⁹. Platon argumentiert zwar (1.) dass ein Mensch, der sein Leben nach den Gesetzen rechtmäßig gelebt habe, eine ordentliche Bestattung erhalten werde, wodurch implizit das Thema der Bestrafung bei nicht erbrachter Lebensleistung anklingt (Plat. *nom.* 12, 959c) und betont (2.) die Gleichheit von Männern und Frauen in Bezug auf die funerären Riten. Zugleich fordert er eine striktere Trennung zwischen Lebenden und Toten. Er meint, dass der Staat besser funktionieren würde, wenn man die Aufmerksamkeit von den Toten auf die Lebenden lenkte. Der Tote sei nichts anderes als ein Klumpen Fleisch (Plat. *nom.* 12, 959b-d). Die herausragende Funktion des Totenrituals, einen Gedächtniszusammenhang zwischen Lebenden und Toten zu stiften, wird hier zugunsten eines über philosophische Reflexion hergestellten Sinnzusammenhangs aufgehoben.

6.3. Reglementierung funerärer Riten in anderen Poleis

Auch aus anderen Poleis sind Bestattungsaufwandsbestimmungen überliefert, die u.a. den textilen Aufwand, den Kreis der Zugangsberechtigten und die Anlage der Gräber reglementieren. Cicero schreibt Pittakos von Mytilene auf Lesbos (7./6. Jh.) ein Gesetz zu, das bestimmt, dass man nur zur Bestattung der eigenen Angehörigen gehen dürfe (Cic. *leg.* 2, 66). Für Sparta ist Plutarch instruktiv (*Lyc.* 27, 1-2; *inst. Lac.* 238d). Er berichtet, Lykurg habe nicht nur das Gesetz aufgehoben, dass es innerhalb der Stadtmauern keine Gräber geben dürfe, sondern betont die Bestimmungen zur Einschränkung des Aufwands mit einer *phoinikis* (purpurfarbenes Totenhemd) und das Bedecken des Leichnams mit Olivenzweigen. Auch fällt seine Aussage ins Gewicht, dass nur gefallene Krieger und Frauen, die im Kindbett verstorben sind⁶⁰, namentlich auf Gräbern ausgewiesen und damit in der Öffentlichkeit gewürdigt werden dürfen. Die Verpflichtung zu Grabriten war durch das Erbrecht vorgegeben. Die nächsten Angehörigen konnten vom Demos verpflichtet werden, eine Bestattung durchzuführen⁶¹.

7. Totenfest

7.1. *Genesia*

Für Attika berichtet Herodot über ein Fest zu Ehren der Toten, die *Genesia*, wobei er beteuert, das Fest sei in ganz Griechenland gefeiert worden. Auch führt er aus, dass ein vergleichbares Fest bei den Issedoniern, einem skythischen Volk asiatischer Herkunft begangen wurde, das die Söhne für ihre Väter ausrichteten. Dieser Vergleich lässt vermuten, dass das Fest den toten Eltern (und Grosseltern) gegolten hat (Hdt. 4, 26)⁶². Ein weiteres Fest, die *Nemesia*, kennt Demosthenes (41, 11). An diesem Fest zahlte eine Frau jeweils eine hohe Summe zu Ehren ihres toten Vaters. Der Name des Festes könnte darauf hinweisen, dass es bei diesem Fest um die Beschwichtigung der Seele des Toten ging. Doch die spärliche Information verbietet eine abschließende Beurteilung⁶³.

7.2. *Chythroi* – der Besuch der Toten bei ihren Angehörigen

Am dritten Tag der *Anthesteria*, dem Frühlingsfest, findet das Totenbesuchsfest (*Chythroi*) statt. Der Ort des Festes ist nicht das Grab, die Toten (die *keres*, nicht individuelle Tote) werden ins Haus eingeladen⁶⁴. Den Charakter eines Festes, bei

---

56. Cicero hatte Demetrius von Phaleron als Quelle. Vgl. Garland 3 Anm. 4.
57. Vgl. Garland 3 Anm. 2.
58. Cic. *leg.* 2, 67 nimmt diesen Gesichtspunkt, zustimmend, auf.
59. Plat. *leg.* 12, 959a (Höhe des Grabhügels [*theke*]; Ausmaß des Grabmals [*mnema*], Begrenzung der *prothesis*); 959e (finanzieller Aufwand nach Vermögensklassen); 960a (Verhältnismäßigkeit des Trauerns, das keine Störung der öffentlichen Geschäfte und Pflichten nach sich ziehen dürfe). Eine spezielle Regelung sieht Platon bei Selbsttötung, für Mörder und Verbrecher vor (960b).
60. Zur Textkonstitution vgl. oben Anm. 50.
61. Vgl. Demosth. 43, 57-58 (datiert nach 430).
62. Ein ähnliches Fest dürfte in Magnesia am Mäander gefeiert worden sein (*IMagn* 116); vgl. Johnston 43.
63. Vgl. Johnston 45-46.
64. Humphreys 99.

dem es aber auch darum ging, die Seelen der Toten mittels Riten in Schach zu halten, betont Johnston. Sie macht geltend, dass man am zweiten Tag der *Anthesteria* eine Art Sanddorn kaute, dem abwehrende Kräfte zugestanden wurden. Am dritten Festtag, er wird auch *eudeipnos* genannt, bot man den Seelen der Toten eine gute Speise. Auch ehrte man eine Frau namens Erigone, wodurch der Tod von unverheirateten jungen Frauen in Athen abgewendet werden sollte[65]. Körnerspenden (*panspermia*) wurden dem Hermes *psychopompos* offeriert, was darauf schließen lässt, dass er dafür zu sorgen hatte, dass die Toten wieder gänzlich in die Unterwelt zurückkehren[66].

8. Fluchtäfelchen

Von einer Interaktion zwischen Toten und Lebenden berichten Fluchtäfelchen. Die ab dem 6. Jh. v. Chr. in Sizilien und im 5. Jh. in Attika nachgewiesenen Täfelchen, die in Grabnähe gefunden wurden, weisen den Toten eine aktive Rolle zu. Nicht im engen Sinne zur Literatur zählend sind sie aber von Belang, da sie die Schrift als Medium der Verbindung zu den Toten einsetzen. Sie sind formelhaft, dass sie durch einen gesprochenen Text ergänzt wurden, ist wahrscheinlich[67]. Hekate und Hermes (und bedingt Persephone) wurden als Mittler zu den Toten eingesetzt, die auf diesem Wege verpflichtet wurden, den Fluch umzusetzen, bei dem es um Mäßigung, nicht um die Bestrafung von Personen ging[68]. Die Toten, in deren Grab man diese Täfelchen legte, mussten keinesfalls Familienangehörige sein. Junge Verstorbene dürften als besonders geeignet für diese Riten gegolten haben.

9. Gefahren für den Leichnam – Bestattung im Spiegel magischer Praktiken

Instruktiv für die literarische Darstellung funerärer Riten ist eine Episode in den Metamorphosen des Apuleius, die von der Belästigung des aufgebahrten Leichnams durch Zauberinnen (*cantatrices anus*) berichtet, die den Leichnam bereits vor der Bestattung rauben und verstümmeln würden (Apul. *met.* 2, 21, 3–30, 9).[69] Die ausführliche und teils detailgenaue Darlegung bietet sich an, die Erzählung als Fallstudie zu präsentieren. Die Episode steht in der Fiktion, einen Einblick in die funerären Riten in Thessalien (Larissa)[70] zu geben und damit den Fokus auf Makedonien (im Prinzipat) zu legen[71]. Inhalt der Episode sind die Aufbahrung, die nächtlichen Geister, die *pompa funebris*, die Auferweckung des Toten durch einen ägyptischen *propheta*, der Wunsch des Toten um Leichenruhe und zuletzt der Streit um das rechtmäßige Erbe. Der Roman des Apuleius ist reich an parodistischen Narrativen, die gesellschaftskritische Elemente an die Oberfläche bringen. Die parodistische Verarbeitung entwertet die Inhalte nicht, sie erlaubt es vielmehr, gesellschaftliche Problemfelder zu identifizieren.

Es handelt sich um eine Bestattung im urbanen Ambiente (der Vergleich mit Rom wird vorgebracht), wo Unsicherheit während des Leichenzugs (*choragi funebris*)[72] und dann auf den Friedhöfen herrscht, von der Tote im Rahmen der Bestattungszeremonien (Brandbestattung; Apul. *met.* 2, 20, 2: ... *ex bustis et rogis*) betroffen sind, da Leichenteile zu mantischen Zwecken geraubt werden (Apul. *met.* 2, 19, 4–20, 2).

Die Sorge um den Körper des Toten, der von der schwarzen Magie mehr bedroht ist, denn von Insekten und anderen Aasfressern, wird formuliert, sodass professionelle Leichenwächter während der Aufbahrung notwendig werden (Ap. *Met.* 2, 20, 5–23, 4).

Das Trauerhaus kann nur durch einen Hintereingang betreten werden. Äußere symbolische Zeichen des Trauerfalles am Eingang, der allerdings versperrt ist, werden nicht genannt[73].

Im Haus bekundet die Witwe ihre Trauer (sorglose Haartracht, dunkles Gewand) (Apul. *met.* 2, 23, 5–6). Der Tote, ein Optimat, ist im *cubiculum* aufgebahrt, und zur Gänze in prunkvolles Leinen eingewickelt (*splendentibus linteis coopertum*). Sein Haupt wird vor sieben Zeugen enthüllt, um zu verifizieren, dass die Extremitäten (Nase, Augen, Ohren, Lippen und Kinn) nicht bereits von den Zauberinnen verunstaltet sind. Die Trauer im Haus manifestiert sich neben Weinen durch mehrtägiges Fasten (*totiugis iam diebus*) (Apul. *met.* 2, 24, 3–7).

---

65. Theop., *FGrH* 115 F 347a. 347b; Schol. Aristoph. *Ach.* 1076.
66. Vgl. Johnston 63–65.
67. Für die archaische Zeit wird diese Kommunikation mit den Toten nicht ausgeschlossen, sie könnte auf die mündliche Botschaft beschränkt gewesen sein.
68. Zur aktiven Rolle der Toten vgl. Graf, *Magie* (fr.) 148–149; vgl. ThesCRA III 6 g Magie S. 261.
69. Detailanalyse bei Mal-Maeder, D., *Apuleius Madaurensis Metamorphoses. Livre II. Introduction et Commentaire* (2001) 16 (zur Magie) u. 357–393; Murgatroyd, P., «Thelephron's Story (Apul. Met. 2, 21–30)», *Mnemosyne* 57 (2004) 493–497.

70. Thessalien wird generell mit «Hexerei» und Leichenschändung/Eingeweideschau bei Menschen in Verbindung gesetzt.
71. Der Blick ist der eines griechisch sozialisierten Erzählers.
72. Der Begriff *choragium* (eig. Theaterrequisiten) weist auf die Inszenierung des Leichenzugs hin, an dem ab der Kaiserzeit (bes. bezeugt für Rom) professionelle Schauspieler und Musikanten teilnehmen.
73. Das Versperren kann als Zeichen der Verunreinigung und Seklusion der Familie gelesen werden.

Um die Unversehrtheit des Aufgebahrten mit Tagesanbruch zu kontrollieren, muss der Wächter das Gesicht des Toten wieder entblößen. Der augenscheinlich nicht verstümmelte tote junge Mann wird noch einmal im Hause beklagt und bei seinem Namen gerufen (*ultimum defletus atque conclamatus*), dann wird er schon im Leichenzug zum Forum gebracht. In die *pompa* mischt sich der Onkel (mütterlicherseits) des Toten und beschuldigt die Witwe des Mordes (Motiv: Ehebruch). Um dies zu beweisen, verlangt er, dass ein ägyptischer *propheta* den Toten ins Leben zurückholt. Dies wird erfolgreich in die Tat umgesetzt und die Witwe des Verbrechens überführt. Der erweckte Tote fordert seine Totenruhe vehement ein und erzählt seinerseits, wie der Wächter Opfer einer Verwechslung geworden, die Zauberinnen sich über die Leiche hermachen wollten und wie aufgrund von zufälliger Namensgleichheit mit dem Toten dem schlafenden Wächter Thelyphron das Gesicht verstümmelt worden sei (Apul. *met.* 2, 28, 6–29, 6).

Die Erzählung des Telyphron bei einem Gastmahl in Hypata beleuchtet die Abundanz, aber auch die Faszination für Erzählungen, die Bestattungsrituale zum Inhalt haben. Sie bestätigt die hohe Observanz, die diesem rituellen Bereich zugestanden wurde. Jeglicher Text rekonstruiert die materiellen Vorgaben je nach gattungsspezifischen Kriterien und nach der Intention des Autors. Im Einzelnen ist nicht immer scharf trennbar zwischen dem, was je nach Zeit und Ort lebendiges Ritual war und dem, was seine Wirklichkeit in der Literatur hatte. Indes stehen die Abläufe und die Einzelheiten funerärer Riten nicht zur Disposition, denn es benötigt das Wiedererkennen der Rituale, damit Texte Plausibilität erhalten und ihr Publikum überzeugen.

HENRIETTE HARICH-SCHWARZBAUER

II. Rituels funéraires grecs: le témoignage des inscriptions

BIBLIOGRAPHIE: Frisone, F., *Leggi e regolamenti funerari nel mondo greco*, I *Le fonti epigrafiche* (2000).

En complément aux textes littéraires et à l'iconographie, quelques inscriptions d'époques classique et hellénistique donnent d'intéressantes indications sur les rituels ou les pratiques funéraires[1]. Le fait qu'il s'agisse de règlements officiels leur confère une importance particulière, de même que leur origine non-attique qui rééquilibre une vision fortement tributaire de la documentation athénienne, qu'il s'agisse des textes ou de l'iconographie.

Deux inscriptions d'époque classique fournissent des indications détaillées. L'une, datée de la fin du Ve s. av. J.-C., a été mise au jour sur le site de Iulis dans l'île de Keos, l'autre fait partie du règlement de la phratrie des Labyades à Delphes (première moitié du IVe s.).

Les prescriptions contenues dans le texte de Keos[2] sont définies comme des « lois » (*nomoi*), mais l'autorité qui les a promulguées n'est pas mentionnée dans la partie conservée. Différentes phases des funérailles y sont prises en compte. Trois pièces de tissu blanc au maximum (*himatia leuka*) accompagnent le défunt : l'une constitue le vêtement proprement dit, une autre sert de matelas (*strôma*), la troisième de couverture (*epiblema*) ; leur valeur totale ne doit pas excéder 100 drachmes, une somme déjà relativement importante. Le corps, entièrement recouvert, est placé sur une kliné – qui est ensuite rapportée à la maison – et transporté en silence jusqu'au tombeau, où l'on ne doit pas apporter plus de trois conges de vin et une conge d'huile ; les vases seront ensuite rapportés à la maison. Le sacrifice (*prosphagion*) est pratiqué « selon les coutumes ancestrales ». On ne place pas de kylix sous la kliné, on ne répand pas d'eau, on n'apporte pas de *kallysmata* (« balayures ») au tombeau, près duquel on ne pratique pas les cérémonies du trentième jour (*triêkostia*). Les femmes doivent s'éloigner de la tombe avant les hommes, seules celles qui sont souillées (mère, épouse, sœurs, filles, éventuellement cinq autres parentes au maximum) peuvent se rendre ensuite à la maison du défunt, qui est purifiée le lendemain de l'enterrement par un homme libre, par aspersion d'eau de mer puis lavage à l'eau douce, après frottement avec de la terre. Ceux qui sont souillés sont purifiés par un lavage intégral à l'eau douce.

La partie de l'inscription des Labyades qui concerne les funérailles (face C)[3] se présente également comme un règlement contraignant (*tethmos = thesmos*), puisque des pénalités financières sont prévues à l'égard des contrevenants. Le mort, placé sur un seul matelas (*strôma*) avec un seul oreiller (*poikephalaion*), doit être couvert par un épais vêtement gris ou brun (*chlaina phaôta*). Le transport du corps se fait en silence : les lamentations (désignées par les verbes *oimôzô* et *ototyzô*) sont interdites hors de la maison et jusqu'au tombeau ; elles doivent cesser quand la sépulture est refermée et ne pas avoir lieu sur des tombeaux plus anciens ; elles sont interdites également le lendemain, le dixième jour et lors des cérémonies annuelles. Les objets placés dans la tombe (*entaphia*) ne doivent pas valoir plus de 35 drachmes.

Les deux règlements visent principalement à limiter l'aspect ostentatoire des funérailles, qu'il

---

1. L'étude fondamentale est celle de Frisone. Ces textes sont également analysés en détail dans la thèse de doctorat de Picouet-de Crémoux, M., *Rites funéraires et commémoration en Grèce ancienne* (Lille 2009, inédite).

2. LSCG n° 97 ; Frisone 58–59.
3. Voir l'édition et le commentaire de Rougemont, G., *CID* I. *Lois sacrées et règlements religieux* (1977) 34–35. 51–57 ; également Roux, G., *RA* (1975) 25–30.

s'agisse des dépenses représentées par les étoffes qui accompagnent le mort ou des objets déposés dans sa tombe, en interdisant également les lamentations excessives: ce point est particulièrement souligné dans le règlement des Labyades, mais dans les deux cas est posée l'exigence de silence lors de l'*ekphora* du défunt de la maison au tombeau. Il s'agit, en particulier, d'encadrer les manifestations féminines du deuil – ce qui explique aussi que, dans la loi de Iulis, les femmes doivent quitter le tombeau avant les hommes – de même que, d'après Plutarque (*Sol.* 21, 6), Solon avait interdit aux femmes «de se lacérer à coups d'ongles, de préparer leurs lamentations et de pleurer sur un autre mort que celui qu'on enterre». Ces restrictions visent sans doute, d'autre part, à éviter que l'on fasse appel à des pleureuses professionnelles[4]. On note, à propos de la loi de Iulis, que l'écrivain Héraclide du Pont (*Peri Politeiōn* 9), disciple de Platon, rapporte qu'à Kéos «les hommes ne portent le deuil ni par leur vêtement, ni en se coupant les cheveux, alors qu'une mère qui a perdu un jeune fils porte le deuil pendant un an».

Les limites imposées à la valeur des objets enterrés avec le mort rappellent les prescriptions imposées à Athènes par Solon, puis Démétrios de Phalère, et à Rome par la loi des douze Tables (*cf.* **I.6.1**). Ces pratiques rigoureuses auraient été conservées à Marseille jusqu'à l'époque impériale: d'après Valère Maxime (*Faits et dits mémorables* 2, 6–7), «on amène les morts à leur sépulture en les transportant sur un chariot, sans lamentations ni plaintes. Le deuil ne dure que le jour des obsèques, avec un sacrifice groupant les gens de la maison, accompagné d'un banquet qui rassemble toutes les relations». Platon fait part du même état d'esprit quand il écrit (*nom.* 4, 717d): «après la mort des parents, les funérailles les plus sobres sont les plus belles».

L'autre préoccupation majeure exprimée dans la loi de Iulis concerne les purifications. On y trouve des détails absents des textes littéraires, portant en particulier sur les femmes. Il est probable que l'interdiction d'apporter les *kallysmata* («balayures») au tombeau soit elle aussi liée à des exigences cathartiques, s'il s'agit d'éléments qui avaient été en contact avec le mort dans la maison[5]. Une autre loi funéraire trouvée sur le site de Iulis[6], datée vers le milieu du IVe s., impose à ceux qui accomplissent les cérémonies annuelles d'être purifiés à partir du troisième jour suivant, de ne pas entrer dans un sanctuaire et de purifier la maison avant qu'ils reviennent du tombeau.

L'exigence de purifications pour une réintégration dans la vie ordinaire de la cité est exprimée également dans la loi de Gambreion en Mysie, datée du IIIe s. av. J.-C.[7]. Les rites d'usage (*ta nomima*) doivent être accomplis dans un délai de trois mois; les hommes quittent le deuil le quatrième mois, les femmes un mois plus tard: il convient alors qu'elles sortent et qu'elles participent aux processions prescrites par la loi. Une indication intéressante est donnée sur la couleur des vêtements de deuil: elle est sombre (*phaios*, gris ou marron) pour les femmes, mais les hommes et les enfants peuvent également porter du blanc.

Toujours pour l'époque hellénistique, certains actes d'affranchissement de Delphes, datés de la première moitié du IIe s. av. J.-C., donnent des indications sur les obligations des affranchis envers leurs anciens maîtres après leur décès[8]. Ainsi, un certain Philôn prescrit à son affranchie Istiô de placer sur son portrait, après sa mort, une couronne de laurier tressé, le premier et le septième jour de chaque mois (*SGDI* 2085; *CID* 5, 192 l. 3–5), la même obligation s'appliquant à Leaina qu'il affranchit par la suite (*SGDI* 1801; *CID* 5, 205 l. 3–6). D'autres textes concernent le renouvellement périodique des fleurs (*allatheada*) sur le tombeau de l'ancien maître: cette pratique fait partie des «rites d'usage» (*SGDI* 1731; *CID* 5, 316 l. 9–10). La coutume d'offrir aux défunts des couronnes végétales et des fleurs – en particulier des roses, comme l'indiquent des inscriptions d'Asie Mineure[9] – est largement répandue sous l'Empire, elle a subsisté jusqu'à nos jours.

ANTOINE HERMARY

III. Tod und Bestattung in der griechischen Bilderwelt

BIBLIOGRAPHIE: Ahlberg, G., *Prothesis and Ekphora in Greek Geometric Art* (1971); Andronikos, M., *Totenkult 1. Der Totenkult in den Epen*, ArchHom III W (1968); Boardman, J., «Painted Funerary Plaques and Some Remarks on Prothesis», BSA 50 (1955) 51–66; Brigger, E./Giovannini, A., «Prothésis: étude sur les rites funéraires chez les Grecs

---

4. Comme les évoque Esope, *Fables* 310: «Le riche et les pleureuses.– Un riche avait deux filles. L'une d'elles étant morte, il loua des pleureuses. L'autre fille dit à sa mère: «Nous sommes bien malheureuses: c'est nous qui sommes en deuil, mais nous ne savons pas faire de lamentations, tandis que ces femmes, qui n'ont rien à y voir, se frappent et pleurent si violemment». La mère lui répondit: «Ne t'étonne pas, mon enfant, si ces femmes se lamentent de façon si pitoyable, puisqu'elles le font pour de l'argent». C'est ainsi que certains, poussés par l'appât du gain, n'hésitent pas à faire profession des malheurs d'autrui».

5. Frisone 89.
6. Frisone 59–61.
7. *LSAM* n° 16; Frisone 139–140.
8. Ces textes vont être prochainement publiés par D. Mulliez dans le *CID* 5. Avec son autorisation, je donne ici les numéros de ce corpus.
9. Kokkinia, Ch., «Rosen für die Toten im griechischen Raum und eine neue ῥοδισμός-Inschrift aus Bithynien», MusHelv 56 (1999) 202–221. Pour les inscriptions d'Asie Mineure concernant les rituels funéraires à l'époque impériale, voir en particulier Kubińska, J., *Les monuments funéraires dans les inscriptions de l'Asie Mineure* (1968).

et les étrusques», *MEFRA* 116 (2004) 179–248; Huber, I., *Die Ikonographie der Trauer in der griechischen Kunst* (2001); Kurtz/Boardman (dt.); Mösch-Klingele, R., *Die loutrophóros im Hochzeits- und Begräbnisritual des 5. Jahrhunderts v. Chr. in Athen* (2006); Mommsen, H., *Exekias 1. Die Grabtafeln*, Kerameus 11 (1997); Oakley, J. H., «Death and the Child», in id./Neils, J. (Hsg.), *Coming of Age in Ancient Greece* (Ausstellung Hanover, New Hampshire 2003) 163–194; id., *Picturing Death in Classical Athens. The Evidence of the White Lekythoi* (2005) (= Oakley 1); id., «Women in Athenian Ritual and Funerary Art», in Kaltsas, N./Shapiro, A. (Hsg.), *Worshipping Women. Ritual and Reality in Classical Athens* (Ausstellung New York 2008) 335–341 (= Oakley 2); Shapiro, H. A., «The Iconography of Mourning in Athenian Art», *AJA* 95 (1991) 629–656; Sojc, N., *Trauer auf attischen Grabreliefs. Frauendarstellungen zwischen Ideal und Wirklichkeit* (2005); Vermeule, E., *Aspects of Death in Early Greek Art and Poetry* (1979); Zschietschmann, W., «Die Darstellungen der Prothesis in der griechischen Kunst», *AM* 53 (1928) 17–47.

1. Vorbemerkung

Die bildliche Darstellung von funerären Riten spielt nur an wenigen Orten und zu bestimmten Zeiten in der griechischen Kunst eine relevante Rolle, in der römischen Grabkunst werden solche Darstellungen weitgehend ausgeblendet. Sowohl in der griechischen als auch in der römischen sepulkralen Kunst nehmen Denkmäler, die den Themenkreis um Sterben, Transition in ein anderes Leben und Weiterleben nach dem Tod in mythischen oder metaphorischen Bildern reflektieren, einen bedeutend größeren Raum ein als die Riten.

Diesem Thema haben sich bereits mehrere Studien gewidmet, sei es als Überblick wie die Arbeit von J. Boardman und D. Kurtz, die einen weiten geographischen und thematischen Bogen um ikonographische, archäologische und philologische Quellen spannt[1], oder sei es in Form umfassender Behandlungen bestimmter Epochen und Themen wie die grundlegende Arbeit von G. Ahlberg zur *Prothesis* und *Ekphora* in der geometrischen Vasenmalerei[2] und die Dissertation von I. Huber zur Ikonographie der Trauer in der griechischen Kunst[3]. Dennoch gibt es bisher keine Zusammenstellung aller verfügbaren ikonographischen Quellen zu den funerären Riten in der griechischen Kunst, was auch hier nicht geleistet werden kann.

Die folgenden Ausführungen beschränken sich auf Fallstudien zu relevanten Denkmälern, geordnet nach der Region, der Kunstgattung, den Themen und ihrer Chronologie. Dieses Vorgehen berücksichtigt die ungleiche regionale Verteilung sowie gattungsspezifische Besonderheiten und Entwicklungen. So finden sich die meisten Darstellungen funerärer Riten auf attischen Monumenten, vor allem auf Vasen vom 8. bis zum Ende des 5. Jhs. v. Chr. Die Vasenbilder geben dabei eine eng gefasste thematische Auswahl von Handlungen wieder, wobei Aufbahrung und Totenklage sowie die Pflege des Grabmals im Zentrum stehen. Letzteres Motiv dominiert vor allem die Bilder der weißgrundigen Lekythen des 5. Jhs. v. Chr., erscheint zum Beispiel aber kaum auf zeitgleichen Grabstelen.

Neben Fragen der Entwicklung entsprechend den skizzierten Kriterien geht die Auswertung auch auf die Bedeutung und auf den Stellenwert dieser Monumente ein. Was genau geben sie wieder, reale Riten oder erdachte Szenarien, die neben religiösen auch gesellschaftliche, repräsentative Funktionen erfüllen? Wen sprechen im Bild dargestellte funeräre Riten in erster Linie an, die Verstorbenen oder deren Nachwelt?

2. Athen und Attika

2.1. Vasenmalerei

2.1.1. *Prothesis* und *Ekphora*

In geometrischer und archaischer Zeit bildet die *Prothesis*, die Aufbahrung der Verstorbenen und die Totenklage, ein zentrales Thema in der bildlichen Darstellung funerärer Riten. *Prothesis*-Szenen dominieren vor allem die Ikonographie geometrischer Zeit. Verstorbene beiderlei Geschlechts auf einer Totenbahre und oft eine Vielzahl von Trauergästen erscheinen auf Vasen mit zum Teil monumentalen Ausmaßen, auf einigen auch kombiniert mit der *Ekphora*, der Herausführung der Toten auf einem Wagen. Die bekanntesten Beispiele bilden große Amphoren und Kratere, die auf dem Kerameikos von Athen und anderen Friedhöfen als Grabmonumente den Ort der Bestattung markierten, wie die 1,55 m hohe Bauchamphora des Dipylon-Malers aus dem mittleren 8. Jh. v. Chr. (Taf. 46, 3)[4]:

In der Mitte des Bildes liegt die aufgebahrte Verstorbene unter einem Leichentuch, das als karierte Fläche über der Figur erscheint. Eine neuere Studie widerspricht allerdings der gängigen Meinung in der Forschung, wonach dieses Tuch eigentlich den Leichnam verhülle, und nur wegen geometrischer Darstellungskonventionen darüber zu schweben scheine. Als Argument wird auf einen Krater in New York (Taf. 46, 2) und eine

---

1. Kurtz/Boardman; s. auch Garland; Scholl, A., «Hades und Elysion – Bilder des Jenseits in der Grabkunst des klassischen Athen», *JdI* 122 (2007) 51–79.
2. Ahlberg; s. auch Brigger/Giovannini mit einem Abriss der Forschungsgeschichte 179–185; Merthen, C., *Beobachtungen zur Ikonographie von Klage und Trauer. Griechische Sepulkralkeramik vom 8. bis 5. Jh. v. Chr.* (Diss. Würzburg 2005, http://www.opus-bayern.de/uni-wuerzburg/volltexte/2009/2930/pdf/Dissertation_Merthen.pdf).
3. Huber.
4. Athen, NM 804: Coldstream, *CGP* 29–30 Nr. 1 Taf. 6; Simon/Hirmer, *Vasen* 30–31 Taf. 4–5; Ahlberg 25 Nr. 2 Abb. 2a–b; Huber 64–65. 216 Kat. 27.

Amphora in Paris verwiesen, wo Pfosten das Tuch über der Kline spannen und einen Baldachin bilden[5]; fraglich bleibt, ob die Beobachtung auf alle geometrischen Bilder der *Prothesis* übertragbar ist.

Im Bereich unter der Bahre knien bzw. sitzen vier Figuren, die aufgrund der Nähe zum Toten eine besondere Position einnehmen (Taf. 46, 3). Mehrere Autoren sahen in ihnen bestellte Klagefrauen, möglicherweise auch die Anführerinnen der Klageweiber[6]. Die Position in der Nähe der Bahre weist diese Figuren aber wahrscheinlicher als direkte Familienmitglieder aus, was auch für die Figuren zutrifft, die links und rechts des Bettes unter den Enden des karierten Leichentuchs oder, falls die Deutung zutrifft, unter dem Baldachin stehen. Dahinter erscheinen links sechs und rechts fünf Trauergäste, die alle, wie auch die Sitzenden, beide oder zumindest eine Hand zum Kopf führen. Dieses Haareraufen oder sich an den Kopf schlagen dient als charakteristischer Gestus der Trauer, der bis in klassische Zeit hinein auf Vasenbildern erscheint. Das Geschlecht der Figuren auf der Athener Amphora lässt sich mit Ausnahme der Verstorbenen und der beiden Schwertträger am linken Bildrand nicht eindeutig feststellen, auch wenn in mittel- und spätgeometrischer Zeit tendenziell der beidhändig ausgeführte Trauergestus eher weibliche Figuren, der einhändige eher männliche kennzeichnet[7].

Ähnliche Prothesisszenen schmücken mehrere großformatige Amphoren der mittel- und spätgeometrischen Zeit wie etwa eine Bauchhenkelamphora aus der Werkstatt des Hirschfeld-Malers (Taf. 47, 1)[8]. Im Vergleich zur eben erwähnten Dipylonvase erscheint auf diesem etwas jüngeren Gefäß die Szene vereinfacht, hingegen ist das Geschlecht der Figuren dank Schwertern und strichförmig angegebenen Geschlechtsmerkmalen gut erkennbar: Zur linken Seite der aufgebahrten Frau erscheinen fünf Frauen mit beidhändig ausgeführtem Klagegestus. Lediglich die vorderste Frau weicht davon ab, indem sie mit ihrer linken Hand einen Zweig über den Kopf der Toten hält. Diese mehrfach auf geometrischen Vasen dargestellte Handlung interpretiert G. Ahlberg nicht als spontane Aktion, zum Beispiel um Fliegen fernzuhalten, sondern als rituellen Bestandteil der Zeremonie[9]. Die fünf leicht bewaffneten Männer auf der linken Seite der Bahre auf der Amphora führen keine spezifischen Trauergesten aus.

Eine außergewöhnliche Handlung, für die es bisher keine Vergleiche gibt, geben die Darstellungen auf einem Krater aus dem Umfeld der Hirschfeld-Werkstatt in New York wieder, auf dem sich von rechts eine Gruppe von Kriegern der Totenbahre nähert (Taf. 46, 2)[10]. Zwischen den behelmten Figuren stapeln sich leblose Tiere, darunter Vögel, Fische und kaum identifizierbare Vierbeiner. Die Krieger greifen mit einer Hand jeweils die obersten dieser Tiere, scheinen sie also zur Bahre zu tragen, was als eine Darbietung von Opfergaben in Form von Fleisch und als Hinweis auf ein rituelles Leichenmahl gedeutet werden kann. J. Boardman vergleicht die Szene denn auch mit Funden von Tierknochen aus Leichenbrandstellen und Opferrinnen mehrerer Nekropolen[11].

Auf der größten geometrischen Grabvase, die ebenfalls vom Kerameikos stammt und dem Dipylon-Maler zugeschrieben ist, steht die Bahre mit der Verstorbenen auf einem Wagen, der von Pferden nach rechts gezogen wird (Taf. 47, 2)[12]. Wie M. B. Moore wohl richtig rekonstruiert, gibt das Bild einen Wagen mit zwei Achsen wieder, auf dem sich die Kline mit der Toten und insgesamt elf weitere Figuren befinden, wovon fünf neben der Kline knien. Aufbahrung und *Ekphora* – Herausführung des Leichnams aus Haus und Stadt – sind damit zu einer Darstellung zusammengefasst. Die *Ekphora* ist nur auf wenigen geometrischen Gefäßen bezeugt[13]. Ein zweites, figürliches Register, das im unteren Teil um den Bauch der Amphora herumführt, erweitert die Zahl der Trauergäste auf neunzig. Die Tendenz, möglichst viele Teilnehmer darzustellen, soll laut Huber eine Intensivierung der Klage bedeuten[14], gleichzeitig sicherlich auch den Status der Verstorbenen und ihrer Familie ausdrücken.

In mittelgeometrischer Zeit präsentieren neben kleineren Gefäßen (Taf. 47, 3)[15] und großformatigen Amphoren auch große Kratere Prothesisszenen. Sie markierten als Grabmal die Bestattungsstelle und konnten gleichzeitig für Trankopfer

---

5. Brigger/Giovannini 199–201 Nr. 12–13 Abb. 2–3. Paris, Louvre A 516: Ahlberg Nr. 3. New York, MMA 14.130.15: s. Anm. 10.

6. s. Huber 65.

7. Ahlberg 261–267; Huber 65ff.

8. Privatbesitz Schweiz, Leihgabe in Basel, Antikenmus., um 750 v. Chr.: Blome, P., *Antikenmuseum Basel und Sammlung Ludwig* (1999) 106–107 Abb. 147.

9. Ahlberg 302.

10. (= *ThesCRA* II 4 a Bankett, gr. **260**, V 2 b Kultinstrumente **1016**, = *LIMC* I Aktorione **4a*/b•/c**, Amarynkeus **1***) New York, MMA 14.130.15. 740–720 v. Chr.: Boardman, J., «Attic Geometric Vase Scenes, Old and New», JHS 86 (1966) 1–5 Taf. 1–3; Ahlberg 27. 195–196. 241–242 Nr. 22 Abb. 22a-i.

11. Boardman (Anm. 10) 2 mit Anm. 10; ähnlich Ahlberg 242. Zu Bestattungen mit Brandopfern auf dem Kerameikos s. den Katalog bei Kistler, E., *Die 'Opferrinne-Zeremonie'. Bankettideologie am Grab, Orientalisierung und Formierung einer Adelsgesellschaft in Athen* (1998) 195–209.

12. (= *ThesCRA* V 2 b Kultinstrumente **914a**) Athen, NM 803: Coldstream, *CGP* 30 Nr. 2; Ahlberg 220. 222 Nr. 53 Abb. 53a. b; Huber 66. 216–217 Kat. 28; Moore, M. B., «Athens 803 and the Ekphora», AntK 50 (2007) 9–23 Abb. 1–3 Taf. 1, 3.

13. Ahlberg 220–221.

14. Huber 82.

15. s. zum Beispiel eine Kanne des Hirschfeld-Malers aus dem 3. Viertel des 8. Jhs. v. Chr. Dresden, Staatl. Kunstslg. ZV 1635: Ahlberg 27 Nr. 23 Abb. 23; Coldstream, *CGP* 43 Anm. 2; Huber 70. 217 Kat. 34 Abb. 4.

dienen, wobei in einigen Fällen Löcher oder herausgebrochene Böden den Durchfluss der Flüssigkeit ins Erdreich erlaubten[16]. Kratere bieten dank ihrer Form Raum für vielfigurige, komplexe Kompositionen, die in mehreren Registern übereinander gestaffelt den breiten Vasenkörper einnehmen.

Einer der bekanntesten Kratere ist der grosse Krater des Hirschfeld-Malers im Athener Nationalmuseum aus dem dritten Viertel des 8. Jhs. v. Chr. (Taf. 47, 4)[17]. Die verschiedenen figürlichen Szenen zeigen unter anderem die *Prothesis* eines Mannes, dessen Totenbahre auf einem von zwei Pferden gezogenen Wagen steht. Es handelt sich um eine weitere der wenigen geometrischen Ekphoraszenen. Neben dem zentralen Geschehen geben die figürlichen Szenen auch Wagenrennen oder -prozessionen wieder sowie eine grosse Zahl herbeitretender Trauergäste.

Nach der *opinio communis* reflektiert die Größe der Trauergemeinschaft nicht wörtlich ein einmaliges Geschehen, also eine bestimmte Bestattung, sondern drückt eine möglichst hohe Intensität der Trauer aus. Die Frage, was denn nun dargestellt ist, stellt sich besonders bei den Wagenfriesen, die in ähnlicher Form auf einer ganzen Reihe von Gefäßen begegnen, wie zum Beispiel auf den beiden großen Krateren heute im Louvre[18] und im Metropolitan Museum (Taf. 48, 1)[19]: Geben sie Leichenfeiern wieder, wie sie im 8. Jh. v. Chr. wirklich abgehalten worden sind oder entsprechen sie «Reminiszenzen an eine 'heroische' Vergangenheit»[20]? In diesem Falle würden die Bilder auf derselben Vase völlig unterschiedliche Vorgänge wiedergeben, nämlich zum einen die reale *Prothesis* und *Ekphora*, zum anderen eine Überhöhung dieser Riten mit irrealen Elementen wie mythischen Wagenprozessionen oder -rennen[21]. Die Kategorisierung zwischen real und irreal entspricht dabei einer modernen Entscheidung, die darauf beruht, was uns glaubhaft erscheint und was nicht, was also als Darstellung eines wirklichen Ritus und was als Reflex der geistigen Welt zu gelten hat. Die Beantwortung dieser Frage ist problematisch[22]. In Bezug auf die geometrischen Vasenbilder ist nicht ersichtlich, weshalb viele Deutungen die Wagenrennen und -prozessionen in das Reich der Mythen verbannen. Lediglich die hohe Zahl von Wagen und der damit verbundene materielle Aufwand rechtfertigen ihre moderne «Mythisierung» nicht. Genauso plausibel scheint jedenfalls die Annahme, dass alle Themen der Vasenbilder auf praktizierten Riten beruhen, deren Wirkung die Wiederholungen der Figuren verstärken, analog zu den gesteigerten Zahlen der Trauergäste.

In spätgeometrischer Zeit bleibt die Formel für die *Prothesis* erhalten: In der meist in das Zentrum der Vorderseite gerückten Hauptszene liegt der oder die Tote, bedeckt von einem großen Leichentuch, stets mit dem Kopf nach rechts auf einer Kline, um die herum sich die Trauergemeinde gruppiert. Die direkten Angehörigen, wozu Kinder wie auch Erwachsene beiderlei Geschlechts gehören können, stehen am Kopf- und Fußende der Kline in nächster Nähe zum Leichnam, berühren oft die Bahre mit einer Hand – wie auf einer Amphora in Cleveland[23] – oder halten Zweige über den Kopf des Verstorbenen, wie in drei der vier Prothesisszenen einer Kanne im British Museum (Taf. 48, 2)[24]. Das Gefäß stellt mit vier männlichen Prothesisszenen eine Ausnahme dar. Da die Szenen nicht voneinander getrennt sind, interpretiert sie Ahlberg als Abfolge, als vier verschiedene Phasen desselben Rituals, wobei der Leichnam vorbereitet, umgebettet und schließlich außer Haus gebracht wird[25].

Auch auf spätgeometrischen Gefäßen wie den erwähnten Amphoren in Cleveland und Baltimore[26] drücken lange Reihen von Frauen in Trauerhaltung die soziale Stellung der Familie aus. Die Klagegesten erscheinen dabei im späten 8. Jh. v. Chr. in größeren Variationen[27]. Hinzu kommen nun Gesten, die als Tanz ausgelegt werden können. Allerdings bleibt oft unklar, ob zum Beispiel gleichmäßig bewegte Figuren in Zusammenhang mit einer Prothesisszene wirklich einen Reigentanz aufführen[28]. Eine Ausnahme stellt eine böotisch subgeometrische Amphora aus Theben dar: Die Figuren über der Bahre führen den Trauergestus nur mit einer Hand aus und erheben die andere in einer Bewegung, die einen Tanz andeuten

---

16. Kurtz/Boardman 62.
17. (= *ThesCRA* V 2 b Kultinstrumente **914b**) Athen, NM 990: Coldstream, *CGP* 41 Nr. 1 Taf. 8b; Simon/Hirmer, *Vasen* 34-35 Taf. 8-9; Ahlberg 220 Nr. 54 Abb. 54 a-b; Huber 67-68. 217 Kat. 30.
18. Paris, Louvre A 552. Dipylon-Werkstatt, 3. Viertel 8. Jh. v. Chr.: *CVA* 11, III H b Taf. 11-12; Ahlberg 26 Nr. Abb. 16; Coldstream, *CGP* 32 Nr. 24 Taf. 8a. – Ähnlich der fragmentierte Krater des Dipylon-Malers in Paris, Louvre A 517. Mittleres 8. Jh. v. Chr.: *CVA* 11, III H b Taf. 1-2; *CVA* 18, 17-18, Taf. 24, 1; Coldstream, *CGP* 30 Nr. 4 Taf. 7a; Ahlberg 25 Nr. 4 Abb. 4.
19. New York, MMA 14.130.14. Hirschfeld-Werkstatt, 3. Viertel 8. Jh. v. Chr.: Coldstream, *CGP* 42 Nr. 13; Ahlberg 27 Nr. 25 Abb. 25a-f; Huber 217 Nr. 31 Abb. 3.
20. s. dazu unten **III.2.1.3**.

21. Vgl. Huber 82.
22. Vgl. unten **III.5**.
23. Cleveland, Mus. of Art 27.6. Atelier von Athen 894, spätes 8. Jh. v. Chr.: *CVA* 1, Taf. 2; Tölle, R., *Frühgriechische Tänze* (1964) 97 Nr. 327; Coldstream, *CGP* 58 Nr. 6; Ahlberg 28 Nr. 36 Abb. 36a. b. – Ähnlich z.B. eine Amphora in Baltimore, Walters Art Mus. 48.2231: Coldstream, *CGP* 58 Nr. 7; Ahlberg 28 Nr. 37 Abb. 37a-c; Tölle a.O. 97 Nr. 324.
24. London, BM 1912.5-22.1: Coldstream, *CGP* 78 Nr. 26; Ahlberg 28. 253-260 Nr. 45 Abb. 45a-d.
25. Ahlberg 259-260.
26. s. Anm. 23.
27. Huber 72-78.
28. Zu funerären Tänzen in der geometrischen Kunst s. Tölle (Anm. 23); *ThesCRA* II Tanz 4 b S. 302.

kann (Taf. 49, 1)²⁹. Nach einer genauen Durchsicht der verfügbaren Textquellen und ikonographischen Monumente plädieren E. Brigger und A. Giovannini bei der *Prothesis* für eine deutliche Trennung zwischen Angehörigen, die ihren Schmerz bekunden, und gemieteten Teilnehmenden, die rhythmische Trauergesänge (θρῆνοι) anstimmen, von denen die Textquellen berichten³⁰. Bei den eben zitierten Bildern könnte es sich also um diese gegen Bezahlung aufgeführten Gesänge handeln.

Wie auf den Amphoren in Cleveland und Baltimore schmücken Reihen von Wagen, zum Teil mit Bewaffneten zu Fuß zwischen den Gefährten, die unteren Register der Gefäße. Ein weiteres Beispiel gibt eine Amphora in Oxford³¹, deren Hauptregister einen unmittelbaren Zusammenhang zwischen der Aufbahrung und der Prozession herstellt, da sich die Trauergäste und die Wagenfahrer ohne trennende Elemente auf derselben Ebene begegnen. Auf die problematische Deutung der Wagendarstellungen wurde bereits hingewiesen³².

Die Trauer um einen aufgebahrten Toten steht auch im 7. und 6. Jh. v. Chr. im Zentrum der funerären Ikonographie. Wie Huber festhält, bleiben die Riten rund um die *Prothesis* im 7. Jh. offenbar unverändert, aber die Darstellungsweisen werden nun differenzierter und vielfältiger, was zum einen die Gestik betrifft, zum anderen auch die Kompositionen, die nun stärker variieren³³.

Neue Formen von Grabbauten eröffnen weitere Möglichkeiten des Grabschmucks wie reliefierte oder bemalte Tonplatten als Dekoration der Außenseiten³⁴. Mehrere Pinakes des späten 7. und 6. Jahrhunderts sind vollständig oder in Fragmenten erhalten, einige davon stammen aus führenden Vasenmalerateliers. Das bisher wohl früheste Monument dieser Art ist ein in Olympos (Attika) gefundener Reliefpinax aus dem späteren 7. Jh. v. Chr., worauf eine tote Frau von drei weiteren, hinter der Bahre stehenden Frauen, die jeweils mit ihrer rechten Hand die Stirn berühren, beklagt wird (Taf. 49, 2)³⁵.

Das bekannteste Beispiel bietet eine zusammenhängende Abfolge von mehreren schwarzfigurigen Pinakes des Exekias, die im Kerameikos, in der Nähe des Dipylon gefunden wurden³⁶. Der Rekonstruktion von H. Mommsen folgend, halten die 15, jeweils rund 37 cm hohen Bilder die Klage um eine verstorbene Frau innerhalb des Hauses (Taf. 49, 3-4) und die anschließende Trauerprozession fest (Taf. 49, 5-6). An der Prozession, die sich über die Mehrheit der Tafeln hinwegzieht, nehmen eine größere Zahl von Trauergästen – Mommsen zählt 57 Frauen, 22 Männer und 7 Kinder – teil, zu Fuß, zu Pferd oder mit Viergespannen (Taf. 49, 6). Eine stark fragmentierte Platte gibt einen Maultierkarren wieder, Vorbereitungen werden getroffen und die Tiere angeschirrt, der Leichnam fehlt noch (Taf. 49, 5)³⁷. Einige Platten tragen Namensbeischriften, zum Teil mit erfundenen, zum Teil mit real klingenden Namen, zumindest im Bereich der Prothesisszene. Es handelt sich um eine Auftragsarbeit, die wahrscheinlich ein Ereignis darstellt, das in ähnlicher Form stattgefunden hat. Solche aufwendigen Prozessionen lagen also im 6. Jh. im Bereich der Möglichkeiten und schmückten trotz der solonischen Beschränkungen des Grabluxus weiterhin aufwendige Grabdenkmäler³⁸.

Während die *Ekphora* als Prozession öffentlich und pompös inszeniert wird und ihre Darstellung die meisten Pinakes des Ensembles schmückt, findet die Aufbahrung im Innern des Hauses, wie zwei dorische Säulen anzeigen, und somit im beschränkten Kreis der Familie statt (Taf. 49, 3)³⁹. Die Tote trägt Schmuck und einen Blattkranz (wohl Myrte); sie wird von einer Dienerin, erkennbar am ärmellosen Gewand, auf Kissen gebettet. Die Familienmitglieder, soweit erhalten, treten von links zur Kline heran und klagen laut mit geöffnetem Mund. Eine Frau reißt ihre Haare, ein Mann greift sich an den Kopf. Ein wohl anschließender Pinax gibt einen Raum mit trauernden Frauen wieder, die unter anderem ein Kleinkind

---

29. Paris, Louvre A 575: *CVA* 17, 10-11 Abb. 3 Taf. 4 (1127), 4-5. 5 (1128), 1-4; Zschietzschmann 32 Nr. 17 Beil. IX; Tölle (Anm. 23) 51. 57-58 Nr. 124; Ahlberg 216-219, bes. 218 Nr. 52 Abb. 52a. b.
30. Brigger/Giovannini 197; s. dazu auch die kommentierte Sammlung der Textquellen, a.O. 190-196. S. **I.2.1** u. ThesCRA VI Add. Musik, gr. Abs. **3**.
31. Oxford, Ashmolean Mus. 1916.55: Tölle (Anm. 23) 97 Nr. 330; Coldstream, *CGP* 55 Nr. 11; Ahlberg Nr. 33 Abb. 33a-e.
32. s. dazu auch weiter unten **2.1.3**. Leichenspiele.
33. Huber 87-121.
34. Allgemein zu den Pinakes: Zschietzschmann 21-22. 39-40; Boardman; Huber 94-100; Brigger/Giovannini 203-208.
35. New York, MMA 14.146.3a.b. Spätes 7. Jh. v. Chr.: Boardman 58 Nr. 1; Vermeule Abb. 6; Huber 94. 220 Nr. 79.
36. Zahlreiche Fragmente, die meisten davon in Berlin, Staatl. Mus. F 1811-1826, einige in Athen, NM 2414-2417. Um 540-530 v. Chr.: *ABV* 146, 22-23; Boardman 59. 63-66 Nr. 9; Mommsen *passim*; Huber 96-97. 220-221 Nr. 85; Brigger/Giovannini 207 Nr. 4.2 Abb. 6.
37. Berlin, Staatl. Mus. F 1823 + 1814. Mommsen 47-55 (zur älteren Diskussion ebd. 52 mit Anm. 357-358) Taf. 14. 14a.
38. Mommsen 25-26. 64-67. Rückblickend auf die erwähnten geometrischen Vasenbilder scheint die Frage berechtigt, weshalb Wagenprozessionen in geometrischer Zeit lediglich als Reflex heroischer Epen und nicht als zeitgenössischer Zeremonien gelten sollen.
39. Berlin, Staatl. Mus. F 1811-1826. Mommsen 27-32 Taf. 1. Brigger/Giovannini 232-233 deuten die Säulen dieser Platte hingegen als Teil eines Zeltes in der Tradition der von ihnen postulierten Baldachine der geometrischen Zeit, s. Anm. 5. Dennoch sprechen hier die solide Bauweise der Säule und die angrenzende Szene im Frauengemach dafür, dass die *Prothesis* im Haus stattfindet und nicht auf dem Friedhof unter einer provisorischen Konstruktion.

herumreichen – vielleicht ein Hinweis auf den Tod der Frau im Kindbett (Taf. 49, 4)[40].

Diese um 540–530 v. Chr. datierten Pinakes scheinen damit einen Wendepunkt zu markieren, denn die älteren Darstellungen verlagern die *Prothesis*, soweit erkennbar, außerhalb des Hauses, wie zum Beispiel fliegende Vögel über der Kline einer Frau auf einem Pinax des späteren 7. Jhs. v. Chr. in Boston (Taf. 50, 2)[41] oder kleine Bäumchen neben der *Prothesis* einer Frau auf einem um 560 v. Chr. datierten Pinax in Paris (Taf. 50, 1)[42] andeuten. Dagegen situieren jüngere Bilder das Ritual stets ins Innere des Hauses, worauf zum Beispiel aufgehängte Objekte wie Kränze und ein Salbgefäß am oberen Bildrand auf einem Pinax deuten, dessen Fragmente sich in Athen und Amsterdam befinden (Taf. 50, 4)[43]. Wie bei den Tafeln des Exekias wird das Hausinnere durch dorische Säulen auf Pinakes des Sappho-Malers (Taf. 14, 1)[44] und verschiedenen Vasenbildern angedeutet[45].

Obwohl die *Prothesis* im Innern des Hauses dem Blick der Öffentlichkeit entzogen ist, bleibt sie das zentrale Ritual, das auf Pinakes und Vasen deutlich häufiger dargestellt wird als die *Ekphora* oder die Grablegung. Im späten 6. und im 5. Jh. v. Chr. wirken die Szenen aber intimer, familiärer. Die Darstellungen reflektieren eine veränderte Bedeutung der Aufbahrung und ihre Verschiebung in den privaten Bereich. Möglicherweise beeinflusste die veränderte Gesetzgebung diese Tendenz[46].

Das nun intime Thema eignet sich auch als Schmuck von kleineren Gefäßen, die in das Grab mitgegeben werden konnten. Ein Phormiskos mit der *Prothesis* einer Frau vom Kerameikos (Taf. 14, 4)[47] liefert dazu ein Beispiel. Die Beischriften entsprechen Eigennamen und Klagelauten. Um die Kline herum stehen mehrere Frauen, die sich in ihre aufgelösten Haare fassen, während sie in geordneter Reihe von links herantreten und jeweils ihre rechte Hand erheben. Die regelmäßige Anordnung und die gleichförmigen Gesten finden Parallelen auf anderen Darstellungen, so dass H. A. Shapiro darin einen rituellen Klagechor erkennt, wie auch auf den Außenseiten einer Kylix des Lydos mit *Prothesis* und Klagechor (Taf. 50, 3)[48].

Die berühmtesten Beispiele spätarchaischer und frühklassischer Prothesisdarstellungen zieren großformatige Loutrophoren, deren Bilder eine familiäre Stimmung vermitteln. Als Beispiele seien zwei Loutrophoren hervorgehoben, die jüngere von beiden, ein Werk des Kleophrades-Malers in Paris, mit der *Prothesis* eines Mannes in der Hauptszene (Taf. 51, 1)[49]. Darunter verläuft ein kleinerer, schwarzfiguriger Fries mit Reitern in thrakischer Tracht, die jeweils zwei Lanzen in einer Hand halten und einen Gebets- oder Grußgestus mit der ausgestreckten anderen Hand ausführen[50]. Auf den beiden Halsbildern der Vase des Kleophrades-Malers erscheinen jeweils zwei Frauen, wovon eine sich als Zeichen der Trauer die Haare rauft, die vordere eine Loutrophore hält. In berührender Weise schildert eine Loutrophoros des Malers von Bologna 228 die Klage um eine junge Frau (Taf. 51, 2)[51], wobei eine ältere Amme den Kopf der jungen Toten bettet[52]. Einige der jungen Frauen, die neben der Kline oder auf dem Halsbild auftreten, greifen sich mit beiden Händen in ihre langen, offenen Haare, andere stützen mit bestürztem Blick ihren Kopf mit einem angewinkelten Arm.

Die spätesten Prothesisdarstellungen finden sich auf weißgrundigen Lekythen[53], oft von Eidola begleitet, die als geflügelte Figürchen die Seele des Verstorbenen verkörpern[54]. Ein eindrückliches

---

40. Berlin, Staatl. Mus. F 1813 + F 1826k: Mommsen 55–59 Taf. 15.
41. Boston, MFA 27.146: Zschietzschmann Beil. X; Boardman 59 Nr. 5; Vermeule 18 Abb. I, 13; Huber 220 Nr. 80. Dazu gehört eine zweite Platte mit einer Prozession Inv. 27.147.
42. Paris, Louvre CA 255: *ABV* 90, 8: Burgon Group; Boardman 61 Nr. 15; Huber 220 Nr. 83.
43. Athen, NM VS 324a-b + Amsterdam, Allard Pierson Mus. 1742. Um 500 v. Chr.: Boardman 62 Nr. 25 Taf. 5; Neeft, C. W., «De dood en de pot», *Mededelingenblad. Vereeniging van Vrienden van het Allard Pierson Museum* 45 (1989) 5 Abb. 6b.
44. Paris, Louvre MNB 905, um 500 v. Chr.: Boardman 62 Nr. 28; Shapiro Abb. 1; Kurtz/Boardman 172 Abb. 50; Mommsen Beilage C; Huber 221 Nr. 91.
45. s. Anm. 47.
46. s. **I.6.1**.
47. Athen, Kerameikos Mus. 691. Um 510 v. Chr.: Shapiro 636–637 Abb. 7–9; Kunze-Götte, E., et. al., *Kerameikos* 7, 2 (1999) 117 (unter Nr. 466) Taf. 77; Oakley 2, 336–337 Abb. 3a-c; Huber 222 Nr. 116; Brigger/Giovannini 209 Nr. 5.1 Abb. 10.
48. Shapiro 635. Zur Kylix: Athen, Kerameikos Mus. 1742, um 560–530 v. Chr.: *ABV* 113, 81; Shapiro Abb. 5–6; Huber 222 Nr. 107.

49. Paris, Louvre CA 453. Um 480–470 v. Chr.: *ARV*² 84, 22; Huber 225 Nr. 152; Mösch-Klingele 84–85 Cohen, B., *The Colors of Clay. Special Techniques in Athenian Vases* (2006) 24 Abb. 6; 227 Nr. 12 Abb. 46. 47a. b.
50. s. dazu Anm. 69.
51. Athen, NM 1170. Um 460 v. Chr.: *Para* 382; *CVA* 2, III I d Taf. 21–26; Simon/Hirmer, *Vasen* 125–126 Taf. 174; Vermeule 15–16 Abb. I, 9; Brigger/Giovannini 212 Nr. 6.1 Abb. 12; Huber 225 Nr. 154 Abb. 11.
52. Bei der Amme handelt es sich wohl um eine Thrakerin, s. Mommsen, H., «Thraker und Thrakerinnen im attischen Totenkult», in Giudice, F./Panvini, R. (Hsg.), *Il Greco, il barbaro e la ceramica attica. Immaginario del diverso, processi di scambio e autorappresentazione degli indigeni* I (2010) 37–51, bes. 45. Vgl. dazu auch eine Loutrophoros des Sappho-Malers, auf deren Vorderseite eine tätowierte Amme an der *Prothesis* teilnimmt (unten Anm. 69), s. dazu Mommsen a.O. 38–44 (mit weiteren Beispielen).
53. Koch-Brinkmann, U., *Polychrome Bilder auf weißgrundigen Lekythen: Zeugen der klassischen griechischen Malerei* (1999); Oakley 1, *passim*; Brigger/Giovannini 214–216.
54. vgl. *LIMC* VIII Suppl. Eidola **4–5**. **11–12**. **21–26**; Peifer, E., *Eidola und andere mit dem Sterben verbundene Flügelwesen in der attischen Vasenmalerei in spätarchaischer und klassischer Zeit* (1989).

Beispiel bietet eine polychrom bemalte Lekythos aus Alopeke in Attika, worauf zwei weibliche Familienangehörige und der Vater am Kopfende einer Kline um einen jungen Mann trauern (Taf. 51, 4)[55]. Seine Seele flattert als Eidolon über dem Fußende der Kline. Die Frau, die von links an die Kline herantritt hält einen großen Korb, vermutlich mit Salbgefäßen.

2.1.2. Sarg- und Grablegung

Die auf die *Ekphora* folgenden Handlungen, die Sarg- und die Grablegung, sind nur selten auf attisch schwarzfigurigen Vasen dargestellt. Zwei dieser Bilder zieren Gefäße des Sappho-Malers, der als Spezialist für funeräre Szenen gelten kann:

Ein Korbhenkelgefäß dieses Malers illustriert, wie ein toter Mann von einer Frau und einem Mann in Begleitung weiterer Personen in einen großen, kistenförmigen Sarg auf Füßen gelegt wird (Taf. 51, 3)[56]. Offenbar findet diese Vorbereitung des Begräbnisses nachts und im Hause des Verstorbenen statt, wie die aufgehängten brennenden Öllampen verdeutlichen. Die Angehörigen der Trauergemeinschaft tragen Körbe mit verhüllten Gegenständen und eine Hydria mit Wasser herbei, entweder weil das Wasser und die Gegenstände im Korb bei der Waschung und Salbung der Leiche gebraucht wurden, oder weil sie bereits für die folgenden Rituale auf dem Friedhof vorbereitet werden.

Die eigentliche Versenkung des Sarges in das Grab, in dem zwei Helfer stehen und den Sarg von zwei oben stehenden Helfern übernehmen, schmückt die Rückseite einer Loutrophoros des Sappho-Malers, deren Vorderseite in einer vielfigurigen Szene eine *Prothesis* wiedergibt. Auf dem Halsbild erscheint ein Grabhügel mit Eidola, Trauernden und einer Loutrophoros auf dem Grab (Taf. 52, 1)[57].

Zwei attisch schwarzfigurige Kantharoi aus Vulci zeigen jeweils die Ankunft einer Prozession beim Friedhof, wobei die Toten auf Eselskarren transportiert und anschliessend von Männern zum Grabmal getragen werden (Taf. 52, 2; 126)[58]. Auf diesen Bildern ist der Leichnam in ein Tuch gehüllt, das den Kopf wie bei Prothesisszenen freilässt. Die Szenen wirken schlichter als beispielsweise die Prozession auf den Pinakes des Exekias. Zumindest auf einem der beiden Kantharoi tritt auch ein Diaulosspieler auf, der hinter dem Leichenzug schreitet[59]. In Zusammenhang mit der eigentlichen *Prothesis* erscheinen hingegen keine Musikanten auf attischen Vasen.

2.1.3. Leichenspiele

Wie bereits angesprochen, gehören in geometrischer Zeit oft Register mit langen Reihen von Wagenfahrern zur Ikonographie von Grabvasen. Diese fahren in einer Art Parade, um den Verstorbenen zu ehren (Taf. 47, 4), oder reiten mit Pferden in gestrecktem Galopp, tragen also offenbar Wettrennen anlässlich der Leichenspiele aus[60]. Solche Wettspiele scheinen männlichen Verstorbenen vorbehalten gewesen zu sein und werden oft mit Beschreibungen in den homerischen Epen in Verbindung gebracht[61]. Diese epischen Konnotationen führen zu Zweifeln, ob solche Wagenrennen im 8. und frühen 7. Jh. v. Chr. tatsächlich stattgefunden haben oder ob sie in Erinnerung an die in den homerischen Epen besungene Vergangenheit als Bildchiffre dienten, um den hohen Rang des Verstorbenen auszudrücken, ähnlich wie durch eine große Zahl von Trauerfiguren[62].

---

55. Berlin, Staatl. Mus. F 2684, Ende 5. Jhs. v. Chr.: *ARV²* 1390, 3; Pfeifer (Anm. 54) 156–157 Nr. 75; Oakley 1, 84–86 Abb. 54.

56. Brunswick, Bowdoin College 1984.23, frühes 5. Jh. v. Chr.: *Para* 247; Kurtz/Boardman 180 Abb. 52–54; Huber 107–108. 222 Nr. 108.

57. (= ThesCRA V 2 b Kultinstrumente **125***, = *LIMC* V Ker **70**, VIII Suppl. Eidola **12***) Athen, NM 450. um 500–490 v. Chr.: *CVA* 1, III H g Taf. 8, 1–2; 9, 3; Kurtz/Boardman 181 Abb. 55a–b; Huber 104–105. 222 Nr. 102; Mösch-Klingele 227 Nr. 11 Abb. 45; Closterman, W. E., «The Sappho Painter's Loutrophoros Amphora (Athens, NM 450) and Athenian Burial Ritual», *ClBull* 83 (2007) 49–61; Kaltsas, N./Shapiro, A. (Hsg.), *Worshipping Women. Ritual and Reality in Classical Athens* (Ausstellung New York 2008) 344–345 Nr. 53; Sabetai, V., «Marker Vase or Burnt Offering? The Clay Loutrophoros in Context», in Tsingarida, A. (Hsg.), *Shapes and Uses of Greek Vases (7th–4th centuries B.C.)* (2009) 291–306, bes. 301. 305 Abb. 9.

58. Paris, Bibl. Nat. 353. 355. Ende 7. Jh. v. Chr.: *ABV* 346, 7–8; Kurtz/Boardman 172 Abb. 51a–b; Vermeule 18 Abb. 15–16; Laxander, H., *Individuum und Gemeinschaft im Fest* (2000) 117–120. 205 EZ 4–5 Taf. 64. 66; Huber 106–107. 222 Nr. 106. Taf. 52, 2: (= ThesCRA VI Add. Musik, gr. **102**) Inv. 353; Taf. 126: (= ThesCRA VI Add. Musik, gr. **103***) Inv. 355.

59. Die Begleitung von funerären Prozessionen durch Musikanten schildern auch die paestanischen Grabmalereien, s. unten **III.3.1**.

60. s. dazu die ausführliche Zusammenstellung und Besprechung der ikonographischen Quellen bei Ahlberg 184–205; s. auch Tancke, K., «Wagenrennen. Ein Friesthema der aristokratischen Repräsentationskunst spätklassisch-frühhellenistischer Zeit», *JdI* 105 (1990) 95–127, bes. 102–104.

61. Zu Leichenspielen in den homerischen Gesängen: Laser, S., *Sport und Spiel, Leibesübungen, ð) Feste zu Ehren Toter*, ArchHom III T (1988) 21. Allg. zum Totenkult: Andronikos 1–37, bes. 35–37 (Leichenspiele).

62. Vgl. Huber 82: «Die Totenkultbilder sind indessen nicht reale Abbildungen einzelner Bestattungen, sondern überhöhte Darstellungen der Bestattungsbräuche, vielleicht mit Reminiszenzen an literarische Schilderungen in Vorläufern der homerischen Epen. [...] Die Anzahl der abgebildeten Teilnehmer wird generell so groß wie möglich gehalten, denn viele Trauernde bedeuten eine Intensivierung der Klage». In diese Richtung tendiert auch Webster, T. B. A., «Homer and Attic Geometric Vases», *BSA* 50 (1955) 38–50, bes. 47–48. Zweifel an der Historizität geometrischer Wagenprozessionen und Leichenspiele äußern auch Kurtz/Boardman 66.

Auf einigen Vasen entsprechen die voneinander gesonderten Bildfelder einer thematischen Trennung, so dass der Eindruck entstehen könnte, die Handlung der Wagenfriese sei eine Zutat, die nur als Chiffre zum eigentlichen historischen Geschehen gehörten, das sie um eine mythisch-epische Dimension erweiterten. Einige Vasen lösen jedoch diese Trennung auf, so dass die Wagenfahrer unmittelbar neben der *Prothesis* auffahren. Auf einem Krater schließlich tritt ein Wagenfahrer zur Totenkline hinzu und grüßt den Leichnam (Taf. 52, 3)[63]. Diese Szene durchbricht das übliche Schema und lässt an eine Auftragsarbeit denken, die ein einmaliges Ereignis festhält. Dieser Darstellung muss somit eine gewisse historische Authentizität zugestanden werden[64]. Diese Annahme unterstützen auch Analysen der Bewaffnung der Krieger, die zeitgenössische Elemente vorführen[65]. Auf der anderen Seite gibt es Darstellungen, die eindeutig einen mythischen Inhalt zu erkennen geben, wie die Szenen auf dem oben erwähnten Krater in New York (Taf. 46, 2)[66]. Sowohl in der Reihe der Trauergäste als auch im unteren Fries der Wagenprozession wird jeweils ein Doppelwesen gezeigt, das zwei Köpfe, vier Arme und vier Beine, aber nur einen Rumpf besitzt. Vielleicht lässt sich dieses Bild auf die Erzählung des Nestor vom Leichenbegängnis des Amarynkeus beziehen, wo Nestor sich den Zwillingssöhnen des Aktor geschlagen geben muss, die ihren Wagen mit vier Armen antreiben, also als Doppelwesen im selben Gefährt sitzen[67].

Möglicherweise führt der oft bemühte Vergleich mit den homerischen Epen in die Aporie, also in eine unlösbare Fragestellung, die den Vasenbildern nicht gerecht wird und zu deren Verständnis nichts beiträgt. Die erwähnten Beispiele für einen unmittelbaren narrativen Zusammenhang zwischen Wagenfahrern und der *Prothesis* erlauben es in diesen Fällen nicht, beide Motive strikt voneinander zu trennen, d.h. historische und mythisch-epische Themen zu unterscheiden. Wird in der *Prothesis* die Abbildung eines realen Ritus des 8. Jhs. erkannt, so muss diese Möglichkeit auch den Wagenfahrern zugestanden werden. Ihre Zahl konnte übertrieben werden, ähnlich den großen Mengen von Trauergästen, die dem Ereignis der Bestattung eine möglichst große Bedeutung verleihen.

Umgekehrt schließt die Annahme, dass einige der monumentalen Grabvasen reale Ereignisse reflektieren, nicht aus, dass andere Vasen mythische Inhalte wiedergeben. Ein bestimmtes Motiv konnte als Bildchiffre dienen, die auf Riten verweist, die nicht unbedingt in dieser Form für diesen Toten abgehalten werden mussten, was in gleichem Maße für die festliche *Prothesis* selber gilt[68]. Gerade auf spätgeometrischen Vasen erzielen Wagenfriese einen dekorativen Eindruck.

Auf Loutrophoren des späten 6. und frühen 5. Jhs. erscheinen meist unter dem Hauptbild kleinere Friese mit Reitern, wie beispielsweise die schwarzfigurigen Reiterfiguren auf der oben erwähnten Loutrophoros des Kleophrades-Malers im Louvre (Taf. 51, 1). Diese Reiterfriese galten bislang als attische Reiter, die als Standesgenossen des Toten in Zusammenhang mit den funerären Feierlichkeiten auftreten, während H. Mommsen sie als einen gemieteten Trauerchor von thrakischen Reitern deutet[69].

2.1.4. Darstellung von Loutrophoren

Die meisten Informationen über Trankopfer (*loutrá*) für die Verstorbenen stammen aus Textquellen[70]. Bei diesen Opfern wurde offenbar nicht Wasser, sondern Wein verwendet. Dennoch spielten als Grabmonument oder –gabe verwendete Loutrophoren offenbar nicht auf Trankspenden, sondern auf das Brautwasser an und dienten als Kennzeichnung unverheirateter Verstorbener[71]. Die frühesten Loutrophoren datieren in den Beginn des 7. Jhs; ab dem 4. Jh. v. Chr. wurden sie nicht mehr aus Ton hergestellt, dafür aber Marmorloutrophoren auf Gräber gesetzt[72].

Mit Loutrophoren gekennzeichnete Gräber sind häufig dargestellt in der attischen Vasenmalerei, so zum Beispiel auf dem Halsbild der oben erwähnten Loutrophoros des Sappho-Malers in Athen (Taf. 52, 1)[73]. Die Vase steht dort auf einem hohen Grabhügel, den zwei trauernde

---

63. Krater-Fragment, Athen, NM. 3. Viertel 4. Jh. v. Chr.: Ahlberg 26 Nr. 19 Abb. 19.
64. Vgl. Andronikos 125–126 mit weiterer Literatur.
65. s. Ahlberg 184–204.
66. s. Anm. 10.
67. Hom. *Il.* 23, 640. s. dazu Ahlberg 195–196. Boardman (Anm. 10) 2–3 weist die Deutung als Wagenrennen zurück und bestreitet folglich auch die Deutung des dargestellten Dreifusses als Kampfpreis. Da die Krieger rechts der Bahre geschlachtete Tiere darbieten, folgert er für den Dreifuss eine praktische Funktion als Kochtopf.
68. Vgl. Simon/Hirmer, *Vasen* 39 zu Taf. 13 mit der Deutung einer spätgeometrischen Amphora.
69. Mommsen a.O. (Anm. 52) 44–57. Mommsen geht dabei ausführlich auf einige Fragmente einer Loutrophoros des Sappho-Malers in Bonn ein, die auf der Vorderseite eine *Prothesis*, auf der Rückseite zwei Gruppen von Reitern in thrakischer Tracht zeigen: Bonn, Akad. Kunstmus. 1002a: Boardman 62 (zu Nr. 28); Laxander (Anm. 58) 99–100. 196 PS 58 Taf. 55, 1–4; Mommsen 21–22 Anhang Nr. 46; Mommsen a.O. *passim* Taf. 1–3. Zur Deutung der Reiter in thrakischer Tracht als attische Hippeis s. Schauenburg, K., «Achilleus als Barbar; ein antikes Mißverständnis», *AuA* 20 (1974) 88–96, bes. 92 Anm. 37; Raeck, W., *Zum Barbarenbild in der Kunst Athens im 6. und 5. Jh. v. Chr.* (1981) 67–100, bes. 74–75. 98; Mommsen 21–22 Anm. 174.
70. Mösch-Klingele 19–34.
71. Mösch-Klingele 19–34. 123–126.
72. Mösch-Klingele 117–121.
73. s. Anm. 57. Für eine ausführliche Sammlung und Interpretation von Loutrophorosdarstellungen s. Mösch-Klingele 35–113. 225–236.

Frauen flankieren und auf dem sich ein Grabepigramm mit Bezug auf den Toten befindet[74].

Auf einer Lekythos des Phiale-Malers aus Anavyssos schmückt eine schlanke Loutrophoros einen runden Grabbau, zu dessen Seiten von links eine Frau mit einem Hasen in der Hand tritt, während rechts eine Frau mit kurzem Haar und tätowierten Armen, wahrscheinlich eine thrakische Amme, auf die Knie sinkt, mit der ausgestreckten rechten Hand auf die Grabvase hinzuweisen scheint und sich mit der linken als Zeichen des Schmerzes die Haare rauft (Taf. 53, 1)[75]. Aus der gemalten Loutrophoros ragen Zweige als Schmuck in gleicher Weise hervor wie auch aus Hochzeitsgefäßen wie zum Beispiel aus den Loutrophoren auf dem Epinetron des Eretria-Malers in Athen[76].

Die Vasenbilder dokumentieren zwar einen Gebrauch der Loutrophoren als Grabmarkierung, jedoch stammen wohl die meisten der erhaltenen Gefässe dieser Form – wie auch das erwähnte Exemplar des Sappho-Malers – aus Opferrinnen und Brandstätten. Dies deutet darauf hin, dass sie während eines Rituals zerschlagen und vergraben wurden, vielleicht um einen bestimmten Status auszudrücken oder als Kompensation für die verpasste Heirat bei ledig Verstorbenen[77].

2.1.5. Schmuck und Besuch des Grabes

Der Besuch und die Schmückung des Grabes sowie die Ausführung ritueller Handlungen wie Trankopfer vor Ort sind das Hauptthema der weißgrundigen attischen Lekythen der zweiten Hälfte des 5. Jhs. v. Chr.[78]. Von der attischen Ikonographie ausgehend, spielen diese Themen auch in der unteritalischen Vasenmalerei eine zentrale Rolle[79].

Ähnlich wie bei der *Prothesis* und der *Ekphora* berücksichtigen die Darstellungen der Lekythen eine formelhafte Ikonographie mit Bildern in stets ähnlichen Kompositionen: In der Mitte steht das Grabmal, zu den Seiten treten die Hinterbliebenen heran, zum Teil auch die Verstorbenen, die von ihren Angehörigen nicht mehr wahrgenommen werden. Zum Teil tragen die Hinterbliebenen Körbe und Kästchen herbei mit Tänien, Kränzen und kleinen Gefäßen wie Lekythen, um damit das Grabmal zu schmücken oder Riten wie Libationen auszuführen. Durch die Pflege des Grabes und die Ausführung der Opferhandlungen bleiben die Toten einerseits den Lebenden gegenwärtig, sie scheinen an ihrem Leben teilzunehmen, andererseits vermitteln sie Trost[80]. Durch die stetige Wiederholung ähnlicher Motive und Kompositionen erhält das Bild selbst einen rituellen Charakter und erfüllt eine wichtige Funktion bei der Betrauerung eines Verstorbenen. Während in den schwarz- und rotfigurigen Prothesisdarstellungen Trauer und Schmerz mit expressiven Gesten zum Ausdruck gebracht werden und sich an eine Öffentlichkeit richten, beschränken sich die stilleren Bilder der Lekythen auf die Intimität des Hauses; sie richten sich damit unmittelbar an die Angehörigen, die als Besucher des Grabes ja explizit als Hinterbliebene charakterisiert werden, die weit über die Aufbahrung und Bestattung hinaus mit ihrem Toten verbunden bleiben. Durch die Verehrung des Grabes, durch Besuch, Schmückung oder durch die Aufstellung eines Salbgefäßes am Grab erhalten sie eine Möglichkeit, ihrer Verbundenheit Ausdruck zu verleihen. Darstellungen auf Lekythen, in denen sich Hinterbliebene und Verstorbene am Grab gegenüberstehen, sich zu spüren scheinen, aber nicht sehen, Verbundenheit und Trennung zugleich ausdrücken[81], geben ein ähnliches Thema wie die meisten attischen Grabstelen. Die bescheideneren Tongefässe erfüllen eine ähnliche Funktion, wobei sie sich weniger als repräsentative Denkmäler an die Allgemeinheit der Polis, sondern hauptsächlich an die Angehörigen des Oikos richten.

Die meisten Bilder weißgrundiger Lekythen deuten zudem an, dass Besuche am Grab häufig und regelmäßig erfolgen, etwa indem viele Tänien, zum Teil übereinander gebunden, zum Teil sich überkreuzend, den Schaft einer Stele schmücken wie auf dem Bild einer Lekythos des Vouni-Malers in New York (Taf. 53, 2)[82]. In ähnlicher Weise bezeugen die vielen kleinen Gefäße, darunter Lekythen und eine Schale, aber auch andere Beigaben wie Kränze, auf den Stufen eines Grabmals auf einer Lekythos des Bosanquet-Malers, dass hier Besucher kleine Gaben in Erinnerung und als Ehrung des Verstorbenen niederlegen (Taf. 53, 3)[83].

---

74. Zu diesem Epigramm und der bisherigen Diskussion s. Closterman (Anm. 57) 565 mit Anm. 37.

75. Athen, NM 19355. Um 440–430 v. Chr: *ARV²* 1022, 139bis; Oakley 1, 158–164 Abb. 123; Mösch-Klingele 86. 235 Nr. 92 Abb. 48b; Venit, M. S., «Point and Counterpoint. Painted Vases on Attic Painted Vases», *AntK* 49 (2006) 37 Taf. 9, 5.

76. Zur Analogie des Schmucks von Loutrophoren im funerären und im Hochzeitsbereich s. Mösch-Klingele 87. Zum Epinetron aus Eretria: Athen, NM 1629. Späteres 5. Jh. v. Chr.: *LIMC* I Alkestis 3*; *ThesCRA* V 2 b Kultinstrumente 108; *Para* 469; Lezzi, Eretria 253–262. 347–348 Nr. 257 Taf. 168–169; Mösch-Klingele Abb. 33.

77. Sabetai (Anm. 57) *passim* und bes. 299. 304. Zu den Opferrinnen s. unten Anm. 97-99.

---

78. s. Anm. 53.

79. s. weiter unten **3.2.** Vasenmalerei.

80. s. dazu weiter unten im Zusammenhang mit der unteritalischen Vasenmalerei, **3.2.** Vasenmalerei.

81. Vgl. als Beispiel die bekannte, polychrom bemalte Lekythos aus der Group of the Huge Lekythoi in Berlin, Staatl. Mus. F 2685. Um 400 v. Chr.: *ARV²* 1390, 4; Cohen (Anm. 47) 235–236 Nr. 68.

82. New York, MMA 35.11.5. Um 460 v. Chr.: *ARV²* 744, 1; *Para* 413; Oakley 1, 145–146 Taf. 7.

83. Schweiz, Privatslg. Um 440 v. Chr.: Oakley 1, 205–206 Abb. 168. Das Grabmal ist von einer Loutrophoros bekrönt und mit Zweigen geschmückt.

Reale Grabstelen mit aufgemalten Tänien dokumentieren den auf den Lekythen dargestellten Tänienschmuck, indem sie ihn durch Bemalung perpetuieren. Er wird damit zu einem standardisierten Bestandteil der Ausstattung, der seine ursprüngliche Funktion als Zeichen regelmäßiger oder spontaner Grabehrung mehr und mehr verliert[84].

Einige wenige Lekythen stellen konkrete Riten dar, wie das Ausgießen von Trankopfern. Auf einer Darstellung des Frauen-Malers tritt von links eine Frau an ein Grabmal und gießt aus einer Hydria Wasser auf dessen Stufen, während von rechts eine stehende Frau mit ihrer linken Hand einen Korb mit Binde und zwei Kränzen hält, mit der rechten aus einer Schale ebenfalls eine Libation über dem Grab ausgießt (Taf. 53, 4)[85].

2.2. Skulptur

In der griechischen Skulptur sind Darstellungen funerärer Riten sehr selten und eigentlich nur in Form kleinformatiger Terrakotten dokumentiert, die mehrheitlich Figuren in Trauerhaltung darstellen und als Grabbeigaben mitgegeben wurden[86]. Eines der bekanntesten Objekte wird als «Spieltisch» bezeichnet und präsentiert auf einer Art Tisch vier rundplastische weibliche Statuetten, wovon drei mit einer Hand ihren Kopf berühren, die andere vor die Brust halten, und eine beide Hände zum Haupt führt (Taf. 54, 1)[87].

Die einzige rundplastische Darstellung einer Prothesisszene stellt eine kleinformatige Terrakottagruppe aus Vari mit einer Totenbahre auf einem Wagen dar, auf dem mehrere Figuren stehen (Taf. 54, 2)[88]. Das mehrteilige Ensemble, zu dem offenbar auch ein Reiter gehört, fasst somit *Prothesis* und *Ekphora* zusammen, einigen geometrischen Vasenbildern ähnlich.

Man kann sich die Frage stellen, ob bestimmte Reliefs auf Basen für Kouroi Spiele und Prozessionen wiedergeben, die zu Ehren des Verstorbenen anlässlich der Beisetzung oder zu einem späteren Zeitpunkt durchgeführt wurden. So gibt eine Basis vom Kerameikos auf zwei Seiten Prozessionen wieder, die von einem Wagen mit Krieger und Lenker angeführt werden, dem zwei Hopliten in Paradehaltung folgen (Taf. 54, 3). Die ruhige Pose und die paratakische Aufreihung entspricht einem ruhigen Anlass und keinem Wettkampf, weshalb die Annahme nahe liegt, eine Ehrenprozession für den Bestatteten anzunehmen[89]. Einen zwingenden Grund, die Szene funerär zu deuten, gibt es dennoch nicht. So präsentiert die Vorderseite des Monumentes ein Ballspiel mit krummen Stöcken, an dem sich zwei Parteien und mit jeweils drei Figuren beteiligen. Es gibt keinen Anlass, dafür einen funerären Kontext anzunehmen, vielmehr scheint es sich um eine Art Spiel und Wettkampf zu handeln, die zum standesgemäßen Zeitvertreib des Verstorbenen gehörten[90].

Die attischen Stelen und Naiskoi klassischer Zeit zeigen keine funerären Riten, sondern Bilder, in denen Verstorbene alleine oder gemeinsam mit ihren Hinterbliebenen in einem familiären Rahmen auftreten. Einige Stelen präsentieren eine Ikonographie, die an die Bilder auf den weißgrundigen Lekythen erinnern, wie zum Beispiel das Relief vom Ilissos (Taf. 54, 4)[91] mit einem Athleten, der sich an seinen Grabbau – ansonsten nur auf wenigen Grabmonumenten klassischer Zeit gezeigt – anlehnt, auf dessen Stufen ein trauernder Sklavenjunge sitzt. Von rechts tritt ein älterer Mann, vielleicht der Vater, an das Grab, ohne den jungen Mann zu bemerken. Die Figur des Knaben drückt mit deutlicher Mimik Trauer aus, während der Vater nur mit einer verhaltenen Geste seine Emotionen verrät. Dies entspricht einer häufig zu beobachtenden Darstellungskonvention, wonach Diener, Sklaven und mythologische Figuren wie Sirenen Trauer durch expressive Gesten ausdrücken, während sich die attischen Bürger in ihrer Gestik und Mimik zurückhalten[92].

Eine außergewöhnliche Darstellung zeigt ein Grabrelief vom Kerameikos, das den Grund des Ablebens und die anschließende Aufbahrung des Toten zusammenfasst (Taf. 54, 5): Auf einer verhüllten Kline liegt der Tote, dessen Kopf ein riesiger Löwe, der sich auf seine Hinterbeine erhoben hat, bedroht. Am rechten Fußende steht ein nackter Mann, der versucht, den Löwen fernzuhalten. Das Epigramm erzählt, dass Antipatros, Sohn des

---

84. Posamentir, R., *Bemalte attische Grabstelen klassischer Zeit* (2006) 82–84.

85. (= *ThesCRA* V 2 b Kultinstrumente **92a*/271**) Karlsruhe, Bad. Landesmus. B 1528. Um 420 v. Chr.: *ARV²* 1372, 17; Oakley 1, 206 Abb. 169–170; Oakley 2, 339 Abb. 5.

86. s. dazu als Überblick Kurtz/Boardman 123–127; Huber 90–91.

87. Athen, Kerameikos Mus. 45. Um 580 v. Chr.: Kurtz/Boardman 90 Abb. 18; Huber 116. 224 Nr. 135 Abb. 10.

88. (= *ThesCRA* V 2 b Kultinstrumente **915***) Athen, NM 26747. 2. Viertel 7. Jh. v. Chr.: Huber 90. 219 Nr. 70 Abb. 6; Oakley 2, 335–336 Abb. 2.

89. Athen, NM 3477. Spätes 6. Jh.: Kaltsas, N., *Sculpture in the National Archaeological Museum* (2002) 68–69 Nr. 96; Kosmopoulou, A., *The Iconography of Sculptured Statue Bases in the Archaic and Classical Periods* (2002) 47–48 (Diskussion der verschiedenen Deutungen). 166–168 Nr. 9 Abb. 16–18.

90. Vgl. eine weitere Basis vom Kerameikos: Athen, NM 3476. Spätes 6. Jh. v. Chr.: Kaltsas (Anm. 89) 66–67 Nr. 95; Kosmopoulou (Anm. 89) 48–52. 168–171 Nr. 10 Abb. 19–21.

91. Athen, NM 869. Späteres 4. Jh. v. Chr.: Himmelmann-Wildschütz, N., *Studien zum Ilissos-Relief* (1956); Clairmont, *Tombstones* Nr. 2.950; Kaltsas (Anm. 89) 193–194 Nr. 382.

92. Vgl. zum Thema der Trauer auf attischen Grabmonumenten: Bergemann, J., *Demos und Thanatos* (1997); Huber 151–168; Sojc; Merthen (Anm. 2).

Aphrodisios von Askalon, auf einer Reise einem Löwen zum Opfer fiel[93].

Es gibt nur wenige Abweichungen, die als Ausnahmen die Regel bestätigen, wie etwa ein schmales Relief auf einer *trapeza* aus dem Piräus: Zwischen anderen Figuren sitzt dabei eine weibliche Gestalt, die ihren Hinterkopf mit dem Chiton verhüllt. Vermutlich handelt es sich um die Verstorbene, deren Ehemann von links ihr seine rechte Hand entgegenstreckt. Hinter dem Mann steht eine weibliche Figur, die in trauernder Haltung ihr Kinn auf die Hand des angewinkelten rechten Armes stützt. Hinter der Sitzenden hält eine Frau einen flachen Korb mit der linken hoch und hält in der gesenkten rechten Hand ein eckiges Objekt – beides vermutlich für Opferhandlungen am Grab der Frau[94]. Schließlich seien die rundplastischen musizierenden Sirenen erwähnt, die zu beiden Seiten neben der Dexileosstele aufgestellt waren[95]. Auch wenn es sich hier um Fabelwesen handelt, könnten die Sirenen dennoch auf die Musik anspielen, die bei Trauerzeremonien eine Rolle spielte[96].

2.3. Überblick über die Entwicklung

In der attischen Kunst finden sich Darstellungen funerärer Riten von der zweiten Hälfte des 8. Jhs. bis zum späten 5. Jh. v. Chr., danach nur noch andeutungsweise auf einigen wenigen Grabstelen.

Die *Prothesis*, begleitet von Wagenprozessionen oder -rennen, in einigen Fällen fortgesetzt von der *Ekphora*, ist ein zentrales Thema der geometrischen Vasenmalerei. Entsprechende Darstellungen erscheinen auch in den folgenden Jahrhunderten sowohl in der schwarzfigurigen als auch in der rotfigurigen Vasenmalerei. Als wichtige Quelle kommen während des 6. Jhs. v. Chr. die schwarzfigurig bemalten Pinakes hinzu, die wohl die Außenwände von Grabbauten zierten. Die eigentliche Grablegung ist nur auf einigen wenigen Gefäßen des späteren 6. Jhs. dargestellt.

Bei den ikonographischen Zeugnissen bleibt die *Prothesis* bis in die zweite Hälfte des 5. Jhs. v. Chr. das wichtigste rituelle Element, wobei sich ihre Bedeutung wandelt: Die mit großem Aufwand und einer Vielzahl von Besuchern und zum Teil wohl professionellen Trauergästen inszenierten öffentlichen Leichenfeiern der geometrischen Zeit und der frühen Archaik wandelten sich im Laufe des 6. Jhs. zu einem familiären Ritual, das im Hause stattfand und an dem entsprechend weniger Personen teilnahmen. Die Figuren bei der Kline meinen offenbar Angehörige des Toten, angemietetes Personal kommt nicht mehr vor. In der zweiten Hälfte des 5. Jhs. tragen nur noch die weißgrundigen Lekythen Prothesisszenen: Dabei stehen in der Regel nur drei Figuren – meistens Frauen – an den Enden und neben der Kline.

Grabmonumente mit der Darstellung funerärer Riten wurden nur in spätgeometrischer Zeit, im frühen 7. Jh., im 6. Jh. und in der ersten Hälfte des 5. Jhs. als große Vasen oder Pinakes auf Gräbern aufgestellt. Das Ende dieser Art von Monumenten bedeutet Wandel und vor allem Einschränkung des ikonographischen Repertoires: die kleinformatigen weißgrundigen Lekythen sind nach der Jahrhundertmitte die einzigen Bildträger mit funerären Ritualen, wobei die *Prothesis* nur auf wenigen Exemplaren vorkommt, der Besuch am Grabe die große Mehrheit darstellt und die *Ekphora* sowie die Grablegung nicht mehr vertreten sind.

Die Vasenmalerei des 4. Jhs. v. Chr. stellt keinerlei sepulkrale Riten dar, obwohl viele dieser Gefäße, beispielsweise mit Szenen aus dem Bereich der Hochzeit, weiterhin als Beigabe in Gräber mitgegeben wurden[97]. Die attischen Stelen erleben im späten 5. und vor allem im 4. Jh. ihre Blütezeit, verdrängen Bestattungs- und Grabesriten aber fast vollständig aus ihrem Bildrepertoire. Sie schildern den attischen Bürger in seinem Oikos, im schlichten Chiton oder im Gewand des Hopliten sowie vorbildliche Ehefrauen und Familien.

Es liegt nahe, den Wandel der Bildmotive mit politischen und sozialen Entwicklungen zu verknüpfen: Wie die «Opferrinnen-Zeremonie» und ähnliche pompöse Anlässe im 7. Jh. v. Chr.[98] dienten die großartig inszenierten Festumzüge, wie sie die Pinakes des Exekias schildern, einer aristokratischen Elite dazu, sich selbst und ihren Führungsanspruch zu repräsentieren. Die «Opferrinnen-Zeremonie» wurde im späten 8. und im 7. Jh. v. Chr. zelebriert, wobei Terrakottagefäße, die kostspieliges Bankettgeschirr ersetzten, während einer Feier auf dem Friedhof verbrannt und dann

---

93. Athen, NM 1488. Zweite Hälfte 4. Jh. v. Chr.: Clairmont, *Tombstones* Nr. 3.410; Kaltsas (Anm. 89) 190 Nr. 376; anders Xagorari-Gleißner, M., *AA* (2009, 2) 120-121 Abb. 4-5. – Vergleichbar damit, aber ohne Darstellung der Aufbahrung, ist die Stele des Demokleides, Sohn des Demetrios, der neben dem Bug eines Schiffs in Trauer sitzt und wohl über seinen Tod bei einem Schiffsunglück nachsinnt, Athen, NM 752. 4. Jh. v. Chr.: Clairmont, *Tombstones* Nr. 1.330; Kaltsas (Anm. 89) 162-163 Nr. 320.

94. Piräus, Mus. 3364. 2. H 4. Jh. v. Chr.: Brigger/Giovannini 227 Abb. 25; Clairmont, *Tombstones* Nr. 15. s. dazu eine ähnliche Trapeza in London, BM 789 (1816.6-10.324). 4.-3. Jh. v. Chr.: Clairmont, *Tombstones* Nr. 12; Möbius, H., «Eigenartige attische Grabreliefs», *AM* 81 (1966) 155 Beil. 86, 1; Pfuhl-Möbius Nr. 86 Taf. 21.

95. (= *LIMC* VIII Suppl. Seirenes 111) Athen, NM 774 775. Um 370 v. Chr.: Clairmont, *Tombstones* Nr. 2; Kaltsas (Anm. 89) 181 Nr. 358; 203 Nr. 407.

96. Sirenen erscheinen meist in Trauerhaltung, seltener mit Musikinstrumenten (s. Huber 159-166), wie zum Beispiel die Relieffigur auf einer Stele in Piräus, Mus. 228. Um 350 v. Chr. (= *LIMC* VIII Suppl. Seirenes 107) Clairmont, *Tombstones* Nr. 3.397; Huber 233 Nr. 288.

97. Vgl. einen Lebes aus einer Opferrinne: Athen, Kerameikos Mus. 2695. Um 430-420 v. Chr: *Para* 454, 3ter; *Add²* 332; Stampolidis, N. Chr./Tassoulas, Y. (Hsg.), *Eros. From Hesiod's Theogony to Late Antiquity* (2009) 180-181 Nr. 150. S. auch Fragmente von Lebetes und Lekaniden: Knigge, U., *Der Bau Z, Kerameikos* 17 (2005) 232-233 Nr. 1000. 1002 Taf. 143. 144.

98. Kistler (Anm. 11) *passim*.

in einer Opferrinne vergraben wurden. Gemäß E. Kistler ging es dabei weniger um eine religiöse Handlung mit sepulkralem Kontext als um eine aristokratische Selbstdarstellung, wobei die Angehörigen der Elite sich an orientalischen Gelagetypen orientiert und den «Müßiggang» als soziales Erscheinungsbild zelebriert hätten[99].

Interessanterweise knüpfen im 5. Jh. v. Chr., in der Zeit nach den gewonnenen Perserkriegen, bestimmte Bestattungsformen wieder an betont aristokratische Selbstdarstellungen an wie die sog. «Homerischen» Bestattungen, die in Attika und Athen in dieser Zeit eine Renaissance erleben und in einem historisierenden Rückgriff archaische Sitten wiederaufnehmen: Es handelt sich dabei um Urnengräber, wobei der Leichenbrand in einen bronzenen Lebes gegeben, der mit Tüchern umwickelt in einer steinernen Urne beigesetzt wird – eine Form der «heroischen» Selbstdarstellung, die durch ein aufwendiges Grabmonument ergänzt werden konnte[100].

Die gesellschaftlichen Regeln der demokratischen Polis Athen beschränkten solche aristokratischen Selbstinszenierungen hingegen im 4. Jh. v. Chr. zunehmend, was sich auch in der Ikonographie widerspiegelt: Die thematische Auswahl für Bilder im sepulkralen Bereich ist stark reduziert, während gleichzeitig kein Interesse oder Bedürfnis mehr an der Darstellung funerärer Riten besteht. Ab dem späteren 5. Jh. stehen nicht mehr die Zeremonien, sondern die Grabmäler im Zentrum des Interesses – als Mittelpunkt der Bilder auf weißgrundigen Lekythen oder als aufwendig gestaltete Stelen auf den Friedhöfen. Deren Bilder stellen bestimmte Werte der Polis und ihrer Bürger dar. Dabei erlaubt das Medium der Grabstelen und -naiskoi ebenfalls eine pompöse Inszenierung und stellt sozialen Status und Reichtum zunehmend deutlich zur Schau, was wiederum beschränkende Gesetze und ein Verbot aufwendiger Grabmonumente am Ende des 4. Jhs. provoziert[101].

3. Unteritalien

3.1. Grabmalerei

BIBLIOGRAPHIE: Andreae, B., et al., *Malerei für die Ewigkeit. Die Gräber von Paestum* (2007); Pontrandolfo, A./Rouveret, A., *Le tombe dipinte di Paestum* (1992).

Auf Grund der Menge der Monumente gehen die folgenden Abschnitte im Wesentlichen auf die Nekropolen von Paestum ein, die im 4. Jh. v. Chr. mit einer bedeutenden Anzahl figürlich bemalter Kistengräber eine Blütezeit erleben. Sie stammen aus der sog. lukanischen Periode der Stadt, aus einer Zeit, in der einheimischer Einfluss deutlich zunimmt. Dennoch reflektieren die Malereien und ihre Themen unverkennbar auch griechische Formen und Inhalte, wie die paestanische Vasenmalerei des 4. Jhs., deren Erzeugnisse die zum Teil reichen Inventare der Beigaben bestimmen.

Mehrere Kistengräber des 4. Jhs. v. Chr. aus Paestum zeigen auf den Innenseiten Prothesisszenen, die in der Regel in Frauengräbern in Kombination mit Darstellungen des Frauengemachs, funerären Prozessionen, der Jenseitsreise, Fabelwesen und auch Kampfszenen auftreten können. Bei den aufgebahrten Figuren handelt es sich ohne Ausnahme um Frauen. Dennoch wurde in Grab «Andriuolo 1971 Nr. 4» ein männliches Skelett gefunden, obwohl eine der Seiten eine aufgebahrte Frau darstellt[102].

Ein anschauliches Beispiel für die *Prothesis* einer Frau in ihrem Haus, das die aufgehängten Gegenstände andeuten, bietet eine Langseite des Grabes «Spina Gaudo Nr. 87» (Taf. 55, 1)[103]. Zwei an den Enden der mit Decken verhüllten Kline stehende Frauen schmücken den auf Kissen gebetteten Leichnam mit farbigen Tänien. Auf der zweiten Langseite schreiten drei Frauen in einer felsigen Landschaft in einer funerären Prozession hintereinander. Die letzte führt beide Hände in einem expressiven Trauergestus zum Kopf, die mittlere zeigt einen verhaltenen Gestus mit beiden Händen vor der Brust, und die vorderste trägt mit beiden Händen über ihrem Kopf einen niedrigen Tisch mit Eiern, einem Granatapfel und verschiedenen Gefäßen, darunter eine Oinochoe, offenbar um Opferhandlungen während der bevorstehenden Bestattung durchzuführen. Zwei Hähne auf der einen und eine Nereide auf einem Hippokampen auf der anderen Seite dekorieren Kopf- und Fußende des Grabes.

Auf einer Langseite des Grabes «Sequestro Finanza Nr. 2» stehen drei Frauen hinter der Totenkline einer übergroßen Frauenfigur, wobei die vorderste einen Gegenstand vor den Mund der Toten hält (Taf. 55, 2)[104]. Möglicherweise prüft sie mit einem verkehrt gehaltenen Spiegel, ob die Tote noch atmet[105]. Die Verstorbene trägt Kopfschmuck, eine Halskette und umfasst noch ein Alabastron mit den Fingern ihrer linken Hand. Ih-

---

99. Kistler (Anm. 11) *passim* und bes. 48–76. 178.
100. s. dazu Guggisberg, M. A., «Gräber von Bürgern und Heroen: 'Homerische' Bestattungen im klassischen Athen», in Kümmel, C., et al. (Hsg.), *Körperinszenierung – Objektsammlung – Monumentalisierung. Totenritual und Grabkult in frühen Gesellschaften* (2008) 287–317.
101. Vgl. Bergemann (Anm. 92) *passim* und bes. 117–142.
102. Paestum, Mus. Naz. 24665–24668. Spätes 4. Jh. v. Chr.: Pontrandolfo/Rouveret 196–201. 350–351. – Die Beigaben enthielten auch einen bronzenen Gurt, was den anthropologischen Befund bestätigt.
103. Paestum, Mus. Naz. 133457–133460. Um 340 v. Chr.: Andreae 88–94 Nr. 6.
104. Paestum, Mus. Naz. s.n. Um 320 v. Chr.: Pontrandolfo/Rouveret 299–301. 402; Andreae 146–147 Nr. 15.
105. Wie sowohl Pontrandolfo/Rouveret als auch Andreae a.O. vermuten.

re verzierte Leichendecke ist zu kurz, so dass ihre Füße, die in spitzen Stiefeletten stecken, hervorschauen. Ein Diaulosspieler wendet sich von links den Frauen zu und scheint im Takt zu tänzeln. Die musikalische Begleitung der *Prothesis* ist im Unterschied zu Attika mehrfach in den paestanischen Gräbern belegt[106]. Flötenspieler können auch funeräre Prozessionen anführen, beispielsweise auf einer der Schmalseiten des Grabes «Andriuolo 1969 Nr. 51», wo zwei erwachsene Frauen und zwei Kinder mit einhändigem Trauergestus dem Musikanten folgen[107].

Finden die meisten Prothesisszenen im Innern eines Hauses statt, so stellt die Schmalseite des Grabes «Andriuolo 1969 Nr. 47» eine Ausnahme dar (Taf. 55, 3)[108]: Über dem Totenbett einer Frau erhebt sich ein Baldachin, von dem zwei Spiegel, farbige Kronen und ein Kalathos herunterhängen. Von links tritt ein Flötenspieler heran, hinter ihm nähern sich trauernde männliche Gestalten, eine hält einen Zweig, die zweite eine Strigilis und einen Aryballos. Eine Frau nähert sich von rechts dem Kopfende der Kline, dahinter eine Klagefrau, die mit beiden Händen ihre Haare rauft. In den Händen der Toten liegt ein Alabastron. Auf der zweiten Schmalseite führt ein Opferdiener mit einer Axt einen Stier heran – eine bisher singuläre Darstellung im paestanischen Kontext, die auf die gelegentliche Opferung von größeren Tieren im Rahmen sepulkraler Zeremonien hinweist. Es folgen eine Frau, die einen Tisch mit Kuchen trägt, dahinter eine kleine Gestalt, die über dem Kopf eine große Schale mit Granatäpfeln und Eiern balanciert, und schließlich eine Klagefrau mit erhobenen Händen. Möglicherweise geben beide Platten einen späteren Moment wieder, vielleicht die Feierlichkeiten auf dem Friedhof kurz vor der Grablegung, wobei die Tote mit Musik und verschiedenen Opfergaben, Speisen und Flüssigkeiten, verabschiedet wird.

Zieren Prothesisszenen viele Grabstätten von Frauen, so gehören Leichenspiele zum allgemeinen Standardrepertoire und charakterisieren unabhängig vom Geschlecht der Verstorbenen viele Gräber, wobei drei Themen häufig wiederkehren: Wagenrennen, meist blutig ausgeführte Boxkämpfe und noch blutigere Zweikämpfe mit Waffen. Mehrheitlich stellen die Malereien in einem Grab mindestens zwei dieser Themen, oft auch alle drei dar, wie in den Gräbern «Vanullo Nr. 4» (Taf. 56, 1)[109] und «Laghetto III» (Taf. 56, 2)[110]. Gerade bei letzterer dieser beiden Grabstätten mit Knochenresten von Männern legte der Maler offenbar großen Wert darauf, die Blutigkeit des Box- und des Zweikampfs zu betonen: Blut strömt von den Gesichtern der Faustkämpfer und aus den Wunden im Gesicht und an den Beinen der beiden Duellanten, die nackt, nur mit Helm und Schild geschützt, mit Speeren aufeinander einstechen. Wie bei der erwähnten Tomba 4 von Vanullo begleiten oft festlich gekleidete Diaulosspieler die Kampfszenen und betonen so deren rituellen Charakter. In einigen Fällen kommen Kampfrichter hinzu wie im «Grab der Granatäpfel» (Andriuolo 1937 ohne Nummer), wobei die bärtige Figur hinter dem rechten Speerkämpfer einen Kranz hoch hält, da dieser das Duell zu seinen Gunsten mit einem Speerwurf in das Gesicht seines Gegners entschieden hat[111].

Aus heutiger Sicht ungewohnt wirken diese blutigen Kampfszenen und die Wagenrennen in Frauengräbern, wo die blutenden Kämpfer und die Rennfahrer auf Darstellungen der weiblichen Welt treffen und dazu einen scharfen Kontrast bilden wie im erwähnten Grab «Sequestro Finanza Nr. 2». Gegenüber der aufgebahrten Toten kämpfen zwei voll gerüstete Krieger mit Schild und Speer, während links davon auf der Platte eine tanzende (?) Frau sich dem Kampf zuwendet und am rechten Rand eine Frau mit Phiale und Oinochoe ein Trankopfer ausgießt, das sich auf die anschließende Schmalseite und den dort dargestellten Ritter bezieht[112]. Die zweite Schmalseite präsentiert einen Wagenfahrer – die verkürzte Wiedergabe eines Wagenrennens also.

Drastisch wirkt das Aufeinandertreffen zweier grundsätzlich verschiedener Welten auch im Grab «Laghetto X», wo auf einer Langseite gleich zwei blutige Duelle nebeneinander gemalt sind, und gegenüber ein Wagenrennen stattfindet, während ei-

---

106. Vgl. dazu die Prothesisszene in dem Grab einer Frau, «Vanullo Nr. 1», wo ebenfalls links ein Flötenspieler auftritt: Paestum, Mus. Naz. 31695. Spätes 4. Jh. v. Chr.: Pontrandolfo/Rouveret 290–294. 399–400, bes. Abb. S. 292 (Lastra nord).
107. Paestum, Mus. Naz. 21662. 21664. Um 340 v. Chr.: Pontrandolfo/Rouveret 131–133. 329–331. Auf der zweiten Schmalseite ist die *Prothesis* einer Frau mit mehreren Klagefiguren dargestellt.
108. Paestum, Mus. Naz. 21507. 21509. Um 350 v. Chr.: Brigger/Giovannini 220–222 Nr. 10.1 Abb. 22; Pontrandolfo/Rouveret 123–126. 326–328. Beide Platten zeigen jeweils zwei Register mit figürlichen Szenen: Über der *Prothesis* erscheint eine vor einem Wollkorb sitzende Frau zusammen mit einer zweiten Gestalt im Frauengemach. Über der funerären Prozession gegenüber befindet sich die berühmte Szene mit der Jenseitsreise, wobei eine Frau einen Nachen besteigt, der von einer mächtigen, geflügelten, wohl weiblichen Gestalt gesteuert wird, der die Frau die Hände reicht.
109. Paestum, Mus. Naz. 31734–31737. Mittleres 4. Jh. v. Chr.: Pontrandolfo/Rouveret 284–287. 396–397; Andreae 112–119 Nr. 9.
110. Paestum, Mus. Naz. 5009–5012. Nach der Mitte des 4. Jhs. v. Chr.: Pontrandolfo/Rouveret 216–220. 357–358; Andreae 120–121 Nr. 10.
111. Paestum, Mus. Naz. 5005. Mittleres 4. Jh. v. Chr.: Pontrandolfo/Rouveret 54–59. 202–205. 352. 455; Andreae 68–75 Nr. 3.
112. Die Heimkehr des Kriegers und sein Empfang durch eine Frau mit einer Libation entspricht einem vor allem in männlichen Gräbern oft wiederkehrenden Motiv, s. dazu Pontrandolfo 42–46; Andreae 32–33.

ne der Schmalseiten eine Frauengemachsszene und die andere zwei Frauen in Trauerhaltung wiedergibt (Taf. 57, 1)[113].

In ähnlicher Weise kombinieren die Malereien in Grab «Andriuolo 1969 Nr. 53» weibliche und männliche Elemente (Taf. 57, 2)[114]: Die nördliche Langseite schildert die Aufbahrung und Betrauerung einer Frau, die mit dem Kopf nach rechts auf einer Kline liegt, eingewickelt in ein Tuch und gebettet auf weichen Kissen. Vier heftig bewegte Klageweiber treten heran, von links folgt ihnen eine Gestalt mit einem Tablett mit Eiern und einem Alabastron, von rechts eine Frau, die eine Hydria auf dem Kopf balanciert. Auf der gegenüberliegenden südlichen Seite kämpfen auf der linken Hälfte zwei Männer mit Schild und Speer, während auf der rechten Hälfte, von einer Säule getrennt, ein Mann auf einer Biga fährt. Das Grab ist berühmt wegen einer der Langseiten, in deren Giebelfeld ein Aulet und ein offenbar aus lauter Kehle singender bärtiger Mann von kleinem Wuchs die Tote vielleicht mit einer musikalischen Darbietung ehren.

Die Kombination von blutigem Zweikampf und Wagenrennen mit aufgebahrten Frauen und Frauengemachsszenen wiederholt sich also mehrfach[115]. In einigen Frauengräbern kommen weitere Elemente der männlichen Welt hinzu wie Kämpfe zwischen Fabelwesen[116] und die rituelle Begrüßung eines Reiters[117]. Dieselbe agonale, männliche Ikonographie charakterisiert also Bestattungen beiderlei Geschlecht: eine für das griechische Mutterland unmögliche Vorstellung! Die Differenzierung der Geschlechter beruht in der Ikonographie dieser Grabmalereien auf anderen Themen: So scheint die Heimkehr des Kriegers mit Ausnahmen in Gräbern von Männern thematisiert zu sein, während die *Prothesis* wiederum mit wenigen Ausnahmen nur im Kontext weiblicher Bestattungen vorkommt. Bei den Aufgebahrten handelt es sich exklusiv um Frauen. Soweit überblickbar, gehören auch die funerären Prozessionen mit Musikanten, Opfertieren und verschiedenen kultischen Geräten in Paestum zur weiblichen Sphäre, die somit durch mehrere exklusive Themen in der Ikonographie definiert ist.

Die Blutigkeit der Kämpfe, die wie beim «Grab der Granatäpfel» zum Tode eines Beteiligten führen können, stellt die Frage nach der Authentizität der Malereien: Bilden sie Vorgänge ab, die zu den üblichen, folglich oft durchgeführten Riten bei einem Begräbnis gehörten? Dies würde einen beträchtlichen Aufwand erfordern, da ja bei jedem Todesfall der Oberschicht, auch der Frauen, Wettrennen und blutige Spiele organisiert werden mussten[118]. Alternativ dazu wäre vorstellbar, dass es sich um ikonische Verweise handelt, die stellvertretend die Riten am Grab dauerhaft dem Verstorbenen vor Augen führen.

3.2. Vasenmalerei

Der Besuch und die Schmückung des Grabes stellen in der apulischen Vasenmalerei des 4. Jhs. v. Chr. wichtige Motive dar, die häufig in denselben Bildformeln vorkommen. Ähnlich wie bei vielen attisch weißgrundigen Lekythen der zweiten Hälfte des 5. Jhs. steht dabei das Grabmal im Zentrum der Komposition mit Besuchern zu seinen Seiten. Dabei handelt es sich meist um Jünglinge und Mädchen mit Körben, Tänien und kleinen Gefäßen. Das Grabmal kann entweder schlicht gestaltet sein in Form einer figurenlosen Stele mit einer umgebundenen Tänie, oder – wie in den meisten Fällen – eines Grabtempels mit dem Toten[119]. Im Naiskos können verschiedene Grabbeigaben wie Loutrophoren aufgestellt sein und vom Gebälk Gegenstände wie Waffen herunterhängen. Ein typisches Beispiel für eine solche Standardszene bietet die Rückseite eines großen Volutenkraters des Ganymed-Malers in Basel mit einem pfeilerförmigen Grabmonument auf einer hohen Basis in der Mitte und je einer jungen Frau in langem Peplos und je einem nackten Jüngling auf beiden Seiten (Taf. 58, 1)[120]. Eine schwarze Tänie schmückt das Monument. Die Besucher halten Trauben, Phialen und Körbe mit Früchten, Fächer und einen Kranz – Gaben, die offenbar für das Grab und den Verstorbenen bestimmt sind.

---

113. Paestum, Mus. Naz. 5013–5016. Mittleres 4. Jh. v. Chr.: Pontrandolfo/Rouveret 210–215. 356–357.

114. Paestum, Mus. Naz. 21551–21554. 350–340 v. Chr.: Pontrandolfo/Rouveret 137–142. 331–333. Deutet man die bekannte Szene mit dem Flötenspieler und dem bärtigen Schauspieler mit der Lanze im Giebelfeld der einen Schmalseite als Teil der Trauerfeierlichkeiten, so dokumentiert auch dieses Grab Musik und vielleicht Gesang als Teil des Bestattungsrituals.

115. Vgl. als weiteres Beispiel Grab «Andriuolo 1969 Nr. 58»: Paestum, Mus. Naz. 21596–21599. Um 340 v. Chr.: Pontrandolfo/Rouveret 336–337 Abb. S. 149–153.

116. s. eine Langseite des Grabes «Andriuolo 1969 Nr. 58», s. Anm. 115.

117. s. wiederum Grab «Andriuolo 1969 Nr. 58» und Grab «Andriuolo 1971 Nr. 4», s. Anm. 102. 115.

118. In diese Richtung tendieren Cipriani, M./Pontrandolfo, A./Rouveret, A., in Andreae 37–38.

119. Bei der Interpretation dieser Grabtempel werden zwei Möglichkeiten diskutiert: Einerseits könnte es sich dabei um die Wiedergabe von Grabmälern handeln, s. Lohmann, E., *Grabmäler auf unteritalischen Vasen* (1979) passim und bes. 170–172, andererseits um fiktive Heroa, wie zuletzt von Söldner gedeutet, wobei das Naiskosmotiv «als Mittel zur Hervorhebung heroischer Eigenschaften der Verstorbenen» zu verstehen wäre: Söldner, M., «Naiskoi für Menschen. Eine heroisierende Fiktion im unteritalischen Vasenbild», in Schmitz, C./Bettenworth, A. (Hsg.), *Mensch – Heros – Gott. Weltentwürfe und Lebensmodelle im Mythos der Vormoderne* (2009) 35–51, bes. 48 (Zitat). Zur Bedeutung der weißen Farbe s. Anm. 124.

120. Basel, Antikenmus. S 24. 2. Hälfte 4. Jh. v. Chr.: Schmidt et al., *Grabvasen* 4–5 Taf. 2b. 3. 4b; Blome (Anm. 8) 114 Abb. 156. – Ähnlich auch andere Gefäße des Ganymed-Malers: Basel, Antikenmus. S 23; S 25; S 29; S 30: Schmidt et al., *Grabvasen* 3–7 Taf. 2. 6b. 7d. 10.

Die Figuren, die von außen an den Tempel oder die Stele herantreten, deuten mit ihren mitgebrachten Gegenständen Riten an wie die Schmückung mit Tänien und Kränzen und das Ausgießen von Trankopfern, wobei diese Handlungen nur in wenigen Fällen selbst dargestellt sind. Eine der Ausnahmen findet sich auf einer Amphora panathenäischer Form im Vatikan, auf der eine Frau am unteren linken Bildrand aus einer Hydria Wasser auf die Stufen eines Naiskos gießt (Taf. 58, 2)[121]. Auf dem unteren Register einer Hydria des Dareios-Malers bringen insgesamt neun junge Männer und Frauen Kränze, Tänien, Omphalosschalen, Weintrauben und andere Gegenstände zu einem pfeilerförmigen Grabmal, das im Zentrum der Komposition steht, von einer Tänie geschmückt und von einem lekanisartigen Gefäß bekrönt wird. Die Frau links neben dem Grab hält rechts einen Aryballos und in der gesenkten linken Hand eine flache Schale über den Stufen der Basis (Taf. 58, 3)[122]. Auf einer kampanischen Amphora entnimmt eine Frau Opfergaben (Kuchen oder Eier?) und legt sie auf einen Tisch, der vor einem Pfeilermonument steht. Das Grabmal trägt als Bekrönung eine Schüssel mit Tannenzapfen[123].

Im Vergleich zu den attisch weißgrundigen Lekythen wirken funeräre Szenen in der unteritalischen Vasenmalerei «abstrakter», weniger narrativ und vermitteln eine eher unterkühlte Stimmung. Eine Kontaktaufnahme zwischen den im Naiskos dargestellten Toten, die meist mit weißer Farbe hervorgehoben sind, und den Besuchern kommt nicht zustande, auch nicht ansatzweise wie etwa auf den weißgrundigen attischen Vasenbildern. Die Trennung zwischen Lebenden und Toten im Bilde erscheint viel akzentuierter in der italischen Vasenmalerei: Sowohl die Plazierung in einem Naiskos wie auch die weiße Farbgebung lassen die Verstorben entrückt erscheinen, als Angehörige einer heroischen Sphäre[124].

Die stets im gleichen jugendlichen Alter gezeigten Besucher wirken passiv und teilnahmslos, wie die nackten Jünglinge und die jungen Frauen auf der erwähnten Hydria des Dareios-Malers in Genf gut illustrieren. Trauergesten erscheinen nur im Kontext mythologischer Erzählungen wie bei der sitzenden Frau neben dem Naiskos der Niobe auf derselben Vase[125], nicht bei sepulkralen Szenen. Von dieser Gelassenheit der Besucher geht vielleicht ein Trost aus für die Hinterbliebenen, die diese Vasen für ihre Verstorbenen erwerben und sich in den Figuren seitlich des Grabmals wiedererkennen konnten, wie M. Schmidt vermutete[126]. Sie deutete die Besucher zudem als eine anonyme Gesellschaft, die über den Familienverband hinausgeht, den Toten eine dauernde Fürsorge zukommen lässt und sie dadurch weiterhin in die Gesellschaft integrieren[127].

Neben diesen standardisierten Besuchern erscheinen auf einigen Vasen auch Angehörige einer zweiten, den Toten näher stehenden Kategorie, die in den Naiskos eintreten, dort dem Verstorbenen direkt gegenüberstehen und – wie auf dem Krater des Unterwelt-Malers in München – mit Oinochoe und Schale in der Hand eine Libation zu dessen Ehren andeuten (Taf. 59, 1)[128]. Eine ähnliche Szene präsentiert der oben erwähnte Volutenkrater des Ganymed-Malers in Basel auf seiner Hauptseite (Taf. 58, 1): In einem ionischen Naiskos reichen sich ein sitzender und ein stehender, nackter Jüngling die Hand, wobei sich nur die Fingerspitzen zu berühren scheinen. Ihre Blicke treffen sich nicht. Der Stehende trägt eine Strigilis und einen Aryballos, der Sitzende, dessen Beine ein Mantel bedeckt, hält eine flache Schale und eine Blumengirlande. Die Szene erinnert an attische Grabstelen mit den inszenierten «Begegnungen in der Trennung». Obwohl beide Figuren auf dem Krater durch weiße Farbe von den anonymen Besuchern außerhalb des Naiskos differenziert sind, müsste – vom Vergleich mit attischen Stelen ausgehend –, einer der beiden den Verstorbenen, der andere den Angehörigen darstellen, der als Lebender den Naiskos betritt[129]. In einigen Fällen wie auf einem Krater des Ganymed-Malers in Melbourne[130] ist es zudem der Tote selbst, der opfert, also vielleicht, in den Worten von M. Schmidt, «im Leben gewissenhaft den Kult versehen hat und nach dem Tod noch dessen heilsame Wirkung erfährt»[131].

---

121. (= *ThesCRA* V 2 b Kultinstrumente **94***) Vatikan, Mus. Greg. Etr. 18256. Um 340 v. Chr.: *RVAp* I 196, 30; Trendall, *Vat* II 207–208 Nr. AA 4 Taf. 55a.
122. (= *LIMC* V Niobe **13**, VII Tantalos **4**) Genf, Privatslg. Um 340 v. Chr.: Aellen et al., *Darius* 150–157 Abb. S. 150. 154.
123. Toronto, Royal Ontario Mus. 389. Mittleres 4. Jh. v. Chr.: *LCS* 393, 248 Taf. 152, 3–4: Maler von Sèvres 50; Kurtz/Boardman 375 Abb. 157.
124. Vgl. Söldner (Anm. 119) 46–47.
125. s. als weiteres Beispiel das Fragment einer Loutrophoros desselben Malers: Basel, Slg. Cahn HC 226A: Cambitoglou, A./Chamay, J., *Céramique de Grande Grèce. La collection de fragments Herbert A. Cahn* (1997) 227–228 Nr. 95. Auf einer Loutrophoros aus dem Umkreis des Dareios-Malers stehen zu beiden Seiten der sterbenden Alkestis mit ihren Kindern zwei Figuren mit expressiven Trauergesten. Von rechts tritt zudem der greise Pödagoge hinzu, dessen Mimik mit Stirnfurchen und gewellten Augenbrauen heftigen Schmerz anzeigt: Basel, Antikenmus. S 21: *LIMC* I Alkestis **5***; Schmidt et al., *Grabvasen* 78–93 Taf. 19–22. Farbtaf.; Blome (Anm. 8) 115 Abb. 157.
126. Schmidt et al., *Grabvasen* 26.
127. Schmidt et al., *Grabvasen* 22–23.
128. (= *LIMC* VIII Suppl Nekyia **15** [Seite A] mit Querverweisen) München, Antikenslg. 3297. Um 340 v. Chr.: *RVAp* II 533 Nr. 18/282 Taf. 194; Schneider-Herrmann, G., «Apulische Schalengriffe verschiedener Formen», *BABesch* 37 (1962) 42 Abb. 6; Schmidt et al., *Grabvasen* 31–32 mit Anm. 52–53.
129. Vgl. dazu Schmidt et al., *Grabvasen* 29–31.
130. Melbourne, Nat. Gallery of Victoria D 88/1969: Schmidt et al., *Grabvasen* 11 Nr. 13. 31. 35.
131. Schmidt et al., *Grabvasen* 31.

Bei dem wichtigsten Thema des Besuchs und der Pflege des Grabes lässt sich wie gesehen ein deutlicher Einfluss der attischen auf die unteritalische Vasenmalerei feststellen, die an die Ikonographie der weissgrundigen Lekythen des 5. Jhs. v. Chr. anknüpft. Das Motiv der *Prothesis*, das im 5. Jh. v. Chr. mehrfach auf attisch rotfigurigen Vasen erscheint und in der paestanischen Grabmalerei des 4. Jhs. v. Chr. weiterlebt, ist hingegen auf Bildern unteritalischer Vasen kaum vertreten. Ausnahmen bilden ein apulischer Volutenkrater des Dareiosmalers und ein campanischer Krater. Die Darstellung des Dareiosmalers zeigt in einer Nebenszene unter dem Naiskos mit Hypsipyle, Eurydike und Amphiaraos die Aufbahrung des Archemoros, Sohn des Lykourgos, also eine mythologische Szene[132]. Bisher einziges Beispiel einer nichtmythologischen Aufbahrung ist ein campanischer Krater in einer Privatsammlung, auf dessen Vorderseite eine Verstorbene mit Kopf nach rechts auf einer gepolsterten Kline liegt und von drei Frauen, die hinter und am Kopfende neben dem Bett stehen, hergerichtet und beklagt wird (Taf. 59, 2)[133]. Ähnlich wie bei den Grabmalereien von Paestum hält die in ein Himation gehüllte, aber nicht mit einem Tuch zugedeckte Tote ein Alabastron in ihren Händen. Die Frauen links und rechts halten Spiegel in ihren Händen, die mittlere hält beide Hände an den Kopf. Die Rückseite mit drei tanzenden Frauen, wovon die äußeren ihr Gesicht zur Hälfte mit dem Mantel verschleiern, die in der Mitte ein Tympanon schlägt, lässt sich hingegen kaum auf die Totenklage der Vorderseite beziehen.

3.3. Skulptur

Ähnlich wie für Athen und Attika zu beobachten, stellt die steinerne, großformatige Plastik Unteritaliens keine funerären Riten dar. Diese Lücke schließen wieder einige Terrakotten, die sich als Grabbeigaben wiederum direkt an die Verstorbenen richten und fortdauernde Trauer verkörpern. Den Toten werden somit Symbole des andauernden Mitgefühls und der Erinnerung mitgegeben. Als Beispiele seien zwei rundplastische, hellenistische Terrakotafiguren mit der beachtlichen Größe von über 90 cm aus Canosa (?) angeführt (Taf. 59, 3)[134]. Sie stellen trauernde Frauen dar und repräsentieren eine größere Gruppe ähnlicher Skulpturen. Beide tragen einen langen Chiton und darüber ein Himation, erheben ihre Hände mit ausgestreckten Fingern und neigen ihren Kopf. Nicht nur die Gestik, auch die Mimik des Gesichtes mit hochgezogenen Brauen und gefurchter Stirn zeigt Schmerz und Trauer an.

4. Makedonien

4.1. Grabmalerei

BIBLIOGRAPHIE: Brécoulaki, H., *La peinture funéraire de Macédoine. Emplois et fonctions de la couleur. IVe – IIe s. av. J.-C.* (2006).

Nur wenige makedonische Gräber reflektieren in ihren Wandmalereien funeräre Riten; repräsentative Motive wie die Jagd[135] oder aber mythologische Darstellungen der Unterwelt und ihrer Gottheiten herrschen vor[136]. Ein Gesamtbild der dargestellten sepulkralen Rituale lässt sich bisher nicht formulieren, vielmehr geben einige Gräber ganz unterschiedliche Aspekte wieder.

Die gut erhaltenen Malereien des makedonischen Kammergrabes von Aghios Athanassios bei Thessaloniki erwecken mit perspektivischen Effekten und einer geschickt eingesetzten Schattierung die Illusion einer Ehrenwache ranghoher Militärs zu beiden Seiten des Eingangs (Taf. 60, 1)[137]. Die beiden offenbar etwas unterlebensgroßen Krieger tragen schwere, dunkle *chlamydes* und die helle *kausia* und stehen in sich versunken, so als trauerten sie um den Verstorbenen, dessen Grab sie bewachen und dem sie die letzte Ehre erweisen[138]. Über ihren Köpfen «hängen» aufgemalte Schilde – ein Standardschmuck makedonischer Grabfassaden, wobei die Schilde meist mit Stuck plastisch als Relief gearbeitet sind, während hier die Malerei die Plastizität mit perspektivischen Ansichten der Nägel und Schattierungen vortäuscht. Die Schildzeichen mit dem Blitzbündel des Zeus auf

---

132. (= *LIMC* II Archemoros 10*, VII Septem 14*) Neapel, Mus. Naz. 81394 (H 3255). Um 340 v. Chr. Trendall/Cambitoglou, *RVAp* II 496, 42; Schauenburg, K., *Studien zur unteritalischen Vasenmalerei* VI (2003) 34 Anm. 397 Abb. 90.

133. Neapel, Privatslg. I 146. Maler von B.M.F. 229. Um 340 v. Chr. Schauenburg (Anm. 132) 33–35. 44 Anm. 380 Abb. 87a–c. III–V.

134. Basel, Antikenmus. BS 329. 330. 3. Jh. v. Chr.: Blome (Anm. 8) 116 Abb. 158–159. – Zu Terrakotten aus Canosa: van der Wielen, F., «Ceramica a decorazione plastica e policroma», in Cassano, R. (Hsg.), *Principi imperatori vescovi. Duemila anni di storia a Canosa* (1992) 310–326; ead., «Polychrome Vases and Terracottas from Southern Italy in the J. Paul Getty Museum», in *GettyVases* II 171–182.

---

135. s. dazu u.a. Saatsoglou Paliadeli, C., Βεργίνα: ο τάφος του Φιλίππου, η τοιχογραφία με το κυνήγι (2004); ead., «La peinture de la Chasse de Vergina», in Descamps-Lequime, S. (Hsg.), *Peinture et couleur dans le monde grec antique* (2007) 47–55.

136. s. dazu u.a. Kottaridi, A., «L'épiphanie des dieux des Enfers dans la nécropole royale d'Aigai», in Descamps-Lequime (Anm. 135) 27–45.

137. Aghios Athanassios (Thessaloniki). Spätes 4. Jh. v. Chr.: Tsimbidou-Avloniti, M., Μακεδονικοί τάφοι στο Φοίνικα και στον Άγιο Αθανάσιο Θεσσαλονίκης (2005) Taf. 24–25. 27–41; ead., «Les peintures funéraires d'Agios Athanassios», in Descamps-Lequime (Anm. 116) 57–67; Brécoulaki 263–303 Taf. 90–102.

138. Für eine detaillierte Beschreibung s. Brécoulaki 294–298 Taf. 99–101.

der rechten Seite und einem Gorgoneion auf der linken haben offensichtlich eine apotropäische Bedeutung[139].

Unter dem Metopen- und Triglyphenfries verläuft quer über dem Eingang zwischen den seitlichen Pilastern ein kleiner Fries, der in der Mitte ein Bankett mit sechs männlichen Symposiasten, einer Lyraspielerin, einer Diaulosbläserin und einem Mundschenken darstellt (Taf. 60, 1)[140]. Die auffällige Figur eines Symposiasten mit figürlich dekoriertem Rhyton in der Mittelachse über dem Eingang zum Grab repräsentiert möglicherweise den Grabherrn. M. Tsimpidou-Avloniti interpretiert die Szene als Grabbankett, als *nekrodeipnion*, zu Ehren des Verstorbenen zelebriert, an dem dieser selber teilnähme[141]. Trotz des Kontextes trifft hier die Deutung des Banketts als Symbol von Status und einer «opulence heureuse» aber eher zu, sei es retrospektiv als Bild aus dem Leben des Toten oder prospektiv als Jenseitsversprechen[142]. Dasselbe gilt für die Nachbildungen luxuriöser, aufwendig dekorierter Klinen in makedonischen Gräbern, die dem hohen Rang des Verstorbenen entsprechen und zugleich auf seine Weiterexistenz im Jenseits als Ort ewiger Freuden verweisen[143]. Die Formel des Banketts als freudvoller Beschäftigung im Jenseits und zugleich als Zeichen für die Überhöhung des Verstorbenen mit einer ikonographischen Angleichung an die gelagerten Heroen auf den Weihreliefs des 5. Jhs. v. Chr. wird im Hellenismus zu einem Standard der Gestaltung von Grabreliefs[144].

Die monumentalen Anlagen unter dem königlichen Grabhügel von Vergina zeigen ein repräsentatives und mythologisches Bildprogramm. Ein eher dekorativ wirkender umlaufender Fries in der Kammer des Grabes III spielt aber mit dem Wagenrennen möglicherweise auf Leichenspiele an (Taf. 60, 3)[145]. Die geringe Größe und die formelhafte Wiedergabe der Figuren, die in regelmäßigen Abständen aufeinander folgen, lassen vermuten, dass es sich hier um einen ikonischen Verweis, also lediglich um eine Anspielung handelt und nicht um eine Wiedergabe der Feierlichkeiten zu Ehren des hier Bestatteten. Insofern deutet nur der Kontext des Frieses im Innern des Grabes auf einen sepulkralen Hintergrund für das Wagenrennen, das in erster Linie als Betätigung oder Ehrung für einen wichtigen Angehörigen der Aristokratie zu lesen ist[146]. In Funktion und Gestalt erinnern sie somit an die dekorativen Nebenregister auf attischen Pinakes und Vasen[147].

Sehr viel konkreter wirken die Malereien im Grab des Lyson und des Kallikles in Lefkadia, die rituelle Handlungen rund um den Besuch und die Schmückung des Grabes illustrieren[148]. Der erste Raum der über Generationen mehrfach belegten Grabstätte entspricht eigentlich mehr einem schmalen Durchgang, dessen Wände Malereien tragen, die mit Schattierungen und perspektivischen Verkürzungen auf der linken Seite vom Eingang aus gesehen fast plastisch einen Altar und auf der rechten Seite ein *Perirrhanterion* darstellen (Taf. 61, 1)[149]. Die Malereien tragen dem beschränkten Raum Rechnung, die realen Objekte werden durch gemalte kompensiert. Auf dem Rand des mit Wasser gefüllten *Perirrhanterion* liegt ein Zweig, der laut S. G. Miller wohl dazu dient, in einer nicht genau erklärbaren Zeremonie Flüssigkeit zu verspritzen. Der Altar, an dem eine Schlange nach oben steigt, trägt einen Windschutz und repräsentiert Opferhandlungen, die entweder während der Bestattung oder bei nachfolgenden Besuchen abgehalten wurden. In der Hauptkammer des Grabes verläuft eine aufgemalte Girlande aus Myrtenzweigen und Granatäpfeln um den gesamten Raum (Taf. 60, 2)[150], was als eine perpetuierte Grabpflege, in der vegetabilische Sepulkralsymbole Verwendung fanden, gesehen werden kann.

Abschließend sei hier, stellvertretend für eine Gruppe ähnlicher Monumente ein im Vergleich einfacheres Frauengrab aus Aineia erwähnt, dessen Malereien einen Innenraum imitieren, wohl ein Frauengemach, an dessen Wänden mehrere Gegenstände aufgehängt bzw. auf einem imaginären Wandvorsprung aufgestellt sind (Taf. 61, 3)[151]. Es handelt sich dabei u. a. um einen Kranz und ein Alabastron, das realen Gefäßen dieses Grabes entspricht, sowie um die Terrakottaprotome einer Göttin, vielleicht der Demeter. Solche Protomen, meist mit polychromer Bemalung, waren in hellenistischer Zeit in Makedonien, im Norden und Westen des Schwarzmeergebietes als Grabbeigaben

---

139. s. dazu ausführlicher Brécoulaki 287-294 Taf. 97-98.
140. (= *ThesCRA* II 4 a Bankett, gr. **248**)
141. Tsimpidou-Avloniti (Anm. 137) 60.
142. Lissarague, F., *ThesCRA* II 4 a Bankett, gr. S. 248.
143. Wie zum Beispiel die Doppelkline aus einem Kammergrab aus Potidaia mit dionysischen Motiven: Thessaloniki, Arch. Mus.: Brécoulaki 347-370 Taf. 118-123.
144. Vgl. Lissarague (Anm. 142) 248; s. dazu weiter Fabricius, J., *Die hellenistischen Totenmahlreliefs. Grabrepräsentation und Wertvorstellungen in ostgriechischen Städten* (1999).
145. Vergina, Grab III. Spätes 4. Jh. v. Chr.: Andronikos, M., *Vergina. The Royal Tombs and the Ancient City* (1984) 206 Abb. 166-168; Tancke (Anm. 60) 98. 112-127

Abb. 4-5; Brécoulaki 133-149, bes. 136-141 Taf. 50-52 (mit Vergleichen zum Fries).
146. Vgl. Tancke (Anm. 5660) a.O.
147. s. **III.2.1.3**.
148. Frühes 3. Jh. v. Chr.: Miller, S. G., *The Tomb of Lyson and Kallikles* (1993); Brécoulaki 221-234 Taf. 78-81.
149. (= *ThesCRA* II 3 a Reinigung, gr. **46**, V 2 b Kultinstrumente **157***) Dazu ausführlicher Miller (Anm. 148) 38-40 Taf. Va. 11b-c.
150. Miller (Anm. 148) 46-48 Taf. I. II. 9. 10.
151. Aineia, Tumulus A, Grab II: Thessaloniki, Arch. Mus. Spätes 4. Jh. v. Chr.: Vokotopoulou, J., *Führer durch das Arch. Mus. Thessaloniki* (1996) 196-197; Brécoulaki 327-340 Taf. 110-111.

weit verbreitet[152]. Die Malereien imitieren also mit diesen Motiven verschiedene Typen von geläufigen Grabbeigaben.

5. Auswertung

Wichtigste Bildträger funerärer Riten sind die attischen Vasen, gefolgt von Grabmalereien. Die griechische Großplastik spiegelt kaum Handlungen rund um die Bestattung wider. Wie die Stelen archaischer und klassischer Zeit präsentieren die hellenistischen Grabreliefs Familienbilder, Abschiedsszenen oder Darstellungen der Verstorbenen ohne funerären Kontext[153].

Die Darstellung funerärer Riten ist somit hauptsächlich in Athen und in der attischen Kunst dokumentiert in der Zeit von der zweiten Hälfte des 8. bis zum Ende des 5. Jhs. v. Chr. Abgesehen von wenigen Darstellungen von Trauergesten und wenigen Szenen des Besuchs am Grab auf Stelen werden sepulkrale Riten nach dem Ende des 5. Jhs. in der attischen Kunst nicht mehr dargestellt. Im 4. Jh. v. Chr. erscheinen funeräre Rituale als Bildthemen in der unteritalischen Vasenmalerei und in den bemalten Kistengräbern von Paestum. Diese präsentieren großformatige Darstellungen mit der *Prothesis*, wobei nur weibliche Verstorbene auf der Bahre liegen, und funeräre Prozessionen. Neben diesen auch in der attischen Kunst gut bekannten Szenen bieten die Gräber von Paestum neue, ungewöhnliche Motive: blutige Box- und Zweikämpfe mit Waffen und Wagenrennen, die offenbar Leichenspiele wiedergeben. In der makedonischen Grabmalerei des späten 4. und frühen 3. Jhs. spielen die Riten nur eine untergeordnete Rolle. Einige wenige Gräber zeigen jedoch Malereien, die Reinigungs- und Opferrituale, die Ehrung des Toten durch eine Totenwache vor dem Grab und den Grabschmuck mit Waffen und Girlanden darstellen.

Das wichtigste Ritual der geometrischen und archaischen Zeit, das noch in den paestanischen Gräbern vertreten ist, die *Prothesis*, verschwindet nach dem 4. Jh. aus der Ikonographie der griechischen Kunst. Dies bedeutet aber nicht, dass das Ritual im Kreise der Familie nicht mehr durchgeführt wurde, wie die Stele der Hediste in Demetrias aus der zweiten Hälfte des 2. Jhs. v. Chr. belegt (Taf. 61, 2): Das Bildfeld zeigt die Verstorbene in ihrem Haus, mit dem Kopf nach links auf einer gepolsterten Kline liegend, den nackten Körper von einer Decke nur bis unterhalb der Brüste zugedeckt. Von rechts tritt ein bärtiger Mann hinzu, dahinter erscheinen eine Dienerin mit einer flachen Schale und eine Figur, die durch eine Türe im Hintergrund den Raum betritt. Die stille Szene, weit entfernt von der rituellen Totenklage mit lauten Gebärden und vielen Teilnehmenden der attischen Vasenmalerei, reduziert die Herrichtung und Beklagung der Toten auf den engsten Familienkreis[154].

Im Überblick betrachtet, ergibt sich eine sehr enge thematische Auswahl an funerären Riten, die nur in wenigen Regionen – hauptsächlich Attika und Unteritalien – und während begrenzter Perioden dargestellt werden. Drei wichtige Themenkreise zeichnen sich ab: Aufbahrung und Betrauerung – Leichenspiele – Besuch und Schmückung des Grabes. Im Bereich des Grabes entsprechen Bilder allgemein repräsentativen Bedürfnissen und verkörpern gleichzeitig individuelle Anschauungen und Hoffnungen, d.h. sie erfüllen auch nach außen hin eine gesellschaftliche Funktion, richten sich nach innen hin aber auch direkt an den Toten und haben somit einen religiösen Sinn auf einer persönlichen Ebene.

Aufwendige Bestattungsriten mit vielen Teilnehmern wie die *Prothesis*, die *Ekphora* und Leichenspiele sprechen eine breitere Öffentlichkeit an und zeigen den Status der verstorbenen Person und der Familie an. Entsprechend schmücken diese Darstellungen auch die Grabmäler selber, also beispielsweise monumentale Vasen, die als Monument über dem Grab standen, oder die Verkleidungsplatten von Grabmälern. Sie spielen eine bedeutende Rolle in Athen und Attika von der zweiten Hälfte des 8. Jhs. bis zum mittleren 5. Jh. v. Chr. und im Paestum des 4. Jhs. v. Chr. Sie fehlen aber in der Ikonographie der makedonischen Malerei und der hellenistischen Kunst, obwohl aufwendige Zeremonien gerade die Bestattungen der makedonischen und hellenistischen Königshäuser prägten. Lediglich der dekorative Fries im «Prinzengrab» von Vergina gibt vielleicht einen ikonischen Verweis auf Wagenrennen zu Ehren des Verstorbenen (Taf. 60, 3). Ansonsten reflektiert die makedonische Malerei mit mythologischen Themen wie im «Grab der Persephone»[155] das Thema Tod und Sterben oder ehrt den Verstorbenen und betont dessen Rang mit repräsentativen Themen wie der Löwen- und der Eberjagd

---

152. Vgl. Lilibaki-Akamati, M., «Women in Macedonia», in Pandermalis (Anm. 127) 89–113, bes. 104–105 Nr. 17–18; Samaritaki, E./Samoylova, T. L. (Hsg.), *Ancient Greek Sites in the Crimea* (2004) Abb. S. 225; Lazaridis, D. I., Νεάπολις, Χριστούπολις, Καβάλα. Οδηγός Μουσείου Καβάλας (1969) Taf. 57.

153. s. als Überblick Schmidt, S., *Hellenistische Grabreliefs. Typologische und chronologische Beobachtungen* (1991).

154. Volos, Mus. Charatzopoulou, C., «La peinture funéraire en Grèce du IVe au IIe s. av. J.-C. Un état de recherche», in Barbet, A. (Hsg.), *La peinture funéraire antique. IVe s. av. J.-C. – IVe s. ap. J.-C.* (2001) 43–49, bes. 45 Taf. 7, 4.

155. (= *LIMC* IV Hades **104***, Hermes **440**, Add. Demeter **122**, VI Moirai **27***, VII Okeanides **3**, VIII Suppl. Persephone **213**) Vergina, Grab I: Andronikos (Anm. 145) 86–95 Abb. 46–54, id., *Vergina II. The 'Tomb of Persephone'* (1994); Kottaridi, A., «L'épiphanie des dieux des Enfers dans la nécropole royale d'Aigai», in Descamps-Lequime (Anm. 135) 27–45 Abb. 1–11; Brécoulaki 77–100 Taf. 11–25.

auf Malereien wie über dem Eingang des sog. Philipp-Grabes[156].

Die persönlicher anmutenden Riten der Grabpflege und der Rituale für den Toten selbst richten sich in erster Linie an die Verstorbenen und ihre direkten Angehörigen. Diese Darstellungen setzen als bemerkenswerte Neuerung im Laufe des 5. Jhs. ein und zieren vor allem weißgrundige Lekythen. In Athen und Attika schmücken sie also kleine Gefäße, die als Beigabe in das Grab mitgegeben oder als Teil der Pflege darauf deponiert werden können. In Apulien erscheinen die Szenen des Grabbesuchs oft auch auf Rückseiten größerer Gefäße – Amphoren, Kratere, Loutrophoren –, die trotz ihrer stattlichen Größe aber ebenfalls als Beigaben Verwendung fanden.

Die Auswahl der dargestellten Riten erscheint stark eingeschränkt und konzentriert auf drei zentrale Themenkreise. Die jeweiligen Darstellungen wirken zudem sehr standardisiert. Sie entsprechen Variationen ikonographisch fest definierter Formeln, wobei diese Formelhaftigkeit Abstufungen und regionale Unterschiede erkennen lässt. So sind im Vergleich zu Attika Themenauswahl und Ikonographie in der unteritalischen Vasenmalerei, was die funerären Riten angeht, weit mehr beschränkt und fokussiert auf den Besuch am Grab, dessen Darstellung stereotyp in einem «geradezu beschwörenden Charakter eben dieser unablässigen Wiederholung»[157] erscheint.

Besonders im Hinblick auf die standardisierte Ikonographie stellt sich die Frage, was genau dargestellt ist: Handelt es sich um die Wiedergabe realer Riten, im Sinne von Handlungen, die in dieser Form statt gefunden haben, oder eines idealen Zustandes, also um erdachte Szenen, die nicht unbedingt in allen Aspekten stattgefundenen Handlungen entsprechen mussten? Letzteres wird generell bei der Deutung geometrischer Vasenbilder angenommen, deren Figurenvielzahl als Übertreibung verstanden wird, die die Intensität der Trauer und den Rang des Verstorbenen betonen soll.

Die Frage der Authentizität stellt sich besonders auch bei der unteritalischen Malerei, die nicht nur in Männer- sondern auch in Frauengräbern Wagenrennen und blutige Zweikämpfe darstellt. Dass diese blutigen Szenen zum Standardrepertoire in Paestum gehören, weckt Zweifel, ob sie auch in Wirklichkeit Teil der Riten waren. Damit wird aus heutiger Sicht ein kohärentes Bildrepertoire unterteilt in reale und ideale Szenen: Bei der Aufbahrung und Betrauerung weiblicher Verstorbener handelt es sich um schlichte Szenen, die glaubhaft als Abbild einer Realität wirken im Gegensatz zu den blutigen Waffenkämpfen, die aufgrund der expliziten Grausamkeit als irreale Erinnerung an eine Vergangenheit, wie sie die homerischen Epen schildern, aufgefasst werden. Was berechtigt aber zu der Annahme, dass es sich im einen Falle um reale Riten, im anderen um erdachte handelt? Für Paestum gibt es keine Schriftquellen, die Auskunft über die tatsächlichen Bräuche geben können[158].

Anstatt diese Denkmäler auf ihren Realitätsgehalt hin zu befragen, erscheint es sinnvoller, davon losgelöst ihren Stellenwert und ihre Bedeutung zu betrachten: Das Bild bewirkt die Permanenz bestimmter Handlungen. Unabhängig davon, ob die abgebildeten Riten in dieser oder einer anderen Form abgehalten wurden, erfüllen sie ihre Funktion auf unbestimmte Zeit hinaus. Die unterschiedlichen möglichen Aussagen wurden für die einzelnen Handlungen und Denkmalgruppen im Einzelnen beschrieben. Allen gemeinsam ist, dass sie auf Dauer eine Aufmerksamkeit verkörpern, die den Toten gebührt: Sie erhalten etwas, das ihnen zusteht. Diese auf die Verstorbenen selbst bezogene Sicht steht besonders in Grabdekorationen und -beigaben im Vordergrund, die nach dem Verschließen der Grabstätte dem Blick der Hinterbliebenen entzogen sind und sich nur noch an die Toten richten.

OTHMAR JAEGGI

IV. Tod und Bestattung nach archäologischen Quellen

Siehe Addendum *ThesCRA* VIII.

HENRIETTE HARICH-SCHWARZBAUER (**I**)
ANTOINE HERMARY (**II**)
OTHMAR JAEGGI (**III**)

---

156. Vergina, Grab II: Andronikos (Anm. 135) 97–197 Abb. 57–71; Saatsoglou Paliadeli, C., «La peinture de la Chasse de Vergina», in Descamps-Lequime (Anm. 135) 47–55 Abb. 1–8; ead., Βεργίνα· Ο τάφος του Φιλίππου, η τοιχογραφία με το κυνήγι (2004); Brécoulaki 101–133 Taf. 26–46.

157. Schmidt *et al.*, *Grabvasen* 21.
158. Vgl. dazu die Problematik des Fersu-Spiels *ThesCRA* VII 3 Feste und Spiele, etr. S. xx.

Morte e inumazione nel mondo etrusco

INDICE
Premessa (G. Camporeale) 140
1. Rites et cultes de la mort: les sources
   (D. Briquel) 141
   1.1. La documentation 141
        1.1.1. Nature de la documentation . . 141
               1.1.1.1. Aspect quantitatif 141
               1.1.1.2. Aspect chronologique . . . 141
               1.1.1.3. Aspect géographique . . . 142
        1.1.2. Type d'informations offert
               par la documentation 142
   1.2. Données textuelles. la doctrine des
        dei animales 143
        1.2.1. Sources d'information 143
        1.2.2. Contenu de la doctrine 143
               1.2.2.1. Procédure du sacrifice de
                        divinisation des défunts . . 143
               1.2.2.2. Devenir des défunts
                        bénéficiaires du sacrifice . . 144
        1.2.3. Existence de la doctrine dans
               la religion étrusque ancienne . . 145
        1.2.4. Épisode d'Entelle dans l'*Énéide*
               (5, 362-484) 145
        1.2.5. Le sacrifice des 307 prisonniers
               romains sur le forum de
               Tarquinia en 358 av. J.-C. . . . 145
2. Riti e culti in necropoli dell'Etruria
   propria (G. Camporeale) 146
   2.1. Premessa 146
   2.2. Il culto privato 149
   2.3. Il culto pubblico 155
3. Riti e culti della morte: l'Etruria padana
   (J. Ortalli) 160
   3.1. Le origini: vita e morte tra individuo
        e cosmo 160
   3.2. Il sacro tra tradizione e innovazione:
        le stele di età orientalizzante 161
   3.3. Il nuovo pantheon: miti, demoni
        e divinità 162
   3.4. I luoghi del culto funerario 164
   3.5. La tomba e lo statuto del defunto . . 165
   3.6. Onori funebri 166
   3.7. Le pratiche rituali 167
   3.8. Vino e libazioni 168
4. Il culto funerario nella prima Roma e nel
   Latium Vetus (J. Ortalli) 169

Premessa

BIBLIOGRAFIA GENERALE: Prayon, F., *NPauly* XII 1 (2002) 708-709 s.v. «Totenkult III. Etrurien».

Le nostre conoscenze dell'Etruria antica si fondano essenzialmente su testimonianze archeologiche. La maggior parte di queste provengono da tombe, la cui esplorazione da secoli ha costituito il principale campo di interesse dei ricercatori. Ne consegue che gli elementi di giudizio a disposizione per ciò che attiene al mondo funerario sono alquanto numerosi. I (pochi) dati delle fonti letterario-storiografiche a volte sono concordi con quelli delle fonti archeologiche, a volte li integrano e a volte sono discordi. È ovvio che sia le prime sia le seconde, per essere utilizzate in ricostruzioni di carattere generale, vanno inquadrate nel tempo e nell'ambiente in cui sono state prodotte; in particolare va tenuto presente che i materiali forniti dalle fonti archeologiche erano destinati a un pubblico etrusco, mentre le notizie delle fonti letterario-storiografiche a un pubblico romano o anche greco, comunque non etrusco: in questi casi il rimando agli Etruschi è un fatto accidentale, che vale più che altro come riferimento dotto o come antefatto di un evento recenziore (di età romana).

L'organizzazione politica dell'Etruria antica è basata essenzialmente sulla città-stato. Questo aspetto ha conseguenze nelle pratiche della vita quotidiana, compresi i riti e i culti in necropoli. Le premesse ideologiche, socio-economiche, culturali delle varie manifestazioni sono comuni ai *populi* dei vari centri, ma le risposte spesso diversificano da centro a centro. Ecco qualche esempio. Già nell'VIII sec. a.C. e molto più largamente nel VII sec. l'affermazione dell'ordine gentilizio nel ceto elevato comporta la diffusione della tomba che accoglie tutti i membri della *gens*, la quale è in genere una camera (costruita o scavata nella roccia) e invece a Vetulonia è un'area delimitata da un circolo di pietre infitte nella terra: in concomitanza si sviluppa il culto dei morti, che ha carattere privato e svolgimenti differenziati a seconda del tipo tombale. Dalla seconda metà del VII sec. a.C. emerge il ceto medio, che ha come conseguenza la nascita dell'ideologia urbana e della città come fatto urbanistico: le necropoli ora hanno una planimetria regolare e possono avere un santuario per un culto pubblico; questo aspetto è stato riscontrato solo in alcuni centri (ad es. Orvieto, Tuscania, Vetulonia). Nei secoli VII e VI a.C. si afferma la tendenza, emersa già nei due secoli precedenti, ad antropomorfizzare il monumento funerario: a Chiusi il cinerario ha il coperchio a forma di testa umana, le anse a forma di braccia, il corpo con l'aggiunta dei capezzoli (beninteso negli esemplari di destinazione femminile); a Bologna la stessa tendenza si realizza nella stele sepolcrale, una pietra di forma rettangolare allungata e sormontata da un disco, che richiamano il corpo e la testa umani. A cominciare dalla fine del VII sec. a.C. la tomba dei rappresentanti della classe elitaria è decorata a Tarquinia con pitture e a Vulci con sculture: l'approccio cultuale al defunto è ovviamente diverso. Lo stesso si può dire per l'età ellenistica, quando in Etruria meridionale è prevalente il rito funebre dell'inumazione e in Etruria settentrionale quello dell'incinerazione. E l'elenco potrebbe continuare a lungo.

Le situazioni che costituiscono una continuità tra la religione etrusca e religioni moderne non sono affatto rare, anche per quanto concerne il culto dei morti. Basterà citare un esempio. Le fonti letterarie (Arnob. 2, 62; Serv. *Aen.* 3, 168) attestano che nel mondo etrusco alcuni riti (non specificati) con vittime animali (non specificate) a divinità (non specificate) permettono la divinizzazione del defunto. Il momento successivo è ovviamente un culto dello stesso defunto. La prassi può richiamare il processo di santificazione della religione cristiana, con la differenza che il fine nel mondo etrusco viene raggiunto con interventi *post mortem* e con atti dei congiunti e, invece, nella religione cristiana con atti meritori compiuti dal defunto in vita.

I richiami suddetti sono solo una campionatura dei problemi che pongono i dati che saranno utilizzati nella trattazione seguente per la ricostruzione del quadro relativo ai riti e ai culti in necropoli dell'Etruria. I risultati spesso saranno ben lontani da soluzioni definitive, ma – come è consueto nell'attività di ricerca – porranno interrogativi e apriranno nuovi problemi. E, proprio per ciò, il suddetto quadro sarà più veritiero e storicamente più attendibile.

GIOVANNANGELO CAMPOREALE

1. Rites et cultes de la mort: les sources

1.1. La documentation

1.1.1. Nature de la documentation

Pour appréhender les rites liés à la mort dans le monde étrusque, deux sources de documentation profondément hétérogènes, peuvent être prises en compte: les sources littéraires et les données archéologiques. Elles se présentent sous des formes très différentes:

1.1.1.1. Aspect quantitatif

L'archéologie fournit une quantité considérable de données, d'autant plus qu'au résultat des fouilles dans les nécropoles et aux données proprement archéologiques (comme la disposition et l'architecture des tombes, le mode du traitement du corps du défunt, le mobilier funéraire) s'ajoute la masse considérable des données iconographiques (en particulier peinture et sculpture funéraires).

En revanche, les textes utilisables sont peu nombreux: étant donné l'extrême difficulté de tirer des informations des documents épigraphiques étrusques qui nous sont parvenus, il faut partir des informations qui ont été transmises par les auteurs grecs et latins. Celles-ci sont parcimonieuses, dispersées, aucun auteur ne nous ayant laissé d'exposé cohérent sur les rites et les cultes funéraires en Étrurie. Il faut donc se livrer à un travail de reconstruction à partir d'éléments épars et partiels, avec tous les risques méthodologiques que cela suppose.

1.1.1.2. Aspect chronologique

Les données archéologiques renvoient à la période de l'indépendance étrusque (la dernière cité étrusque indépendante, Volsinies, tombe au pouvoir des Romains en 264 av. J.-C.) ou à celle du début de la romanisation, lorsqu'on peut encore distinguer une culture locale autonome, avec des traits distincts qui la mettent à part du reste du monde romain (ce qui ne va pas au-delà du Ier s. av. J.-C.[1]). Elles s'étagent sur une longue durée, à partir du moment où on peut vraiment distinguer une culture étrusque (c'est-à-dire à partir du début du VIIIe s. av. J.-C.). Ce qui signifie qu'il faut tenir compte de la perspective diachronique et de l'existence d'évolutions importantes. Ainsi, on passe, vers le VIIe s. av. J.-C., du recours systématique au rite de l'incinération qui caractérise la période villanovienne (dans la ligne de la période proto-villanovienne qui précède), avec l'ossuaire biconique typique de cette culture[2], à l'inhumation telle qu'elle se pratique lors de la phase orientalisante avec la déposition des corps des défunts sur des lits funéraires dans les chambres des grandes tombes à tumulus de cette période[3] – la situation des époques ultérieures étant plus contrastée, avec des différences régionales (comme le maintien à Chiusi de l'incinération). S'agissant de l'organisation des nécropoles, la dispersion sans plan préconçu des tumulus orientalisants qu'on constate sur un site comme Cerveteri aux VIIIe/VIIe s. av. J.-C. fait place à une organisation plus régulière des tombes dites *a dado* au VIe s. av. J.-C. et on voit se mettre en place, à la fin du VIe s., le cas d'école que représente la nécropole annulaire d'Orvieto, avec la disposition des chambres funéraires selon un plan orthogonal, offrant des alignements de tombes identiques, chacune marquée au nom de

---

1. L'usage de la langue étrusque, trait le plus saillant de l'existence d'une culture autonome, disparaît vers le tournant de notre ère. Les dernières inscriptions, qui sont significativement des inscriptions bilingues étrusco-latines, sont une épitaphe d'un sarcophage de l'hypogée des Volumnii à Pérouse, de la dernière décennie du Ier s. av. J.-C. (*CIE* 3763 = *ET* Pe 1.313 = Benelli, E., *Le iscrizioni bilingui etrusco-latine* [1994] n° 7) et l'inscription portée sur une urne funéraire en marbre d'Arezzo, que la présence dans le mobilier de céramique arétine avec marque *Ras(ini)* permet de dater de 10/15 ap. J.-C. (*CIE* 378 = *ET* Ar 1.8 = Benelli *o.c.* n° 2). Sur la romanisation, voir en part. les études réunies dans Bruun, P. (éd.), *Studies in the Romanization of Etruria* (1975).

2. Synthèse de Bartoloni, G., *La cultura villanoviana. All'inizio della storia etrusca* (2002).

3. Données commodément réunies dans *Principi etruschi tra Mediterraneo ed Europa*, cat. d'exposition Bologne (2000).

son titulaire, formant des rues parallèles[4]. Autre facteur qui a pu jouer à certaines périodes (et en certains lieux): des lois somptuaires semblent avoir existé, qui limitaient le luxe funéraire. Sans qu'on puisse dire exactement quelle a pu être leur portée sur le rite des funérailles lui-même, on en constate au moins l'impact par l'appauvrissement des mobiliers[5].

Les sources littéraires utilisables sur la question des rituels liés à la mort renvoient presque exclusivement à une période limitée et tardive, puisque c'est dans la Rome impériale, à partir du IIIe s. ap. J.-C., que la question semble avoir eu une importance telle qu'elle apparaît dans la littérature. Ces témoignages sont donc à replacer non seulement à une date postérieure à celle de la disparition d'une Étrurie culturellement autonome, mais aussi dans le cadre d'une époque de transformations religieuses et où l'apparition de religions nouvelles, en premier lieu du christianisme et de sa conception de la mort et de sa place dans les préoccupations religieuses est venu modifier considérablement la situation[6].

1.1.1.3. Aspect géographique

Les données archéologiques attestent de la grande diversité régionale des aspects du culte funéraire. Nous avons signalé la place persistante du rite de l'incinération à Chiusi, qui se traduit par des développements spécifiques (statues-canopes avec des cinéraires en forme de statues, dans le prolongement de traits soulignant l'identification de l'ossuaire primitif avec le défunt[7]). Cette cité marque également son originalité dans le domaine de la sculpture funéraire, avec l'érection, comme marqueurs, de tombes et de cippes à reliefs quadrangulaires – alors que, par exemple les nécropoles de la Bologne étrusque offrent des stèles en forme de fer à cheval caractéristiques[8]. De telles particularités peuvent avoir leur incidence sur le rituel: la présence de profondes entailles obliques sur les stèles de Chiusi semble être le signe de la fixation de couronnes ou guirlandes dans le cadre du culte funéraire. Mais les différences tenant à la nature de la documentation aboutit à ce que, si nous avons des données concernant une cité, on ne peut déterminer dans quelle mesure elles sont transposables au reste du monde étrusque: c'est le cas de l'énorme apport de la peinture funéraire, qui concerne Tarquinia et, dans une mesure moindre, Orvieto.

Les témoignages littéraires, qui concernent une tout autre période, donnent en revanche une image unifiée des rituels. Mais ils correspondent à ce qu'était devenue la religion étrusque dans le monde romain de l'Empire, dans la mesure où elle subsistait encore comme un élément défini, référé à la doctrine et à la pratique des haruspices qui exerçaient leur art dans l'ensemble de l'*imperium Romanum*. On a alors affaire à des conceptions qui ne répondent bien évidemment plus à des critères de différenciation régionale, de cité à cité.

1.1.2. Type d'informations offert par la documentation

Les données archéologiques sont susceptibles de fournir des renseignements concrets sur les données matérielles relatives aux cérémonies des funérailles et des cultes funéraires. Mais, même lorsqu'elles offrent l'image du déroulement des cérémonies, ce qui est le cas principalement avec la documentation exceptionnelle offerte par les peintures tombales de Tarquinia, elles ne laissent qu'indirectement percevoir le sens des rites et la conception de la mort et de l'au-delà qui les sous-tend. Des questions fondamentales comme celle de la pertinence même de cette documentation par rapport à la réalité des rites funéraires continuent à être discutées: on rappellera qu'à la thèse voulant que les représentations peintes de banquets, jeux ou fêtes des tombes visent à donner une image directe des cérémonies qui accompagnaient les funérailles s'oppose celle leur attribuant une signification plus générale de status-symbol, connotant le mode de vie aristocratique de la petite élite à qui ces tombes étaient réservées[9].

La documentation littéraire nous donne rarement des informations précises sur le déroulement concret des rites. Elle a une visée en général plus théorique, ce qui fait qu'inversement elle nous permet de saisir relativement bien la signification qui était attribuée à ces rites, bien évidemment dans le contexte chronologique et idéologique dans lequel ces textes, dont nous avons rappelé qu'ils sont tardifs, ont été écrits.

---

4. On pourra se reporter pour Caeré à *MonAnt* 42 (1955), pour Orvieto à Klakowicz, B., *La necropoli anulare di Orvieto*. I *Crocifisso del Tufo* (1972); II *Cannicella e terreni limitrofi* (1974); Bonamici, M./Stopponi, S./Tamburini, P., *Orvieto. La necropoli di Cannicella* (1993).

5. La question a été posée pour le Latium mais aussi Véies dans Colonna, G., «Un aspetto oscuro del Lazio antico. Le tombe del VI-V secolo a.C.», *PP* 32 (1977) 131-165.

6. Briquel, *Chrétiens et haruspices passim*.

7. Cristofani, M., *Statue cinerarie chiusine di età classica* (1975).

8. Sur les stèles funéraires de Chiusi, Jannot, *Chiusi*; sur les stèles de Bologne et leur rôle dans l'organisation des nécropoles, Sassatelli G., «Topografia e 'sistemazione monumentale' delle necropoli felsinee», dans *La formazione della città preromana in Emilia Romagna* (1987) 197-259.

9. Dans la ligne des travaux de D'Agostino, B., «Tombe 'principesche' dell'orientalizzante antico a Pontecagnano», *MonAnt* 49, 2 (1977) 1-110; id., «Il rituale funerario nel mondo indigeno», dans Pugliese Carratelli, G. (éd.), *Magna Grecia. Vita religiosa e cultura letteraria, filosofica e scientifica* (1988) 91-114; id., «La necropoli e il rituale della morte», dans Settis, S. (éd.), *I Greci. Una storia greca. I Formazione* (1996) 435-470; voir en part. id./Cerchiai, L., *Il mare, la morte, l'amore. Gli Etruschi, i Greci e l'immagine* (1999) 30-32.

1.2. Données textuelles: la doctrine des *dei animales*

Paradoxalement, c'est une documentation textuelle tardive et parcellaire qui fait le plus directement sentir une originalité étrusque dans le domaine des rituels liés à la mort. Il s'agit des rites liés, non aux funérailles proprement dites, mais aux perspectives sur l'au-delà qui pouvaient s'ouvrir aux défunts. La religion étrusque affirmait la possibilité d'aboutir à une divinisation des défunts par des moyens rituels appropriés, passant par l'accomplissement de certains sacrifices. Les défunts ayant bénéficié de ce rituel formaient une catégorie spécifique de divinités, les *dei animales*, c'est-à-dire dieux formés à partir d'une âme (anima) et les sacrifices qui leur assuraient cette transformation en dieux consistaient en l'offrande, selon certaines formes, de victimes spécifiques, dénommées *hostiae animales*.

Cette doctrine était exposée dans une catégorie spéciale de la littérature sacrée étrusque, les livres de l'Achéron (*libri Acheruntici*). Ceux-ci devaient relever de la troisième des trois parties des livres étrusques selon la tripartition exposée par Cicéron (*div*. 1, 72: *libri haruspicini, fulgurales, rituales*; cf. 2, 42. 49), celle des livres rituels, mais la catégorie générale des livres rituels pouvait être elle-même subdivisée en sous-parties (livres du destin, *libri fatales* en Liv. 5, 15, 11). Les livres de l'Achéron (Arnob. 2, 62; Serv. *Aen*. 8, 398, parle de *sacra Acheruntia* et rapporte leur origine à l'enfant-prophète Tagès) portent le nom du fleuve des Enfers de la mythologie grecque[10]. Mais, tout comme dans le cas du Charon hellénique dont les Étrusques ont fait un dieu au maillet qui n'a plus grand-chose à voir avec le nocher infernal des Grecs[11], on a affaire à des représentations purement étrusques, se traduisant ici par une pratique rituelle sans équivalent dans le monde grec.

1.2.1. Sources d'information

Aucun auteur n'offre d'exposé véritable sur la question: on est obligé de reconstituer la doctrine et le rituel qui lui était lié à partir d'allusions, toujours rapides et pas très explicites, d'auteurs des IVᵉ/Vᵉ s., soit païens (Servius, Macrobe, Martianus Capella) soit chrétiens (Arnobe, Augustin, *Carmen adversus paganos*). La doctrine étrusque présente en effet une importance particulière dans le contexte de cette époque: par rapport au christianisme qui offrait sa vision des perspectives qui s'ouvrent à l'homme pour une vie par-delà la mort, ce qui subsistait de la religion étrusque à travers sa science religieuse, désormais intégrée dans la religion romaine, était une des alternatives que pouvait proposer le paganisme. Il est significatif qu'elle soit mise en parallèle avec la doctrine des mages de tradition iranienne dans Macr. *Sat*. 2, 142, 4, 12, avec le mythe d'Er chez Platon, les vues de Cicéron et de Varron dans Aug. *civ*. 22, 28. Plus généralement, par ses aspects de religion révélée, fondée sur l'enseignement d'êtres divins (enfant-prophète de Tarquinia Tagès, nymphe Vegoia de Chiusi), et de religion fondée sur des livres, fruit de cette révélation, le fonds étrusque dans la religion romaine connaît alors un regain d'actualité, du fait qu'elle semblait offrir une alternative proprement romaine par rapport aux religions nouvelles, et spécialement au christianisme[12]. Lié à l'action de certains représentants de la «réaction païenne»[13], en particulier Cornelius Labeo, dans la seconde moitié du IIIᵉ s. ap. J.-C.[14], ce renouveau de la vieille religion étrusque concerne tout spécialement la question des rites de déification: Labeo leur avait consacré un ouvrage spécifique (*De diis animalibus*: Serv. *Aen*. 3, 168). Le succès de cette doctrine est démontré par le besoin qu'éprouvent les auteurs chrétiens de la combattre. Cette situation particulière, dans le cadre de la défense du paganisme et de l'apologétique chrétienne, fait que nous sommes relativement bien renseignés sur cette doctrine, mais notre documentation nous met en présence d'un état de celle-ci tributaire d'évolutions et de transformations liées à cette époque. On notera ainsi l'introduction de considérations morales dans le processus de déification, qui ne mettait en jeu que des moyens rituels: un fragment de Labeo explique que les âmes de deux individus qui avaient été des ennemis durant leur vie terrestre ont dû retourner dans leurs corps et se réconcilier avant de bénéficier du statut de *dei animales* (Aug. *civ*. 22, 28). Cette évolution moralisante est typique des adaptations qu'avait subies la doctrine étrusque à époque tardive, qui ont été jusqu'à l'absorption d'éléments d'origine juive ou chrétienne et à l'affirmation claire d'un principe monothéiste[15].

1.2.2. Contenu de la doctrine

1.2.2.1. Procédure du sacrifice de divinisation des défunts

Les livres de l'Achéron indiquaient comment il était possible de transformer les âmes des défunts en *dei animales* (nom en Serv. *Aen*. 3, 168, d'après Labeo, âmes divines, *divinas animas* en Arnob. 2, 62) en effectuant des sacrifices d'un type particulier, consistant à offrir des *hostiae animales* (Serv.

---

10. Sur le nom de ces livres, Pasquali, G., «*Acheruns, Acheruntis*», StEtr 1 (1927) 291–305; de Simone, *Entlehnungen* I 132.
11. De Ruyt, *Charun*; Krauskopf, *Todesdämonen*; LIMC III Charon I/Charu(n).
12. Briquel, *Chrétiens et haruspices* 119–137.

13. de Labriolle, P., *La réaction païenne. Étude sur la polémique antichrétienne du Iᵉʳ au VIᵉ s.* (1934).
14. Sur le personnage Mastandrea, P., *Un neo-platonico latino: Cornelio Labeone* (1979).
15. Briquel, *Chrétiens et haruspices* 119–137. 139–158.

auctus *Aen.* 4, 56, se référant aux haruspices, Macr. *Sat.* 3, 5, 1, se référant au juriste Trebatius et aux haruspices; également Serv. *Aen.* 3, 231; 5, 483; *animalium sacrificium* en Serv. *georg.* 4, 539). Les victimes offertes dans le cadre de ces sacrifices se distinguaient de celles offertes normalement, qui, dans la pratique étrusque où le sacrifice était automatiquement lié à un examen à fins divinatoires du foie et des autres organes de la bête offerte aux dieux (Serv. auctus *Aen.* 4, 56; Macr. *Sat.* 3, 5, 1), donnaient lieu à une consultation haruspicinale. De ce fait, dans le cas du sacrifice habituel, la victime était qualifiée de consultatoire; on la distinguait donc de la victime offerte dans le cas particulier des sacrifices destinés à la divination d'un défunt, si bien que la doctrine étrusque du sacrifice reposait sur une bipartition du sacrifice sanglant, fondée sur la distinction des deux sortes de victimes, animales et consultatoires (Macr. *Sat.* 3, 5, 5: *vel animalibus, vel consultatoriis*).

Les deux catégories de sacrifices ne s'opposaient pas seulement par leur finalité différente. Les *hostiae animales* donnaient lieu à une procédure particulière: la victime était seulement mise à mort (*tantum occidantur*, Serv. *georg.* 4, 539; *tantum immolantur*, Serv. Aen. 3, 231). Le sens de cette limitation de la procédure excluant les phases ultérieures de l'ouverture du corps de la bête, de la découpe des organes pouvant faire l'objet de l'examen par les haruspices, de l'examen de ceux-ci, était de «consacrer la seule âme» de la victime au dieu destinataire de l'offrande (*sola anima deo sacratur*, Serv. auctus *Aen.* 4, 56; Macr. *Sat.* 3, 5, 1). Cela impliquait que les dieux se contentassent de la mise à mort de la bête, du sang qui était alors répandu (le fait que ce soit le sang qui est offert au dieu est précisé en Arnob. 2, 62, d'après les livres de l'Achéron). Par un symbolisme clair liant sang et âme, cela signifiait que la vie même de l'animal, son âme leur était remise – en échange de l'âme du défunt pour lequel, en une sorte de sacrifice de substitution, la victime était offerte. Dès lors ce défunt pouvait bénéficier de la félicité des *dei animales*.

Si le principe est clair, les modalités concrètes de ces sacrifices assurant la divination des défunts restent obscures. Le seul texte qui évoque la nature des victimes et les divinités destinataires de l'offrande est celui d'Arnob. 2, 62, se référant aux livres de l'Achéron, qui reste vague: on donne le sang de «certains animaux» à «certains dieux». Au premier rang des dieux concernés, figuraient de toute évidence les dieux des Enfers. Martianus Capella évoque, à propos des croyances étrusques, que le défunt sera mis en présence de «Vedius et son épouse» (2, 142): on reconnaît là le couple Hadès-Perséphone, *Aita-Phersipnei*, connu par les représentations picturales de la tombe de l'Ogre de Tarquinia et de la tombe Golini I d'Orvieto[16], l'appellation Vedius du souverain du royaume des morts répondant par ailleurs au fait que l'Hadès des Grecs avait dû se superposer dans les représentations étrusques à *Veive/Vetis*, correspondant au Vediovis/Veiovis/Vedius latin. Mais si ces divinités étaient très probablement au nombre des bénéficiaires d'*hostiae animales*, on n'est pas en droit d'exclure d'autres, comme celles qui présidaient à la marche du destin. Quant au choix des victimes, on se fonde sur une formule assez peu claire d'Aulu Gelle (5, 12, 12) pour estimer qu'on procédait alors au sacrifice d'une chèvre. Aulu-Gelle, sans référence à la doctrine étrusque, parle à propos du culte de Vediovis de l'immolation d'une chèvre «selon un rituel humain» (*immolatur ritu humano capra*): l'emploi de l'adjectif «humain» serait ici à comprendre, non dans le sens habituel de l'expression sacrifice humain, c'est-à-dire portant sur l'offrande d'un homme, mais, dans la ligne du lemme *humanum sacrificium* de Paul-Festus, comme signifiant «destiné à un homme» (Paul. *Festi* 91 L.: *humanum sacrificium dicebant, quod mortui causa fiebat*). La chèvre offerte à Vediovis l'aurait été dans un rituel destiné à un homme, et donc dans le cadre d'une offrande de «victimes animales» à la mode étrusque. Une telle interprétation, qui remonte à G. Wissowa, reste inévitablement hypothétique[17].

1.2.2.2. Devenir des défunts bénéficiaires du sacrifice

Selon Servius (*Aen.* 3, 168), Cornelius Labeo identifiait la catégorie des dieux obtenus par la transformation des âmes des défunts, grâce aux sacrifices appropriés, aux dieux Pénates et aux Lares des voies (*dii penates et viales*). Cette définition est à rapprocher d'un autre fragment de Labeo, chez Augustin *civ.* 22, 28, celui, déjà évoqué, à propos des âmes d'anciens ennemis contraintes à faire la paix pour pouvoir accéder au statut de *dei animales*: il est en effet précisé que ces âmes se sont rencontrées à un carrefour (*compitum*). On se trouve en présence des notions, plus ou moins confondues, de Lares des voies et de Lares des carrefours[18], *Lares viales* et *Lares compitales*, qui faisaient l'objet d'un culte lors des Compitalia (Varro *ling.* 6, 25, parlant de *lares viales* et des Compitalia, Paul. *Festi* 108 L., parlant de *lares* sans autre précision et des Compitalia, Schol. Bern. Verg. *georg.* 2, 382 parlant

---

16. (= *LIMC* IV Hades/Aita, Calu **5*–6***, VII Persephone/Phersipnai **7–8**).

17. Wissowa, *Religion* 420 n. 4; interprétation suivie par Mastandrea (n. 14) 108–109, mais rejetée par Capdeville, G., «Substitutions de victimes dans les sacrifices d'animaux», *MEFRA* 83 (1976) 283–323, ici 292–293.

18. Sur le caractère local des Pénates et des Lares, qui étaient au départ liés à un lieu et non à une personne, Wissowa, G., «Die Überlieferung über die römischen Penaten», *Hermes* 22 (1887) 29–57 = id., *Gesammelte Abhandlungen zur römischen Religions- und Stadtgeschichte* (1904) 95–128.

de *lares compitalicii* et de *feriae compitaliciae*). Cette interprétation des *dei animales* est vraisemblablement le résultat d'une adaptation de la doctrine étrusque aux réalités religieuses et cultuelles romaines. Les Compitalia donnaient lieu à la suspension nocturne de poupées de laine, ce qui avait conduit à des explications mettant ces poupées en relation avec les défunts, les divinités infernales ou des processus de substitution. On mettait ces effigies humaines en rapport avec « les âmes des hommes qui étaient passés au nombre des dieux », en tant que Lares (Paul. *Festi* 108 L.). Ou on les interprétait comme une offrande de substitution pour les habitants du lieu: les dieux infernaux, à qui la fête était considérée comme liée, se contenteraient ainsi des effigies et épargneraient les vivants (Paul. *Festi* 273 L.). Ces idées pouvaient aisément se combiner avec les représentations étrusques relatives aux *dei animales*.

Mais c'est peut-être la notion de Pénates qui permet le mieux d'appréhender les conceptions étrusques sous-jacentes. Arnobe évoque, d'après Labeo, une doctrine étrusque qui avait été recueillie par Nigidius Figulus, au Ier s. av. J.-C., selon laquelle il aurait existé quatre catégories de Pénates, ceux de Jupiter, de Neptune, des divinités des Enfers, des hommes mortels (3, 40). On est loin de la conception romaine, ce qui explique la réaction d'étonnement de l'auteur, jugeant cette doctrine « inexplicable ». En réalité, il semble y avoir là un système de répartition des divinités proprement étrusques, appliquant le concept latin de Pénates à diverses catégories du monde divin. Les Étrusques auraient admis une quadripartition de leur panthéon, au sein de laquelle les défunts dont les âmes avaient subi le processus de divinisation exposé dans les livres de l'Achéron auraient formé la quatrième catégorie.[19]

1.2.3. Existence de la doctrine dans la religion étrusque ancienne

La doctrine des *dei animales* est connue par des auteurs tardifs, à un moment où elle avait subi certaines inflexions explicables dans le cadre du paganisme tardif. Il est néanmoins possible d'inférer l'existence de l'essentiel de ces conceptions (croyance en la survie bienheureuse des défunts sous forme de divinités, moyen rituel pour obtenir cette transformation, passant par l'accomplissement de sacrifices particuliers). Nous avons d'ailleurs vu que certains points pouvant être mis en relation avec la doctrine étaient rapportés à des auteurs du Ier s. av. J.-C. La conception des « Pénates des hommes mortels », s'il faut la faire intervenir ici, était référée à Nigidius Figulus. Plus explicitement, la distinction entre deux catégories de sacrifices, celle portant sur des victimes normales et celle faisant intervenir les *hostiae animales*, était rapportée au juriste romain Trebatius, dans son ouvrage *De religionibus* (Macr. *Sat.* 3, 5, 1). Le fait qu'il se réfère, pour la seconde catégorie de victimes, aux haruspices montre qu'il suivait une classification étrusque: elle suppose l'existence de ce rituel dès cette époque. Mais on peut alléguer d'autres témoignages, qui, s'ils ne mentionnent pas explicitement ce type de rituel, ont l'avantage d'en suggérer la mise en œuvre concrète.

1.2.4. Épisode d'Entelle dans l'*Énéide* (5, 362–484)

L'épisode entre dans la série des jeux funéraires célébrés par Énée en Sicile en l'honneur de son père Anchise, alors décédé. Il concerne le combat de boxe, opposant le jeune Troyen Darès à un Sicilien d'âge mûr, Entelle[20]. La rencontre se termine par la victoire complète d'Entelle, aux coups de qui Énée parvient à grand-peine à soustraire Darès. Mais Entelle ne se contente pas, comme les autres vainqueurs des jeux, de recevoir le prix de sa victoire, un taureau. Il abat la bête d'un coup de poing, en précisant qu'il l'offrait aux mânes de son frère défunt, Eryx, comme « une meilleure âme, en échange de la mort de Darès » (5, 483–484). Servius (*Aen.* 5, 483) et Macrobe (*Sat.* 3, 5, 2-5) ont sans doute raison de voir dans la mise à mort du taureau par Entelle en l'honneur de son frère décédé une allusion à la pratique des *hostiae animales*. C'est expressément l'*anima* de la bête qui est offerte, et cela dans un processus de substitution par rapport à un être humain, qui correspond au mécanisme du sacrifice pour la divinisation d'un défunt. Sans qu'on soit en droit d'en conclure que le taureau faisait partie des animaux évoqués par Arnobe pour ce genre de sacrifice, le mode de mise à mort et d'offrande, avec le seul versement du sang, assimilé à l'âme de la bête, correspond bien à ce que les auteurs ultérieurs nous font connaître du rituel des « victimes pour une âme ».

1.2.5. Le sacrifice des 307 prisonniers romains sur le forum de Tarquinia en 358 av. J.-C.

Tite-Live décrit clairement comme un sacrifice humain la mise à mort, survenue sur le forum de Tarquinia, de 307 Romains qui avaient été cap-

---

19. On a rapproché de cette affirmation d'une quadripartition du monde divin le fait que, dans *har.* 10, 20, Cicéron rapporte qu'après un prodige, les haruspices avaient demandé qu'on procédât à des expiations envers Jupiter, Saturne, Neptune et la Terre (auxquels s'ajoutent encore il est vrai les « dieux célestes »), ou la répartition en quatre groupes des seize divinités dont les noms occupent les cases du bandeau extérieur du foie de Plaisance (= *ThesCRA* II 3 a Purification, étr. **13***); voir Maggiani, A., « Qualche osservazione sul fegato di Piacenza », *StEtr* 50 (1984) 54–88, ici 65–67.

20. Voir *LIMC* III Entellus; Suppl. 2009 Entellus.

turés cette année-là par les habitants de la ville étrusque au cours de la défaite qu'ils avaient infligée au consul C. Fabius Ambustus (7, 15, 9-10; cf. 7, 19, 3, à propos de la vengeance des Romains en 354 av. J.-C.): il emploie le verbe *immolarunt*, ont immolés[21]. Cette connotation religieuse est d'autant plus sensible qu'elle s'oppose au recours au vocabulaire normal de l'exécution capitale (par flagellation et décapitation à la hache) lorsque l'historien en arrive aux représailles romaines de 354 av. J.-C. (les 357 Tarquiniens alors mis à mort sur le Forum romain sont décrits comme *virgis caesi ac securi percussi*). On peut penser que ce sacrifice humain, qui ne répond pas à une pratique habituelle chez les Étrusques (voir *ThesCRA* VIII 1 e Institutions, étr. **2.2.3.2**), s'explique dans la logique des *hostiae animales*[22]. Ces Romains ont vraisemblablement été offerts comme victimes sacrificielles pour les Tarquiniens qui étaient tombés dans l'affrontement. On ne peut manquer d'être sensible au fait que cet événement se produit dans une période où le motif de la mise à mort des captifs troyens par Achille au moment des funérailles de Patrocle apparaît fréquemment dans l'art étrusque et est attesté par un nombre non négligeable de documents[23]. De même que le héros grec avait sacrifié douze prisonniers troyens pour permettre à l'âme de son compagnon (représentée comme *hinthial patrucles*, âme de Patrocle, dans la peinture de la tombe François) d'échapper à la condition d'esprit errant et de gagner un séjour stable dans l'au-delà, les Étrusques de 358 av. J.-C. ont dû vouloir assurer à leurs compatriotes décédés, par le sacrifice des 307 Romains, la condition enviable que leur promettaient les livres de l'Achéron. La logique des «sacrifices pour une âme» permet de comprendre ce qui s'est alors passé à Tarquinia, ce qui induit à penser que la doctrine était déjà établie à cette époque et répondait à une pratique rituelle effective. Mais rien ne laisse supposer qu'elle se soit, en dehors de ce cas, traduite par des sacrifices humains. Ce recours, dont il est à penser qu'il est resté exceptionnel au cours de l'histoire pourtant pluriséculaire des guerres entre Rome et les cités étrusques, doit s'expliquer dans la logique d'identification de leurs adversaires Romains aux Troyens et d'eux-mêmes aux Grecs qui s'étaient emparés d'Ilion, qui paraît avoir été mise en œuvre par les Étrusques du IVe s. av. J.-C. dans leurs conflits avec Rome et dont le décor pictural de la tombe François, dans l'interprétation de F. Coarelli, serait l'illustration la plus nette[24].

DOMINIQUE BRIQUEL

2. Riti e culti in necropoli dell'Etruria propria

BIBLIOGRAFIA GENERALE: Camporeale, *Etr* 131-152; *id.*, «Purificazione. Mondo etrusco», in *ThesCRA* II (2004) 36-44. 48-49; *id.*, «The Deified Deceased in Etruscan Culture», in Bell, S./Nagy, H. (edd.), *New Perspectives on Etruria and Early Rome* (2009) 220-250 (= Camporeale); Colonna, *Santuari* in particolare 116-126; *id.*, «Sacred Architecture and the Religion of the Etruscans», in de Grummond/Simon, *Religion* 132-168 (= Colonna 2); *id.*/Di Paolo, E., «Il letto vuoto, la distribuzione del corredo e la 'finestra' della Tomba Regolini-Galassi», in *Etrusca et Italica. Scritti in ricordo di M. Pallottino* (1997) 157-158; Comella, A., «Luoghi di culto: mondo etrusco, italico e romano. Sepulcrum (Etruria)», *ThesCRA* IV (2005) 320-324; Edlund, I. E. M., *The Gods and the Places* (1987) in part. 69-72; *ead.*, «Ritual Space and Boundaries in Etruscan Religion», in de Grummond/Simon, *Religion* 116-131; Giglioli/Camporeale, *RelEtr* 539-672; Krauskopf, I., «The Grave and Beyond in Etruscan Religion», in de Grummond/Simon, *Religion* 66-89; Maggiani, A./Simon, E., «Il pensiero scientifico e religioso», in Cristofani, M. (ed.), *Gli Etruschi. Una nuova immagine* (1984) 136-167; Pallottino, M., *Etruscologia*[7] (1984) 323-346; Pfiffig, *RelEtr* 162-208; Prayon, F., «Reditus ad maiores. Ein Aspekt etruskischer Jenseitsvorstellungen», *RM* 111 (2004) 45-67; Rafanelli, S., «Il sacrificio nel mondo etrusco. Aree funerarie», in *ThesCRA* I (2004) 161-163; Steiner, D., *Jenseitsreise und Unterwelt bei den Etruskern* (2004); Steingräber, S., «Le culte des morts et les monuments de pierre des nécropoles étrusques», in Gaultier/Briquel, *Les plus religieux* 97-116; Torelli, M., *Storia degli Etruschi* (1981) 87-112 (= Torelli 1); *id.*, *Religione* 159-237; *id.*, *Rango passim*; *id.*, «Funera Tusca: Reality and Representation in Archaic Tarquinian Painting», in Bergmann, B./Kondoleon, C. (edd.), *The Art of Ancient Spectacle* (1999) 147-161; Warden, G., «The Blood of the Animals. Predation and Transformation in Etruscan Funerary Representation», in Bell, S./Nagy, H. (edd.), *New Perspectives on Etruria and Early Rome* (2009) 198-219.

2.1. Premessa

Le fonti sui riti e culti in necropoli dell'Etruria sono epigrafiche (in lingua epicoria), letterarie e archeologiche. Di esse ha già discusso D. Briquel (**1**). Mette conto aggiungere che una notevole limitazione alla nostra informazione è data dalla perdita sia delle opere della letteratura etrusca sia delle traduzioni in latino di esse, specialmente se si tiene presente che la maggior parte

---

21. Le passage parallèle de Diod. 16, 45, 8 (qui ne fait état que de 260 victimes romaines), montre l'emploi d'un vocabulaire neutre (*ethanatôsan*, furent mis à mort).
22. Voir sur la question Briquel, D., «Sur un épisode sanglant des relations entre Rome et les cités étrusques: les massacres de prisonniers au cours de la guerre de 358/351», dans *La Rome des premiers siècles, légende et histoire. Table ronde en l'honneur de M. Pallottino* (1992) 37-46.
23. Liste des exemples Hartmann, B., dans *Artigianato artistico in Etruria*, cat. d'exposition Chiusi/Volterra (1985) 208-212; Weber-Lehmann, C., dans *Die Etrusker*, cat. d'exposition Hambourg (2004) 208-211; *cf. LIMC* I Achilleus/Achle **85-94**. La coïncidence a été relevée par Torelli, M., «Delitto religioso: qualche indizio sulla situazione in Etruria», dans *Le délit religieux* (1981) 1-7, ici 3-4.
24. Coarelli, F., «Le pitture della tomba François a Vulci: una proposta di lettura», *DdA* 3 ser. 1 (1983) 43-64 = *id.*, *Revixit ars, arte e ideologia a Roma, dai modelli ellenistici alla tradizione repubblicana* (1996) 138-178.

era di argomento religioso. I *libri Acherontici*, in particolare, dovevano contenere molte notizie attinenti all'argomento in questione[25]. I dati a nostra disposizione non sempre sono perspicui, a volte il culto in necropoli è solo un'ipotesi: ad alcuni di questi casi si fa riferimento nel testo seguente con lo scopo di offrire un quadro più documentato, che possa valere di base per ricerche future.

Il rito funebre, a prescindere dall'incinerazione o inumazione del cadavere, comporta diverse cerimonie come la *prothesis*, la purificazione del defunto e dei familiari, l'*ekphora*, la deposizione del cadavere nella tomba, la raccolta e la composizione del corredo, un sacrificio e/o una libagione, un simposio o un banchetto, gare sportive, danze: cerimonie, che in parte si svolgevano in necropoli e che fanno ipotizzare un culto dei morti. In stretta connessione con tali cerimonie sono alcuni manufatti rinvenuti nei corredi funebri: si pensi al letto per la *prothesis*, al carro per l'*ekphora*, alle patere per la libagione, ai vasi potori e ai piatti per il simposio e il banchetto, ai coltelli per tagliare la carne da consumare nel banchetto. Le operazioni suddette possono variare a seconda della cronologia, delle località, delle condizioni economicosociali della comunità – famiglia o clan – cui apparteneva il defunto. Ne consegue che le considerazioni deducibili dall'analisi delle singole testimonianze vanno apprezzate ciascuna in se stessa e non generalizzate.

Una distinzione tra il culto dei morti (o antenati) e quello delle divinità infere, ambedue di norma praticati in necropoli, non sempre si può cogliere precisamente nel mondo degli Etruschi, in quanto secondo una loro credenza i morti, dopo alcuni sacrifici (non noti) ad alcune divinità (non note), potevano essere divinizzati (Arnob. 2, 62; Serv. *Aen*. 3, 168).

Alcune manifestazioni rituali, legate al contesto funerario, hanno una diffusione larga che prescinde dalla diversità di località o di tempo. È il caso dell'impiego in tombe a pozzetto dei secoli IX-VIII a.C. (facies villanoviana) del cinerario biconico con una sola ansa o con una delle due anse spezzata, beninteso nel caso che originariamente ce ne fossero state due, o della consuetudine di piegare o spezzare le armi deposte nelle tombe: manifestazioni che valgono a dichiarare l'inutilizzabilità dei suddetti manufatti da parte dei vivi in quanto proprietà del defunto. Si tratta di atti, che hanno il valore di una consacrazione degli oggetti e che si spiegano con un culto dei morti. A volte si rinvengono nelle tombe di VII e VI sec. a.C. statuette di bucchero nell'atteggiamento di piangenti (esemplari dal tumulo di Poggio Gallinaro a Tarquinia e dalla necropoli di Campovalano di Campli) o statue-busto in pietra che rappresentano piangenti (esemplari da Vulci, Vetulonia, Chiusi, Cortona), o si applicano figurine di piangenti sui cinerari – ad esempio quelli di VII sec. a.C. di tipo Gualandi da Chiusi (tav. 62, 1) – o sulle anse di brocchette di età villanoviana – ad esempio una dal corpo gemino da Vetulonia – o di kantharoi d'impasto – ad esempio quelli di tipo falisco di età tardo-villanoviana e orientalizzante – o di kyathoi di bucchero della prima metà del VI sec. a.C.[26]: l'intento è di assicurare al defunto un compianto perenne, e cioè di perpetuare un uso comune durante la *prothesis* e l'*ekphora*, perciò ancora una volta un atto rituale che contiene una traccia indicatrice di un culto dei morti. L'interpretazione delle statue a figura umana rinvenute nei contesti tombali orientalizzanti, ad esempio nel tumulo della Pietrera di Vetulonia o in quello del Mulinello di Asciano (SI) (tav. 62, 2)[27], non è univoca – piangenti, defunti titolari della tomba, antenati premorti, demoni psicopompi[28] –, in ogni caso sempre personaggi attinenti a un culto dei morti in necropoli.

Talune testimonianze del cerimoniale funebre, che possono avere luogo anche in area di necropoli, pur essendo occasionali e perciò attinenti alla ritualità, contengono indizi per culti a divinità o demoni che avevano una valenza funeraria. Eloquenti a questo riguardo sono le iscrizioni dedicatorie, che si trovano su manufatti – etruschi e greci – associati a corredi funerari d'Etruria compresi tra il VII e il IV-III sec. a.C. È il caso di dediche a *Vanth* su un aryballos etrusco-corinzio da Marsiliana d'Albegna (*mi malak vanth*; ET AV 2.3) e su una ciotola a vernice nera da Spina (*mi vant*) o a *Charun* su una coppa di Oltos da Tarquinia (*cha-*

---

25. *Cf.* Briquel, D., «Regards étrusques sur l'au-delà», in Hinard, F. (ed.), *La mort, les morts et l'au-delà* (1987) 263-277; *id.*, «Cornelius Labeo et la réaction païenne», *Caesarodunum* Suppl. 66 (1999) 51-62; Capdeville, G., «Les livres sacrés des Étrusques», in Heintz, J.-G. (ed.), *Oracles et prophéties dans l'antiquité* (1997) 457-508; Mastandrea, P., *Un neoplatonico latino Cornelio Labeone* (1979); Pairault-Massa, F.-H., «Libri Acherontici – Sacra Acheruntia. Culture grecque et Etrusca disciplina», *AnnFaina* 5 (1988) 82-103.

26. Camporeale, G., «Le scene etrusche di 'protesi'», *RM* 66 (1959) 31-44; Dohrn, T., «Totenklage im frühen Etrurien», *RM* 83 (1976) 195-205; Delpino, F., «Brocchette a collo obliquo dall'area etrusca», in Paoletti, O. (ed.), *Etruria e Sardegna centro-settentrionale tra l'età del Bronzo Finale e l'Arcaismo* (2002) 382; Bartoloni, G., *Le società dell'Italia primitiva* (2003) 143-145; Camporeale, G., «Dall'agro falisco e capenate all'agro volsiniese e all'alta valle del Fiora», *AnnFaina* 12 (2005) 278. – Tav. 62, 2: Urna Gualandi. Chiusi, Mus. Naz.

27. Hus, A., *Recherches sur la statuaire en pierre étrusque archaïque* (1961) 23-35. 97-134; Mangani, E., «Asciano. Le sculture tardo-orientalizzanti del tumulo del Molinello», *StEtr* 56 (1989-90) 57-68; Bartoloni (n. 26); Minetti, A., *L'Orientalizzante a Chiusi e nel suo territorio* (2004) 456. Tav. 62, 2: Chiusi, Mus. Naz. 2258. Hus *o.c.* 62 n° 9 tav. 31, 9.

28. Van Kampen, I., «Stone Sculpture in the Context of Etruscan Tombs: a Note on its Position», in Gleba, M./Becker, H. (edd.), *Votives, Places and Rituals in Etruscan Religion. Studies in Honor of J. MacIntosh Turfa* (2009) 137; Camporeale.

rus; *ET* Ta 7.77)[29], dediche che possono spiegarsi come aggiunte specifiche e qualificative di vasi pertinenti alla cerimonia funebre: la cura del cadavere per l'aryballos di Marsiliana d'Albegna, la libagione per la ciotola da Spina e per la coppa da Tarquinia. Altre iscrizioni, sempre su vasi provenienti da tombe, sono dediche a divinità celesti, come ai Dioscuri su una coppa firmata dal ceramografo Oltos e dal ceramista Euxitheos da Tarquinia (*itun turuce venel atelinas tinas cliniiaras*; *ET* Ta 3.2), o a *Kavtha* su una glaux attica a f. r. da Populonia (a] *karmu kavtaś turke,* b] *Kavtha*; *ET* Po 3.2), o a *Thesan* su una ciotola a vernice nera da Spina (*turce thesa/ś/melutu*; *ET* Sp 3.1), o ad Apollo – in lingua greca – su due askoi dei primi del IV sec. a.C. da Spina. È molto probabile, come è stato suggerito (Colonna) sulla base di alcuni passi di Apuleio (*apol.* 55, 8; 56, 1; 56, 8), che i manufatti con dediche a divinità fossero consegnati in qualità di *signa et monumenta* dai sacerdoti ai proseliti del culto di una divinità al momento dell'iniziazione e che in seguito diventassero oggetto di culto in ambito privato da parte dell'iniziato. Quando il manufatto inscritto veniva associato a un corredo funebre – e questo è il caso delle testimonianze citate –, il culto si trasferiva dalla casa nella tomba: in altre parole, il defunto agiva nella tomba, sua nuova dimora, come in ambiente domestico; pertanto la tomba e le relative pertinenze erano luogo sacro. Il dato nuovo è che il culto assumeva una connotazione ctonia[30].

Particolare interesse rivestono le testimonianze afferenti alla sfera di Dioniso-*Fufluns*[31]. Le scene di simposio o di danze orgiastiche, dipinte in tombe di Tarquinia dalla seconda metà del VI fino alla seconda metà del IV sec. a.C. o scolpite sui cippi funerari chiusini e su stele fiesolane della fine del VI e della prima metà del V sec. a.C., fanno pensare a un culto di Dioniso in ambito funerario verisimilmente con una funzione salvifica: è significativo che nella tomba tarquiniese delle Leonesse (ca. 520–510 a.C.), per giunta sulla parete di fondo, la rappresentazione di danza sia incentrata intorno a un grande cratere, decorato fra l'altro con un ramo d'edera (tav. 62, 3)[32], e proponga un quadro (dionisiaco) che coinvolge i simposiasti delle pareti laterali. Anche la tomba tarquiniese 1999 (ultimi anni del VI sec. a.C.), malgrado ampie lacune, presenta nel quadro dipinto sulla parete destra satiri danzanti[33]. Decisamente più esplicita al riguardo è la rappresentazione di Dioniso e Sileni nel frontone della tomba tardo-arcaica omonima di Tarquinia (oggi perduta)[34]. È indicativo che dal VI fino ai primi del III sec. a.C. vasi attici ed etruschi da simposio a figure nere e rosse (crateri, anfore, pelikai, stamnoi, psykteres), e perciò legati a manifestazioni dionisiache, siano stati usati come cinerari per defunti cremati; sarà il caso di precisare che spesso anche i soggetti dipinti sui vasi suddetti hanno attinenza con il mondo dionisiaco[35]. La stessa ideologia presuppongono i sileni psicopompi (o le teste sileniche), che ritornano nel reperto-

---

29. von Vacano, O. W., «Vanth-Aphrodite. Ein Beitrag zur Klärung etruskischer Jenseitsvorstellungen», in *Hommages à A. Grenier* (1962) 1531–1553; Cristofani, M., «Un'iscrizione arcaica da Marsiliana d'Albegna», *StEtr* 37 (1969) 283–287; Rallo, A., *Lasa. Iconografia e esegesi* (1974) 50–53; Spinola, G., «Vanth, osservazioni iconografiche», *RdA* 11 (1987) 56–67; Jannot, J.-R., «Charôn et Charun. À propos d'un démon funéraire étrusque», *CRAI* (1991) 443–464; *id.*, «Charu(n) et Vanth, divinités plurielles», in Gaultier/Briquel, *Les plus religieux* 139–166 (con bibl.); Paschinger, E., *Die etruskische Todesgöttin Vanth* (1992); Colonna, G., «Divinités peu connues du panthéon étrusque», in Gaultier/Briquel, *Les plus religieux* 167–184; Maggiani, *Vasi att. con dediche* 24 A. 3; Bonamici, M., «Tra la vita e la morte tra Vanth e Turms Aitas», in Adembri, B. (ed.), *Aeimnēstos. Miscellanea di studi per M. Cristofani* (2006) 522–538; Tuck, A., «On the Origin of Vanth: Death Harbingers and Banshees in the Etruscan and Celtic Worlds», in Bell, S./Nagy, H. (edd.), *New Perspectives on Etruria and Early Rome* (2009) 251–263.
30. Sulla questione Colonna, G., «Riflessioni sul dionisismo in Etruria», in Berti, F. (ed.), *Dionysos. Mito e mistero* (1991) 117–155 (= *id.*, *Italia ante Romanum imperium* [2005] 2015–2041); *id.*, «L'iscrizione del cratere di Pyrgi con Eracle bevitore», in Maggiani, *Vasi att. con dediche* 94–98.
31. Sul Dionisismo in Etruria: Adinolfi, G./Carmagnola, R./Cataldi, M., «La tomba dei Demoni Azzurri: le pitture», in Gilotta, F. (ed.), *Pittura parietale, pittura vascolare. Ricerche in corso tra Etruria e Campania* (2005) 47–48; Colonna (n. 30); Cristofani, M., «Mystai kai Bakkhoi. Riti di passaggio nei crateri volterrani», *Prospettiva* 80 (1995) 2–14 (= *id.*, *Scripta selecta* [2001] 869–888); *id.* «Itinerari iconografici nella ceramografia volterrana», in Maetzke,

G. (ed.), *Aspetti della cultura di Volterra etrusca fra l'età del ferro e l'età ellenistica* (1997) 175–192; *id.*/Martelli, M., «Fufluns Pachies. Sugli aspetti del culto di Bacco in Etruria», *StEtr* 46 (1978) 119–133; Gallon-Sauvage, A.-L. P., «Un delfino dionisiaco nella tomba dell'Orco di Tarquinia?», in *Dinamiche di sviluppo delle città nell'Etruria meridionale* (2005) 415–421; Krauskopf 77; *ead.*, «Die Verehrer des Dionysos in Etrurien», in Adembri (n. 29) 611–619; MacIntosh Turfa, J., «Votive Offerings in Etruscan Religion», in de Grummond/Simon, *Religion* 95; Massa-Pairault, F.-H., *Recherches sur l'art et l'artisanat étrusque-italique à l'époque hellénistique* (1985) 136–138; *ead.*, «Religion étrusque et culture grecque. Quelques problèmes», in Gaultier/Briquel, *Les plus religieux* 325–353; Reusser, C., «Una tomba visentina nel Museo Archeologico di Chiusi. Considerazioni sulla fase arcaica di Bisenzio», *Prospettiva* 70 (1993) 75–85; Torelli, M., «*Limina Averni*: realtà e rappresentazioni nella pittura tarquiniese arcaica», *Ostraka* 6 (1997) 63–93; Werner, I., *Dionysos in Etruria: The Ivy Leaf Group* (2005).
32. (= *ThesCRA* II 4 a Banchetto, etr. **10**, 4 c Musica, etr. **21***) Tarquinia, Tomba delle Leonesse, parete di fondo. Steingräber, *PittEtr* 96–103 n° 77.
33. (= *ThesCRA* II 4 a Banchetto, etr. **13**, 4 b Danza **341**) Tarquinia, Tomba 1999. Steingräber, *PittEtr* 363–364 n° 141.
34. (= *LIMC* Suppl. 2009 Dionysos/Fufluns **4**) Tarquinia, Tomba con Dioniso e Sileni, parete di fondo, frontone. Steingräber, *PittEtr* 307–308 n° 59.
35. Sull'argomento, ultimamente e con bibl. Massa, M., «Su un cratere del Pittore di Meleagro dal Padule di Bientina», in Bruni, S./Caruso, T./Massa, M. (edd.), *Archaeologica Pisana. Scritti per O. Pancrazzi* (2004) 282–284.

rio figurativo delle stele felsinee del tardo V sec. a.C.[36], o le raffigurazioni del mito di Dioniso e Arianna ricorrenti nei frontoni di edicole funerarie da Tarquinia e da Vulci della seconda metà del IV e del III sec. a.C.[37]. Si tratta di dati della tradizione figurativa, che hanno avuto attinenza con fatti cultuali. A questi modi con cui il defunto si (auto)presenta come iniziato al culto dionisiaco, se ne possono aggiungere altri in grado di rispecchiare l'identità dello stesso defunto attraverso l'adesione alle pratiche dionisiache: iscrizioni dedicatorie a *Fufluns* su vasi di corredi tombali vulcenti del V sec. a.C.[38]; mascherine fittili che riproducono Dioniso o personaggi del suo corteggio, rinvenute in tombe di Tarquinia e dintorni della fine del IV e del III sec. a.C.[39]; defunti distesi su coperchi di sarcofagi da Tarquinia e dal suo territorio di IV e III sec. a.C., caratterizzati da simboli dionisiaci (cerbiatto, kantharos, craterisco, tirso)[40]. Ciò che va ribadito è che un iniziato al culto di Dioniso in vita resta tale anche dopo la morte. Il fatto significa la pratica di questo culto in necropoli. Infine non va dimenticato che, secondo una credenza affermata nel mondo greco (Herakl., *VS* 22 B 15), Dioniso era considerato identico ad Ade, il dio degli Inferi, e ambedue erano coinvolti nella festa delle Lenee.

Anche Apollo deve avere avuto una valenza funeraria in Etruria e, conseguentemente, un culto nelle necropoli: la diffusione dell'alloro, con allusione al bosco sacro ad Apollo Timbreo, nelle tombe dipinte di età tardo-arcaica e subarcaica di Tarquinia o l'ipotesi di interpretare *Śuri*, l'equivalente etrusco del greco Apollo, come il «nero» ne sono validi indizi[41].

La distinzione relativa al carattere privato o pubblico di un rito o di un culto (in necropoli) si può seguire nell'intero arco di sviluppo della civiltà etrusca, per cui è parso opportuno articolare la trattazione in due parti, relative a questi due parametri, ciascuna delle quali è ulteriormente suddivisa secondo i grandi periodi storici. Del resto la stessa distinzione tra privato e pubblico nel mondo etrusco è documentata nel servizio degli aruspici (Liv. 5, 15, 6).

2.2. Il culto privato

Il culto privato ha luogo all'interno della tomba o, più comunemente, nelle immediate adiacenze o in pertinenze della stessa (dromos, sommità del tumulo, terrazza di copertura), che fungono da *loca dis sacrata sine tecto* (Paul. *Festi* 318 L.); coinvolge una piccola comunità, famiglia nucleare o *gens* o clan; risale ai primordi della civiltà etrusca (facies villanoviana); è uno status symbol del defunto o della comunità di appartenenza nell'intero arco di sviluppo della civiltà etrusca; è rivolto di norma agli antenati (*parentes*), che – come s'è detto sopra – con alcuni sacrifici in onore di alcuni dei potevano conseguire l'immortalità ed essere divinizzati, o anche a divinità ctonie o meno frequentemente a divinità del pantheon celeste, che nella fattispecie assumevano una valenza ctonia[42]. In questo contesto sia gli antenati sia gli dei possono essere rappresentati da statue o, in loro vece, da cippi, i quali talvolta riportano il nome del defunto[43]; gli apparati potevano avere caratteri particolari (ad esempio altari – che sono ovviamente il sito in cui si svolgevano materialmente le operazioni sacrificali – a forma di trono, di bronzo o ricavati nella pietra, o altari di pietra con cuppelle sul piano e/o attraversati in senso verticale da un foro pervio, che assicurava il passaggio del sangue della vittima direttamente nella terra[44]); l'officiante doveva essere il *pater familias* o il *pater gentis*. Se-

---

36. Ducati, P., «Le stele funerarie felsinee», *MonAnt* 20 (1912) 402-403 n° 76; 112 n° 94; teste sileniche: 377-378 n° 17 fig. 66; 399 n° 67; 410 n° 89 fig. 67; 419 n° 111 fig. 68; 653-655.

37. (= *LIMC* IV Dionysos/Fufluns 62*) Minto, A., «Edicole funerarie etrusche», *StEtr* 8 (1934) 107-118; Oleson, J.-P., *The Sources of Innovation in Later Etruscan Tomb-Design (ca. 350-100 B.C.)* (1982); Bonamici, M., «L'edicola di Ponte Rotto a Vulci», in Maetzke, G. (ed.), *La coroplastica templare etrusca fra il IV e il II s. a.C.* (1992) 127-138; Comella 161-162.

38. Cristofani/Martelli (n. 30).

39. Stefani, G., «Maschere fittili etrusche di età ellenistica», *AnnPerugia* 17 (1979-80) 271-287.

40. Herbig, *EtrSark* 37 n° 64; 38 n° 67; 62 n° 119.

41. Simon, E., «Die Tomba dei Tori und der etruskische Apollokult», *JdI* 88 (1973) 27-42. Sull'elemento vegetale nel repertorio decorativo delle tombe arcaiche di Tarquinia, da ultimo, Fontaine, P., «Plantes et nature dans la peinture funéraire étrusque. Observations à propos de la tombe de la Chasse et de la Pêche à Tarquinia», in Bruni, S. (ed.), *Etruria e Italia preromana. Studi in onore di G. Camporeale* (2009) 373-378; Colonna, G., «L'Apollo di Pyrgi, Śur/Śuri (il 'Nero') e l'Apollo Sourios», *StEtr* 73 (2007) 101-134.

42. Pallottino, M., «Il culto degli antenati in Etruria ed una probabile equivalenza lessicale etrusco-latina», *StEtr* 26 (1958) 49-83; Steingräber; Bartoloni (n. 26) 70-72; Camporeale.

43. Comella 211-213; Steingräber, S., «Etruskische Monumentalcippi», *ArchCl* 43 (1991) 1079-1102; Steingräber; Van Kampen 144; Kaimio, J., *The Cippus Inscriptions of Museo Nazionale di Tarquinia* (2010).

44. Colonna, G., «Riflessioni preliminari sulle scoperte di Pyrgi», in *Die Göttin von Pyrgi* (1981) 27; id., «Il dokanon, il culto dei Dioscuri e gli aspetti ellenizzanti della religione dei morti nell'Etruria tardo-arcaica», in *Scritti di antichità in memoria di S. Stucchi. StudMisc* 29 (1996) II 165-166; id., «La 'disciplina' etrusca e la dottrina della città fondata», *StRom* 52 (2004) 307-308; Colonna 2; Cristofani, M., «La tomba del Tifone», *MemLinc* s. 8, 14 (1969) 214; Damgard Andersen, H., «The Etruscan Ancestral Cult. Its Origin and Development and the Importance of Anthropomorphization», *AnalRom* 21 (1993) 52-53; Euwe-Beaufort, J., «Altari etruschi», *BABesch* 60 (1985) 100-105; Pfiffig, *RelEtr* 75-80; Prayon, F., *Frühetruskische Grab- und Hausarchitektur* (1975) 81-115; Steingräber, S., «Überlegungen zu etruskischen Altären», in Blanck, H./Steingräber, S. (edd.), *Miscellanea archaeologica T. Dohrn dedicata* (1982) 103-116; Thuillier, J.-P., «Autels d'Étrurie», in Etienne/Le

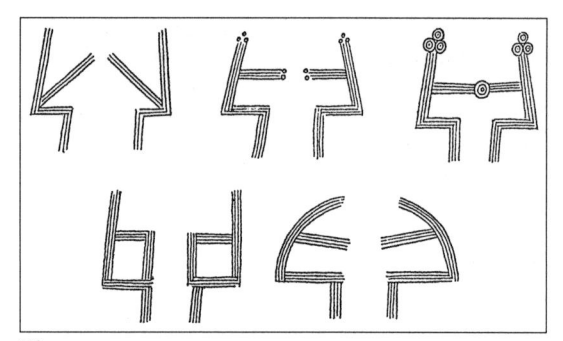

Fig. 1

gni di sacrifici funebri sono il rinvenimento di ossa di animali fra i resti del defunto incinerato, ossa che a volte sono di un animale bruciato insieme con il cadavere e a volte di un animale ucciso e cotto a bassa temperatura (resti di un banchetto funerario), il seppellimento di animali domestici accanto al corpo del padrone defunto (per lo più cani e cavalli). Queste situazioni si colgono nell'intero arco di sviluppo della civiltà etrusca e in diverse località interessate a questa civiltà[45].

Il Villanoviano

Nel Villanoviano, prescindendo dalla deposizione del defunto nella tomba che è comunque un atto rituale, sono pochi e di interpretazione non sempre univoca i dati che indiziano forme di culto in necropoli, sempre di tipo privato. Ecco qualche esempio. La rappresentazione delle due figurine schematiche incise all'altezza dell'ansa dei cinerari biconici è stata interpretata variamente: banchetto, conversazione, commiato, ierogamia, barca solare e anche incontro del defunto con l'antenato, che equivarrebbe a culto degli antenati (fig. 1)[46]. Il largo ventaglio di proposte ermeneutiche, che rivela la complessità della questione, suggerisce di usare prudenza nell'accoglierne una come base per deduzioni di carattere più generale. Lo stesso si può dire del gruppo plastico di due figurine di sesso diverso abbracciate su un coperchio di cinerario da Chiusi (tav. 63, 1)[47] o di due affiancate su uno da Pontecagnano[48]: anche in questi casi le interpretazioni sono varie, di tipo sia religioso sia profano, per cui la scelta nell'uno o nell'altro senso è impegnativa e compromette giudizi più generali. La scena di danza armata resa con figurine plastiche intorno a un essere mostruoso sulla spalla e sul coperchio di un vaso bronzeo da una tomba di Bisenzio (decenni centrali della seconda metà dell'VIII sec. a.C.), scena di cui fa parte anche un cacciatore e un personaggio che spinge un bue (al sacrificio? in onore di quale divinità?), ha senza dubbio un carattere rituale e cultuale con il chiaro intento di connotare il ceto elevato del destinatario-defunto, dei familiari e forse anche dei partecipanti alla danza, ma non si può dire nulla di più preciso sul culto relativo[49]. Anche il motivo della barca solare, originario dell'area centro-europea nell'età del Bronzo Finale e diffuso nella produzione dell'Italia centrale e settentrionale del Primo Ferro, è stato riferito al viaggio del defunto dopo la cremazione del corpo verso la divinità solare: il fatto è che il motivo ritorna su manufatti fabbricati per uso funerario (cinerari biconici o a capanna), ma anche su manufatti, provenienti sì da tombe, che però non hanno avuto come prima destinazione quella funeraria (armi, rasoi, morsi di cavallo, incensieri)[50]. Certamente a un culto dei morti rimandano le nicchie a fianco di tombe a pozzetto e a fossa, diffuse nell'agro falisco e veiente durante il Villanoviano recente, nicchie ricavate nella roccia e destinate a conservare gli oggetti di carattere votivo del corredo funebre[51]. Valore rituale devono avere avuto le deposizioni di animali, per lo più cani e/o bovidi, accanto a tombe (segni di sacrifici in onore del

---

Dinahet, *L'espace sacrificiel* 245-246; Menichelli, S., «Etruscan Altars from the 7th to the 4th Centuries B.C.: Typology, Function, Cult», *Etruscan Studies* 12 (2009) 99-129.

45. Sulla questione, ultimamente, Becker, M. J./MacIntosh Turfa, J./Algee-Hewitt, B., *Human Remains from Etruscan and Italic Tomb-Groups in the University of Pennsylvania Museum* (2009) 104-109.

46. Hencken, H., *Tarquinia, Villanovans and Early Etruscans* (1968) 29-30; De Angelis, D., *La ceramica decorata di stile 'villanoviano' in Etruria meridionale* (2001); Jannot, J.-R., «Sur quelques rites villanoviens, et sur leur permanence», *StEtr* 65-68 (2002) 3-12; Donati, L., «La coppia di figure sedute incise sui cinerari biconici: gli esempi di Tarquinia», in Paoletti, O. (ed.), *Dinamiche di sviluppo delle città nell'Etruria meridionale. Veio, Caere, Tarquinia, Vulci* (2005) 371-382.

47. Chiusi, Mus. Arch. 62655 (1289). Camporeale, G., *La caccia in Etruria* (1984) 26-27.

48. Pontecagnano, Mus. Arch. 13769. D'Agostino, B., «Il coperchio di cinerario di Pontecagnano», *PP* 18 (1963) 62-70.

49. (= ThesCRA I 2 a Sacrifici, etr. **15***, II 3 a Purificazione, etr. **119**, 4 b Danza **122**) Roma, Villa Giulia 57066. Camporeale, G., «La danza armata in Etruria», *MEFRA* 99 (1987) 16-28; Maggiani, A., «Réflexions sur la religion étrusque 'primitive', de l'époque villanovienne à l'époque archaïque», in Gaultier/Briquel, *Les plus religieux* 439; Torelli, *Rango* 33-46.

50. von Merhart, G., *Hallstatt und Italien* (1969) 338-364; Peroni, R., *L'Italia alle soglie della storia* (1996) 21; De Angelis (n. 46); Dolfini, A., «Le simbologie ornitomorfe in Italia durante il Bronzo Finale: prospettive di analisi», in Negroni Catacchio, N. (ed.), *Preistoria e protostoria in Etruria. Miti simboli decorazioni. Ricerche e scavi* (2004) 307-318; Iaia, C., «Lo stile della 'barca solare ornitomorfa' nella toreutica italiana della Prima Età del Ferro», in Negroni Catacchio, *o.c.*, 279-305; id., «I bronzi laminati del Primo Ferro italiano come indicatori cronologici a vasto raggio e problemi interpretativi», *Mediterranea* 1 (2004) 95-96; id., *Produzioni toreutiche della Prima Età del Ferro in Italia centro-settentrionale. Stili decorativi, circolazione, significato* (2005) 223-237; Camporeale, G., «La barca solare nella cultura villanoviana: evoluzioni iconografiche e semantiche», in Amann, P. (ed.), *Öffentliche und private Kulte bei den Etruskern und ihre Auswirkungen auf Politik und Gesellschaft* (c.d.s.).

51. Sull'argomento, ultimamente, MacIntosh Turfa 95.

defunto), e anche di parti di animali mescolate con le ossa combuste (resti del banchetto funebre o offerte per il pasto del defunto)[52]. Gli esempi addotti presuppongono certamente riti in primo luogo della vita quotidiana e in secondo luogo dell'ambito funerario. È difficile dire in che misura e con quali modalità questi riti si svolgessero in aree di necropoli. L'occasione e il momento di svolgimento è la deposizione di un defunto nella tomba, ma non sempre si può pensare ad atti ripetuti in un preciso luogo, e quindi a un culto, perché le tombe di IX e VIII sec. a.C. in Etruria, a pozzetto o a fossa e di norma senza segnacolo, erano coperte di terra e perciò non facilmente riconoscibili: ciò che rendeva difficile un rapporto tra mondo dei vivi e mondo dei morti.

L'Orientalizzante

In appositi ambienti di tombe a camera con tumulo del VII sec. a.C., ad esempio le tombe delle Cinque Sedie (tav. 63, 2)[53] o Campana 1[54] di Caere, sono ricavati nella roccia taluni apparati sacrificali, come tavole o cesti o altari, da riferire, secondo l'opinione corrente, ai defunti titolari della tomba perché essi continuassero a praticare in onore degli antenati atti sacri che da vivi praticavano probabilmente in casa[55]. Forse la stessa destinazione devono aver avuto i vestiboli a pianta circolare di alcune tombe ceretane del VII sec. a.C. (Animali Dipinti, Nave, Croci, Banditaccia 50)[56], vestiboli che non presentano tracce di deposizione e che a volte sono decorati con pitture, i quali nella forma della pianta conservano un ricordo della capanna villanoviana: un esempio di conservativismo, che è piuttosto comune nell'ambito religioso. Del resto, le tombe (a camera) erano chiuse da blocchi di tufo o da un lastrone pesantissimo, la cui rimozione, faticosissima, si giustifica per una nuova deposizione e non per occasioni periodiche e magari anche ravvicinate. In definitiva, se in questi casi si deve parlare di un culto degli antenati, i protagonisti sono i defunti dell'ultima generazione, deposti nella tomba e fondatori di essa, e non i vivi. In questo modo si tende a sottolineare una continuità tra presente e passato, in altri termini la solidità del vincolo gentilizio. Nel contempo, tenendo conto dell'ampiezza delle tombe e della varietà e del costo degli apprestamenti sacrificali, non si può non ammettere una stretta relazione di queste manifestazioni con la classe aristocratica, la quale emerge in Etruria proprio tra la seconda metà dell'VIII e la prima metà del VII sec. a.C. Quali atti sacrificali specifici fossero previsti o prescritti nelle situazioni su descritte non è possibile precisarlo.

La presenza di statue sedute in trono, ricavate nella stessa roccia in cui è stata scavata la tomba, ad esempio in quella di Ceri, sono state riferite agli antenati dei titolari della tomba stessa (tav. 64, 1)[57] e ammettono un culto dei morti. La composizione del corredo all'interno di tombe a camera può far pensare a un culto del defunto: ad esempio il letto non usato per la deposizione del defunto, rinvenuto nel vestibolo di alcune tombe del VII sec. a.C. (Regolini-Galassi di Caere, Montagnola di Quinto Fiorentino), è stato riferito al culto del defunto, che doveva seguire le stesse modalità di quello che si svolgeva nel vestibolo della casa[58]. Destinati a culti ctonii sono gli altari con una o più cuppelle sul piano e/o con un condotto in senso longitudinale per il passaggio diretto del sangue della vittima nella terra, che cominciano a trovarsi sia all'interno sia all'esterno di tombe del periodo orientalizzante e continuano in quelle dei periodi successivi[59]: gli apprestamenti, fissi o mobili (nel caso di esemplari bronzei), indicano lo svolgimento di riti ripetuti, perciò l'esistenza di un culto, in onore degli antenati o anche di divinità ctonie, queste ultime purtroppo impossibili a definirsi per mancanza di dati chiari. La sfera di pertinenza è quella privata, il ceto interessato è quello ricco per il costo dell'arredo. Altari con condotto pervio possono trovarsi anche in santuari[60].

Nelle grandi tombe a tumulo del VII sec. a.C., connesse – come s'è detto – con il ceto magnatizio, si riscontrano apprestamenti da interpretare in chiave cultuale. In cima alla calotta di tumuli, ad es. il tumulo II della necropoli ceretana della Banditaccia, cima che si raggiungeva per mezzo di una rampa, furono trovati dei cippi che potevano simboleggiare i defunti e che saranno stati oggetto di culto[61]. Accanto al tumulo Cima (seconda metà del VII sec. a.C.) della necropoli di San Giuliano (Barbarano Romano, VT) è stata rinvenuta una platea con diciassette basi per altrettanti cippi a forma di obelisco, distribuite su due file parallele, platea forse più recente di circa un secolo rispetto al tumulo: un apprestamento che ammette una forma di culto[62]. Si aggiunga che al centro della

---

52. Sulla questione, ultimamente, Salvini, M., *et al.*, *Le tombe villanoviane di Sesto Fiorentino* (2007) 74.
53. (= *ThesCRA* IV Luoghi di culto etr., ital., rom. Altare, etr. **21•**, Sepulcrum, etr. **2** con bibl.).
54. (= *ThesCRA* IV Luoghi di culto etr., ital., rom. Altare, etr. **22***, Sepulcrum, etr. **1** con bibl.).
55. Camporeale, con bibl.
56. Prayon, F., «Zum ursprünglichen Aussehen und zur Deutung des Kultraumes in der Tomba delle Cinque Sedie bei Cerveteri», *MarbWP* (1974) 1-15; *id.* (n. 44) 152 tipi B₂ e C₁.
57. Colonna, G./von Hase, F.-W., «Alle origini della statuaria etrusca: la tomba delle Statue presso Ceri», *StEtr* 52 (1984) 13-59.
58. Colonna/Di Paolo.
59. *Supra*, n. 44.
60. Colonna 2, 132.
61. (= *ThesCRA* IV Luoghi di culto etr., ital., rom. Sepulcrum, etr. **5**) Prayon (n. 44) 82-83.
62. (= *ThesCRA* IV Luoghi di culto etr., ital., rom. Sepulcrum, etr. **18***) Steingräber (n. 43); *id.*, «The Cima Tumulus at San Giuliano. An Aristocratic Tomb and Monument for the Cult of the Ancestor of the Late Orientalizing Period», in Gleba/Becker (n. 28) 123-133.

camera laterale di sinistra della stessa tomba Cima si conserva un lastrone rettangolare, che è stato interpretato come la parte superstite di un altare: pertanto, si avrebbero segni di culto sia all'esterno sia all'interno della tomba, anche se impiantati in momenti diversi. Un tempietto a pianta rettangolare e bipartito nel senso della larghezza è a ridosso del tumulo della Cuccumelletta a Vulci (fine del VII sec. a.C.)[63], destinato probabilmente a un culto privato e riservato ai titolari del tumulo suddetto. I resti di un altro, con la stessa funzione, sono stati rinvenuti sulla tomba a tumulo 51 della necropoli di Casale Vignale di San Giovenale[64]. In tutti questi casi il culto può essere stato rivolto sia agli antenati defunti (*parentatio*) sia a divinità ctonie.

All'interno dell'area del circolo della Fibula di Marsiliana d'Albegna (metà del VII sec. a.C.) e affiancata alla fossa di deposizione, è stata messa in luce un'area coperta con lastroni di travertino, che ha restituito materiali, per lo più vasellame, analoghi a quelli dell'interno della fossa[65]: l'interpretazione di un'area per cerimonie funebri è verisimile. Nel grande tumulo di Montefortini (Comeana, PO), a fianco del dromos della tomba più antica a tholos (intorno alla metà del VII sec. a.C.), è situata una terrazza, pavimentata con lastroni rettangolari, circondata in parte da una cornice a gradini e sovrastata da una gradinata a cuneo (tav. 64, 3): la larghezza dei gradini, oscillante tra cm 7 e 16, fa pensare a elementi ornamentali più che funzionali; ma la superficie occupata dalla terrazza doveva essere destinata con tutta probabilità a manifestazioni cerimoniali; un'altra terrazza-altare è situata nella struttura del vicino tumulo C della necropoli di Prato Rosello di Artimino[66]. Nella piccola necropoli di Busona, appartenente all'insediamento di Campassini-Monteriggioni (SI), a m 4 di distanza dalle tombe di seconda metà del VII sec. a.C., è stata segnalata «una piattaforma quadrata di lastre d'alberese circondata da muretti a secco, su cui erano numerosi frammenti di ossa di animali e di vasi d'impasto e argilla figulina, da identificare con un'ara funzionale al sepolcreto probabilmente pertinente ad una sola famiglia»[67]. Più chiare per la relativa funzione sono le gradinate ricavate sui due lati del dromos del tumulo dell'Infernaccio a Tarquinia (decenni centrali del VII sec. a.C.)[68]: è verisimile che su queste gradinate prendessero posto gli appartenenti alla famiglia o alla gens dei titolari della tomba, in qualità di spettatori di cerimonie in onore dei defunti deposti nella stessa tomba[69]. La stabilità e la sontuosità di questo apprestamento porta ad ammettere da una parte cerimonie periodiche, quindi un culto in onore dei defunti, e dall'altra un riferimento al ceto ricco.

L'Arcaismo

La tradizione di strutture teatriformi continua nella prima metà del VI sec. a.C.: ad es. quelle che circondano su tre lati il grande altare di Grotta Porcina[70] alla base di un colle su cui si erge un imponente tumulo sepolcrale, o quelle ricavate in un ambiente del tumulo della Cuccumella a Vulci (tav. 64, 2; fig. 2)[71].

Testimonianze di culti in necropoli sono alcuni aspetti struttivi di tombe del VI sec. a.C. Addossata al tumulo del Melone II del Sodo di Cortona, databile ai primi del VI sec. a.C., è una scalinata monumentale, che porta a un altare e a un (supposto) sacello, che doveva essere ubicato sulla cima della calotta del tumulo[72]. Stando alle notizie scarne e poco precise degli scavatori, strutture analoghe dovevano esserci anche in tumuli più o meno coevi di Chiusi, ad es. quelli di Poggio Gaiella e di Bagnolo-Colmata[73]. Le tombe a dado di età arcaica di Caere presentano a volte su un lato esterno una scala che porta alla copertura a terrazza dove si trovavano dei cippi[74], ancora una volta simboli dei defunti deposti nella tomba e oggetto di culto. Le tombe a edicola, ad esempio quelle di età arcaica della necropoli di Populonia,

---

63. Sgubini Moretti, A. M., «Ricerche archeologiche a Vulci: 1985–1990», in Martelli, M. (ed.), *Tyrrhenoi Philotechnoi* (1994) 23–24.
64. Van Kampen 142–143.
65. Minto, A., *Marsiliana d'Albegna* (1921) 81–92; Cristofani (n. 29) 283–287; Giuntoli, S., «Le tombe a circolo dell'Accesa. Riflessioni sui caratteri strutturali di un tipo tombale dell'Orientalizzante vetuloniese», in Bruni (n. 41) 447.
66. Nicosia, F., *Il tumulo di Montefortini e la tomba dei Boschetti a Comeana* (1966) 16–17; Colonna, G., «Urbanistica e architettura», in Pugliese Carratelli, G. (ed.), *Rasenna* (1986) 429–430; Nicosia, F., «La città di Artimino in età orientalizzante e arcaica nell'ambito della civiltà etrusca», in Bettini, M. C./Poggesi, G., *Archeologia 2000. Un progetto per la provincia di Prato* (2000) 13–16.
67. Bartoloni, G., et al., «Il complesso rurale di Campassini (Monteriggioni): considerazioni sull'alimentazione nell'Etruria settentrionale nell'VIII e VII s. a.C.», in Maetzke, G. (ed.), *Aspetti della cultura di Volterra etrusca fra l'età del Ferro e l'età ellenistica* (1997) 131–133.
68. (= *ThesCRA* IV 1 a Luoghi di culto etr., ital., rom. Sepulcrum, etr. **3*** con bibl.).
69. Colonna, G., «Strutture teatriformi in Etruria», in *Spectacles sportifs et scéniques dans le monde étrusco-italique* (1993) 321–347; Colonna 2; Steingräber (n. 44) 125.
70. (= *ThesCRA* I 2 a Sacrifici, etr. **296**, IV 1 a Luoghi di culto etr., ital., rom. Sepulcrum, etr. **16*** con bibl.).
71. (= *ThesCRA* IV 1 a Luoghi di culto etr., ital., rom. Sepulcrum, etr. **4** con bibl.).
72. (= *ThesCRA* I 2 a Sacrificio, etr. **302***, IV 1 a Luoghi di culto etr., ital., rom. Sepulcrum, etr. **17**) Zamarchi Grassi, P., «Il tumulo II», in Zamarchi Grassi, P. (ed.), *La Cortona dei principes* (1992) 121–159; ead., «Il tumulo II del Sodo», in Fortunelli, S. (ed.), *Il Museo della Città Etrusca e Romana di Cortona* (2005) 164–169.
73. Paolucci, G., «La diffusione dei tumuli nell'area chiusina e l'errata provenienza della seconda pisside della Pania», *AION* n. s. 5 (1998) 20–23.
74. Pallottino, M., *La necropoli di Cerveteri* (1954) 38. 40. 43.

Fig. 2

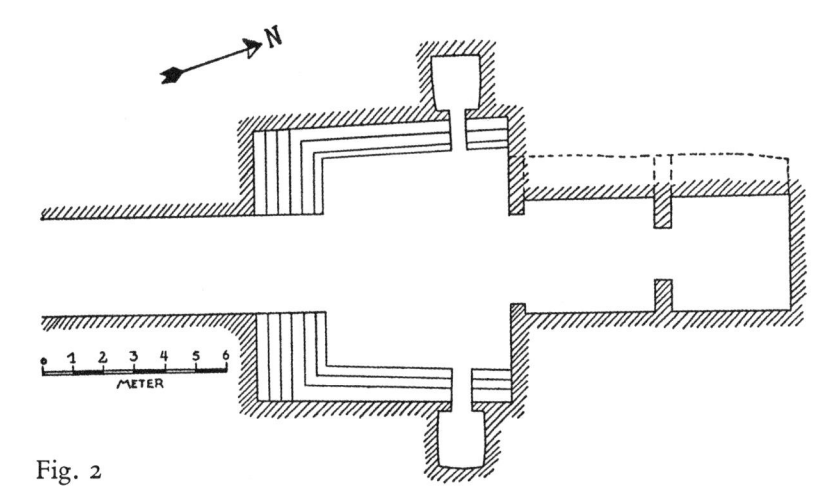

fra l'altro decorate con acroteri[75], potrebbero avere avuto a modello vere e proprie edicole (di materiale deperibile) destinate a culti funerari e presenti in necropoli.

Particolare è la situazione che si registra in una tomba a tumulo (n° 29) della seconda metà del VI sec. a.C., rinvenuta nella necropoli dell'abitato dell'Accesa (Massa Marittima) (fig. 3): allineata ai muri della camera funeraria, a una distanza di circa cm 40 dal muro occidentale, è una piccola struttura a pianta rettangolare (la superficie è di poco inferiore a m² 2), con le fondazioni in pietre di arenaria, l'alzato in mattoni crudi (disfatti) e la copertura in laterizi. Certamente non è una tomba a camera (la superficie è molto limitata e manca un ingresso), né a fossa (manca la benché minima traccia di deposizione e di corredo); inoltre l'elevato in mattoni crudi e il tetto in laterizi sono caratteri che non si riscontrano nelle tombe coeve della stessa necropoli e di altre necropoli; la vicinanza della struttura alla tomba a tumulo suggerisce di interpretarla come una sua pertinenza, con ogni probabilità un'ara o un'edicola destinata a cerimonie religiose, che potevano ripetersi a determinate scadenze, in onore dei defunti deposti nella vicina tomba[76]. L'analogia topografica con la platea con basi per cippi a obelisco a fianco della tomba Cima della necropoli di San Giuliano (vedi sopra) è illuminante per chiarirne la funzione.

Molto eloquenti ai fini del rituale funerario sono le rappresentazioni, databili tra la seconda metà del VI e la prima metà del V sec. a.C., di simposio, di competizioni sportive, di giochi, di danze, di processioni, di compianto ai lati di una porta finta, che ricorrono nel repertorio figurativo delle tombe dipinte di Tarquinia o di Chiusi, delle urnette e dei cippi con decorazione a rilievo di Chiu-

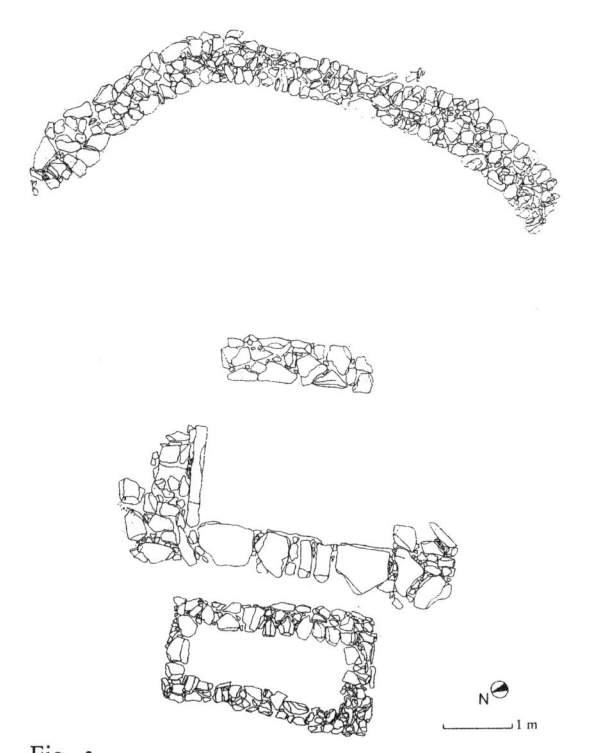

Fig. 3

si, delle stele e dei cippi con decorazione a rilievo di Fiesole[77]: le suddette manifestazioni esaltano le doti e la potenza del destinatario dell'oggetto figurato, ma rientrano in un rituale funerario di tipo aristocratico, che con tutta probabilità si svolgeva in necropoli.

Un culto è stato ipotizzato anche nella tomba ceretana delle Iscrizioni Graffite della seconda metà del VI sec. a.C., stando ai (non pochi) nomi graffiti

---

75. Martelli, M., «Osservazioni sulle 'stele' di Populonia», in *Studi per Enrico Fiumi* (1979) 33-45.

76. Camporeale, G., «I tipi tombali dell'Accesa (Massa Marittima). Dal Villanoviano all'Arcaismo», in Zifferero,

A., *L'architettura funeraria a Populonia tra IX e VI s. a.C.* (2000) 131-133.

77. Steingräber, *PittEtr passim*; Jannot, *Chiusi passim*; Magi, F., «Stele e cippi fiesolani», *StEtr* 6 (1932) 11-85.

Fig. 4

sulle pareti della prima camera della tomba, pertinenti ai partecipanti alla cerimonia che sarebbe stata predisposta da *Ramatha Spesias* per il marito defunto *Larice Veliinas*[78].

A un culto funerario potrebbero riferirsi la statuetta di gesso alabastrino e il busto bronzeo dalla tomba d'Iside di Vulci, databili entro la prima metà del VI sec. a.C. (tav. 65, 1–2)[79]. Segni di un rituale funerario sono i foculi: quelli di impasto rosso, prodotti nell'Etruria meridionale e in particolare a Caere tra la seconda metà del VII e la prima metà del VI sec. a.C., quelli di bucchero pesante o di ceramica dipinta nella tecnica a f. n., prodotti a Chiusi e restituiti da tombe del periodo arcaico, e quelli di bronzo su ruote, provenienti in buona parte dall'agro chiusino e databili entro il VI sec. a.C.[80]. I primi conservano talvolta tracce di bruciato e resti di carbone o di cibi (avanzi del *silicernium*?). I secondi sono associati a un ricco corredo di vasetti miniaturistici da simposio (vassoi, attingitoi, ollette, cucchiaini, palette, spatole, ciotoline e simili) o da toilette (alabastra, pissidi). Qualcuno è stato rinvenuto in contesti abitativi (ad es. a Chiusi-Petriolo, a Murlo, a Roselle), per cui il loro impiego riguarda rituali anche domestici. La mancanza di tracce di bruciato e l'integrità – nella maggior parte dei casi – dei vasetti di corredo negli esemplari di bucchero appartenuti a corredi funerari fanno supporre che essi non siano stati usati nella vita quotidiana e siano stati deposti nella tomba per mettere a disposizione dei defunti gli utensili necessari per atti sacrificali, ovviamente in onore degli antenati. I terzi, a prescindere dallo stato lacunoso della maggior parte degli esemplari noti, non contengono elementi utili per un impiego in circostanze specifiche.

Un pozzo, che conteneva ossa di animali, conci di tufo e un cippo a calotta su dado, è stato rinvenuto: esso era in comunicazione attraverso un cunicolo con la tomba dipinta di Poggio Renzo nella necropoli omonima a Chiusi[81]; la destinazione sacrificale è chiara.

Il Classicismo

Dalla necropoli orientale di Marzabotto proviene una stele di travertino, su cui è riprodotta a rilievo bassissimo e piatto una figura femminile in atto di libare collocata su un'ara (prima metà del V sec. a.C.) (tav. 69, 3)[82]: l'interpretazione corrente è rappresentazione di una defunta, che poteva essere anche immagine di culto, per la posizione che la stele doveva avere in cima al tumulo come segnacolo di una tomba a cassone.

Nello scomparto di destra della tomba Golini I di Orvieto (decenni centrali del IV sec. a.C.; fig. 4), seguendo una tradizione affermata in Etruria da circa un secolo (tombe tarquiniesi della Nave, Francesca Giustiniani, Querciola I, Demoni Azzurri, tutte databili entro la seconda metà del V sec. a.C.)[83], è dipinto l'arrivo del defunto, ovviamente il titolare della tomba, nel regno dei morti su una biga scortata da un demone femminile alato: egli viene accolto dagli antenati premorti, che banchettano alla presenza delle divinità infernali Ade (*Eita*) e Persefone (*Phrersipnai*)[84], le stesse divinità sovrane sedute in trono presenti in un quadro dell'aldilà popolato da personaggi del mito greco nella tomba tarquiniese dell'Orco II[85]. Il banchet-

---

78. Colonna, G., «Novità su Thefarie Velianas», *AnnFaina* 14 (2007) 9–24.

79. Su cui Haynes, S., «Zwei archaisch-etruskische Bildwerke aus dem 'Isis-Grab'», *APl* 4 (1965) 13–25. London, BM D 1 e 434.

80. Brown, W. L., *The Etruscan Lion* (1960) 94–95 n. 1; Paolucci, G., «Su un gruppo di foculi etruschi con decorazione ornamentale dipinta in nero: a proposito di alcuni frammenti da Chianciano Terme», *AION* 14 (1992) 77–93; id., «Forme e tipi della ceramica etrusca con fregi ornamentali. A proposito della tomba 162 di Chianciano Terme», *ArchCl* 51 (1999–2000) 53–56; Bubenheimer-Erhart, F., «Räuchergeräte aus Etrurien und ihre Beziehungen zum östlichen Mittelmeerraum», in Bol, R./Kreikenbom, D. (edd.), *Sepulkral- und Votivdenkmäler östlicher Mittelmeergebiete (7. Jh. v.–1. Jh. n. Chr.)* (2004) 51–59; Pieraccini, L. C., *Around the Hearth. Caeretan Cylinder-stamped Braziers* (2003); D'Agostino, B., «Appunti su Cuma, l'Etruria e l'etruscità campana», in Bruni (n. 41) 281–284.

81. Levi, D., «Chiusi. Esplorazioni sul Colle di Poggio Renzo», *NotSc* (1931) 200–201.

82. Vedi n. 209.

83. Su cui Vincenti, V., *La tomba Bruschi di Tarquinia* (2009) 45–48.

84. (= *ThesCRA* II 4 a Banchetto, etr. **46**, = *LIMC* IV Hades/Aita, Calu **5***, VII Persephone/Phersipnai **7**) Pairault Massa, F.-H., «Problemi di lettura della pittura funeraria di Orvieto», *DdA* s. 3, 1 (1983) 19–31; Bonamici, M., «Scene di viaggio all'aldilà nella ceramografia chiusina», in Gilotta, F. (ed.), *Pittura parietale, pittura vascolare. Ricerche in corso tra Etruria e Campania* (2005) 33–44; Bonamici (n. 29); Simon, E., «Ein Kandelaber der Stiftung Nereus», in Bruni (n. 41) 841–843.

85. (= *ThesCRA* II 4 a Banchetto, etr. **44**, = *LIMC* IV Hades/Aita, Calu **6***, VII Persephone/Phersipnai **8**) Steingräber, *PittEtr* 336–337 n° 94.

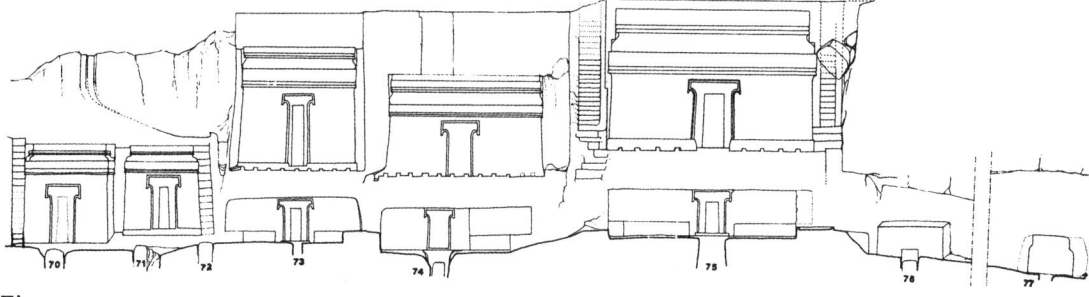

Fig. 5

to può considerarsi un atto rituale, ma la presenza delle due divinità indica anche un culto in loro onore che, ambientato in una tomba di famiglia, deve avere carattere privato, culto praticato da una gens appartenente all'aristocrazia locale, stando anche al curriculum altamente elogiativo che risulta dalle epigrafi che qualificano i commensali.

Ade (del teonimo in etrusco, oltre ad *Eita*, è attestata la variante *Aita*) è il dio supremo degli Inferi del pantheon greco, passato insieme con la paredra Persefone dal mondo greco in Etruria[86]. Qui la sua presenza è certa e con lo stesso ruolo supremo che ha in Grecia, almeno dal V sec. a.C., visto che il suo nome è apposto a quello di altre divinità, quando se ne vuole sottolineare il carattere ctonio: si può citare il caso della scena di nekyia su uno specchio della fine del V sec. a.C. da Vulci[87], in cui Hermes, fra Odisseo (*Uthuze*) e l'ombra di Tiresia (*hinthial Terasiaś*), per essere qualificato infernale è denominato *Turmś Aitaś*. La stessa denominazione competerà al messaggero degli dei, quando nel repertorio dei vasi etruschi a f. r. del IV sec. a.C. è rappresentato emergente dalla terra, fra l'altro in contesti figurativi del viaggio nell'aldilà. Con tutta probabilità il culto di Ade in Etruria doveva celebrarsi in necropoli.

Nella già menzionata tomba dell'Orco II in un affresco fortemente lacunoso è stato ricostruito il gruppo di una figura maschile che sta spingendo un ariete nero, destinato ad essere sacrificato[88]: il contesto è – come è stato già detto – di eroi omerici che popolano il regno dei morti, il sacrificio di un ariete nero rimanda al rito praticato da Ulisse prima della discesa nell'Averno (Hom. *Od.* 11, 32–33), ma l'operazione può rientrare nelle comuni manifestazioni locali del culto dei morti che si svolgevano in tombe.

L'Ellenismo

Nelle tombe del periodo ellenistico dell'area delle necropoli rupestri (Tuscania, Castro, Blera [tav. 65, 4], Norchia, Castel d'Asso [fig. 5], San Giovenale, San Giuliano), a fianco della parete laterale è impostata una scala, ricavata nella roccia, che portava sul tetto della camera funeraria dove si trovavano dei cippi[89]: pertanto il luogo era destinato al culto, secondo una tradizione che nella stessa zona era affermata fin dal periodo orientalizzante e arcaico. Sempre nella regione delle necropoli rupestri, in periodo ellenistico, si diffondono le tombe con facciata a tempio o con portico sottostante alla facciata, destinato a cerimonie religiose[90].

Nella decorazione della cassa di urnette ritorna il motivo della processione dei familiari che accompagnano il defunto nel viaggio agli Inferi, motivo che comincia ad essere attestato già alla fine del V sec. (tomba dei Demoni Azzurri)[91]: una manifestazione rituale, connessa con l'*ekphora*, che doveva concludersi nella necropoli.

2.3. Il culto pubblico

Il culto pubblico si svolge in un'area definita o in un edificio, ubicati all'interno di una necropoli o nelle immediate vicinanze o anche su strade che dall'abitato portano alle necropoli: dell'edificio, in genere costruito in materiale deperibile (legno, mattoni crudi), nei casi più felici si conservano parzialmente solo le fondazioni in pietra e/o elementi fittili della decorazione (acroteri, antefisse, lastre di rivestimento, tegole di gronda ecc.). Il culto coinvolge una comunità grande, i cui membri hanno in comune interessi di carattere civico (il santuario rientra nei servizi pubblici offerti dalla città) e appartengono per lo più al ceto medio; è

---

86. Vedi *LIMC* IV Hades/Aita, Calu.
87. (= *LIMC* VI Odysseus/Uthze **81**, VIII Turms **103**• con bibl.) Vaticano, Mus. Greg. Etr. 12687. *ET* Vc S.11
88. Cristofani, M., «Pittura funeraria e celebrazione della morte: il caso della tomba dell'Orco», in Bonghi Jovino, M./Chiaramonte Treré, C. (edd.), *Tarquinia: ricerche, scavi e prospettive* (1987) 198 tav. 49, 11–12; Roncalli, F., «Iconographie funéraire et topographie de l'au-delà en Étrurie», in Gaultier/Briquel, *Les plus religieux* 44.

89. (= *ThesCRA* IV 1 a Luoghi di culto etr., ital., rom. Sepulcrum, etr. **8–12** con bibl. per i vari monumenti). Qui tav. 65, 4 Blera, tomba sulle pendici di Pian Gagliardo; fig. 5 Castel d'Asso tombe 70–77.
90. Colonna Di Paolo, E., *Necropoli rupestri del Viterbese* (1981) 12.
91. Krauskopf 73–76.

più recente del culto privato, in quanto connesso all'affermazione della città a livello ideologico e urbanistico, un fenomeno che nella molteplicità e nell'interezza dei suoi aspetti in Etruria non è anteriore alla seconda metà del VII sec. a.C.; è rivolto a divinità ctonie o a divinità celesti, che nel caso specifico assumono una valenza ctonia; oggetto di venerazione sono le immagini di divinità; gli apparati in genere sono analoghi a quelli usati nei culti privati; l'officiante sarà stato un sacerdote (in etrusco *cepen*).

L'Orientalizzante

Operazioni rituali con un risvolto cultuale sono da ammettere nell'area di un grande tumulo (diam. m 30) di via San Iacopo a Pisa. Il monumento è in una necropoli con le tombe più antiche (a dolio) risalenti alla fine dell'VIII sec. a.C. ed è datato, stando ai materiali ricuperati, tra la fine dell'VIII e la prima metà del VII sec. a.C. La situazione emersa dallo scavo è alquanto complessa: al centro della struttura una grande fossa a sezione quadrangolare (lato m 4) con sul fondo una cassa lignea, all'interno della quale sono state trovate ossa ovine e frammenti di un'olletta e di una pisside d'impasto, nell'angolo nord-occidentale della fossa resti di carbone che fanno ipotizzare un rogo; la fossa era stata riempita con pietre disposte regolarmente e negli strati superficiali con terra, all'infuori di una buca a sezione triangolare, riempita di argilla, su cui era stato collocato un tridente di ferro con l'asta spezzata di proposito; al di sopra della fossa era stato impostato un altare di pietra sul cui piano si sono rinvenuti un coltello, quattro spiedi e una mascella di cavallo, segni di atti sacrificali; dopo il rito l'altare è stato smantellato e alcune parti sono state poste in un'altra fossa apprestata all'interno dell'area del tumulo; vicino all'altare era interrato un dolio, che conteneva terra di rogo, chiodini di bronzo e un sottile filo d'oro. Non è stata riscontrata alcuna traccia di sepoltura o di un vero e proprio corredo funebre, tanto che il monumento è stato interpretato come un cenotafio, dove potrebbe avere avuto luogo un *funus imaginarium*, in cui sarebbe stato bruciato il *kolossos* di un *princeps* locale che aveva fatto fortuna con l'attività marinaresca (si tenga presente il tridente). Dopo questa operazione sarebbe stato costruito il tumulo con una crepidine di lastroni e una rampa che portava sulla sommità. In prossimità dell'inizio della rampa si trovavano due altari del VI sec. a.C. Questi apprestamenti si spiegano con un culto, probabilmente di un eroe locale, per cui il tumulo sarebbe un heroon[92].

L'Arcaismo

Ci sarebbe da chiedersi se il mausoleo di Porsenna a Chiusi (mai rinvenuto e databile approssimativamente tra la fine del VI e i primi del V sec. a.C.) non sia da interpretare come un heroon in onore dell'eroe locale[93]. La tradizione sull'unicità e monumentalità della costruzione, beninteso con tutte le riserve sulla descrizione a dir poco fantasiosa tramandata da Varrone e conservataci da Plinio il Vecchio (*nat.* 36, 91–93), lo lascerebbe pensare.

Nella necropoli settentrionale di Vetulonia, nel punto in cui – seguendo una stratigrafia orizzontale – terminano le tombe del periodo orientalizzante e cominciano a trovarsi i tumuli del periodo arcaico, in vocabolo Basse degli Olmi, sono state raccolte terrecotte architettoniche, databili alla seconda metà del VI sec. a.C., pertinenti a un edificio ad *oikos*, che sarà stato un luogo di culto[94]: quale divinità fosse venerata non è dato saperlo. Una situazione analoga si ripropone nella stessa necropoli, più precisamente tra le località Badia Vecchia di Sestinga e Il Diavolino, dove alla fine del secolo XIX furono messi in luce una struttura di grossi conci di pietra, fittili (lastre fittili di rivestimento decorate a bassorilievo, testine femminili, un peso da telaio) e bronzi (figurine, anse di vasi, monete della zecca locale)[95]: la datazione è tra la seconda metà del V e il III sec. a.C., il (o un) culto doveva essere rivolto a una divinità forse femminile, stando alle testine fittili e al peso da telaio. Le testimonianze di Vetulonia, per quanto esigue e frammentarie, riferendosi a due periodi diversi, ammettono che il culto in necropoli in questo centro doveva essere una consuetudine radicata.

A Caere, lungo la strada che collegava la città con l'area portuale e santuariale di Pyrgi, in prossimità del tumulo di Montetosto (VII sec. a.C.), sono stati rinvenuti resti di muri e terrecotte architettoniche di vario tipo comprese tra il VI e il I sec. a.C., quasi certamente appartenenti a un edificio sacro, che è stato messo in relazione con l'atto di espiazione che, secondo il pronunciamento della Pizia, i Ceretani hanno dovuto compiere per riparare al delitto di aver fatto morire per lapidazione i prigionieri focesi dopo la battaglia del mare Sardo (Hdt. 1, 167, 1–2)[96]. Se l'ipotesi è corretta, si

---

92. Bruni, S., *Pisa etrusca e romana. Anatomia di una città scomparsa* (1998) 105–113.

93. Vedi Gaugler, W. M., *The Tomb of Lars Porsenna at Clusium and its Religious and Political Implications* (2002) con bibl.

94. Cygielman, M., «Su alcune terrecotte architettoniche da Vetulonia», in Maetzke (n. 37) 289; id./Sheperd, J., «Su alcune terrecotte architettoniche provenienti da Vetulonia», *StEtr* 53 (1985) 77–93.

95. Falchi, I., «Scavi nella necropoli. Scoperta dei resti di un tempio», *NotSc* (1895) 298–300; Cygielman, M., «Vetulonia, il tempietto di via dei Sepolcri: alcune osservazioni», in Comella, A./Mele, S. (edd.), *Depositi votivi e culti dell'Italia antica dall'età arcaica a quella tardo-repubblicana* (2005) 323–333.

96. Colonna, G., «Un nuovo santuario dell'agro ceretano», *StEtr* 31 (1963) 135–147; Colonna 2, 145; Rizzo, M. A., «Cerveteri – Il tumulo di Montetosto», in Maetzke, G. (ed.), *Secondo Congresso Internazionale Etrusco. Atti* (1989) 153–161; *ThesCRA* I 2 a Sacrificio, etr. p. 137.

avrebbe la testimonianza di un culto (a quale divinità?) in area extra-urbana usata come necropoli, che potrebbe coinvolgere la cittadinanza.

L'esempio più chiaro di un culto in necropoli del periodo arcaico è il santuario ubicato nella necropoli della Cannicella di Orvieto. Le tombe, a fossa e a camera, sono distribuite su terrazze, una delle quali è occupata dal santuario. Di questo si conservano un solido muro di terrazzamento, muri perpendicolari a quest'ultimo che si riferiscono a un sacello, vasche di purificazione, canalette, vasche per la produzione del vino, are, terrecotte architettoniche, ex voto (pesi da telaio, rocchetti, fuseruole, testine femminili fittili, bronzetti di devoti e di Eracle), statue di marmo, un'iscrizione dedicatoria alla dea Vei su lamina di bronzo (*CIE* 10588 = *ET* Vs 8.2: *thval veal*)[97]. I reperti consentono di proporre una datazione tra la seconda metà del VI e il I sec. a.C. È interessante rilevare che il santuario, secondo una consuetudine registrata in diverse altre località, sopravvisse alla distruzione della città di *Volsinii* (Orvieto) del 264 a.C. da parte dei Romani. I culti possono essere stati diversi: a Vei, forse equivalente etrusca della greca Kore, stando all'iscrizione dedicatoria; ad Eracle, stando a due bronzetti che lo raffigurano; a una divinità femminile protettrice delle attività della donna in ambiente domestico, stando agli attrezzi di filatura e tessitura; a *Fufluns*-Dioniso, stando alle vasche per la spremitura dell'uva e il contenimento del mosto; a una divinità della fecondità, stando alla statua femminile nuda, la cosiddetta Venere della Cannicella (tav. 65, 3)[98]; forse ad Ade e Persefone, se è giusta l'interpretazione per le due teste a rilievo riprodotte su un'applique fittile degli ultimi decenni del V sec. a.C. La discussione sul culto si è incentrata essenzialmente intorno alla suddetta statua della Venere, realizzata in marmo greco dell'isola di Nasso e datata intorno al 530–520 a.C. Le interpretazioni proposte, ovviamente tutte in chiave funeraria data l'ubicazione del santuario, sono varie: Afrodite, Afrodite epitymbia, dea della fecondità. Il fatto è che nello stesso santuario dovevano esserci altre grandi statue, alcune anche di marmo greco-insulare, più o meno coeve, di cui ci sono pervenuti solo frammenti: indipendentemente dalla questione del luogo di produzione – in Grecia insulare e successiva esportazione nell'Etruria centro-settentrionale (il frammento di un altro esemplare è stato rinvenuto recentemente a Chiusi[99]) o in Etruria da parte di un maestro greco-orientale – si pone il problema se queste statue fossero di culto o votive. Né è da escludere l'eventualità che esse, una volta collocate nel santuario come ex voto visto che erano diverse, potrebbero essere diventate successivamente oggetto di culto. Certo è che, conforme a quanto detto or ora, i culti del santuario saranno stati più di uno, forse avvicendati nei diversi secoli di vita del santuario stesso.

A Orvieto il caso della necropoli della Cannicella non è unico. Presso il Museo Faina si conservano due antefisse a testa femminile, rispettivamente di età tardo-arcaica e severa, che in un catalogo ottocentesco del museo, sono date come provenienti dalla necropoli del Crocifisso del Tufo, l'altra grande necropoli di Orvieto[100]. La notizia, da accogliersi chiaramente con beneficio d'inventario perché non fondata su un preciso rendiconto di scavo, indicherebbe la presenza di un edificio (ligneo?), il quale, stante l'ubicazione in una necropoli, non potrebbe non essere di carattere sacro. Nella stessa necropoli, in una rientranza nella fila delle tombe, si rinvenne un pozzo a sezione rettangolare, con le pareti rivestite da blocchi di tufo e coperto da una pietra di forma subcircolare, databile a poco prima della metà del VI sec. a.C.; esso fu trovato vuoto, ma la forma della struttura e l'ubicazione ne denotano il carattere sacro: una sorta di *mundus*[101].

Dati importanti vengono da Tuscania. Dalla necropoli dell'Ara del Tufo, usata nei secoli VII e VI a.C., sono stati restituiti frammenti di lastre fittili di rivestimento architettonico con raffigurazione a rilievo di cavalli al galoppo, di cavalieri, di guerrieri, del guerriero in atto di partire salendo su un carro, di banchetto, di danza[102]. I soggetti sono gli stessi che ricorrono su altre lastre restituite da vecchi scavi di Tuscania (senza indicazione

---

97. (= *ThesCRA* I 2 a Sacrificio, etr. **297**, II 3 a Purification, etr. **94***, IV Luoghi di culto etr., ital., rom. Altare, etr. **9•. 14**, Piscina, etr. **2**) Andrén, A., «Il santuario della necropoli della Cannicella ad Orvieto», *StEtr* 35 (1967) 41–85; id., «Marmora Etruriae», *APl* 7 (1967) 7–24; Stopponi, S., «Il santuario di Cannicella», in Colonna, *Sanctuari* 116–121; Torelli 1, 183–184; Colonna, G., «I culti del santuario della Cannicella», *AnnFaina* 3 (1987) 11–25; Roncalli, F., «Le strutture del santuario e le tecniche edilizie», *AnnFaina* 3 (1987) 47–60; Maggiani, A., «Un frammento di kore marmorea da Orvieto», *AnnFaina* 6 (1999) 235–251.

98. (= *ThesCRA* IV 1 a Luoghi di culto etr., ital., rom. Signum, etr. **2**, = *LIMC* II Aphrodite **368**, Aphrodite/Turan **6***) Orvieto, Mus. Faina 1307. Cristofani, M., «La 'Venere' della Cannicella», *AnnFaina* 3 (1987) 27–45.

99. Cappuccini, L., «Un frammento in marmo greco da Chiusi», *AnnFaina* 11 (2004) 207–219.

100. Orvieto, Mus. Faina Tc 374 (tardo-arcaica) e Tc 375 (severa). Cardella, D., *Museo Etrusco Faina* (1888) 16 n[i] 374–375.

101. Bizzarri, M., «La necropoli di Crocifisso del Tufo II», *StEtr* 34 (1966) 35–36.

102. Moretti Sgubini, A. M., «Tuscania (Viterbo)», *StEtr* 48 (1980) 545–547; ead./Ricciardi, L., «Tuscania. Necropoli in località Ara del Tufo. I[a] campagna di scavo: relazione preliminare», in *Archeologia nella Tuscia* I (1982) 133–148; Gaultier, F., «À propos de quelques éléments de décor architectural archaïques en terre cuite conservés au Musée du Louvre», in Heres, H./Kunze, M. (edd.), *Die Welt der Etrusker* (1990) 271–276; Moretti Sgubini, A. M./Ricciardi, L., «Le terrecotte architettoniche di Tuscania», in Rysted, E./Wikander, C./Wikander, Ö. (edd.), *Deliciae fictiles* (1993) 163–181; Rendeli, M., *Città aperte* (1993) 266; Moretti Sgubini, A. M., «Tuscania e Orvieto», *AnnFaina* 12 (2005) 213–244.

della provenienza precisa), conservate a Monaco e a Parigi, e dal palazzo magnatizio di Acquarossa[103]; la datazione si aggira entro il terzo quarto del VI sec. a.C. Esse sono state ottenute utilizzando a volte la medesima matrice, ma più comunemente il medesimo modello. Il numero dei pezzi è alquanto alto (alcune decine), la superficie interessata ai ritrovamenti è piuttosto ampia, tanto che si è pensato all'esistenza di più edifici, con tutta probabilità di legno per il mancato rinvenimento di strutture di pietra, da mettere in relazione con la cerimonia della *prothesis* o con altre connesse con il rito funebre. La spiegazione sembra da preferirsi a un'altra, che è stata proposta: seppellimento rituale in area di necropoli delle lastre di decorazione di un palazzo magnatizio[104]. I cavalieri, i guerrieri in marcia o su carro ritornano anche nelle lastre del tempio di Piazza d'Armi (acropoli?) di Veio[105], che è un edificio pubblico. In altre parole, i confronti richiamati indicano che certi soggetti possono applicarsi sia al mondo dei vivi sia al mondo dei morti, sia al pubblico sia al privato.

C'è da aggiungere che frammenti analoghi a quelli or ora discussi sono stati raccolti in altre necropoli di Tuscania (Capo Pizzuto, Pian di Mola)[106]: il dato allarga il quadro dei culti in necropoli.

Al culto dei morti è stata riferita un'ara, trovata a Vignanello nell'agro falisco, fuori dell'area urbana e vicino alla necropoli: il profilo è analogo a quello del podio D dell'acropoli di Marzabotto, databile tra la fine del VI e gli inizi del V sec. a.C.[107].

Il Classicismo

A culti in necropoli rimandano alcune testimonianze di Vulci. In località Fontanile di Legnisina, fuori dell'abitato all'altezza della porta sud-est, alla sinistra del Fiora in prossimità della necropoli orientale, è stata messa in luce un'area sacra, che i reperti (lastre di decorazione architettonica, vasellame, bronzetti, ex voto anatomici) datano tra il V sec. a.C. e la prima età imperiale. L'ubicazione e due iscrizioni dedicatorie alla dea Vei su due ex voto a forma di utero indicano che vi erano praticati culti ctoni. Nel contempo va notato che sono attestati culti a divinità non ctonie, come *Uni, Menrva, Aplu*[108].

Anche nelle necropoli vulcenti della Polledrara e di Ponte Sodo sono state rinvenute lastre di decorazione architettonica ed ex voto anatomici, che ammettono aree di culto frequentate tra il V e il I sec. a.C.[109].

Alquanto incerto è il riferimento alla sfera funeraria di un cippo di liparite a forma di ara da Populonia del V sec. a.C., con il piano leggermente concavo e un'iscrizione sul fusto[110]. Se è giusto il significato di «offerta» proposto per *fasle* e se si accetta l'integrazione *vin[um]* di *vin...*, si potrebbe pensare a una libagione su un altare funerario, ma il tutto è molto ipotetico, tanto più che non si conoscono le circostanze di ritrovamento del monumento.

Infine va richiamata la *tabula Capuana*, proveniente da Capua, databile entro la prima metà del V sec. a.C., la quale contiene il secondo testo etrusco noto per lunghezza e riporta un calendario di feste religiose con la prescrizione di cerimonie rituali da compiersi in onore di divinità[111]. Quelle menzionate sono diverse e alcune, come *Aphu* o *Calu*, sono infere. Se – come si crede – la provenienza della *tabula* è dall'area della necropoli, si può pensare a culti in necropoli. Ulteriori precisazioni sui riti e sui culti, allo stato attuale delle conoscenze, sarebbero incaute sia per l'incertezza sul luogo di ritrovamento del documento sia per l'oscurità del testo.

L'Ellenismo

A Vulci nella necropoli di Ponte Rotto sono stati rinvenuti i ruderi di un'edicola (ricostruita nel giardino del Museo Archeologico di Firenze), cui apparteneva una lastra fittile di rivestimento del trave di colmo con Dioniso e Arianna (tav. 65, 5)[112], databile alla fine del III – inizi del II sec. a.C., cioè agli anni che precedono il *senatusconsultum de Bacchanalibus* (186 a.C.); la rappresentazione ripropone la questione del dionisismo dell'oltretomba. A questo tema si riferiscono i temi rappresentati nei frontoni di edicole funerarie della fine del IV e del III sec. a.C. da Tarquinia e Vulci.

A Chiusi, in tombe della necropoli di Colle del Vescovo, in scavi dell'Ottocento furono raccolti alcuni frammenti fittili di decorazione architettonica (antefisse, figure frontonali, lastre con un fre-

---

103. (= *ThesCRA* I 1 Processioni, etr. **47-50**).
104. Torelli, *Rango* 114.
105. (= *ThesCRA* I 1 Processioni, etr. **52-53**).
106. Sgubini Moretti/Ricciardi (n. 102, 1982) 176-179; Rendeli (n. 102).
107. Giglioli, G. Q., «Vignanello, Nuovi scavi nella città e nella necropoli. Monumento T», *NotSc* (1924) 258-263; Steingräber (n. 44) 104-105.
108. Colonna, G., «Vulci II: nuove scoperte nel santuario etrusco di Fontanile di Legnisina. Una nuova dedica alla etrusca Uni», *BollArte* 73 (1988) 23-26; Massabò, B., «Vulci e il suo territorio», *L'Universo* 59 (1979) 137-184. 396-400. 485-512; id., «Contributo alla conoscenza topografica di Vulci: le aree sacre di Fontanile di Legnisina e di Polledrara», *BollArte* 70 (1985) 17-28; id./Ricciardi, L., «Vulci II: nuove scoperte nel santuario etrusco di Fontanile di Legnisina», *BollArte* 73 (1988) 27-42.
109. Bartoccini, R., «Tre anni di scavi a Vulci (1956-1958)», in *Atti del Settimo Congresso Internazionale di Archeologia Classica* II (1961) 273-278; Massabò (n. 108); Bonamici (n. 37) 127-138.
110. Martelli, M., «Populonia», *StEtr* 46 (1976) 325-327 REE 58: *fasle vin[um]* = ET Po 4.3.
111. CIE 8682; Cristofani, M., *Tabula Capuana. Un calendario festivo di età arcaica* (1995) con bibl.
112. (= *LIMC* III Dionysos/Fufluns **63***, Add. Ariadne/Ariatha **32**) Firenze, Mus. Arch. 73842. Bonamici (n. 37). Cf. *LIMC* III Dionysos/Fufluns **62***.

Fig. 6

gio di amazzonomachia), che potevano appartenere a un tempio o a un'edicola di età ellenistica che doveva trovarsi nei paraggi, certamente nell'area della stessa necropoli[113]. Le notizie disponibili sono poche e alquanto vaghe e non si sa nulla né delle strutture né del culto.

A Bolsena, sulla collina di Poggio Pesce (settore occidentale), è stata rinvenuta una necropoli con tombe a camera ricavate nella roccia, usata dal VII sec. a.C. fino all'ellenismo; in un leggero avvallamento tra le due cime del poggio sono stati individuati i (modesti) resti di un tempio. La costruzione era anch'essa in buona parte ricavata nella roccia, l'alzato era in mattoni crudi, il tetto era di embrici, il suolo era terrazzato con terra e frammenti di impasto e di bucchero[114]. Per mancanza di dati non si può essere precisi né sul culto né sulla datazione. La contiguità e l'analogia struttiva dell'edificio alle tombe della necropoli portano ad ammettere una relazione e una contemporaneità del primo con queste ultime. La presenza, come è stato detto or ora, di frammenti di impasto e di bucchero nella terra di terrazzamento del(l'eventuale) tempio fanno ritenere che la sua costruzione debba risalire ad età postarcaica; l'ubicazione al limite della necropoli orienta per una datazione piuttosto tarda, quando la necropoli era già definita topograficamente.

Nella necropoli del Cavone di Sovana, all'uscita di una «tagliata», è stata individuata un'area sacra, che ha restituito un deposito votivo di cui facevano parte ex voto anatomici, figurine di animali e statue panneggiate a grandezza naturale, databili al III sec. a.C.[115]. Non si hanno strutture architettoniche. Ciò che va ribadito è che qui, come a Vulci (Fontanile di Legnisina, Polledrara), si hanno in necropoli culti a divinità salutari, che di norma si hanno in santuari di centri abitati. E cioè, a livello di divinità e del relativo culto, si prescinde dall'ubicazione del santuario in contesto abitativo o cimiteriale.

Sarà il caso di menzionare alcune tombe dipinte di Tarquinia (ad esempio Bruschi [fig. 6], Ceisinie, Convegno, Tifone[116]) e i sarcofagi e le urnette di III–I sec. a.C. con la rappresentazione (a rilievo) del viaggio agli Inferi di un magistrato sia a piedi sia su carro[117], il quale è preceduto da un corteo magistratuale. La cerimonia, benché pertinente a un personaggio singolo, è di carattere pubblico per il ruolo che quest'ultimo aveva rivestito nel contesto socio-politico in cui era vissuto.

Una situazione particolare è offerta dal santuario nel Fondo Patturelli a Capua, la città più importante dell'Etruria Campana (Strab. 5, 4, 10 p. 249), ubicato in area extra-urbana in prossimità della necropoli. Gli scavi, effettuati a varie riprese nel secolo XIX, non sono stati affatto rigorosi e le notizie che se ne hanno sono alquanto vaghe e spesso errate; i materiali rinvenuti sono in parte perduti. Le testimonianze più antiche sono antefisse di stile subdedalico e arcaico, che rientrano in filoni noti nell'Etruria Meridionale e nel Lazio Antico. Si sa di un altare monumentale in tufo con una grande scalinata, sul quale era collocato un baldacchino sostenuto da sei colonne, di varie are in tufo e di un'edicola, in cui era posta una base con una statuetta. Il ritrovamento più interessante è rappresentato dalle statue in tufo delle cosiddette madri: figure femminili sedute, che tengono in grembo uno o più bambini in fasce. L'esemplare più antico risale al tardo arcaismo, mentre la maggior parte risale al periodo tardo-classico ed ellenistico. Le statue, sia per il significato sia per lo stile, si riattaccano alla tradizione locale. Il culto professato è quello della Gran Madre in una valenza ctonia[118].

---

113. Andrén, A., *Architectural Terracottas from Etrusco-Italic Temples* (1940) 253.
114. Bloch, R., «Découverte d'une nouvelle nécropole étrusque auprès de Bolsena», *MEFR* 65 (1953) 39-61.
115. Maggiani, A., «La valle del Fiora», in Cristofani, M. (ed.), *Gli Etruschi in Maremma* (1981) 77-95.
116. (= *ThesCRA* I 1 Processioni, etr. **60–62**) Steingräber, *PittEtr* 298 n° 48; 306 n° 56; 307 n° 58; 346–347 n° 109; 351–352 n° 118. Sul soggetto, ultimamente, Prayon; Vincenti (n. 83) 45-55.

117. (= *ThesCRA* I 1 Processioni, etr. **63–89**).
118. Adriani, A., *Sculture in tufo del Museo Campano* (1939); Heurgon, J., *Recherches sur l'histoire, la religion et la civilisation de Capoue préromaine des origines à la deuxième guerre punique* (1942) 330-337; Bonghi Jovino, M., et al., «Capua: il santuario del fondo Patturelli», in Colonna, *Santuari* 121–126; Cerchiai, L., *I Campani* (1995) 159-165. 201-202. Il tipo è replicato in esemplari di argilla: Bonghi Jovino, M., *Terrecotte votive. Catalogo del Museo Provinciale Campano* 2 (1971) 18-19. 48-60.

Il quadro che è stato presentato dei culti e riti in necropoli, in manifestazioni di carattere privato e pubblico, è non organico e dettagliato bensì frammentario e lacunoso. La documentazione che è stata passata in rassegna, monumentale figurata epigrafica, non ha la pretesa di essere esaustiva sul tema trattato. Non è escluso che talune situazioni di scavo, specialmente quelle dell'Ottocento, non siano ben documentate o non siano state comprese, per cui il quadro sarebbe potuto essere più largo e più puntuale. La lettura del dato archeologico è senza dubbio soggettiva e può essere variata o rettificata da una nuova scoperta. Una considerazione di fondo da ribadire riguarda la presenza contemporanea in necropoli delle due forme di culto, privata e pubblica, a partire dalla fine del VII sec. a.C.; e cioè, l'affermazione del culto pubblico non comporta la scomparsa di quello privato, che continua a praticarsi ininterrottamente nell'intero arco di sviluppo della civiltà etrusca con una connotazione sempre ben marcata in senso aristocratico.

GIOVANNANGELO CAMPOREALE

3. Riti e culti della morte: l'Etruria padana

BIBLIOGRAFIA GENERALE: Bergonzi, G./Piana Agostinetti, P., «L'"obolo di Caronte'. *Aes rude* e monete nelle tombe: la pianura padana tra mondo classico e ambito transalpino», ScAnt 1 (1987) 161–223; Bertani, M. G., «Il 'banchetto dei morti' in Etruria padana», in Quilici, L./Quilici Gigli, S. (edd.), *Agricoltura e commerci nell'Italia antica* (1995) 41–64; Bisi, A. M., «L''albero della vita' e gli animali in schema araldico sulle stele protofelsinee», in *Studi in memoria di Mario Zuffa* (1984) 77–106; Cerchiai, L., «*Daimones* e Caronte sulle stele felsinee», in *Caronte. Un obolo per l'aldilà*, PP 50 (1995) 376–394; Colonna, G., «I santuari nelle necropoli», in Colonna, Santuari 116; Ducati, P., «Le pietre funerarie felsinee», MonAnt 20 (1911) 358–728 (= Ducati 1); id., «Nuove stele funerarie felsinee», MonAnt 39 (1943) 373–446 (= Ducati 2); von Eles, P. (ed.), *Guerriero e sacerdote. Autorità e comunità nell'età del ferro a Verucchio. La tomba del trono* (2002); Meller Padovani, P., *Le stele villanoviane di Bologna* (1977); Morigi Govi, C./Sassatelli, G., «Il sepolcreto etrusco del Polisportivo di Bologna: nuove stele felsinee», Ocnus 1 (1993) 103–124.

Le attestazioni archeologiche che possediamo sull'Etruria del nord mostrano tratti per molti versi autonomi rispetto all'area tra Arno e Tevere, così che nella ricostruzione della religiosità funeraria è necessario far riferimento solo alla documentazione locale, derivata in special modo dalle necropoli del comprensorio di Bologna/*Felsina*, proiettato ad oriente fino al distretto imolese, e di Verucchio, cui, per l'età più tarda, si sommano quelle di Marzabotto, Spina e Adria[119]. In via preliminare, inoltre, si devono lamentare i limiti dovuti alla mancanza di fonti letterarie e di testimonianze architettoniche e pittoriche, e pure l'abituale impostazione degli studi, prevalentemente focalizzati sugli aspetti formali o sui significati sociali dei materiali, fondamentali per la contestualizzazione storica ma spesso non rappresentativi dell'ideologia religiosa.

3.1. Le origini: vita e morte tra individuo e cosmo

I materiali raccolti nelle tombe più antiche di Verucchio e del comprensorio bolognese, fino alla valle del Santerno, mostrano ancora un repertorio decorativo influenzato dalla tradizione protostorica dell'Europa continentale, legata a forme di religiosità che derivavano dall'osservazione dei fenomeni naturali sublimati nelle schematiche immagini del sole o degli uccelli acquatici aggiogati alla «barca solare», immagini che esprimevano in senso metaforico la ciclicità del moto astrale inteso come principio ordinatore dell'universo ed il percorso migratorio dell'essere vivente[120].

Nella regione padana, a livello funerario, tra il IX e il VII secolo la sagoma della stella madre e il concetto della sua rotazione sono dunque delineati attraverso un simbolismo geometrico di ispirazione cosmologica, in larga misura estraneo al patrimonio iconografico mediterraneo, composto da elementi a svastica, cruciformi, spiraliformi, circolari e raggiati[121], abitualmente integrati da soggetti ornitomorfi stilizzati fino all'estrema semplificazione del motivo a «S». Si tratta di un immaginario comune a cinerari, bronzi, stampiglie vascolari, guarnizioni plastiche, che pure viene selezionato per particolari oggetti rituali deposti nelle tombe quali asce, palette, incensieri e tazze con ansa sopraelevata[122]: espressioni figurative che non paiono rispondere a propositi puramente decorati-

---

119. Per un inquadramento di sintesi: Malnati, L./Manfredi, V., *Gli Etruschi in Val Padana* (1991).

120. Rappenglück, M. A., *Eine Himmelskarte aus der Eiszeit? Ein Beitrag zur Urgeschichte der Himmelskunde und zur paläoastronomischen Methodik* (1999); Kruta, V., «Il cielo e gli uomini nell'Europa delle origini», in Kruta, V. (ed.), *Occhi del cielo. Celti Etruschi Italici e la volta celeste* (2008) 15–19; Kruta Poppi, L., «Immagini di astri: da simboli a figure», ibid., 29 ss. Più in generale: Kruta, V./Kruta Poppi, L./Magni, E. (edd.), *Gli occhi della notte* (2008).

121. Sebbene i motivi discoidali e a ruota raggiata siano stati talora ipoteticamente interpretati come scudi e ruote di carro, e pur ammettendo una valenza polisemica nel caso di figurazioni simboliche tanto schematizzate,

considerandone la sistematicità d'uso e le abituali associazioni iconografiche si ritiene più convincente coglievi un riferimento di tipo astrale.

122. Ad es.: Pincelli, R./Morigi Govi, C., *La necropoli villanoviana di San Vitale* (1975); *La necropoli villanoviana di Ca' dell'Orbo a Villanova di Castenaso* (1979); Gentili, G. V., *Il villanoviano verucchiese nella Romagna orientale ed il sepolcreto Moroni* (1985) 20–23; Bermond Montanari, G. (ed.), *La formazione della città in Emilia Romagna* (1987) 207 ss.; Tovoli, S., *Il sepolcreto villanoviano Benacci Caprara di Bologna* (1989) 252–253. 288–289; Forte, M./von Eles, P. (edd.), *La pianura bolognese nel Villanoviano* (1994) 49 ss. 116–117. 236. 283–285; Dore, A./Marchesi, M., «La produzione artigianale e artistica», in Sassatelli, G./Donati, A. (edd.), *Storia*

vi, rivelandosi piuttosto partecipi di un coerente ed essenziale sistema comunicativo dettato da motivazioni ideologiche di tipo metafisico, sicuramente anche se non esclusivamente connesse all'oltretomba[123].

In sostanza, dalle più antiche testimonianze sepolcrali dell'Etruria padana trapela una diffusa sensibilità religiosa legata ad un naturalismo cosmico incentrato sull'astro solare, evocato in termini allusivi come riferimento dell'ordinamento uranio, terreno ed infero. Tale arcaica concezione era verosimilmente percepita come fondamento della vita quotidiana e al tempo stesso della morte, intesa come ricongiungimento con la sfera celeste della quale era interprete e messaggero l'uccello migratore: l'anatra, con il suo ricorrente volo stagionale in formazione lineare, poteva infatti configurarsi come simbolico tramite tra l'uomo e la dimensione soprannaturale, qualificandosi pure come accompagnatore dell'individuo nel suo ultimo viaggio.

3.2. Il sacro tra tradizione e innovazione: le stele di età orientalizzante

Tale quadro interpretativo è avvalorato dalla scultura funeraria orientalizzante padana incentrata sulle cosiddette stele protofelsinee del bolognese[124], la cui sagoma rettangolare coronata da un disco trova la più convincente spiegazione, tra le varie alternativamente proposte, in una volontà di rappresentazione antropomorfa[125]. Questi monumenti, vincolati all'ideologia e al culto funerario, mostrano figurazioni simboliche e stilizzate che non possono essere lette unicamente in chiave di esaltazione sociale o, a maggior ragione, come complementi ornamentali; si tratta di immagini di straordinaria rappresentatività semantica, di certo connesse al destino mortale dell'uomo, nelle quali si devono riconoscere implicazioni prevalentemente spirituali.

Nelle pietre sepolcrali si intrecciano due orientamenti figurativi: uno conservativo ancora legato ai modelli schematici della tradizione villanoviana, l'altro ormai permeato da nuovi motivi e stilemi acquisiti dall'Oriente. Nel primo filone, spesso caratterizzato dalla presenza di personaggi in armi[126], ricompaiono i riferimenti solari già osser-

Fig. 7

vati in scala minore nei corredi tombali, con una speciale ricorrenza del disco con croce, raggiato o a rosone[127]. Di grande pregnanza simbolica, al riguardo, risultano due lapidi di pieno VII secolo recentemente scoperte nell'agro bolognese: l'inedita stele da Marano di Castenaso con scena di combattimento tra due guerrieri affiancati da due coppie di anatre, sovrastati da tre spade e da sei cerchi raggiati che contornano un felino, ed il disco di stele dalla valle dell'Idice (fig. 7), in cui un personaggio in armi è circondato da fasce con meandri, teorie di anatrelle separate da una ruota raggiata e svastiche[128]; in questo caso assume un singolare risalto l'anatra appollaiata sulla spalla destra del guerriero, originale soluzione compositiva che sottolinea il vincolo ideale che il contatto istituisce tra i due soggetti. Ancor più esplicito è il significato di nesso sacrale da attribuire alla schematica incisione di un cippo del tardo VIII secolo da Pian di Venola (tav. 66, 1), presso Marzabotto, in cui la figura della defunta si erge sopra un grande volatile acquatico[129].

Fino al pieno VII secolo pare dunque ancora delinearsi quella primordiale concezione religiosa di matrice cosmico-naturalistica basata sul principio di simmetria e ciclicità del rapporto tra vita e morte, come tra terra e firmamento, per cui il tra-

---

di Bologna 1, Bologna nell'antichità (2005) 201-202; von Eles, P., «Le ore del sacro», in ead. (ed.), Le ore e i giorni delle donne. Dalla quotidianità alla sacralità tra VIII e VII secolo a.C. (2007) 151-155.

123. Il valore sacro attribuito agli uccelli è ribadito ancora nel V secolo dai votivi presenti in contesti santuariali: Bermond Montanari (n. 122) 93 n. 6.

124. Meller Padovani; Marchesi, M., «La scultura monumentale in pietra», in Sassatelli/Donati (n. 122) 214-220.

125. Camporeale, Etr 399; Di Filippo Balestrazzi, E., «L'orientalizzante adriatico», in Braccesi, L./Luni, M., I Greci in Adriatico 2 (2004) 78-79.

126. In ipotesi si potrebbe pensare che l'eroe-guerriero costituisse il destinatario privilegiato di tali segnacoli.

127. Meller Padovani 61-63. Tra le possibili allusioni astrali si ricordano pure i crescenti lunari rovesciati riprodotti sulla testa dell'auriga della stele Zannoni e sulla palmetta della stele di S. Varano: ibid., figg. 26. 28. 45-46.

128. San Lazzaro di Savena, Mus. Civ. SAER 67303: Bermond Montanari, G., «La stele a disco della valle dell'Idice», in Bermond Montanari (n. 122) 113-114.

129. Marzabotto, Mus. Naz. SAER 162770: Malnati, L., «Il ruolo dell'aristocrazia nell'affermazione del dominio etrusco in val Padana», in Marzatico, F./Gleirscher, P. (edd.), Guerrieri Principi ed Eroi fra il Danubio e il Po (2004) 251. 624-625; Locatelli, D./Malnati, L., «Indicatori di ruolo e rappresentazione della donna nell'orientalizzante felsineo», in Le ore e i giorni (2007) 65-66.

passo si risolveva in una sorta di ricongiungimento astrale del morto condotto al cielo dall'uccello psicopompo.

Un ulteriore indizio della consonanza istituita tra l'ordinamento celeste e i defunti traspare dall'attenzione posta all'orientamento astronomico delle spoglie mortali, in particolare verso l'occidente, regione infera: orientamento che già si osserva nella collocazione dei cinerari nelle sepolture principesche di Verucchio e quindi nella costante disposizione del capo degli inumati a *Felsina* e Spina[130].

Nei più antichi monumenti tombali bolognesi esisteva poi un secondo filone figurativo nettamente distinto dalla tradizione villanoviana, ispirato a quel repertorio vicino-orientale che nel VII secolo si impose in tutta la penisola. In esso la permeazione dell'arte orientalizzante introduce un variegato bestiario di animali fantastici tra cui risalta la raffigurazione della sfinge, anche altrove replicata a vari livelli[131]: essere mostruoso di cui è nota la funzione simbolica spesso collegata al mondo infero. Ancora più ricca di significato, tuttavia, risulta la sacralità insita nell'«albero della vita» affiancato da capridi rampanti, tipico soggetto mesopotamico che ricorre su un gran numero di lapidi[132], in contrasto con le rare attestazioni dell'Etruria tirrenica.

La peculiare elaborazione di alcune di queste sculture funerarie sembra non lasciare dubbi sul fatto che a realizzarle fossero artigiani stranieri di probabile provenienza siriana[133], a dimostrare un diretto contatto con il Levante che poté influire sulla prima *Felsina* anche in termini ideologici. Certo è che proprio in tale periodo l'assimilazione di modelli orientali ed ellenici si accompagnò ad un importante mutamento dell'orizzonte culturale locale, riconoscibile nell'affermazione di un inedito immaginario antropomorfo e teriomorfo connesso alla divinità e al mito, che presumibilmente attingeva pure al più profondo livello della coscienza religiosa ed escatologica.

Tale rinnovamento concettuale del credo funerario traspare a Bologna dalle scene con personaggi su carro effigiate sulla pietra Zannoni (tav. 66, 2), del pieno VII secolo, e sulla stele di via Tofane (tav. 66, 3), nella sua seconda lavorazione degli inizi del VI secolo[134]. La figurazione del primo monumento, chiaramente opera di un artista orientale, ha portato ad un'interpretazione in chiave sociale, come rappresentazione di una parata aristocratica[135]; in realtà nel rilievo Zannoni non è agevole attribuire un ruolo subordinato all'individuo di altezza abnorme con ampio copricapo e ricco abito che precede e conduce i cavalli volgendosi verso il morto: nel quadro di un simbolismo attento alla semantica delle gerarchie questi assume piuttosto una connotazione preminente, di natura divina ed infera, come psicopompo che guida il nobile defunto all'oltretomba, inaugurando così quel nuovo schema compositivo del grande viaggio e quella nuova concezione dell'Ade, con i suoi numi e demoni, destinati a ricomparire nella stele di via Tofane e ad imporsi nei secoli a venire.

3.3. Il nuovo pantheon: miti, demoni e divinità

Dal tardo VI secolo la rigenerazione politica e culturale conseguente alla «ricolonizzazione» dell'Etruria padana portò anche alla trasformazione dell'ideologia religiosa e dei costumi funerari, progressivamente arricchiti dai contatti istituiti con il mondo greco[136].

Se allora il florido centro commerciale di Spina inizia ad offrire significativi reperti sepolcrali, per comprendere il *pantheon* infero e l'idea di oltretomba dell'epoca è ancora opportuno riferirsi alle pietre bolognesi, oltre che di Marzabotto, osservando le stele felsinee a «ferro di cavallo» prodotte tra la prima metà del V e gli inizi del IV secolo[137]. I programmi figurativi appaiono spesso ambigui sia per la genericità di tante immagini standardizzate sia per la frequente commistione tra simbolismo funerario e messaggi sociali, sempre più pervasivi: nel repertorio di soggetti ultramondani, celebrazioni funebri e rievocazioni del rango terreno i riferimenti escatologici e alla divinità saranno dunque da distinguere dalle scene di commiato, banchetto, giochi e cerimoniali politici.

In questa prospettiva il tratto dominante è indubbiamente costituito dalla definitiva affermazio-

---

130. Guzzo, P. G., «Ipotesi di lavoro per un'analisi dell'ideologia funeraria», in Berti, F./Guzzo, P. G. (edd.), *Spina. Storia di una città tra Greci ed Etruschi* (1993) 219; Bentini, L./Neri, D., «Descrizione dello scavo», in von Eles 13. 20; Govi, E., «Le necropoli», in Sassatelli/Donati (n. 122) 273. 264–281. Per l'Etruria propria: Torelli, *Religione* 231.
131. Bisi 77. 86. 89; Bermond Montanari, G., «Rubiera», in Bermond Montanari (n. 122) 141–147; Malnati/Manfredi (n. 119) 96 ss.; Dore/Marchesi (n. 121) 204; Pincelli, R., «Un nuovo documento dell'orientalizzante settentrionale», *Emilia Preromana* 7 (1975) 131–150.
132. Bisi 77–106.
133. Colonna, G./Von Hase, F. W., «Alle origini della statuaria etrusca: la tomba delle statue presso Ceri», *StEtr* 52 (1984) 53–54.
134. Pietra Zannoni: Bologna, Mus. Civ. 21999: Meller Padovani 52–56 n° 25 figg. 45–46; Di Filippo Balestrazzi (n. 125) 67–69. Stele di via Tofane Bologna, Mus. Civ. 67495: Meller Padovani 44–47 n° 20 figg. 30–31.
135. Sassatelli, G., «Bologna etrusca: nuovi dati e recenti acquisizioni», *AttiMemBologna* 36 (1986) 25; id., «Topografia e 'sistemazione monumentale' delle necropoli felsinee», in *La formazione della città preromana in Emilia Romagna* (1988) 208–210.
136. Per analoghi effetti nell'Etruria propria: Colonna, G., «I caratteri costanti», in Colonna, *Santuari* 23; Torelli, *Religione* 174 ss.
137. Ducati 1; Ducati 2; Sassatelli, G., «Una nuova stele felsinea», in *Culture figurative e materiali tra Emilia e Marche. Studi in memoria di M. Zuffa* (1984) 107–137; Morigi Govi/Sassatelli 103–124; Govi, E., «La scultura monumentale in pietra», in Sassatelli/Donati (n. 122) 290–295.

ne del tema del viaggio verso l'oltretomba, con i defunti ritratti a piedi o su un carro trainato da cavalli anche alati (tav. 66, 4)[138]. A riproporre la metafora della morte come passaggio verso una dimensione ultraterrena di alterità contribuiscono poi talune scene collaterali tratte dalla mitologia greca, più frequenti in età tarda, ispirate al *thiasos* marino o all'*epos* eroico omerico tanto caro alla cultura aristocratica: così compaiono immagini di ippocampi, serpenti marini, nereidi, tritoni[139], e, ancora, centauri[140], Scilla[141], Ulisse e Circe[142], Aiace suicida[143].

La meta del viaggio è comunque ormai circoscritta all'Ade della tradizione etrusca, identificato dalla sua stessa porta nella stele 132, oppure richiamato dalla schiera di demoni e di divinità infere e psicopompe che popolano lo scenario scultoreo locale[144]. Ampia è la gamma dei geni che conducono defunti spesso riottosi o gli volteggiano sopra: hanno fattezze generalmente efebiche oppure ferine, sono alati o apteri, nudi o panneggiati, talora in coppia, come nella stele 105, così che nell'insieme si ricava l'impressione di individualità generiche qualificabili soprattutto in senso collettivo. Più caratterizzata è la ricorrente immagine di Caronte che invece del maglio impugna un oggetto forse interpretabile come un remo a pala (tav. 67, 1)[145], atipica e precoce variante delle iconografie abituali nell'Etruria tirrenica[146]. Una commistione concettuale emerge anche nella stele 169 (tav. 67, 2), dove il demone è ritratto con remo (?), fiaccola e petaso, così da assimilare Caronte a quell'*Hermes* che pure, in chiave funeraria, è raffigurato come psicopompo su altre stele felsinee e su un cippo di Sasso Marconi[147], o evocato da alcuni votivi sepolcrali di Spina, quali tartarughe fittili ed una dedica vascolare in greco di fine V secolo dalla t. 715 di Valle Trebba[148].

Tra le principali figure divine di ambito funerario la *Vanth* paredra di *Charun* è ricordata solo da un'ulteriore iscrizione spinetica in greco[149], mentre numerosi sono ovunque i riferimenti a quella sfera dionisiaca che fin dal tardo VI secolo si era affermata nell'intera Etruria esprimendosi attraverso le più varie manifestazioni figurative[150]. Al di là delle innumerevoli allusioni rintracciabili nei corredi simposiaci e nei rituali libatori, nell'iconografia delle stele di *Felsina* rammentiamo la costante presenza di eloquenti ornamentazioni a rami di vite con uva e di edera[151], talvolta con icastici nessi semantici, come nella stele 174 dalla Certosa in cui il defunto ne afferra un tralcio; e ancora i grandi crateri che campeggiano al centro di alcune composizioni, i satiri psicopompi oppure uniti a menadi nel *thiasos* che compare sul cippo di Sasso Marconi, fino al gigantesco profilo silenico che in attesa del defunto traguarda dalla cornice di varie stele[152], possibile riferimento ad un genere demoniaco liminare altrimenti noto all'orizzonte ultramondano etrusco[153].

In età più tarda sono i corredi tombali di Spina a porsi come fondamentale riferimento per la religiosità funeraria padana[154], con altre testimonianze di dichiarata ascendenza greca riferibili ad un dionisismo infero: le deposizioni di *choes* attici legati ai rituali delle *Anthesterie*, i votivi fittili di sileni e banchettanti, l'iscrizione greca allo stesso Dioniso incisa su una ciotola di tardo IV secolo dalla t. 409 di Valle Trebba (tav. 67, 3)[155]. Tale pezzo, convincentemente interpretato come memoria di un credo privato coltivato in vita e poi traslato nella sepoltura[156], conferma lo stretto rapporto che poteva sussistere, in termini di trasposizione ideologica e materiale, tra le manifestazioni del culto domestico e quelle del culto funerario. Di solito tali espressioni dionisiache sono viste come segno di adesione a dottrine misteriche, al pari di altri reperti tombali di Spina: tra le statuette attestate dal V secolo agli inizi del III[157], ai culti ctoni eleusini sono così riferiti i busti femminili di

---

138. Bologna, Mus. Civ. Polisportivo A: Morigi Govi/Sassatelli 115–117 fig. 9. Più in generale si veda Ducati 1, 573 ss.
139. LIMC VIII Tritones (in Etruria) **46***.
140. LIMC VIII Suppl. Kentauroi (in Etruria) **5***.
141. LIMC VIII Suppl. Skylla I **75***.
142. LIMC VI Kirke **40***.
143. Per la speciale valenza di questo tema nel mondo etrusco: Torelli, Religione 174; Maggiani, A., «Modello etico o antenato eroico? Sul motivo di Aiace suicida nelle stele felsinee», StEtr 63 (1997) 149–165.
144. Ducati 1, 636 ss.; Cerchiai 376–394.
145. (= LIMC III Charon I/Charu(n) **42***) Stele da San Michele in Bosco, Bologna, Mus. Civ. 17276. Sassatelli (n. 137). Inoltre: LIMC III Charon I/Charu(n) **43***.
146. Sassatelli (n. 137) 113 ss.
147. Bologna, Mus. Civ. Ducati 169; Cippo di Sasso Marconi, Marzabotto, Mus. Naz. 6543. Sassatelli, G., «L'Etruria padana e il commercio dei marmi nel V secolo», StEtr 45 (1977) 133–139; Malnati/Manfredi (n. 119) 197.
148. Desantis, P., «Le statuette votive», in Berti, F. (ed.), La coroplastica di Spina. Immagini di culto (1987) 25; Colonna, G., «Riflessioni sul dionisismo in Etruria», in Berti, F. (ed.), Dionysos. Mito e mistero (1991) 120; Malnati, L., «Le istituzioni politiche e religiose a Spina e nell'Etruria padana», in Berti/Guzzo (n. 130) 165–166.
149. Su una ciotola del tardo IV secolo dalla t. 708B di Valle Pega: Colonna (n. 155) 138; Malnati (n. 148) 166, ove si cita anche una dedica dalla t. 102C a *Thesan*, l'Aurora, in una possibile accezione tutelare.
150. Colonna (n. 148) 117–155.
151. Ad es. Morigi Govi/Sassatelli 105–108.
152. Sassatelli (n. 137) 111; Morigi Govi/Sassatelli 116; Cerchiai 386.
153. Torelli, Religione 207.
154. Malnati (n. 148) 145–177; Harari, M., «Culti non funerari a Spina», in Berti, F./Harari, M. (edd.), Storia di Ferrara. II Spina tra archeologia e storia (2004) 298 ss.
155. Ferrara, Mus. Naz. 15: Desantis (n. 148) 15. 17; Berti, F., «*Choes* di Spina: nuovi dati per una analisi», in Berti, Dionysos (n. 148) 17–53; Colonna (n. 148) 120; id., «La società spinetica e gli altri *ethne*», in Berti/Guzzo (n. 130) 135; Guzzo (n. 130) 227–228.
156. Colonna (n. 148) 120; id. (1993) 135.
157. Berti, F., «Appunti sui contesti tombali: cronologia e tipologia», in Berti [n. 148] 9–12. La presenza di

Demetra e Persefone e possibilmente il *kernos* rituale dalla t. 3A di Valle Pega, mentre all'orfismo sono spesso accostate le uova deposte in tante sepolture locali come felsinee[158].

Indubbiamente le caratteristiche dei sepolcri e dei corredi lasciano trasparire una qualche idea di vita dopo la morte, e così pure le credenze salvifiche affermatesi in Grecia tra l'età classica e l'ellenistica poterono diffondersi anche nell'Etruria padana, in particolare grazie a mediazioni magnogreche[159]. L'aspettativa di un'effettiva rinascita nell'aldilà per gli iniziati ai misteri, o anche solo di un'eroizzazione o di un'apoteosi che esaltassero la dimensione ultraterrena dei defunti, non sembrano comunque rappresentare la concezione escatologica dominante, quanto, piuttosto, la prerogativa di ristretti circoli di adepti o di elevata classe sociale e culturale, in un panorama religioso altrimenti dominato da una tetra e paurosa visione dell'Ade.

3.4. I luoghi del culto funerario

Se la religiosità ipogea e infera si esprimeva a livello pubblico e privato nelle città come nelle necropoli, l'unica testimonianza urbana a nord degli Appennini è costituita dall'altare B eretto alla fine del VI secolo sull'acropoli di Marzabotto: la struttura, collegata ad una vasca per l'acqua di uso liturgico, conserva tuttora un podio al cui centro si apre un *mundus* a pozzo di comunicazione ctonia[160]; assecondando una tendenza generale[161], anche nell'Etruria padana la cultualità funeraria doveva tuttavia manifestarsi specialmente all'interno dei sepolcreti.

Già di per sé le aree destinate ai seppellimenti potevano essere dedicate in termini religiosi e definite secondo il principio della *limitatio* che regolava il rapporto tra *templum* celeste, regioni terrene ed infere, in modo da sancirne la rilevanza sacrale e al tempo stesso per corrispondere all'esigenza ideologica di separare i contesti abitativi da quelli, contaminati, d'uso funerario. In tal senso depongono le rigorose perimetrazioni naturali ed artificiali che fin dall'età villanoviana furono poste a confine di tante aree cimiteriali, demarcazioni in cui, forse per le qualità purificatrici che le erano riconosciute, risalta la preminente funzione attribuita all'acqua: dai torrenti Aposa, Ravone e Savena per le necropoli di *Felsina* e San Vitale, ai canali e ai fossati terminali individuati nei sepolcreti bolognesi Arnoaldi, Azzarita, VIII Agosto e dei Giardini Margherita, oltre che a Casteldebole, San Lazzaro e Casalecchio di Reno, fino all'acquitrino che contornava i dossi litoranei sui cui si estendevano le necropoli di Spina[162]. Talora a rafforzare l'idea di limite contribuivano anche apposite strutture, come il recinto in pietre e la palizzata documentati ai margini dei sepolcreti di Villanova-San Lazzaro e di Valle Trebba[163]. Non si può infine escludere che gli stessi tracciati stradali che sistematicamente attraversavano le aree cimiteriali, garantendo visibilità e risalto sociale alle tombe più prestigiose[164], contribuissero pure alla programmatica definizione degli spazi di pertinenza infera.

Al di là di questi aspetti topografici di carattere generale, nelle necropoli padane dovevano poi esservi dei siti adibiti a specifiche pratiche cultuali. Per il periodo orientalizzante si è notata la peculiarità di alcune imponenti sculture sepolcrali bolognesi, quale la pietra «dei Vitelli» (tav. 67, 4), negandone la qualifica di segnacolo individuale e postulandone una funzione limitanea o di monumentalizzazione di aree sepolcrali gentilizie[165]; se ne è certamente ammissibile una destinazione riservata, ma non propriamente pubblica[166], in ipotesi tali elementi avrebbero potuto rivestire anche una valenza sacrale entro luoghi destinati alla celebrazione di rituali funebri collettivi[167].

---

restauri e sistemi da sospensione in diversi esemplari (Sani, S., «Divinità femminili con *polos*», in Berti [n. 148] 39–40.) ne suggerisce un'originaria utilizzazione extratombale, riproponendo un principio di contiguità e consequenzialità tra le devozioni domestiche e quelle sepolcrali.

158. Desantis (n. 148) 1 ss.; Sani (n. 157); Guarnieri, C., «La presenza dell'uovo nelle sepolture di Spina», in *Studi sulla necropoli di Spina in valle Trebba* (1993) 181–195; Malnati (n. 148) 169. 172; Harari (n. 154) 298–299. Si deve tuttavia notare che le uova compiono già in tombe dell'VIII secolo (Bertani 61), periodo che ne esclude attinenze misteriche.

159. Guzzo (n. 130) 227–228.

160. Colonna, *Santuari* 88–92; Sassatelli, G., «Culti e riti in Etruria padana: qualche considerazione», in *Anathema* 604–606; Vitali, D., «La scoperta e i primi scavi dell'Acropoli», in id./Brizzolara, A. M./Lippolis, E., *L'acropoli della città etrusca di Marzabotto* (2001) 28–35; Lippolis, E., «Scavi e restauri e nuove scoperte», *ibid.*, 255–257. Data la natura del riempimento, le ossa animali rinvenute nel pozzo derivano presumibilmente dall'abbandono della struttura e non da ritualità offerte sacrificali.

161. Colonna 116; Comella, A., *ThesCRA* IV 1 a Luoghi di Culto, Sepulcrum (Etruria) p. 321.

162. Pincelli/Morigi Govi (n. 122) 570; Pellicioni, M. T., «La necropoli dei Giardini Margherita. Aspetti topografici», in Bermond Montanari (n. 122) 46–47; Ortalli, J., «La necropoli di Villanova: i nuovi scavi in località Caselle di San Lazzaro», in Forte/von Eles (n. 122) 233; von Eles, P./Boiardi, A., «La necropoli», *ibid.*, 100; Macellari, R., *Il sepolcreto etrusco nel terreno Arnoaldi di Bologna* (2002) 33; Ortalli, J., «La 'rivoluzione' felsinea: nuove prospettive dagli scavi di Casalecchio di Reno», *Padusa* 38 (2002) 60–61. 69.

163. Vitali, D., «La necropoli di Villanova presso Bologna: un problema di identificazione topografica», *AttiMemBologna* 29–30 (1978–79) 13–14; Berti, F., «Alcuni dati per un nuovo contributo», in *Studi sulla necropoli di Spina in valle Trebba* (1993) 16–17.

164. Sassatelli (n. 135) 212 ss.

165. Bologna, Mus. Civ. 27843. Sassatelli (n. 135) 207 ss.; id., «La fase villanoviana e la fase orientalizzante», in Sassatelli/Donati (n. 122) 152–153.

166. Colonna 116.

167. In base ai dati archeologici attualmente noti, e per la lontananza da qualsiasi area cimiteriale, non possono invece essere riferiti ad ambito funerario i monoliti di via Fondazza, oggetto di un seppellimento devozionale ed interpretati come *horoi*-altari di un'area santuariale periurbana: Ortalli, J., «Nuove osservazioni sui monumenti orientalizzanti bolognesi di via Fondazza», *Archeologia dell'Emilia-Romagna* 2/1 (1998) 47–59.

Qualche indizio più esplicito su stabili apprestamenti devozionali e cerimoniali emerge a partire dal V secolo. L'esistenza di sacelli collegati a divinità infere è stata così proposta nel sepolcreto bolognese Arnoaldi per il rinvenimento di una testa marmorea di *kouros* di lavorazione locale, dubitativamente attribuita ad un Apollo funerario, e di alcune strutture laterizie[168]. Pure a Spina si è supposta la presenza di un santuario prossimo alla necropoli sulla scorta dei bronzetti votivi del V-IV secolo recuperati nel dosso C di Valle Pega[169].

All'interno dei sepolcreti è invece attestata con sicurezza la predisposizione di impianti idrici probabilmente utilizzati per riti purificatori[170]. A *Felsina* si segnalano il pozzo di falda ubicato tra le tombe di VIII-VI secolo in Piazza Azzarita ed il chiusino puteale dagli scavi Arnoaldi, mentre a Marzabotto ben cinque pozzi si aprivano nell'area del sepolcreto settentrionale[171]. Ancora dal terreno Arnoaldi e da un reimpiego della Certosa provengono tre frammenti di conca e un sostegno di *louteria* in marmo greco[172]: pregiate dotazioni liturgiche, e non semplici arredi, in origine verosimilmente collocate in spazi destinati a riti lustrali del tipo raffigurato sulla stele 2 Tamburini (tav. 68, 1), con scena di abluzione di due personaggi ai lati di un bacino su colonnetta[173].

3.5. La tomba e lo statuto del defunto

Se il distacco dal mondo reale provocato dalla morte è un fatto di per sé scontato, meno chiara è la percezione che gli Etruschi padani avevano di tale passaggio esistenziale; gli indizi archeologici che possediamo concordano peraltro nel suggerire un'idea di mutamento di dimensione più che di annullamento della personalità terrena, concezione che tra l'altro risponde alla metafora del grande viaggio verso l'aldilà. La stessa pratica incineratoria delle origini, mai venuta meno nei secoli, distruggeva il cadavere ma ne preservava le ceneri, presupponendo una condizione di alterità del defunto cui veniva conferito un nuovo e diverso statuto legato all'essenza più che alla materialità. Una trasposizione simbolica di questo principio può cogliersi nell'abituale rito di defunzionalizzazione dei materiali deposti nelle tombe, ad iniziare dalla rottura di un'ansa dei cinerari villanoviani o dalla frammentazione di oggetti di particolare rappresentatività quali spade ed asce in bronzo.

La proiezione verso una dimensione parallela, ctonia e non più terrena, si riflette nella concezione stessa del sepolcro inteso come luogo di residenza del defunto. Il substrato argilloso padano ha condizionato l'architettura funeraria della regione imponendovi l'uso di materiali deperibili e negando la possibilità di realizzare ambienti sotterranei di imitazione domestica scavati nella roccia, del tipo tirrenico; la stele della t. 793 del sepolcreto di S. Vitale (Tav. 68, 2)[174], su cui si staglia l'immagine di una capanna con tetto a falde e finestre, non lascia peraltro dubbi circa il valore di casa attribuito al luogo di sepoltura.

A partire dall'età orientalizzante le stesse tombe a cassone paiono qualificarsi come vani abitativi ipogei a travature ed assi lignee, di lato superiore ai 2 o 3 m, virtualmente agibili: dai casi di *Felsina* alla tomba della stele e ad altre più tarde di Casalecchio di Reno, a quelle principesche di Verucchio, fino al grande sepolcro da poco scoperto in via Belle Arti a Bologna, la cui complessa orditura displuviata anticipa la copertura dell'arca lapidea di V secolo dei Giardini Margherita[175]. Dentro tali celle, poi, il corredo poteva anche disporsi a mo' di arredo, con suppellettili appese a chiodi infissi nelle pareti, del genere osservato sugli assiti di piazza Azzarita e nelle casse in travertino di Marzabotto[176].

Un ulteriore fondamentale tratto dell'ideologia funeraria era rappresentato dalla volontà di conservare e rimarcare i caratteri individuali dei defunti, già evidente nell'antropomorfismo dei più antichi segnacoli monumentali, quali il cippo cilindroide con volto inciso da S. Giovanni in Persiceto (tav. 68, 3)[177], la lapide di Pian di Venola con figura femminile, la stele 180 della Certosa sagomata a forma di armato ed altri cippi aniconici bolognesi, il cui profilo trova un naturale esito nelle stele «protofelsinee» a disco, replicate pure a Spina dai tardi esemplari di Valle Pega[178].

La medesima propensione a personalizzare i sepolcri e le spoglie dei morti si evince dai materiali

---

168. Macellari (n. 162) 41. 269. 273-274.
169. Malnati (n. 148) 164.
170. Per l'uso di simili apprestamenti: Camporeale, G., ThesCRA II 3 a Purificazione, etr. p. 53; Marcattili, F., ThesCRA IV 1 a Luoghi di Culto, etr., ital., rom p. 259-260 («Labrum»).
171. Macellari (n. 162) 41; Marchesi, M., «La necropoli: dagli scavi ottocenteschi alla ricostruzione dei corredi», in Sassatelli, G./Govi, E. (edd.), *Culti, forma urbana e artigianato a Marzabotto* (2005) 201.
172. Sassatelli (n. 147) 121-122; Macellari (n. 162) 41. 43. 376-377.
173. Bologna, Mus. Civ. Ducati 2: Ducati 1, 362-364 n° 2.
174. Bologna, Mus. Civ. 11683. Pincelli/Morigi Govi (n. 122) 29; Meller Padovani 40-41 n° 18 figg. 24-25.

175. Lo scavo di via Belle Arti è stato diretto da P. von Eles. Per le altre testimonianze si rinvia a: Kruta Poppi. L., «La tomba orientalizzante della stele di Casalecchio di Reno», in Bermond Montanari (n. 122) 97-102; Ortalli (n. 162) 70; Boiardi, A./von Eles, P., «I sepolcreti: organizzazione dello spazio e gruppi familiari», in von Eles 8; Sassatelli (n. 135) 229-232. A proposito del sepolcro in travertino dei Giardini Margherita si ritiene decisamente improbabile la sua originaria collocazione a vista fuori terra.
176. Marchesi (n. 171) 207.
177. Bologna, Mus. Civ. 17422: Meller Padovani 36-37 n° 15 figg. 19-20; Taglioni, C., «Segnacoli funerari da San Giovanni in Persiceto e da Saletto di Bentivoglio», in Forte/von Eles (n. 122) 287-289.
178. Alfieri, N., «Tradizioni villanoviane a Spina», in *Preistoria dell'Emilia Romagna* II (1963) 80-84 tavv. 5d-6.

di accompagnamento tombale. Se fin dal IX secolo i pochi oggetti presenti nei corredi esplicitano le distinzioni di sesso, la crescita delle componenti accessorie avviata nella seconda metà dell'VIII implica sempre più spesso un richiamo all'identità dei defunti, non solo attraverso l'esaltazione del rango sociale ma anche rievocandone le connotazioni individuali e le attitudini domestiche. Emblematica è l'antropomorfizzazione dei cinerari, riconoscibile da coperture d'eccezione come lo scudo da parata o l'elmo crestato fittile delle tombe Lippi e Lavatoio di Verucchio, e ancor più dalla sistematica e secolare pratica della loro vestizione con stoffe, abiti ed ornamenti, tesa a reintegrare simbolicamente le fattezze del morto, pratica ovunque suggerita da numerosi indizi e testimoniata in modo esemplare dai più recenti studi[179]

Un'ultima notazione riguarda il fatto che la caratterizzazione dei defunti non doveva manifestarsi solo a livello personale. Indipendentemente dal loro status, nei sepolcreti essi potevano essere qualificati in base ai rapporti relazionali o parentelari originariamente avuti nella comunità e riproposti nel mondo dei morti; così si spiega l'assetto distributivo delle necropoli, suddivise in differenti comparti tutt'attorno agli abitati. Se il borgo rurale felsineo di Casalecchio dimostra come la dislocazione dei vari nuclei tombali dipendesse dalle relative appartenenze familiari[180], una predeterminazione spaziale si riconosce anche a scala maggiore, nei vasti cimiteri urbani; queste grandi concentrazioni di tombe sembrano infatti formate da un concatenato mosaico di sottoinsiemi graduati secondo una gamma costituita da singoli individui, coppie, nuclei, gruppi, grandi aggregazioni, intere comunità, ordinamento che ben potrebbe riflettere l'articolazione del corpo civico in senso individuale, coniugale, familiare, gentilizio, clientelare e clanico[181].

In tale composito panorama era in ogni caso garantita la libera adesione a diversi orientamenti ideologici, come attestano la generale coesistenza dell'inumazione e della cremazione, senza preclusioni nella scelta del rituale, e l'apertura ai vari orizzonti etnico-culturali dei tanti allogeni accolti ed integrati alle comunità locali anche nei costumi funerari, ben rilevabile a Bologna e Spina[182].

3.6. Onori funebri

Sulle cerimonie officiate in onore del defunto, dalla morte al seppellimento, l'archeologia regionale offre informazioni parziali, in parte integrabili sulla scorta di comportamenti tendenziali nel mondo etrusco, non di rado ispirati a tradizioni elleniche già rintracciabili nell'*epos* omerico[183].

Nella predisposizione e purificazione della salma una certa importanza assumeva il trattamento con unguenti attestato dai balsamari, spesso deposti nelle tombe con modalità distintive come nei casi spinetici in cui il piccolo contenitore era isolato tra le ceneri del cremato o presso la mano dell'inumato[184]. Della cura riservata all'esibizione del corpo, che nel cerimoniale della *prothesis* doveva trovare il momento più pregante, si ha traccia fin dalle tombe orientalizzanti di Verucchio e *Felsina* che tra i resti del rogo mostravano laminette d'osso, da riferire alla decorazione dei letti funebri su cui erano adagiati i corpi durante l'esposizione in casa e quindi nella *translatio* alla necropoli[185]. Tra i materiali bruciati sulla pira rinvenuti nelle sepolture dei cremati abitualmente figurano pure elementi di vestiario ed ornamenti personali, indicativi del fatto che queste salme, al pari degli inumati[186], erano abbigliate.

I congiunti celebravano poi i loro defunti partecipando a manifestazioni collettive di commiato e ricreazione il cui fondamento religioso, di tipo espiatorio, augurale e catartico si intrecciava ad un'ostentazione sociale esplicita per i personaggi di alto censo. Se già la stele di VII secolo da Casalecchio di Reno, con le sue figurazioni di ginnasti «a ponte» (tav. 68, 4)[187], allude ad una rappresentazione acrobatica di attinenza funeraria, al riguardo sono soprattutto le pietre felsinee ad offrire un ampio repertorio figurativo: corse di bighe, giochi atletici e scene di lotta, combattimenti tra armati interpretabili anche come *ludi gladiatori*[188], esibizioni di *desultores*[189], immagini di musici, danzatori e banchettanti[190].

Tra le cerimonie soprattutto il banchetto assumeva un importante ruolo ideologico, non solo per i suoi esiti simposiaci ma anche perché il consumo del pasto poteva costituire un'occasione di simbolica comunanza tra i vivi ed il mondo dei

---

179. Ad es. Boiardi, A., «La rappresentazione simbolica del defunto», in von Eles 22–28.
180. Ortalli (n. 162) 69.
181. Per i gruppi familiari dei *Kaikna* e dei *Kathle* nei sepolcreti bolognesi Arnoaldi e dei Giardini Margherita: Sassatelli (n. 135) 243–244.
182. Colonna (n. 155) 135. 137. 140; Sassatelli, G., «La situazione in Etruria padana», in *Crise et transformation des sociétés archaïques de l'Italie antique au V{{e}} s. av. J.-C.* (1990) 94–95; Guzzo (n. 130) 225; Malnati (n. 148) 175.
183. Torelli, *Religione* 166. 173; Bartoloni, G., «La tomba», in *Principi etruschi* (2000) 165–166.
184. Berti, F., «Appunti per valle Trebba», in Berti/Guzzo (n. 130) 33–35.
185. Gentili (n. 122) 25; Tovoli (n. 122) 142; Morigi Govi, C./Dore, A., «Le necropoli», in Sassatelli/Donati (n. 122)
180. Improbabile appare, invece, la loro pertinenza a troni.
186. Berti (n. 163) 10–11.
187. Bologna, Sopr. Arch. SAER 36906. Bisi 77; Kruta Poppi (n. 175) 100.
188. Sassatelli, G., «Le stele funerarie felsinee con 'celtomachie'», in *Popoli e facies culturali celtiche a nord e a sud delle Alpi dal V al I secolo a.C.* (1983) 171 ss.; id. (1986) 49–51. Per i *ludi* come estremo esito di arcaici sacrifici di prigionieri: Torelli, *Religione* 187–188.
189. Cippo del tardo V secolo da Marzabotto, Marzabotto, Mus. 236 (442). Sassatelli (n. 147) 126–128 figg. 6–7; Bentz, M./Reusser, C., *Marzabotto. Planstadt der Etrusker* (2008) 115–116 fig. 64.
190. Ducati 1, 695 ss.; Ortalli (n. 162) 70–72.

morti, trasponendosi anche all'interno della tomba e forse acquisendo un valore sacrificale e di viatico per il viaggio ultramondano. Non a caso fin dalla metà dell'VIII secolo tra i materiali posti nelle sepolture i cibi compaiono con intensità crescente[191], affiancandosi a servizi da mensa sempre più ricchi.

Dopo la traslazione della salma, rievocata da tarde stele felsinee con cortei talora caratterizzati in senso magistratuale, avevano luogo le estreme fasi del funerale correlate alla scelta del rituale inceneratorio o inumatorio, col tempo destinati a raggiungere una sostanziale equivalenza. Nelle cremazioni le pire erano predisposte ad una certa distanza dai luoghi di tumulazione, come documentano gli *ustrina* individuati a Spina e forse ai margini del sepolcreto bolognese Arnoaldi[192]. I materiali alterati dal fuoco osservati in vari sepolcri indicano come sul rogo il morto non fosse solo abbigliato ma anche accompagnato da cibi e suppellettili[193], talvolta con concrezioni che comprovano lo spegnimento delle fiamme mediante il versamento di liquidi, forse lo stesso vino usato per le libazioni[194].

Le spoglie dei defunti erano poi deposte nelle tombe assieme al corredo, composto da un numero variabile di elementi spesso selezionati e posizionati in modo prestabilito; di questi occorre peraltro sottolineare la differente connotazione funzionale o simbolica, in termini religiosi come sociali, a seconda che si trattasse di abiti e ornamenti personali, arnesi d'uso quotidiano, insegne del rango, oppure offerte sacrificali, oggetti votivi e rituali, dotazioni possibilmente destinate alla vita ultraterrena. Da ultimo il luogo della sepoltura era rinterrato, avendo solitamente cura di evidenziarne l'ubicazione con un segnacolo esterno, dal semplice ciottolo o pezzo di legno alla grande stele figurata.

3.7. Le pratiche rituali

Nella devozione funeraria erano fondamentali gli atti rituali compiuti sulla tomba, in una compartecipazione che metteva in relazione i viventi, il morto e gli dei inferi; si trattava di gesti, offerte, sacrifici tesi all'espiazione, alla purificazione o alla propiziazione: azioni religiose, quali i lavacri lustrali, che ci sfuggono nelle loro precise dinamiche ma che possono intravedersi in alcuni reperti.

Già certi oggetti bruciati sulla pira con il cadavere sono forse da intendere come offerte tributate alla divinità, al pari di alcune particolari componenti di corredo. Tra queste si segnala soprattutto l'*aes rude*, presente dall'VIII al IV secolo in tante sepolture padane di cremati e inumati, da *Felsina* a Spina ad Adria, spesso con una mirata collocazione nella mano di questi, oppure presso la testa o entro un vasetto[195]. Il valore premonetale del pezzo di bronzo, la lunga tradizione d'uso e le peculiari dislocazioni lo qualificano come sacro donativo alla divinità, viatico ultramondano cui non è necessario dare l'univoca definizione di «obolo di Caronte».

Altrove sono taluni resti animali a configurarsi come immolazioni cruente con una partizione al dio più che come semplici porzioni di pasto funebre, in linea con la selezione di specie in cui prevale la canonica associazione sacrificale di bovini, suini e capriovini[196]. Esplicito è il cranio di capretto offerto nella t. 26 Moroni di Verucchio e plausibili i casi di pezzature abnormi quali l'intero maialino e l'emischeletro di bue entro sepolcri bolognesi della Certosa e dei Giardini Margherita[197]. Queste presenze animali trovano poi un corrispettivo all'esterno delle tombe, nelle ossa sparse sui suoli e nel pozzo di piazza Azzarita e meglio ancora nelle deposizioni in fossa di intere bestie sacrificate, quali i bovini, le capre e il cinghialetto rinvenuti nei sepolcreti villanoviani e orientalizzanti di Casalecchio e di via Belle Arti a Bologna[198]. A *Felsina* come a Verucchio, al pari di altri contesti d'Etruria e soprattutto di area veneta[199], erano pure seppelliti cavalli, secondo un uso che peraltro, come indicatore di rango, poteva assumere un significato di carattere più sociale che religioso[200]. L'offerta diretta alla divinità sembra infine trasparire dai corredi in cui ricorrono coppie di vasi di identica funzione, spesso libatoria[201]; tale reiterazione rituale potrebbe infatti spiegarsi con una duplice natura delle offerte, destinate sia al morto sia alla divinità infera che doveva accoglierlo.

Più problematica è l'interpretazione di molti oggetti posti nelle sepolture a partire dall'VIII secolo, resi anche in forme miniaturizzate e di pendagli o in repliche fittili e in osso degli originali

---

191. Bertani 53 ss.
192. Gozzadini, G., «Bologna. Nuovi scavi nel fondo S. Polo presso la città», *NSc* (1884) 73; Berti (n. 163) 10.
193. Gentili (n. 122) 43 ss.; Tovoli (n. 122) 27. 29; Bisi, F./Camerin, N., «Il contributo dell'analisi statistica multivariata allo studio delle cremazioni di valle Trebba», in *Studi sulla necropoli di Spina in valle Trebba* (1993) 26; Bentini/Neri (n. 130) 20.
194. *Eadd.*, «Il rito funebre: ricostruzioni ed ipotesi», in von Eles 29–30.
195. Bergonzi/Piana Agostinetti 201 ss.; Berti (n. 184) 35; Guzzo (n. 130) 224; Govi, E., «Le necropoli», in Sassatelli/Donati (n. 122) 281; Marchesi (n. 171) 211.
196. Bertani 48 ss.
197. Gentili (n. 122) 43 ss.; Bertani 50.
198. Ortalli (n. 162) 61.
199. Gambacurta, G., «Le sepolture equine nelle necropoli di Altino», in Cresci Marrone, G./Tirelli, M. (edd.), *Produzioni, merci e commerci in Altino preromana e romana* (2003) 88–113; Bonomi, S., *Adria, Museo Archeologico Nazionale. La sezione etrusca: Adria e il basso Polesine tra i secoli VI e III a.C.* (2008) sez. 11.
200. Tovoli (n. 122) 29; Bertani 48.
201. von Eles/Boiardi (1994) 113 ss.; Morico, G., «La necropoli di Villanova-Caselle di San Lazzaro», in Forte/von Eles (n. 122) 236; Muggia, A., «I ruoli sociali a Spina», in Berti/Harari (n. 154) 289.

bronzei, oggetti chiaramente rivestiti di valenze simboliche oppure funzionali di tipo sacrale, propiziatorio, sacrificale o cerimoniale[202]: palette, incensieri, presentatoi, tintinnabuli, asce, coltelli, fino alla coroplastica votiva e alle tarde dediche iscritte già segnalate a Spina, sono strumenti rituali o espressioni devozionali che potevano certamente legarsi a pratiche religiose di esclusiva pertinenza funeraria. In molti casi, anche per le tracce di usura e restauri che vi compaiono, pare tuttavia più opportuno pensare ad una trasposizione sepolcrale, ideologica oltre che materiale, di elementi propri del culto domestico o di prerogative individuali esercitate in vita dai defunti. Emblematiche, al riguardo, risultano le caratteristiche anforette ricorrenti nelle tombe di Felsina tra il VII e il V secolo[203], vasi potori evidentemente caricati di un alto valore rituale; l'eccezionale dedica incisa verso il 600 a.C. sull'esemplare Melenzani (tav. 69, 1)[204], indizio del grande rilievo simbolico dell'oggetto definito zavenuza, comprova la sua natura di solenne dono fatto in vita ad una coppia, negandone così l'originaria pertinenza funeraria e deponendo a favore di una sua riconversione sacrale di ambito sepolcrale a posteriori.

3.8. Vino e libazioni

La più importante manifestazione ideologica e culturale nei rituali funebri era presumibilmente costituita dal consumo del vino: momento di unione tra l'umano e il divino sublimato dall'atto individuale o collettivo della libazione e dal cerimoniale simposiaco, interpretabili sia in chiave sociale sia, soprattutto, come gesti di purificazione e di tramite verso l'alterità e la dimensione ultraterrena dei defunti, pure in riferimento al culto dionisiaco e alle concezioni escatologiche e salvifiche eventualmente insite nelle sue accezioni misteriche[205].

Nei corredi sepolcrali sono costanti e sistematiche le allusioni al bere e all'ebbrezza offerte da boccaletti, bicchieri, coppe e tazze diffusi dalla metà dell'VIII secolo, quindi integrati dai tanti servizi simposiaci con bronzi etruschi e ceramiche attiche, addirittura sontuosi a Felsina, Spina e Adria, dove in età ellenistica diviene altresì abituale la presenza delle anfore[206]. Anche in età più antica una speciale attenzione era riservata proprio ai grandi contenitori per il vino: situle, ciste bronzee e crateri talora richiamati simbolicamente sulle stele o più spesso deposti con enfasi nelle tombe, presso il capo degli inumati o come cinerari; questo, ad esempio, è il caso della preziosa situla figurata della Certosa[207], che ancora una volta testimonia, dopo un uso quasi secolare, la traslazione all'interno della tomba di una prestigiosa dotazione domestica. Altrimenti il rito libatorio è esaltato da vasi potori specializzati forse già utilizzati in vita a scopi liturgici: tra questi potrebbero rientrare l'askos Benacci, le tazze bronzee con ansa sopraelevata di Verucchio, le tradizionali anforette felsinee e pure il kernos ed i choes attici di Spina.

Paradigmatica, infine, è la rappresentazione del gesto propiziatorio e catartico idealmente compiuto dal defunto colto nell'atto di libare, riscontrabile sulle stele Ducati 78 e 96 (tav. 69, 2. 4)[208] e sul cippo dalla necropoli orientale di Marzabotto (tav. 69, 3)[209]. In questo una giovane porta alla bocca una coppa ergendosi su un podio altariforme, così che l'azione viene sacralizzata e proiettata in una dimensione ultraterrena, senza che ciò debba implicare il concetto di un'eroizzazione del personaggio.

Nel commiato il rito libatorio si esprimeva pure attraverso esplicite forme di comunione tra i vivi ed il morto. Prova ne è la frequenza con cui coppe e tazze si rinvengono frammentate non solo tra i resti del rogo ma anche nei riempimenti delle tombe[210], dove i congiunti dovevano averle gettate dopo libazioni concluse con la defunzionalizzazione e la consacrazione agli Inferi del recipiente. La libazione poteva poi essere riproposta in cerimoniali periodici e forse anniversari officiati sul luogo di seppellimento, agevolmente identificabile grazie ai segnacoli: tracce di questi rituali paiono riconoscersi sugli antichi suoli nei pezzetti di vasi potori sparsi attorno alle tombe orientalizzanti di Casalecchio di Reno come ai piedi della stele di Marzabotto[211].

---

202. Zuffa, M., «Le palette rituali in bronzo», AttiMem-Bologna 8 (1956–57) 119 ss.; Pincelli (n. 131); La necropoli villanoviana (1979) 16. 26–27. 57. 67–68; Tovoli (n. 122) 288–289; Carancini, G. L., Le asce nell'Italia continentale 2, Prähistorische Bronzefunde XII 12 (1984) 240–242; Bentini, L./Neri, D., «Descrizione dello scavo», in von Eles 21; Dore/Marchesi (n. 122) 207–212; Locatelli/Malnati (n. 129) 65–66.

203. Dore/Marchesi (n. 122) 203.

204. Bologna, Mus. Civ. 23805. Morigi Govi, C./Colonna, G., «L'anforetta con iscrizione etrusca da Bologna», StEtr 49 (1981) 73 ss.; ET Fe 2.1.

205. Camporeale, G., ThesCRA II 3 a Purificazione, etr. p. 55–58; Cerchiai, L./D'Agostino, B., ThesCRA II 4 a Banchetto, etr. p. 254–255.

206. Bonomi (n. 199) sezz. 11–13. Più in generale, per le componenti simposiache dei corredi, si veda Bonomi, S., «Ceramica attica ad Adria (Rovigo): usi funerari ed usi domestici tra VI e V sec. a.C.», in Schmaltz, B./Söldner, M. (edd.), Griechische Keramik im kulturellen Kontext (2003) 49–54.

207. Bartoloni, G./Morigi Govi, C., «Etruscan Craftsmanship in Italy. Etruria and Situla Art: the Certosa Situla», in Swaddling, J./Walker, S./Roberts, P. (edd.), Italy in Europe: Economic Relations 700 BC–AD 50 (1995) 159–176.

208. Bologna, Mus. Civ. Ducati 78 e 96. Macellari (n. 162) 190. 214.

209. Marzabotto, Mus. Naz. 233: Colonna, Santuari 44 n° 1.31; Bentz/Reusser (n. 182) 117 fig. 65.

210. Ad es.: Gentili (n. 122) 29 ss.; Tovoli (n. 122) 28; von Eles, P., «Verucchio: la tomba 89/1972 Lippi», in von Eles 319; Morigi Govi/Dore (n. 178) 179–180.

211. Kruta Poppi (n. 175) 102; Bentz/Reusser (n. 182) 117.

4. Il culto funerario nella prima Roma e nel *Latium Vetus*

BIBLIOGRAFIA GENERALE: Bietti Sestieri, A. M./De Santis, A., *Protostoria dei popoli latini* (2000); *Civiltà del Lazio primitivo*. Cat. Roma (1976); Colonna, G., «I Latini e gli altri popoli del Lazio», in *Italia omnium terrarum alumna* (1988) 411–528.

Tra Roma e la bassa valle del Tevere la costituzione di vere necropoli esterne agli abitati, ai lati di importanti vie, risale alla prima età del ferro, nella fase IIA–B della cultura laziale[212]. La preordinata definizione delle aree cimiteriali dovette allora implicare rituali di consacrazione del suolo, forse del genere testimoniato dai seppellimenti di un cane e di un deposito votivo osservati ai margini del sepolcreto di Osteria dell'Osa[213].

Da principio le tombe si disponevano secondo raggruppamenti che riproponevano i legami familiari della comunità, per poi articolarsi con maggior complessità assecondando l'evoluzione della società in senso gentilizio, fino a giungere, in età orientalizzante, ad una più composita strutturazione nella quale risaltava il primato di alcune tombe principesche[214].

L'identificazione del sepolcro come abitazione del defunto, già attestata nel bronzo finale, è inizialmente resa esplicita dall'uso di urne cinerarie conformate a capanna (fig. 8)[215]; queste cessano nella fase IIB, con la diffusione della pratica inumatoria che diviene esclusiva fino all'età arcaica, allorché si assiste alla progressiva ripresa della cremazione, in un'alternanza dei rituali funebri che anche la legge delle XII Tavole indica priva di sostanziali contrapposizioni ideologiche[216]. Il concetto di dimora del morto è ribadito nelle sepolture ad inumazione dal tardo VII secolo: accanto a fosse affiancate da un loculo per il corredo, di un genere pure documentato in ambito veiente e falisco, a Roma e *Satricum* compaiono allora tombe a camera, idealmente assimilabili ai sepolcri del Laurentino non agibili ma con grande cella ipogea coperta da un tavolato su pilastri[217]; all'ambiente domestico rinviano pure gli arredi interni, con la banchina su cui era adagiato il morto abbigliato, scranni, tavoli e suppellettili appese alle pareti.

I tratti dell'ideologia funeraria che traspaiono dai corredi tombali riguardano soprattutto la sfera sociale ed economica, lasciando sullo sfondo le valenze connesse al culto e agli orientamenti religiosi[218]. Nei primi tempi spicca il valore simbolico assegnato agli oggetti miniaturizzati che accompagnavano le urne a capanna: riproduzioni di vasi, focaccine, armi, statuette dello stesso defunto reso come offerente; la somiglianza di questi materiali con alcuni votivi presenti nei santuari ne suggerisce una connotazione sacrale verosimilmente legata alla condizione di alterità riconosciuta al morto nella sua nuova condizione ultraterrena. Per la fase III si ricordano poi i coltelli a lama serpeggiante, forse correlati a funzioni sacrificali, e la coppia di tazze abituale nei modesti corredi dell'epoca, riferibile a quelle pratiche libatorie cui nel VII secolo paiono ricondurre anche le tipiche anforette rituali ad anse elicoidali o decorate a spirali.

L'importanza del banchetto e del simposio nel cerimoniale funebre è sancita dai ricchi servizi da mensa delle sepolture orientalizzanti e dai resti di cibi carnei e vegetali, già documentati nelle tombe del Foro Romano e di Osteria dell'Osa, bruciati sul rogo funebre o più spesso elargiti al defunto[219]. Il valore attribuito alle manifestazioni conviviali, che potevano istituire una relazione tra il morto, i vivi e le entità infere, dall'VIII secolo trovò la sua principale espressione nel consumo e profusione del vino, ormai sostitutivo del latte nelle liturgie libatorie, testimoniato dal ricorrere di

Fig. 8

---

212. Per un conguaglio delle differenti cronologie di fase: Fulminante, F., *Le sepolture principesche nel Latium Vetus* (2003) 26.
213. Bietti Sestieri/De Santis 30.
214. Colonna 452. 468; Bartoloni, G., *Le società dell'Italia primitiva* (2003) 93–94.
215. Roma, Mus. Naz., dal Foro romano t. GG 139: *Civiltà* 115 e *passim* per altri esemplari; Colonna 428.
216. Colonna 445–450. 492; Bartoloni (n. 214) 43–44.
217. Colonna 467; Bartoloni (n. 214) 64.
218. *Civiltà*; Bietti Sestieri/De Santis 25–27; Bartoloni (n. 214) 125–126.
219. *Civiltà* 109 ss.; *Ricerca su una comunità del Lazio Protostorico* (1979) 107; Colonna 467–471; Bietti Sestieri/De Santis 109 ss.; Bartoloni (n. 214) 127–128; Fulminante (n. 212) 239–240.

vasi specializzati, anfore vinarie fenicie e resti vegetali. Come dirette offerte alle divinità saranno invece da intendere l'*aes rude* rinvenuto in sepolture arcaiche e i vasi intenzionalmente rotti e sparsi sul fondo delle fosse a Osteria dell'Osa, Decima, La Rustica, Laurentina, Ficana[220].

Nel cerimoniale della fase IV colpisce infine il progressivo calo dei corredi sepolcrali e quindi, dagli inizi del VI al IV secolo, la loro scomparsa per effetto di norme antisuntuarie, note pure dalle XII Tavole, riferite all'autorità civica di Roma[221]. Ciò pare comprovare la preminenza del controllo sociale e della gestione politica nella regolamentazione delle manifestazioni sepolcrali del *Latium Vetus*, che venivano così condizionate anche a discapito dei sentimenti individuali e del più profondo credo religioso; la circostanza è confermata dalla secolare tradizione dei *suggrundaria* che dalla prima età del ferro a quella arcaica, a Roma come altrove, implicò il seppellimento negli abitati, tra le capanne, dei bambini non ancora integrati nella comunità[222].

JACOPO ORTALLI

DOMINIQUE BRIQUEL (**1**)
GIOVANNANGELO CAMPOREALE (Premessa, **2**)
JACOPO ORTALLI (**3-4**)

---

220. *Ricerca* (n. 219) 103; Colonna 445. 467. 492; Bietti Sestieri/De Santis 28.

221. Colonna 489. 492–493; Bietti Sestieri/De Santis 28–29.

222. Colonna 450. 467; Bartoloni (n. 214) 102–103.

Tod und Bestattung in der römischen Welt

GLIEDERUNG
I. Tod und Bestattung in der römischen Literatur (H. Harich-Schwarzbauer) ... 172
  1. Einleitung 172
  2. Bestattungsformen 174
  3. Funeräre Riten als Spiegel gesellschaftlicher Wahrnehmung 174
    3.1. Funeräre Riten im Rechtsdiskurs 174
    3.2. Gesellschaftsspezifische Fokussierung auf die funerären Riten 175
  4. Orte der Bestattung 175
  5. Das Sterben 175
    5.1. Das unmittelbare Sterben 175
    5.2. Das Hinauszögern des Todes .. 176
    5.3. Feststellen des Todes 176
  6. Bekanntmachung des Todes 176
    6.1. Totenklage 176
    6.2. Visuelle Zeichen der *familia funesta* 176
  7. Öffentliche Bekanntgabe des Todes ... 176
  8. Rituelle Reinigung des Toten und Aufbahrung (*collocatio*) 177
  9. Leichenzug (*pompa funebris*) 177
  10. Leichenrede (*laudatio funebris*) 178
  11. Scheiterhaufen (*rogus*) 178
  12. Opfer bei der Bestattung 179
    12.1. Diverse Opfergaben 179
    12.2. Tieropfer (*silicernium*) 179
    12.3. (Archaisierende) Menschenopfer 179
  13. Reinigungsriten 180
  14. Das Totengedenken – Totenfeste ... 180
    14.1. Begrenzung der öffentlichen Trauer 180
    14.2. Das Fest des Totengedenkens . 180
  15. Unterlassen oder unvollständiger Vollzug funärerer Riten 181
  16. Bestattung im Krieg 182
  17. Selbsttötung 182
    17.1. Private und öffentliche Marginalisierung bei Selbsttötung 182
    17.2. Rituelle Unterstützung bei Suizid 182
  18. Bestattungsrituale im Kontext der Luxuskritik 182
II. Tod und Bestattung in den lateinischen Inschriften (T. Knosala) 183
  1. Einleitung 183
  2. Die Begräbniszeremonie 183
    2.1. *Collocatio* 183
    2.2. Leichenrede 184
  3. Grabbeigaben 185
  4. Das Grab als *locus religiosus* und Kultplatz 186
    4.1. *Locus religiosus* 186
    4.2. *Di Manes* 187
    4.3. *Di Parentes* 188
    4.4. *Genius* 188
    4.5. Kult von Gottheiten 189
    4.6. *Ascia* 189
  5. Grabriten 190
    5.1. Totenfeste 190
    5.2. Opfer 192
    5.3 Totenmahl 192
III. Tod und Bestattung in der römischen Bilderwelt (O. Jaeggi) 194
  1. Einführung 194
  2. Aufbahrung und Totenklage 195
  3. *Pompa Funebris* 196
  4. *Rogus* 196
  5. Grabkult 197
  6. Bankett 197
IV. Culto e riti funerari dei Romani: la documentazione archeologica (J. Ortalli) 198
  1. Premessa 199
  2. Il concetto di aldilà 200
  3. Circostanze della morte e *iusta sepultura* come premesse del culto funerario 201
  4. Riti sepolcrali non convenzionali ... 202
  5. Gli onori funebri 203
  6. La necropoli come spazio del sacro e del culto 204
  7. Inumazione o cremazione: una scelta di fondo 204
  8. Inumazione e cremazione: il dato archeologico 205
  9. Il rogo funebre 207
  10. La sepoltura 207
  11. I corredi funerari 209
  12. Valori simbolici e rituali del monumento funerario 210
  13. I riti sulla tomba 211
  14. Banchetti e libazioni 212
  15. Aspetti del rituale nelle figurazioni sepolcrali 213
  16. La rappresentazione di convivi e libazioni 213
  17. Dioniso e il vino 214

ALLGEMEINE BIBLIOGRAPHIE: Carroll, M., *Spirits of the Dead. Roman Funerary Commemoration in Western Europe* (2006); Dubourdieu, A., *NPauly* XII 1 (2002) 711–713 *s.v.* «Totenkult V. Rom»; Hope, V. M., *Death in Ancient Rome. A Sourcebook* (2007); Prieur, J., *La mort dans l'antiquité romaine* (1986); Schrumpf, S., *Bestattung und Bestattungswesen im Römischen Reich. Ablauf, soziale Dimension und ökonomische Bedeutung der Totenfürsorge im lateinischen Westen* (2006); Scheid, *Quand faire, c'est croire* bes. 161–209; Toynbee, J. M. C., *Death and Burial in the Roman World* (1971; Reprint 1996).

SAMMELBÄNDE: *Aspetti dell'ideologia funeraria nell mondo romano*, *AION* 6 (1984); Fasold, P./Fischer, T./von

Hesberg, H./Witteyer, M. (Hsg.), *Bestattungssitte und kulturelle Identitäten. Grabanlagen und Grabbeigaben der frühen römischen Kaiserzeit in Italien und den Nordwest-Provinzen*. Kolloquium Xanten 1995 (1998) (= Fasold et al.); Heinzelmann, M./Ortalli, J./Fasold, P./Witteyer, M. (Hsg.), *Römischer Bestattungsbrauch und Beigabensitten in Rom, Norditalien und den Nordwestprovinzen von der späten Republik bis in die Kaiserzeit / Culto dei morti e costumi funerari romani, Roma, Italia settentrionale e province nord-occidentali dalla tarda Repubblica all'età imperiale*. Kolloquium Rom 1998 (2001) (= Heinzelmann et al.); Hinard, F. (Hsg.), *La mort, les morts et l'au-delà dans le monde romain*. Colloque Caen 1985 (1987) (= Hinard 1); id. (Hsg.), *La mort au quotidien dans le monde romain*. Colloque Paris 1993 (1995) (= Hinard 2); Pearce, J./Millett, M./Struck, M. (Hsg.), *Burial, Society and Context in the Roman World*. Symposium Durham 1997 (2001) (= Pearce et al.); Struck, M. (Hsg.), *Römerzeitliche Gräber als Quellen zu Religion, Bevölkerungsstruktur und Sozialgeschichte*. Fachkonferenz Mainz 1991 (1993); Rüpke, J./Scheid, J. (Hsg.), *Bestattungsrituale und Totenkult in der römischen Kaiserzeit / Rites funéraires et culte des morts aux temps impériales* (2010) (= Rüpke/Scheid); Scheid, J. (Hsg.), *Pour une archéologie du rite. Nouvelles perspectives de l'archéologie funéraire* (2008) (= Scheid 1); Simón, F. M./Polo, P. P./Rodríguez J. R. (Hsg.), *Formae mortis. El tránsito de la vida a la muerte en las sociedades antiguas*. Coloquio Zaragoza 2007 (2009).

I. Tod und Bestattung in der römischen Literatur

BIBLIOGRAPHIE: Cancik-Lindemaier, H., «Corpus. Some Philological and Anthropological Remarks upon Roman Funerary Customs», in Baumgarten, A. I./Assmann, J./Stroumsa, G. G. (Hsg.), *Self, Soul and Body in Religious Experience* (1998) 417–429 (= ead., *Von Atheismus bis Zensur* [2006] 231–241); Engels J., *Funerum sepulcrorumque magnificentia. Begräbnis- und Grabluxusgesetze in der griechisch-römischen Welt* (1998); Erasmo, M., *Reading Death in Ancient Rome* (2008) (nimmt einen literaturwissenschaftlichen, rezeptionsästhetischen, auf das Performative hin zielenden Standpunkt ein); Morris, I., *Death-Ritual and Social Structure in Classical Antiquity* (1992); Prescendi, F., «Klagende Frauen. Zur weiblichen Trauerhaltung in Rom», in Späth, T./Wagner-Hasel, B. (Hsg.), *Frauenwelten in der Antike. Geschlechterordnung und weibliche Lebenspraxis* (2000) 102–111; Scheid, J., «Contraria facere: Renversement et déplacements dans les rites funéraires», *AION* 6 (1984) 117–139 (= Scheid 2); id., *Quand faire, c'est croire* 161–209; id., «De l'utilisation correcte des sources écrites dans l'étude des rites funéraires», in Scheid 1, 5–8 (= Scheid 3); Schrumpf (fokussiert auf das große ökonomische Potential von Bestattung; problematisch bes. in der Bewertung literarischer Texte; überaus nützlich die reichlichen Stellenverweise); Toynbee (Standardwerk der älteren Forschung mit Bevorzugung des archäologischen Materials; vgl. die wegweisende Rezension zum Reprint von 1996 von Rife, J. L., *Bryn Mawr Classical Review* 97.6.10); Wesch-Klein, G., *Funus publicum. Eine Studie zur öffentlichen Beisetzung und Gewährung von Ehrengräbern in Rom und in den Westprovinzen* (1993).

1. Einleitung

Die Rituale zu Tod und Bestattung in der römischen Kultur umfassen die Zeitspanne vom unmittelbaren Eintritt des Todes bis hin zur jährlichen Erneuerung der funerären Riten mit der Erinnerung an die Toten. Die zentralen Elemente im Ablauf des überaus differenzierten Zusammenspiels beginnen beim Feststellen des Todes. Sie führen über das Bekanntmachen des Todes durch die *familia*, die damit zur *familia funesta* wird, die die Trennung vom Toten vollzieht, über die Aufbahrung im Haus und den Begräbniszug zum Bestattungsplatz ausserhalb der Wohnbezirke. Reinigungsriten führen die *familia funesta* anschliessend zurück in den gesellschaftlichen Verband. Eine partielle Wiederholung von Bestattungsriten findet sich dann in der jährlichen Festfolge zur Todeserinnerung wieder.

Die Erforschung der Bestattungsrituale hat sich von einer grossteils positivistisch geprägten Auslegeordnung, in der einzelne Aspekte im Vordergrund standen[1], hin zu einer sozialhistorischen entwickelt, in der funeräre Riten kontextualisiert und als Symbole gelesen werden, um sie zur Erklärung der sozialen Strukturen heranzuziehen[2]. Demnach wird in der jüngeren und jüngsten Forschung die archäologische Evidenz mit dem Ziel untersucht, Aussagen über das tägliche Leben zu gewinnen, das sich mittels der Textüberlieferung nur in geringem Masse eröffnet. Anthropologische Zugehensweisen, die zusehends von naturwissenschaftlichen Methoden unterstützt werden, sind nunmehr tonangebend[3].

Die Texte werden in diese theoretischen Vorgaben archäologischer Analysen einbezogen, wobei sich gegenüber der älteren Forschung insgesamt der Schwerpunkt des Interesses weg von den in Texten bevorzugten Fragen nach dem Jenseits auf die rituellen Handlungen und damit auf die sozialen Praktiken verlagert hat. Der Status der Texte ist seitdem prekärer geworden, da man an ihnen den Befund des römischen Alltags und regionale Varianten vermisst, wenngleich man sie als Korrektiv und für Deatilkenntnisse schätzt, die man bei der archäologischen Auswertung von Gräbern nicht gewinnen kann[4]. Die zum grösseren Teil von der Archäologie dominierte religionswissenschaftliche Forschung spricht freilich in der Regel von Texten als «Quellen», womit die Textevidenz nicht näher nach hermeneutischen Kriterien geprüft wird[5]. Demgegenüber haben sich in der Textwissenschaft gerade für den Bereich der

---

1. Toynbee.
2. Morris, der die funerären Riten vor allem der Erklärung der Sozialstrukturen unterordnet; Scheid 2; Scheid, *Quand faire, c'est croire*; Scheid 3, der umgekehrt die Bestattungsriten aus der Sozialstruktur deduziert.
3. Scheid, *Quand faire, c'est croire* 3.
4. Dazu Scheid 3, 5–8.

5. Skepsis gegenüber der Aussagerelevanz von Texten formuliert Scheid, *Quand faire, c'est croire* 164 («plaisanterie») und Scheid 3, 6–7. Sein Vorbehalt trifft u.a. die poetische Form. Vgl. auch Prescendi 103. Doch ist festzuhalten, dass jeder Text, also auch Prosa und selbst Gebrauchstexte wie Inschriften, einer Rhetorik unterworfen ist und gattungsspezifischen Konventionen etc. unterliegt.

Rituale das Lesen des Performativen und die Theorie der Intertextualität als produktiver Zugang erwiesen, die allerdings auf differenzierte hermeneutische Verfahren rekurrierten und den Quellenstatus von Texten nicht unwidersprochen gelten lassen konnten[6]. Historische Zugänge, die Texte tendenziell als Quellen einstufen, tendieren in den letzten Dezennien wiederum dazu, die sozialen und jüngst die ökonomischen Verhältnisse freizulegen, die aus Bestattungen ablesbar sind[7].

Reflexe auf Kultpraktiken im Kontext von Tod und Bestattung sind ab der frühen Republik anzutreffen[8], in der sie einerseits in subliterarischen Texten, den in Saturniern verfassten Scipionen-Inschriften (Mitte 3. Jh. - Ende 2. Jh. v. Chr.)[9] aufscheinen, um dann in den römischen Epen, der Historiographie, der Elegie und den literarischen Epigrammen, aber nicht minder in Philosophie, Gesetzestexten und anderen Formen der Wissensliteratur viel Raum einzunehmen, wobei die Dichte der literarischen Dokumente zum Thema Tod im Prinzipat sichtlich anwächst. Für die Darlegung ist zwischen den Texten zu unterscheiden, die knapp und selektiv einzelne Aspekte der funerären Riten evozieren, und solchen, durch die Erzählung generiert wird. Beide Aussagekategorien sind unverzichtbar, beide müssen jeweils unterschiedlich kontextualisiert werden, um fundiert analysiert werden zu können. Eine systematische diachrone Übersicht zu Entwicklungen bzw. Modifikationen bei funerären Riten ist mit dem reichen Textmaterial dennoch nicht herstellbar, zudem kann nur relativ wenig über regionale Differenzen erfahrbar gemacht werden[10]. Für den römischen Westen außerhalb Roms scheint sich das Phänomen abzuzeichnen, dass man sich gegenüber dem Zentrum Rom entweder mittels der funerären Riten definiert, sei es, dass man römische Verhältnisse imitiert oder aber, dass man den Gegensatz zur Praxis im Zentrum des Imperiums betont[11]. Dass Priester von Bestattungen *per se* ausgeschlossen waren[12] und die Durchführung der Rituale allein auf den Mitgliedern der *familia funesta* beruhte, macht wahrscheinlich, dass grundsätzlich von einer großen Variationsbreite der Bestattungsriten auszugehen ist[13].

Der Repräsentationscharakter von Bestattung und Totengedenken, über den die Identitätsstiftung von sozialen Gruppen und Grenzziehungen innerhalb der Gesellschaft läuft und Prestige erzeugt wird[14], tritt bereits in den frühen Texten (Scipionen-Inschriften) merklich in den Vordergrund und hat bis in die hohe Kaiserzeit Geltung. Dieses Repräsentationsbedürfnis, das sich beim Herrschertod mit Bezug auf die Frage, ob Körper- oder Brandbestattung vorzuziehen sei, gut beobachten lässt, ist bei der Auslegung der Texte vorauszusetzen[15].

Allgemein ist festzustellen, dass Diskurse über Tod und Bestattung in der römischen Literatur viel Raum einnehmen, die Bedeutung funerärer Riten wird durch umfängliche Narrationen beleuchtet, wenngleich die Texte selten mehr als einzelne Facetten ritueller Praktiken, nicht selten auch nur kleine Details freilegen. Teils lässt sich diese selektive Wahrnehmung aus der Selbstverständlichkeit, mit der die Riten praktiziert und auch rezipiert wurden, erklären. Cicero, der die Gesetze zur Bestattung dokumentiert und kommentiert (*leg.* 2, 55-69) führt explizit an, dass es nicht notwendig sei, den Römern die Praktiken zu Tod und Bestattung im Einzelnen schriftlich niederzulegen, denn diese Sachverhalte seien allseits bekannt: *neque necesse est edisseri a nobis, quae finis funestae familiae, quod genus sacrificii Lari vervecibus fiat, quem ad modum os resectum terra obtegatur, quaeque in porca contracta iura sint, quo tempore incipiat sepulcrum esse et religione teneatur* («Es ist nicht notwendig, dass ich genau erörtere, wann die Trauer der Familie beendet ist, welche Art des Opfers den Laren mittels eines Hammels erbracht wird, auf welche Weise das *os resectum* mit Erde bedeckt wird, welche rechtlichen Vereinbarungen beim Sauopfer getroffen werden, wann eine Bestattung ihren Anfang nimmt und welche Riten sie umfasst», *leg.* 2, 55).

Durch den (im weitesten Sinn) literarischen Text[16] werden bestimmte Aspekte von Todes- und Bestattungsritualen fokussiert, die auf die erzählmächtige Tradition griechischer und später auch römischer Hypotexte verweisen. Diese Tradition begünstigt vermutlich ihrerseits die selektive Wahrnehmung von Kultpraktiken durch römische Autoren[17].

Ein spezielles Problem stellt sich bei der Interpretation der *Aeneis* Vergils, die reich an Erzäh-

---

6. Beispielgebend Erasmo *passim*, insb. X.
7. Engels; Schrumpf.
8. Die Existenz von Liedern und Erzählungen, welche den ersten uns fassbaren literarischen Zeugnissen vorangehen, und damit verbunden die Vermutungen zu mündlichen Traditionen, muss Spekulation bleiben. Zu dieser Frage allgemein vgl. Feeney, D., «The History of Roman Religion in Roman Historiography and Epic», in Rüpke, J. (Hsg.), *A Companion to Roman Religion* (2007) 129-142, hier 129.
9. CIL I² 6-16; ILLRP 309-317.
10. Vgl. Scheid 3, 7.
11. Vgl. Morris 42-69 (Diskussion der Texte und des archäologischen Materials).
12. Zur speziellen Situation des *flamen Dialis* vgl. Vanggard, J. H., *A Study in the History and Sociology of Roman Religion* (1988) 97.
13. Vgl. Scheid 3, 7.
14. Vgl. Scheid *Quand faire, c'est croire* 164.
15. Zur Bewertung des Repräsentationsgestus vgl. Morris 52-55.
16. Ausgangspunkt ist ein weiter kulturwissenschaftlicher Textbegriff; dazu Bachmann-Medick, D., «Einleitung», in ead. (Hsg.), *Kultur als Text: die anthropologische Wende in der Literaturwissenschaft* (1996) 7-64.
17. Dazu erhellend Erasmo *passim*.

lungen funerärer Riten ist. Der spätantike Vergilerklärer Servius, der religionshistorische Interessen verfolgt, bemüht sich, die *loci* Vergils systematisch durch Kommentare zu erhellen. Der Wert seiner Bemerkungen wird in der Forschung unterschiedlich beurteilt, wobei kritische Stimmen überwiegen[18]. In dieser Untersuchung wird er in seinem Wert als Indikator dafür bemessen, welche Riten in der Spätantike (nach wie vor) bekannt waren und in welche Richtung Erklärungsangebote gehen konnten.

2. Bestattungsformen

In der römischen Kultur sind sowohl Erd- wie auch Brandbestattung bezeugt. Wenngleich in der Literatur die Erdbestattung als die ältere Form gilt[19], so wird in den Zwölf-Tafel-Gesetzen tendenziell keine der beiden Formen bevorzugt, wohingegen in der Literatur Brandbestattungen dominieren[20]. Letzteres lässt sich nicht zuletzt aus ihrer Potenz, Erzählung zu generieren, gut begründen. Denn Texte eignen sich hervorragend, die aufwendigen und komplexen Vorbereitungen des Errichtens des Scheiterhaufens zu schildern, die seit Homer Tradition haben. Effekte wie das bei Nacht weithin sichtbare Feuer werden in epischen Texten effektvoll inszeniert. Dies scheint bereits Ennius (*fr.* 387 Skutsch) zu beherzigen. Anhand der großen Zahl von des nachts lodernden Scheiterhaufen wird das Massensterben im Bürgerkrieg problematisiert (Lucan. *Phars.* 7, 797–808). Ein selbstredendes Beispiel für die Bevorzugung den Brandbestattung in den Textdokumenten liefert etwa Vergil, wenn er die aufwendigen Vorbereitungen der Brandbestattung des Misenus darlegt (*Aen.* 6, 175–186) und später die Bestattungen von gefallenen Kämpfern schildert (*Aen.* 11, 182–212). Abgesehen von diesen epischen Narrativen werden nächtliche Bestattungen sonst nur für das *funus acerbum* (d.h. den Tod eines jungen Menschen) debattiert[21].

Lukrez spricht von drei Formen der Bestattung, die bei den Römern praktiziert wurden: Sarkophag, Einbalsamieren und Verbrennen (*rer. nat.* 3, 890–893). Cicero präzisiert demgegenüber, dass anders als die in Rom seit langem bevorzugte Brandbestattung in der *gens* Cornelia bis zur Zeit Sullas die Erdbestattung üblich war (*leg.* 2, 56–57)[22]. Tacitus wiederum überliefert, dass Poppaea nicht nach römischer Art eingeäschert, sondern dass ihr Leichnam, wie dies bei ausländischen Königen der Fall war, einbalsamiert wurde (*ann.* 16, 6, 2)[23], bevor sie im Grab der Iulier beigesetzt wurde[24]. Ein *funus imaginarium*, bei dem der Leichnam durch ein Wachsbild ersetzt wurde, ermöglichte dennoch die Durchführung der funerären Riten für Poppaea[25]. Über die Bevorzugung der Körperbestattung ab dem zweiten Jahrhundert erfahren wir u.a. durch Statius, der erzählt, dass der Sekretär Domitians, Flavius Abascantus, den Leichnam seiner Frau Priscilla, nicht verbrennen lassen wollte, da er den Rauch und das laute Geschrei bei einer Verbrennung nicht ertragen konnte (*silv.* 5, 1, 226–228). Die Begründung wird aus dem Kontext des Trostgedichts verständlich, in dem auch ein ästhetisches Argument vorgebracht wird, das den Blick auf Bestattungsrituale implizit freigibt: Die Schönheit der Frau spiegelt sich in der Schönheit ihres Grabmals (*domus*) an der Via Appia, das mit Kunstwerken geschmückt ist und so die physische Schönheit über den Tod Priscillas hinaus perpetuiert (Stat. *silv.* 5, 1, 229–238). Das Beispiel ist repräsentativ für die römische Literatur, in der – vor allem in poetischen Texten – über den Komplex der funerären Riten der Anspruch auf Unsterblichkeit durch die Literatur/Kunst artikuliert wird[26].

3. Funeräre Riten als Spiegel gesellschaftlicher Wahrnehmung

3.1. Funeräre Riten im Rechtsdiskurs

Die Riten zielten darauf ab, den Toten ordnungsgemäß zu bestatten und damit den Leichnam aus dem Bereich der Lebenden zu entfernen. Hygienische Maßnahmen wurden somit rituell abgesichert und überhöht, sie reichen zur Erklärung der Trennung von Lebenden und Toten aber nicht aus[27]. Sicherlich trugen sie wesentlich dazu bei[28], die Loslösung der Trauerfamilie vom Verstorbenen

---

18. Grundsätzlich skeptisch Cancik-Lindemaier.
19. Die Frage von Brand- versus Körperbestattung problematisiert unter Berücksichtigung von Bestattungsmoden Morris insb. 31–33.
20. Gegen Scheid 3, 7 sei hervorgehoben, dass Verg. *Aen.* 11, 204–205 sehr wohl bei den Latinern Erdbestattung erwähnt: *et corpora partim / multa virum terrae infodiunt* («und teils vergraben sie die vielen Leichen der Männer in der Erde»).
21. Vgl. Serv. *Aen.* 11, 143 (vgl. Abschnitt 4).
22. Dazu auch Plin. *nat.* 7, 187.
23. *corpus non igni abolitum, ut Romanus mos, sed regum externorum consuetudine differt odoribus conditur...* Vgl. auch Plin. *nat.* 12, 83 (zum masslosen Verbrauch von *cinnamum* und *casia* beim *funus* der Poppaea). Zur Einbalsamierung als ägyptischem Ritus, der suspekt war, vgl. Morris 158.
24. Vgl. die wichtigen Überlegungen bei Morris 34–35, der vor Verallgemeinerungen warnt. Morris weist auf die wissenschaftsgeschichtlichen Implikationen bei der Bewertung der Brandbestattung hin, indem er darlegt, wie sich die Einschätzung zur Brandbestattung im Laufe der Zeit und je nach Konfession der Gelehrten veränderte.
25. Vgl. Wesch-Klein 28–29.
26. Diese Beobachtung gilt insbesondere für die Elegien des Properz. Die historische Forschung erkennt darin das Repräsentationsinteresse der Elite. Vgl. Wesch-Klein 3–5.
27. Vgl. aber Engels 165, der betont, dass die Kontamination von öffentlichen und religiösen *loca* der Grund für diese Separation war.
28. Vgl. Lindsay, H., «Death-pollution and Funerals in the City of Rome», in Hope, V. M./Marshall, E. (Hsg.), *Death and Disease in the Ancient City* (2000); Morris, I., *Death-Ritual and Social Structure in Classical Antiquity* (1992) 152–153.

zu vollziehen. Ihr Zweck lag nicht zuletzt auch darin, die Reintegration der Trauerfamilie in die Gesellschaft zu steuern und ein Ende der Trauer zu definieren. Ein wichtiger Faktor ist hierbei die Dialektik, das Zusammenwirken – nicht die Einheit – von Kult und Gesetz. Gesetze begleiten und bestärken die religiösen Praktiken besonders dort, wo es um die Würde der Verstorbenen geht. Der Schutz des Grabes und der Respekt der Verstorbenen durch die Erben, die auf religiöse Riten verpflichtet werden, werden somit gewahrt und zugleich damit das Weiterleben der Toten in der Gesellschaft[29].

Cicero hebt insbesondere das Zusammenwirken von Kult und Gesetz und die Verlagerung der Relevanz von den Riten auf die Gesetze hervor (Cic. leg. 2, 55). Die römische Bestattung stand in engem Bezug zum Zivilrecht. Bestattungsvorschriften reichen bis zu den frühesten Kodifikationen in den Zwölf-Tafel-Gesetzen zurück. Im Zusammenwirken von Gesetz und Religion hatte im Bedarfsfall die Religion das letzte Wort (Cic. leg. 2, 58).[30]

Für die römische Kultur ist der Zusammenhang der Generationen und gleich gewichtet derjenige der Lebenden mit den Toten wesentlich. Der Einzelne – zumeist ist die Rede von bedeutenden männlichen Mitgliedern der römischen Gesellschaft – wird nach einem pflichtbewussten Leben in die *series* der Vorfahren aufgenommen. Der Bezug zwischen Lebenden und Toten wird durch rituelle Einrichtungen kodifiziert.

3.2. Gesellschaftsspezifische Fokussierung auf die funerären Riten

Zusammenhängende Beschreibungen gibt es in größerer Zahl zu aristokratischen Bestattungen, große Bekanntheit hat auch die aus dem zweiten vorchristlichen Jahrhundert stammende Darlegung des Historiographen Polybius, der den Blick des Hellenen auf die römische Praxis richtet (6, 52-54) sowie der knappe Bericht zu den Bestattungsfeierlichkeiten zum Tod einer Frau, der Iunia Tertia, Gattin des Caesarmörders Cassius (Tac. ann. 3, 76)[31].

Auf eine «gewöhnliche» Bestattung ist meist nur durch Analogie aus den allgemein berichteten konstitutiven Elementen des Leichenbegängnisses zu schließen und wenn, dann mit Bezug auf den Ort der Bestattung[32]. Klassenspezifische[33] und auch nach Alter[34] differenzierende Darstellungen, ausgenommen der viel besprochene Tod vor der Zeit, sind nur vereinzelt da.

4. Orte der Bestattung

Orte der Bestattung lagen zumeist an belebten Strassen außerhalb des Pomeriums, die Trennung von Leben und Tod war dadurch sichtbar gemacht, zugleich damit wurde die Präsenz des Todes im täglichen Leben unterstrichen und insbesondere die Repräsentationsaufgabe, aber auch die Erinnerungsfunktion von Grabbauten betont. In diesem Zusammenhang äußert sich Properz zum Bestattungsort der Geliebten, der mitten im Lärm des römischen Alltagslebens liegt (Prop. 4, 7, 4). Eine Bestattung sollte nicht auf öffentlichem Grund erfolgen (Cic. leg. 2, 58). So erzählt Horaz von der konfliktvollen Umnutzung einer früheren Begräbnisstätte, die Sklaven als *commune sepulcrum* gedient hatte. Die Umnutzung wurde durch die Dämonisierung der früheren Grabstätten durch «Hexen» gestört (sat. 1, 8, 8-13). Aufmerksamkeit fanden in den Texten Massengräber, in denen Namenlose bestattet wurden. Wie die Riten bei Massenbestattungen vollzogen wurden, wird nirgends erhellt.

Verbrennungsstätten und Gräber waren *loca religiosa*. Diesen Status erhielten sie spätestens durch die Verbrennung eines Leichnams (Dig. 11, 2, 5), ausgenommen davon waren die Massengräber der Armen[35].

Die örtliche Integration von Toten in die Orte des täglichen Lebens (Kirchen) wurde später systematisch von den Christen vollzogen, was bei den Paganen nicht wenig Befremden hervorrief[36].

5. Das Sterben

5.1. Das unmittelbare Sterben

Dem Übertritt vom Leben in den Tod wird in der Literatur erhöhte Aufmerksamkeit geschenkt, zumal sich, römischer Vorstellung zufolge – dies wurde durch die Moralphilosophie argumentativ bekräftigt – im würdevollen Sterben ein sittlich integres Leben widerzuspiegeln vermag. Demgegenüber werden die Verstorbenen selbst, d.h. die toten Körper, selten in den Blick genommen[37]. Die Umstände des Todes sind beim Vollzug und somit bei der Erklärung von Riten in Betracht zu

---

29. Vgl. Cancik-Lindemaier 238-239.
30. Vgl. Cancik-Lindemaier 239.
31. Vgl. z.B. Tac. ann. 16, 6, 2 (zur Bestattung der Poppaea), über die Vorbereitungen der Bestattung des Augustus und eventuell damit verbundene Neuerungen vgl. Tac. ann. 1, 8, 3-5.
32. Vgl. Abschnitt 5 (Orte der Bestattung).
33. Vgl. Scheid 3, 6-7.
34. Vom Tod eines Mädchen (*funus acerbum*) handelt Tib. 2, 6, 29-40.
35. Vgl. Bodel, J., «Dealing with Dead. Undertakers, Executioners and Potter's Fields in Ancient Rome», in Hope/Marshall (Anm. 28) 128-151.
36. Die funerären Riten in der christlich dominierten Spätantike werden hier nicht näher berücksichtigt, wenngleich bemerkt sei, dass durch den christlichen Diskurs eine Vielzahl von differenzierten Einsichten in die paganen Riten ermöglicht wird; vgl. Burman, J., «Christianising the Celebrations of Death in Late Antiquity. Funerals and Society», in Bell, S./Davies, G. (Hsg.), *Games and Festivals in Classical Antiquity* (2004) 137-142.
37. Vgl. Cancik-Lindemaier 231.

ziehen. Der Tod in der Schlacht bietet z.B. Facetten des Sterbens, die zu umfassenden Darlegungen in Texten Anlass geben.

5.2. Das Hinauszögern des Todes

Personen, die einem Sterbenden beistanden, riefen dessen Namen, um den Tod (das Brechen der Augen) hinauszuzögern. Ein treffliches Beispiel liefert Properz (4, 7, 23-24): Cynthia wirft ihrem Geliebten vor, sie im Tod gleichsam verraten zu haben. Erwartet hätte sie, dass der Geliebte ihren Tod wenigstens einen Tag hinauszögern würde: *at mihi non oculos quisquam inclamavit euntis: / unum impetrassem te revocante diem.*

5.3. Feststellen des Todes

Das Feststellen des Todes wird, wo möglich, durch einen nahen Verwandten vorgenommen, indem er den letzten Atemzug des Sterbenden einfängt[38]. Insbesondere sind es weibliche Verwandte, die diese Handlung vollziehen (z.B. Verg. *Aen.* 4, 684-685; Sen. *dial.* 6 [*ad Marc.*], 3, 2)[39]. Die spezielle Situation, dass der Tod in der Ferne, insbesondere auf dem Schlachtfeld erfolgt und dieser letzte Kuss nicht gegeben werden kann, wird in den Texten reflektiert (Sen. *dial.* 6, 3, 2). Die Augen der toten Person werden geschlossen[40], womit der Tod durch die Hinterbliebenen angenommen ist (Verg. *Aen.* 9, 487)[41].

6. Bekanntmachung des Todes

6.1. Totenklage

Mit der Totenklage wird der Tod durch Nennung des Namens (*conclamare*) öffentlich gemacht. Die rituelle Klage (*planctus*)[42] wird im Haus in der Regel von den Frauen angestimmt (*ululare,* *lamentari*)[43] und ist Ausdruck des ersten, nicht in Worten artikulierbaren Schmerzes[44]. Sie wird unterschieden von der strukturierten, öffentlichen Klage (*nenia*), die von der *praefica* anlässlich der *pompa funebris* angeleitet wird. Musikanten (Tubaspieler) machen auf den Tod aufmerksam (Prop. 2, 13, 20). Auch Prop. 4, 7, 25 (*nec crepuit fissa me propter harundine custos*) wird dahingehend ausgelegt, dass mit der Rohrflöte (*harundo*) Lärm erzeugt wurde, um so auf den Tod hinzuweisen. Dagegen ist die Meinung, dass bei der Totenwache im Haus mit Instrumenten Lärm erzeugt wurde, um böse Geister fernzuhalten, aus Properz nicht näher zu erschließen[45].

6.2. Visuelle Zeichen der *familia funesta*

Die Familie des Toten (*familia funesta*) galt als unrein. Tote Kinder hingegen verunreinigten nicht, insofern sie nachts bestattet wurden[46]. Mittels Reinigungsriten (*purgatio, lustratio*) am Ende des Begräbnisses wurde die Separation der Familie von der übrigen Gesellschaft beendet (Serv. *Aen.* 6, 229).

Ein Todesfall wird darüber hinaus mit visuellen Zeichen, so durch Zypressen symbolisiert, die man am Eingang des Hauses des Toten gut sichtbar aufstellte, um Fremde am Betreten des Hauses zu hindern[47]. Die Kontamination (*attaminatus*) mit dem Tod hätte zur Folge, dass die Personen, die Ämter bekleideten, ihren Geschäften nicht hätten nachgehen dürfen[48].

7. Öffentliche Bekanntgabe des Todes

Der Tod von Angehörigen musste publik gemacht werden. In Zweifel gezogen wird jüngst die Ansicht, dass in Rom beim Esquilin ein Tempel der (Göttin?) Libitina existierte, in dem der Tod angezeigt wurde (Suet. *Nero* 39, 1)[49]. Eine Abga-

---

38. Schrumpf 20 mit Anm. 31 stellt diese Handlung als «dichterischen Topos» infrage, da die Mehrheit der betreffenden Testimonien aus poetischen Texten stammt.
39. Stat. *silv.* 5, 1, 195-196 gibt die Sterbende dem Ehemann einen letzten Kuss. Die Umkehrung der Rollen ist aus der Gattung der *consolatio* erklärbar, wo auch Sterbende Trostworte an ihre Angehörigen richten.
40. Vgl. aber Stat. *silv.* 5, 1, 196, wo die Sterbende diesen Akt setzt, indem sie mit die Hände des Ehemannes auf ihre Augen legt. Wiederum schlägt die Gattung der *consolatio* durch, nicht aber ist deswegen der Akt des Augenschließens per se infrage zu stellen.
41. Dass die Augen auf dem Scheiterhaufen noch einmal geöffnet und der Name des Verstorbenen gerufen wurde (*[oculos] in rogo patefacere*), berichtet Plin. *nat.* 11, 150. Plinius begründet dies aus seinem stoischen Gesamtverständnis der Natur. Die Augen sollten noch einmal der Natur (dem Himmel) gezeigt werden.
42. Zur Auslegung von *plorare* als selbstverletzendes Klagen Serv. *Aen.* 11, 211. Vgl. Prescendi 103-104.
43. Vgl. Prescendi 103.
44. Stat. *silv.* 5, 1, 197-198. Statius führt demgegenüber aus, dass sich der Witwer als Zeichen der Trauer an die Brust schlägt.

---

45. Dazu Dominicy, M., «Properce, 4, 7, 23-26», *Mus-Helv* 99 (2009) 129-140, der die beiden vorherrschenden Erklärungen (Lärm und Geister abzuhalten oder den Tod durch Lärm anzukündigen) unter umfassender Diskussion der Forschungsliteratur infrage stellt.
46. Dazu äußert sich Serv. *Aen.* 11, 143. Mit dem Status des Kindes erklärt diese Ausnahme Flower, H., *Ancestor Masks and Aristocratic Power in Roman Culture* (1996) 97.
47. Verg. *Aen.* 6, 216-217 nimmt dieses Zeichen für den Tod des Misenus, der in der freien Natur bestattet wird, auf.
48. Vgl. Liv. 2, 8, 6-8: Ein Konsul sollte an einer sakralen Handlung gehindert werden, indem man ihm vom (vorgeblichen) Tod seines Sohnes berichtete. Der Konsul ignorierte die Nachricht, indem er die Bestattung zwar anordnete, doch die Weihehandlung zu Ende führte.
49. Vgl. Scheid, J., «Libitina, Lubentina, Venus Libitina et les morts», in Panciera, S. (Hsg.), *'Libitina' e dintorni. 'Libitina' e i 'luci' sepolcrali. Le 'leges libitinarie' campane. 'Iura sepulcrorum': vecchie e nuove iscrizione* (2004) 13-20; dagegen Freyburger, G., «Libitine et ses funérailles», in Hinard 2, 213-222.

be an die Tempelkasse soll dort zu entrichten gewesen sein (Dion. Hal. ant. 4, 15, 5 [zu Piso Ann. Buch 1]), wodurch man die Kontrolle über die Rechtmäßigkeit der Durchführung des Rituals gewährleistete. Begräbnisunternehmer (*libitinarii* [Dig. 14, 3, 5, 8]; *locator funeris* [Plin. nat. 7, 176]) führten für wohlhabende Römer die Bestattung durch[50].

8. Rituelle Reinigung des Toten und Aufbahrung (*collocatio*)

Das Waschen des Leichnams, der mit Öl eingesalbt wurde, erfolgte unmittelbar[51]. Diese rituelle Handlung wurde in der Regel von weiblichen Angehörigen der Familie vorgenommen (vgl. Aen. 9, 487), zum Teil auch von berufsmäßigen *pollinctores*. Die Übertragung dieser Aufgabe an Spezialisten kann als Übertragung der Verunreinigung auf Dritte gelesen werden. Ennius (*fr.* 147 Skutsch) wird mit Blick auf den Tod des Tarquinius Superbus dahingehend interpretiert, dass die Ehefrau des Verstorbenen, Tanaquil, diese Totenwaschung und Salbung vornimmt (... *Tarquinium bona femina lavit et unxit*), dass sie jedoch nicht, wie auch vermutet wird, diese Aufgabe einer Dienerin überlässt. Ein letztgültiges Urteil ist aufgrund des fragmentarischen Charakters des Berichts wohl nicht zulässig.

Mehl wurde auf das Gesicht gestreut, um die Leichenblässe zu kaschieren (vgl. Serv. Aen. 9, 485). Die Toten wurden bekleidet. Männern wurde die Toga angelegt. Kleider- und anderer Luxus bei der Aufbahrung war beliebt (Prop. 2, 13, 19-22)[52]. Dieser Luxus wurde bereits früh reglementiert, insbesondere die Zahl der Gewänder, die mit verbrannt werden durften, wurde eingeschränkt[53]. Bisweilen wurde den Toten eine Münze in den Mund gelegt, das Fährgeld für Charon (Iuv. 3, 267). Der Leichnam wird auf ein *feretrum* od. *lectus funebris* (Bahre) gelegt und im Atrium mit den Füssen in Richtung Ausgang aufgebahrt (*collocatio*; vgl. Prop. 4, 7, 26: *obiectum ... caput*). Der Kopf ruht auf Kissen[54]. Duftschalen werden hinzugestellt, das Totenlager wird bewacht (Prop. 2, 13, 21-23; 4, 7, 25). Hornspieler wurden aufgeboten, die eventuell sehr laut aufspielten[55]. Vergil beschreibt den aufgebahrten Arkader Pallas, dessen tödliche Wunden zur Schau gestellt werden (Aen. 11, 39-41).

9. Leichenzug (*pompa funebris*)

Der Leichenzug (*pompa funebris*), im Laufe dessen der Tote von seinem Haus ausgehend aus der Stadt hinausgetragen wird (*exsequiae*), gehört zu den bevorzugten Gegenständen der Literatur. Der Leichenzug wird bei Personen von öffentlicher Geltung an einem symbolischen Ort, bevorzugt am Forum, unterbrochen, wo die Leichenrede abgehalten wurde. Die Klage (*nenia*) im Zug stimmt die *praefica* an, die für den rituellen *planctus* aufgeboten wird. Ihr antwortet Klagen der *familia funesta*.[56]

Die *pompa funebris* stellt den individuellen Tod in einen gesellschaftlichen Zusammenhang. Den Tod eines gewöhnlichen Menschen können wir in den Textzeugnissen durch die *descriptio ex negativo* greifen[57]. Der Leichenzug diente insbesondere der Selbstvergewisserung und der Repräsentation der führenden Familien. Der Tote wurde in einer Prozession, deren Anordnung streng reglementiert war, aus der Stadt hinausgetragen. Die Trauernden klagten laut und schlugen sich an die Brust (Prop. 2, 13, 27-28). Der Tote wurde (bisweilen aufgerichtet) im Leichenzug von Schauspielern begleitet, welche die Masken namhafter Ahnen der *gens* repräsentieren. In dieser Frage gibt es nach wie vor eine offene Diskussion, ob auch die Totenmasken der Vorfahren, oder selbst die des Verstorbenen in der *pompa funebris* gezeigt wurden[58]. Bereits im 2. Jh. v. Chr. sind die *histriones* bezeugt, später dürften professionelle Schauspieler diese Rolle übernommen haben[59], den Verstorbenen möglichst getreu nachzuahmen, wobei der Performance komische Elemente keineswegs fehlten[60]. Die Schauspieler hatten in der *pompa funebris* eine herausragende Aufgabe. Während der *laudatio funebris* nahmen sie auf dem Forum in der vordersten Reihe, auf den curulischen Sitzen nahe der Rostra Platz.

Der Leichenzug für Mitglieder der Herrscherfamilie diente imperialer Machtbezeugung. Ein

---

50. Petron. 38, 14 (zum Reichtum, zu dem man es als *libitinarius* bringen konnte); 78, 6 (über den Sklaven eines *libitinarius*, der durch sein Hornspielen die ganze Umgebung aufschreckt).
51. Dazu Scheid 2, 119-120, für den diese Reinigung die reinigende Funktion des Scheiterhaufens antizipiert.
52. Vgl. auch Petron. 78, 1.
53. Vgl. Engels 165-166.
54. Vgl. Petron. 78, 5.
55. Vgl. Petron. 78, 5-6.
56. Vgl. Prescendi 104 zu Serv. Aen. 6, 216
57. Vgl. Cancik-Lindemaier 232.
58. Eine ausführliche Debatte zu dieser Frage führt Flower (Anm. 46) 104-125. Sie kommt zum Schluss, dass der Verstorbene bereits beim Leichenzug unter diese *imagines* aufgenommen wurde. Ähnlich auch Purcell, N., «Does Caesar Mime?», in Bergmann, B./Kondoleon, C. (Hsg.), The Art of Ancient Spectacle (1999) 181-193, hier 183-185. Dagegen u.a. Dupont, F., «Les morts et la mémoire. Le masque funèbre», in Hinard 2, 167-172. Ausführlich dazu auch Sumi, G. S., «Impersonating the Dead. Mimes at Roman Funerals», AJPh 123 (2002) 559-585.
59. Dion. Hal. ant. 7, 72 sieht darin die Übernahme eines griechischen Ritus, dem der Satyrtanz zugrunde liege.
60. Sumi (Anm. 58) 550-563 dokumentiert die Textbelege (Plaut. Amph. 458-459; Polyb. 6, 53, 5-9; Diod. 31, 25, 2). Er unterstreicht in der Performance der *histriones* karnevaleske Elemente.

prominentes Zeugnis bildet die Schilderung Senecas vom Leichenzug des in Germanien verstorbenen Drusus, des Sohns der Livia. Drusus wird durch weite Teile des Reiches geführt (Sen. *dial.* 6 [*ad Marc.*], 3, 1–2). Beim Tod in der Fremde unterblieb unter Umständen der Trauerzug vor der Verbrennung des Leichnams. Darauf macht Tacitus beim Tod des Germanicus in Antiochia aufmerksam. Die Wiederholung der Ritualabfolge in Form eines *funus publicum* in Rom unterblieb[61]. Das Fehlen der repräsentativen bzw. gewohnten gesellschaftlichen Umgebung, den die *pompa funebris* benötigt, aber auch das Fehlen der *imagines* der Vorfahren bieten eine Erklärung für das Abweichen von der Ritualabfolge (vgl. dazu Tac. *ann.* 2, 73).

Mit der *pompa funebris* wird der verdienstvolle Tote in die Reihe seiner Ahnen aufgenommen. Auch die *pompa funebris* von Frauen diente demzufolge der Selbstvergewisserung der Macht der *gens*. Im Leichenzug der Iunia Tertia, Ehefrau des C. Cassius (Tac. *ann.* 3, 76, 2), wurden die *imagines* von bedeutenden Familienmitgliedern voran getragen. Tacitus äußert sich nicht zur Frage, ob sich darunter auch die *imagines* von Frauen der berühmten Familien befanden.

Der Leichenzug von Personen niedriger sozialer Herkunft ist selten bezeugt. Zumindest berichtet Petron in der *Cena Trimalchionis* ausführlich vom imaginierten Begräbnis des Freigelassenen Trimalchio, der Aufträge für die üppige Gestaltung seiner *exsequiae* erteilt (Petron. 77, 7–78, 7). Dabei wird freilich das Begräbnis Wohlhabender imitiert. Die Wünsche für den Toten, die während der *pompa* vorgetragen werden (78, 2–3: *ut totus mihi populus bene imprecetur*), werden hervorgehoben.

Erfahrbar werden die *plebei parvae funeris exsequiae* durch die *descriptio e negativo* (z.B. Prop. 2, 13, 19–26). Insgesamt dürfte die Teilnahme an der *pompa funebris* von Personen nach sozialen Kriterien festgelegt und im Ritual soziale Schranken integriert gewesen sein. Dies geht aus der Klage der toten Cynthia bei Properz (4, 7, 27–34) schlüssig hervor: Der sozial höher stehende Geliebte habe davon Abstand genommen, ihren Leichenzug zu begleiten. In Elegie 2 wiederum wünscht das lyrische Ich bei seinem Tod die Teilnahme der Geliebten bei der *pompa funebris* (Prop. 2, 13, 27–30). Properz reflektiert die Bedingungen rechtmäßiger Teilnahme an der *pompa funebris* und damit verbunden das Problem der Überschreitung gesellschaftlicher Konventionen, welche durch das Verhältnis zwischen der *domina* (aus niedrigem Stand) und ihrem Geliebten resultieren kann.

10. Leichenrede (*laudatio funebris*)

Die *pompa funebris* vornehmer Römer, dann auch von Mitgliedern der Herrscherfamilie, führt über das Forum, wo auch zumeist die Verbrennung stattfand (vgl. Tac. *ann.* 1, 8, 5), bevor die Aschenreste (auf dem Marsfeld)[62] beigesetzt wurden. Ein männliches Familienmitglied (oder der Rechtsnachfolger) hielten die Lobrede auf den Verstorbenen[63], dessen Verdienste für das Gemeinwesen, die *res publica*, gewürdigt wurden[64]. Die Leichenreden, die ein erster Schritt in der Schaffung einer *memoria* des Toten darstellen, nehmen in literarischen Darstellungen großen Raum ein, zumal Texte das Medium *par excellence* für Lobreden und rhetorische Darlegungen sind. Sie sind hier allerdings nicht ihrem Inhalt entsprechend zu besprechen, sondern allein in der Abfolge der Riten zu erwähnen.

11. Scheiterhaufen (*rogus*)

Die *pompa funebris* führte zum Scheiterhaufen (*rogus, pyra*), der in Art eines Altars aufgerichtet wurde. Duftöle und andere Essenzen wurden bei der Verbrennung verwendet (Prop. 4, 7, 32: Nardenöl). Die Scheiterhaufen wurden geschmückt, gesetzliche Bestimmungen gegen übertriebenen Aufwand sind in den Zwölf-Tafel-Gesetzen bezeugt (dazu Cic. *leg.* 2, 58–60). Die Verbrennung selbst wurde mit Brandfackeln eingeleitet, die von unten an die Scheiter geführt wurden. Rituelle Todesklagen begleiteten den Vorgang (vgl. Stat. *silv.* 5, 1, 227: *clamorem rogi*). Sobald der Scheiterhaufen niedergebrannt war, wurde er mit Wein und Wasser gänzlich gelöscht (Serv. *Aen.* 6, 226). Da Wein kostbar war, wurde im Gesetz festgelegt, dass Wein nicht verwendet werden sollte (vgl. Plin. *nat.* 14, 88). Die Gebeine wurden eingesammelt[65]. Die Aschenreste und Knochen wurden in Gefäße (*urna, testa*) gelegt, um anschließend in Gräbern oder weniger kostspielig in Grabaltären beigesetzt zu werden (Prop. 2, 13, 31–34). Erwähnenswert ist in diesem Zusammenhang, dass *columbaria* (Grabnischen) in der literarischen Überlieferung nicht auftauchen[66].

Zusammen mit der Urne wurde ein Stück, das man vom Leichnam abgetrennt, aber nicht verbrannt hatte (*os resectum*), im Grabaltar geborgen. Damit war der Bestattungsvorgang (*inhumatio*) vollzogen[67].

---

61. Vgl. Wesch-Klein 22–23.
62. Vgl. Wesch-Klein 110–123.
63. Auch Frauen wurden mit einer Leichenrede geehrt. Dass diese auf dem Forum (*laudatione pro rostris*) stattfinden konnte, ist für Iunia (Tac. 3, 76, 2) bezeugt.
64. Dazu Kierdorf, W., *Laudatio funebris. Interpretationen und Untersuchungen zur Entwicklung der römischen Leichenrede* (1980); s. dazu hier **II.2.2**.

65. Zum *ossilegium* vgl. Serv. *Aen.* 6, 228.
66. Vgl. *ThLL s.v.* «columbarium 4», ausschließlich mit inschriftlichen Belegen.
67. Vgl. Cic. *leg.* 2, 55 (*... quemadmodum os resectum terra obtegatur...*); Plin. *nat.* 7, 187 (*loc. dubius*, atheiert in der Edition von Mayhoff 1967) schränkt die *inhumatio* auf die Erdbestattung ein (*... humatus ... humo sepultus*).

Der Respekt vor den Toten steht hinter der *consecratio* der Toten zu *Di Manes*, die unmittelbar mit der Bestattung vollzogen wurde. Das Grab, die Urne, der Sarkophag wurden zu Altären, deren Errichten den Anfang des Totenkults markierte, mit dem jährlich der Wiederkehr des Geburtstags der Toten gedacht und die Beziehung mit den Toten aufrecht erhalten wird.

Cicero (*leg.* 2, 55) trägt zum Verständnis der Bestattung für die *gentes* übrigens mit der Information bei, dass die *religio sepulcrorum* in Rom so mächtig sei, dass fremde *gentes* aus den Gräbern ausgeschlossen blieben[68].

12. Opfer bei der Bestattung

12.1. Diverse Opfergaben

Auf den Scheiterhaufen wurden diverse Opfergaben gelegt. Catull (c. 59, 2-5) berichtet davon, dass man vom Scheiterhaufen Weihegaben, namentlich Brot, geraubt habe[69]. Plinius erwähnt anlässlich der Bestattung eines Jugendlichen die Opferung von dessen Lieblingstieren beim Scheiterhaufen (Plin. *ep.* 4, 2, 3: *circa rogum trucidavit*).

12.2. Tieropfer (*silicernium*)

Unmittelbar danach wurde am Ort der Bestattung ein weibliches Schwein (*porcam*; *porco femina*) geschlachtet (Cic. *leg.* 2, 57). Festus (296, 37-298, 4 L.) präzisiert, dass es sich dabei um ein Opfer für Ceres in Anwesenheit des Toten gehandelt habe. Beim *silicernium*[70] handelte es sich um eine Handlung, durch die der Bestattungsort definitiv zum *locus religiosus* wurde, wobei man davon ausging, dass es sich nicht darum handle, dem Toten ein Opfer darzubringen[71]. Das Tier wurde unmittelbar am Grab gegessen[72]. J. Scheid hält diese Einzelaussage des Festus für authentisch und konstruiert einen wahrscheinlichen Ablauf der Riten rund um das Sauopfer[73]. Das Sauopfer wurde in der Nähe des Brandplatzes ausgerichtet, bevor man den Leichnam auf den Scheiterhaufen legte. Die Eingeweide wurden demzufolge Ceres geweiht, einen Teil des Fleisches legte man auf den Scheiterhaufen[74] und ein Teil wurde von der *familia funesta* vor der Einäscherung verspeist[75]. Zu diesem Zeitpunkt sei der Leichnam noch nicht den Toten zugerechnet worden, da Ceres an der Opferung teilnahm, auch handelte es sich nicht um ein Holocaust[76]. Das Opfermahl « verzehrte » der/die Tote aber bereits von der *familia funesta* getrennt auf dem Scheiterhaufen, nun ist es ein Holocaust, die Familie hingegen versammelte sich um einen provisorisch errichteten Tisch[77].

Fraglich bleibt aufgrund der Berichte, wie das Sauopfer im Falle einer Erdbestattung ausgerichtet wurde.

12.3. (Archaisierende) Menschenopfer

Epische Texte sprechen mehrfach von diversen Opferhandlungen beim Scheiterhaufen. Vergil suggeriert sogar die Selbstopferung Didos (*Aen.* 4, 642-665). Ihre Entscheidung für den Freitod auf dem Scheiterhaufen, den sie mit einem Schwert, einem Geschenk des Aeneas, vollzieht, legt diese Interpretation nahe. Indes überblendet Vergil in subtiler Weise das Sterben selbst und diverse, den Tod begleitende Riten, indem die Sterbende einen Teil der sie betreffenden Bestattungsrituale selbst ausführt. Die Selbstopferung Didos, bei der sich Tod und Hochzeit überlagern, rät zur Vorsicht gegenüber einer Interpretation, bei der die Bedeutung der (Menschen-) Opferfunktion hervorgekehrt wird.

Doch berichtet Vergil andernorts davon (*Aen.* 11, 81-82), dass im Leichenzug des Pallas, der zurück nach Pallanteum zu Euander gebracht werden sollte, gefangene Latiner mitgeführt wurden, die geopfert werden sollten. In dieser « prototypischen » *pompa funebris* wird allerdings eine Verbindung mit dem Triumphzug hergestellt, wodurch die Opferung von Gefangenen in einen anderen Funktionszusammenhang rückt[78]. Eine Funktions-

---

68. Diese Regelung, die sich auf die *gens Popilia* bezog, dürfte von einem *pontifex* verfügt worden sein. Damit verbunden ist das Interesse, die Aneignung fremder Gräber und auch deren missbräuchliche Verwendung zu vermeiden. Dazu Dyck, A. R., *A Commentary on Cicero, De legibus* (2004) 392. Vgl. auch Paul. *sent.* 1, 21, 6.
69. Scheid. *Quand faire, c'est croire* 168 u. 172 (mit Anm. 32) verweist auch auf Verg. *Aen.* 2, 224-225, der neben Weihrauch undifferenziert Speisen (*dapes*) und Olivenöl nennt, sowie auf *Aen.* 3, 64-66, wo von Milchspenden und Opferblut die Rede ist. Ob hier eine Rekonstruktion der mythischen Vergangenheit (Opferblut) in der Fiktion durchschimmert, ist fraglich.
70. Die auf die Etymologie des Begriffs abhebende Erklärung des Donatus (*Schol.* ad Ter. *Adelph.* 587), das Opfer richte sich an die Manen, ist nicht aufrecht zu erhalten. Vgl. Scheid, *Quand faire, c'est croire* 170-171.
71. Vgl. Ducos, M., « Le tombeau, locus religiosus », in Hinard 2, 135-144.

72. Dazu auch Serv. *Aen.* 5, 92.
73. Scheid, *Quand faire, c'est croire* 172-174.
74. Scheid, *Quand faire, c'est croire* 174 mit Anm. 37 vermutet, dass man bei Erdbestattung einen kleinen Scheiterhaufen neben dem Grab errichtet habe, um ein Brandopfer für den Toten durchführen zu können.
75. Die Rekonstruktion beruht auf der Harmonisierung der Quellen, nicht auf einem Differenzbefund. Skepsis ist gegenüber der Annahme Scheids, *Quand faire, c'est croire* 172 Anm. 32 geboten, dass man gemäss Verg. *Aen.* 3, 67 für die Toten Fleisch auf den Scheiterhaufen legte.
76. Scheid, *Quand faire, c'est croire* 173-174 und 3, 6.
77. Scheid, *Quand faire, c'est croire* 186 spricht davon, dass das Sauopfer, mit dem sich die allmähliche Distanzierung des Toten von den Lebenden vollzog, vor der Einäscherung stattfand. Schrumpf 88 setzt das *silicernium* nach der Einäscherung an.
78. Ein der Literatur vorbehaltenes archaisierendes Element der funerären Riten in der *Aeneis* scheint insbesondere in diesem Detail der *pompa funebris* gelegen zu sein.

verschiebung zeichnet sich auch bei Tacitus ab, der von der Selbstopferung von Soldaten beim Scheiterhaufen des Otho berichtet (*hist.* 2, 49, 4).

13. Reinigungsriten

Nach der Rückkehr vom Grab musste von der *familia impura* ein Reinigungsritual durchgeführt werden (*suffitio*; vgl. Fest. 3, 3–5 L.). Apuleius (*Met.* 9, 31) spricht davon, dass am neunten Tag die Riten am Grab abgeschlossen wurden (*rite completis apud tumulum sollemnibus*)[79]. Beendet wurde die Trauerzeit (*feriae denicales*) am neunten Tag aber auch mit einem erneuten Mahl (*cena novemdialis*). Cicero berichtet (*leg.* 2, 55), dass dem Laren ein Hammel geopfert werden musste, wonach die Rückkehr der Familie in die Gesellschaft vollzogen war (*quod genus sacrificii Lari vervecibus fiat*). Nicht schlüssig zu klären ist, wie sich das Opfer an die Verstorbenen, das am neunten Tag auszurichten war, mit dem Opfer an den Laren und dem abschließenden Festmahl verhält, das je nach Bedeutung des Verstorbenen an einem öffentlichen Platz oder im Haus der Familie stattfand und Verwandte und Nachbarn einbezog, nachdem man das Trauergewand abgelegt hatte[80].

14. Das Totengedenken – Totenfeste

14.1. Begrenzung der öffentlichen Trauer

Über die Länge der Trauer, die nach Geschlechtszugehörigkeit unterschiedlich geregelt war, gibt es in der Literatur zahlreiche Belege. Vor allem interessiert die Begrenzung der Trauer von Frauen, die bereits in den Zwölf-Tafel-Gesetzen formuliert worden war. Es handelt sich dabei um eine gesellschaftlich regulierte Trauerhaltung, die zum Nutzen der Aufgaben von Frauen in der Familie festgelegt war. Dass es sich dabei nicht um einen leeren Topos handelt, legt u.a. Seneca nahe, der im philosophischen Diskurs auf diese Frage mehrmals zu sprechen kommt[81]. Umgekehrt ist das Verharren in der Trauer entgegen den gesellschaftlichen Regeln in Bezug auf die Trauer auch für Männer bekannt, so für Camillus, der sich mit den Frauen zu Hause einschloss, anstatt vor Gericht zu erscheinen (Plut. *Cam.* 11, 2)[82].

14.2. Das Fest des Totengedenkens

Eine spezielle Erörterung empfiehlt sich für das Totengedenken, das zu Ehren des ersten Jahrestages des Todes des Anchises inszeniert wird. Es weist auf das Fest der *Parentalia* hin, welches die Begräbnisriten selektiv wiederholt[83].

Aeneas trifft genau am ersten Todestag des Vaters wieder am Ort von dessen Bestattung, in Drepanum in Sizilien, ein. Vergil kombiniert das Totengedenken am Todestag (*parentatio*) mit dem allgemeinen Totenfest (*parentalia*)[84]. Während die Forschung mehrheitlich davon ausgeht, dass es sich um Leichenspiele (in Anlehnung an die Leichenspiele für Patroclus bei Homer *Il.* 23) handle[85], ist auch zu erwägen, dass der Autor eine Legitimation für zeitgenössische Riten formulieren will und diese in der mythisch-historischen Vergangenheit seinen Ursprung nehmen lässt, zumal er festhält, dass diese Praxis intakt sei[86].

Besonderer Wert wird in der *Aeneis* auf den Umstand des jährlichen Totengedenkens (*parentatio*) gelegt (5, 59: *sacra quotannis*) in Kombination mit dem bei den Römern zentralen Teil und gleichzeitigem Abschluss der Festfolge der *Parentalia*. Über die Brandbestattung des Anchises wird in der *Aeneis* nicht näher berichtet (vgl. 3, 710–711) – auf sie wird einzig in einer Analepse verwiesen (5, 45–60). Wohl aber wird ihre Bedeutung anhand von Erläuterungen des Aeneas unterstrichen, wobei das Totengedenken explizit als Transferleistung in eine andere Kultur gekennzeichnet wird (5, 49–54). Die Gedenkfeiern dauern neun Tage (5, 64–65), als Aeneas mit großem Gefolge zum Ort der Bestattung zieht. Sie beginnen mit einem Opfer am Grabaltar, setzen sich fort mit Gaben an den Verstorbenen (Wein, Milch, Blumenspenden sowie Tieropfer), ein Gebet an die Manen schließt an. Ein charakteristisches Element der Erzählung liegt in der Bestärkung, dass die Riten gut eingerichtet sind, nachdem sich eine Schlange – sie wird als positives, wenn auch nicht sicher identifizierbares Zeichen gelesen – beim Grabaltar gezeigt und von den Opfergaben (aus Schalen und Bechern) genommen hatte. Von der Verbrennung von Weihegaben ist nicht die Rede. Tieropfer, je zwei Schafe, Schweine und Stiere, begleitet von Trankspenden schließen an[87]. Ein Mahl am Grab,

---

79. Vgl. Scheid, *Quand faire, c'est croire* 175.
80. Vgl. Cic. *Vatin.* 12, 30. Vgl. Scheid, *Quand faire, c'est croire* 175. Er betont 186, dass letztlich nicht sicher ist, wo und in welcher Kombination das Opfer an die Laren vollzogen wurde.
81. Sen. *ep.* 63, 13; *ad Marc.* 2, 4–5 (Octavia, beim Tod des Marcellus) und 3, 1–2 (Livia, beim Tod des Drusus).
82. Die Überzeichnung der männlichen Trauer im Exempel und auch der Blick des Plutarch auf einen führenden Römer lassen auf ein allgemein beobachtbares Phänomen schließen. Immerhin wird das vorbildliche kurze Trauern (oder das Hintanhalten der Trauer bei Männern) positiv hervorgehoben. Vgl. Prescendi, F., «Lutto di padre», in Hinard 2, 147–154.

83. Vgl. Scheid 2; Scheid, *Quand faire, c'est croire* 178.
84. Vgl. Scheid 2.
85. Vgl. Scheid, *Quand faire, c'est croire* 178.
86. Vgl. Lovatt, H., «Epic Games and Real Games in Virgil's *Aeneid* 5 and Statius *Thebaid* 6», in Bell/Davies (Anm. 36) 107–114, hier 109.
87. Scheid, *Quand faire, c'est croire* 194 spricht von einer Wiederholung («re-célébration») des Rituals. Vergil aber scheint zu betonen, dass ein begonnenes Ritual (*Aen.* 5, 94: *... inceptos... instaurat honores*) wieder aufgenommen/ausgerichtet wird.

wobei die geschlachteten Tiere verzehrt, jedoch Brandopfer nicht erwähnt werden[88], rundet das Gedenken am Grab ab, womit der Übergang zu den *parentalia* vollzogen ist[89].

Das Fest zum Gedenken an den Toten findet am neunten Tag seinen Abschluss mit Gedenkspielen der männlichen Jugend, die mit dem «Troiaspiel» (5, 553-595)[90] ausklingen. Den Traditionszusammenhang dieses Rituals mit der Gründungslegende legt Vergil offen (5, 596-604), wobei er ausführlich erzählt, dass Frauen in diesem Zusammenhang ausgeschlossen bleiben (5, 613-617).

Die jährliche Wiederkehr und damit die zeitliche Limitierung und Kontrolle des Totengedenkens wird vollends deutlich im Vergleich zum Totengedenken der Andromache, die in Epirus, ihrer neuen Heimat, am Kenotaph Hektors unausgesetzt trauert. Ihr Trauern hat zwar eine rituelle Form, aber keinen institutionellen Rahmen in einem Fest gefunden, mit dem eine produktive und prospektive Verbindung des Todes zum Leben der Hinterbliebenen hergestellt werden könnte (*Aen.* 3, 300-305).

Das Totengedenken in Ovids *Fasti* (Buch 2), in denen der Festablauf zu Ehren der Toten mit einer Festfolge vom 13.-21. Februar in den Mittelpunkt tritt, wird ähnlich prominent geschildert. Ovid erzählt nicht mit dem Ziel, den römischen Kultkalender zu Kultzwecken darzustellen. Bei ihm tritt die Ambivalenz von spielerischer und ernster Absicht wie bei kaum einem anderen literarischen Text offen zutage.

In der *opinio communis* werden die Trennung der Hinterbliebenen von den Toten und die Feindseligkeit der Toten nach wie vor über Gebühr betont[91]: Die Beschwichtigung neidischer Geister (*lemures*, *larvae*) wird ins Zentrum gestellt. Doch ist die in die Riten eingeschriebene Verbindung von Leben und Tod nicht minder bedeutsam. So hat Ovid in den *Fasti* dem Aspekt des Zusammenhangs von Leben und Tod große Bedeutung zugewiesen. Das wichtige Moment sieht Ovid darin, dass in der Festsequenz der *Parentalia*, die zum Gedenken der Eltern und Verwandten (*divi parentes*) eingerichtet war, die «andere Seite» des Todes, nämlich die Bedürfnisse der Hinterbliebenen berücksichtigt werden[92]. So wird mit diesem Fest die Kontinuität, nicht aber die Ruptur des Familienzusammenhangs durch den Tod gefeiert. Einzig

der letzte Tag des Festes, die *Feralia*, an denen öffentliche Geschäfte ruhten, ist Teil des öffentlichen Festkalenders. An sie schließen die *Karistia* an, das Fest für die «lieben Verwandten». Die Festabfolge suggeriert, dass das Fest, den Tod in die unterschiedlichen, engeren und weiteren Lebensbezüge der Familie zu integrieren und zukunftsorientiert zu verarbeiten, vordringlich war (*fast.* 2, 617-622).

Den *Feralia* widmet Ovid einen Eintrag in seinem literarischen Festkalender (*fast.* 2, 533-570). Er unterstreicht die Funktion des eintägigen Festes, die Seelen der Verstorbenen zu versöhnen (*fast.* 2, 533: *est honor in tumulis animas placare paternas*) und weist Aeneas als den Gründer dieses Ritus aus (*fast.* 2, 543-546). Zugleich aber schwächt er die herkömmliche Erklärung, dass man die Toten als Bedrohung empfinde und daher das Ritual durchführe, deutlich ab. Eine kritische Distanz zum Ritual wird dabei spürbar, wobei ein latenter Vorbehalt gegenüber dem sukzessiv überbordenden Luxus, der die Riten des Totengedenkens begleitet (und der implizit auf den Bedeutungsschwund des Rituals hinweisen dürfte) erkennbar wird.

Das Erinnerungsritual für die Manen manifestiert sich im Errichten kleiner Scheiterhaufen, um Brandopfer für die Toten auszurichten[93], im Schmücken eines Altars, welcher durchaus improvisiert sein und schlicht durch eine mit Kränzen umwundene Tonscherbe symbolisiert werden darf. An Spenden wird Nahrung – eine einfache Speise genügt – dargebracht: Getreide, Salz, in Wein geweichtes Brot und Veilchen. Dazu benötigt es keines festen Ortes, ein improvisierter Altar am Wege würde den Auftrag des Rituals erfüllen. Ein Gebet am Altar muss hinzukommen (Ov. *fast.* 2, 537-542).

15. Unterlassen oder unvollständiger Vollzug funärerer Riten

Dass Riten situationsgemäß durchzuführen waren und keine unumgängliche Observanz zu leisten war, lassen Diskurse um die unterbleibende und die unvollständige Bestattung durchaus erkennen. Im Falle des Todes, bei dem die ordentliche Bestattung verunmöglicht wurde, war Improvisation durchaus angebracht, welche die Riten abgelten konnten. Aufschlussreich ist die Schilderung der improvisierten Bestattung des enthaupteten Pompeius bei Lucanus (*Phars.* 8, 713-793)[94]. Hier-

---

88. Vgl. aber Scheid, *Quand faire, c'est croire* 178. 181.
89. Vgl. Scheid, *Quand faire, c'est croire* 199.
90. S. dazu *ThesCRA* VI 1 b Kindheit, röm. **2.1.2**.
91. Vgl. Cancik-Lindemaier 236 Anm. 44.
92. Für den Beginn des Festes wird im Kalender des im 4. Jh. n. Chr. wirkenden Philocalus (*CIL* I² 309) vermerkt, die Vestalin habe eine Libation vollzogen (*Virgo Vest parentat*). Für den Vollzug der Libation durch die Vestalin handelt es sich um eine Einzelaussage, die durch andere

Zeugnisse nicht bestätigt wird. Keine Skepsis gegenüber dieser Einzelinformation bei Šterbenc Erker, D., «Der römische Totenkult und die Argai-Feier bei Ovid und Dionysios von Halikarnass», in Rüpke/Scheid 12-13. 17.
93. Vgl. Scheid, J., «Die Parentalien für die verstorbenen Caesaren als Modell für den römischen Totenkult», *Klio* 75 (1993) 198.
94. Erasmo 124 interpretiert das Ritual demgegenüber als Beispiel eines Todes eines Armen.

bei wird ersichtlich, dass es zureicht, wenige Elemente eines Bestattungsvorganges umzusetzen, d.h. soweit sie eben in der gegebenen Situation möglich sind. Betont wird, dass auch sonst nicht zulässige Mittel, wie das Entfernen von Brennholz und Feuer von einem bereits brennenden Scheiterhaufen, kein Sakrileg sind (Lucan. *Phars.* 8, 743–752).

Vielfach erwähnt wird die *terra iniectio*, wo eine ordnungsgemäße Bestattung nicht möglich ist. In diesem Falle reichte es, den Leichnam mit etwas Erde zu bestreuen[95].

16. Bestattung im Krieg

Die Bestattung von Gefallenen aus den eigenen Reihen, aber auch von Angehörigen fremder Ethnien/Völker wird in den Texten immer wieder diskutiert. Nach der Schlacht von Heraclea habe Pyrrhus auch die Leichen der gegnerischen Römer verbrannt (Florus 1, 13, 15; Eutr. 2, 11; eventuell auch *fr.* 387 Skutsch). Die Missachtung der Gefallenen respektive der würdevolle Umgang mit den Toten werden dazu genutzt, die Qualitäten der Heerführer zu charakterisieren. Diesem Umstand ist es mit zu verdanken, dass zahlreiche Texte zu diesem Aspekt vorliegen. Dass gerade Vergil diesem Umstand wiederholt Beachtung schenkt, hat die Aktualität des Themas vermutlich noch weiter erhöht. Insbesondere die *Aeneis* (11, 100–111. 182–209) handelt von groß angelegten Bestattungen, für die den einzelnen Kriegsparteien, zuletzt selbst den gegnerischen Latinern, eine Kampfpause eingeräumt wird. Den Kontrast dazu bildet der Frevel Caesars, der die eigenen Bürger nach der Schlacht bei Pharsalus der Verwesung preisgibt (Lucan. *Phars.* 7, 786–799).

Den epischen Vorbildern folgt auch der Bericht des Tacitus (*hist.* 2, 45, 70) über die Bestattung der Gefallenen im «Bürgerkrieg» zwischen Otho und Vitellius nach der Schlacht bei Bedriacum im Jahr 69.

17. Selbsttötung

17.1. Private und öffentliche Marginaliserung bei Selbsttötung

Generell wurde in Rom, anders als in Griechenland, Selbsttötung nicht dadurch geahndet, dass Selbstmördern die Bestattung verwehrt wurde. Die Selbsttötung wurde allerdings in der Literatur vom «gewöhnlichen» Tod abgegrenzt[96]. So soll sich T. Manlius geweigert haben, an der *pompa funebris* seines Sohnes, der Selbstmord begangen hatte, teilzunehmen (Val. Max. 5, 8, 3). Selbstmörder durften auch nicht öffentlich betrauert werden (*Dig.* 3, 2, 11, 3). Anders stand es freilich um politisch motivierte Selbsttötung, die durchaus mit einem *funus publicum* gewürdigt werden konnte[97].

17.2. Rituelle Unterstützung bei Suizid

Der sich verzögernde Eintritt des Todes konnte eventuell durch das Abschneiden einer Haarlocke beschleunigt werden. Berichtet wird von dieser Praxis anlässlich des Todes der Dido, die zur Selbsttötung greift und sich dadurch die Möglichkeit, das Leben rasch zu verlassen, vergeben hatte. Iris beendet auf Befehl Iunos Didos qualvolles Sterben durch Abschneiden der Haarlocke, die Pluto geweiht wird (*Aen.* 4, 688–705, bes. 700–705: *ergo Iris croceis per caelum roscida pennis / … / devolat et supra caput adstitit: «hunc ego Diti / sacrum iussa fero teque isto corpore solvo». / Sic ait et dextra crinem secat. omnis et una / dilapsus calor atque in ventos vita recessit*).

In dieser Erzählung läuft ein Diskurs um die Rechtmäßigkeit der Selbsttötung. Wieweit dieses Ritual, welches das Sterben erleichtert, je geltend gemacht werden kann, ist fraglich, denn weitere literarische Bezeugungen fehlen. Auch Servius, der die römische Praxis von Sterben und von Todesritualen kommentiert, äußert sich zu diesem Punkt auffälligerweise nicht.

18. Bestattungsrituale im Kontext der Luxuskritik

Das Echo auf Todesereignisse und damit verbundene Riten in den Texten ist beachtlich. Häufig bietet die Reaktion auf den großen Aufwand bei der Bestattung und beim Grabkult einen Erzählanlass. Zu nennen ist hier z.B. Properz Elegie 2 (13, 3–26), die sich als Antithese zu einem teuren und senatorischen Leichenbegängnis lesen lässt. Auch Lucanus (*Phars.* 8, 729–735) geht in diese Richtung. Aus Texten, in denen Skepsis oder gar die Verweigerung bestehender ritueller Praktiken zum Ausdruck kommt, kann die Rekonstruktion von intaktem Ritual vorgenommen werden. Andererseits werden mit affirmativen Texten, welche die Verstorbenen verherrlichen und überhöhen, Riten mittels des Potentials reflektierter, politisch kalkulierter Selbstvergewisserung der römischen Gesellschaft, erschließbar. Vorzugsweise ist dies der Fall beim Tod führender Männer, vereinzelt auch bei Frauen der führenden Familien Roms im Kontext von sukzessive aufwendiger werdenden öffentlichen Inszenierungen von Bestattung ab der neronischen Zeit.

HENRIETTE HARICH-SCHWARZBAUER

---

95. Vgl. Hor. *c.* 1, 28, 23–24; Petron. 114, 11; Varro *ling.* 523.

96. Vgl. Desideri, P., «Il trattamento del corpo dei suicidi», in Hinard 2, 189–204.
97. Vgl. Wesch-Klein 13 (zu Cato Uticensis).

II. Tod und Bestattung in den lateinischen Inschriften

BIBLIOGRAPHIE: Carroll; Eck, W., «Römische Grabinschriften», in von Hesberg, H./Zanker, P. (Hsg.), *Römische Gräberstraßen*, Kolloquium München 1985, *Abh-München* NF 96 (1987) 61-83; Feraudi-Gruénais, F., *Inschriften und 'Selbstdarstellung' in stadtrömischen Grabbauten* (2003); Geist, H., *Römische Grabinschriften* (1976[2]); Gregori, G. L., «Horti sepulchrales e cepotaphia nelle iscrizioni urbane», *BullCom* 92 (1987/88) 175-188; Häusle, H., *Das Denkmal als Garant des Nachruhms. Eine Studie zu einem Motiv in lateinischen Inschriften* (1980); King, M., «Commemoration of Infants on Roman Funerary Inscriptions», in Oliver, G. J. (Hsg.), *The Epigraphy of Death. Studies in the History of Greece and Rome* (2000) 117-154; Kolb, A./Fugmann, J., *Tod in Rom. Grabinschriften als Spiegel römischen Lebens* (2008); Kubinska, J., *Les monuments funéraires dans les inscriptions grecques de l'Asie Mineure* (1968); Lattimore, R., *Themes in Greek and Latin Epitaphs* (1942); Manacorda, D., *Un'officina lapidaria sulla Via Appia* (1979); Meyer, E. A., «Explaining the Epigraphic Habit in the Roman Empire», *JRS* 80 (1990) 74-96; Pietri, Ch., *RAC* 12 (1983) 514-590 s.v. «Grabinschrift II (lateinisch)»; Schuhmacher, L., *Römische Inschriften* (2005[2]) 232-293 Nr. 162-231; Solin, H., «Urnen und Inschriften», *Tyche* 4 (1989) 147-169; Taylor, L. R., «Freedmen and Freeborn in the Epitaphs of Imperial Rome», *AJPh* 82 (1961) 113-132.

1. Einleitung

Betrachtet man die unzähligen römischen Sepulkralinschriften, so erscheint es erstaunlich, wie gering ihr Informationsgehalt zu Bestattungsriten und Grabkult ist. Dies überrascht, als doch gerade das epigraphische Material römischer Gräber in vielerlei Hinsicht besonders informativ ist. Verständlich wird diese inhaltliche Diskrepanz in Anbetracht der Aussagen, die generell im Kontext des Grabes durch das Medium « Schrift » transferiert wurden. So dienten die Inschriften von ihrem Inhalt her dazu, die Besitzverhältnisse und die Nutzerrechte der Grabstätte festzulegen. Ferner finden sich in den Inschriften häufig Warnungen vor unrechtmäßiger Nutzung oder testamentarische Verfügungen, welche die Grabstätte betreffen. Diese Vermerke unterstreichen den Charakter der Grabinschriften als Rechtsdokument[1]. Daneben besitzt ein Teil der Inschriften, insbesondere *tituli* senatorischer oder ritterlicher Angehöriger, jedoch auch einen repräsentativen Charakter[2].

Wie und in welchem Maße dabei der rechtliche oder repräsentative Aspekt den Inhalt der jeweiligen Inschrift bestimmt, ist von vielerlei Faktoren abhängig, z.B. dem Anbringungsort und der Zeitstellung des epigraphischen Denkmals oder der gesellschaftlichen Stellung des Verstorbenen, resp. Auftraggebers[3]. Entscheidend war aber der Eignungsgrad des Mediums « Schrift » zur Vermittlung der beabsichtigten Aussage, insbesondere wenn die Voraussetzungen gegeben waren, hierfür auf andere Medien mit besseren Ausdrucksmöglichkeiten zurückzugreifen[4]. Elemente der Bestattungsriten oder des Grabkultes waren im Hinblick auf diese funktionale Ausrichtung der Inschriften nur soweit erwähnenswert, sofern sie einen der beiden genannten Aspekte berührten.

Gleiches gilt auch für die Gruppe der Grabepigramme, welche eine eigene Gattung von Sepulkralinschriften darstellen, was die intendierte Aussage wie auch die lyrische Form anbelangt[5]. Obwohl sich diese Inschriften bezüglich der Jenseitsvorstellungen als äußerst informativ erweisen, lassen sich ihnen kaum Aussagen zu den sepulkralen Riten entnehmen. Dies hängt mit ihrer Kunstform zusammen, welche auch die inhaltliche Ausrichtung einschränkt.

2. Die Begräbniszeremonie

Die epigraphischen Informationen zur Begräbniszeremonie fallen besonders dürftig aus. Lediglich zu zwei Bestandteilen finden sich im Inschriftenmaterial Angaben, die unsere Kenntnis gegenüber den literarischen wie auch den archäologischen Quellen bereichern.

2.1. *Collocatio*

Die eine dieser Handlungen betrifft die *collocatio*, die Ehrung des Verstorbenen im privateren Rahmen seines Hauses. Je nach den für diese Ehr-

---

Für. die kritische Durchsicht des Manuskripts möchte der Autor N. Birkle und M. Scholz danken.

1. Zum rechtlichen Aspekt römischer Gräber Wamser, F., *De iure sepulcrali Romanorum quid tituli doceant* (1887); Mommsen, T., « Zum römischen Grabrecht », *Zeitschrift der Savigny-Stiftung für Rechtsgeschichte. Röm. Abt.* 16 (1895) 203-220; id., *Römisches Strafrecht* (1899) bes. 812-821. 987-990; de Visscher, F., *Le droit des tombeaux romains* (1963); Bürgin-Kreis, H., « Auf den Spuren des römischen Grabrechts in Augst und in der übrigen Schweiz », in *Provincialia. Festschrift R. Laur-Belart* (1968) 25-46; Behrends, O., «Grabraub und Grabfrevel im römischen Recht», in Jankuhn, H., et al. (Hsg.), *Grabfrevel in vor- und frühgeschichtlicher Zeit* (1978) 85-106; Kaser, M., «Zum römischen Grabrecht», *Zeitschrift der Savigny-Stiftung für Rechtsgeschichte. Röm. Abt.* 95 (1978) 15-92; Klingenbert, G., *RAC* 12 (1983) s.v. «Grabrecht (Grabmulta, Grabschändung)»; Engels, J., *Funerum sepulcrorum magnificentia* (1998) 155-187.

2. s. u.a. Carroll 136-148.

3. Repräsentative Elemente fehlen in bestimmten Inschriftengattungen nahezu vollständig; hierzu Feraudi Gruénais bes. 58-62.

4. Beispielsweise eignen sich zum Zweck der Selbstdarstellung nur gewisse Informationen, inschriftlich festgehalten zu werden; hierzu: Feraudi-Gruénais, F., «Grabinschriften im archäologischen Kontext», in Heinzelmann *et al.* 203-213; ead., « Sepulkrale 'Selbstdarstellung' von Unterschichten. Beobachtungen zu Inschriften in stadtrömischen Grabmonumenten der Kaiserzeit», in Alföldy, G./Panciera, S. (Hsg.), *Inschriftliche Denkmäler als Medien der Selbstdarstellung in der römischen Welt* (2001) 121-124.

5. S. *CLE* I-III; Gallatier, E., *Étude sur la poésie funéraire d'après leurs inscriptions* (1922); Bruns, F. J., *Vier Kapitel zu den Carmina Sepulcralia in ihrer Eigenschaft als Zeugnisse für das Leben und Denken des kleinen Mannes der römischen Kaiserzeit* (Diss. Göttingen 1950); Wolff, E., *La poésie funéraire épigraphique à Rome* (2000).

erbietung zur Verfügung stehenden finanziellen Mitteln, dem Ansehen des Toten sowie den klimatischen Bedingungen war die Dauer dieser *collocatio* unterschiedlich lang. So ergibt sich aus der Grabinschrift der Chrematine Numisia aus Pozzuoli, dass die Ehrung der Verstorbenen in diesem Fall ungefähr drei Tage in Anspruch nahm (*CIL* X 1935 = *ILS* 7841d). Vergleichsweise kurz, gerade einmal einen Tag, dauerte dagegen die *collocatio* des Lucius Caecilius Syrus, wie dessen Grabinschrift aus Rom verrät (*CIL* VI 13782). Vermutet werden dürfen aber wesentlich längere Ehrerbietungen im Kreis der Oberschicht. Über Einzelheiten dieser *collocatio* gibt eine Inschrift aus Rom nur soweit Auskunft, als dass für die Aufbahrung des Leichnams ein mit prachtvollen Stoffen ausgestattetes Totenbett, *lectus funebris*, Verwendung fand (*CIL* VI 12649). Die Farbe, die als Zeichen der Trauer für die Ausschmückung des Totenbettes und des Aufbahrungsraumes genutzt wurde, war Schwarz.

2.2. Leichenrede

Um einiges aufschlussreicher erweisen sich die epigraphischen Testimonien jedoch in Bezug auf die Leichenrede, die *laudatio funebris*, da deren Inhalt in den überlieferten Fällen offensichtlich wörtlich festgehalten wurde. Diese ausführliche Dokumentation erklärt sich aus der Tatsache, dass die *laudatio funebris* als einzige der Handlungen, die im Zuge einer Bestattungszeremonie vollzogen werden konnten, die Kriterien erfüllte, welche eine schriftliche Umsetzung am Grab im Sinne der Repräsentation sinnvoll machten. So besaß das in der Leichenrede geäußerte Totenlob, das die Vorzüge des Verstorbenen sowie seine zu Lebzeiten vollbrachten Taten thematisierte, durchaus repräsentative Qualitäten und konnte in Form einer Inschrift wiedergegeben werden. Auffallend ist, dass sich trotzdem nur drei epigraphische Zeugnisse einer solchen erhalten haben. Eines dieser Denkmäler gibt die von Hadrian für Matidia gehaltene Leichenrede wieder. Nach dem Fundort der Inschrift in Tivoli zu urteilen, war diese wahrscheinlich nicht am Grab der Verstorbenen aufgestellt, sondern fungierte als Teil eines Denkmals zu Ehren des Kaiserhauses[6]. Insofern ist dieses Beispiel als Sonderfall zu betrachten, zumal es sich bei den Begräbnissen des Kaiserhauses formell um Staatsbegräbnisse handelte. Die restlichen beiden epigraphischen Zeugnisse einer *laudatio funebris*, die «Laudatio Turiae»[7] und die «Laudatio Murdiae»[8], dürften dagegen am oder im Grab angebracht gewesen sein. In Anbetracht der geringen Anzahl derartiger Belege ist eine schriftliche Perpetuierung der Leichenrede im sepulkralen Kontext eher als Ausnahme zu betrachten. Eine Erklärung hierfür stellt vielleicht die Tatsache dar, dass die übliche Form der Grabtituli gleichfalls die wesentlichen, der Repräsentation dienenden und im Totenlob der *laudatio funebris* vorgebrachten Themen, z.B. erreichte militärische Erfolge oder bekleidete öffentliche Ämter, beinhalten konnte. Dabei erweist sich ein Vermerk des *cursus honorum* im Rahmen des *titulus* als vorteilhafter, konnten doch hier kurz und prägnant die wichtigsten Aussagen unter Verwendung von Abkürzungen zusammengefasst werden. Trifft dies zu, wäre auch erklärbar, warum die zwei Beispiele von Grabinschriften, die Leichenreden wiedergeben, für weibliche Verstorbene verfasst wurden. So ließen sich die jeweils in ihnen angesprochenen, positiven Eigenschaften der Verstorbenen, ihre vollbrachten Taten und Leistungen, nur schwerlich und vor allem nicht vollständig mit dem üblichen formelhaften Schema der *tituli* ausdrücken. Diese Problematik der Umsetzbarkeit gewisser Themen in der Gattung des *titulus* betrifft dabei generell die in der Repräsentation von Frauen am Grabe gängigen Topoi, die vor allem körperlichen Liebreiz und charakterliche Stärken umfassen. Besser im Grabkontext thematisierbare Ämter und damit verbundene Leistungen sowie Berufe, durch die sich mit Tüchtigkeit finanzieller Wohlstand erreichen ließ, blieben Frauen dagegen meist verwehrt. Als entsprechend kurz und verhältnismäßig uninformativ erweisen sich denn auch die *tituli* weiblicher Verstorbener im Allgemeinen[9].

Was den inschriftlich überlieferten Inhalt einer Leichenrede betrifft, kommt der fragmentarisch erhaltenen, 9 v. Chr. oder nicht allzu lange danach datierenden, «Laudatio Turiae» die größte Bedeutung zu[10]. Obwohl sich weder die Verstorbene noch der Verfasser und Vortragende der *laudatio funebris*, ihr Ehemann, sicher benennen lassen, handelt es sich doch eindeutig um Angehörige des *ordo senatorius*[11]. In der Rede bedient sich ihr Verfasser konsequent der Du-Anrede, spricht also di-

---

6. *CIL* XIV 3579; Alexander, P. J., «Letters and Speeches of the Emperor Hadrian», *HSCP* 49 (1938) 169–172; Bardon, H., *Les empereurs et les lettres latines* (1940) 402–405; Jones, C. P., «A Speech of the Emperor Hadrian», *ClQ* 54 (2004) 266–273.

7. *CIL* VI 41062 (= *CIL* VI 1527. 31670. 37053) = *ILS* 8393; Flach, D., *Die sogenannte Laudatio Turiae* (1991) (mit der älteren Lit.); Durry, M., *Éloge funèbre d'une matrone romaine (Éloge dit de Turia)* (1992²); Ramage, E. S., «The so-called Laudatio Turiae as Panegyric», *Athenaeum* 82 (1994) 341–370; Friggeri, R., *La collezione epigrafica del Mus. Naz. Romano* (2001) 64–66; Lindsay, H., «The Man in Turia's Life», *JRA* 22 (2009) 183–198.

8. *CIL* VI 2, 2 10230 = *ILS* 8394; Lindsay, H., «The Laudatio Murdiae: its Content and Significance», *Latomus* 63 (2004) 88–97.

9. Zu den Inschriften weiblicher Personen im sepulkralen Bereich Feraudi-Gruénais, F., «Weibliche Präsenz in urbanen Grabinschriften», in Donati, A. (Hsg.), *Donna e vita cittadina nella documentazione epigrafica* (2005) 605–624.

10. Zur Datierung: Kierdorf, W., *Laudatio funebris. Interpretationen und Untersuchungen zur Entwicklung der römischen Leichenrede* (1980) 42.

11. Zur Verfasserfrage s. Flach (Anm. 7) 1–8; jetzt erneut Lindsay (Anm. 8) 185–189.

rekt seine verstorbene Ehefrau an. Neben einer so zum Ausdruck gebrachten, besonderen Verbundenheit mit der Verstorbenen auf emotionaler Ebene ist hierin möglicherweise noch eine stärkere Orientierung an dem Vorläufer der *laudatio funebris*, der *praeficia*, zu sehen[12]. In Letztgenannter hob die, wenngleich auch nicht konsequent angewendete, Du-Anrede stärker den Adressaten der Rede, den Verstorbenen, hervor. Weiterhin könnte die direkte Ansprache der Verstorbenen in der «Laudatio Turiae» auch dadurch begründet sein, dass die Rede nicht auf dem Forum, sondern in privaterem Rahmen direkt am Grab gehalten wurde. Gleiches wird für die wohl in augusteischer Zeit verfasste «Laudatio Murdiae» angenommen. Die Rede ist in einzelne thematische Blöcke geordnet, an deren Anfang die Herkunft der Frau, ihre Kindheit, ihre Jugend und vermutlich auch ihre Erziehung kurz genannt werden. Der nächste und wichtigste Teil der Rede behandelt die Vorzüge und Leistungen der Verstorbenen. Beginnend mit ihren rühmenswerten Taten vor der Eheschließung folgen, nach mehreren Stichworten gegliedert, die positiven Eigenschaften und Leistungen während der langen Zeit der Ehe. Besonders ausführlich werden in diesem Zusammenhang ihre Wohltaten, die *beneficia*, gegenüber dem Ehemann in ihrer chronologischen Reihenfolge vorgetragen. Den daran anschließenden Abschnitt bilden die umfangreichen Klagen über den Verlust der Gattin sowie das vom Redner eigenwillig abgewandelte Versprechen, sich der Trauer über ihren Tod nicht allzu sehr hinzugeben und eine bescheidene Begräbniszeremonie für sie durchzuführen. Abgeschlossen wird die Leichenrede mit der Bitte an die *Di Manes* der Toten, die Verstorbene ruhen zu lassen und zu behüten.

Diese in der «Laudatio Turiae» deutlich fassbare, inhaltlich gegliederte Struktur lässt dabei ein Grundschema erkennen, das auf Lob und Klage basiert. Funktional begründet hierbei das Lob der Verstorbenen die Klage über deren Tod, wobei in Letztgenanntem kein Trost für die Hinterbliebenen mit eingeschlossen ist. Der Klagende spricht vielmehr die Verstorbene an, um ihr seine Trauer über ihren Tod aufzuzeigen. Auf diese Bekundung der Trauer hat die Verstorbene Anspruch, würde sie doch deren Ausbleiben missdeuten. Dies könnte zur Folge haben, dass sie mit der ihr als Toten eigenen Macht in irgendeiner Weise den Hinterbliebenen Schaden zufügen würde.

3. Grabbeigaben

Das epigraphische Material ist für die Beurteilung der Beigabensitte sowie die Frage nach dem Sinngehalt der Objekte nahezu aussagelos. Dies hängt einerseits mit der äußerst geringen Anzahl von Inschriften zusammen, die Auskunft über in Gräbern deponierte Gaben geben. Andererseits stellen diese wenigen erwähnten Grabbeigaben einen Sonderfall dar, handelt es sich doch bei ihnen um besonders kostspielige oder Aufsehen erregende Objekte, die nicht der «regulären» Bestattungssitte entsprochen haben.

Beispielhaft hierfür sind die zwei Statuensockel mit Inschrift, die vor der Südwest- und Nordwest-Ecke der wohl 20–11 v. Chr. errichteten Grabpyramide des Caius Cestius, eines Mitglieds des *ordo senatorius*, in Rom aufgestellt waren[13]. Aus den Inschriften geht hervor, dass die als *attalica* bezeichneten Objekte, mit Goldfäden durchwirkte Stoffe, vielleicht Gewänder, aufgrund eines Edikts des Ädilen nicht in das Grab beigegeben werden durften, wie dies ursprünglich testamentarisch vorgesehen war. Stattdessen wurden aus ihrem Verkauf die zwei Statuen vor der Pyramide finanziert. Es ist anzunehmen, dass die Stoffe aufgrund ihres Goldgehaltes als Grabbeigabe untersagt wurden, da dies im Konflikt mit den Luxusgesetzen für den Grabbereich stand[14]. Die Motivation für die Beigabe solch kostbarer Textilien dürfte kaum durch Jenseitsvorstellungen oder allgemein übliche Beigabensitten begründet sein. Wahrscheinlicher ist vielmehr, dass sie dem Senator aufgrund ihrer Kostbarkeit als ein in seinem Selbstverständnis «adäquates» Ausstattungselement der Grabkammer erschienen. Darüber hinaus führten sie dem bei seiner Beisetzung anwesenden Publikum den erreichten Wohlstand vor Augen. Vielleicht war aber auch der Anspruch auf ein luxuriöses Leben im Jenseits für die Wahl der *attalica* als Grabbeigabe ausschlaggebend.

Einen ähnlichen Sonderfall stellt schließlich ein weiteres bekanntes epigraphisches Denkmal, das «Testament des Lingonen», dar[15]. Diese in einer Abschrift des 10. Jhs. überlieferte Inschrift aus der 2. Hälfte des 2. Jh. n. Chr. gibt das detailreiche Testament eines wohlhabenden Grundbesitzers in der zentralgallischen *civitas* der Lingonen wieder. Bestimmungen zu den gewünschten Grabbeigaben finden sich im letzten Satz des Testaments. Wie aus diesem hervorgeht, sollten die komplette Jagd-

---

12. Zu den Anfängen und Vorstufen der *laudatio funebris* Kierdorf (Anm. 10) 94–105.

13. CIL VI 1375 = ILS 917 = Feraudi Gruénais 110 Nr. 156. 157; Kolb/Fugmann bes. 57–58. Zum Grab Krause, C., LTUR IV (1999) 278–279. 488 Abb. 133 *s.v.* «Sepulcrum: C. Cestius»; Neudecker, R., «Die Pyramide des Cestius», in Giuliani, L. (Hsg.), *Meisterwerke der antiken Kunst* (2005) 95–113; di Meo, C., *La piramide di Caio Cestio e il cimitero acattolico del Testaccio* (2008) bes. 111–208.

14. Cic. *Leg.* 2, 60; dazu Engels (Anm. 1) 176–177. Zu den Luxusgesetzen im Grabbereich Bleicken, L., *Lex Publica* (1975) 169–170.

15. CIL XIII 5708 = ILS 8379; Hatt, J.-J., *La Tombe gallo-romaine* (1986) 66–69; Le Bohec, Y. (Hsg.), *Le testament du Lingon* (1991); Freigang, Y., «Die Grabmäler der gallo-römischen Kultur im Mosellund», *JbRGZM* 44, 1 (1997) 367–368; Sinn, F., «Die Grabkammer in Köln-Weiden», in Noelke, P. (Hsg.), *Romanisation und Resistenz*, Kolloquium Köln 2001 (2003) 321–323.

ausrüstung des Grabinhabers, sein Boot, Teile seines Mobiliars, Heilmittel sowie weitere Objekte mit ihm verbrannt werden. Dies begründet er mit der allgemeinen Bemerkung *ita ut inde nihil subtrahatur*. Eine Erklärung für die Auswahl dieser Gaben nennt der Verfasser des Testaments dagegen nicht. Wie bereits bei den *attalica* des C. Cestius könnte dies durch den Wunsch begründet sein, im Jenseits ein möglichst angenehmes, seinem jetzigen Leben entsprechendes Dasein zu führen[16]. Genauso gut wäre aber auch hier die Absicht, seinen Reichtum im Kontext der Begräbnisfeier anhand der Gaben demonstrativ aufzuzeigen, denkbar. Gerade die große Anzahl einzeln genannter Jagdutensilien lässt auf letztgenannten Aspekt schließen, spielte doch die Jagd als Chiffre für einen gehobenen Lebensstandard in der gallo-römischen Grabrepräsentation eine besonders wichtige Rolle[17]. Auch die ausdrückliche Festlegung, die genannten Objekte mit ihm als Primärbeigaben auf dem Scheiterhaufen zu verbrennen, könnte für eine bewusst inszenierte Selbstdarstellung sprechen. So ließ prinzipiell die in der Öffentlichkeit vollzogene Verbrennung des Leichnams eine größere Anzahl von Betrachtern zu und war daher gegenüber der eigentlichen Beisetzung des Leichenbrands mit den Sekundärbeigaben für repräsentative Zwecke besonders geeignet. Dieser Umstand scheint sich jedenfalls bei Brandbestattungen in gewissen Bereichen Galliens in den tendenziell kostspieligeren Primärbeigaben widerzuspiegeln[18]. Eine der Verbrennung vorangehende «Ausstellung» der Objekte in der Art, wie sie bei den offensichtlich keltisch geprägten Expositionsriten in Britannien, z.B. in St. Albans[19], angenommen werden darf, hätte zudem die repräsentative Inszenierung komplementieren können. Unabhängig davon, welche Intention sich nun reell hinter der Auswahl der im «Testament des Lingonen» genannten Beigaben verbirgt, dürfte jedoch ersichtlich sein, dass dieses außergewöhnliche, zur Verbrennung bestimmte Sortiment an Objekten kaum der gängigen Beigabensitte entsprochen haben kann.

Informativer für die Funktion von Grabbeigaben ist dagegen ein in das 2. Jh. n. Chr. zu datierender Fundkomplex aus Hallstatt. Hier stammen aus einem für eine Person konzipierten Brandgrab insgesamt fünf Keramikgefäße verschiedener Form, die geritzte Besitzerinschriften unterschiedlicher Personen aufweisen[20]. Der Schluss liegt nahe, in diesen Personen Angehörige der Trauergemeinde zu erkennen, welche die Gefäße, eventuell nach einer Verwendung beim Totenmahl, als Gabe im Grab deponierten. Interessant ist dabei vor allem, für wen die Gaben bestimmt gewesen sind. Während auf zwei Gefäßen jeweils der Verstorbene als Adressat inschriftlich vermerkt ist, nennt die Ritzinschrift auf einem dritten Gefäß Jupiter inferus als Empfänger der Gabe: *Ursus. Mu(nus) Io(vi inferi) votu(m)*.

4. Das Grab als *locus religiosus* und Kultplatz

4.1. *Locus religiosus*

Der Status der Grabstätte als *locus religiosus*[21] zeigt sich im epigraphischen Material auf unterschiedliche Weise. Bisweilen anzutreffende Bezeichnungen des Grabes als *locus consacratus* (z.B. *CIL* VI 5176) bzw. *templum* (z.B. *CIL* X 7719) oder Formulierungen wie *locum consacravit* (z.B. *CIL* IX 3107) und *sedem aeternam ... consecravit* (z.B. *CIL* X 1804) mit dazugehörigen Weihungen sprechen dabei dessen sakralen Charakter direkt an und verweisen gleichzeitig darauf, dass es dadurch als unantastbar galt. Dieser sakralrechtliche Schutz, welcher allein auf göttlichem Recht beruhte, bezog sich aber nur auf die von den eigentlichen Bestattungen eingenommene Boden- bzw. Wandfläche sowie darüber hinaus auf eventuell existente, darüber liegende Räumlichkeiten. Von zentraler Bedeutung war insbesondere die Unversehrtheit der eigentlichen Bestattung, wie dies die Textpassage *Fossor parce hic iam cubat* einer Grabinschrift aus Rom zum Ausdruck bringt (*CIL* VI 7543 = *ILS* 8195a). Änderungen, welche die Bestattung und auch den sakral definierten Bereich des Grabes betrafen, mussten in Rom und dessen Umland von einem Pontifex bewilligt und, wenigstens in gewissen Fällen, durch Opfer gesühnt werden. Entsprechendes geht aus einer stadtrömischen Grabinschrift hervor[22]. Gerichtlicher Klärung durch eine weltliche Instanz bedurfte es dagegen in der Frage, ob überhaupt oder in welchem Umfang eine Lokalität als *locus religiosus* zu gelten habe, wie dies unter anderem eine inschriftlich festgehaltene Urteilsbegründung zu einer derartigen Streitfrage aus Bacoli-Miseno dokumentiert (*CIL* X 3334 = *ILS* 8391). Die restlichen Bereiche der Grabanlage, zu denen auch die dem Totenkult dienende Infrastruktur gehören konnte, waren von dem reli-

---

16. So Toynbee 62–63; Schrumpf 76 mit Anm. 203; 83 Anm. 225.
17. Freigang (Anm. 15) 325–326. 368; Willer, S., *Römische Grabbauten des 2. und 3. Jhs. n. Chr. im Rheingebiet*, BJb Beih. 56 (2005) 56–58.
18. Kaiser, M., «Römische Bestattungsbräuche in Trier, im Trierer Umland, in Bonn und Neuss», in Heinzelmann *et al.* 285. Allgemein zum repräsentativen Charakter der Primärbeigaben bei Brandbestattungen: Schrumpf 82–83.

19. Niblett, R., «A Catuvellaunian Chieftain's Burial from St. Albans», *Antiquity* 66 (1992) 917–929.
20. Zabehlicky, H., «Ritzungen auf Grabbeigaben aus Hallstatt», in *Instrumenta inscripta Latina. Specimina Nova* 7 (1991) 271–276 Nr. 1–5.
21. s. Ducos, M., «Le tombeau, *locus religiosus*», in Hinard 2, 135–144.
22. *CIL* VI 1884 = *ILS* 1792 = Geist Nr. 558: *reliquiae treiectae eius / III nonas Febr(uarias) ex permissu / collegii pontific(um) piaculo facto*.

giös bedingten Schutz ausgeschlossen und galten als *profana loca*[23]. Dies machte es erforderlich, sie auf spezielle Weise vor unrechtmäßiger Zerstörung, Veränderung oder Nutzung zu schützen. Wahrscheinlich sind vor diesem Hintergrund auch die zahlreichen Inschriften mit Maßangaben, meist schlicht gestaltete *cippi*, zu sehen, welche die vom Grabdenkmal oder -bezirk eingenommene Fläche wiedergeben und ebendort aufgestellt waren[24]. Über die profan geprägte Absicht hinaus, den eigenen Besitz bewahren zu wollen, könnten sie in vielen Fällen ebenso als Schutzmaßnahme für den im Kontext des Grabkultes rituell genutzten Handlungsraum fungiert haben. So ließen sich gewisse Grabriten selbst bei Vorhandensein einer begehbaren Grabkammer aufgrund der beengten Platzverhältnisse nur auf dem umgebenden Grabgrundstück praktizieren. Die Intention, das Grabareal über die eigentliche Bestattung hinaus in seiner Funktion als Kultplatz rechtlich abzusichern, zeigt sich auch in den zahlreichen Inschriften, welche die Nutzungsrechte der dort vorhandenen Infrastruktur für die Grabriten auf einen gewissen Personenkreis festlegen (z.B. *CIL* VI 10284 = *ILS* 7947; *CIL* VI 14614 = *ILS* 7931).

4.2. Di Manes

Neben der Tatsache, dass Gräber als sakraler Ort mit je nach Bereich unterschiedlicher rechtlicher Gewichtung aufgefasst wurden, geben die Inschriften mit den dort zahlreich vermerkten Weiheformeln ebenso Aufschluss darüber, welchen göttlichen Wesen sie gewidmet sind. Zahlenmäßig dominieren hierbei die Weihungen an die *Di Manes*, deren Göttlichkeit manchmal durch Beiwörter wie *sancti* (z.B. *CIL* VI 29875), *sanctissimae* (z.B. *CIL* VI 18817), *sacri* (z.B. *CIL* VI 29856) oder *sacrati* (z.B. *CIL* XII 5275) hervorgehoben wird. Ebenso kann aber auch ihr chthonischer Charakter betont werden. So werden sie auf nicht wenigen Inschriften als *Di Manes inferii* bezeichnet (z.B. *CIL* X 1 2936). Auch die nur selten in Inschriften verwendeten Beiwörter *gelidi* (z.B. *CIL* VI 9752) und *secreti* (z.B. *CIL* VII 250) spielen auf die Zugehörigkeit der Totengeister zur Unterwelt an.

Belegen lassen sich Widmungen an die *Di Manes* erstmals gegen Ende der Republik, wie beispielsweise die Grabinschrift des Senators Lucius Caecilius Rufus aus Marino zeigt (*CIL* XIV 2464 = *ILS* 880): *Dis Manibus / sacrum / L(uci) Caecili Rufi*. Zum nahezu festen Bestandteil der Grabinschriften werden derartige Zuweisungen der Grabstätte an die Totengeister aber erst in der Kaiserzeit, wobei die Formel bis in die spätrömische Phase gebräuchlich bleibt und teilweise noch bei christlichen Bestattungen verwendet wird (z.B. *AEpigr* [1995] 1747). Für den paganen Bereich gibt eine Anzahl der Inschriften Aufschluss darüber, wie die *Di Manes* von ihrem Wesen her zu verstehen sind und auf wen sich demzufolge der Kult am Grabe in diesen Fällen bezog. Dies ist keineswegs offensichtlich, konnte doch mit den *Di Manes* das Kollektiv der Totengeister wie auch nur Einzelne davon gemeint sein[25]. Spezifiziert wird dies bei der angesprochenen Gruppe von Inschriften durch einen auf die Weiheformel folgenden Zusatz, welcher den oder die Namen der im Grab bestatteten Personen im Genitiv nennt. Die oben genannte Inschrift des L. Caecilius Rufus wäre ein Beispiel hierfür. Deutlich geht aus diesen Inschriften hervor, dass das Grab dem Totengeist des oder der Grabinhaber geweiht gewesen ist. War die im Grab bestattete Person weiblichen Geschlechts, sind die *Di Manes*, zumindest in gewissen Fällen, entsprechend weiblich. Indizien hierfür sind Formulierungen wie z.B. *Deabus Manes* (*CIL* V 6053). Aus demselben Grundverständnis heraus, am Grab ausschließlich den Totengeist der ebendort beigesetzten Person bzw. Personen zu verehren, mussten bei einer größeren Anzahl von Bestattungen innerhalb eines einzelnen Grabbaus entsprechende Weiheformeln gefunden werden. So trägt ein Grabaltar aus Rom, der vom *curator* eines *collegium* vermutlich für das vereinseigene Grab gestiftet wurde, die Weihung *Diis Manibus communibus*[26]. Gleiches drückt die Formel *Dis Manib(us) eorum / qui hic / conditi / sunt* eines stadtrömischen Grabaltares aus (*CIL* VI 29852). Einen Sonderfall, der den persönlichen Charakter der *Di Manes* besonders deutlich zeigt, bietet schließlich eine Weihung auf einer Urne aus Rom (*CIL* VI 11507): *Manibus / Amabilin(is) / sacrum*. Das Beiwort *Amabilinis* leitet sich dabei von dem Frauennamen *Amabilis* ab und dürfte auf die gleichnamige, in der Urne beigesetzte Person Bezug nehmen.

Im Vergleich zu diesen Fällen von Weihungen bleibt jedoch die direkte Verbindung zwischen den *Di Manes* und dem Verstorbenen bei den Varianten von Inschriften unsicher, in denen der Name der im Grab bestatteten Person im Nominativ-

---

23. Zum unterschiedlichen rechtlichen Status der Bereiche des Grabes Kaser (Anm. 1) 64–68; Klingenberg, G., *RAC* XII (1983) 602–607 *s.v.* «Grabrecht».

24. Die Fläche des Grabgrundstücks wird beispielsweise im *titulus* des Grabes des Ser. Sulpicius Galba in Rom genannt, s. Lanciani, R., *BullCom* 13 (1885) 165–166 Nr. 1097; Ferrea, L., «Il monumento funerario del console Ser. Sulpicius Galba», *BullCom* 99 (1998) 51–72. Zwei *cippi* mit Nennung der Fläche finden sich z.B. an den Ecken der Umfassungsmauer des Grabes der Maria Chreste in der Nekropole an der Via Laurentina in Ostia; Floriani Squarciapino, M. (Hsg.), *Ostia III. Le Necropoli* (1958) 64–65. 144–145 (Tomba 3). Generell zu den Umfriedungen römischer Grabbauten, die unter diesem Aspekt betrachtet werden können, Cresci Marrone, G./Tirelli, M. (Hsg.), '*Terminavit sepulcrum'. I recinti funerari nelle necropoli di Altino* (2005).

25. s. Otto, W. F., *Die Manen* (1923) 55–59; Lattimore 90–94.

26. *CIL* VI 10328 = *ILS* 7872; Boschung, *Grabaltäre* 112 Kat 937.

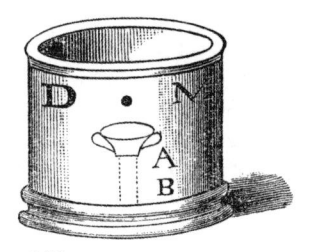

Abb. 1

oder Dativ-Singular erscheint. So lässt sich bei dieser Gruppe von Inschriften nicht entscheiden, ob die Weihung des Grabes den *Di Manes* des Grabinhabers, jenen aller verstorbenen und nicht unbedingt im Grab beigesetzten Mitglieder der eigenen Familie oder sogar den Ahnengeistern im Allgemeinen galt[27]. Diese Frage stellt sich umso mehr, wenn in ein und derselben Grabinschrift das Grab den *Di Manes* geweiht ist, während der Verstorbene mit den *Di Parentes* in Verbindung gesetzt wird, wie dies bei einem mittelkaiserzeitlichen *titulus* aus Rom der Fall ist (*CIL* VI 9659 = *ILS* 7519).

Als Hinweis für eine Verehrung des Kollektivs der Totengeister unabhängig von einem persönlichen Bezug zu den Verstorbenen an einzelnen Gräbern oder im Bereich der Nekropolen könnte eine kleine Gruppe von Weihinschriften an die *Di Manes* in Betracht gezogen werden, die keine Namen von Verstorbenen nennen. Beispielhaft hierfür ist ein Altar aus Travertin, der in Rom in der Via Po wahrscheinlich innerhalb eines Grabes gefunden wurde und in den letzten Jahrzehnten vor oder kurz nach der Zeitenwende entstanden ist[28]. Die Vorderseite des Altares trägt dabei die Inschrift *Di Manes / sacr(um)*. Interessant ist bei dieser Inschrift, dass der oder die Totengötter im Nominativ oder Vokativ genannt werden. Sollte der Nominativ zutreffend sein, wäre die Inschrift von ihrem Sinngehalt her mit *Di Manes (hic sunt; hoc is) sacrum (est)* zu vervollständigen. Im anderen Fall darf dagegen eine Anrufung in der Art von *Di Manes (hoc vobis) sacrum (est/esto)* angenommen werden. Abgesehen davon bleibt aber unklar, welche Totengeister hier konkret gemeint sind.

Dass dies jedoch nicht zwingend für eine Widmung an die Gesamtheit der *Di Manes* spricht, zeigt eine allein mit der Weiheformel *D(is) M(anibus)* beschriftete Libationsvorrichtung aus Rom (*CIL* VI 29877; Abb. 1). Dieser als Einguss für das Trankopfer fungierende Aufsatz stand ursprünglich in direkter Verbindung mit einer bestimmten Bestattung. Unzweifelhaft bezieht sich hier also die Widmung auf den oder die Totengeister der im Grab beigesetzten Person bzw. Personen.

4.3. *Di Parentes*

Neben den *Di Manes* und ausnahmsweise auch parallel dazu, wie der oben angesprochene *titulus* aus Rom belegt, treten nicht selten Weihungen an die *Di Parentes* im Inschriftenmaterial auf. Die frühesten Beispiele hierfür sind in die 2. Hälfte des 1. Jh. v. Chr. zu datieren (z.B. *CIL* I 1596). Wie bei den *Di Manes* kann der göttliche Status der *Di Parentes* mit Beiwörtern wie *sacri*, resp. ihre Zugehörigkeit zur Unterwelt durch den Zusatz *inferi* prononciert werden (*CIL* I 1596 = *CIL* X 4255).

Vom Ursprung her handelte es sich bei den *Di Parentes* um die vergöttlichten Totengeister der Ahnen, doch scheinen sie schon früh mit den Totengeistern im Allgemeinen gleichgesetzt worden zu sein[29]. Aus diesem Grund ist im Kontext der Grabinschriften ihr Bezug zu dem oder den dort genannten Verstorbenen, gleich wie bei den *Di Manes*, je nach Art der Widmung unsicher. Altäre, die den *Di Parentes* ohne Nennung eines Verstorbenen geweiht sind, könnten ebenfalls auf eine Verehrung der Gesamtheit der Totengeister hinweisen (z.B. *CIL* XI 4327). Es zeigt sich im epigraphischen Befund also, dass die *Di Parentes* bedeutungsmäßig von den *Di Manes* schwer bis gar nicht zu unterscheiden sind. Auf eine zumindest in einzelnen Fällen anzunehmende Gleichsetzung beider Gruppen gottähnlich gedachter Totengeister könnten Grabweihungen an die *Parentes Manes* hindeuten (z.B. *CIL* VIII 2185).

4.4. *Genius*

Von ihrer Bedeutung her eindeutiger sind dagegen die erst mit der Kaiserzeit in den Grabinschriften nachweisbaren Weihungen an den *Genius*[30]. Das Grab kann hierbei ausschließlich oder zusammen mit den *Di Manes* bzw. *Di Parentes* dem *Genius* gewidmet sein. Für letztere Möglichkeit bietet eine Inschrift aus Pula ein gutes Beispiel (*CIL* V 246): *Manibus / et Genio / P(ubli) Vatri Severi*. An dieser oder vergleichbaren Weihungen zeigt sich eindeutig, dass der *Genius* als ein über den Tod hinaus wirkender persönlicher Schutzgeist und nun auch die Persönlichkeit des Verstorbenen umfassende Macht verstanden wurde und nicht mit dem Totengeist identisch ist.

Wie sich also aus der Mehrheit der Grabinschriften entnehmen lässt, wurde das Grab als sakraler Ort verstanden, welcher dem Verstorbenen geweiht war, dessen Totengeist und/oder *Genius* hier verehrt wurde. Der Totengeist konnte dabei als in der Grabstätte wohnhaft gedacht werden, wie dies einzelne Inschriften belegen, in denen das

---

27. z.B. *AEpigr* (1941) 166 = Schuhmacher Nr. 188 (Grabinhaber im Nominativ); *CIL* VI 34239 (Grabinhaber im Dativ).
28. *CIL* VI 37528; *MusNazRom* 1, 7 (1984) 82–83 Nr. IV,4; Friggeri (Anm. 7) 161.

29. s. hierzu Bömer, F., *Ahnenkulte und Ahnenglaube im alten Rom* (1943) bes. 1–14.
30. Zu den Geniusweihungen und dem Wesen des Genius Chioffi, L., «Genius e Juno a Roma», *Miscellanea greca e romana* 15 (1990) 165–231.

Grab als *domus aeterna* bezeichnet wird (z.B. CIL XIII 2246). Besonders deutlich tritt dieser Gedanke auch in der Textpassage *haec domus haec requies* einer Grabinschrift aus Trevi hervor (CIL VI 24368 = CLE II 1097).

4.5. Kult von Gottheiten

Neben der Verehrung der Person des oder der Verstorbenen in den eben genannten göttlichen Wesensformen am Grabe ist auch mit einem Kult von Unterweltsgottheiten im sepulkralen Bereich zu rechnen. Ein Indiz dafür ist die oben genannte Weihinschrift an Jupiter inferus auf einer Grabbeigabe aus Hallstatt.

In eine ähnliche Richtung, allerdings mit einem anderen Kultinhaber, weist ein ca. 200–260 n. Chr. datierbarer Weihealtar aus dem südlichen Bereich des Gräberfeldes an der Feldbergstraße in Frankfurt-Heddernheim[31]: *D(e)ae Pr(oserpi(nae)/ Primitiva* (Taf. 74, 1). Es ist demnach hier von einem sepulkral geprägten Kult der Proserpina auszugehen, der mit einem Grab oder dem gesamten Gräberfeld in direkter Verbindung stand. In den Kontext dieses Kultes passen auch die tönernen Granatäpfel, welche sich als Beigaben bei Bestattungen im «Älteren Praunheimer Gräberfeld» von Frankfurt-Heddernheim fanden[32].

Weitere epigraphische Hinweise auf sepulkral ausgerichtete Kulte in der Provinz Germania Superior finden sich auf Weihealtären und Votivsteinen aus den Gräberfeldern von Rottenburg und Stuttgart-Bad Cannstatt, die in den Inschriften Herecura nennen, die hier offensichtlich als Unterweltsgöttin verehrt wurde[33].

Epigraphische Belege für die Verehrung von Gottheiten im Bereich der Gräber bieten ferner die Weihformeln auf einzelnen Grabsteinen von Kinderbestattungen in den Provinzen Numidia und Africa Proconsularis[34]. Mit einer Ausnahme nehmen diese Weihungen auf Saturn Bezug, wofür eine Grabinschrift aus Guelma ein anschauliches Beispiel gibt[35]: *S(aturno) A(ugusto) s(acrum)/ Saturus v(ixit) a(nnis) VI/ Sibana v(ixit) a(nno) I*. Dabei wird bei manchen dieser Grabsteine die Weihung zusätzlich durch Bildschmuck, welcher auf Saturn verweist, unterstrichen. Ohne Frage muss hier von einem sepulkral geprägten Saturnkult ausgegangen werden, der in einer besonderen Beziehung zu den Bestattungen von Kindern des perinatalen bis subadulten Entwicklungsstadiums stand.

Rätselhaft bleibt dagegen die ebenfalls einer Kinderbestattung zugehörige Grabinschrift aus El Djem (Thysdrus), in deren Weiheformel nicht Saturn, sondern eine als *dea* bezeichnete, nicht genauer zu identifizierende Gottheit genannt wird (AEpigr [1937] 42 = ILT 112). Bemerkenswert ist bei diesem Beispiel auch der archäologische Kontext[36]. So gehörte das Grab zu einem eingefriedeten Begräbnisplatz, in dem ausschließlich Kinder bis in die Adoleszenz beigesetzt wurden. Außerdem wurde in dem Grabareal die Grabinschrift eines Mädchens entdeckt, in welcher sie als *initiata* bezeichnet wird (AEpigr [1939] 51 = ILT 113), während in derselben Inschrift der Begräbnisplatz mit *templum* umschrieben wird. Es scheint daher gerechtfertigt, bei diesem singulären Befund von einer speziellen Form von sepulkralem Kult auszugehen, der sich heute allerdings nicht mehr in seinen Wesenszügen erfassen lässt.

Nach einer Reihe von Inschriften ist schließlich auch für die ländlichen Gebiete Phrygiens eine lokale Sonderform von Grabkult nicht auszuschließen, in dessen Rahmen sowohl der oder die vergöttlichten Verstorbenen als auch Zeus Bronton als Gottheit mit Jenseitskomponenten verehrt wurden[37]. Allerdings steht der archäologische Nachweis auf eine räumliche Verbindung dieser Weihinschriften mit einer Grabstätte und damit die Existenz eines Grabkultes im Gegensatz zu einem Totenkult bis jetzt aus.

4.6. *Ascia*

Ein ritueller Akt, der wohl mit der Unverletzbarkeit des Grabes zusammenhängt, ist die Weihung der Grabstätte *sub ascia*. Archäologische Belege für diese Art der Weihung finden sich im Darstellungsrepertoire der Gräber wie auch in de-

---

31. Frankfurt, Arch. Mus. α 22468. Schillinger-Häfele, U., BerRGK 58 (1977) 512 Nr. 107; Meier-Arendt, W., *Römische Steindenkmäler aus Frankfurt am Main* (1983) 93 Nr. 54. – Zur Nekropole Fasold, P., *Die Bestattungsplätze des römischen Militärlagers und Civitas-Hauptortes Nida* (2006) 155-220 Beil. 5 (hier eingetragener Fundort des Altares). Ein weiteres Denkmal, das mit diesem sepulkral geprägten Kult der Proserpina in Verbindung gebracht werden dürfte, ist ein Weihestein (2. Hälfte 2. Jh. n. Chr.) aus dem Bereich des Gräberfeldes an der Ausfallstraße unmittelbar vor dem südlichen Stadttor von Trier, s. Keune, J. B., «Proserpina in Trier», TrZ 1 (1926) 17-22; Binsfeld, W., et al., *Kat. der römischen Steindenkmäler des Rheinischen Landesmus. Trier 1*, CSIR 4, 3 (1988) 143-144 Kat. 299.
32. Für den Hinweis sei P. Fasold gedankt. Drei dieser Granatäpfel stammen aus gesicherten Grabkontexten des frühen 2. Jh. n. Chr., davon zwei aus Frauengräbern; hierzu Fasold (Anm. 31) 31 Kat. Grab 65 Nr. 6. 97 Kat. Grab 263 Nr. 7. 110 Kat. Grab 5/6 Nr. 7. Bei den restlichen sechs Exemplaren handelt es sich um Lesefunde, die wohl ebenfalls aus Gräbern stammen.
33. s. Bauchhenß, G., LIMC V (1990) 262-264 *s.v.* «Herecura» mit Lit. und Denkmälern.
34. LeGlay, *Saturne*, hist. bes. 259-260 mit Anm. 4.
35. CIL VIII 5303; ILA I 197; LeGlay, *Saturne* I 403 Nr. 84.
36. Slim, L., «À propos d'un cimetière d'enfants à Thysdrus», in Mastino, A. (Hsg.), *L'Africa romana. Atti del I convegno di studio* (1984) 167-177; Schörner, G., «Saturn, Kinder und Gräber: Zur Beziehung von Götterverehrung und Kinderbestattungen im römischen Nordafrika», in Rüpke/Scheid 219-221.
37. Zusammenfassend Chiai, G. F., «Zeus Bronton und der Totenkult im kaiserzeitlichen Phrygien», in Rüpke/Scheid 135-156.

ren Inschriften[38]. Als Beispiel sei hier der Grabaltar des M. Attonius Restitutus aus Lyon angeführt (Taf. 74, 2)[39]. Neben der auf diesem Denkmal am Ende der Inschrift benutzten und zugleich häufigsten Formel *sub ascia dedicaverunt* kann dieselbe Art von Dedikation auch durch *ab ascia dedicare, ad asciam dedicare* oder *a solo et ab ascia dedicare* ausgedrückt werden. Grabinschriften mit diesen Weiheformeln finden sich in den westlichen Provinzen, in Italien, im Balkanraum sowie vereinzelt in Nordafrika, wobei ihr Schwerpunkt in der Gallia Lugdunensis und der Gallia Narbonensis entlang der Rhone liegt. Die frühesten Beispiele vor der Mitte des 1. Jhs. n. Chr. stammen aus der Provinz Dalmatia[40]. Von dort könnte sich die Sitte, eventuell durch die Verlegung militärischer Einheiten oder die Migration von Zivilisten, z.B. Händlern, verbreitet haben[41]. Die auffällig große Anzahl derartiger Weihungen in Südgallien bleibt dabei allerdings ohne Erklärung.

Was die Deutung dieser Formeln sowie der zugehörigen bildlichen Darstellungen der *ascia* im sepulkralen Bereich betrifft, erweist sich jene als nicht minder problematisch und ist nach wie vor Gegenstand offener Diskussionen[42]. Relativ sicher erscheint, dass es sich um eine Weihe handelte, die kaum ausschließlich einen rechtlichen Aspekt des Grabes festlegte oder bekräftigte. «Offizielle» rechtliche Bestimmungen wurden eher ausführlich schriftlich festgehalten als durch eine abstrakte Formel oder sogar Symbole. Es dürfte sich bei der Weihe vielmehr um einen rituellen Akt gehandelt haben, über dessen Sinngehalt allerdings keine sicheren Aussagen möglich sind. Dass dieser Ritus im religiös-mentalen Sinn den Status des Grabes bestätigte, genauer definierte oder einen besonderen Schutz gewährleisten sollte, also letztendlich ein Recht bekräftigte oder schützte, ist jedoch nicht auszuschließen. In welcher Form diese rituelle Weihung der Grabstätte *sub ascia* praktiziert wurde, lässt sich aus dem epigraphischen Material nicht ablesen. Sicher ist nur, dass die Formel bis in das 4. Jh. n. Chr. verwendet wurde und auch bei christlichen Bestattungen auftritt, womit auch ein Fortleben des damit zusammenhängenden Ritus in dieser Zeit wahrscheinlich ist[43].

5. Grabriten

Als vergleichsweise aufschlussreich erweist sich das epigraphische Material für die Grabriten. Dies findet seine Erklärung in der Funktion der Grabinschriften als rechtliche Dokumente, welche in Hinblick auf den Grabkult die korrekte Ausführung der Riten auf Dauer gewährleisten sollten. Weitaus seltener sind hingegen Inschriften, die den Leser direkt auffordern, am Grab Kulthandlungen, meist Speiseopfer oder Libationen, zu vollziehen. Auch bei diesen Beispielen drückt sich die Sorge um einen hinreichenden Vollzug bestimmter Grabriten aus.

5.1. Totenfeste

Die in den Inschriften rechtlich festgelegten oder geforderten Kulthandlungen können dabei Bezug auf die literarisch bekannten Totenfeste nehmen. Hierzu gehört eine Reihe von Inschriften, die einzelne rituelle Praktiken in Verbindung mit den *Dies Parentales* oder *Parentalia*, dem vom 13. bis 21. Februar begangenen Ahnengedenkfest, vermerken. Beispielhaft für ein derartiges Zeugnis ist das 148 n. Chr. datierende Testament des Quintus Cominius Abascantus, welches auf einem Statuensockel im «Sacello degli Augustali» in Misenum, also im nicht-sepulkralen Zusammenhang, festgehalten wurde[44]. Genannt werden hier Geldsummen, die im Rahmen dieses Festes für das Schmücken des Grabes mit Blumen, für Opferhandlungen, einen Ringkampf sowie ein Bankett für die Kuratoren des Augustalenkollegiums und die amtierenden Magistrate von Misenum am Grab verwendet werden sollen. Während das Anbringen von Blumendekor am Grab, die Opferhandlungen sowie das Bankett zu den üblichen Riten im Zuge der *Parentalia* gehörten, wie dies auch das übrige Inschriftenmaterial sowie insbesondere die literarischen Quellen zeigen, ist der Ringkampf außergewöhnlich und als zusätzliches Element der Feier mit dem Reichtum des Verstorbenen zu erklären. Nicht selten ist dagegen, dass die *Parentalia*-Feier wie hier nicht durch die *familia* des Verstorbenen, sondern durch ein *collegium* begangen wurde, wobei der exklusiv private Rahmen des Festes auch in diesem Fall gewahrt blieb.

Dass neben diesen privaten *Parentalia*-Feiern auch solche im öffentlichen Rahmen existierten, ist der «Cenotaphia Pisana» aus dem Jahr 4 n. Chr. zu entnehmen, welche ein entsprechendes, alljährlich ausgetragenes Fest zu Ehren der früh verstorbenen Enkel des Augustus in Pisa überliefert[45]. Da

---

38. Für eine Zusammenstellung der epigraphischen und bildlichen Denkmäler s. Wuilleumier, H., «L'ascia», *RHistRel* 128 (1944) 40–83. Zum Symbol der *ascia* auf Inschriften Mattsson, B., *The Ascia Symbol on Latin Epitaphs* (1990). S. auch Goudineau, C. (Hsg.), *Rites funéraires à Lyon* (2009) 65–75. 148–150.

39. Lyon, Mus. gallo-romaine AD 217. *CIL* XIII 2018; Goudineau (Anm. 38) 71 mit Abb.

40. Carcopino, J., *Le mystère d'un symbole chrétien* (1955) 28–30.

41. Hatt (Anm. 15) 98–99.

42. s. Mau, A., *RE* II 2 (1896) 1522–1523 *s.v.* «Ascia»; Deonna, W., «L'ascia», *RAE* 7 (1956) 19–52; Hatt (Anm. 15) 86–93; de Visscher, F., «Ascia», *JbAC* 6 (1963) 188–190; id. (Anm. 1) 277–294.

43. Carcopino (Anm. 40) 79–93.

44. *AEpigr* (2000) 344B; D'Arms, J. H., «Memory, Money, and Status at Misenum. Three New Inscriptions from the Collegium of the Augustales», *JRS* 90 (2000) 126–139; Schrumpf 110–119.

45. *CIL* XI 1420–1421 = *ILS* 139–140; s. Scheid, J., «Die Parentalien für die verstorbenen Caesaren als Modell für den römischen Totenkult», *Klio* 75 (1993) 188–201.

es sich um eine Feier im Kontext des Staatskultes handelte, die zudem im nicht-sepulkralen Bereich durchgeführt wurde, soll hier auf eine eingehende Thematisierung verzichtet werden. Angemerkt sei lediglich, dass die hier für die Totengedenkfeiern der beiden Caesares festgelegten Verhaltensvorschriften und Verbote in ähnlicher Weise auch für die von der Allgemeinheit begangenen *Parentalia* literarisch überliefert sind. So sollen für die Dauer der öffentlichen Totenfeier die Tempel geschlossen bleiben und die Magistrate keine Amtskleidung tragen. Ferner werden in der Inschrift Verlobungsfeiern untersagt, was mit dem Verbot von Eheschließungen bei den kollektiven *Parentalia* vergleichbar ist.

Ein weiteres sepulkrales Fest, zu dessen Kulthandlungen sich aus den Inschriften Informationen gewinnen lassen, ist die epigraphisch erst ab spätflavischer Zeit bezeugte Feier der *Rosalia*[46]. Bei diesem während der Rosenblüte zwischen Mai und Juni begangenen Totenfest, das auch unter den Namen *Rosalium, Rosaria, Rosationis* oder *Dies Rosae* bekannt war, wurden die Gräber mit Rosengirlanden und -blüten geschmückt, wovon zahlreiche Inschriften zeugen[47]. Zu diesem Zweck und als dauerhafter Schmuck konnten einige Gräber über eigene Rosenanpflanzungen verfügen (z.B. *CIL* XII 3637). Darüber hinaus sind auch für die *Rosalia* Opferhandlungen und am Grab abgehaltene Gelage epigraphisch belegt (z.B. *CIL* XI 126).

Weitaus spärlicher sind dagegen die epigraphischen Belege für das als *Violaria* oder *Dies Violae* bezeichnete Fest, welches im Frühling zelebriert wurde (z.B. *CIL* VI 10234). Namengebend für dieses Fest waren die Veilchenblüten, mit denen man die Gräber dekorierte, wofür sich merkwürdigerweise im Inschriftenmaterial, zumindest mit einem direkten Verweis auf dieses Fest, keine Zeugnisse finden. Eindeutig inschriftlich belegt sind nur Opferhandlungen (z.B. *CIL* VI 10248 = *ILS* 8366).

Ein regionales, in einem eng umgrenzten Bereich der Regio Venetia et Histria gefeiertes Totenfest im Zusammenhang mit der Weinlese, *vindemia*, bei dem ebenfalls die Gräber geschmückt und Opfer vollzogen wurden, ist nur durch einige wenige Inschriften überliefert[48]. Wie sich aus den epigraphischen Belegen für dieses Fest zu ergeben scheint, dürften die *Rosalia* mit jenem kombiniert worden sein.

Nur durch eine Grabinschrift aus Ljubljana bezeugt ist die sepulkrale Feier anlässlich der *Carnaria* am 1. Juni (*CIL* III 3893). Inwiefern die Göttin Carna, der dieses Fest geweiht war, einen Bezug zur Unterwelt besaß, was folglich ebenso für die *Carnaria* zutreffen würde, ist umstritten[49]. Daher lässt sich nicht entscheiden, ob es sich bei den *Carnaria* um ein lokales, hier jedoch von der Allgemeinheit begangenes Totenfest oder vielmehr um eine individuelle Gedenkfeier handelte, welche aus persönlichen Gründen auf das Datum eben dieses Festes der Carna gelegt wurde. Möglich ist auch, dass die *Carnaria* nicht unbedingt einen ausgeprägten sepulkralen Charakter besaßen, ein Teilaspekt jener allerdings die Integration von Feierlichkeiten zu Ehren der Verstorbenen im Rahmen dieses Festes begünstigte. Besitzt dies seine Richtigkeit, wäre in diesem Fall die Grenze zwischen einem «offiziellen» Totenfest und einem solchem individueller Natur fließend.

Was die Teilnehmer und ausführenden Personen der *Rosalia*, der *Violaria* und wahrscheinlich auch der «Weinlese-Feier» sowie der *Carnaria* anbelangt, sind diese nach einigen Stifterinschriften ausschließlich im privaten Umfeld, also durch die *familia* oder Vereine, begangen worden[50].

Parallel zu den genannten kollektiven Totenfesten geben die Inschriften Auskunft über individuelle Gedenkfeiern oder Totenrituale. Die Dominanz der Erwähnungen derartiger Kulthandlungen ist begreiflich, musste doch gerade die Ausführung dieser nicht im Kalender fest verankerten Feiern und Rituale mittels inschriftlicher Festlegung sichergestellt werden. Ein nicht seltener Anlass für solche individuellen Totengedenkfeste stellte der Geburtstag (*Dies Natalis*) der bzw. des Verstorbenen dar. Ein anschauliches Beispiel hierfür bietet eine Stiftungsinschrift aus Crotone, die sich auf die Feier bezieht, die anlässlich des *Dies Natalis* einer Verstorbenen ausgetragen werden sollte (*CIL* X 107 = *ILS* 6466). Während hier der Grund für das mit Bankett und Grabopfer zelebrierte Fest ausdrücklich vermerkt wird, bleibt der persönliche Hintergrund für ähnliche, inschriftlich festgehaltene Totenfeiern in der Regel verborgen. So legt beispielsweise das bereits genannte «Testament des Lingonen» fest, dass jedes Jahr an den Kalenden des April, Mai, Juni, Juli, August und Oktober ein Gelage am Grab abgehalten werden sollte (*CIL* XIII 5708). Ebenso konnten die persönlichen Totengedenkfeste mit offiziellen religiösen Feiertagen verknüpft werden, wobei bei letztgenannten ein sepulkraler Bezug nicht unbedingt gegeben sein musste. Während eine derartige Sachlage für den Fall der *Carnaria* nicht auszuschließen ist, dürfen die allein in einer Inschrift aus Ravenna genannten Grabriten, welche im Kontext der Neptunalia praktiziert wurden, aus diesem Blickwinkel betrachtet werden (*CIL* XI 126).

---

46. Die früheste datierbare, in domitianischer Zeit entstandene Inschrift ist *CIL* X 444 = *ILS* 3546.

47. Eine Zusammenstellung der epigraphischen Erwähnungen gibt Waltzing, J.-P., *Étude historique sur les corporations professionnelles chez les Romains* IV (1900) 542. Vgl. auch Lattimore 137–141.

48. *CIL* V 2046 = *AEpigr* (1990) 401; *CIL* V 2090 = *AEpigr* (2000) 592; *AEpigr* (1996) 726 = 728.

49. Vgl. Wissowa, *Religion* 236; Latte, *RR* 71 Anm. 3; Schrumpf 102 Anm. 288.

50. Vgl. die Zusammenstellung bei Waltzing (Anm. 47) 541–545.

Auch bei diesen individuellen Feiern für die Verstorbenen konnten rituelle Handlungen wie die Schmückung des Grabes mit Blumen, Opferhandlungen und die Austragung eines Banketts am Grab vollzogen werden, wovon zahlreiche Inschriften zeugen. Spezifische, allein auf eine bestimmte Totenfeier beschränkte Kultpraktiken lassen sich aus den epigraphischen Zeugnissen weder für die individuellen noch die von der Allgemeinheit zelebrierten Festen belegen. Im Hinblick darauf ist den unterschiedlichen Totenfeiern auch die Vorstellung gemeinsam, bei den Festen seien die Totengeister anwesend und nehmen je nach Handlung aktiv teil, wie dies etwa eine Inschrift aus Rom belegt (*CIL* VI 26554 = *ILS* 8139).

Sich im epigraphischen Material abzeichnende Unterschiede bezüglich der genannten Feste sowie der in deren Zusammenhang abgehaltenen Riten scheinen dagegen vor allem überlieferungsbedingt zu sein, aus individuellen Entscheidungen des Grabinhabers zu resultieren oder in einzelnen Fällen, wie z.B. möglicherweise bei dem oben genannten Totenfest anlässlich der Weinlese, sich durch regionale Eigenheiten zu begründen.

5.2. Opfer

Als informativ erweist sich schließlich eine Anzahl von Inschriften hinsichtlich einzelner Details zu den epigraphisch belegten Kultpraktiken. So bezeugen eine Reihe von *tituli*, Grabepigrammen und Testamenten eine Vielzahl von Opfergaben an die im Grab verehrten göttlichen Wesen wie z.B. Würstchen, Weihrauch und Wein im Falle einer Sarkophaginschrift aus Feltre (*CIL* V 2072).

Einen besonderen Platz innerhalb dieser Opferhandlungen scheinen die Libationen einzunehmen, wie die relativ häufigen inschriftlichen Erwähnungen von liquiden Opfergaben oder Anweisungen zu Trankopfern (z.B. *CIL* V 4449), *libationes* und *profusiones*, verdeutlichen und die archäologisch erfassbaren Libationsvorrichtungen bestätigen[51]. Als Trankspenden waren insbesondere Wein oder duftende Essenzen beliebt, wie dies etwa aus der genannten Sarkophaginschrift aus Feltre oder dem Testament des Quintus Cominius Abascantus hervorgeht. Eine Vorstellung, in welchem Maße derartige Libationen innerhalb des Grabkultes vollzogen wurden, gibt eine Inschrift aus Luc-en-Diois, die Rebstöcke am Grab erwähnt, welche mit ihrem Ertrag dem Weinverbrauch im Grabkult dienten (*CIL* XII 1657). Sogar mehrere, für denselben Zweck angelegte Weinberge sind in dem «Dakertestament» aus Corabia dokumentiert[52].

Mehrfach wird in Inschriften auch das Aufstellen von Lampen am Grab erwähnt (z.B. *CIL* VI 10248 = *ILS* 8366). Welche Bedeutung diese Handlung besaß, lässt sich vom epigraphischen Material her im Normalfall nicht entscheiden[53]. Eine Ausnahme bildet in dieser Hinsicht eine Grabinschrift aus Maquiz, in der sich die Erwähnung *Manibus lucerna ... poni placeat* findet (*CIL* II 2102). Zumindest in diesem Fall ist somit unzweifelhaft, dass die Darbringung von Lampen am Grabe als Lichtspende an den Totengeist verstanden wurde. Nichtsdestotrotz wird man jedoch davon ausgehen dürfen, dass verschiedene Grabriten, in denen Lampen zum Einsatz kamen, mit unterschiedlichen Vorstellungen verknüpft waren. Dafür sprechen im Fundspektrum der Gräber die höchst unterschiedlichen Lampentypen mit nur teilweise vorhandenen Gebrauchsspuren sowie jene Exemplare, welche von ihrer Form her gar nicht real als Lichtkörper nutzbar waren[54].

Eine große Bedeutung innerhalb der sepulkralen Riten kam ferner Blumen (z.B. *CIL* V 6363) und Kränzen (z.B. *CIL* V 5907) zu. Dabei scheinen Rosen im Grabkult, auch abgesehen von ihrer Verwendung bei den *Rosalia*, besonders beliebt gewesen zu sein (z.B. *CIL* V 4448). Primär dürften diese Blumen und Kränze für die Ausschmückung des Grabes oder einzelner Teile davon, z.B. der Statue des Verstorbenen (*CIL* V 7906 = *ILS* 8374), fungiert haben. Beabsichtigt war mit diesem Blumenschmuck, die im Grab beigesetzte Person zu erfreuen. Bei gewissen Blumenarten ist auch ein religiös geprägter, eschatologischer Symbolcharakter nicht auszuschließen, so etwa bei den Veilchen als Sinnbild für die Auferstehung von den Toten[55]. Die Verwendung von Blumen als dekoratives Element des Grabes mit zum Teil vorhandener, tieferer Bedeutung muss jedoch nicht einem eventuell parallel dazu existenten Charakter als Grabspende bzw. Opfergabe widersprechen[56]. Letztgenannter Aspekt geht klar aus dem Satz *Sit tibi terra / levis tumuloque adsurgat / amomum et cingant suaves / ossa sepulta rosae* auf einer stadtrömischen Urne hervor (*CIL* VI 20466 = *CLE* II 1064).

5.3 Totenmahl

Wie ebenfalls aus Inschriften ersichtlich ist, stellte das Bankett einen wichtigen Bestandteil sepulkraler Riten dar. Obwohl diese Gelage je nach

---

51. s. dazu u.a. Toynbee 51–52; Wolski, W./Berciu, I., «Contribution au problème des tombs romaines à dispositif pour les libations funéraires», *Latomus* 32 (1973) 370–379; Spalla, E., «Strutture per libagioni nella ritualità funeraria romana», in Rossignani, M. P./Sannazaro, M./Legrottaglie, G. (Hsg.), *La signora del sarcofago* (2005) 47–53.
52. *CIL* III 14493 = *IDR* II 187; Bărbulescu, M., *Funeraria Dacoromana* (2003) 196–204.
53. Zu den verschiedenen Deutungsmöglichkeiten von Licht im sepulkralen Zusammenhang: Menzel, H., «Lampen im römischen Totenkult», in Festschrift des RGZM zur Feier seines hundertjährigen Bestehens I (1952) 133–138; Seidel, Y., Künstliches Licht im individuellen, familiären und öffentlichen Lebensbereich (2009) 90.
54. Menzel (Anm. 53) 131–132.
55. Hatt (Anm. 15) 386.
56. Vgl. Serv. *Aen.* 5, 79, nach welchem Blumen mit einer rötlich dunklen Farbe als Symbol für Blut und somit die Blumengabe am Grab als Ersatz für blutige Opfer zu deuten sind.

Gegend, Gesellschaftsgruppe und Zeitstellung zum Teil für politische Zwecke der Hinterbliebenen, für die Selbstdarstellung des Verstorbenen oder als Familien bzw. Gemeinschaft konstituierendes Element genutzt wurden, blieb ihr religiös geprägter Grundgedanke immer existent[57].

Über den rituellen Zusammenhang der Gelage hinaus liefert das epigraphische Material teilweise recht detaillierte Informationen zur Lage und Gestalt des Ortes der Totenmähler sowie zur damit in Verbindung stehenden Infrastruktur. So werden in den Inschriften mehrfach hypäthrale Gelageeinrichtungen (z.B. *CIL* VI 5532), Bankettlauben (*tricliae*, z.B. *AEpigr* [1986] 25) wie auch Speiseräume (*triclina*, z.B. *CIL* XIII 1952) erwähnt. Im Zusammenhang mit den *triclinia* wird dabei teilweise explizit auf deren Lage in einem Garten (*hortus, hortulus, cepotaphium*[58]) beim eigentlichen Grabbau hingewiesen (z.B. *CIL* VI 10237 = *ILS* 7870). Dagegen ist einzelnen Inschriften zu entnehmen, dass die *triclina* sowohl als autonome Raumeinheiten beim Grabmonument (z.B. *CIL* VI 10284 = *ILS* 7947) wie auch innerhalb desselben, und hier gleichzeitig als Bestattungsraum fungierend (z.B. *CIL* XIV 1636 = *ILS* 7926), existieren konnten. Unsicherer ist dagegen die Gestalt der Exedra, die im «Testament des Lingonen» als Austragungsort von Gelagen vermerkt ist[59]. Allerdings veranschaulicht dieses Beispiel gut, mit welchen Ausstattungselementen bei einer solchen dem Bankett dienenden Einrichtung gerechnet werden kann. Zur festen Ausstattung und zum Mobiliar gehörten hier eine marmorne oder bronzene Statue des Verstorbenen, zwei Marmorsessel (*subsellia*), die als Sitzmöglichkeit für die Teilnehmer fungierten, sowie ein Totenbett (*lectica*). Trifft die allgemein akzeptierte Interpretation des Textes zu, sollte das Totenbett jeweils für die Ausrichtung des Gelages mit zwei Decken, Esspolstern, Mänteln sowie einer Tunica hergerichtet werden. Darin zeigt sich, dass der Verstorbene am Bankett partizipierend gedacht wurde.

Zusätzlich zu dem eigentlichen Speiseplatz konnten Gräber über Einrichtungen verfügen, die der Vorbereitung der Gelage dienten. Belege hierfür finden sich z.B. in einer 149 n. Chr. datierten Grabinschrift aus Rom (*CIL* VI 10235 = *ILS* 8364). Daraus geht hervor, dass zu diesem Grab für die Ausübung des Totenkults eine gewisse Anzahl Metallgeschirr, ein Brunnen, eine Mühle, ein Ofen, sowie ein Vorrat an Brennholz gehörte. Ein Bankettplatz wird zwar nicht explizit erwähnt, doch besteht bei der Art der genannten Infrastruktur kein Zweifel, dass die Einrichtungen der Vorbereitung von Gelagen am Grabe dienten. Möglicherweise kam zu diesem Zweck leicht zu transportierendes Mobiliar zum Einsatz. Interessant ist bei dieser Inschrift ferner eine Bestimmung, die Nutzung der erwähnten Infrastruktur betreffend, welche auch Personen von außen einen Zugriff darauf gestattete. Dies ist verständlich, dienten diese Einrichtungen zwar der Vorbereitung des Gelages oder anderer Grabriten, nicht aber direkt der Austragung des auf den oder die Verstorbenen hin ausgerichteten Ritus selbst.

Ebenfalls mit den rituellen Banketten in Verbindung zu setzen ist der in einem *titulus* aus Pozzuoli genannte, dort als *cubiculum sacrum* bezeichnete Raum im Obergeschoss des Grabbaus (*CIL* X 2015 = *ILS* 8235). Wahrscheinlich handelt es sich hierbei um eine Räumlichkeit, die im Rahmen des Totengedenkens und damit ebenso für Gelage genutzt wurde, nicht jedoch über eine architektonische Bankettvorrichtung verfügte.

Insgesamt zeigt sich, dass Bankettplätze im epigraphischen Material nur im Zusammenhang von testamentarischen oder grabrechtlichen Regelungen eine Erwähnung fanden. Dies erklärt auch, warum hier nur permanent am Grab eingerichtete Gelagevorrichtungen thematisiert wurden. Die Zeitstellung und die Fundorte der Inschriften verdeutlichen darüber hinaus, dass die fest in der Grabarchitektur verankerten Speiseplätze im 1.–2. Jh. n. Chr. vor allem in Rom und einzelnen Städten Latiums und Campaniens errichtet wurden[60]. Nur punktuell finden sich epigraphische Hinweise auf derartige Einrichtungen andernorts. Diese räumlich stark eingegrenzte Verbreitung findet gleichsam ihre Bestätigung im archäologischen Befund[61]. Es scheint daher für jenen Zeitraum berechtigt, die dauerhaft am Grab eingerichteten Austragungsorte für Gelage als «Modeerscheinung» zu bezeichnen, die, ausgehend von Rom, insbesondere in den italischen Städten, welche auf wirtschaftlich-politischer Ebene im engen Kontakt mit Rom standen, wie auch in Orten mit einer topographischen Nähe zu Rom eine Verbreitung gefunden hat[62]. Erst im 3. und 4. Jh. n. Chr. erfuhr die Sitte, fest installierte Gelageplätze am Grab einzurichten, im paganen wie nun auch im christlichen Umfeld eine weitere Verbreitung in den westlichen Provinzen[63]. Archäologische Zeugnisse und epigraphische Denkmäler, wie beispielsweise eine aus dem späten 3. Jh. n. Chr. stammende Grabinschrift aus Ain El Kebira, dokumentieren dies gleichermaßen (*CIL* VIII 20277 = *ILCV* 1570).

---

57. Hierzu Braune, S., *Convivium funebre. Gestalt und Funktion römischer Grabtriklinien als Räume für sepulkrale Bankettfeiern* (2008) bes. 154–157. 193–214.
58. Die Bezeichnung *cepotaphium* für den Grabgarten tritt erst im 2. Jh. n. Chr. in Gebrauch; s. Gregori.
59. *CIL* XIII 5708, s. Anm. 15.
60. Für einen Überblick der italischen Inschriften Braune (Anm. 57) 299–311 Kat. B1–B32.

61. Braune (Anm. 57) 86–99. 233–298 Kat. A1–A36.
62. Hierzu sowie zur Bedeutung des Grabtypus bei der Verbreitung Braune (Anm. 57) bes. 101–102. 127–128.
63. Braune (Anm. 57) 215–224. Zu sepulkralen Banketten im christlichen Kontext: Rebillard, E., «Les chrétiens et les repas pour les fêtes des morts (IVe–Ve s.)», in Rüpke/Scheid 281–290.

Wichtig für das Verständnis ist aber, dass temporäre Vorrichtungen, welche als solche nicht in den Inschriften vermerkt wurden, für sepulkrale Bankettfeiern üblicher gewesen sein dürften. Die fehlende Nennung von permanenten Bankettlagern am Grab im epigraphischen Material muss also keineswegs auf eine Nichtexistenz sepulkraler Gelage oder einen zeitlich bedingten Bedeutungsverlust derselben hindeuten.

THOMAS KNOSALA

III. Tod und Bestattung in der römischen Bilderwelt

1. Einführung

Eine umfassende Studie zu den funerären Riten einschließlich einer systematischen Zusammenstellung der ikonographischen Monumente in der römischen Kunst ist ein Desiderat[1]. Viele dieser Darstellungen stammen zudem aus «provinziellen» Kontexten, sind weit verstreut und insgesamt schwer überblickbar. Die folgenden Abschnitte konzentrieren sich auf wesentliche Aspekte und zeigen lediglich Tendenzen auf. Wie bereits im Teil zum griechischen Bereich geht es nicht darum, funeräre Riten zu rekonstruieren oder anhand der archäologischen Dokumentation in Nekropolen zu beschreiben, sondern lediglich um bildliche Darstellungen von funerären Riten[2].

Im Unterschied zur griechischen Kunst kennt die römische Welt kaum figürliche Darstellungen ritueller Handlungen im Zusammenhang mit Aufbahrung und Bestattung. Der Übergang in die andere Welt wird fast immer durch mythische Bilder thematisiert: Hades raubt Proserpina und entführt sie mitten aus dem Leben in die Unterwelt, Hermes überführt die Seele ins Elysium, dargestellt als Unterweltslandschaft.

Tod, Sterben, Jenseits werden also durch Mythen ausgedrückt. Motive wie die Jagd und das Gastmahl spielen auf bestimmte Lebensweisen und -situationen an und drücken konkrete Ansprüche und Hoffnungen aus. Insgesamt entwickelt sich eine komplexe Bildsprache, die abstrakte Inhalte vermittelt.

Dies zeigt sich auch bei den formal vielfältigen Grabmälern und -bauten[3]. Ihre Innendekorationen unterscheiden sich kaum von der Ausgestaltung von Wohnhäusern[4]; sie orientieren sich an deren Dekorationssystemen und ikonographischen Elementen wie idyllische Landschaften. Sie spiegeln ähnliche Erwartungen an das irdische wie an das jenseitige Leben wider und dienen auch der Repräsentation der Familie, unterscheiden sich aber in ihren Funktionen voneinander, woraus sich auch abweichende Bedeutungsmöglichkeiten für die Ausstattung und ihre Bilder ergeben[5].

Der Skulpturenschmuck von Sarkophagen und Grabfassaden präsentiert mythologische Anspielungen auf das Thema und verwendet häufig Motive wie «schlafende Hirten», schlafende mythologische Gestalten oder Attis-Figuren mit umgekehrter Fackel. Bildmetaphern wie das geöffnete Unterweltstor und der Tote als Schläfer drücken Tod und Sterben aus[6]. Mögliche Hinweise auf Riten geben Geräte wie Kannen und Phialen, die sich aber nicht exklusiv auf funeräre Riten beziehen[7].

Im Römischen erfüllen die figürlichen Dekorationen also persönliche Bedürfnisse. Sie enthalten Diskurse zu philosophischen Themen, spenden Trost, zeigen Hoffnungen auf oder repräsentieren die verlorene Lebenswelt der Verstorbenen. Die Darstellungen von Bestattungsriten machen für den Toten wie auch für die Lebenden offenbar wenig Sinn und fehlen daher fast gänzlich. Die explizitesten Darstellungen finden sich am Hateriergrab, dessen Reliefs außen angebracht, d.h. der Öffentlichkeit zugewandt waren und eine repräsentative Rolle erfüllten. Insgesamt übernimmt die Grabkunst in erster Linie eine repräsentative Funktion, bei der die Darstellung von funerären Riten kaum interessiert. In der späteren Kaiserzeit thematisieren häufig Darstellungen der Unterweltsgötter, des Totengerichts und der Einführung ins Elysium das Thema Sterben. Als Beispiele seien das Hypogaeum der Vibia[8] und ein Mausoleum mit Stuckreliefs an der Via Latina in Rom genannt[9].

---

1. Es existieren einige allgemeine Studien, jedoch keine mit ikonographischem Ansatz, s. z.B. Hinard 1 u. 2; Prieur; Schrumpf; Toynbee. Siehe jetzt Schreiber-Schermutzki, A., *Trauer am Grab – Trauerdarstellungen auf römischen Sepulkraldenkmälern* (Diss. Freiburg i. Br. 2008, http://www.freidok.uni-freiburg.de/volltexte/6958).
2. Aus der umfangreichen Literatur zu funerären Riten seien als Auswahl genannt Heinzelmann et al.; Pearce et al.; Schrumpf. Für eine umfangreiche Sammlung von Textquellen s. Hope.
3. von Hesberg, H., *Römische Grabbauten* (1992); Flämig, C., *Grabarchitektur der römischen Kaiserzeit in Griechenland* (2007).
4. s. Feraudi-Gruénais, F., *Ubi diutius nobis habitandum est. Die Innendekoration der kaiserzeitlichen Gräber Roms* (2001).
5. Zur Diskussion des Verhältnisses zwischen Grab und Haus und seiner Bewertung s. Zanker, P./Ewald, B. C., *Mit Mythen leben. Die Bilderwelt der römischen Sarkophage* (2004) 28–36; Wallace-Hadrill, A., «Housing the Dead: The Tomb as House in Roman Italy», in Brink, L./Green, D. (Hsg.), *Commemorating the Dead. Texts and Artifacts in Context. Studies of Roman, Jewish, and Christian Burials* (2008) 39–77.
6. Vgl. u.a. Prieur 151–186.
7. s. dazu *infra* **III.5**.
8. (= *LIMC* VIII Suppl. Persephone **221*** mit Lit.) Grabgemälde, Rom, Via Appia. 1. Hälfte 4. Jh. n. Chr. Wrede, *Consecratio* 300 Nr. 276.
9. Rom, Via Latina. Frühes 1. Jh. v. Chr. Egidi, R., «Mausoleo ipogeo con stucchi. Roma. Località Quadraro. IV miglio della Via Latina», in Perrier, B. (Hsg.), *Villas, maisons, sanctuaires et tombeaux tardo-républicains: découvertes et relectures récentes* (2007) 383–401.

Die meisten Darstellungen sepulkraler Riten finden sich auf dem Reliefschmuck von Grabdenkmälern, Sarkophagen und Urnen. Wandmalerei und Münzen steuern zu diesem Themenbereich nur wenige Beispiele bei. Fast alle Monumente, abgesehen von wenigen Ausnahmen, stammen aus Italien. Daher liegt dem Text eine im Vergleich zum griechischen Teil vereinfachte Struktur zugrunde, die weder nach Kunstgattungen noch nach Regionen unterscheidet, sondern einer thematischen Gliederung folgt.

2. Aufbahrung und Totenklage

Die ausführlichste Darstellung bietet das Relief vom Hateriergrab aus dem frühen 2. Jh. n. Chr. in Rom, das die Trauer um eine aufgebahrte Frau zeigt (Taf. 70, 1)[10]. Eine solche detaillierte Schilderung einer Aufbahrung ist einzigartig in der römischen Kunst, die sich sonst auf schlichte Szenen beschränkt, die im Kontrast zu luxuriösen Inszenierungen stehen, wie sie beispielsweise die Satire im Gastmahl des Trimalchio auf die Spitze treibt[11]. Für eine ausführliche Beschreibung sei auf die Arbeit von F. Sinn und K. S. Freyberger verwiesen und an dieser Stelle nur das Wichtigste genannt: In der Mitte des Reliefs liegt im Innern des Hauses der im Vergleich zu den übrigen Figuren übergroße Körper eines jungen Mädchens mit den Füssen nach links ausgestreckt auf einer gepolsterten, aufwendig dekorierten Kline. Aufgrund des Schmucks, des Kranzes und der Kleidung deuteten Sinn und Freyberger diese Gestalt nicht als Gattin des Grabgründers, sondern als eine seiner Töchter, die als Braut (des Hades?) charakterisiert wird[12]. Die trauernden Figuren zu Seiten der Bahre und die männliche Gestalt mit der Girlande beim Kopf der Toten stellen wohl Angehörige der Dienerschaft und der Klientel der Familie dar. Neben dem linken Fuß des Totenbetts spielt eine sitzende Frau die Doppelflöte, wofür es in der römischen Kunst im Kontext der Aufbahrung keine Parallelen gibt[13]. In der klagenden Frau hinter der Musikantin kann eine Angehörige des Mädchens erkannt werden. Die ganze Szene spielt nachts, wie die vier großen, brennenden Fackeln an den Enden der Kline und die beiden auf hohen Metallständern angebrachten Lampen an den Seiten deutlich anzeigen.

Auf einigen Sarkophagen des 2. und frühen 3. Jhs. n. Chr. erscheinen Szenen mit Trauernden, die sich um eine Kline oder ein Bett gruppieren, auf dem der oder die Verstorbene entweder schlafend oder in einigen Fällen als lebloser Körper aufgebahrt liegt. Als Beispiel für letztere Variante sei ein fragmentiertes Sarkophagrelief des mittleren 2. Jhs. n. Chr. in Kopenhagen genannt, auf dem der Tote mit gekreuzten und leicht angewinkelten Händen auf der Kline liegt und von drei Frauen mit aufgelösten Haaren und heftigen Gesten beklagt wird (Taf. 71, 1)[14]. Eine ähnliche Szene schmückt eine Urne vom Ende des 2. Jhs. aus Rom (Taf. 71, 2)[15]: Der in ein Tuch gehüllte Tote liegt ausgestreckt auf einer Kline inmitten seiner klagenden Familienangehörigen. Links und rechts der Kline sitzen ein Mann und eine Frau im Trauergestus mit aufgestütztem Kopf. Vier weitere Figuren stehen hinter der Kline, wobei eine Person den Toten am Kinn berührt. Schließlich zeigt die linke Nebenseite des Sarkophags der Crepereia Tryphaena in Rom die Verstorbene auf einer Kline, worauf ihre Mutter sitzt und an deren Kopfende wohl ihr Vater steht[16].

Häufiger sind verwandte Kompositionen mit trauernden Figuren neben einem scheinbar «schlafenden» Toten. Diese Darstellungsweise vermeidet die drastische Schilderung des Todes und verweist auf die Trost spendende Formel des Schlafens[17]. Als Beispiele seien hier ein Sarkophag in London mit einem «schlafenden Mädchen» inmitten ihrer Familie (Taf. 70, 2)[18] und ein ähnliches Relief in Paris mit einem Knaben angeführt[19]. In beiden Fällen flankieren zwei sitzende Gestalten in Trauergestus die Kline, ähnlich wie bei dem erwähnten Toten mit gekreuzten Händen in Kopenhagen (Taf. 71, 1).

In anderen Kunstgattungen wie Malerei oder Mosaik fehlen weitgehend entsprechende Darstellungen. Eine Ausnahme bietet das Mausoleum des Clodius Hermes unter San Sebastiano an der Via Appia. In einem Tondo der Deckenmalerei der zweiten Hälfte des 2. Jhs. n. Chr. erscheint die

---

10. Vatikan, Mus. Greg. Prof. 9999. Um 110–120 n. Chr.: Sinn, F./Freyberger, K. S., *Die Ausstattung des Hateriergrabes*, MusGregProfSkulpt I 2 (1996) 45–51 Nr. 5 Abb. 7 Taf. 8–10. 65, 7; Bodel, J., «Death on Display: Looking at Roman Funerals», in Bergmann, B./Kondoleon, C. (Hsg.), *The Art of Ancient Spectacle* (1999) 259–281, bes. 267–271 Abb. 2–3.
11. s. **I.9**.
12. Sinn/Freyberger (Anm. 10) 47. Die Autoren vermuten mit Recht eine Anspielung auf den Raub der Proserpina durch Hades, der auch auf dem Hateriergrab dargestellt ist, s. Sinn/Freyberger 59–63 Taf. 17–19, 1.
13. Sinn/Freyberger (Anm. 10) 48 mit Anm. 32, die auf etruskische Darstellungen mit Flötenspielern bei der Totenklage verweist. s. dazu ThesCRA VI 1e Tod, gr. **III.3.1**.
14. Kopenhagen, Nat. Mus. 2226: Amedick, R., *Vita Privata. Die Sarkophage mit Darstellungen aus dem Menschenleben*, SarkRel 1, 4 (1991) 130 Nr. 56 Taf. 68, 6.
15. Rom, Mus. Naz. Rom. 34048: Sinn, F., *Stadtrömische Marmorurnen* (1987) 258 Nr. 688 Taf. 100a-b.
16. Rom, Pal. Cons. 459: Amedick (Anm. 14) 152 Nr. 194 Taf. 70, 3; Martin-Kilcher, S., «Mors immatura in the Roman World – A Mirror of Society and Tradition», in Pearce et al. 69 Abb. 7.7.
17. Vgl. dazu die Endymionsarkophage mit ihren vielschichtigen Bedeutungsmöglichkeiten, s. dazu Sichtermann, H., *Die mythologischen Sarkophage 2*, SarkRel 12, 2 (1992) 40–53.
18. London, BM GR 1805.7-3.144. 2. Jh. n. Chr.: Amedick (Anm. 14) 131 Nr. 60 Taf. 70, 2. 4.
19. Paris, Mus. Cluny 18838. 2. Jh. n. Chr.: Amedick (Anm. 14) 141–143 Nr. 121 Taf. 71, 2.

Aufbahrung eines Verstorbenen, der von einer dicht gedrängten Gruppe von Trauergästen umringt wird (Taf. 71, 3)[20]. Auf diese Aufbahrung beziehen sich eine Abschiedsszene und ein als Leichenrede gedeutetes Bild (Taf. 71, 4)[21].

Einige Reliefs kombinieren die meist zu Seiten des Bettes sitzenden trauernden Figuren mit Darstellungen des Grabes in deren Mitte und fassen somit Trauer, Abschied und Besuch der Grabstätte in einer Szene zusammen, wie eine der Nebenseiten der oben erwähnten Urne mit dem Leichenbett auf der Hauptseite[22]. Eine runde stadtrömische Urne aus dem mittleren 2. Jh. n. Chr. gibt wohl ein Grabmal mit Spitzdach wieder, wovor eine trauernde Frau auf einem Lehnsessel und ein Mann mit eingestütztem Kopf auf einem Klappstuhl zu beiden Seiten der Inschrift sitzen (Taf. 72, 1)[23].

3. *Pompa Funebris*

Die *pompa funebris*[24] entspricht der griechischen *Ekphora*, bildet also den wichtigsten, für die Öffentlichkeit wahrnehmbaren funerären Ritus nach der Aufbahrung und Vorbereitung des Toten im privaten Bereich: die feierliche, oft von Musik begleitete Prozession, die mit der Grablegung oder Verbrennung der Leiche endet. Eine Pompa wurde öffentlich bekannt gegeben mit dem Ziel, «dieses Publikum möglichst tief zu beeindrucken», und ein prächtiges Schauspiel zu liefern[25].

Obwohl die *pompa funebris* sich an die Öffentlichkeit richtete und die Möglichkeit prunkvoller Inszenierung bot, wurde sie offenbar nur selten dargestellt. In Ermangelung anderer ikonographischer Quellen bilden die meisten Studien zum Thema Tod, Sterben und Bestattung in der römischen Welt die Darstellung einer Pompa auf einem Relief aus Amiternum aus dem mittleren 1. Jh. v. Chr. ab (Taf. 72, 2)[26]: Mehrere Tubabläser und Tibiaspieler, arrangiert in zwei übereinander gestaffelten Registern, führen auf der rechten Seite den festlichen Zug an. Insbesondere die *tibia* war fester Bestandteil sakraler römischer Festlichkeiten, während die *cornua* und *tibiae*, die im oberen Register dargestellt sind, vor allem als weit hörbare Signalinstrumente im Heer dienten, weshalb Schrumpf über die Musikanten bei der pompa vermutet: «Die Lautstärke hatte bei ihnen eindeutig Vorrang vor der Musikalität». Ihre Funktion wäre es demnach gewesen, «zusätzliche Schaulustige anzulocken»[27]. Im Zentrum des Zuges, der den Musikanten folgt, transportieren acht Träger ein Gestell mit der Totenbahre – *lectus funebris* – und dem Leichnam unter einem Baldachin. Dieser stützt sich auf einen Ellbogen ab, so als würde er noch lebend an einem Bankett teilnehmen. Ausgehend von verschiedenen Textquellen vermutet Schrumpf, dass es sich nicht um die Leiche, sondern um eine Nachbildung in Wachs handle, während die sterblichen Überreste unter dem Bett in einem kleineren Kasten, dem *capulum*, mitgeführt würden[28]. Zu beiden Seiten des *lectus* erscheinen klagende Familienangehörige. Ein weiteres Relief aus Amiternum (Taf. 72, 3), das vielleicht zum selben Monument gehörte, stellt den Kampf zweier Gladiatoren mit voller Rüstung, eckigem Schild und Lanzen dar. Zwei kleinere, nicht gerüstete Gestalten zu beiden Seiten der Kämpfenden halten für diese jeweils weitere drei Speere bereit. Die Szene spielt wohl auf Leichenspiele zu Ehren des Verstorbenen an und steht in einer langen Tradition, die bis auf etruskische und paestanische Grabmalereien zurück geht[29].

4. *Rogus*

Finden sich nur wenige Darstellungen der Leichenprozession in der römischen Kunst, so ist die Sarg- und Grablegung gänzlich ausgespart. Es gibt jedoch einige Denkmäler, die mit der Darstellung eines Scheiterhaufens (*rogus*) die Brandbestattung thematisieren[30]: Auf Konsekrationsprägungen von Antoninus Pius bis Carinus zeigen die Rückseiten jeweils einen hochaufgetürmten Scheiterhaufen mit mehreren Stockwerken[31]. Auf einem Relief in den Kapitolinischen Museen mit der Apotheose der Sa-

---

20. Ferrua, A., *La basilica e la catacomba di S. Sebastiano* (1990) 72 Abb. 26; Feraudi-Gruénais (Anm. 4) 121–122 Nr. K 60 Abb. 129.
21. Ferrua a.O. 71 Abb. 25.
22. s. Anm. 15 und als Vergleich auch die Nebenseite mit Grabmal und zwei trauernden Frauen: Sinn (Anm. 15) 258 Nr. 689 Taf. 100d.
23. Madrid, Prado 353: Sinn (Anm. 15) 226–227 Nr. 555 Taf. 83e–f.
24. Schulten, A., *RE* XXI 2 (1952) 1971 Nr. 338–341 (Schriftquellen); 1979–1985 s.v. «Pompa»; s. auch Mau, A., *RE* III 1 (1897) 350–354 s.v. «Bestattung»; Hope 85–127 (zur Prozession s. insbes. 100–104); 122–127; Schrumpf 38–59; hier **I.9**.
25. Schrumpf 38.
26. (= *ThesCRA* I Prozessionen, röm. **89**; V 2 b Kultinstrumente **984***) L'Aquila, Mus. Naz.: Ferri, S., «Fenomeni di prolepsis disegnativa nell'arte antica», *RendLinc* 8, 3 (1948) 66 Abb. 2; Franchi, L., «Rilievo con pompa funebre e rilievo con gladiatori al Museo dell'Aquila», *Stud-*

Misc 10 (1966) 23–32 Taf. 5–10; Hope 100 Abb. 5; Schrumpf 39 Abb. 4; Toynbee 46–47 Abb. 10; Bodel (Anm. 10) 264–247 Abb. 1.
27. Schrumpf 39 mit ausführlicher Sammlung von Textquellen und weiterer Literatur.
28. Schrumpf 52–54.
29. Zum Gladiatorenrelief s. Franchi (Anm. 26) 29–32 Taf. 9–12. Zu den etruskischen Darstellungen s. *ThesCRA* VI 2 c Tod, etr. **3.6** Anm. 188; zu den paestanischen *ThesCRA* V 2 c Tod, gr. **III.2.3.1**. Zu Gladiatorenspielen s. *ThesCRA* VII Feste u. Spiele, röm. **1.3.3**; Flaig, E., *DNP* 4 (1998) 1076–1078 s.v. «Gladiator».
30. s. zur Leichenverbrennung Schrumpf 63–66. 77–90; für die Textquellen s. Hope 107–115.
31. (= *ThesCRA* II 3 d Heroisierung, Apotheose **355h***) s. Schulten, P. N., *Die Typologie der römischen Konsekrationsprägungen* (1979) 21–22 Taf. 4–6. 7; *BMC* 4, 393–394 Nr. 55–64 Taf. 54, 12–15; 525–526 Nr. 872–879 Taf. 71, 8; *BMC* 5, 424 Nr. 26–27 Taf. 65, 17–18; 428 Nr. 49–50 Taf. 66, 7; Toynbee 61 Abb. 15–16; Prieur Abb. S. 146.

bina wird diese über ihrem Scheiterhaufen von der geflügelten Aeternitas zum Himmel getragen (Taf. 73, 1)[32], und schließlich präsentiert eine Urne aus Altinum einen rundplastisch gestalteten Deckel in Form eines Scheiterhaufens (Taf. 73, 1)[33].

5. Grabkult

Die im folgenden erwähnten Monumente reflektieren die in der römischen Welt festgelegten Trauerzeiten, Erinnerungstage und im Kalender verankerten Erinnerungsfeste, bei denen das Grab besucht und geschmückt wurde, wie bei den *Rosalia* im Mai, wobei Blumenschmuck für das Grabmal wichtiger Teil der Feierlichkeiten war[34]. Die Bilddokumente lassen sich jedoch nicht auf ein konkretes Fest oder eine bestimmte Zeremonie festlegen.

Eine der wichtigsten Bildquellen liefert wiederum das Hateriergrab in Rom, dessen Reliefs in einer für die römische Kunst beispiellosen Ausführlichkeit neben der oben erwähnten Aufbahrung einer Toten auf einer anderen Platte den Bau des Grabmals schildern (Taf. 70, 1)[35]. Der tempelförmige Grabbau mit Reliefschmuck besitzt einen seitlichen Eingang mit einem geöffneten Türflügel, die wahrscheinlich Einblick in die eigentliche Grabkammer gibt: «Die schemenhafte, wohl weibliche Gestalt soll vermutlich die Larve der Hauptbestatteten an der Schwelle der Totenwelt wiedergeben»[36]. Das Obergeschoss wertet Sinn als Raum für Repräsentation und Totenkult[37].

Neben dieser exzeptionellen Darstellung ist der Besuch des Grabes durch meist trauernde Figuren mehrfach bezeugt, wie die oben erwähnten Steinurnen mit entsprechenden Szenen dokumentieren[38]. Einen Grabbau mit zwei Besuchern präsentiert auch das Kalendermosaik aus Saint-Romain-en-Gal im Bildfeld für den Monat Februar (*ThesCRA* VII Taf. 33, 1)[39], das als Szene des Grabkultes gedeutet und auf die im Februar gefeierten, neuntägigen *parentalia* bezogen wird, ein Erinnerungsfest, dessen letzter Tag ein offizieller Feiertag war[40].

Vielfach zieren Reliefs von Kultgeräten, die auf funeräre Rituale wie Trank- und Rauchopfer verweisen, Grabbauten, Urnen und Grabaltäre. Gute Beispiele bieten eine Grabplatte aus Asisium mit einer Oinochoe und einer Kasserolle (Taf. 73, 3)[41] und der Grabaltar des Amemptus mit einem vierbeinigen Tisch, der eine Kanne, eine Patera und ein Opfermesser trägt. Zwischen zwei brennenden Fackeln an den Rändern und einem zentralen *bucranium* hängen zwei Girlanden (Taf. 73, 4)[42]. Eine besondere Stellung nimmt die Darstellung der *ascia*, der Axt, auf Gräbern ein[43]. Die Weihung *sub ascia* ist sowohl ikonographisch als auch epigraphisch gut dokumentiert und steht für die Unverletzbarkeit des Grabes[44].

6. Bankett

Bankette konnten Teil der funerären Riten sein als Erinnerung und Ehrung Verstorbener, woran die Familie oder ein größerer Personenkreis teilnahmen[45]. Neben literarischen Quellen[46] deuten auch viele Anlagen wie Triklinien und Installationen im sepulkralen Kontext auf die Bedeutung von Banketten für die postume Erinnerung hin[47]. Die Deutung möglicher ikonographischer Denkmäler bietet hingegen die Schwierigkeit, dass sie

---

32. (= *ThesCRA* II 3 d Heroisierung, Apotheose **391***, = *LIMC* I Aeternitas **71*** mit Lit.) Rom, Pal. Cons. 1213. Prieur Abb. S. 148.
33. Altino, Mus. Naz. 1031. 1. Jh. n. Chr. Torelli, M., «Per una tipologia delle coperture d'urna altinate: un esemplare a cuspide piramidale», *AquilNost* 57 (1986) 793–808, bes. 803; id., «... ut ... largius rosae et esc[a]e ... poneretur. I rituali funerari ad Altinum tra offerte durevoli e deperibili», in Heinzelmann et al. 243–256, bes. 245–246 mit Anm. 15 Abb. 3; Scarfi, B. M., *Altino preromana e romana* (1985) Abb. 102.
34. Zu Trauerzeit und Festlichkeiten s. Schrumpf 91–107. 107–119 zum Totenkult; für die Textquellen s. auch Hope 115–120; s. **I.14.2** u. **II.5.1**.
35. (= *ThesCRA* IV 1 a Kultorte, etr. ital. röm. Sepulcrum, röm. **31**, V 2 b Kultinstrumente **471**, = *LIMC* IV Kairoi/Tempora anni **5**) Vatikan, Mus. Greg. Prof. 9998. Um 120 n. Chr.: Toynbee 81. 132. 268–269 Abb. 17; Sinn/Freyberger(Anm. 10) 51–59 Nr. 6 Abb. 6 Taf. 11–16; Bodel (Anm. 10) Abb. 4–5.
36. Sinn/Freyberger (Anm. 10) 54.
37. Sinn/Freyberger (Anm. 10) 54.
38. s. oben Anm. 22.
39. (= *ThesCRA* VII Feste und Spiele, gr. **2.3.3.3**, = *LIMC* VI Menses **43** mit Bibl.) Braune, S., *Convivium Funebre. Gestaltung und Funktion römischer Grabtriklinien als Räume für sepulkrale Bankettfeiern* (2008) Abb. 50.
40. Zu den *parentalia* s. Schrumpf 100 u. hier **I.14.2** u. **II.5.1**.

41. Grabplatte des T. Babrio Epafra, eingelassen in eine Mauer des Klosters S. Damiano in Assisi: *AEpigr* (1994) 584; *Supplementa Italica* NS 23 (2007) 282–383 Nr. 40; Sciamanna, E., *Asisium. Percorsi archeologici nel più importante municipio a nord di Roma* (2008) 134 Abb. 140. – Mittlere Kaiserzeit (?). Die Platte zeigt im Feld der Inschrift eine kleine menschliche Figur mit dem Kopf nach unten, eventuell den Toten, sowie auf der anderen Seite eine Taube. Die Kasserolle im Hauptfeld erinnert an vergleichbare Bronzegeräte, die meist jedoch nicht aus funerären Kontexten stammen, s. Sedlmayer, H., *Die römischen Bronzegefäße in Noricum* (1999) 79–86; Petrovszky, R., *Studien zu römischen Bronzegefäßen mit Meisterstempeln* (1993). Vgl. zur Grabplatte auch einen Fries, der vielleicht von einem Grabbau stammt und verschiedene Kultgeräte wie eine Kanne, ein Beil und eine *patera* zeigt: *ThesCRA* V 2 b Kultinstrumente **25***.
42. (= *ThesCRA* V 2 b Kultinstrumente **554***) Paris, Louvre MA 488.
43. Vgl. dazu das Mausoleum Z («dell'ascia») an der Via Appia: Feraudi-Gruénais (Anm. 4) 129 Nr. K 62.
44. s. **II.4.6** mit Lit.
45. s. *ThesCRA* II 4 a Bankett, röm. S. 288–297; s. zum funerären Bankett auch Dunbabin, K. M. D., *The Roman Banquet: Images of Conviviality* (2003) 130–140; Jensen, R. M., «Dining with the Dead: From the Mensa to the Altar in Christian Late Antiquity», in Brink/Green (Anm. 5) 107–143.
46. *ThesCRA* II 4a Bankett, röm. **112–134**.
47. *ThesCRA* IV 1 c Kultorte, etr., ital., röm. 356 s.v. «Triclinium, trichila»; Braune (Anm. 39); s. hier **II.5.3**

oft nicht eindeutig auf eine funeräre Aussage oder eine rituelle Handlung hin zu beziehen sind[48].

Eine erste Gruppe von Darstellungen, die in diesem Zusammenhang Erwähnung fanden, stellen die Verstorbenen als Lebende dar, die an einem Bankett teilnehmen, sei es als Skulpturen auf Sarkophagdeckeln oder -reliefs[49] oder als Figuren in Malereien[50] in oder auf Grabbauten und Sarkophagen. Eine besondere Darstellung bietet ein Relief des Hateriergrabes mit dem Grabbau, auf dem zuoberst eine Frau auf einer Kline liegt, wohl die Grabherrin (Taf. 70, 1)[51]. Wrede deutet die Kline als Darstellung eines *lectus*-Monumentes, dem auch eine entsprechende Verehrung zusteht. So versorgt eine alte Dienerin einen brennenden Grabaltar davor mit Holz[52].

Bei der Deutung dieser Bilder stellt sich aber wiederum dieselbe Frage wie oben im griechischen Bereich: Beziehen sich diese Bilder wirklich auf rituelle Handlungen, bei denen die Verstorbenen an dem zu ihren Ehren abgehaltenen Bankett quasi als Lebende teilnehmen? Zwei Möglichkeiten bieten sich an, zwischen denen im einzelnen Fall nicht leicht zu entscheiden ist: einerseits eine retrospektive Bildkonstruktion, die den Toten in einer besonders angenehmen Lebenssituation präsentiert, andererseits ein prospektiver Ausdruck von Jenseitshoffnungen als Verkörperung eines angenehmen Zustandes nach dem Tod. Erstere Möglichkeit dokumentiert das Klinenmonument des Flavius Agricola aus Tibur aus einer stadtrömischen Nekropole: Der Tote liegt als rundplastische Figur beim Bankett auf seiner Kline, die seine Asche enthielt, umfasst mit der linken Hand einen Becher und bekränzt sich mit der rechten. Eine Inschrift wendet sich an den Besucher mit der Aufforderung, das Leben zu genießen, wie der Grabherr es tat, bevor der Tod allen Freuden ein Ende setzt[53]. Die Inschrift schließt dabei allerdings eine Deutung als funeräres Bankett deutlich aus.

Aufgrund des sepulkralen Kontextes in einer Grabanlage lassen sich schließlich einige Malereien und Reliefs als Bankette der Hinterbliebenen deuten, die sich zusammengefunden haben, um mit dieser, wohl auch in Abständen regelmäßig stattfindenden kommemorativen Festlichkeit den Toten zu ehren. Auf solche Zeremonien weisen ja die bereits erwähnten Triclinia und ähnliche Anlagen hin.

OTHMAR JAEGGI

IV. Culto e riti funerari dei Romani: la documentazione archeologica

BIBLIOGRAFIA: De Filippis Cappai, C., *Imago mortis. L'uomo romano e la morte* (1997); De Visscher, F., *Le droit des tombeaux romains* (1963); Faber, A./Fasold, P./Struck, M./Witteyer, M. (edd.), *Körpergräber des 1.-3. Jahrhunderts in der römischen Welt*, Koll. Frankfurt (2007) (= Faber et al.); Fasold et al.; Ghedini, F., «Raffigurazioni conviviali nei monumenti funerari romani», RdA 14 (1990) 35–62; Gregori, G. L., «*Horti sepulchrales* e *cepotaphia* nelle iscrizioni urbane», BullCom 92 (1987–88) 175–188; Heinzelmann et al.; von Hesberg, H./Zanker, P. (edd.), *Römische Gräberstrassen. Selbstdarstellung – Status – Standard*, Koll. München (1987); Hinard 1; Hope, V. M./Marshall, E. (edd.), *Death and Desease in the Ancient City* (2000); Lindsay, H., «Eating with the Dead. The Roman Funerary Banquet», in Nielsen, J./Nielsen, H. S. (edd.), *Meals in a Social Context* (1998) 67–80; Maurin, J., «*Funus* e riti di separation», AION 6 (1984) 191–208; Ortalli, J., «Simbolo e ornato nei monumenti sepolcrali romani», in Antichità altoadriatiche 61 (2005) 245–286 (= Ortalli 1); id., «Scavo stratigrafico e contesti sepolcrali», in Scheid 1, 137–159 (= Ortalli 2); id., «I Romani e l'idea dell'oltretomba tra monumenti, immagini e scritture», in Atti Conv. '*Memoriam habeto*' Ferrara/Gambulaga (in corso di stampa = Ortalli 3); Parmeggiani, G., «Voghenza, Necropoli: analisi di alcuni aspetti del rituale funerario», in Berti, F. (ed.), *Voghenza. Una necropoli di età romana* (1984) 203–219; Pearce et al.; Pellegrino, A. (ed.), *Dalle necropoli di Ostia: riti ed usi funerari* (1999); Paoletti, M., «Usi funebri e forme del sepolcro», in Settis, S. (ed.), *Civiltà dei Romani. Il rito e la vita pubblica* (1992) 265–277; Picuti, M. R., «Il contributo dell'epigrafia latina allo scavo delle necropoli antiche», in Scheid 1, 43–58; Rüpke/Scheid; Scheid 1; Scheid, J., «*Contraria facere*: renversements et déplacements dans les rites funéraires», AION 6 (1984) 117–139 (= Scheid 2); id., *Quand faire, c'est croire*; id., «Körperbestattung und Verbrennungssitte aus der Sicht der schriftlichen Quellen», in Faber et al. 19–25 (= Scheid 3); Toynbee; Vidal, M. (ed.), *Incinérations et inhumations dans l'Occident romain*, Coll. Toulouse-Montréjeau (1992); Vismara, C., «L'apport des textes antiques», in Vidal 107–147; Zanker, P./Ewald, B. C., *Vivere con i miti. L'iconografia dei sarcofagi romani* (2008).

BIBLIOGRAFIA SU SCAVI, NECROPOLI E MONUMENTI: Baldassarre, I., «Una necropoli imperiale romana: proposte di lettura», AION 6 (1984) 141–149 (= Baldassarre 1); ead., «La necropoli dell'Isola Sacra», in von Hesberg/Zanker 125–138 (= Baldassarre 2); ead./Bragantini, I./Morselli, C./Taglietti, F., *Necropoli di Porto. Isola Sacra* (1996); Carbonara, A./Pellegrino, A./Zaccagnini, R., «Necropoli di Pianabella», in Heinzelmann et al. 139–148; Cesari, L./Neri D. (edd.), *Sepolture anomale*, Cat. Mostra Castelfranco Emilia (2009); Cupitò, C., «Riti funebri alle porte di Roma: la necropoli di via Salaria», in Heinzelmann et al. 47–52; D'Ambrosio, A./De Caro, S., «La necropoli di Porta Nocera. Campagna di scavo 1983», in von Hesberg/Zanker 199–229; De' Spagnolis, M., «Costumi fune-

---

48. ThesCRA II 4 a Bankett, röm. **135–154**; s. hier **IV.16**.
49. Zu römischen Klinendarstellungen: Wrede, H., «Klinenprobleme», AA (1981) 86–131. Für Beispiele s. auch Amedick (Anm. 14) 11–24.
50. vgl. ThesCRA II 4 a Bankett, röm. **135. 136***.
51. Wrede, H., «Die Ausstattung römischer Grabtempel und der Übergang zur Körperbestattung», RM 85 (1979) 411–433, bes. 419–422; Sinn/Freyberger (Anm. 10) Taf. 13, 2.

52. Wrede (Anm. 51) 422; id., *Consecratio* 82. S. dazu auch Sinn/Freyberger (Anm. 10) 55 mit einer Zusammenfassung der widersprüchlichen Forschungsmeinungen; Sinn selbst schließt sich Wrede an. Für Vergleiche zur Klinendarstellung auf dem Hateriergrab s. Wrede, H., «Stadtrömische Monumente, Urnen und Sarkophage des Klinentypus in den beiden ersten Jahrhunderten n. Chr.», AA (1977) 395–431.
53. CIL VI 1785a; Zanker/Ewald (Anm. 5) 35. 158–159 mit Anm. 83 Abb. 143; Wrede (Anm. 53) 102–103 Abb. 19–20.

rari romani nella necropoli monumentale romana di Pizzone a Nocera Superiore», in Heinzelmann *et al.* 169–177; Eisner, M., *Zur Typologie der Grabbauten im Suburbium Roms* (1986); Gabelmann, H., *Römische Grabbauten der frühen Kaiserzeit* (1979); Giovannini, A. *et al.*, «Recenti scavi nelle necropoli aquileiesi», *Aquileia Nostra* 68 (1997) 74–198; Goudineau, C. (ed.), *Rites funéraires à Lugdunum* (2009); Heinzelmann, M., *Die Nekropolen von Ostia* (2000); von Hesberg, H., *Monumenta. I sepolcri romani e la loro architettura* (1994); Kockel, V., *Die Grabbauten vor dem Herkulaner Tor in Pompeji* (1983); Lepetz, S./van Andringa, W., «Archéologie du rituel. Méthode appliquée à l'étude de la nécropole de Porta Nocera à Pompéi», in Scheid 1, 104–126; Mansuelli, G. A., *EAA* V (1963) 170–202 *s.v.* «Monumento funerario»; Massa, S. (ed.), *Aeterna domus: il complesso funerario di età romana del Lugone (Salò)* (1997); Mirabella Roberti, M. (ed.), *Monumenti sepolcrali romani in Aquileia e nella Cisalpina, Antichità Altoadriatiche* 43 (1997); Moretti, J.-C./Tardy, D. (edd.), *L'architecture funéraire monumentale: La Gaule dans l'Empire romain* (2006); Musco, S., «L'attività della Soprintendenza Archeologica di Roma in un settore del Suburbio orientale», in *id.*/Petrassi, L./Pracchia, S. (edd.), *Luoghi e paesaggi archeologici del suburbio orientale di Roma* (2001) 149–235; Ortalli, J., «Riti, usi e corredi funerari nelle sepolture romane della prima età imperiale in Emilia Romagna», in Fasold *et al.* 49–86 (= Ortalli 4); *id.*, «Il culto funerario della Cispadana romana», in Heinzelmann *et al.* 215–242 (= Ortalli 5); *id.*/Baldoni, D./Pellicioni, M. T., «Pian di Bezzo di Sarsina. La necropoli romana», in Donati, A. (ed.), *Storia di Sarsina, I L'età antica* (2008) 431–663; Passi Pitcher, L. (ed.), *Sub ascia. Una necropoli romana a Nave* (1987); Rebillard, É., *Musarna 3. La nécropole impériale* (2009); Rossignani, M. P./Sannazaro, M./Legrottaglie, G. (edd.), *La signora del sarcofago. Una sepoltura di rango nella necropoli dell'Università Cattolica* (2005); Steinby, M., «La necropoli della via Triumphalis», in von Hesberg/Zanker 85–110; Tirelli, M., «... ut ... largius rosae et esc[a]e poneretur. I rituali funerari ad Altinum», in Heinzelmann *et al.* 243–256; Torelli, M., *Necropoli dell'Italia antica* (1982); Verzár-Bass, M., «Grab und Grabsitte in Aquileia», in Fasold *et al.* 143–177; Vlad Borrelli, L., *et al.*, *Un impegno per Pompei ... necropoli di porta Nocera* (1983).

1. Premessa

La difficoltà di ricostruire i culti funerari romani attraverso l'archeologia deriva da diversi fattori, quali la frammentarietà delle informazioni che ci sono giunte e l'essenza stessa della materia, per molti versi inerente ai *sacra privata* e dunque caratterizzata da atteggiamenti soggettivi, privi di una precisa codificazione e variabili a seconda delle epoche e dei luoghi. A rendere ancor più complicata la questione sono tuttavia alcuni problemi connessi al metodo con cui generalmente si conduce la ricerca.

Nello studio delle testimonianze sepolcrali per molto tempo ha dominato una prospettiva formalistica, di taglio storico-artistico, focalizzata sulle componenti monumentali e figurative o sull'analisi tipologica degli oggetti di corredo, trascurando altri aspetti di contesto; spesso tali interessi hanno indirizzato anche le attività di scavo, privilegiando le maggiori evidenze e prestando poca attenzione a molte indicazioni archeologiche offerte dalle necropoli, quali i resti dei defunti, le tombe di modesto impianto e le labili tracce sparse sui piani di calpestio. Solo in apparenza questi tipi di rinvenimenti hanno uno scarso peso documentario; in realtà la loro importanza è decisiva poiché riflettono direttamente le procedure di seppellimento e le azioni che accompagnavano la frequentazione rituale delle aree sepolcrali: esaminandoli con attenzione si possono dunque ricavare informazioni fondamentali per comprendere il retroterra ideologico e i comportamenti legati alle pratiche funerarie[1].

Il valore da attribuire a queste semplici tracce raccolte sul terreno è proporzionale alla consistenza numerica che le caratterizza rispetto alle testimonianze, meglio studiate, di natura architettonica, epigrafica e figurativa; in base alla pratica di scavo delle necropoli romane, da quelle principali di ambito urbano ai modesti sepolcreti rurali, in media si può ipotizzare che meno del 10% delle tombe fosse originariamente dotato di apprestamenti esterni quali segnacoli, monumenti, iscrizioni e sculture[2]. In sostanza questo genere di documentazione, indubbiamente attraente dal punto di vista qualitativo, non appare determinante come specchio della realtà antica: si tratta infatti di un campione fortemente condizionato in senso sociale e percentualmente troppo ridotto per dedurne la concezione che l'insieme della popolazione aveva dell'oltretomba e del culto funebre.

Oltre a ciò si deve lamentare la frequente propensione ad occuparsi di questi argomenti in modo settoriale e specialistico, esaminando separatamente i differenti generi di testimonianze; i singoli studi possono essere di grande qualità, ma la frammentazione della ricerca e la mancanza di un confronto tra i diversi punti di vista rappresentano un limite alla comprensione della materia, portando addirittura a interpretazioni opposte. È dunque essenziale una visione complessiva dei problemi. Già da tempo si è affermata la necessità di valutare gli impianti sepolcrali unitariamente, nella somma delle loro componenti architettoniche, iconiche, decorative ed epigrafiche[3]; più in generale, per ricostruire le manifestazioni del culto funerario è opportuno inserire nello stesso sistema esegetico tutte le fonti disponibili, mettendo in rapporto i rinvenimenti archeologici monumentali con quelli meno appariscenti, dalle sepolture agli oggetti di corredo, e incrociandoli con gli elementi figurativi e i testi letterari, giuridici ed epigrafici.

Un'altra avvertenza riguarda il valore che si deve effettivamente attribuire alle informazioni di cui disponiamo, in particolare nel caso di Roma, che con la sua ricca documentazione spesso viene utilizzata in modo paradigmatico, come esempio

---

1. Pearce *et al.*; Duday, H., *Lezioni di archeotanatologia* (2006); Scheid 1.

2. Il computo vale fino al medio impero; in seguito le attestazioni hanno un ulteriore drastico calo.
3. Mansuelli 181–182.

per contesti anche molto diversi. Se da un lato è certo che la capitale rappresentò per secoli un fondamentale punto di riferimento, irradiando ovunque i propri modelli culturali e inducendo a significativi fenomeni di imitazione, dall'altro si deve riconoscere che la situazione urbana non è paragonabile a quella del resto dell'impero: molte delle sue testimonianze sepolcrali, e ancor più i riferimenti offerti dalle fonti[4], riguardano infatti un'élite intellettuale e politica, se non addirittura la famiglia imperiale, che nulla avevano a che fare con il pensiero e la condotta della gente normale, tanto in termini sociali, a livello popolare, quanto dal punto di vista geografico, con riferimento agli ambienti provinciali; altre volte, invece, le notizie fornite dagli scrittori latini consistono in erudite citazioni di vecchie tradizioni ormai obsolete.

I richiami alla sfera funeraria che troviamo in componimenti poetici o filosofici richiedono dunque un'attenta valutazione, che distingua le invenzioni artistiche o certe esclusive inclinazioni ideologiche da quella che nella realtà era la *communis opinio*. Allo stesso modo saranno da vagliare criticamente le fonti giuridiche che descrivono norme sepolcrali di grande rigore formale, le quali, tuttavia, sono spesso contraddette da quanto è documentato dagli scavi; questi infatti rivelano la frequenza con cui le leggi potevano essere trasgredite o eluse, come dimostrano, ad esempio, gli innumerevoli casi di precoci manomissioni dei sepolcri.

Un ulteriore problema della ricerca deriva dal nostro odierno approccio alla materia, in molti casi condizionato dall'interesse primario che riserviamo alle valenze sociali insite nelle manifestazioni funerarie; se tale orientamento ha condotto a risultati di grande importanza nella ricostruzione della cultura romana[5], non c'è dubbio che nel contempo può aver comportato un'emarginazione degli aspetti spirituali e metafisici che sicuramente accompagnavano le pratiche sepolcrali. Ancora più pericoloso è quell'atteggiamento preconcetto che, come è stato notato[6], induce molti studiosi a trattare del culto funerario romano sotto l'influenza delle attuali religioni monoteistiche di impostazione dogmatica e di rigido impianto dottrinale, in primo luogo il cristianesimo; soprattutto negli studi iconografici ed iconologici connessi all'interpretazione delle figurazioni simboliche si nota dunque la tendenza a trasporre nella mentalità pagana una visione escatologica di tipo premiale e una aspettativa di rinascita che presuppone l'idea di una continuazione della vita individuale nell'oltretomba[7]: concezioni che invece non devono essere generalizzate e che non influirono in modo sostanziale sui fondamenti cultuali dell'antichità.

2. Il concetto di aldilà

Sarebbe importante comprendere quale era l'idea che i Romani avevano dell'oltretomba, dal momento che tale nozione doveva costituire un fondamentale punto di riferimento per il culto funerario[8]; si tratta però di una questione complessa, che non si presta a facili generalizzazioni non solo per la mancanza di testimonianze esplicite ma anche per la natura del pensiero religioso romano, che con la sua impostazione politeistica aperta alle più varie prospettive ideologiche impediva la definizione di un preciso credo escatologico lasciando ai singoli individui un'ampia libertà di coscienza.

Concentrando l'attenzione sul periodo compreso tra l'età repubblicana e il medio impero, anteriore all'introduzione di nuove dottrine orientali e all'affermazione del cristianesimo, si ricorda innanzitutto come l'immaginario pagano dei Romani, al contrario di quello greco ed etrusco, mancasse di una elaborata teologia ctonia e di una chiara percezione del mondo infero, limitandosi a tratteggiare i contorni degli Elisi e di uno scenario mitologico di ispirazione poetica[9], la cui trasposizione figurativa, particolarmente ricca nelle decorazioni dei sarcofagi, era certamente intesa più come un'aulica citazione allegorica che come testimonianza di un effettivo convincimento personale[10].

A proposito del rapporto tra l'uomo romano e la morte, in generale si ha l'impressione che esso non comportasse raffinate speculazioni trascendentali; doveva invece prevalere un approccio alquanto pragmatico, fondato su elementari preoccupazioni esistenziali rivolte più al mondo terreno che all'aldilà. In un quadro che vedeva dominare gli interessi sociali su quelli spirituali la religiosità pubblica di ambito funerario tendeva ad esprimersi soprattutto attraverso atti cerimoniali ispirati dalla tradizione e consolidati dalla legge; l'osservanza degli obblighi rituali garantiva il rispetto dell'ordinamento civile e la protezione della comunità, istituendo una drastica separazione tra il mondo dei vivi e quello dei defunti, ai quali era attribuito uno statuto nettamente distinto[11].

---

4. Scheid, J., «En guise de prologue. De l'utilisation correcte des sources écrites dans l'étude des rites funéraires», in Scheid 1, 6–7.
5. Ad es. von Hesberg/Zanker; von Hesberg.
6. Jacques, F./Scheid, J., *Roma e il suo impero* (2005) 161; Scheid, *Quand faire, c'est croire* 190. 208; Zanker/Ewald 26–27.
7. Macchioro, V., *Il simbolismo nelle figurazioni sepolcrali romane* (1911); Cumont, *Symb*; Prieur; Turcan, R., *Messages d'outre-tombe: l'iconographie des sarcophages romains* (1999).

8. Ortalli 3.
9. Toynbee 35–38; Foulon, A., «La mort dans la poésie augustéenne», in Hinard 1, 351–363; Novara, A., «Les *imagines* de l'Élysée virgilien», in Hinard 1, 321–349; Magnani, L., «L'idea della morte nel mondo romano pagano», in Criniti, N. (ed.), '*Lege nunc, viator...*'. *Vita e morte nei carmina epigraphica della Padania centrale* (1996) 23–45; De Filippis Cappai 33–47.
10. Zanker/Ewald 63 ss.
11. Maurin 205–206; Scheid 2, 130 ss.; Scheid, *Quand faire, c'est croire* 182–184.

In tale processo di dissociazione, nella coscienza collettiva il soggetto da tutelare maggiormente era rappresentato dai sopravvissuti, e in primo luogo dalla famiglia in lutto, lasciando in qualche modo nell'ombra la figura del morto. A questo, o meglio alla sua memoria, poteva rivolgersi l'affetto che i congiunti manifestavano attraverso il culto privato, ma la sua nuova condizione di alterità ultraterrena restava confusa e indeterminata. Come sappiamo, anche grazie alla documentazione epigrafica, si credeva che lo spirito del defunto venisse assorbito nella comunità ctonia dei *Di Manes*[12]: entità immateriale alla quale partecipava anche l'essenza dei singoli defunti, ma di carattere collettivo e quindi sostanzialmente indistinta.

Il fatto che il pensiero della morte fosse privo di precisi contorni indica una propensione alla sua rimozione che traspare anche dalle fonti; l'escatologia dei Romani pare infatti improntata ad una volgarizzazione del materialismo epicureo e dei principi di distacco e di indifferenza propri dello stoicismo[13]: presupposti che inducevano a negare l'idea di una effettiva sopravvivenza o rinascita del defunto nell'oltretomba. Nella sostanza questo orientamento comune, tendenzialmente pessimista, non dovette essere influenzato neppure dalle religioni misteriche diffuse dall'oriente, da non sopravvalutare nelle loro eventuali aspettative salvifiche e da ritenere più un fantasma moderno[14] che un tramite per una visione ottimistica dell'oltretomba.

Nella prospettiva esistenziale della popolazione lo scetticismo nei confronti dell'immortalità dell'anima e l'attesa di un fosco destino infero erano compensati dall'adesione ai principi del *carpe diem* e dal confortevole ricordo dei piaceri goduti in vita; a confermarlo è l'ampio repertorio dei *carmina epigraphica*[15], che rievocando e banalizzando aulici temi letterari o filosofici erano in grado di esprimere con immediatezza ciò che la gente pensava della propria sorte ultramondana. Tra sentimenti di tristezza e di consolazione, di speranza e di rimpianto, dagli epitaffi emerge costantemente il valore assoluto attribuito alla vita, contrapposta al nulla o all'indistinta evanescenza dell'aldilà. Una valutazione percentuale dei contenuti testuali evidenzia come l'80% dei carmi precristiani considerasse importante solo l'esistenza terrena, mentre la percezione di una qualche forma di sopravvivenza dopo la morte si traduceva nella speranza di una felicità eterna solo nel 6% dei casi[16].

L'ottica di queste epigrafi era dunque più retrospettiva che di speranza nell'oltretomba; da un lato esse affermavano il senso di annullamento e di inversione di ruolo attribuito ai trapassati, dall'altro esaltavano i piaceri della troppo breve vita, ben riassunti dal celebre epigramma: *Balnea vina Venus corrumpunt corpora nostra, sed vitam faciunt* (*CIL* VI 15258 = *CLE* 1499). Nel contempo gli stessi testi esprimevano altre preoccupazioni, pure concentrate sulla dimensione terrena: la cura del sepolcro che come *aeterna domus* doveva accogliere confortevolmente il defunto[17], e gli onori che i sopravvissuti dovevano riservargli attraverso quei rituali che ne avrebbero garantito la sopravvivenza nella memoria familiare e collettiva[18]. In definitiva si tratta dei medesimi postulati del culto funebre che si possono desumere dalle fonti[19] e che sono confermati dalle ricerche archeologiche.

Da ultimo si deve accennare all'interpretazione escatologica che talvolta viene data di alcune testimonianze monumentali e scultoree, intese come segno dell'immortalità dell'anima individuale e dell'eroizzazione o della divinizzazione di defunti particolarmente meritevoli, sottoposti ad una sorta di *consecratio* che portava ad effigiarli *in formam deorum*[20]. Se si escludono alcuni ambiti del Levante in cui persistevano ideali di sublimazione metafisica dell'individuo maturati nell'ellenismo, in realtà tali principi erano estranei alla tradizione etica e giuridica romana, che concepì l'idea dell'apoteosi in età avanzata e solo per taluni personaggi di rango imperiale[21]; si dovrà quindi ritenere che l'assimilazione simbolica del morto all'immagine di eroi e divinità non si riferisse tanto al suo destino nell'aldilà quanto, più semplicemente, ad una solenne celebrazione delle sue virtù terrene[22].

3. Circostanze della morte e *iusta sepultura* come premesse del culto funerario

Sebbene fossero tendenzialmente regolamentate, le pratiche cultuali di ambito sepolcrale non avevano una connotazione univoca; per i Romani esse infatti non dipendevano solo da principi astratti ma anche da concrete circostanze di conte-

---

12. De Visscher 50 ss., 151. Qui **II.4.2**.
13. Toynbee 34; Magnani (n. 9) 25–26; De Filippis Cappai 27–29.
14. Scheid (n. 4) 5.
15. Pikhaus, D., *Levensbeschouwing en milieu in de Latijnse metrische inscripties* (1978); Cugusi, P., *Aspetti letterari dei Carmina Latina Epigraphica* (1985) 40 ss., 165 ss.; Sanders, G., *Lapides memores. Païens et Chrétiens face à la mort: le témoignage de l'épigraphie funéraire latine* (1991); Grilli, A., «Valori letterari nelle iscrizioni sepolcrali», in Mirabella Roberti 15–37.
16. Pikhaus (n. 15) 260–316. 338–339. 463–473.
17. Lattimore, R., *Themes in Greek and Latin Epitaphs* (1962) 165 ss.

18. Sanders (n. 15) 28 ss., 52; Criniti, N., «'Acta est fabula'?: la morte quotidiana a Roma», in Criniti (n. 9) 9–21; Magnani (n. 9) 34–38.
19. Scheid, *Quand faire, c'est croire* 188.
20. Wrede, *Consecratio*; Lavagne, H., «Le tombeau, mémoire du mort», in Hinard 1, 163–164.
21. Fraschetti, A., «Morte dei 'principi' ed 'eroi' della famiglia di Augusto», *AION* 6 (1984) 151–189; De Filippis Cappai 81–83; Jacques/Scheid (n. 6) 161–162; Scheid, *Quand faire, c'est croire* 202–206.
22. Zanker/Ewald 45–50. 193–197; Rothenhöfer, P., «*In formam deorum*: Beobachtungen zu so genannten Privatdeifikationen Verstorbener», in Rüpke/Scheid 268–269.

sto: a determinare la sorte del defunto a volte erano le modalità con cui si verificava il decesso. Non sempre, dunque, era possibile officiare quelle tradizionali cerimonie di seppellimento, codificate dalla legge e dalla religione, che avrebbero garantito all'anima del morto un compiuto trapasso.

In un quadro interessato più alle problematiche sociali dei vivi che al destino dei defunti, una grande attenzione formale era riservata alla condizione esistenziale dell'individuo: per la sua *iusta sepultura* occorrevano una vita vissuta degnamente, una buona morte, l'integrità del cadavere e la legittima disponibilità del luogo della tumulazione: solo con questi presupposti si poteva procedere al rituale dell'*humatio* o dell'*illatio mortui* all'interno di una struttura consacrata, così da qualificare il *locus sepulturae* come *locus religiosus* e il sepolcro come *res religiosa*[23].

Ottenuta una *iusta sepultura* in un *iustum sepulcrum*, il corpo, pur di per sé impuro, era legalmente protetto nella tomba, mentre l'anima, accolta tra i *Di Manes*, assumeva una connotazione divina. In sostanza i cerimoniali di tumulazione sancivano la migrazione del defunto verso quella nuova dimensione trascendentale che gli attribuiva un definitivo statuto di alterità e di ideale contrapposizione rispetto ai vivi; con tali pratiche e con gli atti di espiazione e purificazione che chiudevano il periodo di lutto l'ordine terreno veniva ripristinato e ai sopravvissuti non restava che celebrare periodicamente gli dei Mani e la memoria del morto[24].

Se questa era la regola, a volte le liturgie previste dalla tradizione non potevano aver luogo; accadeva infatti che la morte di alcune persone restasse pericolosamente incompiuta, sia per il mancato sotterramento del cadavere sia per un'*insepulta sepultura* (Cic. *Phil.* 1, 5), intenzionalmente privata dei rituali di seppellimento richiesti dalla legge e dalla religione e dunque tale da conferire al defunto l'anomalo statuto di non trapassato[25]. Gli individui che subivano tale afflizione a causa delle circostanze del decesso comprendevano coloro che erano stati colpiti dal fulmine, taluni morti di morte violenta, i deportati, i criminali giustiziati, i debitori insolventi, i suicidi per impiccagione[26].

I defunti che per la mancanza di una sepoltura rituale restavano sospesi tra la dimensione terrena e quella infera si trasformavano in *umbrae errantes*, spettri che in forma di *nigri Lemures* o di scheletriche *Larvae* vagavano tra i vivi tormentandoli[27]. L'esistenza di questi fantasmi era avvalorata ufficialmente dal calendario delle festività religiose; tra le ricorrenze dedicate ai morti figuravano infatti quei *Lemuria* che Ovidio rievoca narrando il cerimoniale notturno con cui il *pater familias* liberava la casa dagli spiriti malvagi (Ov. *Fast.* 5, 429-444). Le azioni descritte dal poeta, ispirate ad arcaiche pratiche apotropaiche, documentano come accanto ai canonici riti del culto funerario convivessero alcune manifestazioni folcloriche vicine alla magia e alla superstizione.

4. Riti sepolcrali non convenzionali

Questo approccio irrazionale, che nasceva dalla paura della morte e dei defunti che tornavano sulla terra, era indubbiamente radicato nella cultura popolare; lo dimostrano alcuni singolari riti funebri, poco noti ma frequentemente attestati dagli scavi archeologici, nei quali si coglie il desiderio di proteggere i vivi dai morti più che di difendere questi da eventuali profanazioni. Ad un primo generico livello la volontà di immobilizzare gli impuri corpi dei defunti traspare dalla abituale collocazione delle ceneri o dei cadaveri, bloccati sotto terra o in casse lignee inchiodate, serrati da custodie lapidee sigillate oppure murati nei monumenti; ancor più significativi sono i casi in cui i morti erano chiusi in recinti sepolcrali privi di porte, come a Pompei e Ostia[28], ai quali si accedeva solo inerpicandosi sulle pareti o tramite scale portatili.

Altrove, per neutralizzare singoli defunti, si notano più mirate azioni simboliche. In alcune tombe, ad esempio, era deposto un grosso chiodo di ferro o bronzo, possibilmente con la punta ritorta o inserito in un'olletta, con il proposito di fissare il morto al *locus sepulturae* impedendogli di riapparire tra i vivi[29]. La stessa finalità, espressa con maggiore enfasi, si coglie in contesti eccezionali, quali una tomba di Aquileia in cui l'urna cineraria era circondata da una dozzina di acuminati *tribuli* oppure quella di Vercelli dove l'ossuario era avvolto da un reticolo di chiodi[30].

---

23. De Visscher 43 ss., 49 ss., 55 ss.; Toynbee 49; De Filippis Cappai 67 ss.; Lazzarini, S., «Regime giuridico degli spazi funerari», in Cresci Marrone, G./Tirelli, M. (edd.), *'Terminavit sepulcrum'. I recinti funerari nelle necropoli di Altino* (2005) 48-49; Scheid 3, 21-23; Purpura, G., «La 'sorte' del debitore oltre la morte», *Iuris Antiqui Historia* 1 (2009) 42-46.

24. Toynbee 50 ss.; De Filippis Cappai 69 ss.

25. De Visscher 51; Jobbé-Duval, É., *Les morts malfaisants* (2000) 57-61. 105; Purpura (n. 23) 42 ss.

26. De Visscher 50-53; Thaniel, G., «Lemures and Larvae», *AJPh* 94 (1973) 182; De Filippis Cappai 68-69. 100. 105; Jobbé-Duval (n. 25) 57-90; Cantarella, E., *I supplizi capitali* (2005) 151-153.

27. Thaniel (n. 26); De Filippis Cappai 105-106; Jobbé-Duval (n. 25) 42-45.

28. Ad es. Vlad Borrelli et al. ES7. 11. 15. OS5; Heinzelmann et al. 58 tav. 1a-2a.

29. Pellegrino, A., «I riti funerari ed il culto dei morti», in Pellegrino 20-21; Bevilacqua, G., «Chiodi magici», *ArchCl* 52 (2001) 133-134; Ceci, F., «L'interpretazione di monete e chiodi in contesti funerari», in Heinzelmann et al. 89-90; Ortalli 5, 237; Cesari, L., «Riti funerari non convenzionali», in Corti, C./Neri, D./Pancaldi, P. (edd.), *Pagani e Cristiani* VII (2008) 75 ss.

30. Giovannini, A., «Le necropoli», in Ghedini, F./Bueno, M./Novello, M. (edd.), *Moenibus et portu celeberrima. Aquileia: storia di una città* (2009) 191; Bruzza, L., *Iscrizioni antiche vercellesi* (1874) LI-LII.

In altri casi, per personaggi ritenuti particolarmente pericolosi e privati di una *iusta sepultura*, si interveniva direttamente sul corpo infierendo su di esso con azioni tanto aberranti quanto illegali. Inumazioni non convenzionali di questo tipo sono documentate in tutto l'impero romano, in particolare in quelle regioni, come la Britannia, da tempo ben studiate, o nelle quali le particolari condizioni di giacitura, come nelle paludi torbose nordeuropee, hanno permesso la mummificazione dei cadaveri[31].

Tra questi macabri rituali, noti pure in territorio italico[32], quello più comune per impedire che i morti abbandonassero la tomba consisteva nel legarli o nel seppellirli proni; altrimenti il defunto veniva idealmente fissato al suolo infiggendogli grossi chiodi nel corpo, di preferenza nella testa. Come drastica e definitiva soluzione inabilitante si adottava anche la mutilazione *post mortem*: i cadaveri venivano allora decapitati oppure se ne troncavano gli arti, possibilmente ricollocando i piedi o il cranio in posizioni invertite rispetto a quelle anatomiche.

5. Gli onori funebri

Nella prassi della *iusta sepultura* le onoranze funebri iniziavano in casa subito dopo il decesso con una serie di azioni rituali incentrate sul cadavere[33]: la *conclamatio*, la *depositio* e le *lamentationes* sono testimoniate archeologicamente solo a livello iconografico, in rappresentazioni a rilievo come quella della tomba degli *Haterii* (tav. 70, 1)[34].

Se nel *funus indictivum* e presso le più elevate classi sociali l'esposizione del defunto ne esibiva la ricchezza con lussuosi abiti, arredi e complementi rituali, nelle cerimonie della gente comune le procedure erano molto più sobrie. Solitamente il corpo era vestito con indumenti di uso quotidiano, come attestano i piccoli accessori di abbigliamento o i chiodini di ferro per *caligae* che si trovano tra i resti delle tombe a cremazione[35].

Tra i preparativi del corpo una notevole importanza era attribuita al lavaggio con acqua calda e all'*unctura* con balsami e oli profumati[36]. Tali pratiche non si limitavano a mitigare gli effetti della decomposizione o a conferire alla salma un aspetto più gradevole; assieme alle fumigazioni con incenso e sostanze aromatiche esse dovevano infatti avere anche una funzione rituale di valenza lustrale, per contrastare la contaminazione provocata dal cadavere. Come strumento di purificazione delle spoglie, e non come semplice ausilio estetico da toeletta, si dovranno quindi interpretare i balsamari rinvenuti in tutte le necropoli romane, sistematicamente associati al defunto nelle varie fasi del cerimoniale funebre: dall'apprestamento del rogo al seppellimento, fino alle offerte sacrificali effettuate sulla tomba durante il *funus* o nei rituali periodici.

Interessanti riscontri archeologici si possiedono anche sul modo in cui il corpo era esposto dentro l'abitazione e quindi nella *pompa*: atto che in sé univa aspetti sia religiosi che sociali[37]. Soprattutto nelle sepolture a cremazione diretta entro *bustum* si conservano tracce delle portantine usate per sorreggere i cadaveri della gente comune: *lecticae*, *fercula* o *sandapila*, in genere a semplice telaio ligneo, che dopo la processione venivano sistemate sulla pira e bruciate assieme al defunto.

L'importanza attribuita alla versione romana della *prothesis* talvolta traspare dal pregio dei supporti su cui erano stesi i corpi; la loro massima espressione si ha nelle committenze imperiali, come quella di Augusto, deposto su un prezioso giaciglio in oro e avorio con coperte di porpora (Cass. Dio 56, 34, 1-3). Anche personaggi di rango inferiore gradirono questo genere di arredo rituale, utilizzando *lecti* funerari torniti e decorati, fabbricati da officine specializzate; si trattava di dotazioni cerimoniali prestigiose, esposte al pubblico per tutta la durata del funerale, dalla casa del defunto fino alla tomba, come appare sul celebre rilievo con *pompa funebris* di Amiternum (tav. 72, 2)[38].

Tra il II secolo a.C. e il I d.C. sono noti numerosi rivestimenti di questi letti, dapprima in avorio e poi in osso, ornati da raffinati intagli con soggetti vegetali e figurativi prevalentemente legati al mondo dionisiaco[39]. La distribuzione geografica dei manufatti ne testimonia la diffusione in diverse province dell'impero, soprattutto in area transalpina, con una circolazione che non dovette dipendere solo da motivi commerciali e di moda ma anche dalla propagazione della cultura romana e dall'adesione ai modelli rituali per cui essi erano stati creati.

Gli archetipi del *lectus funebris* romano vanno riconosciuti nelle *klinai* della tradizione funeraria ellenistica macedone ed alessandrina, documentate anche dagli arredi scultorei dei monumenti sepolcrali[40]. La comparsa dei letti in Occidente riguardò

---

31. Merrifield, R., *The Archaeology of Ritual and Magic* (1987) 71-76; Bergen, C./Niekus, M. J. L./Van Vilsteren, V. T. (edd.), *Mumien aus dem Moor* (2006).
32. Cesari/Neri.
33. Toynbee 43-45; De Filippis Cappai 51-58.
34. Toynbee fig. 9.
35. Pancaldi, P., «*Revenants* e paura dei morti», in Corti, C./Neri, D./Pancaldi, P. (edd.), *Pagani e Cristiani* II (2002) 19-28.
36. Maurin 196-197. Qui **I.8**.
37. Toynbee 44 ss.; Maurin 193 ss.; De Filippis Cappai 56 ss.
38. Vedi qui **III** n. 26 con bibliografia.
39. Letta, C., «Due letti funerari in osso della Valle d'Amplero», *MonAnt* 52 (1984) 67-115; Talamo, E., «Un letto funerario da una tomba dell'Esquilino», *BullCom* 92 (1987-88) 17-102; Beal, J. C., «Le mausolée de Cucuron. Le lit funéraire à décor d'os», *Gallia* 48 (1991) 285-317; Groh, S., «Letti funerari con intagli in osso dal Norico», *Aquileia Nostra* 78 (2007) 417-438.
40. Guimier-Sorbets, A.-M., «Architecture funéraire monumentale à l'époque hellénistique», in Moretti/Tardy 191 ss.

dapprima l'ambiente laziale, Roma e poi Ostia; in seguito essi si diffusero nell'Italia adriatica e quindi nella Cisalpina, per essere infine esportati a nord delle Alpi, dal Norico alla Germania e alle Gallie[41], presumibilmente veicolati anche dalla mobilità dei militari.

Tra i cerimoniali pubblici attuati nelle prime fasi delle *exsequiae* rientravano le orazioni funebri e l'esposizione delle *imagines maiorum*, incentrate sul culto della memoria e sulla valorizzazione etica e sociale dell'individuo[42]; tali celebrazioni di solito erano riservate alle classi elevate, tuttavia un qualche riflesso se ne poteva avere anche presso i ceti medi. Di queste manifestazioni commemorative non si hanno diretti riscontri archeologici, ma una loro trasposizione simbolica, in scala minore, traspare ovunque nelle pietre sepolcrali, da epigrafi, ritratti e rilievi che illustrano la vita e le attività del defunto[43].

6. La necropoli come spazio del sacro e del culto

Dopo il corteo funebre lo scenario delle *exsequiae* mutava radicalmente; giunti nella necropoli il cerimoniale proseguiva in un ambiente di per sé non consacrato ma comunque venerando per la presenza degli innumerevoli *loca religiosa* che vi erano disseminati e per le pratiche cultuali che vi si celebravano.

L'ubicazione suburbana dei sepolcreti romani ancora una volta rispondeva più ad esigenze sociali che spirituali, assumendo una propria specifica connotazione non solo fisica ma anche ideale: la città dei morti fronteggiava quella dei vivi in un rapporto ambivalente di separazione/vicinanza che riproponeva lo stesso principio di alterità/comunanza con cui i sopravvissuti si confrontavano con i defunti. Ciò comunque non implicava una radicale opposizione tra le due parti; in armonia con il concetto di rovesciamento, ricorrente nella religiosità e nei cerimoniali funebri romani[44], la necropoli, con la sua via sepolcrale e i suoi monumenti[45], era la seconda faccia di una stessa realtà, distinguendosi per il suo statuto inverso rispetto agli spazi della vita quotidiana: sostanzialmente essa costituiva un'immagine riflessa del centro abitato, del quale emulava in termini semplificati la fisionomia urbanistica e la composizione sociale.

Qui i defunti erano destinati a risiedere per l'eternità e qui si dovevano celebrare le ricorrenze religiose che ne coltivavano la memoria consentendo loro di sopravvivere nel ricordo dei parenti.

Nella topografia della maggior parte delle necropoli i sepolcri si distribuivano in modo apparentemente disordinato; in realtà al loro interno esisteva un'organica articolazione delle tante aree dedicate ai rituali funebri. Tra i sepolcri si insinuava un fitto reticolo di spazi cerimoniali fissi o temporanei, raccordati da percorsi che permettevano di accedere alle singole sepolture o agli impianti accessori di uso liturgico. I principali poli d'attrazione cultuale erano rappresentati dalle tombe: che fossero mausolei dotati di apposite sale cerimoniali, oppure monumenti di per sé percepiti come altari, o semplici fosse sulle quali deporre le offerte votive, erano questi i luoghi consacrati in cui la gente si recava per incontrare i propri defunti e per celebrarne i *Manes*.

7. Inumazione o cremazione: una scelta di fondo

Nella necropoli si poneva la cruciale scelta sul trattamento da riservare al corpo del defunto. Al costume romano erano estranee sia la pratica egizia dell'imbalsamazione[46], sia la sepoltura secondaria, che in altre civiltà prevedeva una lunga esposizione del cadavere prima della tumulazione[47]; essenzialmente l'alternativa si riduceva alle due opzioni antitetiche dell'inumazione e della cremazione, delle quali oggi sfugge l'originaria percezione emotiva ed escatologica e che potremo analizzare solo per ciò che traspare dalle fonti scritte e dai rinvenimenti archeologici.

Dagli autori latini sappiamo che l'inumazione era considerata l'originaria forma di sepoltura romana (Cic. *leg.* 2, 56; Plin. *nat.* 7, 187), gradualmente soppiantata dalla cremazione, definita *mos Romanus* (Tac. *ann.* 16, 6, 2), in contrapposizione al seppellimento del cadavere *Graeco more* (Petron. 111, 2). In realtà già nel V secolo a.C. le XII Tavole assimilavano i due riti sancendone ufficialmente la coesistenza e l'equivalenza giuridica e sacrale (Cic. *leg.* 2, 58); tale equiparazione concettuale è del resto ribadita dal *corpus* dei testi letterari che trattano la materia, da cui emerge la totale indifferenza dei Romani rispetto alla diversità delle due procedure[48].

Gli studiosi moderni non si sono sostanzialmente allontanati da tale giudizio, riuscendo tuttavia a puntualizzare meglio i tempi con cui i differenti rituali si sono alternati[49]: in generale la cremazione

---

41. Letta (n. 39) 95–111; Beal (n. 39) 314–317; Ortalli, J., «Un letto funerario romano in osso dalla necropoli di S. Lorenzo in Strada (Riccione)», *Studi Romagnoli* 42 (1991) 113 ss.; Bianchi, C., *Cremona in età romana. I letti funerari in osso dalla necropoli di S. Lorenzo* (2000) 125–132; Groh (n. 39) 417 ss.

42. Mansuelli, G. A., «Les monuments commémoratifs romains de la vallée du Po», *MonPiot* 53 (1963) 21–23; von Hesberg/Zanker; von Hesberg 30 ss., 38 ss., 46 ss., 52 ss.; Zanker/Ewald 189 ss.

43. Dupont, F., «Les morts et la mémoire: le masque funèbre», in Hinard 1, 167 ss.

44. Maurin 196 ss.

45. von Hesberg/Zanker; von Hesberg; Kockel; Heinzelmann.

46. Lucr. 3, 890–893; Tac. *ann.* 16, 6, 2; Toynbee 41–42; De Filippis Cappai 15.

47. Duday (n. 1) 139 ss.

48. Vismara 109 ss., 145.

si affermò in alta età repubblicana e si impose definitivamente tra il II e il I secolo a.C., finché, verso l'età adrianea, ricomparve l'inumazione, progressivamente diffusa nel II secolo e divenuta dominante nel III.

Se il cambiamento della mentalità funeraria che in età repubblicana portò i Latini ad optare per il rito crematorio aveva riguardato un ambito relativamente circoscritto, il processo che nella media età imperiale indusse a seppellire i corpi ebbe un risalto molto maggiore, riflettendosi su tutto l'impero e coinvolgendo un gran numero di popoli di differente estrazione etnica e culturale. Questa modificazione del rituale è stata spiegata con varie motivazioni, tra le quali si potranno escludere quella economica, del minor costo, quella affettiva, del rispetto per il cadavere, e quella religiosa, da molti sostenuta, che ipotizzava un influsso di culti orientali, giudaici o cristiani[50].

In definitiva si può ritenere che per i Romani la scelta della procedura derivasse da presupposti sociali di tipo personale, familiare o della comunità, senza assumere alcuna connotazione religiosa, e che l'unico vincolo consistesse nell'obbligo di rispettare le norme giuridiche e sacrali dell'*humatio* e della *iusta sepultura*[51]. Se si deve pensare ad un movente per l'affermazione dell'inumazione nei decenni centrali del II secolo, quello più convincente pare allora riconoscersi in una moda[52], introdotta dal gusto filelleno dei circoli aristocratici urbani dell'epoca e quindi propagatasi nell'Italia municipale e nelle province dell'impero grazie ad un processo di emulazione o acculturazione[53].

8. Inumazione e cremazione: il dato archeologico

Se in termini generali questo scenario risulta condivisibile, la ricerca archeologica ha dimostrato che la realtà dei fatti era più complessa e articolata[54], tale da richiedere qualche approfondimento in particolare sull'effettiva diffusione del rito crematorio nell'impero romano.

In primo luogo è certo che anche dopo la caduta dei regni ellenistici la pratica inumatoria, *Graeco more*, continuò a dominare in tutto l'Oriente, presumibilmente per la resistenza ideologica che quelle terre di avanzata civiltà furono in grado di opporre agli apporti culturali della conquista romana; si deve comunque notare che allora si registrò pure una qualche affermazione del rito crematorio, ad esempio in diversi settori della Grecia continentale, dell'Asia Minore e della Palestina[55]. Nel più arretrato ambito occidentale, ancorato a usanze protostoriche, la tradizione inumatoria di vari popoli italici e di gran parte dell'Europa celtica lateniana si ridusse invece drasticamente venendo soppiantata dalla cremazione; si deve in ogni caso osservare che pure qui essa non scomparve mai del tutto, nemmeno durante il periodo di massima affermazione del rituale crematorio, tra il I secolo a.C. e il I secolo d.C., trovando significative attestazioni non solo nelle sepolture dei poveri e degli schiavi.

Nell'Occidente romano il perdurare delle inumazioni fu talvolta legato a riconosciute esigenze del culto funebre; emblematiche sono le tumulazioni di infanti, la cui *mors immatura* giustificava un peculiare approccio liturgico alle esequie[56], per cui il *funus acerbum* di regola utilizzava il seppellimento (Plin. nat. 7, 16, 69). L'archeologia dimostra che ai bambini e alle piccole *innuptae* venivano riservate speciali premure, a compensazione della triste sorte subita: oltre che nel trattamento dei corpi ciò traspare dai corredi sepolcrali nei quali ricorrono gioielli, giochi, oggetti miniaturistici e amuleti rivestiti di significati simbolici ed apotropaici[57].

In altre circostanze l'inumazione dei defunti è invece da imputare a tradizioni culturali di substrato o alloctone, in un quadro di tranquilla convivenza dei rituali. Nella stessa Roma, e a Ostia, nella prima età imperiale è testimoniato un rilevante numero di inumati adulti anche di elevato rango sociale[58]. Interessante è pure la situazione della Cispadana, romanizzata fin dal II secolo a.C. grazie al massiccio afflusso di immigrati italici: qui i rinvenimenti archeologici dimostrano che in età repubblicana era ampiamente diffusa la pratica inumatoria, riconducibile a retaggi indigeni e coloniari, e che solo con Augusto si ebbe una rapida e generale affermazione della cremazione[59]. In altre zone italiche più marginali, quale l'area alpina dei *Leponti*, il conservatorismo autoctono si tradusse addirittura nella persistenza della tradizionale inumazione per tutta l'età imperiale[60].

---

49. Toynbee 39–42; Morris, I., *Death-Ritual and Social Structure in Classical Antiquity* (1992) 42 ss.; De Filippis Cappai 13–18.
50. Riferimenti critici in Toynbee 40–41; Morris (n. 49) 32; De Filippis Cappai 17.
51. Scheid 3, 21–23.
52. Nock, A. D., «Cremation and Burial in the Roman Empire», HThR 25 (1932) 321–359.
53. Morris (n. 49) 53. 59–61. 67–68.
54. Vidal; Faber et al.
55. Morris (n. 49) 43 e fig. 7; Spanu, M., «Burial in Asia Minor», in Pearce et al. 173–174; in Faber et al.: Zangenberg, J.; Kuhnen, H.-P.; Konrad, M.; Rife, J. L.

---

56. Néraudau, J.-P., «La loi, la coutume et le chagrin. Réflexions sur la mort des enfants», in Hinard 1, 195–208; De Filippis Cappai 87–90.
57. Martin-Kilchner, S., «*Mors immatura* in the Roman World – A Mirror of Society and Tradition», in Pearce et al. 62–77.
58. Taglietti, F., «La diffusion de l'inhumation à Rome: la documentation archéologique», in Vidal 163–179; Grossi, M. C./Mellace, V. S., «Roma, via Portuense: la necropoli di Vigna Pia», in Faber et al. 185–200.
59. Ortalli 5, 216–217. 223–224.
60. Paunier, D., «Inhumations et incinérations aux trois premiers siècles de notre ère: l'état des questions en Suisse»,

A maggior ragione una certa continuità delle usanze locali si registra nelle più lontane province transalpine[61], come comprova il perdurare del rito inumatorio in alcuni settori dell'*Hispania*, della *Gallia*, della *Germania*, e soprattutto della *Britannia*[62]. Talvolta in questi ambiti la sopravvivenza delle consuetudini preromane si manifestò anche con altre modalità, ad esempio nell'esposizione temporanea dei cadaveri in *Britannia* e nella deposizione dei corpi all'interno di tronchi d'albero in *Gallia*[63].

Pur nella pluralità dei comportamenti regionali è comunque assodata la preminenza della cremazione in tutto l'Occidente romano. In molti luoghi abituati all'inumazione il mutamento del cerimoniale funebre fu determinato dalla propagazione degli usi latini che fece seguito alla conquista militare, processo ulteriormente incentivato dal programmatico disegno di integrazione e omologazione promosso da Augusto. Questi ed altri aspetti della sfera sepolcrale trovarono allora un formidabile strumento di diffusione nella circolazione degli eserciti e negli stanziamenti legionari[64], come ben documenta la piena ricezione dei modelli italici riscontrabile a *Mogontiacum*, a *Vindonissa* o sul *limes* britannico[65].

Se a livello generale la combinazione tra le eredità di substrato e gli apporti della romanizzazione fu decisiva per modificare l'ideologia religiosa e il culto funerario, in ambiti circoscritti poterono intervenire anche altri fattori legati all'eterogeneità demografica dell'impero romano, con le sue attitudini alla mobilità individuale e alla commistione etnica. Nell'assetto insediativo dell'epoca, ad esempio, al conservatorismo dei comprensori rurali si contrapponeva la vivacità sociale dei centri urbani, così che nelle campagne si ebbero vistose sopravvivenze della cultura locale[66], mentre nelle città poterono emergere singolari tratti di originalità. Al riguardo ricordiamo la precocità con cui nuovi modelli del rituale inumatorio di ascendenza levantina furono introdotti nei principali porti italici[67]: la documentazione sepolcrale del I secolo d.C. raccolta ad Aquileia, Ravenna, Rimini e Ostia dimostra che il cosmopolitismo e l'apertura di questi luoghi verso il Mediterraneo orientale non comportavano solo la circolazione di merci ma anche di uomini e idee.

In definitiva il variegato panorama dei rituali funebri romani indica come le scelte personali o di gruppo sul modo di trattare il cadavere fossero essenzialmente libere, senza vincoli imposti dalla religione ufficiale e senza effettivi contrasti etici o escatologici (tav. 74, 3)[68]. Resta da comprendere come l'inumazione e la cremazione si rapportassero tra di loro nella concezione ideale e nella percezione affettiva dei singoli individui dove tali pratiche coesistevano in un medesimo contesto cronologico e territoriale.

Una chiara prova dell'accettazione e della pari dignità delle due opzioni rituali emerge dai sepolcri familiari del II secolo d.C. che a Roma, come a Ostia, erano costruiti predisponendo nicchie ed arcosoli per la convivenza di sarcofagi e urne cinerarie[69]. La mancanza di qualsiasi contrapposizione ideologica emerge in maniera ancor più netta nel caso di personaggi uniti da stretti vincoli parentali e affettivi che manifestarono un singolare rispetto del reciproco credo: ad esempio, in una tomba a cassa laterizia della necropoli di via dei Poggi, a Ravenna, tre inumazioni si sovrapponevano direttamente e ordinatamente ai resti di due cremazioni a *bustum*; paradigmatico è pure il sarcofago bisomo di San Pietro in Casale, presso Bologna, dove lo scheletro inumato di *T. Attius Maximus* giaceva accanto alle ceneri cremate della moglie *Rubria Semne* (tav. 75, 1)[70].

Solo raramente si intravedono dei comportamenti che oppongono consapevolmente la cremazione all'inumazione, con una scelta rituale che pare esprimere una precisa volontà di distinzione religiosa e sociale. È noto che in diverse località dell'impero la pratica crematoria perdurò fino all'avanzata età imperiale; non ordinario appare tuttavia l'attardamento testimoniato dagli scavi dell'Università Cattolica di Milano[71]: qui, in prossimità di alcuni cimiteri paleocristiani *ad Martyres* e della basilica ambrosiana, un complesso funerario si sviluppò fin oltre la metà del IV secolo con numerose sepolture a cremazione accompagnate da

---

in Vidal 191–201; Biaggio Simona, S./Butti Ronchetti, F., «Inumazione e cremazione tra il lago Verbano e il lago di Como», in Faber *et al.* 255–270.

61. Goudineau, C., «Conclusion», in Vidal 249–251.
62. In Vidal contributi di: Bost, G. P./Maurin, L.; Bendala Galan, M.; Reece, R.; Galliou, P.; in Faber *et al.* contributi di: Vaquerizo, D.; Blaizot, F., *et al.*; Castella, D./Blank, P.; Struck, M.
63. Niblett, R., «Funerary Rites in *Verulamium* during the Early Roman Period», in Pearce *et al.* 102–103; Blaizot, F., *et al.*, «Inhumation and Cremation in Roman Gaule», in Faber *et al.* 311–312.
64. Goudineau (n. 61) 249.
65. Paunier (n. 60) 192; Witteyer, M./Fasold, P. (edd.), *Des Lichtes beraubt. Totenehrung in der römischen Gräberstrasse von Mainz-Weisenau* (1995) 49 ss., 74 ss.; Fasold, P., «Early Roman Graves in Southern Bavaria», in Pearce *et al.*

191–191; Struck, M., «High Status Burials in Roman Britain», Pearce *et al.* 85–96.

66. Goudineau (n. 61) 249–251.
67. Pellegrino (n. 29) 16; Maselli Scotti, F./Giovannini, A., «Inumazioni ad Aquileia», in Faber *et al.* 230 ss.; Ortalli, J., «Cremazione e inumazione in Cisalpina: convivenza o contrapposizione?», in Faber *et al.* 203.
68. Esempio di tombe della prima età imperiale che attestano la convivenza dei due riti di seppellimento, con inumati in fossa e urne cinerarie, nel sepolcreto del podere Minghetti di Classe (Ravenna).
69. Baldassarre 1, 141 ss.; Baldassarre *et al.* 37–38. 154 ss.; Grossi/Mellace (n. 58).
70. S. Pietro in Casale (Bologna), Palazzo Comunale: sarcofago in corso di scavo e dopo l'apertura, con evidenza di maschio inumato e di ossa combuste di un secondo individuo deposte a fianco della spalla. Ortalli (n. 67) 204–207.

corredi e dispositivi rituali di esclusiva ascendenza pagana; questi tratti di conservatorismo culturale suggeriscono che il sepolcreto appartenesse ad una comunità di alto rango che voleva rivendicare la propria autonomia culturale e forse un'origine allogena.

9. Il rogo funebre

Il momento culminante delle esequie era costituito dalla deposizione dei resti del defunto nella tomba, cerimoniale che doveva risultare abbastanza semplice nelle inumazioni: in questo caso il corpo era adagiato in una fossa scavata in terra oppure chiuso in un contenitore, dalla modesta cassa lignea al ricco sarcofago, a sua volta sotterrato o collocato dentro un edificio sepolcrale. Se invece si voleva incenerire il cadavere il rituale funebre risultava decisamente più complesso[72].

Una prima modalità di cremazione era quella diretta, a *bustum* (Serv. *Aen.* 11, 201; Paul. *Festi* 29 L.), in cui la pira era eretta sul *locus sepulturae* poggiandola all'interno o sopra la fossa tombale, in modo che le ossa combuste del defunto vi cadessero dentro, talvolta raccogliendosi in un pozzetto centrale. Questa procedura, già usata in età repubblicana ma particolarmente frequente tra prima e media età imperiale, si riconosce archeologicamente per l'arrossamento della fossa e per lo strato di ceneri che ne ricoprono il fondo (tav. 74, 4)[73].

Più abituale era la cremazione indiretta, nella quale il luogo di combustione del cadavere non coincideva con quello del seppellimento; la cerimonia implicava allora una sequela di azioni concluse da una sepoltura di tipo secondario[74]. Il rituale aveva inizio nell'*ustrinum*, generalmente ubicato in un settore appartato della necropoli, dove si allestiva la pira funebre; la sua configurazione era estremamente varia[75], lasciando intendere che all'area di cremazione non fosse attribuita una specifica valenza sacrale. La soluzione più elementare era quella dell'apprestamento temporaneo, per un unico rogo, presumibilmente adottata nella maggior parte delle necropoli anche di considerevole importanza, quale quella dell'Isola Sacra[76]. Altrimenti si avevano *ustrina* stabili utilizzati più volte, normalmente situati all'aperto o con semplici recinzioni, anche se talora sono attestate forme complesse, addirittura monumentali nel caso degli impianti urbani eretti nel Campo Marzio per le famiglie imperiali.

La pira era composta da una catasta di legna che poteva assumere l'aspetto di un altare[77]. Non sappiamo quanto questa peculiare conformazione fosse abituale; la notazione letteraria che la ricorda è peraltro molto interessante dal punto di vista concettuale in quanto indica che il rogo funebre era inteso come una vera e propria struttura sacrificale destinata ad accogliere il corpo del morto assieme a oggetti e offerte rituali. Tra i materiali che normalmente si rinvengono tra le ceneri si ricordano il *lectus funebris*, porzioni di cibo, vasellame, monete e balsamari originariamente pieni di sostanze aromatiche.

Le pire innalzate per Settimio Severo e altri imperatori, descritte dalle fonti o raffigurate sulle monete, apparivano addirittura sontuose con i loro molteplici piani guarniti da festoni e ornamenti[78]; qualsiasi rogo funebre, anche il più modesto, era comunque di per sé caratterizzato dalle stesse funzioni essenziali che sancivano la sacralità dell'atto crematorio: sprigionare il fuoco che bruciava il corpo del defunto e prestarsi alle liturgie e ai sacrifici officiati dai congiunti sulle fiamme.

Questa parte del rituale, cui il morto partecipava assieme ai parenti e alla divinità, era determinante in quanto avviava la sua separazione dal mondo dei vivi[79]. In proposito, come momento culminante, le fonti menzionano anche il sacrificio della *porca praesentanea*[80]: su tale specifica procedura cerimoniale, tuttavia, si hanno pochissimi indizi archeologici, come le ossa di maiale mischiate a quelle umane rinvenute in alcuni cinerari della necropoli suburbana della via Collatina[81], o i resti di *sus scrofa* segnalati presso alcune tombe di Pompei[82]. La rarità dei riscontri sul terreno fa ritenere che la tradizione religiosa connessa al rito della scrofa, per come la ricordano i testi (Cic. *leg.* 2, 22, 57; Fest. 242, 11-16; 250, 11-14 L.; Paul. *Festi* 243, 2-3; 296 L.; Gell. 4, 6, 8), nella realtà non fosse una costante imprescindibile e ovunque praticata; al riguardo, del resto, è stato convincentemente osservato che in tale occasione l'aspetto fondamentale del culto doveva essere l'atto sacrificale e non il genere di vittima immolata, così che questa poteva ben essere sostituita da una meno costosa offerta di vino o incenso[83].

10. La sepoltura

Nella cremazione indiretta, una volta spente le fiamme i resti umani erano raccolti e trasferiti nel-

---

71. Sannazaro, M., «Cronologia e topografia dell'area funeraria», in *id.* (ed.), *Ricerche archeologiche nei cortili dell'Università Cattolica* (2001) 39-58; Ortalli (n. 67) 209-210.
72. Toynbee 49-50; Vidal; De Filippis Cappai 66-69.
73. Rimini, necropoli della *via Flaminia*: tomba a *bustum* con pozzetto centrale in cui si conserva parte del tubo di piombo utilizzato come dispositivo libatorio.
74. Duday (n. 1) 140-141.
75. Polfer, M., «Recostructing Funerary Rituals: the Evidence of *ustrina*», in Pearce *et al.* 30-37.

76. Baldassarre *et al.* 38.
77. Serv. *Aen.* 6, 177. Qui **I.11**.
78. Toynbee 60-61; De Filippis Cappai 83.
79. Scheid (n. 4) 7.
80. Scheid 2, 128-129; Scheid 3, 21-22.
81. Buccellato, A./Catalano, P./Musco, S., «Alcuni aspetti rituali ... della necropoli Collatina (Roma)», in Scheid 1, 86-87.
82. Lepetz/van Andringa 121-122.
83. Scheid (n. 4) 7-8.

la tomba. In certi casi sono documentate deposizioni indifferenziate, in cui ossa e carboni erano collocati senza particolari avvertenze dentro pozzetti o in cassette laterizie (tav. 75, 2)[84]; solitamente, tuttavia, le ceneri del rogo funebre erano vagliate con *l'ossilegium* per separare e raccogliere i resti del defunto (Tib. 1, 3, 5–6; 3, 2, 17–18; Serv. *Aen.* 6, 228). Nelle diverse regioni dell'impero questa azione veniva svolta in molti modi: le ossa calcinate potevano essere recuperate attentamente e integralmente o solo campionate; lasciate sporche, pulite sommariamente oppure lavate con cura. In sostanza pare che la rappresentatività delle ceneri del morto fosse soprattutto simbolica, lasciando ai singoli una certa libertà nel loro trattamento.

Questa discrezionalità è ribadita dalla sorte diversificata che veniva riservata agli avanzi del rogo[85], forse rivestiti di una qualche sacralità come esito del rito sacrificale; a seconda dei casi i carboni erano dispersi, raccolti entro apposite fosse, in parte inseriti nei cinerari oppure stesi sul fondo dei pozzetti che accoglievano le urne. Frequentemente, poi, alla terra di rogo si mischiavano i resti degli oggetti originariamente deposti sulla pira.

Il rituale della cremazione indiretta si concludeva con il seppellimento dell'urna dove erano state riposte le ossa combuste. I tanti tipi di cinerari utilizzati dai Romani, estremamente variabili per forma e materiale[86], erano probabilmente intesi non solo come contenitori ma anche come elementi accessori del culto funebre, in quanto estensione simbolica delle ossa che contenevano. Oltre alle valenze apotropaiche e sacralizzanti che traspaiono dalle figurazioni di alcune raffinate urne marmoree, in proposito si ricorda la coppia di cinerari di alabastro appartenuti ai *Verginii* di Sarsina, inseriti in ciste di piombo[87]: a risaltare, qui, è la speciale qualità dei materiali selezionati, che la tradizione fisica e filosofica riteneva particolarmente idonei a preservare le sostanze organiche (Theophr. *c. plant.* 8, 41; Plin. *nat.* 13, 3; 36, 7–8).

Alle ossa calcinate raccolte nell'urna poteva accompagnarsi anche qualche oggetto analogo a quelli normalmente deposti sulla pira o compresi nel corredo sepolcrale (tav. 75, 3)[88], con una reiterazione dell'offerta rituale, replicata anche in altri momenti del funerale, che doveva accentuarne il valore simbolico. Spesso si trattava di monete e balsamari, elementi che si distinguevano dagli altri per l'ideale rapporto, non generico ma individuale, che li legava direttamente alla persona defunta.

L'ultimo trattamento rituale specificamente dedicato al cadavere era l'*humatio*, cerimonia che nella tradizione romana assumeva il massimo rilievo; era infatti il seppellimento che ricongiungendo il defunto alla Madre Terra permetteva la purificazione dei familiari e attribuiva una piena dignità e protezione legale alla tomba[89]. Se nel culto funerario l'interramento era considerato fondamentale per compiere una *iusta sepultura* (Cic. *leg.* 2, 57), consentendo al trapassato di raggiungere la sua alterità di stato e di unirsi alla comunità dei *Di Manes*, rimane da comprendere come ciò effettivamente potesse conciliarsi con la pratica crematoria e ancor più con la deposizione del corpo o dell'urna lontano dalla terra, all'interno di un monumento sepolcrale.

Per la prima evenienza le fonti ricordano quella sorta di traslazione rituale, nota come *os resectum* (Cic. *leg.* 2, 22, 55; Varro *ling.* 5, 23; Paul. *Festi* 135 L.), che comportava l'amputazione di una falange del cadavere da seppellire mentre il resto del corpo veniva bruciato. In realtà l'archeologia non ha mai restituito significative evidenze di questa procedura, offrendo solo rari e incerti indizi quali le ollette contenenti singole ossa rinvenute a S. Cesareo, sulla via Appia, o il ricettacolo ricavato nel monumento onorario ercolanense di *M. Nonius Balbus*[90]. È dunque probabile che con l'evolversi dei costumi funerari l'arcaica tradizione dell'*humatio* non fosse più intesa solo nella sua accezione letterale, consentendo di proporre alternative rituali di tipo simbolico, quale quella, suggerita dalle fonti, delle poche manciate di terra da gettare sulle spoglie mortali (Cic. *leg.* 2, 56; Hor. *c.* 1, 28; Serv. *Aen.* 6, 176).

Quando le deposizioni erano attuate dentro i mausolei, e i resti dei defunti venivano murati nelle fondazioni o sistemati in celle, loculi e arcosoli, il mancato legame con il suolo era ancora più esplicito. Pure in questi casi, dunque, il rito di seppellimento doveva prevedere un'alternativa che permettesse di rispettare le leggi religiose senza che vi fosse l'obbligo di un diretto contatto tra il morto e la terra. In tal senso una conferma pare offerta sia dal principio giuridico dell'*illatio mortui*, che sanciva la regolarità della deposizione all'interno di un monumento consacrato[91], sia dal binomio semantico dei termini *sepelire* e *humare*[92], presumibilmente da ricondurre ad una legittima alternanza delle modalità di seppellimento – sotto terra o dentro un sepolcro – in relazione alle differenti situazioni.

---

84. Bologna, sepolcreto dell'Arena del Sole: tomba a cremazione indiretta a cassetta, con quattro ollette fittili deposte in posizione angolare sopra il riempimento costituito dai resti del rogo funebre.
85. McKinley, J., «Phoenix Rising: Aspects of Cremation in Roman Britain», in Pearce *et al.* 38–44.
86. Toynbee 50.
87. Ortalli 4, 66.

88. Classe (Ravenna), area sepolcrale del podere Minghetti: urna cineraria fittile contenente le ossa combuste e lavate del defunto associate ad un balsamario vitreo.
89. Toynbee 49; De Filippis Cappai 67–68; Scheid 3, 21–22.
90. Pellegrino (n. 29) 11–12.
91. Lazzarini (n. 23) 49–50.
92. Scheid 3, 22.

11. I corredi funerari

Il protocollo funebre comportava anche l'uso di oggetti di valore rituale dei quali l'archeologia rivela la sistematica presenza in tutte le fasi del cerimoniale, a partire da ciò che era stato bruciato sulla pira o inserito nelle urne cinerarie; la maggior parte dei materiali era comunque costituita dalle dotazioni deposte all'interno delle tombe. Anche se la libertà individuale permetteva le scelte più diversificate dal punto di vista qualitativo e quantitativo, in generale la loro composizione era piuttosto ripetitiva, basandosi su poche e selezionate categorie di manufatti in qualche misura connessi alla figura o al destino del defunto[93]. L'equipaggiamento personale comprendeva accessori da vestiario, ornamenti, elementi connessi al ruolo sociale o alle attività professionali, strumenti da toeletta e d'uso domestico; assieme a questi erano poi altri oggetti che rientravano nella sfera del culto funebre e del simbolismo metafisico (tav. 75, 4)[94].

Di pertinenza rituale erano le lucerne, i balsamari, e le monete, che nelle inumazioni erano solitamente inserite nella bocca o nella mano del defunto (tav. 76, 1)[95]; per un'antica tradizione, forse più folclorica che religiosa, il cosiddetto *naulum* poteva rappresentare l'obolo versato a Caronte per assicurare il compimento del viaggio nell'oltretomba[96]. A queste offerte standardizzate di regola erano associate anche suppellettili da banchetto, talora accompagnate da porzioni di cibo; tra i vasi da mensa risaltavano soprattutto quelli destinati alla conservazione e al consumo del vino, quali anfore, bottiglie, brocche, bicchieri e coppe. Spesso si ritiene che questi servizi conviviali fossero inseriti nelle tombe per essere impiegati dal defunto nella sua nuova vita ultraterrena; in realtà, considerando il contesto generale, pare piuttosto opportuno pensare ad una sorta di dotazione consolatoria, evocativa delle gioie della vita, che consentiva al morto di corrispondere idealmente ai pasti e alle libazioni funebri con cui i congiunti lo avrebbero commemorato[97].

Il valore rituale attribuito ai corredi non riguardava solo la natura dei singoli oggetti, a volte mai usati e d'uso esclusivo del defunto, ma anche il modo in cui li si disponeva nella tomba: generalmente sul fondo, più raramente nel terreno di riempimento. Ricordiamo ad esempio la collocazione di quattro vasi agli angoli della fossa (tav. 75, 3)[98], affine ai sacrifici di fondazione a ribadire la protezione sacrale del sepolcro; oppure il frequente capovolgimento o la frammentazione delle suppellettili, atto votivo, ricordato anche dalle fonti (Prop. 4, 7, 34), che precludendo il loro abituale impiego sottolineava il rovesciamento di status del defunto cui erano dedicate[99]. Interessante è pure la reiterazione di una medesima offerta, a rafforzare l'efficacia del rito devozionale; per tali deposizioni multiple, che spesso riguardavano lucerne e balsamari, segnaliamo gli emblematici casi di alcuni sepolcreti scoperti presso il delta del Po, dove alcune tombe contenevano fino a trenta esemplari di uno stesso tipo di oggetto[100].

Complessivamente queste caratteristiche di base ricorrono nei corredi di tutto l'impero, dimostrando la tendenziale uniformità del cerimoniale di seppellimento. Come in altri aspetti del culto funerario, anche nelle dotazioni tombali potevano tuttavia esservi innumerevoli varianti legate a presupposti di contesto, quali le preferenze individuali o le tradizioni locali. Nelle province il radicamento delle pratiche di matrice romana dipese dal grado di acculturazione delle varie regioni, anche in rapporto ai tempi e alle modalità dello stanziamento di legionari, funzionari e immigrati che provenivano da aree di antica romanizzazione.

Tale evenienza è ben evidenziata dalle forti differenze che si osservano tra ambiti diversi; e così, se i grandi presidi militari e coloniari di *Mogontiacum* e di *Nemausus* furono rapidamente permeati dai costumi italici anche nella standardizzazione dei corredi funerari[101], nel defilato *oppidum* treviro di Titelberg la necropoli di Lamadelaine mostra come ancora in età imperiale certe offerte sepolcrali di tipo alimentare e vascolare si rifacessero a vecchie consuetudini indigene[102]. In area transalpina, oltretutto, la natura dei materiali deposti nelle tombe non dipese solo dagli influssi italici o dalle persistenze di substrato; la mobilità e la commistione di soldati e civili provinciali lungo i corsi del Reno e del Danubio fece infatti sì che alcune variazioni del rituale fossero dovute a genti e costumi allogeni[103].

---

93. V. bibliografia generale e di scavo.
94. Sarsina, Mus. Naz.: corredo sepolcrale con elementi standard della tomba 5 della necropoli di Pian di Bezzo (scavi 1981-84).
95. Classe (Ravenna), area sepolcrale del podere Minghetti: tomba ad inumazione di infante con moneta bronzea deposta sulla bocca.
96. Parmeggiani; De Filippis Cappai 55-56; Pellegrino (n. 29) 21-22.
97. Ortalli 3.
98. V. supra n. 84. Ortalli 4, 73.
99. Parmeggiani 214; Passi Pitcher 23-26; Giovannini *et al.* 169-170; Ortalli 4, 72-73; Pellegrino (n. 29) 19-20.

100. Berti, F. (ed.), *Voghenza. Una necropoli di età romana* (1984) 141-147; ead. (ed.), *Mors inmatura. I Fadieni e il loro sepolcreto*, Cat. Mostra Gambulaga (2006) 71 ss.
101. Witteyer/Fasold (n. 65) 20 ss.; Célié, M./Darde, D. (edd.), *Mémoire du geste. Les pratiques funéraires à Nîmes* (2007) 77 ss.
102. Metzler-Zens, N./Metzler, J./Meniel, P. (edd.), *Lamadelaine. Une nécropole de l'oppidum du Titelberg* (1999) 14 ss.
103. Fasold (n. 65); Jovanović, A., «Romanization and Ethnic Elements in Burial Practice in the Southern Part of *Pannonia Inferior* and *Moesia Superior*», in Pearce *et al.* 204-214.

12. Valori simbolici e rituali del monumento funerario

Nel mondo romano una piccola ma significativa percentuale di tombe era associata ad installazioni e segnacoli che emergevano sul suolo delle necropoli o da edifici e mausolei spesso dotati di camere sepolcrali: tutte queste strutture rivestivano una qualche funzione anche in relazione al culto funerario.

Di maggiore evidenza erano i monumenti funerari, molto diversificati nelle tipologie[104], ma accomunati dal simbolismo programmaticamente attribuito alle forme architettoniche. Innanzitutto il *monimentum* segnalava il *locus sepulturae* ed esaltava il ricordo del morto con i suoi apparati strutturali, epigrafici e figurativi; si trattava di un procedimento comunicativo fondamentalmente retrospettivo, che attraverso la rievocazione dell'esistenza terrena garantiva al defunto una sorta di immortalità legata alla memoria, trasponendo stabilmente sulla pietra gli stessi temi che in modo più effimero potevano già essere stati enunciati durante le esequie con l'*oratio funebris* e l'esposizione dell'*imago*[105].

La semantica architettonica esprimeva però anche altri concetti esistenziali e religiosi. È noto che tra l'età repubblicana e la media età imperiale i sepolcri monumentali, e poi i sarcofagi dalle ricche iconografie, mutarono sensibilmente le loro funzioni comunicative: dapprima di tipo pubblico, volte alla celebrazione personale e all'autorappresentazione del committente, quindi in chiave introspettiva, per esaltare i valori della famiglia e le qualità interiori dell'individuo[106]. In entrambi i casi, comunque, tra i significati attribuiti ai sepolcri era fondamentale anche quello del culto, non solo per la valenza di luogo consacrato e inviolabile che l'*aeterna domus* rivestiva, ma anche in relazione ai riti funerari che vi venivano celebrati.

Nei più articolati complessi tombali della media età imperiale tale scopo era reso esplicito dalla presenza di spazi liturgici interni e di ambienti riservati alle cerimonie funebri, ben esemplificati dalla *cella memoriae* ricordata nel «testamento del Lingone»[107]. Già in precedenza, tuttavia, analoghi intendimenti funzionali trasparivano dai massicci monumenti a muratura piena, le cui forme-base il più delle volte si rifacevano ai prototipi degli edifici di culto; le soluzioni architettoniche privilegiate variavano infatti dalla piccola edicola al grande tempio, oppure riprendevano lo schema dell'altare sacrificale che già abbiamo visto applicato nel caso delle pire crematorie. In definitiva la conformazione del monumento era spesso tale da dichiararne esplicitamente la finalità di luogo sacro, adibito alla devozione religiosa e ai rituali che i parenti dovevano officiare sulla tomba come tributo ai *Manes* del defunto.

Il nesso metaforico che nei grandi monumenti legava la forma del sepolcro alla sua destinazione cultuale è confermata dal modo in cui esso veniva replicato in scala ridotta nei più modesti segnacoli tombali[108]: lo dimostra il variegato campionario di are, '*aedes rotundae*', cippi, stele a pseudoedicola o con semplice delineazione del timpano e degli acroteri, possibilmente accompagnate da ritratti, che in estrema sintesi riproponevano gli stessi connotati di fondo, templari e altariformi, e gli stessi intendimenti simbolici, allusivi alla sfera religiosa, che si sono riconosciuti nelle architetture di modulo maggiore.

Specialmente a partire dall'età augustea molte delle tipologie monumentali romane si diffusero progressivamente nelle province dell'impero. La ricezione di questi modelli sepolcrali e la propensione a concepire le iscrizioni e i ritratti come strumenti di esaltazione individuale costituiscono un significativo indice del grado di romanizzazione raggiunto nei diversi luoghi, soprattutto presso le élites municipali e militari; tale partecipazione ai costumi romani non doveva comunque comportare solo la valorizzazione della memoria sociale dei defunti ma anche l'adesione ai principi del culto funerario italico.

Come per altre manifestazioni funerarie, pure nel caso della monumentalizzazione la propagazione degli stimoli formali e ideologici giunti da Roma non fu peraltro sistematica e univoca[109]; si possono infatti notare numerose varianti architettoniche locali e diversi tratti di originalità, specialmente in quelle regioni orientali dove già in età ellenistica erano maturate importanti tradizioni autonome. Fenomeni di commistione con la cultura indigena si osservano anche in Occidente, come testimoniano i monumenti a recinto e a tumulo; il notevole gradimento di queste tipologie dipese indubbiamente dall'idea di continuità con il passato preromano che esse ispiravano nella loro ambivalenza semantica, data l'affinità con le aree sepolcrali recintate e con i tumuli di terra che fin dalla protostoria abbondavano in tali zone[110].

---

104. Mansuelli 189 ss.; Toynbee 101 ss.; Gabelmann; Torelli 156 ss.; Kockel; Eisner; von Hesberg 71 ss.
105. Dupont (n. 43) 167–170.
106. Baldassarre 1, 147 ss.; Baldassarre 2, 125 ss.; von Hesberg/Zanker 12; Steinby 85 ss.; von Hesberg 50–59. 235–237; Heinzelmann 69 ss.; Zanker/Ewald 179 ss.
107. CIL XIII 5708 = ILS 8379; Hatt, J. J., *La tombe gallo-romaine* (1986) 66–71; Le Bohec, Y. (ed.), *Le Testament du Lingon* (1991).

108. Mansuelli (n. 42) 32–74; Toynbee 245 ss.; Gabelmann, H., «Zur Tektonik oberitalischer Sarkophage, Altäre und Stelen», *BJb* 177 (1977) 199–244; Mirabella Roberti.
109. Moretti/Tardy.
110. Pearce, J., «Burial, Society and Context in the Provincial Roman World», in Pearce et al. 4; Niblett (n. 63) 102 ss.; Struck (n. 65) 94; Schwarz, M., *Tumulat Italia tellus. Chronologie und Bedeutung der römischen Rundgräber in Italien* (2002) 12–13. 77 ss. 107–109.

13. I riti sulla tomba

Tra le più importanti manifestazioni del culto funerario romano rientravano i sacrifici che i congiunti dedicavano ai *Di Manes* accanto alle fosse tombali o dentro le strutture sepolcrali. Fonti letterarie e testimonianze epigrafiche ci informano sulle occasioni in cui questi riti si svolgevano e al tempo stesso accennano ai più comuni tipi di offerte[111].

A partire dalle esequie, tra gli obblighi dei *sacra privata* e delle feste religiose ufficiali si celebravano il *silicernium*, pasto sacro che i familiari consumavano dopo aver seppellito il defunto, e la *cena novemdialis*, banchetto pubblico che chiudeva il periodo di lutto. In seguito presso il sepolcro avevano luogo altre cene, *profusiones* e *inferiae* sacrificali con l'offerta di cibi e bevande: queste cerimonie si susseguivano periodicamente durante l'anno, nei *Parentalia*, che al nono giorno culminavano con la festività dei *Feralia*, nell'anniversario del *dies Natalis*, e quindi nei *Rosalia* e nel *dies Violae*, quando si dedicavano fiori e si decoravano i sepolcri con ghirlande. Ciò che emerge costantemente, dal panorama delle commemorazioni funebri, è l'importanza attribuita al mangiare assieme come atto ricorrente di temporanea comunione tra i vivi e lo spirito dei morti[112].

Di tutti questi riti sacrificali l'archeologia restituisce un'immagine cumulativa attraverso i reperti che si trovano sparsi in frammenti sui piani di calpestio che circondano le tombe (tav. 76, 2)[113]. È interessante notare che solitamente si tratta degli stessi tipi di oggetti già incontrati tra i resti dei roghi funebri e nei corredi sepolcrali, a ribadire la ripetitività dei gesti eseguiti nelle diverse fasi del rituale; sono infatti presenti monete, piatti e altre ceramiche da cucina e da mensa, vasi a fruttiera usati per deporvi cibi, e soprattutto lucerne e balsamari, anche disposti sul terreno a coppie o in più esemplari (tav. 76, 3)[114]. I reperti maggiormente attestati sui suoli delle necropoli sono comunque rappresentati dai medesimi vasi per la mescita e il consumo del vino che comparivano dentro le tombe, con un pieno parallelismo tra le dotazioni personali del defunto e gli oggetti adoperati dai parenti per i sacrifici.

Tale simmetria materiale e ideale conferma la natura ambivalente e speculare del rapporto che nel culto funerario si instaurava tra i vivi e il morto assimilato ai *Manes*. Se infatti i ruoli dei due soggetti erano ormai antitetici, nel contempo essi venivano accomunati dal legame affettivo e dalla compartecipazione agli stessi rituali: compartecipazione che tra l'altro suggerisce che i corredi sepolcrali erano destinati non tanto ad una presunta vita ultraterrena dei defunti quanto a garantire loro la possibilità di corrispondere alle cerimonie che i congiunti officiavano su questa terra.

Dalle testimonianze di scavo, che rivelano una netta prevalenza di elementi collegati al servizio simposiaco, sembra poi che l'atto rituale di versare o sorseggiare bevande, in particolare vino, assumesse un'importanza del tutto speciale. In sostanza, tra le manifestazioni della religiosità funeraria la pratica della libazione doveva essere centrale, come dimostra anche la quantità dei resti di coppe e vasi potori che si individuano sui suoli di molte necropoli dell'età imperiale. A Sarsina, ad esempio, presso varie tombe a *bustum* giacevano i frammenti di numerose tazze a pareti sottili (fig. 1)[115], fino a venti esemplari attorno ad un'unica sepoltura, così da richiamare alla mente il rito della *circumpotatio* ricordato dalle fonti (Cic. *leg.* 2, 60; Aug. *conf.* 6, 2; Athen. 8, 34); pure si è accertato che le libazioni avvenivano tanto sulla fossa ancora aperta quanto dopo la sua chiusura[116].

Il rinvenimento di queste tracce liturgiche e sacrificali si accompagna talora a quello di strutture fisse, sia di modesta fattura sia di tipo monumentale, che come complementi delle tombe servivano per allestire lo scenario delle celebrazioni. Tra le tipologie più comuni si segnala la piccola *mensa* appoggiata al suolo per accogliere le offerte ai *Manes*, abitualmente costituita da una lastra di pietra, da un mattone o da una tegola analoga a quella, inghirlandata, descritta da Ovidio a proposito dei *Parentalia* (Ov. *fast.* 2, 533–536). Di solito questi ricettacoli erano associati alle singole sepolture, come le tante serie che nei recinti della Campania si addossavano alle columelle (tav. 76, 4)[117], altrimenti erano posti tra più tombe per un uso collettivo, come la lastra di un sepolcreto di Rimini che appariva ancora coperta da ossa ani-

---

111. Toynbee 50–51. 60–64; Parmeggiani 216–218; Scheid 1, 132–136; Prieur 31–35; Ghedini 36; De Filippis Cappai 70–74. 97–104b; Lindsay 67 ss.; Scheid, *Quand faire, c'est croire* 161–188. Qui **I.14** e **II.5**.
112. Maurin 205–207; Scheid, *Quand faire, c'est croire* 167 ss., 182 ss. In generale sui pasti funerari Huet, V., *ThesCRA* II 4 a Banchetto, rom. p. 288–297; Braune, S., *Convivium funebre. Gestalt und Funktion römischer Grabtriklinien als Räume für sepulkrale Bankettfeiern* (2008).
113. Sarsina, necropoli di Pian di Bezzo, scavi 1981–84: tegole di copertura e anfore di alcune tombe alla cappuccina affioranti sul suolo, affiancate dai resti carboniosi dei roghi funebri e da frammenti del vasellame utilizzato per i riti funebri.
114. Ravenna, sepolcreto del Ponte Nuovo: serie di lucerne deposte sul terreno accanto a una tomba alla cappuccina. Si vedano inoltre Lepetz/van Andringa 114 ss.; Ortalli 2, 145 ss.
115. Sarsina, necropoli di Pian di Bezzo, scavi 1981–84: dettaglio planimetrico del piano di calpestio con tombe affioranti e dispersione di materiali connessi ai rituali funebri.
116. Ortalli, J., «Proposte metodologiche per lo scavo di necropoli romane», *Archeologia stratigrafica dell'Italia Settentrionale* 1 (1988) 173–174; Ortalli 4, 70–71; Ortalli 2, 147–151.
117. Pompei, necropoli di Porta Nocera: serie di segnacoli e lastre per offerte funerarie. Si vedano inoltre D'Ambrosio/De Caro; De' Spagnolis figg. 5–7. 10; Lepetz/van Andringa figg. a pp. 58. 61.

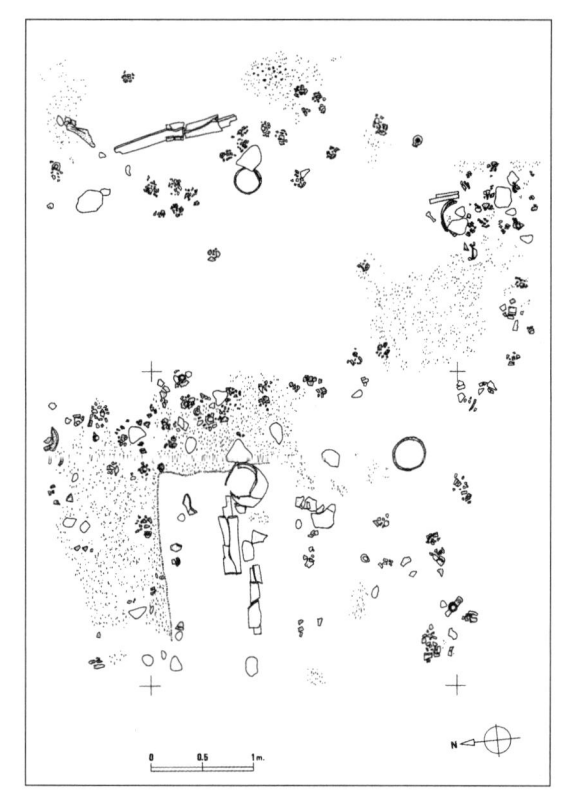

Fig. 1

mali (tav. 77, 2)[118]. Tra le varianti documentate nelle diverse regioni dell'impero ricordiamo quelle dell'Africa Proconsolare, dove alcune mense, saldate alle base delle stele funerarie, avevano delle cavità destinate ad accogliere cibi e bevande che le facevano assomigliare a tavole apparecchiate (tav. 77, 1)[119].

14. Banchetti e libazioni

Molte testimonianze archeologiche ed epigrafiche dimostrano che accanto ai sepolcri potevano trovarsi anche altre e più elaborate strutture, riservate non tanto alla simbolica offerta di pochi e modesti cibi ma a vere e proprie riunioni conviviali dei parenti. Alla preparazione delle vivande erano adibiti forni, *culinae*, *putei* e cisterne, indizio del fatto che l'acqua non era usata solo nei riti di purificazione; per il banchetto erano invece realizzate le *tricliae*, forse pergolati a graticcio, panche, *abaci*, *mensae* e *triclinia* in muratura: arredi stabili che tuttora si possono osservare in varie necropoli di Roma, Pompei e specialmente Ostia (tav. 77, 4)[120].

Le cene commemorative potevano essere consumate anche in ambienti chiusi oppure utilizzando arredi mobili che non hanno lasciato tracce archeologiche. Ciò doveva avvenire nelle sale cerimoniali collocate all'interno di molti edifici sepolcrali di età imperiale o nei tanti *horti* e *cepotaphia* annessi alle tombe[121]: giardini funerari che con le loro quinte fiorite, a pergolato o a frutteto costituivano un *locus amoenus* particolarmente gradevole per l'ambientazione dei periodici riti conviviali di comunione tra i vivi e i morti[122].

Come già accennato, i *convivia* celebrati nelle necropoli attribuivano un ruolo primario alla liturgia simposiaca e alla *libatio*, intesa come sintesi ideale del banchetto e come tramite cultuale di eccellenza tra i familiari e lo spirito del defunto ormai assimilato ai *Manes*. Al riguardo una chiara conferma archeologica deriva da un altro tipo di apprestamento rituale, realizzato nelle strutture sepolcrali quando non si volevano disperdere sulla terra le offerte liquide, e in particolare quel vino che, tra l'acqua, il latte e il miele altrimenti menzionati dalle fonti, era privilegiato nei sacrifici tributati alle divinità come ai morti[123]: in questi casi le bevande venivano versate dentro appositi condotti libatori attraverso i quali scorrevano all'interno delle tombe fin sulle ceneri o sul corpo del defunto.

Tali impianti, diffusi in gran parte dell'impero, erano costituiti da tubi in terracotta (tav. 77, 3)[124], piombo (tav. 77, 5)[125] o legno che sporgevano dal suolo sulle fosse, o più semplicemente erano ricavati da anfore e vasi privati del fondo e infissi nel terreno[126]. Se il maggior numero delle attestazioni riguarda le sepolture a cremazione, gli stessi dispositivi possono comparire anche nelle inumazioni, dove tra l'altro emerge la tendenza a indirizzare

---

118. Rimini, necropoli della *via Flaminia*: mensa funeraria con resti ossei animali di offerte funebri. Ortalli 5, 231.
119. Stele con mensa funeraria Tunisi, Bardo, da Hadjeb el Aioun. *CIL* VIII 23133; Ortalli 3.
120. Ostia, necropoli dell'Isola Sacra: tomba 69 con apprestamenti tricliniari in muratura. Si vedano inoltre Ghedini 36. 39–40 e nota 26; Baldassarre *et al.* 39 ss.; Lindsay; Heinzelmann 51 ss.; Cupitò 51; Tirelli 251–252; Zanker, P., *Un'arte per l'impero. Funzione e intenzione delle immagini nel mondo romano* (2002) 158; Leoni, C./Maioli, M. G./Montevecchi, G., «Scavi in aree umide: le necropoli di Classe, Ravenna», in Scheid 1, 94–95; Picuti 53–54.
121. Toynbee 94–100; Gregori; Magnani (n. 9) 32–33; Picuti 50–51.
122. Ghedini 36–37; Ghedini, F./Salvadori, M., «Vigne e verzieri nel repertorio funerario romano», *RdA* 23 (1999) 82–93; Heinzelmann 70–72; Ortalli 1, 271.
123. Paraskeva, M./Poux, M., *La part des Dieux*, in Brun, J.-P./Poux, M./Tchernia, A. (edd.), *Le vin. Nectar des dieux, génie des hommes* (2009) 169–176. Qui **I.14.2** e **II.5.2**.
124. Pompei, necropoli di Porta Nocera: tombe con cippi e dispositivi libatori costituiti da tubi fittili.
125. Rimini, necropoli della *via Flaminia*: tomba di cremato a cassetta laterizia attraversata da un tubo in piombo usato come dispositivo libatorio.
126. Toynbee 96–97; Wolski, W./Berciu, I., «Contribution au problème des tombes romaines à dispositif pour libations funéraires», *Latomus* 32 (1973) 370–379; Parmeggiani 210–211. 216; Baldassarre *et al.* 38–39; Ortalli 4, 65. 69–71; Ortalli 5, 230–233; Spalla, E., «Strutture per libagioni nella ritualità funeraria romana», in Rossignani/Sannazaro/Legrottaglie 47–53; Lepetz/van Andringa 63–64.

le *profusiones* verso la testa; emblematico, in proposito, è un sepolcro della necropoli suburbana della via Salaria in cui la conduttura si collegava direttamente alla bocca del defunto[127].

Analoghi apparati di comunicazione ctonia esistevano all'interno dei mausolei, nelle cui camere funerarie erano praticati dei fori agli angoli dei pavimenti o sulle lastre di chiusura dei singoli sepolcri; pure se ne ha documentazione nei sarcofagi e nelle arche, tra le quali si ricorda, per la sua pregnanza simbolica, un coperchio marmoreo a *kline* conservato a Copenaghen: qui il defunto disteso a banchetto regge una coppa con un buco che permetteva al liquido di scorrere fin sulla salma (tav. 78, 1)[128].

15. Aspetti del rituale nelle figurazioni sepolcrali

Come si è detto, tramite la forma architettonica e le dotazioni epigrafiche e iconografiche dei monumenti i committenti esprimevano un'ampia gamma di concetti: dai dati anagrafici del personaggio, alle sue prerogative sociali, alla sacralità che caratterizzava il sepolcro[129]. Nel registro comunicativo degli apparati scultorei, tuttavia, non comparivano solo immagini apotropaiche destinate a proteggere la tomba o ritratti e rilievi volti a celebrare il morto e a fissarne il ricordo nella memoria dei vivi; in tutto l'impero le figurazioni che si stagliavano sui grandi monumenti come sui piccoli segnacoli trasmettevano infatti anche messaggi di natura metafisica, che richiamavano le convinzioni esistenziali ed escatologiche del defunto o che alludevano ai riti celebrati sul sepolcro.

Quest'ultimo aspetto, legato al cerimoniale funebre, è quello che qui maggiormente interessa, dal momento che può integrare i dati offerti dalle fonti letterarie ed epigrafiche e dai rinvenimenti archeologici; occorre peraltro notare che di solito l'arte funeraria romana non esprimeva in modo esplicito i temi legati alla sfera cultuale, trattandoli piuttosto in forma metaforica o attraverso raffigurazioni simboliche, spesso di non facile comprensione anche a causa della pluralità dei loro significati. Data la particolarità del contesto ideologico in cui si inseriva, originariamente ogni immagine doveva comunque essere proposta in modo consapevole e avere un preciso valore comunicativo; anche quando si trattava di soggetti standardizzati, tipici dei repertori di bottega, i motivi utilizzati nelle lapidi sepolcrali conservavano un'eco del loro significato originario e non rivestivano solamente una funzione ornamentale[130].

In molti casi per ricordare le azioni rituali si adottavano formulazioni abbreviate e semplificate, con una sorta di sineddoche figurativa che attraverso la riproduzione di strumenti liturgici e arredi religiosi, quali l'*urceus*, la *patera*, i bucrani e i festoni, rievocava genericamente i sacrifici attuati sul sepolcro. Più specifico era il valore attribuito a singoli elementi floreali, come le ghirlande o le rosette effigiate su monumenti e soprattutto stele, che trasponevano sulla pietra, rendendole permanenti, le stesse decorazioni provvisorie allestite sulle tombe in occasione delle festività funerarie[131].

Un significato più complesso era probabilmente attribuito alla rigogliosa vegetazione che occupava i fregi o si distendeva in ampie campiture su tanti monumenti ovunque diffusi dall'età augustea e attestati con particolare ricchezza nella *Venetia*[132]. Si trattava prevalentemente di girali d'acanto fiorito o di tralci di vite per i quali non è necessario pensare ad una metafora dei cicli vitali della natura e ad una speranza nella rinascita ultraterrena dei defunti; più convincentemente in tali complementi floreali si può riconoscere la riproduzione di un *locus amoenus* e delle quinte fiorite che nella realtà, attorno alle tombe e all'interno dei giardini sepolcrali, facevano da sfondo alle celebrazioni conviviali[133].

Tra la vegetazione spesso compaiono inserti allegorici connessi alla figura di Dioniso, dio del vino e della natura, e all'ebbrezza simposiaca: temi appena suggeriti o altrimenti richiamati esplicitamente da grappoli d'uva, tralci che escono da *kantharoi* e anfore vinarie, lepri e uccellini che si nutrono dei chicchi, oppure dall'immagine della stessa divinità e di soggetti, come le pantere, partecipi del *thiasos* dionisiaco[134]. In sintonia con quanto spesso era enunciato nei *carmina epigraphica*, da questo repertorio iconografico emerge l'importanza attribuita al sepolcro come luogo confortevole, nel quale commemorare il defunto in termini di una gradevole spensieratezza alimentata dal ricordo delle gioie terrene e dal piacere che il dio ancora elargiva attraverso i rituali simposiaci e le libazioni funebri.

16. La rappresentazione di convivi e libazioni

Concetti analoghi ma più espliciti traspaiono da monumenti, affreschi e sarcofagi che nella

---

127. Cupitò 52 e n. 33.
128. Copenaghen, Ny Carlsberg Glypt. 846. Zanker/Ewald 36 fig. 26.
129. Mansuelli 189-194; Mansuelli (n. 42) 21-23; von Hesberg/Zanker; von Hesberg 30 ss., 38 ss., 46 ss., 52 ss.; Zanker/Ewald 189 ss.
130. Ortalli 1,.
131. Candida, B., *Altari e cippi nel Museo Nazionale Romano* (1979); Dräger, O., *Religionem significare. Studien zu reich verzierten römischen Altären und Basen aus Marmor* (1994).

132. Scrinari, V. S. M., *Museo Archeologico di Aquileia. Catalogo delle sculture romane* (1972); Tirelli, M., «*Horti cum aedificiis sepulturis adiuncti*: i monumenti funerari delle necropoli di *Altinum*», in Mirabella Roberti 175-210; Ghedini/Salvadori (n. 122); Ortalli 1, 269-272.
133. Ghedini 36-37; Ghedini/Salvadori (n. 122); Heinzelmann 70-72; Ortalli 1, 271; Ortalli 3.
134. Bonzano, F./Sironi, S., «Il grappolo d'uva», in Rossignani/Sannazaro/Legrottaglie 173 ss.; Ortalli 1, 275 ss.

rappresentazione di scene di banchetto traspongono in chiave funeraria il festoso clima dell'*otium* terreno[135]. Anche se si doveva trattare di iconografie polisemiche, nella maggior parte dei casi pare preferibile escludere che queste ambientazioni si riferissero ai convivi celesti negli Elisi o nelle Isole dei Beati, come pure che si trattasse della narrazione di atti evergetici promossi in vita dai defunti; più persuasive sono le interpretazioni che in tali composizioni riconoscono un atteggiamento retrospettivo di consolazione nei confronti della morte, espresso allegoricamente attraverso la rievocazione dei piaceri della vita, o meglio ancora che vi vedono la realistica descrizione delle cene che i parenti celebravano sulla tomba accanto al defunto e ai suoi *Manes*[136].

Nello specifico questa spiegazione è avvalorata dalle scene che ritraggono un convivio ristretto alla famiglia, ampiamente documentate su monumenti di tutto l'impero, dall'Oriente al versante danubiano, anche nella variante del cosiddetto banchetto pannonico e dacico[137]. Ancora più esplicite sono le figurazioni in cui certi dettagli rivelano che i pasti erano consumati in un luogo aperto e contaminato, vale a dire nella necropoli; lo confermano i *velaria* utilizzati come fondale al convivio e alcuni commensali con i *digiti porrecti* nell'atto delle corna[138]: gesto apotropaico che esorcizzava l'impura presenza del morto e allontanava la percezione dell'oltretomba che aleggiava sulla *cena funebris*.

Emblematiche, in proposito, sono due note composizioni conviviali della *Venetia*: il rilievo su un'ara di Este in cui alcuni banchettanti, accanto a un *parapetasma* steso davanti a un albero, mostrano le dita a corna (tav. 78, 2)[139], e l'urna a cista aquileiese di età augustea nella quale, tra i parenti che bevono accanto ai servi, si staglia un commensale semipanneggiato steso sulla *kline* e volto di spalle cui due dei presenti indirizzano lo stesso gesto di scongiuro (tav. 78, 4)[140]. Nel pezzo aquileiese, in particolare, il contesto non lascia dubbi sul fatto che nel personaggio centrale, anomalo nella posa come nell'abbigliamento, si debba riconoscere proprio il morto, reso partecipe della celebrazione rituale attraverso una trasposizione ideale ma nel contempo differenziato dai vivi a causa della sua inversione di stato.

Come si è notato più volte, anche in questo genere di documentazione risalta soprattutto il valore fondamentale attribuito alla libazione: nella maggior parte delle raffigurazioni conviviali di ambito sepolcrale, infatti, la scena non è tanto focalizzata sull'azione del mangiare quanto su quella del bere, ben simboleggiata dalle coppe o dai bicchieri che i commensali tengono in mano. Lo stesso concetto traspare dal vasellame da vino che predomina tra le suppellettili poste sulle mense, dai defunti libanti rappresentati su tanti sarcofagi e monumenti a *kline*[141], dal completo servizio da mescita che risalta su diversi rilievi funerari, ad esempio in una lastra tombale di Aquileia (tav. 78, 5)[142], e nella nota parete di edicola dacica da Cluj dove una coppia di coniugi forniti di *urceus*, *patera* e *poculum* è pure ritratta con i *digiti porrecti* (tav. 78, 3)[143].

17. Dioniso e il vino

Un cenno dovrà infine essere fatto alle complesse scene mitologiche che soprattutto dal II secolo compaiono su monumenti e sarcofagi, con uno stuolo di personaggi reali o epici, personificazioni, semidei e dei tra i quali primeggia Dioniso con il suo *thiasos*. In questo caso il repertorio semantico raggiunge la sua massima eterogeneità, spaziando dalle qualità del defunto, alle gioie familiari, al godimento o alla brevità della vita, a temi escatologici, in una rappresentazione retorica della morte e del lutto che si presta a innumerevoli interpretazioni. Tendenzialmente queste immagini allegoriche paiono comunque collocarsi in una dimensione essenzialmente terrena, improntata ad una consolazione retrospettiva basata sull'accettazione del fato, sul ricordo dei piaceri della vita e sull'etica del *carpe diem*[144], in piena coerenza con i principi che ispiravano i *carmina epigraphica* e tante altre figurazioni.

Per neutralizzare il dolore del trapasso si richiamava dunque il conforto offerto dal gioioso clima dei rituali celebrati sulla tomba e, in special modo, dalla pratica simposiaca della libazione che riconosceva in Dioniso la personificazione del vino e la sublimazione sacrale dell'idea del bere assieme. Così si spiega il continuo ricorrere della figura divina, del suo corteggio e dei suoi attributi, quali la *cysta mistica*, evocati in termini

---

135. Ghedini; Scheid, *Quand faire, c'est croire* 162. 187-188; Zanker/Ewald 159-162. 188 ss.
136. Ghedini 36 ss.; Zanker/Ewald 33-36. 159-162. 188-189; Ortalli 3.
137. Bianchi, L., *Le stele funerarie della Dacia* (1985) 98-104.
138. Ghedini 37-38. 44; Compostella, C., «Banchetti pubblici e banchetti privati nell'iconografia funeraria romana del I secolo d.C.», *MEFRA* 104 (1992) 664-668. 673. 680-684; Ghedini/Salvadori (n. 122) 84-85; Ortalli 1, 264.
139. (= *ThesCRA* II 4 a Banchetto, rom. **146** con bibl.) Este, Mus. Naz. Compostella (n. 138) 666-669 fig. 6.
140. (= *ThesCRA* II 4 a Banchetto, rom. **152** con bibl.) Aquileia, Mus. Naz. 317. Scrinari (n. 132) 106-107 n° 322; Ortalli 1, 263-264 fig. 14.
141. Zanker/Ewald 36. 158-159. 189 fig. 26. 143.
142. Aquileia, Mus. Naz. 322. Scrinari (n. 132) 106 n° 318; Ortalli 1, 263 fig. 13.
143. Cluj, Mus. Naz. 3528. Bianchi (n. 137) 282 n° 216 fig. 122.
144. von Hesberg 244-254; Zanker, P., *Un'arte per l'impero. Funzione e intenzione delle immagini nel mondo romano* (2002) 162-164; Zanker/Ewald.

Fig. 2

puramente allusivi, senza bisogno di riferirli ad un'adesione ai culti misterici o ad aspettative di tipo salvifico[145].

Un'emblematica conferma di questo approccio ideale è offerta dal mausoleo eretto nel II secolo a Casalbertone, nel suburbio di Roma, dove il vasto ambiente destinato ai rituali funebri, che affiancava le celle sepolcrali, era decorato da una figurazione musiva in bianco nero dominata da Dioniso in trionfo sul carro trainato da pantere, libante assieme ad una coppia di defunti e circondato da Anfitrite e Nettuno, Oceano e scene di caccia (fig. 2)[146]. Con una differenziazione cromatica che testimonia la volontà di creare una netta gerarchia simbolica all'interno della composizione, l'unica parte del mosaico resa con tessere colorate, invece che nere, era quella che campeggiava al centro del vano cerimoniale, dove il fiotto di vino versato dal dio fluiva nella coppa del defunto. Dioniso e gli altri personaggi mitologici rappresentavano dunque solo una cornice metafisica che contornava il festoso atto libatorio, vero fulcro iconografico e concettuale di tutta la scena, che alludeva ai rituali realmente celebrati in quella sala nei giorni dei cerimoniali funebri, quando vivi e morti trovavano un comune sollievo proprio nel vino e nell'ebbrezza impersonata dal dio[147].

JACOPO ORTALLI

HENRIETTE HARICH-SCHWARZBAUER (**I**)
OTHMAR JAEGGI (**III**)
THOMAS KNOSALA (**II**)
JACOPO ORTALLI (**IV**)

---

145. Geyer, A., *Das Problem des Realitätsbezuges in der dionysischen Bildkunst der Kaiserzeit* (1977); Ortalli 1, 275-277; Zanker/Ewald 147-148.
146. Restituzione grafica del mosaico pavimentale rinvenuto nel mausoleo di Casalbertone (Roma). Musco 164; Musco, S., et al., «Le complexe archéologique de Casal Bertone», *Les Dossiers d'Archéologie* 330 (2008) 34-35.
147. Ortalli 3.

1.f. SANTÉ, MALADIE ET MÉDECINE

Santé, maladie et médecine dans le monde grec

PLAN DU CHAPITRE
1. Divinisation de la Santé: cultes et rites (J. Jouanna) 217
   1.1. Athéna Hygie 217
   1.2. De la valorisation de la santé à sa divinisation 218
   1.3. La santé divinisée: la déesse Hygie . . 218
   1.4. Le culte d'Hygie d'après la Périégèse de Pausanias 219
   1.5. Un rite d'offrande à Hygie dans l'Asclépieion près de Sicyone 219
   1.6. Les hymnes cultuels en l'honneur d'Hygie 219
   1.7. La diffusion du culte d'Hygie . . . 220
   1.8. Représentations de la déesse Hygie . . 220
2. La maladie, œuvre des dieux 220
   2.1. La conception divine de la maladie chez Homère et chez Hésiode 220
   2.2. La maladie et les dieux à l'époque classique 221
   2.3. Maladie et souillure 221
   2.4. Une maladie paradigmatique: la maladie sacrée 222
   2.5. Déméter la nourricière et la «faim ardente» 222
   2.6. Les malades et le sacré 222
3. Médecine magico-religieuse 223
   3.1. Purifications et incantations 223
   3.2. Interdits dans le régime des malades . 223
   3.3. Sacrifices et prières aux dieux . . . 223
   3.4. Offrandes propitiatoires et de remerciement aux dieux 224
   3.5. Les dieux guérisseurs 224
   3.6. Péan/Péaon/Péèon (Παιάν/Παιάων/Παιήων) le médecin des dieux 225
   3.7. Apollon Péan 225
   3.8. Asclépios: histoire de la divinité guérisseuse par excellence 226
   3.9. Les principaux sanctuaires d'Asclépios 227
   3.10. Les hymnes en l'honneur d'Asclépios (et d'Apollon) guérisseurs 228
   3.11. Culte et rites dans le temple d'Asclépios à Cos pour remercier le dieu d'une guérison 228
   3.12. L'incubation dans les sanctuaires d'Asclépios 229
   3.13. Autres divinités guérisseuses 231
       3.13.1. Famille d'Asclépios 231
       3.13.2. Déesses guérisseuses 231
       3.13.3. Dieux guérisseurs 232
       3.13.4. Héraclès 232
       3.13.5. Corybantes et Apotropaïques 232
   3.14. Héros guérisseurs 233
   3.15. Retour à un héros guérisseur divinisé: Amphiaraos 234
   3.16. Médecine et autres procédés magiques 235
       3.16.1. La cueillette des plantes . . . 235
       3.16.2. Les amulettes 236
4. Médecine rationnelle et médecine magico-religieuse 238
   4.1. Médecine hippocratique 238
   4.2. Après la médecine hippocratique . . 239
   4.3. Médecine scientifique et médecine «naturelle» 240
5. Structure et fonction des sanctuaires des divinités guérisseuses (V. Lambrinoudakis) 241
   5.1. Les origines 241
   5.2. Les anciens sanctuaires 243
   5.3. Les sanctuaires de l'époque classique du culte 245
       5.3.1. Fondation 245
       5.3.2. Les édifices 245
           5.3.2.1. Autels 246
           5.3.2.2. Temples 246
           5.3.2.3. Dortoirs 247
           5.3.2.4. Salles de banquet . . 248
           5.3.2.5. Portiques, péristyles, propylées 248
           5.3.2.6. Les installations de l'eau . . 249
           5.3.2.7. Hôtels 249
           5.3.2.8. Bibliothèques 249
           5.3.2.9. Théâtres, installations pour les jeux 249
           5.3.2.10. Marchés 249
   5.4. Animaux sacrés. Ex-voto 250

1. Divinisation de la Santé: cultes et rites

La santé (*hygieia*) en grec signifie à la fois la bonne santé et la guérison. Elle a été divinisée et rattachée aux cultes et aux rites de deux façons: comme épiclèse d'Athéna et comme une divinité à part entière.

1.1. Athéna Hygie

C'est le sens de guérison qui explique l'appellation d'Athéna Hygieia à Athènes (Plut. *Per.* 13,

12-13; *cf.* Plin. *nat.* 22, 44): «Un événement merveilleux, qui arriva lors de la construction (des Propylées) révéla que la déesse (sc. Athéna) ne s'en désintéressait pas, mais contribuait à l'ouvrage et aidait à l'achever. Le plus actif et le plus zélé des hommes de l'art, ayant glissé, tomba du sommet et était dans un piètre état, abandonné des médecins. Alors que Périclès était désespéré, la déesse lui apparut en rêve et prescrivit un remède grâce auquel Périclès soigna rapidement et facilement l'homme. À la suite de quoi, il fit ériger la statue de bronze d'Athéna Hygie sur l'acropole, près de l'autel qui existait auparavant, à ce que l'on dit».

Ce récit est mis en rapport avec la base inscrite de la statue retrouvée près des Propylées: «Les Athéniens à Athéna Hygie. L'Athénien Pyrrhos l'a faite»[1]. Pausanias a vu cette statue (1, 23, 4, *LIMC* V Hygieia p. 554), ainsi qu'un autel d'Athéna Hygie dans le dème d'Acharnes (1, 31, 6). L'existence du culte d'Athéna Hygie est toutefois antérieur à la construction des Propylées (437/32 av. J.-C.): dédicace plus ancienne à cette divinité du potier Euphronios[2] et du potier Kallis[3].

1.2. De la valorisation de la santé à sa divinisation

La santé était considérée par les Grecs comme le premier des biens. Les médecins disent que leur art est le premier de tous: Plat. *Gorg.* 452a; Hippokr. *Aff.* 1; *Reg.* 69: «il n'y a aucune utilité ni des richesses ni d'aucun de tous les autres biens sans la santé»; Hérophil. 230 Von Staden = S. Emp. *adv. math.* 11, 50. L'opinion est partagée par les poètes et par le peuple à l'occasion des banquets; *cf.* l'ancienne chanson attribuée à Simonide ou à Épicharme, poètes des VIe/Ve s. av. J.-C. (Page, *PMG* 651 et 890):

«Être en bonne santé est le meilleur pour un homme mortel;
en second, avoir un beau physique,
en troisième être riche sans fraude
et en quatrième être dans la force de l'âge, avec ses amis».

Citée par Ath. parmi d'autres chansons de table (15, 694e), elle est la plus célèbre. Nombreux sont les auteurs qui y font allusion ou la citent: Plat. *Gorg.* 451e avec scholie; *nom.* 2, 661a; *cf.* Aristot. *rhet.* 2, 1394b 13; Lukian. *laps.* 6, 19; Clem. Al. *paed.* 1, 9, 82, 1; *strom.* 4, 5, 23, 2; Eus. *p. E.* 12, 21, 3; Iamb. *protr.* p. 92, 26 Pistelli; Stob. 4, 39, 8; Thdt. *Gr. aff. cur.* 6, 35, 4 et 11, 14, 2 etc.

Une maxime inscrite sur les Propylées du Létôon de Délos (Aristot. *eth. Eud.* 1214a 5-6; *eth. Nic.* 1, 1099a 27-28) compte aussi la santé comme le plus grand bien: «Le plus beau, c'est le plus juste; le meilleur, c'est la santé; le plus agréable de tout, c'est d'obtenir ce que l'on désire».

Même si les philosophes ont discuté sur la nature et la place de la santé (*cf.* S. Emp. *adv. math.* 11, 48), elle est située, dans la mentalité grecque, au sommet de la hiérarchie avant la beauté, la richesse et la jeunesse.

1.3. La santé divinisée: la déesse Hygie

BIBLIOGRAPHIE: Croissant, F., *LIMC* V (1990) 554-572 *s.v.* «Hygieia»; Leventi, I., *Hygieia in Classical Greek Art* (2003); Sobel, H., *Hygieia. Die Göttin der Gesundheit* (1990); *cf.* Riethmüller, J. W., *Asklepios. Heiligtümer und Kulte* (2005) II 481 Index *s.v.*

Dès lors, il n'est pas étonnant que les Grecs aient divinisé Hygieia, non seulement comme épiclèse d'Athéna, mais comme une divinité à part entière intégrée dans le panthéon hellénique.

Le culte d'Hygie s'est développé (V^e/IVe s. av. J.-C.) en relation avec celui d'Asclépios, le dieu de la médecine dont elle est la fille la plus vénérée.

Le texte le plus ancien qui la mentionne est le Serment d'Hippocrate destiné à être prononcé par les disciples de l'école médicale de Cos qui n'appartiennent pas à la famille des Asclépiades: «Je jure par Apollon médecin, par Asclépios, par Hygie et Panacée, par tous les dieux et toutes les déesses, les prenant à témoin que je remplirai selon mes forces et ma capacité le serment suivant» (Hippokr. *jusj.* 1-5).

La déesse Hygie est en troisième position après Apollon et Asclépios, précédant sa sœur Panacée. Pour la triade initiale, comparer la dédicace à «Apollon, Asclépios, Hygie» à Béroia (Ἐπιγραφές Κάτω Μακεδονίας 1 [1998] 18; 131/30 av. J.-C.). L'énumération ne prend tout son sens que dans une généalogie connue mais non dite. Asclépios est fils d'Apollon. Sa descendance comprend, outre ses deux fils, Machaon et Podalire, médecins de l'expédition à Troie dans l'*Iliade*, plusieurs filles nées de sa femme Épionè: Hygie et Panacée mentionnées ici, et aussi Iaso, Aiglè et Akéso. Pour l'ensemble de la famille, *cf.* Hérondas, *Mimes* 4, 1-9 (*infra* **3.11**); pour les filles, *cf.* Suda *s.v.* «Ἠπιόνη»; pour Iaso et Panacée, *cf.* Aristoph. *Plut.* 701-702.

Ces déesses sont des hypostases de notions grecques relatives à la santé et la guérison, à l'exception d'Aiglè, divinisation de l'éclat. Cela n'est pas du tout incompatible avec un culte où l'on peut s'adresser à la divinité avec ferveur.

---

1. Athènes, Mus. Akr. 13259. *IG* I³ 506; Leventi 40-45 pl. 1 (433 av. J.-C.).
2. Athènes, Mus. Epig. 6278. *IG* I³ 824; Leventi 39 n. 2 (avec bibl.) (c. 480/75 av. J.-C.).
3. Athènes, Mus. Nat. Akr. 1367. *ARV*² 1556; Leventi 39 n. 3 (avec bibl.) (c. 470 av. J.-C.).
4. Autres mentions du couple Asclépios-Hygie chez Paus.: 3, 22, 13; 5, 20, 3; 5, 26, 3 (= *LIMC* V Hygieia **226**); 7, 23, 7 (= *LIMC* V Hygieia **234**); 8, 31, 1; 8, 32, 4.

1.4. Le culte d'Hygie d'après la Périégèse de Pausanias

Pausanias a vu sur l'Acropole d'Athènes, auprès de la statue d'Athéna Hygie, une statue de la déesse Hygie (1, 23, 4, = *LIMC* V Hygieia **228**). Une partie de l'autel commun dans le sanctuaire d'Amphiaraos à Oropos (*infra* **3.15**) était réservée à Hygie et à plusieurs autres divinités dont ses sœurs Panacée, Iaso et aussi Athéna Hygie (Paus. 1, 34, 3).

Quant à la place d'Hygie à côté d'Asclépios dans l'énumération du Serment, elle correspond à la réalité cultuelle: la présence de sa statue près de celle d'Asclépios est régulièrement attestée par Pausanias, sans mention des autres sœurs, ce qui est le signe de l'importance exceptionnelle du culte d'Hygie. Sur l'Acropole de Mégare, les statues d'Hygie et d'Asclépios avaient été exécutées par le même sculpteur, Bryaxis (Paus. 1, 40, 6, = *LIMC* V Hygieia **231**). Le même sculpteur pouvait avoir livré deux couples d'Asclépios et d'Hygie dans des endroits différents; ainsi Scopas pour l'Asclépieion de Gortys (Paus. 8, 28, 1, = *LIMC* V Hygieia **230**) et de Tégée (Paus. 8, 47, 1, = *LIMC* V Hygieia **229**). Dans l'Asclépieion de Corinthe, les statues d'Asclépios et d'Hygie sont en marbre blanc (Paus. 2, 4, 5, = *LIMC* V Hygieia **237**). À Argos, la statue d'Hygie se trouve à côté de celle d'Asclépios, et, fait plus singulier, les deux statues de ceux qui les ont sculptées, Straton et Xénophile, sont présentes (Paus. 2, 23, 4, = *LIMC* V Hygieia **235**). Le sanctuaire avait été fondé par un fils de Machaon, Sphyros, le frère d'Alexanor, lequel avait fondé l'Asclépieion à Titanè près de Sicyone. Là aussi, la statue d'Hygie était près de celle d'Asclépios (Paus. 2, 11, 6, = *LIMC* V Hygieia **227**)[4].

1.5. Un rite d'offrande à Hygie dans l'Asclépieion près de Sicyone

Ce qui est remarquable dans le sanctuaire de Titanè, c'est un rite d'offrande (Paus. 2, 11, 6): «On ne pouvait pas voir facilement non plus la statue d'Hygie, tant elle était entourée par les chevelures que les femmes coupent en l'honneur de la déesse et par des bandes d'étoffe babylonienne». Hygie est donc une déesse féminine spécialement adorée par les femmes de Sicyone qui coupent leur chevelure pour préserver leur santé ou remercier la déesse de leur guérison.

1.6. Les hymnes cultuels en l'honneur d'Hygie

Un autre signe de l'importance du culte d'Hygie à Sicyone est qu'un poète originaire de cette cité, Ariphron, a composé un hymne en son honneur[5]:

«Hygie, par les mortels la plus vénérée des Bienheureux, avec toi
puissé-je habiter le restant de ma vie! Et toi, puisses-tu être ma compagne bienveillante!
Car si quelque faveur issue de la richesse ou des enfants
ou d'un pouvoir royal égalant les hommes aux dieux, ou des amours
que nous chassons avec les filets invisibles d'Aphrodite,
ou si quelque autre plaisir ou quelque rémission aux peines envoyées par les dieux
se manifestent pour les hommes,
c'est avec toi, bienheureuse Hygie,
que tout fleurit et brille dans la compagnie des Grâces;
mais sans toi personne ne connaît le bonheur».

Cet hymne souligne le caractère indispensable d'Hygie pour jouir de tous les autres biens, quels qu'ils soient. Le thème rejoint l'avis de Simonide (Page, *PMG fr.* 604: on ne peut pas jouir de la sagesse sans la santé) et des médecins (*supra* **1.2**).

En l'honneur d'Hygie, un autre poète, Licymnios de Chios (c. 400 av. J.-C.), a composé un hymne plus ancien dont seul le début subsiste (Page, *PMG fr.* 769):

«Mère à l'œil brillant, la plus haute,
du trône d'Apollon reine désirable,
Hygie au doux sourire».

C'est l'unique témoignage écrit mettant Hygie en relation avec Apollon; l'iconographie ne présente pas une scène comparable.

Le Péan d'Ariphron, en revanche, est «le plus connu et sur toutes les bouches» (Lukian. *laps.* 6); *cf.* Plut. *mor.* 450b; *de frat. am.* 479a; Maxime de Tyr 7, 1; S. Emp. *adv. math.* 11, 49. Ce chant a fait partie du culte d'Hygie, car il a été conservé aussi sur la pierre dans deux sanctuaires: à l'Asclépieion d'Épidaure (*IG* IV 1² 132; c. 400 av. J.-C.) et d'Athènes (*IG* II² 4533; IIIe s. ap. J.-C.). Ce n'est donc pas à l'origine un péan de banquet, bien qu'il soit présenté comme tel par Ath. On discute sur la date: IVe s. av. J.-C. si l'on identifie cet Ariphron avec le poète tragique[6], ou période hellénistique[7].

Outre ces deux Hymnes, la déesse est mentionnée dans deux Péans en l'honneur d'Apollon et d'Asclépios: dans le Péan d'Érythrée où elle est «très célèbre et sainte» et dans le Péan de Makedonikos où elle est «fort remarquable» (*infra* **3.10**). Enfin un hymne lui est consacré dans les *Hymnes orphiques* (n° 68) après celui d'Asclépios (n° 67) où elle est sa femme, et non sa fille.

---

5. Page, *PMG fr.* 813 = Athen. 15, 701f–702b = Furley/Bremer, *Hymns* II 6. 3, 175–180 et I 224–227.

6. *IG* II² 3092 (init. IVe s. av. J.-C.); *TrGF* 1, DID B 6, 6 Snell; *cf.* Wagman, R., *Inni di Epidauro* (1995) 172 n. 27.

7. Furley/Bremer, *Hymns* I 6.3, 226–227. Pour les inscriptions sur le culte d'Hygie à Épidaure depuis le IVe s. av. J.-C., voir Wagman (n. 6) T 1–19.

1.7. La diffusion du culte d'Hygie

Hygie fut la plus populaire des filles d'Asclépios. Son culte s'est répandu avec celui de son père dans tout le monde antique depuis le Ve jusqu'au IVe s. av. J.-C. (*infra* **3.8** et **9**).

À Athènes, elle est venue avec Asclépios en 420/19 (*IG* II² 4960, 9-10). Le prêtre d'Asclépios est aussi celui d'Hygie (*IG* II² 1046, 9). Elle est également présente avec Asclépios dans l'Amyneion: *IG* II² 4457 (*post med.* IIe s. av. J.-C.): dédicace à Amynos, Asclépios et Hygie; *infra* **3.14**). Les restes trouvés dans les fouilles de l'Agora montrent la popularité de son culte[8].

À l'époque hellénistique, dans l'Asclépieion de Cos, la déesse occupe une place de choix à côté du dieu qui la touche de la main droite (Hérondas, *Mimes* 4, 4–5, = *LIMC* V Hygieia **232**; *infra* **3.11**): les deux statues (actuellement perdues) sont l'œuvre des fils de Praxitèle; les autres membres de la famille viennent en retrait dans la prière.

Dans le sanctuaire d'Asclépios à Pergame la déesse disposait d'un des trois temples, à l'intérieur duquel se trouvait une statue du dieu guérisseur Télesphoros tardivement incorporé dans la famille d'Asclépios (Aristeid. 50 [*hieroi logoi* 4], 16, = *LIMC* VII Telesphoros **11**). C'est le seul temple connu d'Hygie. D'ordinaire sa statue est dans celui d'Asclépios.

À Lébéna en Crète, dans l'Asclépieion une dédicace est faite à Asclépios et à Hygie (*ICret* I XVII 23, 1–2 [I/IIe s. ap. J.-C.]; elle est dite salvatrice, *ibid.* 26 A, 3–4).

En dehors du culte d'Asclépios, Hygie apparaît dans l'Amphiaraion d'Oropos (*infra* **3.15**). Là aussi elle a un statut particulier: alors qu'Hygie est représentée avec ses sœurs Panacée et Iaso parmi d'autres divinités sur l'autel commun (Paus. 1, 34, 3), la tête d'Hygie apparaît seule face à celle du dieu sur des lames de plomb offertes par les dédicants (pl. 80, 2)[9]; et c'est à Hygie qu'Olympias, femme de Philippe et mère d'Alexandre, a offert une coupe (Hyp. *pro Eux.* col. 31).

1.8. Représentations de la déesse Hygie

Sur la façon dont Hygie est représentée et sur ses attributs, Pausanias ne donne aucun détail. On a conservé des représentations sur vases[10], des reliefs votifs dont le plus grand nombre provient de l'Asclépieion d'Athènes[11], des statues ou statuettes[12], des gemmes[13] et des monnaies[14].

Sur les vases dans le dernier quart du Ve s. av. J.-C., Hygie n'est pas encore en relation avec Asclépios, ni dans un contexte médical, au moins à Athènes: elle apparaît chez le peintre de Meidias ou son entourage dans le contexte du bonheur et de l'amour dans des scènes de groupe avec Aphrodite et d'autres notions divinisées identifiées par des inscriptions, entre autres Eudaimonia (Prospérité) et Paideia (Éducation)[15]. En revanche, sur un cratère béotien (pl. 79, 1)[16], Hygie est dans le contexte d'Asclépios: sur une face elle est la divinité assise à laquelle une femme apporte des offrandes; sur l'autre, Asclépios couché sur un lit donne à boire au serpent dans un canthare.

Les reliefs votifs donnent lieu à des scènes dont certaines sont le reflet à la fois de l'imagination et de la vie quotidienne. Un relief entier (pl. 79, 3)[17] représente un thème analogue à celui de la face du cratère béotien où Hygie est représentée. Mais c'est le dieu Asclépios qui est assis, le serpent étant lové sous son siège; Hygie, debout derrière le trône d'Asclépios, regarde arriver le groupe d'adorants formé non plus d'une seule personne comme sur le cratère béotien, mais de toute une famille: père, mère, cinq enfants, et une servante portant sur sa tête un paquet.

Pour la statuaire, les spécialistes distinguent plusieurs types[18]. L'attribut de la déesse est le serpent sacré, qui est aussi celui d'Asclépios. Parfois elle le tient et le nourrit avec une coupelle; souvent il est enlacé autour de son bras ou de son corps. Il arrive que le couple Hygie-Asclépios soit représenté sur le même socle (pl. 79, 2)[19]: Apollon est assis sur son trône et Hygie placée à droite se penche vers Asclépios et le regarde. C'est l'image d'une déesse bienveillante et aimante.

2. La maladie, œuvre des dieux

BIBLIOGRAPHIE: Grmek, M., *Les maladies à l'aube de la civilisation occidentale* (1983); Grmek, M./Gourevitch, D., *Les maladies dans l'art antique* (1998).

2.1. La conception divine de la maladie chez Homère et chez Hésiode

La maladie (*nosos*) est présente dès Homère, avec la distinction entre maladies individuelles et maladies générales (*loimos*). Elles sont attribuées à une divinité identifiée ou non.

---

8. *Cf.* Lawton, C., «Votive Reliefs and Popular Religion in the Athenian Agora: the Case of Asklepios and Hygieia», dans *Proceedings of the XVth International Congress of Classical Archaeology* (1999) 232–234.
9. Voir n. 102.
10. Sobel 18 sq. et 75; Leventi 81–85. 156–157.
11. Sobel 19–24. 76–87; Leventi 46–80. 129–155.
12. Sobel 24–42. 87–112; Leventi 86–110. 158–174.
13. Sobel 56–58. 116–120.
14. Sobel 58–61. 120–123.

15. *Cf.* Shapiro, *PersGrArt* 125–131.
16. (= *ThesCRA* II 4 a Banquet, gr. **42*** [B], = *LIMC* V Hygieia **7*** [A], II Asklepios **41*** [B]) Athènes, Mus. Nat. 1393 (c. 400 av. J.-C.).
17. (= *ThesCRA* I 1 Processions, gr. **65***, III 6 c Vénération **36**, = *LIMC* II Asklepios **69**, V Hygieia **24***) Berlin, Staatl. Mus. Sk 685. Sobel 81–82 n° 58b (c. 325 av. J.-C).
18. Croissant *passim*; Sobel 24 sqq.
19. (= *LIMC* II Asklepios **39**, V Hygieia **22***) Vatican, Mus. 571. Sobel pl. 3b (vers 350 av. J.-C)

La première description d'une maladie générale se trouve dans l'*Iliade*. Elle atteint le corps expéditionnaire des Achéens contre Troie pour une faute commise par son chef à l'égard d'Apollon (*Il.* 1, 10–317): Agamemnon a suscité la colère du dieu en n'honorant pas la supplication de son prêtre Chrysès venu racheter sa fille contre rançon. Le dieu n'intervient pas de lui-même, mais sur la prière de son prêtre. Il tue de ses flèches les animaux (mulets, chiens), puis les hommes pendant dix jours. Pour connaître la cause de la colère du dieu, les hommes s'adressent au devin de l'armée, Calchas. Sa prophétie est à la fois un diagnostic sur la cause de la maladie – que l'auditeur connaissait déjà – et une thérapeutique (réparation de la faute par la restitution de la fille du prêtre sans rançon et après une hécatombe pour le dieu). L'application scrupuleuse des prescriptions du devin met fin à la pestilence. Tout est donc de l'ordre du divin et du religieux.

Il en est de même pour les maladies individuelles. Dans une comparaison de l'*Odyssée* (5, 394–397), la joie du naufragé Ulysse apercevant la terre est comparée à celle des enfants qui voient la guérison de leur père après une longue maladie; or cette maladie a pour cause «une odieuse divinité» (396) et sa guérison inattendue est l'œuvre «des dieux» (397). De plus, une grave maladie individuelle est spontanément attribuée au grand Zeus auquel on ne peut échapper (*Od.* 9, 411).

Chez Hésiode, l'intervention du grand Zeus auquel on ne peut échapper est reprise (*erg.* 100–105; comp. *erg.* 105 et *Od.* 9, 411), mais elle est généralisée à toutes les maladies que Zeus a rendues muettes. Ce passage montre la puissance de Zeus, mais aussi l'autonomie et l'opacité des maladies individuelles qui viennent d'elles-mêmes visiter les hommes, soit de jour soit de nuit.

2.2. La maladie et les dieux à l'époque classique

Après l'époque homérique, la conception divine de la maladie se prolonge dans la poésie lyrique archaïque, puis dans la tragédie à l'époque classique, ainsi que dans la poésie de l'époque hellénistique et au-delà. La même distinction existe entre les maladies collectives (désignées par le même mot *loimos*; *cf.* Soph. *Oid. t.* 28) et les maladies individuelles (désignées par *nousos/nosos* auquel s'ajoute *nosèma* à partir d'Eschyle *Prom.*). La même relation est établie entre ces deux catégories de maladies et les dieux. Mais les divinités sont plus nombreuses et leurs interventions plus complexes.

Pour les maladies collectives, Artémis est responsable dans Callimaque, *h.* 3, 122–128, d'une pestilence (*loimos*) contre une cité d'injustes atteignant les troupeaux, les récoltes et les habitants, tuant les jeunes et les femmes en couche. Elle agit, comme Apollon dans Homère, en décochant ses flèches.

Pour les maladies individuelles, la folie d'Oreste après le meurtre de sa mère n'est pas connue de l'*Iliade*, mais elle est devenue un thème majeur dans la tragédie à partir d'Eschyle (*Orestie*) où elle est causée non par une grande divinité telle qu'Apollon ou Zeus dans l'*Iliade*, mais par les Érinyes vengeresses. La folie d'Ajax chez Sophocle – qui se terminera par son suicide – est provoquée par une intervention directe d'Athéna mise dans la bouche de la déesse elle-même (*Aias* 51–60). Plus généralement, la possession du malade par une divinité correspondait à l'époque classique à la mentalité populaire reflétée par la tragédie. Ainsi dans Euripide *Hipp.* lorsque le chœur des femmes de Trézène vient prendre des nouvelles de la maladie de Phèdre, il s'interroge longuement sur les diverses causes possibles de cette maladie (141–150). Ces interrogations sont significatives de la croyance dans la «possession du malade par une divinité» (*cf.* 141 *entheos* «qui a un dieu en soi») et de la multiplicité des divinités auxquelles on pouvait attribuer la maladie: Pan, Hécate, les Corybantes, la Mère des Montagnes (Cybèle), Dictynne qui règne sur les fauves; en tout, cinq divinités possibles, sans mention pourtant de la déesse qui est la cause de la maladie de Phèdre, Cypris/Aphrodite. On s'interroge aussi sur la culpabilité du malade envers la divinité (146–147: absence d'offrandes).

2.3. Maladie et souillure

Pour expliquer les maladies, une notion a pris une importance grandissante, celle de souillure (*miasma*). Par exemple, Soph. dans la maladie générale atteignant la cité de Thèbes (*Oid. t.*) fait consulter par le chef les autorités religieuses comme chez Homère (et non pas les médecins!), mais la cause de la pestilence n'est plus une faute directe envers une divinité, mais une souillure (*miasma*) qui a grandi dans la cité (96–98): le sang versé lors du meurtre du précédent roi de Thèbes, Laïos. Le nouveau roi Œdipe se charge d'enquêter pour délivrer la cité de la souillure (313) et se révélera être lui-même l'auteur du meurtre pour avoir tué sans le savoir celui qui était à la fois le roi et son père[20].

La médecine rationnelle a incorporé la notion de *miasma*, mais dans un sens différent. Ce n'est pas la souillure issue du sang versé dans un crime, mais les miasmes contenus dans l'air qui causent des maladies générales lorsqu'on les respire; *cf.* Hippokr. *flat.* 5–6; Gal. *Diff. febr.* Kühn 7, 290, 10 (à propos de la peste d'Athènes). Paradoxalement la conception rationnelle du *miasma* est moins proche

---

20. Sophocle peut faire référence en même temps à la peste qui a atteint la cité d'Athènes au début de la guerre du Péloponnèse; *cf.* Mitchell-Boysack, R., *Plague and the Athenian Imagination* (2008).

de l'idée d'infection que la conception magico-religieuse du *miasma* lequel se transmet par contact; *cf.* Hippokr. *Morb. Sacr.* 1, 12, Jouanna p. 8, 17.

2.4. Une maladie paradigmatique: la maladie sacrée

BIBLIOGRAPHIE: Temkin, O., *The Falling Sickness* (1971²); Wohlers, M., *Heilige Krankheit. Epilepsie in antiker Medizin, Astrologie und Religion* (1999).

La maladie par excellence mise en relation avec le divin est l'épilepsie connue d'abord sous le nom de «maladie sacrée». Hippocrate *Morb. sacr.* en donne une explication rationnelle après une longue polémique contre ceux qui ont été les premiers à diviniser la maladie. Ces gens-là ont expliqué les crises soudaines et spectaculaires par l'attaque d'une divinité. Certains prétendent faire de subtils diagnostics sur l'identité de la divinité en fonction des symptômes de la crise (1, 11, Jouanna p. 8, 1–13). C'est un témoignage de tout premier ordre sur la conception magico-religieuse de la maladie: «Si les malades imitent le bêlement de la chèvre, s'ils grincent des dents et s'ils ont des convulsions du côté droit, ils disent que la Mère des dieux en est la cause; si le malade émet des sons plus aigus et plus stridents, ils le comparent à un cheval et disent que Poséidon en est la cause; mais si, en outre, il laisse aller des excréments [...], c'est le nom de la déesse Énodie qui s'applique à ce cas. S'il émet des sons plus fréquents et plus grêles comme les oiseaux, c'est Apollon pastoral. S'il rejette de l'écume par la bouche et s'il lance des ruades, c'est Arès qui porte la responsabilité. Dans les cas où, la nuit, surviennent des craintes, des frayeurs, des troubles de l'esprit, des bonds hors du lit et des fuites au dehors, ils disent que ce sont des assauts d'Hécate et des irruptions de héros».

Comme dans Eur. *Hippol.*, plusieurs divinités sont mentionnées (6 ici contre 5 chez Euripide): 3 divinités féminines (la mère des Dieux, Énodie, Hécate), et 3 dieux (Poséidon, Apollon, Arès). On atteint ici un raffinement inconnu de la croyance populaire par la mise en relation de symptômes particuliers avec des divinités précises ou des attributs de ces divinités: Poséidon *hippios*; Apollon *nomios*.

En plus des divinités, les thérapeutes alléguaient les «héros», à savoir les morts plus ou moins divinisés dont la croyance populaire craignait le retour la nuit sous forme de «revenants». *Cf.* Xen. Eph. 5, 7, 4–9: Anthéia feint d'être atteinte d'une crise de maladie sacrée et explique ce mal par l'attaque d'un mort la nuit au cours de sa jeunesse.

La croyance populaire est systématisée dans la démonologie pythagoricienne (Diog. Laert. 8, 32): «L'air en sa totalité est plein d'âmes; et ces âmes sont considérées comme des démons et des héros; par eux sont envoyés aux hommes les rêves, ainsi que des maladies non seulement aux hommes mais aussi au petit bétail et à tout le bétail en général».

2.5. Déméter la nourricière et la «faim ardente»

À l'époque hellénistique, Kall. *h.* 6 donne un exemple frappant de la colère d'une divinité provoquant une maladie incurable: Déméter frappe de boulimie le fils de Triopas, Érysichthon, parce qu'il a osé couper des arbres de son sanctuaire à Dôtion en Thessalie. Malgré les avertissements de la déesse apparue sous les traits de sa prêtresse, le jeune fils du roi continua à couper le bois pour faire une salle de banquet. Prise d'une colère indicible (57) la déesse le frappa d'une «faim ardente» (66–67): plus il mangeait, plus la faim le prenait et plus il maigrissait. Sa mère inventa mille excuses pour cacher la maladie de son fils. Son père, bien qu'il fût le fils de Poséidon, adressa en vain à son père des prières et dut engloutir toutes ses richesses jusqu'aux chevaux et au chat. Le fils devint un mendiant. L'ironie tragique vient de ce que la déesse «très nourricière» (2) tue sa victime non pas en la privant de nourriture, mais en ôtant à la nourriture son pouvoir de nourrir; *cf.* Hellan. *FGrH* 4 F 7 = Athen. 10, 416b; Ov. *met.* 8, 738–878 (où la faim est divinisée).

2.6. Les malades et le sacré

Parfois, les malades, du moment qu'ils sont possédés par une puissance divine, sont considérés eux-mêmes comme sacrés; *cf.* Hippokr. *aër* 22 à propos de l'impuissance de certains Scythes appelés Anariées: «Les gens du pays, pour leur part, en attribuent la cause à une divinité, vénèrent ces hommes-là et se prosternent devant eux, chacun éprouvant des craintes, ne serait-ce que pour sa propre personne» (éd. Jouanna p. 238, 9–12 et n. 4–5); *cf.* Hdt. 1, 105 précisant le nom de la divinité (Aphrodite) et aussi la raison de sa colère (pillage de son sanctuaire d'Ascalon en Syrie); Hdt. 4, 67 (ces «androgynes» avaient, en compensation, un don de prophétie).

Cette vénération n'est pas le lot des malades ordinaires. Selon Theophr. *char.* 16, 14 «à la vue d'un fou ou d'un épileptique, le superstitieux est pris de frisson et crache dans le pli de son vêtement». C'est une façon pour lui d'écarter la souillure et la contagion.

Comme les maladies sont attribuées à la colère d'une divinité, les malades eux-mêmes et leur entourage s'interrogent dans leur inquiétude sur l'identité de la divinité à apaiser et sur l'issue de la maladie. Ils s'adressent aux devins ou aux oracles. Voici deux questions posées à l'oracle de Zeus à Dodone: «Nicocrateia interroge pour savoir à quel dieu elle doit faire un sacrifice pour qu'elle aille mieux et que sa maladie cesse» et «Léontios interroge à propos de son fils Léon pour savoir si la guérison de la maladie... qui le tient se produira »[21].

3. Médecine magico-religieuse

BIBLIOGRAPHIE: Bernand, A., *Sorciers grecs* (1991); Brashear, W., « The Greek Magical Papyri: An Introduction and Survey », *ANRW* II 18, 5 (1995) 3380–3684; Burkert, *GrRel*; Dickie, M. W., *Magic and Magicians in the Greco-Roman World* (2001); Faraone/Obbink; Graf, *Magie* (fr.); Heim, R., *Incantamenta Magica Graeca Latina* (1892) 463–576; Herzog, R., *Die Wunderheilungen von Epidauros* (1931); Krug, A., *Heilkunst und Heilkult. Medizin in der Antike* (1984); Lanata, G., *Medicina magica e religione popolare in Grecia fino all'età di Ippocrate* (1967); Lloyd, G. E. R., *Magie, raison et expérience* (1990); Marcone, A. (éd.), *Medicina e società nel mondo antico* (2006); Mikalson, *APR*; Nilsson, M. P., *La religion populaire dans la Grèce antique* (1954); id., *GrRel*[2,3,4] I-II; Parker, *AthRel*; *PGM* (1973–74[2]).

À la conception religieuse de la maladie est liée une thérapeutique religieuse et rituelle ou magique.

3.1. Purifications[22] et incantations

L'auteur de *morb. sacr.*, après avoir rapporté le diagnostic de ceux qui attribuent chaque forme de la maladie sacrée à une divinité, poursuit: « Ils ont alors recours aux purifications et aux incantations » (*morb. sacr.* 1, 2–3, Jouanna p. 2, 9–3, 10).

« Ils purifient avec le sang », déclare-t-il (1, 12, Jouanna p. 8, 15). La purification suppose donc un sacrifice préalable. C'est une purification circulaire[23] autour du malade qui se trouve ainsi à la fois purifié et protégé d'une nouvelle attaque par un cercle magique. Quant aux objets utilisés pour la purification, « tantôt ils les cachent dans la terre, tantôt ils les jettent dans la mer, tantôt ils les portent à l'écart dans les montagnes, là où personne ne pourra les toucher ni les fouler » (1, 12, Jouanna p. 9, 4–7). Les objets purificatoires, ayant concentré en eux toute la souillure venant du malade, doivent être éloignés le plus possible pour éviter tout risque de contamination.

Ce rituel est attesté dès Homère (*Il.* 1, 314) lors de la pestilence. Pour apaiser Apollon suivant la recommandation du devin, Agamemnon embarque des guerriers sous la conduite d'Ulysse pour rendre Chryséis la fille du prêtre d'Apollon et pour faire un sacrifice; il leur ordonne de se purifier préalablement; les objets purificatoires sont jetés à la mer.

Le rite de l'incantation est déjà attesté dès Homère. Ulysse blessé par un sanglier à la cuisse a été bandé et le sang a été arrêté par une incantation (Hom. *Od.* 19, 457). Héliodore (*Aith.* 9, 21, 1) se souvient d'Homère quand Hydaspe fit arrêter le sang coulant de la blessure de son prisonnier par les spécialistes de l'incantation. Pind. (*P.* 3, 51) mentionne les « incantations adoucissantes » comme un des procédés thérapeutiques d'Asclépios: elles agissent seules; parfois, elles ne sont efficaces qu'avec un remède (Plat. *Charm.* 155e). Le contenu des incantations médicales n'est pas connu avant la magie gréco-égyptienne[24].

La conjonction des incantations et des purifications pour soigner les maladies existait aussi chez les Pythagoriciens. *Cf.* Diog. Laert. 8, 32: « Contre elles (*sc.* les maladies causées par les âmes sous forme de démons et de héros; *supra* **2.4**), existent les purifications, les procédés pour les détourner, la mantique sous toutes ses formes, la divination par les bruits et tous les procédés semblables ». Pythagore employait aussi les incantations; *cf.* Porph. *v. Pyth.* 33 (« Pythagore connaissait des chants guérisseurs aussi pour les maladies corporelles, et en les chantant il remettait sur pied les malades »); Iambl. *v. P.* 164 (« Pythagore se servait aussi des incantations pour certaines maladies »).

Mantique, purifications et incantations, pour écarter ou prévenir les maladies, ne sont pas propres aux Grecs. Elles sont pratiquées aussi par les Chaldéens en Babylonie (Diod. 2, 29, 2).

3.2. Interdits dans le régime des malades

En plus des purifications et des incantations, les thérapeutes dénoncés par *Morb. sacr.* imposaient aux malades des interdits alimentaires comparables à ceux des Pythagoriciens (1, 4, Jouanna p. 4, 8–5, 1 et n. 6–10) ou d'autres interdits plus magiques tels que « ne pas porter un manteau noir... ne pas se coucher sur une peau de chèvre ni en porter sur soi, ne pas mettre un pied sur l'autre ni une main sur l'autre » (1, 4, Jouanna p. 5, 2–4 et n. 1–2). *Cf.* les interdits alimentaires dans la médecine religieuse avant l'incubation (*infra* **3.12** et **15**).

3.3. Sacrifices et prières aux dieux[25]

À côté de cette médecine plus ou moins magique existe une thérapeutique plus conforme à la religion traditionnelle, surtout quand la maladie affecte toute la cité.

Dans le cas d'épidémies, quand on ne connaît pas la cause, selon Polybe 36, 17, 3 « c'est à juste

---

21. Parke, *Oracles of Zeus* App. I, 3 *On health* n° 13 et 15, 267 sq.
22. Sur les purifications voir *ThesCRA* II Purification, gr. p. 3–35 (surtout **III.1** « Malattie ») avec la bibliographie.
23. *Cf. morb. sacr.* 1, 7 Jouanna p. 6, 13 (περικαθαίρων).
24. *Cf.* Furley, W. D., « Besprechung und Behandlung. Zur Form und Funktion von ΕΠΩΙΔΑΙ in der griechischen Zaubermedizin », dans *Philanthropia kai eusebeia. FS A. Dihle* (1993) 80–104 (avec plusieurs exemples 92–100); *cf.* les formules magiques gravées sur les amulettes (*infra* **3.16.2**).
25. Voir *ThesCRA* I 2 a Sacrifices, gr. p. 59–134; sacrifices à Asclépios *o.c.* p. 76–77.

titre que, dans notre perplexité, nous nous rangeons à l'opinion commune, que nous adressons des supplications à la divinité, que nous lui offrons des sacrifices pour l'apaiser, que nous envoyons demander aux dieux ce qu'il nous faut dire ou faire pour que la situation s'améliore et pour que cessent les maux qui nous affligent». Prières, sacrifices, consultation des dieux par les oracles ou les devins étaient donc les moyens thérapeutiques usuels selon l'opinion commune.

On en trouve une bonne illustration dans la pestilence qui sévit sur la cité de Thèbes chez Soph. *Oid. t.*: la foule s'est rendue dans les sanctuaires de la cité pour prier les dieux et leur faire des sacrifices; le roi a consulté l'oracle d'Apollon à Delphes et convoqué le devin de la cité, Tirésias; le chœur lors de son arrivée entame un hymne où il invoque le secours de plusieurs divinités, Athéna, Artémis, Apollon, Zeus et Dionysos. C'est à l'image de ce qui s'était produit dans la réalité lors de la peste d'Athènes en 430/429 av. J.-C.: on consulta les oracles et on adressa des supplications aux dieux, mais en vain selon Thucydide (2, 47-54).

Même pour les maladies individuelles, on adressait des prières à plusieurs divinités susceptibles d'écarter les maux. Hippokr. *reg.* (87-93, Joly, *CMG* I 2, 4, p. 218-231) recommande dans le cas de rêves annonçant la santé ou la maladie, en plus d'un traitement rationnel par le régime, des prières aux dieux. Il précise les divinités auxquelles il convient de les adresser: pour les signes favorables, le Soleil, Zeus ouranien, Zeus Ktèsios, Athéna Ktèsia, Hermès, Apollon; et pour les signes contraires, les dieux Apotropaïques, la Terre et les héros. Bien que sa position soit isolée dans le *Corpus hippocratique*, ce médecin applique une idée très grecque selon laquelle l'aide demandée aux dieux ne dispense pas d'agir, les dieux aidant surtout ceux qui agissent (Archil., West, *IEG* I *fr.* 111; Aischyl. *Sept.* 266; Eur., *TrGF* V1 F 432).

3.4. Offrandes propitiatoires et de remerciement aux dieux

Les malades offraient aux dieux guérisseurs des offrandes soit pour attirer leur bienveillance, soit pour les remercier de les avoir guéris. Les deux catégories ne sont pas toujours faciles à distinguer. Les inscriptions précisent parfois par le mot grec *euchen* qu'il s'agit d'un vœu (exaucé ou non?)[26], ou par le mot grec *charistèrion* que c'est une offrande de remerciement[27]. Les chevelures des femmes étaient coupées en remerciement à Hygie (*supra* **1.5**). Lorsqu'une jeune fille guérit de la maladie sacrée, «les femmes consacrent beaucoup d'offrandes à Artémis et en particulier les vêtements féminins les plus précieux suivant la recommandation des devins» (Hippokr. *virg.*, Littré VIII p. 468, 17-20). Ces offrandes variaient suivant les moyens des malades (*infra* **3.11**).

Dans les sanctuaires guérisseurs, la particularité était les reliefs votifs anatomiques, connus directement par les fouilles pour le matériel en pierre, et indirectement par les inscriptions pour les offrandes en or ou en argent, si bien que leur présence dans un sanctuaire est un critère de sa fonction ou de l'une de ses fonctions. Ces témoins de la piété populaire, représentant la partie malade (corps entier, demi-corps, yeux, jambes, oreilles, bras, parties génitales, seins etc.) ont été longtemps méprisés. Depuis peu, ils ont été recensés selon les différents sanctuaires guérisseurs et sont l'objet d'une approche non seulement sur la typologie ou la pathologie, mais aussi sur la sociologie des malades[28]. À la faveur de la refonte des offrandes en or et en argent dans les sanctuaires guérisseurs (opération dite de «destruction» faite sous le contrôle de l'État)[29], que ce soit à Athènes dans l'Asclépieion ou dans le sanctuaire du Héros médecin, ou à Oropos dans l'Amphiaraion, les listes des dédicants et de leurs offrandes détruites ont été inscrites sur des stèles, ce qui complète heureusement la documentation archéologique[30].

3.5. Les dieux guérisseurs

BIBLIOGRAPHIE: Croon, J. H., *RAC* 13 (1986) 1190-1232 *s.v.* «Heilgötter (Heilheroen)»; Forsén, B., *Griechische Gliederweihungen* (1996) 133-159; Verbanck-Piérard, A., «Les héros guérisseurs: des dieux comme les autres», dans *Héros et héroïnes dans les mythes et les cultes grecs. Kernos* Suppl. 10 (2000) 281-332; Gorrini, M. E./Melfi, M., «L'archéologie des cultes guérisseurs», *Kernos* 15 (2002) 247-265.

Quand une divinité a provoqué une maladie, elle peut y mettre fin une fois sa colère apaisée. Apollon est agent de la pestilence dans l'*Iliade*, mais il y met fin après la restitution de la fille à son prêtre et un sacrifice (*supra* **2.1**); *cf.* Aischyl. *Ag.* 509-513.

Toutefois, certains dieux sont plus aptes à écarter les maladies et à les guérir. Le plus ancien est Péan, le médecin des dieux. À l'époque classique,

---

26. Par ex. *IG* II² 4383: ex-voto anatomique représentant deux seins; vœu de Dionysia à Zeus *Hypsistos*.
27. Par ex. *IG* II² 4532: remerciement à Asclépios et Hygie.
28. *Cf.* Van Straten, F. T., «Gifts for the Gods», dans Versnel, *Faith* 65-151, notamment l'Appendix «Votive Offerings Representing Parts of the Human Body (The Greek World)», 105-151; Forsén, B., *Griechische Gliederweihungen* (1996); *id.*, *ThesCRA* I 2 d Offrandes votives, gr. p. 311-313 (avec bibl.). Pour les autres offrandes *cf. ThesCRA* I 2 d Offrandes votives, gr. p. 269-318.
29. *Cf.* Linders, T., «The Melting Down of Discarded Metal Offerings in Greek Sanctuaries», *ScAnt* 3-4 (1989-90) 281-285.
30. *IG* II² 1532-1537 et 1539 (Asclépieion); *IG* II² 839 (sanctuaire du Héros médecin); *IG* VII 303 = *IOropos* 324 (Amphiaraion).

les deux grands dieux guérisseurs sont invoqués en premier dans le *Serment* d'Hippocrate (avant Hygie): Apollon et son fils Asclépios.

3.6. Péan/Péaon/Péèon (Παιάν/Παιάων/ Παιήων) le médecin des dieux

Péèon apparaît dès le mycénien (KN V 52 *Pa-ja-wo-ne*). Dans l'*Iliade*, il réside sur l'Olympe et soigne les dieux Hadès et Arès blessés par une flèche (5, 401; 899–900) en saupoudrant sur la blessure des médicaments pour apaiser les douleurs. Dans l'*Odyssée*, les médecins de l'Égypte sont qualifiés de descendants de Péèon (4, 232). Chez Hésiode, «Péèon qui connaît les remèdes contre tout» est encore distinct d'Apollon (*fr.* 307 M./W.); de même chez Solon, Péan «aux nombreux remèdes» n'est pas confondu avec Apollon cité, lui, pour la divination (*fr.* 1, 53 et 57 Gentili/Prato). Puis cet ancien dieu fut intégré dans le culte d'Apollon (*infra* 3.7).

Après la poésie épique, la survivance du médecin des dieux est rare. Lucien (IIe s. ap. J.-C.) représente la maladie Podagre sous les traits d'une divinité toute puissante et il lui fait dire que «ni Péan n'a la force de la vaincre par ses remèdes, bien qu'il soit le médecin de tous les dieux dans le ciel, ni le fils de Phoibos, Asclépios malgré son multiple savoir» (*trag.* 143–145). Les deux grandes divinités guérisseuses choisies par Lucien sont donc Péan et Asclépios, Apollon n'étant mentionné qu'en tant qu'il est père d'Asclépios. C'est un archaïsme de lettré.

Une survivance d'une autre nature est le nom d'une plante médicinale *Péônia*, la pivoine (*Paeonia L.*). Elle est appelée ainsi «parce que c'est Péon qui l'a découverte» (*Traité sur la pivoine* in *Cat. cod. astr.* 11, 2, p. 164, 23–24). Comme ce traité attribué à Dioscoride lui est postérieur, l'étymologie par Péon semble une reconstruction à partir d'un terme qui devait signifier «la plante guérisseuse». Elle a des propriétés médicinales multiples: «Elle chasse les démons, soigne toute affection d'un animal, quand elle est coupée et mélangée à sa nourriture... Elle conserve tout homme exempt de maladie, quand elle est portée, elle détourne la maladie pestilentielle... Elle soigne aussi tout homme de la souillure, des épanchements et de l'ensorcellement». C'est l'une des trois versions du traité sur la pivoine[31].

3.7. Apollon Péan

Le nom du médecin des dieux (sous la forme Péan) est devenu une désignation d'Apollon (Pind. *P.* 4, 270) ou une épiclèse de ce dieu, ainsi que le nom des hymnes qui lui sont adressés à partir du refrain «Io Péan», avant que ce genre littéraire soit élargi à d'autres divinités dont Asclépios[32].

La fonction guérisseuse d'Apollon était déjà bien attestée avant qu'il soit assimilé à Péan (Hes. *fr.* 307 M./W. où Apollon Phoibos sauve de la mort comme Péèon). Mais au Ve s. av. J.-C. (avant 425), quand le stratège athénien Lamachos, blessé à la cuisse, invoque Péan: «Io, Io, Péan, Péan» (Aristoph. *Ach.* 1212), c'est bien à Apollon qu'il pense; lorsque Dicéopolis lui répond: «Mais ce n'est pas aujourd'hui les *Péônia*», il fait allusion à la fête athénienne en l'honneur d'Apollon guérisseur (*cf. Schol. ad loc.*). Comme il est dit chez Plut. *quaest. conv.* 745a, «les médecins, nous le savons, recourent toujours à Apollon Péan, jamais à Apollon Musagète».

Le développement de l'oracle de Delphes contribua à la notoriété d'Apollon guérisseur. Chez Aischyl. *Eum.* 62 l'Apollon de Delphes est dit «médecin-devin» (ἰατρόμαντις); le même qualificatif est appliqué à son fils Apis (Aischyl. *Suppl.* 263). Chez Aristoph. *Plut.* 11 il est dit «médecin et devin»; *cf.* Philon *Leg. ad Gaium* 109. On consultait l'oracle pour bien des raisons, mais aussi lors de maladies générales ou particulières[33].

Ce n'est pas seulement dans la littérature (Soph. *Oid. t.*) que l'on envoie une députation à Delphes lorsqu'une cité est atteinte par une catastrophe; on connaît un cas historique[34]: Cleitosthénès de Tralles, prêtre de Zeus, c. 250 ap. J.-C., interroge l'oracle de Delphes «pour le salut de la cité» (à l'occasion d'un séisme); parmi les cas quasi-historiques, lors de la famine à Thasos à la fin de Ve s. av. J.-C., l'oracle de Delphes fut consulté deux fois, ce qui aboutit à la création du culte du héros guérisseur Théogénès (*infra* 3.14).

Néanmoins, Apollon Péan en tant que divinité guérisseuse n'a pas une existence cultuelle autonome très répandue. Certes, dans les hymnes delphiques, la désignation d'Apollon sous le nom de Péan est signalée (Péan de Liménios, l, 18; *cf.* Furley/Bremer, *Hymns* II 2.6.2, 18 p. 93). Sa puissance protectrice et salvatrice y est invoquée (*ibid.*, l. 34–36); mais elle reste secondaire par rapport à la puissance oraculaire. Aucun hymne conservé ne s'adresse uniquement à Apollon guérisseur seul. Le refrain «Iè paian» est même vidé de son sens premier dans des hymnes où il n'est pas fait la moindre allusion à la fonction guérisseuse du dieu. Plus généralement, Pausanias ne mentionne qu'une seule fois Apollon guérisseur (*Paiôn*), et c'est dans le cadre d'un autel commun dans l'Amphiaraion

---

31. *Cf.* Festugière, A.-J., *La révélation d'Hermès Trismégiste* I (1989²) 155 sqq.
32. *Cf.* Fairbanks, A., *A Study of the Greek Paian* (1900); Käppel, L., *Paian. Studien zur Geschichte einer Gattung* (1992); Schröder, S., *Geschichte und Theorie der Gattung Paian* (1999). Sur Apollon *LIMC* II Apollon; pour Apollon guérisseur, *cf.* Forsén (n. 28) 150–151.

33. *Cf.* Parke/Wormell, *DelphOracle* I–II; Fontenrose, *Oracle* Appendix B IV. Occasions i. Plague, famine, drought, catastrophe: 1 cas historique, 37 cas quasi-historiques, 41 cas légendaires; ii. Sickness of an individual: 9 cas quasi-historiques, 9 cas légendaires.
34. Parke/Wormell, *DelphOracle* 471 = Fontenrose, *Oracle* H 68.

d'Oropos (Paus. 1, 34, 3); *cf. infra* **3. 15**. L'épigraphie mentionne plus souvent Apollon *Paiôn*[35]. Les ex-voto anatomiques dédiés à Apollon sont cependant rares et mal attestés.

Bien que le contraste soit grand avec le nombre impressionnant de sanctuaires d'Asclépios mentionnés par le Périégète, Apollon reste présent dans les sanctuaires de son fils (*infra* **3.10**). Certains se sont installés sur des sanctuaires apolliniens (*e.g.* Épidaure et Corinthe). De plus, l'autorité du sanctuaire de Delphes reste grande même dans les affaires religieuses concernant Asclépios. Le poète épidaurien Isyllos (*infra* **3.10**) a consulté l'oracle de Delphes pour savoir s'il devait inscrire son hymne sur la pierre dans le sanctuaire d'Asclépios à Épidaure. Il reçut une réponse favorable (*IG* IV 1² 128, 32–36; c. 280 av. J.-C.). Un autre exemple est fourni par une autre inscription d'Épidaure (*IG* IV 1² 122, n° 33; IVe s. av. J.-C.). Un malade venu d'Halieis à Épidaure, Thersandros, était reparti sans avoir vu le dieu en rêve. Lors de son départ, un serpent sacré s'était enroulé autour de la voiture et il guérit le malade de retour chez lui. Cette guérison miraculeuse devint une affaire d'État, car la cité consulta l'oracle de Delphes sur ce qu'il fallait faire du serpent sacré. La réponse fut de le conserver pour fonder un sanctuaire d'Asclépios dans la cité. L'oracle de Delphes favorisait ainsi l'extension du culte d'Asclépios guérisseur.

La fonction guérisseuse d'Apollon ne se réduit pas aux cas où il est dit Apollon Péan. Il est appelé aussi :

– Apollon *iatros* médecin : Aristoph. *av.* 584; Lykophr. *Alex.* 1207; pour l'épigraphie, voir Farnell, *Cults* 4, 409 n. 214; *cf.* une invocation à Apollon qualifié de « médecin des mortels » à Délos (*ID* 2550); un sanctuaire d'Apollon *iatros* à Apollonia (*IGBulg* I² 388 [2] 37 sq.; c. 200/150 av. J.-C.), un autre à Istros-Istria (*ISM* I 1, 7 [milieu du IIIe s. av. J.-C.], 34, 4 sq. [IIe s. av. J.-C.] et 64, 5 [IIe s. av. J.-C.]).

– Apollon *prostatèrios* protecteur : Dém. 21 (= *Contre Midias*), 52 mentionne un oracle où il est recommandé « pour la santé (*hygieia*) de faire des sacrifices et des prières à Zeus Hypatos, Héraclès et Apollon *prostatèrios* »; nombreuses attestations en épigraphie pour cette épiclèse : *e.g. IG* II² 790 (sacrifices par les prytanes avant l'assemblée du peuple athénien à Apollon *prostatèrios* (l. 10–11) pour la santé (*hygieia* l. 15) de la boulè et de l'assemblée du peuple).

– Apollon *apotropaios* écarteur des maux surtout en Attique : Aristoph. *vesp.* 161; *av.* 61; *plut.* 854; *IG* II² 1358, 26 (400/350 av. J.-C.). 5009; *SEG* 21, 541, 33–34 (375/50 av. J.-C.); *cf.* aussi *IEryth* 61, 2–3 (189/50 av. J.-C.).

Ces deux derniers qualificatifs sont conjoints dans l'inscription de l'Acropole *IG* II² 4852, 2–3.

Même sous le nom de *Phoibos* il est dit avoir donné les médicaments aux Asclépiades pour guérir les maladies des mortels (Eur. *Alc.* 969–970).

3.8. Asclépios : histoire de la divinité guérisseuse par excellence

BIBLIOGRAPHIE : De Miro, E./Sfameni Gasparro, G./Calì, V. (éds.), *Il culto di Asclepio nell'area mediterranea*. Conv. Int. Agrigento 2005 (2009); Edelstein, *Asclepius*; Graf, F., « Heiligtum und Ritual. Das Beispiel der griechisch-römischen Asklepieia », dans *Le sanctuaire grec, Entretiens Hardt* 37 (1992) 159–203; Kerényi, K., *Der göttliche Arzt* (1948); Holtzmann, B., *LIMC* II (1984) 863–897 *s.v.* « Asklepios »; Mitchell-Boyask, R., *Plague and the Athenian Imagination* (2008); Riethmüller, J. W., *Asklepios. Heiligtümer und Kulte* (2005) : ouvrage fondamental pour tout ce qui concerne les sanctuaires d'Asclépios; Thraemer, K., *RE* II (1869) 1662–1677 *s.v.* « Asklepios »; Wickkiser, B. L., *Asclepios, Medicine and the Politics of Healing in Fifth-Century Greece* (2008).

Si les médecins recourent à Apollon Péan, ils ont Asclépios pour patron (Plut. *quaest. conv.* 745a). Asclépios est devenu la divinité guérisseuse par excellence dans l'ensemble du monde grec après une histoire assez surprenante. Celui qui est devenu le dieu grec de la médecine n'était chez Homère (VIIIe s. av. J.-C.) qu'un prince de Tricca en Thessalie, certes réputé pour son savoir médical, mais simple mortel (*Il.* 2, 729–732; 4, 204 et 219). Trois siècles plus tard, c. 475 av. J.-C., Asclépios est chez Pindare un demi-dieu guérisseur, né d'Apollon et d'une mortelle, Coronis, fille du thessalien Phlegyas (Pind. *P.* 3; *cf.* aussi *h. Hom.* 16 à Asclépios). Il est né dans des circonstances tragiques. Alors que Coronis était enceinte du dieu, elle s'unit à un mortel. Apollon fit abattre Coronis par les flèches de sa sœur Artémis, mais il sauva le nouveau-né alors que le cadavre de sa mère était déjà sur le bûcher. Asclépios apprit son savoir médical auprès du Centaure Chiron et il mourut foudroyé par Zeus pour avoir voulu ressusciter un mort. Les scholies (*Schol.* Pind. *P.* 3, 14, Drach. II 65 et 3, 52 b, *ibid.* II 70–71 = Hes. *fr.* 60 M./W.) font remonter cette filiation divine d'Asclépios jusqu'à des vers épiques attribués à Hésiode où l'union de Coronis et du mortel a été révélée à Apollon par un corbeau.

Asclépios ne devint une divinité à part entière que vers la fin du Ve s. av. J.-C., sa mère Coronis étant incorporée dans le culte d'une famille pacifiée. Il fut un dieu très populaire, durant neuf siècles, dans toutes les parties du monde grec. Il est appelé « Asclépios Sauveur » dans les dédicaces en remerciement de guérisons (*e.g. IPerg* III 65. 66. 69–98). Même au moment de la destruction des sanctuaires par les chrétiens (Ve s. ap. J.-C. *in fine*), ils étaient encore fréquentés : le néoplatonicien Proclos (412–485) qui avait déjà été guéri de la goutte dans l'Asclépieion d'Athènes, monta en

---

35. Athènes *IG* I³ 383, l. 163–164 (429/8 av. J.-C.); Erchia *SEG* 21, 541 B 53–55 (375/50 av. J.-C.); Délos *IG* I³ 1468bis 1 sq. (c. 425 av. J.-C.).

secret – parce que la foule était désormais chrétienne – « au sanctuaire du Sauveur », obtenant ainsi une guérison miraculeuse pour une petite fille (Marin. *Procl.* 29 et 31).

3.9. Les principaux sanctuaires d'Asclépios

Plusieurs des sanctuaires d'Asclépios visités par Pausanias ont déjà été cités à propos d'Hygie (*supra* 1.4).

Selon Strabon (9, 5, 17), le sanctuaire le plus ancien d'Asclépios était à Tricca en Thessalie, cité où Asclépios vécut d'après Homère[36]. Il fut lui-même à l'origine de celui de Cos, la patrie d'Hippocrate (Hérondas, *Mimes* 2, 95–97 et 4, 1–2)[37]. Mais le plus célèbre fut à l'époque classique Épidaure dans le Péloponnèse (Paus. 2, 26, 1–27, 6)[38]. La propagande locale fit naître Asclépios non pas en Thessalie, mais à Épidaure (*cf.* Paus. 2, 26, 3–8 et péan d'Isyllos *infra* 3.10).

La trace la plus ancienne du culte d'Asclépios à Épidaure est une patère de bronze qui lui est dédiée c. 500 av. J.-C. Au IVe s. av. J.-C. la gloire du dieu guérisseur y était déjà grande, comme l'indique la provenance géographique des malades venus se faire soigner et dont les noms sont conservés sur les stèles où est consignée leur guérison (*infra* 3.12). Un groupe important de consultants vient des différentes régions du Péloponnèse, mais la réputation d'Épidaure s'étend au-delà dans la Grèce continentale et dans les îles. Un consultant vient même d'Asie Mineure, de Cnide, ville pourtant réputée pour son centre médical. La prospérité du sanctuaire explique les constructions nouvelles. L'activité ne cessa pas à l'époque hellénistique et romaine. Strabon (début du Ier s. ap. J.-C.) note que le renom d'Épidaure est dû à la vocation médicale du sanctuaire (8, 6, 15) : « Cette cité est célèbre surtout à cause du renom de son Asclépios auquel on a confiance pour guérir des maladies de toutes sortes et qui a son sanctuaire toujours rempli de malades et de tablettes votives où se trouvent inscrits les traitements, comme à Cos et à Tricca ».

C'est surtout à partir d'Épidaure que le culte d'Asclépios se répandit dans le reste de la Grèce continentale[39], notamment à l'Asclépieion d'Athènes[40], puis dans les îles et en Asie Mineure, particulièrement à Pergame[41] qui essaima à son tour à Smyrne, même en Cyrénaïque à Balagrai, qui essaima à Lébéna en Crète (Paus. 2, 26, 9 ; *cf.* ICret I XVII, 9. 17. 18. 19. 20. 21. 23. 24)[42], et jusqu'à Rome, où Asclépios devint l'Esculape des Romains (en 293 av. J.-C. ; *cf.* ThesCRA VI 1 f Santé, rom. 1.2).

On a des indications précises sur la façon dont s'est opérée la transplantation du culte à partir d'Épidaure. À l'Asclépieion de Sicyone, on dit que le dieu est venu d'Épidaure sur un char tiré par des mules sous la forme d'un serpent et qu'il fut introduit par une habitante de Sicyone nommée Nicagora (Paus. 2, 10, 3)[43].

On peut dater précisément (420/19 av. J.-C.) l'introduction de son culte à Athènes où toutefois deux versions sont en concurrence mais ne s'excluent pas : introduction par le poète Sophocle, déjà prêtre d'une divinité guérisseuse et par Télémachos[44].

Certains sanctuaires ont été fondés par des malades en remerciement pour avoir été guéris. À Naupacte, c'est un aveugle guéri de sa cécité (à distance) par le dieu d'Épidaure qui construisit le sanctuaire (Paus. 10, 38, 13). À Pergame, c'est un certain Archias, après la guérison d'une blessure à la chasse dans le sanctuaire d'Épidaure, qui y transplanta le culte (Paus. 2, 26, 8).

L'initiative individuelle peut être remplacée par une décision collective sur le sort d'un serpent sacré issu d'Épidaure ; ainsi la fondation du sanctuaire à Halieis (*supra* 3.7) ou même la fondation d'Épidaure Liméra en Laconie avec un Asclépieion (Paus. 3, 23, 6–7).

D'autres sanctuaires d'Asclépios dans le Péloponnèse furent fondés indépendamment d'Épidaure. La tradition attribue la fondation de deux d'entre eux à ses descendants : l'Asclépieion de Titanè près de Sicyone à Alexanor, fils de Machaon et petit-fils d'Asclépios (Paus. 2, 11, 5–6)[45], et l'un des trois sanctuaires d'Argos à Sphyros le frère d'Alexanor (Paus. 2, 23, 4)[46]. L'Asclépieion de Messène, le mieux connu par l'archéologie après

---

36. *Cf.* Riethmüller I 91–105.
37. *Cf.* Sherwin-White, S. M., *Ancient Cos* (1978) ; Riethmüller I 206–218. II 349–350.
38. *Cf.* Riethmüller I 148–173. 279–324.
39. *Cf.* Riethmüller I 229–240.
40. *Cf.* Aleshire, S. B., *The Athenian Asclepieion. The People, their Dedications and their Inventories* (1989) ; ead., *Asklepios at Athens. Epigraphic and Prosopographic Essays on the Athenian Healing Cults* (1991) ; Riethmüller I 241–278. L'Attique possédait d'autres sanctuaires d'Asclépios, le plus important après le sanctuaire de la ville étant celui du Pirée (Schol. Aristoph. *Plut.* 621) ; *cf.* Riethmüller II 25–35. Le culte d'Asclépios et d'Hygie s'implanta aussi à Athènes dans le sanctuaire d'une ancienne divinité guérisseuse, l'Amyneion ; *infra* 3.14.
41. *Cf.* Riethmüller I 334–359.
42. *Cf.* Riethmüller I 326–334. II 406 (Balagrai). 344 (Lebena).
43. Sur l'Asclépieion de Sicyone, *cf.* Riethmüller I 130–133. II 63–68.
44. IG[2] 4960 (init. IVe s. av. J.-C.) = SEG 25, 226 et 32, 266 avec le nouveau fr. ; *cf.* Riethmüller I 241–250. 273–278 ; Jouanna, J., *Sophocle* (2007) 76–90 avec n. 20–65. Télémachos créa un nouveau sanctuaire pour la nouvelle divinité, tandis que Sophocle l'inséra dans le sanctuaire d'Amynos. Sophocle fut héroïsé après sa mort sous le nom de Dexion pour avoir accueilli la divinité et son propre sanctuaire fut géré avec celui d'Amynos et d'Asclépios par les orgéons d'Amynos, d'Asclépios et de Dexion ; *infra* 3.14.
45. *Cf.* Riethmüller I 133–137. II 68–71.
46. *Cf.* Riethmüller I 137–138. II 84–85.

celui d'Épidaure, est de fondation indépendante (Paus. 4, 31, 10)[47].

3.10. Les hymnes en l'honneur d'Asclépios (et d'Apollon) guérisseurs

En l'honneur d'Asclépios guérisseur, on chantait des hymnes où l'on retrouve le refrain « Iè Péan » qui s'est donc étendu du père au fils. Trois de ces hymnes sont particuliers à des sanctuaires; un autre a été chanté dans plusieurs sanctuaires.

Particulier à Athènes est le péan composé par Sophocle (Ve s. av. J.-C.) dont seul le début a été conservé sur le monument de Sarapion à Athènes[48]. Il fait référence à Coronis, la mère du « dieu qui écarte la souffrance ». Ce péan faisait encore la célébrité de l'Asclépieion d'Athènes dix siècles plus tard[49].

On a retrouvé aussi à l'Asclépieion le péan de Makedonikos (Ier s. av. J.-C./Ier s. ap. J.-C.) à Apollon et Asclépios[50].

Particulier à Épidaure est le péan composé par l'Épidaurien Isyllos (IVe/init. IIIe s. av. J.-C.) à Apollon et à Asclépios[51]. Il célèbre d'abord le dieu Péan, c'est-à-dire Apollon (37), puis son fils Asclépios « celui qui fait cesser les maladies et donne la santé, grand don pour les mortels » (56–57), l'épiclèse Péan étant transférée du père au fils dans le refrain « Iè Péan » (58). La particularité de cet hymne est qu'il se rattache à un culte local d'Apollon Maléatas qui existait avant celui d'Asclépios, avec une naissance épidaurienne d'Asclépios et dans un contexte politique particulier, Isyllos ne cachant pas son appartenance au parti aristocratique[52].

Un péan anonyme a été conservé par quatre inscriptions dans quatre sanctuaires différents : à Érythrées en Ionie (IEryth II 205), à Athènes (IG II[2] 4509; I[e]/IIe s. ap. J.-C.), à Dion en Macédoine (Oikonomos, G. P., Epigraphai tes Makedonias [1915] 4), et à Ptolémaïs Hermion en Égypte (Bernand, É., Inscriptions métriques de l'Égypte gréco-romaine [1969] 165). Éd. Page, PMG 934 (fr. adesp. 16), 14–15; Furley/Bremer, Hymns II 6.1, p. 161–168 et I p. 211–214. C'est le signe de la notoriété de cet hymne. Contrairement à ce qui est usuellement dit, il n'est pas consacré uniquement à Asclépios. Car la première strophe avec le refrain « Iè Péan » chante d'abord Apollon Péan, lequel a engendré pour la grande joie des mortels, par son union avec Coronis, Asclépios « la divinité très illustre ». Ensuite est évoquée la progéniture d'Asclépios et de sa femme Épionè: ses fils Machaon et Podalire, ses filles Iaso, Aiglè, Panacée et la très illustre Hygie. Puis l'hymne s'adresse directement à Asclépios pour obtenir ses faveurs, le refrain « Iè Péan » étant désormais transféré à Asclépios, comme dans l'hymne d'Épidaure. Mentionnée deux fois, Hygie a une place particulière au côté d'Asclépios. Dans la version égyptienne, une strophe spéciale est ajoutée à la fin pour insérer le chant dans la réalité locale avec la mention du Nil et de l'Égypte.

Il convient d'insister, à propos de trois de ces péans, sur la relation étroite entre le culte d'Apollon (Péan) et d'Asclépios. L'invocation à Apollon est au début. De plus, à Érythrées, la stèle de marbre transcrivant l'hymne anonyme contient sur l'autre face la mention d'un sacrifice à Asclépios et Apollon fait par les consultants après l'incubation (IEryth II 205, 30 sqq.) et du péan qu'ils doivent chanter trois fois autour de l'autel d'Apollon quand ils déposent la part sacrée: « Iè Péan, Iè Péan, ô seigneur Apollon, épargne les jeunes, épargne »[53]. Cette relation entre les deux divinités est aussi attestée à Épidaure par les stèles des guérisons par incubation (cf. début de la stèle A: « guérisons d'Apollon et d'Asclépios ») ou les dédicaces (e.g. IG IV 1[2] 127, 224 ap. J.-C.: dédicace à « Apollon Maléatas et à Asclépios sauveur » par Sévère de Sinope pour une guérison). Les deux fois, Apollon est nommé avant Asclépios. Dans l'Asclépieion de Pergame on trouve une dédicace à « Apollon sauveur » d'un malade guéri par incubation: IPerg III 116 (à opposer à IPerg III 77 et 91 mêmes dédicaces à « Asclépios sauveur »). Ainsi, contrairement à l'opinion reçue, le dieu guérisseur vu en rêve dans un Asclépieion pouvait être Apollon, et pas seulement Asclépios.

Un bref hymne orphique à Asclépios (Orph. h. 67) est centré sur son pouvoir guérisseur. Asclépios est invoqué comme le « médecin de tous les maux » (1); il est accompagné de sa femme Hygieia (3 et 7; supra 1.6).

3.11. Culte et rites dans le temple d'Asclépios à Cos pour remercier le dieu d'une guérison

Sur le culte et les rites dans les sanctuaires d'Asclépios à la période hellénistique, un document remarquable par sa familiarité et son réalisme

---

47. Cf. Riethmüller I 141–143. II 156–168. Autres sanctuaires importants d'Asclépios dans le Péloponnèse: Corinthe et Gortys; cf. Martin, R./Metzger, H., La religion grecque (1976) 72–81; Riethmüller I 123–129. II 54–61 (Corinthe) et I 144–148. II 194–205 (Gortys).
48. Furley/Bremer, Hymns II 7.3, p. 219–221 et I p. 261–262.
49. Jouanna (n. 44) 83 sq.

50. IG II/III[2] 4473 + SEG 23, 126; Furley/Bremer, Hymns II 7.5, p. 228–233 et I p. 266–267.
51. IG IV 1[2] 128 (c. 280 av. J.-C.); Furley/Bremer, Hymns II 6.4, p. 180–192 et I 6.4, p. 227–240.
52. Cf. Sineux, P., « Le péan d'Isyllos: forme et finalités d'un chant religieux dans le culte d'Asklépios », Kernos 12 (1999) 153–166.
53. Cf. Graf, NK 250 sqq.

est le mime d'Hérondas 4, où deux femmes modestes accompagnées d'une esclave viennent à l'Asclépieion de Cos faire le sacrifice d'un coq (et non d'un porc ou d'un bœuf, car elles ne sont pas assez riches!), pour remercier le dieu d'avoir apporté une guérison[54].

À la faveur de la prière adressée par l'une des deux femmes à Asclépios désigné sous le nom de Paièon – ce qui confirme la transmission au fils de l'épiclèse –, on découvre à l'intérieur du temple la présence des autres membres de la famille du dieu: ses parents, Coronis et Apollon, sa femme et ses filles (Hygie, Panacée, Epio = Epionè, et Iéso), ses fils (Podalire et Machaon), tous représentés par des statues ou un relief sur leur autel particulier.

Après la prière vient l'offrande, à savoir un tableau en bois représentant Asclépios étendant ses mains sur le malade, qu'une des deux femmes dépose à droite de la statue d'Hygie, ce qui donne l'occasion aux femmes d'admirer d'autres ex-voto plus somptueux en pierre.

L'offrande est suivie du sacrifice du coq. C'est le néocore (sacristain) qui opère le sacrifice hors du temple. De retour avec l'animal sacrifié, il annonce que le sacrifice a été favorable et adresse une prière à Paièon pour qu'il soit favorable à toute la famille. Le sacrifice d'un coq à Asclépios est connu par ailleurs; *cf.* Plat. *Phaidon* 118a; Artem. 5, 9: « Quelqu'un a promis dans sa prière à Asclépios que s'il passait son année sans être malade, il lui sacrifierait un coq ».

Avant de partir avec le coq, les femmes laissent au néocore une cuisse, déposent leur obole dans le tronc (la bouche ouverte du serpent sacré) et demandent à l'esclave de distribuer le gâteau du sacrifice à l'assistance (Herod. 4, 88–93).

Nul autre texte n'est aussi vivant et aussi précis sur le rite et le culte d'Asclépios dans la vie quotidienne de personnes modestes. Les offrandes en bois ont disparu dans les différents sanctuaires, mais des restes de reliefs votifs en pierre ont été mis au jour dans les diverses fouilles[55].

3.12. L'incubation dans les sanctuaires d'Asclépios

Dans les Asclépieia, des guérisons miraculeuses s'opéraient par l'incubation[56].

La pratique est connue à l'époque classique par deux témoignages du IVe s. av. J.-C.: par Aristoph. *Plut.* (388 av. J.-C.) pour l'Asclépieion d'Athènes (ou selon certains d'Éleusis); et pour Épidaure par des stèles portant des récits de guérisons miraculeuses[57]. Ces stèles ont déjà été vues par Pausanias (2, 27, 3–4). Le malade venait au sanctuaire en suppliant du dieu; accueilli par les prêtres, après les purifications (*cf.* Aristoph. *Plut.* 656–659: bain dans une « mer froide »), les offrandes et un sacrifice rituel préliminaire[58], le malade dormait la nuit sous le portique d'incubation (Paus. 2, 27, 2). Pendant son sommeil, le malade, s'il voyait le dieu en rêve, se réveillait soit guéri, soit informé par le dieu du traitement à suivre. Ainsi, des aveugles retrouvent la vue, des malades atteints d'ulcères, d'abcès, de goutte, se réveillent sains et dispos, des femmes stériles conçoivent; des boiteux, des paralysés, des muets sont délivrés de leur infirmité. Certains même ont la sensation d'avoir été opérés pendant leur sommeil.

Que se passait-il en réalité? Il est vraisemblable que la conviction et la foi des malades opéraient un certain nombre de cures dans des cas « psycho-somatiques ». Pour les autres, on peut penser que le récit détaillé (et souvent invraisemblable) qu'en offrent les stèles fait partie de la promotion publicitaire du sanctuaire, quand on voit avec quel soin les prêtres rapportent les punitions infligées par le dieu à certains consultants peu convaincus[59] ou ingrats[60]. Ce qui a sans doute contribué au succès de la médecine des sanctuaires – outre la conviction sincère des esprits religieux –, c'est qu'elle était indolore, même si le dieu pouvait intervenir brutalement dans le rêve! C'est ce que suggère la guérison d'un malade empyématique, c'est-à-dire ayant une collection de pus dans la poitrine: « Ératoclès de Trézène. Il était empyématique. Alors qu'il était à Trézène [...], le dieu lui apparut pendant son sommeil: se tenant au-dessus de lui, il lui ordonna de ne pas se faire cautériser, mais de venir dormir dans le sanctuaire d'Épidaure. Et une fois passé le délai que le dieu avait fixé, le pus fit irruption et le malade s'en alla guéri »[61].

La cautérisation (que le malade s'apprêtait à subir avant son rêve) était pratiquée par les médecins « laïques » pour vider les abcès; les malades – on le sait par Plat. *Gorg.* 456b – étaient réticents devant ce traitement douloureux. Le dieu, lui, opérait sans cautère. Les malades, après la guérison, payaient des honoraires et laissaient des offrandes en remerciement[62].

---

54. (= ThesCRA I 2 a Sacrifices, gr. **77b**).
55. Voir Hausmann, U., *Kunst und Heiltum. Untersuchungen zu den griechischen Asklepiosreliefs* (1948) (catalogue des reliefs votifs); pour le sanctuaire d'Athènes, *cf.* Aleshire (cités *supra* **3.9** *in fine*); pour les ex-voto anatomiques, voir Van Straten (n. 28) et Forsén (n. 28).
56. *Cf.* Deubner, L., *De incubatione* (1900); Wacht, M., *RAC* 18 (1998) 179–265 s.v. «Inkubation»; Riethmüller I 382–388.
57. (= *ThesCRA* III 6 a Divinisation, gr. **35**) *IG* IV 1² 121–124 (IVe s. av. J.-C.); *cf.* Weinreich, O., *Antike Heilungswunder* (1909); Herzog 8–35; Peek, W., *Inschriften aus dem Asklepieion von Epidauros* (1969); LiDonnici, L. R., *The Epidaurian Miracles Inscriptions* (1995); Girone, M., *Iamata. Guarigioni miracolose di Asclepio in testi epigrafici* (1998).
58. *Cf.* Aristoph. *Plut.* 660 et pour Épidaure Herzog n° 5.
59. Herzog n° 4.
60. Herzog n° 22.
61. Herzog n° 48.
62. *iatra*: Herzog n°s 5. 22. 25. 79; *cf.* Gorrini/Melfi (cité *supra* **3.5**) 258–260.

Tous les malades venus se faire soigner dans le portique d'incubation à Épidaure ne recevaient pas des rêves; *cf.* Thersandros (*supra* **3.7**).

Pour la Grèce d'Asie, après la période classique, on a surtout les témoignages sur l'Asclépieion de Pergame. Outre l'épigraphie[63], la source principale est Aelius Aristide (IIe s. ap. J.-C.) dans ses *Discours sacrés*, « un document unique et le plus remarquable de l'Antiquité »[64]; *cf.* Galien (IIe s. ap. J.-C.), originaire de Pergame (*infra* **4.2**). Littérature et épigraphie se complètent: l'épigraphie a conservé un hymne à Asclépios attribué à Aelius Aristide[65]. Aristide a séjourné longtemps dans le sanctuaire lors d'une maladie à partir de 144 ap. J.-C.: il est devenu le dévot du dieu et se croit son élu. De ce témoignage si riche sur l'auteur, sur sa maladie ou plutôt ses maladies (Aristeid. 48 [*hieroi logoi* 2], 56-59), sur ses multiples rêves et sur son expérience religieuse, il ne convient de retenir ici que ce qui touche aux rites et aux prescriptions thérapeutiques d'Asclépios.

Comme à Épidaure, c'est en rêve que le dieu se manifeste lors de l'incubation dans le sanctuaire (Aristeid. 49 [*hieroi logoi* 3], 7). Avant de rentrer dans le dortoir le consultant devait être pur: en obéissant à des interdits sexuels et alimentaires (pas de viande de chèvre et de fromage), en se baignant et en faisant éventuellement des sacrifices purificatoires; il devait verser une contribution et faire les sacrifices préliminaires; ensuite, il devait entrer dans les dortoirs, le grand ou le petit, avec des habits blancs sans chaussure ni ceinture ou bague; après la guérison il devait s'acquitter des *iatra* requis[66].

Le dieu se manifestait aussi à Aelius Aristide dans des rêves hors de l'espace sacré. Soit il apparaissait en personne, soit des prescriptions étaient seulement signifiées (Aristeid. 47 [*hieroi logoi* 1], 3). L'apparition du dieu pouvait être polymorphe (Aristeid. 48 [*hieroi logoi* 2], 18): « Quand nous fûmes arrivés à Smyrne, le dieu m'apparaît sous la forme à peu près que voici. Il était Asclépios et Apollon, l'Apollon de Claros et celui qu'à Pergame on nomme Callitecnos, à qui appartient le premier des trois temples ».

La polymorphie est étonnante. Non seulement le dieu vu en rêve a des traits d'Asclépios et d'Apollon, mais il y a même une différenciation pour l'image d'Apollon entre sa statue dans son temple de Pergame à l'intérieur du sanctuaire d'Asclépios et sa statue dans son grand sanctuaire de Claros. Toutefois, à la différence du dieu qui pouvait intervenir directement pour opérer lors du rêve à Épidaure au IVe s. av. J.-C., le dieu à Pergame au IIe s. ap. J.-C. se contente de donner des prescriptions, même quand il apparaît en personne[67].

Dans les rêves envoyés par le dieu à Pergame, les prescriptions sur le régime, la médication, les bains et les exercices sont variées et souvent paradoxales (Aristeid. 47 [*hieroi logoi* 1], 65): telles les courses nu-pieds ou les bains froids en plein hiver ou l'équitation, sport très pénible pour un malade. De tels ordres sont caractéristiques d'Asclépios selon Marc Aurèle (5, 8, 1). La thérapeutique du dieu à cette époque est donc moins douce qu'à Épidaure au IVe s. av. J.-C. Toutefois le dieu a ordonné à Aelius Aristide une guérison douce face à la thérapeutique des médecins dans le cas de sa tumeur à l'aine qui rappelle un récit des stèles d'Épidaure (*supra* **3.12**). De même qu'à Épidaure Asclépios apparut en rêve à Ératoclès de Trézène atteint d'un abcès purulent, pour lui ordonner de ne pas se faire cautériser (par les médecins), de même Aelius Aristide s'opposa aux médecins qui voulaient intervenir sur sa tumeur purulente à l'aine par incision et cautérisation parce que le dieu prescrivait le contraire; il fut guéri après un délai fixé par le dieu comme l'homme de Trézène, même si l'intervention du dieu s'est faite en plusieurs étapes et de façon plus complexe à Pergame au IIe s. ap. J.-C. qu'à Épidaure au IVe s. av. J.-C. La médecine religieuse a fait des progrès comme la médecine scientifique.

Tous les sanctuaires d'Asclépios pratiquaient-ils l'incubation comme à Épidaure, Athènes ou Pergame? Elle est attestée dans d'autres Asclépieia par les inscriptions mentionnant soit le sommeil et le rêve soit plus concrètement le dortoir ou celui qui entre dans le dortoir; ainsi à Erythrées en Ionie[68], à Lébéna en Crète[69] et à Béroia en Macédoine[70]. Qu'en est-il dans des sanctuaires plus modestes tels que l'Asclépieion non loin de Pellène en Achaïe, appelé Kyros? Pausanias emploie une formule vague: « des remèdes viennent aux hommes de la part du dieu » (7, 27, 11); or comme l'eau surabonde et que la statue du dieu se dresse près de la source la plus importante, il est raisonnable d'en induire que les bains étaient « ces remèdes qui viennent aux hommes de la part du dieu ». De toute façon, l'eau est un élément

---

63. Habicht, C., *Die Inschriften des Asklepieions*, Pergamon VIII 3 (1969) (= *IPerg* III).
64. Festugière, A. J., *Aelius Aristide, Discours sacrés* (1986) 13.
65. *IPerg* III 145 (176/81 ap. J.-C.); *cf.* Jones, C. P., *ZPE* 146 (2004) 95-98; *contra* Puech, B., *AEpig* (2004) 1389.
66. Paus. 5, 13, 3; *IPerg* II 264; *IPerg* III 161A (milieu du IIe s. ap. J.-C.).

---

67. *Cf.* Horstmanshoff, H. F. J., « Asclepius and Temple Medicine in Aelius Aristides' Sacred Tales », dans *id.*/Stol, M. (éds.), *Magic and Rationality in Ancient Near Eastern and Graeco-Roman Medicine* (2004) 325-341.
68. *IEryth* I 30 sq.; *cf. supra* **3.10**.
69. Par ex. *ICret* I XVII 9. 19. 21.
70. Ἐπιγραφές Κάτω Μακεδονίας 1 (1998) 18, 4 (131/30 av. J.-C.): construction d'un dortoir en pierre.

essentiel dans la cure d'Asclépios même pour la pratique de l'incubation[71].

Asclépios a laissé son nom à une plante, comme l'ancien dieu Péan. C'est la panacée d'Asclépios (*Ferulago nodosa* L.); *cf*. Theophr. *h. plant*. 9, 11, 2: description, usages médicaux; 9, 8, 7: rituel de son arrachage (*infra* **3.16.1**).

3.13. Autres divinités guérisseuses

Le choix des divinités guérisseuses énumérées dans le Serment (*supra* **1.3**) laisse de côté d'autres divinités guérisseuses englobées sous l'appellation prudente de «et par toutes divinités». Elles sont généralement définies par des termes négatifs («qui écartent les maux») ou positifs («qui guérissent», «sauvent»).

3.13.1. Famille d'Asclépios

Dans la famille d'Asclépios, outre les deux filles énoncées dans le Serment (Hygie et Panacée) on a déjà vu d'autres sœurs, Iaso, Aiglè et Akéso dont deux (Iaso et Akéso) doivent leur nom à des termes grecs signifiant «soigner», «guérir» (*supra* **1.3**). De Iaso on rapprochera la nymphe appelée Iasis que Pausanias 6, 22, 7 mentionne dans un sanctuaire de quatre nymphes appelées Ioniennes près d'une source en Élide: «ceux qui se baignent dans la source y trouvent des remèdes aux maux et aux souffrances de toutes sortes».

Dans la famille d'Asclépios a été incorporé plus tard comme son fils, un dieu guérisseur connu à Pergame sous le nom de Télesphoros, dont la statue était dans le temple d'Hygie (*supra* **1.7**). Venu du Péloponnèse à la suite d'un oracle, où il était déjà l'objet d'un culte à l'Asclépieion de Titanè sous le nom d'Euamerion et à Épidaure sous le nom d'Akésis (Paus. 2, 11, 7), Télesphoros forme avec Asclépios et Hygie une triade à Pergame: Aelius Aristide a dédié dans le temple de Zeus-Asclépios un trépied en argent décoré d'une représentation en or sur chaque pied, l'une d'Asclépios, l'autre d'Hygie et la troisième de Télesphoros (Aristeid. 50 [*hieroi logoi* 4], 46); il a fait une dédicace analogue à l'Asclépieion d'Athènes[72]. Télesphoros, apparu en rêve, guérit miraculeusement le philosophe Proclus atteint d'une maladie incurable à Xanthos (Marin. *Procl*. 7).

3.13.2. Déesses guérisseuses

Comme déesses guérisseuses en dehors de la famille d'Asclépios, on a déjà vu Athéna Hygie (*supra* **1.1**), appelée aussi Athéna Péônia à Athènes (Paus. 1, 2, 5) et à Oropos (Paus. 1, 34, 3) où elle figure sur le grand autel de l'Amphiaraion; *cf*. Plut. *X orat*. 842e 8. Bien qu'elle écarte les maux et préserve la santé, elle n'a pas eu de sanctuaire spécifique avec de nombreux ex-voto anatomiques[73]. On a vu aussi Artémis à laquelle les devins attribuaient la fin des crises épileptiques des jeunes filles (*supra* **3.4**). Divinité féminine par excellence Artémis protège ou guérit les femmes comme l'attestent ses sanctuaires ornés d'ex-voto anatomiques féminins: Athènes, Daphni, Sparte (Artémis Kyparissia), Démétrias, Phères, Samos, Eleutherne en Crète[74].

Artémis est qualifiée chez Diodore (5, 72, 5) d'aide à Eileithyia[75], déesse de la naissance qui a présidé à la délivrance de Lêtô, mère d'Artémis et d'Apollon. Déjà attestée en mycénien (KN Gg 705, 1), Eileithyia est qualifiée dès Homère de *mogostokos* avec l'ambiguïté sémantique: «qui cause les douleurs de l'enfantement» et «qui en délivre» (*Il*. 16, 187; 19, 103; *cf*. h. Hom. *Ap*. 97 et 115). C'est la fille de Zeus et d'Héra (Hes. *theog*. 922). Chez Homère, on a une fois le pluriel, les Eileithyiai, filles d'Héra (*Il*. 11, 270). Ce pluriel n'est pas seulement poétique. À Mégare existe un sanctuaire des Eileithyiai (Paus. 1, 44, 2). Platon (*nom*. 6, 784a) recommande aux femmes qui veulent enfanter de se rendre tous les jours au sanctuaire de la déesse. Sur le temple d'Eileithyia à Athènes, *cf*. Paus. 1, 18, 5. À Délos, on faisait des sacrifices à Eileithyia et on chantait un hymne en son honneur composé par Olen (*ibid*.). Dans le sanctuaire d'Eileithyia à Paros, des ex-voto anatomiques (poitrines et parties génitales de femmes) attestent probablement aussi la fonction guérisseuse de la déesse (*cf*. Diod. 5, 73, 4: elle soigne les femmes blessées après l'accouchement).

À Aphrodite, en tant que déesse de l'amour, les femmes et même les hommes devaient avoir recours pour remédier à leur stérilité. Non loin du sanctuaire d'Éros et d'Aphrodite à Athènes, sur le flanc nord de l'Acropole, ont été mis au jour, dans les fouilles de 1932, deux ex-voto de parties génitales, l'un féminin, l'autre masculin (pl. 80, 1)[76].

Cybèle, envisagée comme cause possible de la maladie de Phèdre (Eur. *Hipp*. *supra* **2.2**), est par ailleurs réputée pour avoir «enseigné des rites de purification pour guérir les maladies des troupeaux et des petits enfants» et pour «sauver les petits enfants par des incantations» (Diod. 3, 58, 2 et 3).

Déméter et Korè sont aussi éventuellement des divinités guérisseuses; *cf*. Artem. 2, 39; *Anth. Pal*.

---

71. *Cf*. Lambrinoudakis, V., «L'eau médicale à Épidaure», dans *L'eau, la santé et la maladie dans le monde grec*. *BCH* Suppl. 28 (1994) 225-236 et Ginouvès, R., «L'eau dans les sanctuaires médicaux», dans *ibid*. 237-243 (Asclépieia de Corinthe, Cos, Pergame, Gortys et Athènes).

72. *IG* II² 4531 = *SEG* 28, 229; *cf*. Jones, C. P., *Phoenix* 32 (1978) 231-234.

73. Forsén (n. 28) 151-153.

74. Forsén (n. 28) 135-137.

75. Sur Eileithyia Pingiatoglou, S., *Eileithyia* (1981); *LIMC* III Eileithyia; Forsén (n. 28) 134.

76. Athènes, Mus. Agora AS 36 et 24; Van Straten (n. 28) 115 nos 4.2-3; Forsén (n. 28) 57 figs. 45-46.

9, 298; ex-voto anatomiques à Éleusis, au Thesmophorion de Délos, et au sanctuaire de Déméter à Pergame, notamment des yeux[77].

3.13.3. Dieux guérisseurs

Comme dieux guérisseurs, outre Apollon et Asclépios, des divinités importantes telles que Zeus ou Dionysos ont à l'occasion le pouvoir de guérir.

Dans le sanctuaire de Zeus à Dodone[78], comme dans celui d'Apollon à Delphes, les malades venaient interroger le dieu sur leur santé (*supra* **2.6**). Le rôle guérisseur de Zeus est attesté dans Aischyl. *Suppl.* où il a délivré Io «d'une main guérisseuse» (1066). On adresse à Zeus Suprême (Hypatos) des prières et des sacrifices pour la santé (Demosth. 21 [= *Contre Midias*], 52; *supra* **3.7**); également à Zeus Ktèsios, protecteur des biens (Isée 8, 16). L'épiclèse «apotropaïque» notée à propos d'Apollon (*supra* **3.7**) est attestée aussi pour Zeus à l'Asclépieion de Pergame (*IPerg* III 161 A, 3 et 19 sq.; mil. IIe s. ap. J.-C.). Zeus est aussi souvent qualifié de *sôter* (sauveur) dans les inscriptions[79]. L'archéologie a révélé à Athènes près de la Pnyx un sanctuaire de Zeus Hypsistos dont la vocation guérisseuse est attestée par les offrandes votives anatomiques[80].

Dionysos est invoqué sous le nom de Paian comme Apollon ou Asclépios et est appelé *sôter* (sauveur) dans le refrain du péan de Philodamos à Dionysos retrouvé à Delphes (v. 11. 24. 37. 50. 63 etc.; Furley/Bremer, *Hymns* II 2.5, p. 53–57; I 2.5, p. 121–128); *cf.* l'hymne chanté à Dionysos dans Soph. *Ant.* pour qu'il vienne en «purificateur» sauver la cité (1115–1152). À l'image d'Apollon, il est devin et «aide contre les maladies» à Amphiclée en Phocide (Paus. 10, 33, 11).

3.13.4. Héraclès

Guérir c'est écarter les maux. Le qualificatif d'«écarteur de maux» (ἀλεξίκακος) est caractéristique d'Héraclès[81]; *cf.* son sanctuaire fondé à Athènes dans le dème Mélitè pour avoir écarté la grande peste; Schol. Aristoph. *Ran.* 501[82]. Un autre sanctuaire d'Héraclès, dit Pankrates, situé hors les murs à l'est, avait des ex-voto anatomiques[83]. Plus positivement, on adresse à Héraclès des prières et des sacrifices pour la santé, comme à Zeus et à Apollon (Demosth. 21 [= *Contre Midias*], 52 *supra* **3.7**, **3.13.3**). Il a, à Hyettos en Béotie, un sanctuaire où «les malades peuvent trouver des remèdes auprès de lui» (Paus. 9, 24, 3)[84]. À Messènè en Sicile, il délivre de toutes les maladies (Aristeid. 5 [*Héraclès*], 34, 4–5 Jebb). Il est honoré à Cos comme protecteur (*ibid.* 34, 27–28) et à Éphèse pour avoir écarté la peste (Philostr. *v. Ap.* 8, 7, 28 Jones). Il figure avec Zeus et Apollon Péan dans une partie du grand autel de l'Amphiaraion d'Oropos (Paus. 1, 34, 3). Il guérissait par incubation à Thespies (*IG* VII 1829; Roesch, *IThesp* 278 et 279, Ier/IIe s. ap. J.-C.). De plus, bien des sources chaudes étaient placées sous son patronage[85].

Héraclès est en relation avec Asclépios: il a fondé un Asclépieion près d'Amyclées en Laconie pour avoir été soigné par lui (Paus. 3, 19, 7); sa statue se trouve dans l'Asclépieion de Messène (Paus. 4, 31, 10, = *LIMC* IV Herakles **1262**); c'est surtout l'une des divinités principales de l'Asclépieion de Pergame sous les Attalides qui descendent de Télèphe, fils d'Héraclès[86]. On y célébrait une fête en l'honneur d'Asclépios sauveur et d'Héraclès (*IPerg* III 3: *Sôteria kai Herakleia*). Aelius Aristide a composé un péan avec le refrain commun aux deux dieux «Iè Paian, Héraclès Asclépios» (Aristeid. 50 [*hieroi logoi* 4], 42).

Héraclès possède une particularité par rapport aux autres divinités guérisseuses, c'est d'avoir souffert avant d'être divinisé d'une maladie dite d'Héraclès, qu'il s'agisse de la maladie sacrée, de la folie ou d'une maladie de peau[87].

Par ailleurs ce dieu a laissé son nom à une plante, la panacée d'Héraclès (Théophr. *h. plant.* 9, 11, 1 et 3).

3.13.5. Corybantes et Apotropaïques

Des divinités moins connues sont plus proches des individus: les Corybantes et les Apotropaïques.

Les Corybantes: dans Aristoph. *Vesp.* (422 av. J.-C.), pour soigner la folie de l'Athénien Philocléon atteint de la maladie de juger, son fils a eu recours (en vain) à tous les moyens à sa disposition dans un ordre croissant (118–124): d'abord à la maison, bain et purgation, puis en ville la vi-

---

77. Rubensohn, O., «Demeter als Heilgottheit», *AM* 20 (1895) 360–367; Van Straten (n. 28) 122; Forsén (n. 28) 142–144.

78. *Cf.* Parke, *Oracles of Zeus*; Lhôte, E., *Les lamelles oraculaires de Dodone* (2007).

79. *E.g. IG* II² 783 (fin IIIe s. av. J.-C.) où il est question du prêtre de Zeus *sôter* au Pirée et des sacrifices faits à une série de divinités guérisseuses: Zeus *sôter*, Athéna *sôteria*, Asclépios et Hygie.

80. *Cf.* Travlos, *TopAth* 569–572; pour les ex-voto anatomiques, outre Travlos, *TopAth* 571–572, voir Van Straten (n. 28) 116–119; Forsén (n. 28) 60–72.

81. Sur Héraclès divinité guérisseuse Forsén (n. 28) 149–150.

82. Sur la localisation du sanctuaire, *cf.* Travlos, *TopAth* 274–277; Lalonde, G. V., *Horos Dios. An Athenian Shrine and Cult of Zeus* (2006) 86–93.

83. Van Straten (n. 28) 116; Forsén (n. 28) 59–60.

84. Etienne, R./Knoepfler, D., *BCH* Suppl. 3 (1976) 178–188.

85. *Cf.* Ginouvès (n. 70) 237 sq.

86. *Anth. Plan.* 91, 7 sq.: «Maintenant sur l'Acropole de Pergame l'invaincue, protège les grands Téléphides»; *cf.* Robert, L., *RPh* 38 (1963) 7–18 et *id.*, *RPh* 41 (1967) 67 et n. 5.

87. von Staden, H., «The Mind and Skin of Heracles: Heroic Diseases», dans *Maladie et maladies, histoire et conceptualisation*, Mélanges M. Grmek (1992) 131–150.

site des Corybantes, puis à Égine l'incubation dans l'Asclépieion, à une époque où ce culte n'était pas encore introduit à Athènes. Les «mystères» des Corybantes doivent purifier le malade possédé par le divin. Lors de la première étape, l'«intronisation», à savoir des danses circulaires avec chant exécutées autour du néophyte par les prêtres frappant sur des tambourins, le malade récalcitrant s'est enfui en arrachant un tambourin à un prêtre; *cf.* scholies (*ad loc.*) et Plat. *Euthd.* 277d.

Les Apotropaïques: le qualificatif caractérise surtout Apollon (*supra* 3.7 *in fine*). Employé au pluriel il désigne un groupe de dieux guérisseurs anonymes. Hippokr. *reg.* 89, 14 conseille de leur faire des prières lors d'un rêve annonciateur d'une maladie, pour qu'ils écartent les maux (*supra* 3.3). De même Xen. *symp.* 4, 33 y fait allusion dans une question ironique à propos d'un rêve de bon augure: «Et si tu as un rêve de bon augure, sacrifies-tu aux Apotropaïques?». Ces dieux à qui l'on sacrifiait avaient des sanctuaires (Plat. *nom.* 9, 854b): lors du préambule de sa loi contre le pillage des temples, Platon conseille à celui qui est tenté par un tel forfait d'aller «en suppliant vers les sanctuaires des dieux apotropaïques». Pausanias signale leur présence à Sicyone près de la tombe d'Épopeus et précise qu'on leur rend le culte en usage chez les Grecs pour écarter les maux (2, 11, 1); *cf.* Xen. *Hell.* 3, 3, 4 où on fait des sacrifices à Sparte aux Apotropaïques pour détourner une conspiration (celle de Cinadon). Le recours à ces divinités guérisseuses est confirmé par Plut. *conv. sept. sap.* 159f. C'est le discours imaginé de quelqu'un qui se met en colère contre Hygie, la déesse de la santé, parce que son action supprime la médecine: «C'est intolérable: en l'absence de malade, ni molle couverture ni lit ne seront encore utiles; nous ne ferons plus de sacrifice ni à Asclépios ni aux Apotropaïques; et la médecine avec tant d'instruments et de remèdes sera délaissée sans gloire et au rebut».

La médecine religieuse est résumée ici par les sacrifices adressés à deux divinités, le groupe des Apotropaïques venant en seconde position après Asclépios, le dieu par excellence de la médecine. C'est une place insoupçonnée.

Le besoin de protection explique le succès du culte des divinités guérisseuses qui se multiplient sans s'annuler. À partir du milieu du IIIe s. av. J.-C. le culte de Sarapis venu de l'Égypte hellénisée se répand dans le monde grec et pénètre à Athènes où les Sarapiastes formant un *koinon* y sont bien attestés par les inscriptions (*e.g. IG* II² 1292). Des ouvrages contenaient des «prescriptions et des cures accordées par Sarapis dans des rêves» (Artem. 2, 44). Un malade prie Sarapis de lui apparaître en rêve pour savoir s'il consentira à le guérir (Artem. 5, 92). Aristide cite sur le même plan «les rêves venus d'Asclépios et de Sarapis» (*À Sarapis* 48, 32 Jebb).

3.14. Héros guérisseurs

La différence entre un héros et un dieu n'est pas toujours claire dans le monde grec[88]. Ainsi à Athènes le «héros médecin» dans la même inscription officielle est considéré comme un dieu (*IG*² II 840, l. 4 et 6; fin du IIe s. av. J.-C.).

Les héros, tout comme les dieux, peuvent guérir les maladies comme ils les causent (*supra* 2.4 *in fine*). Hippokr. *reg.* 89 recommande par deux fois des prières aux héros sans qu'aucune autre indication soit donnée.

Les héros guérisseurs liés à Asclépios. C'est au Centaure Chiron qu'Asclépios doit son savoir médical (Pind. *P.* 3, 5-7; *N.* 3, 54-55); Achille aussi (*Il.* 11, 832; *cf.* Hes. *fr.* 87-89 M./W.). Chiron réside au mont Pélion (Hes. *fr.* 40 M./W.) et reçoit un culte en Magnésie avec des offrandes de plantes médicinales (Plut. *quaest. conv.* 647a); *cf.* la panacée de Chiron désignant une plante (Theophr. *h. plant.* 9, 11, 1). Une famille de médecins prétend descendre de lui (Herakl. Pont. *fr.* II Pfister, attribué à Dicéarque, *FHG* 2, p. 261, *fr.* 60).

L'un des deux fils d'Asclépios, Machaon, applique, lors de l'expédition contre Troie des remèdes que Chiron a enseignés à son père (Il. 4, 219). Tué à Troie par Eurypyle, le fils de Téléphe, il devint après sa mort un héros guérisseur. Ses os furent rapportés par Nestor et enterrés à Gérénia en Laconie. Il possède à l'endroit de sa tombe un sanctuaire avec sa statue «où il est possible pour les hommes de trouver des soins contre les maladies» (Paus. 3, 26, 9). Cette histoire légendaire est présente même à l'Asclépieion de Pergame, car l'auteur de sa mort, Eurypyle, est ignoré dans les hymnes chantés dans ce sanctuaire, bien qu'ils commencent par célébrer son père Téléphe (Paus. 3, 26, 10), les Attalides se disant Téléphides (*supra* 3.13.3).

Le frère de Machaon, Podalire, médecin aussi lors de l'expédition contre Troie, survécut et lors de son retour échoua à Syrna en Carie où il s'installa (Paus. 3, 26, 10). Une variante signale la tombe de Podalire en Italie du Sud non loin de l'héroôn de Calchas. À cet endroit il est un héros guérisseur par le rite de l'incubation (Lykophr. *Alex.* 1047-1055; *cf.* Strab. 6, 3, 9 où ce rite est attribué à Calchas).

Les deux fils sont liés au culte de leur père (*supra* 3.11). À Messène, leurs statues sont près de celle d'Asclépios dans l'Asclépieion et une peinture représente Asclépios, fils d'Arsinoé aux dires des Messéniens, avec ses deux fils (Paus. 4, 31, 10-12). À Adrotta en Lydie, dans un sanctuaire d'Asclépios dont les oracles sont guérisseurs il y avait aussi Machaon et Podalire (Marin. *Procl.* 32).

On a découvert à Dion en Macédoine l'ensemble des statues des fils et filles d'Asclépios

---

88. *Cf.* Verbranck-Piérard (citée *supra* 3.5).

(Machaon, Podalire, Hygie, Panakeia, Aiglè et Akeso)[89].

Certains des descendants de Machaon et Podalire sont aussi des héros guérisseurs. Un des cinq fils de Machaon, Alexanor, possède dans le sanctuaire d'Asclépios qu'il a fondé à Titanè (*supra* 1.4; 3.9) une statue et y reçoit un culte héroïque: «on lui fait un sacrifice en tant que héros après le coucher du soleil» (Paus. 2, 11, 7). Son frère Sphyros avait fondé le sanctuaire d'Asclépios à Argos (*supra* 1.4; 3.9). Un autre frère, Polémocrate, a un sanctuaire où il est honoré pour ses pouvoirs guérisseurs à Eua, bourg d'Argolide. Deux autres fils, Gorgasos et Nikomachos, ayant hérité de leur père la faculté de guérir les malades et les infirmes, ont un sanctuaire à Pharai en Messénie où ils reçoivent sacrifices et offrandes (Paus. 4, 3, 10 et 4, 30, 3). Hippocrate, de la famille des Asclépiades de Cos descendant de Podalire, fut après sa mort l'objet d'un culte héroïque à la fois sur sa tombe située entre Larissa et Gyrton en Thessalie et également dans son île natale à Cos[90].

En dehors des membres de la famille d'Asclépios, on rencontre des héros locaux.

Ainsi en Attique plusieurs héros guérisseurs[91]:
– un «héros médecin» anonyme qui avait un sanctuaire en ville administré par un prêtre et était orné par des ex-voto dont certains étaient anatomiques, cuisses, yeux, main (*supra* 3.4)[92]: Demosth. 19 [*de falsa leg.*], 249; Apollonius, *Vie d'Eschine* (éd. Martin p. 4, 2-6); Hesych. *s.v.* «ἰατρός»; *IG* II² 839, 17 (221/20 av. J.-C.) et 840, 4 (IIe s. av. J.-C.): «le héros médecin de la ville». Il avait un sanctuaire à Éleusis: *IG* I³ 393, 5 et 395, 2 (Ve s. av. J.-C.); *cf. Anecd.* Bekker I, p. 263, 11 (à Éleusis, le médecin Orésinios héroïsé).
– le héros médecin Aristomachos dont la tombe est à Marathon (*Anecd.* Bekker 1, 262, 16; *cf. Schol.* douteuse à Demosth. 19, 249). Il était vénéré à Rhamnonte dans un sanctuaire devenu un Amphiaraion[93]; *infra* 3.15.
– le héros médecin Amphiloque: *IG* II² 7175, 7 (IIe/IIIe s. ap. J.-C.) où est mentionné un prêtre à vie du «héros médecin Amphiloque». C'est le fils d'Amphiaraos (*infra* 3.15).
– Amynos (litt. qui «écarte» les maladies): attesté par son sanctuaire, dit Amyneion[94], sur le flanc sud de l'Aréopage; ex-voto anatomiques avec inscriptions à Amynos seul (*IG* II² 4435; IVe–IIIe s. av. J.-C.), ou, depuis l'accueil d'Asclépios, à Amynos et Asclépios (*IG* II² 4365; ante med. IVe s. av. J.-C.) ou à Amynos, Asclépios et Hygie (*IG* II² 4457, post med. IIe s. av. J.-C.; *supra* 1.7).
– Dexion: Soph., qui avait été de son vivant prêtre d'un héros guérisseur Halon (*Vie de Soph.* 11 = Amynos?), fut lui-même héroïsé sous le nom de Dexion pour avoir accueilli Asclépios à Athènes (*Etym. m. s.v.* «Δεξίων»; *cf. IG* II² 1252, 16). Le sanctuaire de Dexion (non localisé) était géré conjointement avec l'Amyneion par les orgéons d'Amynos, Asclépios et Dexion (*IG* II² 1252 et 1253 post med. IVe s. av. J.-C.; *supra* 3.9).
– le médecin étranger: connu par Lukian. *Scyth.* 1-2. Le scythe Toxaris, contemporain de Solon, mort à Athènes, fut héroïsé sous le nom de «médecin étranger». Son hérôon était dans le Céramique non loin du Dipylon. Lors de la peste d'Athènes, il serait apparu en rêve à une femme pour recommander de laver les rues avec du vin, ce qui aurait dissipé la peste. En reconnaissance, on sacrifie sur son tombeau un cheval blanc, encore du temps de Lucien. On lui attribue la guérison de personnes atteintes de la fièvre[95].

À Thasos, un héros guérisseur est attesté sous le nom ancien de Théogénès dans les inscriptions classiques et hellénistiques et sous le nom récent de Théagenès à partir du IIe s. ap. J.-C. (inscriptions récentes; témoignages littéraires: Dion Chrys. 31, 95-99; Lukian. *deor. conc.* 12; Paus. 6, 11, 2-9)[96]. À Thasos «on lui accorde des sacrifices comme à un dieu» (Paus. 6, 11, 8); son culte s'est répandu ailleurs «en Grèce et chez les barbares où il guérit les maladies» (Paus. 6, 11, 9).

3.15. Retour à un héros guérisseur divinisé: Amphiaraos

De tous les héros guérisseurs divinisés en dehors de l'entourage d'Asclépios, le plus connu, à l'époque classique, est Amphiaraos, dont le principal sanctuaire est à Oropos, territoire contesté entre la Béotie et Athènes[97].

Amphiaraos, devin de son vivant, resta longtemps un personnage de la mythologie lié à la Guerre des Sept contre Thèbes à laquelle il participa contraint par sa femme Ériphyle et où il trouva la mort, englouti de façon miraculeuse en même temps que son char. Cette destinée tragique explique sa présence dans la littérature grecque de-

---

89. *Cf. LIMC* VIII Machaon 1-6.
90. Jouanna, J., *Hippocrate* (1992) 59-60.
91. Sur les héros guérisseurs en Attique, *cf.* Kutsch, F., *Attische Heilgötter und Heilheroen* (1913) 2-16. 48-59. 123-124 (unique synthèse à compléter); Purday, K. M., *Minor Healing Cults within Athens and its Environs* (Diss. Univ. of Southampton 1987); Kearns, *Heroes*; Gorrini, M. E., «Gli eroi salutari dell'Attica», *ASAtene* 79 (2001) 299-315.
92. Van Straten (n. 28) 114; Forsén (n. 28) 56.
93. *Cf. IG* II² 4452, IIIe s. av. J.-C.: dédicace à «Aristomachos Amphiaraos».
94. Travlos, *TopAth* 76-78; Riethmüller II 12-17; pour les ex-voto anatomiques: Van Straten (n. 28) 113-114; Forsén (n. 28) 54-56.
95. *Cf.* Riethmüller II 20-22.
96. Un réglement cultuel: Martin, R., *BCH* 64-65 (1940/41) 163-200; Pouilloux, J., *BCH* 118 (1994) 199-206. Quatre dédicaces: Bernard, P./Salviat, F., *BCH* 91 (1967) 579.
97. *Cf. LIMC* I Amphiaraos; Petrakos, B., *The Amphiaraion of Oropos* (1995); *ThesCRA* IV 1 a Lieux de culte, gr. Temenos 13* avec bibl; Sineux, P., *Amphiaraos, guerrier, devin et guérisseur* (2007).

puis Homère en passant par le cycle thébain (*Thébaïde*, *Épigones*) et la poésie lyrique jusqu'à la tragédie grecque. Il y a des traces de cette destinée à Argos même, sa cité d'origine: son sanctuaire est non loin du tombeau de sa femme Ériphyle et du sanctuaire de Baton, son cocher, qui fut englouti avec lui dans la crevasse lors de la retraite de l'armée argienne repoussée par les Thébains assiégés (Paus. 2, 23, 2).

Cependant il est présent dans le nord de l'Attique à Rhamnonte, où son culte s'est implanté sur celui d'Aristomachos[98] et surtout à Oropos. «Les gens d'Oropos furent les premiers à tenir Amphiaraos pour un dieu, et par suite l'ensemble des Grecs l'a honoré comme tel» (Paus. 1, 34, 2). Le sanctuaire d'Oropos est, à partir du IVe s. av. J.-C., un centre guérisseur comme ceux d'Asclépios, par l'incubation. Ce procédé n'est pas réservé aux seuls malades: les Athéniens, après qu'Alexandre leur a redonné Oropos (vers 335 av. J.-C.), ont désigné officiellement trois citoyens pour se rendre au sanctuaire et obtenir du dieu par le rêve un avis sur une question relative au territoire sacré (Hyp. *pro Eux.* col. 27).

Les indications sur les rites données par Pausanias sont précises: deux sacrifices préliminaires de purification, l'un à Amphiaraos, le second aux autres divinités de l'autel commun. Cet autel est divisé en cinq parties parmi lesquelles se trouvent plusieurs divinités guérisseuses, Apollon Péan dans la première partie, et dans la quatrième, trois filles d'Asclépios, Panacée, Iaso et Hygie, ainsi qu'Athéna *Péônia*. Il y a aussi dans la partie centrale, la troisième, près d'Amphiaraos un de ses fils, Amphiloque, dont Pausanias mentionne aussi un autel à Athènes (*supra* **3.14**) et un sanctuaire oraculaire à Mallos de Cilicie (*cf.* les monnaies de Mallos où il est figuré[99]). «Après ces rites préliminaires, on sacrifie un bélier, et étendant la peau de la bête sous soi, on s'endort dans l'attente des indications du rêve» (Paus. 1, 34, 5)[100]. Et «quand on a été guéri à la suite d'une prophétie du dieu, l'usage est établi que l'on jette une pièce d'argent ou d'or dans la source (du sanctuaire) par où l'on dit qu'Amphiaraos est remonté, désormais devenu un dieu» (Paus. 1, 34, 4). Un jeûne préalable est prescrit: «les prêtres privent le consultant de nourriture pendant un jour et de vin pendant trois jours» (Philostr. *v. Ap.* 2, 37, 2)[101]. Hommes et femmes étaient séparés dans deux dortoirs, les hommes à l'est de l'autel et les femmes à l'ouest (*IOropos* 277, 44–47).

Des ex-voto étaient offerts après la guérison. Les plus anciens remontent au IVe s. av. J.-C.: soit de modestes lamelles de plomb avec têtes d'Amphiaraos et d'Hygie[102] (pl. 80, 2), soit des reliefs en pierre représentant la partie du corps guérie (des genoux), ou même des scènes illustrant ce que dit Pausanias: sur un relief du début du IVe s. av. J.-C. on voit des arrivants avec deux animaux pour les sacrifices, un porc et un bélier (pl. 80, 4)[103]; sur un autre, une femme couchée sur une peau de bête (pl. 19, 1)[104]; le relief le plus célèbre montre une scène entière où le dédicant est allongé et voit en rêve le dieu qui lui fait une saignée (pl. 80, 3)[105].

3.16. Médecine et autres procédés magiques

La magie se manifeste, comme on l'a vu (*supra* **3.1**), dans des procédés de traitement qui peuvent se confondre plus ou moins avec les pratiques de la religion traditionnelle: purifications, sacrifices, prières. Elle se caractérise aussi par d'autres pratiques plus en marge, soit dans la préparation des médicaments, soit dans le port d'amulettes accompagnées ou non d'incantations.

3.16.1. La cueillette des plantes

C'est dans la cueillette des plantes médicinales que se révèlent surtout des pratiques magiques[106].

La cueillette relève d'un monde paramédical comprenant les rhizotomes («coupeurs de racine»; *cf.* déjà Soph. «Les rhizotomes» trag. perdue, *TrGF* IV F 534–536) et les pharmacopoles («vendeurs de médicaments»). Théophraste rapporte leurs propos sur la récolte des plantes en distinguant précautions raisonnables et exagérations (*h. plant.* 9, 8, 5–8, éd. Amigues p. 22–24 et notes).

Voici une précaution raisonnable pour se garder des principes délétères de la plante: «L'hellébore donne vite des maux de tête et les rhizotomes ne peuvent pas creuser longtemps; c'est pourquoi ils mangent au préalable de l'ail et boivent par-dessus du vin pur» (*h. plant.* 9, 8, 6).

En revanche, des prescriptions inutiles relèvent de la magie: «Ainsi, pour la pivoine (*paiônia*, *cf.*

---

98. *Supra* **3.14**; *cf.* Pouilloux, J., *La forteresse de Rhamnonte* (1954) et Petrakos, B., Ὁ δῆμος τοῦ Ῥαμνοῦντος I–II (1999).
99. Voir *LIMC* I Amphilochos **4–10**.
100. (= *ThesCRA* I 2 a Sacrifices, gr. **270**) *Cf.* IG VII 235 = *IOropos* 277 où il est question aussi d'une contribution à verser.
101. *Cf.* Aristoph. *Amphiaraos*, *PCG* F 23 (pas de soupe de lentilles!) et *geop.* 2, 35, 8 (interdiction de la fève).
102. (= *LIMC* I Amphiaraos **58*** avec bibl.) Athènes, Mus. Nat. 15084. *IOropos* fig. 750
103. (= *ThesCRA* I 1 Processions, gr. **104**, I 2 a Sacrifices, gr. **270c**) Athènes, Mus. Nat. 1395. De l'Amphiaraion d'Oropos.
104. (= *ThesCRA* III 6 a Divination, gr. **46**, 6 b Prière, gr. **63***) Le Pirée, Mus. 405.
105. (= *ThesCRA* III 6 a Divination, gr. **45**, 6 c Vénération **24***, IV 1 b Représentations de lieux de culte **127e**, = *LIMC* I Amphiaraos **63***) Athènes, Mus. Nat. 3369. De l'Amphiaraion d'Oropos.
106. *Cf.* Delatte, A., *Herbarius. Recherches sur le cérémonial usité chez les Anciens pour la cueillette des simples et des plantes magiques* (1936); Ducourthial, G., *Flore magique et astrologique de l'Antiquité* (2003).

supra **3.6**) – appelée aussi grenade douce – ils recommandent de l'arracher de nuit; car si quelqu'un est vu de jour par un pic, en train de prélever le fruit, ils disent qu'il y a danger pour ses yeux, et s'il est en train de couper la racine, ils disent que c'est une descente du fondement qui se produit. Il faut se garder, quand on coupe la centaurée, de la buse, afin d'en revenir sans blessure. Et d'autres recommandations analogues. Prononcer une prière en coupant n'a probablement rien de déplacé, mais ce qui l'est, c'est tout ce qu'ils ajoutent d'autre, comme par exemple dans le cas de ce que l'on appelle la panacée d'Asclépios, mettre dans la terre à la place de la racine un gâteau de fruits au miel. Dans le cas de l'«herbe à rasoir», ce sont des gâteaux de blé trémois qu'il faut mettre à la place de la racine en paiement; il faut couper (la racine) après avoir tracé tout autour avec une épée à double tranchant un cercle par trois fois; tenir en l'air ce qui a été coupé en premier, et ensuite couper de même la seconde racine» (*h. plant.* 9, 8, 6–7).

Ce texte donne une idée de la variété du cérémonial selon les différentes espèces, mais aussi des pratiques magiques communes qui les sous-tendent: moment opportun (de jour ou de nuit); orientation du cueilleur par rapport au soleil ou au vent; instruments à employer (épée, épée à double tranchant); opérations préalables à la coupe et à l'arrachage (cercles magiques tracés dans le sol autour de la plante ou danses circulaires); importance d'un nombre magique (ici le nombre trois); offrandes à la divinité Terre de gâteaux pour compenser le prélèvement de la plante.

Pour la cueillette de la pivoine un traité plus récent, le Pseudo-Dioscoride *Traité sur la Pivoine* (*supra* **3.6**) donne les conseils suivants: «La plante se prend de la façon suivante: après t'être purifié pendant trois jours, va saluer l'herbe elle-même, étant allé vers elle le matin et dis trois fois: 'Salut, Pivoine, herbe sacrée, parce que tu es la reine de toutes les plantes'; et au coucher du soleil, pendant trois jours, prononce la même formule; ensuite, le quatrième jour, le soleil étant au-dessus de la terre perpendiculairement, creuse en restant à une distance d'une coudée de la plante, et attache ses rameaux; ensuite après avoir creusé soigneusement soulève la plante par ses racines; ou l'ayant liée à un chien, frappe-le, afin qu'il l'arrache; et dépose-la dans un morceau de tissu propre; et dans le trou lance du mélicrat de l'Hermos, de la poudre d'or et d'argent, sans recouvrir le lieu avec de la terre. Prends la plante et porte-la dans ta maison; place-la saintement sur un trépied couronné de fleurs de la saison et ayant placé en face des charbons embaume avec diverses plantes aromatiques; prononce alors la formule suivante: 'Verbe éternel de l'Univers, Ciel, (ῥωσμένη?), Soleil qui vois tout, manifestez ici votre bienveillance à l'égard de la pivoine sacrée et célèbre, afin qu'elle demeure tout à fait pour moi avec votre puissance et qu'elle ne me fuie pas, mais que je la possède pour le salut et la vigueur de tout un chacun, et donnez-lui de la force en vue de toutes mes actions. Partout où je suis dans l'Univers, que celui qui m'est soumis soit avec moi, Seigneur dieu, Ιαô, Ιαô'» (*Cat. cod. astr.* 11, 2, p. 166, 5–23).

La tradition est indépendante de celle de Théophraste. Alors que les rhizotomes recommandaient d'opérer la nuit, c'est en plein jour qu'a lieu ici l'arrachage, et la présence dangereuse du regard du pic est ignorée. Toutefois des caractéristiques sont communes: importance du nombre trois; offrandes dans le trou d'où l'on a sorti la plante; prières. Le *Traité sur la pivoine* livre maints détails concrets sur les prières et sur les relations entre les dieux et les plantes: la vertu de la plante est inefficace sans la bienveillance des dieux.

3.16.2. Les amulettes

BIBLIOGRAPHIE: Bonner, C., *Studies in Magical Amulets chiefly Graeco-Egyptian* (1950); Delatte, A./Derchain, Ph., *Les intailles magiques gréco-égyptiennes* (1964); Eckstein, F./Waszink, J. H., *RAC* 1 (1950) 397–411 *s.v.* «Amulett»; Festugière, A., «Amulettes magiques à propos d'un ouvrage récent (= C. Bonner)», *ClPh* 46 (1951) 81–92; Gribaumont, A., «La pivoine dans les herbiers astrologiques grecs. Entre magie et médecine», *BIHBR* 74 (2004) 5–59; Kotansky, R., «Incantations and Prayers for Salvation on Inscribed Greek Amulets», dans Faraone/Obbink 107–137 (avec bibliographie); *id.*, *Greek Magical Amulets* I (1994); Mastrocinque, A., «Medicina e magia. Su alcune tipologie di gemme propiziatorie», dans Marcone, A. (éd.), *Medicina e società nel mondo antico* (2006) 91–100; Philipp, H., *Mira et Magica* (1986); Robert, L., «Amulettes grecques», *JSav* (1981) 3–44.

Un autre intérêt du *Traité sur la pivoine* est de donner plusieurs prescriptions de la plante en amulette: «Pour les léthargiques et ceux qui éjaculent dans leurs rêves, attache-la en amulette (περίαπτε) avec de l'hellébore blanc; pour ceux qui ont des coliques, attache-la en amulette avec la plante coralline».

Le verbe grec περίαπτε signifie «attache autour». C'est le terme régulièrement employé pour attacher des amulettes au cou (parfois aussi ailleurs), bien que les dictionnaires ne signalent pas cet emploi technique. L'emploi le plus ancien est Pind. *P.* 3, 52. Le substantif correspondant est περίαπτον (première attestation dans Plat. *pol.* 4, 426a–b) ou plus récemment περίαμμα. Dioscoride (3, 150, 2) offre les deux susbstantifs dans son exposé sur la plante anagyre (*anagyris fetida* L.): «Elle est aussi une amulette (περίαπτον) pour les femmes dont l'accouchement est difficile. Mais il faut, après la naissance, enlever aussitôt et jeter l'amulette (περίαμμα)».

Bien que la logique d'une opération magique ne soit pas aisée à déchiffrer, c'est l'odeur fétide de la plante qui repousse l'enfant et le fait sortir. Une fois qu'il est sorti, on enlève l'amulette, car elle risque de gêner l'enfant, et on la rejette à la manière des objets qui ont servi à une purification (*supra* **3.1**).

Fig. 1

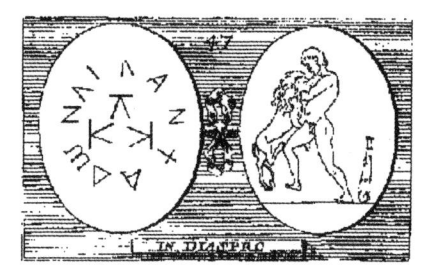

Fig. 2

Les amulettes à base de pivoine mentionnées ci-dessus appartiennent à un traité de médecine populaire. Cependant de telles pratiques sont attestées même chez des médecins réputés pour leur rationalisme. Galien (*simpl. medic. temp. et fac.* 6, c. 2, 10, Kühn 11, 859) constate l'efficacité de la pivoine en amulette chez un enfant épileptique: «Et je connais le cas d'un enfant de l'âge de huit mois qui n'était plus du tout pris par l'épilepsie depuis qu'il portait la racine (de pivoine), mais quand l'amulette s'échappa de son cou, aussitôt il fut pris par l'épilepsie, et quand à nouveau il eut une seconde amulette, derechef, il fut dans un état irréprochable».

Les pierres étaient portées aussi en amulette. À propos du jaspe, Dioscoride déclare que «tous croient qu'attaché autour du cou cela préserve la santé et qu'attaché autour de la cuisse cela accélère l'accouchement» (5, 142, 1); et à propos des trois variétés de l'ophite, il dit qu'«elles sont toutes utiles en amulettes pour ceux qui sont mordus par les vipères et pour ceux qui ont mal à la tête» (5, 143, 1). Galien (*simpl. medic. temp. et fac.* 9, 19, Kühn 12, 207) apporte aussi un témoignage sur le port en amulette de ces pierres: «Certains attestent pour quelques pierres une propriété comparable à celle qu'a réellement du jaspe vert, qui est utile pour l'œsophage et la bouche de l'estomac quand il est suspendu autour du cou. Certains sertissent aussi la gemme dans une bague et gravent sur elle le serpent ayant des rayons, comme l'a écrit le roi Néchepso dans son quatorzième livre... Quant à la pierre omphatite (*lege* ὀφίτης), un homme digne de foi a dit que réellement elle était utile pour ceux qui étaient mordus par une vipère, lorsqu'elle est portée en amulette».

Les deux témoignages sont parallèles, encore qu'il y ait une différence sur l'utilité du jaspe. De plus, Galien précise que la pierre pouvait être soit portée autour du cou soit sertie dans une bague. C'est un usage qui reflète des pratiques égyptiennes, comme l'indique la référence à Néchepso (IIe s. av. J.-C.)[107]; le serpent léontocéphale avec des rayons (= Chnoubis) est répandu dans la glyptique magique gréco-égyptienne (fig. 1)[108]. La représentation apparaît sur d'autres pierres[109].

Un médecin plus récent, Alexandre de Tralles (VIe s. ap. J.-C.), décrit lui aussi une amulette (contre les coliques) correspondant à un type de gemmes attesté par l'archéologie: «Sur une pierre de Médie, graver Héraclès droit étouffant un lion et après l'avoir sertie dans une bague en or, donnez-la à porter» (*Ther.* 8, Puschmann II p. 377). Il existe une série d'exemplaires dont un possède l'inscription grecque: «Retire-toi colique; le dieu te poursuit» (fig. 2)[110].

Les gemmes sont utilisées pour soigner les piqûres de vipère (ou de scorpion), les maux de tête ou de ventre, comme on vient de le voir, mais aussi les maladies des yeux, de la respiration ou de l'utérus[111], et bien d'autres affections dont les fièvres (*cf.* Dioscoride et Lapidaires grecs).

Les amulettes médicales peuvent allier les vertus d'une plante et d'une pierre gravée, ce qui est systématique dans le *Livre Sacré d'Hermès à Asclépios* sur les décans. En voici un exemple: «Onzième décan. Son nom est Ouphisit, sa forme, celle d'une femme avec le corps tout entier d'un oiseau, les ailes déployées et levées pour voler, avec une guirlande sur la tête. Or il régit les maladies de la poitrine. Donc, grave-le sur une gemme de jaspe vert, mets au-dessous de la pivoine, sertis dans la bague de ton choix et porte-la» (éd. Pitra 5, 287).

Outre les plantes et les pierres on utilisait les métaux. Voici une amulette, dite bague de cuivre de Chypre, pour soigner des calculs rénaux (Alex. Trall. *Ther.* 11, Puschmann II p. 475): «Prenez du cuivre de Nicée ou de Chypre dont le tout n'a pas été en contact avec le feu, ce que l'on trouve dans la mine de cuivre elle-même, et donnez-lui la forme d'une pierre précieuse pour qu'elle puisse pa-

---

107. *Cf.* Riess, E., *Nechepsonis et Petosiridis fragmenta magica* (1891-93) 325-394 fr. 29; Fournet, J.-L., «Un fragment de Nechepso», dans *Papyri in honorem Johannis Bingen octogenarii editae* (2000) n° 13, 65, n. 16.

108. *Cf.* Delatte-Derchain 52-67; *cf.* Michel, S., *Die magischen Gemmen im British Museum* (2001) n° 314 avec au revers l'inscription: «Conserve en bonne santé le *stomachos* de Proclos»; Mastrocinque 93 fig. 2; *LIMC* III Chnoubis.

109. *Cf.* Halleux, R./Schamp, J., *Les lapidaires grecs* (1985) (Socrate et Denys 35) 170 et n. 4: «Autre pierre d'onyx... Gravez-y les circonvolutions d'un serpent ayant l'avant-train ou la tête d'un lion et des rayons. Portée (en amulette), cette pierre empêche toute douleur du *stomachos*».

110. *Cf.* Mastrocinque 96 fig. 6.

111. *Cf.* Mastrocinque 96-100.

raître sur un anneau; après avoir gravé sur elle un lion, une lune et un astre en cercle, inscrivez le nom de l'animal; et après avoir serti le métal dans une bague en or faites-la porter au petit doigt ou au doigt médical».

Les amulettes renferment aussi d'autres produits: des parties d'êtres vivants. Voici une amulette contre les coliques (Alex. Trall. *Ther.* 8, 2, Puschmann II p. 375): «Une amulette infaillible dont nous avons nous-même l'expérience et qu'à peu près tous les meilleurs médecins ont appréciée. Prends de la fiente de loup, ayant si possible de petits os, enferme-la dans un anneau creux et donne-la à porter du côté droit au bras ou à la cuisse ou aux lombes lors du paroxysme, en se gardant que la partie malade touche la terre ou l'eau d'un bain».

Cette amulette atteste une technique différente pour un produit liquide: un anneau creux. De plus l'exemple rappelle qu'une amulette n'est pas nécessairement portée autour du cou ni autour d'un doigt quand c'est un anneau, mais qu'elle peut être portée à un autre endroit du corps, bras, jambe, flanc ou tête.

Ces exemples sont loin d'épuiser les techniques employées; des inscriptions apotropaïques sont gravées sur des lamelles d'or, d'argent ou sur du papyrus ou du cuir, et parfois enfermées dans une bague. Voici, à titre d'exemple, une lamelle d'or contre la podagre (Alex. Trall. *Ther.* 12, Puschmann II, p. 583): «Prenez une lame d'or et gravez-y au déclin de la lune le texte ci-dessous; insérez-la dans les tendons d'une grue; ensuite, après avoir fait un tube de la longueur de la lame, refermez-le et portez l'anneau autour des astragales».

La formule magique à graver reproduite par Alex. Trall. est incompréhensible, mais sa fonction est claire: de même qu'elle rétablit chaque jour le soleil, elle doit rétablir au plus vite le malade.

De telles amulettes qui côtoient chez Alex. Trall. des traitements rationnels posent le problème plus général des relations entre médecine scientifique et médecine religieuse ou magique.

4. Médecine rationnelle et médecine magico-religieuse

BIBLIOGRAPHIE: Edelstein, L., «Greek Medicine in its Relation to Religion and Magic», *Bulletin of the Institute of the History of Medicine* 5 (1937) 201–246 = *Ancient Medicine. Selected Papers of Ludwig Edelstein* (1967) 205–246; Horstmanshoff, H. F. J./Stol, M. (éds.), *Magic and Rationality in Ancient Near Eastern and Graeco-Roman Medicine* (2004).

C'est une question qui se pose dès les premiers écrits médicaux conservés. Voici quelques éléments pour clore l'étude.

Avant la naissance de la médecine rationnelle, il n'y avait pas de distinction nette entre des procédés dits rationnels et d'autres qui seraient religieux ou magiques; *cf.* Pind. *P.* 3, 47–53 (Vᵉ s. av. J.-C. *init.*) sur l'activité médicale d'Asclépios. En adoptant des critères postérieurs, on distinguerait, d'un côté, des procédés magiques (incantations ou amulettes; *cf.* 52 περάπτων), et de l'autre, des procédés plus rationnels (chirurgie). En fait, tout est mis par Pindare sur le même plan. Et il n'est pas encore fait mention de ce qui fera la gloire des sanctuaires d'Asclépios, l'incubation.

4.1. Médecine hippocratique

C'est seulement à partir d'Hippocrate (Vᵉ/IVᵉ s. av. J.-C.) que s'établira une distinction nette entre médecine rationnelle et médecine magique ou religieuse. Le traité fondateur est *Morb. sacr.*; *cf.* aussi *Aër* et *Virg.* (*supra* 2.4). Cette médecine rationnelle ignore la thérapeutique populaire contemporaine: e.g. le port de la bague *pharmakitis* vendue par les pharmacopoles contre les piqûres d'animaux venimeux ou les maux de ventre attestée dans la comédie du IVᵉ s. av. J.-C. (Aristoph. *Plut.* 883–885; Antiph., *PCG* II *fr.* 175; Eup. *PCG* V *fr.* 96; *cf.* Hesych. *s.v.* «δακτύλιος φαρμακίτης»), ou le port d'amulettes de cuir enfermant des inscriptions telles que les *grammata Ephesia* (Anaxilas, *PCG* II *fr.* 18, 5–7; Men. *fr.* 313 Koerte [= *PCG* VI 2 *fr.* 274]; *cf.* Hesych. *s.v.* «Ἐφέσια γράμματα»). Toutefois, une médecine religieuse s'épanouit parallèlement avec les guérisons miraculeuses des sanctuaires d'Asclépios (*supra* 3.9). Cette dernière ne se confond pas pour autant avec la médecine magique populaire. Les frontières entre ces trois médecines sont floues. Eur. *Alc.* 966–972 met en parallèle médecine (magique) d'Orphée et médecine (rationnelle) des Asclépiades, mais attribue cette dernière à Phoibos (*supra* 3.7).

A-t-il existé un véritable antagonisme entre médecine religieuse des sanctuaires et médecine rationnelle des Asclépiades?

Au temps d'Hippocrate, on a de rares indices de part et d'autre. Du côté de la médecine religieuse, le cas d'Ératoclès (*supra* 3.12) indique que le dieu a déconseillé au malade de se faire cautériser, ce qui revient à dire de se livrer à un médecin. Du côté de la médecine rationnelle, la critique frontale contre les thérapeutes ou devins qui ont divinisé la maladie dite sacrée (*Morb. sacr.*; *Virg.*) ne vise pas les sanctuaires. L'auteur de *Morb. sacr.* distingue les charlatans qu'il attaque et la religion traditionnelle: il les accuse d'athéisme et d'illogisme, car si la maladie sacrée était causée par des divinités, ils devraient s'adresser à elles dans leur sanctuaire. Prudent, le médecin ne veut pas heurter les croyances partagées par la grande majorité du peuple. De plus, tout en ménageant la religion traditionnelle, il récupère la notion de divin en établissant une synonymie entre le naturel et le divin.

Enfin le médecin emblématique de la médecine rationnelle, Hippocrate, appartenait à la famille des Asclépiades par descendance mâle: il descendait d'Asclépios par l'intermédiaire de son fils Podalire, installé à Syrna, d'où sont issues les deux branches de la famille, l'une à Cos, celle d'Hippocrate, et l'autre à Cnide, celle de Ctésias. Or les Asclépiades de Cos et de Cnide bénéficiaient de privilèges religieux au sanctuaire de Delphes[112]. Il n'est pas étonnant que le Serment soit juré au nom de divinités qui non seulement étaient des divinités guérisseuses, mais avaient aussi une signification précise pour la famille : l'un, Asclépios, en est le fondateur, l'autre, Apollon, est non seulement le père d'Asclépios, mais le dieu de Delphes où le *koinon* des Asclépiades de Cos et de Cnide bénéficiait de privilèges honorifiques (promantie, prothusie). Les médecins de la famille des Asclépiades pratiquaient donc la religion de leur temps, mais ils exerçaient une médecine rationnelle séparée de la religion et de la magie. La distinction entre les deux domaines est implicite, mais elle est réelle. À aucun moment dans les traités médicaux hippocratiques, il n'est question d'Asclépios guérisseur ou d'amulette mise autour du cou, d'un doigt ou d'une partie du corps (à une exception près : amulette autour des lombes pour faciliter l'accouchement en *Mul.* 1, 77, Littré VIII, 172, 4 περίαψον). Un seul traité, *Reg.*, recommande des prières lors de certains rêves, mais sa position est isolée (*supra* **3.3**). Il est invraisemblable qu'Hippocrate ait trouvé son enseignement dans les stèles de l'Asclépieion de Cos, comme le dit Strabon (14, 2, 19)[113].

4.2. Après la médecine hippocratique

La critique de Plat. (*pol.* 2, 364b-c; *cf. nom.* 10, 909a-b) va dans le même sens que celle de *Morb. sacr.* Il fustige les mendiants et les devins qui se rendent à la porte des riches en se prévalant d'un pouvoir obtenu des dieux par des sacrifices ou des incantations.

Dans l'école aristotélicienne, quand Théophraste rapporte les rites sur l'arrachage (*supra* **3.16.1**), il laisse entendre que bien des pratiques sont déplacées, mais il reste prudent sur les prières, car elles relèvent aussi d'une religion plus traditionnelle. « La différence est bien marquée entre des superstitions ridicules et une piété de bon aloi » (S. Amigues, éd. *hist. plant.* 9, CUF 125 n. 23).

Hérophile, à l'époque hellénistique, établit, comme Hippocrate *Reg.*, une distinction entre les rêves envoyés par les dieux et ceux qui sont naturels (T. 226bc Von Staden) ; mais, suivant une formule célèbre, il a qualifié les médicaments de « mains des dieux » (T. 248-249 Von Staden).

Pour Galien (IIe s. ap. J.-C.), la position est plus complexe que pour Hippocrate, vis-à-vis de la médecine religieuse[114] ou même magique. Certes, Galien ne croit pas plus qu'Hippocrate *Morb. sacr.* que la maladie dite sacrée soit causée par les dieux (*In Hippokr. prognost.* 1, 4, Heeg CMG V 9, 2, p. 206, 13-16). Mais il a une position plus nuancée sur Asclépios et même sur les amulettes.

Alors que le silence est total sur Asclépios chez Hippocrate, même si le dieu auquel on a attribué la découverte de la médecine est allusivement mentionné (Hippokr. *vm* 14, Jouanna p. 135, 17 et n. 6), Galien, cinq siècles plus tard, né à Pergame où affluaient les malades dans le sanctuaire d'Asclépios, n'hésite pas à en parler dans ses traités médicaux[115]. Il reconnaît que les patients suivent mieux les prescriptions sévères du dieu que celles des médecins (*In Hippokr. epid.* VI, CMG V 10, 2, 2, p. 199) ; il signale même des cas de guérisons par le dieu : Nicomaque de Smyrne, dont le corps avait augmenté au point qu'il ne pouvait plus bouger, fut guéri (*morb. diff.* Kühn 6, p. 869, 7 : « celui-là Asclépios l'a guéri ») ; un homme riche venu de Thrace, atteint d'éléphantiasis, reçut lors de l'incubation dans le sanctuaire la prescription d'un médicament à base de vipères qui fit évoluer sa maladie jusqu'à la guérison (*simpl. medic. temp. et fac.* 1, 1, Kühn 12, p. 315). Galien lui-même a été attentif dans sa jeunesse à deux rêves qui furent à l'origine d'un aspect de sa pratique médicale (*Phlébotomie* 23, Kühn 11, p. 314-15). Certes, la révélation ne saurait remplacer l'observation selon Galien : c'est par l'incision qu'Hippocrate a vu ce qu'il y a sous la peau, et non pas par un rêve envoyé par Asclépios (*In Hippokr. Epid.* II, Wenkebach/ Pfaff, CMG V 10, 1, p. 311-312). Mais Galien déclare être le « serviteur du dieu de sa patrie Asclépios » depuis qu'il a été sauvé par lui d'un ulcère mortel (*lib. prop.* 3, 5, éd. Boudon-Millot, CUF p. 142, 15-19 et n. 7).

À l'égard des pratiques magiques, Galien est plus sévère. Il critique son devancier Pamphile (*simpl. medic. temp. et fac.* 6, prol., Kühn 11, p. 792, 11-16) : « Cet homme-là s'est tourné vers des contes de vieilles femmes et des sorcelleries égyptiennes bavardes avec des incantations que l'on prononce en arrachant les plantes ; et en particulier il a pris en compte des amulettes et autres procédés magiques non seulement superflus et extérieurs à l'art, mais aussi tous mensongers » ; *cf.* p. 798, 4-6 où est cité l'une de ses sources égyptiennes, l'Hermès égyptien, contenant les trente-six plantes sacrées décanales.

De même, Lucien (*philops.* 10) critique la magie médicale par la bouche de Tychiade, sans mettre en cause la médecine religieuse : « Je respecte les dieux et je vois les guérisons qu'ils opèrent et le bien qu'ils font aux malades en les remettant sur pied par des remèdes et la médecine. De fait, Asclépios lui-même et ses fils soignaient les malades en saupoudrant des remèdes adoucissants, et

---

112. *LSS* 42 = *CID* I 12.
113. *Cf.* Jouanna, J., « Ippocrate e il sacro », *Koinonia* 12 (1988) 91-113.

114. *Cf.* Boudon, V., « Galien et le sacré », *Bulletin de l'association Guillaume Budé* (1988) 327-337.
115. *Cf.* Schlange-Schöningen, H., *Die römische Gesellschaft bei Galen* (2003) 223-235.

non en attachant en amulettes des peaux de lions et des musaraignes ».

Toutefois on ne peut pas en rester au jugement polémique de Galien sur Pamphile pour caractériser sa position sur les amulettes et les incantations. Trois passages ont été cités (*supra* 3.16.2) où Galien signale l'efficacité de plantes ou de pierres portées en amulette: la pivoine (maladie sacrée), le jaspe (maladies du stomachos), l'ophite (morsures de vipère). Galien a même procédé à des vérifications pour le jaspe: « De cette pierre, moi aussi j'ai fait une expérience suffisante, et ayant confectionné un petit collier de petites pierres ainsi préparées je l'ai fait pendre du cou en lui donnant une taille telle que les pierres touchent la bouche de l'estomac. Elles n'apparaissaient pas moins utiles que si elles [n'] avaient [pas] l'entaille que Néchepso a décrite » (*simpl. medic. temp. et fac.* 9, 19, Kühn 12, p. 207, 8–12).

Certes Galien est plus sélectif qu'Archigène sur les amulettes, en écartant celles qui relèvent d'une « antipathie » inconnaissable (*comp. med. loc.* 2, 2, Kühn 12, 573, 5–9). Mais il semble même avoir évolué sur les incantations, d'après un passage méconnu d'un traité perdu (*La pratique médicale chez Hom.*): « Quelques-uns pensent assurément que les incantations ressemblent aux récits de vieilles femmes, comme moi-même je l'ai cru pendant longtemps; mais avec le temps, à la suite de faits évidents, j'ai été persuadé qu'il y avait une puissance en elles; en effet, dans les morsures de scorpions j'ai fait l'expérience de leur utilité, et pas moins aussi dans le cas des os coincés dans la gorge qui ont été recrachés immédiatement à la suite d'une incantation; et il y a bien d'autres cas légitimes dans chaque domaine où les incantations atteignent leur but » (Alex. Trall. *Ther.* 11, 2, Puschmann II p. 475).

Même si ce texte n'est pas authentique (Hunain doute de l'authenticité de ce traité qu'Oribase attribuait déjà à Galien), les frontières entre médecine rationnelle et médecine magico-religieuse ne sont plus aussi nettes qu'à l'époque d'Hippocrate. Galien reconnaît à l'occasion l'efficacité de la médecine religieuse d'Asclépios, et parfois le pouvoir de certaines amulettes quand il en a vérifié l'efficacité par l'expérience. A-t-il évolué même sur le pouvoir des incantations?

C'est que les temps ont changé. À l'époque de Galien et de Lucien, la médecine d'Asclépios s'est développée à Pergame, et la médecine magique s'est épanouie en Égypte (et en Syrie) avec le déclin du rationalisme: papyrus magiques d'origine païenne ou juive où sont mentionnées des amulettes contre diverses maladies ou toute maladie (*PGM* 7, l. 198. 208. 215. 219. 579) et iatromathématique (*cf.* Ptol. *Apotelesm.* 1, 3, 19 et Héphest. *Apotelesm.* 1,

praef. 8); dans le reste du monde grec, des magiciens venaient de l'extérieur pour proposer leurs soins ou leurs prodiges (*cf.* Lukian. *philops.*: Babylonie, Hyperboréens, Palestine, Arabie et Libye).

4.3. Médecine scientifique et médecine « naturelle »

Le médecin qui a conservé le témoignage de Galien sur les incantations est Alex. Trall. (*Ther.* 11, 1, Puschmann II p. 473, 28–475, 14). S'il le cite, c'est pour justifier son propre projet de compléter la médecine dite « scientifique » par des remèdes populaires appelés « naturels ». Son originalité est d'avoir été le premier à distinguer systématiquement ces deux sortes de médecine et à justifier l'intérêt qu'il y a à joindre aux prescriptions de la médecine rationnelle une sélection de remèdes dont l'expérience a révélé l'efficacité au cours des temps[116].

Le recours à cette médecine parallèle s'explique en partie par la pression des patients (Alex. Trall. *Ther.* 12, Puschmann II p. 579, 14–19): « Puisque certains malades, ne pouvant ni persévérer dans un régime ni supporter une médication, nous contraignent à recourir aux moyens naturels et aux amulettes pour la podagre, afin que le meilleur médecin soit paré de tout côté et apporte un secours différencié à tous les malades, j'en suis venu à cette médication ».

Le meilleur médecin doit diversifier ses traitements pour faire face à tous les cas, en mobilisant médecine rationnelle et médecine populaire sans les confondre. On ne revient donc pas, pour autant, à une période antérieure à la médecine rationnelle de l'époque classique, car la distinction théorique subsiste. Alex. Trall. reste un continuateur d'Hippocrate; mais les remèdes « naturels » offrent un ultime recours quand la médecine rationnelle ne convient pas au malade ou se révèle impuissante.

Toutefois, certains médecins de langue grecque, dès le IIe s. ap. J.-C., ont développé une médecine inspirée de la science orientale en délaissant la conception rationnelle et en y substituant une conception mystico-magique de la nature où les êtres, appartenant aux trois règnes (animal, végétal, minéral), sont définis par des propriétés occultes et entretiennent entre eux des relations « naturelles » de sympathies et d'antipathies: d'une part, Marcellus de Sidè, poète et médecin de l'époque d'Hadrien dont les *Iatrica* sont écrits en hexamètres et présentent, pour ce qui nous en reste sur les poissons (*De piscibus fragmentum*, éd. Heitsch, *GDRK* II p. 17–22), des relations étroites avec les *Koiranides* d'Hermès Trismégiste, sans que les érudits modernes s'accordent sur la nature des relations entre ces deux œuvres[117]; d'autre part, Aelius Promotus d'Alexandrie dont on a conservé

---

116. *Cf.* Guardasole, A., « Alexandre de Tralles et les remèdes naturels », dans Collard, F./Samama, É. (éds.), *Mires, Physiciens, Barbiers et Charlatans* (2003) 81–99.

117. Dreyer, O., *KlPauly* 3 (1975) 993 *s.v.* « Marcellus 12 ».

un fragment de sa «médecine naturelle» dans Paul d'Égine[118].

En revanche, les pères de l'Église, comme les médecins rationalistes, condamnent les procédés magiques employés par le peuple païen; *cf.* Clem. Al. *protr.* 11, 115, 2: «Eux confiant dans des charlatans acceptent comme salvatrices les amulettes et les incantations»; Épiphan. *Panarion*, Holl 3, p. 525, 10: «l'Église condamne... la magie..., les incantations, les amulettes, ce que l'on appelle les phylactères»; Jean Chrysostome critique «ceux qui se servent des incantations dans les maladies et recherchent d'autres procédés magiques pour atténuer la maladie. Cela n'est pas être sauvé, mais être perdu. Car le plus grand salut est d'être sauvé par Dieu» (*Expos. in Psal.* PG 55, p. 132, 11-15). Cependant ils admettent les miracles du Christ, nouveau dieu guérisseur. Bien qu'Asclépios ait été détrôné, il a eu une incidence sur l'image du Christ[119], et l'incubation pratiquée dans ses sanctuaires a été prolongée par les miracles des saints (Thècle, Cosme et Damien, Cyr et Jean, Michel, Thérapon, Artémios, Isaïe)[120].

JACQUES JOUANNA

5. Structure et fonction des sanctuaires des divinités guérisseuses

BIBLIOGRAPHIE: Riethmüller, J., *Asklepios. Heiligtümer und Kulte* (2005); Sineux, P., *Amphiaraos. Guerrier, devin et guérisseur* (2007); ThesCRA IV 1 a Lieux de culte, gr. chap. *alsos, Altar, bothros, hestiatorion, katagogeion, Tempel, thesaurus* II, V 2 b Instruments de culte **XIII.B.1–2** (Theoxenien, Lectisternien).

5.1. Les origines

La recherche de la santé a toujours été le soin le plus essentiel de l'homme. Le moyen principal pour obtenir ce bien majeur fut dans l'antiquité le recours à l'énergie divine, effectué non seulement avec la prière, mais surtout par des actes cultuels, par lesquels on croyait pouvoir mystérieusement participer à l'essence divine éternelle. L'acte le plus commun et le plus ancien à cet égard fut le banquet rituel: le dieu était invité à la consommation de la viande du sacrifice dans son sanctuaire; les fidèles mangeaient la même nourriture que le dieu, ils incorporaient par conséquent la substance sacrée qui renforçait la vitalité éternelle de la divinité. Les fouilles plus attentives des quarante dernières années montrent l'importance primordiale de ce rite dans le culte de plusieurs dieux. C'est pourtant principalement à Apollon et Asclépios que le soin de la santé par l'intermédiaire des dieux est lié dans l'antiquité.

On peut mieux comprendre la fonction d'Apollon comme dieu guérisseur, si on l'associe avec une de ses qualités primitives, sa fonction comme dieu de régénération[121]. Il est évident que le contact cultuel avec une divinité qui elle-même accomplit le mystère de sa propre régénération procure au fidèle la bénédiction pour le renouvellement, occasionnel ou permanent, de sa vigeur. Cette qualité d'Apollon était particulièrement accentuée à Delphes, et c'est vraiment le dieu Pythique qui apparaît presque toujours en liaison avec Asclépios[122]. La vertu mantique du dieu de Delphes était d'ailleurs très proche de la notion de rétablissement de la santé: l'oracle, signe divin pour le bon choix dans la vie, émane de la même source chthonienne que la guérison (*cf.* Diod. Sic. 5, 75, selon qui Apollon a inventé la science médicale et l'a effectuée par l'intermédiaire de la prophétie). Le cas le plus caractéristique de cette affinité est le culte pratiqué par les fidèles au sanctuaire d'Amphiaraos à Oropos pour obtenir aussi bien des oracles que leur santé. Amphiaraos était un devin mortel, qui fut englouti vivant par la terre et réapparut déifié, immortel, d'une source à l'endroit où il fonda son sanctuaire[123]. Le culte d'un héros, à savoir d'un mortel ayant acquis la qualité divine par la procédure de la régénération, convenait encore plus à la quête de la santé que le culte d'un dieu régénéré, à cause du rapport au destin d'un *mortel* qui miraculeusement acquiert une *vie éternelle*. C'est exactement le cas du culte d'Asclépios, par un de ses parents de descendance mortelle, qui assez tôt s'associa à Apollon en sa fonction de médecin et devint le dieu guérisseur par excellence[124].

La liaison d'Apollon et d'Asclépios, devenus père et fils, dans le domaine de la santé est en effet documentée dans la plupart des plus importants et plus anciens (VIIIe–VIe s. av. J.-C.) sanctuaires du fils connus (Trikke en Thessalie, τὸ ἀρχαιότατον

---

118. *Cf.* Wellmann, M., «Aelius Promotus Ἰατρικὰ φυσικὰ καὶ ἀντιπαθητικά», SbBerl (1908) 772-777.
119. *Cf.* RAC I (1950) 797.
120. *Cf.* Wacht, M., RAC XVIII (1998) 234-247 *s.v.* «Inkubation»; Dagron, G., *Vie et miracle de Sainte Thècle* (1978); Gascou, J., *Sophrone de Jérusalem: Miracles des saints Cyr et Jean* (2006). – Sur la mise en question de cette hagiographie guérisseuse, *cf.* Dagron, G., «L'ombre d'un doute: L'hagiographie en question, VIe–XIe siècle», *Dumbarton Oaks Papers* 46 (1992) 59-68. Sur la médecine byzantine *cf. Symposium on Byzantine Medicine, Dumbarton Oaks Papers* 38 (1984).
121. Lambrinoudakis, V., dans *Delphes. Cent ans après la Grande Fouille. Essai de bilan* (2000) 23-29.
122. En dernier lieu Riethmüller I 137. 156-158. 196-200. II 478 *s.v.* Apollon. Pour l'affinité d'Apollon Iatros de l'Asie Mineure et des colonies du Pont Euxin avec le culte d'Apollon Delphinios de Milet et Pythios de Delphes v. la présence du dauphin dans les mythes de fondation du sanctuaire de Delphes, ainsi que celle du dragon féminin *Delphyne* tenant le rôle de *Python* à Delphes: δελφίς = dauphin, Δελφύνη et Δελφοί, étymologiquement de la même racine que δελφύς = matrice, le berceau de la vie.
123. Petrakos, V., *Τὸ Ἀμφιάρειο τοῦ Ὠρωποῦ* (1992). Pour les relations entre Amphiaraos et Asclépios v. Sineux 20-22. 208-212. *Supra* **3.15**.
124. Riethmüller I 226-227.

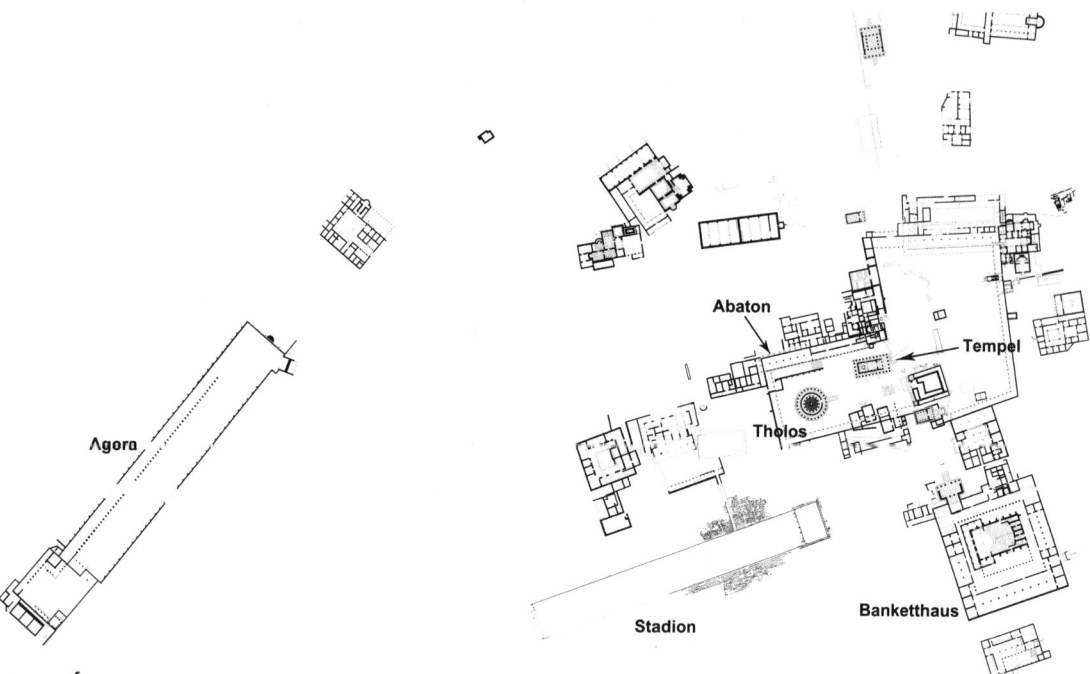

Fig. 3 Épidaure, Sanctuaire d'Asclépios

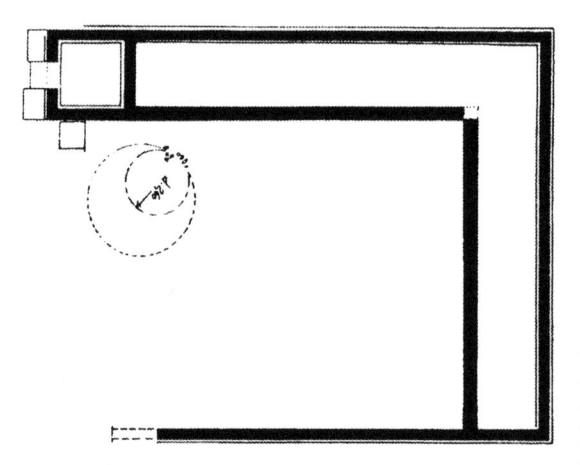

Fig. 4 Épidaure, Sanctuaire d'Asclépios, Bâtiment E

καὶ ἐπιφανέστατον selon Strabon 9, 5, 17, Delphes, Corinthe, Sicyone, Épidaure, Gortyne en Arcadie, Sparte-Théra-Cyrène, Paros[125]). Le cas le plus caractéristique pour le substrat théologique de cette liaison est le sanctuaire d'Asclépios à Delphes: il se trouve dans la région où se situe le sanctuaire de Gê avec la fontaine gardée par Python[126]; c'est le lieu où se manifeste l'aspect chthonien et régénérateur d'Apollon Pythios[127].

En ce qui concerne la pratique du culte des dieux médecins, les récentes recherches effectuées dans le grand sanctuaire jumeau d'Apollon Maléatas et Asclépios à Épidaure nous aident à mieux comprendre les éléments de la cure particuliers à l'un et à l'autre, qui ont composé la conduite des fidèles et leur traitement classiques dans les sanctuaires thérapeutiques[128]. Au sanctuaire d'Apollon Maléatas, où le culte remonte au moins au milieu du XVe siècle av. J.-C., un autel de cendres à ciel ouvert et une grande terrasse sur laquelle s'effectuaient des banquets rituels existaient déjà à l'époque mycénienne près de sources abondantes. Cet arrangement resta le même à l'époque de la nouvelle floraison du sanctuaire (VIIIe–VIe s. av. J.-C.), pendant laquelle Apollon s'était déjà installé (pl. 81, 1; fig. 3). Vers le milieu du VIe siècle au plus tard, ce culte d'Apollon fut transplanté dans la plaine avoisinante (fig. 15) et combiné avec le culte d'Asclépios: un autel de cendres à ciel ouvert fut installé au début sous le «Bâtiment E». Assez tôt au cours du Ve siècle, l'autel a été entouré de légers portiques, aboutissant au N-O à un petit temple (pl. 81, 2; fig. 4)[129]. Les

---

125. Riethmüller I 91. 113–115. 123–130. 132. 146. 148–174. 190. 193–205. 225.

126. Bommelaer, J.-Fr., *Guide de Delphes. Le site* (1991) 228–232 pl. II–III; Riethmüller I 110–118. II 262.

127. Lambrinoudakis (n. 121) 26–27.

128. Lambrinoudakis, V., «Conservation and Research: New Evidence on a Long-living Cult. The Sanctuary of Apollo Maleatas and Asklepios at Epidauros», dans Stamatopoulou, M./Yeroulanou, M. (éds.), *Excavating Classical Culture* (2002) 213–224. id., «Grenzen im Asklepioskult», dans *Grenzen in Ritual und Kult der Antike*, Kolloquium Basel, 5.–6. November 2009 (sous presse) n. 54.

129. Les fondations incorporées dans le soubassement du portique ouest qui représente une phase plus récente du Bâtiment E et sont interprétées comme l'ancien «naïskos» du culte (en dernier lieu Riethmüller I 167–169) appartiennent plutôt au propylone de ce portique, Lambrinoudakis (n. 128).

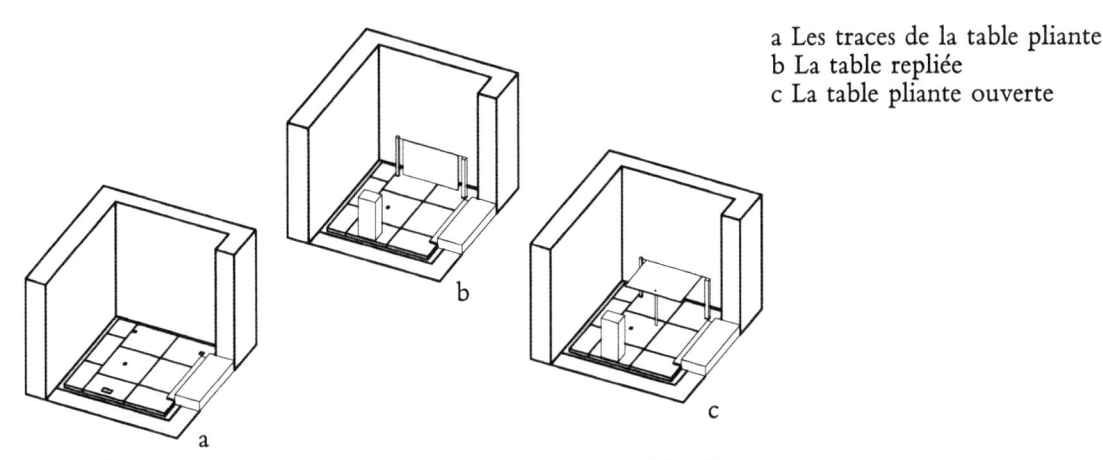

a Les traces de la table pliante
b La table repliée
c La table pliante ouverte

Fig. 5 Épidaure, Sanctuaire d'Asclépios, Bâtiment E, table pliante

trouvailles faites dans les terres de l'autel, mais surtout l'observation des vestiges d'une table pliante pour l'offrande de la partie sacrée de la victime au dieu (θεομοιρία) dans le successeur classique du petit temple (pl. 80, 5; fig. 5)[130] attestent qu'il s'agissait ici du culte traditionnel d'Apollon, par lequel le fidèle recevait au banquet commun avec le dieu la force divine pour son bien-être. La présence de l'eau, élément purgatif et régénérateur à la fois, indispensable dans les cultes de la santé[131], était assurée à cet endroit par un puits qu'on a ouvert à une trentaine de mètres au nord (incorporé plus tard dans l'Abaton du IVe siècle av. J.-C.). Autour de ce puits s'installa en même temps que l'autel des cendres voisin le second noyau du culte dans la plaine, où s'effectuait dès le début l'incubation: une petite stoa servait déjà au VIe siècle av. J.-C. au coucher des malades; au Ve siècle, ce bâtiment fut remplacé par un complexe comprenant un plus grand édifice, un bain, une cuisine et des latrines en vue d'un plus long séjour des suppliants (fig. 6)[132]. On reconnaît dans ce second noyau du sanctuaire de la plaine la provenance héroïque de la guérison, caractéristique du culte d'Asclépios. L'évolution du culte à Épidaure, élucidée ainsi grâce aux nouvelles trouvailles, montre la voie théologique par laquelle Apollon (Pythios) et Asclépios se sont rencontrés dans le domaine de la santé humaine et éclaire la combinaison des trois rites les plus importants dans les sanctuaires sanitaires de l'antiquité, la lustration, le banquet rituel et l'incubation.

5.2. Les anciens sanctuaires

L'équipement des autres sanctuaires d'Asclépios connus à l'époque archaïque présente, comme à Épidaure, une organisation élémentaire: condition préalable, la présence de l'eau, d'une source, de bassins alimentés par une source ou d'un puits (Trikke, Delphes, Corinthe, Épidaure)[133]. Le sacrifice sanglant, combiné avec le banquet rituel, était dès le début au centre du culte. Des autels sont attestés à Épidaure, Messène et ailleurs, et postulés à Delphes et Corinthe[134]. De petits temples sont attestés avec certitude depuis le VIe siècle av. J.-C. (Delphes, Corinthe, Épidaure, Messène, Paros, Gortyne d'Arcadie [VIIIe s. av. J.-C.?][135]); le temple périptère d'Orchomène de Béotie[136] représente une exception par ses dimensions. Tous sont assez larges par rapport à leur longueur, fait qui implique l'accomplissement d'un acte cultuel à l'intérieur de la cella. L'existence d'une table d'offrandes (τράπεζα) devant la base des statues de culte et le 'canal à libations' qui conduisait les liquides tombant de la *trapeza* hors du temple à Corinthe (fig. 7), qui correspond exactement au canal se trouvant autour de la table pliante dans le naïskos classique d'Épidaure[137], associent cet acte avec l'attablement du dieu et le banquet rituel. Le «tétrastyle» dans le temple corinthien peut représenter une couverture de la statue du culte plus primitive[138]. Les lieux destinés à l'incubation à cette époque sont, sauf l'exemple récemment découvert à Épidaure, mal attestés. Leur présence est supposée par des témoignages littéraires (Trikke) ou des vestiges peu clairs

---

130. Lambrinoudakis (n. 128) 216–219.
131. Ginouvès, R., et al. (éds.), *L'eau, la santé et la maladie dans le monde grec*, BCH Suppl. 28 (1994), pour Épidaure 226–236. *Cf.* Sineux 80. 129. 133–136.
132. Lambrinoudakis (n. 128) 219–220; les installations culinaires ont été découvertes après cette publication. Pour l'incubation v. Sineux 20–22. 159–177.
133. Riethmüller I 94. 114. 123. 125. 129. 148–174.

134. Riethmüller I 143. 115. 123–130 et *supra*.
135. Riethmüller I 115. 123–130. 143. 146. 198–200 et *supra*.
136. Riethmüller I 117–123.
137. *supra*, n. 141, *cf.* plus tard les tables à Alipheira et Phénéos, Riethmüller II 192. 223.
138. Riethmüller I 129.

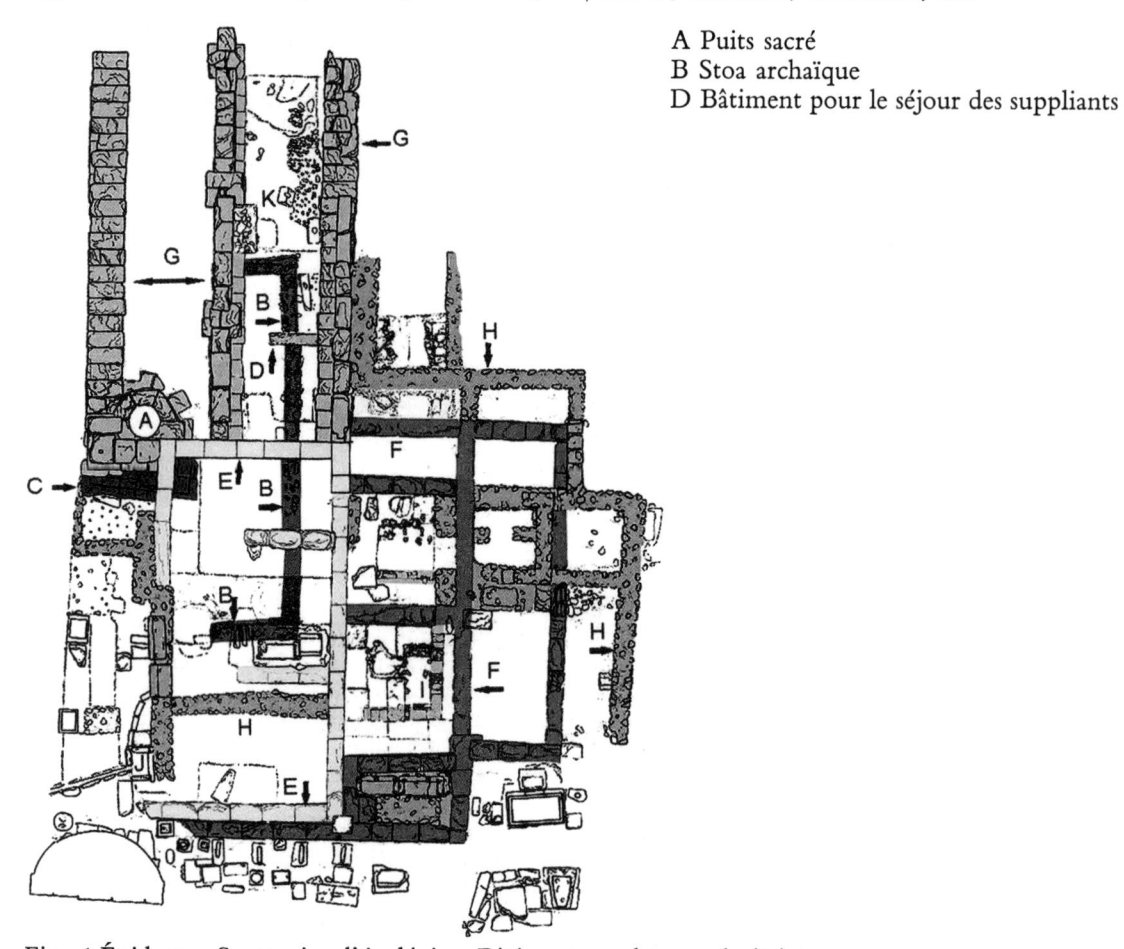

A Puits sacré
B Stoa archaïque
D Bâtiment pour le séjour des suppliants

Fig. 6 Épidaure, Sanctuaire d'Asclépios, Bâtiment au-dessous de *l'abaton*

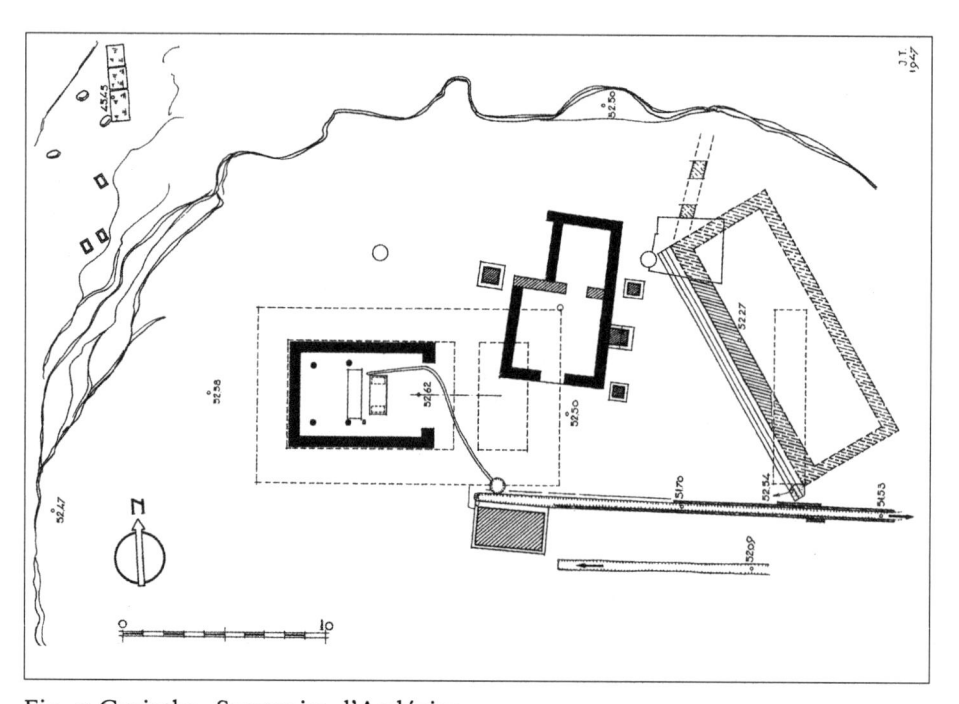

Fig. 7 Corinthe, Sanctuaire d'Asclépios

(Delphes, Corinthe, Paros[139]). L'arrangement, déjà vers la fin du VIe siècle av. J.-C.[140], d'un stade à Épidaure indique l'organisation de bonne heure des jeux, qui d'ailleurs contribuaient au maintien de la bonne santé.

Dans les sanctuaires du dieu guérisseur on vénérait dès le début ses animaux sacrés. La vénération des serpents, mentionnée dans les sources littéraires pour plusieurs sanctuaires[141], semble représenter un élément ancien du culte, si on considère que des ex-voto en forme de serpents se trouvent dans les couches archaïques des autels de cendres[142]. D'autres objets étaient aussi dédiés aux dieux guérisseurs comme pieux remerciement pour leur aide. On leur dédiait avant tout des modèles de parties (malades) du corps. Cette pratique doit avoir commencé assez tôt; les premiers ex-voto de ce genre à Corinthe se situent assez haut dans le Ve siècle av. J.-C.[143] Les ex-voto ordinaires ne manquaient pas, adressés au dieu principal ou à d'autres divinités, qui très tôt étaient vénérées à son côté[144]; même des kouroi ont été découverts à Épidaure, Paros et Cos[145]. La dédicace d'armes peut s'expliquer par la fonction du dieu guérisseur comme patron de certaines cités. Une fonction analogue, comme dieu des phratries, est attribuée à Asclépios de Paros, à qui les enfants passant à l'âge d'éphèbes consacraient leur cheveux (παιδικὴ θρίξ). Un ancien lien avec l'État est aussi observé dans le culte d'Asclépios en Macédoine[146].

5.3. Les sanctuaires de l'époque classique du culte (de la fin du Ve s. av. J.-C. jusqu'à la fin de l'antiquité)

5.3.1. Fondation

Les légendes anciennes nous donnent une idée des circonstances dans lesquelles de nouveaux sanctuaires furent fondés à l'époque de l'expansion du culte, à partir de la fin du Ve siècle av. J.-C. La raison était soit une peste menaçant la communauté (p. ex. les sanctuaires d'Athènes et de Rome) soit, plus souvent, une initiative privée, motivée par la guérison d'une maladie ou par l'aide efficace du dieu dans d'autres circonstances de la vie, comme par exemple la naissance d'un enfant ou le rétablissement après un accident (l'aveugle Phalysios à Naupacte, le tuberculeux Thersandros à Haliéis, Nikagora devenue mère à Sicyone, Archias guéri après un accident à Pergame)[147]. Dans la plupart des cas où nous avons une légende de fondation il s'agit d'une transplantation du culte d'Asclépios de son sanctuaire d'Épidaure, élevé au cours du Ve siècle à l'endroit du lieu de culte central du dieu. Selon la légende – qui probablement correspond à un vrai procédé rituel – les fondateurs étaient conduits par un serpent, animal sacré du dieu, à l'endroit du nouveau culte (Athènes par le Pirée, Sicyone, Haliéis, Trézène, Épidaure Liméra, Rome)[148]. Les légendes de nouvelles fondations accomplies à tour de rôle par des sanctuaires créés par Épidaure[149] ne mentionnent pas l'élément du serpent. En tout cas, la fondation était le résultat de négociations entre le corps des prêtres du sanctuaire maternel et la communauté – directement ou indirectement en cas d'une initiative privée – qui allait recevoir le culte[150]. Dans plusieurs cas la 'fondation' s'effectuait dans des lieux déjà sacrés, où on vénérait des divinités avec des qualités identiques ou proches de celles du dieu médecin[151].

L'existence d'une source, de l'eau en général était, comme dans les installations archaïques, décisive pour le choix du lieu du nouveau sanctuaire. Ce lieu pouvait se trouver au-dehors d'une cité, où se sont développées les installations les plus étendues, ou dans le territoire urbain, ou encore à des endroits d'une importance particulière, comme les ports[152]. Parfois, les cultes étaient spécialement importants pour la structure de la communauté et les sanctuaires jouaient un rôle analogue dans la vie politique de la cité[153].

Un élément constitutif de plusieurs sanctuaires du dieu guérisseur était le bois sacré dans lequel ils étaient placés. À Épidaure, Athènes, Épidaure Liméra et peut-être Pergame il se composait d'oliviers, à Titané, Cos et Gortyne d'Arcadie de cyprès. On ne connaît pas l'espèce des arbres à Corinthe et Actium. L'importance de cet élément pour le culte se manifeste spécialement dans le cas des sanctuaires d'Athènes et de Corinthe, où des arbres ont été plantés pour créer un bois[154].

5.3.2. Les édifices

On a essayé de classer les sanctuaires sanitaires d'après le type et l'assemblage de leurs bâti-

---

139. Riethmüller I 93. 114. 123–130. 196.
140. Riethmüller I 159. 173.
141. Riethmüller I 133. 239.
142. Riethmüller I 158; Lambrinoudakis, V., *Praktika* (1974) 100 pl. 80ε.
143. Riethmüller I 126–127.
144. Riethmüller I 225–226.
145. Riethmüller I 162. 197.
146. Riethmüller I 175–186. 194.
147. Riethmüller I 229. 232–234. 237. *cf. supra* **3.9**.
148. Riethmüller I 233–236.
149. Par ex. Smyrne, Lébène, Paus. 2, 26, 9.
150. Riethmüller I 236–237.
151. Riethmüller I 236–237.
152. Riethmüller I 364–374; Chaviara-Karachaliou, S., «Ἀσκληπιεῖον Ἀρχαίων Κεγχρεῶν», dans International Hippocratic Foundation of Cos, *Hippocratic Medicine. Yesterday, Today, Tomorrow. 'Asclepieia'. 2nd Amphictyony of Societies of History of Medicine and Ethics in Medicine, Cos, 30.4.–3.5.2009* (sous presse).
153. L'exemple le plus caractéristique est le sanctuaire de Messène, *cf.* Themelis, P., *Η Ἀρχαία Μεσσήνη* (1999). *Cf.* l'Asclépios Archagetas en Phocide, Riethmüller II 268–271 et le cas des cultes macédoniens Riethmüller I 175–186. 194.
154. Riethmüller I 148. 246. 365. 380. II 58; *cf.* ThesCRA IV Lieux de culte, gr. p. 12–14.

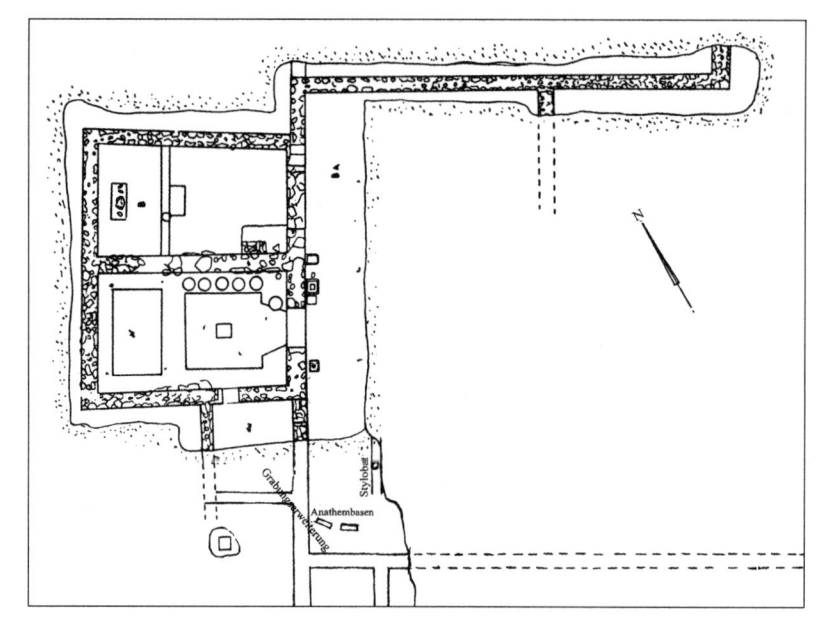

Fig. 8 Phéneos, double temple d'Asclépios et d'Apollon

ments[155]. En réalité, on ne peut pas donner la preuve d'une typologie conséquente. C'étaient plutôt l'histoire et les particularités du culte, le terrain, ainsi que les possibilités des sanctuaires ou des cités qui les soutenaient qui déterminaient la structure de chaque lieu de culte. Ce qu'on peut seulement dire à cet égard est, qu'en général, les bâtiments qui servaient à l'accomplissement des rites et actes thérapeutiques étaient plus grands que les édifices proprement sacrés.

5.3.2.1. Autels

Outre les autels ordinaires on rencontre des autels monumentaux dans plusieurs sanctuaires (Épidaure, Corinthe, Alipheira, Messène, Paros)[156]. Dans d'autres, on peut constater les phases du développement d'un autel relativement petit à un bâtiment monumental (Athènes, Cos)[157]. L'usage de la fosse, destinée à recevoir des offrandes chthoniennes, a survécu dans certains sanctuaires (Athènes dans le dortoir, Pergame auprès de l'autel, Épidaure au centre du souterrain de la Tholos[158]). Les citations des Anciens concernant la mort d'Asclépios à Delphes, ou même l'existence d'un tombeau du dieu à Épidaure (à identifier avec la Tholos?), à Gortyne d'Arcadie et à Sparte[159] sont associées à cet aspect du culte chthonien.

5.3.2.2. Temples

La plupart des sanctuaires d'Asclépios disposaient de petits temples du dieu *in antis* ou prostyles (Athènes, Corinthe, Balagrai de Cyrène, Lébène en Crète, Dion, Délos, Pergame, Paros)[160]. Leurs dimensions présentent une largeur plus ou moins accentuée par rapport à leur longueur. Ce trait doit être associé à l'accomplissement de rites nécessitant de l'espace *à l'intérieur* du temple (v. *infra*), une pratique propre aux divinités chthoniennes. Le temple avec son autel était parfois le seul équipement d'un sanctuaire, comme à Alipheira en Arcadie[161]. Des temples de plus grandes dimensions avec péristyle étaient aussi érigés dans certains sanctuaires majeurs (Orchomène déjà à une époque plus haute, Épidaure, Trézène, Gortyne, Messène, Cos)[162]. D'après les bâtiments connus jusqu'à présent le style préféré pour les temples d'Asclépios était l'ordre dorique. Fait exception le temple érigé par Hadrien à Pergame, qui se compose d'une cella ronde et d'un pronaos quadrangulaire[163]. Un cas spécial, mais caractéristique pour l'affinité d'Asclépios et Apollon, est le double temple de Phéneos (fig. 8), abritant un Apollon Pythios à côté de son fils[164]. Ce type de bâtiment n'était pas isolé à Phéneos; Pausanias (8, 9, 1) nous ren-

---

155. Riethmüller I 363–373.
156. Riethmüller I 191. 310–313. II 58. 192; Themelis (n. 153) 65–67.
157. Riethmüller I 265 et 372. 213 et 365.
158. Riethmüller I 269. 320–324. 342. 349. 382. *Cf.* ThesCRA IV 1 a Lieux de culte, gr. Bothros **2**/Heroon **30**.
159. Riethmüller I 48–49 avec les sources. *Cf.* les tombeaux du fils d'Asclépios, Machaon, à Gerenia de Messénie, (Paus. 3, 26, 9), et de sa nourrice Trygon à Tel-

phoussa en Arcadie (Paus. 8, 25, 11). Riethmüller I 115. 141. 144. 145.
160. Riethmüller I 172, 179, 191–192, 200, 259–264, 326, 329, 365. 375. II 57–58.
161. Riethmüller II 189–192.
162. Riethmüller I 216–217. 295–310. 365. 370. II 113–115. 201; Melfi, M., *Il santuario di Asclepio a Lebena* (2007). *Supra* **5.2**.
163. Riethmüller I 349. 375. 335–336.
164. Riethmüller II 223–224.

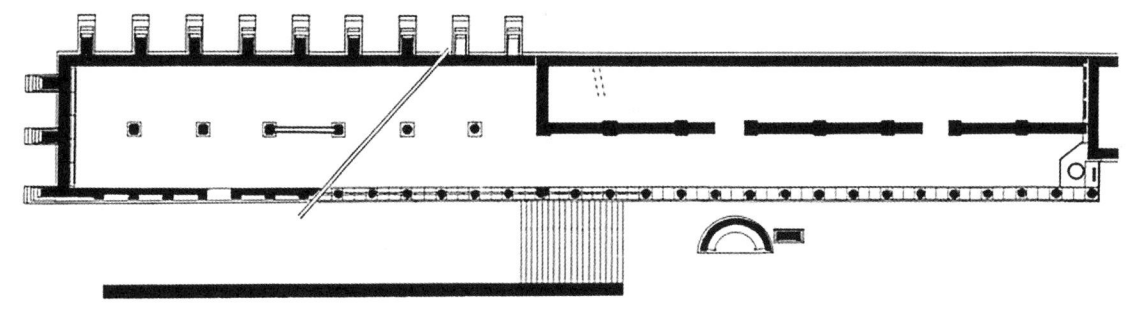

Fig. 9 Épidaure, Sanctuaire d'Asclépios, *abaton*

seigne sur un ναὸς διπλοῦς à Mantinée, divisé en deux par un mur, où on vénérait d'une part Asclépios et de l'autre les Létoïdes. L'existence de temples indépendants des deux dieux dans le même sanctuaire (comme par exemple à Épidaure, à Cos et à Pergame)[165], était une solution manifestant d'une manière plus libre le lien unissant les deux médecins divins.

L'existence d'une table d'offrandes dans les temples, associée aux *theoxenia*, au rite du banquet et à l'attablement du dieu[166], est attestée également pour l'époque classique par des restes réels (Alipheira, Phéneos, Cos, Lissos en Crète, Trézène dans la salle des banquets, et Calaurie [?])[167] ou par les textes (Athènes, κόσμησις τραπέζης, Pergame, Érythrai, Syracuse)[168]. Dans certains temples l'équipement de l'attablement était complété par la préparation d'un lit (στρῶσις τῆς κλίνης)[169].

Tout aussi ordinaire était l'installation d'un trésor (θησαυρός) dans le temple, ou encore en d'autres lieux convenables du sanctuaire; le trésor, un coffre-fort en forme de fosse ou d'un bloc creux avec un couvercle à fente pour recevoir l'argent offert au dieu par les pèlerins, ou (dans le premier des cas) pour mettre en sûreté les précieux instruments du culte, était un élément commun dans le culte de plusieurs divinités. Mais l'ardeur à récompenser le dieu pour le don de la santé – récompense d'ailleurs souvent demandée par lui-même ou par ses représentants – en a fait un mécanisme d'importance particulière pour les sanctuaires des dieux guérisseurs (Épidaure, Lébène, Ptolemaïs, Corinthe, Cos, Gortyne, Amphiareion d'Oropos)[170].

Des temples appartenant à d'autres divinités existaient dans plusieurs sanctuaires sanitaires. Outre Apollon, Artémis, sa sœur, Hygie, la fille d'Asclépios, Hypnos Épidotes ou Épidotai (= les dieux procurant des biens aux mortels) et d'autres divinités étaient vénérés à côté du dieu principal[171]. Il y avait encore d'autres bâtiments destinés à l'accomplissement de rites mal connus, comme la maison des serpents à Titané ou les édifices avec installations hydrauliques à Phéneos et à Pergame[172].

5.3.2.3. Dortoirs

Dans presque tous les sanctuaires des dieux médecins il y avait des dortoirs (ἄβατον, ἄδυτον, κοιμητήριον, ἐγκοιμητήριον), bâtiments ou pièces dans des bâtiments destinés à l'incubation (cf. **3.12**). On suppose cependant que dans de petits sanctuaires l'incubation pouvait s'effectuer en plein air[173]. À Pergame, des pièces petites à l'origine sont remplacées plus tard par un portique[174]. À Corinthe, une longue pièce est incorporée dans ce but au complexe du péristyle du sanctuaire[175]. Les autres dortoirs dont nous connaissons la forme sont des portiques à une ou deux nefs, plus ou moins grandes (Athènes, Oropos, Gortyne, Lébéna, Rome)[176]. Leur sol était souvent en terre battue, pour que le sommeil curatif s'effectue au contact direct de la source chthonienne de vie. Quelques-uns disposaient même d'une partie souterraine, qui convenait mieux à l'atmosphère mystique de la simulation du mort régénérateur (Épidaure, Pergame, Balagrai de Cyrène)[177]. Elles disposaient aussi éventuellement de chambres pour les suppliants qui s'y préparaient pour se coucher, et de bancs (fig. 9). À Épidaure, un puits était également incorporé et à Athènes, une source d'eau sacrée. Une grille de bois entre les colonnes de la façade, fermant la

---

165. Riethmüller I 215–216. 365.
166. *ThesCRA* V 2 b Instruments de culte p. 230–240.
167. Riethmüller I 213. II 104. 111. 191–192. 220–223. 345. Pour Calaurie (= *ThesCRA* IV 1 a Lieux de culte, gr. Temenos **7***) v. Riethmüller II 104 et *infra* n. 189.
168. Riethmüller I 246. 248. 263. 376. II 269.
169. Athènes, Riethmüller I 248. 263. Tithorée: selon Paus. 10, 32, 12 un lit stable. *Cf. ThesCRA* V 2 b Instruments de culte p. 405–407.
170. Riethmüller I 213. 306. 330–333. II 58. 403; *ThesCRA* IV 1 a Lieux de culte, gr. p. 123–125.

171. *Supra* **1.4**, *cf.* **3.13–14**. Riethmüller I 131. 226. 282. 287–288. *Cf.* Lembidaki, E., Μικρά ιερά στο Ασκληπιείο Επιδαύρου (2003).
172. Paus. 2, 11, 6–8. Riethmüller I 343. 365. 375. II 220.
173. Riethmüller I 238. 286. 373. *Cf.* von Ehrenheim, H., «Identifying Incubation Areas in Pagan and Early Christian Times», *ProcDanInstAth* 6 (2009) 237–276.
174. Riethmüller I 341–342.
175. Riethmüller I 24. II 57, même cas à Délos (?).
176. Riethmüller I 265–267. 324–325. 329–331. 368. II 196–197. 201.
177. Riethmüller I 285. 358. 336.

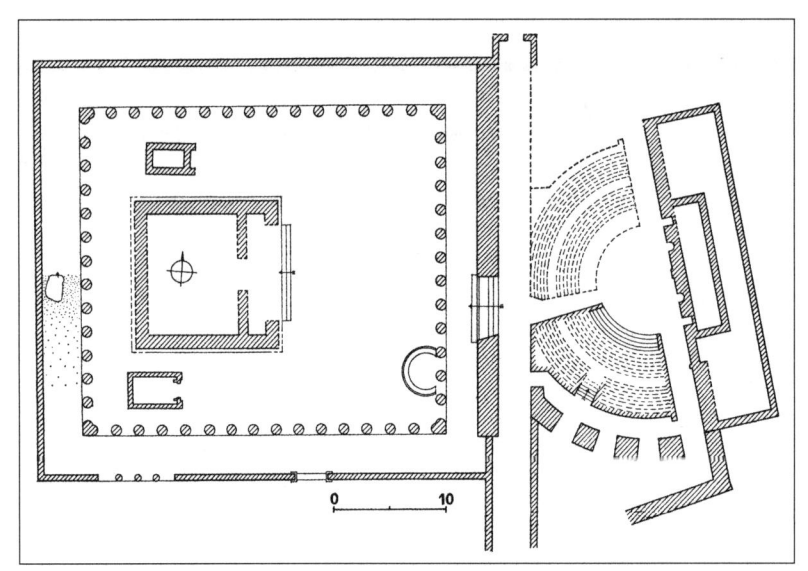

Fig. 10 Balagrai,
Sanctuaire d'Asclépios

vue à l'intérieur de l'*abaton*, est attestée à Cos et imitée en pierre à Épidaure (fig. 9 et pl. 82, 1)[178].

5.3.2.4. Salles de banquet

Les banquets rituels pouvaient s'accomplir, au moins pour le grand public, en plein air, ce qui se passait probablement à Épidaure jusqu'au dernier quart du IVe siècle av. J.-C.[179]. La plupart des sanctuaires disposaient cependant d'édifices spéciaux pour ce rite. Un portique avec des chambres à l'arrière comportant un certain nombre de lits suffisait normalement pour les banquets, comme par exemple à Athènes et à Pergame[180]. Dans certains sanctuaires un type d'établissement plus complexe servait à ce but: autour d'une cour péristyle centrale se groupaient des pièces pour le banquet (éventuellement de différentes dimensions, correspondant à différents groupes de convives, hiérarchisés selon leur ordre religieux, politique et social), pour la préparation de la nourriture et pour d'autres usages auxiliaires. Le péristyle du sanctuaire de Corinthe se rapproche de ce type[181]. L'exemple le plus développé est l'établissement d'Épidaure (pl. 83, 1)[182]. À part les commodités déjà mentionnées, un *propylon* monumental et une porte secondaire permettaient la circulation des chars à travers la stoa nord du bâtiment. Cet arrangement indique que la procession de la fête principale d'Asclépios[183] aboutissait – pour une part au moins – à l'*hestiatorion*. La salle oblongue au fond de la stoa nord, parallèle à la route des chars, était selon toute probabilité réservée à la vénération du dieu, et la niche quadrangulaire qui s'ouvre au milieu de son mur arrière était une chapelle du dieu présent au banquet. Ce type d'édifice, avec des dimensions plus petites, était en usage aussi à Trézène, à Délos et à Calaurie[184]. Il semble que les édifices pour le banquet servaient dans certains cas à plusieurs cultes voisins[185].

5.3.2.5. Portiques, péristyles, propylées

Diverses activités de la vie quotidienne dans les sanctuaires, d'une demeure temporelle des pèlerins jusqu'à la fonction d'un marché, se déroulaient dans des portiques (par exemple Épidaure, Lébène, Gortyne)[186]. À partir de la fin du IVe siècle av. J.-C. les sanctuaires d'Asclépios favorisent un assemblage de portiques, spécialement utiles au culte thérapeuthique, sous forme d'un péristyle rectangulaire qui entoure le temple et l'espace du culte proprement dit. Cette structure se développe au cours des siècles suivants dans des constructions monumentales et prévaut à l'époque romaine (Corinthe, Péparethos, Phéneos, Messène, Paros, Cos, Pergame, Balagrai de Cyrène, fig. 10)[187]. Même à Épidaure, où à cause de la longue vie du culte il y

---

178. Riethmüller I 213–214. 365; Lambrinoudakis, V. (éd.), *Το Ασκληπιείο της Επιδαύρου. Η έδρα του θεού γιατρού της αρχαιότητας* (1999) 30–31; *id.*, (n. 128) (sous presse).

179. Palaiokrassa, L., « Η ανασκαφική έρευνα του 'Γυμνασίου' », dans Lambrinoudakis, V., *et al.* (éds.), *Το πρόπυλο του 'Γυμνασίου' και η Θόλος της Επιδαύρου* (1988) 32–33.

180. Riethmüller I 256–257. 341.

181. Avec des salles seulement sur le côté est, Riethmüller I 24. 256–257. II 57–60.

182. Riethmüller I 289–291; Lambrinoudakis, *et al.* (n. 179); *ThesCRA* IV 1 a Lieux de culte, gr. p. 43. 70.

183. Lambrinoudakis, V., «Staatskult und Geschichte der Stadt Epidauros», *Archaiognosia* 1 (1980) 40.

184. Riethmüller I 191–192. II 109. 111–113. Pour Calaurie *infra* n. 189.

185. Par ex. ceux d'Athènes et de Trézène, *supra* n. 184.

186. Riethmüller I 282. 329–330. II 198.

187. Riethmüller I 199. 214. 326–331. 358. 364–366. 369–370. 372. II 57. 157–167. 220. Pour Péparethos (Skopelos) Riethmüller II 326–327; Doulgeri-Intsesiloglou, A., «Το Ασκληπιείο της αρχαίας Πεπαρήθου στη νήσο Σκόπελο», dans *Hippocratic Medicine* (n. 153).

avait une structure plus ou moins traditionnelle, on a adopté au IVe siècle après J.-C. un système de portiques qui entourait le sanctuaire rétréci de cette époque[188]. On a proposé récemment d'interpréter l'établissement de Calaurie[189] plutôt comme un « bâtiment de banquets multifonctionnel », sans rapport avec le culte d'Asclépios. Comme l'identification du bâtiment reste indécise, s'il s'agit vraiment d'un sanctuaire d'Asclépios – l'équivalence avec l'établissement d'Épidaure destiné à l'hospitalité du dieu guérisseur et au banquet commun est frappante, spécialement en ce qui concerne la niche-chapelle du côté ouest – on aurait ici une intégration complète de toutes les installations du culte dans le péristyle. Propylées monumentaux, comme édifices indépendants ou incorporés dans le péristyle, ou encore dans des bâtiments complexes, accentuaient l'importance de l'entrée au lieu sacré en général ou à un lieu dédié à un rite central du culte (pl. 82, 2)[190].

5.3.2.6. Les installations de l'eau

Les sources, les puits, les bains, les fontaines et les bassins, éventuellement alimentés par aqueducs et canaux souterrains, étaient un élément indispensable de la structure des sanctuaires sanitaires. L'usage de l'eau s'étendait de l'ablution à l'entrée du sanctuaire ou avant l'incubation jusqu'au soin de propreté des malades, des visiteurs et des athlètes qui participaient aux jeux pendant les fêtes[191]. À l'époque romaine, les sanctuaires étaient pourvus de thermes pour le bain et l'hydrothérapie[192].

5.3.2.7. Hôtels

Le séjour prolongé des visiteurs des sanctuaires sanitaires – malades, suppliants ou accompagnants – exigeait l'existence de lieux d'accueil convenables. On identifie des portiques avec un certain nombre de chambres au fond, éventuellement complétés par une cour interne, ou des édifices péristyles avec des chambres à l'arrière des colonnades avec les édifices qui servaient à ce but (καταγώγια)[193]. L'exemple le plus complexe est celui d'Épidaure, un grand édifice quadrangulaire, qui se compose de quatre cours péristyles à deux étages entourées de chambres.

5.3.2.8. Bibliothèques

Des collections de livres (rouleaux), dans lesquels s'accumulaient la tradition du culte et l'expérience médicale acquise pendant des siècles, sont sûrement créées assez tôt dans les sanctuaires d'Asclépios. La tradition selon laquelle Hippocrate avait quitté sa patrie après avoir mis le feu au bâtiment où les médecins de Cnide gardaient leurs documents écrits (γραμματοφυλακεῖον)[194] est indicative pour ce fait. Des restes de bâtiments pour le fonctionnement d'une bibliothèque dans les sanctuaires du dieu ne sont néanmoins reconnus par les fouilles qu'à l'époque impériale (Épidaure, Cos, Pergame)[195]. L'identité des donateurs de ces établissements, transmise par des textes épigraphiques, révèle deux fois sur trois qu'il s'agissait d'excellents médecins; cela montre que ces bibliothèques continuaient à être spécialisées dans la médecine. Les responsables de la thérapie, mais parallèlement aussi les suppliants, y allaient pour se renseigner sur les maladies et l'aide divine désirée.

5.3.2.9. Théâtres, installations pour les jeux

À partir du IVe siècle av. J.-C. on rencontre dans certains sanctuaires sanitaires des théâtres en pierre[196]. Ils accueillaient aussi bien des manifestations cultuelles que des concours musicaux et dramatiques. Dans certains cas ils servaient à la réunion de divers corps de l'état[197]. Un stade et un hippodrome sont attestés à Épidaure déjà au Ve siècle av. J.-C.[198]. Assez tôt, des palestres et des gymnases sont associés aux sanctuaires du dieu[199].

5.3.2.10. Marchés

Quelques grandes structures architecturales sont interprétées comme marchés: à Épidaure, il s'agit d'un très grand enclos oblong avec un *propylon* monumental du côté du sanctuaire, des portiques et des installations hydrauliques. À Oropos, il s'agit d'un édifice à péristyle. L'identification n'est que probable, quoique l'existence de tels établissements soit sûre, dans ou autour des sanctuaires, où diverses marchandises et exvoto étaient offerts aux suppliants et aux pèlerins[200].

---

188. Kanellopoulos, Ch., *Το νστερορωμαϊκό 'τείχος': Περίβολος τεμένους και περιμετρική στοά στο Ασκληπιείο της Επιδαύρου* (2000).
189. (= *ThesCRA* IV 1 a Lieux de culte, gr. Temenos 7*, Hestiatorion 26, Pompeion 3, VII 3 Fêtes et jeux, gr. II.10 fig. 7) Riethmüller II 102–105.
190. Riethmüller I 142. 212. 257–258. 281. 335. 365. 370; Papatheodorou, P., *Die Nord-Propyläen des Asklepieion von Epidauros. Die Entwicklung des Propylons von der archaischen bis zur hellenistischen Zeit* (Diss. Gießen 2007).
191. Installations attestées à Athènes, Corinthe, Épidaure, Phéneos, Gortyne, Paros, Cos, Lébène, Pergame, Balagrai, Rome, Riethmüller I 124. 195. 212. 257–258. 265–267. 283. 287. 291. 325–326. 329. 331. 336–343. 343–351. 365. 370. 372. 378. II 60. 220. Bain d'ablution: Riethmüller I 251. 267 (Athènes). II 59 (Corinthe). Lambrinoudakis, « Grenzen » (n. 128).

192. Épidaure, Gortyne, Messène, Dion, Cos, Riethmüller I 142. 179. 282. 365. 370–379.
193. *ThesCRA* IV Lieux de culte, gr. p. 51. Reconnus à Épidaure, Pergame, Oropos, Riethmüller I 280. 282. 293–294. 365. 368–369.
194. Soran. *Vita Hippocratis*, CMG IV 175.
195. Riethmüller I 283. 335; Staikos, K., *Η ιστορία της βιβλιοθήκης στο Δυτικό Πολιτισμό II. Από τον Κικέρωνα στον Αδριανό* (2005) 272–279.
196. Oropos, Épidaure, Pergame, Balagrai, Riethmüller I 294. 336. 366.
197. Comme à Messène, Themelis (n. 153) 69–72.
198. Riethmüller I 292–293.
199. Riethmüller I 293. II 60.
200. Riethmüller I 280. 369.

5.4. Animaux sacrés. Ex-voto

L'image des sanctuaires sanitaires était complétée par la présence éventuelle des animaux sacrés du dieu, par les tableaux et les stèles racontant les miracles du dieu, et encore par les offrandes pieuses des suppliants, des modèles de parties du corps, des images d'enfants ou de ses animaux sacrés (pl. 83, 2), et naturellement de toutes sortes d'ex-voto qu'on rencontre dans les sanctuaires de tous les dieux. La découverte d'instruments médicaux dans les cendres du sacrifice indique que même cette catégorie d'objets, qui incarnait l'« aide humaine » à l'œuvre divine, était offerte au dieu[201].

VASSILIS LAMBRINOUDAKIS

JACQUES JOUANNA (**1–4**)
VASSILIS LAMBRINOUDAKIS (**5**)

---

201. Riethmüller I 124. 131. 194. 224. 236–239. 263. 324. 330–331. II 55. 223–224. 327. 345. 364. Pour les autres divinités guérisseuses, qui cependant n'étaient pas des médecins *per se* (*ibid*. I 229. 237) et les héros guérisseurs, *cf.* **3.13**.

Salute, malattia e medicina nel mondo etrusco

INDICE
1. Salute 251
    1.1. La medicina dei sacerdoti etruschi: cognizioni e monopoli terapeutici . . 251
    1.2. Gli aruspici 252
2. Malattia 253
    2.1. La religione popolare: richieste di protezione e patologie per le quali si richiede la *sanatio* 253
3. Medicina 255
    3.1. Componente magica della medicina etrusca 255
    3.2. Componente teurgica della medicina etrusca 255

BIBLIOGRAFIA GENERALE: Baggieri, G. (ed.), *L'antica anatomia nell'arte dei donaria* (1999) (2ª ed. di *«Speranza e sofferenza» nei votivi anatomici dell'antichità*, cat. mostra Roma 1996); Benotti, M., *Gli Etruschi e la medicina* (1991); Bertoldi, V., «Nomina tusca in Dioscoride», StEtr 10 (1936) 295–320; Bonacelli, A., «La natura e gli Etruschi», StEtr 2 (1928) 427–569; Camporeale, G., «Purificazione. Mondo etrusco. 3. Le malattie», in ThesCRA II (2004) 50; Cherici, A., «Per una scienza etrusca», *Science and Technology for Cultural Heritage* 15 (2006) 9–28; Comella, A., «Tipologia e diffusione dei complessi votivi in Italia in epoca medio e tardo-repubblicana. Contributo alla storia dell'artigianato antico», MEFRA 93/2 (1981) 717–803; ead., ThesCRA I (2004) 330–359 *s.v.* «Offerte in forma di figura umana» (soprattutto **I.A**, con bibliografia); ead./Mele, S. (edd.), *Depositi votivi e culti nell'Italia antica dall'età arcaica a quella tardo-repubblicana* (2005); Fenelli, M., «Contributo per lo studio del votivo anatomico. I votivi anatomici di Lavinio», ArchCl 27 (1975) 206–252; Giulierini, P./Frati, F., *Medicina etrusca. Alle origini dell'arte del curare* (2002); Grmek, M. D./Gourevitch, D., *Les maladies dans l'art antique* (1998); Sterpellone, L., *La medicina etrusca* (1990); Tabanelli, M., *Ex voto poliviscerali etruschi e romani* (1962) (= Tabanelli 1); id., *La medicina nel mondo degli Etruschi* (1963); Turfa, J. M., ThesCRA I (2004) 359–368 *s.v.* «Anatomical Votives» (con bibliografia).

1. Salute

1.1. La medicina dei sacerdoti etruschi: cognizioni e monopoli terapeutici

In Etruria il controllo della medicina era una prerogativa dei sacerdoti, e a tale disciplina potrebbe far riferimento il termine *physiologia* ricordato da Diodoro Siculo (5, 40) come una delle branche scientifiche note agli Etruschi. La cognizione d'altro canto sembrerebbe in linea con molte altre nozioni di tipo scientifico (si pensi alle pratiche agrimensorie o ingegneristiche) afferenti all'*Etrusca disciplina*. Data la larghissima presenza di *ex voto* anatomici nei santuari del periodo ellenistico, si può pensare che la cura medica delle parti malate potesse essere esercitata dagli stessi sacerdoti. Puntuali osservazioni scientifiche degli *ex voto* anatomici[1] hanno rilevato imprecisione e errori anatomici nella resa degli organi interni dell'organismo umano: mancano spesso milza, reni o fegato; talora la trachea è desinente a testa di serpente o l'intestino presenta anse disposte verticalmente. Evidentemente la produzione era riservata per lo più a una clientela modesta ed era eseguita da artigiani che lavoravano per il tempio. In tal caso interessava solamente dare un'idea sommaria, simbolica, della parte affetta da un malanno, con lo scopo di seguire la quantità più che la qualità della produzione. Forse l'artigiano si basava sui ricordi dell'anatomia di animali sviscerati ad uso alimentare, oppure poteva lavorare su cartoni sommari, eseguiti da parte dei sacerdoti. Comunque, le conoscenze anatomiche e mediche dei sacerdoti dovevano essere di ben altro livello. Essi possedevano una cultura superiore a quella del popolo, sapendo scrivere e leggere sui libri. Alcuni libri, che potevano provenire dalla Grecia, dall'Asia Minore e dall'Egitto, potevano contenere descrizioni anatomiche, erbari, ricettari medici più efficaci[2]. Inoltre le conoscenze erano gelosamente custodite, divulgate e tramandate sempre all'interno di una ristretta *élite*, al pari di quello che accadeva con altri settori di conoscenza afferenti all'*Etrusca disciplina*. Alcuni di questi sacerdoti, che agivano nell'ambito dei santuari dedicati a divinità salutari, si saranno spinti in operazioni più complesse, come è stato riscontrato con i numerosi casi di trapanazione cranica[3], protesi dentali[4], rinvenimenti di strumenti chirurgici oppure di un *ex voto* in forma di busto femminile che presenta una laparotomia a losanga di torace e addome[5]. Un altro *ex voto* in terracotta che raffigura organi tora-

---

1. Tabanelli 1; Baggieri; Recke, M./Wamser-Krasznai, W., *Kultische Anatomie. Etruskische Körperteil-Votive aus der Antikensammlung der Justus-Liebig-Universität Gießen* (2008).
2. Siamo a conoscenza, ad esempio, di una misssione inviata in Grecia da Tarquinio il Superbo per interrogare l'oracolo di Delfi su quello che si doveva fare per combattere una pestilenza che colpiva soprattutto i giovani dei due sessi, i neonati e le donne incinte (Liv. 1, 56, 4-13; Dion. Hal. *ant.* 4, 69, 2 ss.); alla stessa epidemia dovrebbe probabilmente riferirsi Festo (478 L.), secondo il quale sempre Tarquinio il Superbo avrebbe istituito dei giochi, detti Taurii, in onore delle divinità infernali, per placare una pestilenza che colpiva soprattutto le donne in attesa.
3. Germanà, F./Fornaciari, G., *Trapanazioni, craniotomie e traumi cranici in Italia, dalla preistoria all'età moderna* (1992).
4. Menconi, A./Fornaciari, G., «L'odontoiatria etrusca», in Vogel G./Gambacorta G. (edd.), *Ars Medica Antiqua* (1985) 89–97.
5. Si tratta di un *ex voto* proveniente dal Santuario di Palestrina, in cui sono ben riconoscibili polmoni, fegato, stomaco, intestini: Baggieri, G., «Speranza e sofferenza oltre la medicina», *Archeologia Viva* 63 (1997) 82–85, particolarmente 82.

co-addominali mostra comunque una diffusa conoscenza degli organi interni (tav. 83, 4)[6]. Le fonti letterarie testimoniano una profonda conoscenza da parte del popolo etrusco delle proprietà terapeutiche delle erbe medicinali. Già Esiodo (*theog.* 5, 1011-1015) infatti ricorda la discendenza dei principi etruschi Agrio, Latino e Telegono da Ulisse e dalla maga Circe e, in quanto tali, depositari di una notevole perizia nella preparazione di filtri magici. Alla fine del IV secolo a.C., Teofrasto di Ereso (*h. plant.* 9, 15, 1), discepolo e successore di Aristotele nella conduzione del Peripato, affermava che Etruria e Lazio erano feconde di piante medicinali; a suffragio di ciò riportava due versi tratti da una elegia ormai persa di Eschilo, nei quali l'Etruria era sempre celebrata per offrire gran copia di erbe medicamentose e gli Etruschi erano presentati come popolo fabbricatore di farmaci. Sappiamo che sul Monte Soratte, prima che il console Fulvio vi erigesse il tempio di Apollo, vi era un collegio di sacerdoti etruschi che possedevano i segreti per la preparazione di sostanze atte a togliere il dolore o a rendere temporaneamente insensibili al fuoco[7]. La fama era ancora viva nel V secolo d.C., giacché Marziano Capella (6, 637) ripeteva che l'Etruria era nota come terra di origine dei medicinali.

Forse dovettero esistere anche libri o trattati etruschi sulla medicina, probabilmente degli erbari, come pare di poter capire anche dai frammenti di quella sezione dei *libri rituales* denominata *ostentaria*. Un passo di Macrobio (*Sat.* 3, 20, 3) relativo ad una classificazione di piante di cattivo augurio (*arbores infelices*), con il legno delle quali dovevano essere bruciati i fenomeni mostruosi, non è altro che una parte di un'opera di Tarquizio Prisco, che avrebbe a sua volta tradotto un *Ostentarium arborarium Etruscum*. Macrobio (*Sat.* 3, 38, 3)[8] ci riferisce di alcune piante ritenute funeste dalla disciplina etrusca: il susino selvatico, il corniolo sanguigno, le felci, il fico nero, l'agrifoglio, il pero selvatico, il lauro spinoso, la rosa canina, il rovo. La proibizione è ben comprensibile, se si pensa, ad esempio, alla tossicità delle bacche dell'agrifoglio e di alcune felci, ai contenuti tannici delle bacche del corniolo. Il fatto denota una precisa conoscenza del mondo vegetale e l'esistenza di un componimento a tutti gli effetti non scientifico, ma frutto di un attento spirito di osservazione delle caratteristiche delle piante; il che non esclude che vi fossero state opere analoghe, magari più legate ai medicamenti con le erbe, come attesta un elenco di nomi di piante medicinali che la tradizione letteraria antica ricorda essere state utilizzate dagli Etruschi: la notizia è contenuta all'interno dell'opera *Materia medica* di Pedanio Dioscuride, medico militare originario di Anazarbe in Cilicia, al tempo di Claudio e di Nerone che, molto probabilmente, ebbe la possibilità di consultare un erbario etrusco latinizzato[9]. Del resto erbe aromatiche e essenze vegetali non saranno mancate nei rituali religiosi così puntuali e particolareggiati, quali ci consente di intravvedere il testo del *liber linteus* che avvolgeva la mummia di Zagabria e notizie incidentali presenti in alcuni scrittori. Alla tradizione locale si sommavano inoltre le conoscenze provenienti dai contatti continui con i popoli del Vicino Oriente ed i Greci da un lato e le popolazioni italiche dall'altro. Testimoniano l'influenza straniera i numerosissimi *aryballoi* e *alabastra* di origine corinzia e greco-orientale, contenenti olii e resine profumate (ma eventualmente anche sostanze mediche), rinvenuti nelle sepolture etrusche a partire dagli inizi del VII secolo a.C. e poi imitati nelle ceramiche locali. Sicuramente avranno avuto il loro peso, peraltro non valutabile allo stato attuale delle conoscenze, anche le opere scientifiche dei medici greci e magno greci ma anche di tradizione italica. In tal senso *summa* della tradizione continentale di fine IV-inizi III secolo a.C. è l'opera *De re rustica* di Catone. Essa ci dà importanti ragguagli sull'uso di altre piante medicinali e in generale sulla preparazione tecnica dei farmaci in uso nel mondo latino, pratiche sicuramente analoghe a quelle dei vicini Etruschi.

1.2. Gli aruspici

Un pallido riflesso di quelle che potevano essere le conoscenze di anatomia ci può essere offerto anche dalle notizie che abbiamo sugli aruspici etruschi, i quali interpretavano il volere divino tramite l'esame delle viscere animali. L'epatoscopia[10], in parte trasmessa dall'Oriente e regolata dai libri aruspicini, era stata rivelata da Tagete, un bambino con l'aspetto di vecchio, balzato fuori dal solco tracciato dell'aratro di Tarconte. Gli aruspici avevano un abbigliamento particolare: cappello a punta, una tunichetta, una mantellina e numerosi strumenti sacrificatori. Si riteneva che gli dei, al momento del sacrificio, imprimessero nell'istante stesso dei segni fatidici sugli organi interni delle vittime, preferibilmente pecore, le *consultoriae hostiae*. Per questo diveniva fondamentale conoscere a fondo l'anatomia degli animali e le alterazioni anatomo-patologiche che potevano ingannarli. Secondo una procedura fissa, il sacerdote apriva il torace e il ventre della vittima e osservava se all'interno vi erano alterazioni nelle sedi dei vari organi, quindi li estraeva. Si esaminava sopratutto il fega-

---

6. *Ex voto* in terracotta con organi toraco-addominali: si distinguono trachea, bronchi, polmoni, cuore e pacchetto gastro-intestinale. Firenze, Mus. Arch. 80757.
7. Varro *ant*. (citato in Serv. *Aen.* 11, 787); Plin. *nat.* 7, 2.
8. Per la rosa canina e il rovo, delle quali Dioscuride ci ricorda l'utilizzo, si deve pensare in ogni caso al fatto che le sostanze contenute nelle piante vanno assunte in quantità ben dosate, note allora a pochi esperti.
9. Bertoldi.
10. Sull'argomento *cf*. Maggiani, A., ThesCRA III (2005) 52-78 *s.v.* «La divinazione in Etruria» (soprattutto **II.A.b** «Extispicio etrusco e romano») con bibliografia.

to, tenuto nella mano sinistra in modo che l'«incisura» fosse rivolta verso l'aruspice e la faccia inferiore dell'organo fosse rivolta verso l'alto (tav. 83, 3)[11]. Dell'organo anzitutto si considerava l'aspetto generale: colore[12], ampiezza[13], durezza. Erano poi analizzate le sue parti: il *caput iecoris*[14], il *fissum*[15], la *fibra*[16], le *venae*, tutte soggiacenti a una complessa casistica, a seconda di forma, colore, eventuali anomalie. Il fegato era inoltre ritenuto un tempio speciale, orientato e diviso in regioni. Il lobo destro era considerato *pars familiaris* (presagio favorevole), il lobo sinistro *pars hostilis* (presagio sfavorevole). La suddivisione cadeva proprio dove, dal punto di vista anatomico, una linea divide il fegato dell'animale in due parti (nella faccia superiore il *ligamentum suspensorium hepatis*, nella faccia inferiore il *ligamentum teres*). Ognuna delle due parti era concepita divisa in altre due da una linea che dobbiamo immaginare tagliare idealmente, in senso orizzontale, l'organo. Evidenziando anche questa seconda linea una parte favorevole e una sfavorevole si avevano quattro zone: il lobo superiore destro *pars hostilis*, quello inferiore destro *pars fausta*; i lobi superiore e inferiore sinistro erano *partes minus prosperae aut dirae*. Il modello di fegato di Piacenza[17], riproduzione in bronzo del fegato di un ovino, probabilmente appartenuto ad un aruspice[18], ci ha fatto inoltre apprezzare un'ulteriore suddivisione dell'organo in sedici regioni, ciascuna dedicata alla divinità che vi domiciliava e che lì poteva imprimere un suo segno. Con criteri analoghi si osservavano gli intestini[19], il cuore[20], i polmoni[21], la vescica biliare, la milza.

Non sarebbe tuttavia corretto paragonare l'aruspicina etrusca con le scuole anatomiche greche che, manifestatesi già dal VI secolo a.C. con il crotoniate Alcmeone, ebbero grande sviluppo specie ad Alessandria nel IV secolo a.C.[22]. A parte la tecnica di incisione, che poteva essere simile, per il resto gli scopi delle discipline erano totalmente diversi: l'anatomia greca mirava a conoscere, descrivere, catalogare, rappresentare tutti gli organi (soprattutto umani) ed eventualmente tentare di capirne il funzionamento: un metodo a tutti gli effetti logico-deduttivo di provata o tentata obiettività, con tratti scientifici e profani. L'aruspicina si preoccupava solo di leggere il futuro: la sua dettagliata osservazione delle viscere e delle loro anomalie non prevedeva il successivo passo dell'analisi critica, e rimaneva un fatto essenzialmente religioso. L'interpretazione del sacerdote sconfinava spesso nel soggettivo e comunque si basava su precetti tenuti nascosti ai più. Siamo insomma in presenza di due realtà troppo distanti da paragonare.

2. Malattia

2.1. La religione popolare: richieste di protezione e patologie per le quali si richiede la *sanatio*

I gruppi di *ex voto* anatomici rinvenuti nei santuari permettono di ricondurre a due filoni principali le preghiere dei devoti alla divinità: un aspetto riguarda la richiesta di riproduzione e conseguentemente la protezione della crescita dei bambini. L'altro aspetto riguarda la richiesta di *sanatio* da patologie varie.

La massima diffusione dei depositi votivi di tipo «etrusco-laziale-campano», collocabile tra la fine del IV ed il II secolo a.C., è stata associata almeno nella fase iniziale alla presenza dei colonizzatori romani, e dovette favorire anche lo scambio di tradizioni religiose centro italiche.

L'attenzione e la richiesta di protezione dal momento del concepimento fino ai primi anni di vita dei bambini è molto forte nel mondo culturale etrusco. Doveva essere ben chiaro il meccanismo dell'evoluzione del feto, come testimonia un eccezionale *ex voto* proveniente dal santuario di Fontanile di Legnisina a Vulci in forma di un utero su base d'appoggio a forma ovale con due palline d'argilla all'interno, per riprodurre l'embrione, sebbene per altri possa alludere all'esistenza di fibromi o simili patologie all'interno dell'utero[23]. Frequenti sono, in tutta l'Etruria, gli *ex voto* che rappresentano i neonati, quasi tutti in terracotta ma anche in bronzo: i più diffusi sono quelli a veste liscia ma sono noti anche quelli fasciati, con una

---

11. (= *ThesCRA* I 2 a Sacrifici, etr. **254/337/339**, II 3 a Purificazione, etr. **15★**, III 6 a Divinatione, etr. **15**, V 2 b Strumenti di culto **161/545a**, = *LIMC* V Kalchas **1★**) Specchio in bronzo. Vaticano, Mus. Greg. Etr. 12240, scena di esame del fegato.

12. Un colore anormale era segno di disgrazia.

13. Un fegato grande era segno di prosperità.

14. Prolungamento del lobo epatico destro della pecora.

15. Al singolare corrisponderebbe alla grande incisura al centro del fegato, al plurale invece significherebbe vasi e vie biliari endoepatiche.

16. Al singolare corrisponde a lobo, al plurale a condotti biliari e connettivo periferico.

17. (= *ThesCRA* II 3 a Purificazione, etr. **13★**, III 6 a Divinatione, etr. **21●** con bibl.) Piacenza, Mus. Civ. 1101.

18. Nel modello, probabilmente didattico, si scorgono, oltre alle cellette con i nomi degli dei, le parti canoniche del fegato ovino. La faccia superiore presenta il *ligamentum suspensorium hepatis*, quella infero il *caput iecoris*, il *processus papillaris*, la *cistifellea*, la *incisura umbilicalis*.

19. In particolare si esaminavano il numero delle circonvoluzioni, la loro sede, se erano ricoperti da grani (manifestazioni tubercolari o parassitarie?).

20. Il grasso intorno al cuore era considerato un buon presagio, un cuore fiacco era un segnale minaccioso.

21. Una incisione sulla superficie polmonare consigliava di rimandare un'impresa.

22. Ricordiamo, oltre ad Alcmeone e ai trattati ippocratici, che nel IV s. a.C. Diocle di Cariste aveva scritto un libro sulle dissezioni umane e che nello stesso periodo Erofilo ed Erasistrato di Alessandria sezionavano vivi i prigionieri che il re affidava loro.

23. Tuscania, Mus. Arch. 100950.

lunga benda ricoprente anche le braccia e in parte la testa (tav. 84, 4). Talora è individuabile anche il genere femminile degli *ex voto* grazie alla presenza di orecchini. Il metodo di fasciatura doveva essere mantenuto probabilmente fino ad un anno, se si considera che i bimbi riprodotti in terracotta sembrano avere già alcuni mesi. Quest'uso è rimasto inalterato nelle nostre campagne fino al tempo della seconda guerra mondiale. Oltre agli infanti in fasce sono attestati, sempre a Vulci, cinque esemplari di bambini accovacciati, una bambina e quattro maschietti, di età presumibilmente compresa fra i 2 e i 3 anni (tav. 84, 1–2)[24]. Si tratta di un tipo che affonda le origini forse fin nell'arte dell'antico Egitto[25] e arriva successivamente in Grecia[26], Magna Grecia[27] e in Etruria, attestato in terracotta anche a Veio (tav. 84, 2)[28] e in esemplari bronzei da Tarquinia (tav. 29, 2)[29] e dal Lago Trasimeno (tav. 31, 4)[30]. Si può comunque ipotizzare che la scelta di un *ex voto* rappresentante un infante in fasce o un bimbo più grande potesse anche riflettere, nella realtà, un diverso stadio di vita del fanciullo di cui si chiedeva la protezione. E, forse, non è un caso che l'una e l'altra tipologia coincidano perfettamente con due dei tre momenti critici della vita dell'infante. Il primo periodo critico si verificava infatti in età perinatale, in seguito ai rilevanti stress collegati al momento del parto e al primo periodo di vita; il secondo corrispondeva allo svezzamento. Nelle popolazioni antiche in genere lo svezzamento era molto più tardivo rispetto alle abitudini attuali ed avveniva intorno ai 2–3 anni di età, comportando il brusco passaggio dal latte materno ad un'alimentazione sostanzialmente simile a quella degli adulti, per lo più farine di cereali, che poteva determinare malattie intestinali e problemi di assorbimento spesso fatali. Inoltre il latte operava un ottimo apporto per quello che riguarda le difese immunitarie in esso contenute. Dopo i 6–7 anni di età, nelle società primitive, i bambini delle classi più umili erano inseriti quasi certamente nelle attività lavorative degli adulti, rischiando così di andare incontro a stress, malattie e traumi che spesso non potevano essere superati, specie se l'alimentazione era scarsa o non adeguata[31]. I numerosi *ex voto* raffiguranti i neonati, spesso muniti della *bulla* apotropaica, possono riflettere pertanto, unitamente al desiderio ed alla speranza di avere figli, anche la paura di perdere il neonato partorito[32]. D'altra parte i pericoli erano continui: indicative sono le statuette in terracotta, frequenti in ambito italico, rappresentanti fanciulli in posizione rannicchiata, con gambe atrofiche, probabilmente affetti da esiti di paralisi infantile, affezioni della colonna vertebrale, rachitismo. Ancora più chiari sono i risultati delle indagini paleodemografiche, che attestano un altissimo tasso di mortalità infantile e di patologie. Numerose mammelle in terracotta testimoniano infine la richiesta di latte, da parte delle madri, alla divinità[33]. Emblematica in questo senso, pur se su un piano di scena mitica, è la raffigurazione dell'allattamento di *Eracle/Hercle* da parte di *Hera/Uni* presente su un celebre specchio proveniente da Volterra, databile al 330 a.C. (tav. 84, 4)[34]. È attestata in Etruria, a livello di produzione artistica minore, la figura della *mater lactans*[35]. Possiamo inoltre azzardare l'ipotesi che, almeno all'interno delle famiglie aristocratiche, fossero presenti alcune nutrici che allattavano l'infante al posto della madre, come nel noto caso di Ulisse, mentre diverse statue-cinerario ci mostrano madri o divinità in atteggiamento affettuoso nei confronti di neonati[36]. Molte sono le patologie attestate dagli *ex voto* che potevano es-

---

24. Paglieri, S., «Una stipe votiva vulcente», *RivIstArch* 18 (1960) 74–97, particolarmente 83–85 figg. 11–14; 86–88 figg. 15–23; Pautasso, A., *Il deposito votivo presso la Porta Nord a Vulci*, *CStipiVot* VII, Regio VII, 3 (1994) 59–63 tav. 32 a–E1, b–E1, tav. 33 a–E2, b–E3, tav. 34 a–E4, b–E5). Qui tav. 84, 1: Roma, Villa Giulia 59749; tav. 84, 2: Roma, Villa Giulia 59748; tav. 84, 5: Vulci, Mus. Nat.

25. Sulle rappresentazioni di bambino nelle aree mediterranee nel corso del I millennio a.C. una disamina generale in Hadzisteliou-Price, T., «The Type of the Crouching Child and the Temple-Boys», *BSA* 64 (1969) 95–111 (95 ss. in particolare per le rappresentazioni di *Horus* infante in Egitto).

26. Hadzisteliou-Price (n. 25) 97.

27. Hadzisteliou-Price (n. 25) 95–96 tav. 22, 16.

28. Roma, Villa Giulia C/122. Comella, A./Stefani, G., *Materiali votivi del santuario di Campetti a Veio. Scavi 1947 e 1969*, *CStipiVot* V, Regio VIII, 2 (1990) 71–72, EI, tav. 20g (metà del V s. a.C.).

29. (= *ThesCRA* I 2 d Offerte votive, rom. **213**) Vaticano, Mus. Greg. Etr. 12108. Cristofani, *BrEtr* 238 fig. 126.

30. Colonna, G, «La dea etrusca Cel e i santuari del Trasimeno», *Rivista storica dell'Antichità* 6–7 (1976–77) 45–62; Cristofani, *BrEtr* 241 fig. 127 e 299 per il celebre Putto Graziani (= *ThesCRA* I 2 d Offerte votive, rom. **212**, Vaticano, Mus. Greg. Etr. 12107, qui tav. 31, 4), proveniente dall'area di Sanguineto presso Tuoro sul Trasimeno.

31. Bedini, E., *La paleodemografia: metodologie e problematiche* (1994).

32. Anche la sterilità poteva entrare in gioco, seppur in minor misura, nel rapporto nascite-morte. Essa ci è forse testimoniata indirettamente da genitali maschili e femminili rinvenuti nei depositi votivi.

33. Emblematiche ad esempio le mammelle in terracotta dal deposito votivo di Grotta Lattaia presso il Monte Cetona, per il quale da ultimo Manconi, D./Paolucci, G., «Deposito votivo di Grotta Lattaia presso Monte di Cetona», in *L'Acqua degli Dei* (2003) 153–164.

34. (= *LIMC* II Apollon/Aplu **56**•, V Herakles/Hercle **404**★, VIII Uni 89, Zeus/Tinia **76**) Firenze, Mus. Arch. 72740. L'iconografia dell'allattamento di Eracle adulto compare anche su altri due specchi in bronzo: uno proveniente da Vulci, del IV s. a.C. (= *LIMC* V Herakles/Hercle **403**★) e un altro di provenienza ignota (= *LIMC* V Herakles/Hercle **402a**•, VIII Uni **86**★), *cf.* Rallo, A. (ed.), *Le donne in Etruria* (1989) tav. 37 e 38.

35. Sul tema della madre che allatta ricorderemo una statuetta votiva acefala in terracotta di madre seduta che allatta da Veio-Campetti, del VI s. a.C., una statuetta votiva da Cerveteri, del V s. a.C., una statuetta pertinente ad un bruciaprofumi da Tarquinia, del IV s. a.C., *cf.* Rallo (n. 34) tav. 33, 1; 39; 40, 1.

36. Si pensi al noto cinerario in forma di statua di pietra raffigurante la defunta con un bambino in braccio dalla

sere oggetto di *sanatio* per la divinità. In alcuni in terracotta rappresentanti genitali maschili con ulcerazioni si sono voluti vedere casi di sifilide[37], incoraggiati anche dalla maldicenza delle fonti greche sulla promiscuità dei rapporti sessuali fra gli Etruschi[38]. Altri organi genitali maschili mostrano il caso del prepuzio che ricopre totalmente il glande (fimosi) e, in alcuni casi, probabili malattie condilomastosiche. Frequenti anche le statuette rappresentanti ermafroditi[39]. Ricorrono inoltre casi di figurine femminili con mammella ipertrofica, seni in terracotta con capezzoli ulcerati o con probabili masse tumorali; è comunque probabile che le cosiddette «malattie da usura», cioè il cancro e lo stesso infarto, fossero meno frequenti di ora, in ragione della vita media più ridotta. Attestate anche le riproduzioni in terracotta di un utero con grossa formazione, interpretabile come un fibroma extramurale, una straordinaria rappresentazione dei glutei in cui è stata messa in risalto la discendenza dell'intestino retto (sofferenza di emorroidi?), un osso sacro inciso (spina bifida?). Particolarmente numerosa è una serie di uteri votivi simili ad un otre, per i quali è stata avanzata l'ipotesi di una identificazione dell'utero gravido, portatore di liquido amniotico, con l'otre, portatore di liquidi. Altri uteri esaminati sono crestati, simili a pesci, riconducendo in tal modo i manufatti ad una simbologia acquatica, ben inquadrabile anche all'interno di culti presso sorgenti, pozze, fiumi[40].

3. Medicina

3.1. Componente magica della medicina etrusca

I primordi della medicina etrusca dovettero affondare le proprie radici su due componenti fondamentali: la tradizione patriarcale e la connotazione teurgica. Nell'ambito della prima branca era il *pater familias* che doveva probabilmente possedere una serie di informazioni, tramandate di generazione in generazione, sull'azione terapeutica di alcune piante e su semplici operazioni di pronto intervento. A tale patrimonio di conoscenze si aggiungevano l'esperienza nel quotidiano e lo scambio di notizie fra i vari nuclei familiari. In poco tempo si apprendeva che, per ridurre una lussazione, bastava tirare vigorosamente le parti deviate ed esercitare una pressione energica per costringere l'osso a rientrare nella sua cavità naturale; oppure che, per ricongiungere le due estremità di una frattura, occorreva metterle l'una accanto all'altra e tenerle legate con bendaggi; e ancora rientravano nelle competenze della medicina familiare l'estrazione dei denti, l'assistere al parto, l'arrestare una emorragia tramite tamponamento e fasciatura. Un quadro di tale realtà ci è offerto dalle opere agronomiche di Catone, Varrone, dei *Saserna*, di Columella che ci mostrano, nell'ambito di una radicata tradizione agricola, il possesso di una pratica terapeutica a metà fra il magico e il razionale, gelosamente custodita e trasmessa di padre in figlio, talvolta con il ricorso a formule magiche. Tramite atti simbolici, fumigazioni di erbe, preparazioni di filtri e recitazione di versi ritmici, tutti rigorosamente segreti, si credeva di piegare gli avvenimenti alla propria volontà. Si tratta per lo più di testimonianze di autori latini, ma in molti casi sono credenze di lunga tradizione e di larga estensione. A volte è specificato che si traduce dall'etrusco. Così Varrone ci riporta una formula magica ritmica sul male dei piedi (forse la gotta), che egli traduce dall'opera *De Agricultura*, dell'etrusco Saserna: *Terra pestem teneto / Salus hic maneto*, e cioè «la terra si tenga il malanno e rimanga qui la salute» (*rust.* 1, 2, 27). Formule simili sono ricorrenti in Catone e rientrano nella stessa sfera magico-superstiziosa (*agr.* 70). Una, contro le lussazioni, da pronunciarsi di continuo finché le ossa non si siano ricongiunte, recita (*agr.* 160): *Huat, haut, huat ista pista sista, dominabo damnaustra* (all'incirca: cessi questo malanno dalle ossa slogate); l'altra, è contro i foruncoli (Marcellus, *de medicamentis* 8, 191): *Nec mula parit / nec lanam fert lapis / nec huic morbo caput crescat / si creverit tabescat* (in sostanza si chiede che il foruncolo non aumenti o altrimenti che venga ben presto a maturazione e si disfaccia). Probabilmente l'intera vita quotidiana era pervasa di superstizione e non dovevano mancare talismani ed amuleti, con valore apotropaico, come ad esempio si nota sul collo dei bimbi in fasce rappresentati negli *ex voto*.

3.2. Componente teurgica della medicina etrusca

In altre situazioni l'uomo etrusco, impotente di fronte ai morbi più perniciosi, si poteva affidare al potere di *sanatio* della divinità.

Solo in via indiziaria, allo stato delle conoscenze attuali, possiamo affermare che alcune divinità oggetto di culto in Etruria, ebbero connotazioni specifiche di tipo salutare. Quello che si può affermare con certezza, a giudicare dal rinvenimento

---

Necropoli della Pedata a Chianciano Terme, Firenze, Mus. Arch. 73694 (= *LIMC* Mater Matuta **8**, VIII Suppl. Sphinx **257***, qui tav. 3, 3). Il tema ricorre anche su molte statue femminili con neonato o neonati in fasce provenienti da Capua, interpretate come divinità *kourotrophoi* sedute (qui tav. 4, 1–2): sull'argomento Bonghi Jovino, M., *Capua preromana. Terrecotte votive* II: *Le statue* (1970), *cf.* ThesCRA I 2 d Offerte votive, rom. **26***.

37. Diversamente Grmek, M., *Le malattie all'alba della civiltà occidentale* (1985), il quale ritiene che la sifilide sia stata trasmessa agli europei dalle popolazioni precolombiane.
38. Theop., FGrH 115 F 204 *ap.* Athen. 12, 517d–518b.
39. *Cf.* Tabanelli 1, 12 ss.
40. Baggieri (n. 5).

(non sempre associato) tra *ex voto* anatomici, struttura templare o comunque testi epigrafici che recano il nome della divinità, che esiste una grande varietà sui nomi di divinità alle quali si fa ringraziamento per il risanamento ottenuto o richiesta di guarigione, non avendo il contesto etrusco accolto, come a Roma nel 295 a.C., il dio sanatore Asclepio quale unica divinità connessa alla medicina.

Piuttosto si può riscontrare una realtà estremamente eterogenea, dove le divinità preposte alla guarigione mutano di continuo e, inoltre, una scala di importanza dei luoghi di culto, che parte dalle aree templari cittadine fino ad arrivare alle pozze in aperta campagna. Vi è in effetti un unico *trait-d'union* fra questi rinvenimenti, costituito dalla presenza dell'acqua, a livello di sorgente naturale, polla termale, pozza, ruscello.

Un sicuro legame della divinità con una capacità curativa si riscontra nel tempio di Portonaccio a Veio, dove si sono rinvenuti una vasca per le abluzioni ed i numerosissimi *ex voto* anatomici e dove sappiamo che Apollo (*Apulu* o *Aplu* in etrusco), dio medico, era una delle divinità onorate[41]. Similmente presso il tempio tuscanico di Fiesole si è rinvenuto una stipe con *ex voto* anatomici che sottolinea il potere curativo della divinità di cui non si conosce il nome[42]. Anche da un santuario vicino all'Ara della Regina di Tarquinia (in cui vi è ancora dubbio se vi si celebrassero i culti di *Artumes*/Diana, *Iuno Regina*, Apollo) provengono *ex voto* anatomici (tav. 84, 3)[43]; nel santuario di Gravisca, si è notato che la *sanatio* è attribuita per la sfera erotico matrimoniale a *Turan*, per quella riproduttiva a *Uni-Hera*, come attestano l'abbondanza di uteri e bambini in fasce[44].

Uni potrebbe essere la divinità dedotta dall'analisi del materiale presente in altre stipi: quella messa in luce nell'area suburbana di Vulci, in località Fontanile di Legnisina che presenta, accanto a bambini in fasce, una prevalenza di uteri e mammelle, oltre che una statuetta con dedica ad *Uni*[45]; quella dal santuario di Manganello a Cerveteri[46] o quella di Pyrgi[47]. Non è raro tuttavia riscontrare come anche altre divinità, non necessariamente femminili, potessero essere preposte alla tutela della salute degli infanti o connesse con il concetto generale della fertilità. Emblematico è il culto della porta Nord di Vulci, dove la presenza di 46 statuette di bambini in fasce in terracotta e di una serie di *ex voto* fallici porterebbe a pensare ad una fecondità tutta virile. Nel caso specifico è stata proposta, anche grazie a numerosi indizi iconografici relativi ai materiali della stipe, la divinità *Fufluns*, dio della fertilità agraria, garante della rinascita cui riconduce il mito della *hierogamia*, dalle forti implicazioni catactonie, ben attestato a Vulci. Così non è difficile pensare anche alla presenza di *Culsans* nella sua connotazione di divinità dei passaggi; sono attestate nella stessa stipe anche dediche a *Selvans*[48].

Al culto di divinità non meglio specificate presso santuari agresti o località quali fonti, grotte, rimandano numerosi depositi votivi contenenti *ex voto* anatomici in molti luoghi dell'Etruria: nel territorio di Vulci la stipe pitiglianese del Pantano, la stipe sovanese del Cavone[49], quella di Ghiaccioforte presso Scansano, di Fontebuia presso Saturnia, di S. Sisto presso Marsiliana d'Albegna[50], del Santuario di Porta Nord presso Vulci, di Poggio Buco, di Tessennano (tav. 84, 1; 85, 1–2)[51]; ma numerosi altri esempi possono essere citati per la Valdichiana, da grotta Lattaia a Cetona[52] a Cortona[53], Arezzo[54], fino alla stipe del Falterona[55].

Una menzione specifica meritano i santuari presenti presso le acque termali dove in alcuni casi si assiste ad una progressiva sostituzione con Apollo/*Aplu* ed Eracle/*Hercle*, della primigenia divinità ctonia *Mantus*. Nella localizzazione attuale di tali *fontes* ci avvaliamo di alcune categorie di indizi: passi letterari, rinvenimenti di strutture e di *ex voto* anatomici, utilizzo delle acque protrattosi fino ai nostri tempi, mappe geologiche delle sorgenti termali, toponomastica[56]. Da fonti letterarie greche e latine sappiamo che l'Etruria possedeva molte fonti d'acqua calda (Varro *ling.* 9, 41) e che esse erano frequentate non meno dei più noti bagni di Baia (Vitr. 2, 6, 4) e di certo il loro uso dovette durare nel tempo se Simmaco (*epist.* 7, 39), alla fine del IV secolo d.C., ricordava ancora l'abitudine di recarsi presso i bagni etruschi. D'altra

---

41. Comella/Stefani (n. 28). Su Apollo vedi *LIMC* II *Apollon/Aplu*.
42. Maetzke G., «Il nuovo tempio tuscanico di Fiesole», *StEtr* 24 (1956) 227–253.
43. Qui Tarquinia, Mus. Naz. 4442. 3736. 4125. Comella, A., *Il deposito votivo presso l'Ara della Regina, Materiali del Mus. Arch. Naz. di Tarquinia* 4 (1982).
44. Comella, A., *Il materiale votivo tardo di Gravisca* (1978).
45. Ricciardi, L., «Canino (Viterbo). Il santuario etrusco di Fontanile di Legnisina a Vulci», *NotSc* (1988–89) 137–209.
46. Mengarelli, R., «Il santuario del 'Manganello' a Caere», *StEtr* 11 (1935) 83–94.
47. Colonna, *Santuari* 127–141.
48. Pautasso (n. 24) 109 ss.
49. Bianchi-Bandinelli, R., *Sovana* (1929).
50. Rendini, P., «Stipi votive e culti nella valle dell'Albegna in età ellenistica», in Comella/Mele 285–293.
51. Costantini, S., *Il Deposito votivo del Santuario campestre di Tessennano* (1995). Qui tav. 84, 5: Vulci, Mus. 87201; tav. 85, 1: Tuscania, Mus. 87152; tav. 85, 2: Tuscania, Mus. 87308.
52. Manconi/Paolucci (n. 33).
53. Fiorini, L., «I santuari del territorio», in Fortunelli, S. (ed.), *Il Museo della Città etrusca e romana di Cortona* (2005) 291–317.
54. Bocci Pacini, P., «La stipe votiva della Fonte Veneziana ad Arezzo», *StEtr* 48 (1980) 73–91.
55. Fedeli, L., «La stipe votiva del lago degli idoli», in Vilucchi, S./Zamarchi Grassi, P. (edd.), *Etruschi nel tempo. I ritrovamenti di Arezzo dal '500 ad oggi* (2001) 89–110.
56. Su questa linea muove Gasperini, L., «Gli Etruschi e le sorgenti termali», in *Etruria meridionale. Conoscenza, conservazione, fruizione* (1988) 27–35.

parte il loro utilizzo rimonta sicuramente al periodo della piena affermazione del popolo etrusco, come testimonia un passo della «*Alessandra*» di Licofrone da Calcide del IV-III secolo a.C., che rammenta il *Lynceo*, calda corrente di linfe sgorgate da polla (*Alex.* 1241). Nella campagna falisca al confine con l'Etruria esisteva, a detta di Vitruvio (8, 3) e Plinio il Vecchio (*nat.* 2, 93; 31, 2), una fonte che nasceva in un bosco e le cui acque parevano bollire. Marziale (6, 42) parla del flutto caldo del Passero, sorgente localizzata presso Viterbo fra la Via Cassia e *Forum Cassi*, intorno alla quale Traiano e Adriano vi eressero grandiose terme. Le stesse terme «del Passero» (*Aquae Passeris*) sono riportate nella *Tabula Peutingeriana*. Strabone (5, 2, 3), Livio (22, 1, 10) e Valerio Massimo (1, 65) ricordano le acque calde presso Cerveteri, probabilmente gli odierni bagni del Sasso di Furbara. Plinio il Vecchio (*nat.* 3, 52) riportando l'elenco in ordine alfabetico dei *populi* dell'Etruria, ricorda gli *Aquenses cognomine Taurini*, gli abitanti cioè del villaggio sorto attorno alle *Aquae Tauri*, sulle pendici sud-ovest dei Monti della Tolfa. Anche Rutilio Namaziano (1, 249-254) le rammenta ed esse sono segnalate nella *Tabula Peutingeriana*. Celio Aureliano (*Morb. chron.* 3, 717; 739; 955) tratta delle *Aquae Nepesinae*, probabilmente i bagni di Gracciolo vicino a Nepi. L'*Itinerarium Antonini* elenca le *Aquae Apollinares*, di non facile collocazione: forse gli odierni bagni di Vicarello vicino al lago di Bracciano. Orazio (*epist.* 1, 15) parla delle fonti salutari nella zona di Chiusi, corrispondenti alle attuali Terme di Chianciano[57]. Licofrone ricorda il già menzionato flusso caldo del *Lynceo* (*Alex.* 1241): si trattava forse del Resecco che si immette nel Cornia, nella zona fra Vetulonia e Populonia. Nella stessa zona ancora Plinio il Vecchio (*nat.* 2, 227) menziona i bagni di Vetulonia, mentre l'Anonimo Ravennate (Ravenn. 4, 36) quelli di Populonia. Infine ancora la *Tabula Peutingeriana* raffigura le *Aquae Volaterranae*, forse le odierne acque termali di Pomarance nella valle del Cecina. Per quel che concerne l'indagine archeologica va puntualizzato che i resti di edifici termali rinvenuti in Etruria risalgono quasi sempre al periodo della dominazione romana, a parte il caso delle terme di Volterra[58]. Furono infatti i Romani ad impiantare strutture stabili di tipo termale presso tali fonti, valorizzandone il risvolto economico con l'inserimento di tutti i confort per allietare il soggiorno dei pazienti. Esistono tuttavia alcuni santuari sicuramente etruschi localizzati presso le fonti salutari, che hanno restituito i tipici *ex voto* anatomici donati alla divinità per ottenere o ringraziare dell'avvenuta guarigione e che evidenziano anche una complessa organizzazione interna[59]. Il santuario del Portonaccio a Veio, della fine del VI secolo a.C., come già riferito, possiede ad esempio una grande vasca sicuramente utilizzata per abluzioni curative; il santuario del Sasso di Furbara, inseribile probabilmente nel complesso delle *Aquae Ceretanae*, ha restituito parti di fondazione in pietra e terrecotte architettoniche di prima fase ed è ascrivibile tra la fine del VI e la metà del V secolo a.C. A Stigliano sono stati rinvenuti resti di un complesso santuariale in tufo pomiceo. A Marzabotto, ai margini dell'area urbana, è presente una struttura, databile al terzo quarto del VI secolo a.C., costruita intorno ad una sorgente ancora attiva: si tratta di un piccolo santuario, costituito da un pozzo quadrato e una vasca rettangolare, entrambi destinati ad immagazzinare l'acqua. Tra l'abbondante materiale votivo rinvenuto (con iscrizioni per le divinità salutari Apollo, Esculapio, Silvano ma offerte che risalgono addirittura al Neolitico) ricordiamo il santuario di Vicarello, presso la riva nord del lago di Bracciano. Il nome della divinità etrusca legata alle manifestazioni vulcaniche e post-vulcaniche ci è stato tramandato dai latini: *Mantus*, il cui nome permane ancor oggi nei toponimi Manziana, Monterano e, forse, Manzano; con l'avvento di Roma furono Apollo *sanctus*, Eracle ed Esculapio a raccoglierne l'eredità. Sugli *ex voto* anatomici va chiarito il fatto che essi non indicano rigorosamente una fonte salutare nei paraggi anche perché si poteva attribuire la guarigione alla presenza invisibile della divinità. Tuttavia è un fatto che tali depositi votivi si rinvengono frequentissimi in Etruria meridionale fino al Salernitano, aree note come le più ricche di fenomeni di vulcanesimo residuo, con sorgenti minerali, solfatare, putizze. Nell'indagine vanno inoltre considerati i centri termali ancora in funzione, che possono al momento non aver restituito ma-

---

57. La fama letteraria per l'area di Chianciano relativa alle numerose sorgenti salutari è stata ulteriormente corroborata dai rinvenimenti di importanti santuari legati al culto delle acque. In località Sillene, oltre ai resti dell'edificio sacro dedicato ad Apollo e poi a Diana, sono stati rinvenuti frammenti di un donario bronzeo con statue maschili di V s. a.C. e femminili su biga di IV s. a.C. Di un santuario ubicato in località i Fucoli, dedicato ad una divinità salvifica, è stato portato alla luce parte di un frontone fittile in terracotta del II s. a.C.: Rastrelli, A., «Scavi e scoperte nel territorio di Chianciano Terme: l'edificio sacro dei Fucoli», in *La civiltà di Chiusi e del suo territorio* (1993) 463-476; Simon, E., «Thesan-Aurora. Zur Deutung des Akroters von Chianciano Terme», *StEtr* 71 (2007) 47-54; *LIMC* Suppl. 2009 Eos/Thesan 3*.

58. Si tratta del complesso termale etrusco-romano di Bagnone, in località Sasso Pisano. Il complesso è forse l'unico di età tardo-ellenistica presente nell'Etruria settentrionale, come dimostrano importanti reperti quali tegole in cocciopesto con bollo etrusco. Era composto da edifici disposti intorno ad un grande cortile quadrangolare con porticato su cui si aprivano i diversi sistemi di vasche ed i vani ad essi collegati, Esposito, A. M., «Castelnuovo Val di Cecina (PI). Il complesso sacro-termale etrusco di Sasso Pisano», *Notiziario della Soprintendenza per i Beni archeologici della Toscana* 1 (2005) 224-234.

59. Su tali santuari Cascianelli, M., *Gli Etruschi e le acque* (1991). Sui culti delle acque in Etruria, *cf.* da ultimo *L'Acqua degli Dei*, cat. mostra Chianciano (2003) con bibliografia.

teriale archeologico, mappe di sorgenti termali anche non sfruttate e infine tutta l'onomastica caratterizzante, come *Caldana, Fosso caldano, Bagni, Bagnarello, Bagnaccio*. Non abbiamo notizie rispetto alle modalità di fruizione da parte degli etruschi di tali aree, né delle funzioni dei sacerdoti. Probabilmente la frequentazione etrusca prevedeva l'immersione in fosse naturali e il preventivo acquisto delle parti anatomiche che rappresentavano la parte affetta, nonché la loro affissione sulle pareti del tempio o la loro immersione nelle acque[60]: si donava alla divinità in cambio della salute. Le fonti tacciono però in merito a terapie specifiche di supporto come nei santuari di Asclepio.

PAOLO GIULIERINI

---

60. Gli *ex voto* dovevano essere realizzati da artigiani che lavoravano nei pressi del santuario e venduti ai fedeli, a seconda della parte anatomica da sanare. Una volta che gli *ex voto* all'interno del tempio (appesi alle pareti, appoggiati vicino alle statue delle divinità) fossero divenuti un numero eccessivo, venivano sotterrati con cura in favisse fuori dell'edificio sacro o gettati nell'acqua, come nel caso del lago degli idoli del Falterona.

Santé, maladie, médecine dans le monde romain

PLAN DU CHAPITRE
1. La peur des grandes maladies 259
    1.1. Rites de conjuration 259
    1.2. Appel à des dieux étrangers 260
    1.3. Mise en avant de divinités locales et divinisation de maladies 261
    1.4. Dévotion publique et dévotion privée 262
    1.5. Un cas limite: Aelius Aristide 262
2. Rites de passage d'âge en âge 263
    2.1. Les dangers de l'enfance: jusqu'à 7 ans 263
    2.2. Les dangers de l'adolescence; la toge virile et la poupée-dame 264
    2.3. Le désir d'enfant 264
3. Le phénomène votif d'Italie en Gaule . . . 265
    3.1. La signification de l'ex-voto et la formule *VSLM*, dans les sanctuaires spécifiques et non spécifiques 265
    3.2. Une particularité: le chien vicaire et son rôle dans la forêt d'Halatte . . 266
    3.3. Deux autres sites occidentaux: les sources de la Seine et Chamalières . . 267
4. Le médecin, les divinités, les concurrents . 268
    4.1. Les divinités qu'on n'attendait guère . 268
    4.2. Concurrences: charlatanisme, rêve . . 269
    4.3. Magie 269
    4.4. Superstition 271
    4.5. Des idées nouvelles? 272
5. Dans la vie quotidienne 272
    5.1. Guérir et se venger 272
    5.2. Manger 274
6. Conclusion: crainte de la maladie et valorisation de la santé 275

BIBLIOGRAPHIE GÉNÉRALE: Boudon, V., «Galien et le sacré», *Bulletin de l'Association Guillaume Budé* (1988) 327–337; ead., «Aux marges de la médecine rationnelle: médecine et charlatans à Rome au temps de Galien», *REG* 116 (2003) 109–131; de Cazanove, O., «Sanctuaires et ex-voto salutaires de l'Italie romaine», dans *Dieux guérisseurs en Gaule romaine*. Cat. Lattes (1991) 107–115; id., «Ex-voto de l'Italie républicaine: sur quelques aspects de leur mise au rebut», dans Brunaux, J.-L. (éd.), *Les sanctuaires celtiques et leurs rapports avec le monde méditerranéen* (1991) 203–221; id./Scheid, J. (éds.), *Sanctuaires et sources. Les sources documentaires et leurs limites dans la description des lieux de culte* (2003); De Miro, E./Sfameni Gasparro, G./Calì, V. (éds.), *Il culto di Asclepio nell'area mediterranea*. Conv. Int. Agrigento 2005 (2009); Dasen, V., «Amulettes d'enfants dans le monde grec et romain», *Latomus* 62 (2003) 275–289; Delatte, A., *Herbarius: recherches sur le cérémonial usité chez les anciens pour la cueillette des simples et des plantes magiques* (1938); Gaillard-Seux, P., «Les amulettes gynécologiques dans les textes latins médicaux de l'Antiquité», dans Deroux, C. (éd.), *Maladie et maladies dans les textes latins antiques et médiévaux* (1998) 70–84; ead., «Rites magiques néfastes à l'accouchement d'après les sources de l'époque romaine impériale», dans *Femmes en médecine, en l'honneur de D. Gourevitch* (2008) 51–73; Gourevitch, D., «*Le triangle hippocratique dans le monde gréco-romain: le malade, sa maladie et son médecin* (1984) (= Gourevitch 1); ead., *I giovani pazienti di Galeno. Per una patocenosi dell'impero romano* (2001); ead., «The Galenic Plague: a Breakdown of the Imperial Pathocoenosis. Pathocoenosis and Longue Durée», *History and Philosophy of the Life Sciences* 27 (2005) 57–69; ead./Durand, M., «Ex-voto sexuels gallo-romains», *Pour la Science* 330 (2005) 84–87; Grmek, M./Gourevitch, D., *Les Maladies dans l'art antique* (1998); Kotansky, R., «A Silver Phylactery for Pain», *GettyMusJ* 11 (1983) 169–178; Landes, Ch. (éd.), *Dieux guérisseurs en Gaule romaine*. Cat. Lattes (1992); Leven, K.-H. (éd.), *Antike Medizin. Ein Lexikon* (2005); Scheid, J., «Épigraphie et sanctuaires guérisseurs en Gaule», *MEFRA* 104 (1992) 25–40; Touwaide, A., *DNP* 5 (1998) 873–875 s.v. «Iatromathematik».

1. La peur des grandes maladies

Les Romains appelaient *pestilentia* ce que les Grecs appelaient λοιμός, c'est-à-dire des maladies collectives affectant gravement des populations entières et tuant en masse. La toute première histoire de Rome est scandée par l'apparition de tels épisodes, qui correspondent en gros à nos épidémies, mais sans que cela préjuge en rien de leur étiologie ou de leur nature. Elles étaient mises en un rapport de cause ou de conséquence avec les famines, en grec λιμός, et le jeu de mots a traversé toute l'Antiquité[1]; la guerre aussi y jouait son rôle. En français, on les appelle traditionnellement des pestes ou des pestilences, mais elles n'ont rien à voir avec notre peste d'aujourd'hui. À une épidémie considérée comme un châtiment divin, il convient de donner une réponse religieuse: divers rites de conjuration, appel à un dieu étranger, mise en avant d'un dieu local, divinisation d'une maladie.

1.1. Rites de conjuration

C'est ainsi que la crise sanitaire de 365–363 av. J.-C. a des conséquences importantes sur le rituel de Rome et serait même à la base de son théâtre (Liv. 7, 2–3). En 364 une pestilence en était à sa deuxième année, désespérant la population, quand on décida d'un lectisterne, qui ne servit à rien et n'adoucit pas la force de la maladie (*vis morbi*): on n'obtint pas la paix de la part des dieux. Alors, par superstition (*superstitione*), on institua *inter alia caelestis irae placamina* des jeux scéniques d'inspiration étrusque, que les jeunes gens imitèrent. Mais on

---

1. *Cf.* notamment Jouanna, J., «Famine et pestilence dans l'Antiquité grecque: un jeu de mots sur ΛΙΜΟΣ/ΛΟΙΜΟΣ», dans *id.*/Leclant, J./Zink, M. (éds.), *L'homme face aux calamités naturelles dans l'Antiquité et au Moyen Âge* (2006) 197–219.

Fig. 1

s'aperçut rapidement que l'instauration des *ludi procurandis religionibus* n'avait eu d'effet ni sur les âmes ni sur les corps; de plus, en 363, le Tibre déborda, ultime preuve que les dieux se détournaient de Rome: alors on interrogea les anciens, et on se rappela «qu'on avait une fois arrêté une pestilence en faisant planter un clou au dictateur». Et un dictateur fut nommé.

1.2. Appel à des dieux étrangers

C'est à l'occasion d'une pestilence que s'était faite l'arrivée d'Apollon, dès 431 av. J.-C., venant de Grèce *pro valetudine populi* (Liv. 4, 25, 3); elle sera suivie de celle du Grec Asklépios devenant le Romain *Esculapius*; la venue de l'hypostase divine est dramatisée par le récit ancien. Une pestilence de plus ravageant la ville, les livres sibyllins ordonnent en 293 av. J.-C. d'aller demander dans son sanctuaire principal d'Épidaure[2], où il était actif depuis la fin du VIe siècle, l'aide du dieu guérisseur par excellence: celui-ci permettra le départ d'un serpent pour le représenter. Lorsque la trirème accoste aux *Navalia*, sur la rive gauche du Tibre, l'énorme bête disparaît dans le fleuve et nage jusqu'à l'île, indiquant elle-même le lieu où construire son temple. «À peine ont-ils fini de prier, caché sous la forme d'un serpent, le dieu lève sa tête émaillée d'or et annonce sa présence par de longs sifflements (...). Le serpent s'élève en rampant en haut du mât, promène autour de lui sa tête et regarde quelle demeure il devra choisir. Le Tibre, dans son cours, se divise en deux parties: il laisse au milieu de ses flots un espace de terre qu'environnent deux bras d'égale largeur et forme une île qui porte son nom. C'est là qu'en descendant du vaisseau latin, le serpent se retire. Il reprend sa figure céleste. Sa présence fait cesser le deuil du Latium et il devient le dieu conservateur de Rome» (Ov. met. 15, 622–744). L'architecture et la numismatique prennent le relais: une fameuse monnaie de Commode représente le débarquement[3]. Le sanctuaire sera inauguré en 289. Le temple est flanqué de portiques d'incubation, et on y reprend le *modus operandi* grec, y compris l'usage de déposer des ex-voto. Lors d'une réfection de la fin de la République, l'île est partiellement transformée en trirème symbolique, avec sa proue à la pointe orientale, où la paroi de marbre porte encore l'image du dieu avec son bâton au serpent (fig. 1)[4].

Ce fut donc un transfert partiel de divinité, au succès d'ailleurs limité, d'Épidaure à Rome, sous la pression d'un drame pathologique, auquel il est toujours impossible de donner un nom. Si la fréquentation du temple romain est active, il n'y a guère que Frégelles[5] qui, avec l'*Urbs*, ait honoré Es-

---

2. Pour une mise au point récente sur l'histoire architecturale du sanctuaire, y compris à l'époque romaine, *cf.* Lambrinoukadis, V., «Conservation and Research: New Evidence on a Long-living Cult: The Sanctuary of Apollo Maleatas and Asklepios at Epidauros», dans Stamatopoulou, M./Yeroulanou, M. (éds.), *Excavating Classical Culture* (2002) 213–224.

3. Pour Asklépios en général *LIMC* II Asklepios. Pour la Gaule Renard, M., «Asklépios et Hygie en Gaule», dans *Actes du colloque sur les influences helléniques en Gaule* (1958) 1–14; pour l'Afrique du Nord Musso L., «Esculapio in Africa Romana: Tradizione punica, ellenizzazione, integrazione imperiale», dans De Miro *et al.* 113–143.

4. (= *LIMC* II Asklepios **396***) *Cf.* Degrassi, D., «Interventi edilizi sull'Isola Tiberina nel I sec. a. C. Nota sulle testimonianze letterarie, epigrafiche ed archeologiche», *Athenaeum* 65 (1987) 521–527. Pour les effets d'une peste sur l'architecture et, je dirais presque, la mise en scène de la ville, cette fois Athènes, on verra Mitchell-Boyan, R., *Plague and Imagination. Drama, History and the Cult of Asclepius* (2008).

5. Coarelli, F. (éd.), *Fregellae 2, Il Santuario di Esculapio* (1986); *ThesCRA* IV 1 a Lieux de culte, Porticus, rom. **9***;

culape d'un culte public, mais, la fille ayant suivi le père, les dédicaces privées à Esculape et à Hygie[6] sont nombreuses, de médecins notamment ou encore de soldats. Ainsi une inscription qui se trouve en Lusitanie à Santiago de Caçem (*CIL* II 21) conserve une dédicace d'un médecin à Esculape, sans qu'on connaisse les circonstances de l'offrande : «Au dieu Esculape, Caius Attuos Inanuarius, médecin de Pax Julia (= Béja), a légué par testament, en raison des mérites du *splendissimus ordo*, une somme qui puisse lui fournir une fête des Quinquatries. Fabius Isas, son héritier, s'est chargé de l'exécution (de cette disposition)».

La pestilence la mieux documentée est celle que décrit Galien sous le règne de Marc-Aurèle et Lucius Vérus et qui récidive sous Commode : selon moi, c'est la variole[7], qui va s'étendre de la Mésopotamie à la Bretagne par son génie propre d'une part, et d'autre part en suivant les mouvements de troupes, celles notamment qui rejoignent le *limes* germanique. Comme les précédentes, elle va provoquer la panique. Tout le monde romain s'adressera à l'oracle de Colophon et toutes sortes de collectivités solliciteront l'aide d'Apollon Clarios, la virulence de l'épidémie relançant les anciennes croyances en l'intervention divine dans l'apparition des maladies et dans leur possible disparition. On se remettra à accrocher aux portes des talismans faisant état de la crainte du dieu vindicatif ou de celle de l'air mauvais.

1.3. Mise en avant de divinités locales et divinisation de maladies

Cette idée du rôle causal direct de l'impureté de l'air permet de comprendre mieux la crainte qu'inspiraient *Mefitis* et *Febris*. Quand on se rend à l'un des lieux cultuels de la première, l'extraordinaire site naturel des *Ampsancti ualles* en Hirpinie (pl. 85, 3)[8], on est encore aujourd'hui saisi sinon d'effroi, du moins d'émotion. Le nom osque de la région dériverait de «hirpus» le loup, aujourd'hui encore symbole de la région. Le sanctuaire est installé dans un contexte volcanique, avec son «laghetto dei soffioni» qui bouillonne en permanence, son torrent empestant l'anhydride carbonique, son «vado mortale», et sa «Macchia Mefite» comme on dit encore aujourd'hui. Il a évolué sur la longue durée, aménagé et réaménagé, cité par les auteurs anciens ; et il fournit aujourd'hui à l'historien des structures archéologiques, éléments de temple et de bassin, au moins une inscription et du matériel archéologique, ex-voto en métal, en terre cuite et en bois (pl. 85, 4), et monnaies, qu'on offrait en les jetant probablement dans le torrent. Quelle que soit l'étymologie du nom de la divinité, la sauvagerie naturelle de ce lieu pestilentiel, grandiose, qui ne fut touché par l'homme que marginalement, est impressionnante ; on n'y voit plus les cochons au groin bas qui étaient les victimes sacrificielles préférées, pour des raisons anatomiques évidentes avec leurs organes respiratoires au niveau du gaz toxique, mais on voit toujours les cadavres d'oiseaux et de petits rongeurs que tue l'haleine empoisonnée du lac. La déesse italique des émanations sulfureuses et donc des miasmes «méphitiques» est devenue tout naturellement celle de la «malaria», ce qui était logique tant qu'on attribuait le paludisme au mauvais air ; mais elle restait protectrice des femmes, assimilée à Junon ou à Vénus[9].

C'est un mécanisme inverse, la divinisation de la fièvre, qui explique le culte de *Febris* : une réalité pathologique effrayante, avec des accès de fièvre réguliers, épuisants voire mortels, essentiellement ce que nous appelons paludisme, exige que l'homme s'invente un recours, une déesse à apaiser (*placare*). À Rome même, où les collines dominent des lieux marécageux, les liens entre l'histoire de l'*Urbs* et son ancrage géologique sont nettement établis, comportant des avantages (le Tibre et son débouché maritime, ses collines permettant de se mettre à l'abri, les forêts et les carrières voisines, utiles aux constructions ; l'eau de boisson venant des sources des Apennins) et ses inconvénients (en particulier ses bas-fonds marécageux)[10], le paludisme était solidement installé sous deux de ses différentes formes, leur combinaison étant possible. Mais la situation était très complexe : l'impaludation variait beaucoup selon les quartiers, le contraste entre lieux bas et lieux élevés étant beaucoup plus marqué qu'aujourd'hui. Si Romulus choisit le site de Rome pour fonder sa ville, c'est, dit-on, qu'il était sain *in regione pestilenti* (Cic. *rep.* 2, 11) : il faut bien comprendre qu'il s'agit des sept collines (la rive droite n'étant pas prise en considération) et non de l'emplacement du futur forum ou du futur grand cirque ; en outre l'habitude de cultiver des jardinets bien arrosés partout où la chose était possible contribua rapidement au

---

Lippolis, E., «L'Asklepieion di Fregellae. Architettura, esigenze rituali e forme di ricezione del culto ellenistico in ambito centro-italico», dans De Miro *et al.* 145–157; *cf.* Degrassi, D., «Il culto di Esculapio in Italia centrale durante il periodo repubblicano», dans Coarelli, *o.c.* 145–152.

6. Hygie en général *LIMC* V Hygieia.

7. On ne dispose pour cette épidémie d'aucune étude comparable à celle fournie à propos de la peste d'Athènes par Papagrigorakis, M., *et al.*, «DNA Examination of Ancient Dental Pulp Incriminates Typhoïd Fever as Probable Cause of the Plague of Athens», *Int. Journal of Infectious Diseases* 10 (2006) 206–214.

8. de Cazanove, O., «Le lieu de culte de Méfitis dans les *Ampsancti ualles* : des sources documentaires hétérogènes», dans *id.*/Scheid, J. (éds.), *Sanctuaires et sources? Les sources documentaires et leurs limites dans la description des lieux de culte* (2003) 145–177; *id.*, «Il luogo di culto di Mefitis nelle *Ampsancti ualles*, santuario naturale e ombelico d'Italia : dalla topografia alla corografia», dans *Il culto della dea Mefite e la valle d'Ansanto. Ricerche su un giacimento archeologico e culturale dei Samniti Hirpini* (2007) 225–238.

9. *LIMC* VI Mefitis; Calisti, F., «Mefitis dea italica 'regina' e la sua 'degenerazione' in ambiente romano», *StudMatStorRel* 70 (2004) 237–274.

10. Heiken, G./Funiciello, R./de Rita, D., *The Seven Hills of Rome. A Geological Tour of the Eternal City* (2007).

bonheur des moustiques (Plin. *nat.* 19, 180). Horace constatera que travailler au forum fait naître les fièvres (*epist.* 1, 7, 8–9). Juvénal (*Sat.* 4, 56–57) admettra qu'on s'en tire à bon compte si, l'automne venu, on ne souffre plus que de la fièvre quarte, *Plasmodium falciparum*, le germe plus dangereux l'emportant en été: «déjà le mortel automne faisait place aux frimas, déjà la fièvre quarte était l'espoir des malades, les tristes vents d'hiver soufflaient»[11]. Martial (10, 85) enragera que Ladon ait l'impudence ou l'imprudence de convoquer l'été ses obligés dans sa demeure du bord de l'eau; Pline le Jeune critiquera Régulus pour la même raison (*epist.* 4, 2,5). Et le médecin Galien, dans son traité sur l'*Alypia*[12] (§ 19, écrit après l'incendie de fin 192), rapporte l'état des livres de sa bibliothèque, brûlée et donc arrosée: «À présent (les rouleaux qui ont survécu) sont complètement inutilisables et on ne peut même pas les dérouler étant donné que les feuilles sont collées par l'humidité. La région, marécageuse en effet et très profondément encaissée, est étouffante en été». Il avoue plus précisément qu'il n'est pas besoin d'être Hippocrate pour constater que le paludisme à Rome fait partie du génie du lieu et règne largement (*De morborum temporibus* 8 = Kühn VII, p. 435). Si la maladie frappe surtout les enfants du cru, l'arrivée constante d'adultes non atteints dans l'enfance – Italiens ou esclaves importés d'un peu partout – entretient un taux élevé de mortalité. Parmi les personnalités illustres atteintes pourrait bien figurer l'empereur Auguste qui souffrait d'une frilosité très invalidante (Suet. *Aug.* 82) et tremblait de fièvre l'été.

Il n'y a pas malheureusement de traces archéologiques, et c'est seulement par les textes qu'on sait que dans la ville il y avait au moins trois temples de *Febris*[13], devenue la divinité de la fièvre brûlante, que nous pouvons donc interpréter essentiellement comme celle du paludisme. Le *fanum* et son autel ont disparu du Palatin, comme aussi son lieu de culte du Quirinal et le troisième sur l'Esquilin, collines à l'abri du mal. Non loin de ce dernier, il y avait aussi un bois sacré de *Libitina*[14], déesse des funérailles, et une chapelle en l'honneur de *Mefitis*[15], déjà rencontrée. Il est possible que certaines de ces installations cultuelles aient coïncidé avec les assainissements menés par Agrippa. Au sud de Rome, à Portus (tout près de l'embouchure erratique du Tibre), une inscription (*CIL* XIV 4285) évoque les salines du temps des Sévères et le transport de sel vers Rome. Ce lieu plat au niveau de la mer a certainement été parfois impaludé, au gré de l'exploitation du sel.

1.4. Dévotion publique et dévotion privée

La question des pestes montre que la ligne de partage entre public et privé, ou entre Orient et Occident, n'est pas une tranchée infranchissable[16]. Ainsi la description récente[17] d'une gemme représentant le dieu anatolien Sandas, objet de dévotion privée, a permis de la rapprocher d'une monnaie de Tarse à l'effigie de Caracalla[18], objet de propagande publique datée par le portrait impérial mais engendrée par une inquiétude collective. La pierre gravée représente le dieu chthonien capable d'envoyer des pestilences si on suscite sa colère. La monnaie de bronze, un dieu en majesté la main droite levée, derrière un lion aux cornes de chèvre. Or, sous le règne de Caracalla, personnage tutélaire, responsable comme tout empereur de la *Salus* de son peuple, a lieu une récidive de la peste antonine. La reprise explicite, à cette période, d'un thème iconographique commun à tout le Moyen-Orient antique ne peut donc être un hasard.

Le passage se fait donc facilement des monnaies[19], qui, par essence, circulent, aux gemmes portées à titre privé (en bagues ou en amulettes) ou gardées au fond des demeures en passant par les talismans affichés aux portes des demeures ou aux portes des villes; ils pouvaient évoquer un nuage pesteux, qui n'avait rien de bizarre dans cette région du monde où divers milieux religieux véhiculaient l'idée et l'image d'un dieu vengeur et pestifère, facilement en colère, notamment Erra[20] dont il fallait se protéger: si à la porte de la maison, on plaçait une plaquette prophylactique, le glaive de la pestilence ne s'abattrait pas sur elle. On en connaît plusieurs exemplaires[21].

1.5. Un cas limite: Aelius Aristide

Aelius Aristide, très probablement impliqué dans la peste antonine, représente un cas limite dans

---

11. Quand fut pêché un extraordinaire poisson.
12. Ou le fait de ne pas se chagriner exagérément en présence des ennuis ou des malheurs de la vie, Boudon-Millot, V., «Un nouveau traité inédit de Galien, le *Sur l'inutilité de se chagriner*», dans ead./Guardasole, A./Magdelaine, C. (éds.), *La science médicale antique: nouveaux regards* (2008) 72–123.
13. Coarelli, F., *LTUR* 2 (1995) 244 s.v. «Febris, Templum».
14. Coarelli, F., *LTUR* 3 (1996) 189–190 s.v. «Libitina, Lucus».
15. Coarelli, F., *LTUR* 3 (1996) 239–240 s.v. «Mefitis, Aedes, Lucus».
16. Au Moyen-Orient, un même dieu protège de la peste les portes des villes et les portes des maisons, où sont accrochés des phylactères: Reiner, E., «Plague Amulets and House Blessings», *JNES* 19 (1960) 148–155.
17. Vérone, Mus. de Castelvecchio. Mastrocinque, A., «The Cilician God Sandas and the Greek Chimaera: Features of Near-Eastern and Greek Mythology Concerning the Plague», *Journal of Ancient Near Eastern Religions* 7 (2007) 197–217 fig. 1.
18. (= *LIMC* VII Sandas 7a*).
19. À titre d'exemple, on verra Boyer, A., *Des sources pour l'histoire de la médecine. Guide* (2008) 25, les monnaies conservées au Cabinet des médailles au revers frappé d'Esculape, Hygie ou Salus, protecteurs des santés personnelles et du salut de l'empire.
20. *L'epopea di Erra*, ed. Cagni, I. (1969).
21. Voir Reiner (n. 16).

la relation malade-divinité, car il vit la réalité sur le mode hystérique d'un élu du dieu[22]. S'il est, grâce à ses *Discours sacrés* dont le succès contemporain fait peut-être surestimer l'importance réelle, la plus célèbre de ces personnalités bien caractéristiques de l'époque, on peut tout de même citer l'un de ses prédécesseurs, M. Julius Apellas, un «intellectuel» comme lui, qui dépose à Épidaure une inscription reconnaissante et récapitulative, un peu antérieure aux débuts de l'épidémie (*IG* IV 2, 1, 126): le dieu, écrit-il, l'a fait appeler auprès de lui parce qu'il était souvent malade, souffrant notamment de troubles digestifs. Asclépios lui prescrit de se prendre lui-même en main, de se fatiguer un peu physiquement, d'accepter des traitements agressifs (que les médecins laïcs de l'époque prescrivent également d'ailleurs), de ne pas oublier de verser son dû à chacun et de sacrifier à lui bien sûr, à Epionè aussi et aux déesses éleusiniennes. L'élu part plein de gratitude et en bonne santé au bout de quelques jours.

Le rhéteur ne s'en sort pas à si bon compte: il passera des années à Pergame. En outre, il ne se contraint pas à la pratique habituelle de l'offrande dans les sanctuaires d'Asclépios (inscription comme l'avait fait Apellas, ou ex-voto figuré sous forme de partie du corps ou de scène de guérison directement de la part du dieu ou indirectement de la part de son serpent, restant dans le sanctuaire à la disposition de tous les fidèles), il choisit le triple rôle de malade, de rhéteur et de rhéteur-malade pour satisfaire le dieu et raconter, reconstituant après coup une sorte de journal nosologique à la gloire de son protecteur attitré. Le texte est complexe, car il comporte à la fois l'événement factuel et le vécu, souvent terrifiant, toujours exaltant, de celui-ci. Ainsi en Aristide 48 (*hieroi logoi* 2), 2: «le dieu m'avait averti de mettre mes songes par écrit, ... ce qui a toujours été le premier de ses ordres». Ou encore en 48 (*hieroi logoi* 2), 24: «Il t'appartient, Maître, de me montrer et présenter ce que je dois dire ensuite et ce vers quoi je dois me tourner pour faire ce qui t'est agréable et en même temps progresser le mieux possible dans mon récit. ... Dresser pour ainsi dire une sorte de catalogue des bains hivernaux, divins, absolument extraordinaires...». Il est ainsi toujours en lutte avec ses amis qui se croient avisés, avec les compétences locales, à savoir les médecins et même les prêtres. Il survivra, mais tel ou tel de ses proches mourra dans une espèce d'opération de substitution!

Quand ces années de symbiose se terminent, le dieu commande à son élu «unique» de retourner à l'art oratoire (50 [*hieroi logoi* 4], 14).

2. Rites de passage d'âge en âge

2.1. Les dangers de l'enfance: jusqu'à 7 ans

La question se pose aussi de savoir s'il existe des rites de passage d'âge en âge. C'est ainsi qu'une récente publication appelle à une relecture des dédicaces privées du sanctuaire de *Lenus Mars*[23], actif de l'époque augustéenne au IVe siècle, sur la rive gauche de la Moselle, en face de la ville de Trèves. Le sanctuaire est intéressant parce qu'il regroupe des activités relevant de la religion publique de la cité[24] et des activités relevant de la religion privée des citoyens et pérégrins. Ce sont ces dernières qui nous intéressent, adressées plus précisément à *Lenus Mars Iovantocarus*, «qui aime la jeunesse», par combinaison du nom latin *Iuventus* et d'une racine celte; je dépends des données fournies par Derks, mais je n'adhère que partiellement à son point de vue. Des dédicaces privées relatives à des garçons et à des filles, inscrites sur des socles de pierre (pl. 86, 2-3) surmontés de statues d'enfants en pierre, mais aussi quelques terres cuites traitant du même sujet, visent la *salus* de ces sujets. Elles peuvent comporter cinq données: 1. Sur la face antérieure du socle, une inscription avec la formule *VSLM* qui rappelle nécessairement un vœu satisfait. 2. Le nom de la divinité. 3. La précision d'un lien entre un enfant et ses parents *patres* ou son père *pater*. 4. La raison d'être de la dédicace, *pro* ou *pro salute*. 5. Une statue sur la surface du socle. Le problème d'interprétation repose sur l'âge prêté aux enfants statufiés et sur le sens du mot *salus*. Celui-ci, en l'absence d'évocation de tout accident pathologique antérieur, ne saurait correspondre à ce que nous appelons «guérison». Le mot ne saurait non plus se traduire par «bien-être», condition subjective dont aucun tiers ne peut parler; il ne peut s'agir que de la bonne santé en général. Les enfants des inscriptions n'ont pas d'âge indiqué. Quant aux enfants statufiés, à savoir une petite fille habillée[25], et des garçons nus (pl. 86, 4), ou ayant tout juste un manteau sur l'épaule[26], ce sont de très jeunes enfants et non pas des adolescents. Il ne suffit pas de parler d'une évocation «symbolique» de l'enfance pour en faire des adolescents, ce sont

---

22. Gourevitch, D. et M., «Le cas Aelius Aristide, ou mémoires d'un hystérique au IIe s. de notre ère», *L'Information psychiatrique* 44 (1968) 897-902; Gourevitch 1; Pernot, L., «Le identità religiose di Elio Aristide», dans De Miro et al. 179-194.
23. Derks, M. T., «Le grand sanctuaire de Lenus Mars à Trèves et ses dédicaces privées: une réinterprétation», dans Dondin-Payre, M./Charlier, M.-Th. (éds.), *Sanctuaires, pratiques cultuelles et territoires civiques dans l'Occident romain* (2006) 239-270. Ici les inscriptions Trèves, Landesmus. ST 9725 e ST 9724.

24. Il est alors parfois associé à *Victoria*.
25. (= *ThesCRA* I 2 d Dedication, rom. **578** avec bibl.) Pour l'iconographie des fillettes Gourevitch, D., «La matrone romaine poussée à la procréation», dans *Femmes, cultures et sociétés dans les civilisations méditerranéennes et proche-orientales de l'Antiquité*, Topoi Suppl. 10 (2009) 115-125.
26. (= *ThesCRA* I 2 d Dedication, rom. **577*** avec bibl. et autres exemplaires) Trèves, Landesmus. Derks o.c. 249 fig. 5.

bel et bien des petits garçons dodus, voire grassouillets et non des adolescents. Le rapprochement avec le monument funéraire de *Caius Aurunceius Primitivus* (pl. 86, 1)[27] est particulièrement parlant: l'image est très semblable, et l'inscription est adressée aux dieux mânes du petit qui vécut deux ans, cinq jours et deux heures.

2.2. Les dangers de l'adolescence; la toge virile et la poupée-dame

Je crois donc bien volontiers à un rite de passage, mais certainement pas à un rite équivalant à la *togae virilis sumptio*, dont les témoignages prouvent qu'elle se faisait entre douze et dix-sept ans, selon les circonstances générales ou les usages familiaux, quand l'enfant mâle de naissance libre sortait de l'adolescence[28]. Il s'agit ici d'un rite de passage touchant et filles et garçons, celui de la sortie de la petite enfance, âge de tous les périls. C'est un cas pour l'instant unique de traitement solennel de cette étape, pratiqué par les familles à titre privé mais dans un sanctuaire public. La question se pose à nouveau à propos des dangers de la fin de l'enfance, puis de l'adolescence avec la prise de la toge virile et le renoncement à la *bulla* d'or à l'époque de la puberté. Côté filles, les poupées-dames[29] relèvent-elles de tels rites de passage? Sont-elles destinées à Vénus? Figurent-elles un corps pour l'amour ou un corps pour la procréation? Leur histoire antique a une chronologie très intéressante dans le cadre de cette problématique, leur histoire archéologique est récente. Il existe actuellement environ une trentaine de ces poupées, allant en gros du IIe au Ve siècle, en ivoire pour les plus belles, en os pour les plus frustes. Nues et articulées, souvent accompagnées de leur nécessaire de beauté et de leurs bijoux, elles avaient probablement aussi des vêtements; elles se prêtent à de véritables jeux de rôle, pouvant prendre certaines positions et se faire habiller et parer. Sveltes et longilignes, elles ont un nombril et des organes génitaux externes toujours bien marqués. Quand le contexte archéologique est connu, c'est toujours un contexte funéraire, de la toute petite fille à la jeune adulte. Bien que ce ne soit pas l'avis général, je vois dans cette série un jouet initiatique, offert dès l'âge le plus tendre à des filles dont on espère qu'elles deviendront matrones et mères[30]. On peut rapprocher ces poupées de l'iconographie des *puellae Faustinianae*, précisément à l'époque des plus belles d'entre elles. Ces jeunes filles prises en charge par le pouvoir impérial sont représentées non comme les petites filles qu'elles sont, mais comme des adolescentes, ayant dépassé l'âge auquel elles ont le droit d'aliment: il faut qu'il soit bien clair qu'elles deviendront la *fecunditas* et la *felicitas temporum*[31].

2.3. Le désir d'enfant

Bien d'autres objets archéologiques vont dans le sens de cette glorification, non agressive mais prudente, de la procréation. Il faut aussi citer les Vénus de terre blanche, fabriquées en Gaule, mais distribuées bien au-delà dans tout l'Occident romain, et divers types d'ex-voto et représentations mystérieuses[32]. Des offrandes de femmes dont on peut penser qu'elles espèrent une grossesse, ou des ex-voto véritables après une heureuse naissance, sont assez souvent offerts en Gaule, comme au sanctuaire campagnard de la forêt d'Halatte. La grossièreté de la facture ne leur laisse guère de charme, mais le développement de la région pubienne et la mise en valeur de la vulve ne permet guère de doute sur leur sens.

Dans ces sanctuaires gallo-romains, les poupons représentant des bébés emmaillotés selon différents systèmes de bandelettes sont nombreux également (pl. 86, 5)[33]. S'ils rappellent les bébés étrusco-romains de terre cuite, ils sont presque tous en pierre, que je sache. Qu'ils aient été offerts en vue d'une grossesse ou pour remercier d'une naissance, ils témoignent en tout cas d'un désir d'enfant, objet d'une pratique cultuelle.

Notons qu'il existe des variations locales encore insuffisamment explorées: l'Égypte romaine fabrique et distribue bien au-delà de ses limites des amulettes protectrices de la grossesse. Les plus caractéristiques sont des gemmes d'hématite représentant un utérus sous la forme d'une ventouse médicale pourvue d'une clef. Il faut comprendre que l'utérus est imaginé alors soit comme une poche normalement à deux loges, ce qui faciliterait la conception de jumeaux; soit comme une ventouse qu'on représente renversée, l'ouverture

---

27. Rome, Mus. Cap. 1175. *CIL* VI 13410; Stuart Jones, *MusCap* 60 n° 25 pl. 10.

28. *Cf.* ThesCRA VI 1 b Enfance et adolescence, rom. **1.1.1**.

29. Voir Martin-Kilcher, S., «*Mors immatura* in the Roman World – A Mirror of Society and Tradition», dans Pearce, J., et al. (éds.), *Burial, Society and Context in the Roman World* (2000) 63-73; Dasen, V., «Les poupées», dans *Maternité et petite enfance dans l'Antiquité romaine* (2003) 198-199; pour l'interprétation voir aussi Bettini, M., *The Portrait of the Lover* (1999) 213-227.

30. On regardera dans la même perspective la momie d'une petite fille de 5 à 7 ans, d'époque romaine, sur laquelle reposaient des offrandes nombreuses dont deux miroirs, l'un au-dessus du sein droit, l'autre sur le ventre, «deux sites corporels qui soulignent l'identité sexuée de la fillette et la finalité de sa beauté, la procréation», Dasen, V., «La petite fille et le médecin», dans *Femmes en médecine, en l'honneur de D. Gourevitch* (2008) 39-59, ici 41.

31. Par exemple Helbig[4] IV 3234.

32. *Cf.* Dasen, V., «Protéger l'enfant: amulettes et crepundia», dans *Maternité et petite enfance dans l'Antiquité romaine* (2003) 172-177.

33. *Cf.* Coulon, G., «L'emmaillotage», dans *Maternité et petite enfance dans l'Antiquité romaine* (2003) 152-154. 203-204; *cf.* ThesCRA VI 1 a Naissance, rom. **3** avec n. 28. Ici Dijon, Mus. 55.1.

inférieure correspondant à la «bouche» de l'utérus. On estime que la femme qui a conçu sent se fermer son utérus, et il importe que celui-ci reste bien fermé pour ne pas perdre le produit de la conception. D'où l'iconographie de la clef, qui après avoir fermé l'organe saura enfin le rouvrir quand le moment de l'accouchement sera venu (pl. 86, 6)[34].

De son côté, la Gaule procréatrice est également nourricière: on ne se borne pas à demander à la femme de procréer mais on souhaite aussi qu'elle allaite: on y connaît une iconographie très abondante et très nuancée de *deae nutrices*, à un ou à deux nourrissons, en position de téter ou tétant réellement, particulièrement nombreuses de la fin du Ier siècle au début du IIIe siècle (pl. 87, 1)[35]. Leur origine topologique (pièce quelconque de la maison, laraire, sanctuaire public, nécropole) n'a pas toujours été notée par les fouilleurs anciens: c'est dommage, car l'endroit où on place la statuette peut en modifier légèrement la signification. Aujourd'hui, on sait qu'elles sont fréquentes dans des tombes de femmes et d'enfants, ce qui indiquerait le souhait d'un apprentissage précoce des devoirs de la maternité: Burleigh[36] décrit une tombe d'enfant (sans savoir, ou du moins sans dire, s'il s'agit d'une fille ou d'un garçon), du IVe siècle, fouillée en Angleterre, à Baldock, en 1988 (fig. 2). Parmi le matériel funéraire, il y avait une *Dea Nutrix* en très bon état. La découverte est intéressante, parce que le lieu exact de l'installation de la statuette est connu; mais aussi parce que ce type de figurine est beaucoup plus rare en Bretagne qu'en Gaule, et que la tombe est tardive. Des questions d'acculturation, à une époque où Rome elle-même était déjà largement christianisée, restent donc posées. D'autres régions ont d'autres particularités qui ne peuvent pas être ici recensées.

3. Le phénomène votif d'Italie en Gaule

3.1. La signification de l'ex-voto et la formule *VSLM*, dans les sanctuaires spécifiques et non spécifiques

C'est sans l'examiner à fond qu'on évoquera la question des sanctuaires spécifiques, dits thérapeutiques ou guérisseurs, et des sanctuaires non spécifiques, avec un rôle occasionnel de sanctuaire guérisseur, par exemple faute de mieux à proximité. Si la question mérite d'être posée pour les historiens des religions, elle n'a guère d'importance

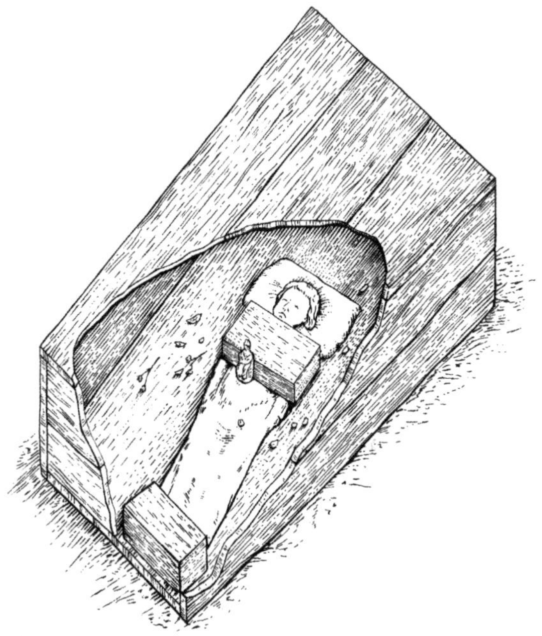

Fig. 2

pour les historiens de la médecine, qui regardent l'objet votif et sa signification médicale plus que le sanctuaire et sa divinité. Il faut en tout cas noter que la présence d'instruments médicaux ou chirurgicaux sur un site ne permet pas d'affirmer le caractère guérisseur du site: on trouve de tels objets abandonnés, oubliés ou perdus partout où la foule se rassemble. Cette question va de pair avec celle de la signification de l'ex-voto et la formule *VSLM*. Il faut comprendre qu'un ex-voto pour la santé n'est pas forcément un ex-voto de guérison. Et que la remise d'un ex-voto pour la santé n'indique pas forcément que le dieu récipiendaire soit un dieu guérisseur. Ainsi le Mars de Trèves a agi *pro salute* des petits enfants, il a préservé leur santé en les empêchant de tomber malades plutôt qu'en les guérissant. La formule latine ne permet pas de comprendre si l'acte religieux des parents est préventif ou reconnaissant, mais on peut penser que Mars garde sa tactique de dieu militaire, en combattant contre l'ennemi possible le *morbus* actif qu'il repousse[37]. Dans le cas de l'inscription bilingue offerte par le malade Tychicus, sauvé (*servatus*) par le divin amour du dieu de Martberg (*ILS* 4569), *Lenus Mars* n'a pas fait dormir le sujet dans un *abaton* ou ordonné un régime, il a fait fuir les souffrances et les peines de la maladie.

---

34. Hanson, A. E., «Uterine Amulets and Greek Uterine Medicine», *Medicina nei Secoli* 7 (1995) 281–299; ead., «A Long-lived 'Quick-birther'», dans Dasen, V. (éd.), *Naissance et petite enfance dans l'Antiquité* (2004) 265–280; Dasen, V., «Représenter l'invisible: la vie utérine sur les gemmes magiques», dans ead. (éd.), *L'embryon humain à travers l'histoire. Images, savoirs et rites* (2007) 41–64. Ici Ann Arbor, Kelsey Mus. Bonner n° 134.

35. Dasen, V., «A propos de deux fragments de deae nu-

trices à Avenches. Déesses-mères et jumeaux dans le monde italique et gallo-romain», *Bulletin de l'association Pro Aventico* 39 (1997) 125–140. Ici Nimègue, Mus. Het Valkhof 12.1951.2.

36. Burleigh, G. R., *et al.*, «A Dea Nutrix Figurine from a Romano-British Cemetery at Baldock, Hertfordshire», *Britannia* 37 (2006) 273–294.

37. Gourevitch, D., «Les noms de la maladie, continuités et nouveautés», dans ead. (éd.), *Histoire de la médecine. Leçons méthodologiques* (1995) 52–57.

Quant aux ex-voto représentant des parties du corps, d'une part ils ne sont pas forcément des signes de demande médicale: des pieds peuvent être offerts *pro reditu*, et des oreilles pour obtenir la bienveillante écoute divine, quelle que soit la demande. Parmi les ex-voto vraiment médicaux, il en est d'inscrits et il en est d'anépigraphes. Dans ce cas, on ne peut savoir à quel moment le don a été remis. Mais la majorité des exemplaires gallo-romains porte la formule réduite *VSLM*, ou, sous une forme plus ou moins développée, *votum solvit libens merito*, ce qui signifie que le don a été fait après que le vœu a été exaucé, sans qu'on sache exactement en quoi il consistait car il est rare qu'une pathologie caractérisée soit décelable[38]. Mais, même en cas d'inquiétudes de santé, les offrandes peuvent être de natures très différentes: on peut construire un bâtiment, strictement cultuel ou non, donner de l'argent, faire des sacrifices de toutes natures, et les dons-objets peuvent aussi être de différentes sortes, des objets quelconques. Leur destin est très variable: ceux de métal précieux ne feront pas long feu et seront vite recyclés; d'autres resteront dans le sanctuaire tant qu'ils ne deviendront pas trop abondants: alors, victimes de leur bon marché et de leur succès, ils seront jetés, ce qui les a sauvés pour l'éternité, comme les terres cuites dans tout le monde romain. En Gaule, le bois (en milieu humide) et le calcaire grossier fourniront aussi de bonnes conditions de survie. Mais il semble que ceux-là aient disparu dès la fin du Ier siècle, tant aux sources de la Seine, qu'à Chamalières, à Luxeuil-les-Bains, ou à Essarois: question de mode ou question de technique, les deux combinées probablement.

Le monument commémoratif d'un succès thérapeutique peut aussi représenter une scène, plus ou moins complexe comme sur le célèbre ex-voto grec d'Oropos[39]. Enfin, se rendant au sacrifice ou allant apporter son ex-voto, le fidèle peut cheminer en brandissant ou en faisant brandir une sorte d'écriteau: on a un tel πίναξ sur ce don à Amphiaraos comme on peut avoir un *titulus*, qui explique au public les raisons du geste; le fidèle avance *titulo praelato*, ce qui est une façon de publiciser un geste privé et d'en clarifier la signification: un autel funéraire probablement du IIe ou du IIIe siècle a ces deux caractéristiques (pl. 87, 2)[40]. D'abord une scène médicale, puis la scène d'offrande avec tableautin. Sur la face latérale gauche, une scène de consultation médicale: le médecin, assis sur sa cathèdre, examine un enfant nu debout devant lui. Sur l'autre face latérale, une femme (l'épouse du médecin?) vient avec des esclaves ou des enfants rendre hommage à la divinité; l'un d'eux brandit une pancarte explicative, malheureusement illisible. Ici, on a voulu mettre en valeur la compétence médicale; d'autres fois, c'est d'une prière qu'il s'agit: pour Auguste, empereur mais aussi homme pouvant être malade, des citoyens romains demandèrent ainsi la santé (Suet. *Aug.* 59); d'autres eurent l'imprudence de proclamer qu'ils donneraient leur vie pour que Caligula récupérât la santé: le monstre, guéri, les prit au mot et les fit mettre à mort (Suet. *Cal.* 27). Ou du danger imprévu de la substitution.

3.2. Une particularité: le chien vicaire et son rôle dans la forêt d'Halatte

Le chien vicaire prend sur lui une telle substitution. Il est particulièrement présent sur certains sites occidentaux, comme par exemple au temple d'Halatte: aujourd'hui dans la forêt mais construit au milieu des champs au premier siècle de notre ère par les *Sulbanectes*[41], il ne comportait, semble-t-il, ni source ni puits mais il présente la caractéristique archaïque d'un crâne humain dans les fondations. Quelque 360 ex-voto y ont été découverts, en bronze, en os mais surtout en pierre, un calcaire oolithique grossier (pl. 87, 3)[42]; ils représentent pour la plupart des hommes, des femmes, des enfants, ou des parties du corps humain, ainsi que des animaux. Et si nous ne connaissons pas la divinité du temple, il ne fait aucun doute qu'elle avait un rôle guérisseur. Parmi les statues qui nous renseignent et sur la pathologie de cette population et sur ses craintes en matière de santé et de maladie, plusieurs comportent un chien, dont une découverte des dernières fouilles (pl. 87, 4)[43]: un homme glabre au visage pathétique est assis, les jambes écartées à cause de ses énormes organes génitaux, pénis alourdi, testicules rendus invisibles par le gonflement des bourses. Souffrant donc d'hydrocèle, il tient sur ses genoux un petit animal à la queue coupée. On a parlé de chat, mais c'est un chien, animal familier des sanctuaires de guérison. On connaît ceux qui hantaient les sanctuaires d'Asclépios-Esculape, mais en restant en Gaule on peut rapprocher notre malade de deux pèlerins gallo-romains, dans leur tenue spéciale, l'un actuellement à Dijon[44], un autre à

---

38. Grmek/Gourevitch.
39. (= ThesCRA I 1 Processions, gr. **105**) Athènes, Mus. Nat. 1384. Grmek/Gourevitch 301–302; Kaltsas, N., *Sculpture in the National Archaeological Museum* (2002) 227 n° 476.
40. Rome, Mus. Vat. 1038. Veyne, P., « *Titulus praelatus*: offrande, solennisation et publicité dans les ex-voto gréco-romains», *RA* (1983) 281–300 figs. 1–2; Grmek/Gourevitch 187.
41. Durand, M. (dir.), *Le temple gallo-romain de la forêt d'Halatte (Oise)* (2000).
42. (= ThesCRA I 2 d Offrandes, rom. **597. 606**) Ici Senlis, Mus. A.00.5.82.
43. Durand o.c. 47 Senlis, Mus. A.99.3.13.
44. (= ThesCRA I 2 d Offrandes, rom. **581** avec bibl.) Dijon, Mus. 752. Espérandieu 2407; Deyts, S., *Un peuple de pèlerins. Offrandes de pierre et de bronze des Sources de la Seine* (1994) 21 pl. 1, 1; autres exemples Deyts o.c. 22–23 pls. 1–2.

Semur-en-Auxois[45], apportant un chien en offrande. Ce chiot n'est pas une offrande banale[46] mais une offrande de substitution, un être vivant dont on espère qu'il va, si la divinité le veut, prendre sur lui la maladie du donateur. Les ex-voto de chien isolé ont probablement la même signification: ainsi en Angleterre, à Lidney Park, dans le sanctuaire de Nodens (pl. 88, 5)[47]. Mais aussi des chiens sur des stèles funéraires d'enfants: ainsi aux Bolards, où les tombes de tout-petits sont extraordinairement abondantes, sur une stèle brisée, on voit bien la main dodue d'un enfant tenant maladroitement un chien à longue queue (pl. 88, 2)[48]. Et des chiens encore sont souvent enterrés avec de jeunes enfants ou des bébés: dans l'étrange cimetière d'enfants près de Lugnano in Teverina (Terni), Soren et ses collaborateurs ont repéré, près des prématurés ou des nouveau-nés, les squelettes de treize chiots et jeunes chiens[49]. Les auteurs ont raison de rapprocher cette pratique de deux passages de Pline (*nat*. 30, 42 et 64), estimant qu'ils ont été tués dans l'idée de se concilier magiquement les puissances chthoniennes et d'éviter des morts supplémentaires parmi les enfants qui restaient[50]. Ainsi, dans le cas d'Halatte, on peut imaginer le scénario suivant: un malade souffrant en ses organes génitaux offre à la divinité un chien vivant qui pourrait prendre sa maladie et éventuellement mourir à sa place dans un sacrifice. Le dieu a accepté le marché, et le malade, guéri, est venu le remercier par une image définitive de sa première visite.

3.3. Deux autres sites occidentaux: les sources de la Seine et Chamalières

À Halatte était installé un sanctuaire spécifique en plaine et loin de toute eau courante, consacré à une divinité inconnue de nous, mais la région la plus riche de Gaule est la Bourgogne actuelle où le site le plus charmant et le plus spectaculaire à la fois est celui de Saint-Germain-Source-Seine. Il s'est révélé riche d'ex-voto de pierre et de bois, pour la plupart conservés au Musée archéologique de Dijon (pl. 88, 3; 89, 1–2)[51]. Là jaillissent les eaux de la *dea Sequana*[52]. La compréhension du site n'a pas été facilitée par quatre séries de fouilles, de 1836 à 1966, avec des méthodes de travail très différentes, parfois agressives. Des terrasses avaient été aménagées sur les sources de la Seine – au moins trois – canalisées dans des canaux de bois, à la gauloise. Une piscine recevait les eaux sacrées; au fond reposaient les ex-voto en bois qui firent sensation lors de leur découverte, les «polysplanchniques», dits aussi planches anatomiques d'organes internes, n'ayant pas d'emblée été compris.

À une vingtaine de kilomètres des sources de la Seine, à vol d'oiseau, le sanctuaire d'Apollon Moritasgus à Alésia[53] donne plusieurs leçons d'histoire: en effet, un dieu local s'y est amalgamé à un dieu guérisseur importé du panthéon gréco-romain[54]. Ensuite, le sanctuaire comporte des chapelles votives, des thermes et des portiques, mais enseigne que ceux-ci ne servent pas forcément à l'incubation. À son propos, il est intéressant enfin de remarquer qu'une succession religieuse n'est pas forcément un remplacement: en effet, ce n'est pas sur la même source, mais sur une source voisine, que règnera sainte Reine, patronne d'Alise-Sainte-Reine et seule protectrice féminine contre la syphilis, que je sache. C'est un relais sans filiation[55].

Le cas de Chamalières, également très riche en ex-voto médicaux, est topographiquement plus simple que celui de la Seine, sanctuaire de source également alors en pleine nature[56], aujourd'hui au lieu dit «Source des roches» (pl. 89, 3)[57]. C'est en-

---

45. Semur, Mus. Espérandieu 2410; Deyts *o.c.* 22 pl. 2, 2.
46. *Cf.* Scholz, H., *Der Hund in der griechisch-römischen Magie und Religion* (1937); Gourevitch, D., «Le chien, de la thérapeutique populaire aux cultes sanitaires», *MEFR* 80 (1968) 247–261; Levy, T., «Dogs and Healing», *British Archaeology Review* 17, 6 (1991) 14–18.
47. Wheeler, R. E. M./Wheeler, T., *Report on the Excavation of the Prehistoric, Roman and Post-Roman Site in Lidney Park, Gloucestershire* (1932) pl. 26, 119 et 120.
48. Planson, E. (éd.), *La Nécropole gallo-romaine des Bolards* (1982) n° 45 pl. 38. Voir aussi Pommeret, C., *Le Sanctuaire antique des Bolards à Nuits-Saint-Georges (Côte d'Or)* (2001). Ici Nuits-Saint-Georges, Mus. B 98.
49. Soren, D./Fenton, T./Birkby, W., «The Late Roman Infant Cemetery near Lugnano in Teverina, Italy: Some Implications», *Journal of Paleopathology* 7 (1995) 13–42 (part. 15–16).
50. Dans une tout autre région de l'Empire, en Gaule, les archéologues ne savent pas expliquer l'inhumation de deux chiens, en parfaite connexion anatomique et donc inhumés en contention, chacun dans sa fosse, dans un cimetière rural tardif: Blaizot, F., *et al.*, «Cimetières ruraux de l'Antiquité tardive», *Gallia* 58 (2001) 271–361 (part. 294–296). *Cf.* aussi De Grossi Mazzorin, J., «L'uso dei cani nei riti funerari», dans Heinzelmann, M., *et al.* (éds.), *Römischer Bestattungsbrauch und Beigabensitten* (2001) 77–82.
51. Deyts, S., *Les bois sculptés des sources de la Seine* (1983); ead., *Un peuple de pèlerins. Offrandes de pierre et de bronze des Sources de la Seine* (1994). Bois: ThesCRA I 2 d Offrandes, rom. **586*. 587. 592. 593. 594. 601. 607**; pierre: **580. 581. 583*. 584. 585. 588*. 595*. 596*. 599. 603**; bronze: **598*. 600*. 602*. 604**. Ici pl. 88, 3: Dijon, Mus. 72.2.36; pl. 89, 1: Dijon, Mus. 933. 934; pl. 89, 2: Dijon, Mus. 75.2.34.
52. (= *LIMC* VII Sequana **1*** avec bibl.)
53. *Cf.* Bauchhenß, G., *LIMC* II (1984) 461–462 s.v. «Apollo/Apollon»; Rabeisen, E., «Le sanctuaire d'Apollon Moritasgus à Alésia», dans Landes 27–31 avec bibl.; ThesCRA IV 1 a Lieux de culte, etr., ital., rom. Balneum **7**.
54. *Cf.* en Germanie Mars à Trèves et à Pommern; en Bretagne, Minerve à Bath.
55. On verra là-dessus le *Compendium de médecine pratique* II et III (1846) par Edmond Monneret et Louis Joseph Désiré Fleury.
56. Ce qui en fait un cas très différent de celui de Bath évoqué aussi dans ces pages.
57. Romeuf, A.-M./Dumontet, M., *Les ex-voto de Chamalières (Puy-de-Dôme). Bois sculptés de la source des Roches* (2000).

core un autre type de culte. En effet, aucune trace de construction n'a été retrouvée, mais seulement un aménagement de confort pour l'accès plus ou moins à pied sec à la source autour de laquelle on fichait debout ou dans laquelle on jetait les ex-voto (de hêtre surtout, de chêne aussi et de quelques autres essences beaucoup moins représentées) qui se sont accumulés dans la boue et le gaz carbonique pendant tout le Ier siècle. Il n'y avait pas d'autres manifestations dévotes. On ne connaît pas le nom de la divinité romaine qui fut priée d'Auguste à Néron, mais on sait grâce à une tablette d'exécration en langue gauloise (assez obscure) qu'elle succédait à un certain Maponos.

4. Le médecin, les divinités, les concurrents

4.1. Les divinités qu'on n'attendait guère

Parmi les grandes divinités qui peuvent être implorées, on en rencontre qu'on attendait comme Asclépios/Esculape et Hygie, et d'autres qu'on attendait moins. Qui, à première vue, de plus éloigné de la santé qu'Hercule, brutal, malade, meurtrier, victime d'une maladie nerveuse et mentale qui prend son nom, bénéficiant d'une force malsaine également définie par le même adjectif? Or, en réalité, il est très présent dans plusieurs légendes mythologiques qui vont entrer dans une logique antique de thérapie, ou dans une interprétation moderne médicale. C'est ainsi qu'il a tué le lion fils d'Orthros, le chien de Géryon et de la chimère Échidna qui faisait régner la terreur dans la région de Némée en Argolide. La peau du monstre étant impénétrable, Hercule ne peut le tuer qu'en lui brisant la tête de son énorme massue d'olivier. Le lion devient une constellation, Hercule ira dorénavant revêtu de la peau de la bête. Il nettoie les écuries d'Augias, en détournant les fleuves Alphée et Pénée qui entraînèrent les détritus accumulés, faisant, peut-on dire aujourd'hui, œuvre de salubrité publique. Il tue l'hydre aux multiples têtes qui ravageait la région marécageuse de Lerne mais il eut la malencontreuse idée d'en recueillir le venin dont il imprégna ses flèches, puis la fameuse tunique qui devait indirectement causer sa mort. On peut dire aujourd'hui que l'hydre est le symbole de l'eau partout suintante des marécages, qui contribue à entretenir le paludisme: tuant la bête, Hercule aurait éradiqué le paludisme dont les études paléopathologiques prouvent effectivement

l'existence dans la région[58]. Or cette énorme brute est présente avec sa massue sur de nombreux petits objets magiques ou médicaux: comme il a purgé la Grèce de ses monstres les plus affreux, il débarrassera les humains de la maladie. Il décore des manches d'instruments chirurgicaux, aidant les chirurgiens. Il protège les porteurs de gemmes gravées des maladies qui pourraient les attaquer. Même s'il ne devient jamais divinité salutaire spécialisée, il est présent comme guérisseur dans de nombreux sanctuaires: à Glanum, près de la source guérisseuse, au moins sept autels l'honorent[59]. À Deneuvre, où le sanctuaire domine la vallée de la Meurthe, au lieu dit autrefois *Dano* (nom de personne) + *Briga* (pont), il est le dieu principal[60], régnant sur des sources sommairement aménagées dans des bassins de bois à la gauloise bien que l'installation date du règne d'Antonin. Les ex-voto les plus fréquents sur le site sont des représentations d'Hercule lui-même, dont une avec un serpent (pl. 90, 1)[61], ce qui ne peut laisser aucun doute sur la spécialisation de son rôle local, mais aussi (moins souvent) des personnifications de la source, et quelques ex-voto probablement de guérison, comme des yeux: l'objet B 70, très curieux, est un œil de bronze isolé, moulé, qui n'était pas destiné à être inséré dans une statue car il est travaillé sur les deux faces[62]. Son exemple permet d'évoquer le problème général (sur lequel la réponse n'est pas unanime) des compétences particulières selon les sanctuaires et selon les divinités.

Cette omniprésence divine sous des formes diverses (ce à quoi il faudrait ajouter les surnoms divinisants de certains médecins, notamment formés sur Apollon et Asclépios pour les hommes et sur Hygie pour les femmes[63]) n'implique pas de concurrence entre la médecine et la religion, bien au contraire: le médecin romain ne se sent pas plus que le médecin grec en rivalité avec les dieux. Dieux et humains font au contraire bon ménage, acceptant un certain partage des rôles. On connaît à Obernburg en Franconie, ancien fort du *limes*, le cas d'un médecin militaire qui a eu de gros soucis avec un haut gradé et a été fort content de l'aide divine. D'où l'autel de grès rouge, sur lequel il dit sa reconnaissance: «Consacré à Jupiter très bon et très grand, à Apollon, à Esculape, à la Santé, à la Fortune, pour la santé de Lucius Petronius Florentinus, préfet de la quatrième cohorte montée des Aquitains citoyens romains. Marcus Rubrius Zosimus, médecin de la cohorte nommée ci-dessus, originaire d'Ostie, s'est acquitté de son vœu

---

58. Grmek/Gourevitch 97–99.
59. Moitrieux, G., *Hercules in Gallia* (2002) 242–245.
60. Moitrieux, G., *Hercules Salutaris. Hercule au sanctuaire de Deneuvre (Meurthe-et-Moselle)* (1992); id. (n. 59) 239–242; id., «Deneuvre (Meurthe-et-Moselle), un site celtique et gallo-romain: nouvelles données archéologiques», *Latomus* 67 (2008) 3–20.
61. *Cf. ThesCRA* I 2 d Offrandes votives, rom. **540. 565**; *LIMC* V Hercules in per. occ. **9. 16**; Suppl. 2009 Hercules in per. occ. **add.1***. Ici (=*ThesCRA* I 2 d Offrandes votives, rom. **565**) Deneuvre, Mus. SA 8.
62. Moitrieux (n. 60 [1992]) 97 pl. 32.
63. Solin, H., «Die sogenannten Berufsnamen antiker Ärzte», dans Van der Eijk, Ph./Horstmanshoff, H. F. J./Schrijvers, Ph. (éds.), *Ancient Medicine in its Socio-cultural Context* I (1995) 119–142. Par exemple dans un *columbarium* romain, *CIL* VI 4458: *Hygia/Marcellae L/Obstetrix*.

joyeusement, bien volontiers et à juste titre» (*CIL* XIII 6621). Aux yeux des malades aussi, il y a coexistence souvent et parfois même coopération, sur tout le territoire de l'Empire. Ainsi, à Sinope, au IIe siècle, «Proclos, qui a été soigné au nez, rend grâce à Asclépios et aux Nymphes, ainsi qu'au médecin de la ville (ἀρχίατρος) Gordianos, chéri de tous, qui dit toujours qu'il faut aller de l'avant...»[64].

4.2. Concurrences: charlatanisme, rêve

Dans d'autres cas, c'est de concurrence véritable qu'il s'agit: charlatanisme et manipulation plus ou moins cynique, interprétation des rêves, élucubrations diverses. Pour illustrer la première situation, voyons l'histoire d'Alexandre d'Abonuteichos (en Paphlagonie) et de son serpent Glycon, qui commence en gros à la même époque qu'Apellas, sous le règne d'Antonin le Pieux; elle a l'immense mérite d'avoir été racontée par Lucien de Samosate[65], avec la malveillance et l'astuce qui le caractérisent. Un serpent protecteur de la fertilité et de la santé n'a évidemment rien pour surprendre; ce qui surprend, c'est l'audace de cet Alexandre dont le nom, bien sûr, n'est pas neutre, qui ose une mise en scène avec œuf de serpent, serpent à tête humaine et doté de la parole, et qui, en des temps de doute et de peur[66], séduit empereurs et gouverneurs de province. Des statues le représentent et même des monnaies officialisent son importance[67], le charlatan ayant su pour séduire s'appuyer sur des croyances traditionnelles profondément ancrées.

La concurrence onirique est très bien représentée par Artémidore[68]. Sans vouloir entrer dans des considérations psychanalytiques anachroniques, on résumera ici quelques points simples de rêves relatifs à des parties du corps, les yeux et les dents: ceux-là représentent un objet de préoccupations constantes, donc d'ex-voto innombrables; celles-là sont, certes, sources de douleurs intenses, mais surtout marqueurs de l'histoire individuelle, avec leur première pousse, leur chute et leur repousse, indiquant l'entrée dans les différents âges de la vie, et impliquant des rites funéraires différents. Et si une femme est préoccupée pour ses enfants, la prunelle de ses yeux, elle rêve qu'elle a mal aux yeux, ou le contraire (4, 24 Pack). Mais qui rêve aux dents de devant, rêve de jeunesse; de canines, d'âge moyen; de molaires, d'âge mûr; et si un esclave rêve qu'il est édenté, cela signifie pour lui liberté puisque, au moins, il ne souffrira pas de ce côté-là (1, 31 Pack).

Il circule des rêves prémonitoires classiques qui sont véhiculés par la littérature médicale: ainsi, chez Rufus, ils sont la réponse à un état humoral pathologique (*Interrogatoire du malade* 29-33 = Daremberg/Ruelle p. 205-206), comme pour Myron d'Éphèse dans un marais noir, un individu étouffé par un Éthiopien, ou un autre nageant dans le fleuve Caystre: ils n'ont pas compris ce qui leur était ainsi annoncé.

Quant à Galien lui-même, il s'est dit personnellement éclairé par des rêves à différents moments-clefs de sa vie, et ce n'est pas un hasard si, dans le même sens, d'une part il craint, lorsque ses pronostics sont particulièrement brillants, d'être pris pour un «mage» ou un «devin»[69] et si, d'autre part, la tradition ne lui a pas refusé un ouvrage iatromathématique, à savoir des *Prognostica de decubitu* insérés par Kühn à la fin de son édition, au livre XIX tout de même, qui rassemble des textes douteux[70]. Il s'agit, dans cet opuscule, de tirer de l'aspect et de la position de la lune au moment où le sujet tombe malade un pronostic sur la durée et l'évolution de sa maladie. La pivoine et la lune dans leurs rapports avec une médecine pourtant rationnelle n'étaient pas ignorées de Galien; une telle littérature (rédigée entre le IVe et le IIe siècle, mais pouvant avoir des origines plus lointaines) non plus: tout cela fait partie d'un certain bain culturel que partagent les médecins et leur clientèle, à des niveaux divers. Il s'agit de mélothésie, doctrine qui croit établir sur les parties du corps humain une influence astrale; les maladies, les lésions, les troubles de telle ou telle partie du corps sont en rapport avec tel astre, telle constellation, telle planète; maladies, troubles, lésions mais aussi traitement et guérison en dépendent. Mais nous ne saurions nous étendre davantage sur ces questions compliquées, présentes aussi sur bien des gemmes, car il ne s'agit vraiment ni de médecine ni de religion ni de mythologie.

4.3. Magie

C'est dans le traité *Des médicaments simples* que Galien a fait part de ses questions sur les pouvoirs de la pivoine. C'est dans ce même traité, au livre X cette fois, que, passant en revue l'efficacité des terres, des pierres et des métaux, il s'intéresse à celle des gemmes gravées sur de telles pierres. Le

---

64. Samama, É., *Les médecins dans le monde grec: sources épigraphiques sur la naissance d'un corps médical* (2003) n° 325.
65. Lucien, *Alexandre ou Le faux prophète*, éd. et trad. Caster, M./Dauzat, P.-E. (2001) et Caster, M., *Études sur Alexandre ou le faux prophète* (1938). *Cf.* Mastrocinque, A., «Alessandro di Abonuteichos e il culto di Asclepio», dans De Miro *et al.* 195-200.
66. Dodds, E. R., *Pagan and Christian in an Age of Anxiety* (1965); Gourevitch, D., «Apparition et diffusion d'une maladie nouvelle: la peste de Marc-Aurèle», dans Signoli, M., *et al.* (éds.), *Peste: entre épidémies et sociétés* (2007) 345-352.
67. Voir *LIMC* IV Glykon.
68. Artémidore d'Éphèse, *La clef des songes*, éd. et trad. Festugière, A.-J. (1975).
69. Boudon, V., «Aux marges de la médecine rationnelle: médecins et charlatans à Rome au temps de Galien», *REG* 116 (2003) 109-131.
70. Cumont, F., «Les *Prognostica de decubitu* attribués à Galien», *BIHBR* 15 (1935) 119-131.

chapitre 19 (= Kühn XII, p. 207), consacré au jaspe vert, est méthodologiquement exemplaire. D'abord, quant aux sources, Galien se fonde sur trois sortes de témoignages, plus ou moins solides: le sien propre fondé sur l'expérience, celui de témoins de bonne foi, et le bruit qui court, la notoriété publique pourrions-nous dire. Puis, quant à l'intaille elle-même: l'efficacité de la pierre gravée dépend de son matériau, du sujet qui a été gravé sur elle et de la façon dont elle est portée. Elle doit l'être le plus près possible du lieu atteint ou pour lequel on est inquiet. Cela ne semble pas toujours facile: parfois une bague au doigt suffira, mais comment porter une intaille sur le ventre? On pourra toujours choisir un long fil pour que la pierre suspendue au cou du patient arrive au niveau de la «bouche» de l'estomac[71]. On gravera une image efficace, comme celle de Chnoubis, le serpent égyptien à la tête de lion rayonnant, toujours pour l'estomac. Mais, Galien l'affirme également, l'image n'est pas absolument nécessaire. C'est la nature de la pierre (et donc sa couleur) qui est ce qu'il y a de plus important: ainsi du jaspe vert, encore pour l'estomac. Mais ailleurs, le vert est déclaré bon pour les yeux: si l'on s'attache aux vertus de la couleur, on peut choisir une autre chose verte, ou un animal vert, comme le serpent ou le lézard vert[72]. Cet animal a un atout de plus: ses yeux globuleux, qu'on suppose particulièrement efficaces.

On recourt aussi à la magie pour rester en bonne santé, et toutes sortes de petits objets personnels témoignent du souci de conserver une bonne santé et de se préserver de tout mal en général. Les amulettes sont surtout portées par les enfants, dont la vie est fragile, et par les femmes dont les soucis de santé sont multiples, en particulier en matière de fécondité, grossesse et accouchement. En milieu étrusco-romain ou romain et dans de multiples sanctuaires, s'est accumulé un nombre énorme d'ex-voto représentant des utérus de terre cuite; plus que pour les autres organes internes qui inquiètent d'autant plus qu'on ne les voit pas, on craint particulièrement pour lui et le *morbus*, processus pathologique qui l'attaque, et le *vitium*, état fâcheux et installé pour lequel on ne peut pas grand chose. Tout le monde sait que c'est là que se passe la conception et le développement fœtal: les médecins le disent tous, et les femmes savent comment se faire avorter. En outre, non seulement la découverte récente d'un texte arabe prouve que Galien a disséqué des utérus féminins gravides[73], mais aussi l'examen radioscopique de tel et tel de ces ex-voto qui faisaient un bruit intrigant a montré qu'il contenait une ou deux billes (jamais plus, du moins jusqu'à présent) de terre cuite, qui ne sont pas des débris de glaise, mais qui ont été volontairement façonnés et placés dans la poche utérine: on devrait donc en conclure que des grossesses gémellaires pouvaient être souhaitées[74]. La représentation symbolique du fœtus sans aucune ressemblance avec la forme humaine est une exception transitoire dans l'histoire de l'iconographie embryologique: le traité de Mustio[75], inspiré de Soranos, préfère de petits adultes, dont l'image invraisemblable aidera peu les sages-femmes.

Les gemmes sont légion[76]: elles font leur première apparition au Ier siècle avant J.-C., et la majorité d'entre elles date des IIe–IVe s. Bien qu'elles utilisent le grec, leur iconographie et leur contenu sont typiques de l'époque impériale, et elles sont très répandues dans toute la population. Il en est sur lesquelles l'utérus à clef est associé souvent à telle ou telle divinité orientale et à des inscriptions donnant des ordres à la matrice ou à l'embryon. Elles jouent aussi un rôle particulièrement important pour les traitements ou la prévention des douleurs abdominales[77] au sens large[78], souvent gravées d'un Chnoubis[79], plus souvent encore d'un ibis, oiseau de Thoth, qui passe pour particulièrement vorace: on lui demande une bonne «coction», une bonne digestion des aliments, on lui demande de bien boire. On doit évidemment remarquer que, si l'origine de cette magie médicale est égyptienne, elle déborde largement son territoire d'origine et que des divinités non-égyptiennes s'approprient également une part de ce domaine: ainsi les coliques, attribuées à tort ou à

---

71. Par exemple Gal. *De simpl.* 10, 19 = Kühn XII, p. 207.
72. Gaillard-Seux, P., «Les maladies des yeux et le lézard vert», dans Debru, A./Sabbah, G. (éds.), *Nommer la maladie: Recherches sur le lexique gréco-latin de la pathologie* (1998) 93–105; La Genière, J. de, «Faut-il avoir peur des lézards», dans *Across Frontiers. Papers in Honour of D. Ridgway and F. R. Serra Ridgway* (2006) 157–166.
73. Boudon V., «Deux manuscrits médicaux arabes de Meshed (Rida tibb 5223 et 80): nouvelles découvertes sur le texte de Galien», *CRAI* (2001) 1197–1222.
74. Dasen, V., *Jumeaux, jumelles dans l'Antiquité grecque et romaine* (2005), ainsi que Dasen (n. 34) et Baggieri, G., *Mater. Incanto e disincanto d'amore* (2000).
75. Leven, K.-H., dans Leven 634–635 s.v. «Mustio» avec bibl.
76. Voir par ex. Michel, S., «Medizinisch-magische Amulettgemmen: Schutz und Heilung durch Zauber und edle Steine in der Antike», *AntW* 26 (1995) 379–387; ead., *Die magischen Gemmen* (2004) (part. 146–202); Nagy, Á. N., *ThesCRA* III 6 i Magie, sect. **C** (avec bibl.); Mastrocinque, A., «Medicina e magia. Su alcune tipologie di gemme propiziatorie», dans Marcone, E. (éd.), *Medicina e Società nel mondo antico* (2006) 91–100; Monaca, M., «Iatromagia: esempi dalle gemme magiche», dans De Miro et al. 253–263; Dasen, V., «Magical Gems», dans Frankfurter, D./Versnel, H. (éds.), *Guide to the Study of Ancient Magic* (sous presse); Nagy, Á. M., «Daktylios pharmakites. Magical Healing Gems and Rings in the Graeco-Roman World», dans Burnett, Ch./Csepregi-Vardabasso, I. (éds.), *Ritual Healing in Antiquity and the Middle Ages* (sous presse).
77. La grossesse et l'accouchement sont traités ailleurs dans cet ouvrage cf. *ThesCRA* VI 1 a Naissance, gr.
78. Gourevitch, D., «Les noms latins de l'estomac», *RPh* 50 (1976) 85–110; ead., «Stomachus et l'humeur», *RPh* 51 (1977) 56–74.
79. *LIMC* III Chnoubis.

raison à des excès de nourriture, relèvent des bons soins d'Hercule, un glouton lui aussi[80]. On lui demande, par exemple, de se charger de remettre la bile à sa place, exemple qui montre que même dans les pratiques les moins rationnelles il reste quelque chose des doctrines dominantes (ici la théorie des humeurs). Pour Alexandre de Tralles (2, 377 Puschmann), des gemmes en pierre de Médie illustrées d'Héraclès au lion sont censées éviter les maux d'estomac. En bonne place aussi quelques maladies du dos et des articulations très douloureuses: ainsi la sciatique, ainsi la podagre désespérante, contre laquelle Marcellus, par exemple, finissait par se résigner à la magie (36, 70)[81]. Ainsi même des douleurs dues au travail: le mal de dos de qui doit se baisser pour moissonner, rendu presque bossu par une vie dure, comme sur une hématite[82].

Mais, à date tardive, il put arriver que les médecins aillent plus loin et choisissent de prescrire eux-mêmes positivement des techniques magiques: Marcellus Empiricus, déjà cité (14, 26), en cas de mal de gorge prescrit un grain de raisin sec en amulette qu'on placera en récitant la formule magique reposant sur le jeu de mots entre les deux sens du nom latin *uva*, raisin et luette: *uva uvam emendat*. On peut rapprocher cette pratique d'une gemme à double face: sur une face, une belle grappe de raisin avec sa feuille, pointe vers le bas; sur l'autre le mot σταφυλή le raisin, diminuant de sa première lettre à chaque ligne, comme diminuera l'inflammation (pl. 90, 4)[83].

4.4. Superstition

Quant à la superstition en général, ce ne sont pas seulement les médecins tardifs qui la suggèrent, mais déjà les plus grands noms de la plus éclatante période de la médecine romaine qui la toléraient, Soranos à propos de la médecine des femmes, Galien à propos de la médecine des enfants. Soranos, le plus éclairé et le plus humain des médecins de Rome, pour que tout se passe pour le mieux, ne veut heurter en rien la femme enceinte tout en la contrôlant soigneusement[84]. Il tolérera donc des conduites capricieuses ou superstitieuses que la raison réprouve, à condition qu'elles ne soient pas dangereuses. Il admet les caprices alimentaires de la période de pica, s'ils ne mettent pas en danger le fœtus; il va même jusqu'à conseiller lui-même que tous les liens soient dénoués sur le corps féminin au moment de l'accouchement: «il convient, pour laisser libre passage au souffle, de délier la ceinture des femmes en couches et de libérer leur poitrine de tout bandage. Ce n'est pas pour obéir au préjugé populaire selon lequel 'femme n'accepte aucun lien' qu'il faut aussi dénouer les cheveux, mais ... il est bien probable que le fait de dénouer les cheveux procure aussi un bien-être à la tête» (*Gyn.* 2, 1, éd. *CUF* II p. 8). On remarque la citation d'une formule consacrée, sorte de dicton de ce qu'on appelle sagesse populaire, ici appliqué à une situation dramatique. Plus loin, en cas d'hémorragie de la matrice (*Gyn.* 3, 12, éd. *CUF* III p. 46), «certains prétendent qu'il existe même des remèdes agissant par antipathie, tel l'aimant, telle la pierre d'Assos, la pressure de lièvre, et autres amulettes, auxquelles nous n'accordons pour notre part aucun crédit. On ne doit pas, pour autant, s'opposer à leur utilisation: si l'amulette n'a aucun effet direct, du moins l'espoir que place en elle la malade lui redonnera-t-il peut-être du ressort moral».

Quant à Galien, il s'est intéressé à l'épilepsie et a soigné un certain nombre de malades atteints de ce mal, qui, s'il n'est plus attribué à la colère des dieux, continue tout de même d'effrayer et de fasciner. Si la description clinique de ses malades est admirable, ce n'est pas une raison pour se faire des illusions sur la thérapeutique qu'il préconise. Toujours est-il pourtant qu'un enfant présumé épileptique lui pose un problème de raison et de conscience: «La racine de la pivoine a, dans son ensemble, un pouvoir extrêmement desséchant (...) Et je connais un enfant qui n'avait eu absolument aucune attaque d'épilepsie pendant huit mois, depuis qu'il portait un morceau de racine (de pivoine); mais lorsque, d'une façon quelconque, l'amulette se détacha de son cou, il fut immédiatement saisi d'épilepsie, et lorsqu'un autre morceau de racine lui fut attaché, il se trouva à nouveau parfaitement bien»; il le remet, et l'enfant va bien (*De simplicium medicamentorum temperamentis et facultatibus* 6, 3 = Kühn XI, p. 859–860). Galien n'est pas satisfait d'une telle expérience paradoxale, car la guérison obtenue ne lui paraît pas vraiment rationnelle[85]. Peut-on trouver une explication médicale? Faut-il se résigner à y voir un miracle de la crédulité? Cette amulette en quelque sorte rationnelle chatouille sa raison, mais il sait bien que d'autres ne l'étaient pas du tout: le J. Paul Getty Museum possède une feuille d'or inscrite, pliée et roulée dans un étui: Aurélia la portait pour se protéger d'un mal noté par les deux noms de *epilepsia* (attaque brutale, correspondant souvent à l'épilepsie d'aujourd'hui)

---

80. *Cf.* Dasen, V., «Le secret d'Omphale», *RA* (2008) 265–281.

81. On se rappellera que Lucien et le pseudo-Lucien, au IIe s. ap. J.-C., en font une déesse inflexible. *Cf.* Gourevitch, D., «Gout in Greco-roman Non-medical Literature», dans Appelboom, T. (éd.), *Art, History and Antiquity of Rheumatic Diseases* (1987) 66–68.

82. Paris, Cab. des Médailles 2960.

83. Paris, Cab. des Médailles. Daniel, R. W./Maltomini, F., «Una gemma magica contro l'infiammazione dell'ugola», *ZPE* 78 (1989) 93–94 pl. 3a–b.

84. Soranos d'Éphèsos, *Maladies de femmes* I–IV, ed. Burguière, P., *et al.* (1988-2000).

85. On se rappellera que le nom de la pivoine est parfois mis en rapport avec celui de Péan, le médecin des dieux.

et de *ptomatismos* (chute) (pl. 90, 5)[86]. Rationnelle l'amulette de pivoine, car la racine de cette renonculacée est considérée comme l'un des antispasmodiques botaniques les plus puissants, contre des troubles que nous dirions neuro-psychiatriques aujourd'hui, alors imputés à l'influence de la lune. Selon l'*Herbarius*, du pseudo-Apulée, le *lunaticus* est celui qui *cursum lunae patitur* (9, CML I 4, p. 41); on lui donnera de la pivoine *si lunatico iacenti inposita fuerit, statim se levat ut sanus* (65, CML I 4, p. 120). À cette amulette éphémère qu'est la racine de pivoine, on en a préféré d'autres non-périssables, en des pierres semi-précieuses, qui nous ont effectivement été conservées en grand nombre.

Mais avant d'aller plus avant, ce passage galénique mérite d'être rapproché d'un autre texte, cette fois dans le *De diebus decretoriis* 3, 2 (= Kühn IX, p. 902–903: «les œuvres de la lune sont grandes..., elle veille sur les périodes des épileptiques». Or la pivoine *Paeonia officinalis* L., aux nombreux noms si pittoresques baignés de religiosité et de sympathie magique, est la plante de la lune dans tous les herbiers astrologiques, textes qui, à la frange de la médecine et de la magie, associent les plantes aux sept planètes, aux douze signes du zodiaque et aux trente-six décans[87]. On se rappellera que la notion de «maladie sacrée», marquée par une possession divine qu'Hippocrate tenta d'éradiquer, a eu néanmoins la vie dure. Or, l'un des recueils établis par Gribomont dit que «la plante de la lune est la pivoine... Au moment où la lune décroît, elle est utile pour un très grand nombre de choses. Si on fait un onguent à partir de son suc et de l'huile de rose, on éloignera les maux de la fièvre tierce et de la fièvre quarte. Si quelqu'un est possédé par un démon quelconque et si on brûle sa racine comme de l'encens, le démon fuira immédiatement. Mais si, pour une des maladies ci-dessus, tu la fais porter en amulette ou si tu en fais une fumigation lorsque la lune croît, alors le mal augmentera». Selon un autre recueil, et non sans contradiction, «pour l'homme atteint d'épilepsie, à partir du quinzième jour, avant ce qui est appelé la décroissance, donne chaque jour trois feuilles de la plante à la personne atteinte d'épilepsie et à la fin elle sera guérie...»[88]. Il n'est pas question de faire une compilation et une exégèse complètes de tous les textes de ce genre, ne serait-ce que parce que Galien n'est pas un adepte inconditionnel de cette tradition. Mais il peut très bien avoir lu tel ou tel de ces textes dont la tradition est certainement antérieure à son temps; s'il ne s'y fie jamais intégralement pour soigner ses malades, il n'ignore pas ces pratiques et il sait que sa clientèle peut y croire.

4.5. Des idées nouvelles?

Si des médecins «modernes» acceptent de temps en temps des pratiques non rationnelles, on connaît aussi des thérapeutes à l'ancienne qui se sont mis au courant de pratiques nouvelles. Ainsi la fouille du site de Stanway, proche de l'antique *Camulodunum* (Colchester), a fait connaître la tombe d'un haut personnage des *Catuvellauni*[89]. Elle date de la première moitié du Ier siècle av. J.-C. et contenait, parmi les objets les plus remarquables, une table de jeu avec ses pions, enterrés en place; un bassin à bec verseur qui a pu servir à préparer et à servir des boissons à l'armoise; une série très riche (en fait la plus complète et la plus ancienne de Bretagne insulaire) d'instruments chirurgicaux: pinces, scie, scalpels, crochets, aiguilles, etc. qui avaient été enveloppés dans des linges: ils sont en gros contemporains de Celse, mais plusieurs d'entre eux sont des adaptations locales de formes romaines; une série d'objets magiques: un gros grain de jais, pierre noire dont les propriétés sont bien connues (Plin. *nat.* 36, 141–142), huit baguettes métalliques (fer et alliage de cuivre) et autant d'anneaux, servant très probablement à la divination; un bol de céramique samienne, porteur d'un motif décoratif qui n'est pas neutre, celui d'un chien. Cet ensemble, très soigneusement installé dans l'espace funéraire[90], correspond à l'activité, antérieure à l'arrivée de César en 43 av. J.-C., d'un «soignant» de haut lignage resté ancré dans les usages magico-thérapeutiques locaux, mais au courant de ce qui se passait en Italie et capable d'appliquer de nouvelles méthodes. La combinaison de ces éléments exceptionnels ne suffit pas néanmoins pour en faire un «druide».

5. Dans la vie quotidienne

5.1. Guérir et se venger

À la médecine familiale romaine, on attribue des méthodes magiques et «populaires». En fait, on ne sait pas grand-chose de sa réalité, la source essentielle étant le *De agricultura* de Caton, dont le conservatisme pose beaucoup de questions. Prenons deux exemples: le légume anti «gueule de bois», et le traitement des fractures. «Si, dans un

---

86. Malibu, Getty Mus. 80.AI.53. Kotansky, R., «Two Amulets in the Getty Museum», *GettyMusJ* 8 (1980) 181–188 figs. 1–2.

87. Ducourthial, G., *Flore magique et astrologique de l'antiquité* (2003).

88. Gribomont, A., «La pivoine dans les herbiers astrologiques grecs; entre magie et médecine», *BIHBR* 74 (2004) 5–60, spéc. 24 et 30.

---

89. Crummy, P., et al., *Stanway: An Élite Burial Site at Camulodunum* (2007).

90. Pas plus là qu'ailleurs on ne comprend pourquoi le praticien ensevelit ses outils avec lui, alors qu'aucun autre artisan ne le fait, ne serait-ce qu'à cause de leur valeur marchande.

banquet, tu veux boire et manger beaucoup et sans inquiétude, prends avant le repas du chou, autant qu'il te plaît, avec du vinaigre...» (156). Et en chirurgie familiale, pour les luxations et les fractures, des attelles feront d'autant mieux qu'on les posera en prononçant des incantations magiques (160)[91]. Faute de preuves archéologiques, on ne peut pas mesurer l'ampleur de ces pratiques, alors que des lieux de culte fournissent ce genre de documentation.

C'est ainsi qu'un des plus beaux lieux de cure thermale du monde romain où l'on se baignait pour recouvrer la santé, Bath/*Aquae Sulis*, en Angleterre, est un lieu de piété religieuse traditionnelle mais aussi un lieu d'exercice de la magie noire, autrement dit un lieu thérapeutique où la santé est en danger! La découverte de tablettes magiques dans la source sacrée y est relativement récente (fouilles de 1979–1980) et s'ajoute donc au centenaire recueil des tablettes d'exécration d'Audollent, qui n'en reste pas moins incontournable[92]. Aujourd'hui, nous disposons des *Tabellae Sulis*[93], dont des tablettes de vengeance, d'un métal terne et sombre, plomb ou alliage d'aspect analogue, et savons que *Sulis Minerva*, déesse protectrice, était aussi vengeresse. Nous entrons dans une vie quotidienne très ordinaire, avec ces plaignants, humbles personnes si l'on en juge par leurs revendications, qui voulaient nuire pour se venger, souhaitant que les voleurs, d'occasion ou de profession, fussent punis dans leur chair et fussent condamnés à une vie diminuée pire que la mort, même s'ils n'avaient dérobé que des biens de valeur minime, qu'ils fussent homme ou femme, garçon ou fille, esclave ou homme libre. Une fois, le voleur soupçonné, désigné par son *cognomen* et son patronyme, *Verecundinus*, fils de *Terentius*, est accusé d'avoir pris deux petites pièces d'argent *argentiolos duos*. Cette pratique est attestée dans d'autres lieux de Bretagne, en particulier Pagans Hill (Avon) et Uley (Gloucestershire)[94].

La partie du corps la plus souvent visée à Bath est l'œil ou plutôt les yeux *oculi* (n° 5), ce qui donc entraîne la cécité *caecitas* (n° 45). Les yeux encore en n° 67, avec le pluriel de *lumen*, inscription qui demande aussi un châtiment dans tous les membres *omnibus membris*, et que tous les intestins (*intestina*) du voleur soient «rongés», *excomesis*: ce double composé (rare) de *edere* peut évoquer une faim dévorante, mais aussi une maladie du ventre dans laquelle la douleur ronge les entrailles, et tout cela pour avoir volé une bague, ou même pour avoir tout simplement été complice du fait délictueux! De bien des façons, le sujet peu scrupuleux perdra

la santé (*sanitas*) (n°s 32. 45. 64) et la victime peut même aller jusqu'à lui souhaiter la mort (n° 10: *letum*). Tel ou tel ne pourra ni s'asseoir ni se coucher ni marcher, il perdra le sommeil et globalement la santé *sanitatem* (n°s 10. 32. 100). Plusieurs mourront indirectement, par stérilité, perdant leurs enfants nés ou à naître: en n° 10 le méchant n'aura *nec natos nec nascentes*; en n° 32 il perdra ses *liberi*; en n° 45 il sera réduit à l'*orbitas*, aussi longtemps qu'il vivra: l'absence de postérité est le châtiment suprême.

Un autre voleur (n° 37) perdra l'élan vital, car son *anima* se fatiguera; viendra aussi la mort mentale pour celui qui perdra ses esprits, *mentes* (n° 5): ce pluriel peut nous mettre sur la piste d'un fond de connaissances médicales répandues jusque dans les populations humbles de l'Angleterre: ici sont visés non l'esprit en général mais les facultés spécialisées de l'âme, ce qui va bien avec les exposés théoriques et les démonstrations de Galien grâce à des récits de cas. Autre vague notion sous-jacente dans le public de Bath, la théorie des quatre humeurs: celui qui a volé (on ne sait trop quoi en vérité) deviendra liquide comme de l'eau (n° 4); les deux mots importants sont le nom *aqua* et le verbe *liquere*; autrement dit, dans ce cas, l'équilibre normal serait défait au profit de l'eau, et l'on peut penser à une sorte d'hydropisie mortelle. Le sang aussi est une humeur constitutive du corps humain; or, en n° 40, l'une des tablettes les plus pittoresques, le voleur sera puni *per sanguinem et sanitatem suam et suorum*, «en son sang, et dans sa santé à lui et dans celle des siens». Et, à tout ce monde-là, il ne sera possible ni de *bibere* ni de *manducare* ni de *adsellare* ni de *meiere*: ni boire, ni manger, ni aller à la selle, ni uriner: les fonctions vitales sont atteintes[95].

Enfin, l'inscription n° 100 nous paraît particulièrement intéressante: elle nous ramène aux pestilences qui ont été notre point de départ, avec les expressions de *modium nebulae* et de *modium fumi*, boisseau de nuage, boisseau de fumée, qui rappellent une certaine conception de la pestilence antonine: selon le témoignage de Lucien, déjà évoqué, l'escroc Alexandre, profitant de la terreur générale devant la maladie inconnue et imparable, diffusait une formule de protection contre le nuage (νεφέλη) de la pestilence, à accrocher aux maisons. Faut-il voir dans ce texte une preuve indirecte que l'épidémie, de variole très probablement, impressionna vraiment les Bretons qui lui attribuèrent le même mode de propagation que les Micrasiates?

Les exécrateurs de Bath avaient le sentiment de rétablir une certaine justice par la vengeance; la

---

91. Laughton, E., «Cato's Charm for Dislocation», *ClRev* 52 (1938) 52–54.
92. Audollent, A., *Defixionum tabellae* (1904).
93. Tomlin, R. S. O., *Tabellae Sulis. Roman Inscribed Tablets of Tin and Lead from the Sacred Spring at Bath* (1988).

94. Tomlin, R. S. O., «Curse Tablets in Roman Britain», dans *XI Congr. Int. di Epigrafia Greca e Latina, Atti* (1999) I 553–565; *Curse Tablets of Roman Britain* (http://curses.csad.ox.ac.uk/).
95. Il y a des reconstitutions, mais elles semblent assurées par des formulations parallèles.

plupart des *tabellae defixionum* veulent le mal sans dévoiler leurs motivations et sont encore plus résolument négatives. Le schéma préfabriqué s'applique automatiquement à qui s'est attiré la haine. Ainsi se répètent trois *tabellae* de plomb originaires de Rome (Ier siècle av. J.-C.) et conservées à Baltimore[96]. Visant un homme, Plotius, et deux femmes, Avonia et Maxima Vesonia, elles s'adressent à la «Bonne et belle Proserpine, épouse de Pluton, ou Salvia», pour leur ruiner la santé en leur envoyant toutes sortes de maladies et en attaquant toutes les parties de leur corps. Les tablettes de Baltimore sont parfaitement caractéristiques du système mental de la défixion, qui prive l'autre de toute liberté mentale et physique. Tous ces textes intéressent l'histoire des mentalités: ils font indirectement comprendre ce que les plaignants-exécrateurs craignent le plus en matière de santé, en souhaitant à leurs ennemis ce qui, à leurs propres yeux, est le pire. Plus encore que la mort, la maladie, l'extrême fatigue, la stérilité, la cécité, une douleur terrible.

Les *tabellae* plus spécifiquement amoureuses sont plus précises en la matière et le corps féminin y est plus clairement évoqué; certaines sont même extrêmement crues et agressives: le Louvre conserve une figurine de femme nue, agenouillée, les pieds liés, les bras liés dans le dos, le corps transpercé de ses treize aiguilles fatidiques; une inscription explique ce qu'on aurait pu ne pas comprendre, empêchant la malheureuse de dormir et de manger, la privant de tout plaisir sexuel, coït anal ou coït vaginal (pl. 90, 2)[97].

5.2. Manger

Sortons des drames amoureux ou des simples problèmes de famille pour aborder quelques préjugés alimentaires, à mettre en rapport avec philosophie et religion. Par exemple, sur une tablette magique, une interdiction religieuse bien ciblée vise le *Labeo niloticus*[98]. Il s'agit d'une malédiction contre un certain Nicomédès, contre lequel on demande à un mort prématuré de lancer des maladies quotidiennes et inguérissables; elle est manifestement composée d'après un recueil de formules préfabriquées, mais ses lignes 12/13 semblent plus originales: ce personnage impie en général a notamment, dit-on, mangé de la chair du poisson dit ἀλάβης. Celui-ci serait le *Labeo niloticus*, la carpe du Nil. On sait que l'identification des espèces végétales et animales est toujours difficile, et particulièrement ici, pour un mot hellénisé d'origine égyptienne. Toujours est-il que ce poisson africain, qui ne vit que dans le Nil et les lacs voisins et dont l'actuel élevage en aquaculture menace ses voisins par sa voracité, serait une hypothèse très vraisemblable et conviendrait à la légende. Selon celle-ci, en effet, Osiris aurait été assassiné par Seth et jeté à l'eau; son corps fut récupéré par Isis, enterré par elle, volé par Seth qui le découpa en quatorze morceaux qu'il dispersa dans le Nil. Isis les récupéra à leur tour, sauf un, son pénis, consommé par un poisson; celle-ci le remplaça par un membre d'argile qui, provisoirement revivifié, engendra Horus, «le vengeur de son père». Cette histoire égyptienne est entrée dans l'imaginaire gréco-romain, la mort par noyade étant particulièrement odieuse aux Grecs et aux Romains qui avaient l'horreur du poisson charognard, qui risquait de faire perdre définitivement son identité au noyé. Que la consommation du poisson néfaste à Osiris fût interdite aux dévots d'Isis et d'Osiris n'a donc pas dû étonner les Romains, qui connaissaient le culte de ces dieux, fort répandu à Rome et en Campanie. Il n'y a guère de chances que Nicomédès ait commis à Rome un pareil forfait alimentaire, car il est peu probable qu'on y ait importé ce poisson; si la tablette a été fabriquée ou du moins utilisée dans l'*Urbs*, ce qui est fort possible, l'exécration peut viser plutôt de lointains faits antérieurs ou pourrait stigmatiser symboliquement une attitude religieuse incorrecte[99].

Mais une légumineuse est l'objet d'un obscur tabou philosophique: c'est la fève de Pythagore. C'est là une histoire beaucoup plus complexe, et qui débouche sur une découverte médicale à l'époque contemporaine. On sait que Pythagore et ses disciples, installés à Crotone, estimaient qu'il fallait s'abstenir de manger des fèves *Vicia faba* L., et même qu'il ne fallait pas entrer dans un champ de ces légumineuses. Les autres interdits concernent certaines catégories d'animaux: des poissons, marins cette fois, comme le rouget, l'oblade ou le mulet; des animaux, et en particulier certaines parties vitales de leur corps, cœur et cervelle, des œufs et des volailles. La fève est la seule légumineuse (et pour ainsi dire le seul légume, si on tient compte

---

96. Sherwood Fox, W., *The Johns Hopkins University Tabellae defixionum* (1912).
97. (= *ThesCRA* III 6 g Malédiction **108*** avec bibl.) Paris, Louvre E 27145. *SEG* 26, 1717; trad. Martin, M., dans Bay, C. (dir.), *Magie, astrologie et sorcellerie dans l'Antiquité*, cat. expos. Saint-Marcel (2008) 83-84. L'origine est égyptienne (Antinoopolis, IIIe-IVe s.), mais de pareils objets circulaient beaucoup dans tout l'Empire. Je ne crois pas qu'il faille prendre au pied de la lettre les considérations sexologiques suggérées à P. du Bourguet par des considérations sur la position de l'aiguille pubienne dans «Ensemble magique de la période romaine en Égypte», *RLouvre* 25 (1975) 255-257 et «Un ancêtre des figurines d'envoûtement percées d'aiguilles, avec ses compléments magiques, au musée du Louvre», *Mémoires de l'Institut français d'archéologie orientale du Caire* 104 (1980) 225-238.

98. *IG* XIV 1047 = Audollent (n. 92) 188; Jordan, D., «Magia nilotica sulle rive del Tevere», *Mediterraneo antico* 7 (2004) 693-710.

99. Pour un autre poisson africain, le silure ou poisson-chat du Nil, entre alimentation, médecine, religion et magie on verra De Grossi Mazzorin, J., «État de nos connaissances concernant le traitement et la consommation du poisson dans l'Antiquité, à la lumière de l'archéologie. L'exemple de Rome», *MEFRA* 112/1 (2000) 158-166.

aussi de la mauve, qui n'a de rôle que tout à fait secondaire).

Or la fève est l'agent du favisme, grave maladie hémolytique qui peut tuer, en rapport avec une déficience enzymatique, elle-même liée au paludisme. Et fèves, paludisme et favisme sont installés en Italie du Sud et en Sicile depuis l'Antiquité, dès l'époque archaïque. On peut donc imaginer le schéma explicatif qui suit: dès les temps très anciens, les mères de Crotone et de sa région ont constaté l'état dramatique, voire le décès de tout petits enfants en présence de fèves et en particulier de champs en fleurs; dans ce milieu, Pythagore et ses disciples directs le savaient bien aussi: ils intègrent la fève dans la liste des autres interdits qui eux obéissaient à des exigences de pureté. On perd très vite le pourquoi de cette mesure.

Pendant toute l'Antiquité, philosophes et historiens avaient cherché des explications raisonnables et rationnelles à cet interdit; pour rester dans le thème alimentaire, ce serait pour éviter les flatulences que provoque leur ingestion. Ce qui n'est pas faux, mais trivial. Nous ne savons pas s'il y avait des gens qui, pour des raisons philosophiques, évitaient les fèves au temps de l'Empire. En tout cas, personne ne rapporte un tel fait. Bien longtemps après, au milieu du XIXe siècle, d'humbles médecins siciliens vont revenir au constat: il existe de fâcheuses coïncidences entre ingestion de fèves, promenade dans les champs fleuris et crise hémolytique. Bien entendu, ils n'ont pas d'explication. Puis, des chercheurs non-médecins, Richard et Eva Blum, un siècle plus tard encore, constatent toujours que des paysannes grecques sans aucune culture médicale sont convaincues qu'une intoxication par les fèves peut tuer leur bébé[100].

En résumé, une certaine intuition médicale a présidé à la naissance d'un tabou, dont on a complètement oublié les raisons jusqu'aux découvertes de la médecine moléculaire, celle de la maladie hémolytique qu'est le favisme et de ses liens avec le paludisme. La pensée magique était sans le savoir proche de la réalité médicale. Mais ne nous laissons pas accuser de scientisme: tout ceci ne veut évidemment pas dire que Pythagore connaissait le favisme[101].

6. Conclusion: crainte de la maladie et valorisation de la santé

Il faut conclure sur la place et la valorisation de la santé dans la société romaine, dans les sociétés romaines, par rapport au monde grec. Un vase attique du Peintre de Meidias est consacré aux amours d'Adonis et d'Aphrodite[102]. Les images des personnages, très parlantes, sont confirmées par leurs noms inscrits. Hygie domine toute la scène amoureuse et même délicieusement érotique, avec sur ses propres genoux Paidia, la bagatelle. Elle est seule à pouvoir toucher du bout des doigts de sa main droite le bras gauche d'Aphrodite qui cajole le fils de Myrrha devenue l'arbre à myrrhe, Adonis le bien odorant, pâmé d'aise. Bientôt il se pâmera devant la mort, blessé à la chasse par un sanglier. Sur ce vase-ci, Hygie est essentielle «dans l'accomplissement du bonheur, de l'amour, de la sensualité, et de la régénérescence»[103].

Il n'existe rien de comparable dans le monde romain, dominé par une conception négative de la santé et la permanence, très forte, de la crainte des maladies ou des petits ennuis: le Romain est volontiers *stomachosus*[104], redoutant les maux d'estomac et les indigestions, et de mauvaise humeur. Craintif, il succombe aux pièges étroits de la physiognomonie[105] et écoute le *canis latrans* à l'affût dans son ventre; souvent obnubilé par la crainte du mauvais œil, désireux de ne pas attraper cette maladie-ci ou celle-là, il porte des amulettes et fait des offrandes; empereur, il officialise la permission d'émettre des pets en public, la rétention des vents lui paraissant dangereuse[106]; père, il soupire d'aise quand son enfant a passé une étape cruciale de sa croissance; quiconque mange trop risque un jour de diviniser en Podagre la podagre qui le torture et contre laquelle les moyens humains sont impuissants; et de l'Égypte à la Bretagne, l'égoïste jaloux et possessif adopte avec l'aide des dieux une effarante anatomie fonctionnelle au service de l'amour ou de la haine, parfois mêlés dans l'érotisme. Si les très nombreux bijoux, bracelets, colliers, pendentifs et bagues[107], qu'arborent les deux sexes[108], comme finit par le conseiller Marcellus Empiricus (*De medicamentis* 39, 23), et les bibelots à thème médical[109], les amulettes protectrices, les tablettes

---

100. Blum, R. et E., *Health and Healing in Rural Greece. A Study of Three Communities* (1965).
101. Grmek, M., «La légende et la réalité de la nocivité des fèves», *History and Philosophy of the Life Sciences* 2 (1980) 61–121.
102. (= *LIMC* I Adonis **10★**, II Aphrodite **1266**, IV Hygieia **2★**, VII Paidia **2★** avec bibl.) Florence, Mus. Arch. 81948; Verbanck-Piérard, A. (dir.), *Parfums de l'Antiquité. La rose et l'encens en Méditerranée*, cat. expos. Mariemont (2008) 407 n° IV.D.7 (420–410 av. J.-C.); à rapprocher de son vase jumeau, Florence, Mus. Arch. 81947 (= *LIMC* II Aphrodite **1193★/1265/1550**; IV Hygieia **3**, Pothos I **4**).
103. Verbanck-Piérard, A., «Adonis et Phaon, ou la séduction rêvée des images du Peintre de Meidias», dans *ead.* (n. 102) 206–213 surtout p. 212.

104. *Cf.* n. 78.
105. Barton, T. S., *Power and Knowledge: Astrology, Physiognomics, and Medicine under the Roman Empire* (1994).
106. Pour cette attention aux bruits du corps les plus vulgaires, *cf.* Iuv. 3, 106–108.
107. Il faut toutefois se méfier des gemmes montées en bague, qui souvent l'ont été à l'époque moderne par les «antiquaires».
108. Plin. *nat.* 33, 41 raconte que de son temps *viri quoque* se mirent à porter au doigt des images d'Harpocrate et de divinités égyptiennes.
109. On trouve chez les antiquaires (au sens d'aujourd'hui cette fois) telle ou telle de ces innombrables statuettes en terre cuite blanche qui peuplaient les demeures des vivants et des morts. Ou un pendentif de terre cuite bleue

d'exécration, les papyrus magiques[110], les ex-voto, les inscriptions ne présentent pas un tableau de la morbidité de l'époque, ensemble ils font comprendre les sujets de plainte ou d'inquiétude[111] et l'attitude générale à l'égard de la santé[112], mêlant souffrances imaginaires et souffrances réelles, espoir de prévention et espoir de soulagement.

Et le médecin romain, de son côté, se méfiant probablement de lui-même, pense rendre plus efficaces ses instruments de médecine et de chirurgie en les ornant des figures d'Esculape[113] ou d'Hercule, ou encore de la souris de l'Apollon Smintheus[114]. Il protège aussi ses boîtes à pharmacie: une des plus belles, en ivoire, du IVe siècle, provenant de Sion, porte les figures solennelles d'Asclépios et de sa fille (pl. 90, 3)[115]; V. Dasen nous a fait remarquer un fragment d'un petit vase (à médicaments?) du musée de Budapest, orné d'une frise de médaillons, dans le style des gemmes: l'un d'eux présente les personnages debout d'Asclépios et d'Hygie[116]. Et, même militaire, le médecin préfère bien souvent mettre les dieux guérisseurs de son côté quand il exerce au camp: il faut renoncer à briller pour le seul plaisir de briller[117], et continuer d'admettre que des hôpitaux ou des infirmeries militaires existaient bel et bien dans les camps, que des médecins y exerçaient rationnellement et avec succès médecine et chirurgie, mais en comptant sur l'aide divine[118].

Ces méthodes de lutte contre les craintes semblent connaître leur apogée aux IIe et IIIe siècles. Puis, par un retour de bâton, le monde grec tardif donnera des traits à la maladie, la transformant en Maladie: une série de quinze fragments aujourd'hui dispersés d'une mosaïque (fin IVe–début Ve s. ap. J.-C.) raconte la vie d'un jeune homme nommé Kimbros[119]. Celui-ci connaît deux épisodes pathologiques, d'où la présence de Nosos, personnage féminin selon son genre grammatical, sous la forme d'un horrible démon aux ailes gris-bleu, à l'effrayant visage verdâtre, pendant atroce de la resplendissante Hygie: une certaine façon d'envisager la fin du monde antique (pl. 90, 6).

DANIELLE GOUREVITCH

---

glacée représentant une «Baubô» ou pseudo-Baubô, cf. Dasen, V., «Une 'Baubô' sur une gemme magique», dans Bodiou, L., et al. (éds.), *Chemin faisant. Mythes, cultes et société en Grèce ancienne. Mélanges en l'honneur de P. Brulé* (2009) 271–284.

110. Pour une perspective générale, *ThesCRA* III 6 i Magie.

111. Gourevitch, D., «Les maladies de nos ancêtres», dans Landes 81–88 et Grmek/Gourevitch, chap. XIII.

112. Gourevitch 1.

113. Gaume, G./Hogstrom, A., «Note sur un instrument médical décoré gallo-romain», *Revue archéologique du Centre* 14–16 (1965) 277–280.

114. Cf. *LIMC* II Apollon p. 231–232. – Pourquoi cette association? Souris porteuse de peste? Souris oraculaire, couinant pour avertir? Souris dévoreuse des moissons? Telles sont les trois hypothèses principales. Künzl, E., «Was soll die Maus auf dem chirurgischen Instrument?», dans *Antidoron. Festschrift J. Thimme* (1983) 111–116; Jackson, R., «The Mouse, the Lion and the Crooked One: Two Enigmatic Roman Handle Types», *AntJ* 74 (1994) 325–332.

115. (= *LIMC* II Asklepios **389★**, V Hygieia **50**).

116. Budapest, Aquincum Mus 67.10.221. Wellner, J., «Ein mit dem Gemmen-Abdruck des Asklepius und der Hygieia verziertes Gefäß aus Aquincum», *ArchErt* 92 (1965) 42–45.

117. Baker, P. A., *Medical Care for the Roman Army on the Rhine, Danube and British Frontiers in the First, Second and Early Third Centuries AD* (2004), voudrait que les bâtiments baptisés *valetudinarium* dans les camps n'en soient pas.

118. Künzl, E., «Aesculapius im Valetudinarium, oder warum die bisherige Interpretation der römischen Lazarette weiter gilt», *Würzburger Beiträge zur Medizingeschichte* 24 (2005) 99–109; id., «Aesculapius im *valetudinarium*», *Arch-Korrbl* 35 (2005) 55–64, particulièrement d'après l'exemple du camp de la *legio I Italica* à Novae (Bulgarie).

119. (= *LIMC* Suppl. 2009 Diaeleutheria **1★** = Diatheke **1**, Enteuxis **1★** = Menysis **1**, Glykera **1**, Nosos **1★–2★** [= Proeleusis **1**], Paideia **add.2★**, Philia II **1★**) Coll. priv. Marinescu, C. A./Cox, S. E./Wachter, R., «Walking and Talking Among us. Personifications in a Group of Late Antique Mosaics», dans *CMGR* IX (2005) 1269–1277; eid., «Paideia's Children: Childhood Education on a Group of Late Antique Mosaics», dans Cohen, A./Rutter, J. (éds.), *Construction of Childhood in Ancient Greece and Italy* (2007) 101–114.

1.g. FORTUNE ET INFORTUNE

Fortune et infortune dans le monde grec

PLAN DU CHAPITRE
1. La «Fortune» (Τύχη) et la «Bonne Fortune» (Ἀγαθὴ Τύχη) en tant que concepts, personnifications et divinités dans la Grèce ancienne 277
2. Le rôle de la Fortune dans les oracles et les pratiques divinatoires 280
3. Actes visant à assurer la bonne chance et à éviter la mauvaise chance. Objets et inscriptions porte-bonheur 280

BIBLIOGRAPHIE GÉNÉRALE: Allègre, F., *Étude sur la déesse grecque Tyché* (1889); Christof, E., *Das Glück der Stadt. Die Tyche von Antiochia und andere Stadttychen* (2001); Dover, K. J., *Greek Popular Morality in the Time of Plato and Aristotle* (1974); Eidinow, E., *Oracles, Curses, and Risk among the Ancient Greeks* (2007); Herter, H., «Περὶ τύχης», *EpetAth* 13 (1962–63) 530–547 = «Tyche», dans *Gedenkband für Hans Herter* (1985) 133–148; Matheson, S. B. (éd.), *An Obsession with Fortune. Tyche in Greek and Roman Art* (1994); Messerschmidt, W., *Prosopopoiia. Personifikationen politischen Charakters in spätklassischer und hellenistischer Kunst* (2003); Meyer, M., *Die Personifikation der Stadt Antiocheia. Ein neues Bild für eine neue Gottheit, 33. Erg.-H. JdI* (2006); Mikalson, J. D., *Athenian Popular Religion* (1983); Pailler, J.-M., «Polybe, la Fortune et l'écriture de l'histoire: le cas de la première guerre punique», dans *Mélanges C. Deroux* 3 (2003) 328–339; Sfameni Gasparro, G., «Daimôn and Tychê», dans Bilde, P., et al. (éds.), *Conventional Values of the Hellenistic Greeks* (1997) 67–109; Sordi, M., «La Fortuna nell'immagine dell'uomo politico greco tra la fine del V e nel IV secolo a.C.», dans ead. (éd.), *L'immagine dell'uomo politico: vita pubblica e morale nell'antichità* (1991) 33–40; Strohm, H., *Tyche. Zur Schicksalsauffassung bei Pindar und den frühgriechischen Dichtern* (1944); Tracy, S. V., «*IG* II² 1195 and Agathe Tyche in Attica», *Hesperia* 63 (1994) 241–244; Villard, L., *LIMC* VIII (1994) 115–125 *s.v.* «Tyche»; Zanetto, G., «Kairos e Tyche: immagini e idee», dans Settis, S. (éd.), *I Greci 2. Una storia greca III. Trasformazioni* (1998) 525–543.

1. La «Fortune» (Τύχη) et la «Bonne Fortune» (Ἀγαθὴ Τύχη) en tant que concepts, personnifications et divinités dans la Grèce ancienne

Le substantif τύχη (fortune) est étymologiquement lié au verbe τυγχάνω, dont la signification première est «atteindre son but» (au sens propre ou figuré), comme le montre son usage dans les poèmes homériques[1]. Il est donc possible d'affirmer que τύχη était à l'origine un mot qui désignait le bon aboutissement d'un effort, le succès. Un exemple de cette signification est fourni par la demande adressée à Athéna à la fin d'un très bref Hymne homérique, pour qu'elle donne aux citoyens le succès et le bonheur (*h. Hom.* 11, 5: χαῖρε θεά, δὸς δ' ἄμμι τύχην εὐδαιμονίην τε). La valeur positive du mot est également évidente dans le nom Τυχίος que porte le fabricant du célèbre bouclier d'Ajax fils de Télamon (Hom. *Il.* 7, 220). Ce n'est sans doute pas une coïncidence si le substantif τύχη est absent des poèmes homériques[2], où la conception qui prévaut est que le sort des humains se trouve entre les mains des dieux et en particulier de Zeus[3]. Un bel exemple de cet état d'esprit est la description de la pesée des âmes (ψυχοστασία) lors du combat entre Achille et Hector: Zeus place le sort de chacun des deux combattants sur le plateau d'une balance en or et les pèse pour déterminer lequel d'entre eux sera tué (Hom. *Il.* 22, 209–213).

Chez les poètes, les historiens et les orateurs des époques archaïque et classique τύχη est le plus souvent une notion abstraite désignant la chance ou la fortune. Mais ceci n'a pas empêché les Grecs de percevoir de très bonne heure Tyché comme un personnage, perception initialement exprimée, comme il est normal, dans le cadre du mythe[4]: dans la Théogonie d'Hésiode elle apparaît comme fille d'Okéanos avec Eudôré (Hes. *theog.* 360), dans l'hymne Homérique à Déméter comme une des compagnes de Perséphone (*h. Hom. Cer.* 420) et chez Alcman comme fille de Promatheia et sœur d'Eunomia et de Peithô (Davies, *PMGF fr.* 64 = *fr.* 105 Calame)[5].

Dans la pensée des Grecs la fortune (τύχη), personnifiée ou considérée comme un concept abstrait, est, depuis l'époque archaïque, une puissance agissant directement et de manière décisive sur la vie des humains. Cette opinion se fonde sur la constatation que l'effort consenti par les hommes pour atteindre un but et obtenir satisfaction n'est

---

1. Strohm 85–87; *cf.* Villard 115.
2. Ce problème a déjà été signalé par les commentateurs anciens: *Schol. Hom. Il.* 11, 684; Paus. 4, 30, 5; Macrob. *Sat.* 5, 16, 8. *Cf.* Strohm 85.
3. Herter 134–135.
4. Herter 134; voir en dernier lieu Meyer 338–340.
5. *Cf.* Herter 141; Meyer 339.

pas déterminant en soi, de nombreux facteurs imprévisibles et incontrôlables pouvant intervenir à tout moment pour changer le résultat. Ces facteurs sont collectivement exprimés par la notion de fortune (τύχη), la puissance divine qui, lorsqu'elle est favorable, permet à l'homme de mener à bien une entreprise. Il est toutefois possible que la fortune se montre défavorable, quand un mauvais concours de circonstances mène à l'échec ou même à la destruction. Aussi la fortune devient-elle au fil du temps une notion ambivalente, tout en s'affirmant en tant qu'élément fondamental de la vie humaine, comme le souligne par exemple Sophocle (Soph. *Ant.* 1158-1159). Dans ce contexte il est important de signaler que dès le VIIe siècle av. J.-C. la Tyché personnifiée fait son apparition à côté de la Moïra[6], qui incarne le sort de chaque être humain (Archil., West, *IEG* I *fr.* 16). Ces notions, comme d'autres aussi, sont présentes dans la littérature sous les traits de personnages divins déjà à l'époque archaïque, avant l'apparition de leurs représentations figurées, dont les premières (si l'on excepte le cas problématique de la Tyché de Boupalos[7]) remontent à la fin du Ve siècle av. J.-C.[8] : leur statut divin souligne leur puissance et permet en outre aux poètes de s'adresser directement à elles. Un bel exemple de cette façon de penser se trouve au début de la 12e Olympique de Pindare, dans la prière à Tyché, présentée comme fille de Zeus Eleuthérios: le poète lui demande de protéger Himéra, la seconde patrie d'Ergotélès, le destinataire de l'ode (Pind. *O.* 12, 1-7)[9].

Les Grecs priaient des dieux spécifiques pour demander leur aide et leur attribuaient régulièrement la bonne fortune et l'exaucement de leurs vœux; par contre ils attribuaient la mauvaise chance et l'échec à des puissances impersonnelles aux noms génériques, tels que δαίμων, θεός ou τύχη, qui ne recevaient pas de culte, mais avaient le pouvoir d'intervenir dans leur vie[10]. Aussi Démosthène, s'efforçant d'expliquer pourquoi les Athéniens avaient été vaincus à Chéronée, quand bien même ils avaient fait tout ce qui était humainement possible pour remporter la victoire, conclut que la défaite était due à la fortune, force toute puissante et incontrôlable (Dem. 18, 192-194). Dans ce passage les substantifs δαίμων, θεός et τύχη désignent en général toute puissance conduisant au malheur et au désastre[11].

L'ambivalence de la fortune amène à faire la distinction entre la Bonne Fortune (Ἀγαθὴ Τύχη) qui conduit au bonheur (εὐτυχία), auquel chacun aspire, et la Mauvaise Fortune (Κακὴ Τύχη) qui conduit au malheur (δυστυχία), que tout le monde cherche à éviter. Le succès dépend entre autre de la capacité de saisir les occasions qui se présentent. En conséquence Tyché est associée à Kairos, qui incarne l'opportunité, le bon moment pour agir[12]. Déjà au Ve siècle av. J.-C. la foi en la puissance de Tyché commence à supplanter la croyance aux dieux traditionnels. Dans l'Hécabe d'Euripide Talthybios s'exclame (Eur. *Hec.* 488-490): «Zeus! que dire? Ouvres-tu l'œil sur les humains? Ou t'en fait-on en vain le renom illusoire, et est-ce le hasard (τύχη) qui partout veille sur les humains?» (trad. L. Méridier). Cette perception des dieux comme étant lointains et indifférents aux humains, dont la vie est régie par le hasard qu'incarne la figure de la Fortune, s'impose graduellement au cours du IVe siècle av. J.-C., comme le montre le témoignage des poètes[13] et des orateurs (Dem. 1, 11; 18, 194; Aischin. 2, 131). Ce n'est donc pas un hasard si le culte de Tyché est attesté à partir de cette époque[14]. L'effigie de la nouvelle divinité fait son apparition sur les reliefs votifs et les en-têtes de décrets au cours de la première moitié du IVe siècle av. J.-C.: représentée dans un premier temps sans attributs spécifiques (pl. 91, 2)[15], elle se dote de bonne heure du gouvernail[16] ou de la corne d'abondance[17], et à partir de l'époque hel-

---

6. Sur la relation entre Tyché et Moïra voir notamment Eitrem, S., *SymbOslo* 13 (1934) 47-64.

7. Paus. 4, 30, 6 (= *LIMC* VIII Tyche **46**) mentionne une statue de Tyché à Smyrne, œuvre de Boupalos, connu pour être un sculpteur du VIe s. av. J.-C. Mais la date de cette statue est très discutée; voir Messerschmidt 63-66; Meyer 69 avec n. 322; Villard 124 se prononce en faveur d'une datation de la statue de Boupalos à l'époque hellénistique tardive.

8. Les premières représentations de Tyché identifiées par des inscriptions (même si ce n'est pas de manière tout à fait certaine) se trouvent sur des vases attiques du dernier quart du Ve s. av. J.-C.; voir Messerschmidt 66-68; *LIMC* VIII Tyche **1**.

9. Voir l'analyse de Strohm 13-45; *cf.* Becker, O., «Pindars Olympische Ode vom Glück», *Die Antike* 16 (1940) 41-45.

10. Dover 80. 138-141.

11. Mikalson 19. 59-61.

12. Zanetto 525-527. Sur la notion de καιρός et le Kairos personnifié voir Moreno, P., *LIMC* V (1990) 920-926 *s.v.* «Kairos».

13. Chairemon, *TrGF* 1 *fr.* 2: Τύχη τὰ θνητῶν πράγματ', οὐκ εὐβουλία. «Il n'y a que fortune dans les affaires humaines et non prudence». Ce passage est cité par Plut. *mor.* 97c.

14. Sur la discussion relative au culte de Tyché et à ses débuts voir Messerschmidt 61-68; *cf.* Villard 124-125; Meyer 69 avec n. 321; Sfameni Gasparro 83-87. Sur les représentations de Tyché dans l'art antique voir Villard et Matheson, *passim*.

15. Représentations identifiées par des inscriptions: (= *LIMC* I Agathodaimon **4**, VIII Tyche **2**) Athènes, Mus. Acr. 4069; *cf. LIMC* VIII Tyche **3** = Zeus **210***.

16. La première représentation datée de Tyché tenant un gouvernail dans l'art grec se trouve sur le décret de la Ligue Arcadienne à Tégée, aujourd'hui perdu, datant de 362/1 av. J.-C.: *LIMC* VIII Tyche **4**; Sfameni Gasparro 84 et n. 125. Sur la signification probable du gouvernail voir Villard 116. *Cf.* Meyer 69-70, qui pense que le gouvernail n'apparaît comme attribut de Tyché qu'à partir du milieu du IIe s. av. J.-C.

17. (= *LIMC* VIII Tyche **5**, Suppl. Cornu copiae **4***) Athènes, Mus. Nat. 1343. De l'Asclepieion d'Athènes. Relief, vers 380-360 av. J.-C., Agathe Tyché (identifié par une inscription) avec la corne d'abondance.

lénistique des deux en même temps[18]. Il faut par ailleurs souligner que dans les décrets transmis par les inscriptions les invocations de la Fortune (Τύχη) et en particulier de la Bonne Fortune (Ἀγαθὴ Τύχη) se multiplient et deviennent la règle[19]. Une statue en marbre plus grande que nature du dernier tiers du IVe siècle av. J.-C. découverte dans l'Agora d'Athènes représente probablement Tyché, ou plutôt Agathé Tyché, car elle portait très probablement une corne d'abondance en bronze, comme l'indiquent le trou de fixation de l'avant-bras gauche et la présence d'un deuxième trou de moindres dimensions sur l'épaule gauche (pl. 91, 1)[20].

À la même époque, la déesse de la fortune joue souvent un rôle important dans la Nouvelle Comédie et en particulier chez Ménandre[21]: dans le «Bouclier» (Ἀσπίς) Tyché monte sur la scène à la fin du prologue pour rassurer les spectateurs en les informant que le malheur dont ils ont entendu parler n'est qu'illusion et que la conclusion de l'aventure sera heureuse; elle peut l'affirmer, car le destin des hommes est entre ses mains (Men. Aspis 147–148).

Le désir des humains d'obtenir la faveur de la déesse de la fortune est à l'origine du culte d'Ἀγαθὴ Τύχη, qui depuis le IVe siècle av. J.-C. est attesté dans plusieurs cités, notamment à Athènes, comme un culte officiel[22]: c'est la divinité à laquelle s'adressent et sacrifient aussi bien les particuliers que les cités et les princes dans l'espoir d'obtenir bonheur et succès. Il est intéressant de signaler qu'à partir de l'époque hellénistique le culte d'Ἀγαθὴ Τύχη est associé à celui d'Ἀγαθὸς Δαίμων[23].

La fortune peut aussi devenir objet de propagande, puisqu'elle est présentée à l'occasion comme un don accordé à un homme politique par la faveur divine[24]. Les exploits d'Alexandre le Grand, le jeune roi macédonien qui contre toute attente parvint à conquérir en quelques années l'immense royaume des Achéménides et à arriver jusqu'en Inde, ont contribué à renforcer la foi dans le pouvoir de Tyché et à consolider son culte: à l'époque hellénistique elle devient une déesse toute puissante qui gouverne le monde[25]. Cette idée est exprimée dans le traité Περὶ τύχης de Démétrios de Phalère, élève d'Aristote, qui évoque justement l'effondrement, aussi rapide qu'inattendu, de l'empire Perse et la montée fulgurante de la puissance macédonienne (fr. 79–81 Wehrli)[26]. La fortune semble donc gouverner le monde. Aussi peut-elle être associée à un personnage important ou à un état, dont elle guide en quelque sorte les actes et détermine le succès: c'est notamment le cas d'Alexandre le Grand et de Rome, au sujet desquels les Anciens posaient volontiers la question, plus rhétorique que philosophique, de savoir si leurs étonnants exploits étaient dûs à leur fortune plutôt qu'à leur vertu et leur prévoyance[27].

Un phénomène intéressant est la création de Tychés des cités, distinctes de la déesse universelle du même nom[28]. La «Tyché de la cité» (Τύχη τῆς πόλεως), divinité incarnant le bonheur et la prospérité d'une cité spécifique, n'est attestée dans les textes et les inscriptions qu'à l'époque impériale[29], mais elle remonte sans doute à une époque antérieure, soit au IVe siècle av. J.-C.[30], soit à l'époque hellénistique tardive[31]. Cette conclusion repose sur l'analyse iconographique de figures féminines coiffées d'une couronne à créneaux représentant les remparts d'une ville, présentes surtout sur les monnaies de cités d'Asie Mineure et du Proche Orient[32]. Un élément important de ce débat est la statue assise identifiée comme la Tyché d'Antioche de Syrie, œuvre du sculpteur Eutychidès, élève de Lysippe[33]. L'interprétation de cette création originale, probablement commandée par le roi Séleucos Ier Nicator au début du IIIe siècle av. J.-C. et qui jouissait d'une grande célébrité dans le monde antique, est loin de faire l'unanimité parmi les spécialistes: tandis que la plupart y voient la Tyché de la cité s'appuyant sur le témoignage du chroniqueur du VIe siècle ap. J.-C. Ioannes Malalas (Chronogr. CSHB 201, 5-8), originaire d'Antioche[34], d'autres considèrent qu'elle était à l'origine une personnification de la cité[35].

---

18. LIMC VIII Tyche 28*–38.
19. Tracy; cf. Sfameni Gasparro 83–84.
20. (= LIMC III Demokratia 8, VIII Suppl. Themis 9*) Athènes, Agora S 2370; voir Palagia, O., «No Democratia», dans Coulson, W. D. E., et al. (éds.), The Archaeology of Athens and Attica under the Democracy (1994) 113–122.
21. Vogt-Spira, G., Dramaturgie des Zufalls. Tyche und Handeln in den Komödien Menanders (1992); Zanetto 531–538.
22. Mikalson 61–62; Tracy; Christof 50–52.
23. Sfameni Gasparro 88–92; Bruns-Özgan, Chr., «Tyche mit Agathos Daimon und den Horen», EpAnat 33 (2001) 137–144. Sur le culte et les représentations d'Agathodaimon Dunand, F., LIMC I (1987) 277–282 s.v. «Agathodaimon».
24. Sordi, passim.
25. Sfameni Gasparro 86; Zanetto 527–531; Meyer 340–342.
26. Gottschalk, H. B., dans Fortenbaugh, W. W./ Schütrumpf, E. (éds.), Demetrius of Phalerum (2000) 374. Le passage est cité par Polyb. 29, 21, 2–7; Meyer 340; cf. Walbank, F. H., A Historical Commentary on Polybius III (1979) 393–395.
27. C'est le sujet de deux traités de Plutarque: de fort. Rom. (= mor. 316c–326c); de Alex. fort. (= mor. 326d–345b).
28. Essai de définition du concept de Tyché d'une cité (Τύχη πόλεως) chez Christof 16–22; voir aussi Messerschmidt 69–74.
29. Messerschmidt 80–81; Meyer 355.
30. Champeaux, Fortuna II 53; Messerschmidt 89–90.
31. Meyer 369–373.
32. Prottung, P., Darstellungen der hellenistischen Stadttyche (1995).
33. Voir récemment Christof 23–48; Messerschmidt 91–119; Meyer 5–178.
34. Messerschmidt 91–103 avec un aperçu des opinions émises.
35. Meyer 121–175.

2. Le rôle de la Fortune dans les oracles et les pratiques divinatoires

L'incertitude dans la vie des hommes est due à l'impossibilité de prévoir l'avenir, qui fait que le succès ou l'échec d'une entreprise ne peuvent être déterminés à l'avance. Tout effort de deviner la suite des événements présuppose une connaissance précise du passé ainsi que la faculté de connaître le futur. Ceux qui possèdent cette connaissance sont, bien sûr, les dieux. Il existe cependant des mortels capables de reconnaître et de déchiffrer les signes envoyés par les dieux: ce sont les devins[36]. Le savoir des devins et leur capacité de prévoir l'avenir en interprétant des signes divins venaient le plus souvent d'une tradition familiale[37].

Nous savons pourtant que la pratique de la divination s'était surtout développée dans les oracles, des sanctuaires spécialisés auxquels s'adressaient tous ceux qui désiraient obtenir des informations sur ce qu'ils avaient l'intention d'entreprendre ou qui cherchaient des réponses à des questions pressantes[38]. Souvent les questions aux oracles étaient soumises par écrit: l'oracle de Zeus et de Diôné à Dodone en particulier nous a livré un grand nombre de tablettes de plomb avec des questions adressées aux divinités du sanctuaire. Certaines de ces questions proviennent de cités, mais la plupart sont posées par des particuliers, dont elles révèlent les principaux soucis et préoccupations: affaires de famille concernant avant tout le mariage et la naissance d'enfants, projets de voyage et entreprises commerciales. Il mérite d'être signalé que sur ces tablettes on trouve souvent, avant la question et à côté de l'invocation aux dieux, une mention de la bonne fortune (ἀγαθὴ τύχη) au nominatif, au datif ou à l'accusatif, usage qui rappelle les formules similaires dans les décrets. Cette expression équivaut sans doute à un vœu de succès de la part de celui qui pose la question, interprétation confirmée par la tablette soumise par un certain Héracleidas qui, avant de poser sa question, demande à Zeus et à Dioné la bonne fortune (τύχαν ἀγαθάν)[39]. La place qu'occupent dans la pensée des Grecs la volonté des dieux et la fortune est très bien décrite par Polybe (Polyb. 36, 17, 2-4). Selon l'historien ces puissances incontrôlables ne sauraient être qu'un dernier refuge pour les hommes, en cas d'incertitude, c'est-à-dire quand ils sont dans l'incapacité de juger correctement une situation et de prendre les décisions nécessaires[40]. Il est par conséquent possible de maintenir que la pratique de la divination, tout comme les vœux de bonne fortune, présentent des analogies avec les stratégies employées aujourd'hui dans ce qui est appelé la «gestion du risque»[41].

Il faut toutefois noter que la chance et le hasard jouaient dès le début un rôle important dans la divination. Les techniques utilisées par certains oracles pour répondre aux questions étaient directement issues de celles pratiquées dans les jeux de chance. Dans cette catégorie on peut ranger la divination par les dés ou les astragales ou par le tirage au sort[42]. Toutes ces méthodes utilisaient des réponses multiples déjà écrites, parmi lesquelles la «bonne» était choisie par les dés ou par le tirage au sort, pratiques qui étaient censées donner aux dieux et à la fortune la possibilité d'exprimer leur jugement et leur volonté.

EMMANUEL VOUTIRAS

3. Actes visant à assurer la bonne chance et à éviter la mauvaise chance. Objets et inscriptions porte-bonheur

Depuis la plus haute antiquité l'homme éprouvait un sentiment d'impuissance devant la nature toute puissante et les phénomènes météorologiques capables de détruire les cultures, les troupeaux et les hommes eux-mêmes: il percevait l'influence de puissances invisibles, auxquelles il prêtait souvent un caractère divin pensant que sa vie, sa santé et sa fortune en dépendaient. Si les maladies fréquentes et la mort, aussi certaine qu'inexplicable, nourrissaient constamment l'angoisse de l'homme, la convoitise et l'envie de ses pairs étaient ressenties comme des menaces plus proches et plus immédiates. D'autres dangers, provenant notamment des animaux partageant le même environnement, guettaient également l'homme.

L'angoisse collective et l'incertitude étaient la cause principale des croyances superstitieuses ainsi que des actes visant d'une part à éviter ou à exorciser le mal et d'autre part à attirer et à faire prévaloir le bien. Le but de ces pratiques était à la fois de protéger les hommes eux-mêmes et leurs familles et de garder leurs habitations, leurs possessions et leurs affaires. Ce sont en particulier les débuts de période, comme le nouvel an, ou les nouveaux commencements qui ont été tout naturellement liés à une série de coutumes et de pratiques de ce genre dans l'intention d'assurer la «bonne année» (εὐετηρία) et le bon aboutissement de toute œuvre. Εὐετηρία (la Bonne Année) fut personnifiée et divinisée et plusieurs villes lui dédièrent des temples, des autels et des statues[43].

---

36. Burkert, W., ThesCRA III (2005) 1–2 s.v. «Divination».
37. Burkert, o.c., 15–16.
38. Burkert, W./Suárez de la Torre, E., ThesCRA III (2005) 16–37 s.v. «Divination».
39. Parke, Oracles of Zeus 265 n° 7; Eidinow 90 n° 5.
40. Eidinow 43–44.
41. Eidinow 10–25 et passim.
42. Graf, F., ThesCRA III (2005) 37–39 s.v. «Divination».
43. IG IV 203 (Corinthe, époque impériale); Tit. Cam., ASAtene NS 11–13 (1949–51) 145 (Kamiros, hellénistique?); ICret IV 250 (Gortyne, Ier s. av. J.-C.).

La date conventionnelle du début de l'an variait de cité à cité et d'époque à époque. Ainsi l'année civile des Athéniens commençait à la nouvelle lune après le solstice d'été avec le mois *Hékatombaiōn*, tandis que dans d'autres cités le début de l'année tombait à des dates différentes. Le 1er janvier fut instauré comme jour de l'an par Jules César en 46 av. J.-C.

Mais il était normal que le calendrier religieux suive le cycle de la végétation et de la culture de la terre. Les fêtes commençaient en automne, après les premières pluies, au temps du labour avant les premières semailles. Une coutume de « bonne année », liée à la fête des *Pyanópsia* en automne, mais aussi à celle des *Thargélia* en l'honneur d'Apollon au début de l'été, avant la moisson, était l'εἰρεσιώνη (dont le nom dérive du mot εἶρος ou ἔριον, laine). D'après de nombreuses sources les εἰρεσιῶναι étaient des branches vertes d'olivier ou de laurier, décorées de bandes de laine d'où pendaient des fruits. Ces branches étaient portées lors des fêtes des *Pyanópsia* et des *Thargélia* par des enfants dont les deux parents étaient vivants (παῖδες ἀμφιθαλεῖς), chantant une chanson qui énumérait les bons produits que l'εἰρεσιώνη était censée donner[44]. Les Athéniens suspendaient les branches sur les façades de leurs maisons et les changeaient chaque année afin d'éviter la disette et assurer la fécondité de la terre. Semblable à l'εἰρεσιώνη était la κορυθάλη des Lacédémoniens, une branche de laurier garnie de laine, qui était elle aussi portée en procession et suspendue aux portes des maisons[45].

La même coutume existait aussi dans d'autres régions, à en juger par une notice du dictionnaire de la Souda (*Suda* s.v. «Ὅμηρος»), d'après laquelle Homère lui-même, quand il séjournait à Samos, aurait eu la coutume de visiter les maisons des citoyens les plus en vue pour y chanter, contre rémunération, une chanson appelée εἰρεσιώνη. Cette même chanson continua à être chantée pendant longtemps par les enfants, qui sont toujours les bienvenus quand il s'agit d'accueillir le nouvel an. Une pareille coutume de bonne année, pratiquée par les enfants et qui survit jusqu'à nos jours, est celle qui porte le nom de χελιδόνισμα (chant de l'hirondelle). C'est une chanson que les enfants chantent dans les maisons en tenant l'image d'une hirondelle au début du printemps, dès la première apparition des hirondelles. Athénée atteste cette coutume pour Rhodes, mais elle était sans doute très répandue (Athen. 8, 360c). Le chant commençait avec ces phrases caractéristiques :

Ἦλθ' ἦλθε χελιδὼν
καλὰς ὥρας ἄγουσα
καλοὺς ἐνιαυτούς.

« Elle est arrivée, elle est arrivée l'hirondelle amenant de belles saisons, de belles années. »

En général les groupes de paysans ou de buveurs en liesse étaient considérés comme porteurs de bonne fortune. À Syracuse par exemple, pendant la panégyrie d'Artémis, des paysans en chantant se rendaient dans les villages pour demander de la nourriture au son de chansons joyeuses en ajoutant ces mots (*Prolegom. Theocr.* B b, p. 3 Wendel; Page, *PMG fr.* 882 [= *carmina popularia* 36])[46] :

Δέξαι τὰν ἀγαθὰν τύχαν
Δέξαι τὰν ὑγίειαν,
ἃν φέρομες παρὰ τᾶς θεοῦ.

« Accepte la bonne fortune, accepte la santé que nous apportons de la part de la déesse. »

La suspension de guirlandes de fleurs aux façades des maisons était une coutume de bonne année et de fécondité. Par contre planter hors de sa porte ou suspendre à sa façade la plante bulbeuse appelée σκίλλα (*scilla maritima*, oignon marin) était un acte apotropaïque visant à chasser le mal, coutume qui a survécu jusqu'à nos jours. Cette plante était utilisée dans les purifications aussi bien individuelles que collectives[47].

Toutefois, les meilleurs protecteurs des habitations et des cités étaient les dieux eux-mêmes et les héros. Souvent leur présence protégeait les entrées et les portes sans représentation. Déjà à l'époque mycénienne, des petites niches près des portes des acropoles ont été interprétées comme sanctuaires de divinités du seuil[48]. Plus tard, nous rencontrons les cultes d'un *Héros Propylaios*[49], d'*Apollon Propylaios*[50] ou *Apotropaios*[51] et d'*Apollon Agyieus*[52], qui était souvent une pierre brute ou une colonnette près d'une entrée sur laquelle on versait de l'huile[53].

Le principal dieu porteur de bonne chance était Hermès, dont le caducée (Ἑρμοῦ ῥαβδίον) était une sorte de bâton magique (Arr. *Epict.* 3, 20, 12). Les objets trouvés, considérés comme cadeaux de la fortune, étaient appelés Ἕρμαια[54]. Hermès était

---

44. Deubner 191. 198–200; Burkert, *GrRel* (Engl.) 101. Pour la chanson : Eust. 1288, 12–14 *ad* Hom. *Il.* 22, 496.
45. *Etym. m.* 531, 54 s.v. «κορυθάλη»; Nilsson, M., *RE* XI 2 (1922) 1465 s.v. «κορυθάλη».
46. Campbell, D. A., *Greek Lyric* V (1993) 882.
47. Theophr. *h. plant.* 7, 13, 4; Theophr. *char.* 16, 13; Dioscur. *de mat. med.* 2, 171, 4.
48. Charitonidis, S., «ΙΕΡΟΝ ΠΥΛΗΣ», *AM* 75 (1960) 1–3; Iakovidis, S., *Late Helladic Citadels on Mainland Greece* (1983) 31 avec n. 30; 33; 39.
49. Voir p. ex. *IGBulg* 1768. 1770.
50. Voir p. ex. les monnaies de Kremna de Pisidie d'époque impériale, *LIMC* II Apollon **76***.
51. Voir p. ex. *IG* III² 4852; Aristoph. *Vesp.* 161; *Plut.* 359. 854 etc.; *cf.* Nilsson, *GrRel*³ I 513.
52. Voir p. ex. Eur. *Phoen.* 631; Aristoph. *Vesp.* 875; *IG* III² 4852; *EpGr* 786 (Halicarnasse), etc.; *cf.* Farnell, *Cults* IV 148–152; Nilsson, *GrRel*³ I 189. 502. 513. 525. 530 sq.
53. Voir p. ex. Theophr. *char.* 16, 5; Schol. Aristoph. *Vesp.* 875; Hesych. *s.v.* «ἀγυιεύς»; *cf.* Nilsson, *GrRel*³ I 188 (avec les testimonia).
54. Voir p. ex. Soph. *Ant.* 397; Plat. *polit.* 368d, *symp.* 176c, etc.

Fig. 1

aussi adoré avec l'épiclèse *Tychôn*, tout comme le Priape ithyphallique qui garantissait la fécondité des champs et des troupeaux (fig. 1)[55].

Un important pouvoir apotropaïque était attribué à Héraclès, qui portait entre autres les épiclèses *Alexikakos* (Chasseur du mal)[56] et *Parastatès* (Assistant)[57]. Le nom et les attributs du héros étaient écrits ou représentés aux entrées des maisons pour chasser les mauvais esprits. Il existe de nombreux exemples et variantes de la phrase: Ὁ τοῦ Διὸς παῖς Καλλίνικος Ἡρακλῆς ἐνθάδε κατοικεῖ. Μηθὲν εἰσίτω κακόν («Le fils de Zeus Héraclès Kallinikos habite ici; qu'aucun mal n'y pénètre»)[58]. La massue d'Héraclès figure sur plusieurs reliefs encastrés dans des façades de maisons, par exemple à Délos (pl. 91, 3)[59]. Cette même ville nous a livré une série d'autres reliefs à représentations apotropaïques, comme les bonnets (*piloi*) des Dioscures, les boucliers et surtout les *phalloi*, que l'on rencontre non seulement sur les reliefs domestiques, mais aussi en ronde bosse et aux dimensions monumentales, servant à protéger toute la cité (pl. 91, 4)[60].

Des sujets apotropaïques étaient souvent utilisés sur les mosaïques des sols, surtout à l'époque romaine. Un exemple typique est offert par une mosaïque des environs d'Antioche de Syrie avec la représentation d'un œil humain symbolisant l'envie (le mauvais œil), attaqué tour à tour par un corbeau, un trident, une épée, un scorpion, un serpent, un chien, une panthère, ainsi que le phallus d'un drôle de mannequin tenant dans ses mains des broches (pl. 92, 1)[61]. Des broches semblables sont tenues par un petit bossu, représenté seul dans un autre tableau de la mosaïque. Cette représentation évoque la pratique de l'enfoncement d'un pieu (καταπασσάλευσις) ou d'une broche (καταπερόνησις) pour exorciser le mal, qui survit jusqu'à nos jours[62]. L'inscription καὶ σύ (toi aussi) accompagnant ces représentations (dans d'autres exemples on trouve le datif καὶ σοί) est un avertissement au visiteur envieux qu'il subira le même sort[63]. Enfin, sur le même sol, la représentation d'Héraclès enfant étranglant les deux serpents a une signification allégorique évidente.

Outre les représentations figurées il existe des inscriptions à caractère apotropaïque aux entrées ou sur les sols des maisons[64], comme celles qui s'adressent aux envieux: Ἔριζε καὶ μὴ φθόνει («rivalise mais n'envie pas»)[65], ou du type: *Hic habitat [Felicitas], nihil intret mali* («le bonheur habite ici, qu'aucun mal n'y pénètre»)[66]. Mais le plus souvent les inscriptions sur les sols des maisons visaient à attirer le bien pour qu'il vienne s'installer dans la maison. Les inscriptions de ce genre s'échelonnent chronologiquement de l'époque classique à l'antiquité tardive. Ainsi par exemple sur des mosaïques de sol d'une maison d'Olynthe nous trouvons les inscriptions Ἀγαθὴ Τύχη, accompagnée de la représentation de deux roues de fortune, et Εὐτυχία καλή, accompagnée de la représentation d'un carré, sur les côtés duquel est inscrite la phrase Ἀφροδίτη καλή (pl. 92, 3)[67]. Cette dernière a été interprétée comme invocation à la déesse de l'amour pour qu'elle apporte ses dons aux habitants de la maison. Toutefois, étant donné que le carré peut représenter un dé et que nous savons que la combinaison gagnante τρὶς ἕξ (trois fois six) dans le jeu de dés s'appelait Ἀφροδίτη, il est possible d'interpréter la phrase comme une invocation à la bonne fortune. De même dans le jeu d'osselets (ἀστράγαλοι) la combinaison gagnante (quatre osselets tombés sur un côté différent) s'appelait aussi Ἀφροδίτη. La représentation de ces quatre osselets par exemple sur des jas d'ancre en plomb,

---

55. (= *LIMC* VIII Tychon 2* avec bibl.) Berlin, Staatl. Mus. Sk 1936, IIIe s. av. J.-C.: *IMagn* 203 (Hermès); Diod. Sic. 4, 6 (Priape).

56. Voir p. ex. *IG* IV² I 531 (Épidaure); *IG* XIV 1000, I (Rome); Hellan., *FGrH* 4 F 109; Lukian. *Alex.* 4; Aristeid. *Heracl.* 34, 26; Hesych. s.v. «ἐκ Μελίτης μαστιγίας», etc.

57. Voir p. ex. Paus. 5, 8, 1; 5, 14, 7; 6, 23, 3, etc.

58. Robert, L., *Hellenica* 13 (1965) 266 n. 1; Guarducci, *EpGr* III 326–328.

59. Bruneau, Ph., *BCH* 88 (1964) 159–168.

60. Deonna, W., *Le mobilier délien, EADélos* 18 (1938) pl. 98; Bruneau, *Cultes* pl. 16.

61. Levi, *Antioch* 32–34 pl. 4 («Maison du mauvais œil», Ier s. ap. J.-C.).

62. Audollent, A., *Defixionum Tabellae* (1904) n° 49 l. 17; Koukoules, Ph., Βυζαντινῶν βίος καὶ πολιτισμός 6 (1955) 167 sqq.

63. Kubinska, J., «Défense contre le mauvais œil en Syrie et en Asie Mineure», *Archeologia (Varsovie)* 43 (1992) 125–128 (avec bibl.).

64. Guarducci, *EpGr* III 322–329.

65. Waddington, W. H., *Inscriptions grecques et latines de la Syrie* (1870) 484 n° 2053b (linteau du monastère de Deir-el-Meyas, époque proto-byzantine); *cf.* 547 n° 2406 (*CIG* 4580).

66. *CIL* III 5561 (Salzbourg, époque romaine); *cf. CIL* IV 1454 (Pompéi, ici pl. 93, 3).

67. Robinson, D. M., *AJA* 38 (1934) 501–510 figs. 1–2 (fin du Ve s. av. J.-C.).

visait à assurer une bonne navigation et un commerce maritime profitable[68].

D'autres inscriptions sur les sols des maisons invoquent également la bonne fortune et les puissances divines qui la régissent. On trouve par exemple l'expression Εὖ ἔχει («tout va bien») sur une mosaïque de Morgantina[69] et Χαῖρε Ἀγαθὸς Δαίμων («salut, Agathos Daimôn») sur une mosaïque d'Emporion (Ampurias)[70]. Sur des mosaïques de Corinthe[71] et de Nicopolis[72] on lit respectivement les inscriptions Καλοὶ καιροί («belles occasions») et Εὐτυχ(ε)ίτω ἡ τύχη τῆς οἰκίας («que la fortune de la maison prospère»). Enfin sur un sol d'Halicarnasse on voit inscrites sur une stèle à l'intérieur d'une couronne les exclamations Ὑγ(ε)ία, Ζ<ω>ή, Χαρά, Εἰρήνη, Εὐθυμία, Ἐλπίς («santé, vie, joie, paix, bonne humeur, espérance») (pl. 92, 2)[73].

Il était d'usage de suspendre dans les maisons ou les ateliers des protomés de figures divines, des figurines, des tablettes à représentations ou d'autres objets à caractère apotropaïque. Les figurines étaient souvent laides et drôles et s'appelaient βασκάνια (talismans)[74]. D'une manière générale on pensait que la laideur, assez courante pour les figurines de nourrices[75], ainsi que l'aspect terrible, comme dans les masques de Gorgones, avaient un fort pouvoir apotropaïque (pl. 93, 1)[76]. La représentation la plus connue de βασκάνια se trouve sur la coupe à figures rouges du «Peintre de la fonderie» au Musée de Berlin[77]: sous une paire de cornes (chasse-malheur jusqu'à nos jours) sont suspendues diverses tablettes à représentations peintes, ainsi que deux protomés, qui ont été interprétées comme Athéna et Héphaistos, lesquels, en tant que «surveillants du feu et de l'art» (ἔφοροι πυρὸς καὶ τέχνης)[78] protègent l'atelier de métallurgie. On connaît les craintes et les superstitions liées aux activités artisanales. La *Vie d'Homère* du Pseudo-Hérodote contient un long poème intitulé Κάμινος (fournaise) appelant Athéna à protéger le travail et les produits des potiers, mais décrivant aussi en détail les dangers personnifiés du four céramique, qui peuvent être provoqués par l'intervention humaine en cas de malhonnêteté des artisans ([Hdt.] *Vita Homeri* 32 [433–461])[79].

Une autre activité à grand risque, la navigation, était également associée à plusieurs croyances superstitieuses. Les noms des bateaux eux-mêmes, empruntés surtout à des divinités féminines, étaient choisis pour assurer un bon voyage[80]. Souvent on gravait dans les sanctuaires ou sur les rochers proches des mouillages des inscriptions du genre εὔπλοια τῷ [nom du bateau] («bon voyage à tel ou tel bateau») pour placer le bateau sous la protection des puissances divines[81]. Divers attributs de divinités (παράσημα) étaient gravés sur la proue pour protéger le vaisseau[82]. Les statues de bois érigées sur la proue des trières athéniennes et celles d'Asclépios sur les navires de Cos avaient la même fonction[83]. Sur la proue on peignait également deux ou plusieurs yeux qui étaient censés chasser le mauvais œil et en même temps guider le bateau[84]. À Phalère est attesté le culte d'un «Héros sur la poupe» (κατὰ πρύμναν Ἥρως, Clem. Alex. *Protr.* 2, 40, 2). D'autres objets à caractère protecteur ou magique sur les navires étaient les ancres sacrées, utilisées uniquement en cas de danger extrême[85].

Pour en revenir à la maison et à ses habitants, nous constatons que dans l'Antiquité comme de nos jours les actes cultuels (prière, sacrifice etc.) sont associés à des pratiques superstitieuses souvent bizarres visant à éloigner le mal et à attirer le bien. Certaines d'entre elles sont décriées par Démosthène (Dem. 18, 259–260) ou décrites de manière

---

68. Queyrel, F., «Le motif des quatre osselets figuré sur les jas d'ancre», *Archaeonautica* 7 (1987) 207–212.

69. Sjöqvist, E., *AJA* 62 (1958) 161 pl. 34, 32 (IVe s. av. J.-C.).

70. Almagro, M., *Las inscripciones ampuritanas griegas, ibericas y latinas* (1952) 37 n° 22 (deuxième moitié du Ier s. av. J.-C.).

71. *BCH* 91 (1967) 635. 638 fig. 10 (IVe s. ap. J.-C.).

72. *AAA* 6 (1973) 224; *ADelt* 28 (1973) Chron. B 2, 409 pl. 362b (IVe s. ap. J.-C.).

73. Londres, BM Mosaic 55a (1857.12-20.434): Hinks, *BMPaintings* 142 n° 55a fig. 159 (époque impériale).

74. Pollux 7, 106–108; *Anecd.* Bekker I 30, 5; Nilsson, *GrRel*³ I 199–200.

75. Voir p. ex. Winter, *Typen* 154 n° 2 (Saint-Pétersbourg, Ermitage; de Taman). 3 (Würzburg, Wagner Mus.). 8 (Paris, Louvre CA 85); Kritzas, Ch., *ArchDelt* 29 (1973-74) 230 pl. 157a (Argos, Mus.).

76. Nilsson, *GrRel*³ I 200; Guarducci, *EpGr* III 328 fig. 110a-b; Krauskopf, I./Dahlinger, S.-Ch., *LIMC* IV (1988) 285–330 s.v. «Gorgo, Gorgones», en particulier 321–322.

77. (= *ThesCRA* IV 1 b Représentations de lieux de culte **123**, = *LIMC* IV Hephaistos **5***) Berlin, Staatl. Mus. F 2294. *ARV²* 400, 1; *CVA* 2, pl. 73, 1 (vers 480 av. J.-C.).

78. Korres, G. S., «Ἔφοροι πυρὸς καὶ τέχνης», *ArchEph* (1971) 234–240 pl. 52b (avec bibl.).

79. *Cf.* Markwald, G., *Die Homerischen Epigramme* (1985) 219 sqq. n° 13.

80. Schmidt, K., *Die Namen der attischen Kriegsschiffe* (1931), avec des noms tels que Δόξα, Εὐδαιμονία, Εὐημερία, Εὔπλοια, Εὐτυχία, Νίκη, Τροπαία, etc.; *cf.* Casson, L., *Ships and Seamanship in the Ancient World* (1971) 350–360. 439–441 (index des noms de bateaux); *ThesCRA* VII 2 f Voyages en mer **2.2.1**.

81. Voir p. ex. *IG* XII 5, 712, 25–30 etc. (Cyclades, Syros); *IG* XII 8, 582–586 etc. (Thasos); *IG* V 1, 1540. 1543. 1544 etc.; *SEG* XI 1011. 1012 etc. (Messénie, île de Proté); *OGIS* 696; *IGRR* I, 5 1076 etc. (Égypte); *cf. ThesCRA* VII 2 f Voyages en mer **2.3**.

82. Voir surtout Svoronos, J. N., «Stylides, ancres hierae, aphlasta, stoloi, acrostolia, embola et totems marins», *JIArchNum* 16 (1914) 81–152; Casson (n. 80) 344–348; Vélissaropoulos, J., *Les nauclères grecs* (1980) 69–70; *ThesCRA* VI 2 f Voyages en mer **2.2.1**.

83. Vélissaropoulos (n. 82).

84. Morrison, J./Williams, R. T., *Greek Oared Ships, 900–322 B.C.* (1968) index général s.v. «eye»; Saatsoglou-Paliadeli, Ch., «Μαρμάρινοι οφθαλμοί από τον Πειραιά», *ArchEph* (1978) 119–135.

85. Svoronos (n. 82) *passim*.

attachante par Théophraste dans ses *Caractères* (Theophr. *char*. 16: Le superstitieux). Ainsi l'entrée d'un nouveau membre dans le foyer, par exemple d'une mariée ou d'un esclave, était accompagnée des καταχύσματα, qui consistaient à verser sur les nouveaux venus des fruits secs, des petits gâteaux et autres produits similaires (qu'on appelait τραγήματα, τρωγάλια ou κόλλυβα) croyant qu'ils amèneraient ainsi le bonheur et l'abondance au foyer[86]. Certains esclaves étaient considérés porteurs de bonheur; on les appelait καλόποδας et καλοιωνίστους («au bon pied ou de bon augure»), tandis que les anthroponymes Ἀγαθόπους et Καλόπους reflètent la croyance, encore vivante aujourd'hui, que certains hommes ont «le pied qui porte bonheur», de sorte que leur présence suffit à assurer la bonne fortune (*Schol. Aristoph. Av*. 721; *Suda s.v.* «ὄνον ὄρνιν»). Par contre, ceux qui portaient malheur étaient appelés κακοποδινοί (Marc. Diac. *Vita Porphyrii* 19, 4). On attachait aussi de l'importance au premier acheteur (πρῶτος ὠνητής) dans un magasin, que l'on appelait εὔαρχος (*Etym. m. s.v.* «εὔαρχος»).

La croyance que la main droite et le pied droit étaient de bon augure existait aussi chez les anciens. Il faut noter que plusieurs tablettes de défixion sont écrites vers la gauche (ἐπαρίστερα γράμματα), pour que les affaires de l'adversaire aillent en sens contraire.

Pour être protégés et attirer le succès les anciens portaient diverses amulettes et talismans (περίαπτα et φυλακτήρια)[87]. Il s'agissait notamment de petits *gorgoneia*, de *phalloi* en miniature, de papyrus, petites tablettes de métal ou gemmes avec des incantations magiques, de monnaies (en particulier d'Alexandre le Grand), de petites cloches, ainsi que de figurines de divinités connues sous le nom de ἱερώματα. Athènes était un centre de production de ces figurines, qui représentaient surtout Déméter et Dionysos, et en exportait de grandes quantités vers l'Ionie (Philostr. *v. Ap*. 5, 20). Souvent les amulettes représentaient la déesse Fortune ou Bonne Fortune (Τύχη ou Ἀγαθὴ Τύχη) et s'appelaient τυχαῖα[88].

Dans certains cas un gorgoneion est combiné avec une inscription apotropaïque du genre de «Héraclès habite ici; qu'aucun mal n'y pénètre» déjà mentionnée ci-dessus (pl. 93, 1)[89]. Des inscriptions comme «sois heureux», «porte bien tes armes», «sois victorieux», «heureux qui porte ceci» (εὐτύχει, εὐόπλει, νίκα, εὐτυχὴς ὁ φορῶν) etc. se trouvent sur les petites cloches[90], dont le bruit chasse le mal, tandis que les inscriptions portent bonheur[91]. La même fonction, à savoir d'attirer la bonne fortune, est remplie par des inscriptions du genre «sois heureux, toi qui portes ceci» (εὐτύχει ὁ φορῶν) gravées sur des bagues et autres bijoux[92].

CHARALAMBOS KRITZAS

EMMANUEL VOUTIRAS (**1–2**)
CHARALAMBOS KRITZAS (**3**)

---

86. Aristoph. *Plut*. 768 (*cf. Schol. ad loc.*). 789. 794; Theop. com., *PCG* III *fr*. 14; Pollux 3, 77; Phot. *s.v.* «καταχύσματα»; *Suda s.v.* «καταχύσματα».
87. Delatte, A./Derchain, Ph., *Les intailles magiques gréco-égyptiennes* (1964); Kotansky, R., *Greek Magical Amulets. The Inscribed Gold, Silver, Copper and Bronze Lamellae* 1 (1994); Nilsson, *GrRel*³ I 199.
88. Une stèle funéraire de Messine en Sicile (*IG* XIV 419; époque impériale) mentionne un marchand de statuettes de Tychè (ἔμπορος τυχαίων) originaire d'Antioche de Syrie: Robert, L., *CRAI* (1981) 526-528 (= *id.*, *OMS* V 760-762); *cf*. Messerschmidt 118 avec n. 677.

89. Gela, Mus. Reg. 17546: Guarducci, *EpGr* III 328 fig. 110a-b.
90. Villing, A., «For whom did the Bell Toll in Ancient Greece? Archaic and Classical Greek Bells at Sparta and Beyond», *BSA* 97 (2002) 223-295, en particulier 289-294.
91. Nagy, A. M., «Ein kaiserzeitlicher Talisman», *AA* (1992) 99-108.
92. Voir par ex. une bague au British Museum: Walters, *BMGems* n° 3705 (époque romaine).

Fortuna e sfortuna nel mondo etrusco

INDICE
1. Lo strumento della *disciplina* 285
2. Gli oracoli e le loro divinità 286
3. Le divinità 'custodi' del destino 287
4. Buona e cattiva fortuna 287

BIBLIOGRAFIA GENERALE: *cf. ThesCRA* II 3 a Purification, etr.; III 6 a Divination, etr.; III 6 b Prayer, etr.; III 6 g Malediction; III 6 i Magic. – Aigner Foresti, L., «Zur Zeremonie der Nagelschlagung in Rom und in Etrurien», *AJAH* 4 (1979) 144–156; Bagnasco Gianni, G., «Le sortes etrusche», in Cordano, F./Grottanelli, C. (edd.), *Sorteggio pubblico e cleromanzia dall'antichità all'età moderna* (2001) 197–220; Bloch, R., «Liberté et détermination dans la divination étrusque», in *Studi in onore di L. Banti* (1965) 63–68 (= Bloch 1); id., «Réflexions sur le destin et la divination haruspicinale en Grèce et en Étrurie», in *IconogrCl* 77–83 (= Bloch 2); id., «Points de vue actuels sur la religion étrusque», in *Secondo Congresso Internazionale Etrusco*, Firenze 1985 (1989) 902–903 (= Bloch 3); Briquel, D., «Le paradoxe étrusque: une parole inspirée sans oracles prophétiques», *Kernos* 3 (1990) 67–75 (= Briquel 1); id., *Chrétiens et haruspices*; id., «Ancora sulla cattura dell'aruspice veiente», *AnnFaina* 5 (1998) 69–82 (= Briquel 3); id., «Destin et liberté chez les Étrusques», in *Die Freiheit und die Künste. Modelle und Realitäten von der Antike bis zum 18. Jahrhundert* (2001) 29–38 (= Briquel 4); Champeaux, *Fortuna*; ead., «Les oracles de l'Italie antique: hellénisme et italicité», *Kernos* 3 (1990) 103–111 (= Champeaux 2); ead., «*Sors oraculi*: les oracles en Italie sous la République et l'Empire», *MEFRA* 102 (1990) 271–302 (= Champeaux 3); ead., «Sorts et divination inspirée: pour une préhistoire des oracles italiques», *MEFRA* 102 (1990) 801–828 (= Champeaux 4); Colonna, G., «L'Apollo di Pyrgi», in *Magna Grecia Etruschi Fenici*, *ConvMGrecia* 33 (1994) 345–375 (= Colonna 1); id., «Divinazione e culto di Rath/Apollo a Caere», *ArchCl* 52 (2001) 151–173 (= Colonna 2); Cristofani, M., «Faone, la testa di Orfeo e l'immaginario femminile», *Prospettiva* 42 (1985) 2–12; de Grummond, N. T., «Mirrors and *Manteia*: Themes of Prophecy on Etruscan and Praenestine Mirrors», in *Aspetti e problemi della produzione degli specchi etruschi figurati*, Incontro Roma 1997 (2000) 23–67 (= de Grummond 1); ead., *Etruscan Myth, Sacred History, and Legend* (2006) (= de Grummond 2); ead., «Prophets and Priests», in de Grummond/Simon, *Religion* 27–44 (= de Grummond 3); Grottanelli, C., «*Sorte unica pro casibus pluribus enotata*. Literary Texts and Lot Inscriptions as Sources for Ancient Kleromancy», in Johnston, S. I./Struck, P. T. (edd.), *Mantike. Studies in Ancient Divination* (2005) 129–146; Klingshirn, W. E., «Inventing the Sortilegus: Lot Divination and Cultural Identity in Italy, Rome, and the Provinces», in Schultz, C. E./Harvey jr., P. B. (edd.), *Religion in Republican Italy* (2006) 137–161; Mac Bain, B., *Prodigy and Expiation* (1982); Maggiani, A., «La divination oraculaire en Étrurie», in *Caesarodunum* Suppl. 56 (1986) 6–26 (= Maggiani 1); id., «L'homme et le sacré dans les rituels et dans la religion étrusque», in Ries, J. (ed.), *Les civilisations méditerranéennes et le sacré* (1991, trad. 2004) 197 (= Maggiani 2); id., «Mantica oracolare in Etruria: litolia e sortilegio», *RdA* 18 (1994) 68–78 (= Maggiani 3); Maras, D. F., *Il dono votivo. Gli dei e il sacro nelle iscrizioni etrusche di culto* (2009) 37–40; Marchesini, S., «Magie in Etrurien in orientalisierender Zeit», in *Der Orient und Etrurien*, Koll. Tübingen 1997 (2000) 305–313; Pairault Massa, F.-H., «Alla ricerca delle immagini di Fortuna», in *Le Fortune dell'età arcaica nel Lazio ed in Italia e loro posterità*, Conv. Palestrina (1994) 105–125; Pfiffig, *RelEtr* 36–43. 61–63. 115–162. 258–259. 361–366; Sclafani, M., «Zeus Soter, Eracle, Leukathea e tre sortes dall'antica Himera», *RM* 113 (2007) 247–265; Sordi, M., «Religione e politica nei responsi degli aruspici», in *Etruria e Italia preromana. Studi in onore di G. Camporeale* (2009) 845–846; Torelli, *Religione* 273–289; van der Meer, L. B., *Interpretatio etrusca* (1997).

1. Lo strumento della *disciplina*

Le scansioni deterministiche del cosmo e dell'esistenza umana asserite per il tramite di una rigida pratica divinatoria basata sulla interpretazione dei segni sembrerebbero, in linea di massima, non favorire (o, meglio, assorbire totalmente) l'insorgenza del sentimento di fortuna/sfortuna. La richiesta di certezze pare soddisfatta nella organizzazione della vita civile e dell'individuo dalla *disciplina*, attraverso l'esame dei diversi organi ominali nell'extispicio, la *fulguratura*[1] e i riti di purificazione, attinenti al buon funzionamento tanto della città e delle istituzioni che della casa e della dimensione privata[2]. Possediamo, naturalmente, testimonianze di come nel corso dell'esistenza l'uomo etrusco potesse imbattersi in situazioni particolari e fosse perciò costretto a ricorrere a strumenti di consultazione o soccorso non ordinari, che tuttavia erano in qualche modo anch'essi previsti nei testi sacri, come la lettura da parte dei sacerdoti di *portenta* e *prodigia* (nei *libri rituales*) o l'allontanamento del fato con preghiere[3]. I responsi dei sacerdoti, d'altra parte, erano sufficientemente dettagliati da prevedere talora veri e propri messaggi di indirizzo morale, che andavano oltre il semplice «livello» magico ed erano destinati a guidare verso esiti positivi il comportamento dei devoti impegnati di volta in volta nella *procuratio*, rendendo in certo modo gli stessi dèi «intercesseurs entre l'homme et le destin»[4] e concedendo di fatto all'uomo margini di libertà nell'amministrazione della propria buona o cattiva «fortuna»[5].

---

1. *ThesCRA* III 6 a Divinazione, etr. p. 55–66.
2. *ThesCRA* II 3 a Purificazione, etr. p. 36–62.
3. Pfiffig, *RelEtr* 138–146; Briquel 3; *ThesCRA* III 6 a Divinazione, etr. p. 64 (ma anche, in parte p. 56); III 6 b Preghiera, etr. p. 142. 144.
4. *Cf.*, e.g., Bloch 1, 65; Pfiffig, *RelEtr* 146–150 (con discussione del rapporto tra divinità e *fata* e *dii involuti*); anche Champeaux, *Fortuna* 470; Briquel, *Chrétiens et haruspices* 18; id., «Le cas étrusque: le prophétisme rejeté aux origines», in Heintz, J.-G. (ed.), *Oracles et prophéties dans l'Antiquité* (1997) 439–445; Jannot, *RelEtr* 30–31; Torelli, *Religione* 287; Briquel 4; *ThesCRA* II 3 a Purificazione, etr. p. 40.
5. Alcuni degli aspetti cui si è fatto sin qui cenno sono presenti, nel mondo romano di epoca arcaica, nel culto di Fortuna, in cui non a caso sono stati riconosciuti tratti delle concezioni religiose etrusche: *cf.* Champeaux, *Fortuna* 446 ss., in part. 469–470.

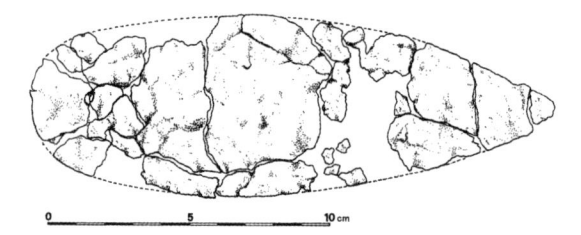

Fig. 1

2. Gli oracoli e le loro divinità

Specifiche tecniche divinatorie previste dalla *disciplina* concorrono dunque a far ritenere anche l'uomo etrusco non inerte di fronte al problema del proprio destino e attento a forme di religiosità che «leggessero» e sapessero governare sentimenti di attesa, timore, insoddisfazione, fortuna e sfortuna. Tra queste, va senz'altro annoverato l'uso di oracoli, raramente fondati sulla parola ispirata – benché figure di profeti siano tutt'altro che ignote nella religione etrusca (*Tagete, Vegoia*)[6] –, più spesso di carattere cleromantico. Ai primi, *genus naturale* di Cicerone, è forse possibile riferire scene attestate su specchi incisi di epoca classica, che sembrano trasmetterci echi di profezie «orfiche» di matrice ellenica rivissuti in una dimensione familiare indigena, ove il donatore o il possessore dell'oggetto dichiara l'augurio/aspettativa di buona fortuna nella vita matrimoniale attraverso la consultazione oracolare di *Menerva* o *Alpunea*[7]; messaggi analoghi sembrano veicolare alcuni vasi argentati di bottega volsiniese con complesse scene figurate a rilievo, incentrate sulla presentazione a *Menerva* (da localizzare, forse, nel santuario orvietano del Belvedere, su cui *cf.* anche *infra*) di nuovi sposi desiderosi di assicurare un prosieguo felice alla propria vita di coppia[8]. Studi recenti hanno approfondito questo filone di ricerche, tentando di riconoscere nel repertorio iconografico degli specchi i segni di una mantica oracolare «pluriorientata»[9], che parrebbe rinviare alle sfere di competenza di diverse divinità le aspettative dei proprietari dell'oggetto in relazione a momenti cruciali dell'esistenza (nascita, adozione, «affermazione vittoriosa» nella maturità), secondo forme che appaiono ad ogni modo ideologicamente parallele a quelle, esperite nel medesimo corpus degli specchi, della pura e semplice assunzione del modello mitico quale strumento di lettura delle aspirazioni o dei timori umani[10]. I medesimi studi hanno inoltre prospettato l'ipotesi dell'esistenza, in alcuni casi, di una vera e propria *katoptromanteia*, fondata sulle proprietà magiche dell'oggetto stesso che veicola le immagini, lo specchio. Tra le forme di cleromanzia (*genus artificiosum* di Cicerone), ormai relativamente ben conosciute in Etruria sin dall'epoca arcaica, si ricordano quelle affidate alla litobolia e al sortilegio, con connotati di estrazione frequentemente ctonia, ove protagonisti della evocazione sono ancora *Menerva*, e poi *Aplu/Śuri, Fartan, Artumes*[11]. Di *Aplu/Rath/Śuri* e di *Menerva* si segnala, tra gli altri, una presenza a carattere mantico nel grande santuario del Portonaccio a Veio[12]; della seconda, anche un culto nel sito extra-urbano di Punta della Vipera, in territorio ceretano[13], ove più facile appare immaginare, grazie ai contesti archeologici e allo stesso milieu territoriale, il profilo delle possibili istanze dei fedeli[14].

Incerta la funzione – oggetti puramente votivi o vere e proprie *sortes*? – dei modellini (in bronzo e ferro) di foglie databili alla prima metà del V sec. a.C. rinvenuti nell'area sacra Sud di Pyrgi (fig. 1)[15]: i dati di scavo li associano a *Śuri* e a una divinità femminile (*Cavatha*) contigua per specificità funzionali alle elleniche Demetra e Persefone[16], con presumibile rinvio, dunque, alla sfera misterica e del ciclo agrario e riproduttivo.

---

6. *LIMC* VII Tages; *ThesCRA* III 6 a Divinazione, etr. p. 54; de Grummond 3, 27–30 (Tages); Pairault Massa, F.-H., «Lasa Vecu – Lasa Vecuvia», *DdA* 6 (1988) 133–143; *LIMC* VIII Vegoia; *ThesCRA* II 3 a Purificazione, etr. p. 45; *ThesCRA* III 6 a Divination, etr. p. 63. 73; de Grummond 3, 30 (Vegoia, Lasa Vecuvia); Small, J. P., *Cacus and Marsyas in Etrusco-Roman Legend* (1982); *LIMC* III Cacu; Luschi, L., «Cacu, Fauno e i venti», *StEtr* 57 (1991) 105–117; *ThesCRA* III 6 a Divinazione, etr. p. 69; de Grummond 3, 31 (Cacu).
7. Cristofani; Maggiani 1; *ThesCRA* III 6 a Divinazione, etr. **143–146**.
8. Con la possibile «mediazione oracolare» di *Faunus-Fatuus*: Cristofani, 9; Maggiani 1; Luschi (n. 6) 117; Guzzi, O., «Note su alcune composizioni narrative nella ceramica volsiniese», *Prospettiva* 106–107 (2002) 121; *ThesCRA* III 6 a Divinazione, etr. **147**. *Cf.* anche Briquel, D., «Les voix oraculaires», in *Les bois sacrés*, Coll. Naples 1989 (1993) 77–90.
9. de Grummond 1.
10. van der Meer.
11. Torelli, *Religione* 273–289; Pfiffig, *RelEtr* 153–155; Briquel 1; Champeaux 2; Champeaux 3; Maggiani 3; Colonna 1; Briquel 3; Colonna 2; Bagnasco Gianni; Grottanelli; Klingshirn; *ThesCRA* III 6 a Divinazione, etr. p. 67–68; Maras.
12. Più recentemente, Colonna 2, 166; Maras *ad ind.* e 405–427.
13. Comella, A. M., *Il Santuario di Punta della Vipera*, 1 *I materiali votivi* (2001).
14. Si segnala il rinvenimento di ex voto anatomici, di statuette di personaggi femminili, anche con bambini, di bambini in fasce, etc.: Comella (n. 13) 131–144; Tomassucci, R., «Il santuario etrusco di Punta della Vipera», in *Depositi votivi e culti dell'Italia antica dall'età arcaica a quella tardo-repubblicana* (2005) 237–243.
15. Colonna, G., «Sacred Architecture and the Religion of the Etruscans», in de Grummond/Simon, *Religion* 135–137; sul deposito, Baglione, M. P., «Il santuario Sud di Pyrgi», in Bentz, M./Reusser, C. (edd.), *Attische Vasen in etruskischem Kontext. Funde aus Häusern und Heiligtümern* (2004) 85–92
16. Colonna 1; Colonna 2; Colonna, G., *REE*, in *StEtr* 64 (1998) 418–422; *id., REE*, in *StEtr* 69 (2003) 334–337; Baglione (n. 15) 93–94; Baglione, M. P., «Esame del santuario meridionale di Pyrgi», in *Saturnia tellus. Definizioni*

Assai più ridotta è la possibilità di riconoscere per queste divinità, e in primo luogo per *Aplu* e *Menerva*, un analogo ruolo di indirizzo del destino su scala sovraindividuale attraverso l'esame di apparati decorativi monumentali, a causa del precario stato di conservazione in cui questi ci sono pervenuti[17]. Restano tuttavia non privi di fondamento recenti tentativi esegetici dei due cicli di terrecotte architettoniche dello Scasato di Falerii, che indicano in *Minerva* e *Apollo* i «garanti», attraverso rituali mantici, del buon destino della città nel momento critico del confronto ormai inevitabile con Roma e alla vigilia della definitiva perdita della libertà[18]: una base a queste ipotesi sembra fornita dai caratteri di ciò che resta delle composizioni statuarie e dalla documentazione archeologica e storico-epigrafica del culto delle due divinità nell'agro falisco, omologabile a quello noto per *Menerva* e *Aplu* nei centri etruschi di Veio e Caere. Nelle terrecotte frontonali (fine V – inizi IV sec. a.C.) del tempio del Belvedere a Orvieto, la cui ricomposizione appare non meno ardua, è stato riconosciuto un contesto narrativo di tipo oracolare ugualmente «poliadico», ma questa volta in possibile connessione con il culto ctonio di *Tinia Caluśna* (e della stessa *Menerva*; ma nel santuario era presente anche *Śuri*)[19] attestato nel santuario da iscrizioni di dedica e da materiali come cippi con fulmini a rilievo e probabili altari con foro centrale[20] (*cf.* anche *supra*).

3. Le divinità «custodi» del destino

Il celebre specchio tardo-classico di Berlino, con personaggio femminile (*Athrpa* nell'iscrizione: probabile equivalente della ellenica Atropos) che infigge un chiodo affiancata dalle due coppie di *Turan/Atunis* e *Meliacr/Atlenta* (tav. 93, 2)[21], sembra provare l'esistenza di una divinità minore in qualche modo «professionista», capace di fissare il destino di fortuna o sfortuna degli esseri umani (in questo caso di *Atunis* e *Meliacr*)[22]. Le sue prerogative appaiono vicine a quelle di un'altra figura divina etrusca, nota solo da brevi cenni nelle fonti latine, che ne ricordano il nome, *Nortia* (forse in etrusco *Nurtia*), le funzioni, analoghe a quelle di Fortuna, e un luogo di culto a Volsinii[23]; Nortia aveva il compito di scandire con il rito del *clavum figere* il fatale susseguirsi degli anni e probabilmente anche di «bloccare» l'insorgenza di elementi infausti nella vita dei singoli e della comunità[24]; significativa è l'assonanza con i riti che vedevano protagonista a Roma, sul Campidoglio, Minerva. Non è escluso che forme di divinazione analoga venissero attuate a livello popolare anche nel santuario ceretano di S. Antonio, ove sono attestati con certezza culti di *Turms*, *Hercle* e *Rath*, divinità tutte associate per più versi alla sfera oracolare[25].

Ancora assai controversa appare l'identificazione di *Cilens*[26]: ipotesi formulate anche di recente hanno voluto riconoscervi la versione etrusca di una dea del destino e della «buona fortuna», impegnata (terrecotte Saulini di Bolsena) a partecipare accanto a *Menerva* ad una impresa mitica di incerta definizione, forse paradigma nel contesto cittadino di Volsinii di episodi di «virtù» e trionfo, secondo meccanismi riconoscibili per Fortuna anche nei prodotti della coeva *caelatura* latino-prenestina (specchio con *Hiaco*, *Minerva* e *Fortuna*, cista con *Fortuna* e parata di divinità[27]).

4. Buona e cattiva fortuna

L'uso di formule o «segni» scritti a fini magico/religiosi – apotropaici e bene – o maleauguran-

---

dello spazio consacrato in ambiente etrusco, italico, fenicio-punico, iberico e celtico (2008) 301-318, in part. 311; *cf.* ThesCRA III 6 a Divinazione, etr. p. 69. 74. Per recentissimi sviluppi su problemi inerenti alla identificazione dell'Apollo di Pyrgi, *cf.* ora Thullier, J.-P. e Colonna, G., StEtr 73 (2007 [2009]) 93 ss., 101 ss.

17. Fanno eccezione, naturalmente, il santuario di Veio-Portonaccio e, per aspetti diversi, non legati agli apparati decorativi, quello di S. Antonio a Caere.

18. Pairault Massa, F.-H., «Stili e committenza nei cicli figurativi fittili di età repubblicana», *Ostraka* 2 (1993) 246-248; Torelli, M., «Fictiles fabulae. Rappresentazione e romanizzazione nei cicli figurativi fittili repubblicani», *ibid.* 269-299; Comella, A. M., «Apollo Soranus? Il programma figurativo del tempio dello Scasato di Falerii», *ibid.* 301-316.

19. Pairault Massa, F.-H., *Recherches sur l'art et l'artisanat étrusco-italique à l'époque hellénistique* (1985) 41-47; Cristofani 9-11; Strazzulla, M.-J., «La decorazione frontonale del tempio del Belvedere di Orvieto», in *Secondo Congresso Internazionale Etrusco*, Firenze 1985 (1989) 971-982; ThesCRA III 6 a Divinazione, etr. p. 70. 74. *Cf.* n. 8.

20. Colonna, *Santuari* 80-83.

21. (= *LIMC* I Adonis **29***, III Athrpa **1***) Berlin, Staatl. Mus. Fr 146. Pfiffig, *RelEtr* 61-63; Bloch 2, 78-82; Bloch 3, 902-903; van der Meer 224-226; Bonamici, M., «Contributo agli specchi perugini», *AnnFaina* 9 (2002) 445; Simon, E., «Gods in Harmony», in de Grummond/Simon, *Religion* 58; Bonfante, L., *ibid.*, 22-23.

22. Nello specchio sicuramente accompagnato da una esaltazione del rapporto amoroso di coppia, che evidentemente ci si augura possa controllare l'intero arco dell'esperienza umana, incluso il suo momento più doloroso, la morte: rinviando con ciò al possibile aspetto mantico (e katoptromantico), in area etrusca, degli specchi (*cf.* n. 9): in questo senso, in parte, anche van der Meer 224.

23. Pfiffig, *RelEtr* 61-63. 258-259; *LIMC* VI Nortia; Simon (n. 21) 59.

24. In questo senso, *cf.* soprattutto Bloch 2, 78-82; *cf.* Aigner Foresti.

25. Colonna 2; ThesCRA III 6 a Divinazione, etr. p. 74.

26. Pairault Massa (n. 19) 181-185; *LIMC* III Cilens; van der Meer, L. B., «Cilens», in *Secondo Congresso Internazionale Etrusco*, Firenze 1985 (1989) 1199-1204; Cristofani, M., «La decorazione frontonale in Italia centrale fra IV e II secolo a.C.: scelte iconografiche e stile», in *La coroplastica templare etrusca fra il IV e il II secolo a.C.* (1992) 50-52; Pairault Massa (n. 18) 261-268; Pairault Massa, F.-H., «Mito e miti nel territorio volsiniese», *AnnFaina* 6 (1999) 89-91; Simon (n. 21) 58.

27. Pairault Massa, F.-H., «De Préneste à Volsinii: Minerve, le *fatum* et la constitution de la société», *PP* 42 (1987) 200-235.

ti – è fenomeno noto nel mondo orientale ed anche ellenico; in Etruria se ne sono riconosciute tracce nelle sequenze alfabetiche o nei presunti *ephesia grammata*, incisi su vasi già a partire dal VII sec. a.C.[28]. In qualche modo parallelo è l'uso, anch'esso ben noto in Grecia e in area latina, di *defixiones*, lamine di piombo contenenti maledizioni contro persone, che venivano deposte in tombe per far sì che gli dei inferi potessero più efficacemente e prontamente agire inviando una sorte avversa ai nemici ricordati nel testo[29]. Versioni per così dire figurate di una *defixio* possiamo considerare le bambole magiche, che dovevano trasmettere cattiva sorte e rendere in qualche modo inoffensivo l'avversario del «committente»: due buoni esempi, databili entro la seconda metà del IV sec. a.C., sono le statuette (maschile e femminile) in piombo rinvenute in una tomba di Sovana, rappresentate con le mani legate dietro le spalle (secondo una consuetudine iconografica di probabile origine orientale) e recanti ciascuna la propria iscrizione onomastica incisa su una gamba[30].

Ad un'ampia gamma tipologica di oggetti, deposti spesso, fin da età orientalizzante, nelle tombe, ma usati altrettanto frequentemente nella vita quotidiana, venivano attribuite talora anche proprietà benefiche e apotropaiche, che si presumeva potessero essere trasmesse dal materiale (e.g. corallo, ambra) in cui essi erano realizzati o dalla loro forma (numerosissime le ciprèe, con ovvia allusione alla sfera della fecondità e della *kourotrophia*)[31]. Frequenti, in questa sfera concettuale, le rappresentazioni di falli, adoperate tanto in edifici a carattere «pubblico» (e.g. sulle mura di città di area etrusco-italica, tra le quali Vetulonia), che in monumenti a carattere privato, spesso funerari, come cippi o tombe dipinte[32]. Tra queste ultime, è da ricordare la tarquiniese Tomba del Topolino[33], ove è possibile che la connotazione apotropaica si coniugasse con credenze dionisiache centrate sulla celebrazione della fertilità e dello spirito vitale anche in rapporto a un (beneaugurante) culto dei morti[34].

Di importanza centrale appare, a giudicare dal rilievo accordatole dalle fonti e dalla ricca documentazione iconografica e archeologica, la *bulla*, monile di origine etrusca indossata tra gli altri da fanciulli, personaggi eminenti, eroi e divinità, con poteri talismanici, amuletici, allusivi al rango e alla sfera del passaggio di età[35].

Più difficile è verificare, in relazione al tema, l'attendibilità documentale delle attestazioni iconografiche, quasi sempre di lettura controversa e in rapporto problematico con i *realia*. Tra queste, meritano un cenno le scene di «board games» rappresentate sulle pareti di alcune tombe dipinte (Capua, Tarquinia) e su manufatti di produzione etrusca[36]. La possibilità che tali immagini veicolassero non soltanto un (sicuro) messaggio celebrativo funerario di stampo aristocratico, ma anche una allusione per così dire «intellettualizzata» a forme di interrogazione del destino vicine alla *astragalomanteia* è stata sostenuta sulla base del più illustre dei documenti iconografici del tema in epoca arcaica, l'anfora di Exekias da Vulci: l'associazione ivi apparentemente riscontrabile di «board-» e «chance-game» e l'esito del gioco cui alludono le iscrizioni sembrano, infatti, riferimento alla sorte (buona o tragica) che attende Achille e Aiace, i due eroi protagonisti della scena[37]. Tutta da dimostrare, invece, e in ogni caso solo complementare, resterebbe la lettura in tal senso dei molti dadi, astragali, tessere (con relative *tabulae lusoriae*) rinvenuti nei corredi funerari etruschi (e italici) di epoca arcaica e classica[38].

FERNANDO GILOTTA

---

28. Pfiffig, *RelEtr* 363; Marchesini.

29. Pfiffig, *RelEtr* 361–366; *ThesCRA* III 6 b Preghiera, etr. **54-55** (lamine di piombo da Volterra e Monte Pitti); *ThesCRA* III 6 g Maledizione p. 264-270.

30. (= *ThesCRA* III 6 g Maledizione **109*** cf. Pfiffig, *RelEtr* 365–366; Faraone, C. A., «Binding and Burying the Forces of Evil: the Defensive Use of 'Voodoo Dolls' in Ancient Greece», *ClAnt* 10 (1991) 166–220, in part. 191. 202.

31. Cherici, A., «Amuleti nei corredi funerari paleoveneti e dell'Italia antica», in *Protostoria e storia del Venetorum Angulus* (1999) 168–216.

32. Herter, H., *RE* XIX 2 (1938) 1681–1748 s.v. «Phallos»; Pfiffig, *RelEtr ad ind.*, in part. 197–198. 221–224.

33. Cerchiai, L., «La Tomba del Topolino», *AION* n.s. 8 (2001) 99–104.

34. Colonna, G., «Firme arcaiche di artefici nell'Italia centrale», *RM* 82 (1975) 185, con enfasi sul significato apotropaico; Steingräber, *EtrWmal* 357; Cerchiai (n. 33) 101, con lettura dionisiaca; cf. anche Herter (n. 32) 1701–1710; Pfiffig, *RelEtr* 221–224.

35. Pfiffig, *RelEtr* 361-363; Warden, P. G., «Bullae, Roman Custom and Italic Tradition», *OpRom* 14 (1983) 69–75; Goette, H. R., «Die Bulla», *BonnJbb* 186 (1986) 133–164; Palmer, R. E. A., «Bullae insignia ingenuitatis», *AJAH* 14 (1989 [1998]) 1–69, soprattutto in relazione all'uso nel mondo romano; più recentemente, Coen, A., «Osservazioni su una bulla ghiandiforme del British Museum», in Adembri, B. (ed.), *Aeimnestos. Miscellanea di studi per M. Cristofani* (2006) 572–578. Cf. *ThesCRA* VI 1 a Nascita, etr. **2** e 1 b Infanzia, etr. **3**.

36. Tomba dei Giocatori di Dama di Capua e Tomba dell'Orco II di Tarquinia: da ultimo Gilotta, F., «Pitture etrusche: discussioni e studi recenti», *BollArte* 140 (2007) 66–67 (con lett.). Sui vasi in bucchero con rappresentazione di questo soggetto: Camporeale, G., «Considerazioni su un'anfora di bucchero», *Arte Antica e Moderna* 5 (1962) 130–145; Buchholz, H.-G., in *ArchHom* T (1987) 140–141.

37. Morris, S. P./Papadopoulos, J. K., «Of Granaries and Games: Egyptian Stowaways in an Athenian Chest», in ΧΑΡΙΣ. *Essays in Honor of S. A. Immerwahr* (2004) 225–242, in part. 235 fig. 11.5. Cf. Cherici (n. 31) 171 (con lett.).

38. Su questa documentazione: Cherici, A., «Tombe con armi e società a Todi con note su simposio, *tesserae lusoriae*, strigili», *AnnFaina* 8 (2001) in part. 183–188.

Fortune et infortune dans le monde romain

PLAN DU CHAPITRE
1. S'assurer de la faveur des dieux 290
    1.1. Auspices; présages; les haruspices . . . 290
    1.2. Oracles: les sorts 291
    1.3. Formules et objets de bon augure . . 292
    1.4. Prières et vœux 292
2. À qui s'adresser? 292
    2.1. À tous les dieux. Choix individuels . . 292
    2.2. Les spécialistes. Fortuna 293
    2.3. Felicitas 296
    2.4. Isis-Fortuna 296

BIBLIOGRAPHIE GÉNÉRALE: Bouché-Leclercq, A., *Histoire de la divination dans l'Antiquité* IV (1882); *Caesarodunum*, Suppl. 52. 54. 56. 61. 63. 64. 65. 66 (1985–1999); Champeaux, J., «*Fortuna* et le vocabulaire de la famille de *fortuna* chez Plaute et Térence. I», *RPh* 55 (1981) 285–307; «II. Les dérivés de *fortuna*», *RPh* 56 (1982) 57–71 (= Champeaux 1); ead., *Fortuna. Recherches sur le culte de la Fortune à Rome et dans le monde romain.* I *Fortuna dans la religion archaïque* (1982); II *Les transformations de Fortuna sous la République* (1987) (= Champeaux, *Fortuna*); ead., «*Sors oraculi*: les oracles en Italie sous la République et l'Empire», *MEFRA* 102 (1990) 271–302 (= Champeaux 2); Foehr-Janssens, Y./Métry, E. (éds.), *La Fortune. Thèmes, représentations, discours* (2003); Kajanto, I., *RAC* VIII (1970) 182–197 s.v. «Fortuna» (= Kajanto 1); id., «Fortuna», *ANRW* II 17, 1 (1981) 502–558 (= Kajanto 2); Lichocka, B., *L'iconographie de Fortuna dans l'empire romain* (1997); Linderski, J., «The Augural Law», *ANRW* II 16, 3 (1986) 2146–2312.

Il est difficile de cerner, du point de vue des activités cultuelles et des pratiques rituelles, des notions à la fois aussi générales et aussi subjectives que fortune/infortune, bonheur/malheur, prospérité/détresse, etc. On ne distinguera pas, à cet égard, l'Étrurie et Rome: dans la mesure où une enquête de cette nature ne peut être menée qu'à travers des sources écrites, littéraires et épigraphiques, relativement «fines», c'est-à-dire circonstanciées, détaillées (qui vont au-delà de l'onomastique ou d'une titulature), on ne pourra traiter que du domaine étrusco-romain dans son ensemble, d'une Étrurie qui, désormais, parle latin et qui est intégrée au monde de Rome.

Les notions constitutives, qui conditionnent le comportement religieux des hommes, bonheur/malheur, fortune/infortune, chance/malchance, à rechercher ou à éviter, sont exprimées en latin par quelques mots-clefs, *fortuna*, *felicitas* et leur famille, auxquelles on ajoutera *casus*, le «hasard», essentiellement négatif[1]. Les deux premières sont des divinités aussi bien que des notions, qu'Augustin essaiera, non sans peine, de distinguer (*civ.* 4, 18). La *felicitas*, et la déesse du même nom, sont toujours bonnes: «si elle est mauvaise, elle ne sera plus la félicité». La *fortuna*, elle, est ambivalente, «tantôt bonne, tantôt mauvaise». Un peu plus loin, Augustin l'identifie au hasard auquel elle devrait son nom: «comment se fait-il qu'elle ait tiré son nom des événements fortuits?», elle qui, «sans peser leurs mérites, échoit fortuitement aux bons et aux méchants», qu'elle favorise sans la moindre distinction. C'est que, comme la déesse homonyme, elle est «aveugle», *caeca*[2]. Telles sont, pour un Romain de l'Antiquité tardive, les représentations communes de la fortune et de l'infortune, situations vécues par les hommes et abstractions divinisées qui se confondent avec elles.

Les premiers textes littéraires, Plaute, Térence, le témoignage de la langue et de l'état des esprits aux IIIe-IIe siècles av. J.-C. offrent cependant une image quelque peu différente. Fortuna y est chargée de valeurs beaucoup plus nettement positives, à l'égal de *felix*, *felicitas*. L'*arbor felix* est l'arbre fruitier, fécond[3], fertile, d'où favorisé des dieux, à la fois «heureux» et «bénéfique». La sémantique de *fortuna*, pour laquelle j'ai distingué trois niveaux (Fortunes divines; fortunes abstraites; fortunes humaines) est beaucoup plus complexe[4]. *Fortuna*, nom commun, est certes la «chance», mais aussi le «sort», ambivalent, qui peut être soit bon, soit mauvais. Mais le côté favorable semble l'emporter, si l'on considère ses dérivés: le verbe dénominatif *fortunare*, «combler de la faveur divine», le participe-adjectif *fortunatus*, «heureux», «béni» des dieux et de la déesse Fortuna en particulier, et le substantif *infortunium*, le «malheur», dont l'*in-* privatif exprime qu'il est en quelque sorte l'envers de la (bonne) «fortune». Sans doute, la «destinée» humaine (autre sens, neutre, de *fortuna*, au niveau des fortunes humaines) n'est-elle pas une longue suite de félicités. Mais l'opposition de la *fortuna* et de l'*infortunium* confirme bien que la «chance», faveur émanée des dieux, l'emportait initialement, dans la pensée des anciens Romains, sur le redoutable *infortunium*, malheur et véritable «malédiction».

---

1. Le fait de «tomber», *cadere*. D'où «chute», de ce qui «advient fortuitement», «accident», «hasard». *Cf.* l'énumération de Cic. *div.* 2, 15: «qu'est-ce en effet que le sort (*fors*), la fortune (*fortuna*), le hasard (*casus*), l'événement (*eventus*), sinon le fait que quelque chose tombe, se produit de telle façon que cela aurait pu tomber et se produire autrement?». Associé à la *temeritas* (l'absence de calcul, l'action inconsidérée) et opposé à la raison (*ratio*) et à la réflexion (*consilium*), en *div.* 2, 85.

2. Première attestation dans le grand fragment de Pacuvius (n. 50). Le hasard, lui aussi, est aveugle; Cic. *div.* 2, 15, ne sépare pas «le hasard aveugle et la versatilité de la fortune».

3. Paul. *Fest.* 81, 26 L., sur les *felices arbores*, définis par Caton comme les arbres «qui portent des fruits»; les *infelices* sont ceux «qui n'en portent pas». *Cf.* André, J., «*Arbor felix, arbor infelix*», dans *Hommages à Jean Bayet* (1964) 35–46.

4. Champeaux 1.

Dans les situations ordinaires de la vie, celles qui font la trame du quotidien, l'homme antique (et moderne), désireux de se prémunir contre les aléas de l'existence, se pose deux questions: que faire? à qui s'adresser? Aux dieux tout-puissants, bien entendu, maîtres et garants de l'existence humaine. Mais dans une religion polythéiste, lesquels choisir? Et par quels moyens trouver accès auprès d'eux? Il existe pour cela des conduites générales, des formules «universelles» et l'individu en peine peut s'adresser à tous les dieux, indistinctement ou selon son choix. Mais il est aussi, nous venons de le voir, des divinités plus spécialisées dans l'attribution de la chance: *Fortuna* et, dans la même sphère, *Felicitas*. Ou, plus tardivement, la providentielle Isis, qui est aussi une manière de Fortune.

1. S'assurer de la faveur des dieux

Avant de prendre toute initiative, d'engager toute action, dans la vie privée comme dans la vie publique, il importe de s'assurer de la faveur des dieux ou, tout au moins, de bien constater qu'il n'y a pas d'interdit (*nefas*). À chaque étape de l'action en cours, même si ces pratiques rituelles, qui relèvent de la divination privée, nous sont mal connues, beaucoup moins bien que celles de la divination publique, officielle, le Romain peut recueillir les signes divinatoires, de toute nature, qui permettent de connaître la volonté divine: écouter, regarder – observer les auspices[5], être attentif aux *omina*, interroger les oracles, proches ou lointains. Ainsi peut-on, autant qu'il est possible, s'assurer de la «fortune» et se prémunir contre l'«infortune», savoir si l'action envisagée, qui n'est encore qu'à l'état d'intention, est vouée au succès ou à l'échec. Qu'il s'agisse de conduites actives ou de situations passives, d'actes à accomplir ou d'événements subis, le comportement rituel du Romain est le même.

1.1. Auspices; présages; les haruspices

Lors d'un événement aussi important que le mariage, on prenait, à date ancienne, des «auspices nuptiaux», demandés à Tellus, la grande déesse de la Terre (les rites du mariage se rattachent pour une large part aux rites agraires) et à deux dieux de second rang, Pilumnus et Picumnus (le «Pilon» et l'«Engrais»)[6]. Nous n'en savons pas davantage sur ces rites tombés en désuétude à l'époque classique. Plaute, excellent témoin de la religion romaine, même si ses sources littéraires sont grecques, offre des exemples de ces consultations divinatoires privées, dans la scène de prise des auspices de l'*Asinaria*[7], ou le tirage des sorts de la *Casina* (imitée de Diphile, mais totalement romanisée)[8]. Les auspices ne sont pas seulement fournis par les oiseaux: les quadrupèdes de rencontre procuraient aussi, à date ancienne, les *pedestria auspicia*[9]. Je dirais volontiers, de ces auspices fournis par des animaux autres que les oiseaux, messagers célestes des dieux, que ce sont des signes flottants[10]. On en retrouve, de tout à fait comparables, dans la catégorie des *omina*, comme les deux scorpions que Marius vit se battre, ce qu'il interpréta comme un mauvais présage et échappa ainsi à un grave danger (Plut. *Mar.* 40, 13-14), ou l'âne et son ânier rencontrés par le futur Auguste près d'Actium, et qui portaient les noms prédestinés de Nicon et Eutychès, annonciateurs de «victoire» et de «bonne chance»[11]. Le comportement des quadrupèdes peut être révélateur; mais leur seule rencontre est parfois suffisante. Horace, qui joue le rôle d'un augure (*prouidus auspex*), énumère une série de signes dissuasifs procurés par les mêmes espèces: cri de la *parra*, rencontre de femelles pleines, chienne, louve, renarde, ou d'un serpent qui coupe la route (*c.* 3, 27, 1-8). De même, le «superstitieux» (*deisidaimon*) de Théophraste était épouvanté à la seule vue d'une belette (*char.* 16, 3). Les *omina* sont non seulement verbaux, mais gestuels: trébucher sur le seuil est un signe de mauvais départ[12]; et Caecilia, qui dit à sa nièce «je te

---

5. Pour tout ce qui concerne les auspices et l'art augural, voir Linderski.

6. Cic. *div.* 1, 28: les anciens Romains n'accomplissaient aucune action importante, «même dans la vie privée, sans prendre les auspices»; ainsi ce qu'on appelle encore les «auspices de mariage», tombés en désuétude et dont on n'a gardé que le nom (à l'époque classique, d'une manière générale, les auspices privés, *avibus*, sont remplacés par l'examen des entrailles sacrificielles, *extis*); Plin. *nat.* 10, 21, sur l'oiseau *aegithus*, d'excellent augure pour le mariage; Non. 848, 11 L., sur Pilumnus et Picumnus, dieux qui président aux «auspices du mariage»; Serv. auctus *Aen.* 4, 166: «selon certains, la Terre préside aussi au mariage; en effet, elle est invoquée quand on prend les auspices de mariage». *Cf.* Boëls-Janssen, N., *La vie religieuse des matrones dans la Rome archaïque* (1993) 135-139.

7. Plaut. *Asin.* 256-266, où il s'agit, pour l'esclave Liban, de «sauver son maître». Il parodie le langage augural (*inpetritum, inauguratumst*), énumère les espèces d'oiseaux divinatoires (le pic, la corneille, etc.) et observe leur vol et les sons qu'ils émettent (le pic qui frappe de son bec).

8. Plaut. *Cas.* 350-418; les instruments du tirage sont la *sitella* et les *sortes*: le seau dans lequel doivent flotter les tablettes de bois. La consultation, de type hydromantique, vise à départager les deux esclaves prétendants de Casina; chacun a son sort, qui porte un numéro, I ou II (v. 378: «regarde ce qui est écrit – un», répond Olympion). C'est l'épouse du maître, Cléostrate, qui procède au tirage, qui s'achève par le cri de triomphe, parodique, du vainqueur: «voilà ce que je dois à ma piété et à celle de mes ancêtres» (418).

9. Fest. 286, 1 L.; Paul. *Festi* 287, 1 L.: «on appelait 'auspices terrestres' ceux qui étaient fournis par le renard, le loup, le serpent, le cheval et les autres quadrupèdes».

10. En ce que, selon les époques, ils ont, ou n'ont plus, valeur de signes: ainsi des «auspices terrestres», *pedestria auspicia*, si obsolètes que Verrius Flaccus s'est senti tenu d'expliquer l'expression dans son lexique.

11. Suet. *Aug.* 96, 5, dans une liste de «signes». Auguste les fit représenter par un groupe de bronze dans le sanctuaire qu'il éleva sur l'emplacement de son camp, après la victoire.

12. Sur la *pedis offensio*, Cic. *div.* 2, 84; Tib. 1, 3, 19-20; Plin. *nat.* 2, 24, etc.

cède ma place », joint le geste à la parole, signe d'infortune pour elle, qui va mourir, de *fortuna* pour la jeune fille, que le mari devenu veuf épousera en secondes noces (Cic. *div*. 1, 104). Quant aux paroles ominales (ce qui est presque une tautologie : les anciens faisaient dériver *omen* de *os*)[13], Crassus eût été bien inspiré de prendre garde au marchand qui criait « figues de Caunos ! », *Cauneas*, à entendre *caue ne eas*, « garde-toi d'y aller ». Car il lui annonçait l'« infortune » suprême : la défaite et la mort (Cic. *div*. 2, 84).

On ajoutera que les auspices n'annoncent pas l'avenir : à la différence des oracles, ils n'ont pas de valeur prédictive[14]. Ils indiquent seulement si l'action envisagée est permise ou interdite (*fas*/*nefas*) par les dieux. La consultation des entrailles (*exta*) des victimes, marquée par la divination étrusque, est, elle, prédictive[15]. Aussi l'extispicine tend-elle à supplanter l'art augural, trop elliptique : les hommes aspirent à en savoir plus sur leur avenir. En matière d'examen des entrailles, la divination romaine est plus sommaire que l'*Etrusca disciplina* : elle se borne à la *litatio*, qui indique si la victime est agréée ou non. Dans ce dernier cas, il faut recommencer le sacrifice. La *litatio* est également en usage dans la religion privée[16], pratiquée par l'officiant qui se borne à constater que les organes internes sont en bon état. Pour un examen plus approfondi, on a toujours la ressource de s'adresser aux haruspices privés.

C'est à eux, également, que « fait appel » le père de famille quand un prodige (privé), comme la découverte d'un serpent, est survenu dans sa maison. Ainsi P. Scipion, le père de l'Africain, dont l'épouse passait pour stérile ; quand un énorme serpent apparaît dans son lit, les haruspices consultés font un sacrifice et prédisent une naissance prochaine (Gell. 6, 1, 2-4). À Ti. Gracchus, les haruspices prédisent qu'aux deux serpents, mâle et femelle, capturés dans sa demeure, sont attachées soit la vie de sa femme, soit la sienne (Cic. *div*. 1, 36 ; 2, 62). Quand sa nourrice trouve Roscius, le (futur) comédien, entouré, dans son berceau, des replis d'un serpent, les haruspices annoncent à son père que rien ne sera plus illustre, plus célèbre, que cet enfant ; la scène fut immortalisée par le ciseleur Pasitélès et le poète Archias (Cic. *div*. 1, 79 ; 2, 66). Moins relevés sont les « haruspices de campagne » (Cic. *div*. 1, 132), et autres diseurs de bonne aventure, charlatans que Caton (*agr*. 5, 4) interdit à son fermier de consulter. À Rome, une clientèle populaire les trouvera au Vélabre, sur lequel débouche le *Vicus Tuscus* (Plaut. *Curc*. 482-483) ; au *leno* du *Poenulus*, ils ne prédisent que des malheurs (463-465. 746-749). Cherche-t-on un prétexte pour empêcher un mariage ? « un chien noir étranger est entré dans la maison, un serpent est tombé du toit... l'haruspice l'a interdit » (Ter. *Phorm*. 705-709). À la fin de la République et sous l'Empire, les grands de ce monde ont leur haruspice personnel : Sulla s'est attaché les services de Postumius (Cic. *div*. 1, 72), César, ceux de Spurinna (1, 119), d'une grande famille de Tarquinia, Galba, ceux d'Vmbricius Melior (Tac. *hist*. 1, 27, 1).

1.2. Oracles : les sorts

Les oracles, sorts de pierre, de bois ou de métal que, dans les campagnes italiennes, on va « tirer » au sanctuaire le plus proche, éclairent sur la conduite à tenir, ou sur les heurs et les malheurs passés ou à venir[17] : le procédé est commun à la divination étrusque[18], latine ou osque[19]. Les exemples précis sont cependant plus grecs que romains : les tablettes de Dodone gardent la trace du futur père anxieux de savoir si l'enfant qu'attend Annyla est bien de lui ; ou du malheureux qui ne trouve plus ses couvertures et ses oreillers, et qui demande au dieu si on les lui a volés[20]. Mais Cicéron et Plutarque donnent le même témoignage sur les questions que, de leur temps, on pose désormais aux oracles, non plus sur la politique des cités comme dans la Grèce classique, mais sur les « fortunes » vulgaires de l'existence, affaires, mariage, récoltes, santé (Plut. *de Pyth. or*. 408c) ; et Cicéron dit bien qu'à son époque aucun magistrat ne se ridiculiserait plus à interroger l'oracle de Préneste (Cic. *div*. 2, 85-87), comme le consul Luta-

---

13. Varro *ling*. 6, 76 *omen*, « le présage », ou *osmen*, « parce qu'il fut d'abord émis par la bouche » ; Paul. *Festi* 213, 2 L.

14. *Cf*. Champeaux, J., « Permission, monition, prédiction : les signes de la divination romaine », dans *Signe et prédiction dans l'Antiquité* (2005) 211-222.

15. Lors de sacrifices offerts par César avant son assassinat, l'haruspice étrusque Spurinna constata que la victime n'avait pas de cœur ; puis que la « tête du foie » (le lobe supérieur, *caput in iecore*, *caput iocineris*) manquait, ce qui lui permit d'annoncer à César sa mort prochaine (Cic. *div*. 1, 119).

16. *Cf*. Cato *agr*. 141 : si le sacrifice (à Mars, pour la lustration des champs) n'est pas agréé, on offre de nouvelles victimes en expiation (*piaculum*).

17. *Cf*. les sorts dits « de Bahareno », *CIL* I² 2173-2189 (et suppl., fasc. IV, p. 1090), dont je cite quelques exemples, tirés de la sagesse des nations, donc adaptables à toutes les circonstances : 2175 « si tu as du bon sens, prends garde que ce qui n'est pas sûr ne devienne sûr » ; 2186 « à beaucoup je rends service ; une fois que j'ai rendu service, de reconnaissance, aucune » ; 2189 « pourquoi demandes-tu conseil après coup ? il n'y a plus lieu de consulter ». *Cf*. Champeaux 2, 297-299 fig. 15.

18. (= *ThesCRA* III 6 a Divination, étr. **130*****. 131*. 132. 133*****. 134*****. 135***) *Sors* de pierre d'Arezzo, au nom d'*Aplu* (Apollon) ; disques de plomb de Punta della Vipera, Arezzo et Chiusi ; tablettes de bronze de Viterbe et Tarquinia. *Cf*. Champeaux 2, 287-295. 299 figs. 6. 10. 12-13. 16.

19. (=*ThesCRA* III 6 a Divination, étr. **163. 164*. 165*****) Sorts de pierre de Sepino et Histonium ; disque de plomb de Torino di Sangro. *Cf*. Champeaux 2, 287. 290-291 figs. 7-8. 11.

20. Parke, *Oracles of Zeus* 266 n° 11. 272 n° 27 ; Lhôte, É., *Les lamelles oraculaires de Dodone* (2006) 119-121 n° 49. 249-250 n° 121. Dans une circonstance analogue, le Romain d'Espagne qui, lui, est sûr qu'on l'a volé (six tuniques, deux manteaux de lin, etc.), adresse une requête en forme de défixion à une déesse locale des morts assimilée à Proserpine, pour qu'elle le venge (*CIL* II 462 ; *cf*. *AEpigr* [1975] 497).

tius Cerco avait voulu le faire en 241 (Val. Max. 1, 3, 2). Hors des sanctuaires, les *sortilegi* installés aux carrefours des villes, comme les diseurs de bonne aventure ou les astrologues, offrent à leurs clients les tablettes des sorts que tire pour eux un enfant, à la main innocente par définition: ainsi Délie est sûre que Tibulle reviendra d'Orient (Tib. 1, 3, 10–13).

1.3. Formules et objets de bon augure

Ce sont là des conduites d'anticipation, qui permettent de connaître à l'avance, donc de maîtriser, dans la mesure du possible, fortune et infortune. Le moment venu de passer à l'acte, il existe des formules de bon augure, communes à la religion publique et à la religion privée, grâce auxquelles on peut prendre des garanties sur l'avenir. Il est prudent de faire intervenir des personnes dont les noms portent bonheur, comme aux comices centuriates[21]. On a aussi tout avantage à attirer la chance par une formule de souhait comme *quod bonum faustum felix fortunatumque sit*[22], «que ce soit bon, favorable, heureux et fortuné», formule allitérante à géométrie variable, qui peut aller de deux à quatre adjectifs (binaire, ou ternaire, avec, éventuellement, un terme conclusif), cinq, le cas échéant[23], mais pas au-delà, sous peine de devenir trop lourde à manier, tous adjectifs à forte valeur religieuse, et que nous retrouverons dans les noms de divinités qui confèrent la chance. Les objets, les représentations porte-bonheur peuvent aussi, en permanence, assurer la chance et préserver du malheur: bulle des enfants, d'origine étrusque, gemmes aux vertus magiques[24], bagues, amulettes[25], figures prophylactiques, en particulier le phallus, *fascinum* (puisque le même mot désigne à la fois le mauvais œil et le garant qui en protège). Ainsi la boulangerie de Pompéi qui affichait sur le mur, au-dessus du four, l'inscription *HIC HABITAT / FELICITAS*, disposée sur deux lignes; entre les deux, un phallus (pl. 93, 3)[26].

1.4. Prières et vœux

Connaître la volonté des dieux, positive ou négative, par la divination; se protéger par des formules ou des objets, efficaces en permanence; mais aussi, en fonction de chaque circonstance particulière, faire appel à la bienveillance divine: le Romain pieux prononce prières et vœux adaptés à la situation précise dans laquelle il se trouve. Plus explicites que les inscriptions, les prières de la littérature mentionnent le «secours» que les hommes en détresse implorent de la divinité: ainsi Anchise fuyant Troie[27] ou Énée adressant au Tibre et aux Nymphes sa supplique[28]. La prière, faite dans l'instant, peut être accompagnée d'un vœu, c'est-à-dire d'une offrande différée. D'où la formule stéréotypée de l'épigraphie: *V(otum) S(olvit) L(ibens) M(erito)*, «il s'est acquitté de son vœu, de bon gré, à juste titre». Certaines inscriptions, plus explicites, indiquent la nature du bienfait: tel qui, à son retour de l'étranger, a trouvé ses parents sains et saufs[29]; ou les touchantes actions de grâces pour une guérison[30].

2. À qui s'adresser?

2.1. À tous les dieux. Choix individuels

Toutes ces consultations, tous ces appels à la bonne fortune et, simultanément, ces efforts pour écarter l'infortune s'adressent à tous les dieux, pris globalement: tous sont compétents pour exaucer les appels au secours des misérables humains[31]. Ces prières, ces souhaits peuvent être formulés à l'intention de la collectivité divine dans son ensemble, celle des «dieux immortels» qu'implore, par

---

21. Cic. *div.* 1, 102–103, quand on tire au sort la centurie prérogative, dont le nom est un *omen*. Lors des lustrations officielles, on choisit pour conduire les victimes des hommes *bonis nominibus* (exemples de ces noms «porte-bonheur» dans Paul. *Festi* L. 108, 24 *Valerius, Salvius, Statorius*, et le *lacus Lucrinus*). De même, Tac. *hist.* 4, 53, 2, en 70 ap. J.-C., pour les préliminaires à la reconstruction du Capitole, on fait appel à des soldats *quis fausta nomina*, et qui tiennent des rameaux également de bon augure, *felicibus ramis*. Sulla, lui-même Felix, avait appelé ses jumeaux Faustus et Fausta (Plut. *Sull.* 34, 3). La femme de Trimalcion se nomme Fortunata (Petron. 37, 2), etc.
22. Cic. *div.* 1, 102, que les anciens Romains prononçaient avant toute action.
23. Plaut. *Trin.* 40–41; formule «légère», à deux termes, dans *Cas.* 382: «bon et fortuné». Solennelle formule des censeurs, Varro *ling.* 6, 86: «bon, fortuné, heureux et salutaire». Amplifiée dans la liturgie des arvales (*CIL* VI 2068. 2080, etc.). Ou formule binaire toute simple: Plaut. *Aul.* 787–788: «que cela tourne à bien et heureusement»; *cf.* Arnob. 3, 23, 1 les dieux veillent à ce que tout ait «une bonne et heureuse issue».
24. Énumérées par Plin. *nat.* 37: le diamant neutralise les poisons (§ 61), la malachite protège les enfants (§ 114), l'hématite est utile dans les procès (§ 169), etc.
25. Voir par ex. Guiraud, H., *Intailles et camées romains* (1996) 152–157; ead., *Intailles et camées de l'époque romaine en Gaule, Gallia Suppl.* 48 (1988) 62–63. 67. 71 n°s 1–417. 976–986.
26. Pompei, maison de Pansa. *CIL* IV 1454; Gell, W./Gandy, J.-F., *Vue des ruines de Pompéi* (1827) 75 pl. 47; De Caro, S. (éd.), *Il gabinetto segreto del Mus. Archeologico Naz. di Napoli* (2000) 72. 81 et ill. (Naples, Mus. Nat., raccolta pornograf. 73).
27. Verg. *Aen.* 2, 689–691: «Jupiter tout-puissant, si tu te laisses fléchir par des prières, regarde-nous... si nous le méritons par notre piété, accorde-nous ton secours».
28. Verg. *Aen.* 8, 73–74: «accueillez Énée et écartez enfin de lui les périls... toi qui as pitié de nos épreuves».
29. *CIL* VIII 20743, à Caelestis.
30. À Esculape et Hygie: *CIL* III 987, pour lui avoir rendu la vue; 1561, pour sa guérison. Ou à Minerve, *CIL* XI 1305, qui a fait repousser ses cheveux.
31. Mais Sall. *Cat.* 52, 28–29 fait dire au rigoureux Caton qu'il ne suffit pas de compter «sur les dieux immortels», ni de les supplier par des prières de femme: il faut agir.

exemple, Cicéron, pour que l'élection de Murena au consulat soit «favorable, heureuse et prospère» (*Mur.* 1). Délie, se faisant «tirer les sorts», consulte «tous les dieux» (Tib. 1, 3, 10). Les malheureux qui fuient l'éruption du Vésuve, dans une atmosphère de fin du monde, supplient «les dieux», indistinctement (Plin. *epist.* 6, 20, 15). L'homme romain peut aussi demander la «fortune» à telle divinité de son choix, en fonction de considérations locales, ou professionnelles, ou simplement par préférence individuelle et affinités électives. À Préneste, on prie Fortuna; à Pompéi, *colonia Veneria Cornelia* depuis Sulla, Vénus. Le même Sulla, à la bataille de la porte Colline, demande la protection d'Apollon, dont la statuette lui sert de talisman (Val. Max. 1, 2, 3; Plut. *Sull.* 29, 11–12). Un autre, marchand de Pompéi, vénère Mercure ou la Fortune donneuse de prospérité et des «biens de fortune»[32]. Cicéron, philosophe, contraint à l'exil, dédie une statuette à Minerve, incarnation de la Sagesse et protectrice des intellectuels[33]. La synthèse de ce panthéon se trouve en quelque sorte dans les peintures emblématiques de la maison de Trimalcion, patronné par Minerve, Mercure et la Fortune, et à qui la Parque a filé une destinée en or[34].

2.2. Les spécialistes. Fortuna

Il est cependant, dans le monde divin, une divinité plus compétente que d'autres pour donner la fortune et détourner l'infortune: c'est *Fortuna* elle-même[35]. Du moins la Fortuna-Tyché hellénisée de la République, incarnation de la chance et du hasard, dotée d'une iconographie parlante. Il s'y ajoutera, plus tard et à un moindre degré, *Felicitas*; et on s'interrogera sur l'existence d'une hypothétique *Faustitas*. Telles sont les donneuses de chance de l'époque classique. De Fortuna, la statuaire officielle (pl. 93, 4)[36] et les descriptions des écrivains nous font voir les attributs: la corne d'abondance, la roue, le globe, le gouvernail. Les textes commentent cette iconographie et décrivent l'action de la déesse, dont les innombrables épithètes ou épiclèses, attestées par la littérature et surtout l'épigraphie, composent le «portrait» moral. La difficulté est que ces multiples images ne s'accordent pas entre elles et qu'il serait pour le moins hâtif de ne la définir que comme une Chance mobile ou un Hasard dangereusement instable.

Les Fortunes archaïques sont à la fois proches et éloignées de cette représentation stéréotypée, qui est encore largement la nôtre[37]. Les plus anciennes Fortunes, sans revenir sur la question des origines, se caractérisaient par deux traits majeurs: elles étaient, dans le Latium, à Préneste et Antium, déesses oraculaires; à Rome, qui n'a jamais eu d'oracle, protectrices des classes d'âge, fonction dans laquelle l'attribution de fortune/infortune trouve aussi sa place. Des pouvoirs de Fortuna, qui confère à l'homme sa destinée, nous avons deux témoignages anciens, qui sont des objets et des textes épigraphiques, et non les sources indirectes, secondes, que sont les textes littéraires. De Préneste provient l'ex-voto d'Orcevia, la plus ancienne des dédicaces locales, consacrée à la déesse «à l'occasion d'une naissance»[38]. Conjugué aux informations que nous donne Cicéron sur la statue de culte de *Fortuna Primigenia*, effigie d'une déesse-mère allaitant deux nourrissons, identifiés à Jupiter et Junon (*div.* 2, 85–87), on y verra l'action de grâces offerte par une jeune femme, appartenant à l'une des grandes familles de la ville, à la toute-puissante déesse locale, qui lui a donné le bonheur d'être mère, sans doute d'accoucher – moment toujours périlleux – dans de bonnes conditions, et qui veillera sur l'heureuse destinée du nouveau-né, qui ne peut être qu'un fils. Le second texte est une *sors* oraculaire, caillou gravé au repoussé, qui appartient au musée de Fiesole, mais de provenance non précisée, et qui porte l'inscription bien connue: «si tu cèdes, je ne veux pas te perdre; si tu ne cèdes pas, Servius périt du fait de la Fortune» (pl. 94, 2)[39]. L'oracle à la collection duquel elle appartenait n'était pas nécessairement rendu par Fortuna elle-même. Mais il montre, dès une date ancienne, l'autre face, négative, de la déesse: pour appuyer sa menace, l'oracle se réfère, comme à un *exemplum* historique, au destin hors norme de Servius Tullius, né esclave, porté au faîte du pouvoir, élu de la Fortune qui lui confère successivement le bonheur et le malheur, quand, abandonné par elle, il tombe victime d'un complot familial et d'une mort tragique.

La Fortune qui, à Rome, préside aux rites de passage, à la maturité sexuelle de l'homme et de la femme, en tant que *Barbata* et *Virgo*, chacun, devenu adulte, rangé dans sa catégorie et honorant sa divinité protectrice, *Fortuna Virilis* ou *Muliebris*, donne certainement à chacun bonheur/malheur, réussite ou échec. Mais aucun texte classique, épigraphique ou littéraire, ne nous l'indique expressément: ces cultes anciens sont tombés en désuétude avec le système archaïque des classes d'âge. Ils sont toujours pratiqués, mais n'appartiennent plus

---

32. Dubourdieu, A., *Les origines et le développement du culte des Pénates à Rome* (1989) 79–83.
33. Cic. *leg.* 2, 42; *fam.* 12, 25, 1; Plut. *Cic.* 31, 6; Cass. Dio 38, 17, 5. 45, 17, 3.
34. Petron. 29, 3–6. *Cf.* la peinture (= *LIMC* VI Mercurius 271*) Pompéi VI 9, 6–9 (Maison des Dioscures). Fröhlich, *Lararien* 321 F 39 fig. 9 (Fortune et Mercure).
35. *Cf. LIMC* VIII Tyche/Fortuna.
36. La grande Fortune d'Ostie (= *LIMC* VIII Tyche/Fortuna 16*) Vatican, Braccio Nuovo 2244; ou les innombrables témoignages de la numismatique. *Cf.* Lichocka.
37. Pour tout ce qui suit, je renvoie à Champeaux, *Fortuna*.
38. *CIL* I² 60 = XIV 2863. Plaque de bronze, du IIIe s. av. J.-C.
39. (= *ThesCRA* III 6 a Divination, étr. 160*) Fiesole, Mus. Arch. 466a. *CIL* I² 2841 (fasc. IV, p. 863); Champeaux 2, 285–287 fig. 5. – IIIe s. av. J.-C.

à la religion vivante. Le pouvoir impérial, représenté par les impératrices, Livie, puis Julia Domna, veille à l'entretien du temple suburbain de Fortuna Muliebris (*CIL* VI 883); mais la piété active des matrones s'adresse à des divinités plus actuelles. Ces Fortunes anciennes n'ont pas d'attributs spécifiques. La Fortune de Préneste reproduit le type bien connu de la déesse mère aux deux enfants[40]. À Rome, la grande Fortune du Forum Boarium (aire sacrée de S. Omobono) était une déesse trônant, dont la statue de bois doré était vêtue de deux toges superposées, qui lui voilaient également le visage[41]. Le rapprochement avec Nortia, la déesse étrusque de Volsinies[42], ne contribue guère à nous éclairer: les anciens l'identifiaient à Fortuna (Iuv. 10, 73-75, sur la chute de Séjan, précisément originaire de Volsinies); Martianus Capella assimile *Sors*, Némésis, Tyché, Nortia (1, 88). Mais là s'arrête le parallèle: le rite annuel de la plantation du clou, pratiqué dans le sanctuaire de Volsinies, rite de purification, apotropaïque (on «cloue» le mal), qui permettait en outre de compter le nombre des années, était également observé à Rome, mais au Capitole (Liv. 7, 3, 5-8), non dans un temple de Fortuna.

Avec l'hellénisation, Fortuna, assimilée à Tyché, devient la déesse multiforme qui personnifie des notions aussi différentes que chance[43], hasard et même destin. Elle se situe en quelque sorte à la jonction du destin et du hasard, chance instable qui tourne au gré de sa roue, définie à la fois par sa toute-puissance et sa versatilité (*varietates*). C'est que ces notions ne sont pas des concepts philosophiques, mais des idées floues de la pensée commune, celle du Romain moyen, qui ne s'embarrasse pas de définitions rigoureuses. L'iconographie est plus parlante, même si elle est aussi sujette à distorsions: celle que décrit la littérature n'est pas exactement celle que nous voyons, du moins le plus souvent, sur les monuments figurés, statues et monnaies. Les descriptions littéraires de l'allégorie qu'est devenue Fortuna mettent l'accent sur l'attribut qui illustre le mieux l'idée de hasard: la roue,

symbole de mouvement perpétuel, sur laquelle elle se tient debout, en équilibre instable[44]. La roue de Fortune, pour nous essentielle dans la représentation de la déesse[45], si bien illustrée par son iconographie médiévale, est en réalité un topos littéraire, dont joue Cicéron (*Pis.* 22), et un symbole emprunté à la redoutable Némésis grecque, plus qu'un attribut de Tyché, repris par la religion de la déesse romaine. Comme figure du hasard, Pacuvius lui substitue le globe, image du monde, qui a d'ordinaire un autre sens dans l'iconographie de la déesse. Peu importe: roue ou globe, les caprices de la Fortune-Hasard dominent le monde.

L'iconographie caractéristique de Fortuna, celle qui, en l'absence de dédicace épigraphique, permet d'identifier une statue, même mutilée, se définit à coup sûr par deux attributs: la corne d'abondance et le gouvernail. La corne d'abondance, qui repose sur son bras gauche, est d'origine grecque, venue de la chèvre Amalthée: débordante de fruits, elle est le symbole de la prospérité (*cornu copia*[46]), des «biens de fortune» (*fortunae*), qu'elle distribue généreusement, depuis les fruits de la terre jusqu'aux biens immatériels qui font la «fortune» des hommes. Le gouvernail, romain, qu'elle tient de la main droite, est signe de pouvoir suprême[47]. Cicéron, excellent informateur sur l'état des esprits au dernier siècle de la République, la définit comme «la maîtresse des choses humaines»[48]. Déesse au gouvernail posé sur le globe, la Fortune régit la marche du monde: elle le «gouverne» en souveraine. Mais ce pouvoir est déréglé. Cicéron est particulièrement sensible à ses *varietates*, «vicissitudes», retournements, de la déesse «changeante» par excellence, *varia*[49]. L'inconstance de la Fortune est un thème omniprésent dans la littérature[50]. Sa versatilité (*volucris, instabilis* sont les adjectifs qui la peignent le mieux), son «aveuglement» (elle persécute les bons et favorise les scélérats) la rendent odieuse aux hommes qui ne se privent pas de l'insulter[51]. La chance est instable et les dons de la Fortune ne sont jamais assurés pour très longtemps[52]: à fortune a tôt fait de succéder infortune;

---

40. (= *LIMC* VIII Tyche/Fortuna 1-9) Champeaux, *Fortuna* I 9. 42-48.
41. (= *LIMC* VIII Tyche/Fortuna 14) Dion. Hal. *ant.* 4, 40, 7; Ov. *fast.* 6, 570-624; Plin. *nat.* 8, 194-197; Val. Max. 1, 8, 11; Non. 278, 17 L.
42. *Cf.* LIMC VI Nortia.
43. D'où l'expression populaire: «c'est un fils de la Fortune!» (Hor. *sat.* 2, 6, 49; Petron. 43, 7).
44. Tib. 1, 5, 70; Ov. *trist.* 5, 8, 7-8; *Pont.* 2, 3, 56; Amm. 26, 8, 13.
45. Voir Foehr-Janssens/Métry.
46. *Cf.* LIMC VIII Suppl. Cornu Copiae.
47. *Fortuna Gubernatrix* chez Ter. *Eun.* 1046; *CIL* XIII 7792. 12049 (mais assise, avec pour seuls attributs la corne d'abondance et la patère).
48. *Marcell.* 7. Déjà dans la *Médée* d'Accius: «le Sort (*Fors*) est souverain et, dans toute sa vie, nul n'est maître de sa vie» (17 Dangel).
49. *Verr.* 2, 5, 132; *nat.* 2, 43; *div.* 2, 109; *off.* 1, 90; *de or.* 3, 9; *fin.* 2, 10; 4, 17; *fam.* 5, 12, 4.

50. Les grands textes sont Pacuvius, dans *Rhet. Her.* 2, 36, long fragment de onze vers dont je cite le début, et Pline, morceaux de bravoure gonflés de rhétorique: «Les philosophes prétendent que la Fortune est insensée, aveugle, stupide, et ils déclarent qu'elle se tient debout sur une boule de pierre qui roule... Elle est cruelle, incertaine et instable... Elle ne sait pas distinguer qui a du mérite et qui n'en a pas...».
51. Plin. *nat.* 2, 22: «Dans le monde entier, en tout lieu, à toute heure, d'une seule voix, on n'invoque et ne nomme que la Fortune: on n'accuse qu'elle, on ne tient qu'elle pour coupable, on ne pense qu'à elle, on ne loue qu'elle, on n'incrimine qu'elle, on l'adore tout en l'insultant. Ailée et versatile, tenue même pour aveugle par la plupart, vagabonde, inconstante, incertaine, changeante (*varia*), elle favorise ceux qui ne le méritent pas»; Iuv. 10, 365-366: «tu n'as pas de puissance divine... c'est nous, nous, Fortune, qui faisons de toi une déesse et te plaçons au ciel».
52. Curt. 4, 5, 2: «jamais la Fortune ne reste longtemps sur la même position; toujours, si grand que soit leur bon-

l'inverse, quoique possible – les rétablissements de fortune –, est plus hypothétique[53] et moins fréquent.

On peut s'interroger sur la relation complexe de la déesse à l'infortune: Fortuna fait-elle vraiment, activement, le malheur des humains? ou ne le provoque-t-elle que par son abstention, quand elle se retire et que, comme Servius, elle abandonne l'homme à lui-même? La question peut paraître vaine (compte tenu, notamment, de l'ambivalence des dieux antiques). Mais la linguistique, nous l'avons vu, y apporte un commencement de réponse. Les mots latins de la famille de *fortuna, fortunare, fortunatus,* sont de signe positif; ils ont des dérivés privatifs en *in-: infortunium, infortunatus.* La plus ancienne Fortune latine est bien une déesse du bonheur, de la destinée heureuse, de la «bonne fortune»; et ce n'est que secondairement, par assimilation avec l'instable Tyché grecque, qu'elle est devenue aussi la déesse de l'infortune.

À parts égales? Les contradictions de la Fortune sont flagrantes. Trop souvent, elle se joue cruellement des hommes. Horace, s'adressant à Pollion, historien de la guerre civile, explique le conflit fratricide comme un sanglant «jeu de la Fortune»[54]. Est-ce la conception la plus ancienne? Le Romain d'autrefois exprimait ses certitudes par deux formules-clefs, attestées depuis Plaute, qui confirmaient la «moralité» de la Fortune et le triomphe du bien sur le mal. L'une est la maxime *e virtute fortuna*: la «valeur» entraîne la «chance»[55]. L'autre est le proverbe *fortis Fortuna adiuvat*, «la Fortune vient en aide aux hommes de cœur»[56]. Les deux maximes forment un ensemble cohérent (*fortis* est l'adjectif qui correspond à *virtus*); elles traduisent une morale volontariste et parlent le langage de l'action. À la fin de la République et sous l'Empire, elles sont toujours vivantes[57]. Mais la «pensée» romaine n'hésite pas à les contredire. Les témoignages de l'épigraphie et des textes littéraires sont, à cet égard, contrastés. Est-elle bonne? Est-elle méchante? La littérature, non sans hyperbole, maudit la malfaisante déesse qui cause la perte des humains: revanche verbale de la victime qui, faute de mieux, invective sa persécutrice. Les inscriptions, qui prient la bonne déesse ou sont des actions de grâces pour le don de «fortune», rendent un autre son. Les conventions de la première permettent l'insulte; la seconde, religieuse, exprime la gratitude du fidèle.

À partir de *Bona Fortuna*, la «Bonne Fortune», calque d'Ἀγαθὴ Τύχη, ou *Fortuna Bona*[58], ordre des mots plus conforme à l'usage romain, on assiste, dans les derniers siècles de la République et sous l'Empire, à une efflorescence des Fortunes, dont certaines ont des lieux de culte, publics ou privés; d'autres ne doivent leur épiclèse qu'à l'inventivité des fidèles[59]. Sans doute, la déesse peut-elle aussi être «Mauvaise», *Mala*[60] et, à ce titre, recevoir un culte prophylactique, destiné à apaiser, donc à écarter la divinité porteuse d'«infortune». Entre les deux, il y a place pour une *Fortuna Dubia*, qui devait avoir un sanctuaire sur l'Aventin[61]. Mais tous les espoirs sont permis, grâce à *Fortuna Melior*[62]. La *Fortuna Publica populi Romani*, qui veille sur les destinées de l'État, a son pendant en une Ἰδία Τύχη, qui doit traduire *Fortuna Privata*[63], vouée à la tutelle des particuliers (*privati*). Plus spécifiques sont les Fortunes «des familles», qui apportent à leurs membres protection et prospérité[64]. De façon durable? La «Fortune de Ce Jour», *Fortuna Huiusce Diei*, est une divinité officielle[65], Fortune d'une journée historique, privilégiée, durant laquelle elle octroya la victoire. Une déesse aussi prestigieuse n'est pas à la portée

---

heur, les hommes n'en éprouvent cependant que plus fort sa jalousie»; Amm. 31, 1, 1: «la roue ailée de la Fortune, qui fait toujours alterner le bonheur et le malheur»; CIL I[2] 1219 = VI 24563 (inscription funéraire, encore d'époque républicaine): «la Fortune promet beaucoup à beaucoup de gens; elle ne tient parole à personne»; *cf.* CIL VIII 8567 des parents en deuil: «le bonheur qu'elle nous avait donné, la Fortune nous l'a soudain ravi».

53. *Cf.* Iuv. 7, 197-198: du jour au lendemain elle fait «d'un rhéteur un consul, et d'un consul un rhéteur».

54. Hor. c. 2, 1, 3; *cf.* 1, 2, 37; 3, 29, 49-50. *Cf.* CIL VIII 27904: «je m'en suis allé, je ne suis plus; Espérance et Fortune, adieu, je n'ai plus rien à faire avec vous, jouez-vous d'autrui».

55. Plaut. *Poen.* 1328; *cf.* Cato *orig.*, ap. Gell. 3, 7, 19. Toujours actuelle chez Liv. 4, 37, 7.

56. Première allusion, visiblement familière au public, dans la même pièce de Plaute, *Poen.* 972-973. Cicéron en confirme l'ancienneté, *Tusc.* 2, 11. *Cf.* Liv. 8, 29, 5; 34, 37, 4. Avec des variantes (*audentes*) qui en dénaturent le sens: Verg. *Aen.* 10, 284; Ov. *met.* 10, 586; *fast.* 2, 782; Sen. *epist.* 94, 28; encore Claud. *carm. min.* 41, 9 Hall (*audaces*, dépréciatif). D'où la forme sous laquelle nous le citons: «la Fortune sourit aux audacieux». *Fortis* seul est authentique, en raison de l'allitération.

57. Pline l'Ancien, prenant la mer pour secourir les victimes du Vésuve, encourage son pilote en citant le proverbe (Plin. *epist.* 6, 16, 11) – ce qui, si les circonstances étaient moins tragiques, ne manquerait pas de piquant (*cf. supra*, n. 51).

58. Plaut. *Aul.* 100, supposée apporter la richesse au pauvre Euclion. *Cf.* CIL III 249. 251. 1009. 4355; VI 183-184; XI 5611; XII 993.

59. Pour les relevés qui suivent, voir les dictionnaires et encyclopédies de référence: *DA*; *ML*; *RE*; Ruggiero, *Diz. epigr.*; Kajanto 1 et surtout Kajanto 2.

60. Plaut. *Rud.* 501. Évidemment, aucune dédicace épigraphique connue! Mais un autel sur l'Esquilin, Cic. *leg.* 2, 28; *nat.* 3, 63; Plin. *nat.* 2, 16, quartier sinistre et déshérité jusqu'à Mécène.

61. Où un *vicus* portait son nom (CIL VI 975). *Cf.* Ov. *fast.* 6, 784.

62. CIL XI 4116. 4216. 4391. 4770 (particularité ombrienne); XIV 2873.

63. Plut. *quaest. Rom.* 281e; *de fort. Rom.* 322-323. Sanctuaire sur le Palatin. La *Fortuna Domestica* (CIL III 1009. 1939. 4398; XIII 5934; XIV 6) peut remplir le même rôle (ou est-ce celle qui ramène «à la maison»?).

64. *Fortuna Crassiana* (CIL VI 186), *Flavia* (187), *Iuveniana* (189), *Torquatiana* (204 = 30713), *Tulliana* (8706), *Pientiana* (30874). *Cf.* CIL III 8169, qui ne différent pas d'un *Genius*.

65. Temple voué par Q. Lutatius Catulus en 101, à la bataille de Verceil (Plut. *Mar.* 26, 3). «C'est qu'elle est efficace pour tous les jours», justifie Cic. *leg.* 2, 28.

des particuliers: pour eux, la Fortune peut être *Brevis*[66], mais aussi *Stabilis*[67]. La *Fortuna Casualis* est-elle celle qui inflige les hasards ou, plutôt, qui en protège[68]? La confiance des hommes va à toutes ces Fortunes «de bon secours», qui ne refusent pas leur aide aux mortels en peine: *Adiutrix*[69], *Conservatrix*[70] (ou *Servatrix*[71]), *Obsequens*[72], *Opifera*[73], *Praesens*[74], *Respiciens*[75], *Salutaris*[76], auxquelles s'ajoutent les grandes Fortunes impériales, *Redux*[77] et *Augusta*[78]. L'épigraphie, plus proche de la religion réelle, offre une image bénéfique des dons de «fortune»[79]: secours, conservation, santé, retour. Les qualificatifs, cependant, que continuent de lui accoler les textes littéraires vont à l'encontre de cette représentation: Auguste, quand il déplore la mort de ses (petits)-fils – et, là, on hésitera à parler de «littérature» – retrouve spontanément le langage des inscriptions funéraires, quand il évoque la Fortune «implacable», *atrox*, qui les lui a enlevés (Suet. *Tib.* 23, 3). Elle est, par définition, «cruelle»[80]. Telles sont les distorsions de la littérature et de la religion.

2.3. Felicitas

Une nouvelle venue, *Felicitas*, peut aussi apporter une réponse à cette angoisse. La duplication *Fortuna Felicitas* transpose pour ainsi dire, dans le monde des abstractions divinisées, la formule de bon augure «que ce soit heureux (*felix*) et fortuné (*fortunatum*)». La notion est ancienne: l'adjectif *felix* renvoie initialement à la prospérité agraire. Mais, cultuellement, la déesse est de création «tardive» (Augustin). C'est seulement au IIe siècle av. J.-C., peu après 146, que L. Licinius Lucullus lui dédie un temple, à la suite de ses succès en Espagne, en 151–150[81], à une époque où Fortuna, assimilée à Tyché, est devenue inquiétante. En 44, César lui fit élever un second temple (Cass. Dio 44, 5, 2). Quelle différence sépare ces deux dispensatrices de la chance? Augustin, bon linguiste, nous a donné la réponse: *Felicitas* est toujours bonne; *Fortuna* peut être l'une ou l'autre. L'une ne dispense que le bonheur; l'autre, l'«infortune» aussi bien que la «fortune». *Felicitas* n'est cependant guère sortie de la sphère officielle: les arvales lui sacrifient une vache, la numismatique la représente avec le caducée et la corne d'abondance, ou une patère. Mais elle ne possède ni les multiples épiclèses, ni le riche corpus épigraphique de Fortuna, dont elle n'aura jamais l'implantation populaire. Quant à l'*alma Faustitas* d'Horace[82], ce n'est qu'une fiction poétique, sans support cultuel.

2.4. Isis-Fortuna

L'aporie fortune/infortune se résout en quelque sorte par un dernier avatar de la changeante For-

---

66. Μικρά, Plut. *quaest. Rom.* 281d.
67. *CIL* III 5156a. Hor. *c.* 3, 29, 53, le monnayage de Commode (*RIC* III 386–387 n° 191a-b. 427 n° 534. 429 n° 547) nomment une *Fortuna Manens*, assise, évidemment. La *Fortuna Memor* de *CIL* VI 190 (épiclèse qu'elle partage avec Minerve) peut-elle être interprétée dans le même sens? Elle «se souvient» des hommes à qui elle reste fidèle.
68. *CIL* III 10265. Dédicace laconique d'un agent de liaison (?), à la suite d'un vœu, et représentation d'un cheval: de son cheval, avec lequel il a échappé à quelque dangereux hasard, par la grâce de Fortuna? On aurait là, si l'interprétation est exacte, un bon exemple de la piété inventive des fidèles.
69. *CIL* VI 179 *Fortunae Adiutrici et Tutelae*.
70. *CIL* III 1938. 4289. 4558. 10400 «et à la bonne déesse Junon» (dédicace de femme). 14359, 26; VI 236; VII 211. 954; XIII 7733. 7741.
71. *CIL* VII 296. Dans le même registre, XII 4183 *Tutatrix huius loci*.
72. C'est-à-dire «propice», «favorable». Ancienne: dès Plaut. *Asin.* 716–719. Deux sanctuaires à Rome, sur le Capitole (Plut. *quaest. Rom.* 281e; *de fort. Rom.* 10, 322f) et dans la I[e] Région (Porte Capène), *CIL* VI 975. Cf. I² 1509 = X 6509; V 5246–5247; VI 191.
73. *CIL* XIV 3539.
74. *CIL* VI 181. Statue dédiée à la suite d'une «vision» en songe. Sur les deux côtés de la base, deux inscriptions parallèles «à la Fortune Auguste» *Praesens*, ou *Respiciens*.
75. Littéralement «qui se retourne pour regarder», d'où «qui veille sur», «qui protège». Ancienne: Plaut. *Capt.* 834–835; Cic. *leg.* 2, 28. Deux sanctuaires, aux Esquilies (Plut. *quaest. Rom.* 281e; *de fort. Rom.* 10, 323a) et sur le Palatin (X[e] région), *CIL* VI 975. Dédicaces: *CIL* VI 181 (*cf.* n. préc.); IX 5178; XI 347. 817. 6307; XIII 6472.
76. *CIL* III 3315; VI 184 (*Bona Salutaris*). 201–202; XIII 6678 autel dédié «pour son fils». Spécialement donneuse de «santé», *salus*, associée à Esculape, Hygie: XIII 7994.

77. Création augustéenne: un autel lui fut élevé en 19 à la porte Capène, pour le retour d'Auguste, revenu d'Orient; cf. R. *gest. div. Aug.* 11. Elle n'est pas seulement la déesse des retours impériaux et, plus largement, du prince (rôle qu'elle partage avec la *Fortuna Aug.*, *cf.* n. suiv.). *Fortuna Redux* est invoquée dans l'armée, par les officiers et les soldats, comme la déesse «du bon retour» (*CIL* III 1906. 3158a; VII 164. 370. 1064); et comme la protectrice individuelle des particuliers (*CIL* XIII 5474–5476, trois dédicaces pour Ti. Flavius Vetus, vouées par les collèges dont il est le patron et par un de ses esclaves). À sa suite fut créée une *Fortuna Dux* (protectrice du «bon départ», à qui sacrifient les arvales (*CIL* VI 2103b 7; IX 2194; XIII 6677a).
78. *Augusta* ou *Augusti*, protectrice du souverain et incarnation divine du charisme impérial, mais dont la protection s'étend aux particuliers, comme si, à travers le prince, les bienfaits de la déesse retombaient sur eux. Cf. *CIL* III 854 = 7657. 11110. 14666 «à la suite d'une vision»; V 1810. 1867; VIII 983 autel élevé par une femme; VIII 18216 dévotion privée d'une femme *Reduci Aug.* 18892 «sur son injonction»; XIII 7.
79. Je ne mentionne que pour mémoire les épiclèses révérencielles qui expriment sa puissance divine: *Armipotens* (*CIL* XIII 11774), *Caelestis* (africaine: VIII 6943; XIII 7610), *Fortissima* (III 10992, par contresens sur *Fors Fortuna*?), *Magna* (III 1018), *Regina* (III 4399; XIII 6677a), *Sancta* (VI 203; VII 423. 954; X 5384; XI 2997; XIII 6386a. 6592; XIV 6. 2568. 2850. 4281–4282); *Supera* (III 1014 S. Aug.; XIII 6679. 11774), *Victrix* (VIII 5290).
80. *Crudelis*: Petron. 114, 8; *saeva*: Lucan. 8, 704; 9, 237–238.
81. Cic. *Verr.* 2, 4, 4; Plin. *nat.* 34, 69; 36, 39; Aug. *civ.* 4, 23. Cf. *LIMC* VIII Suppl. Felicitas.
82. Hor. *c.* 4, 5, 18, qui personnifie en quelque sorte l'adjectif de la formule *quod bonum, faustum* («favorable»), *felix...* À rattacher à *faueo* (Non. 689, 15 L.).

tuna: sa rencontre avec l'Isis alexandrine, qui donne forme à une Isis-Fortuna, dénomination archéologique, moderne, ou Isis-Tyché. Le nom composé, *Isityche*, est, lui, attesté[83]. Les sources sont de deux ordres: iconographiques, les multiples statues ou plutôt statuettes qui combinent les deux types, romain et alexandrin; et le texte capital d'Apulée, même si c'est un roman, retravaillé, et non un témoignage à l'état brut. Les statuettes, qui relèvent de la catégorie des *Isiaca*, et dont les «laraires» campaniens montrent de multiples exemplaires, représentent une déesse à la corne d'abondance et au gouvernail, dont le manteau est drapé par le nœud isiaque et qui porte, en haute coiffure, les plumes, l'*uraeus* et le disque solaire (pl. 94, 1)[84]. Isis, *Pelagia*, *Salutaris*, «aux mille noms», Myrionyme, si elle est aussi la redoutable déesse de la magie, est la secourable protectrice des affligés. C'est en ce sens que l'invoque le malheureux Lucius, longtemps persécuté par une Fortune aussi aveugle que stupide[85], puis sauvé par une Fortune clairvoyante, qui n'est autre que la providentielle Isis[86], grâce à qui il triomphe, à jamais, de son destin[87]. Isis, effectivement, en ces temps de syncrétisme hénothéiste, est devenue l'unique Providence[88].

Donneuse de chance et de malchance, la Fortune survit avec cette fonction jusqu'à la fin du paganisme: l'enfant païen, éduqué par sa mère et sa nourrice, envoie, selon Prudence, des baisers à sa statuette noircie, héritée des ancêtres et toujours à l'honneur dans le laraire familial (c. *Symm.* 1, 201–211). Et l'imaginaire médiéval resta attaché aux images parlantes des «roues de Fortune», symbole visible de la condition humaine, suite de «fortunes» et d'«infortunes».

JACQUELINE CHAMPEAUX

---

83. *CIL* IV 4138; XIV 2867; *IG* XIV 1006; Bricault, L., *Recueil des inscriptions concernant les cultes isiaques* (2005) 771. 774.

84. (= *LIMC* V Isis **305e*** avec bibl., VIII Tyche/Fortuna **180m***) Naples, Mus. Nat. 5313. D'Herculanum.

85. Apul. *met.* 7, 2, 4–5, qui réunit toutes les idées reçues («des sages d'autrefois») sur la Fortune, «aveugle, entièrement privée de la vue et qui attribue toujours ses bienfaits aux méchants et à ceux qui ne les méritent pas»; 7, 3, 1 et 5, qui joue sur l'équivoque *saeva/scaeva*, la «gaucherie», au sens négatif, donc malfaisant, prêtée à la Fortune. Les livres 1–10, antérieurs à la révélation isiaque, reproduisent les «insultes» (*supra*, n. 51) habituelles contre la Fortune: 4, 12, 1 «cruelle»; qui «condamne» les hommes, 4, 31, 3; et qu'invectivent les sœurs de Psyché, 5, 9, 2 «aveugle, cruelle, injuste!». De même 2, 13, 2. 4, 2, 4. 5, 5, 2. 6, 28, 3. 7, 16, 1. 7, 17, 1. 7, 25, 3. 8, 24, 1. 10, 4, 3. 10, 24, 1. Rarement bonne: 7, 20, 1. 10, 13, 5.

86. Apul. *met.* 11, 15, 3–4: «l'abominable Fortune... tu es maintenant admis sous la protection d'une Fortune clairvoyante, qui illumine jusqu'aux autres dieux de l'éclat de sa splendeur... voici que, délivré de ses épreuves d'antan par la providence de la grande Isis, l'heureux Lucius triomphe de sa Fortune», vaticine le grand-prêtre. Le chapitre entier est une diatribe contre la Fortune.

87. Apul. *met.* 11, 12, 1: «grâce à la providence de la très haute déesse, j'ai vaincu la Fortune qui luttait avec tant de cruauté contre moi». Épreuves qui lui ont cependant été salutaires: 11, 15, 2 «l'aveuglement de la Fortune, en te torturant par les plus graves dangers, t'a conduit, dans son imprévoyante malignité, à cette béatitude religieuse». Cf. 9, 1, 5; 11, 25, 2.

88. Apul. *met.* 11, 5, 3–4: «Voici que, grâce à ma providence, brille pour toi le jour du salut», lui avait elle-même prédit la «reine Isis».

Work, hunting, travel
Travail, chasse, voyage
Arbeit, Jagd, Reise
Lavoro, caccia, viaggi

2.a. AGRICULTURE

L'agriculture dans le monde grec

PLAN DU CHAPITRE
Introduction: le contexte environnemental . . 301
1. Sources 303
    1.1. Sources écrites, littéraires et
         épigraphiques 303
        1.1.1. Hésiode, *Les Travaux et les
               Jours* 303
        1.1.2. *Hymne homérique à Déméter* . . 303
        1.1.3. Les écrits des agronomes
               et Xénophon 304
        1.1.4. Anthologie grecque,
               épigrammes votives 304
        1.1.5. Documents épigraphiques . . . 305
    1.2. Sources iconographiques 305
    1.3. Vestiges archéologiques 307
2. Les patronages divins dans le domaine
   de l'agriculture et de l'élevage 307
    2.1. Zeus 308
    2.2. Déméter et la céréaliculture 309
    2.3. Dionysos et l'arboriculture 309
    2.4. Hermès, Pan et l'élevage 310
    2.5. Quelques héros médiateurs 311
    2.6. Personnifications 311
3. Les caractères originaux de la dévotion
   concernant l'agriculture et l'élevage . . . 313
    3.1. Spécificités des rituels en l'honneur
         de Déméter 313
    3.2. Spécificités des rituels en l'honneur
         de Dionysos 315
    3.3. Rituels cathartiques et
         prophylactiques 315
    3.4. Des offrandes spécifiques: *aparchai*
         et *anathèmata* agricoles 317
4. Conclusions: questions en débat 321
    4.1. Rythmes agraires et calendriers
         héortologiques 321
    4.2. Le patronage de l'oléiculture? 322
    4.3. Panthéons locaux et répartition des
         cultes entre ville et campagne 322

BIBLIOGRAPHIE GÉNÉRALE: Amouretti, M.-Cl., «Les rythmes agraires dans la Grèce antique», dans Cauvin, M.-Cl. (éd.), *Rites et rythmes agraires* (1991) 119–126; Brumfield, A. C., *The Attic Festivals of Demeter and their Relation to the Agricultural Year* (1981); Isager, S./Skydsgaard, J. E., *Ancient Greek Agriculture: An Introduction* (1992); Nilsson, M. P., *Greek Popular Religion* (1940) 22–41 («Rural Customs and Festivals»); Parker, *Polytheism* en part. 416–444 («Gods at Work II: the Growth of Plants and Men»).

Introduction: le contexte environnemental

Il n'a jamais existé *une* agriculture grecque, mais bien plutôt une multitude de situations locales, toujours en quête d'un fragile équilibre, très difficile à conquérir et à maintenir en fonction des variations climatiques, de l'étendue et du potentiel des terroirs, de la démographie et des visées de la production. En Grèce balkanique et insulaire comme en Asie Mineure, on cherchait à assurer en premier lieu la nourriture quotidienne de l'*oikos* en pratiquant une polyculture vivrière fondée sur la «trilogie méditerranéenne»: céréales (orge principalement) nécessaires à la confection de la *maza*, vin et huile d'olive, utilisée pour la cuisine, l'éclairage et les soins du corps. Ce régime alimentaire ancré dans un système de production privilégiant l'autoconsommation impliquait une large diversification des cultures et une recherche systématique de la complémentarité – les cultures maraîchères dans des jardins irrigués (*kèpoi*)[1] de même que l'élevage à petite échelle venaient partout en complément. Dès l'époque classique toutefois, dans quelques régions, on pratiqua une certaine spécialisation avec des cultures arbustives destinées à une commercialisation à l'extérieur de la cité, tandis que dans certaines régions montagneuses comme par exemple l'Arcadie, les activités pastorales ont toujours été plus développées que l'agriculture, avec des formes de transhumance ainsi qu'un véritable pastoralisme nomade.

Partout, le climat méditerranéen caractérisé par une très grande variabilité à la fois régionale et interannuelle imposait des déterminations très contraignantes à la production agricole et à l'élevage. La longue période estivale, de mai à octobre, marquée par une totale absence de pluie, impliquait l'assolement biennal et des semailles en automne pour les céréales qui étaient moissonnées courant mai; les vendanges s'effectuaient le plus souvent à l'automne avancé, quand les grappes étaient très mûres, et la récolte des olives s'étirait d'août à décembre. Dans l'Antiquité comme de nos jours, en

---

La rédaction de cette synthèse a été amorcée lors d'un séjour à la *Fondation Hardt pour l'étude de l'Antiquité classique*, à laquelle je tiens à exprimer ici mes plus vifs remerciements.

1. Brunet, M., «Le courtil et le paradis», dans Brun, J.-P./Jockey, Ph. (éds.), *Techniques et Sociétés en Méditerranée*, [*Hommage à M.-Cl. Amouretti*] (2001) 157–168.

Grèce d'Occident comme en Grèce égéenne, l'aléa climatique était donc important; plusieurs années de sécheresse successives n'étaient pas rares et avaient une incidence immédiate sur les rendements agricoles dans toutes les régions où les réserves d'eau souterraines étaient insuffisantes: comme le soulignait Théophraste, «c'est l'année, et non le sol, qui fait la récolte» (*h. plant.* 8, 7, 6 et *c. plant.* 3, 23, 4). Les prévisions de récoltes d'une année à l'autre étaient quasiment impossibles et la période de la soudure, entre mars et mai, était souvent la plus délicate, car les réserves de céréales pouvaient être totalement épuisées avant la moisson. Qui plus est, dans nombre de cités, qu'il s'agisse des plus peuplées, comme Athènes, ou de *poleis* au territoire particulièrement réduit, comme dans les Cyclades, la production de grains était structurellement insuffisante; on estime ainsi qu'à partir de l'époque archaïque, en années «normales», c'est-à-dire en dehors de toute perturbation climatique ou consécutive à une guerre, l'Attique produisait des quantités de céréales suffisantes pour nourrir seulement la moitié de sa population environ. De ce fait, à partir du IVe s. av. J.-C. et tout au long de la période hellénistique, les cités grecques dans leur ensemble furent confrontées à des difficultés récurrentes d'approvisionnement (*sitodeia*), dont les causes sont imputables tout aussi bien à l'environnement qu'à l'évolution démographique ou à des conflits; toutefois, si les crises de subsistance étaient relativement fréquentes dans toute la Grèce, les vraies famines (*limos*) étaient rares[2] et s'avèrent avoir presque toujours été provoquées par une situation de guerre particulièrement dramatique.

Par rapport à de telles contraintes imposées par la nature, on ne s'étonnera donc pas que les Grecs aient cherché à se concilier la bienveillance des divinités afin de s'assurer d'un climat propice à la croissance des plantes et de créer un environnement favorable à l'abondance des fruits comme à la bonne santé des troupeaux.

Dès l'*Odyssée*, l'homme grec se définit à travers le personnage d'Ulysse comme «un mangeur de pain et un buveur de vin» (*Od.* 9, 191 et 203–211), comme un agriculteur plutôt que comme un marin. De fait, tout au long de sa longue histoire, la société grecque fut essentiellement rurale, toujours animée par des espoirs et des peurs collectives par rapport à la production de nourriture qui s'ancraient dans l'idée que l'homme ne saurait transformer la nature et qu'il doit se conformer à ses éventuels caprices. Par conséquent, l'agriculture ne fut jamais perçue en Grèce ancienne comme une «activité professionnelle» comparable à une autre. Sur ce point, on constate une remarquable permanence des mentalités et une parfaite continuité des représentations entre l'époque d'Hésiode (haut archaïsme) et celle de Xénophon et Théophraste (IVe s. av. J.-C.), période durant laquelle se concentre l'essentiel de la documentation textuelle et iconographique portant sur ce domaine. Le travail de la terre était ressenti comme constitutif de la condition humaine et, dans la hiérarchie des activités, l'agriculture tenait le premier rang car elle était considérée comme l'activité «naturelle» de l'homme libre, au même titre que la guerre et la chasse; c'était donc aussi en même temps une forme de culte rendu aux trois grandes divinités apportant leur patronage à ce secteur, Zeus, Déméter et Dionysos. Ainsi, on pensait que, conformément à un ordre du monde bien réglé, qui s'appliquait à gérer correctement sa terre et ses biens s'attirait la bienveillance des dieux, garante de bonnes récoltes, et que, sans l'aide ni l'accord des dieux, le travail agricole ne pouvait porter ses fruits.

Les limites de l'exposé. Deux écueils principaux guettent toute analyse consacrée aux relations entre agriculture et religion en Grèce ancienne. En premier lieu, à propos d'un tel sujet plus que pour d'autres, on pourrait être tenté de postuler des permanences qui permettraient d'interpréter les rituels antiques à la lumière de certaines pratiques de la religion orthodoxe et du folklore contemporains. Il est certes indéniable que l'agriculture et l'élevage sont des domaines où les croyances et techniques à visée plus ou moins magiques se transmettent dans la longue durée et où le poids des déterminations naturelles reste très important (c'est seulement au cours du XXe s. que la chimie a permis de s'affranchir de certaines contraintes climatiques et pédologiques pour la culture des céréales et pour la fabrication du vin). Pour autant, il m'a semblé de meilleure méthode de ne pas céder ici au mirage de la continuité et du comparatisme transpériode. En second lieu, dans la lignée des points de vue de Frazer et de Nilsson, la quasi-totalité des rituels grecs pourraient être rattachés à un substrat de religion primitive (en quelque sorte «spontanée»), qui serait de type nécessairement «agraire», les divinités conservant toutes, en dépit de leur différenciation, un lien plus ou moins étroit et explicite avec la fertilité. Les travaux menés depuis une quarantaine d'années à propos du monde rural et des techniques agricoles antiques, parallèlement aux recherches portant sur les mythes, l'organisation de la société et le rôle des femmes, ont cependant largement contribué à renouveler du tout au tout les analyses en ce domaine, si bien qu'aujourd'hui, en dépit de quelques rémanences, on ne rattache plus l'ensemble des cultes à un principe unique qui associerait, toujours et en toutes circonstances, la fertilité du sol et la fécondité des êtres vivants[3] et on ne pos-

---

2. Garnsey, P., *Famine et approvisionnement dans le monde gréco-romain* (1996) (= *Famine and Food Supply in the Graeco-Romain World* [1988]) 29–74.

3. «Aujourd'hui la religion agraire n'a plus guère de fidèles et le totémisme n'est qu'un souvenir», Durand, *Sacrifice* 5.

tule plus, a fortiori, que la nature même des offrandes faites aux dieux (ce sont, de fait, pour l'essentiel, des produits de l'agriculture et de l'élevage[4]) relie nécessairement tous les cultes et rituels à cette sphère spécifique.

Dans une approche plus concentrée, on se contentera donc d'examiner, après une rapide présentation des différentes catégories de sources disponibles et de leur apport respectif, comment les Grecs concevaient l'intervention des divinités dans le domaine précis des productions agricoles et de l'élevage – mythes relatifs à l'agriculture et répartition des patronages divins et héroïques tels que les expriment les textes et les images – avant d'examiner, pour leur spécificité, les rituels et les manifestations de dévotion, collectifs et individuels, en relation directe avec les activités agraires et pastorales. Pour terminer, l'accent sera mis sur quelques points suscitant actuellement des débats : le degré d'adéquation entre les moments-clés de la vie agricole et les calendriers liturgiques ; le lien entre la fertilité du sol et la fécondité des êtres ; le patronage de l'oléiculture ; la répartition spatiale des cultes entre la ville et le territoire.

1. Sources

1.1. Sources écrites, littéraires et épigraphiques

1.1.1. Hésiode, *Les Travaux et les Jours*[5]

Dans cette œuvre à visée didactique, Hésiode (que l'on situe généralement dans la première moitié du VIIe s. av. J.-C.) donne une image fort cohérente, marquée par l'omniprésence du divin, d'une petite communauté de Béotie méridionale et d'une économie domestique proprement paysanne, fondée sur l'autosuffisance. Dans le premier tiers du poème, Hésiode expose en recourant aux *mythoi* sa conception de la condition humaine et de la justice. Le mythe de Pandore (42–105), récit de la vengeance de Zeus contre la ruse de Prométhée, et le mythe des Races qui lui fait suite (106–201) sont essentiels pour comprendre comment les hommes se situent par rapport aux dieux, pourquoi ils sont mortels et pourquoi ils sont condamnés à produire leur nourriture pour assurer leur survie. Dans une deuxième partie qui témoigne d'une authentique connaissance des réalités agricoles (382–616), Hésiode détaille les travaux à effectuer tout au long de l'année, saison par saison à partir de l'automne, et l'équipement du laboureur. Une troisième partie plus courte[6], proche d'un recueil de magie, énumère quels sont, selon leur position dans le mois, les jours fastes et néfastes pour les opérations de la vie domestique et agricole (une place plus importante est consacrée ici à l'élevage). Imprégné d'une pensée fondamentalement religieuse, le poème place au premier rang la notion d'effort (*ponos*) sans lequel aucune réussite n'est possible ; le travail pénible, voulu par Zeus, est une forme d'expérience religieuse et la clé de l'association entre les hommes et les divinités. Seul le respect des dieux et d'un calendrier rythmé par les constellations ou des signes « naturels » (cri de la grue, chant de la cigale) garantit la prospérité ; la famine (*limos*) est épargnée à ceux qui ne ménagent pas leur peine et sont gouvernés par des rois rendant des sentences justes, tandis que les régions où règnent des rois imbus de démesure sont frappées par des calamités, peste, famine, destruction. Ce thème littéraire liant la prospérité et la fécondité (du sol, du bétail, et des humains) à la justice est déjà présent dans l'*Odyssée* (19, 108–114) et sera ensuite repris par de nombreux auteurs (Eschyle, Hérodote, Callimaque). Fait remarquable : dans aucun passage, ce poème si bien informé sur les réalités agraires ne mentionne des fêtes ou rituels collectifs qui seraient célébrés en commun par les paysans d'Ascra ; face aux divinités, principalement Zeus et Déméter, le laboureur est seul lorsqu'il dit la prière qui précède le labour des semailles.

1.1.2. *Hymne homérique à Déméter*

On ignore tout des circonstances de composition et de performance de ce type de poèmes appelés *Hymnes*, qui furent regroupés et attribués à Homère sur la base d'une ressemblance formelle avec la métrique des épopées. Il semblerait toutefois que ces récits en vers furent élaborés à partir du VIIIe s. av. J.-C., au moment de l'émergence de grands sanctuaires au rayonnement « panhellénique », Olympie, Delphes, Délos ou Éleusis, et qu'ils témoignent d'une phase de « mise en ordre » du panthéon grec, puisque chacun décrit une série d'événements ou d'actions en fonction desquelles chacune des grandes divinités olympiennes acquit ou redéfinit définitivement ses *timai* « parts d'honneurs » ou « positions de puissance ». Contrairement à ce que prétend Isocrate dans le *Panégyrique* (Isokr. 4, 28), l'*Hymne à Déméter*, daté de la fin du VIIe s. av. J.-C., n'explique ni l'origine de l'agriculture ni le cycle des saisons en fonction de l'alternance des séjours de Perséphone sur terre, auprès de sa mère, et sous terre auprès de son époux Hadès : le cycle agricole existait avant les événe-

---

4. Ce dont était conscient Xen. *oik.* 5, 3 : « l'élevage des troupeaux est lié à l'agriculture, nous avons ainsi de quoi nous concilier les dieux par des sacrifices et de quoi subvenir à nos propres besoins ».

5. Zurbach, J., « Paysanneries de la Grèce archaïque », *Histoire et Sociétés Rurales* 31 (2009) 9–44, présente une étude de l'économie paysanne en se fondant sur une analyse approfondie du texte d'Hésiode.

6. « Petit catéchisme de préceptes moraux que sa platitude dénonce comme un corps étranger dans la substance (…) du vieux poème », Jeanmaire, *Dionysos* 32.

ments rapportés dans le poème, qui décrit en revanche les conséquences dramatiques, pour les hommes comme pour les dieux, de l'enlèvement de Perséphone et comment cette crise perturbant gravement l'ordre du monde fut résolue. Déméter déshonorée et humiliée par la disparition de sa fille, se désolidarise des autres dieux, quitte l'Olympe et s'installe sur terre à Éleusis sous l'apparence d'une vieille femme. Minée par le chagrin, elle refuse d'exercer les prérogatives de sa *timè*, s'enferme dans un temple et provoque une famine (305–309), qui met en péril la race humaine tout comme les dieux, privés de l'hommage rayonnant des offrandes et des sacrifices. Un nouvel équilibre doit donc être trouvé; tout d'abord, un accord est conclu entre Zeus et Hadès à propos de Perséphone, qui permet les retrouvailles sur terre entre Déméter et sa fille. Puis Rhéa, dans une ultime démarche de conciliation qui la conduit dans la plaine Rharienne près d'Éleusis, convainc sa fille d'accepter le partage avec Hadès. Dès lors, Déméter, rétablie dans ses prérogatives de mère et de déesse, accepte de revenir dans le séjour des dieux, fait repartir la croissance des fleurs et des grains qu'elle tenait cachés dans la terre, et autorise les humains à fonder un nouveau culte en son honneur. Ce poème a fait l'objet de multiples commentaires[7] qu'il est impossible de résumer ici. On en retiendra que rien ne valide l'hypothèse selon laquelle cet *Hymne* décrirait les origines des Mystères remontant à l'époque mycénienne. L'épisode raconté n'apparaît pas en effet dans les épopées homériques; il trouve une première formulation dans la *Théogonie* d'Hésiode. Par conséquent, on suppose que c'est au cours du VIIe s. av. J.-C. que ce mythe, dominé par la menace de la famine, pourrait avoir reçu une forme plus développée, dans le contexte d'une grave sécheresse responsable d'une grande famine en Attique; un culte en l'honneur de Déméter et Korè, partageant de nombreux traits avec les Thesmophories qui ne sont attestées que plus tardivement, aurait alors été fondé à Éleusis. Si l'on suit Cl. Calame, l'énonciation d'un hymne, la performance de l'aède sont en elles-mêmes un acte de culte; elles nous placent donc au plus près d'un des rituels se déroulant à la fois en acte et en parole. Le «dit de Déméter» ici narré situe bien la déesse au cœur du processus de croissance des grains semés dans la terre labourée (décrit en trois phases 452–456) et, de manière incontestable, l'instaure dans sa fonction (*timè*) de principale divinité maîtresse de l'agriculture.

Après ces deux textes essentiels appartenant à la haute époque archaïque, les témoignages concernant l'agriculture dans ses rapports avec les dieux deviennent beaucoup plus rares. Le théâtre comique athénien met en scène de nombreux héros paysans et aime à conclure les pièces sur une note festive, par exemple une célébration dans la campagne qui implique souvent des divinités. Ainsi, *La Paix* d'Aristophane (421 av. J.-C.) évoque plaisamment la façon dont s'exprimait cette piété populaire à travers la célébration par *Trygée* (Le Vigneron) et ses amis les laboureurs des bienfaits qui accompagnent le retour de la Paix sur la terre, incarnés par les deux allégories *Opôra* (Saison des Fruits) et *Théôria* (Cortège de Fête).

1.1.3. Les écrits des agronomes et Xénophon[8]

Dans le domaine de l'agronomie théorique grecque, l'apport du Lycée d'Aristote fut fondamental; c'est l'œuvre de Théophraste, *Histoire des Plantes* et *Causes des Plantes* qui, dans la seconde moitié du IVe s., représente pour nous les débuts de ce type de littérature technique. Mais ces écrits issus d'une enquête encyclopédique rationnelle ne font aucune place aux dieux ni aux rituels, à la différence de l'agronomie «pragmatique» qu'expose Xénophon dans son opuscule l'*Économique*. Cet ouvrage conçu vers 360 av. J.-C. par un membre de l'élite athénienne plutôt «conservateur» fut traduit par Cicéron et ainsi lu par Columelle et Pline l'Ancien; l'un de ses objectifs était de réfléchir à la place des métiers dans la cité afin de mettre en valeur le rôle des maîtres – propriétaires fonciers – dans l'organisation rigoureuse du travail des esclaves et de souligner l'importance du respect des dieux. Dans l'esprit de Xénophon en effet, l'agriculture n'est toujours pas considérée comme une activité professionnelle; à travers elle, l'homme éprouve sa dépendance à l'égard du divin dont le concours est indispensable pour réussir (*oik*. 17, 2–4).

1.1.4. Anthologie grecque, épigrammes votives[9]

La plupart de ces 358 textes rédigés en distiques élégiaques se présentent comme des dédicaces (*anathèmata*) à une divinité; le classement par rubriques dans l'édition de Planude associe les textes selon la profession du donateur. Vingt-huit textes concernent explicitement les métiers de cultivateur, jardinier, berger; leur intérêt réside dans la peinture de la vie quotidienne et de réalités familières, avec la récurrence de procédés simples, comme l'énumération d'objets consacrés par ces gens de condition très modeste. Il est bien difficile de faire la part entre le réel et le fictif, mais conformément à la loi du genre, si la circonstance peut être inventée, les référents sont eux bien réels. On soulignera l'association à peu près constante d'une profession et d'une divinité: les laboureurs s'adressent à Démé-

---

7. Citons, entre autres, Richardson, *Hymn*; Clinton, *MC*; Calame, Cl., «*L'Hymne homérique à Déméter* comme offrande: regard rétrospectif sur quelques catégories de l'anthropologie de la religion grecque», *Kernos* 10 (1997) 111–133.

8. Amouretti, M.-Cl., «Naissance de l'agronomie, la place des Anciens Grecs», *Histoire et Sociétés Rurales* 3 (1995) 215–223.

9. Livre VI, édition Waltz, P., *CUF* (1931).

ter, les vignerons à Dionysos et les bergers à Pan et Priape, ce dernier pouvant également être honoré par les jardiniers. Il n'est pas toujours aisé de distinguer les imitations littéraires et les véritables inscriptions qui constituent une source capitale pour notre perspective.

1.1.5. Documents épigraphiques

En provenance de quelques cités insulaires (*LSCG* 96, de Mykonos), mais principalement de dèmes attiques[10], nous sont parvenues des inscriptions datées à partir du IVe s. av. J.-C. qui prescrivent la liste des sacrifices auxquels il convient de procéder au fil des mois en l'honneur des différentes divinités locales. Il ne faut pas se tromper sur la visée de ces documents, qui furent publiés le plus souvent à la suite d'une réorganisation politique (un synœcisme à Mykonos) ou financière, et qui ont donc pour but principal d'établir une répartition des dépenses en précisant le prix des victimes. Le nom de la fête n'est pas systématiquement mentionné; au nom de la divinité sont associées des précisions concernant l'espèce et le genre de la victime, son prix, les compléments (orge, vin, miel) à apporter et enfin les éventuelles gratifications (en nature ou en numéraire) à verser aux officiants. Cette catégorie de sources présente un double intérêt: elle fournit des données très précieuses sur les victimes, et notamment sur le choix de femelles gravides pour Déméter et, par ailleurs, elle permet de toucher au plus près la vie religieuse au niveau des dèmes ruraux, où les fêtes religieuses étaient bien le ciment de la sociabilité quotidienne pour ces communautés d'agriculteurs et d'éleveurs. De ce point de vue, il est intéressant de comparer la liste des fêtes connues pour se dérouler à Athènes même et les fêtes mentionnées dans les inscriptions émanant des dèmes. Certaines fêtes étaient célébrées à la fois en ville et dans les dèmes (les Thesmophories, et vraisemblablement les *Pyanopsia* et les Anthestéries), tandis que les Thargélies étaient célébrées uniquement en ville, au bénéfice de l'ensemble du territoire. Mais une série de fêtes que l'on met directement en rapport avec la culture des céréales – *Pr(o)erosia*[11], *Chlöia* et *Antheia* – n'est attestée que dans les calendriers locaux.

Seconde catégorie de documents épigraphiques qui éclairent un aspect essentiel pour la connaissance des rapports qu'entretenaient les paysans avec les dieux: les séries d'ex-voto associant un court texte à un relief figuré (gravure du texte et représentation souvent maladroites) provenant de sanctuaires ruraux, notamment d'Asie Mineure. Ces documents nous renseignent de première main sur une piété populaire qui n'hésite pas à formuler très directement des demandes de protection et de «récompense» en échange de l'offrande apportée.

1.2. Sources iconographiques

L'iconographie grecque est, dans son ensemble, pauvre en scènes représentant le travail et les travaux agricoles n'y sont pas plus dépeints que d'autres formes de labeur. On cherchera donc en vain dans l'art grec une image qui pourrait correspondre aux scènes de moisson qui animent le bouclier d'Achille dans l'*Iliade* (18, 550–560). C'est essentiellement sur les vases attiques du VIe s. av. J.-C. que se rencontrent quelques rares représentations d'opérations agricoles (labour et semailles, scènes de pressoir, très rarement récolte des olives)[12], à propos desquelles se pose une question récurrente: ces images sont-elles de simples évocations de la vie quotidienne ou renvoient-elles à des mythes, des héros et/ou à des rituels religieux précis[13]? Un premier exemple, d'autant plus commenté qu'il n'appartient pas à une série très fournie, donnera une idée des discussions à ce sujet.

Sur une coupe attique à f.n. (pl. 94, 3)[14] le décor associe sur une face (*A*) un personnage assis à l'extrême gauche levant le bras, au centre un cortège dansant de cinq femmes se donnant la main, la dernière tenant par la main un homme nu, qui se dirige vers un autel fumant derrière lequel se tient une femme portant à deux mains une sorte de panier. Sur l'autre face (*B*), un laboureur nu, aiguillon en main, guide un attelage formé de deux énormes taureaux tirant un araire, tandis que derrière lui un homme sème en remontant le sillon et en laissant tomber le grain sorti d'un panier. B. Ashmole[15] en 1946 proposa de reconnaître dans ces deux figurations l'évocation de deux fêtes précises

---

10. Eleusis, Erchia, Paiania, Tétrapole de Marathon, Teithras, Thorikos (le plus ancien, vers 430 av. J.-C.), un texte émane du *genos* des Salaminiens, voir une analyse synthétique dans Parker, R., «Festivals of the Attic Demes», dans Linders, T./Nordquist, G. (éds.), *Gifts to the Gods*, Boreas 15 (1987) 137–147; Parker, *Polytheism* 192–206, ainsi que pour la révision des textes épigraphiques Lambert, S. D., «The Sacrificial Calendar of the Marathonian Tetrapolis: a Revised Text», *ZPE* 130 (2000) 43–70; id., «The Sacrificial Calendar of Athens», *BSA* 97 (2002) 353–399. Il faut ajouter à cette série de calendriers «sacrés» le décret du dème de Cholargos sur l'organisation des Thesmophories daté de 334/3, *LSS* 124.

11. On constate une variante d'appellation selon les inscriptions: Proerosia, Prerosia, Plerosia, une légère différence de date et à Myrrhinonte, le rite s'adresse à Zeus et non à Déméter.

12. Amouretti, M.-Cl., *Le pain et l'huile dans la Grèce antique* (1986); Malagardis, N., «Images du monde attique à l'époque archaïque», *ArchEph* 127 (1988) 108–134.

13. Mêmes questions à propos de l'interprétation des scènes montrant des processions et des sacrifices, *cf. ThesCRA* I 1 Processions, gr.; *ThesCRA* I 2 a Sacrifices, gr.

14. (*A* = *ThesCRA* II 4 b Dance **284***, V Instruments de culte **847**, = *LIMC* IV Add. Demeter **417***; *B* = *LIMC* III Bouzyges **1***) Londres, BM 1906.12-15.1. De Rhodes (Camiros), vers 560 av. J.-C. *ABV* 90, 7.

15. Ashmole, B., «Kalligeneia and Hieros Arotos», *JHS* 66 (1946) 8–10 pls. 2-3.

et liées d'une certaine manière l'une à l'autre : d'une part les Thesmophories, d'autre part un labour sacré (*Hieros Arotos*). En interprétant le geste du personnage féminin à gauche sur la face *A* comme un geste de désolation, il l'identifie à Déméter et suppose que la femme avec une petite queue de cheval près de l'autel devrait alors être Perséphone. La jeune fille tiendrait un *liknon*, grande corbeille en osier qui servait pour le vannage des céréales, dans lequel Ashmole distingue trois épis, des fruits et au centre un phallus. Cette scène associerait donc à la représentation d'un sacrifice la révélation de symboles mystiques, comme cela se produisait, peut-être, lors des Thesmophories. Après avoir ainsi reconnu dans les personnages de la face *A* des divinités lors d'une fête très précise, on conçoit que le labour et les semailles sur la face *B* ne sauraient être interprétés comme une scène banale et ordinaire. Ashmole y voit donc une cérémonie exécutée avec grande solennité et soin, l'un des trois «labours sacrés» (voir *infra*) destinés à assurer la fertilité à l'ensemble du territoire attique. Il s'agirait ici de l'évocation du premier labour sacré, auquel procèderait le héros Bouzyges dans la plaine Rharienne près d'Éleusis. Cl. Bérard remarque à juste titre que l'interprétation de cette scène de labour comme une scène rituelle découle du contexte suggéré par l'image sur l'autre face ; toutefois, au lieu d'y reconnaître le héros Bouzyges en personne, il préfère voir dans le laboureur «un prêtre agissant dans le cadre d'une fête de Déméter»[16]. F. T. Van Straten refuse pour sa part de dissocier les deux faces et d'y voir l'évocation de deux fêtes différentes ; il préfère lire l'ensemble comme la représentation d'une «célébration sacrificielle à l'occasion des semailles»[17]. Puisque la femme tient un *liknon*, l'image évoquerait dans le même temps une récolte fructueuse, à venir, par le biais de l'offrande de prémices qui seraient contenues dans le panier à vanner. L'image opérerait ainsi une synthèse entre les deux moments essentiels du cycle agricole, les semailles et la moisson, avec une fonction «plus ou moins magique», inductive. Ces quelques hypothèses, on le constate, reposent sur des modes de lecture du décor des vases attiques nettement différenciés. En l'absence de toute inscription qui nommerait une divinité, un héros, un lieu, il paraît aujourd'hui audacieux de faire de ces deux images soit l'évocation d'un mythe soit l'illustration de fêtes religieuses précises, de surcroît, distinctes. De fait, comme l'ont montré par ailleurs les analyses de Fr. Frontisi-Ducroux à propos des «vases des Lénéennes»[18], les décors peints sur la vaisselle attique des VIe et Ve s. av. J.-C. ne reproduisent jamais un rituel ou une fête précise, mais sont au contraire des images «génériques», construites pour l'espace pictural contraint qu'offre le volume du support, et qui opèrent une synthèse de situations rituelles. Dans cet esprit, la lecture de Van Straten, qui associe les deux faces comme les deux temps d'un processus unique, générique et proprement humain, paraît plus crédible, sans pour autant semble-t-il qu'il faille attribuer à l'image une quelconque fonction «magique»[19]. Cette représentation concorde en effet parfaitement avec le système de croyances et de représentations qu'évoque le poème d'Hésiode (voir *supra*), ce qui ne signifie pas que ces images pourraient être des illustrations du texte : en résumé, le travail agricole est conçu comme une forme de culte.

On retrouve le même genre de débat concernant l'interprétation de la frise sculptée dite «Calendrier de la Petite Métropole» à Athènes. Ces reliefs de date indéterminée (probablement du Ier s. av. J.-C.) représentent chacun des mois du calendrier attique sous la forme d'une personnification, couplée à un signe du zodiaque et à une scène emblématique figurant l'activité principale qui caractérise le mois. Le mois Pyanopsion (octobre–novembre) montre ainsi un laboureur levant le fouet pour conduire un attelage et un semeur (*ThesCRA* VII pl. 6, 1, fig. 15, 8)[20]. Deubner interprète la scène comme la représentation d'un labour sacré conduit par un prêtre[21], d'autres commentateurs reconnaissent Bouzyges dans le laboureur, mais pour Cl. Bérard, il s'agit d'une simple scène de genre comparable à celles qui existaient sur les calendriers décorant les sols en mosaïque, sans aucune allusion à un contexte religieux[22].

A considérer l'iconographie dans son ensemble, il est patent que les dieux et les déesses ne travaillent jamais : ainsi, ce sont des silènes ou des satyres, jamais Dionysos lui-même, qui s'activent autour des pressoirs, que le dieu soit présent ou absent[23]. Dans les très rares exemples où des instruments agricoles sont représentés dans les mains d'une divinité ou d'un héros, c'est toujours au titre d'attribut. Ainsi, sur un cratère en cloche attique daté du milieu du Ve s. (pl. 94, 4)[24], Déméter pose la main sur le timon très allongé d'un araire à proximité de Triptolème sur son char et de Koré qui tient des épis : la scène juxtapose simplement les personnages qui évoquent par leur co-présence dans cette image la culture des céréales et sa diffusion dans le monde, et Déméter n'est ici iden-

---

16. *LIMC* III Bouzyges p. 154.
17. Van Straten, F. T., «Gifts for the Gods», dans Versnel, *Faith* 67.
18. Frontisi-Ducroux, *Dieu-masque* ; *cf. ThesCRA* VII 3 Fêtes et jeux, gr. **III 2.2.2.2**.
19. Point de vue défendu par Bergman, J., «Religio-Phenomenological Reflections on the Multi-Level Process of Giving to the Gods», dans Linders/Nordquist (n. 10) 37-38.

20. (= *LIMC* III Bouzyges **3***, VI Menses **2***) *Cf. ThesCRA* VII 3 Fêtes et jeux, gr. **III 2.1.1**.
21. Deubner 250.
22. *LIMC* III Bouzyges p. 154.
23. *Cf. LIMC* III Dionysos **408*. 409***.
24. (= *LIMC* IV Add. Demeter **365***, VII Suppl. Persephone **87***) Paris, Cab. Méd. 424. *ARV*² 1036, 12.

tifiable que grâce à son attribut, par ailleurs tout à fait exceptionnel (d'ordinaire, elle tient une torche ou des épis). En revanche, la *makella* (pioche agricole) ou la *sminuè* (pic agricole) sont les attributs permanents qui permettent d'identifier le héros (assez secondaire) Aristée[25], qui transporte également dans un sac trois récipients – voir *infra* (pl. 96, 1). L'iconographie sur les vases peints est donc d'un apport relativement pauvre pour la connaissance des rapports entre l'agriculture et la religion chez les Grecs, du fait de l'absence de représentations de célébrations ou d'actes du culte autres que «génériques». Les quelques séries de reliefs inscrits d'époque impériale provenant d'Anatolie sont finalement les documents les plus intéressants, car ils témoignent, par leur maladresse même, de formes de piété très simples de la part de bergers ou de simples paysans. Ces reliefs associent presque toujours une image de la divinité (souvent réduite à un visage-buste ou un emblème) à la représentation du dédicant et des biens (le plus souvent du bétail) pour lesquels une protection est demandée. Ainsi, sur une stèle d'époque impériale provenant des environs de Dorylaion en Phrygie qui se présente comme un relief circulaire avec des registres superposés (pl. 94, 5)[26], Zeus apparaît au sommet sous la forme d'un buste d'homme barbu portant un himation; quatre paires de bœufs et deux veaux plus petits se répartissent autour du buste et occupent le registre central, tandis que l'inscription, gravée dans l'espace laissé libre dans le médaillon et en-dessous, «Dionysos fils de Glaukos prie Zeus Ampelitès pour ses biens», explicite l'image.

1.3. Vestiges archéologiques

À défaut d'images nombreuses montrant les rituels, c'est des fouilles de sanctuaires que l'on peut espérer obtenir les principales indications en ce domaine, qu'il s'agisse de l'examen des particularismes de la topographie, de l'architecture, du mobilier, mais aussi des restes végétaux et fauniques mis au jour, qui s'avèrent désormais être de précieux témoins des fêtes religieuses[27]. À propos des cultes de Déméter et Koré, L. Nixon a montré dans un article de synthèse[28] tout l'intérêt d'associer dans l'analyse l'ensemble de ces données de terrain pour les mettre en regard avec les sources écrites, littéraires et épigraphiques: à l'évidence, les sanctuaires de Déméter ont en commun tout un ensemble de spécificités – implantation à l'écart, présence fréquente de nombreuses salles de banquets, catégories d'offrandes –, qui accentuent leur singularité par rapport aux sanctuaires d'autres divinités[29]. En outre, l'apport des restes fauniques et végétaux est particulièrement intéressant en ce qu'il met en évidence toute la variété de situations locales que ne laissent pas entrevoir les autres types de sources. Ainsi, s'il est incontestable que les porcs sont majoritaires dans la plupart des sanctuaires de Déméter[30], certains lieux de culte consacrés à cette déesse ne manifestent cependant pas de préférence marquée pour le porc comme victime: à Mytilène, on a noté la présence de petits ruminants en bien plus grand nombre, de poules, oies, pigeons qui pouvaient être consommés lors de repas rituels. Toutefois, à Corinthe[31], en dépit du caractère très minutieux de la fouille, les informations recueillies ne permettent malheureusement pas d'éclairer le détail des rituels impliquant des porcelets ou des porcs juvéniles ni de faire des distinctions entre les produits consacrés et les produits consommés lors des repas.

Enfin, comme souvent, force est de constater l'absence de correspondance chronologique entre les différentes catégories de sources, ce qui ne permet pas de mettre en lumière les continuités ni les éventuelles transformations entre la période archaïque, où se concentrent la majorité des sources textuelles et iconographiques, et les périodes suivantes, mieux documentée par l'épigraphie et les vestiges archéologiques.

2. Les patronages divins dans le domaine de l'agriculture et de l'élevage

Aucun des mythes grecs ne désigne une divinité comme l'inventeur de l'agriculture ou des techniques de l'élevage, et si l'Agriculture, *Georgia*, apparut dès le IVe s. av. J.-C. parmi tant d'autres allégories dont la littérature de cette époque fut friande, on ne connaît qu'une seule représentation de cette personnification, sur une mosaïque datée de la fin du IIIe s. ap. J.-C., sous l'aspect d'une femme munie d'un instrument agricole et identifiable surtout grâce à l'inscription qui la jouxte[32]. Hormis Déméter, aucune des divinités principales du panthéon grec n'avait un lien exclusif avec l'agriculture; un petit nombre de dieux et de

---

25. *LIMC* Aristaios I avec toute l'iconographie référencée.
26. Marché de l'art. *100 Jahre deutsche Ausgrabung in Olympia. Ausstellung München* (1972) 144; Van Straten (n. 17) fig. 48; *cf. LIMC* VIII Zeus (in. per. or.) **36** avec bibl.
27. Reese, D. S., «Faunal Remains from Greek Sanctuaries: A Survey», dans Hägg, R./Alroth, B. (éds.), *Greek Sacrificial Ritual, Olympian and Chthonian* (2005) 121–123.
28. Nixon, L., «The Cults of Demeter and Kore», dans Hawley R./Levick B. (éds.), *Women in Antiquity. New Assessments* (1995) 75–96.
29. *ThesCRA* I 2 a Sacrifices, gr. p. 79–82.
30. Sanctuaire de l'Acrocorinthe, de Knossos, de Cyrène, dans différents sanctuaires de Sicile (Eloro, Gela-Bitalemi, Agrigente); *cf. ThesCRA* I 2 a Sacrifices, gr. p. 80–81.
31. Bookidis, N./Hansen, J./Snyder, L./Goldberg, P., «Dining in the Sanctuary of Demeter and Kore at Corinth», *Hesperia* 68 (1999) 1–54.
32. (= *LIMC* I Aion **3***, IV Georgia **1**) Mosaïque de Philippopolis au Musée de Damas: assise sur un rocher au-dessus de Ge et des Karpoi, *Georgia* se tourne vers Triptolème; elle tient dans sa main droite un hoyau à deux dents appuyé sur son épaule.

déesses étaient impliqués de manière constante dans le patronage de cette activité, partout dans le monde grec, à toutes époques à travers des rituels similaires – mais pas nécessairement synchrones du point de vue du calendrier –, tandis que d'autres divinités, a priori étrangères à ce domaine, intervenaient dans cette sphère de façon ponctuelle, ce que l'on interprète généralement comme une survivance à un niveau local de cultes antérieurs[33].

La lecture que propose J.-P. Vernant des textes d'Hésiode relatant les mythes de Prométhée et de Pandore[34] éclaire cette situation en restituant la réflexion sur l'agriculture à un autre niveau, celui de la conception globale qu'avaient les Grecs de la condition humaine. À travers le récit de la fondation du sacrifice, marquée par la fraude de Prométhée puis par l'envoi de Pandore sur la terre, s'exprime la distance entre les dieux et les hommes; le principe de répartition des parts lors du sacrifice implique désormais deux types de nourriture entièrement opposés pour les divinités et pour les humains, mais il établit aussi une étroite relation entre labour et sacrifice. Ces deux actes définissent en effet l'homme en tant que mortel, soumis à la fois à l'obligation pénible (*ponos*) de produire sa nourriture en cultivant la terre et de partager la nourriture carnée avec les dieux. Par son régime alimentaire fait de plantes cultivées et d'animaux domestiques consommés après avoir été sacrifiés, l'homme se situe ainsi à mi-chemin entre les dieux et les bêtes, entre la félicité des Olympiens immortels, qui ne travaillent ni ne s'alimentent, et la bestialité des animaux sauvages. Après l'épisode prométhéen et l'arrivée de la première femme, les hommes, pour assurer la continuité de leur race, sont astreints à mener une vie «cultivée» d'époux et de cultivateurs, en déposant leur semence dans la terre et dans le corps des femmes. Cette structure exprimée par le mythe établit donc une étroite connexion entre les cultes rendus aux dieux à travers l'acte central du sacrifice et la culture céréalière, mais aussi entre la fertilité du sol et la fécondité des êtres.

Sur la base de telles conceptions, on comprend mieux comment l'agriculture et l'élevage ressortissent au patronage de plusieurs divinités avec des complémentarités et des recoupements avec des sphères connexes. En amont, pourrait-on dire, intervient Zeus, qui contrôle les phénomènes météorologiques, tout particulièrement la pluie qui favorise la croissance des plantes et l'orage dangereux pour les récoltes. Déméter veille au développement de l'ensemble des végétaux comme à la reproduction des êtres, en tant que courotrophe, tandis que l'intervention de Dionysos concerne l'arboriculture, avec bien entendu une prédilection particulière pour la vigne. Hermès et Pan patronnent l'élevage, tandis qu'Apollon intervient au titre de la purification qui s'applique de manière prophylactique aux récoltes à venir. Autour de ces divinités principales, qu'aucune image d'époque grecque n'associe en un groupe tutélaire présidant à l'agriculture et à l'élevage, gravitent un certain nombre de personnifications d'éléments naturels ou de principes nécessaires au bon déroulement d'un processus de croissance et d'épanouissement, ainsi que quelques héros propagateurs d'un savoir-faire spécifique. En dépit de tentatives récurrentes pour tenter de les rattacher à la sphère de la fertilité agraire, il apparaît que ni Athéna ni Artémis ni Aphrodite n'ont de lien évident avec cette sphère.

2.1. Zeus

Selon Hésiode (*erg.* 465-478) c'est à Zeus Chthonios, ainsi qu'à Déméter, que doit s'adresser la prière du laboureur qui s'apprête à effectuer son labour de semailles à l'automne, et c'est uniquement l'assentiment de Zeus qui permettra la croissance des graines jusqu'à la moisson. À cette prière initiale fait écho la dédicace datée de l'époque impériale d'un intendant de Bithynie, Philétos, à «Zeus Olympien qui frappe avec l'éclair (*Astrapaios*) et à Déméter qui fait pousser les fruits (*Karpophoros*)»[35].

De très nombreux textes littéraires[36] fournissent des exemples de ce rôle de Zeus comme dieu des sommets/dieu des phénomènes célestes, découlant de sa souveraineté sur le ciel après le partage entre les fils de Cronos. Dans les représentations[37], c'est le Zeus Keraunios, brandissant le foudre, debout, qui domine de manière écrasante dans l'iconographie à partir du VIe s. av. J.-C., ou bien, comme dans une série de figurines en bronze provenant d'Arcadie (pl. 95, 1)[38], Zeus est représenté tenant dans la main gauche le foudre, dans la main droite un objet à crosse recourbée qui évoque le *lituus* des Étrusques. Mais on connaît également un certain nombre de représentations aniconiques de Zeus Meilichios, souvent figuré comme un serpent à partir de la période hellénistique[39], d'une manière comparable au «Bon Génie» Agathodaimon (pl. 95, 2). Afin d'obtenir la pluie fertilisante, Zeus est invoqué dans les inscriptions avec les épiclèses de Meilichios, Ikmios, Ombrios, Hyetios, comme par exemple dans un règlement cultuel de Camiros à Rhodes du IIIe s. av. J.-C. (*LSS* 103), d'une très grande sobriété: «A Zeus Hyetios, quand il en

---

33. Comme en témoignent par exemple des plaques de terre cuite portant des représentations de bœufs tirant un araire dédiées, à Corinthe, à Poséidon.
34. Vernant, J.-P., «A la table des hommes», dans Detienne/Vernant, *Cuisine* 37-71.
35. Robert, *Etudes* 243; *IGRom* 3, 17.

36. Hom. *Il.* 10, 5-8; Aischyl. *Danaides TrGF* III F 44; Iso. 10 (Busiris), 13; *Anth. Pal.* 5, 64.
37. *LIMC* VIII Zeus p. 319-320. 324-325.
38. (= *LIMC* VIII Zeus **37***) Athènes, MN 13209, atelier corinthien vers 540/30 av. J.-C.
39. *Cf.* Mitropoulou, E., *Deities and Heroes in the Form of Snakes* (1977²) 112-155.

est besoin », ce qui indique clairement qu'un culte (de quelle nature ? aucune victime ni offrande n'est spécifiée) n'était rendu qu'en cas de sécheresse. De la même façon, sur l'Hymette[40], le sanctuaire de Zeus Ombrios connut une fréquentation que l'on peut mettre directement en rapport avec les variations climatiques : le pic des offrandes à partir de 735 av. J.-C. et durant le VIIe s. refléterait l'existence d'une longue période de sécheresse en Attique, également attestée par l'assèchement des puits dans le secteur qui fut par la suite occupé par l'agora (et dont témoignerait sous une autre forme l'*Hymne à Déméter*, voir **1.1.2**).

2.2. Déméter et la céréaliculture[41]

Déméter est une déesse dont le nom semble lié par l'étymologie à la céréaliculture et qui, en tant que Thesmophoros, favorise la bonne semence, le mariage et les naissances : les enfants qu'elle fait croître sont des enfants légitimes, ancrés dans le territoire civique. Les épiclèses de la déesse, Anesidora, Chloe, Euchloos, Karpophoros, Philopyros, Megalartos, Sito, sont le plus souvent liées à la culture du grain et à la confection du pain ; parfois même, le nom Déméter désigne à lui seul le blé ou le pain. Toutefois, son domaine ne se limite pas à la céréaliculture, c'est en réalité l'ensemble des nourritures humaines qu'elle régente. Elle protège et aime également les fruits mûrs (la figue, le pavot), comme le montre le prodige qui se renouvelle dans son sanctuaire de Mycalessos en Béotie où les fruits de l'automne déposés devant la statue de culte demeurent frais toute l'année. Par la culture des céréales, Déméter permet aux hommes de sortir de la sauvagerie dans laquelle ils vivaient en glanant des herbes et en cueillant des baies, mais ses colères peuvent déclencher des famines.

Les sources littéraires (majoritairement athéniennes) insistent sur la relation privilégiée entre la cité d'Athènes et cette déesse, résumée par Isocrate dans le *Panégyrique* (28) : en remerciement de l'accueil que lui réservèrent les Athéniens lors de son errance à la recherche de sa fille Koré, Déméter donna deux récompenses à la cité : « les fruits de la terre, qui font que nous ne vivons pas comme des bêtes sauvages, et l'initiation ». Par l'intermédiaire du héros Triptolème, Athènes fut chargée de répandre l'agriculture sur la terre. Ce lien privilégié explique peut-être le nombre particulièrement élevé de fêtes que la cité célébrait en l'honneur de la déesse, dans les dèmes et en ville, en sus des Mystères, grands et petits. Assurément, ce sont les Thesmophories qui, dans l'ensemble du monde grec, étaient la principale fête célébrée en l'honneur de cette divinité, au cours desquels Koré et Zeus Eubouleus lui étaient souvent associés, tandis qu'à Éleusis, Déméter était associée à Dionysos. Dans toute l'iconographie, il n'existe aucune représentation montrant la déesse au travail ou montrant un travail agricole s'effectuant en présence de la déesse. À partir de l'époque hellénistique, on constate un phénomène de syncrétisme avec d'autres divinités, par exemple Isis en Egypte.

2.3. Dionysos et l'arboriculture[42]

Dieu de la sève végétale, il protège les espèces arborescentes, ce qu'indiquent certaines de ses épiclèses : Dendritès, Endendros, Skyllitas (aux sarments), Thyllophoros (des guirlandes), Phlyos le verdoyant, Anthios, Auxitès. Toutefois, c'est avec la viticulture que le dieu entretient un rapport privilégié (qui semble ancien en Attique), même si les mythes qui présentent Dionysos comme l'inventeur du mélange vin/eau ou de la vinification ne sont attestés qu'à partir de l'époque hellénistique. D'innombrables scènes peintes sur les vases attiques qui étaient utilisés, à partir du VIe s. av. J.-C., pour la préparation et la consommation du vin dans le cadre du *symposion* glorifient le dieu dans son rôle de maître de la vigne et du vin, en le montrant seul ou accompagné d'un cortège de satyres, silènes et ménades. Oinopion et Staphylos, les deux enfants nés de l'union du dieu avec Ariane, sont quelquefois représentés, seuls ou avec leur père, sur quelques vases attiques (pl. 95, 2)[43] ; les légendes à leur sujet insistent sur le rôle de chacun d'eux dans la diffusion de la viticulture, en associant leurs destinées à des îles de l'Égée qui sont précisément célèbres pour leurs vins : Lemnos, Péparéthos et Chios (Plut. *Thes.* 20, 2 ; Diod. 5, 79, 1).

Il est cependant remarquable que la proximité de fait de Dionysos et de Déméter dans le patronage de deux des principales cultures pratiquées dans les cités ne s'exprime ni dans les mythes, ni dans les représentations, ni dans les cultes. Une tablette archaïque de Locres montre les deux divinités face à face[44], mais c'est une rareté et c'est dans les rites éleusiniens uniquement que Dionysos-Iakchos est le parèdre de Déméter et Koré[45]. Dans toute l'Ionie et à Athènes en particulier, le culte du dieu était célébré en quatre fêtes principales qui se concentraient sur une courte période hivernale d'environ quatre mois, de décembre à mars : Dionysies rurales, Lenaia, Anthestéries et Dionysies urbaines ou Grandes Dionysies. Seules deux de ces fêtes, les Lénaia et les Anthestéries, ont un lien étroit avec la consommation du vin : c'est le pro-

---

40. Paus. 1, 32, 2; Langdon, M. K., *A Sanctuary of Zeus on Mount Hymettos*, Hesperia Suppl. 16 (1976).
41. Voir *LIMC* IV Add. Demeter.
42. Voir *LIMC* III Dionysos.
43. (= *LIMC* III Dionysos **705***, VII Oinopion **1***) Ferrara, Mus. Naz. 2738. *ARV²* 593, 41.
44. (= *LIMC* III Dionysos **538***) Reggio Calabria, Mus. Naz. 58729. *I Pinakes di Locri Epizefiri* III (2007) 250–251 fig. 22 pl. 64 type 8/22.
45. Voir *LIMC* V Iakchos.

duit fini, transformé qui était célébré beaucoup plus que le processus de croissance de la vigne.

2.4. Hermès, Pan et l'élevage

Parmi les nombreuses fonctions assumées par Hermès[46], c'est son rôle de dispensateur de grâces et de biens grâce à sa baguette d'opulence qui établit un lien général entre Hermès et la fécondité. Mais dès la *Théogonie*[47], le pouvoir d'Hermès, partagé avec Hécate, se concentre sur le soin d'accroître les troupeaux, ce que met en lumière une iconographie qui manifeste une préférence marquée pour la représentation du dieu en tant que bouvier ou berger, avec une grande variété typologique dans la manière de figurer la façon dont il porte l'animal. Cultes et fêtes en l'honneur d'Hermès étaient inégalement répartis selon les régions. En Attique, la figuration du dieu sous la forme d'un pilier pourvu d'un phallus dressé et surmonté d'un buste était assez spécifique et indique que, dans ce territoire où l'élevage jouait un rôle assez secondaire par rapport à l'agriculture et l'oléiculture, ce dieu était plutôt perçu comme un principe général de fécondité. Dans d'autres régions en revanche, le dieu fut incontestablement une divinité spécialisée dans la protection des bêtes (équidés compris) et des hommes pratiquant l'élevage du gros et du petit bétail. Ainsi, d'Arcadie et plus généralement de l'ensemble du Péloponnèse proviennent, à partir de la seconde moitié du VIe s. av. J.-C., de nombreuses statuettes en bronze représentant un berger criophore vêtu du chiton, d'une pèlerine et d'un bonnet conique, qui peut tout aussi bien être interprété comme le dieu dans sa fonction pastorale que comme le dédicant. De fait, tel que la décrit Pausanias (5, 27, 8 = *LIMC* V Hermes **268**), la statue d'Hermès que les Phénéates commandèrent à Onatas d'Égine pour la consacrer à Olympie représentait le dieu portant un bélier non pas sur les épaules, mais sous le bras, conformément à une manière de faire populaire parmi les bergers et traditionnelle dans le Péloponnèse depuis l'époque archaïque (pl. 95, 4)[48].

Le fils d'Hermès, Pan[49], représenté avec un corps hybride, mi-humain, mi-animal et dont les attributs sont la syrinx, le lagobolon et la houlette de berger, était un dieu révéré dans toute la Grèce, mais surtout dans son Arcadie natale et en Attique; on ne rencontre pas d'allusions littéraires à son existence avant le Ve s. av. J.-C., moment où il apparaît comme protecteur des troupeaux, qu'il surveille à distance. À partir du IVe s. av. J.-C., Pan devient un membre habituel du thiase dionysiaque, proche des satyres. En Arcadie, le culte du dieu, peu spectaculaire, demeure finalement peu documenté; dans cette région, ce sont les montagnes entières, lieux de parcours et d'estives, qui semblent avoir constitué les véritables lieux pour le culte pour ce dieu. Ailleurs en revanche, on a repéré plusieurs dizaines de grottes qui ont abrité un culte dédié conjointement à Pan et aux Nymphes. Cinq de ces grottes situées en Attique ont été explorées et ont livré des reliefs rupestres ou évoquant la forme d'une grotte, montrant le dieu seul[50] ou bien accompagné d'Hermès, d'Apollon et des Nymphes (pl. 95, 3)[51]. De fait, ces divinités féminines de la nature, de la végétation et de la fécondité, associées aux zones humides et à l'eau, sont des compagnes habituelles pour Pan. Elles partagent avec lui des fonctions pastorales, hantent les cimes, les sources et les fleuves, peuplent les forêts et les champs. Les recherches menées dans la vaste grotte connue sous le nom d'Antre Corycien[52], située sur les contreforts du Parnasse au-dessus du sanctuaire d'Apollon à Delphes, permettent de mieux connaître l'un de ces sanctuaires rupestres. L'Antre fut abondamment fréquentée à partir du début du VIe s. av. J.-C.; la fouille n'a pas permis de repérer d'autel ni des ossements qui attesteraient des sacrifices d'animaux, en revanche, de très nombreuses offrandes ont été inventoriées: fragments de reliefs sculptés, vases peints, figurines et protomés de terre cuite, majoritairement féminines, bagues en bronze et en fer, et surtout des astragales, dont 23000 exemplaires furent recueillis. Ces offrandes furent dans un premier temps certainement consacrées aux seules Nymphes coryciennes, car dans le Parnasse comme en Attique, le culte de Pan ne semble s'être développé qu'après les guerres médiques. Il n'est pas simple d'établir avec certitude un lien précis entre les divinités honorées dans cette grotte et les offrandes qui leur furent consacrées. La plupart sont en effet banales et nullement spécifiques aux Nymphes ou à Pan; toutefois, une catégorie d'ex-voto se rencontre uniquement dans les sanctuaires consacrés à ces divinités: c'est la série de reliefs représentant les trois nymphes conduites par Hermès, avec ou sans Pan. Par contraste, le faible nombre d'images de Pan dans ces mêmes sanctuaires est frappante. Quant au nombre très élevé d'astragales retrouvés dans le sol de la grotte, il pourrait attester l'existence d'un rite divinatoire (oracle par le sort), mais c'est là une singularité propre à ce sanctuaire proche de l'oracle d'Apollon, sans lien direct avec le rôle des Nymphes et de Pan dans le patronage de l'élevage.

---

46. Voir *LIMC* V Hermes.
47. Hes. *theog.* 444-447, à compléter par Sémonide, West, *IEG* II fr. 20.
48. (= *LIMC* V Hermes **260-266**). Ici (= *LIMC* V Hermes **260***) Boston, MFA 99.489.
49. Voir *LIMC* VIII Suppl. Pan.

50. (= *LIMC* VIII Suppl. Pan **237***) Athènes, MN 2013, provenant de la grotte de Vari, vers 350 av. J.-C.
51. (= *ThesCRA* III 6 c Veneration **27***, = *LIMC* VIII Suppl. Pan **236***) Athènes, MN 4465, provenant du Pentélique, vers 360 av. J.-C.
52. (= *ThesCRA* IV 1 a Lieux de culte, gr. Spelaion **1***) Amandry, P., et al., *L'Antre Corycien* II, *BCH* Suppl. 9 (1984).

2.5. Quelques héros médiateurs

Outre ces divinités, il existait un certain nombre de héros, plus particulièrement honorés dans telle ou telle région du monde grec, que les légendes et les images présentent comme des inventeurs et des propagateurs de savoir-faire ou de techniques de production spécifiques à la céréaliculture, l'arboriculture et l'élevage.

Aristaios[53]: ce fils d'Apollon et de la nymphe Cyrène était renommé en tant que découvreur de l'huile d'olive et du miel et également lié au pastoralisme. À Kéos, c'est en sacrifiant à Zeus lors d'une sécheresse qu'il déclencha la venue des vents étésiens; Diodore rapporte que les nymphes lui enseignèrent la fabrication du fromage, l'apiculture et la culture des oliviers et qu'il reçut les honneurs divins car il fut le premier à enseigner ces techniques aux hommes (Diod. 4, 81, 1–3). Ce personnage n'est jamais représenté dans un contexte narratif, mais il se laisse identifier en tant que figure isolée par l'association entre une paire d'ailes – censées évoquer les vents étésiens – une pioche utilisée pour l'oléiculture et un sac avec trois récipients, par référence aux trois produits liquides que sont miel, lait et huile, comme le montre un vase attique daté des environs de 600 av. J.-C.[54] (pl. 96, 1).

Bouzyges[55]: ce héros athénien est l'ancêtre éponyme du *genos* sacerdotal de Bouzygai qui était responsable des soins à donner aux bœufs des labours sacrés éleusiniens et d'où était issu le prêtre chargé des labours sacrés. Le nom du héros est une métaphore en relation avec l'agriculture, puisque, inventeur du joug (*zygos*)[56], il passait pour avoir été le premier à tracer un sillon avec un araire attelé, instrument qui était pieusement conservé à Athènes sur l'Acropole (*Schol. Aischin.* 2, 78). Certains commentateurs ont voulu le reconnaître dans le laboureur nu représenté sur la coupe provenant de Camiros (voir *supra* et pl. 94, 2), mais il faut admettre que sur aucune image ce héros ne peut être identifié en toute certitude. Ainsi par exemple, le décor d'un cratère en cloche attique à f.r. daté autour de 425 (pl. 96, 1)[57] montre un laboureur nu dirigeant deux taureaux attelés, un personnage féminin tenant six épis et un sceptre, un vieil homme faisant un geste vers le laboureur; l'identification des trois personnages par D. M. Robinson[58] comme étant Athéna Polias, Cécrops et Bouzyges est jugée peu convaincante par Cl. Bérard, de même que pour la représentation du calendrier des Saisons de la Petite Métropole d'Athènes (*ThesCRA* VII pl. 6, 1 fig. 15, 8), qui n'est pas l'équivalent en image d'un calendrier sacrificiel, mais bien plutôt une simple illustration des saisons. L'importance accordée à ce personnage en Attique s'explique pour des raisons politiques; il en va de même pour Triptolème.

Triptolème[59]: répandre la céréaliculture dans le monde après le don fait par Déméter aux Athéniens, la mission dont fut chargé Triptolème est un parfait exemple d'une propagande religieuse au service du projet politique impliquant la mainmise d'Athènes sur le sanctuaire éleusinien. C'est surtout par le biais des images que cette légende est connue et qu'elle fut diffusée à l'ensemble du monde grec. Le thème imagier montrant un jeune homme assis sur un char ailé, tenant dans une main une gerbe de céréales, entouré par Déméter, Koré et éventuellement d'autres participants (pl. 96, 3)[60], commença à apparaître au troisième quart du VIe s. av. J.-C., un moment qui coïncide avec la tyrannie de Pisistrate et la nouvelle impulsion alors donnée par Athènes au culte éleusinien. Cent cinquante scènes de cette série sont répertoriées pour le Ve s., elles deviennent moins nombreuses ensuite. Triptolème n'est jamais représenté en train de labourer, s'il tient éventuellement un araire – il passe parfois pour l'avoir inventé – c'est au titre d'attribut, tout comme Déméter elle-même (voir *supra*).

2.6. Personnifications

Les astres, l'ordre cosmique, le soleil, la terre, l'eau, le temps sous la forme des Saisons, tous les éléments naturels par la régularité de leur mouvement cosmique, sont sources de bienfaits pour les hommes et favorisent donc peu ou prou la croissance des végétaux. Il en va de même pour les principes génériques de la fécondité et de la prospérité, dotés de noms métaphores (Auxô-Croissance, Thallô-Floraison) et plus généralement de la Chance (Tychè) et du Bon Génie (Agathodaimôn). Il n'est donc pas étonnant de rencontrer ces personnifications dans les cultes destinés à favoriser la fertilité des champs, seuls ou en association avec les divinités principales énumérées ci-dessus.

---

53. Voir *LIMC* I Aristaios I, Suppl. 2009 Aristaios I.
54. (= *LIMC* I Aristaios I **1***) Olpé attique f. n. Athènes, MN 16285, provenant de Vari. *ABV* 19, 3.
55. Voir *LIMC* III Bouzyges.
56. Autre exemple connu du même procédé, Echetlaeus, dont le nom est formé sur le mot désignant le manche de l'araire, *echetlè*. Ce paysan qui était représenté sur la peinture de la Bataille de Marathon décorant la Stoa Poikilè (Paus. 1, 15, 3 = *LIMC* III Echetlos **1**; *cf.* Paus. 1, 32, 4–5) aurait tué de nombreux Perses au cours du combat avec son araire; il fut héroïsé conformément à un oracle de l'Apollon de Delphes. *Cf.* Jameson, M. H., « The Hero Echetlaeus », *TAPhA* 82 (1951) 49–61.
57. (= *LIMC* III Bouzyges **2***) Cambridge (Mass.), Sackler Mus. 1960.345, provenant de Vari. *ARV²* 115, 30.
58. Robinson, D. M., « Bouzyges and the First Plough on a Krater by the Painter of the Naples Hephaistos », *AJA* 35 (1931) 152–160, qui recense toutes les sources littéraires relatives au héros.
59. Voir *LIMC* VIII Triptolemos.
60. (= *LIMC* IV Add. Demeter **344***) Skyphos à f. r. Londres, BM E 140. *ARV²* 459, 3: Makron, vers 480 av. J.-C., associé au revers avec Dionysos qui tient un pampre (= *LIMC* III Dionysos **523**).

Horai[61] : les Saisons personnifiées sont, d'après la *Théogonie* (901–903), filles de Zeus et de Thémis ; elles protègent les travaux des hommes, leurs cultures, font mûrir le grain et la vigne[62] ; plus généralement, ce sont les Saisons de la vie et de la croissance, comme l'indiquent leurs noms en Attique : Auxô, Thallô et Karpô (Paus. 9, 35, 2). Toujours en groupe, d'abord trois puis quatre de manière systématique à partir de l'époque hellénistique, leur association caractérise donc les étapes successives de la croissance des plantes ; elles sont proches de toutes les grandes divinités liées au domaine agricole et à l'élevage : outre leur père Zeus, Déméter[63], Pan est aussi leur *syntrophos* et dans leur sanctuaire à Athènes, se trouvait un autel de Dionysos Orthos. Elles étaient invoquées comme témoins, en association avec « les blés, les orges, les vignes, les oliviers et les figuiers », à la fin de l'antique serment que prononçaient les éphèbes athéniens lorsqu'ils s'engageaient à défendre le territoire de la cité[64]. Dans la littérature comme dans l'art, ce sont donc des figures complémentaires, jamais protagonistes. Souvent présentées comme un groupe paratactique ou couvert d'un unique manteau dans les processions nuptiales (elles aident à la parure de Pandore), elles apparaissent donc également comme des protectrices auxiliaires de la fécondité du mariage. Les Horai sont le plus souvent représentées avec des attributs spécifiques correspondant aux végétaux ou activités propres à chacune des quatre saisons : des fleurs pour le printemps, blé et pavot pour l'été, grappes de raisin pour l'automne (pl. 96, 4)[65], lagobolon et gibier pour l'hiver ; elles sont souvent associées dans les textes comme dans les images aux déesses éleusiniennes et à la mission de Triptolème. À Délos, ce sont les filles du héros archégète Anios, les Oinotropes[66] Oino, Spermo et Elais, qui jouaient un rôle comparable de protectrices des productions agricoles : elles avaient le pouvoir de transformer tout ce qu'elles touchaient en vin, en blé, et en huile, d'où leurs noms.

Agathodaimon[67] : personnification d'une puissance redoutée, ce « bon génie » avait la double fonction de protecteur de la maison et de garant de la fertilité agraire, tout particulièrement en rapport avec la culture de la vigne : à la fin du repas, on faisait une libation de vin pur en son honneur (Aristoph. *Pax* 300). Il était représenté sous des formes variées, aniconique (la représentation sous la forme d'un serpent le rapproche de Zeus Ktèsios, protecteur de la maison et dispensateur de richesses) ou anthropomorphe, souvent associé à partir du IVe s. av. J.-C. à la Bonne Fortune, Agathè Tychè, comme le montre un relief en marbre d'époque hellénistique trouvé à Délos (pl. 96, 5)[68] où ces deux personnages portant chacun une corne d'abondance et une patère se tiennent de part et d'autre d'une base sur laquelle est lové un énorme serpent barbu. Plutarque (*quaest. conv.* 655e et 735d) souligne le lien d'Agathodaimon avec la viticulture en évoquant la coutume répandue en Béotie, une région où il était particulièrement honoré, de lui offrir un sacrifice le 6 Prostaterios. Tout comme lors des Anthestéries athéniennes qui se déroulaient au même moment, on consommait ce jour-là force vin nouveau. À Alexandrie enfin, il était associé à Sarapis et à Isis comme protecteur des récoltes et dipensateur de richesses.

Il semble enfin pertinent de rapprocher de ces diverses puissances tutélaires censées créer un contexte favorable à la prospérité agraire, les souverains qui, au cours de l'époque hellénistique, furent destinataires de rites les assimilant précisément à des divinités responsables de ce domaine. Ainsi, c'est entre autres raisons parce qu'ils étaient garants de la paix et, par conséquent, de la prospérité des champs, que le roi Antiochos III, symboliquement assimilé à Dionysos et à diverses personnifications, dont les Saisons (*Horai*), et sa femme Laodiké, assimilée à une Nymphe, reçurent des honneurs « dignes d'un dieu », de la part des habitants de Téos à partir d'environ 203 av. J.-C. La cité remercie le souverain de sa conduite comparable à celle d'un dieu dont la bienveillance assure que les meilleures conditions sont réunies pour éviter la famine à la population. En apportant la paix, en exonérant la population de lourds impôts, « il a garanti et rendu fructueux les travaux des champs et de la moisson dans les campagnes ». De ce fait, chaque année, les citoyens lui manifesteront leur reconnaissance en lui consacrant les prémices des récoltes qui seront déposées au pied de la statue du souverain[69]. Ce décret offre un magnifique exemple de transfert de rites : le traitement réservé à la statue du roi assimilait Antiochos à la fois à un dieu protecteur et à un dieu des récoltes recevant l'offrande renouvelée de prémices et la statue du roi *isotheos* portait une couronne composée des fruits de saison, un honneur d'ordinaire réservé aux images de Déméter ou de Dionysos.

---

61. Voir *LIMC* V Horai.
62. *Od.* 11, 330 ; Pind. *O.* 4, 1–3 ; Aristoph. *Pax* 1168.
63. *H. Hom. Cer.* 54. 192. 492 ; Paus 3, 19, 4 ; *Anth. Pal.* 6, 98.
64. Robert, L., « Inscriptions du dème d'Acharnes », dans *id.*, *Choix d'écrits* (2007) 284–291.
65. (= *LIMC* III Dionysos **372***, VII Opora **3***) Cratère à volutes f.r. de la fin du Ve s. av. J.-C. Ruovo, Mus. Jatta J 1083. *ARV*² 1184, 1 : Peintre de Kadmos.
66. Voir *LIMC* VII Oinotrophoi ; Bruneau, *Cultes* 413–430.
67. Voir *LIMC* I Agathodaimon.
68. (= *LIMC* I Agathodaimon **3***, VIII Tyche **53**) Délos, Mus. A 3195. Bruneau, *Cultes* 303–304. 641. *Cf.* (= *LIMC* I Agathodaimon **5a***) Statue Delphes, Mus. 11424, trouvée à Kallion, IIIe s. av. J.-C., personnage barbu, drapé, tenant une corne d'abondance.
69. *SEG* 41, 1003 ; Chaniotis, A., « La divinité mortelle d'Antiochos III à Téos », *Kernos* 20 (2007) 153–171, ici p. 156.

3. Les caractères originaux de la dévotion concernant l'agriculture et l'élevage

À partir de l'ensemble de la documentation rassemblée, est-il possible de mettre en évidence une quelconque spécificité des cultes et manifestations de piété, collectives ou individuelles, en rapport avec l'agriculture et l'élevage? Trois remarques s'imposent avant de présenter les particularismes de quelques rituels et offrandes.

1. Dans la majorité des cas, les actes constitutifs des cultes célébrés en l'honneur des divinités concernées par l'agriculture et l'élevage, qu'il s'agisse de prières, libations, sacrifices, repas collectifs, offrandes ou consécrations, concordent totalement avec des pratiques banales et communes à l'ensemble des divinités.

2. Conformément à la typologie générale esquissée par Théophraste[70], cultes et rituels en rapport avec l'agriculture se laissent assez aisément répartir entre les trois catégories de la dévotion « gratuite », de l'action de grâce en remerciement et de l'invocation propitiatoire (comprenant les rites à vocation prophylactique et cathartique), en accord avec une temporalité cyclique qui concorde, grosso modo, avec les étapes de croissance de deux des principales productions agricoles, les céréales et la vigne.

3. Enfin, comparée à d'autres domaines, l'implication des communautés civiques dans la célébration collective de ces cultes destinés à procurer et à garantir une fertilité indispensable à la survie du groupe apparaît très forte. Cette implication se manifeste de diverses manières: tout d'abord et tout simplement, à travers le nombre élevé de grandes fêtes en relation avec la fertilité agraire qui étaient célébrées tout au long de l'année, un constat souvent fait à propos d'Athènes, la cité dont le panthéon et le calendrier héortologiques sont parmi les mieux connus[71], mais qu'il est moins aisé de mettre en évidence pour d'autres cités dont les listes de fêtes sont souvent incomplètes. Mais aussi dans la façon dont les magistrats exerçaient un contrôle sur le calendrier des opérations agricoles comme sur le calendrier rituel qui en découlait. Ainsi par exemple à Chéronée en Béotie, au témoignage de Plutarque (*quaest. rom.* 274b-c), l'archonte, dans le cadre de ses fonctions, signifiait à tous ses concitoyens l'interdiction de goûter aux fruits de saison avant l'équinoxe d'automne et de couper la vigne avant l'équinoxe de printemps.

3.1. Spécificités des rituels en l'honneur de Déméter

En dépit de leur grande diffusion dans l'ensemble des cités, en dépit des recherches menées dans plusieurs sanctuaires consacrés aux deux déesses, les cultes célébrés en l'honneur de Déméter et Korè sont finalement assez mal connus dans le détail des rituels[72]. Une évolution dans les pratiques entre l'époque archaïque et l'époque hellénistique n'est pas invraisemblable, si l'on considère que les sources écrites ne nous informent pas sur l'existence de sacrifices sanglants avant l'époque classique et que nous ignorons si les victimes étaient systématiquement consommées par le feu (rituel d'holocauste que suggère assez clairement la scène de parodie du sacrifice dans les *Thesmophories* d'Aristophane, 685–730), ou si elles pouvaient être consommées lors des repas dont témoignent aussi bien la présence de salles de banquet dans les sanctuaires que les restes d'ossements (voir *supra*). Nonobstant ces incertitudes, quelques dénominateurs communs se laissent entrevoir: ces cultes, qui se déroulaient souvent sur plusieurs journées d'affilée semblent partout et toujours avoir été réservés aux femmes[73]; Déméter avait une préférence marquée pour l'offrande de porcs, et plus spécialement de femelles gravides.

Les relevés de dépenses consignés dans les comptes déliens[74] laissent entrevoir, à partir du IIIe s. av. J.-C., le cérémonial qui était pratiqué lors des Thesmophories célébrées, à Délos, en Métageitnion (8e mois de l'année, août-septembre). Les victimes qui étaient achetées pour Déméter, Koré et Zeus Eubouleus[75], uniquement des porcs dont une truie pleine, sont réparties en trois groupes. Outre un rituel ordinaire de purification du sanctuaire par le sacrifice d'un porcelet, on restitue deux autres rituels distincts, comme le suggère le vocabulaire utilisé dans les inscriptions: d'une part, peut-être, l'enfouissement d'animaux dans des fosses, d'autre part, un sacrifice et un banquet, pour lequel on effectuait des achats de combustible et d'aliments variés et on recrutait un cuisinier. Les sources dont nous disposons pour décrire les Thesmophories athéniennes[76] sont toutes très tardives; elles indiquent un rituel légèrement différent comparé à celui que l'on restitue à partir des inscriptions déliennes. Les Thesmophories qui étaient célébrées au mois de Pyanepsion (octobre), en ville sur la Pnyx[77], s'étendaient sur trois journées qui

---

70. *Peri Euseb. fr.* 12, 42–44 Pötscher: « Nous devons sacrifier aux dieux pour trois raisons: pour les honorer, pour les remercier ou pour leur demander des bienfaits ».

71. Pour le détail des fêtes, on se reportera à l'inventaire commode dressé dans Parker, *Polytheism* 456–487 (« Appendix 1: Attic Festivals: A Check List »).

72. Il ne sera pas question ici des Mystères ni de l'initiation.

73. Toute règle souffre des exceptions: les hommes qui improvisent un concours de poésie dans l'*Idylle* 7 de Théocrite se rendent chez un ami à la campagne afin de participer au somptueux repas par lequel s'achève la fête des Thalysies, « célébrées en l'honneur de Déo » (v. 3).

74. Bruneau, *Cultes* 285–290.

75. Triade attestée également à Mykonos (*LSCG* 96, 15–16) et à Thasos (Rolley, Cl., « Le sanctuaire des dieux *patrôoi* et le Thesmophorion de Thasos », *BCH* 89 [1965] 477).

76. *Schol. Lukian. d. meretr.* 2, 1 (p. 276, 19–24 Rabe); Clem. Al. *protr.* 2, 17.

77. On célébrait aussi des Thesmophories dans les dèmes, comme le prouve le décret du dème de Cholargos daté de 334/3, *LSS* 124.

correspondaient à chacune des trois phases du drame de la séparation, de la déploration et des retrouvailles entre Déméter et sa fille Koré-Perséphone. Au cours du premier jour, appelé *Anodos* («La remontée»), des femmes soumises à la chasteté depuis trois jours allaient recueillir dans les fosses (*megara*) les restes de porcelets offerts lors d'une fête précédente (*Skira*?) et des gâteaux en forme de serpents et d'organes sexuels. Ces restes exhumés, d'abord placés sur les autels, étaient destinés à être mélangés aux semences de l'année. Selon Clément d'Alexandrie, ce rite se référait à un incident survenu lors de l'enlèvement de Koré par Hadès : une partie d'un troupeau de porcs gardé par un certain Eubouleus fut entraîné dans les Enfers avec la fille de Déméter. Le second jour, *Nesteia* («Le jeûne») évoquait le deuil de Déméter : les femmes se retiraient sous des tentes et s'abstenaient de manger et de boire ; le troisième jour, *Kalligeneia* («Le belle naissance») était celui de la re-naissance, au cours duquel se plaçait le sacrifice suivi d'un repas.

Le rituel de l'enfouissement de porcelets dans des fosses et du mélange des restes décomposés aux semences est bien entendu le plus original et le plus explicite quant au lien entre un rituel religieux et la quête de la fertilité des champs. Faute de textes plus diserts et de découvertes archéologiques qui pourraient en préciser les modalités[78], nous ignorons les détails de ce cérémonial qui intervenait en amont des semailles, moment-clé dans l'année agricole. Ce rite fournit un des rares exemples de mise en œuvre d'une magie opératoire, avec intervention directe sur les semences par leur mélange avec cette sorte d'«engrais» issu de la décomposition d'offrandes consacrées à la déesse ; une telle association de «principes actifs» était sans doute considérée comme la garantie la plus efficace pour le bon développement des graines dans le sol.

La spécificité du cochon comme offrande à Déméter[79] : les cochons étaient la catégorie de victimes qui coûtait le moins cher ; ainsi, ce sont ces animaux que l'on trouve le plus fréquemment représentés sur les reliefs votifs qui procèdent de dons individuels ou familiaux[80]. Néanmoins, il ne semble pas que cet argument de la valeur (prix) de la victime soit ici le plus pertinent afin d'expliquer la prédominance de cette espèce dans le choix des bêtes offertes à Déméter. En se situant sur un plan symbolique, on mettra plutôt l'accent sur les capacités de reproduction de cet animal, qui est donc par lui-même un bon paradigme du principe de fécondité. On a mis en évidence le fait qu'il existait en Grèce ancienne une relative concordance entre la pratique sacrificielle et l'ensemble des finalités de l'élevage, en sorte que les prélèvements effectués pour les sacrifices étaient intégrés dans la gestion des troupeaux afin de ne pas perturber l'équilibre de la reproduction[81]. Le sacrifice de femelles gravides constitue de ce point de vue un exemple patent de contradiction de ce principe, qui ne peut donc se justifier que si le «gain» recherché se situe sur un autre plan, symbolique cette fois encore, et s'il est ressenti comme utile pour l'ensemble de la communauté.

Le sacrifice de femelles gravides[82] : d'après l'ensemble des sources épigraphiques disponibles, notamment les calendriers sacrificiels, il apparaît que Déméter était la seule déesse à laquelle on consacrait des truies pleines. Le calendrier sacrificiel de Mykonos (*LSCG* 96), édicté vers 200 av. J.-C., est l'un des plus précis dans la prescription des victimes et des rituels. Il y est stipulé que doivent être sacrifiées à Déméter Chloé, en Posidéon (décembre), deux truies dont une pleine, «bel animal choisi par la boulè dont il convient de découper le dos», puis peu après, en Lénaion (janvier), une truie pleine primipare «pour les récoltes», ces sacrifices devant se dérouler «en chantant». Pour cette offrande, Déméter est associée à Koré (qui reçoit un sanglier adulte) et à Zeus Bouleus (qui reçoit un porc). Ces deux fêtes hivernales ne peuvent pas correspondre aux Thesmophories ; donc, puisque les inscriptions de Délos attestent clairement que l'on sacrifiait une truie pleine lors des Thesmophories déliennes, on doit supposer que ce type de victime était régulièrement offert à Déméter dans l'ensemble du monde grec, à l'occasion des Thesmophories comme d'autres fêtes célébrées en son honneur. En outre, le choix d'une truie n'est pas exclusif : ainsi, dans le dème de Thorikos, Déméter recevait en Elaphébolion (mars) une brebis pleine, qualifiée de Chloian, et le mois suivant une autre brebis pleine, dite Antheian[83]. Ce type de sacrifice était globalement assez exceptionnel ; attesté en Grèce continentale, insulaire et à Milet, il concerne toujours des divinités féminines, dont certaines assez marginales, telles Gè[84] ou Rhéa. On

---

78. On ne connaît pas l'emplacement du Thesmophorion de Délos ; l'existence d'éventuelles fosses ne peut donc pas être vérifiée sur le terrain ; mais dans les sanctuaires de Déméter bien identifiés, on n'a nulle part repéré ces installations dont le nom en grec, *megaron*, ne laisse rien entendre quant à la forme ou au mode de «construction».

79. Clinton, K., «Pigs in Greek Rituals», dans Hägg, R./Alroth, B. (éds.), *Greek Sacrificial Ritual, Olympian and Chthonian* (2005) 167–179.

80. Van Straten, F., «Greek Sacrificial Representations : Livestock Prices and Religious Mentality», dans Linders/Nordquist (n. 10) 159–170.

81. Jameson, M. H., «Sacrifice and Animal Husbandry in Classical Greece», dans Whittaker, C. R. (éd.), *Pastoral Economies in Classical Antiquity* (1988) 87–119.

82. Bremmer, J. N., «The Sacrifice of Pregnant Animals», dans Hägg, R./Alroth, B. (éds.), *Greek Sacrificial Ritual, Olympian and Chthonian* (2005) 155–165. Cet article est intéressant pour les attestations réunies, mais les conclusions de l'auteur quant à la signification du choix de telles victimes doivent être nuancées, voir Clinton (n. 72) 178–179.

83. *SEG* 33, 147 ; 38, 44.

84. À qui une vache gravide était offerte dans la Tétrapole de Marathon, *LSCG* 20 B 9.

a souligné que ce rituel manifeste une analogie remarquable entre l'offrande et la demande, puisque ces sacrifices s'adressent toujours semble-t-il à des divinités féminines concernées par la fertilité du sol et la fécondité des femmes, au premier rang desquelles Déméter.

Il faut cependant conserver présente à l'esprit la grande diversité des cultes et l'absence d'uniformité dans les rituels. Ainsi, par contraste avec ces rites sacrificiels sanglants impliquant un type très particulier de victime, on évoquera le culte de Déméter Mélaina à Phigalie, en Arcadie, tel que le décrit Pausanias (8, 42, 11)[85]. On constate en effet que, dans le rituel arcadien, le même objectif de recherche de l'abondance agricole et pastorale, associé à une requête plus générale de protection contre le péril extrême que constitue la sécheresse, était poursuivi à travers une tout autre pratique sacrificielle. Ce culte, localisé dans une grotte sur le Mont Élaion non loin de Phigalie, semble avoir été périodiquement réactivé dans des contextes de sécheresse à l'origine de famines dans la région ; il consiste exclusivement dans le dépôt d'offrandes sur un autel devant la caverne : « les produits des arbres cultivés (en particulier les fruits de la vigne), des rayons de miel et des laines qui n'ont pas encore été traitées et restent imprégnées de suint ». Ces prémices des champs et de l'élevage étaient arrosées d'huile, mais le texte ne permet pas de savoir si elles étaient ensuite brûlées.

3.2. Spécificités des rituels en l'honneur de Dionysos

D'une certaine manière, Dionysos est le protecteur du vin plus que de la vigne. Il a été remarqué que les quatre grandes fêtes qui lui étaient consacrées étaient toutes concentrées en hiver et au tout début du printemps : elles ne rythmaient donc pas les étapes essentielles du processus de maturation du fruit de la vigne à l'instar des fêtes de Déméter qui accompagnaient la croissance des blés. Les vendanges, temps de la récolte, n'étaient pas célébrées en tant que telles, alors que l'achèvement du processus de transformation du raisin en vin déclenchait dans toute la Grèce les réjouissances des Anthestéries, dont le nom viendrait de la couronne de fleurs que l'on portait durant ces journées. À Athènes la fête durait trois jours. Le premier jour, nommé *Pithoigia* («Ouverture des pithoi») on descellait les grandes jarres dans lesquels le jus de raisin avait accompli sa transformation sous l'effet de la fermentation : il s'agissait de lever l'interdit qui pesait sur les produits des vendanges, de désacraliser le vin nouveau en offrant la première part à Dionysos sous la forme d'une libation, afin d'en permettre la consommation. Le deuxième jour, appelé *Choes* «les Cruches»[86], un concours de boisson était organisé, au cours duquel on utilisait des vases à la forme bien caractéristique contenant environ ¾ de litre, qu'il fallait avaler le plus vite possible. Parallèlement à ce rituel, les familles organisaient de grands repas auxquels les enfants de plus de trois ans étaient autorisés à participer, ils recevaient à cette occasion des cadeaux et des *chous* miniatures, dont le décor représente d'ailleurs souvent des bambins en train de chahuter (pl. 96, 4)[87]. Ce même jour, un *Hiéros gamos* entre la femme de l'archonte-roi et Dionysos était accompli. Le troisième jour, *Chytrai*, «les marmites», était consacré aux morts.

Ce que nous savons des Dionysies rurales est peu : chaque village organisait sa célébration, qui consistait essentiellement en une phallophorie, au cours de laquelle on promenait un phallus géant en cortège, en chantant au milieu des champs. Une phallophorie plus imposante avait de nouveau lieu au cours des Dionysies urbaines, depuis le territoire en direction de la ville.

Ces rituels, dont le rapport général à la fécondité et à la fertilité est évident, ont deux points communs : ils associent systématiquement la consommation festive de nourriture et de boisson et la déambulation en cortège dans tous les espaces de la vie et du travail de la communauté. Il s'agit toujours d'une exaltation joyeuse du plaisir d'être en groupe, et si le dieu reçoit toujours sa part, la célébration consiste surtout à manifester la joie qu'il y a à consommer sans compter, un comportement qui se rencontre dans bien des sociétés dont le quotidien n'est pas caractérisé par l'abondance.

3.3. Rituels cathartiques et prophylactiques

C'est dans ce domaine que se rencontre la plus grande originalité couplée à une grande variété. Indépendamment de la divinité impliquée[88], un certain nombre de rites se démarquent en effet de la structure ordinaire de l'échange par la médiation du sacrifice et de l'offrande ; ils se présentent comme un enchaînement d'actes spécifiques, comportent une sorte de dramaturgie propre, comme si, à travers la mise en œuvre de ces moyens particuliers, une efficacité supérieure et plus immédiate était recherchée. Ici intervient Apollon : son patronage vis-à-vis de l'agriculture et de l'élevage est essentiel mais d'une certaine manière indirect, car il procède de sa fonction de dieu des purifications, destructeur des nuisibles, apportant protection aux troupeaux,

---

85. Voir les notes de commentaire de Jost, M., dans l'édition de la CUF (2002).
86. Voir Hamilton, *Choes*; *ThesCRA* V 2 b Instruments de culte p. 351-354 avec bibl., VI 1 b Enfance et adolescence, gr. **3.2.2.3** avec bibl.

87. Ici Dublin, Mus. Nat. 1103.1880: Hamilton, *Choes* fig. 11.
88. Voire même dans quelques cas, comme le souligne M. Jost «sans que le rituel n'offre de rapport intelligible avec le dieu concerné», *Aspects de la vie religieuse en Grèce* (1992²) 170.

instaurant ou réinstaurant dans la cité un contexte favorable à l'accueil des récoltes. Cette intervention d'Apollon en lien avec l'agriculture et l'élevage, bien mise en évidence dans le cadre d'au moins deux grandes fêtes à Athènes mentionnées dans les sources écrites, n'a cependant jamais fait l'objet de la moindre représentation: il n'existe aucune peinture sur vase montrant une proximité entre ce dieu et Démétèr qui puisse s'expliquer autrement que par le hasard d'une rencontre lors d'une assemblée générale des dieux.

Deux fêtes célébrées à Athènes et dans plusieurs cités ioniennes en l'honneur d'Apollon revêtaient donc ce rôle important de purification (*katharsis*) nécessaire avant de recevoir les nouveaux fruits: les Thargélies, célébrées à la fin du printemps et les Pyanopsia à l'entrée de l'automne, deux moments de l'année qui précèdent des temps de récolte. La veille des Thargélies proprement dites se déroulait l'étrange rituel des *pharmakoi*, «boucs émissaires» que l'on chargeait de toutes les impuretés de la cité avant de les expulser de la ville. Cette purification effectuée, on s'assurait le lendemain, jour anniversaire d'Apollon, de l'abondance et de la qualité des récoltes imminentes par le rite du *thargélos*, ainsi nommé d'après le pot dans lequel on cuisait un mélange de légumes et de céréales, puis cette bouillie était ensuite déposée en offrande de prémices dans le sanctuaire d'Apollon Pythien. Avec une préparation culinaire assez similaire, les Pyanopsies, célébrées le 7 du mois éponyme, inauguraient la consommation des fèves et d'autres légumes en référence à l'épisode de la *chytra* (marmite) dans laquelle les compagnons de Thésée auraient mis en commun toutes leurs provisions le jour de leur retour à Athènes. On cuisinait donc ce jour-là une bouillie de fèves mélangées à de la farine et à d'autres légumes (*panspermia*), ce qui était une manière de placer tous les légumes du *kèpos* (jardin) sous la protection du dieu et, tout en portant l'*eiresioné*, une branche d'olivier entourée de laine et garnie de prémices de fruits (notamment des figues), on célébrait par une chanson l'abondance des produits (pain, miel, huile, vin), marquant la fin des privations et de la stérilité[89].

D'autres rites aussi atypiques visaient à éloigner la sécheresse et/ou la famine (*Limos*), quelle qu'en fût la cause. Pausanias (8, 38, 4)[90] raconte le rituel magique, sans parallèle connu, auquel se livrait en Arcadie le prêtre de Zeus Lykaios lorsque survenait une sécheresse prolongée. Il se rendait à la source Hagno qui, en temps normal, possédait un fort débit été comme hiver; après avoir accompli prières et sacrifices habituels, il abaissait une branche de chêne en direction de la surface de la source, agitait l'eau jusqu'à ce qu'un nuage de vapeur s'élevât tel un brouillard. Ce brouillard se transformait en nuage qui, en s'agglomérant avec d'autres nuages, procurait la pluie à la terre des Arcadiens.

Plutarque (*quaest. conv.* 6, 8, 693e–694a) signale à Chéronée en Béotie un rite original qu'il nomme le «Bannissement de la Faim dévorante (*Boulimie*)» et qu'il célébra lorsqu'il exerça l'archontat dans sa cité natale. Une fois par an, l'archonte, au nom de la cité, et chaque citoyen dans son foyer expulsaient la Boulimie, en chassant un esclave à coup de verges de gattilier tout en criant «Dehors la Faim, place à la Richesse et à la Santé (*Ploutos* et *Hygeia*)». Cette *mimèsis* dans laquelle la Faim personnifiée, un mot masculin en grec, est «jouée» par un esclave qui doit se laisser fouetter avant d'être «banni» s'apparente, pour la mise en scène, à l'expulsion des *pharmakoi* lors des Thargélies, mais elle est également comparable à la démarche qu'expriment les *ostraka* athéniens inscrits au nom de *Limos*. Toujours à Athènes, un champ en friche était consacré à la Faim personnifiée derrière le Prytanée. Enfin, il faut citer sur le plan du mythe un anti-modèle radical qui suscita tout au long de l'antiquité la discussion, l'incrédulité voire la dénégation[91]: selon la légende, c'est par le sacrifice annuel d'un humain (étranger) sur l'autel de Zeus que le roi égyptien Busiris cherchait à mettre un terme à la disette et à se prémunir contre le retour de la sécheresse, un rituel monstrueux pour tout Grec, auquel Héraclès, victime potentielle, mit fin en tuant le roi.

Au nombre de ces rites apotropaïques et propitiatoires, il faut signaler les trois labours sacrés auxquels on procédait en Attique et qui impliquaient les descendants du héros Bouzyges, chargés de l'entretien des bœufs attelés lors de ce cérémonial (Plut. *Mor.* 144a-b). L'un se déroulait à Éleusis, dans la plaine Rharienne[92], l'autre au pied de l'Acropole près du sanctuaire de Démétèr Chloé, le troisième à Skiron. Ce rituel était l'équivalent, à l'échelle de la cité, de la prière à Zeus et Démétèr que chaque paysan devait effectuer avant de commencer son labour de semailles, mais aussi des sacrifices offerts à Démétèr dans les dèmes lors des *Proerosia*. Il s'y ajoutait toutefois une dimension magique: en saisissant le manche de l'araire sur lequel se concentrait toute la demande d'efficacité, le prêtre Bouzyges prononçait également des malédictions contre ceux qui ne partagent pas l'eau et le feu, qui n'indiquent pas le chemin à ceux qui sont égarés, ou qui laissent un corps sans sépulture[93].

La famille sacerdotale des Bouzyges était également garante d'un interdit, dont la cité ravivait le

---

89. Plut. *Thes.* 22, 6–7 (= ThesCRA II 5 Images de culte **175**).
90. Jost, *Arcadie* 249–251.
91. Incrédulité chez Hdt. 2, 45; dénégation par la vertu de la rhétorique de l'éloge dans le *Busiris* d'Isocrate.

92. La première à avoir été ensemencée et à avoir produit des récoltes, comme le rappelle Paus. 1, 38, 6.
93. Dans le même ordre d'idée, Theophr. *h. plant.* 7, 3, 3 recommande à quiconque sème du cumin de jurer et de maudire pour s'assurer une bonne récolte.

souvenir à l'occasion du curieux rituel des *Bouphonia* «Meurtre du bœuf», qui était célébré chaque année au début de l'été sur l'Acropole lors d'une fête en l'honneur de Zeus Polieus[94]. Porphyre décrit ce rituel comme une sorte de «fiction en acte», mimant un événement dramatique survenu dans des temps très anciens, à l'origine de l'interdiction – sanctionnée par la loi – de sacrifier tout bœuf de labour[95]. Le rite consistait à sacrifier un bœuf, mais aussitôt le sacrificateur s'enfuyait en abandonnant «l'instrument du meurtre»; le couteau était alors jugé devant le tribunal du Prytanée qui le condamnait à être jeté à la mer; ensuite, conformément à un ordre de la Pythie, tous les citoyens devaient partager la viande de la victime, comme lors d'une *thysia* ordinaire. À un premier niveau, ce récit du «premier meurtre du bœuf» et le rite qui en est la réplique expliquent l'instauration du sacrifice et d'une vie religieuse organisée au sein d'une *polis* civilisée. Mais ce rituel met aussi pleinement en lumière la contradiction que représente le choix du bœuf comme victime pour les sacrifices, puisque les hommes et les bœufs sont de fait des associés en tant que co-producteurs des céréales: le bœuf de labour, quasi membre de l'*oikos*, brouille par sa proximité avec les humains la frontière qui sépare les hommes et les animaux. Sans sacrifice du bœuf, pas de commensalité entre les humains, mais sans bœuf vivant, pas de labour possible ni donc de céréales tout aussi indispensables aux hommes que la viande pour leur survie. Pour résoudre ce paradoxe, la cité grecque a donc très nettement dissocié les animaux «partenaires» des humains dans le travail de la terre, qu'il est interdit de sacrifier, et les animaux élevés dans le but de devenir des victimes offertes aux dieux, que l'on choisit sans défaut, libres du joug, préservés d'un étroit contact avec le labeur quotidien. Certes, le «meurtre» est au cœur du sacrifice, même si règne une certaine dénégation de cette violence qui n'est, on le sait, jamais représentée dans les images peintes; par la suite de procédures qu'il instaure, le rituel sacrificiel est une mise en scène qui vise précisément à neutraliser la violence et à distinguer la mise à mort de la victime d'un meurtre, *phonos*, dont la justice serait comptable. Dans ce rituel des *Bouphonia*, les Athéniens mettaient donc directement en scène le paradoxe d'une mise à mort qui se nie elle-même, qui s'abolit en se transposant en rite[96] et concrétisaient par la dramaturgie le lien étroit qui unit sur le plan conceptuel (voir *supra*) sacrifice et labour, religion et agriculture.

3.4. Des offrandes spécifiques: *aparchai* et *anathèmata* agricoles

Les offrandes votives[97] sont généralement considérées comme plus représentatives d'une spécificité fonctionnelle ou locale d'un culte que le type de sacrifice lui-même. Mais avant d'aborder cette partie de l'exposé, il n'est sans doute pas inutile de rappeler le prudent conseil formulé par P. Amandry[98]: «on sait combien il est difficile d'établir avec certitude un lien entre la personnalité de la divinité honorée dans un sanctuaire grec et la nature des ex-voto qu'on lui offre, – autrement dit, de définir le caractère spécifique des offrandes qui lui sont agréables en prenant garde de voir l'effet d'un choix délibéré là où n'intervient que le hasard des trouvailles. Pour que les résultats d'une telle recherche atteignent au moins un certain degré de crédibilité, il faut que l'enquête comporte, d'une part, le dénombrement de séries importantes d'offrandes trouvées dans un sanctuaire et, d'autre part, une comparaison avec les trouvailles faites dans d'autres sanctuaires consacrés aux mêmes divinités». En se fiant donc à cette méthode, sommes-nous en mesure de mettre en évidence, pour les divinités agraires, une quelconque spécificité de certaines séries d'offrandes, qui se singulariseraient soit par leur nature soit par leur forme?

Qu'ils s'agisse de présents individuels ou requis dans le cadre d'un rite collectif, une première distinction s'impose entre des consécrations faites en situation «inaugurale», qualifiées dans ce cas de prémices, *aparchai*, et les autres offrandes, *anathemata*, qui ne s'inscrivent pas dans cette temporalité bien particulière. Aucune de ces deux catégories d'offrandes n'est bien entendu spécifique aux divinités patronnant l'agriculture et l'élevage, cependant, le contexte d'origine de l'*aparchè* est très certainement agricole, puisque le geste de prélever une petite quantité sur une masse plus importante pour en faire don à une divinité, afin qu'elle en soit le première bénéficiaire, concerna vraisemblablement en premier lieu les produits de l'agriculture, avant d'être ensuite étendu à d'autres catégories de biens[99]. Certes, Apollon (sous la forme du rameau de l'*eirésionè* lors des Pyanopsia), Athéna Parthénos et bien d'autres dieux recevaient aussi

---

94. Porph. *abst.* 2, 28, 4–31, 1 citant Theophr. *Sur la piété fr.* 16 et 18 Pötscher, dans le cadre d'une analyse des pratiques végétariennes afin de démontrer l'invalidité des sacrifices sanglants d'animaux. Ce rite et ses implications ont été décryptés par Durand, *Sacrifice*.

95. Ail. *Var.* 5, 14: «une loi attique interdit de sacrifier un bœuf de labour qui a peiné sous le joug en tirant l'araire ou un chariot, car on pourrait le considérer lui aussi comme un paysan (*georgos*) et comme quelqu'un qui a partagé les durs travaux des humains».

96. Vernant, J.-P., «Théorie générale du sacrifice et mise à mort dans la θυσία grecque», dans *Sacrifice (Entretiens)* 1–21.

97. *ThesCRA* I 2 d Dedications, gr. et *ThesCRA* II 5 Images de culte p. 437–444.

98. Amandry, P., «Le culte des Nymphes et de Pan à l'Antre Corycien», dans *L'Antre Corycien* II (1984) 395–425, ici 401–402.

99. Xen. *oik.* 5, 10: «quel autre art que l'agriculture offre aux dieux des prémices plus dignes d'eux?»; Burkert, W., «First Fruits Offerings», dans *id., Structure and History of Greek Mythology and Ritual* (1979) 52–54.

des prémices, mais la consécration des premiers fruits à destination des divinités liées à l'agriculture concorde parfaitement avec le principe cyclique des rythmes agraires dont on cherche à obtenir la pérennité harmonieuse: en réservant l'honneur de la première part à la divinité, on s'assure de sa bienveillance dans la durée et donc du retour cyclique de la fertilité. Cette consécration entraîne souvent la destruction totale des prémices: répandues sur le sol, consumées par le feu, déposées sur un autel devant une statue, il s'agit d'un don complet, sur lequel les humains ne récupèrent pas une part comme dans la *thysia*, car la destruction ou l'abandon rituels compensent en quelque sorte l'usage qui sera fait des autres parts et maintient ainsi un équilibre dans la répartition des profits entre les hommes et les dieux.

Plusieurs poèmes de l'*Anthologie* témoignent de la modestie et de la simplicité de ces cadeaux faits par les paysans, laboureurs ou vignerons: « Aux Satyres buveurs de vin doux, à Bacchos qui planta la vigne, Héronax, comme prémices de ses jeunes vignes et de ses trois vignobles, a consacré ces trois jarres, remplies du vin de la première récolte. Dans les libations que nous allons faire suivant les rites aux Satyres ou à Bacchos, buvons plus que les Satyres » (*Anth. Pal.* 6, 44). Mais l'*aparchè* pouvait tout aussi bien porter sur des quantités bien plus considérables, comme le fait connaître une inscription athénienne réinstituant vers 422 av. J.-C. le rite de l'offrande de prémices aux deux déesses éleusiniennes[100]. En pleine guerre du Péloponnèse, Athènes décida en effet de remettre en usage une pratique ancienne tombée en désuétude, qui avait été édictée par l'oracle de Delphes; par décret, la cité invitait donc les Athéniens, leurs alliés et tout autre cité qui le souhaitait à apporter leurs contributions en nature, à savoir 1/600e de l'orge et 1/1200e du froment récoltés, qui devaient être remis aux hiéropes d'Éleusis. Ce grain, d'abord stocké dans des silos aménagés dans un secteur du sanctuaire d'Éleusis, était ensuite vendu et les recettes servaient à la fabrication d'objets précieux offerts aux déesses et à l'achat de victimes. Cette prescription rituelle, qui organisait un prélèvement régulier sur une production céréalière connue pour être structurellement insuffisante pour nourrir la population, ne fut pas respectée continuellement, on s'en doute, mais elle fut encore réactualisée à l'époque d'Hadrien dans le cadre du renouveau des cultes éleusiniens. Quand il s'agissait de quelques épis et d'un fruit, l'*aparchè* des paysans était sans doute tout simplement déposée sur des tables (*trapezomata*) au pied des images divines, mais pour les offrandes à Déméter, il apparaît que l'on utilisait aussi des vases ayant une forme très particulière, des sortes de « présentoirs d'échantillons agricoles » appelés *kernoi*[101]. De fait, dans la plupart des sanctuaires des deux déesses, notamment dans le secteur de l'Éleusinion sur l'agora d'Athènes (pl. 97, 1)[102], à Corinthe et sur l'île de Thasos, on a retrouvé de très nombreux fragments de ces vases composés d'un anneau creux sur lequel sont fixées de petites hydries (*kotyliskoi*) sur une ou deux rangées. Cette forme fut rapprochée d'un texte de Polémon qui détaille les divers végétaux que contenaient les *kernoi* portés lors des Mystères d'Éleusis: « sauge, pavot blanc, blé, orge, pois, pois chiches, ers, lentilles, fèves, épeautre, avoine, gâteau de fruits secs, miel, huile d'olive, vin, lait et laine de mouton non lavée »[103]. C'est d'ailleurs en se fondant sur la découverte d'une grande quantité de fragments de *kernoi* (pl. 97, 3) que Cl. Rolley démontra que le sanctuaire anonyme situé sur un promontoire hors les murs était le Thesmophorion de Thasos[104]. Les *kernoi* sont donc des vases parfaitement adaptés à l'offrande de prémices agricoles sous la forme d'échantillons et leur usage fut, semble-t-il, très répandu dans l'ensemble des cultes de Déméter. Par leur nature même, la très grande majorité des offrandes végétales n'ont laissé aucune trace matérielle, sauf à être évoquées dans les dédicaces comme celles que conserve l'*Anthologie*: « Des gerbes de son petit champ, Dêo, amie du blé, voilà ce que t'a consacré le laboureur Sosiclès: c'est la semaille de l'année présente qu'il vient de récolter en beaux épis. Puisse-t-il encore, à l'avenir, rapporter sa faucille émoussée par la moisson » (*Anth. Pal.* 6, 36). « Alkimènes, pauvre jardinier, ayant dans son petit jardin obtenu une abondante récolte de fruits, offre à Pan une figue, une pomme et de l'eau, en lui disant: c'est à toi que je dois tous ces trésors; reçois ces fruits qui viennent de mon jardin et cette eau qui coule de ton rocher, reçois-les, et, en échange, donne-moi plus que ce que tu auras reçu » (*Anth. Pal.* 6, 42). Mais d'autres épigrammes indiquent que les divinités devaient parfois se

---

100. *LSCG* 5; Meiggs/Lewis 73, deux stèles ont été retrouvées, l'une à Athènes, l'autre à Éleusis, elles portent un texte identique.

101. *ThesCRA* I 2 d Dedications, gr. p. 306, II 5 Images de culte p. 438, V 2 b Instruments de culte p. 250–252; Stroud, D., *Hesperia* 34 (1965) 1–24; Brumfield, A. C., « Cakes in the Liknon: Votives from the Sanctuary of Demeter and Kore on Acrocorinth », *Hesperia* 66 (1997) 147–172.

102. (= *ThesCRA* II 5 Images de culte **209***) Athènes, Agora Mus. P 815. 320–275 av. J.-C. Pollitt, J. J., « Kernoi from the Athenian Agora », *Hesperia* 48 (1979) 205–233.

103. Polémon *fr.* 88 Preller (= *FHG* 3, p. 144–145), *ap.* Athen. 9, 478c-d (= *ThesCRA* II 5 Images de culte **178**, V Instruments de culte **617**). Liste assez comparable à celle des denrées à fournir pour la célébration des Thesmophories dans le dème attique de Cholargos, décret *LSS* 124 (334/3 av. J.-C.): orge, froment, farines, figues sèches, vin, huile d'olive, miel, sésame blanc, sésame noir, pavot, fromage frais, ail. Toutes deux concordent d'ailleurs avec les restes végétaux identifiés dans le sanctuaire de Corinthe.

104. Rolley, Cl., « Le sanctuaire des dieux *patrôoi* et le Thesmophorion de Thasos », *BCH* 89 (1965) 441–483. Depuis, cette identification s'est vue confirmée par d'autres témoignages. Ici pl. 97, 3 *o.c.* 472 fig. 32 et 33. Thasos, Mus.

contenter d'une représentation figurée, qui venait se substituer à l'offrande elle-même, quelle qu'elle fût: «A eux deux, ils ont fait pour moi ce froment; pardonne, Dêo, mais reçois-les en pâte et non venant de l'étable. Permets que mes vrais bœufs restent vivants, remplis mes champs de gerbes: ce sera pour moi une somptueuse récompense» (*Anth. Pal.* 6, 40). Dans le sanctuaire de Déméter à Corinthe, ont été mis au jour en très grande quantité toute une variété d'images de gâteaux et d'autres nourritures solides et liquides, miniaturisées ou non (pl. 97, 2)[105]. Et comme le prouvent les découvertes faites dans le Thesmophorion thasien, on offrait parfois des représentations d'animaux de sacrifice, qu'il faut là encore sans doute interpréter comme des substituts plutôt que comme des souvenirs de victimes qui auraient été réellement offertes. Qui plus est, quatre des figurines de porcs qui ont été trouvées à Thasos ont la particularité de présenter l'animal fendu en deux, les deux moitiés du corps écartées afin de bien mettre en évidence les entrailles (pl. 97, 4)[106]. Il s'agit peut-être de la représentation d'une découpe rituelle spécifique dont malheureusement aucun texte ne nous fait connaître ni les modalités ni les visées, qu'il s'agisse du culte thasien de Déméter ou d'une autre cité; on pourrait toutefois rapprocher cette singularité de la prescription figurant dans le calendrier sacrificiel de Mykonos selon laquelle il convient de «découper le dos» de la truie gravide offerte à Déméter (voir *supra*).

À la différence des exemples précédents, qui témoignent d'une indéniable proximité entre la nature des offrandes et la réciprocité attendue de la part de la divinité gratifiée, les stèles en pierre qui associent une représentation sculptée et une dédicace gravée ne sont nullement des formes d'offrandes particulièrement réservées aux divinités agraires; elles nous concernent toutefois dans la mesure où ces offrandes expriment une demande de protection ou un remerciement de la part de dédicants qui mettent en avant leur profession, berger ou laboureur. De tels documents sont rares, attestés principalement pour l'époque impériale romaine et surtout en Asie Mineure; en dehors de Zeus, les dieux auxquels sont dédiées ces «œuvres d'art» sont le plus souvent des héros ou divinités locales. Nonobstant leur piètre qualité sur un plan esthétique, ces stèles constituent un intéressant témoignage sur les formes de piété populaire au sein des communautés paysannes à cette époque, qu'il conviendrait d'ailleurs de mettre en perspective avec les manifestations de dévotion constatées en Grèce égéenne pour les périodes antérieures, par exemple à l'Antre Corycien. Ainsi, sur une stèle qui vient sans doute de Malos en Galatie, un berger est représenté sous sa houppelande et formule sa dédicace en ces termes: «pour ses maîtres, ses bêtes et ses chiens à la Mère Malénè en ex-voto» (pl. 98, 1)[107]. On connaît également une série assez fournie de reliefs votifs provenant d'un sanctuaire rural proche de Sélymbria en Propontide; les stèles sont très rudimentaires, généralement de petite taille, les reliefs sont maladroits et la gravure du texte très irrégulière, souvent fautives. Un cavalier occupe la place principale, des troupeaux de bétail sont figurés dans le champ, les dédicants ne sont généralement pas représentés, mais l'inscription précise qu'ils se placent, avec leur bétail, sous la protection d'un héros local, le «Héros archégète» et que l'offrande est faite pour le remercier de l'aide qu'il leur apporte au quotidien (pl. 98, 2)[108].

Dernière catégorie d'offrandes un tant soit peu spécifiques: les consécrations d'instruments de travail du laboureur et du berger. Les épigrammes de l'*Anthologie* sont nombreuses à attester la coutume d'offrir aux divinités agraires des outils et équipements agricoles ou des parties d'un araire, et ce en deux circonstances. Soit après un usage intensif qui a rendu ces outils inutilisables: «Un soc de bronze, qui brisait les mottes et fendait la jachère, la courroie de cuir qui maintenait les taureaux en passant sous leur col, un aiguillon, éperon des bœufs, et la cheville qui fixait le manche de sa charrue: voilà ce que le cultivateur Calliménès a consacré à Dêo, après avoir aisément labouré le sol d'une jachère, – si tu m'accordes de moissonner mes épis, je t'apporterai aussi une faucille» (*Anth. Pal.* 6, 41). Soit lorsque le laboureur cesse son activité: «L'aiguillon à la pointe de fer qui dirige et menace les bœufs, la besace qui contient la mesure de froment, la faux recourbée, arme des moissonneurs, la fourche qui, comme une main, secoue les gerbes à l'encontre du vent, ses manteaux de peau de mouton troués, Parmis le laboureur consacre tout cela à Déméter, ayant renoncé aux pénibles travaux des champs» (*Anth. Pal.* 6, 95). En dehors du Thesmophorion de Gela-Bitalemi en Sicile qui offre un bon éventail de consécrations d'équipements agricoles[109], les trouvailles prove-

---

105. (= *ThesCRA* I 2 d Dedications, gr. **165***) Corinth, Mus. C-62-268. À noter toutefois que l'on n'a jamais retrouvé dans aucun sanctuaire de Déméter des images de gâteaux en forme d'organes génitaux qui pourraient correspondre à ceux qu'incriminent les sources tardives.
106. Rolley (n. 104) 470 fig. 30. Thasos, Mus.
107. Autrefois coll. C. Bergeaud. Robert, L., «Dédicace d'un berger», *Hellenica* 10 (1955) 28-33 pl. 7.
108. Autrefois coll. C. Bergeaud. Robert, L., «Un relief votif de la côte thrace», *Hellenica* 7 (1949) 47-49 pl. 8;

Seure G., *BCH* 36 (1912) 582-595 n° 38-52; cf. *LIMC* VI Add. Heros Equitans **447**.
109. Fouilles de P. Orlandini, voir la synthèse par Kron, U., «Frauenfeste in Demeterheiligtümern. Das Thesmophorion von Bitalemi. Eine archäologische Fallstudie», *AA* (1992) 611-650, spéc. 635-639. Dans une couche de la première moitié du VIe s. av. J.-C., une faucille en fer était associée à des socs destinés à être fixés sur le dental d'un araire, un de 0,26 m de long pesant 2,2 kg, l'autre de 0,20 m pesant 1,5 kg.

nant des sanctuaires de Déméter ou de Dionysos sont malheureusement loin de refléter toujours et partout la diversité d'objets qu'évoquent ces poèmes. Jusqu'à ce jour, on a essentiellement retrouvé des faucilles (*drepanè* ou *drepanon*) à propos desquelles les discussions ont d'ailleurs été vives[110]. Dans un long article, U. Kron présente l'état de la question: les faucilles en métal qui ont été trouvées dans des sanctuaires datés du VIIIe s. av. J.-C. jusqu'à l'époque romaine ne diffèrent en rien des faucilles découvertes dans des contextes urbains ou dans des nécropoles. Outre Déméter et Dionysos[111], sont concernées par de telles offrandes d'autres divinités en relation avec la sphère de la fertilité, mais également Zeus, Poséidon et Athéna, si bien qu'il faut admettre que ces objets, dont la typologie n'est pas homogène, relèvent en fait de deux catégories distinctes: certaines faucilles sont certainement des offrandes à caractère purement «agraire», mais d'autres devaient appartenir à l'équipement du sanctuaire (*neokorika skeuè*) et être utilisées comme couteaux de sacrifice, comme par exemple dans le culte de Déméter Chthonia à Hermionè. Il est par ailleurs très vraisemblable que ces objets jouaient un rôle particulier dans les rituels d'initiation des jeunes Spartiates, mais on ne saurait y voir ni des «proto-strigiles» ni une «prémonnaie».

Pour terminer ce rapide inventaire des quelques séries d'offrandes où se laisse entrevoir un rapport entre la consécration et la sphère agricole, il convient d'évoquer brièvement la catégorie des biens-fonds. Dans le monde grec antique, bon nombre de divinités possédaient un patrimoine foncier qui leur procurait des revenus réguliers sous la forme de loyers versés en numéraire; ces rentrées d'argent servaient à financer les dépenses de fonctionnement (achat des victimes pour les sacrifices, fêtes) et d'entretien. Le capital du dieu se constituait ainsi au fil du temps en diverses circonstances, confiscations, saisies pour dettes, dons ou legs, mais si le propriétaire du terrain «sacré» était toujours une divinité précise, les biens qu'elle possédait étaient, dans la pratique, gérés par la communauté des usagers du sanctuaire, cité, dème, association, familles, avec comme préoccupation première d'atteindre l'équilibre financier entre recettes et dépenses générées par le culte. Les biens fonciers affermés, en tant que capital productif, constituaient donc très souvent une source de financement essentielle pour les sanctuaires: à Délos, la moitié des recettes annuelles du Trésor sacré d'Apollon venait des fermages agricoles. Pour autant, ni les cultures ni le bétail qui était élevé sur ces terres n'appartenaient au dieu propriétaire du domaine, et aucune des productions provenant des biens-fonds agricoles ne lui était, d'une quelconque manière, consacrée. L'agriculture et l'élevage n'apparaissent donc ici qu'au titre de «l'économie du culte», sur un plan que l'on qualifiera de strictement matériel, comme des sources de revenus, parmi d'autres, au service du financement de la religion. Dans cette perspective précisément, on s'interroge depuis longtemps sur le paradoxe que constitue la consécration de terres assortie d'une interdiction absolue de mise en culture et donc sur le sens, nécessairement «symbolique», qu'il convient d'attribuer à un tel interdit, puisque ces propriétés devenaient, de facto et dans tous les sens du terme, improductives. Les exemples d'une telle situation qui paraît contraire à toute logique ne sont pas très nombreux. Le plus célèbre est sans doute la consécration à Apollon par l'Amphictionie de Delphes du territoire de l'ancienne cité de Kirrha qui, selon la volonté du dieu s'exprimant dans un oracle, fut frappé, au tout début du VIe s. av. J.-C. d'un interdit le rendant *argos*, c'est-à-dire qui empêchait «d'y semer et de le cultiver». Ce furent précisément des empiètements sur cette terre avec rupture de l'interdit qui provoquèrent, tout au long de l'époque archaïque et classique, plusieurs «guerres sacrées»[112], dont la dernière, au milieu du IVe s. av. J.-C., eut les conséquences que l'on connaît. Si l'on s'en tient à une explication rationalisante, on met l'accent sur le fait qu'il était indispensable de faciliter la libre circulation entre la mer et le sanctuaire de Delphes, sans passer par le territoire d'une autre cité, mais on ne rend pas compte ainsi de l'interdit. Pour sa part, R. Parker insiste à juste titre sur la dimension de «consécration au titre d'une réparation», Apollon ayant subi une perte du fait du comportement sacrilège des Kirrhéens qui levaient des taxes sur les pèlerins se rendant au sanctuaire; l'interdit instaurerait ainsi une sorte de monument symbolique, une compensation pour restaurer un équilibre. Il n'est pas impossible, par ailleurs, que cet interdit religieux se soit ancré dans des caractéristiques géologiques et pédologiques qui, dans la pratique, rendaient une grande partie de cette terre partiellement inculte. Il semble également qu'une explication à un double niveau puisse être fournie pour expliquer la position de l'oracle de Delphes qui, consulté vers 350 av. J.-C. sur l'usage à faire de la terre sacrée nommée *Hiéra Orgas* située à la frontière entre la Mégaride et l'Attique, répondit: «il est avantageux et préférable de ne pas cultiver»[113]. Renoncer en

---

110. Boardman, J., «Sickles and Strigils», *JHS* 91 (1971) 136-137; Kron, U., «Sickles in Sanctuaries», dans Hägg, *AGCP ArchEv* 187-215; *ThesCRA* I 2 d Offrandes votives, gr. p. 309. **182**.

111. Philostr. *v. Ap.* 2, 8 évoque la consécration de faucilles, paniers de vendangeurs et pressoirs, avec tous les accessoires, en or et argent «comme il convient à un dieu vendangeur» dans le sanctuaire de Dionysos fondé par le dieu lui-même sur le mont Nysa en Inde.

112. Rousset, D., *Le territoire de Delphes et la terre d'Apollon* (2002); Parker, *Miasma* 161-164.

113. *IG* II[2] 204 et *Syll.*[3] 204 auxquels il faut ajouter *FGrH* 324 F 30 et 328 F 155 (Androtion et Philochore).

l'honneur des deux déesses éleusiniennes à exploiter une terre fertile pouvait peut-être être ressenti comme la contrepartie que les hommes devaient offrir en échange de la fertilité espérée pour leurs cultures, mais, de façon plus pragmatique, c'était aussi le moyen de maintenir une sorte de «zone tampon» entre les territoires de deux cités rivales, signe et gage que les communautés limitrophes s'abstiendraient de revendiquer la zone intermédiaire convoitée.

4. Conclusions: questions en débat

4.1. Rythmes agraires et calendriers héortologiques

Indéniablement, comme nous l'avons vu tout au long de cette étude, il existait une coïncidence globale entre le calendrier des fêtes en l'honneur des divinités influentes dans la sphère agricole et les jalons essentiels du cycle de la production, car c'est bien cette notion de cycle et de processus de maturation se déployant dans le temps qui importe[114]. C'est le sens de la démonstration que fait Socrate au moyen de l'antithèse entre les Jardins d'Adonis et la véritable *georgikè technè*, le «savoir-faire agricole»[115]: en pleine canicule, les concubines et courtisanes font pousser sur les toits brûlants de leurs maisons des plantes en pots (jardinets d'Adonis) qui germent en huit jours puis se dessèchent et meurent aussitôt, au lieu de se conformer à la période de huit mois nécessaire à la maturation du blé de Déméter, entre les semailles et la moisson. Dans les dèmes attiques, le processus de maturation des céréales était jalonné par des fêtes, des sacrifices et des offrandes afin de s'assurer tout du long de son bon déroulement et de son aboutissement sous la forme d'une belle récolte: ainsi, les trois fêtes en l'honneur de Déméter nommées *Pr(o)erosia*[116], *Chloïa* et *Antheia* s'échelonnaient en se conformant étroitement au cycle de croissance des blés[117], depuis les labours à l'automne (*Proerosia*[118]) jusqu'à la floraison (*Antheia*) au printemps, quarante jours avant la moisson, via la célébration des premières pousses vertes (*Chloïa*). À Magnésie du Méandre[119], cette durée et cette attente de l'accomplissement du cycle du blé se matérialisaient dans la consécration à Zeus Sosipolis au moment des semailles en automne, d'un taureau de la plus belle apparence, avec une prière pour la sauvegarde de la cité et des citoyens, pour la paix, la prospérité, et la croissance des produits de la terre et du bétail; l'animal était nourri durant tout l'hiver, puis il était sacrifié au moment des moissons.

Néanmoins, ce cadre de concordance global une fois avéré, il faut bien admettre aussi un certain nombre d'incohérences ou de décalages: par exemple, on ne saisit pas bien le rapport entre une fête en l'honneur de Déméter qui se déroulait à Éleusis en plein hiver (mois Posidéon) et son nom, *Haloa*[120], si on le rapproche du nom des «aires de battage», utilisées après la moisson, donc en juin. Toujours en Attique, la comparaison entre les différents calendriers sacrificiels qui sont, fort heureusement, à peu près contemporains (IVe s. av. J.-C.) met en lumière l'absence d'uniformité d'un dème à l'autre avec des décalages dans le temps et des variantes de dénomination pour la même fête dite *Plerosia*, *Prerosia* ou *Proerosia*, ou bien encore des différences au niveau des divinités concernées, Zeus, dans quelques cas, prenant la place de Déméter. Le sacrifice d'une truie pleine à Déméter ou Déméter Chloé intervenait ici en décembre, là en janvier, ailleurs en mars, moments qui ne correspondent pas par ailleurs à des jalons importants dans le cycle des céréales. On constate enfin (sans l'expliquer) que dans plusieurs Cyclades, à Thasos et à Thèbes, les Thesmophories étaient organisées en été (noms de mois variables selon les cités mais correspondant tous à la fin août/début septembre), alors qu'en Attique, ces grandes fêtes de Déméter se plaçaient en Pyanopsion, à l'automne, et sont de ce fait interprétées comme des célébrations ayant un lien direct avec les semailles.

«Le rythme immuable des champs est un mythe urbain» (M.-Cl. Amouretti). C'est là sans doute la première réponse qui doit être apportée aux remarques qui précèdent. En Méditerranée, où l'aléa pluviométrique est une donnée fondamentale, le rythme agraire s'organise certes autour de la césure de la saison sèche estivale, mais l'assolement biennal détermine aussi un cycle qui n'est pas strictement annuel, car il s'étend sur environ 16 mois des semailles de novembre (coucher matinal des Pléiades) à la reprise du labour de jachère en mars de la seconde année (lever vespéral d'Arcturus), pour préparer les futures semailles d'automne.

---

114. Cette analyse vaut essentiellement pour le cycle des céréales, car on a constaté depuis longtemps (sans fournir d'explication satisfaisante sur ce point) que «même en Attique les principales fêtes où Dionysos joue un rôle se célèbrent à des dates qui ne correspondent nullement au cycle annuel des occupations des vignerons. Aucune en particulier ne coïncide avec le moment de la vendange», Jeanmaire, *Dionysos* 23.

115. Plat. *Phaidros* 276b; Detienne, M., *Les jardins d'Adonis. La mythologie des aromates en Grèce* (1972).

116. On constate une variante d'appellation selon les inscriptions: Proerosia, Prerosia, Plerosia, une légère différence de date et à Myrrhinonte, le rite s'adresse à Zeus et non à Déméter.

117. Décrit selon ces mêmes phases et ce même calendrier par Theophr. *h. plant.* 8, 2, 4–7.

118. Fête collective à mettre en relation avec le conseil d'Hésiode *erg.* 465–469 d'adresser une prière (*euchè*) à Zeus Chthonien et à Déméter pour assurer la croissance des céréales semées jusqu'à la moisson.

119. (= *ThesCRA* II 5 Cult images **202**) *LSAM* 32 = *Syll.*[3] 589. 197/6 av. J.-C.

120. Patera, I./Zografou, A., «Femmes à la fête des Haloa, le secret de l'imaginaire», *Clio* 14 (2001) 17–46; Parker, *Polytheism* 192–206.

D'autre part si les calendriers agraires sont toujours fluctuants, c'est qu'ils résultent de nombreux paramètres qui ne sont pas tous imposés par la nature ; ils intègrent également la prise en compte des forces de travail disponibles et toute la chaîne opératoire de la transformation. C'est précisément sur ce point qu'insiste L. Foxhall[121] en interrogeant le rapport entre le calendrier des grandes fêtes attiques en l'honneur de Déméter, qui étaient célébrées par les femmes au bénéfice de la fécondité et de la fertilité des champs, et l'échéancier des principaux travaux agricoles qui étaient essentiellement effectués par les hommes. Elle met bien en évidence le fait que les cérémonies religieuses interviennent soit avant, soit après ces moments de travail intensif, qui absorbaient la totalité de l'énergie de la communauté civique, hommes et femmes confondus. Ce qui la conduit à réévaluer la position des femmes dans la société athénienne, sur le plan du réel comme sur le plan symbolique : comme dans toute communauté rurale, la place des femmes n'était sans doute pas aussi subalterne et passive qu'on le prétend (ou que le laissent entendre textes et images).

Cette question du rôle des femmes nous amène à dire quelques mots pour terminer sur la relation entre fertilité des champs et fécondité des femmes[122], deux principes conjoints au niveau des mythes (voir *supra*) et dans les rituels, comme le montre leur étroite imbrication tout au long des trois journées de célébration des Thesmophories, cette fête des épouses légitimes pourvoyeuses d'une belle descendance (*Kalligenéia*) pour les citoyens. De fait, ces deux domaines semblent avoir été perçus comme indissociables par les Grecs, car ils contribuaient à donner à la cité une cohérence qui était celle d'un organisme vivant, par-delà sa dimension institutionnelle. À Thasos, c'est sous le patronage de Déméter que les Pariens avaient fondé la cité et c'était elle qui abritait dans son sanctuaire les autels des dieux familiaux (*patrôoi*), garants des grands moments de la vie de tous les citoyens.

4.2. Le patronage de l'oléiculture ?

Cette production essentielle dans toutes les cités grecques demeure sans patronage divin très clair. En dépit des efforts pour en faire la démonstration[123], Athéna n'est pas une déesse qui puisse être mise en rapport avec l'arboriculture et l'olivier n'est pas son attribut : c'est précisément un des critères qui permet de la distinguer de la personnification Attikè, toujours représentée avec un olivier à ses côtés[124]. Sur l'Acropole d'Athènes, l'olivier sacré[125] qu'Athéna avait fait surgir dépendait du sanctuaire de Pandrose comme le serpent Érichthonios. Dans un des rares articles consacré à cette question, M. Detienne[126] s'interroge sur la triple dimension de l'olivier en Attique, à la fois arbre cultivé, puissance religieuse et symbole politique. Il met en évidence la représentation d'elle-même que construisit la communauté des Athéniens dans son rapport au territoire et à cet arbre immortel, auquel elle liait son destin en exaltant une sorte de consubstantialité du groupe politique et de l'arbre. Mais en dehors de ce discours fondamentalement politique des Athéniens, les sources écrites comme l'iconographie sont muettes sur la protection que telle ou telle divinité pouvait apporter à la maturation des olives et seule une figure assez secondaire comme Aristaios paraît avoir apporté son concours au processus de fabrication de l'huile. Risquons une hypothèse. Arbre rustique, qui se multiplie facilement et ne nécessite pas beaucoup de soin en dehors d'une taille soigneuse à peu près tous les huit ans, l'olivier atteint sa pleine maturité au bout de 40 ans ; il est doté d'une longévité exceptionnelle ; incendié, foudroyé, il renaît, donnant ainsi le sentiment de se recréer lui-même, d'être indestructible (Soph. *Oid. K.* 694–705). Sa production se fait sur un rythme bisannuel : une année sur deux, la récolte est moindre. Toutes ces caractéristiques font de l'olivier un arbre atypique, qui par son rythme de développement et de production s'inscrit dans une temporalité qui n'est pas celle du cycle annuel, plus court, commun aux céréales, à la vigne et aux célébrations qui accompagnent leur cycle de croissance. Cette marginalité (relative) couplée à une grande robustesse naturelle explique peut-être l'absence d'un patronage divin au plus haut niveau de l'Olympe.

4.3. Panthéons locaux et répartition des cultes entre ville et campagne

Les rituels et cultes dont il a été question sont peu ou prou communs à l'ensemble des cités. Pourtant chaque *polis* possédait son panthéon, avec

---

121. Foxhall, L., « Women's Ritual and Men's Work in Ancient Athens », dans Hawley R./Levick B. (éds.), *Women in Antiquity. New Assessments* (1995) 97–110.
122. Chlup, R., « The Semantics of Fertility: Levels of Meaning in the Thesmophoria », *Kernos* 20 (2007) 69–95.
123. Rudhardt, *Notions* 98 fait d'Athéna une divinité agraire, en soulignant qu'elle reçoit comme Déméter les prémices des moissons et en alléguant la fête des *Procharistéria* (très mal connue) célébrée par tous les magistrats à la fin de l'hiver. Parker, *Polytheism* 196–197 rejette cette interprétation et réattribue cette fête à Déméter et Perséphone.

---

124. *Cf. LIMC* III Attike **2***.
125. Une étude récente fait le point sur cet olivier, auquel n'était associé aucun culte ni aucune prêtrise, Leduc, Cl., « L'énigmatique Kourotrophe et l'Olivier de l'Acropole », dans Bodiou L., et al. (éd.), *Chemin faisant. Mythes, cultes et société en Grèce ancienne. Mélanges en l'honneur de P. Brulé* (2009) 143–163.
126. Detienne, M., « L'olivier, un mythe politico-religieux », dans Finley, M. (éd.), *Problèmes de la terre* (1973) 293–306.

une hiérarchie, un calendrier héortologique et une organisation des rituels qui lui étaient propres: la plus ou moins grande spécialisation agricole ou pastorale d'une cité est-elle lisible dans la structure de ses cultes? Pour répondre à cette question, on se heurte à plusieurs catégories de difficultés; alors même qu'Athènes est la cité pour laquelle les sources sont les plus abondantes, nous ne sommes pas en mesure aujourd'hui de dresser un tableau véritablement complet des cultes athéniens, ni surtout de retracer leur inévitable transformation au fil des siècles. Dans ce cas précis cependant, il est patent que les cultes ne reflètent pas l'importance de l'oléiculture qui, dès l'époque de Solon, était une des productions principales du territoire et qui n'a jamais cessé de l'être, alors que la place de la viticulture dans les campagnes attiques fut toujours bien plus modeste, contrairement à ce que pourraient laisser supposer la peinture sur vase de l'époque archaïque, le théâtre de l'époque classique (Trygée) et le prestige des célébrations en l'honneur de Dionysos dans la cité. Deux autres exemples nous permettront de légèrement nuancer ce constat de discordance, ou plutôt d'absence de correspondance entre la structure du panthéon et le système de production agro-pastoral. À Thasos, le culte de Déméter fut importé depuis Paros au moment de la fondation. L'importance capitale de ce culte fut décrite dans la Leschè des Cnidiens à Delphes par le célèbre peintre d'origine thasienne Polygnote (Paus. 10, 28-31), lorsqu'il représenta le transfert par la prêtresse Cléoboia des mystères de Déméter depuis Paros vers la nouvelle cité. Mais au-delà de ce symbole signifiant en tant que «marqueur des origines», il apparaît que le culte de Déméter resta peu développé à Thasos, en ville comme dans le territoire: le sanctuaire de la déesse avait des dimensions très modestes, et hormis les Thesmophories à la fin de l'été, aucune autre grande fête ne lui était consacrée. Tout au contraire, le culte de Dionysos semble avoir joui d'une faveur croissante dans l'île, avec trois grandes fêtes consacrées à ce dieu, dont des *Choreia* en mai/juin (Thargélion) inconnues en Attique. Or à partir de l'époque archaïque, le vin devint une des productions majeures du territoire insulaire thasien, loin devant les céréales. Si l'on examine enfin le cas de l'Arcadie, une région où, à toutes époques, l'agriculture fut peu développée par comparaison avec le pastoralisme et la chasse, il est évident que les panthéons des diverses cités reflètent avec une certaine fidélité cette prédominance du berger sur le laboureur à l'échelle régionale. Cet exemple est intéressant à un autre titre[127]. Les études approfondies de M. Jost sur cette région caractérisée par un habitat très dispersé ont bien mis en lumière la localisation préférentielle des centres religieux les plus importants dans la chôra, avec une répartition (attendue) des cultes de Déméter dans les plaines, tandis que, dans les montagnes, les bergers s'adressent à Artémis (pour la chasse), Hermès sur le Mont Kyllènè et Pan. Dans les villes, Athéna et Zeus sont les protecteurs de l'ordre social, mais lorsqu'il y a des doublets de cultes identiques entre la ville et le territoire, le pôle rural est toujours le plus important.

MICHÈLE BRUNET

---

127. Jost, M., «Sanctuaires ruraux et sanctuaires urbains en Arcadie», dans *Sanctuaire (Entretiens)* 205-245, repris ead., «The Distribution of Sanctuaries in Civic Space in Arkadia», dans Alcock/Osborne, *Sanctuaries* 217-230.

Agricoltura nel mondo etrusco

INDICE
1. Introduzione 324
2. Rituali agricoli nelle fonti 324
3. Divinità e agricoltura 326
   3.1. Divinità connesse con l'agricoltura ed i suoi cicli 326
   3.2. Divinità con probabile valenza agraria 327
4. Testimonianze archeologiche 327

BIBLIOGRAFIA GENERALE: Agricoltura e religione: Giulierini, P., «Eredità del mondo rurale etrusco nell'agricoltura toscana», in *Il mondo rurale etrusco* (2009) 73–103; Maggiani, A., «Agricoltura e disciplina etrusca», in *Il mondo rurale etrusco* (2009) 139–156; Rafanelli, S., «Dal 'dio' all' 'io'. Forme di religiosità nel mondo rurale etrusco», in *Il mondo rurale etrusco* (2009) 123–137; Söderlind, M., «Man and Animal in Antiquity: Votive Figures in Central Italy from the 4th to 1th Centuries B.C.», in Santillo Frizell, B. (ed.), *Pecus. Man and Animal in Antiquity. Proceedings of the Conference at the Swedish Institute in Rome* (2004) 277–294; Thulin I 122–127. III 94–98. – Opere generali sull'agricoltura etrusca: Bonamici, M., «La struttura economica», in Torelli, M. (ed.), *Gli Etruschi* (2000) 63–87; Camporeale, *Etr* 44–49; id., «Porsenna e l'agricoltura», in *Italo – Tusco – Romana. Festschrift L. Aigner Foresti* (2006) 97–103; id., «Gli Etruschi e l'agricoltura», in *Il mondo rurale etrusco* (2009) 19–38; id., «Le risorse agricole dell'Etruria antica», in Bettini, M. C. (ed.), *Etruschi della valle dell'Arno* (2009) 105–117; Cristofani, M., «Strutture insediative e modi di produzione», in id./Martelli, M., *Caratteri dell'Ellenismo nelle urne etrusche* (1976) 74–80; id., «L'agricoltura», in id. (ed.), *Gli Etruschi in Maremma* (1981) 177–182; Forni, G., «Questioni di storia agraria preromana: le quattro fasi dell'agricoltura etrusca», in Maetzke, G. (ed.), *Secondo Congresso Int. Etrusco. Atti* (1989) 1501–1515; id., *Gli albori dell'agricoltura* (1990) 247–404; Giulierini, P., «Etruria», in Forni, G./Marcone, A. (edd.), *Storia dell'agricoltura italiana. I. L'età antica. 2. Italia romana* (2002) 385–404; Papasogli, G., *L'agricoltura degli Etruschi e dei Romani* (1942).

1. Introduzione

Nonostante più volte sia stato sottolineato come molti elementi della religiosità etrusca presentino un carattere agrario[1], i dati disponibili per gli aspetti ritualistici delle pratiche cultuali legati all'agricoltura sono, come per molti altri aspetti del mondo etrusco, lacunosi e frammentari. La perdita della letteratura etrusca, in particolare di quei *Libri Rituales* che dovevano contenere molte notizie al riguardo, e della maggior parte di quella greca e latina di argomento etrusco pone non pochi limiti, privandoci di molte informazioni su questa realtà, che i pochi elementi in nostro possesso lasciano supporre piuttosto complessa ed articolata, come, peraltro, è facilmente immaginabile. Eccezion fatta per rare informazioni tramandate da fonti letterarie indirette per lo più tarde e frammentarie, alcuni elementi che consentono di vedere, seppur in filigrana e con tutti i limiti che questo tipo di documentazione pone, alcuni aspetti dei culti connessi con la sfera agricola vengono solo da fonti archeologiche. Altri elementi possono essere colti attraverso il riverbero che alcuni aspetti del rituale ebbero nella religiosità romana, pur mettendo in conto deformazioni ed adattamenti subiti nella trasposizione ad un sistema di pensiero religioso assai differente.

2. Rituali agricoli nelle fonti

Del pari i rari calendari rituali pervenutici, come quello conservato nel *Liber linteus Zagrabensis* (*CIE* 1= *ET* LL) o quello della Tegola Capuana (*CIE* 8682 = *ET* TC), restano in gran parte oscuri nel loro significato fattuale, mentre di altri, presenti nei *Libri Tagetici* e *Vegoici*, perduti e conservatici grazie a tardi transunti di eruditi di età giustinianea, che attingono a redazioni rielaborate, non senza accrescimenti e integrazioni derivanti da altri sistemi filosofico-religiosi e da speculazioni di origine e matrice diverse, dalla trattatistica romana della tarda repubblica e del primo impero, come quello brontoscopico attribuito a Nigidio Figulo tràdito dal *De ostentis* di Giovanni Lido[2], o quello di Claudio Tusco[3], verosimilmente dipendente, almeno in parte, dalle stesse fonti da cui discende anche quello, affine, descritto nel libro 11 di Columella, poco è utilizzabile.

Per quanto sia necessario procedere con cautela, alcune informazioni vengono da un passo di Columella, che ricorda alcune tradizioni cultuali etrusche[4]. Se i *sacra Tusca* messi in atto per placare la furia dei venti e stornare il maltempo (340–341) celano la loro realtà fattuale nell'indeter-

---

1. Torelli, *Religione* 162.
2. Lyd. *ost.* 62–88 W = Nigidii Figuli *operum reliquae fr.* 82, 92–106 Sw. *Cf.* Ampolo, C., «Lotte sociali in Italia centrale. Un documento controverso: il calendario brontoscopico attribuito a Nigido Figulo», *Opus* 9–10 (1990–91) 185–197; Guittard, C., «Les calendriers brontoscopiques dans le monde étrusco-romain», in Cusset, C. (ed.), *La météorologie dans l'Antiquité entre science et croyance* (2003) 455–466; MacIntosh Turfa, J., «The Etruscan Brontoscopic Calendar», in de Grummond/Simon, *Religion* 173–190.
3. Lyd. *ost.* 59–70.

4. Colum. 10, 336–347: «Ma affinché i contadini non soffrano questi flagelli, la stessa varia esperienza del vivere, e insieme il lavoro, mostrò nuove vie di salvezza e l'uso insegnò da maestro agli afflitti coloni a placare la furia di venti e a stornare coi riti d'Etruria il maltempo; così la malevola Ruggine, perché non secchi le verdi piantine, si placa con viscere e sangue di un cucciolo lattante, così si tramanda che il Tirreno Tages pose al confine del campo la testa scuoiata di un asino arcadico e che, per stornare le folgori del grande Giove, Tarchon era solito cingere i suoi insediamenti con bianche brionie». Su questo passo *cf.* Thulin I

minatezza della formula, che solo sulla scorta del confronto con un'analoga clausola virgiliana (Verg. *ecl.* 8, 66–67) possiamo ritenere di tipo magico e non dissimili dai precetti ricordati da Palladio (*agric.* 1, 35, 15), che tuttavia muove dal mondo greco (*cf. Geop.* 1, 14, 3–5 e 8), il sacrificio di un cucciolo di cane ancora lattante offerto per allontanare la ruggine dalle coltivazioni di cereali appare una cerimonia di carattere propiziatorio sostanzialmente analoga ai procedimenti dei *Robigalia* romani, celebrati il 25 aprile dal *flamen Quirinalis*[5]. Se l'intervento di uno dei flamini maggiori e l'assenza di un sacerdote specifico lasciano ipotizzare per Roma la recezione dal mondo etrusco sia della divinità che del culto relativo, pur tuttavia molto della fisionomia di questa entità divina resta, per quanto riguarda l'Etruria, oscuro, anche se andrà ricordato come la sua azione costituisca uno dei flagelli ricordati nella cosiddetta Profezia di Vegoia, un testo di età ellenistica conservatoci in una tarda traduzione latina[6], come punizione per chi avrà osato alterare i confini di un campo. Il rituale costituisce, inoltre, l'indizio dell'esistenza, peraltro facilmente ipotizzabile considerate le caratteristiche del pensiero filosofico-religioso etrusco, di una serie di cerimonie che accompagnavano le varie fasi della coltivazione dei campi. Collegate al precedente per il carattere arcaico del rituale sono le altre due pratiche apotropaiche ricordate da Columella e ricondotte rispettivamente a Tages e a Tarchon, ovvero alle figure mitiche della stessa *origo* della disciplina e dell'*ethnos* etrusco. La pratica di porre ai confini del campo la testa scuoiata di un asino di poco valore[7] sembra aver avuto una certa eco anche nel mondo greco, se nel III sec. a.C. è ricordata nel trattato attribuito a Democrito, ma in realtà di Bolo di Mende, trasmessoci nel tardo transunto di *Geop.* 12, 6, da cui dipende la citazione di Palladio (*agric.* 1, 35, 16)[8]; quella di piantare la *vitis alba*, specie di cui è nota la funzione tutelare (Plin. *nat.* 23, 28), ai margini dei campi per stornare i fulmini di Tinia, ricordata anch'essa da Palladio, ma in relazione alla grandine (*agric.* 1, 35, 1), nel quadro di una serie di pratiche di natura magico-superstiziosa di varia matrice derivate dai tardi *Geoponica*, si inserisce nello stesso filone di concezioni diffuse, ma verosimilmente di origine etrusca, che ritenevano il fico e l'alloro specie arboree non toccate dai fulmini[9]. La tradizione tutelare della brionia rimanda a concezioni arcaiche legate alle pratiche delle coltivazioni arboree, che almeno in parte erano state raccolte in quell'*ostentarium arborarium* redatto da Tarquizio Prisco nella prima metà del I sec. a.C., ricordato da Macrobio (*Sat.* 3, 20, 3), ma perduto[10].

Le due pratiche riferite a Tarchon e a Tages dovevano trovare una loro adeguata cornice nei *libri* che le credenze etrusche attribuivano a *Lasa Vecuvia*, e che riguardavano sia l'agricoltura, come conferma un frammento *ex Libris Magonis et Vegoiae auctorum* conservato in *Grom. vet.* 1, 348–350 L., sia l'arte fulgurale, come attesta la definizione di *Vegoicis* per i *libri fulgurales* ricordata da Ammiano Marcellino (17, 10, 2) e da Servio (*Aen.* 6, 72). Al nome di questa figura minore del pantheon etrusco, che la documentazione iconografica di età tardo-classica[11] caratterizza per l'attributo di una spiga di grano, legandola strettamente ai cicli agrari delle colture cerealicole, e in relazione con Menerva, la prima dea a cui Tinia consente di manovrare la folgore[12], è associata la nota profezia ad Arunte Veltymno tramandata in traduzione latina dai Gromatici (1, 350 L.) riguardante l'inviolabilità dei confini dei campi, garantiti dallo stesso Tinia, che nella cosmogonia etrusca volle fin dall'origine che le terre fossero misurate e contrassegnate. Entro una cornice strettamente sacrale si colloca la pratica agrimensoria, di cui Varrone, in un passo conservatoci da Frontino, sottolinea l'origine dalla *disciplina etrusca*[13], e in stretta connessione con la

---

123–127; MacIntosh Turfa, J., «Etruscan Religion at the Watershead: Before and After the Fourth Century BCE», in Schultz, C. E./Harvey, P. B. jr. (edd.), *Religion in Republican Italy* (2006) 80–81; Henderson, J., *The Roman Book of Gardening* (2004) 130–131 n. 47; Pagán, V. E., *Rome and the Literature of Gardens* (2006) 25–31.

5. Ov. *fast.* 4, 905–942; Varro *rust.* 1, 1, 6; Varro *ling.* 6, 16; Fest. 325 L.; *cf.* Santini, C., «Fast. 4, 905–942: ruggine del grano e ruggine del ferro», in Gallo, I./Nicastri, L. (edd.), *Cultura, poesia, ideologia nell'opera di Ovidio* (1991) 169–182; Blaive, F., «Le rituel romain des *Robigalia* et le sacrifice du chien dans le monde indo-européen», *Latomus* 54 (1995) 279–289; Gianferrari, A., «Robigalia: un appuntamento per la salvezza del raccolto», in Quilici, L. (ed.), *Agricoltura e commerci nell'Italia antica* (1995) 127–140; per il sacrificio del cane *cf.* Lacam, J. C., «Le sacrifice du chien dans les communautés grecques, étrusques, italiques et romaines», *MEFRA* 120 (2008) 29–80.

6. *Grom. vet.* 1, 350–351. L. *Cf.* Valvo, A., *La 'Profezia di Vegoia'. Proprietà fondiaria e aruspicina in Etruria nel I s. a.C.* (1988).

7. Per l'*arcadicus asellus cf.* Plaut. *Asin.* 333; Varro *rust.* 2, 1, 14; Colum. 7, 1, 1.

8. *Cf. ThesCRA* II 3 a Purificazione, etr. p. 44.

9. Lyd. *ost.* 45; per l'alloro *cf.* anche Plin. *nat.* 15, 40, 138 e 2, 56, 146; Suet. *Tib.* 69.

10. Thulin III 76–78; su Tarquizio *cf.* Heurgon, J., «Tarquitius Priscus et l'organisation de l'ordre des haruspices sous l'empereur Claude», *Latomus* 12 (1953) 402–417; Torelli, M. «Tarquitius priscus haruspex di Tiberio e il laudabilis puer Aurelius: due nuovi personaggi della storia di Tarquinia», in Pandolfini, M. (ed.), *Archeologia in Etruria meridionale* (2006) 249–286.

11. Harari, M., *LIMC* VIII (1997) 183–184 s.v. «Vegoia».

12. Serv. *Aen.* 11, 259. *Cf.* Camporeale, G., «La manubia di Menerva», in *Agathos Daimon, Mél. Kahil* 77–86; Maggiani 142–143 (ove tuttavia l'attributo di Vegoia è detto erroneamente «un piccolo fiore» ed interpretato come «una piccola folgore»); in altro senso Massa-Pairault, F. H., «Lasa Vecu - Lasa Vecuvia», *DdA* s. 3, 6 (1988) 133–143.

13. Frontinus, *De lim.* 10–11, 20–28 Th. (= *Grom. vet.* 26 L.). *Cf.* Dilke, L., «Varro and the Origin of Centuriation», in *Atti del convegno int. di Studi Varroniani* (1974) 353–358. In generale anche *id.*, «Religions Mystique in the Training of *Agrimensores*», in *Hommages à H. Le Bonniec. Res Sacrae* (1988) 158–162.

divinatio appaiono i criteri organizzativi degli spazi così come sono descritti dalle fonti, da Frontino ad Igino[14], secondo rituali che trovano una conferma nella documentazione archeologica, come i cippi decussati di Marzabotto e di Spina. Per quanto la documentazione appaia relativamente tarda, si tratta comunque di dottrine già formate nell'alto arcaismo e intimamente legate al mondo dell'agricoltura, come segnalano gli stessi strumenti utilizzati per gli aspetti fattuali del rituale: non a caso la fondazione degli insediamenti, nota attraverso alcuni racconti mitici della fondazione di Roma secondo il rito etrusco[15], prevedeva l'utilizzo di un aratro condotto da un bue e da una giovenca per tracciare il *sulcus primigenius*, nonché la deposizione di messi o primizie nel *mundus*, cavità sotterranea al centro della vita politica della comunità. L'etruscità e l'antichità del rituale trovano una conferma nella documentazione archeologica, se coglie nel segno l'ipotesi di riconoscere nell'altare con pozzo «B» dell'acropoli di Marzabotto il *mundus* di una città «fondata» allo scorcio del VI sec. a.C.[16], mentre alcuni monumenti dello scorcio del V sec. a.C. e della tarda età classica attestano per l'Etruria la pratica di arature rituali compiute da sacerdoti, come chiarisce il noto gruppo «dell'Aratore» rinvenuto ad Arezzo (tav. 98, 3)[17], a cui si può forse accostare anche il gruppo, ora composto da una coppia di buoi aggiogati, a Catania[18].

3. Divinità e agricoltura

3.1. Divinità connesse con l'agricoltura ed i suoi cicli

Anche la serie di divinità connesse con l'agricoltura resta in massima parte oscura. Carattere agrario ha certamente *Fufluns*, che lo stesso teonimo segnala come «signore dei germogli (?)»[19] e che almeno dal V sec.a.C. estende la propria azione anche alla sfera del vino come attesta l'epiclesi *paχie*, calco del greco βαχχεῖος[20]. In rapporto con la coltivazione della vite era, fin dall'origine, *Tinia*, come conferma, tra gli altri, il caso del simulacro di alta antichità ricavato da un unico grosso vitigno ricordato da Plinio a Populonia (*nat.* 14, 1)[21]. Connesso con il rinnovamento dell'anno e i cicli agrari era certamente *Voltumna*[22], che un'ambigua definizione di Varrone (*ling.* 5, 46) ha talora fatto identificare con *Tinia*, ma che più probabilmente trova una sua spiegazione nella vicenda del dio e della sua immagine nel *Vicus Tuscus* a Roma[23], divinità a cui erano offerte primizie agricole per marcare il cambio delle stagioni. Legato principalmente al mondo delle *silvae* e degli alberi in genere, analogamente a Silvanus latino da cui deriva, è *Selvans*[24], alla cui figura sono associate numerose epiclesi: se alcune, morfologicamente articolate, restano oscure nel loro contenuto lessicale (*enizpetla* [CIE 10870 = ET VS 4.9]; *smucinθiunaitula* [ET OA 4.1]; *canzate* [CIE 2403 = ET Ta 3.9]) e altre (*caluśtla* [CIE 465 = ET Co 4.10]) ne sottolineano il carattere ctonio, altre ancora – *tularia*[25] e *sanχuna*, collegata quest'ultima con l'epiteto del dio sabino Sancus[26] – segnalano, almeno a partire dalla tarda età classica, la sua funzione in relazione alla *terminatio* come protettore e garante dei confini. Altre divinità, che al pari di *Selvans* presentano un teonimo di derivazione dal mondo latino e che devono essere state accolte assai precocemente nel *pantheon* etrusco, sono *Satre*, ovvero Saturnus, la divinità della mietitura[27], *Veive-Vetis*, ipostasi di Ve(d)iovis, entità divina in relazione con la fase catactonia e invernale del

---

14. Thulin III 28–36; Colonna, G., «La disciplina etrusca e la dottrina della città fondata», *StRom* 52 (2004) 303–311; Camporeale, G., «La città murata d'Etruria nella tradizione letteraria e figurativa», in *La città murata in Etruria* (2008) 16–18; Maggiani; Prosdocimi, A. L., «Decumanus 'ab oriente ad occasum', cardo 'ex transverso currens'», in Bruni, S. (ed.), *Etruria e Italia preromana. Studi in onore di G. Camporeale* (2009) 717–747.

15. Fonti e bibliografia in Briquel, D., «I riti di fondazione», in Bonghi Jovino, M./Chiaramonte Trerè, C. (edd.), *Tarquinia: ricerche, scavi e prospettive* (1987) 171–190.

16. Torelli, *Religione* 215; *cf.* anche Massa-Parault, F. H., «Deux questions religieuses sur Marzabotto», *MEFRA* 93 (1981) 127–134; Sassatelli, G., «Culti e riti in Etruria padana: qualche considerazione», *ScAnt* 3-4 (1989–90) 604–606. Per il monumento Vitali, D./Brizzolara, A. M./Lippolis, E., *L'acropoli della città etrusca di Marzabotto* (2001) 28–35. 255–257.

17. (= *ThesCRA* I 2 d Offerte votive, rom. 451) Roma, Villa Giulia 24562. Cristofani, *BrEtr* n° 54; Bruni, S., «Arezzo etrusca: l'artigianato artistico», in Camporeale, G./Firpo, G. (edd.), *Arezzo nell'antichità* (2009) 97 tav. V.

18. Catania, Mus. Civ. 1562. Libertini, G., «Bronzetti etruschi della collezione dei PP. Benedettini nel Museo di Catania», *StEtr* 10 (1936) 385 fig. 1.

19. Devoto, G., «Nomi di divinità etrusche. Fufluns», *StEtr* 6 (1932) 243–260; Cristofani, M., *LIMC* III (1986) 531 *s.v.* «Dionysos/Fufluns»; Torelli, M., «Religione e rituali dal mondo latino a quello etrusco: un capitolo della protostoria», *AnnFaina* 16 (2009) 127–128.

20. Cristofani, M./Martelli, M., «Fufluns Paχies. Sugli aspetti del culto di Bacco in Etruria», *StEtr* 46 (1978) 119–133.

21. Camporeale, G., *LIMC* VIII (1997) 400–421 *s.v.* «Tinia».

22. Cristofani, M., «Voltumna: Vertumnus», *AnnFaina* 2 (1985) 75–88; Capdeville, G., «Voltumna ed altri culti del territorio volsiniese», *AnnFaina* 6 (1999) 110–127; Small, J. P., *LIMC* VIII (1997) 235 *s.v.* «Vertumnus»; Harari, M., *LIMC* VIII (1997) 281–282 *s.v.* «Voltumna»; Torelli, M., «La grande Roma dei Tarquini: continuità e innovazione nella cultura religiosa», *AnnFaina* 17 (2010) 309–312.

23. Capdeville (n. 22) 122–127.

24. Chiadini, G., «Selvans», *StEtr* 61 (1995) 161–180; Small, J. P., *LIMC* VII (1994) 718 *s.v.* «Selvans».

25. Rendeli, M., «Selvans Tularia», *StEtr* 59 (1993) 163–166.

26. Chiadini (n. 24) 172–173; per il legame con Sancus *cf.* Radke, G., *Zur Entwicklung der Gottesvorstellung und der Gottesverehrung in Rom* (1987) 117.

27. Simon, E., «Gods in Harmony: the Etruscan Pantheon», in de Grummond/Simon, *Religion* 59; Torelli (n. 19) 129. *Cf.* anche Versnel, H. S., «Saturn and the Saturnalia, the Question of Origin», in *De Agricultura. In memoriam P. W. de Neeve* (1993) 98–120.

sole[28], *Nethuns*, che come Neptunus è il dio delle acque, ovvero delle fonti, dei ruscelli, dei fiumi e dell'irrigazione[29]. Se non molto è noto di queste divinità nel mondo etrusco, qualche lume viene dal possibile riverbero delle concezioni latine, dove questi dei rappresentano le principali divinità che marcano gli snodi temporali e le solennità festive fondamentali del calendario agrario più antico fondato sulla pratica del debbio e sulla rotazione decennale[30]. Una conferma a questa prospettiva sembra venire dalla sostanziale coincidenza di data, qualora si considerino i mutamenti subiti nel tempo dal calendario numano[31], che segna a Roma i Neptunalia, celebrati il 23 luglio, in contiguità calendariale e concettuale con i Lucaria e i Furrinaria a marcare l'inizio del ciclo del debbio, e il rituale festivo in onore di *Nethuns* trasmessoci dal calendario del *Liber linteus* (8.3), che doveva svolgersi *celi huθis zaθrumis*, ovvero il 23 (24 secondo la computazione degli antichi) del mese *celius* (settembre)[32]. Così se *Veive-Vetis* inquadra il principio dell'anno agrario, *Satre* ne segna la fine. A forme devozionali connesse con il primo sono da riconnettere alcuni bronzetti raffiguranti una figura giovanile esibente il fulmine[33], mentre più nebulosa appare la fisionomia di *Satre*, il cui nome compare tra le divinità del Fegato di Piacenza e, forse, nel *Liber linteus* (11.f4). Al dio e al suo culto, per il quale i pochi dati a disposizione paiono indicare una particolare diffusione nell'area vulcente e in quella dell'Etruria settentrionale interna, devono verosimilmente riferirsi una serie di piccoli bronzi votivi raffiguranti figure giovanili nude con una falce in mano, documentati a partire dal V sec.a.C., ma attestati soprattutto tra IV e III sec. (tav. 98, 4)[34]. Contrariamente all'interpretazione finora accolta che costituiscano immagini di *Selvans*[35], la cui iconografia è nota e a cui andranno riferite le statuette di personaggi con roncole e pennati (tav. 99, 3)[36], questi bronzetti rispecchiano l'iconografia che le fonti ricordano per Saturnus, raffigurato, stando a Festo (202 L., *cf.* 432 L.) «con una falce, che è simbolo dell'agricoltore».

3.2. Divinità con probabile valenza agraria

Altre divinità che pure dovevano svolgere un ruolo significativo e che l'erudizione romana apparenta a *Ceres* e a *Pales*, numi che nel mondo latino hanno una spiccata valenza agraria e pastorale e che secondo la dottrina etrusca riferita dall'oscuro Cesio facevano parte del numero degli *Dii Consentes Penates* (ap. Amm. 3, 40)[37], sfuggono in modo sostanziale. Del pari anche la serie di divinità funzionali sul tipo degli *Dii certi* degli *Indigitamenta* resta oscura e il tentantivo di recuperarne le funzioni attraverso il riflesso nella tradizione epicoria della Toscana di età moderna appare illusorio, riferendosi, piuttosto, alle divinità romane diffusesi in Etruria con la romanizzazione della regione e le trasformazioni di età imperiale[38]. Tra quelli documentati a Roma potrebbe avere un corrispondente etrusco *Pomona*, divinità che la tradizione etiologica tardoellenistica raccolta da Ovidio relazionava a *Voltumna* (*cf.* Ov. met. 14, 622–771), se possiamo prestar fede ad un testimone di Varro *lat.* 7, 45, che riporta per il teonimo la lezione *Pomorumna*; ma l'ipotesi non può essere accolta se non con cautela.

4. Testimonianze archeologiche

Altri dati vengono dalle fonti archeologiche. Se la pratica di depositare offerte votive legate al mondo vegetale e animale, ovvero alle pratiche agro-pastorali, documentate fin dall'età del bronzo in area mediotirrenica[39], sembra caratterizzare in Etruria sia il culto pubblico che quello privato,

---

28. Van der Meer, L. B., *The Bronze Liver from Piacenza* (1987) 88–90; Colonna, G., «Divinités peu connues du panthéon étrusque», in Gaultier/Briquel, *Les plus religieux* 179–180; Torelli (n. 20) 128–129.

29. Torelli, M., «L'acqua degli Etruschi dalle forme ideologiche alle pratiche sociali», in Bergamini, M. (ed.), *Gli Etruschi maestri di idraulica* (1991) 20–24; Torelli (n. 19) 125–129. *Cf.* anche Krauskopf, I., *LIMC* VII (1994) 479–483 s.v. «Poseidon/Nethuns»; Simon (n. 27) 59.

30. Torelli (n. 19) 128–129.

31. Coarelli, F., *Il Foro Boario* (1988) 434–438; id., «Fasti numani: il calendario di Tarquinio Prisco?», *AnnFaina* 17 (2010) 337–353.

32. Torelli (n. 29) 22; Van der Meer, L. B., *Liber Linteus Zagrabiensis* (2007) 30. 124. 164.

33. Bentz, M., «Juppiter, Tinia, oder Veiovis?», *AA* (1994) 159–183.

34. Bruni, S., «I bronzi della collezione von Schwarzenberg», *StEtr* 56 (1989–90) 132–133 n° 3 tav. 47, 3; Bentz, *EtrVBr* 203; Caravale, A., *Mus. Claudio Faina di Orvieto. Bronzetti votivi* (2003) 88 n° 87; Chiadini (n. 24) 168 n. 24; per altri esemplari: *Appunti d'artista. L'inventario dei Musei Civici di Perugia compilato da W. Briziarelli* (2003) 64 n° 648; 98 n° 928; Rendini, P., «Stipi votive e culti nella Valle dell'Albegna in età ellenistica», in Comella, A./Mele, S. (edd.), *Depositi votivi e culti dell'Italia antica dal periodo acaico a quello tardo-repubblicano* (2005) 289 tav. 2d = id., *Le vie del sacro. Culti e depositi votivi nella valle dell'Albegna* (2009) 55–56 fig. 1.

35. Bentz, *EtrVBr* 203.

36. Siena, Mus. Naz. 36. Bentz, *EtrVBr* 202.

37. *Cf.* anche Serv. Aen. 2, 325; Thulin, C., *Die Götter des Martianus Capella und die Bronzeleber von Piacenza*, *RGVV* 3 (1907) 38–42. L'ipotesi di idenificare in Θufltas gli *Dii Consentes Penates* proposta da Thulin *o.c.* 34–36, ripresa anche in Torelli, *Religione* 209, è rigettata da Rix, H., «Etruskisch *aiseras*», in *Beiträge zur Alten Geschichte und deren Nachleben. Festschrift F. Altheim* (1969) 280–292.

38. Giulierini 84–87, dove nessuna delle divinità citate presenta un epiteto di radice etrusca, *cf.* Andrei, S., *Aspects du vocabulaire agricole latin* (1981); per queste divinità *cf.* Perfigli, M., *Indigitamenta. Divinità funzionali e funzionalità divina nella religione romana* (2004) 138–153.

39. Si vedano i casi in cavità naturali, *cf.* Miari, M., «Offerte votive legate al mondo vegetale e animale nelle cavità naturali dell'Italia protostorica», in Quilici, L. (ed.), *Agricoltura e commerci nell'Italia antica* (1995) 11–29.

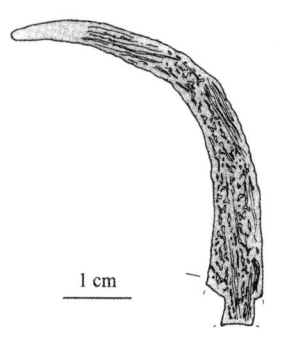

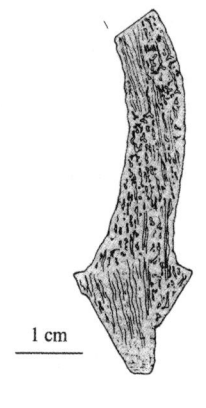

Fig. 1

pur tuttavia le stesse vicende della ricerca sul campo e le metodologie adottate fino a non molto tempo fa offrono al momento un dossier assai limitato. I casi di Pyrgi[40], di Tarquinia[41] e di Volterra[42], tra i pochi ad oggi presentati in sedi appropriate, lasciano intravvedere una realtà assai complessa e variegata, la cui casistica ancora sfugge nella sostanza.

Parimenti affonda le proprie radici nell'età del bronzo, se è possibile attribuire una valenza sacrale ad alcuni ripostigli, come quello di Limone[43] o quello di Pariana[44], l'uso di deporre oggetti dello strumentario agricolo in contesti sacri, come attesta nella seconda metà dell'VIII sec. a.C. il caso delle piccole falci in osso nell'area sacra sulla Civita di Tarquinia (fig. 1)[45], che, se da un lato, in significativa coincidenza con la comparsa di farro e cereali tra le offerte di questo orizzonte cronologico, andranno verosimilmente messi in relazione con il culto verso una divinità protettrice delle messi, dall'altro, andranno valutati sullo sfondo della medesima ideologia sottesa ed esaltata dalla decorazione plastica del carrello della tomba 2 della necropoli dell'Olmo Bello di Bisenzio, ove tra le altre è una scena di aratura.

In piena età arcaica, in significativa aderenza con pratiche devozionali magno-greche[46], è documentata la deposizione di vomeri di aratro in ferro nel santuario di Gravisca (tav. 99, 1)[47]: per quanto i dati di scavo non offrano indicazioni univoche, l'offerta di questi strumenti, verosimilmente da inquadrarsi nella cornice dei culti rivolti a divinità preposte al rinnovo annuale della natura, appare connessa al culto di Demetra, sia quale divinità garante della fertilità della terra, sia quale dea pronuba[48], e alla sua equivalente etrusca Vei. Molto resta ancora oscuro di questa divinità, nota grazie ad una serie di epigrafi, che attestano la vasta diffusione del suo culto[49]; tuttavia il caso di Veio, dove nel santuario di Campetti la dea è eguagliata, in età romana, a Cerere[50], peraltro attestata a Pontecagnano alla fine del V – inizi del IV sec. nella forma etrusca *cerie*[51], consente di recuperare non pochi tratti di questa grande divinità, intimamente legata ai cicli agrari e alle messi, che dovevano svolgere un ruolo non secondario nelle pratiche cultuali, se spighe di grano costituivano l'attributo di sacerdozi femminili fin dalla piena età arcaica, come documentano le immagini su alcuni cippi chiusini (tav. 99, 2)[52]. In questa prospettiva devono verosimilmente essere visti anche i ritrovamenti sul poggio di Talamonaccio, lungo la costa tirrenica presso la foce dell'Osa: con rituali di tipo thesmophorico è forse da riconnettere la modesta area sacra, monumentalizzata dopo il 280 a.C. in piena temperie romana, situata immediatamente a ridosso del grande muro di terrazzamento in opera poligonale analoga a quella delle mura di Cosa e di Orbetello e costituita da un *megaron* strutturato come un edificio curvilineo simile ad un pozzo, direttamente fon-

---

40. Colonna, G., «Altari e sacelli. L'area Sud di Pyrgi dopo otto anni di ricerche», *RendPontAcc* 69 (1991–92) 63–115; Sorrentino, C., «Analisi paleozoologiche a Pyrgi», in Bonghi Jovino, M./Chiesa, F. (edd.), *Offerte dal regno vegetale e dal regno animale nelle manifestazioni del sacro* (2005) 127–132.
41. Bagnasco Gianni, G., «Tarquinia, il deposito reiterato: una preliminare analisi dei *comparanda*», in Bonghi Jovino/Chiesa (n. 40) 91–97; Chiesa, F., «Un rituale di fondazione nell'area alpha di Tarquinia», *ibid*. 103–109; Rottoli, M., «Le analisi archeobotaniche a Tarquinia: i resti vegetali in due contesti del 'complesso monumentale'», *ibid*. 113–119.
42. Bonamici, M., «Appunti sulle pratiche cultuali nel santuario dell'acropoli volterrana», in Bonghi Jovino/Chiesa (n. 41) 1–10.
43. Cateni, G., «Il ripostiglio di Limone», *StEtr* 45 (1977) 3–37; Cateni, G., in Bruni, S. (ed.), *Alle origini di Livorno. L'età etrusca e romana* (2009) 164–173.
44. Cateni, G., «Il ripostiglio di Pariana», in *Studi di antichità in onore di G. Maetzke* (1984) 19–29.
45. Bonghi Jovino, M., «Offerte, uomini e dei nel 'complesso monumentale' di Tarquinia. Dallo scavo all'interpretazione», in Bonghi Jovino/Chiesa (n. 40) 79–80 tav. 5, 3.
46. Orlandini, P., «Attrezzi di lavoro in ferro del periodo arcaico e classico nella Sicilia greca. Economia e storia», *Rivista italiana di storia economica e sociale* 12 (1965) 445–447; *id*., «Demetra a Gela», in Di Stefano, C. A. (ed.), *Demetra. La divinità, i santuari, il culto, la leggenda* (2008) 174.
47. Fiorini, L., *Gravisca* 1.1. *Topografia generale e storia del santuario* (2005) 184; Colivicchi, F., *Gravisca* 16. *I materiali minori* (2004) 55–58 n¹ 162–174.
48. Plut. *praec. coniug*. 42, 144bis: *cf*. Gentili, B., *Poesia e pubblico nella Grecia antica* (2006) 141; *StudMatStorRel* 15 (1991) 280–282.
49. Maras, D. F., *Il dono votivo. Gli dei e il sacro nelle iscrizioni etrusche di culto* (2009) 108. 115. 122. 131; *cf*. Colonna (n. 28) 173–174; Simon (n. 26) 61.
50. Torelli, M., *La società etrusca. L'età arcaica, l'età classica* (1987) 127–128.
51. Colonna, G./Mancusi, M., *StEtr* 65–68 (2002) 400–402 n° 93; Maras (n. 49) 247–248 n° Cm.co.3. Su questa divinità italica *cf*. Prosdocimi, A. L., «La tavola di Agnone. Una interpretazione», in Del Tullo Palma, L. (ed.), *La tavola di Agnone nel contesto italico* (1996) 435–630.
52. (= *ThesCRA* I 1 Processioni, etr. **20**, II 4 c Musica, etr. **16a★**) Chiusi, Mus. Naz. 2277. Jannot, *Chiusi* 63 n° C.I.37 fig. 215; (= *ThesCRA* I 1 Processioni, etr. **21**, II 4 c Musica, etr. **16b★**) Berlin, Staatl. Mus. Sk 1226. Jannot, *Chiusi* 95 n° C.III.8 fig. 334.

dato sulla roccia, regolarizzata al suo interno con una sorta di scala elicodale che conduce ad un *bothros* dove erano stati deposti gli oggetti votivi del «ripostiglio del Genio militare», ovvero una serie di strumenti agricoli e armi in bronzo miniaturizzati (tav. 99, 4)[53]. Per quanto i dati in nostro possesso non chiariscano in dettaglio la situazione, appare assai verosimile che questa struttura abbia monumentalizzato un apprestamento voraginoso utilizzato a fini cultuali già prima dell'inglobamento della zona nello stato romano e che doveva essere in qualche misura collegato al tempio situato sulla parte sud orientale del rilievo, forse dedicato a Tinia/Giove[54], dove sono stati rinvenuti materiali sostanzialmente analoghi (ripostiglio Vivarelli-Strozzi[55], tav. 99, 5).

Strumenti agricoli miniaturistici ed armi segnano le forme devozionali del culto del tempio del Poggetto di Bolsena, che l'iscrizione su un altare connette con un'ipostasi ctonia di Tinia: per quanto le modalità del rinvenimento siano piuttosto confuse e i materiali, al momento in gran parte dispersi, siano noti solo da sommarie descrizioni, la stipe rinvenuta nel 1879, composta da un carretto e da un aratro miniaturistici, una coppia di buoi, un maiale e una scrofa, un montone e una capra, un cane, un serpente con testa di montone (?), un'ascia e un coltello miniaturizzati, una fibula, sette anelli, oltre ad altri oggetti, tra i quali anche 45 puntali d'asta e ben 53 cuspidi di lancia, tutti in bronzo[56], è in relazione con una divinità connessa con i cicli agrari e legata al mondo agricolo. Se animali anguiformi sono per lo più connessi, in Etruria, con culti delle acque[57], non sembra casuale che in ambito magno-greco serpenti crestati siano stati rinvenuti in contesti santuariali dedicati ad Hera[58] e, significativamente, a Demetra[59].

La pratica di deporre immagini di animali, documentata fin dall'alto arcaismo, in specie nell'area etrusco-settentrionale (tav. 100, 2)[60], verosimilmente con il significato di sostituzione di un sacrificio, secondo una prassi ricordata da Servio (*Aen.* 2, 116), sembra adesso legata alla richiesta di protezione del bestiame e di fertilità degli animali[61]. Per quanto questo tipo di materiali presenti caratteri ambigui e non sempre perspicui sia per quanto attiene il suo significato, sia per gli aspetti più strettamente cronologici, pure testimonia forme rituali largamente diffuse. Pur tuttavia l'assenza, nella stragrande maggioraza dei casi, di dati importanti, come ad esempio le iscrizioni di dedica, lascia incerto l'ambito a cui andranno riferite queste forme di culto verosimilmente rivolte ad una pluralità di divinità, la cui personalità resta sostanzialmente sconosciuta e largamente congetturale, così come la stessa fisionomia dei dedicanti, che solo in parte, specialmente per le manifestazioni di età recenziore, può essere indicata nella componente rurale e «plebea» della società. In questa prospettiva può essere vista la presenza di ex-voto bronzei raffiguranti per lo più bovidi in depositi votivi di età tardo-classica connessi con piccoli santuari campestri dell'area aretina (Villaccia presso Monte San Savino[62]), chiusina (Pianoia-Le Macchie presso Chianciano Terme[63]), orvietana (Monte Becco[64]), vulcente (Ghiaccio Forte, tav. 100, 1. 3. 4[65]) o, oltr'Appennino, del Modenese (Montese[66] e Tesa della Mirandola[67]), mentre andrà verosimilmente messo in relazione con forme di culto privato il caso del bronzetto di bovide rinvenuto in un pozzo connesso con un ricovero di animali nell'*insula 2* della *regio III* di Marzabotto (tav. 100, 5)[68]. Assai più incerto il significato di alcune tracce di culto

---

53. Orbetello, Mus. Arch. 10688. 10669. 10683. 10684. 10678. 10682. Per il ritrovamento e le strutture *cf.* Sensi, L., *Gli scavi di G. Sordini sul Poggio di Talamonaccio* (1987) 16–19 fig. 18; altra interpretazione in von Vacano, O. W., *Der Talamonaccio, alte und neue Probleme* (1988) 9–18. Per i materiali del ripostiglio *cf.* Michelucci, M., in Santoro, P. (ed.), *I Galli e l'Italia* (1979) 211–216 n^i 556–590.
54. von Vacano, O. W., in *Talamone. Il mito dei Sette a Tebe* (1982) 89–90.
55. Orbetello, Mus. Arch. 70940. Michelucci (n. 53) 207–211 n^i 545–555.
56. Morandi, A., «Il santuario di Tinia a Bolsena», *ScAnt* 3–4 (1989–90) 669–678.
57. Cagianelli, C., «Falsi dei all'ombra della Sacra Immagine. Il santuario etrusco presso la Pieve di Santa Maria all'Impruneta», in *Artissimum memoriae vinculum. Scritti di geografia storica e antichità in ricordo di G. Conta* (2004) 102.
58. Spadea, R., in *I santuari della Magna Grecia in Calabria* (1996) 278 n° 4.64.
59. Sabbione, C./Milanesio Macrì, M., «Recenti scoperte al *thesmophorion* di contrada Parapezza a Locri Epizefiri», in Di Stefano, C. A. (ed.), *Demetra. La divinità, i santuari, il culto, la leggenda* (2008) 215 figg. 36–37.
60. Oltre ai numerosi bronzetti «volterrani» privi per lo più di dati di provenienza presenti in numerosi musei, si vedano i casi di Valpiana (*cf.* Bocci Pacini, P./Marzi, M. G., «Una ricognizione in archivio e dati di scavo settecenteschi», in Bruni [n. 15] 133 figg. 8–9) e del Falterona (*cf.* Fortuna, A. M./Giovannoni, F., *Il Lago degli Idoli. Testimonianze etrusche in Falterona* [1989²] 15; Borchi, S. [ed.], *Gli scavi e le indagini ambientali nel sito archeologico del Lago degli Idoli* [2007] 53 fig. 36; 70 fig. 20).
61. Söderlind 280–281; Rafanelli 123–128.
62. Romualdi, A., «Luoghi di culto e depositi votivi nell'Etruria settentrionale in epoca arcaica: considerazioni sulla tipologia e sul significato delle offerte votive», *ScAnt* 3–4 (1989–90) 640 n° 14.10.
63. Paolucci, G., «Un luogo di culto in località Pianola-Le Macchie», in *id.* (ed.), *Testimonianze archeologiche. Quaderni del Museo Civico di Chianciano Terme* 2 (1992) 67–69.
64. Strom, I., «På sporet af etruskernes faelles helligdom», in *Etruskernes verden* (1982) 75–77; Edlund, *Gods & Place* 83.
65. Roma, Villa Giulia 56096. 56097; Scansano, Mus. Arch. 96788. Talocchini, A., *Il Ghiaccio Forte* (1986) 57–58 tavv. 22–24; Firmati, M./Rendini, P., *Museo Archeologico Scansano* (2002) 95–97 tav. 10.
66. Miari, M., *Stipi votive dell'Etruria padana* (2001) 128.
67. Miari (n. 66) 141.
68. Marzabotto, Mus. Naz. 58/1109. Miari (n. 66) 206 n° 1 fig. 28.b.1.

in santuari collettivi di grande significato nel panorama della religiosità etrusca, come il piccolo bue bronzeo dall'Ara della Regina di Tarquinia[69], dove nella piena età ellenistica sono noti anche alcuni ex-voto fittili raffiguranti bovidi[70]. Questi ultimi, connessi con i cambiamenti intervenuti anche nella pratica relgiosa a seguito del progressivo consolidarsi del fenomeno della romanizzazione della regione, si ritrovano tra i materiali del santuario del Portonaccio[71], in quello di Campetti (tav. 100, 6)[72] e in quello alle Pendici di Comunità[73] a Veio, del tempio del Mengarello[74] e della Vignaccia[75] a Cerveteri, nonché del tempio A di Pyrgi[76], tra quelli dell'edificio γ di Gravisca[77], nel deposito presso la Porta Nord di Vulci[78] e a Roselle[79]. Né mancano attestazioni in luoghi di culto inseriti nel tessuto delle necropoli, come indicano i casi del bronzetto recuperato presso il fosso del Conchino alle chiuse del Poggio della Porcareccia di Populonia (tav. 100, 7)[80] e della stipe rinvenuta allo sbocco della via del Cavone con la valle della Picciolana a Sovana[81]. Tuttavia sono soprattutto i luoghi di culto rurali che si caratterizzano per questo tipo di piccoli donari: se quelli in metallo, noti, ad esempio, a Tessennanno nell'area di Vulci (tav. 100, 8)[82], a Piana del Lago nel distretto visentino[83], a Quattro Strade presso Pitigliano[84], a Podere Cannicci nell'area amiatina[85], a Fontana Liscia nelle vicinanze di Orvieto (tav. 101, 1)[86], a Caligiana in territorio perugino[87], sembrano esaurirsi con il III s., le redazioni fittili continuano fino a tutto il II s. (Tessennano[88], Ghiaccio Forte [tav. 101, 2][89], Pantano di Pitigliano[90], Fonte Buia di Saturnia [tav. 101, 3][91], Pianmiano presso Bomarzo[92]). Costantemente associati a materiali votivi che rimandano a forme devozionali connesse con la *sanatio*, questi modesti donari fanno riferimento ad una religiosità indirizzata a propiziare la fertilità e la prosperità del bestiame, come indicano con tutta evidenza alcune statuette da Ghiaccio Forte raffiguranti mucche con piccoli vitelli, all'interno di culti dallo spiccato carattere agrario, come conferma il caso di Pianmiano, dove tra le offerte si devono contare, verosimilmente, anche alcuni strumenti agricoli in piombo (tav. 101, 4–5)[93].

STEFANO BRUNI

---

69. Tarquinia, Mus. Naz., inedito.
70. Comella, A. M., *Il deposito votivo presso l'Ara della Regina* (1982) 102 n° C1.II tav. 71b; Söderlind 293 n° 75.
71. Söderlind 293 n° 82.
72. Vagnetti, L., *Il deposito votivo di Campetti a Veio* (1971) 94 n° S.III tav. 52; Comella, A. M./Stefani, G., *Materiali votivi del santuario di Campetti a Veio* (1990) 100–101 tav. 31d; Söderlind 293 n^i 80–81.
73. Bartoloni, G., «Il deposito votivo rinvenuto a Veio negli scavi del 1889», in Comella/Mele (n. 34) 171–178.
74. Söderlind 290 n° 24.
75. Söderlind 290 n° 25.
76. Söderlind 292 n° 56.
77. Comella, A. M., *Il materiale votivo di Gravisca* (1978); Söderlind 290 n° 36.
78. Pautasso, A., *Il deposito votivo presso la Porta Nord a Vulci* (1994) 54 n° D.9 tav. 31b; Söderlind 294 n° 93.
79. Rendini, P., *Le vie del sacro. Culti e depositi votivi nella valle dell'Albegna* (2009) 122 fig. 1.
80. *NotSc* (1925) 346–347 fig. 1; Colonna, G., «La 'favissa' del Conchino di Populonia», in *Scritti per A. Romualdi* c.d.s.
81. Bianchi Bandinelli, R., *Sovana* (1929) 36–37. 126–127.
82. Costantini, S., *Il deposito votivo del santuario campestre di Tessennano* (1995) 122 tav. 51.
83. Berlingò, I./D'Atri, V., «Un'area sacra sul lago di Bolsena», in Comella/Mele (n. 34) 267–276; Berlingò, I./D'Atri, V., «Piana del Lago. Un santuario di frontiera tra Orvieto e Vulci» *AnnFaina* 10 (2003) 241–257.
84. Rendini (n. 79) 143–144 fig. 12.
85. Fabbri, F., «Una nuova stipe votiva di età repubblicana da Paganico (GR)», in Comella/Mele (n. 34) 307–321; Rendini (n. 79) 120 fig. 17.
86. Naso, A., «Il deposito votivo di Fontana Liscia», *AnnFaina* 9 (2002) 343–370 fig. 2.
87. Maggiani, A., «I culti di Perugia e del suo territorio», *AnnFaina* 9 (2002) 279 fig. 17.
88. Costantini, S., *Il deposito votivo del santuario campestre di Tessennano* (1995) 66–70; Söderlind 293 n° 77.
89. Scansano, Mus. Arch. 98540. Talocchini (n. 65) 64–65 tav. 33; Firmati/Rendini (n. 65) 100 tav. 12.
90. Rendini (n. 79) 136–140 fig. 7.
91. Firenze, Mus. Arch. 80761. Rendini, P., «La 'stipe' di Saturnia e i culti della valle dell'Albegna», in Bruni (n. 14) 778 fig. 3.7.
92. Baglione, M. P., *Il territorio di Bomarzo* (1976) 158–186; Söderlind 289 n° 16.
93. Vaticano, Mus. Greg. Etr. 11993-11994. Baglione (n. 92) 156–157 n^i 6–7 tav. 97, 1–2.

L'agriculture dans le monde romain

PLAN DU CHAPITRE
Introduction 331
1. Sources 332
   1.1. Les agronomes et érudits latins 332
   1.2. Les poètes 333
   1.3. Documents archéologiques,
       iconographiques, et épigraphiques . . 335
2. Le «cycle» agricole 336
   2.1. Listes d'*indigitamenta* et travaux
       agricoles 336
   2.2. Calendrier fixe et fêtes mobiles 338
   2.3. Productions et patronages divins . . . 339
3. Propriétés et Communautés 341
   3.1. *Lustrationes* et définitions d'espaces . . 341
   3.2. Ambiguïté des descriptions rituelles . . 342
   3.3. Des fêtes pour Rome entière, pour
       les *pagi*, pour les *domini* 343
   3.4. Les acteurs: des Vestales aux *vilici* . . 343
   3.5. Les lieux: des espaces hors la ville,
       mais civilisés 344

BIBLIOGRAPHIE GÉNÉRALE: Astin, A. E., *Cato the Censor* (1978); Baudy, D., *Römische Umgangsriten. Eine ethologische Untersuchung der Funktion von Wiederholung für religiöses Verhalten* (1998); Bayet, J., «Les 'Feriae sementivae' et les indigitations dans le culte de Cérès et de Tellus», *RHR* 137 (1950) 172–206; Bremmer, J., «Tibullus'Colonus and his 'Ambarvalia'», dans Sancisi-Weerdenburg, H., *et al.* (éds.), *De agricultura. In memoriam P. W. De Neeve* (1993) 177–181; Deschamps, L., «La prière liminaire des *Res Rusticae* de Varron», *Vita Latina* 137 (1995) 7–20; Dorcey, P. F., *The Cult of Silvanus. A Study in Roman Folk Religion* (1992); Dumézil, G., *Fêtes romaines d'été et d'automne* (1986[2]); Harmon, D. P., «Religion in the Latin Elegists», *ANRW* II 16, 3 (1986) 1910–1973, part. 1943–1955; Kilgour, A., «The *ambarvalia* and the *sacrificium Deae Diae*», *Mnemosyne* 6 (1938) 225–240; Letta, C., «I santuari rurali nell'Italia centro-appenninica: valori religiosi e funzione aggregativa», *MEFRA* 104 (1992) 109–124; Martin, R., «Agriculture et religion: le témoignage des Agronomes latins», dans Porte, D./Néraudau, J.-P. (éds.), *Hommages à Henri Le Bonniec. Res sacrae*, Latomus 201 (1988) 294–305; North, J., «Religion and Rusticity», dans Cornell, T. J./Lomas, K. (éds.), *Urban Society in Roman Italy* (1995) 135–150; Perfigli, M., *Indigitamenta. Divinità funzionali e funzionalità divina nella religione romana* (2004); Prescendi, F., *Décrire et comprendre le sacrifice. Les réflexions des Romains sur leur propre religion à partir de la littérature antiquaire* (2007); Robert, J.-N., *La vie à la campagne dans l'antiquité romaine* (1985); Scheid, J., *Annuaire de l'École Pratique des Hautes Études. Section des Sciences Religieuses* 88 (1979–80) 328–333 (= Scheid 1); id., «À propos de certaines fêtes d'été. Réflexions en marge d'un livre de G. Dumézil», *AION* 2 (1980) 41–53 (= Scheid 2); Schilling, R., «'Dea Dia' dans la liturgie des frères arvales», dans id., *Rites* 366–370; Vernant, J.-P., «À la table des hommes. Mythes de fondation du sacrifice chez Hésiode», dans Detienne/Vernant, *Cuisine* 37–132.

Introduction

Dans les calendriers des fêtes de l'année peuvent se lire plusieurs grands cycles correspondant aux activités humaines: cycle civique, cycle lié à la guerre, ou encore cycle agricole. Ces grandes fêtes agraires se célèbrent au nom de l'État, souvent à Rome, pour l'ensemble des Romains, et sont inscrites dans le temps civique; mais à côté d'elles, puisque l'État ne contrôle pas directement les domaines fonciers, il faut aussi ajouter toutes les célébrations d'ordre privé. Il y a donc plusieurs niveaux de célébration, pour lesquels nous sommes plus ou moins bien renseignés: fêtes privées qui s'appliquent à un domaine particulier, mais aussi fêtes qui s'appliquent à toute une communauté (villages) ou à toute une cité (Rome). La documentation du privé est par nature limitée.

Les grands domaines couverts par l'agriculture romaine, céréales, vin, huile, élevage, fleurs, jardin et arbres fruitiers, *lucus*, possèdent tous des dieux particuliers qui les patronnent et des fêtes anciennes, à l'exception notable de l'oléiculture, introduite au VIe s. av. J.-C. à partir de la Grèce, et qui n'a jamais reçu de place dans le calendrier[1]. Les divinités associées à l'agriculture sont, dans les textes, tantôt présentes en nombre limité (chez Caton), tantôt se retrouvent en listes entières de divinités peu connues (*indigitamenta* soigneusement consignées par Augustin, d'après Varron).

Dans le domaine agricole est souvent soulignée, par les sources anciennes, l'ancienneté des divinités et des rites: est-ce un simple jeu littéraire? Cela correspond-il à la représentation que les Romains se font des rites agraires? Ou n'est-ce qu'un mythe? La tendance de la recherche moderne a souvent été de considérer qu'à partir du IIIe siècle, tous ces rites sombraient dans l'oubli et n'étaient plus compris des Romains, parce que la société romaine était de plus en plus urbanisée. Or Rome n'a jamais cessé, même à l'époque impériale, d'entretenir des rapports étroits avec l'agriculture à travers les domaines agricoles. Octavien et ses associés ont même privilégié la restauration des cultes agraires pour signaler le retour à la piété la plus traditionnelle[2]. La restauration du collège des frères arvales et son recrutement parmi l'élite sénatoriale permettaient ainsi de traduire en gestes la soumission de cette élite aux lois du monde fixées par Jupiter, et respectées par le paysan idéal. Certains calendriers en images qui sont plus tardifs énoncent un respect équivalent des travaux et des fêtes liés au cycle agraire.

---

1. Interrogation soulevée dans Beard/North/Price, *RR* 45 n. 134.

2. Scheid, *Romulus* 726 sq.

1. Sources

Les principales sources d'information sont à manipuler avec précautions: les agronomes ne livrent que peu d'informations sur les rites associés à l'agriculture, les poètes jouent avec l'image de la rusticité, et les sources épigraphiques sont inégalement représentées.

1.1. Les agronomes et érudits latins

La place des rites et divinités chez les agronomes latins est variable. R. Martin s'est interrogé sur «l'esprit laïc et rationaliste» de ces auteurs[3]; on peut plutôt s'interroger sur la pertinence de place de telles notices dans leurs ouvrages techniques. Si on les prend dans l'ordre chronologique:

Dans le *De agricultura* de Caton, huit chapitres (sur 162) sont consacrés à des prières, offrandes et sacrifices: 50, 3 *daps* avant les labours de printemps; 83 *votum* à Mars et à Silvanus pour que les bœufs se portent bien; 131 *daps* pour les bœufs avant les labours de printemps; 132 descriptif précis de cette *daps* à Jupiter Dapalis; 134 sacrifice de la *porca praecidanea* avant la moisson (invocation de Janus, Jupiter, Junon; offrande d'une *strues* à Janus père, d'un *fertum* à Jupiter, de vin inférial, viscères et vin à Cérès)[4]; 139 travaux dans un *lucus* (offrande d'un porc); 140 mise en culture d'un *lucus*; 141 *lustratio* des champs (*suovetaurilia*)[5]. Il est à noter que cet ouvrage ne traite que de quelques aspects de l'agriculture, et se concentre sur les premières productions d'un domaine, le vin et l'huile d'olive[6]; chaque chapitre donne des instructions très pratiques, et certains chapitres se recoupent. La structure en catalogue de ce traité n'a pas encore été tout à fait élucidée.

Dans l'ouverture de ses *Res rusticae* (1, 1, 4–7), Varron, suivant le modèle des épopées, invoque des dieux, les douze *dei consentes* des agriculteurs: *Iuppiter, Tellus, Sol, Luna, Ceres, Liber, Robigus, Flora, Minerva, Venus, Lympha, Bonus Eventus*. Cette liste, invocation littéraire sur laquelle nous reviendrons, semble être une association librement forgée par Varron et ne pas correspondre à des pratiques rituelles précises. Comme le rappelle L. P. Wilkinson[7], il est clair qu'il fait un choix personnel de divinités, ne suivant aucun groupe cultuel préexistant, parce qu'il explique pourquoi il y inclut chacune de ces divinités. Il n'y a pas, dans la suite du texte, de conseils précis pour des pratiques cultuelles en lien avec l'agriculture. Les seules allusions figurent dans la mise en scène du premier dialogue et dans trois remarques du livre 2. Le premier dialogue prend place lors de la fête des semailles (*sementivis feriis* 1, 2), dans le temple de Tellus, où se réunissent divers personnages à l'initiative de l'*aeditumus* du temple. Au livre 2 sont examinés les porcins et divers mots de vocabulaire, tel *sacres*, qui s'applique aux porcelets à partir du dixième jour, parce qu'ils sont propres à être sacrifiés (pas de précision du rite 2, 4, 16; allusion aux sacrifices de porcs dans les rites d'initiation de Cérès en Grèce et dans les rites nuptiaux d'Étrurie 2, 4, 9). C'est alors que le sénateur Q. Luciénus vient chercher Murrius pour qu'il serve de témoin pendant qu'il versera son argent aux Palès (*dum asses solvo Palibus* 2, 5, 1). Cet épisode ménage une transition avec le sujet suivant: le gros bétail. L'étude des différents noms des bovins est l'occasion d'évoquer les *Hordicidia*, dans les Fastes, où l'on immole des vaches pleines (*hordae boves* 2, 5, 6).

Chez Columelle on peine encore plus à trouver des indications cultuelles. En 11, 2, 98, il est prescrit aux *religiosiores agricolae* de s'abstenir de tout travail du sol jusqu'à la veille des Ides de janvier. Ces *religiosiores agricolae* se retrouvent en 11, 3, 62: ce sont eux qui prient (*precantur*) pendant qu'ils sèment radis et navets, respectant ainsi la coutume des anciens.

Le livre 18 de l'*Historia naturalis* de Pline l'Ancien commence par faire l'éloge de l'agriculture, et, pour montrer son prestige, remonte aux temps royaux: il rappelle que Romulus, au commencement, institua les *arvorum sacerdotes*, les prêtres des champs (Plin. *nat.* 18, 2, 6)[8]. Numa, quant à lui, fut à l'origine des *Fornacalia* (18, 2, 8), fête de la torréfaction du *far*, et de la fête en l'honneur des Termes des champs (*Terminis agrorum* 18, 2, 8). S'ajoutent à ces dieux anciens Seia et Segesta, et la déesse qu'on n'a pas le droit de nommer sous un toit (*Tutilina*). Les prémices des récoltes et du vin étaient offerts à ces dieux avant que les hommes ne puissent les goûter. Aux 18, 2, 284–289, il place à nouveau dans le temps des *prisci* l'institution des fêtes qui correspondent empiriquement aux trois époques de danger pour les récoltes: *Robigalia* (Numa, 25 avril, rouille des blés), *Floralia* (instituées en 516 av. J.-C. d'après les oracles de la Sibylle, 28 avril, pour la floraison), *Vinalia* (*priora Vinalia*, 23 avril, dégustation des vins; *Vinalia altera*, 19 août, sans raison exacte invoquée). Les dates de ces fêtes sont toutes justifiées par les «théories modernes» et principalement par Varron et des raisons astronomiques (lever et coucher de certaines constellations).

Enfin, chez Palladius, on ne trouve que des préceptes qui se rapprochent de la magie et qui sont hérités des traités grecs.

---

3. Martin 294–305: nous suivons ici son relevé.
4. *Cf.* Prescendi 52–55.
5. *Cf.* Prescendi 55–56.
6. Astin 189.

7. Wilkinson, L. P., *The Georgics of Virgil. A Critical Survey* (1969) 146.
8. Voir Scheid, *Romulus* 17–18.

Beaucoup de notices lexicographiques se rapportant aux fêtes et rites agricoles se trouvent chez les érudits, grammairiens et lexicographes, pour plusieurs raisons. Caton utilise un vocabulaire archaïque qui a suscité des monographies d'époque républicaine sur sa signification, notamment chez Verrius Flaccus (*de obscuris Catonis*) – on en retrouve des traces chez Festus, l'abréviateur de son *De verborum significatione*, et chez Aulu-Gelle. On trouvera ainsi, chez Festus, des définitions qui se rattachent probablement à Caton: la définition de *daps* (59 L.), de *inferium vinum* (100 L., mais voir aussi Trébatius chez Arnob. *adv. nationes* 7, 31), *pecunia* (287 L.), *porca praecidanea* (243 L.; Gell. 4, 6, 8), *strues* (408 L.; Paul. *Festi* 75 L.; Gell. 10, 15, 14), *fertum* (Paul. *Festi* 75 L., 377 L.), *collucare* (474 L.; Paul. *Festi* 33 L.)[9]. Le texte des *Res rusticae* de Varron comporte des sections thématiques consacrées au vocabulaire technique de l'agriculture: noms des animaux suivant leur âge, nom des différentes opérations agricoles. Ces mots se retrouvent encore à leur place dans les ensembles organisés du *De lingua latina* et des *Antiquitates Romanae*.

De plus, si les agronomes renvoient l'institution des fêtes agraires aux temps les plus reculés, c'est aussi parce que le vocabulaire qui les touche est senti comme ancien et suscite des débats entre érudits. On trouvera donc des listes de dieux touchant à la terre, et les listes des fêtes chez Varron (et notamment dans la *Cité de dieu* d'Augustin), Verrius Flaccus (à travers Festus). On prendra garde, dans le cas de telles notices, de se rappeler que de multiples versions peuvent circuler sur le sens de telle ou telle fête, et de se souvenir aussi que les textes d'Augustin et de Paul Diacre (abréviateur de Festus) sont parfois fortement abrégés ou remaniés; que, lorsqu'ils ne le sont pas, ils proposent parfois des étymologies, au sens antique du mot, cherchant à produire, à partir du mot et de ses composants (syllabes, voire lettres), un énoncé en rapport avec le mot[10]. Parmi les sources érudites, il faut encore ajouter le commentaire de Servius aux œuvres de Virgile, et notamment aux *Géorgiques*: dans les éditions sont juxtaposés deux textes d'époque et d'origine différents, le texte de Servius proprement dit, et sa version enrichie par Daniel, le *Servius Danielis*, dit aussi *Servius auctus*.

1.2. Les poètes

J. North rappelle, dans un article où il analyse les liens entre religion et rusticité[11], que dans la poésie augustéenne, le contraste entre campagne et ville est un lieu commun. Au citadin manquant de piété s'oppose le campagnard qui mène une vie dure, simple et morale et honore les dieux suivant la coutume des anciens: même la Cynthie de Properce (2, 19) se moralise dans un environnement rural. La rusticité est associée au passé et souvent confondue avec lui. Cette idée que les fêtes agraires étaient très anciennes, qui se trouve déjà chez les agronomes et érudits, est particulièrement développée par les poètes d'une époque de restauration des cultes traditionnels.

Il ne faut donc pas oublier l'importance du contexte idéologique et des idées reçues romaines, mais aussi la part du jeu littéraire: les thèmes grecs qui reviennent dans les diverses *Bucoliques* latines, par exemple, ne correspondent pas forcément à une réalité romaine. C'est ainsi qu'à la figure du Priape romain, gardien des jardins, se superposent les images diverses du Priape grec (Priape de Lampsaque, des prostituées et des marins, etc.).

Trois grands textes constituent notre principale mine d'information pour des rites agraires dont l'identification reste souvent difficile: les *Élégies* de Tibulle, les *Fastes* d'Ovide, les *Géorgiques* de Virgile.

Dans les *Élégies* (2, 1), Tibulle développe longuement une fête de *lustratio* des récoltes et des champs, sans indication de nom de fête, ni de date, ni de lieu. Les premiers vers (1–17) décrivent rapidement la conduite du rituel: pureté rituelle des assistants, motif du jour de fête, agneau qui marche aux autels. La suite n'est pas précisée (si ce n'est l'agrément du sacrifice à la vue des entrailles de l'animal, v. 25–26, et les *dapibus festis* du v. 81), pas plus que la liste des dieux concernés par le sacrifice. Tibulle énumère, sous la forme d'une prière propitiatoire, tous les maux qui guettent le paysan (v. 18–26). Le vin coule alors à flot (v. 27–32), et le poète demande à Messalla de l'inspirer tandis qu'il chante les campagnes et les dieux des campagnes. Ce chant raconte les origines de l'agriculture et les travaux des champs (v. 33–66). C'est à la campagne aussi que naquit Cupidon: c'est ce dieu que le poète invite à invoquer à la fête, en public pour les troupeaux (*palam pecori*), en secret pour soi-même (*clam sibi*; v. 67–86). L'élégie amoureuse ressurgit donc au détour de cette histoire de l'agriculture: les dieux des champs qui ont apporté la civilisation comptent forcément parmi eux le dieu de l'Amour. L'invocation des premières lignes est assez solennelle, la fin de l'élégie beaucoup plus légère dans le ton, grâce notamment à cette invocation de Cupidon, invité au repas seulement, lorsque le soir s'approche[12].

Tibulle inscrit donc cette fête dans une élégie, et les informations que peut en tirer le lecteur mo-

---

9. Dans les huit chapitres de Caton que nous avons relevés, d'autres mots de vocabulaire encore sont glosés par Festus, voir le commentaire de Cugusi, P./Sblendorio Cugusi, M. T. (2001) I, à ces chapitres.

10. Voir l'exemple d'*ambarvales hostiae* (Paul. *Festi* 5 L.), étudié par Scheid, *Romulus* 26–35: Paul Diacre semble avoir fait fusionner plusieurs énoncés expliquant *amb-* tantôt par le préfixe grec équivalent de *circa* (autour de), tantôt par celui signifiant «deux».

11. North 136.

12. Harmon 1946.

derne sont limitées[13]. Il s'efforce davantage de donner des impressions, de créer une atmosphère, que de dresser une notice d'antiquaire. On ne peut, en particulier, identifier exactement la fête dont il est question.

La première *Géorgique* de Virgile, après avoir développé longuement l'invention et les bienfaits de l'agriculture, s'attarde sur un cycle d'offrandes annuelles à Cérès (1, 338–350), qui ne se comprend que si l'on y distingue plusieurs fêtes, selon le principe des «descriptions synthétiques»[14] de Virgile. Les limites entre ces fêtes ne sont pas aisées à déterminer, mais H. Le Bonniec[15] en distingue trois, marquées par trois expressions qui marquent les étapes de la végétation: *laetis in herbis* (v. 339), jeunes pousses vertes du blé à la mi-avril; *novas fruges* (v. 345), récoltes nouvelles de mai, quand la maturation a déjà commencé mais que les épis ne sont pas encore mûrs; *maturis aristis* (v. 348), épis mûrs de la fête de la moisson. Y est donc décrit l'ensemble du cycle végétatif, de la fin de l'hiver jusqu'au moment de la récolte. Le nom de la déesse est présent dans chacune de ces courtes séquences, en une sorte d'invocation répétée. Il y aurait à distinguer les *Cerialia*, un rite de lustration (que H. Le Bonniec nomme *Ambarvalia*, fête très problématique, qui n'existe sans doute pas), et, vraisemblablement, la *porca praecidanea* décrite par Caton (134). Les données précises sont rares: la victime n'est ainsi indiquée que par l'expression *felix hostia* au v. 345 («victime de bon augure»[16]).

Le public du poème didactique de Virgile n'est pas les paysans, mais l'élite sociale et politique romaine, en un temps de guerre civile (le poème est achevé en 29 av. J.-C.). Le thème principal, fortement inspiré des *Travaux* et des *Jours* d'Hésiode, en est la dignité et la nécessité du travail. Le paysan fournit un exemple de vie parfaite par ses activités agricoles et le savoir qui y est lié, qui montrent qu'il connaît et accepte sa place dans l'univers; les *Géorgiques* expriment ainsi les principes de la piété la plus traditionnelle: *in primis venerare deos* («commence par vénérer les dieux», *georg.* 1, 338). Le retour à la sagesse de l'agriculture (et non: le retour à la terre, ni le retour dans le passé) est prôné en réaction contre les maux des guerres civiles[17].

Les *Fastes* d'Ovide demeurent une source inégalée pour la connaissance des fêtes de l'année romaine, mais cette source se tarit après le mois de juin. Sur le reste de l'année, il faut recourir aux allusions et aux notices antiquaires, et faire, comme G. Dumézil, des recoupements et des hypothèses.

Plusieurs fêtes concernent le «cycle» agricole: les *Sementivae* (livre 1), les fêtes du mois d'avril (livre 4): *Fordicidia, Parilia, Robigalia, Floralia, Vinalia*, etc.

En 1, 657–696 Ovide évoque la fête mobile des *Sementivae*, fête des semailles. Cette fête ne se trouve pas dans les calendriers épigraphiques, car sa date est fixée chaque année. Dans la description de cette fête sont développés les mêmes *topoi* que chez Tibulle, dont il s'inspire probablement: jour de fête dans les campagnes, où les habitants (*coloni*) des villages sont invités à faire la *lustratio* du village (*pagus*), prière pour éloigner les malheurs, histoire de l'agriculture et de la civilisation. La description de la fête est très rapide et se poursuit par une prière littéraire aux deux déesses Cérès et Tellus pour éviter aux paysans tous les dangers qui guettent le grain. Dans ce passage, Ovide ébauche un petit calendrier agraire qui renvoie aux fêtes d'avril et de mai[18]: aux v. 671–680 peuvent se lire d'autres sacrifices à Tellus et Cérès, les *Fordicidia* et *Cerealia*, puis aux v. 680–692, les dangers qui menacent les récoltes renvoient à *dea Dia* (protection contre un *uitium caeli*, de mauvaises conditions atmosphériques qui feraient pâlir les épis – sacrifice en mai) et à Robigo (la rouille qui les fait noircir – fête en avril).

Les fêtes du mois d'avril sont diversement développées, et offrent surtout de nombreux mythes étiologiques. Les *Fordicidia*, instituées par Numa, sont célébrées le 15 avril, en l'honneur de Tellus, à qui est fait le sacrifice d'une vache pleine (4, 629–676). Le 21 avril, les *Parilia* (4, 721–807) sont la fête de Palès, qui veille sur les troupeaux, et à qui est adressée une longue prière propitiatoire. Ovide se met en scène lui-même comme participant à cette fête. En 4, 894, l'auteur fait remonter les premiers *Vinalia* à Énée, qui avait promis de vouer tout le vin du Latium à Jupiter (4, 863–900). Le 25 avril ont lieu les *Robigalia* en l'honneur de Robigo, pour protéger les moissons et leur éviter d'être brûlées par le Chien astral (4, 905–942): il semblerait qu'Ovide confonde ici, volontairement ou non, *Robigalia* contre la rouille, et l'*Augurium Canarium* qui a lieu quelques semaines plus tard. Du 28 avril au 3 mai se déroulent les *Floralia*.

Si les indications d'Ovide sont fiables et diffèrent peu de celles des antiquaires, qu'elles complètent, c'est probablement parce que les *Fastes* ont puisé leurs sources dans cette littérature antiquaire.

Quelques rites plus modestes, effectués par le *vilicus* gardien d'un verger, pour avoir de beaux fruits, sont évoqués dans les *Priapées*, notamment dans les *Priapea* 16, 21, 42, 52, 65, 70. Si l'influence

---

13. Schilling, R., «Les allusions religieuses de l'élégie II, 1 de Tibulle», dans *L'Élégie romaine. Enracinement, thèmes, diffusion* (1979) 73–78; Bremmer.
14. Le terme est de Bayet, J., «Un procédé virgilien: la description synthétique dans les *Géorgiques*», dans *Studi in onore di G. Funaioli* (1955) 9–17.
15. Le Bonniec, *Cérès* 134–140.
16. Glosée par Serv. *georg.* 1, 345.
17. Résumé de ces questions et bibliographie dans Scheid, *Romulus* 716–724.
18. Scheid, *Romulus* 666, qui développe une suggestion de Schilling, *Rites* 368.

des épigrammes grecques se fait sentir sur ce recueil, ce Priape a aussi des traits bien romains, que l'on retrouve chez divers auteurs de *Bucoliques* et chez Columelle. Priape, gardien du lieu clos que constitue le jardin, veille sur les fruits et légumes, qu'il protège des voleurs, et qu'il transforme en moisson abondante[19].

1.3. Documents archéologiques, iconographiques, et épigraphiques

Menologia rustica. L'indication pour le mois de mai: *segetes lustrantur*[20] a entraîné de nombreuses tentatives d'identification de la *lustratio* des Ménologes par les textes de Caton, Tibulle ou Virgile, voire les procès-verbaux des Arvales, et de datation précise de cette fête. Pour J. Scheid il ne faut pas considérer l'indication du calendrier comme une fête datée avec précision: il suffit d'avertir les paysans qu'elle doit avoir lieu en mai, même si mai n'est pas le mois unique des lustrations. L'épigraphie confirme cette interprétation: *feriale Campanum* – deux lustrations *ad flumen Casilinum* le 1er mai, *ad flumen ad iter Dianae* le 25 juillet; le *pagus Tolentinum* est lustré le 11 mai, Bénévent, le 5 juin[21].

La plupart des grandes fêtes agraires des calendriers[22] sur pierre remontent au calendrier de Numa, à peu près au VIIe ou VIe s. av. J.-C., et concernaient donc, à l'origine, Rome. Ce calendrier numaïque, qui reprend le rythme des travaux et des jours[23], ne représente pas l'ensemble des travaux de la ferme, pas plus qu'il n'est valable de manière universelle, en tout climat. La culture de l'olive, qui arrive après son établissement, n'y trouve pas sa place, alors qu'elle occupe une grande partie des conseils de Caton. Les conseils du calendrier ne sont pas des conseils techniques et utilitaires destinés aux agriculteurs, mais ils ont une portée théologique: l'agriculture permet de faire l'expérience de la dépendance de l'homme à l'égard des dieux, et le paysan respectueux de tous les rites agraires devient un modèle de piété, par sa soumission à l'ordre du monde.

Les inscriptions sont surtout le fait des élites urbaines et des villes. C'est ainsi qu'un dieu comme Silvanus est absent des dédicaces sous la République alors qu'il était pourtant couramment compté parmi les dieux ruraux chez Caton et dans la poésie romaine. Mais il voit le nombre de représentations iconographiques et d'inscriptions comportant son nom exploser au IIe s. ap. J.-C., non seulement à Rome mais aussi dans certaines provinces, Italie celtique du nord, Gaule, provinces illyriennes[24]. Dieu des pauvres, qui n'a d'abord pas attiré l'attention des riches, Silvanus n'a pu connaître un tel regain de popularité que s'il était bien implanté chez les gens de la campagne, qui l'ont emmené avec eux dans les cités ou les provinces. Une partie de son histoire cultuelle d'avant l'Empire nous échappe à cause du silence des documents épigraphiques et iconographiques.

Les calendriers en images[25] présentent souvent, pour illustrer les mois, des activités saisonnières se référant aux travaux agricoles. Leur identification est rendue possible par une comparaison systématique avec les ménologes rustiques et avec la poésie bucolique[26]. Toutefois, l'aspect rituel ne semble guère mis en avant, sauf quand les images montrent des fêtes précises ou des divinités. Les fêtes en rapport avec le «cycle» agricole sont rarement représentées. Les *Vinalia* seraient évoquées sur une des fresques d'Ostie (*ThesCRA* VII pl. 31, 2)[27] par une procession d'un groupe d'enfants portant des paniers contenant du raisin et des hampes auxquelles sont accrochées des grappes de raisin; celles-ci sont surmontées de bustes interprétés comme ceux de Liber et Jupiter. Une libation (?) à Taranis semble liée au début de l'été et de la moisson sur la mosaïque de Saint-Romain-en-Gal (pl. 101, 6)[28]; un jeu impliquant peut-être le lancer de bâtons par deux hommes nus semble se dé-

---

19. Lhommé, M.-K., «Constructions cultuelles dans les *Priapées*: la séquence centrale Pr. 40-42», dans Biville, F./Plantade, E./Vallat, D. (éds.), «*Les vers du plus nul des poètes…*». *Nouvelles recherches sur les* Priapées (2008) 139-155.
20. Degrassi, A., *Fasti anni Numani et Iuliani*. InscrIt XIII 2 (1963) 284-298.
21. Scheid, *Romulus* 449.
22. Sur le temps des fêtes en général voir *ThesCRA* VII 3 Fêtes et jeux, rom. 2.1.1 et 2.2.1.
23. Scheid 2.
24. von Domaszewski, A., «Silvanus auf lateinischen Inschriften», *Philologus* 61 (1902) 1-25; North 142-143; Schraudolph, *Götterweihungen* 169-190; *LIMC* VII Silvanus.
25. Voir *ThesCRA* VII 3 Fêtes et jeux, rom. 2.3.3.
26. La mosaïque de Saint-Romain-en-Gal (= *ThesCRA* VII 3 Fêtes et jeux, rom. 2.3.3.3 pl. 33, 1, = *LIMC* VI Menses 43, Saint-Germain-en-Laye, Mus. Nat. 83116; fin du IIe-début du IIIe s. ap. J.-C.) est particulièrement détaillée et significative: au mois de janvier, sont attachés la fabrication du pain, la confection de paniers grâce à la coupe des joncs; en mars, l'arrivée de la cigogne, la greffe des arbres; en août, la fin de la moisson avec la mise en bottes; en septembre, la cueillette de pommes; en octobre, les vendanges et le foulage du raisin; en novembre, le labour et les semailles; en novembre-décembre, le poissage des jarres à huile, la cueillette des olives et leur pressage; en décembre, les semailles des fèves, l'actionnement d'une meule de blé, le transport de l'engrais. Le calendrier peint de Sainte-Marie-Majeure à Rome (= *LIMC* VI Menses 33*) présente également pour le mois de septembre le thème de la cueillette de pommes et pour le mois de novembre la récolte des olives. Cf. Stern, H., «Les calendriers romains illustrés», *ANRW* II 12, 2 (1981) 431-475.
27. (= *ThesCRA* VII 3 Fêtes et jeux, rom. 2.3.3.1, = *LIMC* VI Menses 30) Vatican, Mus., fresques datées de Septime Sévère. Cf. Piganiol, A., *Recherches sur les jeux romains* (1923) 44-57 pl. 1; Stern (n. 26) 440-441.
28. (= *ThesCRA* II 6 Images de culte 398* avec bibl., = *LIMC* VII Taranis 3*) Stern interprétait la statue de la divinité comme celle de Jupiter Frugifer; la roue et le foudre comme attributs renvoient plutôt à l'aspect gaulois ou gallo-romain de Jupiter, à son assimilation à Taranis.

rouler sur un autre carré de mosaïque et est considéré comme la célébration de la fin de la moisson.

De nombreuses demeures (*domus, villae*) sont décorées de fresques et de stucs montrant des paysages «idyllo-sacrés»[29]. En effet, la campagne romaine en iconographie n'est jamais un paysage sans monuments. La nature est «civilisée» et «habitée» par de nombreuses statues de divinités, par des piliers hermaïques, par des autels dressés devant. De petits personnages accomplissent des gestes d'offrande de vin et d'encens, de don de guirlandes de fleurs; des banquets prennent place sous un *parapetasma* tendu entre deux arbres. L'ensemble produit une atmosphère bucolique et sacrale, équivalente à la poésie bucolique développée à la même époque. Toutefois, il est impossible de repérer dans ces paysages des allusions à des rituels précis liés à l'agriculture.

2. Le «cycle» agricole

Les calendriers romains ne distinguent pas différents cycles, civiques, agraires, militaires, et les antiquaires non plus: les fêtes de l'année ne sont jamais classées de façon thématique chez Varron ou Verrius. Par ailleurs, puisque les fêtes n'ont pas forcément une seule signification, cette distinction serait d'autant plus malaisée. C'est ainsi que la fête du Cheval d'Octobre mêle éléments agricoles et éléments guerriers, ou que les *Parilia* du 21 avril sont devenus la fête de la naissance de Rome. La distinction d'un «cycle» agricole est une commodité, mais elle est artificielle.

2.1. Listes d'*indigitamenta* et travaux agricoles

De même que les fêtes ne sont pas univoques, les dieux invoqués ne sont pas tous que des dieux de l'agriculture. Néanmoins, ils ont été réunis dans des listes par les érudits, et, chez Varron, ce sont des listes triées par activité humaine patronnée.

La plus ancienne liste est transmise indirectement par le Servius Danielis dans le commentaire à *Géorgiques* 1, 21, et attribuée nommément à Fabius Pictor. La liste, qui va du dieu du labour au dieu du dégrangement, est prononcée par un flamine lors du *sacrum Cereale*, une fête en l'honneur de Tellus et Cérès: *Vervactor* (retournement de la jachère), *Reparator* (remise en état de la jachère), *Inporcitor* (labour à gros sillons), *Insitor* (semailles), *Obarator* (labour de surface), *Occator* (hersage), *Sarritor* (sarclage), *Subruncinator* (binage), *Messor* (moisson), *Convector* (charriage), *Conditor* (emmagasinement), *Promitor* (dégrangement)[30]. Quelques-uns de ces dieux étaient aussi présents dans le commentaire du premier Servius au même passage (Serv. *georg.* 1, 21), lorsque celui-ci rappelait que les noms des dieux leur étaient imposés d'après leur fonction: Occator *ab occatione* (hersage), Sarritor *ab sarritione* (sarclage), Sterculinius *a stercotione* (fumage), Sator *a satione* (semailles). Dans les *res rusticae* (1, 37), Varron distingue six étapes, ou degrés de vie agricole, qui rappellent également ces noms de dieux agents: *primo praeparandum, secundo serendum, tertio nutricandum, quarto legendum, quinto condendum, sexto promendum*. Ces listes de noms de dieux forgés sur l'action qu'ils patronnent sont représentatives de la pensée religieuse romaine, capable de créer de telles listes d'abstractions comme réflexions sur l'action et sur la façon de la placer sous le patronage des dieux adéquats[31].

Varron, dans les *Antiquités romaines*, fournit sans doute encore une autre liste du même type, reconstituée par Cardauns dans son édition des fragments (Varro *ant.* § 163-181 Cardauns), à partir de passages de la *Cité de Dieu* d'Augustin (notamment 4, 8): cette fois ce sont essentiellement des déesses, Rusina (campagne, *rura*), Iugatinus (crêtes, *iuga*), Collatina (collines), Vallonia (vallées), Fructesea, Seia (céréales plantées, *sata frumenta*), Segetia (céréales sur pied, moissons, *segetes*), Tutilina (céréales moissonnées et engrangées *in tuto*), Proserpina (germination des céréales), Nodutus (*geniculis nodisque culmorum*), Volutina (développement des feuilles, *folliculorum*), Patelana (*cum folliculi patescunt*), Hostilina (quand les moissons rivalisent – *hostire* – en épis), Flora (floraison des céréales), Lacturnus (*lactescentibus frumentis*), Lactans (*lactescere*), Matuta (maturation), Runcina (*runcantur*), Spiniensis (élimination des *spinas*), Robigo (rouille), Bubona (boeufs), Mellona (miel), Pomona (fruits, *poma*).

La liste de *dei consentes* que donne Varron dans son invocation littéraire du début des *res rusticae* a été souvent considérée comme une pure invention de l'érudit, et méprisée pour cela[32]. L. Deschamps propose de retrouver les différents objectifs de cette énumération. Cette liste de douze dieux, qui vont par paire de dieu et déesse, s'oppose exactement en nombre aux douze *dei consentes* urbains. Chronologiquement, la liste suit grosso modo la liste des fêtes de l'année agricole, de Tellus-Terra (*sementivae* de janvier?) à Bonus Eventus: Jupiter – Tellus, Sol – Luna, Cérès – Liber, Minerva –

---

29. Peters, W., *Landscape in Romano-Campanian Mural Painting* (1963); Hinterhöller, M., «'Die gesegnete Landschaft'. Zur Bedeutung religions- und naturphilosophischer Konzepte für die sakral-idyllische Landschaftsmalerei von spätrepublikanischer bis augusteischer Zeit», *OeJh* 76 (2007) 129-169; Croisille, J.-M., *Paysages dans la peinture romaine* (2010). Voir aussi Sauron, G., *L'histoire végétalisée. Ornement et politique à Rome* (2000).

30. Les noms des travaux agricoles sont donnés dans Bayet 184.

31. Rüpke, J., *Die Religion der Römer* (2001) 79-80.

32. *Cf.* Wissowa, *Religion* 61; Radke, *Götter* 94 etc.

Vénus, Robigo – Flora, Lympha – Bonus Eventus. Certaines associations ressemblent à des constructions philosophiques; d'autres semblent des choix patriotiques de vieilles divinités italiques. Cette liste est peut-être entièrement forgée, mais elle est le fruit de la réflexion de Varron et est d'une nature proche de celle de Fabius Pictor.

Peut-être inspirée de cette liste de Varron, mais rapidement divergente, la liste d'invocations de Virgile au début des *Géorgiques* (1, 1-23) fait apparaître aussi douze dieux, dont certains sont désignés par une périphrase et non par leur nom propre[33]: Sol et Luna (*clarissima mundi lumina*, v. 5-6), Liber et Cérès, Faunes et Dryades, Neptune et Aristée (*cultor nemorum*, v. 14), Pan et Minerve, Triptolème (*monstrator aratri*, v. 19) et Silvanus. Certains des dieux de cette invocation initiale annoncent les développements à venir: moissons (Cérès) et labourage (Triptolème) du livre 1; vigne (Liber), olivier (Minerve) du livre 2; chevaux (Neptune), bœufs (Aristée), moutons (Pan), troupeaux en général (Faunes, Dryades, Silvanus) du livre 3. Le livre 4 n'a pas de représentant (puisque Aristée est ici présenté comme *cultor nemorum*, gardien de bœufs). Jupiter est omis de ces dieux de la campagne, mais apparaîtra au v. 121 comme organisateur du monde et des travaux agricoles; tout comme Palès, déesse du bétail, absente ici, mais qui ouvre le livre 3. La plupart de ces divinités sont des découvreurs ou des inventeurs. Le seul dieu authentiquement italien est Silvanus; les autres sont d'origine grecque, comme les dieux de la tradition poétique, ce qui rappelle que les *Géorgiques* sont un poème, et non un traité. Il semblerait même qu'il y ait un treizième dieu de la campagne à ajouter, quand du moins il sera dieu, et qu'il aura choisi son domaine d'action: César (Octavien), v. 24-42.

On citera encore, à titre de comparaison et de complément, une liste de divinités qui apparaissent dans des comptes rendus épigraphiques et concernent l'entretien du bois sacré de *dea Dia*[34]. Cette liste montre comment sont associées dans un rite diverses divinités qui assistent *dea Dia*, déesse agraire de la bonne luminosité, qui assure la maturation du grain. Des travaux d'entretien de ce genre sont régulièrement effectués dans le bois sacré et sont consignés sur pierre dans les *Commentaires des frères arvales*; celui de 183 est particulièrement précis. Il fallait faire des sacrifices expiatoires avant de pouvoir arracher et enlever un figuier qui avait endommagé le faîte du temple de *dea Dia*, le brûler et réparer l'édifice. Ces sacrifices sont adressés à Mars (suovétaurile autour du bois), *dea Dia* (deux vaches dans le bois), puis 14 divinités allant de Janus à Vesta (deux ovins chacun): Janus, Jupiter, Mars, la Junon de *dea Dia*, Dieu-ou-déesse, les *virgines deae* (Vierges divines), les divins Serviteurs, les Lares, la mère des Lares, le Dieu-ou-Déesse qui protège le bois sacré, Fons, Flora, Vesta, la vénérable Vesta, puis Adolenda Conmolenda Deferunda, «Devant-brûler-débiter-faire-descendre» (deux brebis), et enfin les seize *Divi* (un mouton chacun). Le suovétaurile est mené en procession lustrale[35] autour du bois sacré, puis sacrifié à Mars (non nommé, mais évident); *dea Dia* est la propriétaire des lieux. Les divinités qui suivent, dans le groupe introduit par Janus et conclu par Vesta, comme c'est souvent le cas, sont des hôtes de *dea Dia* dans son bois, sans doute parce qu'ils l'aident à accomplir sa fonction d'aide à la maturation des céréales. Mars défend les champs des agressions et des maux extérieurs, Flora est la déesse de l'inflorescence, Jupiter – entre autres – contrôle les cieux. Les autres divinités sont liées au lieu de culte et à sa gestion: Fons, Vierges divines (Nymphes?), Dieu-ou-Déesse du lieu (non encore manifesté sous son nom), Lares (divinités du terroir), Vesta (qui patronne tout feu sacrificiel). La déesse *Adolenda Conmolenda Deferunda* renvoie directement aux travaux des ouvriers qui doivent faire descendre (*Deferunda*) le figuier du toit, le débiter (*Conmolenda*) et le faire brûler (*Adolenda*). À rattacher, probablement, au groupe des Serviteurs divins (*Di famuli*), elle en est extraite pour permettre l'explicitation de l'action de ces serviteurs dans les travaux engagés.

En dehors de ces longues listes pensées et rigoureusement construites, nous lisons des noms de dieux souvent moins nombreux dans certains textes comme celui de Caton: Silvanus, Cérès et Tellus sont les plus courants. On pourra noter cependant que chez Virgile (*georg.* 1, 338-350), Cérès est la seule invoquée, par stylisation poétique vraisemblablement, pour trois fêtes de croissance de la végétation. Comme c'est toujours la moisson qui est en vue (que les céréales soient à l'état de jeunes pousses, de récolte nouvelle, ou d'épis mûrs), Cérès est la déesse la plus à même de représenter, à elle seule, la finalité de ces différentes fêtes. À l'inverse, une déesse comme *dea Dia* était limitée à un seul champ d'action, la bonne luminosité, les conditions atmosphériques idéales qui garantissent la maturation des épis. Or, après la restauration du collège des frères arvales, elle fut associée, pendant plusieurs décennies, aux autres divinités invoquées lors des vœux pour le salut du prince et de sa famille. Elle disparaît de cette liste après 38 ap. J.-C., sans doute parce que cette activité était hors de son champ de compétence et que cette association semblait inutile, voire incongrue[36].

---

33. Commentaire de Wilkinson (n. 7) 145-149.
34. Scheid, *CFA* 94, col. I l. 20-col. II l. 6. Commentaire complet dans Scheid, *Quand faire c'est croire* 58-83 (textes traduits 301-305).
35. Voir *ThesCRA* I 1 Processions, rom. p. 55-56.
36. Scheid, *Romulus* 711-712.

2.2. Calendrier fixe et fêtes mobiles

Les fêtes qui sont en lien avec l'agriculture suivent à peu près, dans leur répartition dans l'année, le calendrier des travaux agricoles, comme cela est lisible, par exemple, dans les *Menologia Rustica*. Beard/North/Price[37] rappellent cependant que c'est une tendance trompeuse que de croire que ces fêtes perdaient leur sens parce que leur date tombait rarement au moment juste. Les Romains ne liaient pas chronologiquement acte religieux et processus agricole. Le calendrier devait, soulignent-ils, offrir une structure rituelle qui puisse représenter et protéger, par exemple, les processus de l'année agricole sans être constamment liée aux conditions variables et imprévisibles de l'agriculture sur le terrain. L'essentiel était dès lors d'accomplir les rites liés à la fête à la date donnée par le calendrier public.

S'opposent à ces fêtes valables pour l'année les rites accomplis pour une tâche donnée, notamment dans les cérémonies privées, où la date du travail et la date du sacrifice doivent en revanche coïncider. C'est ainsi que Caton précise (140) que si, outre ouvrir une clairière dans un bois (*lucum conlucare* 139), on veut y remuer la terre pour la cultiver (*si fodere velis*), il faut faire un second sacrifice expiatoire pour cette tâche spécifique. Le travail peut se dérouler sur plusieurs jours de suite, mais s'il est interrompu, il faut refaire ce sacrifice.

En revanche les fêtes mobiles (*feriae conceptivae*) ont une date variable à quelques jours près, et ne semblent pas à même de s'adapter à des circonstances climatiques exceptionnelles. Elles ont donc les mêmes vertus que les fêtes fixes, et ont lieu à une époque donnée, qui est toujours la même. À quelques exceptions près (*feriae latinae, compitalia*), les fêtes mobiles sont toutes des fêtes rustiques : *Sementivae, florifertum, augurium canarium, paganalia*. Comme les fêtes fixes, elles n'ont pas forcément de rapport étroit avec la date des travaux agricoles proprement dits : c'est ainsi que la fête des *Sementivae* embarrasse souvent, puisqu'elle a lieu à la fin du mois de janvier, et que les semailles ont lieu à l'automne[38]. Elle ne peut marquer ni le début, ni la fin des semailles. Faut-il forcément supposer qu'elle s'applique à des semailles, minoritaires, de janvier ? La notice de Paul Diacre (*s.v.* « Sementivae », Paul. *Festi* 455 L.) n'est qu'une proposition d'explication étymologique du nom de la fête, introduite par *quasi* et mise au subjonctif : *quasi ex his fruges grandescere possint* (« comme si c'était à partir d'elles que les céréales pouvaient grandir »). Elle sert à expliquer le nom, non la réalité. J. Bayet proposait d'y voir une fête du « cycle végétatif », et

non des « travaux »[39], suivant ainsi ce que dit Ovide (*fast.* 1, 662), *seminibus iactis est ubi fetus ager* (« C'est lorsque la terre est fécondée par les semences qu'on y a jetées »).

Sous les noms des fêtes agraires se lisent souvent de manière transparente la divinité concernée et/ou l'activité visée ; les étymologies des érudits peuvent généralement être prises au premier degré (on donnera ci-dessous l'exemple de Varron), et les gloses qui les accompagnent confirment les informations données par les *Fastes* d'Ovide pour les six premiers mois de l'année.

Les principales fêtes publiques du « cycle agricole », sur l'ensemble de l'année, sont les suivantes[40] :

– c. 24–26 janvier, *Feriae Sementivae/sementiva dies* (Ov. *fast.* 1, 657–696 ; Varro *ling.* 6, 26) : fête mobile, offrande à Tellus et Cérès d'un gâteau d'épeautre et d'une truie pleine. Rituel de germination des graines et de sauvegarde de leur végétation ;

– jusqu'au 17 février, *Fornacalia* (Ov. *fast.* 2, 527 sq. ; Dion. Hal. *ant.* 2, 23 ; Paul. *Festi* 82 L.) : fête mobile des curies, à la déesse Fornax. Torréfaction du grain ;

– 15 février, *Lupercalia*, à Faunus. Ancien rite pastoral ? Fête de purification sociale, à valeur politique[41] ;

– 23 février, *Terminalia*, au dieu des bornes Terminus. Il a son sanctuaire à Rome ;

– 15 avril, *Fordicidia/Hordicidia* (Varro *ling.* 6, 15), sacrifice d'une vache pleine à Tellus sur le Capitole et dans les 30 curies. Fête de reproduction du troupeau bovin. Les Vestales brûlent et conservent la cendre de veau pour les *Parilia* du 21 avril ;

– 19 avril, *Cerialia*, à Cérès. Jour le plus important des *ludi Cereris* (12–19 avril). Croissance des céréales et des produits des champs ;

– 21 avril, *Parilia/Palilia* (Varro *ling.* 6, 15 ; Ov. *fast.* 4, 721–807), à Palès ; purification des ovins – sur l'évolution de cette fête, devenue fête anniversaire de la fondation de Rome, voir ThesCRA VII 3 Fêtes et jeux, rom. **2.2.2, 2.3.1.2** et **4.2.6.1** ;

– 23 avril, *Vinalia* (Ov. *fast.* 4, 863–900), à Jupiter (ou Vénus). Ouverture des jarres de vin nouveau ;

– 25 avril, *Robigalia* (Varro *ling.* 6, 16 ; Ov. *fast.* 4, 905–942), à Robigo, détournement de la rouille des blés. Le flamine de Quirinus se rend au 5ème mille de la Via Claudia ;

– 27 avril, *Ludi Florae/Floralia*, à Flora. Protège la floraison des plantes. Anniversaire de la dédicace du temple de l'Aventin ;

---

37. Beard/North/Price, *RR* 63–64.
38. Mention de deux saisons pour les semailles : Paul. *Festi* 59, 21 L.
39. Bayet 178–179.
40. Pour une liste succincte, voir Scheid, *RR* 45–46 ; pour un développement de chaque fête, lire Robert 289–316 ou Scullard, *Festivals* (avec références aux textes anciens).
41. Dumézil 157–160.

– 17–19 ou 27–29 mai, sacrifice à *dea Dia*; bonne lumière céleste pour le mûrissement des moissons. Aller-retour entre Rome et le *lucus deae Diae*;

– 19 et 21 juillet, *Lucaria*, techniques d'essartage et création de clairières (?);

– 23 juillet, *Neptunalia* (Varro *ling.* 6, 19), à Neptune, maîtrise des eaux captives et canalisations;

– 25 juillet, *Furrinalia* (Varro *ling.* 6, 19), à Furrina, fête complémentaire de la précédente: recherche des eaux souterraines, forage des puits;

– 17 août, *Portunalia* (Varro *ling.* 6, 19), à Portunus, entrée sur terre (dans les transports?);

– 19 août, *Vinalia* (Varro *ling.* 6, 20), à Vénus et Jupiter, protection de la croissance du raisin, ouverture des vendanges;

– 21 août, *Consualia* (Varro *ling.* 6, 20), à Consus, mise en dépôt des récoltes;

– 23 août, *Volcanalia* (Varro *ling.* 6, 20), à Volcanus, détournement des incendies des dépôts;

– 25 août, *Opiconsivia* (Varro *ling.* 6, 21), à Ops, constitution des réserves céréalières;

– 27 août, *Volturnalia* (Varro *ling.* 6, 21), à Volturnus, transports sur le Tibre (?);

– 11 octobre, *Meditrinalia* (Varro *ling.* 6, 21), à Jupiter, dégustation du vin nouveau;

– 13 octobre, *Fontinalia* (Varro *ling.* 6, 22), à Fons, maîtrise des eaux vives et fontaines;

– 15 octobre, Cheval d'octobre, à Mars, convergence d'éléments agraires et militaires[42];

– 15 décembre, *Consualia*, à Consus, ouverture des silos;

– 19 décembre, *Opalia*, à Ops, abondance alimentaire.

On peut reconnaître plusieurs groupements de fêtes agraires, qui présentent une parenté fonctionnelle entre elles.

Le premier groupement se trouve au mois d'avril et concerne la croissance des céréales et la reproduction des troupeaux: *Fordicidia, Cerialia, Parilia, Robigalia, Floralia*. Le calendrier de Préneste glose de deux façons le nom du mois: avril peut tirer son nom de Vénus-Aphrodite ou du fait que c'est en ce mois que tout éclot[43]. Si Ovide (*fast.* 4, 61-132) privilégie la dédicace à Vénus[44] (déesse tutélaire de la *gens Iulia*), il décrit lui aussi ce mois comme le mois de développement de la végétation.

Au mois de juillet, les premiers et seconds *Lucaria* et les *Neptunalia* et *Furrinalia* concernent l'entretien du cadre de la vie agricole (par brûlis, drainage, captation des eaux)[45].

Au mois d'août, les *Portunalia, Vinalia, Consualia, Volcanalia, Opiconsivia* et *Volturnalia* sont liées entre elles pour assurer la préservation des récoltes.

Portunus est lié à l'arrivée de denrées à Rome, Consus préside à l'opération d'engrangement et veille sur les dépôts, Vulcain veille sur les granges (protection contre les incendies – ou brûlis des herbes sèches des pâturages?), Ops garantit l'abondance des réserves alimentaires. *Volturnalia* et *Vinalia* d'automne semblent liés si l'on interprète Volturnus comme étant un vent particulièrement dangereux pour les grappes[46].

Les *Vinalia* sont répétées deux fois, en avril et en août. Il a été noté[47] que ces deux fêtes s'opposent au reste des fêtes du cycle agraire: en août, les céréales sont engrangées, à couvert, et prêtes à être consommées, alors que les vendanges arrivent à peine à maturité; en avril, on célèbre la croissance des céréales dans les champs, alors que le vin arrive à l'état consommable, dans les celliers. Cette opposition entre aliments des hommes (céréales, bétail) et aliments des dieux (vin) permet d'installer les Romains dans une piété exemplaire.

Les calendriers agricoles construisent à l'aide de l'alternance des travaux et des fêtes une illustration exemplaire de ce qu'est le lot de l'homme, producteur et consommateur des produits de son labeur. J.-P. Vernant développe l'idée que l'instauration du rite sacrificiel a eu pour contrepartie, pour «envers», la culture des céréales[48]. Depuis que l'homme a changé de statut et s'est éloigné des dieux, la nourriture, autrefois librement accessible, a été cachée sous terre (réplique de Zeus à la tromperie de Prométhée cachant les parties comestibles de l'animal sous la peau, pour les hommes). Comme la viande de sacrifice, la nourriture humaine, composée de céréales, est consommée au terme d'un commerce soigneusement réglé avec les dieux. Dans les *Travaux et les Jours*, Hésiode (383-617) chante le culte que le paysan rend aux dieux par la culture du blé. Pour pouvoir vivre du pain, le paysan doit accomplir différents travaux, aux termes desquels, s'ils sont exactement accomplis, il aura la bienveillance des dieux.

Ainsi, l'ébauche de calendrier proposée par Ovide à la fin du développement sur les *Sementivae* met à la fois en scène la piété à l'égard de Tellus et de Cérès, et les incertitudes de la croissance, représentées par *dea Dia* et Robigo: il brosse ainsi un tableau complet de la condition humaine, entièrement dépendante à l'égard des dieux[49].

2.3. Productions et patronages divins

Chez les poètes, le passage de la sauvagerie primitive des hommes à la civilisation passe par la campagne et ses dieux: Tibulle (2, 1) chante les dieux de la campagne qui «ont fait perdre à

---

42. Ex. cité par Beard/North/Price, *RR* 65.
43. Degrassi (n. 20) 126-127.
44. Comme les ménologes rustiques.
45. Dumézil 21-55; Scheid 2.
46. Dumézil 85-107; Scheid 2.
47. Scheid 1 et 2.
48. Vernant 58-63.
49. Scheid, *Romulus* 666-668; Scheid 2.

l'homme l'habitude d'assouvir sa faim avec le gland du chêne ». Il évoque successivement la découverte, sous la conduite des dieux, des cabanes, du joug, des roues, des arbres fruitiers, de l'irrigation, du pressage du raisin, de la préparation du vin (coupé avec de l'eau), des moissons, du miel, de la musique, de la danse, des couronnes de fleurs (toutes inventions qui honorent les dieux: chant pour les dieux à la fin du banquet, danses et sacrifice du bouc à Bacchus, couronne pour les Lares), du travail de la laine (Minerve), et enfin des travaux de l'amour (Cupidon).

Les activités agricoles sont diverses et à ce titre réclament des dieux adaptés à ces différentes actions de l'agriculteur, de l'éleveur, du vigneron, du *vilicus* intendant du verger, et des différents ouvriers. On n'évoquera ici, pour une brève synthèse, que les dieux principaux.

Les céréales: activité la plus importante dans l'agriculture italienne, la céréaliculture a pour déesses patronnes Cérès et Tellus. Ovide (*fast.* 1, 673-674), dont le texte repose en partie sur les travaux des antiquaires et grammairiens, les distingue ainsi: Cérès donne aux cultures leur principe (*causam*), l'autre leur milieu (*locum*). Elles ouvrent ensemble le « cycle agricole » avec les *feriae sementivae*, puis sont honorées à quelques jours d'intervalle en avril, Tellus aux *Fordicidia*, Cérès aux *Cerialia*. Elles sont également associées lors du *sacrum Cereale* mentionné par le Servius Danielis (Serv. auctus *georg.* 1, 21). Cérès peut être seule nommée, pour la *porca praecidanea* (Cato *agr.* 134) ou chez Virgile (*georg.* 1, 338-350). L'association avec Liber permet de désigner par métonymie les deux productions essentielles de l'homme civilisé que sont le pain (Cérès) et le vin (Liber): on la trouve chez Varron (*rust.* 1, 1, 4-7), chez Virgile (*georg.* 1, 1-23), chez Tibulle (2, 1). Cérès et Liber/Bacchus, en tant que patrons des productions agricoles, sont présents à Pompéi et dans la campagne environnante, comme l'attestent notamment leurs représentations picturales[50].

Outre ces deux déesses, on pourra mentionner les dieux qui veillent sur la croissance du grain, Flora, Robigo, *dea Dia*, et ceux qui protègent la moisson et son engrangement, Bonus Eventus, Ops, Consus.

Les troupeaux: le caractère pastoral de l'agriculture romaine se lit encore dans quelques fêtes et dieux dédiés aux troupeaux: Silvanus, dieu des forêts, est ainsi invoqué par Caton dans le sacrifice pour les bœufs (*agr.* 83, voir aussi *infra* et **3.5**). La fête officielle des troupeaux est celle des Parilia, dédiée à Palès, et devenue fête anniversaire de la fondation de Rome; l'existence de deux déesses Palès est indiquée par Varron (*rust.* 2, 5, 1). La fête des Lupercalia, dont le mythe étiologique se réfère aux origines de Rome, et aux bergers Romulus et Rémus, avait-elle un rapport avec le caractère pastoral de la Rome archaïque? Le dieu fêté est un dieu champêtre, Faunus (voir *infra*). Ainsi, deux fêtes d'origine probablement pastorale ont changé de sens et sont devenues des fêtes civiques, fête anniversaire de la fondation de Rome, fête de purification sociale.

Le vin: si le dieu qui sert à représenter métonymiquement le vin est Liber (sur le modèle du Dionysos grec?), le véritable destinataire des rites concernant le vin est Jupiter: il est le dieu qui patronne les Vinalia (et non Vénus, voir Ov. *fast.* 4, 863-900), celui à qui est dédiée la première grappe de la vendange (Varron, *ling.* 6, 16). L'aliment des dieux par excellence, le vin, reste sous le patronage du roi des dieux, Jupiter.

Les jardins et les vergers: les agronomes mentionnent peu les rites qui ont trait au jardin, mais il s'agit d'un thème littéraire récurrent dans les *Bucoliques*, et les *Priapées* où Priape est honoré comme gardien, *custos*, d'un enclos. Élément décoratif de marbre, ou dieu rustique taillé dans le bois, Priape est présenté comme élément indispensable du jardin, à tel point que Martial le fait même figurer dans un pot de fleur en ville. Armé d'une faux, d'un roseau sur la tête et de son sexe, il veille sur les maraudeurs et effraie les oiseaux.

Priape semble avant tout un dieu protecteur d'un enclos, et non un dieu de la fertilité. Les offrandes du *vilicus* demandent certes des fruits, mais Priape n'est pas à l'origine des fruits: il veille à ce qu'ils soient préservés des attaques: *Priapea* 53: *quamvis pauca damus consule / poma boni*, « bien que nous donnions peu, veille sur les fruits de l'homme de bien ».

Les fruits sont considérés comme la catégorie de produits agricoles la plus modeste: c'est ce qui ressort de la hiérarchie des flamines, où le flamine le moins important est celui de Pomona[51].

Eaux et forêts: les recherches de G. Dumézil, qui a lié pour ses démonstrations fêtes du calendrier et travaux des *agrimensores*, ont permis d'établir une distinction entre les tâches patronnées par Neptune, Furrina et Fons avant que Neptune, à la compétence plus générale, ne finisse par annexer tous les travaux liés aux eaux[52]. Neptune est le patron des eaux de surface, au cours naturel ou détourné dans des fossés et canaux. La déesse Furrina, obscure pour les Romains de la fin de la République eux-mêmes (Varro *ling.* 6, 19), pourrait avoir été la déesse des eaux secrètes, contenues dans les poches des sous-sols, et qui doivent être

---

50. Van Andringa, W., *Quotidien des dieux et des hommes. La vie religieuse dans les cités du Vésuve à l'époque romaine* (2009) 304-314.

51. Fest. 144 L. *s.v. Maximae dignationis*.
52. Dumézil 21-41.

tirées à la lumière par l'industrie des hommes. Fons, lui, règne sur les sources et leur débit, qu'elles soient naturelles ou artificielles.

Les *Lucaria* ne sont liés à aucun dieu particulier: c'est chaque *lucus* qui va abriter son dieu propre. Deux dieux cependant sont rattachés à la campagne en général, et aux forêts en particulier: Faunus est le dieu de la campagne en tant qu'elle est opposée à la ville, et Silvanus, le dieu de la partie de la campagne couverte de forêts, qu'elle soit restée sauvage ou utilisée par l'homme pour mener ses bœufs au pâturage[53] (voir *infra* **3.5**).

3. Propriétés et Communautés

Les fêtes inscrites dans les *Fastes* ont pour la plupart lieu à Rome, et pour l'ensemble des Romains, mais certains éléments de ces fêtes, et bon nombre de rites proprement agraires, semblent prendre place dans les campagnes, et viser, notamment, à définir les espaces qui composent ces campagnes: domaines particuliers, villages, bois et confins du territoire romain.

3.1. *Lustrationes* et définitions d'espaces

Le verbe *lustrare* et le nom *lustratio* reviennent à plusieurs reprises dans les rites liés aux activités agricoles. Il ne s'agit pas de rites de «purification» des champs ou des bergeries: la procession des animaux autour d'un espace a pour but de définir cet espace, et de le défendre et le protéger contre les agressions extérieures. Voilà pourquoi le dieu Mars est souvent associé à ces rites[54]. L'un des autres objectifs de ce tour de territoire est de constituer une communauté, un groupe qui partage des intérêts communs.

La *lustratio agri* décrite par Caton (*agr.* 141) se déroule de la façon suivante: d'abord a lieu la procession des animaux (suovétaurile) autour du champ, confiée à un assistant (141, 1: il porte le prénom traditionnel des formules de prière de ce type, *Manius*), puis le sacrifice des animaux, avec *praefatio* (141, 2), *immolatio* (141, 2–3), abattage, *litatio* et offrande des *exta* (141, 4). Le banquet sacrificiel n'est pas mentionné. La formule par laquelle la procession est confiée à Manius et les diverses prières du sacrifice comportent des informations précises puisqu'elles redoublent le geste proprement dit, en décrivant les animaux et les terrains où mener la procession (141, 1–2). La portion de territoire qui bénéficie de la lustration est désignée par la triple formule (le triplement est signe d'archaïsme chez Caton): *fundum agrum terramque meam* et complétée par une formule plus générale *quota ex parte sive circumagi sive circumferenda censeas* («pour la partie autour de laquelle tu jugeras bon qu'ils soient menés ou doivent être transportés»). La prière à Mars précise bien les objectifs de la lustration: défense contre les maladies et différents maux qui guettent les cultures (*uti tu morbos... prohibessis, defendas, averruncesque*), aide aux plantes pour parvenir à maturité (*utique tu fruges grandire bene evenire siris*), sauvegarde des bergers, troupeaux et de toute la maisonnée. Ce n'est donc pas un simple espace qui est défini, mais un lieu de vie et de travail pour un groupe humain et ses animaux. La date de la fête n'est pas précisée, mais le fait que les animaux sacrifiés soient qualifiés de *lactentes* oriente vers la période entre avril et juin. Ce sont ces jeunes animaux qui seraient montrés sur une peinture d'un laraire placé dans le péristyle d'une ferme appartenant au territoire de la cité Sant'Antonio Abate (Casa Salese) près de Stabies; en effet, malgré l'absence du porc probablement due à la détérioration de la fresque, W. van Andringa identifie le rite d'un suovétaurile à Mars offert par le *pater familias* (pl. 102, 2)[55].

Seule une partie du rituel de *lustratio* est décrite par Tibulle (2, 1), qui fait entrer la description d'une fête agricole dans une élégie amoureuse[56]. Les dieux invoqués en premier lieu sont Liber et Cérès (v. 3 et 4); viennent plus loin les *dii patrii* (v. 17), les Lares (v. 60) et Cupidon (v. 81). L'absence de Mars est parfois expliquée par le fait qu'il s'agit d'une élégie qui prône la paix, et refuse donc la présence du Mars guerrier[57]. Cupidon y a à la fois son rôle traditionnel (faire se multiplier le cheptel v. 83) et son rôle élégiaque (chacun l'invoque pour soi en secret v. 84–86). L'animal sacrifié est un agneau: dans une autre élégie, Tibulle (1, 1, 21–22) indique que l'offrande dépend de la richesse du domaine, et que celui qui pouvait offrir jadis une génisse pour faire la lustration d'innombrables taureaux peut en être réduit à une agnelle. Lorsqu'il est question de la victime qui marche à l'autel (v. 15–16), il est probable que l'animal a déjà accompli le tour du domaine. Au premier vers, le verbe utilisé est *lustrare*: il devient *purgare* au v. 17. Les bénéficiaires de l'acte rituel s'accroissent: aux récoltes et champs du v. 1 (*fruges lustramus et agros*) s'ajoutent les paysans (v. 17: *purgamus agros, purgamus agrestes*). La prière aux *dii patrii* explicite le sens de la cérémonie: il s'agit de bannir hors des limites (*vos mala de nostris pellite limitibus*, «chassez hors de nos limites les maux») les dangers qui guettent les moissons (maladies) et les animaux (loups), ce qui correspond bien aux objectifs de la lustration et rappelle celle de Caton. L'absence de ces maux signifiera la prospérité du paysan, ce qui se mesure au nombre de ses esclaves

---

53. Voir notamment Dumézil 42–55.
54. Cf. *ThesCRA* I 1 Processions, rom. **VII.A.2**.
55. Van Andringa (n. 50) 314–319 fig. 242.

56. Baudy 127–147.
57. Harmon 1954.

(v. 21-24). Le poème au v. 25 passe alors brutalement de la solennité de cette première partie de la fête à la célébration du banquet où est consommée une grande quantité de vin, et où est chanté un hymne à la campagne qui transcende la situation de la fête : v. 37 *rura cano rurisque deos* («Je chante les campagnes et les dieux de la campagne»). L'histoire de l'agriculture qui y est développée propose une interprétation du rite et lui prête son autorité[58]. Il s'agit de répéter rituellement le passage originel de la sauvagerie à la civilisation. Pour D. Baudy, le rituel a encore une autre dimension sociale : l'importance donnée au banquet festif proprement dit, où les habitants sont appelés à se détendre et à mettre fin aux désaccords entre les participants. Elle explique par cette raison le passage de *lustrare* à *purgare*[59]. La fête décrite par Tibulle est difficile à dater dans l'année ; elle a été rapprochée pour cette raison d'autres fêtes qui lui ressemblaient : voir *infra* **3.2**.

Servius et Macrobe font explicitement le lien entre plusieurs passages de Virgile qui parlent de lustrations et de sacrifices : *ecl.* 3, 77 (sacrifice d'une génisse *pro frugibus*, pour les moissons), *ecl.* 5, 74-75 (lustration des champs) et *georg.* 1, 345 (*terque novas circum felix eat hostia fruges*, «que la victime propitiatoire fasse trois fois le tour des moissons nouvelles»). Dans les *Géorgiques*, ces éléments qui renvoient à la lustration des champs sont suivis immédiatement de ceux qui semblent décrire la *porca praecidanea*[60]. Les deux rites ont en vue la moisson prochaine, et en ont la promesse sous les yeux puisque les céréales ont déjà bien poussé, mais ils se suivent à quelque temps de distance.

Dans l'histoire des origines de l'agriculture brossée par Virgile, c'est Jupiter qui est à l'origine de l'effort à fournir pour cultiver les champs (*georg.* 1, 125-127). Lors de l'âge d'or qui le précédait, la terre produisait tout d'elle-même et ses récoltes étaient mises en commun par tous. Avant Jupiter, donc, *ne signare quidem aut partiri limite campum / fas erat* (v. 126-127 : «il eût été même sacrilège de placer des bornes ou de diviser la campagne par une limite»).

3.2. Ambiguïté des descriptions rituelles

La nature des sources dont nous disposons pour les rites agraires rend difficile l'identification de certaines fêtes, d'autant plus que, par exemple, les poètes empruntent les uns aux autres, stylisent et simplifient. De plus, comme ces fêtes agraires combinent des éléments communs à bien d'autres fêtes et cérémonies, sacrifice, banquet, *circumambulatio*, il peut être tentant d'assimiler des descriptions qui semblent présenter une même séquence de rites.

Le fantôme des *ambarvalia* en est un bon exemple. Ce nom de fête n'est jamais cité par les sources antiques[61] : les érudits de l'antiquité n'emploient que l'adjectif *ambarvalis*, associé à *hostia* ou à *sacrum*. Dans l'*Histoire Auguste*, il peut s'agir là encore d'un adjectif substantivé (s.e. *sacra*) : *Vit. Aurel.* 20, 3 *ambarvalia promissa*. Tout ce que l'on peut tirer des sources antiques est que la victime ambarvale est sacrifiée lors d'un rite ambarval, qui consiste à mener cette victime autour des champs cultivés, des *arva*. Cette victime, ce rituel dépassent le cadre d'une fête précise, qui serait nommée *ambarvalia*, et peuvent être employés dans plusieurs cérémonies fixes ou occasionnelles[62].

J. Scheid raconte par exemple toute l'histoire de l'assimilation du sacrifice de *dea Dia* aux *ambarvalia*, histoire due principalement à la concomitance des travaux d'édition sur Festus et Paul Diacre (Agustín, Scaliger, Orsini), et de la découverte d'un certain nombre de procès-verbaux des Arvales[63]. Dès lors, le sacrifice de l'*ambarvalis hostia* de Paul Diacre (Paul. *Festi* 5 L.) fut attribué aux douze arvales. La coïncidence entre les fêtes de lustration des nouvelles moissons et le sacrifice de *dea Dia* est illusoire : si la fête de *dea Dia* tombe elle aussi en mai (plus exactement : fin mai), c'est parce que *dea Dia* est liée, par sa fonction, à la bonne maturation des céréales au début de l'été.

La conclusion que tire D. Baudy de l'examen de plusieurs rites de lustration en milieu agricole est que ces rites ambarvales ne sont pas liés à une période de l'année ou à un objet précis[64]. Ils peuvent se dérouler aussi bien en janvier qu'en mai ou juin, pour le bien d'un domaine et de ses occupants ou d'un village entier. Le modèle rituel est commun, mais dans le détail plusieurs de ses éléments peuvent varier, ainsi que l'interprétation générale.

La parenté entre ces différentes lustrations est si grande qu'elle a souvent entraîné des confusions entre ces fêtes : Ovide (*fast.* 1, 657-696) imite certains éléments de Tibulle (2, 1), mais il traite d'une fête de janvier (*feriae Sementivae*), alors que Tibulle parle d'une fête de printemps. Les *topoi* du repos du jour de fête sont repris d'un poème à l'autre : le soc doit rester suspendu, les bœufs de labour rester au repos devant leurs crèches pleines. On sait par ailleurs que les paysans pouvaient effectuer un certain nombre de travaux les jours de fêtes[65] : l'image que donnent ici Ovide et Tibulle est idéalisée[66].

---

58. Baudy 142.
59. Baudy 146.
60. D'où, vraisemblablement l'erreur de Phylargyrius, commentateur de Virgile, quand en *buc.* 3, 77 il évoque la génisse que l'on mène autour des champs juste avant la moisson. *Cf.* Baudy 156.
61. Baudy 149 sq.

62. Scheid, *Romulus* 450.
63. Scheid, *Romulus* 442-451. Voir aussi Kilgour, cité et corrigé par Scheid dans ce chapitre.
64. Baudy 181-186.
65. Scaevola chez Macr. *Sat.* 1, 16, 11 ; Cato *agr.* 2 et 138 ; Verg. *georg.* 1, 268-275.
66. Bremmer 178.

Autre problème posé par Ovide: pourquoi évoque-t-il la lustration des villages? A-t-il mélangé *Sementivae* et *Paganalia*, ou y a-t-il correspondance entre les deux fêtes, que Varron et Macrobe citent ensemble (Varro *ling.* 6, 24 et 26; Macr. *Sat.* 1, 16, 6)?

3.3. Des fêtes pour Rome entière, pour les *pagi*, pour les *domini*

Les fêtes de lustration peuvent concerner un territoire plus ou moins grand, allant du terrain de particulier à une cité tout entière: le modèle rituel reste le même, mais la portée change. On observe, semble-t-il, un redoublement de certaines fêtes agricoles, célébrées de façon privée pour des domaines particuliers, mais aussi de façon publique pour un village entier, ou le peuple romain à Rome[67].

Le *pagus* offre une structure qui appartient à la fois à la campagne et à la cité, et permet de relier l'une à l'autre. La ville quant à elle fournit le centre religieux où prenaient place les plus grandes fêtes et où se trouvaient les principaux prêtres publics[68]. Une série de rites agraires (*dea Dia*, Robigo) ont d'ailleurs lieu dans les deux lieux, ville et sanctuaires de confins, et des processions permettent de faire le lien entre les deux (voir *infra* **3.5**). Plusieurs rites mettent en scène des prêtres publics qui se rendent dans la campagne: outre le flamine de Quirinus (pour Robigo) et les frères arvales, les Vestales interviennent aux *Parilia* pour distribuer au peuple des objets recueillis lors de diverses fêtes: sang de cheval (du cheval d'Octobre?), cendre de veau (*Fordicidia*), tiges de fèves. Dans le poème d'Ovide, on passe, à quelques vers d'intervalle, du peuple qui va chercher ces éléments à l'autel de Vesta au berger qui purifie ses brebis, ses bergeries et lui-même. Le lien entre ces deux parties de la fête est assuré par Ovide qui affirme avoir souvent manipulé cendre de veau et tiges de fèves, et sauté par-dessus les feux. Mais le poète a-t-il vraiment participé à cette fête, et fait-il part de souvenirs personnels? Ou doit-il simplement légitimer son chant, montrer qu'il est la bonne personne pour chanter cette fête et donner une autorité à ses spéculations antiquaires[69]? Si la scène de distribution des éléments purificateurs avait lieu dans un village hors de Rome, cela poserait d'autres problèmes: comment faire parvenir cette mixture à toutes les communautés de bergers de l'*ager Romanus*? Varron (*ling.* 6, 16) précise que pour les auspices de vendange (*auspicatio vindemiae*), dans un certain nombre de lieux (*aliquot locis*), les vendanges étaient faites publiquement par les prêtres. Il ne donne comme exemple cependant que le cas de Rome, où le flamine de Jupiter cueillait la première grappe.

Varron (*ling.* 6, 24 et 26) et Macrobe (*Sat.* 1, 16, 6) citent ensemble à la suite *Sementivae* et *Paganalia* (ou *paganicae*), mais les distinguent. Or, dans un développement qui est explicitement lié aux *Sementivae*, Ovide précise: *pagus lustratur*. D. Baudy propose de lire dans les *Paganalia* (ou les *Paganicae*) un équivalent rural de la fête publique des *Sementivae*, s'appuyant pour cela sur Varron, qui dit que les *Paganicae* ont le même sens (*eiusdem agriculturae causa*) que les semailles. Alors que les *Sementivae*, fête publique dont la date est annoncée par un pontife, sont une fête du peuple entier, les *Paganalia*, qui avaient sans doute lieu vers la même période, sont une fête d'un *pagus* en particulier (*alicuius pagus*, Varro *ling.* 6, 24).

3.4. Les acteurs: des Vestales aux *vilici*

Lorsque les fêtes sont inscrites au calendrier romain, elles impliquent souvent la participation d'un prêtre public qui se trouve à Rome et non dans un domaine particulier: les pontifes et les Vestales pour les *Fordicidia*, les Vestales pour les *Parilia*, un flamine pour le *sacrum Cereale* (Serv. *georg.* 1, 21), le flamine de Quirinus pour les *Robigalia* (Ov. *fast.* 4, 905-942), les frères arvales pour le sacrifice à *dea Dia*. Aux *Fordicidia*, la fête évoquée par Ovide (*fast.* 4, 629-676) semble tout entière romaine: les victimes sont immolées au Capitole et dans les curies. L'ambiguïté subsiste pour les *Parilia* (Ov. *fast.* 4, 721-807), qui sont célébrées à la fois par le peuple qui va à l'autel de Vesta, et les bergers dans leurs bergeries. Bien que l'on ne connaisse pas la liste complète des 15 flamines, on sait que plusieurs d'entre eux se rapportent à des divinités agraires et sont gages de leur ancienneté: Cérès, Furrina, Flora, Pomona (fruits)[70]. Le flamine de Quirinus (pour Robigo) et les frères arvales se déplacent dans les sanctuaires de Robigo et de *dea Dia* pour célébrer tout ou partie des rites dont ils ont la charge. Le flamine de Jupiter se rend dans les vignes pour prendre les auspices de vendange.

Dans les célébrations privées, c'est le *dominus* qui a autorité pour les sacrifices agraires. Les prescriptions de Caton (*agr.* 5, 3) ne manquent pas de mentionner les devoirs du *vilicus* (5, 3) et de la *vilica* (143, 1), qui remplacent le maître absent du domaine agricole. L'un comme l'autre ne peut faire de sacrifice en son nom propre et doit toujours agir sur ordre du maître. Seul le *vilicus* peut sacrifier de son propre chef à la fête des carrefours, les *compitalia*. Pour l'offrande pour les bœufs, dédiée à Mars

---

67. Voir Fest. 284 L. *s.v. Privata sacra*, qui indique que les fêtes *pro pagis* font partie des fêtes publiques, celles *pro familiis* sont privées.
68. North 139-140.
69. North 140-141.

70. Voir Vangaard, *Flamen* 24-29: *flamen Cerialis* (*CIL* VI 5028); *flamen Floralis* (Varro *ling.* 7, 45); *flamen Furinalis* (Varro *ling.* 5, 84. 7, 45); *flamen Pomonalis* (Varro *ling.* 7, 45; Fest. 144 L.; *CIL* III 12732 suppl.).

et Silvanus dans la forêt (83), il est précisé que le sacrifice peut être accompli par un esclave ou par un homme libre, mais que les femmes en sont exclues. Ceci est confirmé par plusieurs monuments. Ainsi une dédicace à Silvanus indique que l'esclave Antonius a offert à la divinité un autel pour le salut de son maître Quintus Nunnus Apollonius et de sa famille[71]. Un autel mieux conservé et plus élaboré montre la figure sculptée de la divinité avec ses attributs, dont la serpe (*ascia*) et le chien, qui surplombe l'inscription: là encore le monument a été offert par un esclave (pl. 102, 2)[72]. Deux autres autels mentionnent que la dédicace a été faite par un *vilicus*, le *vilicus* de S. Baebius Nymphodotus[73], le *vilicus* de Lucius Clodius Iustus Egnatius Priscus (pl. 102, 3)[74]. Sur les reliefs, c'est plutôt un porc ou un bélier qui est montré comme victime sacrificielle.

Dans les célébrations qui impliquent des communautés, cette communauté, notamment sa jeunesse, est souvent présente: *turba candida* chez Tibulle (2, 1) ou *cuncta pubes agrestis*[75] chez Virgile (*georg.* 1, 338-350).

3.5. Les lieux: des espaces hors la ville, mais civilisés

Aucun des rites agraires étudiés ici n'a lieu dans un endroit entièrement sauvage, même s'il peut être plus ou moins éloigné de la ville et des villages.

Le dieu Silvanus, dieu des forêts, mais aussi de l'agriculture et des pâturages (et des greniers à grain), est un dieu qui permet de lier monde civilisé et monde sauvage. Les *silvae*, les forêts, qui lui donnent son nom, entourent les domaines agricoles, et les troupeaux passent dans ces différents territoires. C'est ainsi que le sacrifice pour les bœufs de Caton (*agr.* 83) se déroule *in silva*, et est adressé à la fois à Mars et Silvanus. Horace (*epist.* 2, 21, 22) qualifie Silvanus de *tutor finium* (gardien des frontières).

Un certain nombre de sanctuaires ou de traditions liés à l'agriculture occupent à Rome la rive droite du Tibre (la gauche comprend des éléments guerriers)[76]: sanctuaires de *dea Dia*, Robigo, Mars, mais aussi bois sacré de Furrina, autel de *Fons*, tradition de Cincinnatus (*prata Quinctia*) et des *prata Mucia*. Certains sont des sanctuaires de confins (*dea Dia*, Robigo), situés à la limite de l'*ager Romanus*, et en marquent le commencement à des emplacements précis sur des routes importantes de Rome (Via Claudia, Via Campana). Ces divinités ont pour fonction principale d'empêcher les maux de violer le territoire de Rome (Mars), et notamment de ravager les champs cultivés, par la rouille (Robigo), ou par les mauvaises conditions climatiques (*dea Dia*). Le jour des *Robigalia*, une procession a lieu de Rome jusqu'à la limite de son territoire, au sanctuaire de Robigo (Via Claudia); les trois jours du sacrifice de *dea Dia* se répartissent entre Rome et le sanctuaire de la déesse situé sur la Via Campana. Ces sanctuaires extra-urbains, qu'ils soient guerriers (rive gauche) ou agraires (rive droite), signifient la mainmise de la cité sur son territoire et ses récoltes, à travers ces processions et rites annuels.

Les sanctuaires qui se trouvent à la campagne ne sont pas forcément des sanctuaires pour les campagnards. Liés assez souvent au culte des sources, ils accueillent toute une population urbaine et rurale qui y laisse en abondance des ex-voto[77].

MARIE-KARINE LHOMMÉ / VALÉRIE HUET

---

71. La Spezia, Mus. Civ. 1705; de Luni. Sur la face principale, apparaît l'inscription: *pro salu(te) / Q(uinti) Nunni A/[p]olloni / familia[e] / eius et su(ae) / Silvano / sacru[m] / posuit / Antonius / ser(vus)*. Les côtés montrent un vase et une patère; la face postérieure un canthare. Schraudolph, *Götterweihungen* 171 n° S 5.

72. (= *LIMC* VII Silvanus **97**) Rome, Ant. Comunale 15704. *CIL* VI 598: *Demetrius (Cai) n(ostri) s(ervus) ex viso / huic ioco Tutela posuit*. Schraudolph, *Götterweihungen* 176-177 n° S 16 pl. 16.

73. L'autel a disparu. *CIL* XI 6947; Schraudolph, *Götterweihungen* 174 n° S 10.

74. Rome, Mus. Cap., mag. Antiquarium NCE 3091. *AEpigr* (1937) 61; Schraudolph, *Götterweihungen* 178 n° S 18 pl. 17. L'inscription est datée du 13 janvier 111: *Silvano Sancto sacrum / Chryses L(uci) Clodi Iusti Egnati / Prisci vilicus / cellae Civicianae / ex viso d(onum) d(edit) dedicavit Idibus / Ianuaris / Bolano et Pisone co(n)s(ulibus)*.

75. Une notice du lexique de Festus (300 L. *s.v. pube praesenti*) précise que *pubes* équivaut dans l'expression commentée à *populus*, le peuple.

76. Scheid, *Romulus* 714-715; id., «Les sanctuaires de confins dans la Rome antique. Réalité et permanence d'une représentation idéale de l'espace romain», dans *L'Urbs. Espace urbain et histoire* (1987) 583-595.

77. North 143-145.

2.b. ARTISANAT, COMMERCE

Artisanat et commerce dans le monde grec

PLAN DU CHAPITRE
1. Activités artisanales et marchandes sous la protection d'une divinité 345
2. Occuper sa place et tenir son rang dans les sanctuaires 349
3. Le rôle et la place des sanctuaires dans les activités commerciales 351

Artisanat et commerce, en Grèce ancienne, sont deux activités dont on retrouve constamment l'empreinte dans la sphère sacrée, tout au long de l'histoire de la cité grecque. Soit qu'ils participent de la relation même au divin (cas de l'artisanat sacré, notamment) soit qu'ils se placent sous la protection des dieux (à l'exemple du commerce). Quant aux sanctuaires eux-mêmes, ils furent aussi les acteurs tout à la fois d'un jeu social et civique où les artisans devaient trouver leur place et de pratiques commerciales auxquelles ils apportèrent garanties et fonds, jouant ainsi un rôle inédit dans l'économie marchande des cités grecques.

1. Activités artisanales et marchandes sous la protection d'une divinité

Rendre un culte à leurs divinités protectrices est d'abord, pour les artisans comme pour les commerçants, la plus sûre garantie du bon déroulement voire du succès même de leurs activités de production ou d'échanges. Dans leur commerce avec les dieux, artisans et commerçants prennent en effet ceux-ci à témoins et comme garants de leurs activités de production ou de leurs transactions commerciales.

Athéna *Erganè*, qui accompagne la production d'*erga*, ou encore «la travailleuse», et Héphaïstos, le dieu forgeron, «maître de l'élément igné» (P. Grimal), sont les divinités techniciennes par excellence, sans lesquelles il n'est de bonne *technè* (entendue ici comme la mise en œuvre d'un savoir-faire dans un métier). L'exemple d'Athènes est ici éclairant: les statues d'Athéna (Erganè) et d'Héphaïstos étaient placées toutes deux, côte à côte, au témoignage de Pausanias (1, 14, 6), dans l'Héphaïstéion[1]. Celui-ci, placé en bordure de l'Agora, qu'il domine, à l'ouest, sacralisait en quelque sorte les activités exercées à la périphérie de la place publique athénienne.

Les deux divinités étaient aussi, à Athènes, l'objet d'un culte commun, célébré à l'occasion de mêmes fêtes, les *Chalkéia*, le 30 du mois *Pyanepsion*, fêtes qui, comme leur nom l'indique, avaient rapport avec l'artisanat du bronze (*chalkos*). Rien de bien étonnant, au demeurant, dans une telle association, puisque les deux divinités partagent cette *métis*[2], cette intelligence rusée indispensable au succès de toute *technè*. On sacrifiait aussi à Athéna *Erganè* sur l'Acropole[3].

À ces deux divinités spécialisées dans cette fonction technique, il convient d'ajouter Mètis, personnification de l'Intelligence rusée, à qui M. Detienne et J.-P. Vernant, en leur temps, ont rendu toute sa place.

Hermès lui-même, comme l'a rappelé G. Siebert[4], est aussi à l'occasion, au témoignage de certaines sources littéraires, un dieu «industrieux», inventeur, par exemple du feu (*h. Hom. Hermès* 110).

On notera qu'à côté de ce Panthéon divin, les artisans inscrivaient également leur activité dans une lignée héroïque. Dédale[5], fils de Métion, demeurera de ce point de vue la figure héroïque de toutes les formes d'artisanat. On lui ajoutera d'autres figures, héroïnes de traditions diverses, telle Thétis, associée à l'invention de l'art des métaux, ou encore les Telchines, à l'origine des premières statues de dieux ou enfin les Cabires, présidant aux arts du feu.

Il est plus difficile, en dépit des apparences, d'associer une divinité marchande spécifique aux activités du commerce et de l'échange dans le monde grec. À l'inverse du monde romain, où Mercure est roi. La situation est ici radicalement différente et Hermès, de nouveau, dieu par excellence du passage et des passages, des espaces ou-

---

1. (= *LIMC* II Athena **241***, IV Hephaistos **67**).
2. Detienne M./Vernant J.-P., *Les ruses de l'intelligence: la mètis des Grecs* (1974), *cf.* le chapitre 4: «Les savoirs divins: Athéna, Héphaïstos» (p. 167–260).
3. Voir *LIMC* II Athena p. 961–964; Henrich, F., *Das Epinetron* (2006) 51–52.

4. *LIMC* V Hermes p. 288. G. Siebert rappelle, entre autres attestations, son patronage invoqué par Ulysse à propos de sa propre habileté manuelle (Hom. *Od*. 15, 319–320).
5. Frontisi Ducroux, F., *Dédale. Mythologie de l'artisan en Grèce ancienne* (2000).

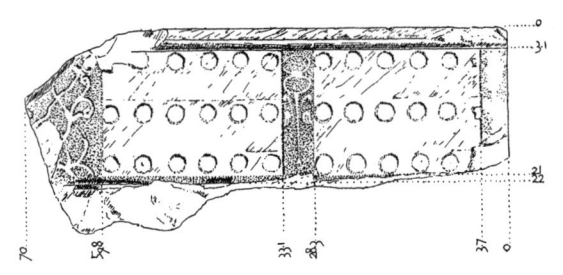

Fig. 1

verts et des échanges[6], ne se spécialisera jamais dans cette seule fonction de protecteur des marchands qu'il exercera par le biais de la notion d'abondance que certaines sources littéraires lui reconnaissent. L'*Hymne homérique à Hermès* (516-517) en fait, dès le dernier tiers du VIe s. av. J.-C.[7], le «Fondateur de l'Échange», des *epamoibima erga*. Aristophane, dans son *Ploutos* (1155-1157), met en scène un Hermès se présentant à Karion, «Le Juste», comme pouvant à la demande exercer les fonctions d'«un commerçant» (*empolaion*), d'«un revendeur» (*palinkapèlon*) voire d'un «dupeur» (*dolion*). Sans succès. On retient souvent de cet extrait l'idée d'un Hermès patron des commerçants. On pourrait aussi bien y lire l'un des nombreux exemples témoignant de la polyvalence fonctionnelle du dieu justement irréductible à ce seul aspect. Qu'il fût en revanche le marqueur du passage d'un lieu à un autre, d'un type d'espace à un autre et notamment commercial, est attesté par de multiples exemples littéraires, épigraphiques ou plastiques[8].

En réalité, Hermès ne deviendra effectivement le patron des marchands qu'à la faveur du progrès des échanges fondés sur la monnaie et non plus sur le troc et surtout de son rapprochement avec le Mercure romain[9], auquel les commerçants italiens rendaient, eux, on le sait, un culte privilégié[10]. À Délos, place marchande de tout premier plan, au IIe et Ier s. av. J.-C., il paraît avoir été l'une des divinités les plus importantes de la colonie italienne implantée dans l'île sacrée, au témoignage, notamment, de la documentation épigraphique[11]. On sait quel rôle les Italiens y ont joué en matière de commerce[12]. L'Agora des Italiens restera le symbole le plus éclatant de cette présence italienne. Hermès y occupait justement une place privilégiée, qu'il s'agisse de la dédicace probable à Hermès, par les Hermaïstes du côté Ouest de l'étage[13] ou de la représentation peinte du caducée entre deux mutules (fig. 1)[14].

À Délos, toujours, et au témoignage des dédicaces conservées, ce sont par exemple les négociants en vin et en huile de l'Agora des Déliens, les *oinôpolai* (marchands de vin; *IDélos* 1711) et les *elaiopôlai* (marchands d'huile; *IDélos* 1713 et 1714) qui lui rendent un culte[15]. On conserve par exemple des premiers une dédicace à «Hermès, Dionysos et Apollon» (*IDélos* 1712)[16]. Quelques inscriptions attestent l'existence de deux associations de commerçants italiens[17].

Outre ces divinités ou ces héros spécifiques aux deux activités évoquées, d'autres dieux – ici sans qu'ils soient particulièrement spécialisés dans l'une ou l'autre d'entre elles – sont les garants de l'échange lui-même, à l'instar de Poséidon, maître de la mer et dieu des marins et des pêcheurs. Fut-il aussi le dieu des *emporoi* et des *nauklèroi*?[18] À l'évidence. Dès lors que le commerce international empruntait, pour une large part, les voies maritimes, les uns comme les autres pouvaient lui consacrer offrandes et ex-voto, voire procéder à des sacrifices[19], au même titre que les «simples» marins ou pêcheurs. Les études les plus récentes et les mieux informées[20] peinent encore (ou se refusent) cependant à distinguer, dans les cultes maritimes, entre les différentes catégories de «navigants», leur préférant ce dernier terme générique.

Poséidon Asphaleios n'était pas, tant s'en faut, le seul garant de la sécurité de la circulation maritime des biens et des personnes. Aphrodite, les Dioscures, Apollon ou encore Athéna étaient aussi l'objet d'un culte de la part des gens de la mer, et donc, aussi, du commerce international. Apollon était encore honoré, à Délos, par l'exécution d'une

---

6. Vernant, J.-P., «Hestia-Hermès. Sur l'expression religieuse de l'espace et du mouvement chez les Grecs», dans id., *Mythe et pensée chez les Grecs* I (1982) 124-170.

7. Si l'on s'en tient à la date proposée par Humbert, J., Homère, *Hymnes* (1951).

8. Pour un tableau complet des types hermaïques et de leurs lieux d'exposition, voir Wrede, H., *Die antike Herme* (1985).

9. Sur cette question délicate, Siebert, G., «D'Hermès à Mercure», dans Saïd, S. (éd.), *Hellenismos. Quelques jalons pour une histoire de l'identité grecque. Actes Colloque Strasbourg 1989* (1991) 101-117.

10. *Cf.* ThesCRA VI 2 b Artisanat, commerce, rom. sect. 1.

11. *Cf.* l'étude fondamentale de Bruneau, *Cultes*.

12. Müller, C./Hasenohr, Cl. (éds.), *Les Italiens dans le monde grec, IIe s. av. J.-C. – Ier s. ap. J.-C.*, BCH Suppl. 41 (2002).

13. Bruneau, *Cultes* 589.

14. *EADélos* XIX (1939) 24 fig. 23; Bruneau, *Cultes* 354 et n. 2.

15. Bruneau, *Cultes* 353-354.

16. Bruneau, *Cultes* 589.

17. Hasenohr, Cl., «Italiens et Phéniciens à Délos: organisation et relations de deux groupes d'étrangers résidents (IIe-Ier s. av. J.-C.)», dans Comapatangelo, R./Schwentzel, Ch.-G. (éds.), *Étrangers dans la cité romaine* (2007) 77-90.

18. Reed, C. M., *Maritime Traders in the Ancient Greek World* (2003).

19. À Délos, un autel était ainsi consacré à *Poséidon Nauklarios*, au témoignage de l'inscription gravée sur son orthostate frontal (*IDélos* 2483). *Cf.* Bruneau, *Cultes* 257-267 pour l'ensemble du dossier «Poséidon».

20. On retiendra ici la mise au point la plus récente et la plus complète de Romero Recio, M., *Cultos Marítimos y Religiosidad de Navegantes en el Mundo Griego Antiguo* (2000); *cf.* ThesCRA VI 2 f Voyages en mer.

danse sacrée autour de l'Autel de Cornes du dieu[21], passage obligé que ce rite étrange auquel marins et marchands ne pouvaient se soustraire, si l'on en croit du moins un passage de l'*Hymne à Délos* de Callimaque (Kall. *h.* 4, 316–323).

Héra elle-même, pourtant peu voyageuse, fut honorée, à Samos, par marins et commerçants. Prévalait alors, dans ce cas, le caractère poliade de la divinité honorée plutôt que son éventuelle spécialisation en matière maritime. Comme le remarque M. Romero Recio, la plupart des divinités du monde grec s'adaptaient en réalité facilement aux exigences religieuses propres à chacun de ces «navigants»[22]. Jusqu'à accepter comme offrandes des objets empruntés au monde de la navigation avec lequel elles n'entretenaient pourtant aucun rapport, telles Artémis, Héra ou Athéna[23]. Quand, à l'inverse, des divinités maritimes pouvaient se voir consacrés des objets que rien ne rattachait à la mer.

Dieux et déesses pouvaient participer à l'échange lui-même et le garantir par leur présence – au droit et/ou au revers – sur la monnaie, marque de souveraineté mais aussi acteur essentiel du commerce international. La monnaie, frappée à l'effigie de la divinité poliade ou seulement à l'image d'un mythe rattaché à celle-ci, faisait d'elle non seulement la marque de la cité émettrice, mais aussi la garante de la sincérité de l'échange[24]. On ne citera ici que l'exemple des monnaies athéniennes, frappées, à partir de 515 av. J.-C. environ, de la tête d'Athéna au droit et d'une chouette au revers. Mais ici Athéna n'est garante de la valeur de la monnaie et donc de l'échange que parce qu'elle incarne et protège la communauté des citoyens athéniens.

Au-delà du seul cas de l'effigie monétaire, l'image d'un dieu ou d'une déesse quelconques, voire l'image de leur image (cas d'une statue divine reproduite sur un autre type de support et de matériau) trouvait à exercer son rôle de garant dans une autre circonstance et sous une autre forme: celle d'empreinte en terre crue scellant des documents bancaires ou commerciaux, à l'instar des fameux sceaux trouvés à Délos dans une maison du quartier de Skardhana[25]. Les sceaux eux-mêmes étaient apposés par chacun des témoins ou des parties concernées, sur des pastilles d'argile collées sur des liens réunissant des papyri traitant de transactions commerciales privées. Leur cuisson accidentelle, en 69 av. J.-C., a permis leur conservation et par là même la transmission de types iconographiques divins, et notamment statuaires, mal connus jusque là.

Enfin, c'est par un culte commun rendu à certaines divinités que des groupes humains définis cette fois non pas seulement par leur seule activité (artisanale ou commerciale) mais aussi par leur origine nationale, généralement extérieure au monde grec, ont affirmé leur identité. Ce fut par excellence le cas des marchands et nauclères opérant dans le cadre du commerce international.

Les plus anciens témoignages de ces regroupements de marchands étrangers de même origine autour d'un lieu de culte commun remonteraient aux années 330–320 av. J.-C. Au Pirée, dont l'activité portuaire marchande ne fait que s'accroître alors, ce sont les Égyptiens, les Phéniciens ou encore les Thraces qui fondent alors leurs lieux de culte propres, en l'honneur de leurs divinités nationales. En 333 av. J.-C., au témoignage d'un décret attique trouvé au Pirée, des commerçants (*emporoi*) originaires de Kition (Chypre), demandent aux Athéniens un terrain pour y fonder un sanctuaire à leur divinité tutélaire, Aphrodite[26]. La cité athénienne accède à cette requête, et leur concède – fait rarissime dès lors qu'il s'agit de métèques – l'*enktèsis*, la pleine propriété du sol sur lequel le temple sera édifié, en précisant qu'il en sera dans leur cas comme dans celui des Égyptiens quand ils avaient fondé leur propre sanctuaire en l'honneur d'Isis. On considère généralement, quoique sans preuve définitive, que ces commerçants venus de Kition constituaient sans doute déjà une association professionnelle.

À Délos, marchands et nauclères pouvaient se réunir sur la base d'un même trafic en direction d'une même destination. C'est le cas, par exemple, des «marchands et nauclères qui trafiquent avec la Bithynie»[27]. Dans la deuxième moitié du IIe s. av. J.-C., ils consacrent à Apollon, Artémis et Léto la statue d'un certain «Méléagros, fils de Zmertomaros, de Nicée», «en raison de sa bienveillance à leur égard». Les commentateurs n'y reconnaissent pas nécessairement la marque d'une communauté que réunirait une même nationalité mais plutôt un regroupement de circonstance visant à récompenser un tiers pour ses bons offices[28].

La réunion en associations de commerçants, sur critère national, requérait à Délos, aussi, à l'époque

---

21. Sur l'autel de Délos, identifié avec le «*Keratôn*» et l'ensemble du dossier consacré aux rituels qui leur étaient associés, *cf.* Bruneau, *Cultes* 19-35; *ThesCRA* II 4 b Dance p. 308-309.

22. Romero Recio (n. 20) 154.

23. Exemples justement cités par Romero Recio (n. 20) 156.

24. Picard, O., *Chalcis et la confédération eubéenne. Etude de numismatique et d'histoire* (1980); Rebuffat, F., *La monnaie dans l'Antiquité* (1996).

25. Boussac, M.-F., *Les Sceaux de Délos* 1, *Sceaux publics, Apollon, Hélios, Artémis, Hécate* (1992).

26. *IG* II^2 337 = Tod II 189; *cf.* Bresson, A., *La cité marchande* (2000) 23-24.

27. Dürrbach, F., *Choix d'inscriptions de Délos* I (1921-22) 172-173 n° 103.

28. *Ibid.* 173.

hellénistique, la protection de divinités tutélaires (les *theoi patrioi*), garantes de leurs activités: on pourrait encore citer ici Héraklès, divinité tutélaire de l'association des *Héracléistes* de Tyr[29], ou encore Poséidon, protecteur des *Poséidoniastes* de Bérytos[30]. Chacune d'entre elles possédait ses installations cultuelles propres. À l'instar, justement, de ce *koinon* de «marchands, nauclères et entrepositaires de Bérytos», aménagé par les Phéniciens en 153 av. J.-C.[31] et qui ne comportait pas moins de trois chapelles, dédiées à Poséidon, Astarté et Rome, outre ses fonctions de «centre de réunion, bourse de commerce et hôtellerie de passage»[32]. On notera qu'ici les cultes rendus aux divinités nationales n'excluaient pas, le cas échéant, de consacrer à Apollon des statues. Telles celle du peuple athénien, consacrée à Délos, en 122/121 ou en 110/109 av. J.-C. de nouveau par «les marchands, nauclères et entrepositaires de Bérytos établis à Délos» en l'honneur du peuple athénien lui-même[33].

À l'opposé de ces marchands étrangers venus commercer en Grèce, des commerçants grecs, «qui faisaient escale en Egypte sans vouloir s'y fixer», se virent proposer, au témoignage d'Hérodote (2, 178–179), par le souverain égyptien Amasis, «des emplacements où élever des autels et des sanctuaires à leurs dieux»[34]. L'historien des Guerres Médiques précise que le plus fameux d'entre eux, au nom révélateur, «l'Hellénion» de Naukratis, était une fondation commune à dix cités d'Asie Mineure. C'est de ce *koinon* de cités qu'émanaient ceux qu'Hérodote nomme les «commissaires de la place de commerce»[35]. De même, à Gravisca, le port de Tarquinia, les artisans et commerçants grecs se virent autorisés à élever leurs propres sanctuaires[36].

N'oublions pas, enfin, les cultes rendus à titre privé par tel ou tel artisan ou commerçant à un dieu ou une déesse en particulier, sans qu'il soit nécessaire ou possible d'établir un lien quelconque avec les attributions de l'une ou de l'autre et l'activité même du dédicant. Nul besoin, par exemple, de supposer un Apollon «technicien» au vu de la dédicace à Apollon, par un certain Onésos, à Kamiros, d'une roue de char, sous la forme suivante: «Onésos, le forgeron, m'a dédiée à Apollon, moi, une roue de char»[37]. Il reste cependant que c'est bien l'excellence de son savoir-faire, dont il délègue la célébration à l'objet produit, que l'artisan consacre au dieu.

L'un des exemples les plus spectaculaires de la consécration de tels savoir-faire à une divinité «non technicienne» restera, par leur nombre comme par leur iconographie, les plaquettes votives (*pinakes*) en terre cuite trouvées à Penteskouphia, dans un sanctuaire de plein air dédié principalement à Poséidon et situé sur le territoire de l'ancienne Corinthe, à 2,5 kilomètres au S.-O. de l'Acrocorinthe[38]. Plus d'un millier d'entre elles sont parvenues jusqu'à nous, depuis leur mise au jour en 1879, à l'occasion de la fouille d'un *bothros*. La présence de trous sur bon nombre de ces plaquettes suggère qu'elles étaient à l'origine suspendues à des branches d'arbres par des cordelettes.

Consacrés dès le dernier quart du VIIe s. av. J.-C. pour les plus anciens d'entre eux, mais datés le plus souvent du VIe s. (jusque vers 500 av. J.-C.), peints généralement sur les deux faces, ces documents exceptionnels portent le plus souvent les représentations de Poséidon lui-même ou d'Amphitrite[39]. Mais un petit nombre d'entre eux se distingue par l'originalité des scènes qu'on y reconnaît, empruntées aux activités des potiers, depuis l'extraction de l'argile en carrière (pl. 103, 1)[40] jusqu'à la cuisson au four (pl. 103, 2–3)[41], en passant par le tournage d'un vase (pl. 103, 4)[42]. La réputation des potiers corinthiens excédait largement, à l'époque archaïque, le seul cadre de la cité de Corinthe, fameuse notamment pour ses productions d'aryballes et d'alabastres. Certains de ces *pinakes* portaient les noms de leurs dédicants, encore lisibles aujourd'hui (pl. 103, 5)[43]. Si l'on excepte le cas des plaquettes de Penteskouphia, la consécration, par les artisans, de leur propre image «au travail», demeurera un phénomène relative-

---

29. Bruneau, *Cultes* 409–410.
30. Baslez, M.-F., «Les communautés d'Orientaux», dans Lonis, R. (éd.), *L'Etranger dans le monde grec*, 1 (1988) 139–158; *Guide de Délos* (1983³) n° 57.
31. *IDélos* 1520; Dürrbach (n. 27) 197–199 n° 119.
32. *Guide de Délos* (1983³) 175.
33. Dürrbach (n. 27) 118–119 n° 118.
34. Austin, M./Vidal-Naquet, P., *Economies et sociétés en Grèce ancienne* (1972) 258–259 n° 46. Commentaire détaillé par Bresson (n. 26) 14–63: «Rhodes, l'Hellénion et le statut de Naucratis (VIe–IVe s. av. J.-C.)».
35. Sur Naucratis, voir en dernier lieu Möller, A., *Naukratis. Trade in Archaic Greece* (2000) et le dossier «Autour de Naucratis», réuni dans *Topoi* 12–13/1 (2005) 133–257.
36. Torelli, M., «Il sanctuario di Hera a Gravisca», *PP* 136 (1971) 44–67; Bresson (n. 26) 55.
37. (= *ThesCRA* I 2 d Offrandes votives, gr. **185*** avec bibl.) Lazzarini, M. L., *Le formule delle dediche votive nella Grecia arcaica* (1976) 779.
38. Pas de publication exhaustive, à ce jour encore, des plaquettes de Penteskouphia. Voir Vidale, M., *L'idea di un lavoro lieve. Il lavoro artigianale nelle immagini della ceramica greca tra VI e IV secolo A.C.* (2002) 237–253; Mylonopoulos, J., Πελοπόννησος οἰκητήριον Ποσειδῶνος. *Heiligtümer und Kulte des Poseidon auf der Peloponnes* (2003) 201–204 avec bibl.; *ThesCRA* I 2 d Offrandes votives **109*–110**.
39. Voir *LIMC* I Amphitrite p. 725–727, VIII Poseidon p. 456–458. Hermès et Athéna (voir *LIMC* II Athena **564**, Suppl. 2009 Athena **add.5***) se rencontrent aussi parfois.
40. Berlin, Staatl. Mus. F 871. Vidale (n. 38) 238–239 fig. 41.
41. *Cf.* par ex. Berlin, Staatl. Mus. F 608. F 802 (Vidale [n. 38] 250 fig. 50; ici pl. 103, 2–3) et Paris, Louvre MNB 2858 (Vidale [n. 38] 246 fig. 48; ici pl. 103, 5). 18 plaquettes représentent à ce jour des fours de potiers.
42. Paris, Louvre MNB 2857.
43. À l'instar d'un dénommé Sordis (potier) et d'un Onymon, dont les noms sont inscrits sur l'une et l'autre des faces d'un *pinax* conservé à Paris, Louvre MNB 2858, vers 600–575 av. J.-C. Denoyelle, M., *Chefs-d'œuvre de la céramique grecque* (1994) n° 15.

ment rare dans le monde grec, illustrant, une fois de plus, le caractère secret de ces artisans «héros secrets de l'histoire grecque» (P. Vidal-Naquet). Le corpus des représentations d'artisans de la pierre, constitué il y a quelques années[44], témoigne de cette discrétion, en termes, notamment, de monuments votifs ou funéraires.

Il est plus difficile, en revanche, d'identifier avec certitude des offrandes spécifiquement consacrées à une divinité par des marchands dans le cadre de leurs activités d'échange. La transaction elle-même, par nature immatérielle, n'a pas fait l'objet de représentations spécifiques dans le monde grec. Le cas des offrandes et ex-voto maritimes, retrouvés dans les sanctuaires de divinités marines, tel Poséidon, est des plus délicats à trancher, comme on l'a signalé supra.

Dès lors qu'elles quittent le champ professionnel, les autres formes rituelles de ces cultes rendus par artisans et commerçants à leurs divinités nationales ne se distinguent pas formellement des autres dévotions et prennent la forme traditionnelle des offrandes, des dédicaces, des serments, des prières, des processions, sacrifices et autres banquets.

2. Occuper sa place et tenir son rang dans les sanctuaires

C'est d'abord une présence matérielle des artisans et des commerçants que l'on observe au cœur ou aux marges directes des sanctuaires grecs. L'archéologie a mis en évidence depuis plus d'un siècle d'importantes structures d'ateliers, qu'elles soient permanentes ou qu'il s'agisse d'installations provisoires, à l'exemple du supposé «Atelier de Phidias», à Olympie. Désigné par Pausanias (5, 15, 1), à propos d'une construction (*oikèma*) édifiée hors de l'Altis même, comme étant l'*ergastérion* du fameux sculpteur athénien, les fouilles semblent l'avoir mis au jour[45]. Son identification, outre une datation compatible avec la réalisation de la statue du dieu (vers 440-430 av. J.-C.), repose notamment sur la présence d'outils, de moules, de fragments d'ivoire en relation avec la fabrication de la statue de Zeus[46]. Une inscription portée sur un gobelet en faisait même la propriété de Phidias en personne.

À ces ateliers s'adjoignaient souvent des boutiques dévolues à la commercialisation des offrandes produites dans les premiers. Cas intermédiaire, celui des ateliers-boutiques, tels que ceux que les fouilles de l'Agora des Italiens de Délos ont permis de mettre en évidence, le long de son côté sud[47].

Autre mode de présence des artisans au cœur des sanctuaires, leurs signatures voire leurs consécrations propres, y compris de leurs propres œuvres. Les signatures de sculpteurs, relevées dans les grands sanctuaires grecs (Delphes et Délos, par exemple), ont fait l'objet de corpus[48]. Ce travail est encore en cours[49]. Il révèle notamment une grande mobilité de cette catégorie d'artisans, d'un sanctuaire à l'autre.

Au nombre des attestations les plus remarquables de celles-ci, on retiendra d'abord la plus ancienne signature de sculpteur connue à ce jour (elle paraît remonter aux décennies 650-620): elle était placée au bas de la tunique talaire d'une korè retrouvée dans le sanctuaire du Ptoion en Béotie (pl. 104, 1) et accompagnait une dédicace à Apollon Ptoieus, sous laquelle elle était gravée en boustrophédon:

«[...] -ron a consacré à Apollon Ptoieos
[......] -otos a fabriqué»[50].

L'intérêt de cette inscription est à l'évidence considérable. J. Ducat, dans sa publication des offrandes du Ptoion, observait à son propos que les lettres en étaient «incisées très soigneusement» et qu'au fond on y voyait «des traces de peinture rouge»[51]. Il y a là, manifestement, l'indice d'un souci de visibilité, de *publicité*[52], avant toute autre préoccupation, d'ordre esthétique notamment, que la signature de sculpteur partage avec des textes contemporains à caractère spécifiquement religieux ou politique. Comme le souligne M. Detienne à leur propos, «la couleur focalise l'œil du lecteur»[53]. Ce souci de lisibilité et de visibilité s'est encore traduit, dans le cas qui nous occupe, par le fait que le sculpteur – ou un auxiliaire – est allé jusqu'à graver l'inscription sur l'*agalma* même, et non pas sur sa base, comme il sera généralement

---

44. Jockey, Ph., «Les représentations d'artisans de la pierre dans le monde gréco-romain et leur éventuelle exploitation par l'historien», dans Blondé, F./Muller, A. (éds.), *L'Artisanat en Grèce ancienne: les artisans, les ateliers*, Topoi 8/2 (1998) 625-652.

45. Mallwitz, A./Schiering, W., *Die Werkstatt des Pheidias in Olympia I*, OlympForsch 5 (1964).

46. Schiering, W., *Die Werkstatt des Pheidias in Olympia II: Werkstattfunde*, OlympForsch 18 (1991).

47. Jockey, Ph., «Unfinished Sculpture and its Workshops on Delos in the Hellenistic Period», dans Maniatis, Y./Herz, N./Basiakos, Y. (éds.), *The Study of Marble and other Stones Used in Antiquity* (1995) 87-94.

48. Marcadé, *Signatures*.

49. Donderer, M., «Bildhauersignaturen auf griechischer Rundplastik», OeJh 65 (1996) 87-104. Cf., aussi, le projet de Didier Viviers de «création d'un inventaire raisonné de l'ensemble des signatures de sculpteurs grecs durant l'Antiquité. Édition et commentaire sous forme de banque de données».

50. Athènes, Mus. Nat. 2. Ducat, J., *Les kouroi du Ptoion: le sanctuaire d'Apollon Ptoieus à l'époque archaïque* (1971) 77-83 n° 46 pls. 17-18; Donderer (n. 49) 87 fig. 1.

51. Ducat *o.c.* 79. Sur les opérations mêmes de gravure, cf. Robert, *OSM* I 592-600.

52. Sur cette question de l'irruption de la *publicité* dans le monde de la *polis* archaïque, voir Detienne, M., «L'espace de la publicité: ses opérateurs intellectuels dans la cité», dans id. (dir.), *Les savoirs de l'écriture en Grèce ancienne* (1988) 29-81.

53. *Ibid.* 47.

de règle par la suite. Nous connaissons un certain nombre de sculptures archaïques qui témoignent d'une telle pratique. On peut y reconnaître l'indice d'une intégration de l'artisan d'art au cœur de l'«espace commun» que constitue désormais le sanctuaire pour les membres d'une même *polis*, ou d'un même complexe régional.

Autre signature fameuse – et des plus anciennes – de sculpteur grec connue à ce jour, celle d'Euthykartidès de Naxos, accompagnée de sa dédicace, toutes deux gravées sur une base plastique retrouvée dans le sanctuaire de Délos. On notera son ancienneté, tout d'abord, qui la place au nombre des plus anciennes consécrations de sculptures de taille naturelle ou – en l'occurrence – supra-naturelle. On peut y lire, en boustrophédon, l'inscription suivante: «Œuvre et offrande d'Euthykartidès le Naxien» (pl. 104, 4)[54]. Ce faisant, Euthykartidès offrait à Apollon non seulement l'*anathema* lui-même (*stricto sensu* la statue dressée sur sa base), mais peut-être (et surtout?) son savoir-faire, l'excellence d'une *technè* qui, de plus, valait ostentation auprès de ses contemporains, de passage sur l'île sainte.

Mais l'illustration la plus éclatante de cette place occupée par les artisans au cœur des sanctuaires est donnée par les signatures et dédicaces de l'Acropole d'Athènes. La korè dite d'Anténor en est l'un des exemples les plus illustres. Dédicace et signature sont ici conservées: «Offrande de Néarchos, le céramiste; œuvre d'Anténor, fils d'Eumaros» (pl. 104, 2)[55]. On se souvient qu'au témoignage de Pausanias (1, 8, 5) ce même Anténor s'était vu confier la réalisation du groupe des Tyrannoctones. C'est donc à un sculpteur de renom qu'un céramiste qui ne l'était pas moins avait confié la réalisation de cet *anathèma* de prestige, sans doute vers 530/520 av. J.-C. Par ce choix, il rivalise de piété avec l'aristocratie athénienne la plus en vue. L'*agôn* social participe du fonctionnement des sociétés grecques archaïques[56]. A. Duplouy est revenu tout récemment sur cette rivalité sociale inscrite sinon «transcendée» dans l'espace sacré grec par le biais des consécrations sculptées, notamment. Un tel *agôn* participe à l'évidence de la définition même des élites grecques archaïques.

C'est à Anténor, encore, devenu semble-t-il sculpteur sinon officiel du moins attitré de la famille des Alcméonides, que l'on attribue, sur des critères stylistiques et techniques précis, la réalisation des frontons sculptés du Temple d'Apollon, dit des Alcméonides, à Delphes[57]. Dévasté dans un incendie en 548 av. J.-C., le temple d'Apollon dut alors à cette puissante famille de l'aristocratie athénienne, exilée sous Pisistrate, l'initiative de sa reconstruction, en partie à ses frais. Les frontons d'Anténor sont sans doute achevés dans les années 510–505 av. J.-C. Les Alcméonides, par cet acte d'évergétisme, témoignaient ainsi de leur piété à l'égard du dieu. Ils manifestaient aussi de manière éclatante et durable leur puissance à la face du monde.

Quant à Anténor, artisan d'art lui aussi, dès lors qu'il appose sa signature sur une base visible au cœur du sanctuaire-clef de la cité, c'est sa *technè* même, son savoir-faire, qu'il offre en quelque sorte à la déesse et qu'il donne à voir à ses contemporains.

Certains proposent de reconnaître dans ce phénomène un jeu subtil entre commanditaires et artisans – de reconnaissance et de valorisation réciproques. Renommée des artisans et prestige des sanctuaires allaient souvent de pair[58]. L'une et l'autre impliquaient une présence visible voire ostentatoire des bénéficiaires de ces commandes privées ou publiques.

Comme le suggère R. Descat: «L'importance des dédicaces d'artisans sur l'Acropole entre la deuxième moitié du VIe siècle et le premier tiers du Ve est sans doute moins révélatrice d'une richesse globale que d'une volonté inscrite dans l'idéologie dominante de se 'faire reconnaître à leur juste valeur', si l'on ose dire, de se créer ainsi le *mnemosunon* d'un statut. La sémantique est ici l'indice d'un transfert du travail marchand dans le domaine civique»[59].

C'est bien dans cet état d'esprit que les sculpteurs se placent, au cœur de ces lieux-clefs de la cité, que sont les sanctuaires, en médiateurs du politique et du religieux par leurs productions.

Au-delà du seul exemple de la sculpture, cette pratique nouvelle touche également les arts des métaux, à l'instar de cet aryballe en bronze provenant de Sparte (?) conservé au musée du Louvre et gravé d'une inscription rétrograde[60]. On y reconnaît la dédicace, datée entre la fin du VIIe s. et la première moitié du VIe s. av. J.-C., d'un certain Chalkodamas, dont tout porte à croire qu'il était aussi l'auteur de l'*agalma* même (le nom même signifie en effet «celui qui dompte le bronze»: «Chalkodamas m'a dédié aux dieux comme une offrande de toute beauté». L'*architecture*, enfin, témoigne d'une semblable revendication d'excellence. Pour preuve, la plus ancienne signature connue à ce jour d'architecte – un certain Kléoménès – portée en toute lisibilité sur les de-

---

54. (= *ThesCRA* I 2 d Offrandes votives, gr. **84** avec bibl.) *IG* XII 5, 1425a; Dürrbach (n. 27) 2–3 n° 1; Marcadé, *Signatures* II n° 45.

55. (= *ThesCRA* I 2 d Offrandes votives, gr. **92** avec bibl.) Athènes, Mus. de l'Acropole 681. *IG* I 2, 485; Raubitschek, *Dedications* n° 197.

56. Duplouy, A., *Le Prestige des élites. Recherches sur les modes de reconnaissance sociale en Grèce entre les Xe et Ve siècles avant J.-C.* (2006).

57. *Guide de Delphes. Le Musée* (1991) 54–56; *Guide de Delphes. Le Site* (1991) 181–182.

58. Viviers, D., *Recherches sur les ateliers de sculpteurs et la Cité d'Athènes à l'époque archaïque. Endoios, Philergos, Aristoklès* (1992).

59. Descat, R., *L'Acte et l'effort. Une idéologie du travail en Grèce ancienne, 8e–5e s. av. J.-C.* (1986) 240.

60. Paris, Louvre Br 2918. *IG* V 1, 231; Jeffery, *LSAG²* 168 n° 3 pl. 26.

grés de la krépis du premier temple périptère en pierre édifié en Occident, celui d'Apollon à Syracuse[61]: «Cléoménès, le fils de Cnidieidas, a fait pour Apollon; (il a) aussi (exécuté) ces illustres colonnes, de superbes œuvres».

Cette irruption brutale de la sphère de la production (*poièsis*), via l'écriture, peu de temps, en réalité, après la (re)naissance de cette dernière en Grèce, dans ces lieux-clefs de la cité-État que sont désormais les sanctuaires, constitue un événement remarquable qui place, de fait, l'artisan d'art au cœur même du politique, dont il participe, non seulement comme producteur, mais aussi en acteur, comme en témoignent ces dédicaces d'artisans-dédicants qui paraissent s'être multipliées alors.

Si la représentation d'artisans grecs en Athéna ou en Héphaïstos ne paraît pas, à ce jour, être attestée, en revanche, de riches *negotiatores* romains consentirent à être représentés en Hermès-Mercure, si l'on en croit, du moins, le témoignage de la statue de Caius Ofellius Ferus, œuvre de Dionysios et de Timarchidès d'Athènes (pl. 104, 3). L'œuvre, qui se dressait à l'origine dans l'une des niches de l'Agora des Italiens de Délos[62] avait été consacrée, vers 100 av. J.-C., par la communauté des Italiens de Délos à leur bienfaiteur; il avait financé pour leur compte le portique Ouest de l'Agora des Italiens. Son effigie en pied reprenait fort immodestement un type d'Hermès praxitélien[63], adapté au goût romain par la substitution d'une tête-portrait réaliste à une tête idéale. Certains ont même proposé de restituer un caducée dans sa main gauche, plutôt qu'une épée[64].

3. Le rôle et la place des sanctuaires dans les activités commerciales

Dans le monde grec, les sanctuaires participent à plusieurs titres aux activités commerciales. Les modalités de présence des commerçants dans les sanctuaires, ou aux marges de ces derniers, outre les consécrations privées comparables à celles des autres catégories sociales, prirent à ce titre plusieurs formes originales.

La première d'entre elle, attestée, dès l'époque classique, est celle des *panégyries*, à l'occasion desquelles une véritable foire, temporaire, par définition, s'ouvrait aux échanges, à l'échelle locale[65], au-delà de la seule satisfaction des besoins ponctuels des pèlerins qui y participaient. Strabon notera par exemple qu'à Délos, lors des Apollonia, «la panégyrie est sorte d'affaire commerciale» (10, 5, 4)[66]. Le rythme des foires était celui des fêtes religieuses elles-mêmes. Cicéron cite le cas des Olympia, durant lesquelles se tenait un *mercatus* (*Tusc.* 5, 9)[67]. Annuel ou pentétérique, lui aussi? Impossible ici de trancher.

De même, à l'occasion de la célébration des Mystères d'Andania, sur le territoire de la cité de Messène, une foire commerciale était organisée. Le *Règlement* de ces Mystères, réputés selon Pausanias comparables, pour l'importance, à ceux d'Éleusis, nous est parvenu (*IG* V 1, 1390 = *Syll.*³ 736 = *LSCG* 65): l'inscription, datée de 92/91 ou 91/90 av. J.-C., récemment traduite et étudiée par N. Deshours[68], confiait aux *hiéroi*[69] la délimitation de «l'espace dans lequel toutes les transactions auraient lieu». Les transactions commerciales se faisaient donc tout à la fois dans un cadre sacré et sous la protection des divinités dont on célébrait les Mystères. L'agoranome n'intervenait pas, en revanche, dans la fixation des horaires ou des prix de vente des marchandises échangées. Quant aux sanctions en cas de tricherie sur les marchandises ou les prix, elles relevaient une nouvelle fois des *hieroi* eux-mêmes.

Pausanias (10, 32, 14–16) rapporte également le cas de la cité de Tithoréa (Phocide), dont les panégyries se déroulaient au printemps et à l'automne en l'honneur d'Isis. Au troisième et dernier jour de cette fête avant tout religieuse, une foire commerciale se tenait. On pouvait y acheter esclaves, bétail, vêtements, ou encore or et argent. C'est ici la source la plus détaillée sur le rôle marchand des panégyries antiques.

Point commun à ces panégyries, les sanctuaires qui les organisaient et les accueillaient étaient déclarés *asyla* par les cités. Ph. Gauthier a montré comment, sans cette asylie assurée aux commerçants et autres étrangers participant à ces foires internationales, celles-ci auraient rapidement tourné à la «foire d'empoigne»[70]. L'asylie des sanctuaires pouvait donc bénéficier aux commerçants et par là même au commerce international en général.

Les sanctuaires pouvaient aussi jouer un rôle divinatoire utile aux activités commerciales, dès lors que des marchands et autres armateurs venaient les interroger. Le recours à la mantique par les nauclères est suggéré, par exemple, sur le mode comique, par Aristophane, dans les *Oiseaux*: «Aux gens qui viendront consulter les oracles pour des gisements, ces oiseaux indiqueront ceux qui sont

---

61. Hellmann, M.-Ch., *Choix d'inscriptions architecturales grecques* (1999) 100–101 n° 42 figs. 16–17 (avec bibliographie).
62. Queyrel, F., «C. Ofellius Ferus», *BCH* 115 (1991) 389–464.
63. Marcadé, *MusDélos* 117–119.
64. Picard, Ch., *REG* 64 (1951) 512 (en note).
65. Chandezon, Ch., «Foires et panégyries dans le monde grec classique et hellénistique», *REG* 113 (2000) 70–100.
66. Cité par Gauthier, Ph., *Symbola. Les étrangers et la justice dans le monde grec* (1972) 227 et repris par Chandezon (n. 65) 71–72.
67. Cité par Chandezon (n. 65) 77.
68. Deshours, N., *Les Mystères d'Andania. Étude d'épigraphie et d'histoire religieuse* (2006).
69. En l'occurrence il ne s'agissait ni de prêtres, ni d'initiés, mais d'un collège chargé de l'organisation des Mystères (Deshours *o.c.* 28 n. 1). Sur leur rôle à cette occasion, *ibid.* 79.
70. Gauthier (n. 66) 228.

rentables, quand ce sera pour le commerce maritime, ils révéleront au devin les voyages lucratifs, si bien qu'aucun armateur ne subira la moindre perte » (Aristoph. *Av.* 593-595, trad. P. Thiercy). Ailleurs, c'est un Rhodien, parfois pris pour un nauclère qui consulte l'oracle de Zeus à Dodone pour savoir s'il doit s'engager dans le commerce maritime (*Syll.*³ 1166)[71].

On soulignera, enfin, le rôle-clef joué par certains sanctuaires dans les actes commerciaux, soit qu'ils constituent des places de marché même, soit qu'ils contribuent au commerce par l'intermédiaire d'activités financières lucratives, telles que les prêts consentis aux marchands, notamment. Cette dernière activité a fait l'objet tout récemment d'un renouvellement bibliographique fondamental[72], mettant mieux en lumière ces « dieux manieurs d'argent », pour reprendre l'expression heureuse de V. Chankowski[73]. Les sanctuaires apparaissent désormais pour ce qu'ils étaient aussi, notamment à l'époque hellénistique, c'est-à-dire des « agents économiques » à part entière, disposant « de biens-fonds qui leur sont propres »[74] et pouvant, le cas échéant, en faire profiter *emporoi* et *nauklèroi*.

PHILIPPE JOCKEY

---

71. Cité par Reed (n. 18) 95 n° 13 dans sa liste des nauclères mais au titre des « candidats très improbables ».

72. Chankowski, V., *Athènes et Délos à l'époque classique. Recherches sur l'administration du sanctuaire d'Apollon délien* (2008).

73. Chankowski, V. (dir.), « Les dieux manieurs d'argent: activités bancaires et formes de gestion dans les sanctuaires », *Topoi* 12-13/1 (2005) 9-132.

74. *Ibid.* 10.

Artisans and Trade in the Etruscan World

CONTENTS
1. Introduction 353
2. Etruscan deities related to artists and trade 353
3. Sacrifices made by Etruscan artists 353
4. Workshops in Etruscan sanctuaries 354
5. Connections between religion, art, and trade in Etruria 355

1. Introduction

Etruscan culture is often viewed as a mixture of foreign and indigenous elements, including architectural traditions and import of Greek vases. In this context it is easy to see how the role of artisans and production is important for our understanding of Etruscan society. Because of the nature of our knowledge, however, while the presence of artisans can be evaluated from material evidence and some texts, their actual role in cults and cult practices is more elusive.

2. Etruscan deities related to artists and trade

The names of Etruscan deities are well documented in texts such as the Piacenza liver and are set in a mythological context on bronze mirrors and other objects depicting gods and goddesses[1].

Only a few deities, however, can be securely tied to artisans and the sphere of production. One is Sethlans, the blacksmith god, who appears on coins from Populonia and therefore may have served as the protective deity of this city and its main industry, the production of iron[2].

A deity connected with gatherings, including trade, was Voltumna at whose sanctuary the Etruscans met regularly to conduct political and religious business (see, for example, Liv. 4, 23). Both the name of the deity[3] and the location of the sanctuaries have been the subject of much controversy, but recent discoveries at Campo della Fiera indicate that at least one of the sanctuaries, and perhaps the main one, was located immediately outside Orvieto[4].

It is very likely that many of the Etruscan deities were considered important for the production and trade of votive and other offerings, but due to uncertain find contexts it can be difficult to make such connections. An example of an artisan context is, however, found in references to the deities Lur and Leinth at Cetamura in Chianti. Their names are inscribed on black-gloss fragments from the artisans' quarters at this sanctuary site, and the excavator, Nancy T. de Grummond, has suggested that these deities were very much part of the artistic production there[5].

3. Sacrifices made by Etruscan artists

Sacrifices were a common ritual within sanctuaries, and it can be assumed that artisans performed this activity in connection with their work or joined other worshippers in general celebrations. Although it is possible to evaluate the overall artistic production within an area or time period[6], and even to identify artists by name[7], it is rare to be able to tie an artist, named or anonymous, to an act of

---

1. Pfiffig, *RelEtr* 231–366; Simon, E., «Le divinità di culto», in Cristofani, M., et al. (eds.), *Gli Etruschi, una nuova immagine* (1984) 152–167; De Grummond, N. T., *Etruscan Myth, Sacred History, and Legend* (2006).
2. Pfiffig, *RelEtr* 301–303; Simon (n. 1) 163; see *LIMC* IV Hephaistos/Sethlans. See also, below, for Accesa (n. 10).
3. Cristofani, M., «Voltumna: Vertumnus», in *Volsinii e la dodecapoli etrusca*, AnnFaina 2 (1985) 75–86; see *LIMC* VIII Voltumna.
4. Stopponi, S., «Volsiniensia disiecta membra», in Edlund-Berry, I./Greco, G./Kenfield, J. (eds.), *Deliciae fictiles* III (2006) 210–221; ead., «Notizie preliminari dallo scavo di Campo della Fiera», *AnnFaina* 14 (2007) 493–530.
5. De Grummond, N. T., *The Sanctuary of the Etruscan Artisans at Cetamura del Chianti, The Legacy of Alvaro Tracchi* (2009) 116–117; Colonna, G./de Grummond, N. T., in *REE, StEtr* 65 (2009) 39–43. The name *Lur* has also been conjectured on an inscription from a bridge sanctuary at San Giovenale and has been interpreted by Colonna and Backe Forsberg as a protective deity (Colonna, G./Backe Forsberg, Y., «Le iscrizioni del 'sacello' del ponte di San Giovenale», *OpuscRom* 24 [1999] 63–81). It is possible that the location of the bridge suggests a trade route used by artisans and their products.

6. Colonna, G., «Gli artigiani a Roma e nel Lazio nell'età del re», in *Italia ante Romanum Imperium* II 2 (2005) 1199–1222 (with some exceptions, the examples from Rome and Latium can be applied also to Etruria) and Smith, Ch., «Traders and Artisans in Archaic Central Italy», in Parkins, H./Smith, Ch. (eds.), *Trade, Traders and the Ancient City* (1998) 31–51. According to Greek and Roman tradition, the art of painting and pottery production was introduced to Etruria by Demaratus from Corinth who settled in Tarquinia in the middle of the seventh century B.C. (Liv. 1, 34; Winter, N. A., «Commerce in Exile: Terracotta Roofing in Etruria, Corfu and Sicily, a Bacchiad Family Enterprise», *Etruscan Studies* 9 [2002–03] 227–236; ead., «Gorgons, Minotaurs and Sibyls», in Herring, E., et al. [eds.], *Across Frontiers. Etruscans, Greeks, Phoenicians & Cypriots* [2006] 349–355).
7. Colonna, G., «Firme arcaiche di artefici nell'Italia centrale», in *Italia ante Romanum Imperium* III (2005) 1795–1804; Turfa, J. M., «The Brontoscopic Calendar» (in preparation). I am grateful to J. M. Turfa for sharing information from her manuscript with me. The most famous named artist in Etruria was Vulca who was brought from Veii to Rome to produce the cult statue of Jupiter Optimus Maximus for the Capitoline temple (Plin. *nat.* 35, 157).

sacrifice[8]. An example is the artist Vel[thur A]ncinies whose name appears on fragments of an Etrusco-Corinthian phiale found at the Portonaccio temple at Veii, together with that of the dedicant, Laris Lethaie[9]. Here one can speculate, but not prove, that the artist, as well as the dedicant, were responsible for the act of dedicating the vessel.

An example of an anonymous offering comes from Accesa (Massa Marittima) where a miniature vase and animal bones were found within an area identified by Camporeale as artisans' quarters[10]. Here the find context may suggest an artisan's sacrifice to a deity of metallurgy, perhaps Sethlans. Likewise, the finds from the artisans' quarters (pl. 105, 1) and sanctuary at Cetamura in Chianti from the 3rd/2nd c. B.C. may illustrate the sacrifices made by artisans in connection with a kiln used for production of clay objects. These offerings include black-gloss pottery, including a votive cup, found within the kiln (structure K), as well as loomweights and spools, miniature bricks, iron objects such as nails, and a cornelian scarab gem[11], all suggesting a variety of artisan involvement.

4. Workshops in Etruscan sanctuaries

The production by artisans working in Etruscan sanctuaries ranged from buildings and architectural revetments, including both roof tiles and mould-made revetments and statuary made by hand, to votive offerings, including ivories, terracotta and bronze figurines, miniature and full-size pottery, metal vessels, and gold and other jewelry. In addition to the actual objects, the best evidence for local production includes remains of workshops and kilns as well as moulds and fragments of burnt or misfired objects and of raw materials[12]. In the instances where a workshop area is in close proximity to a place of sacrifice (for example, area F north of building beta at the Pian di Civita sanctuary in Tarquinia[13] and Cetamura, mentioned above) it is possible to speculate that the artisans were actively engaged also in the cults of the sanctuary, but otherwise votive offerings made by artisans would have been indistinguishable from those of other groups of dedicants.

Production at the site of Poggio Civitate/Murlo south of Siena took place in a building, known as the Orientalizing Complex Building 2, that served as a workshop for tiles and architectural terracottas as well as metal and ivory objects (pl. 105, 2)[14]. After the buildings of the Orientalizing period were destroyed in a fire shortly after 600 B.C., a monumental building, the so-called Upper Building, was erected, and adorned with architectural terracottas, also produced at the site[15].

Examples of sanctuary sites with production of both terracottas and metals are Pian di Civita in Tarquinia and Cetamura in Chianti, discussed above. An example of metal production comes from the Greco-Etruscan sanctuary at Gravisca[16],

---

8. Incised letters or symbols may indicate the artist's mark or symbol, but only the find context can connect these with a sanctuary or a cult (De Grummond, N. T., et al., «Etruscan Sigla ('Graffiti'): Prolegomena and Some Case Studies», *Miscellanea Mediterranea* 18 [2000] 25–38; Backe Forsberg, Y., *Crossing the Bridge* [Diss. Uppsala 2005] 77–78. 153–154). Examples from sanctuaries are combinations of letters painted on architectural terracottas and tiles from the Portonaccio temple at Veii (Turfa, J. M., review of Colonna, G./Maras, D. F., *Corpus inscriptionum etruscarum*, Bryn Mawr Classical Review 2007. 07.04) and individual letters or symbols (*sigla*) found on roof tiles from Poggio Civitate (Phillips, K. M., Jr./ Cristofani, M., «Poggio Civitate: Etruscan Letters and Chronological Observations», *StEtr* 39 [1971] 3–22). The symbol 'X' is particularly common on both pottery and other objects, but there is no clear evidence that it refers to an artisan rather than as an indication of a number or other indicator of production or ownership (De Grummond et al. o.c. 37–38). Equally anonymous are traces of fingerprints on objects made or used at Etruscan sanctuaries, although, if studied, they could be used to suggest individual hands of artisans or workshops (Cracolici, V., *I sostegni di fornace dal Kerameikos di Metaponto* [2003] Appendix I, and review by Hasaki, E., *Bryn Mawr Classical Review* 2007.09.35).
9. Colonna, G., «Un pittore veiente del ciclo dei Rosoni: Velthur Ancinies», in Bonghi Jovino, M. (ed.), *Tarquinia e le civiltà del Mediterraneo* (2006) 163–175; Briquel, D., «Les inscriptions votives du sanctuaire de Portonaccio à Véies», in Gleba, M./Becker, H. (eds.), *Votives, Places and Rituals in Etruscan Religion* (2009) 57–58.
10. Camporeale, G., «Sui culti dell'abitato etrusco dell'Accesa (Massa Marittima)», in *Rites et cultes dans le monde antique* (2002) 35–38 and *ThesCRA* I 2 a Sacrifice, etr. **38/216**.
11. See de Grummond (n. 5) 121–123 and ead., «A Scarab Gem from the Etruscan Artisans' Quarter and Sacred Area at Cetamura del Chianti», *Rasenna* 2, 1 (2010) article 7. I am grateful to N. T. de Grummond for sharing information from her manuscript with me.
12. For overviews of important production centers, including sanctuaries, see Nijboer, A. J., *From Household Production to Workshops. Archaeological Evidence for Economic Transformations, Pre-monetary Exchange and Urbanisation in Central Italy from 800 to 400 BC* (1998) 114–182. 240–290.
13. Bonghi Jovino, M./Chiaramonte Treré, C., *Tarquinia. Testimonianze archeologiche e ricostruzione storica. Scavi sistematici nell'abitato, campagne 1982–1988* (1997) 72–75; summary in Leighton, R., *Tarquinia an Etruscan City* (2004) 121–128.
14. Nielsen, E., «Some Preliminary Thoughts on New and Old Terracottas», *OpuscRom* 16 (1987) 91–120; Winter, N. A., *Symbols of Wealth and Power. Architectural Terracotta Decoration in Etruria and Central Italy, 640–510 B.C.* (2009) 52–54.
15. Winter (n. 14) 153–159. While the interpretation of Poggio Civitate as a sanctuary where artisans participated in cultic activities is open for discussion (Phillips, K. M., *In the Hills of Tuscany* [1993]), the technical aspects of the site as a local production center are identical to sites traditionally recognized as having a primarily religious function.
16. Fiorini, L., *Gravisca 1, 1. Topografia generale e storia del santuario* (2005) 183–184. Although Gravisca is primarily a Greek harbor sanctuary on Etruscan soil, inscriptions as well as votives illustrate its Etruscan presence already in the 6th century B.C. (Johnston, A./Pandolfini, M., *Gravisca 15. Le iscrizioni* [2000]).

and a kiln for tile production is documented at the Faliscan sanctuary at Narce (Monte Li Santi)[17] whereas at other sites the sacred context is in question[18]. Although the ubiquitous use of architectural terracottas and votive offerings in clay (or metal) at Etruscan sanctuaries strongly indicates the existence of workshop buildings and kilns, the physical remains of such features are unfortunately very scarce or difficult to interpret[19]. Thus kiln implements or 'wasters' from the sanctuary at Pyrgi suggest the one-time presence of kilns there[20] as do terracotta moulds of antefixes from, for example, Vulci and Falerii[21]. In all these examples the artisans are present through their work rather than through identifiable individual offerings or cult practices.

5. Connections between religion, art, and trade in Etruria

The role of artisans in Etruria was significant. First of all, they ensured the production of necessities within Etruscan society in general as well as in the sphere of cults and religion. Local production provided sanctuaries and worshippers with buildings, sacred spaces, and objects for offerings. Artisans and their products traveled, and with them ideas and traditions. Through trade, other materials and objects were introduced to communities on the coast and inland, allowing the inhabitants a choice of goods as well as exposure to the outside world. Because of the type of documentation preserved from ancient Etruria, however, more evidence is needed to evaluate more fully the role of individual artisans taking part in the cults and rituals of Etruscan sanctuaries.

INGRID EDLUND-BERRY

---

17. De Lucia Brolli, M. A., «Narce (Viterbo). Località Monte Li Santi-Le Rote», in *BollArch* 3 (1990) 69.
18. For example, the Vigna Parrocchiale site at Caere, previously interpreted as a sanctuary; Nijboer (n. 12) 264-290; Maggiani, A., «L'area della città. La Vigna Parrocchiale», in Moretti Sgubini A. M. (ed.), *Veio, Cerveteri, Vulci. Città d'Etruria a confronto* (2001) 121-122.
19. Curri, C./Sorbelli, S., «Note sulla tecnologia delle officine ceramiche etrusche e della scuola coroplastica di Veio», *StEtr* 41 (1973) 245-266; Sassatelli, G., «Fornaci per terrecotte», in Colonna, *Santuari* 46-48; for a kiln at Chiusa dei Mulini, see Söderlind, M., *Late Etruscan Votive Heads from Tessennano* (2002) 277.
20. Sassatelli (n. 19) 47; Melis, F., «La tecnica di fabbricazione», in *Pyrgi*, NSc II. Suppl. (1970) 83-85.
21. Melis, F., «Matrici di antefisse», in Colonna, *Santuari* 48; Winter (n. 14) 513-516.

Artisanat et commerce dans le monde romain

PLAN DU CHAPITRE
1. L'identité professionnelle des divinités et de leurs *cultores* 356
2. La présence du sacré sur les lieux de travail 358
3. Les cultes des collèges professionnels d'artisans et de commerçants 359

BIBLIOGRAPHIE GÉNÉRALE: Bakker, J. T., *Living with the Gods. Studies of Evidence for Private Religion and its Material Environment in the City of Ostia (100–500 AD)* (1994); Bollmann, B., *Römische Vereinshäuser. Untersuchungen zu den Scholae der römischen Berufs-, Kult- und Augustalen-Kollegien in Italien* (1998); Combet Farnoux, B., *Mercure romain: le culte public de Mercure et la fonction mercantile à Rome, de la république archaïque à l'époque augustéenne* (1980); De Ruyt, Cl., *Macellum. Marché alimentaire des Romains* (1983); Fröhlich, *Lararien*; Girard, J.-L., « La place de Minerve dans la religion romaine au temps du principat », *ANRW* II 17, 1 (1981) 203-232; Waltzing, J.-P., *Étude historique sur les corporations professionnelles chez les Romains* I–IV (1895–1900).

Une part significative des traces laissées par les artisans et les commerçants du monde romain se rattache à la vie cultuelle. Ces monuments sont les témoins directs d'un attachement à des cultures professionnelles. De rares textes littéraires contribuent aussi à les dévoiler. Aussi peut-on se demander dans quelle mesure les activités religieuses romaines pouvaient être déterminées par l'exercice des métiers urbains.

1. L'identité professionnelle des divinités et de leurs *cultores*

Par leurs dévotions personnelles, les travailleurs des villes de l'Occident romain cultivaient l'identité, d'une certaine manière, professionnelle de certaines divinités. Minerve et Mercure étaient les protecteurs par excellence de l'artisanat et du commerce. Patronne des *artes* en général, la première était, en particulier, la déesse des travailleurs manuels. Lactance évoque les prières que les *opifices* adressaient à leur déesse (Lact. *inst.* 1, 18, 22-23), tandis qu'un célèbre graffito pompéien, pastiche de l'*incipit* de l'*Énéide*, rapproche les foulons de la chouette, l'animal de Minerve (*CIL* IV 9131). La déesse figure sur un bas-relief faisant allusion aux métiers de la construction. Sur la face principale de ce célèbre autel, attribué au *collegium fabrum tignuariorum* de la ville de Rome, est effectué un sacrifice devant la statue de la déesse (pl. 106, 1)[1]. Si les personnages eux-mêmes ne laissent rien paraître de leur métier, des outils emblématiques du travail du bois, des scies et des herminettes, figurent sur la face latérale gauche, mêlés à des instruments sacrificiels. D'autres images sont plus explicites, dans le sens où la déesse s'y trouve impliquée dans l'activité productive. Elle apparaît alors en qualité d'*officinatrix*, supervisant les travaux de ses protégés à la manière d'un chef d'atelier. Sur le relief commémorant la construction du *proscaenium* du théâtre de Capoue par l'entrepreneur Lucceius Peculiaris, elle commande de la main des grutiers (pl. 106, 3)[2]. Ces vestiges matériels sont le produit d'une dévotion qui s'exprimait notamment lors de la fête des *Quinquatrus*, célébrée chaque année entre les 19 et 23 mars[3].

Le lien fondamental qui unissait Mercure à la vie économique est tout aussi fort et bien connu. La fonction mercantile du dieu romain est première, originelle. Son nom même de *Mercurius*, apparenté à *merx*, *mercatura*, *mercator* ou encore *mercari*, dériverait d'une forme adjective servant d'épithète à *deus*[4]. *Mercurius* était bien, par essence, le dieu de l'échange commercial. Il favorisait les transactions contractuelles, en tant que témoin des accords négociés, et la constitution de profits[5]. Ses emblèmes rappelaient ces fonctions. Le caducée était l'insigne du héraut qui, par sa présence, assurait la validité des ventes. La bourse symbolisait la circulation monétaire nécessaire à la réalisation du gain. De fait, un poème épigraphique lyonnais prête à Mercure une promesse de *lucrum* (*CIL* XIII 2031). Et il était d'usage de s'engager à restituer au dieu un pourcentage de ses profits (Petron. 67, 7). C'est sur deux inscriptions de Germanie supérieure que le lien entre le dieu et la vie commerciale est exprimé de la manière la plus limpide. Mercure y est, en effet, qualifié de *negotiator* et de *nundinator*[6]. Dieu permettant l'échange de biens, Mercure était devenu le dieu des marchands. Ainsi, la fête des ides de mai, vouée aux *sacra* de Mercure, correspondait au *dies mercatorum*[7].

---

1. (= *ThesCRA* I 2 a Sacrifices, rom. **84**, IV 1 a Lieux de culte, etr., ital., rom. Autel [rom.-imp.] 9) Roma, Mus. Cap. 1909.
2. (=*ThesCRA* I 2 a Sacrifices, rom. **149**; I 2 d Dedications, rom. **477***, = *LIMC* II Artemis/Diana **298**, Athena/Minerva **442***, VIII Suppl. Genius **36***) Capoue, Mus. Campano. *CIL* X 3821.
3. Ov. *fast.* 3, 809-849; Hentschel, O., *RE* XXIV (1963) 1149-1160 *s.v.* « Quinquatrus »; Girard 208-209.

4. Combet Farnoux 59-98; *id.*, « Mercure romain, les *Mercuriales* et l'institution du culte impérial sous le principat augustéen », *ANRW* II 17, 1 (1981) 464-466.
5. Combet Farnoux 219-252.
6. *CIL* XIII 7360 (Nida). 7569 (Aquae Mattiacorum). 6237 (Aquae).
7. Ov. *fast.* 5, 671-690; Paul. *Festi* p. 135 L.; Macr. *Sat.* 1, 12, 19; Lyd. *mens.* 4, 80.

Dans l'Italie de la fin de la République et du Haut-Empire, des desservants du culte de Mercure formaient parfois des collèges et portaient alors le nom de *Mercuriales* ou de *magistri Mercuriales*. En réalité, l'identification de ces personnages à des commerçants a suscité de longs débats. À Rome même, d'après Tite-Live, la création sur décision sénatoriale d'un *collegium mercatorum* remonterait à la construction même de l'*aedes Mercurii*, en 495 av. J.-C. (Liv. 2, 27, 5). Cependant, des doutes ont été émis sur la validité de ce récit, au point que les *Mercuriales* romains ont pu être décrits comme les membres d'un collège purement sacerdotal[8]. Cette position n'est pas unanimement admise[9], mais la condition des deux seuls prêtres connus ne plaide guère en faveur d'un lien réel entre le collège romain et le monde du travail, aux temps de Cicéron et d'Auguste[10]. Dans les sociétés municipales, en revanche, plusieurs *Mercuriales* sont présentés comme des hommes de métier (*CIL* IX 1707. 1710; *AEpigr* [1978] 285). Quant aux six *magistri Mercuriales* cités par une inscription tardo-républicaine d'Hirpinia, ceux-ci s'occupèrent d'une tâche fort profane : la prise en location d'infrastructures commerciales publiques (*AEpigr* [1999] 538). Tous ces personnages étaient des affranchis et leur profil laisse entendre qu'à la différence de leurs homologues romains, peut-être, les *Mercuriales* des cités italiennes étaient bien des commerçants. L'archéologie pompéienne tend à renforcer cette thèse. Ainsi, l'attribution à Mercure du temple du *macellum*, qui comportait par ailleurs une salle très probablement réservée à la famille impériale, permet de mieux saisir la personnalité des *ministri Augusti Mercuri Maiae*, connus par l'épigraphie (*CIL* X 884–904)[11].

L'abondance de divinités explique la diversité des patronages exercés sur les activités économiques. Plusieurs dieux et déesses protégeaient les métiers du commerce alimentaire. Vesta entretenait ainsi une relation étroite avec les boulangers. Son métier supposant l'usage d'un four, « le *pistor* honore le foyer, la souveraine des foyers et l'ânesse qui fait tourner les meules en pierre ponce », affirme Ovide, dans son évocation des *Vestalia* du 9 juin (Ov. *fast.* 6, 311–318; Lyd. *mens.* 4, 94; Lact. *inst.* 1, 21, 26). L'identification plausible du dédicant d'un relief de Vesta à un *quaestor* du *corpus pistorum* romain confirme cet attachement professionnel à la déesse du feu (*CIL* VI 787 = 30832)[12]. Dieu du vin, Liber Pater/Dionysos pouvait, lui, être honoré par les tenanciers de cabarets, les *caupones*. Il l'était aussi par les négociants de vin[13]. De même, Cérès suscitait la piété de professionnels du grain (*CIL* IX 1545).

Parmi les patrons des travailleurs manuels, l'architecte Dédale était regardé comme le patron des charpentiers. Par exemple, un verre décoré à la feuille d'or, de la fin du IIIe siècle, le met en scène parmi des *fabri nauales* travaillant dans l'atelier d'un entrepreneur portant lui-même le nom de Daidalus[14]. Si des images représentant l'atelier de Vulcain sont conservées, les liens entretenus par les travailleurs du fer avec le dieu forgeron sont, paradoxalement, plus difficiles à mettre en évidence. Tout juste peut-on évoquer la présence de Mercure et de Minerve aux côtés de Vulcain sur un bas-relief d'Heddernheim (pl. 106, 2)[15]. Un dernier groupe de divinités protège les activités commerciales recourant au transport maritime ou fluvial. Ainsi, Neptune est sculpté avec un trident et un poisson en main sur un relief provenant d'Aquae, en Germanie Supérieure[16]. Cornelius Aliquandus, l'auteur de la dédicace, célèbre la relation d'amitié, littéralement de cohabitation, que les nautes entretenaient avec le dieu des eaux. Dans la région de l'embouchure de l'Escaut, une divinité locale, Nehalennia, protégeait les traversées et le commerce maritime entre le continent et la Bretagne[17]. Compte tenu de la tutelle qu'elle exerçait sur la navigation, Nehalennia a été rapprochée d'Isis, bien connue pour avoir rempli cette fonction à Rome (Juv. 12, 24; Apul. *met.* 11, 17, 3). En 251, D. Fabius Florus Veranus pouvait se dire à la fois *sacerdos sanctae Reginae* et *nauicularius V corporum lenunculariorum Ostiensium* (*CIL* XIV 352). La dévotion isiaque de ce personnage n'était peut-être pas étrangère à son implication personnelle dans la vie portuaire.

---

8. Combet Farnoux 44–51.
9. Coarelli, F., « '*Magistri capitolini*' e mercanti di schiavi nella Roma repubblicana », *Index* 15 (1987) 175–190.
10. Cic. *ad Q. fr.* 2, 6, 2, évoque l'exclusion à laquelle le chevalier M. Furius Flaccus est condamné. De même, *CIL* XIV 2105 cite A. Castricius Myrio, *tribunus militum, praefectus eq. et classis*, à l'époque augustéenne.
11. Van Andringa, W., « Sacrifice et marché de la viande à Pompéi », dans *Contributi di archeologia vesuviana* II (2006) 194–198; *id.*, *Quotidien des dieux et des hommes. La vie religieuse dans les cités du Vésuve à l'époque romaine* (2009) 197–214.
12. (= *ThesCRA* I 2 d Offrandes votives, rom. **510***, = *LIMC* V Hestia/Vesta **30***) À rapprocher de *CIL* VI 1002.
13. (= *LIMC* IV Mercurius **347***) Ancona, Mus. Naz. Zimmer, G., *Römische Berufsdarstellungen* (1982) 218–219 n° 177.

14. (= *LIMC* II Athena/Minerva **365**) Vatican, Mus. Sacro 60788. Morey, Ch. R., *The Gold-glass Collection of the Vatican Library* (1959) 23 n° 96 pl. 16; Bertelli, C. (éd.), *Restituzioni 2006. Tesori d'arte restaurati* (2006) 84–89 n° 9.
15. (= *LIMC* VIII Vulcanus **124***) Francfort, Arch. Mus. X 2511.
16. (= *LIMC* VII Poseidon/Neptunus **146**) Carlsruhe, Bad. Landesmus. C 47. *CIL* XIII 6324; Filtzinger, P., *et al.* (éd.), *Die Römer in Baden-Württemberg*³ (1986) 288 pl. 27b.
17. Martens, D., *LIMC* VI (1992) 716–719 *s.v.* « Nehalennia »; Stuart, P./Bogaers, J. E., *Nehalennia. Römische Steindenkmäler aus der Oosterschelde bei Colijnsplaat* (2001); Chastagnol, A., « Une firme de commerce maritime entre l'île de Bretagne et le continent gaulois à l'époque des Sévères », dans *id.*, *La Gaule et le droit latin* (1995) 221–224.

2. La présence du sacré sur les lieux de travail

Les communautés de travail que formaient les employés d'un même atelier ou les marchands d'un même marché constituaient de véritables communautés de culte. Ainsi, les fêtes du calendrier public impliquant des professionnels faisaient aussi l'objet de cultes privés, célébrés dans les boutiques et les ateliers. Pline l'Ancien fait allusion à l'*officina* d'un foulon célébrant les *Quinquatrus* (Plin. *nat.* 35, 143). De même, décrivant les *Vestalia* et l'attachement des boulangers à la déesse du foyer, Ovide parle de pain suspendu à des ânons couronnés et de guirlandes de fleurs qui venaient couvrir les meules (Ov. *fast.* 6, 311). Des rites étaient donc pratiqués là où se trouvaient les *molae asinariae*, au sein même des *pistrina*. En dehors du microcosme de l'atelier ou de la boutique, les professionnels indépendants qui fréquentaient les mêmes infrastructures commerciales tendaient à former des communautés de culte. Sur une épitaphe de Scupi, en Mésie Supérieure, des *sodales a Genio macelli* rendent un dernier hommage à l'un des leurs: G. Iulius Arteas (*AEpigr* [2005] 1316). Dans l'enceinte du marché se trouvait probablement une statue, face à laquelle les marchands devaient périodiquement et collectivement endosser le rôle de *cultores*. Ces quelques textes conduisent à s'intéresser aux équipements cultuels dont disposaient les édifices artisanaux et commerciaux.

Des aménagements liés à l'affirmation d'une sensibilité religieuse particulière et/ou à l'accomplissement de rites ont été repérés dans les ateliers et boutiques d'Ostie et des villes vésuviennes[18]. Plusieurs laraires disposent d'un décor en rapport direct avec les activités pratiquées dans les édifices qui les abritaient. Les dieux figurant sur les peintures étaient les protecteurs que les exploitants s'étaient choisis et que la maisonnée tout entière vénérait. Une boulangerie pompéienne était munie d'un splendide laraire, placé à proximité du four où le pain était cuit. Assise, une patère et une corne d'abondance dans les mains, Vesta est dépeinte en train de sacrifier (pl. 107, 1)[19]. Un autre *pistor* associa la déesse à Mercure dans son laraire[20]. À Herculanum, le laraire d'une *taberna uinaria*, qui devait servir d'espace de restauration, met en scène Mercure, Bacchus, et Hercule, la divinité tutélaire de la cité[21].

Les images divines figurant sur les façades d'ateliers et de commerces révèlent encore l'intensité du sentiment religieux des hommes de métier. Cependant, en comparaison des images des laraires, cette présence divine reflète sans doute moins directement l'existence de pratiques religieuses spécifiques que la volonté d'afficher des cultures professionnelles faisant une large part au sacré. À Herculanum, la façade d'un commerce de vin était décorée d'une représentation d'un dieu barbu. Il a été identifié grâce à l'inscription *AD SANC* à Semo Sancus deus Fidius, dieu garant de la sincérité des transactions et de la bonne foi en affaires (pl. 107, 2)[22]. Dans certains cas, la peinture souligne l'appartenance à un corps de métier par la médiation de pratiques religieuses spécifiques. Ainsi, sur le pilastre d'entrée d'une boutique, les charpentiers de Pompéi ne sont pas représentés au travail, mais en tant que membres d'un corps de métier appelé à participer à des processions religieuses (pl. 107, 3)[23]. Ils portent sur leurs épaules une représentation de l'atelier de Dédale. De manière générale, les façades pompéiennes confirment les liens étroits qui liaient le monde du travail à Mercure, le dieu de loin le plus représenté, et à Minerve[24]. L'une de ces peintures permet en outre d'attribuer la tutelle des potiers à Vulcain, divinité des arts du feu reconnaissable à son bonnet et à son *forceps*[25]. Les artisans d'Ostie évoluaient aussi dans un environnement professionnel dont le sacré n'était pas exclu, bien au contraire. Vers 210–215, la grande boulangerie d'Ostie du Caseggiato dei Molini fut munie d'un *sacellum* qui n'était accessible qu'en traversant le bâtiment[26]. Comportant quatre niches et un autel, sans doute était-il dédié principalement à Silvain, présent sur deux peintures.

De manière certes accessoire, les infrastructures urbaines destinées à la vente ou au stockage des marchandises étaient des lieux de culte. Ainsi, les marchés alimentaires du monde romain comportaient des équipements religieux qui prenaient la forme de *sacella* et/ou de niches destinées à abriter des statues divines[27]. Le décor de ces petits sanctuaires était soigné, tandis que leur position dans

---

18. Bakker 56–95; *ThesCRA* IV 1 a Lieux de culte, etr., ital., rom. p. 338.
19. (= *LIMC* V Hestia/Vesta **40***) Pompei VII 12, 11. Fröhlich, *Lararien* 289–299 L 91 pl. 1; *EAA PPM* VII 489–491.
20. (= *LIMC* V Hestia/Vesta **2**) Pompei VII 12, 7. Boyce, G. K., *Corpus of the Lararia of Pompeii* (1937) 70 n° 313.
21. Herculanum Ins. Or. II 9. Fröhlich, *Lararien* 302–303 L 120 pl. 51, 2.
22. (= *ThesCRA* IV 1 a Lieux de culte, etr., ital., rom. Taberna **16***) Herculanum VI 13/14. Pagano, M., «Semo Sancus in una insegna di bottega a Ercolano», *Cronache ercolanesi* 18 (1988) 209–214.

23. (= *ThesCRA* II 5 Images de culte **591***) Napoli, Mus. Naz. 8991. De Pompéi VI 7, 8. *EAA PPM* IV 390–391.
24. Fröhlich, *Lararien* 49–50 relève sa présence sur 19 façades de boutiques; *ibid.*, 351–352: liste des divinités peintes en façade où Minerve apparaît six fois.
25. (= *LIMC* VIII Vulcanus **10***) Pompei, Antiquarium 21631. De Pompei II 3, 7. Fröhlich, *Lararien* 52. 313 F 19.
26. (= *ThesCRA* IV 1 a Lieux de culte, etr., ital., rom. Sacellum **6***) Ostia I, 2. Bakker 134–167.
27. *ThesCRA* IV 1 a Lieux de culte, etr., ital., rom. p. 270–272.

l'axe de l'entrée et leur surélévation leur assuraient une grande visibilité[28]. L'épigraphie révèle parfois l'identité des divinités des *macella*. Sans surprise, Mercure est de loin le plus invoqué: son culte est attesté à Philippes, Djemila, Thibilis, Dougga et très probablement Pompéi[29]. Une dédicace lepcitaine adressée à Neptune suggère encore l'existence d'un lien entre les activités de vente, en l'occurrence de poissons, et les activités religieuses des marchands (*IRT* 305). Des monuments dédiés au *Genius macelli*[30] et à quelques divinités sans rapport apparent avec l'activité économique sont aussi conservés. Les rites rendus à toutes ces divinités participaient parfois de fêtes périodiques. En effet, le rapprochement d'indices épars laisse présumer que les *macellarii* célébraient les *Rosalia*, la fête des roses qui avait lieu en mai[31]. Ce mois était celui de Maia: la déesse était vénérée par les dévots de son fils Mercure, et en particulier par les *mercatores* (Macr. *Sat.* 1, 12, 19). Or, les *macellarii* semblent devoir être comptés au nombre de ces marchands, compte tenu du témoignage de la Chronographie de 354[32]. De même, le religieux avait investi les entrepôts du monde romain[33]. L'archéologie d'Ostie en donne une illustration saisissante, puisque six entrepôts au moins comportaient quelque aménagement religieux[34]. À Rome, les données disponibles proviennent pour l'essentiel de l'épigraphie (*CIL* VI 237. 238. 36778. 36786). Les cultes des *horrearii* paraissent avoir joué un rôle moteur dans la constitution de collèges professionnels au sein des entrepôts romains.

3. Les cultes des collèges professionnels d'artisans et de commerçants

La célébration de cultes divers comptait parmi les activités premières des collèges professionnels romains[35]. La désignation choisie par quelques communautés reflète de manière très significative cette donnée générale. Ainsi, les *fabri* de Venafrum étaient des *cultores*, ce qui suffisait à les définir comme une collectivité associative (*CIL* X 4855). De fait, il serait sans doute plus juste de définir certains groupes comme des associations cultuelles formées de professionnels, et non comme des corporations. À en croire leur nom, les *sagari theatri Marcelli cultores domus Augustae* n'étaient réunis que par leur déférence religieuse à l'égard de la famille impériale (*CIL* VI 956). D'autres professionnels de la capitale de l'Empire, des démolisseurs, ont placé leur collège sous la protection de Silvain, en se définissant explicitement comme ses *cultores* (*CIL* VI 940). À Volubilis, l'épitaphe d'un enfant de onze ans a été payée par le *collegium Mercuri uestiariorum* (*CIL* VIII 21848 = *IAM* II 2, 581). Des *caupones* de Césarée de Mauritanie étaient les *cultores* de Liber Pater (*CIL* VIII 21066): le dieu du vin qu'un collège romain de négociants en vin associa naturellement à Mercure (*CIL* VI 8826).

Comme les marchands d'habits de Volubilis ou les cabaretiers de Césarée, les collèges choisissaient leur dieu tutélaire en fonction d'affinités avec le métier qu'exerçaient leurs membres. Minerve était donc choyée par les collèges de *fabri*, en général, et par des collèges d'artisans spécialisés. L'affranchi C. Decimius Communis (*CIL* IX 3148) et le *sevir Augustalis* M. Aufustius Homuncio (*CIL* II 4498; *IRC* IV 14) offrirent deux autels qui lui étaient consacrés aux *collegia fabrorum* de Corfinium et de Barcino. Les foulons de Spolète (*CIL* XI 4771), à l'époque républicaine, les blanchisseurs d'Aquilée (*CIL* V 801 = *Inscriptiones Aquileiae* I 301) et les calfats d'Ostie (*CIL* XIV 44), à l'époque impériale, la considéraient aussi comme leur patronne. Les calfats qualifièrent explicitement son *numen* de *conseruatrix et antistes* de leur *corpus*. À Ostie, les mesureurs de blé se placèrent, de manière très logique, sous la tutelle de Cérès. Un autel de la fin du Ier siècle les présente comme des *mensores frumentarii Cereris Augustae* (*CIL* XIV 409). Formés pour répondre à une attente de sociabilité, ces regroupements disposaient d'une sacralité propre, saluée à travers le culte du *Genius*[36] et parfois de la *Concordia collegi* (*CIL* VI 95).

Les locaux occupés par les collèges professionnels abritaient du mobilier cultuel et leur aménagement réservait une place centrale aux activités religieuses. Ainsi, comme le signale une table de patronat de 256, le *collegium fabrum* de Pisaurum se réunissait dans une *schola deae Mineruae Augustae* (*CIL* XI 6335). Il prit soin d'insérer dans le fronton triangulaire de cette plaque de bronze un médaillon à l'effigie de la déesse. Ce fort attachement des *fabri* à Minerve devait se matérialiser par la présence d'un *sacellum* dans leur *schola*. Les sièges des collèges d'Ostie fournissent des exemples de telles chapelles, bien mises en valeur par leur position axiale, notamment. Occupée par le collège des charpentiers d'Ostie, la *casa dei Triclini* était munie d'un petit sanctuaire sur *podium* que les passants pouvaient voir de la rue, quand les portes du local étaient

---

28. De Ruyt 310–312. 373–378; van Andringa (n. 11) 190–192.
29. Pour Pompéi, *cf. supra* les conclusions à tirer de l'étude des ministres de Mercure. *AEpigr* (1935) 50 (Philippes); *ILAlg* II 3, 7681. 7684 (Cuicul); *ILAlg* II 2, 4642; *ILAfr* 548.
30. *AEpigr* (1935) 51 (Philippes); *ILAfr* 548; *CIL* II 2413 (Bracara).
31. De Ruyt 376.
32. Philocalus indique pour le 23 mai: «*Macellus rosa sumat*» (*CIL* I² p. 264).
33. Rickman, G. E., *Roman Granaries and Store Buildings* (1971) 312–315.
34. Becatti, G., *Ostia IV. Mosaici e pavimenti marmorei* (1961) 231–232 n° 430; Rickman (n. 33) 313; Bakker 68–71. 214. 218–220. 226. 239–240.
35. Waltzing I 195–255.
36. Waltzing I 209–210.

ouvertes[37]. En plus de ce *sacellum*, les *fabri tignuarii* se dotèrent en 194 d'un temple sur le *decumanus* de la ville, dont l'architrave portait une dédicace au *diuus Pertinax*[38]. D'autres collectivités se servaient d'un *templum* comme lieu de réunion principal. L'un des mieux connus est celui dont les *fabri nauales Ostienses* firent l'acquisition, à une date proche de la dédicace du temple des *fabri tignuarii*[39].

L'articulation entre ces espaces à vocation cultuelle et les lieux de travail des *collegiati* prenait des formes différentes selon les cas. Le *templum* des *fabri nauales* se situait, par exemple, bien à l'écart des chantiers navals. En revanche, le temple de Cérès et la *schola* qu'occupaient les *mensores frumentarii* d'Ostie jouxtaient les entrepôts où ces professionnels devaient œuvrer[40]. De leur côté, les négociants importateurs du *forum uinarium* travaillaient vraisemblablement sur une vaste place donnant sur le Tibre, à l'arrière de la maison d'Amour et Psyché[41]. Ils constituaient un *corpus* dirigé par des *quinquennales* et des *curatores*, dont les activités étaient intimement liées à un temple du *Genius fori uinari* (*CIL* XIV 430)[42]. Tous deux invoqués, le *Genius fori uinari* et le *Genius corporis splendidissimi inportantium et negotiantium uinariorum* apparaissent comme deux divinités jumelles (*AEpigr* [1955] 165). La coexistence d'activités de nature différente, professionnelle et religieuse, paraît, au total, assez emblématique du quotidien des hommes de métier romain[43].

En définitive, les hommes de métier du monde romain réservaient une part notable de leur existence à une vie religieuse qui portait l'empreinte de leur identité professionnelle. Les cérémonies religieuses publiques et privées, ainsi que les réunions des collèges, qui intégraient très souvent une dimension religieuse, interrompaient les activités économiques[44]. Néanmoins, les hommes de métier ne cessaient pas pour autant d'agir et d'être perçus en tant que tels. Il en allait ainsi, en particulier, quand ils se manifestaient par des actes collectifs dans de grands sanctuaires publics. Les dédicaces installées dans le sanctuaire prénestin de Fortuna Primigenia, par des collèges de bouchers, de maquignons, de foulons ou encore d'artisans du métal, en constituent une remarquable illustration (*CIL* I² 1449. 1450. 1455. 1456. 3062. 3068).

NICOLAS TRAN

---

37. Ostia I, XII, 1.
38. Ostia V, XI, 1. *CIL* XIV 4365 + 4382 (*AEpigr* [1971] 64).
39. Ostia III, II. De Ruyt, Cl., «Ricerche archeologiche nel tempio dei Fabri Navales a Ostia», *ArchLaz* 12 (1995) 401–406; *ead.*, «Un exemple de discontinuité des fonctions monumentales dans un quartier de la ville romaine d'Ostie (Reg. III, ins. II)», *RBArch* 65 (1996) 5–16; Bollmann 304–307.
40. Bollmann 133.
41. Coarelli, F., «Il *forum vinarium* di Ostia. Un'ipotesi di localizzazione», dans Gallina Zevi, A./Claridge, A. (éds.), «*Roman Ostia*» Revisited. Archaeological and Historical Papers in Memory of R. Meiggs (1996) 105–113.
42. *Cf.* aussi *AEpigr* (1974) 123bis; *AEpigr* (1940) 64; *CIL* XIV 376. 409.
43. *CIL* VI 266. Tran, N., «Le 'procès des foulons'. L'occupation litigieuse d'un espace vicinal par des artisans romains», *MEFRA* 119/2 (2007) 597–611.
44. De Robertis, Fr. M., *Lavoro e lavoratori nel mondo romano* (1963) 200–211.

2.c. CHASSE

La chasse dans le monde grec et romain

PLAN DU CHAPITRE
1. Les divinités protectrices de la chasse ... 361
2. Lieux consacrés, interdits 363
   2.1. Propriétés sacrées 363
   2.2. Animaux interdits 364
3. Rites accompagnant les étapes de l'activité du chasseur 364
   3.1. Prières et gestes de vénération 364
   3.2. Offrande des prémices, sacrifice 365
   3.3. Dédicaces 365
4. Sacrifices d'animaux sauvages 368
5. Fêtes 369
6. Chasse et initiation rituelle 369

BIBLIOGRAPHIE GÉNÉRALE: Aymard, J., *Essai sur les chasses romaines des origines à la fin du siècle des Antonins (Cynegetica)* (1951) 503–513 et *passim*; Ellinger, P., «Hyampolis et le sanctuaire d'Artémis Elaphébolos dans l'histoire, la légende et l'espace de la Phocide», *AA* (1987) 88–99; *id.*, *La légende nationale phocidienne*, BCH Suppl. 27 (1993) (= Ellinger); Estienne, S., «*Festa venatica*. Quels rituels pour la chasse dans le monde romain?», dans Trinquier/Vendries 203–214; Fischer-Hansen, T./Poulsen, B. (éds.), *From Artemis to Diana. The Goddess of Man and Beast*, ActaHyp 12 (2009); Frontisi-Ducroux, F., «Artémis bucolique», *RHR* 198/1 (1981) 29–56; Green, C. M. C., *Roman Religion and the Cult of Diana at Aricia* (2007); Guettel Cole, S., *Landscapes, Gender, and Ritual Space* (2004) 178–197; Hatzopoulos, M. B., *Cultes et rites de passage en Macédoine* (1994) 101–111; Prioux, É., «Le motif de la chasse dans les Épigrammes de l'anthologie grecque», dans Trinquier/Vendries 177–194; Schnapp, A., «Territoires de guerre et de chasse chez Xénophon», dans *Problèmes de la terre en Grèce ancienne* (1973) 307–321; *id.*, *Le chasseur et la cité* (1997) (= Schnapp); Trinquier, J./Vendries, C. (éds.), *Chasses antiques. Pratiques et représentations dans le monde gréco-romain (IIIe s. av. –IVe s. apr. J.-C.)* (2009).

Moyen, à l'origine, de se procurer une alimentation carnée complémentaire de l'élevage et de défendre terres cultivées et troupeaux contre les déprédations des bêtes sauvages, la chasse, dans le monde antique, obéit à des règles strictes qui régissent les rapports entre l'homme et la nature, placée sous la protection divine. Pour autant, si les pratiques cynégétiques ont fait l'objet d'études approfondies et, au cours de ces dernières décennies, renouvelées tant par l'analyse anthropologique que par les recherches archéozoologiques, il n'existe pas, en dehors du chapitre de J. Aymard mentionné ci-dessus, d'étude traitant spécifiquement du fait religieux dans la chasse gréco-romaine. Cela s'explique probablement par le caractère lacunaire de nos sources et par leur difficile exploitation: le fait, par exemple, de trouver dans un sanctuaire des armes ou des statuettes de divinités comme Pan ou Artémis ne prouve pas, en l'absence d'inscription, qu'il s'agisse d'offrandes de chasseurs; les sources littéraires ne sont pas d'un maniement plus sûr car c'est un phénomène bien connu qu'un auteur est généralement muet sur ce qui est banal et quotidien; l'iconographie, quant à elle, plus riche pour le monde romain que pour le monde grec, est peu informative. Les sources dont nous disposons demandent donc à être exploitées avec prudence. Néanmoins, il convient de souligner que le développement récent des recherches archéozoologiques en contexte religieux permet aujourd'hui de jeter un éclairage nouveau sur certaines pratiques rituelles en relation avec la chasse.

1. Les divinités protectrices de la chasse

Artémis et Apollon ont une place particulièrement importante comme en témoignent les auteurs de traités cynégétiques: Xénophon (*kyn.* 1, 1) leur attribue l'invention du gibier et des chiens et Arrien (*kyn.* 34, 1–36, 4) les mentionne en premier dans la liste des divinités que les chasseurs ne doivent pas négliger sous peine d'endurer de nombreux maux.

Artémis
Protectrice de la nature sauvage, Artémis est la maîtresse des animaux, héritière de la *Potnia Thérôn*[1]. Elle est la chasseresse par excellence qui, armée de l'arc et accompagnée de chiens, parcourt la montagne et les bois ombreux (*h. Hom. Ven.* 18–19; *Anth. Pal.* 6, 268). Elle guette les animaux sauvages (*h. Hom.* 27, 11 [*in Dian.*]: θηροσκόπος) et les frappe de ses flèches mortelles (elle est ἰοχέαιρα, celle qui lance des traits: *h. Hom.* 27, 1–2). Comme le montrent ses épithètes, ἐλαφηβόλος (*h. Hom.* 27, 1–2; Soph. *Trach.* 214), ἐλαφοκτόνος (Eur. *Iph. T.* 1113), ses victimes de prédilection sont les cervidés, mais elle chasse aus-

---

1. Hom. *Il.* 21, 470; Anakr. Page *PMG fr.* 348, 3; *LIMC* II Artemis; Lloyd-Jones, H., *JHS* 103 (1983) 90; Nosch, M.-L., «Approaches to Artemis in Bronze Age Greece», dans Fischer-Hansen/Poulsen 21–39.

si les lièvres (Kall. *h.* 3, 2 [*in Dian.*]) et les fauves (*h. Hom. Ven.* 18–19) et elle aime les chèvres (*Anth. Pal.* 6, 121).

Sa puissance couvre de nombreux domaines: elle favorise la fécondité des animaux aussi bien que des humains; en tant que courotrophe, elle accompagne les jeunes filles jusqu'au mariage et veille sur l'éducation des jeunes gens. Protectrice du territoire et des familles, elle est aussi déesse civique et guerrière. Son caractère s'exprime dans l'épithète *Agrotera* qu'on peut rapprocher d'ἄγρα (chasse, gibier)[2]. Son domaine est l'*agros*, où vivent les bêtes sauvages mais aussi le lieu où se déroulent les combats. Les offrandes qu'elle reçoit expriment souvent la reconnaissance des chasseurs, et peut-être aussi celle des guerriers[3]. À la chasse comme à la guerre, on la prie avant de partir[4], on lui rend hommage en route[5] et on la remercie au retour (Arr. *kyn.* 33), souvent par un sacrifice de chèvres[6]. La guerre, et plus particulièrement la guerre d'anéantissement, fait donc également partie de son domaine, notamment en tant qu'*Agrotera*[7].

La dimension du pouvoir de la déesse sur la nature sauvage et cultivée, sur la vie et la mort, s'illustre dans les légendes et les rituels qui se rapportent à l'Artémis *Laphria* de Patras à laquelle on offrait en holocauste toutes espèces d'animaux sauvages et domestiques ainsi que des végétaux[8]. Elle châtie, enfin, ceux qui se montrent coupables d'*hybris*, aussi bien les chasseurs déraisonnables, comme Orion, qui exterminent les animaux (Ov. *fast.* 5, 539–544; Hyg. *astr.* 2, 26), que les guerriers, ainsi qu'on le constate dans les légendes d'Aigeira ou de Mégare[9].

Apollon

Apollon aurait inventé l'arc (Diod. 5, 74, 5) qui est, avec la lyre, son attribut favori. Le dieu archer (τοξοφόρος)[10] sème la mort chez les animaux comme chez les humains et on l'invoque pour que la flèche touche son but. Il partage de nombreuses qualités avec Artémis. Héritier du *despotes therôn*, il est aussi un dieu chasseur (ἀγρεύς)[11] et, comme le montre l'iconographie, les cervidés sont parmi ses animaux favoris[12]. Comme sa soeur on le prie avant de commencer la chasse et il reçoit l'hommage des chasseurs[13]; on lui offre des trophées de chasse, des armes ou du matériel de chasse en échange de prises importantes[14]. En tant qu'*Epikourios*, il recevait le sacrifice d'un sanglier en Arcadie[15].

Pan

Comme Artémis, Pan est à la fois un protecteur des bêtes et un chasseur[16]. Sa vue perçante (*h. Hom.* 14 [*in Pana*]; *Anth. Pal.* 6, 16, 109), son agilité à parcourir les rochers escarpés et les sentiers pierreux, que lui confère sa nature semi-caprine (*h. Hom.* 19, 1–13), expliquent qu'il soit vénéré en tant que dieu de la chasse[17]. Sa sphère d'influence est plus modeste que celle d'Artémis: en dehors des ennemis naturels du troupeau que sont le loup et le lynx[18], de Pan ne relève généralement que le petit gibier, comme le symbolise dans l'iconographie son attribut le plus fréquent, le *lagobolon*, arme de jet servant à chasser le lièvre[19]. Toutefois, l'intervention du dieu dans une chasse collective au sanglier et au cervidé peinte sur un cratère attique à volutes de la fin du Ve s. av. J.-C. montre que ses attributions rejoignaient parfois celles d'Artémis[20].

Autres divinités

Outre Artémis, Apollon et Pan, Arrien (*kyn.* 35, 3–4) conseille aux chasseurs de ne négliger ni les Nymphes ni Hermès – *Enodios* ou *Hegemonios* – ni aucun «dieu des montagnes» (*oreioi*). Chasseur lui-même (*h. Hom. Merc.* 64–65) et doté, comme Pan, d'une vue perçante (*h. Hom. Merc.* 73), Hermès intervient surtout dans la chasse en raison de

---

2. Sur l'origine et le sens de l'épithète *Agrotera*, voir Jost, *Arcadie* 404.
3. *Cf. infra* 3.3 et n. 96. Pour Artémis déesse civique et guerrière: Mejer, J., «Artemis in Athens», dans Fischer-Hansen/Poulsen 61–77.
4. Xen. *kyn.* 6, 13; Ail. *nat.* 11, 9. Avant la bataille les Spartiates immolaient une chèvre à Artémis *Agrotera*: Plut. *Lyc.* 22, 2.
5. Philostr. *im.* 1, 28, 6. Xen. *Hell.* 4, 2, 20: en Laconie le roi lui sacrifiait une chèvre quand l'armée arrivait en vue de l'ennemi.
6. Pour le lien entre Artémis *Agrotera*, les chèvres et la guerre, *cf.* Paus. 7, 26, 1–3; Vernant, J.-P., «Artémis et le sacrifice préliminaire au combat», *REG* 101 (1988) 230–239.
7. Launey, M., *Recherches sur les armées hellénistiques* 2 (1987) 879. 936 n. 5; Vernant (n. 6) 221–239; Ellinger, P., «Artémis, Pan et Marathon. Mythe, polythéisme et événement historique», dans de Bouvrie, S. (éd.), *Myth and Symbol* 1. *Symbolic Phenomena in Ancient Greek Culture* (2002) 313–332.
8. *Cf. infra* 4.
9. Ellinger 222–228.
10. Pour les nombreuses épithètes qualifiant le dieu à l'arc, *cf. LIMC* II Apollon p. 184.

---

11. C'est, par exemple, à Artémis *Agrotera* et à Apollon *Agreus* qu'Alcathoos dédie un sanctuaire après avoir tué le lion du Cithéron. Pour Apollon ἀγρεύς, voir aussi Aischyl. *TrGF* III F 200; Soph. *Oid. K.* 1091.
12. Voir par exemple *LIMC* II Apollon **324*–332**.
13. *Cf. infra* 3.1 et 3.2.
14. *Cf. infra* 3.3.
15. *Cf. infra* 4.
16. Pan chasseur: Roscher, W. H., *ML* III 1 (1897–1909) 1385–1387 s.v. «Pan». Pan et la chasse: Borgeaud, *Pan* 72–114. Pan et la chasse dans les épigrammes de l'Anthologie grecque: Prioux, *passim*.
17. Apollod., *FrGH* fr. 244 F 137; *Etym. m. s.v.* «ἄκτιος»; Hesych. *s.v.* «Ἀγρεύς». De nombreuses épigrammes mentionnent les offrandes dédiées à Pan par des chasseurs (*cf.* n. 79).
18. Callimaque (*h.* 3, 88–89) décrit Pan découpant un lynx au retour d'une chasse.
19. *Cf. LIMC* VIII Suppl. Pan.
20. (= *LIMC* VIII Suppl. Pan **248***) Naples, Mus. Naz. 81671 (H 3251): Schnapp 397 n° 448; Pouzadoux, C., «La dualité du dieu bouc: les épiphanies de Pan à la chasse et à la guerre dans la céramique apulienne (seconde moitié du IVe s. av. J.-C.)», *Anthropozoologica* 31 (2000) 14–15 fig. 4.

ses qualités de *metis* que possèdent aussi certains animaux. Les plaquettes votives découvertes dans le sanctuaire d'Hermès et d'Aphrodite à Katô-Symi (Crète) et datées entre le VIIe et le Ve s. av. J.-C. montrent que le dieu y était honoré en tant que protecteur de la chasse (pl. 107, 4)[21].

Parmi les patrons de la chasse, il convient aussi de mentionner Héraclès: ancêtre de la dynastie royale de Macédoine et vénéré comme dieu dans les cités macédoniennes, il est honoré, à partir du IVe s. av. J.-C., sous l'épiclèse *Kynagidas*. Cet Héraclès *Kynagidas* avait son sanctuaire principal à Béroia où plusieurs inscriptions attestent l'ancienneté de son culte[22]. Celui-ci perdurait encore à l'époque romaine, comme le montre une stèle de marbre d'époque républicaine portant les noms de 22 *kynegoi*, deux par année entre 122/121 et 112/111. C'est parmi ces βασιλικοὶ κυνηγοί, veneurs royaux mentionnés par Polybe (31, 29, 3–5), qu'étaient choisis les prêtres d'Héraclès[23].

Zeus, enfin, semble avoir été honoré à Kynaitha, en Arcadie, comme protecteur de la chasse. Il porte l'épiclèse de *Kynaitheus* que les Anciens ont parfois interprétée en relation avec κύων, le chien de chasse[24]. Ce Zeus *Kynaitheus*, dont le culte ne fut peut-être instauré qu'à l'époque impériale, a été rapproché du Zeus *Kynegesios* honoré à Stratonicée-Hadrianoupolis à l'époque d'Hadrien[25]; une statue de l'empereur, dont on connaît la passion pour la chasse, se dressait d'ailleurs sur l'agora de Kynaitha (Paus. 8, 19, 1).

À l'époque romaine toujours, mais dans la partie occidentale de l'empire, Diane, déesse aux multiples facettes comme Artémis, est la principale protectrice des chasseurs[26]. Dans son traité cynégétique, Grattius (16–20) lui associe les «cent divinités» qui règnent sur les espaces sauvages où se déroule la chasse: «toutes les divinités des bois», «toutes les divinités humides des sources», les Naïades, Faunus, les Satyres, «le fils du Ménale», Cybèle et Silvain. Par ailleurs, souvent en association étroite avec Némésis, Diane préside aux *venationes* de l'amphithéâtre[27]: on la voit ainsi figurée au milieu des bestiaires combattant dans l'arène sur une mosaïque d'El Djem (pl. 108, 1)[28]; sur une mosaïque de Smirat, le combat se déroule en présence de Diane et de Bacchus (pl. 108, 2)[29].

2. Lieux consacrés, interdits

2.1. Propriétés sacrées

Il existait des lieux consacrés, propriété des dieux, où les animaux vivaient sous la protection de la divinité. Philostrate (*im.* 1, 28, 6) décrit un de ces endroits idylliques où les animaux de toutes espèces cohabitaient en toute quiétude, peut-être souvenir d'une paix primitive entre hommes et bêtes[30]; là, des faons, loups et lièvres dédiés à Artémis paissaient en liberté près de son temple et ne craignaient pas l'homme. De même dans la cour du temple de la Déesse syrienne séjournaient des boeufs, des chevaux, des aigles, des ours et des lions qui ne faisaient pas mal aux hommes mais étaient à la fois sacrés et familiers (Lukian. *Syr. d.* 41).

La chasse était interdite dans ces enceintes où le gibier pouvait trouver asile, comme les cerfs qui entraient dans le bois sacré (*alsos*) du sanctuaire d'Apollon à Kourion à Chypre[31]. Les chasseurs renonçaient à y pénétrer et les chiens n'osaient approcher. De même, Pan protégeait des loups les animaux qui se réfugiaient dans son sanctuaire d'Aulé, en Arcadie[32]. En Italie aussi, dans la plaine du Pô, chez les Hénètes, aux confins de la Vénétie et de l'Istrie, existaient de telles enceintes, l'une dédiée à Héra *Argeia* et une autre à la Diane d'Étolie: les animaux s'y apprivoisaient d'euxmêmes, les cerfs vivaient avec les loups et le gibier qui s'y réfugiait y était hors d'atteinte[33].

Certains domaines étaient frappés d'un véritable tabou et toute intrusion était prohibée; le

---

21. (= *LIMC* V Hermes **309** avec bibl.) Plaquette de bronze à décor repoussé et gravé. Héraklion, Mus. Arch. 4112: 530–520 av. J.-C. Hermès chasseur bandant un arc. Pour d'autres plaquettes votives de même provenance, *cf. infra* **3.3** et n. 88.
22. Edson, C. F., «The Antigonids, Herakles and Beroea», *HSCP* 45 (1934) 213–246; Brocas-Deflassieux, L., *Beroia* (1999) 66.
23. *Cf.* Hatzopoulos 101–111; Psoma, S., dans Guimier-Sorbets, A.-M./Hatzopoulos, M. B./Morizot, Y. (éds.), *Rois, cités, nécropoles. Institutions, rites et monuments en Macédoine* (2006) 287–288.
24. *Schol.* Lykophr. 400: «Kynaitheus ... nom de Zeus chez les Arcadiens. De Zeus: celui-ci préside à la chasse en Arcadie»; Tzetz. Lykophr. 400: «Zeus est honoré en Arcadie sous le nom de Kynaitheus. Les Arcadiens sont en effet campagnards et amateurs de chasse et ils l'honoraient dans leurs chasses et dans des courses de chiens». *Cf.* Jost, *Arcadie* 278–279, à qui sont empruntées les traductions.
25. *Cf.* Robert, L., *Documents d'Asie Mineure* (1987) 133–148 (= *BCH* 102 [1978] 438–452), pour qui Hadrien est assimilé à Zeus *Kynegesios*.
26. Sur les différentes facettes et sur le culte de la Diane latine: Green; Estienne 209.
27. *Cf.* Ov. *am.* 3, 2, 51; *LIMC* II Artemis/Diana p. 854; Carabia, J., «*Diana victrix ferarum*», dans Domergue, C., et al. (éds.), *Spectacula I. Gladiateurs et amphithéâtres* (1990) 231–240; Foucher, L., «Diana-Nemesis, patronne de l'amphithéâtre», dans Johnson, P., et al., *Fifth International Colloquium on Ancient Mosaics* (1994) 229–237.
28. Sousse, Mus.: Dunbabin, *MosNAfr* 70–71 fig. 56. 280–300 ap. J.-C.
29. Sousse, Mus.: Dunbabin, *MosNAfr* 67–69 fig. 53; Slim, H., «Les spectacles», dans Blanchard-Lemée, M., et al., *Sols de l'Afrique romaine* (1995) 209 fig. 162. 240–250 ap. J.-C.
30. *Cf.* Schnapp 19–20.
31. Ail. *nat.* 11, 7; Strab. 14, 6, 3.
32. Ail. *nat.* 11, 6; Jost, *Arcadie* 470–472.
33. Strab. 5, 1, 9. L'*alsos/lucus* est un espace cultuel propre à Artémis: Montepaone, C., «L'*alsos/lucus*, forma idealtipica artemidea: il caso di Ippolito», dans *Les bois sacrés. Actes du Colloque 1989* (1993) 69–75.

chasseur renonçait donc à y poursuivre sa proie. C'était le cas du sanctuaire de Zeus *Lykaios*: toute créature qui y pénétrait était privée d'ombre et l'homme qui y entrait mourait dans l'année; devenu un mort-vivant, il perdait son humanité[34].

Le lieu consacré était parfois une île entière et il était impossible même d'y faire passer les chiens[35]. Le gibier pullulait, comme dans celle qui faisait face au pays des Cyclopes où les chèvres sauvages se multipliaient car aucun chasseur n'y pénétrait; le massacre perpétré par Ulysse et ses compagnons fut ressenti comme sacrilège car excessif[36]. Cependant la chasse n'était pas toujours totalement proscrite. Dans l'île d'Icaros, par exemple, où se trouvaient un temple d'Artémis et une grande quantité de chèvres sauvages, de gazelles et de lièvres, il était possible de chasser, et on faisait même une très bonne chasse, à condition d'en demander la permission à la déesse. Si on omettait de le faire, non seulement on était bredouille mais on était châtié (Ail. *nat.* 11, 9). De même, Platon (*nom.* 7, 824a) laisse entendre que des terres consacrées pouvaient être parcourues par les chasseurs à courre, qualifiés de «chasseurs sacrés (ἱερούς)», alors que les autres types de chasse en étaient exclus.

Un cas particulier est présenté par le domaine de Xénophon à Scillonte; inspirée par les paradis perses, et reproduction à petite échelle du domaine du temple d'Ephèse, cette réserve de chasse non close était une propriété privée comprenant un temple consacré à Artémis, une aire cultivée, des collines boisées et un fleuve[37]. Elle avait toutes les caractéristiques d'un environnement comme les aime la déesse. Chaque année une chasse s'y déroulait dans un contexte cultuel[38].

2.2. Animaux interdits

Les animaux qui vivaient ou avaient trouvé refuge dans un domaine sacré appartenaient à la divinité, définitivement ou pour le temps pendant lequel ils s'y trouvaient[39]. Tuer l'un d'eux était donc un acte sacrilège. Ainsi, à Aulis, Agamemnon fut châtié pour avoir offensé Artémis en tuant un cerf qui appartenait à la déesse, mais on dit aussi qu'il l'avait chassé dans un lieu consacré, ou qu'il avait prononcé des paroles présomptueuses[40]. L'*hybris* du chasseur est en effet blâmable. Celui qui chasse trop ou ne sait pas réfréner ses pulsions peut déclencher une catastrophe, comme la guerre qui opposa les Latins aux Troyens, coupables d'avoir tué un cerf apprivoisé (Verg. *Aen.* 7, 483–539). De même, Actéon, à la fin d'une chasse, viola un espace réservé à Artémis (Ov. *met.* 3, 138–252). Sa faute fut aussi de se faire voir, alors qu'un bon chasseur ne doit pas être décelable. La métamorphose imposée par la déesse lui fit franchir la frontière qui sépare l'homme de l'animal: devenu sauvage, il fut dans l'incapacité de parler à ses chiens pour se faire reconnaître.

3. Rites accompagnant les étapes de l'activité du chasseur

Les différents moments de la chasse et de la vie du chasseur sont marqués par des actes de piété dont témoignent textes, images et, parfois, *realia*.

3.1. Prières et gestes de vénération

Comme le signale Platon (*pol.* 4, 432c), l'usage est de prier les dieux au moment où l'on part pour la chasse[41]. Ces prières s'adressent souvent à une divinité précise: Xénophon (*kyn.* 6, 13) recommande de prier Apollon et Artémis *Agrotera* d'accorder du gibier avant de lancer les chiens sur la trace du lièvre; de même, Philostrate (*im.* 1, 28, 6) décrit un tableau dans lequel les chasseurs chantent un hymne à Artémis *Agrotera* avant la chasse; une épigramme recommande d'invoquer Pan pour capturer oiseaux et lièvres (*Anth. Pal.* 10, 11).

L'iconographie d'époque impériale montre que ces prières s'accompagnent parfois de saluts respectueux adressés par les chasseurs à leurs divinités protectrices: sur le petit côté d'un sarcophage de Barcelone, dont la face principale montre une chasse au lion, un chasseur à cheval lève la main droite vers une statue de Diane placée sur une colonne (pl. 109, 1)[42]; sur une mosaïque tunisienne de Kélibia/*Clupea*, un chasseur salue la statue d'Artémis placée dans un édicule de part et d'autre duquel se déroule une chasse (pl. 109, 2)[43].

---

34. Paus. 8, 38, 6; Jost, *Arcadie* 255–258; Schnapp 40–41.
35. Xen. *kyn.* 5, 25. L'interdiction d'avoir un chien à Rhénée (Strab. 10, 5, 5) est peut-être à mettre en relation avec la chasse.
36. Hom. *Od.* 9, 116–124; Schnapp 59–60.
37. *ThesCRA* III 3 b Consecration **91**; Xen. *an.* 5, 3, 7–13; Launey (n. 7) 875–878; Bruit Zaidman, L., «Xénophon entre dévotion privée et publique», dans Ἰδίᾳ καὶ δημοσίᾳ, *Les cadres «privés» et «publics» de la religion grecque*, *Kernos* suppl. 15 (2005) 106; Lallier, L., *Le paradis de Xénophon à Scillonte : le parc naturel, hier et aujourd'hui* (2005). Voir aussi Brulé, *Fille* 223–224: on peut comparer Scillonte et Brauron pour le paysage et la gestion du domaine.
38. Cf. *infra* **5**.

39. Voir par ex. la biche sacrée du sanctuaire de Lycosoura (Paus 8, 10, 10). La même protection était accordée aux troupeaux: Sinn, U., «The Sacred Herd of Artemis at Lusoi», dans Hägg, *Iconography* 177–187.
40. Soph. *El.* 563–576; *LIMC* V Iphigeneia p. 707; Brulé, *Fille* 180–181.
41. Cf. etiam Arr. *kyn.* 36: toute chasse commence par des prières aux dieux.
42. Barcelone, Mus. Arch. 870: Aymard pl. 36c; Andreae, B., *Die römischen Jagdsarkophage*, *SarkRel* I 2 (1980) pl. 1, 2. Vers 230 ap. J.-C.
43. Ennaïfer, M., «La maison des deux chasses à Kélibia», dans *CMGR* VII 1 (1999) 244–245. Ve s. ap. J.-C. (?). Pour d'autres exemples de geste analogue, *cf. ThesCRA* II 5 Images de culte **395. 399*. 400*. 401***.

3.2. Offrande des prémices, sacrifice

Arrien (*kyn.* 33) l'énonce clairement: «il faut sacrifier après une chasse heureuse et consacrer les prémices des captures à la déesse [Artémis *Agrotera*]». Des documents iconographiques d'époques diverses semblent pouvoir être mis en relation avec ce rituel de l'offrande des prémices destiné à se concilier les faveurs des divinités protectrices de la chasse: un lécythe à figures rouges montre un lièvre suspendu à une colonne, devant un Hermès-pilier dressé près d'un autel[44]; sur une mosaïque d'Antioche, un chasseur présente un lièvre à la statue d'Artémis tandis que deux autres la saluent[45]; et, sur une mosaïque de Carthage, des chasseurs ont déposé la dépouille d'une grue aux pieds des statues de Diane et d'Apollon[46].

D'autres monuments d'époque impériale montrent des scènes de sacrifice qu'il n'est pas toujours facile de replacer dans le déroulement de la chasse: s'agit-il de rituels propitiatoires ou d'actions de grâce? Si l'un des panneaux de la mosaïque de Lillebonne, en Gaule, représente de toute évidence un sacrifice propitiatoire à Diane avant le départ pour une chasse au cerf (pl. 109, 3)[47] et si, sur une mosaïque d'Henchir Toungar, en Tunisie, un chasseur sacrifie sur un autel allumé tandis que son compagnon s'apprête pour la chasse[48], d'autres images semblent plutôt illustrer un rituel au retour de la chasse: ainsi, sur un relief romain d'époque flavienne, un chasseur, qui porte un plateau de fruits, égrène de l'encens sur l'autel de Diane tandis que d'autres présentent à la déesse le gibier capturé, lièvre et sanglier[49]; de même, sur une mosaïque de Constantine, une Amazone dépose une gazelle sur l'autel de la déesse tandis qu'une de ses compagnes apporte un plateau chargé de fruits et de gâteaux[50]. Mais, sur la mosaïque de la «Petite Chasse» de Piazza Armerina, l'autel de Diane, sur lequel un chasseur égrène l'encens tandis qu'un autre salue la statue divine, occupe le centre du pavement, entre la scène du départ et celle du retour, montrant ainsi que toutes les étapes de la chasse sont placées sous les auspices de la déesse[51]. De même, sur les *tondi* hadrianiens de l'arc de Constantin, à Rome, l'alternance des scènes de *venatio* et des scènes de sacrifice montre que les exploits cynégétiques de l'empereur sont accomplis avec l'aide des dieux. Différentes hypothèses ont été proposées pour la séquence originelle de ces médaillons[52] qui associent chasse au sanglier et sacrifice à Diane[53], chasse à l'ours et sacrifice à Silvain[54], chasse au lion et offrande de sa dépouille à Hercule[55]; le sacrifice à Apollon[56] serait, selon R. Turcan[57], associé à la *profectio*.

Quelques témoignages plus anciens nous apprennent qu'au retour d'une chasse heureuse, le chasseur pouvait témoigner sa reconnaissance par une modeste offrande végétale: Hippolyte s'empresse ainsi d'offrir à Artémis une couronne (Eur. *Hipp.* 73-74)[58]; et, sur un lécythe à figures rouges, un chasseur, qui porte à son *lagobolon* le lièvre capturé, présente un simple rameau à une idole hermaïque érigée sur un monticule (pl. 110, 1)[59].

3.3. Dédicaces

Représentations divines

En remerciement de l'aide apportée, une divinité peut se voir offrir sa propre image, parfois accompagnée d'une dédicace. Il est probable que les chasseurs ont eux aussi consacré ce genre d'objets, même si les témoignages sont rares[60].

Les épigrammes de l'*Anthologie Palatine* évoquent l'offrande de figurines divines taillées dans le bois[61], qui sont plus souvent l'œuvre de bergers que de chasseurs. Nous pouvons cependant mentionner une statue (*agalma*) d'Artémis consacrée

---

44. (= *ThesCRA* IV 1 b Représentations de lieux de culte **130f***). On rapprochera de cette image l'épigramme *Anth. Pal.* 6, 32, 2: «au dieu agile, la bête bondissante».
45. (= *ThesCRA* II 5 Images de culte **400***)
46. (= *ThesCRA* II 5 Images de culte **401***)
47. (= *LIMC* II Artemis/Diana **59*** avec bibl.) Rouen, Mus. IVᵉ s. ap. J.-C. - *Cf. etiam* la mosaïque de la «Petite Chasse» de Piazza Armerina, qui montre Artémis dans une forêt, en liaison avec des scènes de chasse (= *LIMC* II Artemis/Diana **58***). 330 ap. J.-C.
48. Tunis, Bardo. Quoniam, P., *Karthago* 2 (1951) 109-114 fig. 2; Dunbabin, *MosNAfr* 50-51 pl. 23; Estienne 205 fig. 1. 2ᵉᵐᵉ quart du IIIᵉ s. ap. J.-C.
49. (= *ThesCRA* II 5 Images de culte **266**)
50. (= *ThesCRA* II 5 Images de culte **399***)
51. (= *LIMC* II Artemis/Diana **58***)
52. Pour un état récent, voir: Estienne 205-207.
53. (= *LIMC* II Artemis/Diana **64***/**279**) La statue de la déesse se dresse à l'avant d'un arbre auquel est suspendue une hure de sanglier.
54. (= *ThesCRA* II 5 Images de culte **395**, = *LIMC* VII Silvanus **110**) La tête et la peau d'un ours sont accrochées à un arbre près de la statue du dieu qu'un chasseur couronne tandis qu'un autre lui adresse un geste de salut; l'empereur sacrifie sur l'autel.
55. (= *LIMC* IV Herakles **920***)
56. (= *LIMC* II Apollon/Apollo **332***)
57. Turcan, R., «Les tondi d'Hadrien sur l'arc de Constantin», *CRAI* (1991) 53-82.
58. (= *ThesCRA* II Images de culte **295**) *Cf.* une peinture pompéienne où Hippolyte entouré de chasseurs tend une couronne à la déesse (= *ThesCRA* II Images de culte **343•**).
59. (= *LIMC* V Hermes **166**, VIII Suppl. Priapos **7** avec bibl.) Athènes, Mus. Nat. 12119. D'Érétrie. 440-430 av. J.-C. Schnapp 324 fig. 317.
60. Les seules dédicaces avérées proviennent de Lycie du Nord. Il s'agit de reliefs qui représentent douze dieux chasseurs armés d'un épieu, avec leurs chiens figurés au registre inférieur. Au centre de chaque registre se trouve une divinité en laquelle on peut reconnaître le Père des dieux pour l'une et parfois Artémis pour l'autre. Plusieurs de ces reliefs portent une dédicace aux Douze Dieux, mais aussi parfois à Artémis et au Père des Dieux. Deux d'entre elles précisent qu'il s'agit d'une Artémis *Kynegetis*: *LIMC* III Dodekatheoi **65***; Drew-Bear, Th./Labarre, G., «Une dédicace aux douze dieux lyciens et la question de leur origine», dans Labarre, G. (*éd.*), *Les cultes locaux dans les mondes grec et romain* (2004) 81-101.
61. Par exemple *Anth. Pal.* 6, 37. 99: effigies de Pan; *Anth. Pal.* 9, 326: statues des Nymphes.

par Cléonymos là où il chasse, sur des hauteurs qu'il souhaite giboyeuses (*Anth. Pal.* 6, 268), et des statues de bois offertes aux Nymphes Naïades par Damostratos (*Anth. Pal.* 9, 328) en même temps que les hures de deux sangliers, ce qui permet d'y reconnaître l'offrande d'un chasseur[62].

L'interprétation des témoignages matériels présente la même complexité car il est difficile d'établir avec certitude un lien entre un objet trouvé dans un lieu sacré, les circonstances de l'offrande et la personnalité du dédicant. Le matériel provenant de sanctuaires de divinités protectrices de la chasse, telles que Pan ou Artémis, est varié et comprend de nombreuses figurines de bronze ou de terre cuite représentant d'autres personnalités divines que celle qui est maîtresse des lieux[63]. Ainsi, les images de Pan sont en règle générale peu nombreuses dans les sanctuaires qui lui sont consacrés. Parmi les ex-voto trouvés à l'antre Corycien[64] comme à Bérékla[65] ou sur le mont Lycée[66] figurent également d'autres divinités, des Silènes ou Satyres, ainsi que des bergers. De même, de nombreuses terres cuites, dont les unes représentent Pan, d'autres des divinités féminines et des Nymphes, ont été mises au jour dans la grotte de Marathon consacrée à Pan et aux Nymphes[67].

La plupart des sanctuaires artémisiaques ont livré des figurines et des reliefs représentant la déesse chasseresse[68], bien souvent associés à d'autres types qui évoquent plutôt la *Potnia Thérôn*, la courotrophe ou la protectrice des femmes, comme à Brauron[69], à Corfou[70], au sanctuaire d'Artémis Orthia à Messène[71] ou encore à celui de Diane à Nemi[72]. Ces objets montrent les différents visages de la déesse et se rapportent surtout au domaine féminin[73]. Le type de la chasseresse est trop commun pour être significatif, mais il est parfois associé à des pointes de flèches[74], des trophées de chasse[75], des armes de chasse ou des animaux[76], ce qui tendrait à prouver que certains des dédicants étaient des chasseurs.

Dépouilles et trophées

Il était d'usage d'offrir aux dieux certaines parties nobles, et non comestibles, de l'animal capturé, comme la peau, la tête ou les cornes, que le chasseur heureux suspendait dans un sanctuaire, ou parfois simplement à un arbre. Cette pratique remonte aux temps les plus lointains puisque Pausanias (8, 47, 2) prétend avoir vu, dans le sanctuaire d'Athéna *Aléa* à Tégée, « la peau du sanglier de Calydon (elle était complètement pourrie par l'effet du temps et totalement dégarnie de ses poils) »[77]. Diodore (4, 22, 3) raconte l'histoire d'un chasseur vaniteux qui fut puni par Artémis pour avoir suspendu à un arbre, pour lui-même, la hure d'un sanglier au lieu de la consacrer à la déesse : il s'endormit sous l'arbre et la hure, en tombant, le tua[78]. Les épigrammes de l'*Anthologie* précisent souvent la nature, le destinataire ainsi que le lieu de l'offrande[79]. Philostrate (*im.* 1, 28, 6), décrivant une chasse au sanglier, évoque un sanctuaire et une statue d'Artémis polie par le temps, ayant « pour

---

62. On ignore toutefois ce que ces statues représentaient.

63. Pour les divinités «hôtes», cf. Weill, N., «Images d'Artémis à l'Artémision de Thasos», dans Εἰδωλοποιία. *Actes du Colloque sur les problèmes de l'image dans le monde méditerranéen classique* (1985) 141–143; Alroth, B., *Greek Gods and Figurines: Aspects of the Anthropomorphic Dedications* (1989) 65–80.

64. Amandry, P., «Le culte des Nymphes et de Pan», dans *L'antre Corycien 2*, BCH Suppl. 9 (1984) 398–409.

65. Jost, *Arcadie* 456–468.

66. Hübinger, U., «On Pan's Iconography and the Cult in the Sanctuary of Pan», dans Hägg, *Iconography* 195. 206; voir aussi Karali, L./Mavridis, F./Kormazopoulou, L., *AAA* 39 (2006) 41 fig. 10 pour la grotte du Mont Hymette.

67. Papadimitriou, J., *Ergon* (1958) 15–22; Daux, G., *BCH* 83 (1959) 588.

68. Jost, *Arcadie* 404: Lousoi, Orchomène, Stymphale; voir aussi Sinn (n. 39) 182–183.

69. *LIMC* II Artemis **540. 547. 551*. 557*–559. 568–569*. 660–661*. 665*–666. 721***.

70. *LIMC* II Artemis **541*–543. 545*–546. 548. 552–556. 565. 571. 573–574. 576–577. 584*. 586*. 588. 596–601*. 607*–611. 613*. 641–643*. 645*–646**.

71. Themelis, P., «Artemis Ortheia at Messene. The Epigraphical and Archaeological Evidence», dans Hägg, *AGCP EpigrEv* 101–122; voir aussi, pour Érétrie, Knoepfler, D., «Sur les traces de l'Artémision d'Amarynthos près d'Érétrie», *CRAI* (1988) 418.

72. Green 112–113.

73. Jost, *Arcadie* 420–421; Brulé, P., «Artemis Amarysia», *Kernos* 6 (1993) 60–61.

74. C'est le cas à Orchomène: Blum, G./Plassart, A., «Orchomène d'Arcadie: fouilles de 1913. Topographie, architecture, sculpture, menus objets», *BCH* 38 (1914) 75–77 fig. 3.

75. À Lousoi: Jost, *Arcadie* 404.

76. Les ex-voto trouvés à Nemi comprennent des objets aussi variés que des bijoux, des miroirs, des strigiles, des instruments chirurgicaux, des pointes de flèches, des lances, des petits carquois votifs, des représentations de chevreuils, de chien et d'oreilles animales en bronze, reflets des différentes attributions de la déesse: Morpurgo, K., «Nemus Aricinum», *MonAnt* 13 (1903) 324–336. 346.

77. Trad. M. Jost, CUF 1998. Un peu plus haut, Paus. 8, 46, 1 mentionne les défenses du sanglier de Calydon parmi les objets qui se trouvaient dans le temple et qui furent enlevés par Auguste après sa victoire d'Actium.

78. Diodore situe l'anecdote en Italie, à Poséidonia, et semble la tenir de Timée. Cf. *etiam* Kall. *fr.* 96 Pf. et Ov. *Ib.* 505–506.

79. *Anth. Pal.* 6, 34 (pieds de sangliers, à Pan). 35 (peau [de loup?] suspendue à un pin, pour Pan). 57 (peau de lion, avec la tête sanguinolente, suspendue à un pin, pour Pan). 106 (peau de loup suspendue à un platane, pour Pan). 110 (bois «d'une biche», à huit rameaux, cloués au tronc d'un pin). 111 (peau et ramure «d'une biche», déposées aux pieds d'une statue d'Artémis). 112 (trois têtes de cerfs avec leurs bois, consacrées «sous les portiques» d'Apollon). 114–116 (peau et cornes d'un buffle sauvage, consacrées à Héraclès par Philippe V de Macédoine). 168 (peau de sanglier, suspendue à un chêne, pour Pan). 253 (dépouilles de cerfs, déposées dans des grottes, sur des souches de genévriers ou sur des *hermakes*). 262 (peau de loup, suspendue à un pin).

offrandes des têtes de sangliers et d'ours». Ces témoignages littéraires trouvent une confirmation dans les *realia* puisque, parmi le matériel votif mis au jour dans certains sanctuaires artémisiaques, figurent des trophées de chasse: à Lousoi, par exemple, ont été découverts des bois de cerfs, dents d'ours et défenses de sangliers[80].

Plusieurs auteurs latins font également référence à ce type de dédicaces[81], dont témoigne aussi la documentation épigraphique d'époque impériale, en Orient comme en Occident: une épigramme de Thespies, en Béotie, commémore la dédicace par Hadrien, à Eros, du mufle d'une ourse tuée par l'empereur[82]; en Damascène (Syrie), une stèle ornée de scènes cynégétiques porte en dédicace à une divinité anonyme φιλόθηρος un poème évoquant chasse aux gazelles et chasse aux lièvres[83]; deux faces d'un autel élevé en Espagne par un commandant de la légion *VII Gemina* commémorent l'offrande à Diane de trophées de chasse – dents de sangliers et bois de cerfs – tandis qu'une plaque associée à l'autel évoque le don d'une peau (d'ours?)[84].

L'iconographie d'époque impériale romaine offre plusieurs représentations de tels trophées: ainsi une fresque de la Maison de Livie, sur le Palatin, figure un sanctuaire d'Artémis-Hécate dans lequel sont suspendues les têtes d'un cerf, d'un bouquetin et d'un sanglier[85]; sur une série de sarcophages attiques ornés de scènes relatives à la légende d'Hippolyte, le héros, au retour d'une chasse, fait clouer par son serviteur des bois de cerf sur un naïskos probablement dédié à Artémis[86].

Représentations de chasseurs et d'animaux sauvages

Plusieurs sanctuaires consacrés à des divinités protectrices de la chasse ont livré, parmi le matériel votif, des représentations de chasseurs et d'animaux sauvages. Tel est le cas du sanctuaire d'Hermès et d'Aphrodite à Symi, en Crète, où ont été mis au jour de nombreux *pinakes* de bronze à décor repoussé et gravé, datés entre le VIIe et le Ve s. av. J.-C., qui sont peut-être à mettre en relation avec les rituels d'initiation crétois dans lesquels la chasse tenait une place importante[87]. Les principaux types figurés sur ces plaquettes sont des chasseurs armés de leur arc, des chasseurs capturant un bouquetin, ou encore des hommes portant en offrande les dépouilles de l'animal tué (la tête, les cornes, une patte, ou la peau)[88]. Plusieurs sites d'Arcadie ont également livré ce type de matériel votif: du sanctuaire de Pan situé sur les pentes du mont Lycée proviennent un relief de terre cuite figurant un chasseur et son chien à la poursuite d'un sanglier (pl. 110, 2)[89] et des figurines en bronze de renard mort suspendu à un bâton (pl. 110, 3)[90]; à Glanitsa, parmi les ex-voto offerts au maître de ce petit sanctuaire rustique fréquenté surtout par des bergers et des chasseurs, on note la silhouette d'un chasseur de lièvre courant avec son chien, découpée dans une feuille de bronze munie d'un trou de fixation (pl. 110, 4)[91]. Les textes font parfois écho à ces pratiques votives. Une épigramme mentionne ainsi la consécration d'une sculpture représentant un «vaillant chien, expert à tous les genres de chasse» (*Anth. Pal.* 6, 175).

De nombreux sanctuaires, en particulier ceux d'Artémis, ont également livré des effigies d'animaux sauvages – lièvres, cervidés[92], sangliers, ou autre gibier – qui représentaient sans doute, outre l'offrande à la divinité d'un animal qui lui est cher, une façon, pour le dédicant, de lui manifester sa reconnaissance en perpétuant sa capture[93].

Armes, instruments de travail

Tout comme pour d'autres catégories professionnelles, la dédicace de leurs instruments de travail était, semble-t-il, couramment pratiquée par les chasseurs: de nombreuses épigrammes de l'*Anthologie* mentionnent ces offrandes, qui marquent

---

80. Jost, *Arcadie* 404 et n. 9.
81. Verg. *ecl.* 7, 29-30 (Micon offre à Diane une hure de sanglier et la ramure d'un cerf); Verg. *Aen.* 9, 407-408 (Nisus offre à Diane le produit de ses chasses en le suspendant à la voûte ou en le fixant au fronton de son temple); Ov. *met.* 12, 266-267 (bois de cerf exposé comme offrande votive à la cime d'un pin); Stat. *Theb.* 9, 589-590 (Atalante attache à un chêne consacré à Artémis des défenses de sangliers, des peaux de lions et de très grandes cornes); Apul. *flor.* 1 («un chêne chargé de cornes, un hêtre couronné de peaux de bêtes»).
82. *IG* VII 1828; Pouilloux, J., *Choix d'inscriptions grecques* (1960) n° 48; Robert, L., *Documents d'Asie Mineure* (1987) 136-137 (= *BCH* 102 [1978] 440-441). Vers 125 ap. J.-C.
83. Rey-Coquais, J.-P., dans Frézouls, E. (éd.), *Sociétés urbaines, sociétés rurales dans l'Asie Mineure et la Syrie hellénistiques et romaines* (1987) 207-216; *SEG* 37, 1438. Vers 150 ap. J.-C.
84. *CIL* II 2660 = *ILS* 3259-3260; *AEpigr* (2002) 781; Estienne 209 et n. 50. 162-166 ap. J.-C.
85. (= *ThesCRA* IV 1 b Représentations de lieux de culte **119a**)
86. (= *LIMC* V Hippolytos I **25★** avec bibl.) Beyrouth, Mus. Nat. 447, face antérieure. De Tyr. – Rogge, S., *Sark-Rel* IX 1.1 (1995) 151 n° 56 pl. 76, 1; 78, 2. Dernier quart du IIe s. ap. J.-C. – Autres exemplaires: *LIMC* V Hippolytos I **26. 27★. 28●**. De même, sur une intaille du Ier s. ap. J.-C. Hippolyte contemple la statue de Diane au pied de laquelle ont été déposées une hure de sanglier et une tête de cerf: Vienne, Kunsthist. Mus. IX 1919: *ThesCRA* II 5 Images de culte **393**, = *LIMC* V Hippolytos I **19★**.
87. Cf. infra **6**.
88. Lembesi, A., Τὸ ἱερὸ τοῦ Ἑρμῆ καὶ τῆς Ἀφροδίτης στὴ Σύμη Βιάννου 2 (1985) pls. 34. 35-37. 44-48.
89. Athènes, Mus. Nat. 13087: Hübinger (n. 66) 198 fig. 12.
90. Athènes, Mus. Nat. 13054: Hübinger (n. 66) 205 fig. 16.
91. Tégée, Mus. Arch. 1736: Metzger, H., *BCH* 64-65 (1940-41) 21-25 pl. 3, 2. Fin du VIe s. av. J.-C.
92. Par exemple, à Lousoi, une figurine de cervidé en bronze (aujourd'hui perdue): Sinn (n. 39) 180-181 fig. 3.
93. Voir sur ce sujet: Bodson, L., «L'offrande aux divinités grecques de l'effigie des animaux», dans Méniel, P. (éd.), *L'animal dans les pratiques religieuses: les manifestations matérielles* (1989) 69-74.

parfois la retraite du chasseur fatigué[94]. Dans le sanctuaire d'Artémis à Orchomène d'Arcadie ont été trouvées plusieurs pointes de flèches qui pourraient avoir été offertes par des chasseurs reconnaissants[95], à moins qu'il ne s'agît d'offrandes de guerriers; et le matériel votif découvert dans le sanctuaire de Nemi comprend des pointes de flèches, des lances et de petits carquois[96].

4. Sacrifices d'animaux sauvages

Si, dans le monde grec, la très grande majorité des animaux sacrifiés est fournie par l'élevage[97], plusieurs sources littéraires évoquent le sacrifice d'espèces sauvages à Artémis. Outre l'exemple célèbre de la biche d'Aulis substituée à Iphigénie[98], on évoquera la promesse faite par l'auteur d'une épigramme de l'*Anthologie* (*Anth. Pal.* 6, 240) de sacrifier un « sanglier des montagnes » à Artémis en échange de la guérison du souverain – probablement l'empereur Auguste – et l'on mentionnera surtout le témoignage détaillé de Pausanias (7, 18, 12–13) sur le rite célébré chaque année à Patras en l'honneur d'Artémis *Laphria*[99]: on offrait en holocauste à la déesse toutes sortes de victimes, parmi lesquelles des sangliers, cerfs, chevreuils, loups et ours, jeunes et adultes[100]. Quelle que soit l'ancienneté du rituel patréen[101], l'archéozoologie confirme, pour d'autres sanctuaires, l'usage de sacrifier des animaux sauvages à Artémis: l'Artémision archaïque d'Éphèse, le sanctuaire d'Artémis *Hemera* à Lousoi, celui d'Artémis *Elaphebolos* à Kalapodi, et le temple d'Artémis Orthia à Sparte ont livré un certain pourcentage de restes d'animaux sauvages d'espèces variées, dont une majorité de cervidés[102]. Ces données ne sont guère recoupées par l'iconographie, à moins que certaines des plaques votives du sanctuaire archaïque de Symi mentionnées ci-dessus ne fassent allusion à un rite sacrificiel[103]; on mentionnera aussi un relief votif du début du IVe s. av. J.-C. qui montre un cervidé dans une procession sacrificielle en l'honneur d'Artémis[104].

Un sacrifice d'animal sauvage est parfois stipulé par une loi sacrée: un règlement attique du dème de Paiania, daté du début du IIe s. ap. J.-C., mentionne ainsi le sacrifice annuel d'un sanglier à Héraclès[105]. On rapprochera cette inscription d'un passage de Pausanias (8, 38, 8): au mont Lycée, en Arcadie, on sacrifiait chaque année un sanglier à Apollon *Epikourios* sur l'agora de Mégalopolis, puis on portait la victime en procession au sanctuaire d'Apollon *Parrhasios* et l'on partageait les portions entre les dieux et les hommes[106].

La fourniture d'espèces sauvages pour les sacrifices imposait aux chasseurs certaines contraintes, en particulier celle de garder les animaux vivants jusqu'au moment de l'acte rituel. Cette difficulté était parfois résolue par la constitution de parcs à gibier, comme celui consacré à Artémis par Xénophon dans son domaine de Scillonte (*an.* 5, 3, 9–10)[107].

Dans l'Occident romain, si l'on fait abstraction du sacrifice à Diane de la biche de Capoue (Sil. 13, 115–137), qui appartient au registre légendaire,

---

94. Outre les dédicaces « des trois frères », respectivement chasseur, oiseleur et pêcheur, qui dédient ensemble leurs filets à Pan (*Anth. Pal.* 6, 11–16. 179–187), on relève: *Anth. Pal.* 6, 34 (armes et matériel dédiés à Pan). 57 (épieu dédié à Pan). 75 (arc dédié à Apollon). 106 (*lagobolon* dédié à Pan). 107 (matériel de chasse dédié à Pan par un vieux chasseur). 109 (matériel d'oiseleur dédié à Pan par un chasseur âgé). 121 (arc dédié à Artémis). 152 (piquets, *lagobolon* et pipeaux à Apollon). 188 (lagobolon dédié à Pan). 296 (matériel consacré à Hermès par un chasseur âgé et paralysé). 326 (carquois, arc et flèches dédiés à Artémis).
95. Blum/Plassart (n. 74) 77; Jost, *Arcadie* 404 et n. 9, qui rapproche de ces ex-voto les haches miniatures découvertes à Lousoi (*OeJh* 4 [1901] 49).
96. *Cf. supra* n. 76.
97. *Cf. ThesCRA* I 2 a Sacrifices, gr. p. 67–95.
98. Eur. *Iph. A.* 1584–1593.
99. (= *ThesCRA* I 2a Sacrifices, gr. **63**)
100. Ce témoignage a suscité de nombreuses exégèses (citées par Pirenne-Delforge, *o.c. infra* 116 n. 15): voir en particulier Piccaluga, G., « L'olocausto di Patrai », dans *Sacrifice (Entretiens)* 243–277 (qui met l'holocauste de Patras en relation avec le passage d'une économie fondée sur la chasse à une économie fondée sur la culture); Lafond, Y., « Artémis en Achaïe », *REG* 104 (1991) 424–427 (qui, tout en soulignant le caractère de divinité chasseresse et protectrice des chasseurs de la Laphria, insiste sur le fait qu'elle protège, d'une manière plus générale, tous ceux qui participent au sacrifice); Ellinger 264–267 (qui voit dans ce rite où les chasseurs sont très présents – pour capturer les animaux, les contenir et les ramener lorsqu'ils s'échappent – l'illustration d'un aspect fondamental de la personnalité d'Artémis, déesse qui se situe aux confins de la nature et de la culture, et une occasion d'admettre périodiquement la sauvagerie au sein de la cité; Pirenne-Delforge, V., « Ritual Dynamics in Pausanias: The Laphria », dans Stavrianopoulou, E. (éd.), *Ritual and Communication in the Graeco-Roman World, Kernos* Suppl. 16 (2006) 111–129 (qui interprète ce rituel comme une reconstruction augustéenne destinée à fédérer les habitants de la nouvelle cité de Patras, les Grecs et les vétérans de l'armée romaine, autour d'une Artémis-Diane consacrée dans son rôle de déesse chasseresse gréco-romaine).
101. Voir le résumé des diverses hypothèses dans: Pirenne-Delforge (n. 100) 118.
102. Voir à ce sujet: *ThesCRA* I 2 a Sacrifices, gr. **66–68**; Ekroth, G., « Meat in Ancient Greece: Sacrificial, Sacred or Secular? », *Food & History* 5/1 (2007) 256–258. 263; Chandezon, C., « Le gibier dans le monde grec », dans Trinquier/Vendries 81.
103. *Cf. supra* **3.3** et n. 88.
104. (= *ThesCRA* I Processions, gr. **91***)
105. Lupu, E., *Greek Sacred Law. A Collection of New Documents* (*NGSL*) (2005) n° 5, l. 37–38, qui mentionne dans son commentaire (p. 188, n. 39) d'autres exemples. On rappellera toutefois la difficulté que soulève l'interprétation du mot κάπρος: porc domestique ou sanglier?
106. Pour Jost, *Arcadie* 480–481 ce rituel, « célébré en partie dans un sanctuaire urbain et en partie dans un sanctuaire rural », permettait « de relier les cultes nouveaux de la cité aux sanctuaires plus anciens de la chôra ».
107. *Cf.* Chandezon (n. 102) 89; *cf. etiam supra* **2.1** et *infra* **5**.

5. Fêtes

Plusieurs auteurs antiques mentionnent des fêtes religieuses qui n'apparaissent pas spécifiquement comme des fêtes de la chasse mais dans lesquelles l'élément cynégétique est important.

En Grèce, le neuvième mois du calendrier attique, *Elaphebolion*, était ainsi nommé d'après les *Elaphebolia*, fête « de la chasse au cerf » en l'honneur d'Artémis qui se tenait vraisemblablement le 6, jour de la déesse. Selon Athénée (14, 646e), on fabriquait pour cette fête des gâteaux en forme de cerfs. Peut-être s'agissait-il d'offrandes de substitution, le rituel ayant probablement comporté à l'origine un sacrifice de cerfs[108].

L'autre témoignage pour le monde grec nous vient de Xénophon (*an*. 5, 3, 9–10) : sur son domaine de Scillonte[109] se tenait chaque année une fête en l'honneur d'Artémis. La journée était marquée par un sacrifice, offert à la déesse grâce à la dîme prélevée sur les productions, et par une chasse à laquelle participaient les jeunes gens – parmi lesquels les propres fils de Xénophon – et aussi les hommes faits qui le souhaitaient ; le gibier était chassé, tant sur le domaine consacré à Artémis que sur le Pholoé tout proche.

Dans l'Occident romain, le poète Grattius (483–496) décrit la fête annuelle de Diane, que la plupart des commentateurs situent dans le sanctuaire de Nemi[110]. Cette cérémonie était marquée par le couronnement des chiens, par une trêve sacrée[111] et par une procession sacrificielle, « selon le rite de lustration par lequel toute la jeunesse est purifiée »[112].

Enfin, dans son traité cynégétique, Arrien (*kyn*. 34) rapporte que pour offrir le sacrifice annuel à Artémis, les chasseurs celtes constituaient un trésor qu'ils alimentaient en fonction de leurs prises : deux oboles pour un lièvre, une drachme pour un renard, quatre drachmes pour un chevreuil. Les prémices de la victime ainsi financée étaient offertes à la déesse et le sacrifice était suivi d'un banquet, auquel participaient les chiens, couronnés en l'honneur de la déesse. Si certains commentateurs voient dans cette tarification sacrificielle une coutume purement gauloise interprétée comme le rachat, auprès de la déesse qui les protège, des animaux tués à la chasse[113], d'autres soulignent que la constitution de trésors pour faire des offrandes aux dieux était couramment pratiqué dans les mondes grec et romain[114]. Dans le cas présent, il pourrait s'agir de l'adoption par les Gaulois d'une pratique ancienne.

6. Chasse et initiation rituelle

La chasse était l'un des éléments formateurs de la préparation à la vie civile et militaire. L'hommage rendu à Artémis *Agrotera* de la part des jeunes Athéniens dès leur entrée dans l'éphébie en est un exemple[115]. La valeur éducative de la chasse est mise en évidence chez de nombreux auteurs[116]. Elle exigeait des efforts physiques et mentaux de la part du jeune homme qui la pratiquait et apprenait ainsi à être endurant et rusé (*Anth. Pal.* 6, 188 ; 14, 17)[117]. La chasse était une école de guerre qui préparait aux combats en affinant les perceptions et en enseignant le courage (Xen. *kyn*. 12, 1)[118]. Elle faisait donc partie de l'éducation idéale des héros au premier rang desquels se trouvent Achille, élève de Chiron, ou encore Ulysse, qui abattit seul un sanglier lors d'une chasse chez son grand-père. Cet exploit accompli par Ulysse lui permit d'obtenir les trésors promis par Autolycos et d'entrer dans le monde des hommes (Hom. *Od*. 19, 388–472)[119]. La chasse du sanglier de Calydon est un autre modèle de l'exploit que devaient nécessairement accomplir les jeunes gens[120].

En Crète, en Attique, à Sparte ou encore en Macédoine, une prouesse accomplie à la chasse, et surtout à la chasse au sanglier à l'épieu, la plus dangereuse, faisait partie des apprentissages nécessaires pour qu'un jeune homme devienne un citoyen à part entière. Athénée (1, 18a) rapporte ainsi qu'un Macédonien ne pouvait dîner couché avant d'avoir tué un sanglier sans filets. Symbole rituel du statut du souverain, selon l'expression de Burkert[121], la chasse était différenciée en fonction des étapes de

---

108. Nilsson, *Feste* 224 ; Parke, *Festivals* 125. Sur le sacrifice d'animaux sauvages, *cf.* supra 4.
109. *Cf.* supra 2.1.
110. Voir, en dernier lieu, Green 49 et n. 28.
111. Stat. *silv*. 3, 1, 55–59 donne des détails analogues.
112. Green 50–52, souligne l'aspect initiatique de cette cérémonie dans laquelle le rôle de la jeunesse est important. On notera que dans la fête de Scillonte également, la participation des jeunes gens – en relation explicite avec la chasse – est mise en valeur. Sur les liens entre chasse et initiation, *cf.* infra 6.
113. Brunaux, J.-L., « Les monnaies gauloises dans les sanctuaires », dans *Mél. Colbert de Beaulieu* (1987) 160.
114. Estienne 204.

115. Launey (n. 7) 891–897 ; Burkert, *HN* (2005) 67–68.
116. Par ex. Xen. *kyn*. 12–13. Pour d'autres références : Aymard 469–477.
117. Aymard 483–502 ; Van Effenterre, H., *BCH* 85 (1961) 547–552.
118. Voir aussi Plat. *nom*. 7, 822d–824a qui cependant ne reconnaît une valeur éducative qu'à la chasse à courre, conforme à la morale du cavalier et de l'hoplite.
119. Rubin, N. F./Sale, W. M., « Meleager and Odysseus : A Structural Study of the Greek Hunting-Maturation Myth », *Arethusa* 16 (1983) 137–171 ; Ellinger 250 ; Merlier-Espenel, V., « Les figures de la chasse dans les métamorphoses d'Apulée », *Anthropozoologica* 33–34 (2001) 95.
120. Vidal-Naquet, P., *Le chasseur noir* (1983) 170.
121. Burkert, *HN* (2005) 50.

la vie. Ainsi, les pages macédoniens, soumis au roi, devaient respecter de nombreux interdits, dont celui de tuer un sanglier, gibier noble qui permettait d'accéder au rang d'adulte[122]. Ces degrés dans la formation des jeunes gens se marquaient par des différences de costume ainsi que de gibier, comme semblent le confirmer quelques représentations figurées, telle l'olpé Chigi[123], qui montre une progression du jeune qui traque le lièvre au chasseur de lion puis à l'hoplite, ou la fresque de la chasse de la tombe de Philippe II à Vergina où les *paides* chassent le cervidé, les éphèbes le sanglier tandis que le lion est réservé au roi[124].

L'éducation à la chasse se faisait à la fin de l'enfance (Xen. *kyn.* 2, 1) et se déroulait en des lieux retirés, marginaux[125]. Ce relatif isolement et l'aptitude physique exigée expliquent qu'on ait pu la considérer comme une épreuve initiatique. Pour parvenir à l'âge adulte, le jeune homme devait vivre un temps dans un monde extérieur à la cité, un monde « sauvage » et, durant cette période probatoire, acquérir les talents du chasseur[126]. Un exemple est fourni par la cryptie durant laquelle le jeune spartiate ne devait pas être vu et pratiquait la chasse à l'homme[127].

Dans la formation des jeunes, la chasse était souvent liée à la pédérastie, en Macédoine comme en Crète où une coutume concernait un petit nombre d'élus: un adolescent choisi, l'éromène, était enlevé par son éraste et restait deux mois en sa compagnie, festoyant et chassant dans la montagne avec lui. Au retour, un sacrifice et un banquet marquaient l'intégration à la société adulte du jeune homme qui recevait son équipement de guerrier, un boeuf et une coupe (Strab. 10, 4, 21). Des trouvailles, telles les pointes de flèches en bronze, les pointes de javelot et les flûtes en ivoire trouvées à Pérachora, pourraient confirmer l'existence de ces périodes de ségrégation pendant lesquelles on pratiquait la chasse et la danse[128]. De même, les plaquettes votives du sanctuaire d'Hermès et Aphrodite à Kato Symi pourraient évoquer le combat contre un animal sauvage et le sacrifice qui font partie de l'initiation[129].

Un rituel marquait souvent le passage à l'âge adulte, sous le parrainage d'une divinité courotrophe, comme Apollon ou Artémis[130]. Cette dernière aidait les jeunes gens et les jeunes filles à franchir le cap de la puberté; aussi a-t-on voulu interpréter certains rituels, telle l'*arkteia*, comme des « rites de passage » propres aux jeunes filles[131]. Ces rites sont à mettre en relation avec le meurtre d'un animal sacré plutôt qu'avec la chasse: à Brauron, par exemple, c'est pour expier le meurtre d'une ourse qui vivait au sanctuaire que les jeunes filles devaient « faire l'ourse » (Schol. Aristoph. *Lys.* 645; Suda *s.v.* « ἄρκτος ἢ Βραυρωνίοις »). Il s'agit donc d'un rite d'apaisement de la colère divine[132]. On a pensé que dans d'autres sanctuaires, notamment au nord de l'Attique et en Thessalie, les jeunes filles devaient « faire le faon » pour Artémis, mais cette interprétation repose principalement sur un rapprochement controversé entre le verbe νεβεύω des dédicaces et le nom du faon (νεβρός)[133]. En outre, plutôt que d'une initiation, il pourrait s'agir d'un rituel de type sacrificiel, des filles devant donner une « portion » de leur jeunesse à la déesse[134]. À l'origine de ces rites, il pourrait y avoir un sacrifice accompli par les chasseurs pour apaiser la culpabilité ressentie en tuant un animal sauvage qui appartient au monde de la déesse[135].

NOËLLE ICARD/
PASCALE LINANT DE BELLEFONDS

---

122. Hatzopoulos 87–102.
123. Rome, Villa Giulia 22679. Protocorinthien, 640–630 av. J.-C. Schnapp 180–181 n° 5.
124. Brécoulaki, H., *La peinture funéraire de Macédoine: emplois et fonctions de la couleur, IV*ᵉ*-II*ᵉ *s. av. J.-C.* (2006) 101–117 pls. 26–43.
125. Pour la forêt comme lieu de retraite des adolescents et lieu d'initiation, cf. Capdeville, G., dans *Les bois sacrés* (n. 33) 131–132. 134. 136–141. L'archétype de ce genre de rituel qui se déroulait dans un cadre boisé se retrouve dans la légende de Chiron. Voir aussi Polinskaya, I., « Liminality as Metaphor », dans Dodd, D. B./Faraone, C. A. (éds.), *Initiation in Ancient Greek Rituals and Narratives* (2003) 85–106.
126. Schnapp 125–171; Vidal-Naquet (n. 120) 169–175. 192; Lloyd-Jones (n. 1) 98.
127. Ducat, J., « La cryptie en question », dans *Esclavage, guerre, économie. Hommages à Y. Garlan* (1997) 43–74.
128. Novalo-Lefèvre, D., *REG* 113 (2000) 66.
129. *Cf. supra* **3.3** et n. 88; Marinatos, N., « Striding across Boundaries. Hermes and Aphrodite as Gods of Initiation », dans Dodd/Faraone (n. 125) 132–137.
130. *ThesCRA* II 3 c Initiation p. 118–123.
131. Kahil, L., *AntK* 20 (1977) 86–98; Lloyd-Jones (n. 1) 91–100; Dowden, *Maiden* 26–37.
132. Faraone, C. A., « Playing the Bear and Fawn for Artemis », dans Dodd/Faraone (n. 125) 43–68; Calame, C., « Offrandes à Artémis Braurônia sur l'Acropole: rites de puberté? », dans Gentili, B./Perusino, F. (éds.), *Le orse di Brauron. Un rituale di iniziazione femminile nel santuario di Artemide* (2002) 47–55. Pour un éventuel rapport avec la chasse: Scanlon, T. F., « Race or Chase at the Arkteia of Attica? », *Nikephoros* 3 (1990) 73–120. Pour la cérémonie: Nielsen, I., « The Sanctuary of Artemis Brauronia », dans Fischer-Hansen/Poulsen 83–116.
133. Brulé, *Fille* 191; Dowden, *Maiden* 41. *Contra*: Hatzopoulos 25–34 et c.r. de Brulé, P., *Kernos* 10 (1997) 321–330.
134. Faraone (n. 132) 50. 53. 58.
135. Lloyd-Jones (n. 1) 97–100.

Caccia nel mondo etrusco

INDICE
Premessa 371
1. Divinità protettrici 372
2. Caccia e miti 374
3. Caccia e riti 376
4. Caccia e simbologia (della morte e
   dell'amore) 377

BIBLIOGRAFIA GENERALE: Aymard, J., *Essai sur les chasses romaines des origines à la fin du siècle des Antonins (Cynegetica)* (1951); Camporeale, G., «Bellerofonte o un cacciatore?», *Prospettiva* 9 (1977) 55-58 (= Camporeale 1); id., *La caccia in Etruria* (1984) (= Camporeale 2).

Premessa

Il paesaggio dell'Etruria, in buona parte formato da colline e qualche rara montagna e ammantato da macchie e boschi, è un habitat particolarmente adatto alla selvaggina. Qui la caccia, stando alla documentazione letteraria e figurata, è un'attività che è stata largamente praticata nell'intero arco di sviluppo della civiltà etrusca (IX–I sec. a.C.)[1]. Manca (la notizia di) un'opera sulla caccia in Etruria nelle letterature sia etrusca sia greca sia latina. Non solo, ma nei trattati cinegetici greci o latini non si accenna mai – neppure a titolo di richiamo – a pratiche venatorie etrusche. E, si sa bene, molte di queste pratiche, specialmente se particolari, possono essere chiarite da un testo scritto. Tale stato di cose comporta una forte limitazione alle nostre conoscenze sulla caccia in Etruria, limitazione che riguarda il ruolo dei vari partecipanti alla battuta, l'eventuale partecipazione di personaggi femminili, la presenza di cani distinti per razza ai vari tipi di caccia, l'impiego di trappole o di animali da richiamo, le norme giuridiche che a seconda dei vari periodi storici regolavano le operazioni, la funzione educativa dell'attività venatoria, i suoi risvolti sociali e religiosi, l'esistenza di divinità tutelari, feste connesse alla suddetta attività, preghiere e offerte propiziatorie alle divinità protettrici prima di stanare gli animali e sacrifici e offerte di decime alle stesse divinità a operazione conclusa. Qualcuna di queste lacune può essere in parte colmata da testimonianze figurate, anche se si resta nell'ambito di ipotesi.

La caccia è un tema strettamente legato alla realtà e ha rappresentato, nella produzione figurativa etrusca (e greca), una rottura con il repertorio decorativo geometrico, schematico e astratto. Non a caso le prime scene etrusche di caccia (età villanoviana) propongono scontri con animali che effettivamente vivevano in Etruria, come il cinghiale o il cervo. A cominciare dal VII sec. a.C. le scene etrusche di caccia propongono anche altri animali della fauna locale (lepre, volatili, capridi) e straniera (felini) o anche temi mitici, ma a livello iconografico queste mostrano chiari rapporti con la tradizione figurativa dello stesso soggetto, volta a volta vicino-orientale o greca. Comunque, la rappresentazione di caccia, indipendentemente dalla data dei singoli esempi, proprio per la sua natura ammette di norma richiami alla tradizione effettiva.

La scena di caccia nella tradizione figurativa con ogni verosimiglianza è un mezzo per esaltare la *virtus* del cacciatore, che è espressa in forma differenziata a seconda del tipo di caccia: la forza fisica e la prontezza con il cinghiale o con il leone, la velocità con il cervide o la lepre, l'oculatezza con i volatili. È indicativo che spesso cacce che nella prassi prevedono una larga partecipazione di cacciatori, beninteso con ruoli diversi, come quelle al cinghiale o al cervo, siano ridotte a un gruppo composto dal protagonista e dall'animale: chiaramente un modo per sottolineare ulteriormente le capacità del cacciatore. L'allusione al destinatario dell'oggetto figurato nella maggior parte dei casi è scontata: questi si avvale del ruolo di vincitore di un animale selvatico, dotato di grande forza fisica, oltre che per richiamare certe abitudini di vita, essenzialmente per ostentare la propria potenza e il proprio potere nel contesto socio-politico in cui egli vive. Il fatto è ancora più marcato nelle cacce mitologiche, in cui il destinatario dell'oggetto figurato s'identifica con un dio o un eroe: il gruppo di Eracle che vince il leone nemeo o il toro cretese inserito fra armati (a piedi, a cavallo, su carro) nelle lastre fittili che ornavano il palazzo magnatizio di Acquarossa[2], allude con tutta verisimiglianza al signore che vive nel palazzo.

Buone indicazioni per lo svolgimento di una caccia potrebbero venire dall'attrezzatura richiesta per l'operazione, i *realia*: padiglioni, trappole, vestiario, corde, laccioli, reti, bastoni, armi. Di questi gli unici attrezzi pervenutici sono le armi. Al riguardo occorre fare qualche precisazione. Il lagobolo o bastone ricurvo, usato largamente oltre che nella caccia alla lepre, come direbbe la stessa denominazione, anche in cacce ad altri animali, in Etruria è noto solo dalla tradizione figurativa e non da testimonianze dirette. Le altre armi – spiedi, giavellotti, asce, pugnali, coltelli, archi, fionde – possono essere state impiegate nella caccia, ma anche

---

1. Camporeale 2.
2. (= *ThesCRA* I 1 Processioni, etr. **48c. 49**) Viterbo, Mus. Naz., terzo quarto del VI sec. a.C. Strandberg Olofsson, M., «Lastre a rilievo», in Stopponi, S. (ed.), *Case e palazzi* (1985) 57-58 n[1] 30-32.

Fig. 1

in altre operazioni (militari, domestiche, sacrificali), per cui il loro ritrovamento – in un corredo tombale, in un'area sacra, in un'abitazione – non è molto eloquente per ricostruire il quadro dell'attività venatoria.

Da quanto è stato detto si evince che gli elementi di giudizio a nostra disposizione lasciano diverse lacune sulla caccia nel mondo etrusco, lacune che sono particolarmente sensibili nello studio dei risvolti religiosi della manifestazione. In questo settore diverse deduzioni sono ipotesi, che ritrovamenti e ricerche future potranno confermare rettificare smentire.

1. Divinità protettrici

In Etruria è attestato il teonimo corrispondente al greco Artemide su diversi oggetti votivi: *Aritimi* su un frammento di bucchero del VI sec. a.C. dal santuario del Portonaccio a Veio (*ET* Ve 3.34) e su un bronzetto ellenistico di provenienza sconosciuta ai Musei Vaticani (*ET* OB 3.2), *Artmsl* su un frammento di ceramica attica a f.r. del terzo quarto del V sec. a.C. dall'area della «Tempelterrasse» di Roselle (*ET* Ru 4.3), *Artum]es* su una verghetta bronzea del IV-III sec. a.C. dall'Ara della Regina di Tarquinia (*ET* Ta 4.14)[3]. Mette conto sottolineare che le suddette testimonianze – quando si conosce il luogo di ritrovamento – provengono da un'area sacra, sono distribuite in varie località e abbracciano un periodo che va dal VI al III sec. a.C. Se ne deduce che *Aritimi/Artumes* deve aver avuto un culto alquanto diffuso in senso areale e temporale. Se la relazione con la greca Artemide avrà riguardato, oltre che la denominazione, anche le qualità della divinità, si deve ammettere che in Etruria la (o una) divinità protettrice della caccia e dei cacciatori fosse – come in Grecia – Artemide.

Ulteriori lumi possono venire dalla tradizione figurativa. Artemide è una figura che in Etruria ha goduto di una discreta fortuna dall'arcaismo in poi. Le sue rappresentazioni ricorrono in contesti sia mitologici sia venatori[4]. Inoltre se in Etruria come in Grecia è identificabile con la *potnia theron*, gli indizi di un suo culto in Etruria possono farsi risalire già al VII sec. a.C.[5]

La proposta di riconoscere la divinità in una figura femminile presente insieme con altre due maschili in una scena di caccia al cervo su un'anfora a. f.n. del Pittore del Sileno a Monaco (fig. 1)[6] non ha avuto seguito, perché la figura femminile manca di connotazioni specifiche e inoltre perché non è affatto rara la presenza di donne comuni, purché mogli o figlie di cittadini di pieno diritto e comunque non dee (Artemide) o eroine (Atalanta, Anticlea, Callisto), in contesti venatori etruschi[7].

Artemide in veste di cacciatrice o di dea della caccia ritorna nel repertorio figurativo etrusco della ceramica a f.r. tarda[8] e della glittica (tav. 111, 2. 4)[9]. Su due specchi prenestini della seconda metà del IV sec. a.C., conservati a Mariemont (fig. 2)[10] e a Bruxelles (tav. 111, 6)[11], ammesso che il disegno graffito sul secondo specchio sia antico, sono rappresentate scene di caccia in cui sono inclusi crescenti lunari. Tale particolare può servire a inquadrare temporalmente la scena (Xen. *kyn.* 6, 4 suggerisce di partire di buon mattino per la caccia alla lepre, prima che con lo spuntar del giorno le tracce lasciate dall'animale sul terreno svaniscano), ma potrebbe avere anche un valore simbolico: se in Etruria e più in generale nell'Italia antica si è

---

3. De Simone, *Entlehnungen* I 25 n[i] 1-2; Mangani, E., *StEtr* 46 (1978) 366-367, *REE* n° 117; *CIE* III 1, 10006; Krauskopf. I., *LIMC* II (1984) 774-775 s.v. «Artemis/Artumes».

4. Krauskopf *o.c.* 774-792.

5. Krauskopf *o.c.* 776-777.

6. (= *LIMC* V Herakles/Hercle **223**) Monaco, Antikenslg. 839, provenienza sconosciuta, 540-520 a.C. Sieveking, J./Hackl, R., *Die königliche Vasensammlung zu München* 1 (1912) 103-104 n° 839 fig. 108; Hannestad, L., *The Followers of the Paris Painter* (1976) 62 n° 55.

7. Camporeale 2, 99-100.

8. Schneider-Hermann, G., «Das Geheimnis der Artemis in Etrurien», *AntK* 13 (1970) 52-70; Del Chiaro, M. A., *The Etruscan Funnel Group* (1974) 37-38.

9. (= *LIMC* II Artemis/Artumes **16a*-b**) London, BM 791 e Berlin, Antikenslg. FG 379. Zazoff, *EtrSk* 146-147 n[i] 347-350.

10. (= *LIMC* III Dionysos/Fufluns **72c**, Add. Ariadne/Ariatha **24c***) Mariemont, Mus. B 205, provenienza sconosciuta. *CSE* Belgique 1, n° 24.

11. (= *LIMC* II Astra **87**) Bruxelles, Mus. Roy. R 1277, da Praeneste. Lambrechts, *Miroirs MRAH* 171-175 n° 27.

avuto un livellamento tra la dea della caccia e la luna, come in Grecia (Artemis-Selene) e a Roma (Diana-Luna), il crescente lunare nei suddetti specchi potrebbe alludere alla presenza della dea in scene di caccia con funzione propiziatoria[12]. Se le cose stanno così, la rappresentazione avrebbe anche una carica religiosa.

In scene di vario contenuto possono trovarsi personaggi, a volte anche divini, che stringono prede di caccia: ad esempio Hermes/Turms che tiene in una mano un cerbiatto su uno scarabeo (tav. 111, 3)[13] e sul castone di anelli etruschi di età arcaica[14], oggetti che fra l'altro possono essere usati anche come sigilli, per cui la rappresentazione potrebbe indicare una volontà dei rispettivi proprietari di identificarsi nel dio rappresentato nel ruolo di cacciatore. Una deduzione sostanzialmente analoga può trarsi dalla raffigurazione di un'anfora del Pittore di Paride[15], in cui un uomo anziano con in mano una lepre è a fianco di Hermes: il riferimento a un cacciatore (il destinatario dell'anfora?), affiancato da Hermes, che assume il ruolo di divinità protettrice, è probabile.

Una tinta dionisiaca si riscontra nella scena di caccia del già ricordato specchio di Mariemont: lo scontro è tra una pantera e un cacciatore che stringe in una mano un lagobolo e nell'altra un grappolo d'uva. Queste connotazioni sono elementi che inseriscono la rappresentazione nella corrente religioso-culturale del dionisismo, che proprio nel IV sec. a.C. stava avendo una larghissima diffusione in Etruria[16].

A questo punto le divinità del pantheon etrusco interessate alla caccia sono almeno tre, anche se con funzione diversa: Artemide ed Hermes fin dall'arcaismo, Dioniso certamente nel IV sec. a.C. Il quadro è destinato ad ampliarsi se si prendono in considerazione altri dati.

Su un'anfora del Pittore delle Gru, databile negli anni a cavallo tra il primo e il secondo quarto del VII sec. a.C., è rappresentato un estratto da una scena di caccia: un cervo in corsa colpito da cinque giavellotti sul collo e sulla groppa, fra le zampe dell'animale un tavolo-altare su cui sono collocati quattro oggetti di lettura non facile, forse idoletti o comunque oggetti di culto (tav. 111, 1)[17]. La relazione fra le due immagini, più che verisimile, allude con tutta probabilità a un culto (a divinità totemiche?) connesso con l'attività venatoria. Se l'ipotesi è giusta, si avrebbe la più antica testimonianza etrusca di un rapporto tra caccia e religione.

Fig. 2

Dal deposito di Brolio in Val di Chiana provengono alcune statuette bronzee di animali da caccia, cervidi e lepri, che dovevano far parte di qualche oggetto (lebete?) come aggiunte ornamentali[18]: l'oggetto cui queste appartenevano, anche se fosse appartenuto al patrimonio di un (ricco) privato o di una gens, probabilmente sarà stato commissionato e acquistato da un cacciatore che, offrendolo a una divinità, voleva propiziarsene i favori negli impegni venatori o ringraziarla per i favori ottenuti. Lo stesso discorso si applica al bel capro di bronzo di età tardo-arcaica da Bibbona (agro di Volterra), appartenente a un deposito votivo (tav. 111, 5)[19], usato forse co-

---

12. Sul valore del crescente lunare come «versione figurata del gentilizio *Tiu*», connesso con l'appellativo etrusco per indicare la «luna» (*tiur-*, *tivr-*) Pallottino, M., «Un ideogramma araldico etrusco?», *ArchCl* 4 (1952) 107–109 (= id., *Saggi di antichità* 2 [1979] 727–730).

13. (= *LIMC* VIII Turms **8***) Copenaghen, Nat. Mus. 2267, provenienza sconosciuta, c. 500 a.C. Zazoff, *EtrSk* 31 n° 33 tav. 12.

14. (= *ThesCRA* I 2 a Sacrifici, etr. **98**) Napoli, Mus. Naz. 25081, provenienza sconosciuta; c. 500 a.C. Boardman, J., «Archaic Finger Rings», *AntK* 10 (1967) 16 B IV32–33 tav. 4.

15. (= *LIMC* VI Minos I **35***, VIII Turms **85**) Parigi, Bibl. Nat. 172. *CVA* 1 tavv. 28, 4; 29, 5; Hannestad, L., *The Paris Painter* (1976) 46 n° 19.

16. Cristofani, M./Martelli, M., «*Fufluns Pachies*: sugli aspetti del culto di Bacco in Etruria», *StEtr* 46 (1978) 119–133.

17. Ora Friburgo, Galerie G. Puhze, provenienza sconosciuta. Martelli, M., «Nuove proposte per i Pittori dell'Eptacordo e delle Gru», *Prospettiva* 101 (2001) 11–15 fig. 36.

18. (= *ThesCRA* I 2 d Offerte votive, rom. **350***) Cortona, Mus. 556–560. 580–581, secondo quarto del VI sec. a.C. Romualdi, A., *Catalogo del deposito di Brolio in Val di Chiana* (1981) 4–7 n¹ 4–8. 10–11; Fortunelli, S., «La stipe votiva di Brolio», in ead., *Il Museo della città etrusca e romana di Cortona* (2005) 301–302 n¹ VII 21–26; VII 28–29.

19. (= *ThesCRA* I 2 d Offerte votive, rom. **349**) Firenze, Mus. Arch. 70792, primi decenni del V sec. a.C.

Fig. 3

me ansa di un vaso monumentale e ritratto retrospiciente e nell'atto di spiccare un salto, cioè nell'atteggiamento di chi è inseguito da un avversario (un cacciatore?).

2. Caccia e miti

Diverse scene di mito greco attestate nell'arte etrusca sono cacce mitologiche: Eracle e il leone, Eracle e il cinghiale erimanzio, Eracle e il toro del Peloponneso, Eracle in lotta con Apollo per la cerva cerinite, Meleagro e il cinghiale calidonio, Bellerofonte e la chimera, Atteone assalito dai cani di Artemide; per queste scene si rimanda alle rispettive voci in LIMC. In origine si sarà trattato di cacce umane ad animali feroci e forti, in cui il cacciatore è stato sostituito con un eroe mitologico. È indicativo che la più antica rappresentazione (greca) di lotta di un uomo con il leone, dipinta su un tripode risalente agli ultimi decenni dell'VIII sec. a.C. dal Ceramico di Atene[20], sia interpretata da alcuni in chiave mitologica (Eracle e il leone nemeo) e da altri in chiave realistica. Non a caso diverse scene hanno acquisito un contenuto politico (ad esempio Eracle vincitore del leone che nell'arte greca arcaica diventa il simbolo del tiranno) o sociale (ad esempio Eracle vincitore del leone o del toro che nelle già menzionate lastre fittili di rivestimento del palazzo di Acquarossa diventa un simbolo del potere del magnate locale). Nel corso del tempo le relazioni e gli scambi di motivi figurativi fra i due tipi di caccia, mitologica e realistica, sono comuni e molte volte si resta nel dubbio se la scena sia da interpretare nell'uno o nell'altro senso: su un'anfora a f.n. della scuola del Pittore di Micali da Saturnia (tav. 112, 1)[21] Eracle sta affrontando il leone ed è assistito dal fedele Iolao, il quale ha nelle mani una clava e un lagobolo; questo secondo attributo trasforma la scena mitologica in una caccia realistica, o meglio indica che la scena è stata sentita dal maestro (e forse anche dal destinatario dell'anfora) come una vera e propria caccia. Si tenga presente che l'uso del lagobolo nella caccia al leone è noto nella produzione etrusca dell'arcaismo, ad esempio su un lydion della serie pontica a Tübingen (tav. 112, 2; fig. 3)[22].

La presenza fra gli elementi decorativi di un tempio di una caccia (mitologica), in cui il protagonista è un dio o un eroe, conferisce un contenuto religioso alla rappresentazione e potrebbe essere il segno di un culto a quel dio o a quell'eroe nel tempio: è così per le statue fittili di Eracle e Apollo in lotta per la cerva cerinite (fine del VI sec. a.C.), collocate sul colmo del tempio del Portonaccio a Veio[23].

Nella produzione figurata etrusca, a cominciare dall'orientalizzante e a seguire nei periodi successivi, si hanno scene di caccia in cui i protagonisti sono esseri mitologici, anche se la scena non si può inserire in un mito noto nella tradizione figurativa e letteraria. Qualche esempio può far luce sulla questione.

Su un'olla di impasto buccheroide degli anni intorno alla metà del VII sec. a.C. da Orvieto, ma

---

Romualdi, A., «La stipe di Bibbona nel Museo Archeologico di Firenze», in Heres, H./Kunze, M. (edd.), *Die Welt der Etrusker* (1990) 147–150 tav. 18; Esposito, A. M., «Stipe di Bibbona», in Cateni, G. (ed.), *Etruschi di Volterra* (2007) 135 n° 10.

20. (= *LIMC* V Herakles **1907** con bibl.) Brommer, H. tav. 4a.

21. (= *LIMC* V Herakles/Hercle **169**, Iolaos/Vile **22★**) Firenze, Mus. Arch. 80675, ultimi decenni del VI sec. a.C. Spivey, N., *The Micali Painter and his Followers* (1987) 37 n° 1.

22. Tübingen, Univ. 67.5809, provenienza sconosciuta, tra il terzo e l'ultimo quarto del VI sec. a.C. Becker, R. M., «Ein etruskisches Lydion in der Sammlung des Archäologischen Instituts Tübingen», in *Praestant Interna. FS U. Hausmann* (1982) 199–204 tav. 46; Camporeale 2, 109–113 fig. 20 tav. 43a–b.

23. (= *LIMC* II Apollon/Aplu **12★**, V Herakles/Hercle **222★**) Roma, Villa Giulia 40702–40704, su cui ultimamente Carlucci, C., «Apollo, Ercole», in Torelli, M./Moretti Sgubini, A. M. (edd.), *Etruschi. Le antiche metropoli del Lazio* (2008) 201–202 n¹ 2–3.

uscita da una bottega del territorio falisco-capenate, un cacciatore armato di giavellotto sta aggredendo da dietro una chimera. La scena è stata riferita al mito di Bellerofonte, ma gli elementi per ammettere una tale interpretazione non sono probanti: il cacciatore è appiedato e non su un cavallo alato, il cavallo alato manca nel contesto figurato, la chimera non si difende e non è aggressiva nei riguardi dell'avversario (tav. 112, 4)[24]. Più che una caccia mitologica, l'ipotesi di una variazione sul tipo di caccia al felino sembra più probabile. Si noti che su un'altra olla di impasto dello stesso periodo della precedente e uscita dallo stesso ambiente di produzione di quest'ultima, conservata a Boston[25], ritorna il motivo della variazione in chiave mitologica di una caccia in cui l'animale è un cavallo alato. L'introduzione di animali fantastici in un contesto venatorio sottolinea un grande impegno da parte del cacciatore, il quale viene eroizzato e mitizzato. All'interno della vaschetta di un kyathos di bucchero fine, assegnato al corredo della tomba Calabresi di Caere e prodotto in una bottega del medesimo centro negli anni centrali del VII sec. a.C. (tav. 112, 3)[26], è realizzato a rilievo un gruppo in cui una sfinge è affrontata da un cacciatore armato e inseguita da un centauro munito di due spade. Anche per questo gruppo non si conoscono confronti nella tradizione figurativa greca o vicino-orientale. Il maestro, utilizzando elementi di repertorio della caccia al felino, ha creato una scena semanticamente valida, ma senza precedenti che ne consentano un più preciso inquadramento culturale. Ancora una volta il cacciatore, che insieme con un essere mitologico si scontra con un altro essere mitologico, è elevato in dignità e mitizzato.

Certamente a un intento mitologico bisogna pensare con la scena di caccia riprodotta su una lastrina eburnea (o ossea?) tardo-arcaica da Tarquinia, che doveva far parte del rivestimento di un cofanetto ligneo, in cui un cacciatore alato ha raggiunto un cervo e lo sta strangolando (tav. 112, 5)[27], secondo uno schema inconsueto nella caccia al cervo (Xen. *kyn.* 9, 20) e invece comune nella tradizione arcaica sia greca sia etrusca della lotta di Eracle con il leone; lo schema ritorna anche in una caccia al cervo rappresentata su un'altra lastrina analoga alla precedente da Orvieto, in cui i cacciatori sono due e non alati[28]. L'aggiunta delle ali non ha precedenti nell'iconografia del cacciatore di cervo, che acquista così un carattere sovrumano, anche se non si può dargli un nome e inquadrarlo in una trama mitologica nota. Con ogni probabilità è una scelta (bizzarra) del maestro etrusco per sottolineare la forza e le capacità del cacciatore e forse anche (indirettamente) del committente dell'opera. Il risultato è stato di aver dato a una scena realistica un contenuto, almeno apparentemente, mitologico. Non molto diverso è il caso del cacciatore-satiro in opere della seconda metà del IV e del III sec. a.C.: un satiro lotta contro un capro selvatico in diversi vasi etruschi a f.r. (tav. 113, 2)[29] e contro un cervo su scarabei dello stile «a globolo» (tav. 113, 3)[30]. Lo scontro satiro-capro ritorna anche nella ceramica a f.r. italiota del IV sec.[31]. Il satiro nel ruolo di cacciatore assegna alla caccia il carattere di manifestazione dionisiaca e fornisce un ulteriore elemento a favore dell'ipotesi di Dioniso come divinità dell'attività venatoria.

Su una lastrina eburnea da Colle di Val d'Elsa, che doveva rivestire un cofanetto ligneo, databile all'ultimo quarto del VI sec. a.C., un cacciatore è impegnato in uno scontro con un ibrido, che ha corpo di animale alato terminante con due teste opposte, rispettivamente di capro e di cavallo[32]. Il cacciatore è vincente, in quanto stringe con una mano il corno del capro. Se la scena ha un contenuto mitologico, bisogna pensare a un mito locale. L'allusione alla potenza del destinatario del cofanetto è ipotizzabile.

Il mito del *despotes* o della *potnia theron* ha avuto una larga diffusione nell'intera area del bacino del Mediterraneo. L'iconografia è costante: un gruppo simmetricamente chiuso con il (o la) protagonista al centro fra due animali che doma e domina. Il significato di fondo è piuttosto chiaro: l'affermazione dell'uomo, in quanto essere dotato di capacità intellettive, sulle forze brute della natura; il tutto è espresso in una scena in cui il vincitore è equiparato a un dio o a un eroe-dio. Risvolti simbolici con riferimento al ruolo politico

---

24. (= *LIMC* III Chimaira [in Etruria] **55***) Firenze, Mus. Arch. 72748. Camporeale 1, con bibliografia precedente.
25. Boston, MFA 01.8063, provenienza sconosciuta. Fairbanks, A., *Museum of Fine Arts, Boston. Catalogue of Greek and Etruscan Vases* I (1928) tav. 83 n° 630.
26. Vaticano, Mus. Greg. Etr. 15051. Bonamici, M., «Contributi alla classificazione del più antico bucchero decorato a rilievo», *StEtr* 40 (1972) 95 n° 4 tav. 17a; Sciacca, F./Di Blasi, L., *La tomba Calabresi e la tomba del Tripode di Cerveteri* (2003) 93–99 n° 26; 106–110.
27. Parigi, Louvre S 2028. Pallottino, M., «Scrigno tarquiniese con rilievi d'avorio arcaici», *RivIstArch* 5 (1935) 38; Briguet, M.-F., «Remarques sur les plaques de coffret de Tarquinies du Musée du Louvre», in Massi Secondari, A. (ed.), *Studia Tarquiniensia* (1988) 9–10 tav. 1, 2; Martelli, M., «Gli avori tardo-arcaici: botteghe e aree di diffusione», in *Il commercio etrusco arcaico* (1988) 208–209 fig. 2.
28. Firenze, Mus. Arch. Martelli (n. 27) 215 fig. 23.
29. Wien, Univ. 499. *EVP* 110 γ tav. 22, 2; 110 δ; 160, 1 tav. 11, 9.
30. Utrecht, Nederlands Muntmus. (già Den Haag, Kon. Peningkabinet) 2002. Zazoff, *EtrSk* 89 n° 165 tav. 33; Maaskant-Kleinbrink, *CatGTheHague* n° 45; *cf. AGD* III 73 n° 8 tav. 28.
31. Brunswick, Bowdoin College 1893.1. Trendall, *LCS* 170 n° 959 tav. 75, 1.
32. Colle di Val d'Elsa, Mus. Arch. CV 100. Cianferoni, C., «L'alta Valdelsa in età orientalizzante e arcaica», in Manganelli, M./Pacchiani, E. (edd.), *Città e territorio in Etruria. Per una definizione di città nell'Etruria settentrionale* (2002) 115–116 fig. 25.

e/o sociale del destinatario o committente della raffigurazione, ma passando attraverso il filtro di un mito, sono ipotizzabili. In Etruria la documentazione va dal villanoviano recente all'ellenismo. Gli animali domati sono cavalli, felini, volatili. Nella maggior parte dei casi la scena è un ampliamento di quella di lotta a un animale: in un gruppo compatto di esempi, riprodotti su manufatti di materiale prezioso (avorio, oro, argento) usciti da botteghe di Caere e risalenti all'orientalizzante maturo, il motivo del despotes theron è un ampliamento di quello della lotta uomo-leone con un secondo leone simmetrico al primo, motivo riprodotto su diverse patere fenicio-cipriote anch'esse di metallo prezioso importate a Caere[33]. È interessante rilevare che su un manico bronzeo rivestito d'argento dalla tomba Bernardini di Praeneste[34] il gruppo d'origine è stato ampliato, sempre secondo il principio della simmetria, con un secondo personaggio, così che il risultato è di un leone fra due personaggi. Su un'hydria del Pittore di Paride a Fiesole (tav. 113, 1) e su un'oinochoe della scuola del Pittore di Paride al British Museum, ambedue di provenienza ignota, è raffigurato il motivo del *despotes theron*, in cui il protagonista fra due felini è in atto di sguainare la spada, cioè un'arma consueta nelle scene di lotta o caccia al leone: anche in questo caso al gruppo originario del cacciatore che sta affrontando un leone è stato aggiunto un secondo animale simmetrico al primo, al quale il cacciatore è collegato dalla testa retrospiciente[35]. Lo stesso gruppo ritorna su due oinochoai a. f.n. del Pittore di Tityos a Firenze, ma il protagonista indossa la pelle di leone e perciò è qualificato come Eracle[36]: è una qualifica che definisce ulteriormente e accresce il contenuto religioso del gruppo.

Degli Etruschi come provetti cacciatori si hanno echi nella tradizione epica, conservata da Virgilio: Lauso, il giovane figlio di Mezenzio, re di Caere, è definito *equum domitor debellatorque ferarum* (Verg. *Aen.* 7, 651); Ornito, un cavaliere etrusco rinomato *venator* (Verg. *Aen.* 11, 677–678), nello scontro tra Troiani e Latini è ucciso dall'eroina Camilla, la quale ironizza sulla sua bravura nella caccia (Verg. *Aen.* 11, 686: *silvis te, Tyrrhene, feras agitare putasti?*).

3. Caccia e riti

Anche se non numerose, alcune scene di caccia attestate nell'arte etrusca possono rientrare in un contesto rituale. La testimonianza più antica, alquanto perspicua, si trova su un vaso bronzeo di forma biconica proveniente dalla tomba 22 della necropoli dell'Olmo Bello di Bisenzio e databile alla inoltrata seconda metà dell'VIII sec. a.C. (tav. 113, 4)[37]: sul coperchio e sulla spalla, realizzate a tutto tondo, varie figurine di armati sono impegnate in una danza e sono disposte in modo da formare un doppio cerchio intorno a una figura mostruosa seduta; nello stesso insieme e affiancate alle altre sono comprese una figurina di cacciatore armato di giavellotto e un'altra che tiene per la coda un bue. Queste due formano un gruppo a sé, che non può disgiungersi dalle altre; esse propongono una scena di inseguimento dell'animale, che dovrebbe essere colpito dal portatore di giavellotto ed essere sacrificato. Siccome gli armati quasi certamente eseguono una danza rituale, anche i partecipanti al gruppo di caccia, allineati con i primi, parteciperanno al rito. Il quale avrà avuto un carattere o funebre (il vaso fa parte del corredo di una tomba!) e/o commemorativo di un'impresa compiuta con successo dal proprietario del vaso contro un animale che arrecava danni o contro un nemico, di cui il mostro in posizione centrale sarebbe il simbolo, impresa che si conclude con il sacrificio di un bue. L'animale tenuto per la coda da un personaggio coinvolto nella cerimonia presuppone un inseguimento e una cattura, cui potrebbe seguire l'uccisione sacrificale e la distribuzione delle carni alla comunità interessata. Su un'anfora a f.n. del Pittore di Micali ritorna la scena del toro inseguito da un personaggio maschile[38]. Spesso una cerimonia solenne si conclude con il sacrificio di un bue, ad esempio quella dei *ludi* organizzati a Roma nel 499 a.C. da Aulo Postumio (Dion. Hal. *ant.* 7, 71–73, che si rifà a Fabio Pittore): la cerimonia, malgrado l'esplicita dichiarazione di grecità da parte di Dionigi, è considerata con giudizio unanime della critica di carattere etrusco[39]. Ma forse il chiarimento più calzante per la scena del vaso di Bisenzio può venire da un passo delle Tavole di Gubbio (Ib 40-43 = VIIa 51-52), in cui è

---

33. Camporeale, G., «Sul motivo del cosiddetto despotes theron in Etruria. Un filone ceretano di epoca orientalizzante», *ArchCl* 17 (1965) 36–53.

34. (= *LIMC* II Artemis/Artumes **3b★**) Roma, Villa Giulia 61578, secondo quarto del VII sec. a.C. Canciani, F./von Hase, F.-W., *La tomba Bernardini di Palestrina* (1979) 34 tavv. 21–22.

35. Fiesole, Mus. Arch. 1131, 540–520 a.C.; Londra, BM B 56, 540–520 a.C. Camporeale 2, 109–113 tavv. 42b. 44a.

36. Firenze, Mus. Arch. 3778 e 3779, provenienza sconosciuta, 530–510 a.C. Schauenburg, K., «Zu griechischen Mythen in der etruskischen Kunst», *JdI* 85 (1970) 40–41 figg. 7–8; Camporeale, G., « Variations étrusques archaïques sur le thème d'Hèraclès et le lion », in Gaultier/Briquel, *Les plus religieux* 20–22.

37. (= *ThesCRA* I 2 a Sacrifici, etr. **15★**, II 3 a Purificazione, etr. **119**, II 4 b Danza **122**, = *LIMC* Suppl. 2009 Monstra anonyma [in Etruria] **21★**) Roma, Villa Giulia 57066. Bianchi Bandinelli/Giuliano, *EtrIt* tav. 46.

38. Vaticano, Mus. Greg. Etr. 17689, provenienza sconosciuta, ultimi decenni del VI sec. a.C. Spivey (n. 21) n° 6.

39. D'altra parte i buoi erano bottino di guerra, come è provato dalla raffigurazione sulla faccia principale del sarcofago dello Sperandio (Perugia, Mus. Arch. 340) dei primi del V sec. a.C. (= *ThesCRA* I 1 Processioni, etr. **57★**; Jannot, *Chiusi* 42–44 figg. 158–159) o dalla descrizione che fa Appiano (*Lib.* 9, 66) del trionfo di P. Cornelio Scipione (201 a.C) dopo la vittoria su Annibale a Zama, trionfo che è definito esplicitamente di carattere etrusco.

descritta una cerimonia lustrale che si conclude con la fuga di tre giovenche organizzata dal flamine e da due delegati, giovenche che devono essere inseguite e catturate dai presenti sotto il foro e sacrificate a Torsa Giovia. Malgrado la distanza di alcuni secoli tra le due testimonianze, le coincidenze sono specifiche: l'animale è un bovide, la cattura segue a un inseguimento, i partecipanti sono una comunità, la cerimonia si conclude con un sacrificio che ha carattere purificatorio. Se ne evince che anche nel mondo italico, nella fattispecie iguvino, la caccia (al bovide) può rientrare in un contesto rituale e cultuale.

La caccia è un motivo figurativo niente affatto raro in monumenti arcaici e tardo-arcaici che hanno avuto come prima destinazione quella funeraria: tombe dipinte di Tarquinia e di Chiusi, cippi a rilievo di Chiusi. In questi monumenti i temi più frequentemente ricorrenti sono il banchetto/simposio, la danza, la musica, i giochi sportivi, tutte manifestazioni che indicano uno *status symbol* del proprietario o destinatario del monumento e che rientrano nei riti che si svolgevano in onore del defunto. La caccia può benissimo essere considerata alla stessa stregua. Del resto, fra i vari giochi funebri organizzati da Achille in onore dei Mani di Patroclo è compreso anche il tiro alla colomba, affidato a Teucro e Merione (Hom. *Il.* 23, 859–883), che è una caccia ai volatili, esattamente come quella dipinta sulle pareti della seconda camera della tomba della Caccia e Pesca di Tarquinia[40].

A cominciare dal VII sec. a.C. fra gli oggetti dei corredi funebri ricorre spesso la zanna di cinghiale, spesso impreziosita da un filo d'oro avvolto intorno, usata il più delle volte come vago di collana. Un manufatto, specialmente se è un ornamento della persona, sarà stato usato in vita dai possessori, ma, quando viene destinato a un corredo funebre, subisce una sorta di consacrazione attraverso un rito: nel caso specifico la collana e i suoi elementi, perciò comprese le zanne di cinghiale, che sono state procurate con una caccia.

Secondo un'ipotesi affacciata recentemente[41] i mensoloni dipinti nei frontoni delle tombe etrusche dall'arcaismo in poi in corrispondenza del trave di colmo, ugualmente dipinto, sono stati interpretati come are su cui dovevano essere sacrificate le vittime, che erano rappresentate dagli animali riprodotti nei semitimpani. Ma questi animali solo raramente sono animali domestici o da caccia, il più delle volte sono felini o addirittura ibridi come ippocampi, ketoi, chimere, animali certamente non usati per sacrifici. Pertanto, l'ipotesi difficilmente si può accogliere.

4. Caccia e simbologia (della morte e dell'amore)

Un altro problema legato alle rappresentazioni di caccia nell'arte etrusca è il valore simbolico di alcune di esse, valore che varia a seconda del tipo di manufatto figurato e della sua destinazione e che può essere acquisito con l'operazione rituale connessa alla suddetta destinazione. Piuttosto frequenti sono le testimonianze nella seconda metà del IV sec. a.C.

Su un sarcofago di nenfro del tipo a cassa di legno da Tarquinia, a due scene di caccia alla pantera si affianca una grifomachia, in cui un guerriero nudo e armato di spada affronta un grifo (tav. 114, 1)[42]. A parte l'ipotesi di interpretare il guerriero come un Arimaspo, ipotesi non facilmente condivisibile perché questi non indossa il tipico costume orientale, l'interpretazione del gruppo non può essere disgiunta da quella degli altri due gruppi venatori. Nell'arte etrusca del IV sec. la lotta contro animali feroci o mostruosi contiene una simbologia della morte, intesa come forza superiore e sovrumana che strappa l'uomo alla vita[43]. In particolare il gruppo della grifomachia, una caccia non realistica, è quello più carico di valore simbolico in senso funerario, valore che si estende agli altri due gruppi di caccia che occupano il campo figurato e che è supportato sia dalla destinazione del sarcofago a contenere il corpo di un inumato sia dalla rappresentazione, di senso ugualmente e chiaramente funerario, di Caronte (in etr. *Charun*), che tiene in una mano il martello e nell'altra un piccolo corpo umano esanime, su uno del lati brevi dello stesso sarcofago. La grifomachia è un soggetto che ricorre in diverse urnette etrusche di età ellenistica[44], probabilmente con lo stesso richiamo simbolico in senso funerario. È significativo che su urnette della serie perugina di età ellenistica il felino o il grifo stiano sbucando da una porta[45], la quale, usata come sfondo della rappresentazione, è un motivo comune nel repertorio figurativo delle urnette perugine con evidente richiamo alla porta del regno dei morti.

---

40. Steingräber, *PittEtr* 41–42. 299–300.
41. Rouveret, A., «Espace sacré/espace pictural. Une hypothèse sur quelques peintures archaïques de Tarquinia», *AION* 10 (1988) 203–216; Roncalli, F., «La definizione pittorica dello spazio tombale nella 'età della crisi'», in *Crise et transformation des sociétés archaïques de l'Italie antique au Ve siècle av. J.-C.* (1990) 229–243; Maggiani, A., «Réflexions sur la religion étrusque 'primitive': de l'époque villanovienne à l'époque archaïque», in Gaultier/Briquel, *Les plus religieux* 431–447; Warden, P. G., «The Blood of Animals. Predation and Transformation in Etruscan Funerary Representation», in Bell, S./Nagy, H. (edd.), *New Perspectives on Etruria and Early Rome* (2009) 211.
42. (= *LIMC* VIII Suppl. Arimaspoi **26***) Tarquinia, Mus. Naz. 9874, seconda metà del IV sec. a.C. Herbig, *Etr-Sark* 52–53 n° 96 tav. 7a.
43. Jannot, J.-R., «La tombe de la Mercareccia à Tarquinia», *RBPhil* 60 (1982) 124–135.
44. Brunn/Körte, *Rilievi* III tavv. 35–39.
45. Perugia, Ipogeo dei Volumni 54. Brunn/Körte, *Rilievi* III 194 tav. 128, 4; Dareggi, G., *Urne dal territorio perugino* (1972) tav. 47.

Anche sulle due facce di un cratere falisco a f.r. della seconda metà del IV sec. a.C. sono rappresentate la lotta di un armato contro una pantera, questa volta alata, e quella contro un grifo[46]: lo stesso accostamento del sarcofago precedente e, con ogni probabilità, lo stesso senso, sottolineato dall'aggiunta delle ali alla pantera. Certo, il vaso è di destinazione simposiaca e nel nostro caso potrebbe essere stato creato e usato per la cerimonia funeraria. L'allusione al culto dionisiaco, indiziato dalla pantera, è probabile.

Su un'urnetta di travertino da Perugia degli ultimi decenni del II sec. a.C. un leone è in lotta con due avversari, dei quali uno è già abbattuto e l'altro tenta (vanamente) di difendersi, sullo sfondo di una porta ad arco[47]. L'affermazione del felino sugli avversari può rientrare nella simbologia della morte, di fronte alla quale l'uomo nulla può. Si aggiunga che la scena si imposta su una porta che fa da sfondo, che, come s'è detto or ora, è un simbolo del mondo degli inferi. La rappresentazione, anche se è da intendere come una *venatio* piuttosto che come una caccia vera e propria, non perde il valore simbolico funerario.

Su un'arula fittile da Chiusi è rappresentata una *venatio*: un cacciatore armato di giavellotto affronta una pantera che lo sta aggredendo[48]. Dato il tipo di monumento, non è aleatorio ammettere un rapporto tra scena figurata e religione. Il valore specifico è difficile a precisarsi, perché dell'arula si conosce la provenienza, ma non si conoscono le circostanze di ritrovamento. La presenza della pantera fa pensare a un culto dionisiaco.

Alla simbologia dell'amore alludono le scene di caccia graffite su due specchi prenestini della inoltrata seconda metà del IV sec. a.C. Su uno un imponente leone, al centro del campo figurato, è aggredito da uno stuolo di amorini forniti di armi varie (lagoboloi, giavellotti, asce, pietre) (tav. 114, 2)[49]: la simbologia è chiara, tanto più che l'oggetto figurato ha una destinazione muliebre. La stessa iconografia ritorna in un altro esemplare, ma questa volta l'animale è un cinghiale e i cacciatori sono privi di ali[50]. Il valore simbolico con tutta verosimiglianza è analogo a quello dell'altro specchio. Nell'uno e nell'altro caso i cacciatori sono di vinità. La (probabile) provenienza da un corredo funebre (di deposizione femminile) comporta un rito di consacrazione dell'oggetto e, di riflesso, delle relative raffigurazioni. Difatti su un'urnetta della seconda metà del II sec. a.C. della serie volterrana è rappresentato uno scontro tra un cinghiale e amorini[51]. A differenza dei due specchi, la simbologia amorosa sarebbe poco indicata per un monumento funerario. Si potrebbe pensare, beninteso in via ipotetica, a una decorazione voluta da un coniuge superstite a ricordo dell'amore per l'altro coniuge defunto.

GIOVANNANGELO CAMPOREALE

---

46. Berlino, Staatl. Mus. F 2951, dall'Etruria. Camporeale 2, 161 tav. 65b-c.

47. Perugia, Mus. Arch., da Perugia, necropoli del Palazzone, tomba 101. Feruglio, A. E., «Complessi tombali con urne nel territorio di Perugia», in Martelli, M./Cristofani, M. (edd.), *Caratteri dell'ellenismo nelle urne etrusche* (1977) 113 fig. 80.

48. Firenze, Mus. Arch. 75376, secondo quarto del II sec. a.C. Van der Meer, L. B., «Ludi scenici et Gladiatorum Munus. A Terracotta Arula in Florence», *BABesch* 57 (1982) 87-97.

49. (= *LIMC* IV Eros in Etruria **79***) Roma, Villa Giulia 12987. Camporeale 2, 151-152. 162 fig. 23.

50. (= *LIMC* VI Meleagros **60**) Berlino, Staatl. Mus. Fr 145, provenienza sconosciuta, Camporeale 2, 151. 162 fig. 22.

51. Volterra, Mus. Guarnacci 349. *CUE* 2, 88-89 n° 94.

2.d. PÊCHE

La pêche dans le monde grec et romain

PLAN DU CHAPITRE
1. Les divinités protectrices de la pêche 379
2. Rites et activités cultuelles associés à
   la pêche 381
   2.1. Prières et libations 381
   2.2. Offrandes 381
   2.3. Sacrifices 382
   2.4. Dédicaces 383
3. Magie et superstition 384
   3.1. Signes prophylactiques sur les
        bateaux 384
   3.2. Utilisation de la magie pour pêcher . . 385
   3.3. Superstitions 385
4. Tabous et poissons consacrés 385
5. Pêche et économie des sanctuaires 386
6. Associations de pêcheurs 387
7. Fêtes 387

BIBLIOGRAPHIE GÉNÉRALE: Chankowski, V., *Athènes et Délos à l'époque classique. Recherches sur l'administration du sanctuaire d'Apollon délien* (2008) 39-40. 295-307. 317-323; Donati, A./Pasini, P. (éds.), *Pesca e pescatori nell'antichità* (1997); Dumont, J., «La pêche du thon à Byzance à l'époque hellénistique», *REA* 78-79 (1976-77) 96-119; id., *Halieutika: recherches sur la pêche dans l'Antiquité grecque* (thèse non publiée, Paris 1981) IV 1031-1134 et *passim* (= Dumont); Kyrieleis, H., «Offerings of the 'Common Man' in the Heraion at Samos», dans Hägg/Marinatos, *EarlyGCP* 215-221; Mylona, D., *Fish-eating in Greece from the Fifth Century BC to the Seventh Century AD. A Story of Impoverished Fishermen or Luxurious Fish Banquets?* (2008); Peurière, Y., *La pêche et les poissons dans la littérature latine I. Des origines à la fin de la période augustéenne* (2003); Rose, M. J., «The Fish Remains», dans Shaw, J. W./Shaw, M. C., *Kommos IV. The Greek Sanctuary* 1 (2000) 495-560; Sparkes, B., «A Pretty Kettle of Fish», dans Wilkins, J./Harvey, D./Dobson, M. (éds.), *Food in Antiquity* (1995) 150-161; Tassignon, I., «Naturalia et curiosa dans les sanctuaires grecs», dans Dasen, V./Piérart, M. (éds.), Ἰδίᾳ καὶ δημοσίᾳ. *Les cadres «privés» et «publics» de la religion grecque*, *Kernos* suppl. 15 (2005) 289-303.

Destinée principalement à l'alimentation, la pêche occupe une place non négligeable parmi les activités quotidiennes du monde antique, comme le montrent les études archéo-ichtyofauniques les plus récentes[1]. Dès une haute époque, les produits de la mer, les occupations des pêcheurs et leurs outils apparaissent dans les arts figurés; de même, la présence de poids de filets, harpons et hameçons sur les sites archéologiques de la Crète, des Cyclades et, dans une moindre mesure, de la Grèce péninsulaire, montre la place déjà tenue par la pêche. Plus tard, tandis que l'iconographie continue à montrer l'intérêt porté aux activités marines, la spécificité du pêcheur devient aussi un thème littéraire et, à partir du IIe s., apparaissent de véritables traités d'halieutique. Toutefois, si les images et la littérature gréco-latine donnent de précieux renseignements sur les espèces exploitées et sur les techniques de capture, si elles s'intéressent aussi à la condition sociale du pêcheur, souvent présenté comme un pauvre hère usé par le travail et victime désignée des flots hostiles, elles nous livrent peu d'informations sur les pratiques religieuses liées à ce type d'activité. Certes, les épigrammes votives de l'*Anthologie* mentionnent de nombreuses dédicaces de pêcheurs. Pour s'assurer qu'elles reflètent des pratiques réelles, il conviendrait de les confronter aux données archéologiques; or, ces dernières sont peu nombreuses et difficiles à exploiter, même si quelques objets, pour la plupart modestes, trouvés dans les fouilles de sanctuaires et surtout de sépultures, permettent d'appréhender l'environnement cultuel et rituel des pêcheurs. Précisons enfin que ce chapitre ne traitera que des rites et des cultes qui peuvent être mis en relation directe avec la pêche; on renverra donc au *ThesCRA* VI **2.f** pour les pratiques rituelles liées, de façon plus générale, à la navigation et aux traversées marines.

1. Les divinités protectrices de la pêche

Source de richesses et de bienfaits, l'élément aquatique est aussi un univers inquiétant pour l'homme, et inhospitalier. Vivre des produits de la mer implique donc une adaptation des pratiques religieuses à ce monde mystérieux et les pêcheurs se sont naturellement tournés vers des divinités susceptibles de les protéger contre ces dangers spécifiques tout en leur assurant de bonnes captures.

Comme maître des eaux, terrestres et marines, **Poséidon** semblait tout désigné pour devenir le patron des pêcheurs[2]. Très tôt, l'iconographie lui

---

1. On trouvera de nombreuses références dans: Napoli, J. (éd.), *Ressources et activités maritimes des peuples de l'Antiquité* (2008).

2. Sur Poséidon dieu de la pêche: Wüst, E., *RE* XXII 1 (1953) 492-493 *s.v.* «Poseidon».

prête comme principal attribut le trident, instrument de pêche qui sert à harponner les poissons et qui caractérisera aussi Neptune à l'époque romaine[3]. Certaines épithètes de Poséidon, comme ἀγρεύς (Lukian. *pisc.* 47) ou φύκιος[4], semblent se rapporter à la pêche. Selon plusieurs auteurs, c'est lui qui assure aux pêcheurs de bonnes prises[5]. D'autres sources témoignent d'un lien plus précis entre Poséidon et la pêche aux thons[6], qui nécessite une organisation complexe associant veilleurs sur terre et équipages nombreux. De même, à l'époque romaine, Neptune sera l'objet de dédicaces de la part de collectivités de pêcheurs[7].

La plupart des sources laissent toutefois entrevoir que Poséidon était un dieu plus craint que vénéré par les gens de mer. Aussi, dans la petite pêche traditionnelle, individuelle et ultra-côtière, se tournait-on volontiers vers des divinités plus familières. Tel est le cas d'**Hermès**, le dieu expert en ruses; la pêche requiert, en effet, d'autant plus de *metis* que la faune aquatique en est elle-même dotée[8]. Oppien ouvre ainsi son traité par une invocation à Hermès (Opp. *hal.* 3, 9–28), auquel il attribue l'invention des techniques de la pêche. Dieu populaire, amical, il a son effigie à proximité des rivages fréquentés par les pêcheurs, comme en témoignent diverses sources, écrites[9] et figurées (pl. 114, 3)[10]. On notera aussi que Pausanias (7, 22, 4) mentionne à Pharai, en Achaïe, une source poissonneuse qui porte le nom d'Hermès[11].

Oppien précise aussi qu'Hermès initia son fils **Pan** aux techniques de la pêche. Déjà chez Pindare (*fr.* 98 Snell/Maehler) Pan « veille sur les pêcheurs » (*cf. Anth. Pal.* 10, 10). Le dieu-bouc, parfois qualifié d'ἄκτιος (Theokr. 5, 14; *Etym. m. s.v.* « ἄκτιος ») ou d'αἰγιαλίτης (*Anth. Pal.* 10, 10, 1), est donc le dieu des rochers côtiers où, comme celle de son père, se dresse son image honorée par les pêcheurs (*Anth. Pal.* 10, 10). Ces espaces sont ceux où les chevriers, en période de canicule, conduisent leurs troupeaux vers la mer pour qu'ils s'y rafraîchissent; on a parfois vu un lien entre cette fonction de Pan protecteur du littoral et une curieuse technique de pêche, rapportée par Oppien (*hal.* 4, 348–361) et par Elien (*nat.* 1, 23): ayant observé que certains poissons de haute mer, comme les sargues, sont attirés par l'odeur des chèvres, le pêcheur revêt une peau de chèvre et, muni d'un appât, n'a alors aucune difficulté à capturer les poissons[12].

Autre dieu très populaire, dispensateur de la fécondité, **Priape** appartient lui aussi, à partir de l'époque hellénistique, au paysage religieux des pêcheurs. Comme Pan, il est qualifié d'αἰγιαλίτης[13] et sa statue, parfois sculptée par les pêcheurs eux-mêmes, est placée près des rivages (*Anth. Pal.* 10, 8–9): ainsi, sur un bol en argent d'Avenches (pl. 115, 1)[14], deux pêcheurs s'approchent en barque d'un rivage escarpé sur lequel se dresse une statue de Priape; on reconnaît une ancre parmi les offrandes déposées au pied de l'effigie. Considéré comme un dieu secourable (*Anth. Pal.* 10, 8), Priape est, à ce titre, le destinataire de nombreuses dédicaces (*infra* **2.4**). Originaire de la côte asiatique de l'Hellespont, il est tout particulièrement honoré dans les villes maritimes de cette région[15], où l'on pratique surtout la pêche aux poissons migrateurs, thons et scombres: ainsi, une stèle de Parion offerte par les membres d'une association de pêcheurs figure le dieu à côté d'un autel sur lequel est posé un poisson (pl. 115, 2)[16].

À côté de ces quatre divinités qui sont les plus fréquemment associées à la pêche, il faut aussi mentionner **Artémis**, non pas tant en raison de son lien avec l'élément humide ou de son association avec l'ancienne divinité-poisson Eurynomé[17], mais plutôt parce qu'elle protège les filets[18], ceux des chasseurs comme ceux des pêcheurs, et veille à ce qu'ils soient toujours chargés (*Anth. Pal.* 6, 33). On notera aussi que, d'après Hégésandre de Delphes, un rouget était offert à la déesse lors des *Artemisia* car ce poisson chassait le lièvre marin, réputé porteur d'un poison mortel[19]. Proche d'Artémis et souvent

---

3. *LIMC* VII 477 s.v. «Poseidon». Parfois aussi le dieu tient d'une main le trident et de l'autre un poisson: *LIMC* VII Poseidon **215*. 142*. 146***.
4. *Cf. infra* **5** et n. 108.
5. Hes. *theog.* 440–441; Diod. 5, 69, 4; Lukian. *pisc.* 47 (où Amphitrite est associée à Poséidon). 51; Opp. *hal.* 2, 29–35. À l'époque romaine, Neptune assure aussi l'alimentation des viviers en poissons: Varro *rust.* 3, 17, 2.
6. *Cf. infra* **2.2** et **2.3**.
7. *Cf. infra* **6** et n. 117.
8. Detienne, M./Vernant, J.-P., *Les ruses de l'intelligence: la mètis des Grecs* (1974) 32–57; Lubtchansky, N., «Le pêcheur et la mètis. Pêche et statut social en Italie centrale à l'époque archaïque», *MEFRA* 110 (1998) 122–130.
9. *Anth. Pal.* 6, 23: dans une grotte, statue d'Hermès au pied de laquelle sont déposés en offrandes des outils de pêche.
10. (= *LIMC* V Hermes **163** avec bibl.) Péliké attique à f.r. Vienne, Kunsthist. Mus. IV 3727: *ARV²* 555, 88: P. de Pan; Sparkes 153. 155 fig. 11.4. 470–460 av. J.-C. Un pêcheur, chargé de ses paniers, passe devant un pilier hermaïque; sur une autre face du vase, deux pêcheurs à la ligne.

11. *Cf. infra* **4** et n. 100.
12. Roscher, W. H., *ML* III 1 (1897–1909) 1384–1385 *s.v.* «Pan»; Borgeaud, *Pan* 172–173.
13. *Anth. Pal.* 6, 33. Voir aussi *Anth. Pal.* 6, 89.
14. (= *LIMC* VIII Priapos **47*** avec bibl.) Avenches, Mus. rom. 63/2630: Milieu du Ier s. ap. J.-C.
15. Prêteux, F., «Priapos Bébrykès dans la Propontide et les Détroits: succès d'un mythe local», *REG* 118 (2005) 257–258.
16. Relief de marbre. Izmir, Mus. 377. Découvert à Gallipoli mais prov. de Parion selon Robert. Robert, L., *Hellenica* IX (1950) 80–97 pl. 5, 5; *IParion* 10–14 n° 5; Prêteux (n. 15) 258.
17. Voir à ce sujet Jost, *Arcadie* 412–414.
18. Paus. 10, 36, 5 mentionne en Phocide un temple d'Artémis *Diktynnaia*; voir aussi Diod. 5, 76, 3–4 pour les liens entre Artémis et Diktynna (*LIMC* III 391–392 *s.v.* «Diktynna»).
19. *FHG* IV 420 (= Athen. 7, 325c). *Cf.* Platon le Comique, *PCG fr.* 189, 20–21 (= Athen. 7, 325a): le rouget est enfant d'Artémis.

confondue avec elle, Hécate, selon Hésiode (*theog.* 440–443), octroie de bonnes prises à ceux qui l'invoquent en même temps que Poséidon, mais elle peut tout aussi bien les leur ravir[20].

Oppien (*hal.* 2, 36) nomme aussi Phorkys et Nérée comme protecteurs des pêcheurs. D'**autres divinités**, enfin, apparaissent au gré des dédicaces et règlements cultuels: les Nymphes (*Anth. Pal.* 6, 25–26), qui habitent les grottes du rivage, Ino et son fils Palémon (*Anth. Pal.* 6, 223), Aphrodite *Pontia*[21], Héra[22], les Dioscures ou encore Apollon *Akritas* (*Anth. Pal.* 6, 230), liste qui pourrait encore s'allonger, tant la part de religiosité personnelle était grande chez les gens de mer.

2. Rites et activités cultuelles associés à la pêche

En dépit du danger, les pêcheurs, qui naviguaient sur de modestes embarcations et ne s'aventuraient pas en haute mer, étaient poussés à sortir en toutes saisons pour ne pas rester sans ressources[23].

2.1. Prières et libations

Il est d'usage de prier les divinités traditionnellement liées à la pêche avant de partir: Priape est invoqué avant que le pêcheur déploie ses filets (*Anth. Pal.* 10, 9) et Poséidon, Amphitrite, Hécate sont implorés pour qu'ils envoient d'abondantes prises[24]. On rapprochera des témoignages littéraires une mosaïque apaméenne sur laquelle, dans un paysage côtier égyptisant, un pêcheur chargé de son panier s'est arrêté devant un temple flanqué de griffons et, debout près de l'autel, le bras droit tendu, invoque la divinité du lieu (pl. 115, 4)[25]. Certaines pêches difficiles, ou dont l'enjeu était important, nécessitent l'aide de la divinité pour être menées à bien. Ainsi, quand les thons ont été capturés par les pêcheurs du Pont-Euxin ou de Sicile, tout le monde prie Poséidon « qui écarte tous les maux » (ἀλεξίκακος) pour qu'il éloigne des filets les dauphins et les poissons-épées qui peuvent détruire les mailles et libérer les thons[26]. Oppien (*Hal.* 5, 111–113) précise aussi que, pour chasser les « monstres d'Amphitrite » (les cétacés), les pêcheurs prient les dieux qui président à ce genre de pêche.

2.2. Offrandes

Les prémices (aparchè)

L'offrande des prémices des captures semble avoir été couramment accomplie, aussi bien pour les grandes pêches que pour les plus humbles. Pan peut ainsi recevoir un simple crabe, ἄγρας ἀπαρχάν (*Anth. Pal.* 6, 196), et Priape la carapace d'une langouste mangée par le dédicant (*Anth. Pal.* 6, 89), tandis que le thon revient à Poséidon. Cette première offrande a une valeur propitiatoire, le dédicant s'assurant la bienveillance de la divinité dont il attend en retour une certaine richesse ou du moins de quoi se nourrir[27]. Cela s'accompagne parfois de conditions: les habitants du dème d'Halai sacrifiaient à Poséidon le premier thon capturé si la pêche avait été bonne[28]; c'était donc aussi un témoignage de reconnaissance. C'est ainsi sans doute qu'il faut comprendre la dédicace, au Ve s. av. J.-C., d'une korè comme *aparchè* à Poséidon, en remerciement des captures procurées à un individu qui était probablement un riche pêcheur[29]. Cette offrande, achetée avec les produits de la prise, s'inscrivait dans la durée car elle permettait d'espérer d'autres profits. En échange de la faveur accordée, la divinité exige parfois sa part[30], mais l'hommage peut être spontané, tel celui rendu à l'Hermès d'Ainos: les pêcheurs qui ont ramené sa statue dans leurs filets le reconnaissent comme un dieu et lui offrent les prémices de leur pêche[31].

L'*aparchè* était parfois monnayée, comme l'indique un règlement de Cos, et la somme d'argent était versée à un sanctuaire[32]. De même, dans le monde romain est attestée une pratique qui consistait à offrir des monnaies au temple de Jupiter *Latiaris*, sur le mont Albain, pour favoriser la pêche lacustre; la découverte, parmi les offrandes, de pièces d'*aes rude* peut être rapprochée d'une notice de Festus (p. 210 L.): « Piscatorium aes vetusto more appellatur quod in monte Albano datur pro piscibus »[33].

En remerciement d'une bonne pêche

Tout en attendant d'elle d'autres bienfaits, il est normal de montrer sa gratitude à la divinité par des présents, comme le cratère, le siège et la coupe que des pêcheurs offrent à Priape pour son aide lors d'une pêche aux thons (*Anth. Pal.* 6, 33). L'importance de l'offrande varie selon l'abondance des cap-

---

20. Sur les poissons dédiés à Hécate, *cf.* **4**.
21. *Cf. infra* **5** et n. 109; **6** et n. 113.
22. *Cf. infra* **2.4** et n. 51. 69. 83.
23. Plaut. *Rud.* 916–918; Alkiphr. 1, 1.
24. Lukian. *pisc.* 47. 51; Hes. *theog.* 440–443.
25. Apamée, édifice dit « au triclinos »: Balty, J., *Mosaïques antiques de Syrie* (1977) 70–71 n° 30; *ead.*, *Mosaïques antiques du Proche-Orient* (1995) 181–183 pl. 14, 2. 2ème quart du IVe s. ap. J.-C.
26. Ail. nat. 15, 6. *Cf. etiam* Opp. *hal.* 4, 577–580 (ceux qui gouvernent les filets prient les dieux qui président aux pêches qu'il ne sorte rien du filet).

27. *Anth. Pal.* 6, 105: en échange de l'espoir d'avoir des filets toujours pleins, un pêcheur offre à Artémis un rouget grillé et un petit muge.
28. ThesCRA I 2 a Sacrifices, gr. **214**.
29. ThesCRA I 2 d Offrandes votives, gr. **42**.
30. *Anth. Pal.* 10, 9: Priape demande que lui soit offerte une part de la pêche.
31. Kall. *iamb.* 7, *fr.* 197 Pf. et *dieg.* 7, 32–8, 20, p. 193 Pf. (= ThesCRA II 5 Images de culte **438**); Burkert, *HN* (2005) 233–234.
32. *Cf. infra* **5** et n. 109.
33. *Cf.* Poma, G., « Divinazione e magia », dans Donati/Pasini 124.

tures et à une prise exceptionnelle correspond une dédicace exceptionnelle, comme le taureau de bronze dédié à Apollon par les habitants de Corcyre en souvenir d'une pêche miraculeuse. Pour pêcher le banc de thons dont la présence avait été signalée par un taureau, rapporte Pausanias (10, 9, 3-4), il avait fallu sacrifier l'animal à Poséidon, comme gage du succès de l'entreprise. La dîme prélevée sur le produit de cette capture servit à financer deux statues commémoratives de l'événement, l'une à Delphes[34], l'autre à Olympie (Paus. 5, 27, 9).

Les raisons de l'offrande ne sont pas toujours nettement exprimées. On peut ainsi s'interroger sur la capture de l'espadon qui conduisit deux pêcheurs des environs d'Eleusis à consacrer, au IIe s. av. J.-C., un autel à Poséidon[35]. De même, on ignore les circonstances de la dédicace d'un autel à Neptune par un groupe de pêcheurs de Pedo[36].

2.3. Sacrifices

Le poisson est souvent considéré comme un animal impropre au sacrifice car il n'est pas élevé par l'homme, ne parle pas et ne saigne pas, ou peu. En outre, il vit dans les profondeurs de l'Océan, près de l'autre monde[37]. Quelques sacrifices sont cependant attestés: celui du thon (*thunnaion*) à Halai[38], et celui des anguilles du lac Copaïs (Athen. 7, 297d). On priait au-dessus de ces dernières, qui étaient couronnées de fleurs et saupoudrées de farine comme toute autre victime sacrificielle. Les raisons et les circonstances de ce sacrifice, qui n'était peut-être pas lié à la pêche, restent inconnues mais il est intéressant de noter que le rituel observé évoque celui pratiqué pour les animaux terrestres.

Le découpage rituel propre aux quadrupèdes était impossible à pratiquer sur des poissons qui étaient cependant partagés entre hommes et dieux. Ceux consacrés à la divinité étaient déposés sur l'autel, où ils étaient brûlés ou grillés[39], tandis que d'autres étaient mangés en son honneur. Polyainos (6, 24) décrit ainsi, à Lampsaque, un sacrifice à Poséidon pour lequel des pêcheurs grillent des poissons et font des libations de vin, ces aliments étant consommés par les participants[40]. À Cos, des petits poissons grillés (ἀποπυρίδα) étaient offerts à Héraclès et mangés au cours d'un banquet (*Syll.*[3] 1106, l. 59-63)[41]. Des petits poissons jouent aussi un rôle dans le culte du héros Olynthos, fils d'Héraclès et de Bolbé, comme en témoigne le récit rapporté par Athénée (8, 334e-f) qui montre une corrélation entre sacrifice funéraire et pêche: Bolbé envoyait chaque année aux habitants de la région suffisamment de poissons (ἀποπυρίς) pour assurer leur subsistance en échange de l'offrande faite à son fils défunt[42].

Les documents archéozoologiques confirment l'existence de restes de poissons dans des contextes rituels: c'est le cas des dépôts de Kommos, où ils étaient calcinés et mêlés à ceux de mammifères[43], et d'Athènes où des poissons pouvaient avoir fait l'objet d'un holocauste à l'autel d'Aphrodite Ourania[44]. Au sanctuaire de Déméter, à Corinthe, les restes retrouvés, moins cuits, étaient en relation avec les salles de banquets mais il n'est pas toujours possible de déterminer si ces résidus étaient ceux d'un sacrifice, d'une offrande ou d'un repas puisque les poissons offerts à une divinité n'étaient pas nécessairement calcinés[45].

L'iconographie, quant à elle, n'apporte guère de renseignements sur l'offrande de poissons: les images sont rares et d'interprétation difficile. À l'époque minoenne, des peintures murales montrent des jeunes gens portant des maquereaux: on a parfois songé à une offrande en relation avec la pêche, mais le contexte cultuel n'est pas assuré[46]. On a cru pouvoir identifier un sacrifice de poisson sur une olpé à figures noires où deux hommes couronnés se font face, l'un tenant un couteau, l'autre un thon; mais il s'agirait plutôt d'une scène de la vie quotidienne[47]. Sur un relief votif du IIIe s. av. J.-C., à Athènes, un fidèle offre au héros Pankratès un grand poisson[48], mais l'absence d'autel ne permet pas de confirmer le contexte sacrificiel, contrairement au relief de Parion où le poisson offert à Priape est posé sur l'autel (pl. 115, 2)[49].

---

34. Base du taureau de Corcyre. Delphes: *SEG* 31, 546-556; Vatin, C., *BCH* 105 (1981) 440-449; Jacquemin, A., *Offrandes monumentales à Delphes* (1999) 83. 209. 320 n° 122. 1ère moitié du Ve s. av. J.-C. La dédicace à Apollon mentionne les circonstances de l'offrande: dîme (δεκάτη), abondance (εὐδαιμονία), capture de thons (ἀπὸ θεράον θύ[ν]ων).

35. Threpsiadis, I., *ArchEph* (1937) 833-846; Robert, L., *BullEpigr* (1958) 216.

36. *Cf. infra* **6** et n. 117.

37. Iul. *or.* 8, 16-17 (176b-d); *cf.* Plut. *quaest. conv.* 729c (pour les Pythagoriciens, le poisson est impropre au sacrifice comme à la consécration).

38. (= *ThesCRA* I 2 a Sacrifices, gr. **214b**) Antigone de Carystos, Περὶ Λέξεως *fr.* 56A Dorandi (= Athen. 7, 297e).

39. *Anth. Pal.* 6, 105 (rouget et muge sacrifiés à Artémis); 10, 14. 16 (scare, bogues, sèche et mulet sacrifiés à Priape).

40. *ThesCRA* I 2 a Sacrifices, gr. **219**.

41. Kadletz, *Sacrifice* 152-155. 297.

42. Burkert, *HN* (2005) 238-239.

43. *ThesCRA* I 2 a Sacrifices, gr. **307**.

44. Rose 528. 535.

45. Bookidis, N., *et al.*, *Hesperia* 68 (1999) 1-54 (surtout 38-42. 44). Pour d'autres sanctuaires, *cf.* Rose 531-532.

46. Athènes, Mus. Nat. Deux panneaux de la pièce 5 de la Maison Ouest de Théra: Marinatos, N., *AM* 98 (1983) 1-19; *ead.*, dans *L'iconographie minoenne*, *BCH* Suppl. 11 (1985) 219-220. 230; Davis, E. N., *AJA* 90 (1986) 399-401. Fin du XVIe ou début du XVe s. av. J.-C.

47. Berlin, Staatl. Mus. F 1915: *ABV* 377, 247: Leagros Group. Sacrifice: *CitéIm* 50 fig. 75; Durand, J.-L., dans Detienne/Vernant, *Cuisine* 178-179 fig. 16. Vie quotidienne: *ABV* 377, 247; Chamay, J., *Genava* 24 (1976) 281-289 fig. 3; Sparkes, *passim* 151 fig. 11.1. Discussion des interprétations (symposium?): Mylonopoulos, J., Πελοπόννησος οἰκητήριον Ποσειδῶνος. Heiligtümer und Kulte des Poseidon auf der Peloponnes, *Kernos* Suppl. 13 (2003) 332-333 et n. 88.

48. *ThesCRA* I 2 a Sacrifices, gr. **292e**.

49. *Cf. supra* n. 16.

2.4. Dédicaces

Instruments de travail

Des instruments de pêche ont été retrouvés dans des sanctuaires, ce qui confirme leur caractère votif[50]. Les hameçons, dont la collection la plus complète provient de Délos, sont les plus nombreux. Certains ont également été offerts à Pérachora, au sanctuaire d'Héra Liménia, tandis qu'un harpon a été retrouvé au sanctuaire d'Héra Akraia[51]. Les offrandes sont souvent combinées: on trouve à Délos de petites ancres et des poids de filet en plomb[52], dans le secteur du Poséidonion à Thasos des hameçons de bronze et une petite ancre de plomb[53], dans un dépôt votif du sanctuaire de Minerve à Santa Marinella des hameçons associés à des poids[54], dans le temple archaïque de Poséidon à l'Isthme des hameçons, un harpon de fer et des poids pour les filets de pêche, qui y avaient peut-être été suspendus[55]. Parmi les autres objets, il faut mentionner les rames et gouvernails miniatures en bronze et en fer trouvés dans le sanctuaire d'Akovitika[56], ou encore le trident, dédié à Poséidon (*Anth. Pal.* 6, 4) mais offert aussi à d'autres divinités, par exemple, avec un harpon, au temple de Zeus Cynthien à Délos[57].

Les grands sanctuaires n'étaient pas seuls concernés par cette pratique: du matériel de pêche pouvait aussi être simplement déposé aux pieds d'une statue dressée sur le rivage[58]. Enfin, certains objets trouvés en mer ont pu avoir été offerts par des pêcheurs, notamment, à Chypre, des «ancres miniatures» ou, plus probablement, des poids[59].

À ce matériel il faut ajouter les gaules, lignes, paniers à poissons, nasses, lièges, rames et pierres à feu mentionnés par les épigrammes, qui donnent des précisions sur les circonstances de ces offrandes (*Anth. Pal.* 6, 4. 5. 25-30. 38. 90. 192-193). Souvent le pêcheur dédiait ses outils de travail lorsqu'il cessait ses activités, ce qui était une façon de remercier le dieu qui lui avait permis d'atteindre la retraite, et peut-être aussi de «rompre avec son passé sans le perdre» en en remettant les symboles entre les mains de la divinité[60].

Des instruments de pêche étaient aussi parfois déposés dans les tombes. Dès l'époque mycénienne, des sépultures, souvent riches, contiennent des hameçons ou des poids de filet, associés à des vases pour le rituel funéraire et à des objets ayant appartenu au mort[61]. La tombe 131 de Pérati a, par exemple, livré un hameçon de bronze, 75 poids de plomb (plus chers que ceux en pierre), 152 coquillages, des vases, des fragments de bronze et d'or. Parmi d'autres trouvailles, mentionnons aussi des pierres percées, ancres de petits bateaux ou poids de palangre dans des tombes d'Amathonte[62], des hameçons à Myrina[63], un trident de pêche à Rhénée[64].

Graffiti et modèles réduits

Dessiner un bateau ou graver une inscription était une forme d'ex-voto peu coûteuse. Ce geste, accompli pour demander une faveur, une bonne navigation ou remercier d'avoir échappé à une tempête, pouvait être le fait de pêcheurs comme de navigateurs. Ces graffiti, datés du IIIe millénaire av. J.-C. au Ier s. av. J.-C., sont connus en de nombreux endroits de la Méditerranée, notamment aux temples I et IV de Kition à Chypre[65], à Hal Tarxien (Malte)[66], et sur les murs de nombreux bâtiments de Délos[67]. La variété des tailles et des types d'embarcations, parfois regroupées, voire superposées, sur une même pierre ou un même mur, montre qu'elles ont été gravées par des hommes qui naviguaient pour le commerce, la guerre ou la pêche. Des gravures rupestres au sud d'Asfendos évoquent la possible relation avec une divinité: par-dessus une scène de chasse (un cerf pris dans un filet et un javelot) de la fin du Minoen Ancien a été dessiné un bateau, peut-être au Minoen Récent Ia, rappelant ainsi que dans cette région de la Crète Diktynna était invoquée à la fois par les chasseurs et par les pêcheurs[68].

Tout autour de la Méditerranée, des sanctuaires proches de la mer ont révélé des modèles réduits de bateaux en terre cuite, offrandes à des divinités protectrices telles que Poséidon, Aphaia, Athéna,

---

50. *EADélos* 18, 201 n° 92; Dumont 350.

51. Payne, H., *Perachora* I (1940) 182 pl. 80 n° 6 (Héra Limenia); 73 pl.17 n° 9 (Héra Akraia).

52. *EADélos* 18, 199 figs. 236-237; 203.

53. Bon, A./Seyrig, H., *BCH* 53 (1929) 348; voir aussi *BCH* 74 (1950) 359.

54. *ThesCRA* I 2 d Offrandes votives, rom. **438. 471.**

55. *Isthmia* VII n°s 453-454. 456. 457; Gebhard, E., «Small Dedications in the Archaic Temple of Poseidon at Isthmia», dans Hägg, *AGCP ArchEv* 97. 108.

56. Mylonopoulos (n. 47) 350.

57. *IDélos* n° 421, l. 20; *EADélos* 18, 200; Roussel, P., *Délos, colonie athénienne* (1987) 225 n. 4. Pour l'offrande d'un trident, voir aussi *IDélos* 1417, A, I, 164.

58. Cf. *supra* n. 9 et n. 14.

59. Frost, H., *RDAC* (1970) 20.

60. Veyne, P., *RA* (1983) 293.

61. Powell, J., *Fishing in the Prehistoric Aegean* (1996) 118-119 mentionne Brauron (une centaine d'exemples, associés avec de la poterie LH I-III), Naxos, Pérati, Astypalé, Gla (65 hameçons complets et 24 incomplets).

62. Chavane, M.-J., dans *La nécropole d'Amathonte. Tombes 110-385. Etudes chypriotes* 12 (1990) 83 n° 686-689 pl. 19.

63. Pottier, E./Reinach, S., *La nécropole de Myrina* (1888) 85 n° 58; 205 et n. 8; 580 n° 487 bis.

64. Deonna, W., *EADélos* 18, 200.

65. Basch, L./Artzy, M., «Ship Graffiti at Kition», dans *Kition* V (1985) 322-336; Westerberg, K., *Cypriote Ships from the Bronze Age to c. 500 B.C.* (1983) 17 n°s 14-15.

66. Woolner, D., «Graffiti of Ships at Tarxien, Malta», *Antiquity* 31 (1957) 60-67 (milieu du IIe mill. av. J.-C.); Basch, L., *Le musée imaginaire de la marine antique* (1987) 395 fig. 819 (IIIe mill. av. J.-C.).

67. Basch, L., «Graffites navals à Délos», dans *Etudes déliennes, BCH* Suppl. 1 (1973) 65-73 (gravés après la première ou la deuxième destruction [88 et 69 av. J.-C.]); *id.* (n. 66) 371-385. 497-498; Bruneau, Ph., *BCH* 102 (1978) 147-151.

68. Faure, P., *BCH* 102 (1978) 634-635 fig. 1.

Aphrodite et surtout Héra[69]. Ils sont particulièrement nombreux à Chypre, notamment à Salamine et Amathonte où leur production s'étend de 1900 à 400 av. J.-C. environ, et présentent tous les types de navires[70]. Certains étaient déposés dans des tombes, là encore surtout à Chypre[71], à Tarente[72], mais aussi dans un tombeau rupestre de Mycènes[73].

La facture généralement rudimentaire de ces embarcations rend difficile la distinction entre navires de guerre, bateaux marchands ou barques de pêcheur. La signification à leur donner est également malaisée à établir. La coutume de déposer un bateau dans la tombe n'étant pas généralisée, elles ne pouvaient guère faire allusion à un voyage dans l'au-delà; elles pouvaient rappeler la profession du dédicant ou du défunt, marin ou artisan de la mer, ou encore avoir été de simples jouets[74], notamment dans les tombes où elles étaient associées à des objets divers[75].

Représentations de poissons

Certains sanctuaires ont livré des représentations de poissons offertes à la divinité: des poissons en plomb ou sculptés sur une plaquette d'ivoire pour Artémis Orthia[76], des images de poissons sur des plaques en terre cuite à Penteskouphia[77], des poissons de bronze au temple d'Athéna Aléa à Tégée[78], un poisson de bronze dédié à Poséidon (inscr. Ποhοιδᾶνος) et pourvu d'un trou de suspension, trouvé dans les environs de l'Amyklaion[79].

Naturalia et mirabilia

Les filets sont des instruments appropriés pour ramener des objets extraordinaires tels que des statues considérées comme divines[80] ou un trépied, offert à une divinité[81]. Le plus souvent, cependant, il s'agit de *naturalia* qui ne sont ni des produits manufacturés, ni la propriété du dédicant. Dans un geste de piété spontanée, le pêcheur rend en quelque sorte à la nature divinisée ces prises exceptionnelles ou particulières, raison pour laquelle, selon Tassignon (290–291), on ne les trouve généralement pas dans le domaine funéraire. Les épigrammes donnent quelques exemples: l'offrande d'un fragment d'une grosse scolopendre à Ino et Palémon (*Anth. Pal.* 6, 223), d'une conque aux « Nymphes des grottes » (*Anth. Pal.* 6, 224), d'un buccin à Apollon *Akritas* (*Anth. Pal.* 6, 230)[82].

Les offrandes de nature périssable n'ont laissé aucune trace, mais les dépôts votifs montrent l'importance du corail et des coquillages. Souvent considéré comme du sang de Gorgone, le corail est un cas particulier; c'était une offrande appréciée des dieux, notamment de Poséidon, dont le sanctuaire à Isthmia a révélé du corail blanc et des coquillages, mais surtout des déesses, Athéna, Artémis, Aphrodite, et tout particulièrement Héra. On le trouve ainsi à l'Héraion d'Argos, au temple d'Héra Liménia et à celui d'Héra Akraia de Pérachora ainsi qu'au petit Héraion de Délos et à Samos[83].

Les offrandes de *naturalia* sont fréquentes jusqu'à la fin du VIe s. av. J.-C., puis beaucoup moins nombreuses, sauf en ce qui concerne les coquillages, déposés dans des sanctuaires ou dans des tombes[84]. Dans ce dernier cas, ils ont plutôt servi d'ornements, tandis que ceux offerts aux dieux pouvaient être de simples objets de curiosité, comme les grandes coquilles trouvées dans l'établissement des Poséidoniastes à Délos[85].

3. Magie et superstition

3.1. Signes prophylactiques sur les bateaux

La décoration d'un bateau était censée aider ou protéger le marin et consistait fréquemment en un

---

69. Inatos: Johnston, P. F., *Ship and Boat Models in Ancient Greece* (1985) n°s 7–8 (époque géométrique). – Aphaia: Sinn, U., dans Hägg/Marinatos, *EarlyGCP* 151–152 fig. 2. – Sanctuaire de Poséidon à l'Isthme de Corinthe: Basch (n. 66) 237–238 fig. 496, 1–2. – Pérachora, sanctuaire d'Héra Akraia: Payne (n. 51) 97 pl. 29 n° 4; Johnston, *o.c.*, n° 52 (dépôt votif du temple; archaïque). – Pente nord de l'Acropole d'Athènes: Johnston, *o.c.*, n° 51. – Corinthe: *Corinth* 15 (1948) 196–197 (VIIe–VIe s. av. J.-C.).

70. *ThesCRA* I 2 d Offrandes votives, chypr. **51** (avec bibl.); Carbillet, A., *Cahiers du Centre d'Etudes Chypriotes* 32 (2005) 77–78.

71. Hermary, A., *Amathonte V* (1991) 48–49; Carbillet (n. 70) 79; Karageorghis, V., *The Coroplastic Art of Ancient Cyprus* 4 (1995) 129 n[os] 1. 3 pl. 75, 7. 9; *id.*, *Excavations in the Necropolis of Salamis* 2 (1970) 149; Westerberg (n. 65) 10 n° 2; 22 n° 22.

72. Evans, A. J., *JHS* 7 (1886) 34–36 n° 2.

73. Marinatos, S., *BCH* 57 (1933) 175 n° 25 pl. 15.

74. Hermary (n. 71) 50–53.

75. *BCH* 111 (1987) 698–699: la tombe 441 d'Amathonte contenait de la céramique, des osselets et des objets en terre cuite (modèle de bateau, modèle de char, figurine, oiseau, sphinx).

76. Dawkins, *Orthia* 263 pl. 184, 17; 269 pl. 189, 22; 234 pl. 155, 5.

77. Furtwängler, *BerlinVasen* n°s 746–748. 751–755. 892.

78. Dugas, Ch., *BCH* 45 (1921) 352 n° 43.

79. Jeffery, *LSAG* 200, 34; Themelis, P., *ArchDelt* 25 (1970) mel. 116 pl. 37b; 120.

80. *ThesCRA* II 5 Images de culte **438**; Burkert, *HN* (2005) 233–234.

81. Diog. Laert. 1, 28. 32 (*Thales*); Diod. 9, 13. *Cf. etiam* Plaut. *Rud.* 910–911.

82. Cette offrande s'adresse à la fois au dieu de la musique (le buccin est la trompe des Tritons) et au dieu des promontoires.

83. Kyrieleis 218–219 fig. 6; Tassignon 294–296. 301–303; voir aussi Hermary, A., « Le corail dans le monde grec antique: les témoignages archéologiques », dans Morel, J.-P., et al. (éd.), *Corallo di ieri, corallo di oggi* (2000) 135–138 (Rhodes, Italie du Sud et Sicile).

84. Karageorghis, V., *Two Cypriote Sanctuaries of the End of the Cypro-archaic Period* (1977) 42. 81: offrande d'une boule d'andésite, d'un murex et d'une huître fossile au sanctuaire de Meniko-Litharkes. – Reese, D. S., dans *La nécropole d'Amathonte. Tombes 113-367. Etudes chypriotes* 14 (1992) 123–127.

85. Prêtre, C., *BCH* 123 (1999) 393.

œil prophylactique peint à la proue, quelle que soit la taille de l'embarcation. Des modèles réduits en terre cuite décorés de bandes peintes et d'un œil nous permettent de supposer que les simples barques en étaient elles aussi pourvues, même si nous nous heurtons toujours au problème de l'identification de ces embarcations[86]. Victoire ou dauphin étaient aussi des signes de bon augure, comme le montrent des scènes de pêche sur des mosaïques romaines (pl. 115, 3–116, 1)[87].

3.2. Utilisation de la magie pour pêcher

Quelques procédés de pêche faisaient intervenir la magie. On croyait par exemple pouvoir saisir de gros poissons, tels les poissons-épées, par mimétisme en les traquant avec des embarcations à leur image (Opp. *hal.* 3, 545–554). On exploitait aussi leur sensibilité supposée au chant et à la musique: c'est ainsi que pour les capturer on attirait les crabes avec un flageolet (Ail. *nat.* 6, 31). Les pêcheurs utilisaient aussi l'attirance de certains poissons pour une autre espèce animale, comme celle que les sargues éprouvaient pour les chèvres[88].

Un passage de Théocrite évoque des pratiques magiques égyptiennes tout en fournissant un exemple de sacrifice de poisson en l'honneur d'une nouvelle divinité: il suggère aux pêcheurs qui veulent remplir leurs filets d'offrir à la reine divinisée Bérénice, «au milieu de la nuit, un poisson de l'espèce qu'on appelle *leukos*»[89].

3.3. Superstitions

Tout événement insolite était considéré comme dangereux et entraînait une purification. Aristote (*hist. an.* 598b) donne l'exemple des sardines que, contrairement aux autres poissons, on ne voit habituellement pas sortir du Pont; par conséquent, le fait que l'une d'elles soit pêchée près de Byzance incite les pêcheurs à purifier leurs filets.

4. Tabous et poissons consacrés

Bien que couramment pratiquées, la pêche et la consommation de poisson avaient parfois une connotation négative[90]. Des raisons éthiques ou religieuses pouvaient même être invoquées pour justifier la limitation ou l'interdiction de la pêche. Le poisson, qui ne cause aucun désagrément aux humains, appartient à un autre monde; le pêcher était donc une injustice et des philosophes s'abstenaient de sa chair[91]. D'autres justifications étaient avancées: les poissons sont des mangeurs d'hommes, et donc impurs (Ail. *nat.* 2, 41; Athen. 4, 163d; 7, 310e); ou bien ils sont nés dans l'élément liquide comme les humains, raison pour laquelle certains prêtres, comme ceux de Poséidon à Leptis, n'en consommaient pas (Plut. *quaest. conv.* 730d-e).

Les interdictions varient selon les lieux, les divinités concernées ou les espèces de poissons[92]. En raison de leur lien privilégié avec les hommes ou avec les dieux, la pêche et la consommation de certains animaux comme le dauphin ou encore le poisson-pilote (*pompilos*), consacré à Poséidon et aimé des Dieux de Samothrace, étaient un sacrilège[93]. Pour les plongeurs, l'*anthias* était *hieros*, sacré, car là où il se trouve, il n'y a pas de bêtes malfaisantes[94]. Toutefois, le fait qu'un poisson soit qualifié de «sacré» n'implique pas nécessairement l'interdiction de sa pêche: Elien (*nat.* 8, 28) rapporte qu'au large de la Pamphylie la prise d'un *hieros ichthys* (expression qui désigne cette fois l'esturgeon), donnait lieu à une fête[95].

Nombre de divinités ou de héros ont un lien avec la faune marine et certains animaux leur sont consacrés en raison de leur forme, de leur couleur, de leur nom ou de leur comportement[96]. La daurade royale appartient ainsi à Aphrodite, le *kitharos* (poisson plat) à Apollon, tandis que les pêcheurs de Sériphos évitaient de capturer la cigale de mer, compagne de jeu de Persée (Ail. *nat.* 13, 26). Le rouget (τρίγλα), consacré à Artémis car c'est un poisson chasseur, était aussi sacrifié à Hécate en raison de son nom qui évoquait la forme triple de la déesse (dans ce cas il n'était pas consommé). Son affinité avec une divinité particulière faisait qu'un poisson était tantôt tabou, tantôt offrande privilégiée, comme le rouget, offert à Hécate mais banni de plusieurs autres cultes[97], ou encore le thon, dont la pêche était

---

86. Evans (n. 72); Marinatos (n. 73) 175 n° 26 pl. 15; Basch (n. 66) 250–251; Hermary (n. 71) 49 n° 18.

87. Londres, BM 59.4–2.110: *MosTun* I 3, *Utique* (1976) n° 280 pl. 20. 2ᵉ moitié du IVᵉ s. ap. J.-C. – Tunis, Bardo A 293: Yacoub, M., *Musée du Bardo* (1969) 122. Fin du IIᵉ ou début du IIIᵉ s. ap. J.-C.

88. Cf. *supra* 1 et n. 12.

89. *Fr.* 3, p. 238 Gow (*ap.* Athen. 7, 284a); Dumont 1081.

90. Hom. *Od.* 4, 368; 12, 331–332; Plat. *polit.* 3, 404b-c. Voir à ce sujet: Garnsey, P., *Food and Society in Classical Antiquity* (1999) 116–118; Collin-Bouffier, S., dans *Pratiques et discours alimentaires en Méditerranée de l'Antiquité à la Renaissance. Cahiers de la Villa Kérylos* 19 (2008) 91–121.

91. Plut. *mor.* 730a-d. Les Pythagoriciens refusent le poisson en général (Plut. *quaest. conv.* 728e) ou seulement le rouget et le poisson à queue noire (Diog. Laert. 8, 19. 33).

92. Bodson, *Zoa* 50–53; Parker, *Miasma* 357–365; Savoldi, E., *AnnPisa* ser. 4, I 1 (1996) 61–91.

93. Opp. *hal.* 5, 416–588: la pêche des dauphins est réprouvée par les dieux et les proches de celui qui aurait oser la faire seraient contaminés par ce crime. Burkert, *HN* (2005) 236: les *pompiloi* étaient nés en même temps qu'Aphrodite; Ail. *nat.* 15, 23; Athen. 7, 282e–284d: pour avoir mangé des poissons-pilotes, le pêcheur Epopeus fut avalé par un *kétos*.

94. Aristot. *hist. an.* 9, 620b–621a; Ail. *nat.* 8, 28; Athen. 7, 282c-d.

95. Cf. *infra* 7.

96. Rose 521–528; Athen. 7, 325a-c. 328a-b.

97. Ail. *nat.* 9, 65: le rouget est interdit aux initiés d'Eleusis, ainsi qu'à la prêtresse d'Héra à Argos.

violente et considérée comme une chasse, dédié exclusivement à Poséidon[98].

La pêche et la consommation de certaines espèces étaient interdites ou réglementées, soit parce que la divinité avait un lien étroit avec la mer et ses habitants, soit parce que, localement, des poissons lui appartenaient et lui étaient réservés. Celui qui dérangeait les poissons du lac d'Aigiai, près duquel se trouvaient un sanctuaire et une statue de Poséidon, était changé en lotte (Paus. 3, 21, 5); et quiconque volait un des poissons du sanctuaire d'Artémis à Smyrne était menacé d'être dévoré par les poissons[99]. L'interdiction de pêche existait aussi pour Hermès, Démèter et Coré[100]. À Syracuse, la consommation des poissons de la fontaine Aréthuse était prohibée sous peine de sacrilège (Diod. 5, 3, 6). Dans le temple de Labraunda, un bassin alimenté par une source comprenait des poissons sacrés ornés de colliers et d'anneaux d'or[101]. Pour des raisons pratiques, les poissons réservés à une divinité sont le plus souvent des poissons d'eau douce (de lac, ou élevés dans des bassins, appartenant à des sanctuaires) mais le caractère sacré de certains poissons d'eau de mer est également attesté: des monnaies de Cyzique montrent un thon entouré d'une bandelette de laine nouée[102].

Aux interdictions locales il faut ajouter des limitations imposées au personnel de culte ou des abstinences temporaires. L'abstinence de poisson semble surtout caractériser des divinités orientales, notamment des déesses syriennes dont les sanctuaires, y compris à Délos, avaient des viviers sacrés[103]. Brizô et Atargatis protégeaient les poissons dont elles refusaient l'offrande et interdisaient au commun des mortels d'en manger sous peine de grandes souffrances[104]. Leur consommation faisait probablement partie d'un rituel plus ou moins restrictif, les prêtres de la Déesse Syrienne ayant seuls le droit de manger les poissons préparés pour elle. À Délos cependant, l'interdiction de poisson en relation avec le sanctuaire des divinités syriennes était aménagée et limitée à deux jours car c'était une nourriture ordinaire[105].

5. Pêche et économie des sanctuaires

Dans certaines cités, la pêche était soumise à des droits particuliers, parfois perçus au profit des sanctuaires propriétaires des zones de pêche.

Ainsi, à Délos, la lucrative pêche au murex, qui servait à fabriquer la pourpre, était frappée d'une taxe dont le sanctuaire d'Apollon tirait revenu[106]. L'affermage de cette pêche est attesté épigraphiquement dès le Ve s. av. J.-C.[107] et concerne, non seulement les côtes de Délos et de Rhénée, propriété d'Apollon, mais également, à partir de 367/366 av. J.-C., l'isthme de Myconos.

À Myconos même, le calendrier des cultes, vers 200 av. J.-C., précise que le sacrifice offert à Poséidon *Phykios* est financé ἀπὸ τοῦ τέλους τῶν ἰχθύων[108].

À Cos, un règlement de vente de la prêtrise d'Aphrodite *Pandamos* et *Pontia*, dont le temple était situé près du port, précise que les pêcheurs qui pêchent hors de la cité et les nauclères qui naviguent autour de la *chóra* doivent payer annuellement cinq drachmes ἐς ἀπαρχάν par bateau[109].

À Éphèse, le domaine sacré d'Artémis s'étendait aux pêcheries situées à l'embouchure du Caystre[110]. Cette source de revenus pour le sanctuaire est attestée dès le Ve s. av. J.-C. par une inscription découverte dans les fondations du temple D[111]. Strabon (14, 1, 26) rapporte que, malgré leur statut de propriété sacrée, ces pêcheries furent confisquées par les rois de Pergame, puis restituées à la déesse par les Romains avant que les publicains ne se les approprient à leur tour. Une ambassade éphésienne conduite par le géographe Artémidoros obtint finalement du Sénat romain leur restitution à la déesse[112]. Une dédicace d'époque antonine mentionnant les «administrateurs en charge du fermage de la pêche» (*IEphes* V 1503) montre

---

98. *Cf. supra* 1 et 2.4.
99. *ThesCRA* III Add. 3 b Consécration **97**.
100. *ThesCRA* III Add. 3 b Consécration **6** (à Pharai, il y a une source qui porte le nom d'Hermès, on n'y prend pas de poissons car il s'agit d'une offrande au dieu); **7** (les *Rheitoi* près d'Eleusis sont consacrés à Démèter et Coré et les prêtres seuls ont le droit d'y pêcher).
101. Hdt. 5, 119; Strab. 14, 2, 23; Ail. *nat.* 12, 30. Pour des poissons sacrés dans le culte de Jupiter Dolichenus, *cf.* Picard, Ch., *Ephèse et Claros* (1922) 379 n. 4.
102. *ThesCRA* III Add. 3 b Consécration **104** (VIe s. av. J.-C.).
103. Baslez, M.-F., dans *Les syncrétismes religieux dans le monde méditerranéen antique. Actes du Colloque Int. en l'honneur de F. Cumont* (1999) 230–232.
104. *LIMC* III Derketo; Burkert, *HN* (2005) 235–237. Plut. *de superst.* 10 (les gens sont convaincus que la déesse «ronge les jambes, brûle le corps d'ulcères et détruit le foie» de ceux qui ont mangé des mendoles ou des anchois); Porph. *abst.* 4, 15; Athen. 8, 346d–e.

105. *IDélos* 2530; Bruneau, *Cultes* 472; *LSCG Suppl.* 108–109 n° 54; Baslez, M.-F., *Recherches sur les conditions de pénétration et de diffusion des religions orientales à Délos* (1977) 220–221; Linders, T., «Sacred Menus on Delos», dans Hägg, *AGCPEpigrEv* 77–78 (le poisson était absent du menu des *Posideia*).
106. Bruneau, Ph., «Documents sur l'industrie délienne de la pourpre», *BCH* 93 (1969) 760–763; Chankowski 295–307.
107. La plupart des textes date, toutefois, de l'époque de l'indépendance: *cf.* Bruneau (n. 106) et Chankowski (n. 106).
108. *LSCG* 96, l. 8–11.
109. *IG* XII 4, 766, l. 27–29 (vers 125–100 av. J.-C.); Parker, R./Obbink, D., *Chiron* 30 (2000) 415–449; *SEG* 50, 766.
110. Picard (n. 101) 60–61.
111. Picard (n. 101) 60 et n. 7; *IEphes* I 1A, 7: plaque d'argent (compte du temple?): δέκα ἐκ τοῦ ἁλός.
112. Picard (n. 101) 70–71.

que ces ressources étaient encore, à cette époque, exploitées par le sanctuaire.

6. Associations de pêcheurs

Pour d'évidentes raisons – solidarité face au danger, nécessités techniques mais aussi financières –, les pêcheurs ont eu tendance à se regrouper en associations. Certains témoignages littéraires et épigraphiques montrent que ces corporations pouvaient avoir un rôle cultuel et se placer parfois sous la protection d'une divinité qu'elles avaient choisie pour patronne. Ainsi, une épigramme funéraire de Léonidas de Tarente (*Anth. Pal.* 7, 295) mentionne un thiase de pêcheurs (συνεργατίνης ἰχθυβόλων θίασος) qui assume les frais de sépulture d'un vieux confrère: on entrevoit ici la dimension religieuse de cette structure associative, qui se charge des honneurs funèbres. L'épigraphie nous livre des informations plus précises. À Cyzique, au Ier s. av. J.-C., une société ayant affermé certains droits de pêche dédie une stèle à Poséidon et Aphrodite *Pontia*[113]. De même, dans la colonie romaine de Parion, sur le Bosphore, une association de pêcheurs ayant affermé la pêche au thon offre une stèle à Priape, protecteur des pêcheurs mais aussi principale divinité de la cité[114]; elle regroupe ceux qui guettent les bancs, ceux qui manient filets et nasses ainsi que les chefs de barques. Toujours sur la côte du Bosphore, une stèle est consacrée à Dionysos *Parabolos*, sous le règne d'Hadrien, par une confrérie de pêcheurs qui portent le titre de *thiasitai*[115].

De telles associations existent aussi dans la partie occidentale du monde romain. À *Nova Carthago*/Carthagène, les pêcheurs et marchands de poissons (*piscatores et propolae*) offrent à un ancien magistrat des représentations des *Lares Augustales* et de Mercure[116]. À Pedo/Borgo San Dalmazzo, sur la côte des Alpes maritimes, des *piscatores* offrent à Neptune un autel figurant le dieu dans une barque, armé de son trident[117]. À Rome, enfin, les pêcheurs du Tibre constituaient à l'époque impériale une corporation[118].

7. Fêtes

Aucune attestation de fête spécifiquement liée à la pêche ou aux pêcheurs dans le monde grec ne nous est, à ce jour, parvenue. À Rome, deux notes de Festus (p. 274, 35–276, 3 L. et p. 232, 10–12 L.) et quelques vers d'Ovide (*fast.* 6, 237–240) nous apprennent que le 7 juin étaient célébrés les *Piscatorii ludi* – au-delà du Tibre selon Festus, au Champ de Mars selon Ovide. Nous n'avons pas d'autre information sur ces jeux, qui étaient probablement organisés pour (ou par?) la corporation des pêcheurs du Tibre[119].

Il est probable qu'en dehors d'un calendrier liturgique précis, d'autres fêtes avaient lieu, à l'occasion par exemple d'une prise exceptionnelle. Ainsi, selon Élien (*nat.* 8, 28), lorsqu'en Pamphylie on parvient à capturer un poisson rare et difficile à pêcher comme l'esturgeon, «les gens se parent de guirlandes pour fêter leur réussite, enguirlandent également les bateaux de pêche et débarquent en ramenant les gens au son de cymbales et de flûtes pour qu'ils soient témoins de leur prise» (trad. A. Zucker, *CUF*).

NOËLLE ICARD (avec la collaboration d'ANNE-VIOLAINE SZABADOS)/
PASCALE LINANT DE BELLEFONDS

---

113. (= *ThesCRA* I 2 a Sacrifices, gr. **265***) Robert (n. 16) 94–97 pl. 1.
114. *Cf.* n. 16.
115. Robert, L., *Documents d'Asie Mineure* (1987) 218–234 (= *BCH* 102 [1978] 522–538). Selon Robert l'épithète du dieu ferait ici référence au lieu de pêche, le *bolos*.
116. Inscription gravée sur un cippe de marbre (époque d'Auguste): *CIL* II Suppl. 5929 = *ILS* 3624. Ce type de corporation associant pêcheurs et marchands, sans doute en relation avec les fabriques de salaisons de poissons de *Nova Carthago*, est également attesté à Ostie: *CIL* XIV 409 = *ILS* 6146.

117. *CIL* V 7850 = *ILS* 3287; Donati, A., dans Donati/Pasini 35.
118. *CIL* VI 1872 (206 ap. J.-C.): *corpus piscatorum et urinatorum totius alvei Tiberis*; Peurière 236–237 et n. 196. *Cf. infra* **7** et n. 119.
119. On a parfois supposé que cette fête était un témoignage de reconnaissance pour les pêcheurs du Tibre, qui auraient fourni gratuitement des petits poissons sacrifiés à Vulcain comme victimes expiatoires lors des *Volcanalia*, le 23 août (*cf.* Le Gall, J., *Recherches sur le culte du Tibre* [1953] 48–50); *contra* Peurière 236–238.

Pesca nel mondo etrusco

INDICE
1. Modalità della pesca e strumenti impiegati 388
    1.1. Significati simbolici, allegorici e sociali della pesca 388
2. Le offerte di strumenti da pesca nei santuari 390
    2.1. La presenza di strumenti da pesca nei corredi tombali 391
3. Caratteri dell'ambiente liquido in relazione alla sfera del sacro 391
    3.1. Caratteri della fauna ittica in relazione alla sfera del sacro 392
    3.2. Impiego rituale dei prodotti della pesca 393

BIBLIOGRAFIA GENERALE: Bruni, S., *Pisa etrusca. Anatomia di una città scomparsa* (1998) 106-110; Camporeale, G., «Vita privata», in Pugliese Carratelli, G. (ed.), *Rasenna. Storia e civiltà degli Etruschi* (1986) 305-306; Cristofani, M., *Gli Etruschi del mare* (1983); Gianfrotta, P. A., «I prodotti del mare», in *L'alimentazione nel mondo antico. II Gli Etruschi* (1987) 55-58; Lubtchansky, N., «Le pêcheur et la mètis. Pêche et statut social en Italie centrale à l'époque archaïque», *MEFRA* 110 (1998) 111-146; Sassatelli, G., «L'alimentation des Etrusques», in Flandrin J.-L./Montanari, M. (edd.), *Histoire de l'alimentation* (1996) 191-192.

1. Modalità della pesca e strumenti impiegati

Allo stato della documentazione è difficile, se non impossibile, stabilire se in Etruria fossero previste specifiche battute di pesca, mirate ad acquisire prodotti ittici da utilizzare come offerte. La prassi ordinaria doveva comunque essere quella che comportava l'attivazione di comuni attività di prelievo, determinate dall'esigenza di rifornirsi di un ingrediente importante nella dieta alimentare, ed in tali circostanze si procedesse ad una scelta di prede da offrire alle divinità per le loro particolarità, o come primizie.

Comunque sia, certe iconografie, unitamente alla presenza di documenti reali in contesti votivi e funerari, autorizzano a pensare che l'attività della pesca, sul piano dell'immagine, potesse caricarsi di particolari valori simbolici ed allegorici, come pure di messaggi sociali, a seconda della qualità delle prede. Ugualmente significativo, in proposito, poteva essere anche il metodo impiegato nella cattura del pesce. Riguardo a quest'ultimo aspetto, pur nel totale silenzio delle fonti letterarie, il ritrovamento di strumenti da pesca ed alcune testimonianze figurate consentono di individuare almeno tre sistemi principali praticati dagli Etruschi nella cattura del pesce: con l'amo, con l'arpione o il tridente, con la rete oppure con una sorta di retino tenuto teso da due bastoni che impugna il pescatore[1].

Non ci sono invece pervenute indicazioni sull'impiego di un quarto sistema praticato fin dall'antichità, quello con le nasse, mai rappresentate nell'arte etrusca e non documentate a livello di *realia* data la deperibilità del materiale con cui erano confezionate; ad ogni modo, il loro uso doveva essere certamente noto anche in Etruria, tanto più che viene proprio da qui, e più precisamente da Orvieto, la famosa coppa attica a f.r. d'Ambrosios che raffigura una nassa adagiata sul fondo del mare, fra i pesci ed un polpo[2].

Per gli stessi motivi, pur nel silenzio della documentazione di ambito etrusco, viene logico pensare che nella pesca con l'amo si impiegasse largamente la canna, più volte documentata nella ceramica greca ed anche sulla già ricordata coppa del Pittore di Ambrosios, sebbene l'unica testimonianza etrusca della pesca con l'amo sia quella offerta dalle pitture della tomba della Caccia e della Pesca di Tarquinia (circa 520 a.C.), che si riferisce alla tecnica della lenza a fondo[3]: una tecnica praticata dalle rocce o dagli scogli affacciati sul mare, oppure con l'impiego di un'imbarcazione, dalla quale si sporgeva il pescatore che teneva direttamente in mano l'estremità della lenza, dotata anche di ami multipli con cui si formava un palamito.

Un quinto sistema di pesca sembra documentato da alcune monete di Populonia che raffigurano un polpo mentre esce da un'anfora[4]. Potrebbe trattarsi di un metodo di pesca al polpo con l'ausilio di un vaso di ceramica a bocca stretta, molto praticato ancora oggi in certi paesi del Mediterraneo, come la Tunisia[5].

1.1. Significati simbolici, allegorici e sociali della pesca

Alcune raffigurazioni e documenti reali indicano chiaramente che un certo tipo di pesca doveva essere compreso nel novero delle pratiche aristo-

---

1. L'immagine, riprodotta sul fondo di un vaso a barchetta da Capena della prima metà del VII sec. a.C., mostra un pescatore, probabilmente immerso nell'acqua, nell'atto di intercettare con una sorta di «retino» tre grossi pesci: Paribeni, R., *MonAnt* 16 (1906) 445 ss. figg. 54-55.
2. ARV^2 173, 9; Lubtchansky 126-127 fig. 10. Sui quattro metodi di pesca v. Opp. *hal.* 3, 72-91; Ail. *nat.* 12, 43.

3. Romanelli, P., *Le pitture della Tomba della «Caccia» e della «Pesca»*, *MonPitt* I 2 (1938) 12; Steingräber, *PittEtr* 299.
4. Catalli, F., *Monete etrusche* (1990) 127 n[1] 96-97.
5. Romdhane, M. S., «La pêche artisanale en Tunisie», *MEFRA* 110 (1998) 61-80, in part. 66-67.

Fig. 1

cratiche, al pari della caccia alla fauna terrestre. Un esempio in tal senso è fornito da un piatto di fabbrica ceretana della prima metà all'incirca del VII sec. a.C. dalla necropoli dell'Acqua Acetosa, presso Roma, su cui è dipinto un enorme pesce nell'atto di aggredire un'imbarcazione a vela e con remi, sulla quale si trova un pescatore impegnato a colpirlo con un'asta (tav. 116, 2)[6]. Dietro al pesce, la giustapposizione di un quadrupede con lunghe orecchie sembra evocare simbolicamente, come pars pro toto, il tema della caccia alla lepre. In particolare, il pesce sovrasta con la sua mole l'imbarcazione, fatta anche oggetto di un'aggressione da parte dell'animale, con una chiara allusione a quei pericoli dell'ambiente marino di cui dà una vivida illustrazione il noto cratere tardogeometrico da Pithekoussai con scena di naufragio (tav. 116, 3; fig. 1)[7]. La resa dell'animale farebbe pensare ad uno squalo, più che ad un tonno come è stato proposto[8]. Analogo sembrerebbe il messaggio affidato ad una raffigurazione ancora più antica (ultimo quarto dell'VIII sec. a.C.), dipinta su un'olla da Bisenzio, nella quale compaiono un cervo ed un'imbarcazione con tre persone a bordo[9]. Alla cattura di un tonno sembra invece alludere la scena incisa sul corpo di un vaso (oinochoe?) da Veio della prima metà del VII sec. a.C., in cui un grosso pesce dalla sagoma tondeggiante è trafitto da un'asta sporgente da un'imbarcazione attrezzata, come sul piatto ceretano, con vela e remi (tav. 116, 4; fig. 2)[10]. Mentre il momento successivo alla cattura compare su un'olpe etrusco-corinzia da Tarquinia del Pittore di Boehlau (600–580 a.C.), che rappresenta un enorme pesce caricato sul ponte dell'imbarcazione mossa da remi[11]. Da sottolineare che sia sul piatto ceretano, sia sul vaso da Veio, sia sull'olpe da Civitavecchia, i natanti sono caratterizzati da uno scafo con la poppa revoluta, un tipo utilizzato nella navigazione sul mare.

Si tratta pertanto di una pesca «eroica», poiché la preda è un pesce dalle dimensioni gigantesche, o comunque imponenti[12]. Allo stesso messaggio mirava l'esibizione dei resti di certe prede di am-

Fig. 2

---

6. Roma, Mus. Naz. Rom. 293975. *CerEtr* 263 n° 39. Non condivisibile l'interpretazione dell'uomo a prua, ingoiato dal grosso pesce che a sua volta è colpito con un remo: Martelli, M., *AA* (1988) 263 n. 39.

7. Lacco Ameno, Mus. Arch. 168813. *I Greci in Occidente*, Cat. mostra Venezia (1996) 135. 660 n° 5.

8. Gianfrotta 57.

9. Proietti, G. (ed.), *Il Museo Nazionale Etrusco di Villa Giulia* (1980) 82 figg. 92–93; Cristofani, M. (ed.), *Civiltà degli Etruschi* (1985) 78 n° 2.10.5 fig. p. 63.

10. Roma, Villa Giulia. Vighi, R., *NotSc* (1935) 43 n° 10 figg. 3 e 3bis. Sulle migrazioni dei tonni dal mare Iberico fino alle acque dell'Etruria v. Opp. *hal*. 3, 620 ss.; sulle torri di avvistamento approntate sulle alture dell'Argentario e di Populonia v. Strab. 5, 2, 6; 5, 2, 8; Shepherd, J., «La tonnara di Baratti», in Mascione, C./Patera, A. (edd.), *Materiali per Populonia* 2 (2003) 271–280; sulla presenza, presso le isole dell'arcipelago toscano, di un certo *aulopias*, un pesce di aspetto mostruoso poco più piccolo del tonno, v. Ail. *nat*. 12, 16.

11. Civitavecchia, Mus. Szilágyi, J. G., *Ceramica etrusco-corinzia figurata* I (1992) 224 n° 25 fig. 36.

12. Lo stesso tema ritorna su un'idria ceretana della seconda metà del VI sec. a.C. dell'Eagle Painter (Hemelrijk, J. M., *Caeretan Hydriae* [1984] 45–46 n° 29 tavv. 103–105, = *LIMC* V Herakles **2844**, VII Perseus **188***), che esibisce, sotto l'ansa verticale, un cacciatore intento a seguire col cane un daino ed una cerva, e sul pannello anteriore un personaggio (Eracle o Perseo), impegnato nella lotta con un mostro marino, fra delfini, una foca ed un polpo.

biente marino per le quali erano ben note le difficoltà della cattura. Così, ad esempio, andrà spiegato il ritrovamento, in una tomba a camera di Populonia, di alcuni denti di smeriglio, una varietà di squalo presente nel Mediterraneo[13]: in questo caso, infatti, vi sono pochi dubbi che, improntandosi a quello stesso principio della *pars pro toto*, per cui a Roma si offriva la testa di un pesce marino in onore della Tacita Muta (Ov. *fast.* 2, 577-578), la scelta dell'offerta del dente stia a significare in maniera pregnante il valore eroico di cui si caricava la contesa con uno dei grossi abitanti dei mari.

Il tema dell'attività predatoria dell'uomo nei suoi molteplici aspetti è affrontato emblematicamente nelle pitture della già citata tomba tarquiniese della Caccia e della Pesca. Nel timpano della parete di fondo della prima camera vi è la rappresentazione in chiave eroica e trionfale del ritorno dalla caccia che vede impegnato in prima fila il giovane aristocratico a cavallo (tav. 116, 5)[14]. Con essa viene ancora una volta celebrata allusivamente la virtù guerriera, capace di dischiudere le porte della salvazione che è evocata dal clima dionisiaco in cui si svolge il komos, rappresentato sulle pareti. Con la scena del simposio della seconda camera siamo introdotti nell'ambiente familiare del defunto, che è circondato da una serie di personaggi giovanili, nudi e vestiti, i quali rappresentano simbolicamente le differenti classi d'età (tav. 117, 1). Sulle pareti si sviluppa un paesaggio composito in cui figurano rocce, tuffatori, uccellatori, pescatori, in un tripudio di creature marine che saltano o nuotano nell'acqua, e di uccelli volteggianti nel cielo. Da notare che i pescatori, a bordo di tre imbarcazioni, sono impegnati a catturare il pesce rispettivamente col tridente, con gli ami e, sembra, con la rete, secondo un preciso programma alieutico dal quale resta fuori solo il quarto dei principali metodi impiegati nell'antichità per la pesca, quello con la nassa, che non richiede un impegno diretto con la preda. Se nella prima camera, con la caccia, si esaltava la bravura, in questa seconda sembra che venga esaltata la virtù della metis[15]. Si apre così la possibilità di un'interpretazione in chiave sociale dell'intero programma iconografico, che chiama in causa il mondo aristocratico nel quale le due pratiche della caccia e della pesca entrano a pieno titolo

nei progetti educativi dei giovani, sottolineando due aspetti fondamentali della formazione della loro personalità.

2. Le offerte di strumenti da pesca nei santuari

Analogamente alle altre attività umane fondamentali come la procreazione, la guerra, l'agricoltura, la caccia etc., anche la pesca era oggetto di attenzioni particolari nell'ambito votivo, al fine di propiziare la benevolenza della divinità e ben disporla, o in segno di riconoscenza. A tal fine potevano essere offerti nei santuari gli attrezzi utilizzati nell'esercizio della pesca. La documentazione al riguardo si limita alle parti durevoli degli strumenti, e cioè a quelle realizzate in pietra, terracotta, piombo e bronzo. In proposito, va però sottolineato come non sempre sia sicura l'interpretazione dei reperti come strumenti per l'esercizio dell'alieutica, quando la forma non sia parlante (ad es. l'amo o la forcella per reti). In particolare, i dubbi sussistono per tutti quegli elementi dalle forme più varie, che potrebbero essere stati impiegati come pesi per reti, ma che erano compatibili anche con vari altri usi. Si va dal semplice ciottolo in pietra, semplicemente scanalato sulla superficie oppure attraversato da un foro per essere legato, a quello ridotto ad una forma lenticolare e fornito anch'esso di uno o più fori, come certi pesi in terracotta che potrebbero avere svolto la medesima funzione; la lista comprende anche alcuni manufatti in piombo in forma di anello, di cilindretto forato longitudinalmente o di piastrina ripiegata lungo i margini, per poterla fissare ad un filo o ad una fune[16]. Si tende a considerare tali oggetti come pesi per reti quando vengono trovati in luoghi sacri situati presso il mare, laghi o fiumi[17].

Oltre ai dubbi che accompagnano questi reperti, è poi da tenere presente che il quadro dei ritrovamenti non può rendere ragione della varietà delle offerte, che dovevano essere realizzate in buona parte in materiale deperibile. Ma anche tenendo conto di tutto ciò, colpiscono il numero esiguo e, soprattutto, la modestia di tali offerte, che sembrerebbero escludere l'intervento di comunità di pescatori, facendo propendere per l'ipotesi di inizia-

---

13. (= ThesCRA I 2 a Sacrifici, etr. **139**) Necrop. di S. Cerbone, tomba 5: Minto, A., *NotSc* (1934) 373-374.

14. Per una lettura iconologica del giovane e dell'altro che lo segue, v. Cerchiai, L., «Sulle tombe 'del Tuffatore' e 'della Caccia e Pesca'», *DdA* ser. 3, 5, 2 (1987) 117.

15. Lubtchansky 122 ss.

16. V. in proposito Ciampoltrini, G., «Un insediamento tardo-repubblicano ad Albinia», *Rassegna di Archeologia* 4 (1984) 159. 164-165 n¹ 29-37.

17. Esemplificazione degli strumenti di sicuro o possibile impiego nell'attività della pesca rinvenuti in luoghi sacri: a) Ami di bronzo. Pyrgi: *NotSc* (1970) Suppl. 2, 582; Gravisca: Colivicchi, F., *Gravisca. Scavi nel santuario greco.* 16 *I materiali minori* (2004) 51 n¹ 124-127; Santa Marinella

(Punta della Vipera): Comella, A., *Il santuario di Punta della Vipera (Santa Marinella – Comune di Civitavecchia)* (2001) 115 n° 2, 146 (= ThesCRA I 2 d Offerte votive, rom. **438**). b) Pesi da rete di terracotta, pietra e piombo (dubbi). Gravisca: Colivicchi, *o.c.*, 65-66 n¹ 206-215 e 138-139 n¹ 440-456; Pyrgi, *NotSc* (1970) Suppl. 2, 543. Santa Marinella (Punta della Vipera): Comella, *o.c.* 107, H 13 e 113, M 1-3, 146 (= ThesCRA I 2 d Offerte votive, rom. **471**). Tessennano: Costantini, S., *Il deposito votivo del santuario campestre di Tessennano* (1995) 107 s. G I-III. c) Anelli da rete di piombo (dubbi). Pyrgi: *NotSc* (1970) Suppl. 2, 585. d) Placchette da rete di piombo (dubbie). Pyrgi: *NotSc* (1970) Suppl. 2, 585. e) Forcelle da rete di bronzo. Santa Marinella (Punta della Vipera): Comella, *o.c.*, 115, N 1, 146.

tive a livello di singoli individui o di gruppi familiari, del tipo di quelle note nel mondo greco[18]. Orientano in tal senso anche i caratteri di certi luoghi di culto dove sono presenti strumenti da pesca, come Punta della Vipera o Tessennano, posti a considerevole distanza dai grandi centri urbani e frequentati da comunità locali di agricoltori e pescatori.

2.1. La presenza di strumenti da pesca nei corredi tombali

Fra i materiali di alcuni corredi funerari sono presenti anche degli strumenti da pesca. Il caso più noto è quello della tomba vetuloniese del Tridente, una tomba a circolo orientalizzante che prende il nome dal monumentale attrezzo bronzeo (tav. 117, 2)[19]. Alla luce degli esempi vicino-orientali, esso è stato interpretato come insegna «regale», grazie alla stretta relazione col triplice fulmine del dio della tempesta. Va comunque sottolineato che lo strumento non poteva non evocare la funzione primaria per la quale era nato, cioè la pesca, ed in particolare la pesca «eroica» del tonno, come informano le fonti greche[20]: Vetulonia era infatti una città dalla chiara vocazione marittima, nella quale l'attività della pesca arriverà ad assumere nel tempo una dimensione urbana, come sembrano indicare le monete col tridente[21].

Alle stesse considerazioni porta il tridente di ferro che era nel tumulo-cenotafio orientalizzante di via S. Jacopo a Pisa, anch'esso inscindibile dalla posizione geografica della città, allora gravitante su un ambiente naturale caratterizzato dalla presenza di due fiumi come l'Arno e l'Auser, da corsi d'acqua secondari, oltre che da lagune costiere e paludi[22].

Un messaggio chiaramente allusivo all'attività, o ad una delle attività del defunto, è da vedere negli ami da pesca rinvenuti in tombe con deposizioni maschili a partire dal periodo villanoviano[23]. La loro presenza doveva comunque caricarsi anche di un carattere simbolico, richiamando indirettamente l'idea dell'offerta del pesce (su cui v. **3.1** e **3.2**).

3. Caratteri dell'ambiente liquido in relazione alla sfera del sacro

Presso gli Etruschi tutte le acque «vive», sia marine che fluviali e lacustri, erano strettamente connesse con l'idea di vitalità, di salute, di capacità generatrice. La stretta affinità che legava tali elementi è chiaramente espressa dall'iconografia del dio *Nethuns*, corrispondente al greco *Poseidon*, che può essere rappresentato sia in ambienti inequivocabilmente marini, con gli attributi tradizionali ellenici del tridente e del pesce, normalmente un delfino[24], sia nell'ambito propriamente etrusco delle fonti, delle sorgenti e delle acque interne in generale[25]. A queste ultime sono legate anche altre delle grandi divinità del pantheon etrusco, come *Aplu* e *Hercle*, evocanti in particolare le proprietà salutari delle acque, od Acheloo, il dio che, col suo carattere impetuoso, esprime specificamente la dimensione sacra dell'elemento fluviale[26].

Ma non è neppure azzardato in proposito pensare che quasi ogni corso o specchio d'acqua avesse il proprio nume tutelare, o comunque fosse connesso con una potenza numinosa, come lasciano intendere ad esempio l'esistenza del *fons Herculis* a Caere (Liv. 22, 1, 10), il mito concernente il *lacus Ciminius* che sarebbe stato formato da un colpo della mazza di *Hercle* (Serv. *Aen.* 7, 697), o il teonimo *Klaninśl* (gen.) che identifica il dio del fiume Chiana (*ET* II 309 Ar 4. 1), oppure l'episodio di Numa che consacrò una sorgente alle Muse[27]. Per cui l'affermazione di Servio (*Aen.* 7, 84) «*nullus fons non sacer*», ha certamente un suo fondo di verità anche per l'Etruria, dove si può registrare la persistenza, in età moderna, di un toponimo di trasparente significato come Acquasanta, presso Chianciano, che intorno agli anni 20 del Novecento ha restituito una stipe votiva[28].

---

18. *Anth. Pal.* 6, 4–5. 11–16. 23–30. 33. 38. 90. 179–187. 192–193.
19. Firenze, Mus. Arch. 7123. Cygielman, M./Pagnini, L., *La Tomba del Tridente a Vetulonia* (2006) 72–74 n° 191 e 153 s.
20. Diogenianus 5, 22 (*CPG* I p. 255); Apostlius 8, 96 (*CPG* II, p. 459).
21. Catalli (n. 4) 82 ss. nⁱ 66. 67 e 70–71 (dubbie).
22. Bruni 106–113.
23. Populonia: Tumulo dei Flabelli (Minto, A., *Le ultime scoperte archeologiche di Populonia*, *MonAnt* 34 [1931] 299. 343), un amo; Poggio del Molino, tomba 1 (Firenze, Mus. Arch., inedita), due ami; S. Cerbone, tomba 5 (Populonia, Antiquarium, inedita), due ami. Bologna: (Pincelli, R./Morigi-Govi, C., *La necropoli villanoviana di San Vitale* [1975] 375–376), quattro ami (tomba con elementi di corredo maschili e femminili, da riferire forse ad una deposizione bisoma: su questo aspetto del rituale funerario in età villanoviana, v. Trucco, F., «Considerazioni sul rituale funerario in Etruria meridionale», in von Eles, P. [ed.], *La ritualità funeraria tra età del ferro e orientalizzante in Italia*, Conv. Verucchio 2002 [2006] 95–102).
24. *Cf. LIMC* VII Poseidon/Nethuns **6d***.
25. *Cf. LIMC* VII Poseidon/Nethuns **1***.
26. *LIMC* II Apollon/Aplu p. 361; *LIMC* V Hercle/Hercle p. 197; *cf.* anche Fabbri, F., «Votivi anatomici fittili e culti delle acque nell'Etruria di età medio- e tardo-repubblicana», *Rassegna di Archeologia* 21B (2004–05) 123–127; *LIMC* I Acheloos pp. 12 ss. È stato anche proposto che il termine *flere*, più che un dio generico, debba significare un *numen* dotato di una specifica relazione con l'acqua, dolce o salata: van der Meer, L. B., «Flere sur un miroir et sur une pierre de Fonte alla Ripa», in Capdeville, G. (ed.), *L'eau et le feu dans les religions antiques* (2004) 139.
27. (= *ThesCRA* III Add. 3 b Consacrazione **9**) Plut. *Num.* 13, 2.
28. Rastrelli, A., «Scavi e scoperte nel territorio di Chianciano terme», in *La civiltà di Chiusi e del suo territorio* (1993) 476.

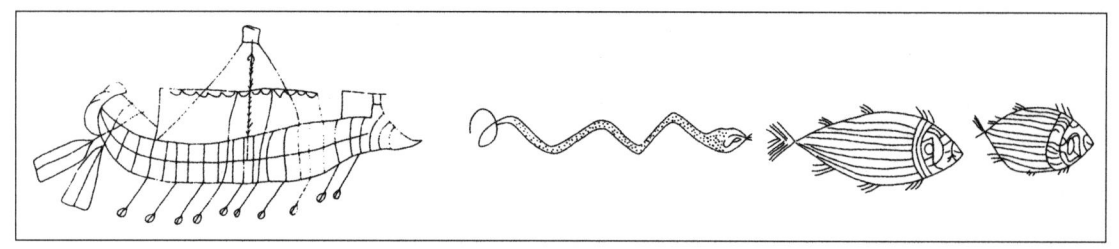

Fig. 3

Fig. 4

3.1. Caratteri della fauna ittica in relazione alla sfera del sacro

Al carattere sacro dell'elemento liquido ed alle sue proprietà doveva dunque improntarsi anche la scelta nell'attività di prelievo. Si può infatti pensare che il pesce catturato nelle acque «vive» marine, fluviali o lacustri, assumesse organicamente le proprietà dell'elemento liquido di provenienza, e quindi evocasse, nel regime delle offerte, quella medesima idea di vitalità, di salute e di capacità riproduttiva che esso suscita[29]: un'idea esplicitata in certe rappresentazioni di uteri votivi in terracotta che richiamano appunto l'immagine del pesce[30].

In particolare, le acque sorgive dovevano essere ritenute sacre in quanto dotate di poteri salutari o riferibili specificamente a credenze di rinascita, e come tali fatte oggetto a volte di offerte ittiche loro strettamente correlate, magari prelevate nel medesimo ambiente, come vedremo in seguito. In questo senso si potrebbe intendere il bronzetto rappresentante un personaggio femminile nell'atto di offrire un pesce dalla stipe di casa al Savio, nel territorio di Pienza (SI), riferita ad una sorgente di cui peraltro si è persa l'esatta localizzazione; il fatto che il bronzetto si trovasse, nella stipe, insieme ad altre figure di devoti con uova e melograne, ne sottolinea chiaramente la valenza rigeneratrice (tav. 117, 3)[31].

Nella stessa ottica, le offerte ittiche legate a luoghi situati presso acque sotterranee o stagnanti, diversamente da quelle associate alle acque «vive», potrebbero indiziare un culto più propriamente connesso con una qualche divinità competente nella sfera ctonia e infera, essendo noto, sia nella tradizione antica, sia a livello folkloristico, il carattere infero di tali acque[32]. Si caricherebbero perciò di una connotazione comunemente intesa in senso negativo, sebbene il caso della dea Marica che, sul piano linguistico, esprime la personificazione stessa della palude, costringa ad essere cauti al riguardo[33]. Alle medesime conclusioni porta la presenza di due anguille di bronzo dal santuario di Colle Arsiccio, nei pressi del lago Trasimeno, dove erano associate con offerte legate alla protezione di uomini o animali, ed alla sfera della procreazione[34].

L'associazione col mondo ctonio è evidente in un'olla di Tarquinia, esibente una nave preceduta da un serpente e due pesci (fig. 3)[35]. Alla sfera funeraria vanno connessi anche i due quadretti pittorici sulla parete d'ingresso della Tomba delle Iscrizioni di Tarquinia (fig. 4)[36]; quello a sinistra della porta, con due personaggi maschili attorno ad un'*escara* sulla quale si piega uno dei due, intento ad arrostire un pesce; il pannello di destra, che rappresenta due personaggi attorno ad un tavolino sul quale uno si sta piegando nell'atto di deporre qualcosa sul piano, evidentemente il pesce arrosti-

---

29. Cardini, F., «Introduzione», in Pasquini, A. (ed.), *Grande dea e nostra signora. Quaderni del Museo Civico di Prato* 3 (1993) 21.
30. Baggieri, G./Margariti, P.A./Di Giacomo, M., «Fertilità, virilità, maternità», in Baggieri, G./Rinaldi-Veloccia, M. L. (edd.), *Speranza e sofferenza nei votivi anatomici dell'antichità* (1996) 27.
31. Siena, Mus. Naz. 39501. Bentz, *EtrVBr* 16 n° A 3 fig. 6; Zinelli, D. (ed.), *L'acqua degli dei*, Cat. mostra Chianciano (2003) 134–135. Altro bronzetto di offerente maschile con pomo nella sinistra e, forse, pesce nella destra, da Sovana: Bentz, *EtrVBr* 27 n° I 3 fig. 15.
32. Coarelli, F., *Il Foro Romano. Periodo arcaico* (1983) 273–274.

---

33. Sul nome della dea Marica De Simone, C., «La nuova iscrizione aurunca arcaica e il nome della dea Marica», *StClOr* 46, 1 (1998) 66–68; sul culto Trotta, F., «Minturnae preromana e il culto della Dea Marica», in Coarelli, F. (ed.), *Minturnae* (1989) 22–28.
34. Comella, A., «Tipologia e diffusione dei complessi votivi», *MEFRA* 93 (1981) 722–723 n. 12 con bibl. Per le anguille Bruschetti, P./Trombetta, A., *Corciano. Antiquarium* (2009) 40 fig. 19.
35. Tarquinia, Mus. Naz. RC 7846. Bonghi-Jovino, M. (ed.), *Gli Etruschi di Tarquinia* (1986) 231–232 n° 677 fig. 235a–b.
36. (= ThesCRA I 2 a Sacrifici, etr. **142**) Dennis, G., *The Cities and Cemeteries of Etruria* (1883) I 367; Steingräber, *PittEtr* 319.

to. L'organizzazione e lo sviluppo dell'intero ciclo pittorico sulle pareti della tomba consentono di ambientare i due pannelli. Le scene dei cavalieri e dei comasti dipinte nella metà posteriore della tomba, oltre le due finte porte che compaiono a metà delle pareti laterali, sono volutamente intese in un ambiente indefinito tra il mondo terreno e l'aldilà. I due pannelli con l'arrostimento e la deposizione del pesce sul tavolino, insieme alle scene dei giuochi e dei premi rappresentate sulla metà anteriore delle due pareti laterali, essendo immaginate al di qua delle porte, sono invece intese chiaramente nel mondo terreno. Pertanto le due scene alludono alla celebrazione di pratiche rituali svolte dai viventi in onore del defunto[37].

3.2. Impiego rituale dei prodotti della pesca

Per quanto concerne le specie ittiche oggetto di offerta, dai dati disponibili possiamo solo affermare che, per ovvie ragioni pratiche, dovevano essere di piccola taglia, qualora fossero portate vive sul luogo del sacrificio (v. in proposito il passo di Festo 274-276 L., in cui informa che «pisciculi vivi» venivano immolati nel Volcanal). Questo dato, allo stato attuale delle conoscenze scientifiche, rende ancora più problematica la diagnostica sulla base dei resti organici, per i quali si parla comunemente di «*Pisces* indeterminati»[38]. In proposito, tuttavia, negli ultimi tempi sono stati fatti grandi progressi che hanno consentito di identificare qualche specie.

Una scardola e due cavedani, pesci comuni nei fiumi e nei laghi dell'Italia centrale, sono stati trovati nel deposito di un luogo di culto nella necropoli della Cannicella di Orvieto, la cui formazione è avvenuta forse nel corso del III sec. a.C.[39]. Un branzino (spigola), pesce di mare, era deposto nella tomba villanoviana del Trono di Verucchio[40]. Da sottolineare che nella tomba, mentre le offerte di carne erano attestate da resti parziali, forse destinati al consumo personale, il fatto che il branzino fosse deposto intero, al pari di un'anatra, potrebbe avere un altro significato: «per il primo si ricordino infatti le valenze funerarie del pesce, per la seconda può non essere irrilevante il fatto che si tratti di un animale di passo»[41]. A tali specie si può aggiungere la rappresentazione di due anguille in bronzo fra le offerte presenti nel citato santuario di Colle Arsiccio. Allo stato delle cose, è però impossibile sapere se anche in Etruria, come a Roma, vigesse il divieto di offrire in sacrificio i pesci privi di scaglie[42], o se, come in Grecia, vi fossero dei casi in cui i pesci erano intoccabili perché di proprietà divina[43], o fossero riservati ai sacerdoti[44], o fosse invece considerata sacra qualche specie ittica particolare, come avveniva per il tonno a Kyzikos[45].

Sebbene quasi ogni essere vivente potesse essere oggetto di sacrificio, rimane difficile giudicare se vadano intesi in tal senso i resti di crostacei, di molluschi, di gasteropodi ed altro trovati in ambiti sacrali e in contesti tombali[46], anche se il confronto con il mondo greco invita ad una certa prudenza (*Anth. Pal.* 6, 230). Riguardo agli ambiti sacrali, ad esempio, la presenza di certe specie animali potrebbe anche essere dovuta a cause naturali[47]. Circa i contesti tombali, dove tali specie sono documentate per tutto l'arco della civiltà etrusca, va tenuto presente che alcuni tipi di conchiglie potrebbero figurarvi come elementi del corredo: ad esempio la grossa *Charonia Nodifera* con l'apice tagliato, trovata in una tomba villanoviana di un guerriero di Tarquinia, poteva essere stata impiegata come strumento musicale a fiato[48]. Altri tipi di conchiglie potrebbero essere stati usati come pedine da giuoco[49]. Altri ancora come elementi or-

---

37. Torelli, M., «Limina Averni», *Ostraka* 6 (1997) 70-71; id., *Rango* 130.
38. Ad es. Pyrgi (= *ThesCRA* I 2 a Sacrifici, etr. **140-141**); Gravisca: Colivicchi (n. 17) 180. 182. 184 (= *ThesCRA* I 2 a Sacrifici, etr. **138bis**); Tarquinia: Chiesa, F., «Un rituale di fondazione nell'*area alpha* di Tarquinia», in Bonghi-Jovino M./Chiesa, F. (edd.), *Offerte dal regno vegetale e dal regno animale nelle manifestazioni del sacro* (2005) 104-105.
39. Stopponi, S., «Un luogo per gli dei nello spazio per i defunti», in «*Saturnia Tellus*». *Definizioni dello spazio consacrato in ambiente etrusco, italico, fenicio-punico, iberico e celtico*. Conv. Roma 2004 (2008) 568. Per la cronologia, ibid. 567.
40. von Eles, P., «Verucchio. Dalla terra e dal mare: la proiezione dell'ambiente nell'ambito funerario», in Bonghi-Jovino/Chiesa (n. 38) 32-33.
41. von Eles, P., «Il rituale funerario nel villanoviano dell'Emilia Romagna», in von Eles (n. 24) 76.
42. Scarano-Ussani, V., «Numa e i pesci senza squame. Alle origini di un divieto», *Ostraka* 15 (2006) 355 ss.
43. (= *ThesCRA* III Add. 3 b Consacrazione **6**) Paus. 7, 22, 4.
44. (= *ThesCRA* III Add. 3 b Consacrazione **7**) Paus. 1, 38, 1.
45. *ThesCRA* III Add. 3 b Consacrazione pp. 322-323 n° **104**.
46. Luoghi di culto: Pyrgi: Caloi, L./Palombo, M. R., «La fauna», *NotSc* 1988-89 (1992) Suppl. 2, 132, 135 (molluschi marini); Gravisca: Colivicchi (n. 18) 182 (granchio); Orvieto: Wilkens, B., «Resti faunistici da una fossa rituale di Orvieto», in «*Saturnia Tellus*» (n. 39) 589 (*Cypraea anulus*, conchiglia marina esotica). Tombe: Elenco in Cherici, A., «Amuleti nei corredi funebri paleoveneti e dell'Italia antica» in *Protostoria e storia del 'Venetorum Angulus'* (1999) 190-193. Aggiungi: Caere (Rizzo, M. A., *Le anfore da trasporto e il commercio etrusco arcaico* [1990] 54 n. 21: conchiglie del tipo *Glycymeris violancescens*); Verucchio (von Eles [n. 40] 33: gusci di ricci marini e opercolo di gasteropode).
47. *Cf.* ad es. per i pozzi di Pyrgi: Caloi/Palombo (n. 46) 136-138.
48. Hencken, H., *Tarquinia, Villanovans and Early Etruscans* (1968) I 123 fig. 108f; *Civiltà* (n. 9) 58-59 n° 31.
49. Così si potrebbero interpretare, ad es., le circa 30 conchiglie dalla tomba ellenistica degli Anina di Tarquinia (Serra-Ridgway, F. R., *I corredi del Fondo Scataglini a Tarquinia* [1996] 183 tomba 153 n° 164), trovate insieme a 12 pedine di vetro (n[i] 160-161) e 24 ciottoli (n° 163).

namentali, ma anche con valore amuletico, quando sul guscio è stato praticato un forellino per un filo passante che consentisse di appenderle[50]. Nel caso di deposizioni femminili, partendo dal richiamo simbolico della conchiglia all'organo genitale, non si può neppure escludere per tale genere di amuleti una valenza relativa al campo della fecondità, o una allusione allo stato verginale o prematrimoniale della defunta, come avviene in altri contesti italici[51].

LUIGI DONATI

---

50. Sul possibile valore amuletico v. Boni, G., «Superstitio», *Nuova Antologia* 161 (1912) 357 e Cherici (n. 46) 169 ss. Per l'uso come ornamento *cf.* ad es. Minetti, A./Rastrelli, A., *La necropoli della Palazzina nel Museo Civico Arch. di Sarteano* (2001) 33 n° 13.32: collana composta di dieci cipree forate alle estremità. Come elemento ornamentale potrebbe essere inteso anche il gruppo di conchiglie della specie della *Tellina nitida*, 15 delle quali provviste di un forellino (Bonghi-Jovino [n. 35] 292 n° 749a), trovate nella tomba 6118 della necropoli di Monterozzi a Tarquinia, insieme a 1 *murex* che poteva fungere da elemento centrale della collana.

51. Cherici (n. 46) 177 n. 68; Boccolini, P., in Chiaramonte-Treré, C./D'Ercole, V. (edd.), *La necropoli di Campovalano. Tombe orientalizzanti e arcaiche* I (2003) 157.

2.e. LANDREISEN IN DER GRIECHISCHEN UND RÖMISCHEN WELT

GLIEDERUNG
1. Landreisen in der griechischen Welt 395
    1.1. Einleitung 395
    1.2. Die sakrale Absicherung von
         Reisenden 396
        1.2.1. Die Befragung eines Orakels .. 396
        1.2.2. Schutzgottheiten der Wege:
               Hermes und Hekate 396
        1.2.3. Die *Ekecheiria* (ἐκεχειρία) ... 397
        1.2.4. Die Unverletzlichkeit
               der Festgesandten (θεωροί)
               und Herolde (κήρυκες) 397
        1.2.5. Die durch Heiligtümer
               gesicherte Passage von
               Grenzen 398
        1.2.6. Die Gastfreundschaft
               (προξενία) 399
2. Landreisen in der römischen Welt 400
    2.1. Einleitung 400
    2.2. Landreisen aus sakralen Anlässen ... 400
    2.3. Die sakrale Sicherung der Reise ... 401
    2.4. Herbergen, Landgasthöfe,
         Poststationen 401

ALLGEMEINE BIBLIOGRAPHIE: Casson, L., *Reisen in der Alten Welt* (1974); Giebel, M., *Reisen in der Antike* (1999); Kemper, P. (Hsg.), *Am Anfang war das Rad. Eine Geschichte der menschlichen Fortbewegung* (1997); Olshausen, E./Sonnabend, H. (Hsg.), *Zu Wasser und zu Land – Verkehrswege in der antiken Welt. Stuttgarter Kolloquium zur Historischen Geographie des Altertums 7, 1999* (2002); Weeber, K.-W., *NPauly* 10 (2001) 856–866 *s.v.* «Reisen».

1. Landreisen in der griechischen Welt

BIBLIOGRAPHIE: Adams, C./Roy, J. (Hsg.), *Travel, Geography and Culture in Ancient Greece, Egypt and the Near East* (2007); Elsner, J./Rutherford, I. (Hsg.), *Pilgrimage in Graeco-Roman & Early Christian Antiquity. Seeing the Gods* (2005); Dillon, M., *Pilgrims and Pilgrimage in Ancient Greece* (1997); Pikoulas, Y. A. «Travelling by Land in Ancient Greece», in Adams/Roy 78–87; Schlesier, R., «Menschen und Götter unterwegs. Ritual und Reise in der griechischen Antike», in Hölscher, T. (Hsg.), *Gegenwelten zu den Kulturen Griechenlands und Roms in der Antike* (2000) 129–157; Wiesner, J., *Fahren und Reiten. ArchHom* F (1968).

1.1. Einleitung

«Der wahrhaft Glückliche soll zu Hause bleiben». In dieser Sentenz aus der Feder des Sophokles (fr. 848 [N] = 934 [P]) spiegelt sich die Scheu vor dem Antritt einer Reise. Als latente Gefährdung galten Wegelagerer, Räuber und frevelhafte Missachtung der Gastfreundschaft. Exemplarisch wird dieses Gefahrenpotential in der mythischen Beschreibung der Reise des Theseus von Argos nach Athen thematisiert[1]. Je nach Entfernung des Ziels und der daraus resultierenden Wegstrecke kamen Beschwernisse aus der Überwindung von bergigen Regionen hinzu. Im lange Zeit hindurch politisch zersplitterten griechischen Siedlungsraum kam die unvermeidbare Passage von Grenzen als zusätzliche potentielle Gefahrenquelle hinzu, verlor ein Reisender beim Verlassen seines Heimatterritoriums ja die Absicherung durch das Bürgerrecht. Dennoch: Der Mittelmeerkulturraum war in allen Epochen des Altertums von einer regen Mobilität der Menschen geprägt. Auf den Straßen und Wegen waren Händler und Gewerbetreibende[2], Festgesandtschaften und Diplomaten[3], Pilger und Bildungsreisende[4], Teilnehmer an Expeditionen[5] sowie Menschen aus familiären Gründen[6] unterwegs.

Je nach Vermögensverhältnissen legte man die Wegstrecke zu Fuß, zu Pferde (Xen. *symp.* 9, 7) oder im Reisewagen[7] zurück. Wer nicht im Besitz eines eigenen Fuhrwerks war, hatte die Möglichkeit der Anmietung eines Gespanns. Einen solchen Vorgang erwähnt Lukian anlässlich seines Besuchs in Olympia, während jenes Kultfestes, das durch die spektakuläre Selbsttötung des Peregrinus in die Geschichte eingehen sollte (Lukian. *Peregr.* 35)[8].

---

1. Neils, J., *LIMC* VII (1994) 925–935 *s.v.* «Theseus».
2. Philostr. *v. Ap.* 5, 20; s. auch Barnett, R. D., «Early Greek and Oriental Ivories», *JHS* 58 (1948) 1–25.
3. s. **1.2.4.**
4. Eur. *Ion* 177–210: der Chor der athenischen Frauen ist auf Geheiß Athenas nach Delphi gereist «um des Gottes Hallen anzuschaun» (V. 230); vgl. Herondas, *Mimiambus* 5: 2 Frauen besichtigen Kunstwerke im Asklepiosheiligtum von Kos. Vgl. Jost, M., «Pausanias in Arkadia: An Example of Cultural Tourism», in Adams/Roy 104–122.

5. Herrmann, P., *Sieben vorbei und Acht verweht. Das Abenteuer der frühen Entdeckungen* (1952); Timpe, D., «Entdeckungsgeschichte des Nordens in der Antike», in *Reallexikon der Germanischen Altertumskunde* VII (1989) 307–389.
6. Lukian. *asin.* 1: Erbangelegenheiten.
7. Zur Bevorzugung des Wagens als Fortbewegungsmittel s. Pikoulas.
8. s. dazu Pilhofer, P., et al., *Lukian. Der Tod des Peregrinus. Ein Scharlatan auf dem Scheiterhaufen* (2005) 85.

Seine verzögerte Abreise, die ihn zum Augenzeugen der Selbstverbrennung des Peregrinus werden ließ, erklärt er damit, dass ihm wegen der starken Nachfrage vorübergehend kein Fuhrwerk zur Verfügung stand. Die Erzählung Lukians geht nicht darauf ein, ob es sich um gewerblich eingesetzte Fuhrwerke handelte, oder ob sich solche Anmietung von Wagen nur auf Veranstaltungen beschränkte, wie es die Massenansammlungen von Menschen aus großen Entfernungen waren.

1.2. Die sakrale Absicherung von Reisenden

BIBLIOGRAPHIE: Lämmer, M., «Der sogenannte Olympische Friede in der griechischen Antike», *Stadion* 8/9 (1982/83) 47-83, Olshausen, E. (Hsg.), *Antike Diplomatie* (1979); Raubitschek, A. E., «Zur Frühgeschichte der Olympischen Spiele», in *Lebendige Altertumswissenschaft. Festgabe H. Vetters* (1985) 64-65; Rougemont, G., «La Hiéroménie des Pythia et les 'Trêves sacrées' d'Eleusis, de Delphes et d'Olympie», *BCH* 97 (1973) 75-106; Rückert, B., *Die Herme im öffentlichen und privaten Leben der Griechen. Untersuchungen zur Funktion der griechischen Herme als Grenzmal, Inschriftenträger und Kultbild des Hermes* (1998); Sinn, U., «Die Olympische Idee – eine Fiktion als Herausforderung», in *Olympia – Sieg und Niederlage. Studium Generale. Ruprecht-Karls-Universität Heidelberg* 2004 (2005) 17-27; Weniger, L., «Das Hochfest des Zeus in Olympia. III. Der Gottesfriede», *Klio* 5 (1905) 184-218.

1.2.1. Die Befragung eines Orakels

Unter den Konsultanten des Orakels von Dodona finden sich nach Ausweis der bisher publizierten einschlägigen Inschriften drei Männer, die den Rat des Gottes vor Antritt einer Reise einholten: 1. Anfrage des Aischylinos wegen einer Reise nach Tisates an der Adria[9]; 2. Anfrage (anonym) wegen einer Reise nach Alyzeia in Akarnanien[10]; 3. Anfrage des Aristion wegen einer Reise nach Syrakus[11]. Die Aussagekraft dieser Zeugnisse für den hier behandelten Aspekt des Reisens wird freilich dadurch eingeschränkt, dass dem Wortlaut der Fragen nicht zu entnehmen ist, ob der Rat des Gottes wegen der Unwägbarkeiten des Reiseweges oder im Hinblick auf den positiven Ausgang des Reiseanlasses eingeholt wurde. Angesichts der Vielzahl von Anfragen im Zusammenhang mit dem Handels- und Geschäftsverkehr ist letzteres wahrscheinlicher[12]. Die sakrale Absicherung einer Reise durch eine vorangehende Orakelbefragung scheint eher eine Ausnahme zu bilden[13].

Zwei der drei Orakelanfragen wurden vor Antritt von Seereisen gestellt. Gibt sich darin eine als ungleich höher eingeschätzte Gefährdung des Reisens zu Wasser als zu Lande zu erkennen[14]?

1.2.2. Schutzgottheiten der Wege: Hermes und Hekate

Als vornehmlichen «Wächter der Wege» kennt die antike Überlieferung Hermes (z.B. *Anth. Pal.* 10, 12: Ἑρμείης εἰνόδιος und φύλαξ ὁδοῦ). Doch auch an Hekate (z.B. Soph. *Ant.* 1199: ἐνοδία θεός) und an die mit ihr in dieser Hinsicht verwandte Artemis (z.B. Paus. 3, 22, 12: ἡγεμόνα τῆς ὁδοῦ) wandten sich Reisende mit ihren Gebeten und ihrem Dank[15]. In den Testimonia werden konkret angesprochen der Schutz vor Diebstahl oder Verlust des Reisegepäcks: «Wenn jemand etwas von seinem Eigentum absichtlich oder unabsichtlich liegen lässt, so soll der etwaige Finder es liegen lassen in der Überzeugung, dass die Göttin der Wege (ἐνοδία δαίμων) über solche Gegenstände wacht, da sie vom Gesetz dieser Göttin geweiht sind» (Plat. *nom*. 9, 314b). Als Herr und Schützer erquickender Rastplätze wird Hermes in Epigrammen bezeichnet: «Hier an der Kreuzung der Straßen, dicht neben des Gartens Gehege,/nahe dem grauen Gestad steh ich, Hermes, im Wind./Rast und Erholung vom Wege gewähr ich ermüdeten Männern/hier, wo lauter und kühl murmelnd der Quell sich ergießt». Die Markierung eines solchen Rastplatzes erfolgte offensichtlich durch eine Herme[16]. Das Bild auf einer attischen Lekythos des ausgehenden 5. Jhs. v. Chr. aus Eretria kann als Illustration einer solchen Situation gelesen werden (Taf. 110, 1): Dargestellt ist ein bärtiger Wanderer bei der Annäherung an eine Priapos-Herme, bekleidet mit kurzem Gewand, Mantel und Kappe, trägt er

---

9. Parke, *Oracles of Zeus* 271 Nr. 24; 49; Rickenbach, J., «Dodona – eine der ältesten Orakelstätten in der Antike», in Langer, A. (Hsg.), *Orakel – der Blick in die Zukunft*. Ausstellung Zürich (1999) 49 Nr. 26; Dieterle, M., *Dodona. Religionsgeschichtliche und historische Untersuchungen zur Entstehung und Entwicklung des Zeus-Heiligtums* (2007) 83-84. 355 Nr. 129.

10. Parke, *Oracles of Zeus* 270 Nr. 23; Dieterle (Anm. 9) 355 Nr. 134.

11. Rickenbach (Anm. 9) 49 Nr. 27.

12. s. dazu die Auflistung bei Dieterle (Anm. 9) 346-353.

13. In den kursorischen Zusammenfassungen der wichtigsten Themenbereiche unter den Anfragen an das Orakel von Dodona fehlt denn auch jeder Hinweis auf diesen Aspekt, so zuletzt bei Dillon 94-97 u. Mylonopoulos, J., «Das Heiligtum des Zeus in Dodona», in id./Roeder, H. (Hsg.), *Archäologie und Ritual. Auf der Suche nach der rituellen Handlung in den antiken Kulturen Ägyptens und Griechenlands* (2006) 200-201.

14. Verwiesen sei in diesem Zusammenhang auf die Inschriften aus dem Heiligtum der Megaloi Theoi in Samothrake, die auf eine Einweihung ganzer Schiffsbesatzungen in den Mysterienkult hindeuten: Fraser, P. M., *The Inscriptions on Stone. Samothrace* II 1 (1960) Nr. 28. 36. 58; s. ThesCRA VI 2 f Seereisen Anm. 81

15. Simon, *GGriech* 301 (Hermes). 154-155 (Artemis/Hekate).

16. *Anth. Pal.* 9, 314 (Anyte von Tegea, um 300 v. Chr.); vgl. auch *Anth. Pal.* 10, 12: auch hier wird der Rastplatz von einer Herme markiert. In diesem Epigramm werden Rastplatz und Quelle dezidiert (Fern)reisenden vorbehalten: «Aber nicht alle, nur der, dem vor Durst und ermatteter Mühe/wanken die Knie und der lange den Weg schon gemacht».

an dem über seine linke Schulter gelegten Stock einen toten Hasen[17].

1.2.3. Die *Ekecheiria* (ἐκεχειρία)

Für die Sicherheit des Reisens auf griechischem Territorium bot die Einrichtung der *Ekecheiria* günstige Voraussetzungen. Die lange Zeit verbreitete Annahme, die *Ekecheiria* garantiere eine im gesamten griechischen Siedlungsraum gültige Waffenruhe speziell zur Absicherung der Teilnehmer und Besucher des Kultfestes von Olympia, ist neuen Erkenntnissen zur tatsächlichen Wirkungsweise der *Ekecheiria* gewichen. So greift einerseits die Gleichsetzung mit zeitlich fixiertem Waffenstillstand zu kurz. Erwirkt wird die «Unantastbarkeit von Personen, Territorien oder Gegenständen anlässlich religiöser Feste»[18]. Dies betraf nicht allein die großen panhellenischen Feste[19], die Mysterienfeier in Eleusis, die Panathenäen oder die Asklepieia in Epidauros; spätestens seit dem 4. Jh. v. Chr. erhöhten zahllose weitere Städte im griechischen Siedlungsraum die Attraktivität ihrer Feste durch das Instrument der *Ekecheiria*[20]. Wie sehr aber auch diese Einrichtung zugunsten der Reisenden zusätzlicher Absicherungen bedurfte, zeigt sich in den entsprechenden Aktivitäten der Amphiktionen von Delphi[21].

Dass die *Ekecheiria* nicht allein auf den geregelten Ablauf des jeweiligen Kultfestes abzielte, sondern allgemein die Mobilität der eigenen Bürger sowie die Einbindung der Städte in das Netz überregionaler Kontakte und Handelswege im Blick hatte, erhellt exemplarisch aus dem Vorgehen der Stadt am Mäander bei der Wiederbelebung des Festes der Artemis Leukophryene um 200 v. Chr. mit dem Versand der Einladungen an über 60 Städte bzw. Königreiche. Aus dem Befund der öffentlichen Dokumentation der Antwortschreiben im Artemisheiligtum von Magnesia[22] darf geschlossen werden, dass die Annahme der Einladungen zum Kultfest einer auf Dauer angelegten vertraglichen Vereinbarung der Unversehrtheitsgarantie für reisende Bürger und ihre mitgeführten Güter gleichzusetzen ist. Ursprünglich bedurfte diese Zusicherung einer für jedes Kultfest neu ausgesprochenen Einladung. Eine solche Vorgehensweise ist durch die «Lichas-Affäre» im Kontext des Festes von Olympia noch für das Jahr 420 v. Chr. bezeugt (Thuk. 5, 49; Xen. *Hell.* 3, 2, 21). In einer durch die Heiligtümer jeweils festgelegten Frist überbrachten die dafür eingesetzten Mitglieder des Kultpersonals (in Olympia: *Spondophoroi* oder auch *Theoren*; in Delphi: *Theorodokoi*) die Einladungen und sanktionierten die Gültigkeit der *Ekecheiria* durch den gemeinsamen Vollzug eines Trankopfers[23]. Je nach Ausstrahlung und Einzugsbereich der Kultfeste hatte ihre *Ekecheiria* eine unterschiedliche zeitliche Bemessung, erstreckte sich aber jeweils über mehrere Monate[24]. Insgesamt ergab sich aus dem Netzwerk aller dieser Vereinbarungen im griechischen Siedlungsraum Jahr für Jahr zumindest während der Sommermonate eine weitgehende Absicherung der Reisewege durch göttlichen Schutz[25].

1.2.4. Die Unverletzlichkeit der Festgesandten (θεωροί) und Herolde (κήρυκες)

Wurde ein Mitbürger in die Fremde gesandt, um für eine Einzelperson, eine Gruppe oder ein Gemeinwesen Nachrichten zu bringen, agierte er als «Gesandter» (πρέσβευς). Auf seiner Reise war er durch keine Sakralnorm geschützt[26]. Um ihrer Sicherheit willen und um sich überhaupt Gehör zu verschaffen, sieht sich zum Beispiel eine von Epidamnos nach Kerkyra geschickte Gesandtschaft genötigt, am Zielort als Schutzflehende (ἱκέται) aufzutreten[27]. Erst die förmliche Ausstattung mit einem Kerykeion erhob einen in die Fremde gesandten Boten in den Status eines «unverletzlichen Boten» (κῆρυξ)[28]. Achill begrüßt die von Agamemnon gesandten Boten als «Gesandte des Zeus und der Menschen» (κήρυκες Διὸς ἄγγελοι ἠδὲ καὶ ἀνδρῶν) (Hom. *Il.* 1, 334). Die Tötung der 373/72 v. Chr. in Helike vorstelligen Gesandten (θεωροί) aus Priene wurde als so ungeheuerlicher Frevel empfunden, dass man darin die Ursache für das die Stadt Helike auslöschende Erdbeben erkennen wollte[29].

---

17. (= *LIMC* V Hermes **166**, VIII Suppl. Priapos **7** mit Lit.) Athen, NM 12119. Rückert 257 Nr. 112 Abb. 9.
18. Lämmer 49.
19. Lämmer 53–54 mit Anm. 49–52.
20. s. dazu die Belege bei Lämmer 54 mit Anm. 53.
21. Dazu ausführlich Maaß, M., *Das antike Delphi* (1993) 24–30 mit dem Hinweis auf den tödlichen Überfall bei Megara auf eine nach Delphi anreisende Pilgergruppe: Plut. *quaest. Graec.* 59, 304. Zu den Reisewegen nach Delphi s. auch Wagner-Hasel, B., «Kommunikationswege und die Entstehung überregionaler Heiligtümer: Das Fallbeispiel Delphi», in Olshausen/ Sonnabend 160–180.
22. *ThesCRA* III 6 c Asylie **83** (mit Lit.).
23. Decker, W., *Sport in der griechischen Antike* (1995) 116; Lämmer 51 mit Anm. 32; Sinn, U., *Das antike Olympia. Götter, Spiel und Kunst* (2004) 104.
24. Decker (Anm. 23) 117.
25. Mit guten Gründen übersetzt Lämmer 66 den Terminus ἐκεχειρία nicht mit «Gottesfrieden», sondern mit «Gottesschutz».
26. Thuk. 2, 67: Gefangennahme und Tötung einer athenischen Gesandtschaft; Pol. 21, 26: Gefangennahme einer aitolischen Gesandtschaft.
27. Thuk. 1, 24, 3–7; *ThesCRA* III 6 c Asylie **19**.
28. Diese Differenzierung wird ausdrücklich thematisiert bei Entsendung einer korinthischen Delegation zu einer Verhandlung mit der athenischen Flotte vor Kerkyra: Thuk. 1, 53.
29. *ThesCRA* III 6 c Asylie **26** (mit Lit.).

1.2.5. Die durch Heiligtümer gesicherte Passage von Grenzen

BIBLIOGRAPHIE: Rocchi, G. D., *Frontiera e confine nella Grecia antica* (1988); Sinn, U., «The Influence of Greek Sanctuaries on the Consolidation of Economic Power», in Hellström/Alroth, *Religion* 67–74.

Zu den besonderen Gefährdungen der Reisen auf dem Landweg zählte im griechischen Siedlungsraum die Passage von Grenzen. Mit dem Verlassen des Heimatterritoriums erlosch die Absicherung durch das Bürgerrecht.

Als Reflex der Modalitäten bei dem Grenzübertritt von Attika in den ursprünglich autonomen Stadtstaat Eleusis darf das auf der Brücke am Rheitos-See vollzogene Ritual im Rahmen der Festprozession zur Großen Mysterienfeier verstanden werden. An der vormaligen Grenzstation werden die von Athen gestellten Prozessionswagen gegen solche aus Eleusis ausgewechselt. Analog dazu wird auch die Begleitung durch Epheben ausgetauscht[30].

Dass die Markierung und Sicherung von Grenzen durch Heiligtümer als eine verbreitete Konvention vorausgesetzt werden darf, legt die Formulierung des Pausanias bei der Beschreibung der Wegstrecke entlang des Kap Malea (3, 23, 2) nahe: «Gegen einhundert Stadien vom Kap Malea entfernt liegt am Meer an der Grenze des Gebiets von Boia ein dem Apollon heiliger Platz, der Epidelion heißt» (χωρίον ἐν ὅροις Βοιατῶν Ἀπόλλωνος μὲν ἱερόν ἐστιν)[31]. Die schriftliche Überlieferung hält Nachrichten bereit, die für das griechische Siedlungsgebiet eine gezielte Einrichtung von Heiligtümern an der Grenze zwischen zwei benachbarten Poleis bezeugen. Ein signifikantes Beispiel ist das Heiligtum der Artemis Limnatis, das auf dem Kamm des Taygetos-Gebirges die Grenze zwischen Messenien und Lakonien markiert[32]. Die gemeinschaftliche Organisation des Kultfestes stellte den nur bedingt erfolgreichen Versuch einer Befriedung dieser noch in späthellenistischer Zeit heftig umstrittenen Grenze dar (Tac. ann. 4, 43). Eine vergleichbare Regelung zur Befriedung ihrer gemeinsamen Grenze und damit zugleich Voraussetzung für einen geregelten grenzüberschreitenden Verkehr haben im arkadischen Kernland die Poleis Orchomenos und Mantineia gefunden. Gemeinsam unterhielten sie das Heiligtum der Artemis Hymnia, für das sie im Wechsel das Kultpersonal stellten und hier ein gemeinsames Kultfest begingen[33].

Ergänzend zu den nur im antiken Schrifttum erwähnten, archäologisch aber bisher noch nicht identifizierten Grenzheiligtümern treten Fundplätze, deren Funktion als Sakralstätten ebenso eindeutig erwiesen ist wie ihre Grenzlage. Diese Heiligtümer zeichnen sich durch eine charakteristische Ortslage aus: Sie haben ihren Platz auf Passhöhen, über die noch heute bzw. bis vor wenigen Jahrzehnten die Verbindungswege zwischen zwei Nachbargauen führen. Die Einrichtung von Kultplätzen in solch exponierter Lage darf als Beleg für die hohe Bedeutung einer sakral fundierten Absicherung eines Grenzübertritts angesehen werden. Auch wenn dazu keine antiken Schriftzeugnisse vorliegen, ist davon auszugehen, dass an diesen durch Sakralnormen neutralisierten Grenzstationen die Modalitäten geregelt wurden, die Reisenden Sicherheit für die Fortsetzung ihres Weges auf fremdem Territorium ermöglichte. Zwei archäologische Befunde mögen diesen Sachverhalt vor Augen führen.

1. Heiligtum einer nicht eindeutig identifizierten Gottheit oberhalb von Kondovasaina im Aphrodisiongebirge[34]. Die Ruinen des Kultplatzes haben ihren Platz auf dem schmalen Grat der Passhöhe, über die die Verbindungsstraße zwischen den Poleis Thelpousa und Psophis führt. Erhalten haben sich die Fundamente des Altars[35] und eines Tempels (?)[36]. Keine eindeutige Funktionsbestimmung erlauben die Fundamentzüge eines quadratischen Gebäudes in unmittelbarer Nähe des Tempels, dessen Flucht es aufnimmt[37]. Etwas abseits der Sakralanlagen, dicht an der heutigen Straße, deren Verlauf aber identisch sein dürfte mit der antiken Streckenführung, haben sich die Überreste eines kleinteiligen, mit Wasserversorgung ausgestatteten Raumensembles erhalten; hier ist eine Funktion als Herberge naheliegend[38]. Auf der Nordseite der Passhöhe zeichnet sich im Gelände eine leicht geneigte, von einer Terrassenmauer gestützte Freifläche ab, die als Festwiese des Heiligtums genutzt worden sein dürfte. Für alle Anlagen ist durch die Stratigraphie eine Errichtung im 5. Jh. v. Chr. angezeigt.

2. Heiligtum der Athena Soteira und des Poseidon an der Grenze zwischen Pallantion und Asea. In der bei Pausanias überlieferten Kultlegende wird Odysseus als Stifter des Heiligtums genannt: er soll den Kultplatz nach seiner Rückkehr aus Troia der Athena Soteira und dem Poseidon errichtet haben (Paus. 8, 44, 4). Die Ortslage wur-

---

30. Travlos, *TopAttika* 177; Clinton, K., «Sacrifice at the Eleusinian Mysteries», in Marinatos/Hägg, *Sanctuaries* 70. Zu den Prozessionswagen s. auch *Schol. Aristoph. Plut.* 1014.
31. Wace, A. J. B./Hasluck, F. W., *BSA* 14 (1907/08) 175; Papachatzis, *Paus. Korinthiaka, Lakonika* 423 Anm. 2.
32. Paus. 3, 2, 6. 3, 7, 4. 4, 4, 2–3. 4, 31, 3; Strab. 6, 1, 6 (p. 257). 6, 3, 3 (p. 279). 8, 4, 9 (p. 362); Rocchi 197–198; *ThesCRA* IV 1 a Kultorte, gr. S. 4.
33. Paus. 8, 5, 11–12. 8, 13, 1; Jost, *Arcadie* 119–121.

34. Kardara, Chr., Ἀφροδίτη Ἐρυκίνη. Ἱερόν καὶ μαντεῖον εἰς τὴν Β. Δ. Ἀρκαδίαν (1988); Jost, *Arcadie* 58–60 mit berechtigten Zweifeln an der Identifizierung des Kultes mit dem von Pausanias (8, 24, 6) für die Stadt Psophis erwähnten Heiligtum der Aphrodite Erykina; Sinn 71–73.
35. Kardara (Anm. 34) Taf. IV.
36. Kardara (Anm. 34) Taf. V.
37. Kardara (Anm. 34) Taf. III.
38. Kardara (Anm. 34) Taf. VIa.

de bereits von Reisenden des 19. Jahrhunderts identifiziert und beschrieben[39]. Die auf Nachgrabungen und Vermessungen beruhende Publikation dokumentiert einen Zustand, der ohne die Beschreibungen von Leake und Ross kaum noch aussagekräftig wäre[40]. Durch Fundamente *in situ* und Fragmente der Säulenordnung gesichert ist die Position eines dorischen Peripteraltempels aus dem späten 6. Jh. v. Chr. genau auf dem Kamm des Passes. Bruchstücke eines Tondaches aus dem 7. Jh. v. Chr. deuten auf einen Vorgängerbau hin.

1.2.6. Die Gastfreundschaft (προξενία)

BIBLIOGRAPHIE: Ginouvès, *Balaneutikè*; Nielsen, I., *Thermae et Balnea* (1990); Kuhn, G., «Untersuchungen zur Funktion der Säulenhalle in archaischer und klassischer Zeit», *JdI* 100 (1985) 169-317.

In der von der griechischen Religion geprägten antiken Welt bildete die Achtung des Zeus *Xenios* eine wesentliche Grundlage für die Sicherheit derer die sich auf eine Reise begaben, dadurch den Rechtsraum ihrer Heimat verließen und somit als «Fremde» unterwegs waren[41]. Bestand zwischen dem Heimatort und dem Zielort eines Reisenden eine persönliche Verbindung über einen *Proxenos*, war dies die erste Adresse, Quartier zu beziehen. Die damit verbundenen Annehmlichkeiten beschreibt Vitruv im Kontext seiner Charakterisierung des griechischen Wohnhauses: «Die Peristyle des Hauses werden Männerwohnungen (*andronitides*) genannt, weil sich die Männer darin aufhalten [...]. Außerdem werden rechts und links kleine Behausungen mit eigenen Eingängen, angemessenen Speise- und Schlafräumen (*triclinia et cubicula*) gebaut, damit man die Gastfreunde (*hospites*) bei ihrer Ankunft nicht in den Peristylen, sondern in diesen Gastwohnungen (*hospitalia*) aufnimmt. Denn da die Griechen luxuriöser und vom Glück mehr mit Reichtum gesegnet waren, pflegten sie für die Gastfreunde, die aus der Fremde zu Besuch kamen, Speisezimer, Schlafzimmer und Speisekammern mit Speisevorrat (*cum penu cellas*) einzurichten. Am ersten Tag pflegten sie die Gäste zur Mahlzeit einzuladen, am folgenden Hühnchen, Eier, Gemüse, Obst und andere ländliche Erzeugnisse in die Gastwohnung zu schicken. Daher nannten die Maler, wenn sie das, was man Gastfreunden zu schicken pflegte, auf einem Gemälde nachahmten *Xenia*» (Vitr. 6, 4, 4)[42].

In den Choephoren seiner Orestie läßt Aischylos den nach Argos zurückgekehrten Orest die Rolle eines unbekannten Fremden spielen, der im Haus des Agamemnon resp. des Aigisthos eine Nachricht zu überbringen hat (Aischyl. *Choeph.* 653-719)[43]. Mit dem Hinweis auf das Gastrecht (φιλοξενία) fordert Orest Gehör und Aufnahme ein. Klytaimestra gewährt ihm – noch in Unkenntnis seiner Identität – alles was durch das Gastrecht als angemessen und notwendig erachtet wurde (τὰ πρόσφορά). Namentlich benennt sie als Elemente der praktizierten Gastlichkeit die Bereitstellung eines warmen Bades (θερμὰ λουτρά) und einer bequemen Bettstatt (θελκτηρία στρωμνή).

Die Bereitstellung einer «bequemen» Bettstatt ist als Zeichen besonderer Zuvorkommenheit zu verstehen. Üblicherweise waren die Decken (στρώματα) für das Nachtlager Bestandteil des Reisegepäcks. Das in der Regel von einem Sklaven getragene Bündel der Reisenden trug von daher die Bezeichnung στρωματόδεσμον[44]. Für die Bedeutung eines Bades zur Begrüßung eines Reisenden ist die Lokalisierung der ältesten nachweisbaren öffentlichen Badeanlagen in Griechenland aufschlussreich. Aus dem frühen 5. Jh. v. Chr. stammt das sog. Dipylonbad in Athen, es hat seinen Platz in etwa 50 m Entfernung von dem Stadttor[45]. Da Badeanlagen in unmittelbarer Nähe von Stadttoren auch für weitere Zugangsstraßen Athens bezeugt sind, kann von einer bewussten Maßnahme dieser Stadt gesprochen werden, der Sakralnorm des Gastrechts zu genügen[46]. In gleicher Weise sind die Hafenbäder in Piräus[47] und Oiniadai[48] zu interpretieren. Auch für die Bäder in Heiligtümern[49] und am Rand von

---

39. Leake, W. M., *Travels in the Morea* I (1806) 84; III (1830) 34-35; Ross, L., *Reisen und Reiserouten durch Griechenland* (1841) 63-65; id., *Reisen des Königs Otto und der Königin Amalia in Griechenland* (1848) 223-224.
40. Rhomaios, K. A., «Ἱερὸν Ἀθηνᾶς Σωτείρας καὶ Ποσειδῶνος κατὰ τὴν Ἀρκαδικὴν Ἀσέαν», *ArchEph* (1957) 114-163; Jost, *Arcadie* 114-163; Sinn 73.
41. Nilsson, *GrRel*² I 419: «Der Name [Zeus Xenios] bezeichnet den Zeus nicht nur als Schützer der Gastfreundschaft, wie er gewöhnlich übersetzt wird, sondern auch als den Schützer des Fremden.»; vgl. auch Simon, *GGriech* 22.
42. Vgl. dazu in der pompejanischen Wandmalerei Motive wie das Stilleben in der Praedia der Julia Felix, Neapel, Mus. Naz. 8598 und die Stillebenbilder aus Herculaneum, Neapel, Mus. Naz. 8647; dazu: Mielsch, H., *Römische Wandmalerei* (2001) 197-204. In diesen Kontext gehört auch das Mosaik-Motiv des *asarotos oikos*: Dunbabin, *MosGrRom* 28-30 Abb. 29; Andreae, B., *Antike Bildmosaiken* (2003) 47-51 Abb. 46-51.

43. Vgl. auch Lukian. *asin.* 1.
44. Plat. *Tht.* 175e; Xen. *mem.* 3, 13, 6; Aristoph. *Av.* 50.
45. Gebauer, K./Johannes, H., «Ausgrabungen im Kerameikos», *AA* (1940) 318-333; Travlos, *TopAth* 180; Knigge, U., *Der Kerameikos von Athen* (1988) 159-160 Nr. 60 Abb. 155; Nielsen 6 Anm. 7.
46. Bad vor dem Diochares-Tor an der von der Mesogaia kommenden Straße: *IG* II² 2495; Bad vor dem Tor an der von Süden am Kynosarges-Gymnasion in die Stadt führenden Straße: *IG* I² 94.
47. Serangeion-Bad: Ginouvès, *Balaneutikè* 183-224; Travlos, *TopAttika* 342. 354 Abb. 439; Salzmann, D., *Untersuchungen zu den antiken Kieselmosaiken* (1982) 27. 109 Nr. 107. 108 Taf. 25; von Eickstedt, K. V., *Beiträge zur Topographie des antiken Piräus* (1991) 178 Nr. 1.99.
48. Sears, J. M., «Oiniadai V», *AJA* 8 (1904) 216-226.
49. s. dazu die Angaben in der Zusammenstellung bei Ginouvès, *Balaneutikè* 431-440, ergänzt um die Angaben bei Nielsen 6-12.

Marktplätzen⁵⁰, also Stätten, die von Reisenden (Pilger, Händler) aufgesucht werden, kann diese Erklärung gegeben werden.

Die Quartiernahme während der Reise aber auch am Zielort war mit dem Risiko einer Übervorteilung bzw. der schamlosen Ausnutzung der auf Hilfe angewiesenen Reisenden verbunden. Als einen Topos kennt die antike Literatur die Entlarvung privater Quartiergeber als Kuppler⁵¹. Eine offenbar verbreitete Variante des missbräuchlichen Gastrechts spricht Platon an: «wenn jemand um des Geschäfts willen (καπηλείας ἕνεκα) an einsamen Plätzen, die von allen Seiten nur über lange Wege zu erreichen sind, Häuser (οἰκήσεις) errichtet und Leute, die nicht mehr weiterkönnen oder die von der Gewalt wütender Stürme hergetrieben werden, mit einer willkommenen Unterkunft aufnimmt und ihnen ruhige Windstille oder bei Hitze Kühlung anbietet, danach aber nicht wie beim Empfang von Freunden ihnen freundliche Gastgeschenke (ξένια) im Anschluss an die Aufnahme gibt, sondern sie wie Feinde, die als Gefangene in seine Hand geraten sind, nur gegen ein gewaltiges, ungerechtes und sündhaftes Lösegeld freigibt, so sind es diese und ähnliche Entgleisungen, wie sie in allen solchen Gewerben vorkommen, die eine solche Hilfeleistung für Bedrängte in Verruf gebracht haben» (Plat. nom. 11, 919a).

Die fraglos größte Sicherheit boten Quartiere (*Xenodocheia* und *Katagogia*) innerhalb von Heiligtümern. Neben komfortablen Herbergen⁵² nahmen vielfach auch Hallen (*Stoai*) diese Funktion wahr⁵³. Zur Infrastruktur besonders der größeren Heiligtümer gehörten darüber hinaus Läden (*Kapeleia*). Dass sie nicht speziell für die Teilnehmer am Kultfest installiert waren, erhellt aus der Überlieferung für die *Kapeleia* im Heraion von Samos, die den Pächtern ausdrücklich den ganzjährigen Aufenthalt im Heiligtum vorschrieben⁵⁴.

2. Landreisen in der römischen Welt

BIBLIOGRAPHIE: Elsner, J./Rutherford, I. (Hsg.), *Pilgrimage in Graeco-Roman & Early Christian Antiquity. Seeing the Gods* (2005); Heinz, W., *Reisewege der Antike. Unterwegs im Römischen Reich* (2003); Kolb, A., «Reisen unter göttlichem Schutz», in Beutler, F./Hameter, W. (Hsg.), *Eine ganz normale Inschrift. FS E. Weber* (2005) 293-298; Kulinat, K., «Gute Reise! Reisemotive aus der Sicht der Anthropogeographie», in Olshausen/Sonnabend 419-428; Olshausen, E., «Gute Reise! Mit Cicero unterwegs», in Olshausen/Sonnabend 251-262.

2.1. Einleitung

Die Anlässe für den Antritt einer Reise unterschieden sich auf italischem Boden grundsätzlich nicht von denen im griechischen Raum: Warenverkehr, die Wahrnehmung politischer Ämter und berufliche Belange waren unabwendbare Beweggründe, sich auf Reise zu begeben. Ebenso häufig war es individueller Unternehmungsgeist, der Veranlassung gab, die Geborgenheit des heimischen Anwesens mit den Mühen und Gefährdungen einer Reise zu tauschen. Eine nicht geringe Rolle spielten spätestens seit spätrepublikanischer Zeit Bildungs- und Forschungsreisen. Mit Erringung der Vormachtstellung Roms auf italischem Boden etablierte sich unter der überwiegend stadtrömischen Nobilität die Konvention der Errichtung von Villen an landschaftlich ausgewählten Plätzen, die zwangsläufig rege Reiseaktivitäten nach sich zog⁵⁵. Angesichts der nur wenigen Kultplätze mit (über)regionaler Ausstrahlung spielten Reiseaktivitäten aus sakralen Anlässen gemessen an den Verhältnissen in der griechischen Welt eine vergleichsweise geringe Rolle.

2.2. Landreisen aus sakralen Anlässen

Die Zahl der Heiligtümer auf italischem Boden, deren Besuch mit einer Landreise verbunden war, beschränkt sich auf jene Kultplätze, die als sakrale Zentren einer Region oder ihres Orakels wegen aufgesucht wurden⁵⁶. Zu ihnen zählt in erster Linie das vormalige, dem *Iuppiter Latiaris* geweihte Bundesheiligtum der Latiner auf dem Mons Albanus⁵⁷. Der Ertrag der ohne Systematik durchgeführten archäologischen Arbeiten vor Ort ist

---

50. Korinth: Williams II, C. K./Zervos, O. H., «Corinth, 1990. Southeast Corner of Temenos E», *Hesperia* 60 (1991) 1-58; Salzmann (Anm. 47) 22. 95 Nr. 63 Taf. 9, 1-3; Athen: 1.); Shear Jr., T. L., «The Athenian Agora. Excavations of 1968», *Hesperia* 38 (1969) 382-417; 2.) Bouras, C., «Hellenistic Athens», in XIII. *Internationaler Kongress für Klassische Archäologie, Berlin 1988. Resümees* (1988) 81-84; Delos, Agora der Italiker: Ginouvès, *Balaneutikè* 200-201 Taf. 33 Abb. 107; Thessaloniki: Touchais, G./Huber, S./Philippa-Touchais, A., «Chronique des fouilles et découvertes archéologiques en Grèce en 1999: Thessalonique», *BCH* 124 (2000) 928-931.
51. Lukian. *asin. passim.*
52. z.B. Zeusheiligtum Olympia, Gästehaus am Kladeos: *ThesCRA* IV 1 a Kultorte, gr. Katagogeion **2•**; allgemein: Kraynak, L., *Hostelleries of Ancient Greece* (1984); vgl. auch Thuk. 3, 68, 3 (Katagogeion in Plataiai).
53. Maaß (Anm. 21) 29-30; Sinn, U., «Das Poseidonheiligtum auf Kalaureia: ein archäologischer Befund zum antiken Asylwesen», in Dreher, M. (Hsg.), *Das antike Asyl*, Kolloquium Villa Vigoni 2002 (2003) 107-126; *ThesCRA* IV 1 a Kultorte, gr. Temenos **7•**.
54. Zur Kapeleion-Inschrift aus Samos: *ThesCRA* IV 1 a Kultorte, gr. Kapeleion **2** (mit Lit.); zu weiteren Kapeleia: Kapeleion **1**: Amphiareion bei Oropos; Kapeleion **3•**: Olympia.
55. Einen kommentierten Überblick über Reiseanlässe und -intentionen gibt Kulinat 420; dazu auch Olshausen 252-256.
56. Schneider, H.-Chr., «Der Schrein des Iuppiter Latiaris und der Hain der Diana Nemorensis: Überlegungen zur überregionalen Funktion von Heiligtümern im frühen Latium», in Freitag, K./Funke, P./Haake, M. (Hsg.), *Kult – Politik – Ethnos. Überregionale Heiligtümer im Spannungsfeld von Kult und Politik* (2006) 265-276.
57. (= *ThesCRA* IV 1 a Kultorte, etr., ital., röm. Mons **6**) Liv. 1, 31, 3; Schneider (Anm. 56) 265-271.

gering[58]. Die schriftliche Überlieferung beschränkt sich auf die Zeit nach der endgültigen Einverleibung Latiums durch Rom im Jahre 338 v. Chr. Alle in der Antike formulierten Äußerungen zur Frühgeschichte des Platzes haben daher retrospektiven Charakter[59]. Aus beiden Überlieferungssträngen, dem archäologischen und dem literarischen, lässt sich der konkrete Kultvollzug im Bundesheiligtum der Latiner zumindest in seinen Grundzügen erkennen. An den dreitägigen Feierlichkeiten nahm die Gesamtheit der latinischen Gemeinden teil, angeführt jeweils von ihren Magistraten[60]. Deren An- und Abreise war durch einen allgemeinen Gottesfrieden gesichert[61]. Nach der Übernahme des Platzes führte Rom das Fest unter der Bezeichnung *feriae latinae* bei Wahrung des äußerlichen Ablaufs fort[62]. Seit 231 v. Chr. war es das Recht erfolgreicher römischer Feldherrn, denen der Senat keinen Triumph in Rom gewährt hatte, diesen *sine publica auctoritate*, jedoch mit voller Rechtsgültigkeit im Heiligtum des Iuppiter Latiaris zu feiern[63].

Eine weitere für das alte Latium (*Latium vetus*) bedeutsame und deshalb viel besuchte Sakralstätte war das Heiligtum der *Diana Nemorensis* bei Aricia[64]. Eine politische Funktion nahm das Heiligtum wohl nur während der ersten Jahrzehnte seiner Existenz an der Wende vom 6. zum 5. Jh. v. Chr., als sakrales Zentrum eines Zweckbündnisses gegen die Etrusker wahr[65]. Mit der zunehmenden Bedeutung ihres Staatskultes auf dem Aventin[66] beschränkte sich der Kult der Diana im Nemorensischen Hain auf ihre Rolle als Kourotrophos[67]. Beide Kultplätze waren durch eine jährlich stattfindende Prozession verbunden (Ov. *fast.* 3, 261–266).

2.3. Die sakrale Sicherung der Reise

Sucht man in der römisch geprägten Welt ein göttliches Pendant zum griechischen Schutzpatron der Reisenden, Hermes, sind es vornehmlich die *Lares vialis*, denen sich jeder Reisende anvertrauen konnte[68]. In den westlichen und östlichen Randgebieten des Imperium Romanum traten die als Beschützer der Reisenden agierenden *Lares* unter mannigfachen Namen auf, in denen die kultische Verehrung indigener Gottheiten mit gleicher Funktion fortlebten[69]. Als *Trivia* konnte auch die der Hekate nahestehende Diana diese Rolle einnehmen[70]. Insgesamt überwog jedoch die Konvention, sich auch auf Reisen einer individuell gewählten Gottheit anzuvertrauen.

Dafür liefert Apuleius in seiner Schrift *apologia sive pro se de magia* einen anschaulichen Beleg: In seiner Verteidigungsrede gegen den Vorwurf der praktizierten Magie bekennt sich Apuleius zu seiner Angewohnheit, auf Reisen nicht nur Bücher, sondern stets auch das Bild eines Gottes mit sich zu führen, um ihm die gebotenen Opfer und Gebete darbringen zu können. Die Ankläger glaubten in diesem Götterbild das Medium der unterstellten magischen Aktivitäten des Apuleius erkennen zu können. Um dem Gericht auch in diesem Punkt die Haltlosigkeit der Beschuldigungen vor Augen zu führen, lässt Apuleius seinen «göttlichen Reisebegleiter», eine Statuette des Mercur, aus der Herberge herbeibringen, in der er sich am Ort der Gerichtsverhandlung einquartiert hat (Apul. *apol.* 63, 3–4). Apuleius schließt diesen Teil seiner Verteidigungsrede mit dem Hinweis darauf, dass er sich mit seiner Angewohnheit im Rahmen des allgemein Üblichen (*sollemne et commune*) verhalte[71].

2.4. Herbergen, Landgasthöfe, Poststationen

BIBLIOGRAPHIE: Bender, H., *Archäologische Untersuchungen zur Ausgrabung Augst-Kurzenbettli. Ein Beitrag zur Erforschung der römischen Rasthäuser* (1975) (= Bender 1); id., «Römischer Straßen- und Reiseverkehr», in Wamser, L. (Hsg.), *Die Römer zwischen Alpen und Nordmeer. Ausstellung Rosenheim* (2000) 255–263. 420–421; Schneider, H.-Chr., *Altstraßenforschung* (1982).

In der Satire 1, 5 des Horaz liegt uns die Schilderung einer Reise vor, die den Autor von Rom

---

58. Lugli, G., «Saggi di Scavi per la ricerca del tempio di Giove sulla vetta di Monte Cave», *BollArte* 24 (1930) 162–168; Finocchi, P., «Il templum di Iuppiter Latiaris sul Mons Albanus», *ArchLaz* 3 (1980) 156–158; Cecamore, C., «Il santuario di Iuppiter Latiaris sul Monte Cavo. Spunti e materiali dai vecchi scavi», *BullCom* 95 (1993) 19–44; ead., «Novi spunti sul santuario di Iuppiter Latiaris attraverso la documentazione d'archivio», in *Alba Longa. Mito, storia, archaeologia* (1996) 49–66.
59. Zu Quellen und Quellenkritik Schneider (Anm. 56) 267–268.
60. Wissowa, *Religion* 124–125; Schneider (Anm. 56) 268–270.
61. Zur Waffenruhe Dion. Hal. *ant.* 4, 49, 2; Macr. *Sat.* 1, 16, 16–17.
62. Baudy, D., *NPauly* 4 (1998) 477 *s.v.* «Feriae Latinae»
63. Liv. 42, 21, 7; Wissowa, *Religion* 125.
64. (= ThesCRA IV 1a Kultorte, etr., ital., röm. Lucus 8) Alföldi, A., «Diana Nemorensis», *AJA* 64 (1960) 137–144; Coarelli, F., *I santuari del Lazio in età repubblicana* (1987) 165–185; Ghini, G., «Il santuario di Diana a Nemi (RM). Nuove recerche», in Christie, N. (Hsg.), *Settlement and Economy in Italy. 1500 B.C. - A.D. 1500* (1995) VIII 143–154; Schneider (Anm. 56) 271–274; Simon, *GRöm* 51–53.
65. Schneider (Anm. 56) 274
66. Gras, M., «Le temple de Diane sur l'Aventin», *REA* 89 (1987) 47–61.
67. Zu den Votiven s. *ThesCRA* I 2 d Weihgeschenke, röm. **327** (figürliche Terrakotten und Miniaturnachbildungen von Körperteilen). **434** (Astragale). **442** (bronzener Schmuck). **461** (diverse Geräte). **469** (Waffen).
68. Wissowa, *Religion* 170 mit Angabe von epigraphischen Belegen in Anm. 2.
69. Simón, F. M., «Within the Confines of the Roman-Celtic World. The Gods of the Roads», in Hainzmann, M. (Hsg.), *Auf den Spuren keltischer Götterverehrung* (2007) 197–205 mit umfangreicher Bibliographie.
70. Simon, *GRöm* 51.
71. Bezogen auf die spezifische Situation eines Feldherrn verhielt sich Sulla ähnlich: wenn er in die Schlacht zog, führte er stets eine Statuette des Apollon mit sich (Plut. *Sull.* 29, 6).

nach Brundisium führte[72]. In der Realität bezieht sich Horaz auf seine Teilnahme an einer heiklen diplomatischen Mission des Maecenas im Frühjahr 37 v. Chr. Die innenpolitische Lage war angespannt, das hatte Konsequenzen nicht zuletzt auch für die Sicherheit auf den Fernstraßen. In der Dichtung des Horaz trägt diese Unternehmung alle Züge einer vor allem auf leibliche Genüsse ausgerichteten Vergnügungsreise[73]. Nicht thematisiert werden die bei der Durchführung dieser Reise vollzogenen Riten. Bei aller von Horaz bewusst herbeigeführten Diskrepanz zur Realität eröffnet die Satire einen aufschlussreichen Blick zumindest auf das Spektrum der Unterkünfte während der mehrtägigen Landreise[74].

Die Quartiernahme im «üppigen Landgut» (*plenissima villa*) des Reisegefährten Cocceius (1, 5, 50) kann hier ebenso außer Betracht bleiben wie die Nacht an Bord des Schiffs, das die Reisegruppe für die Passage durch die pomptinischen Sümpfe bestiegen hat (1, 5, 5-20). Bei den in Anspruch genommenen Herbergen lassen sich im Text des Horaz drei Typen unterscheiden: In Aricia nehmen die Reisenden mit einem «bescheidenen Quartier» (*hospitium modicum*) Vorlieb (1, 5, 2), an der campanischen Brücke bietet ein «bescheidenes Gehöft» (*villula*) Obdach (1, 5, 45). Das Landhaus (*villa*) bei Trivicum, gehörte zu jener Spezies, das seinen Gästen auch mit Liebesdiensten gefällig war (1, 5, 79-85).

Die von Horaz angesprochenen Beherbergungstypen lassen sich mit hinreichender Sicherheit im archäologischen Befund nachweisen. Für die innerörtlichen *hospitia* bietet Pompeji reiches Anschauungsmaterial[75]. Ein markantes Beispiel liefert die Insula 1 in der Regio I an der Porta di Stabia[76]. Nahezu die Hälfte der Insula wird eingenommen von der Herberge des in einer Inschrift namentlich benannten Wirtes Hermes (*Hospitium Hermetis*)[77]. Von ihrer Grundrissgestaltung her weist diese Anlage die charakteristischen Merkmale eines *hospitium* auf[78]: eine breite Toreinfahrt führt zu dem zentralen Binnenhof, ihm sind die mit dem Beherbergungsbetrieb verbundenen Räumlichkeiten angegliedert: eine mit einer Küche verbundene Gaststube (*thermopolium*), mehrere Schlafräume (*dormitoria*), Latrinen, Stallungen für Pferde bzw. Maultiere und vermutlich ein Laden. Die Funktion als Herberge wird bekräftigt durch die Funde von mehreren Pferdegeschirren und Trensen, Speisegeschirr und bemerkenswert vielen Münzen. Eine Wand des Vestibulum ist mit einem gemalten Lararium oberhalb einer realen Opferbank geschmückt[79].

In seiner Untersuchung der Lararien in den Vesuvstädten zeigt Th. Fröhlich auf, dass Lararien offensichtlich zur obligatorischen Ausstattung der Herbergen gehörten und deutet sie als Opferstätten der Reisenden: «Wahrscheinlich standen die Lararien der Hospitia den Gästen zur Verfügung, da man seinem Hausgott auch auf Reisen zu opfern pflegte»[80]. Als besonders aussagekräftig erweist sich in diesem Sinne das Lararium im sog. *Hospitium Christianorum* (VII 11, 11-14), das Jupiter und einen Genius als Opfernde an einem Altar zeigt[81]. Eine Deutung des Genius auf den *genius Augusti* schließt Fröhlich nicht aus, hält es aber für wahrscheinlich, dass «in den Gasthäusern einfach die Hausgötter im allgemeinen dargestellt werden, in denen jeder Gast seine persönlichen Schutzgötter wiedererkennen konnte»[82]. Auch wenn dies durch entsprechende Fundkontexte nicht belegt werden kann, ist davon auszugehen, dass manche der tragbaren Altäre (*arulae*) mit auf Reisen genommen wurden[83].

Beide *hospitia* weisen weitere sakrale Ausstattungselemente auf: An der der Porta di Stabia zugewandten südlichen Außenwand der Insula mit dem *hospitium Hermetis* schmückte ein auf Stuck gemalter Altar mit Opfergaben und Schlangen am Sockel die Fassade[84]. An der Nordwestecke der Insula hatte ein Wegkreuzheiligtum (*ara compitalis*) seinen Standort[85]. Das Fassadenbild des *hospitium Christianorum* zeigt einen

---

72. Zu der nach den Angaben des Horaz rekonstruierten Reiseroute s. Casson 194-196; Radke, G., «Topographische Betrachtungen zum Iter Brundisinum des Horaz», *RhM* 132 (1989) 54-72; Heinz 103-104.

73. Zur Intention des Horaz bei der ostentativ herausgearbeiteten Diskrepanz zwischen der «von Krieg, Militär, Gewalt und Not» geprägten Realität jener Zeit und der von ihm vermittelten Unbeschwertheit der Reisegruppe: Stepper, R., «Zwischen Idylle und Alptraum. Eine Reise durch das krisengeschüttelte Italien (Horaz, Satiren 1, 5)», in Olshausen/Sonnabend 383-387.

74. Aus der Schilderung des Horaz lässt sich eine Reisedauer von 15 Tagen errechnen. Bei zügigem Reisetempo wäre die Strecke freilich in fünf Tagen zu bewältigen gewesen: Stepper (Anm. 73) 380.

75. Eschebach, H., *Die städtebauliche Entwicklung des antiken Pompeji* (1970) 172-173 s.v. «hospitia».

76. Eschebach (Anm. 75) 13-14.

77. Eschebach (Anm. 75) 14 Nr. I 1, 6-9; Bender 1, 133.

78. Zur Typologie der römischen Herbergen und Straßenstationen s. Bender 1, 125-135 mit Beispielen aus vielen Regionen des Imperium Romanum und einer Aussonderung von Anlagen, die er als landwirtschaftliche Anwesen ohne Beherbergungszwecke interpretiert; dazu auch Heinz 73.

79. Fröhlich, *Lararien* 249-250 Nr. L 2.

80. Fröhlich, *Lararien* 36.

81. (= *LIMC* VIII Zeus/Iuppiter **235***) Bender 1, 133; Fröhlich, *Lararien* 36-37. 96. 288-289 Nr. L 89 Taf. 42, 4; Eschebach (Anm. 75) 324.

82. Fröhlich, *Lararien* 37; eine entsprechende Funktion sieht Fröhlich auch für die wiederum auffallend häufig bezeugten Lararien in den *cauponae* und *thermopolia*.

83. Zur Gattung s. *ThesCRA* V 2 b Kultinstrumente 232-233. 237-238 Nr. **530-536**.

84. Fröhlich, *Lararien* 306 Nr. F 1. Neben dem *Hospitium Hermetis* sind auch alle übrigen Wohneinheiten dieser Insula auf die Betreuung von Reisenden eingerichtet: I 1, 1. 2. 10 = Schenke (*cupona*) und Garküche (*popina*) des Epagatus; I 1, 3. 4. 5 = Unterkunft für Fuhrleute (*stabulum*) und Maultierstation (*statio mulinarum*); dazu Eschebach (Anm. 75) 13-14.

85. Eschebach (Anm. 75) 14.

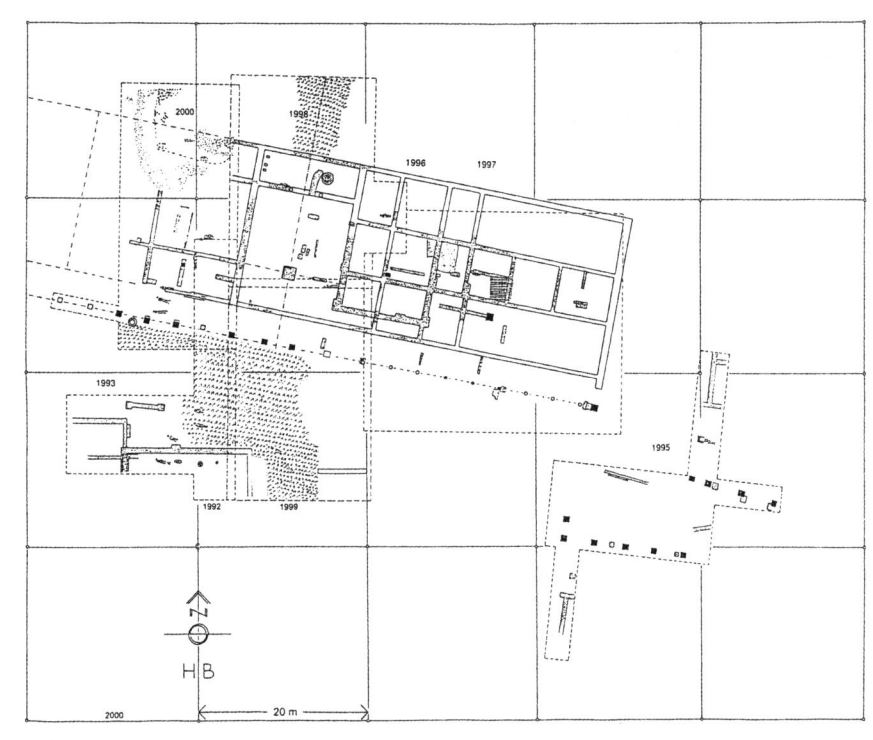

Abb. 1

Merkur[86]. Es ist kaum ein Zufall, dass die als «Werbebanner» eingesetzten Fassadenbilder so sehr den sakralen Aspekt betonen[87].

Ein beim Eingang gelegenes Straßenheiligtum ist mit dem Bild zweier auf einen Opferaltar ausgerichteter Schlangen geschmückt, deren Funktion als Wächterin über die Nachtruhe durch die Inschrift unmissverständlich zum Ausdruck gebracht wird: *otiosis locus hic non est. discede morator*[88].

Quartiere außerhalb von Ortschaften, wie sie Horaz an der campanischen Brücke und bei Trivicum in Anspruch nimmt (s. oben), sind im archäologischen Befund nur schwer nachzuweisen, da sie oft in Gutshöfe integriert sind, typologisch deshalb die Merkmale einer *villa rustica* aufweisen[89]. Mit ihrer spezifischen Funktion und dem darauf bezogenen Benutzerkreis sind die Poststationen des *cursus publicus* von den allgemein zugänglichen Gasthöfen für Reisende zwar grundsätzlich zu trennen[90], doch ist eine eindeutige Zuordnung archäologischer Befunde kaum einmal möglich[91]. Gute Voraussetzungen für eine Identifizierung als Landgasthof bieten die Gebäudereste in der Poebene bei Ficarolo, etwa 20 km nordwestlich von Ferrara (Abb. 1)[92]. Hier konnten die Grabungen die Umwandlung eines in der zweiten Hälfte des 1. Jhs. v. Chr. angelegten landwirtschaftlichen Gehöfts in einen Landgasthof nachvollziehen. An der Kreuzung zweier Staatsstraßen unweit einer den Po überquerenden Brücke gelegen[93], muss es den Eignern opportun erschienen sein, ihren Grund und Boden in den Dienst des unter Augustus fest installierten *cursus publicus* zu stellen[94]. Für einen solchen Zusammenhang spricht, dass der auf die neue Funktion ausgerichtete Umbau im 1. Jh. n. Chr. vorgenommen wurde. Ungewöhnlich ist der Grundriss des Hauptgebäudes: die lang gestreckte Grundfläche von etwa 80 × 23 m wird von zwei jeweils zweigeschossigen Häusern eingenommen, die durch eine offene Hoffläche von einander separiert sind. Nach außen gibt sich die Gesamtanlage durch eine der südlichen Langseite vorgelagerte Porticus als geschlossene Anlage zu erkennen[95]. Eine abseits des Hauptgebäudes gelegene scheu-

---

86. Fröhlich, *Lararien* 330 Nr. F 58; zur Darstellung von Schutzgöttern in den Fassadenbildern allgemein: Fröhlich, *Lararien* 48–49.

87. Overbeck, J./Mau, A., *Pompeji in seinen Gebäuden, Altertümern und Kunstwerken* (1884⁴) 244; dazu Fröhlich, *Lararien* 48–55.

88. Fröhlich, *Lararien* 320 Nr. F 57.

89. Bender 1, 134–135.

90. Stoffel, P., *Über die Staatspost, die Ochsengespanne und die requirierten Ochsengespanne. Eine Darstellung des römischen Postwesens auf Grund der Gesetze des Codex Theodosianus und des Codex Iustinianus* (1994) 16–22; Schneider 95–101; Giebel 141–148.

91. Als unstrittiges Beispiel für einen Landgasthof gilt zum Beispiel die Anlage auf dem Pass des Kleinen St. Bernhard (Casson 201–202; Bender 1, 134).

92. Büsing-Kolbe, A./Büsing, H., *Stadt und Land in Oberitalien* (2002) 59–97.

93. Büsing-Kolbe/Büsing (Anm. 92) 63 Abb. 79.

94. Suet. *Aug.* 49; Stoffel (Anm. 90) 3–7.

95. Büsing-Kolbe/Büsing (Anm. 92) 61 Abb. 76a–b (Modell); 63 Abb. 80 (Grundriss).

nenartige Pfeilerhalle wird von den Ausgräbern überzeugend als Stallung für Pferde gedeutet[96]. Der für Herbergen und ebenso für Poststationen unverzichtbare Altar hat seinen Platz an zentraler Stelle im Hof zwischen den Flügelbauten des Hauptgebäudes[97].

ULRICH SINN

---

96. Büsing-Kolbe/Büsing (Anm. 92) 66.

97. Büsing-Kolbe/Büsing (Anm. 92) 68–69 mit Abb. 87.

2.f. VOYAGES EN MER DANS LE MONDE GREC ET ROMAIN

PLAN DU CHAPITRE
1. Introduction 405
   1.1. Notion de culte maritime 405
   1.2. Chronologie 406
   1.3. Diversité des pratiques, des gens et du temps 406
2. Les rites 407
   2.1. À terre (le départ et l'arrivée) 407
      2.1.1. Limites des sources 407
      2.1.2. Prières, libations et sacrifices . . 407
      2.1.3. Ex-voto 407
      2.1.4. La mer et la mort 409
   2.2. En mer 409
      2.2.1. Présence du sacré à bord 409
      2.2.2. Peurs et tabous 410
      2.2.3. Pratiques des moments critiques 410
   2.3. Les inscriptions d'*euploia* 411
3. Les divinités liées au voyage en mer 411
   3.1. Introduction 411
   3.2. Une géographie sacrée 411
   3.3. Les divinités 412

BIBLIOGRAPHIE GÉNÉRALE: André, J.-M./Baslez, M.-F., *Voyager dans l'Antiquité* (1993) 419–447; Augeron, M./Fenet, A./Tranchant, M., *Peurs bleues. Prendre la mer à la Renaissance* (2004) 1–15; Basch, L., *Le musée imaginaire de la marine antique* (1987) (iconographie et archéologie navale); Baslez, M.-F., «Cultes et dévotion des Phéniciens en Grèce: les divinités marines», dans *Religio phoenicia, Studia Phoenicia* IV (1986) 288–305; Casson, L., *Ships and Seamanship in the Ancient World* (1995²) (aspects techniques de la navigation); Delivorrias, A. (éd.), *Greece and the Sea*, Cat. Amsterdam (1987) 58–60; Eitrem, S., «Heroen der Seefahrer», *SymbOslo* 14 (1935) 53–67; *Ex-voto marins dans le monde de l'Antiquité à nos jours*. Cat. Paris (1981) (= *Ex-voto*); Fenet, A., *Caractères et cultes marins des divinités olympiennes dans le monde grec d'Homère à la fin de l'époque hellénistique. Contribution à la religion des marins grecs* (thèse de doctorat 1998, à paraître sous le titre *Les divinités olympiennes et la mer. Espaces et pratiques cultuelles*, Collection EFR) (= Fenet 1); *ead.*, «Les dieux olympiens et la mer: le cas de la Messénie et de la Laconie», dans *TROPIS* VII. Colloque Pylos 1999 (2002) I 335–344 (= Fenet 2); *ead.*, «Sanctuaires marins du canal d'Otrante», dans Deniaux, É. (éd.), *Le canal d'Otrante et les échanges dans la Méditerranée antique et médiévale*. Colloque Nanterre 2000 (2005) 39–49 (= Fenet 3);

Hornig, K., *Leben mit dem Schiff. Zur Verwendung und Wiederverwendung in der Antike* (2007) 85–105; Höckmann, O., *Antike Seefahrt* (1985) 157–160; Janni, P., *Il mare degli Antichi* (1996) 387–396; Kapitän, G., «Archaeological Evidence for Rituals and Customs on Ancient Ships», dans *TROPIS* I. Colloque Pirée 1985 (1989) 147–162; Pagliara, C., «Santuari costieri», dans *I Messapi*. Colloque Tarente/Lecce 1990 (1991) 503–526; Picard, C., «Sur quelques représentations nouvelles du phare d'Alexandrie et sur l'origine alexandrine des paysages portuaires», *BCH* 76 (1952) 61–95; Pomey, P. (éd.), *La navigation dans l'Antiquité* (1997) passim et spéc. 111–113; Romero Recio, M., *Cultos marítimos y religiosidad de navegantes en el mundo griego antiguo* (2000); Rougé, J., *La marine dans l'Antiquité* (1974) 206–210; Saint-Denis, É. de, *Le rôle de la mer dans la poésie latine* (1935) (perception de la mer); Svoronos, J. N., «Stylides, ancres hierae, aphlasta, stoloi, ackrostolia, embola, proembola et totems marins», *JIArchNum* 16 (1914) 81–152; Vélissaropoulos, J., *Les nauclères grecs. Recherches sur les institutions maritimes en Grèce et dans l'Orient hellénisé* (1980) 86–90; Wachsmuth, D., ΠΟΜΠΙΜΟΣ Ο ΔΑΙΜΩΝ. *Untersuchung zu den antiken Sakralhandlungen bei Seereisen* (1967).

1. Introduction

1.1. Notion de culte maritime

Les cultes en relation avec le voyage en mer n'ont que rarement fait l'objet d'une réflexion globale. Mis à part l'étude de référence sur ce sujet précis – la seule existant à ce jour, une dissertation allemande pleine d'érudition mais s'apparentant plutôt au genre du catalogue – écrite il y a plus de quarante ans et deux synthèses plus récentes sur les pratiques cultuelles – abordées dans la première sous l'angle des divinités honorées et dans la seconde à partir de *testimonia* votifs ou funéraires[1] –, l'ensemble de la bibliographie concerne le plus souvent les embarcations ou les routes maritimes, n'évoquant au passage la religion que de manière très générale ou selon des attestations partielles, l'iconographie marine de figures mythologiques ou encore la valeur purificatrice et initiatrice de la mer[2]. En ce qui concerne les civilisations méditerranéennes, le sujet est cependant complexe et digne d'attention, car il pose la question de la relation des Anciens avec la mer – ou leurs mers[3]. Si on la

---

1. Respectivement: Wachsmuth; Fenet 1; Romero Recio.
2. Glotz, G., *L'ordalie dans la Grèce primitive* (1904); Rudhardt, J., *Le thème de l'eau primordiale dans la mythologie grecque* (1971); Duchêne, H., «Initiation et élément marin en Grèce ancienne», dans *L'initiation*. Colloque Montpellier 1991 (1992) II 119–133.
3. Rougé, J., «Conceptions antiques sur la mer», dans *Littérature gréco-romaine et géographie historique. Mél. René Dion*, Caesorodonum IXbis (1974) 275–283.

considère au sens large, la notion de culte marin (ou maritime) peut s'entendre comme toute manifestation cultuelle établissant un rapport entre une divinité et la mer, entendue au niveau géographique et au niveau des activités humaines maritimes, dans toute leur diversité (grand large, rivage, promontoires, ports, navigation, pêche, etc.). Ses critères de repérage relèvent de trois catégories (sans ordre de hiérarchie): a) les actes: sacrifices, prières, ex-voto invoquant la divinité en liaison avec une circonstance marine; b) la topographie: le culte s'exerce dans un lieu à caractère maritime dominant (port, plage, bateau, promontoire); c) la nature de la divinité, dont l'onomastique, à travers les épiclèses ou épithètes poétiques, évoque un lien entre la divinité et la mer. Des trois, c'est l'interprétation du critère topographique qui, si elle n'est pas précisée par d'autres éléments, est le plus difficile à établir, la proximité de la mer n'étant pas forcément porteuse de sens.

D'autres éléments sont à prendre en compte pour relativiser ces cultes maritimes: les conceptions géographiques des Anciens ne permettent pas toujours d'établir la différence entre mer et fleuve; certaines pratiques cultuelles ont pu d'ailleurs être communes à la navigation que ce soit en mer, rivière ou lac; dans les représentations iconographiques, il est souvent difficile, voire impossible, de différencier des scènes fluviales de scènes maritimes. Enfin, il est important de signaler que l'expression de culte marin n'est pas exclusive: si, à un endroit précis ou dans une circonstance précise, une divinité est mise en relation avec l'univers marin, par ailleurs, l'essentiel de son culte (dans le sanctuaire ou sous l'épiclèse en question) peut relever d'un domaine différent – très souvent l'initiation ou la fécondité.

1.2. Chronologie

Dans le domaine de la religion marine antique, les divisions chronologiques ou culturelles ne s'avèrent guère pertinentes. Tout d'abord, sociologiquement ou anthropologiquement parlant, les milieux maritimes sont considérés par tous comme particulièrement «conservateurs»; leurs traditions, coutumes ou superstitions résistent au temps et à la durée, et semblent appartenir à un folklore remontant à un passé lointain ou non défini. Ensuite, le caractère même du voyage maritime induit des déplacements de cultes par les fidèles, et de nombreuses influences cultuelles d'une région ou d'un point à l'autre notamment de la Méditerranée, entre Grecs, Italiques, Étrusques, Phéniciens, etc. Enfin, le caractère lacunaire des sources empêche toute chronologie fine et dessine plutôt, si l'on considère de facto la permanence des traditions maritimes, une image globale des pratiques cultuelles des Anciens liées à la navigation. D'une part, les témoignages littéraires les plus évocateurs se trouvent dans les récits poétiques de grands périples: le retour d'Ulysse depuis Troie jusqu'à son île d'Ithaque narré dans l'*Odyssée*, fixé de manière large au VIIIe ou au VIIe s. av. J.-C.; l'expédition de Jason et de ses compagnons sur la nef Argô à la recherche de la Toison d'or, relatée dans les *Argonautiques* d'Apollonios de Rhodes au IIIe s. av. J.-C. et dans les *Argonautiques orphiques*, poème tardif du Ve s. ap. J.-C. mais inspiré directement de traditions plus anciennes[4]; les navigations des survivants troyens dans l'*Énéide* du Ier s. av. J.-C.; ou encore, quoique moins fantastiques, les récits de l'expédition d'Alexandre datés du IIe s. ap. J.-C. (Arr. *an.* et en particulier le livre 8 plus connu sous le nom d'*Indica*, racontant la navigation de Néarque, amiral d'Alexandre, en 326 av. J.-C., depuis l'Indus jusqu'à l'Euphrate: golfe d'Oman et golfe Persique). Ces voyages sont émaillés d'épisodes dans lesquels interviennent, aux moments les plus critiques, des dieux qui sauvent le bateau et les héros du naufrage; ceux-ci ont alors bien à cœur d'invoquer leurs sauveurs dans le danger et de les remercier ensuite, selon des rites précis. Autre type de littérature fécond en indications maritimes: les *periploi*, sortes de portulans décrivant les côtes (textes divers regroupés dans *GGM*; Ptol. *Chorographie*; Mela *Chorographie*, parue sous Claude; Plin. *nat.* 3–6; Arr. *per. p. E.*) ou encore les Périégèses (Strab.; Paus.); pour ainsi dire tous datent au plus tôt de l'époque hellénistique, mais reproduisent sans doute des éléments pris à des ouvrages antérieurs. À côté de ces sources de l'ordre du mythe ou de la description géographique – parfois confirmées ou complétées par des représentations iconographiques ou par l'archéologie –, se trouvent des *testimonia* littéraires ou épigraphiques dispersés et des découvertes archéologiques pas toujours datables ou soumises à controverses quant à leur interprétation. Une étude exhaustive reste à faire, à partir de l'inventaire déjà considérable des sources par Wachsmuth et de documents nouveaux traités le plus souvent non pas sous l'angle de la religion mais de l'archéologie navale. Nous nous contentons, dans ces quelques pages consacrées à un tel sujet, d'en signaler les traits les plus marquants et quelques *exempla* significatifs.

1.3. Diversité des pratiques, des gens et du temps

L'aspect le plus frappant des cultes maritimes est sans doute leur extrême diversité et souplesse: autant dans les actes de piété eux-mêmes, que dans les divinités auxquelles ils s'adressent. L'attitude religieuse des Anciens devant la mer s'affirme ainsi de manière complexe, en adaptant au contexte mari-

---

4. Sur le caractère divin d'Argô et ses liens avec des divinités ou cultes maritimes, voir Roux, G., *Le problème des Argonautes. Recherches sur les aspects religieux de la légende* (1949) spéc. 81–126.

time, si besoin est, des pratiques rituelles et des personnalités divines qui en sont *a priori* très éloignées. Mais surtout, dans une même circonstance de navigation, on peut voir s'additionner et se succéder les rites, afin de cumuler le plus possible les chances de se rallier les dieux face à cet élément si souvent contraire. Ceci s'explique peut-être en partie par la diversité des acteurs de cultes maritimes – marins de métier, esclaves ou libres, «terriens» voyageurs occasionnels, marchands habitués aux déplacements, hommes ou femmes, pêcheurs, colons, militaires ou citoyens en guerre... –; malheureusement, les sources ne permettent que trop peu souvent de définir la nature des fidèles. Dans l'esprit de tous, cependant, prévaut le fait que le calendrier est divisé en périodes favorables ou néfastes à l'art nautique (Hes. *erg.* 663–665. 678–684). À l'époque romaine, la fin du *mare clausum* est marquée par la fête de début mars dite du *navigium Isidis*, au cours de laquelle les fidèles, pour symboliser l'ouverture de la mer, lançaient un modèle réduit de navire portant une voile brodée «exprimant les vœux pour l'heureuse reprise de la navigation» (Apul. *met.* 11, 16 = *ThesCRA* V 2 a Personnel de culte, rom. **105**). De la même manière la pratique de la navigation ou le rythme de vie des gens de mer se manifeste par une double temporalité: à terre / en mer: cette succession se traduit également dans les cultes et dans le soin à marquer le passage d'un état ou d'un moment à l'autre.

2. Les rites

2.1. À terre (le départ et l'arrivée)

2.1.1. Limites des sources

Les sources ne sont pas toujours très précises en ce qui concerne les rites correspondant aux moments précis de départ et d'arrivée. Les unes témoignent des rites effectués avant et après la traversée (Pollux 2, 200), d'autres seulement à l'embarquement (Xen. *Hell.* 3, 4, 3) ou seulement au débarquement (Steph. Byz. *s.v.* «Βουθρωτός»). Pour ce qui est de l'iconographie, il est souvent très difficile de déterminer de quel stade de la navigation il s'agit exactement; à cet égard, le recours au sens dans lequel le bateau est figuré (proue ou poupe proche de la terre) ne constitue pas nécessairement un élément explicite. Quant aux sources littéraires, c'est l'endroit ou l'environnement où s'opèrent ces rites qui reste parfois très flou: à terre, sur le quai ou la plage près de l'embarcation, ou sur le bateau lui-même, à l'amarrage ou s'éloignant du rivage (?).

2.1.2. Prières, libations et sacrifices

Toute navigation est marquée par au moins une prière et une libation (Arr. *kyn.* 35). Depuis le bateau[5] ou la terre, on prie le ou les dieux (*cf.* le *propemptikon* de Stace: *silv.* 3, 2, 1–55), puis l'on verse vin, lait, miel, fleurs, etc.[6] – dans la mer, si le rite s'effectue à bord[7]. Le rite est suivi par l'ensemble des occupants de l'embarcation, ainsi que parfois par ceux qui restent à terre, comme le montre l'exemple du départ de l'expédition de Sicile au Pirée en juillet 415 av. J.-C. (Thuk. 6, 32, 1–2): «Quand l'embarquement fut terminé, et tout le matériel avec lequel on devait prendre le large mis en place, la trompette commanda le silence. C'était le moment des prières avant le départ: on les fit, non pas sur chaque navire séparément, mais sur tous en même temps, à la voix d'un héraut. Dans toute l'armée, on avait mêlé le vin dans les cratères: soldats et chefs firent avec des coupes d'or et d'argent les libations. À terre également, la foule des citoyens et de tous ceux qui étaient là par amitié se joignait aux prières. Le péan chanté et les libations faites, la flotte sortit du port». Un sacrifice[8] peut aussi marquer l'événement du départ (Eur. *Iph. A.* 87–93), mais encore l'arrivée (Apoll. Rhod. 1, 1185–1186), ou les différentes escales d'un périple[9]. Le document de lecture difficile dit «relief Torlonia», daté du IIe s. ap. J.-C., représente ainsi une scène de sacrifice à bord d'un bateau au port, à un moment indéterminé du voyage, selon l'interprétation qu'on donne au mouvement du navire de gauche (pl. 118, 1)[10].

2.1.3. Ex-voto

BIBLIOGRAPHIE: Adamesteanu, D., «ΑΡΓΟΙ ΛΙΘΟΙ a Metaponto», dans *Adriatica* (1970) 307-324; Boetto, G., «Ceppi litici sacri e culti aniconici a Metaponto e a Locri», dans *Archeologia subacquea. Studi, ricerche e documenti* 2 (1997) 51-64; de Cazanove, O., «Suspension d'ex-voto dans les bois sacrés», dans *Les bois sacrés*. Colloque Naples 1989 (1993) 111-126; *Ex-voto*; Fenet 1 (avec catalogues commentés ex-voto bateaux et ancres); Gianfrotta, P. A., «Le ancore votive di Sostrato di Egina e di Faillo di Crotone», *PP* 30 (1975) 311-318 (= Gianfrotta 1); Göttlicher, A., *Materialen für ein Corpus der Schiffsmodelle im Altertum* (1978); Johnston, P. F., *Ship and Boat Models in Ancient Greece* (1985); Ohly, D., «Holz. VI Votivschiffchen», *AM* 68 (1953) 111-118; Rouse, *Offerings* 228-233; Romero Recio 1-112; Van Straten, F. T., «Gifts for the Gods», dans Versnel, *Faith* 65-151; Wachsmuth 130-142.

En remerciement d'une bonne traversée, des ex-voto peuvent également être consacrés dans des

---

5. Au départ sur le bateau: Hom. *Od.* 2, 430-433; Pind. *P.* 4, 191-196; Stat. *Ach.* 1, 447-451.
6. Wachsmuth 66-68. 113-130; Romero Recio 105-109.
7. Il s'agit bien des contenus, et non pas des récipients eux-mêmes comme on peut le lire à propos de coupes retrouvées dans le port du Lakhios à Syracuse (Kapitän 147-148 figs. 2-3; Romero Recio 89-91).
8. Wachsmuth 119-127.
9. Tel celui de Néarque: Arr. *Ind.* 18, 11-12; 21, 2; 36, 3. 9-37, 1; 42, 6.
10. (= *LIMC* I Alexandria **82***; VI Lupa romana **19***; VII Portunus **6**, Poseidon/Neptunus **38** avec bibl.) Rome, Mus. Torlonia 430. D'Ostie; ca. 200 ap. J.-C. Wachsmuth 143-150; Casson 111-115; Pomey 16. 38.

lieux variés: dans un sanctuaire au port d'arrivée; dans un lieu de culte plus éloigné, choisi en fonction de son caractère maritime ou pour son appartenance à la terre d'origine du dédicant; ou encore dans un sanctuaire panhellénique. Les plus connus sont ceux évoqués par les épigrammes votives du livre VI de l'*Anthologia Palatina*, tels poissons, coquillages, filets, hameçons, rames et autres instruments de pêcheurs[11]. Mais l'ensemble des sources littéraires, épigraphiques et archéologiques met en évidence l'importance des offrandes navales dans l'Antiquité sous des formes diverses, avec plus d'une centaine de cas attestés dans le monde grec, essentiellement aux époques archaïque et hellénistique[12]. Les consécrations de bateaux réels relèvent plutôt de la religion publique ou de commémoration guerrière, telles celles des trois trières phéniciennes ayant pris part à la bataille de Salamine (Hdt. 8, 121–122), du navire amiral abrité par le Monument des Taureaux de Délos[13] ou des deux bâtiments de l'Héraion de Samos[14]. À défaut de l'embarcation entière, un élément naval fait l'affaire: la proue (Hdt. 3, 37), la poupe (*Lexeis rhetorikai s.v.* «Νάϊος Ζεύς», *Anecd.* Bekker I 283), le gouvernail (Kall. *h.* 3, 225–232), l'éperon (Strab. 3, 4, 3), l'*embolos*[15], les *parasèma* (Plut. *Them.* 15, 3), la voile (*Anth. Pal.* 6, 245), ou sa reproduction en pierre en taille réelle (?)[16]. L'offrande la plus représentée est celle du modèle réduit de bateau[17], réalisé en des matériaux plus ou moins précieux: céramique (par exemple au sanctuaire d'Aphaia à Égine[18]), bois (à l'Héraion de Samos[19]), métal (lampe naviforme en bronze avec dédicace, pl. 118, 2[20]), or et ivoire (Plut. *Lys.* 18, 1: suite à la victoire de l'amiral spartiate en 405 av. J.-C.). Des représentations figurées d'embarcations sont également attestées, quoique de manière plus rare, par des *pinakes* archaïques (pl. 119, 1)[21], des peintures hellénistiques telle la fresque de la galère *Isis* à Nymphaion (pl. 118, 3)[22] et les bateaux du temple républicain d'Apollon d'Alba Fucens[23], ou peut-être des scènes maritimes[24] ou de sacrifice au port (relief Torlonia, pl. 118, 1).

C'est ainsi qu'on montrait à Athènes le navire de Thésée, même si les Anciens eux-mêmes pouvaient douter de son authenticité (Plut. *Thes.* 23, 1) ou, à Rome, celui d'Énée (Prokop. *Goth.* 4, 22, 7–16)[25]. Certains bateaux ou des simulacres étaient utilisés comme chars lors de fêtes et de processions[26]: à Athènes lors des Anthestéries[27], des Panathénées[28], ou encore à Smyrne[29]; des «bateaux sacrés» pouvaient également concourir lors de régates[30].

Outre les bateaux, les sources littéraires, épigraphiques et archéologiques montrent que l'on consacre des ancres, selon une pratique assez courante qui remonte en Orient au IIIe millénaire avant notre ère. On en connaît une trentaine de cas à ce jour pour le monde grec[31]. C'est le plus souvent le jas – le lourd bras horizontal de l'ancre – en pierre ou en métal qui est consacré. L'iden-

---

11. Mazaubert, O., «Les dieux marins dans le Livre VI de l'*Anthologie Palatine*», *REA* 39 (1937) 313–324; Romero Recio 61–78; *cf.* *ThesCRA* VII **2 c–d**. Ces humbles offrandes sont archéologiquement les plus difficiles à repérer: matériaux périssables, identification malaisée (par. ex. les poids de filets ressemblent étrangement à des pesons de métiers à tisser), objets mal signalés dans les rapports de fouilles.

12. Fenet 1; Romero Recio 3–28.

13. Athen. 5, 209e. Tarn, W., «The Dedicated Ship of Antigonus Gonatas», *JHS* 30 (1910) 209–222; Gallet de Santerre, H., «Kératon, Python et Néorion à Délos», dans *Rayonnement grec. Hommages à Ch. Delvoye* (1982) 201–226; Basch 345–352. Le navire, autrefois attribué à Antigone Gonatas, est aujourd'hui daté plutôt du règne de Démétrios Poliorcète: Bruneau, P./Ducat, J., *Guide de Delos* (2005[4]) 191–193.

14. *Cf.* plan *ThesCRA* IV 1 a Lieux de culte, gr. Stoa **1•**: emplacement des deux bateaux.

15. *IDélos* 442 B, l. 167; 443 Bb, l. 90; 444 Bb, l. 6; 457, l. 17. Délos, édifice des Andriens, entre 179 et 174 av. J.-C.

16. À Cassopée: Prokop. *Goth.* 4, 22, 23–29; Fenet 3, 44.

17. Sur les offrandes de modèles réduits en général, *cf.* *ThesCRA* I 2 d Dedications, gr. sect. **II.F.14**.

18. 9 exemplaires. Réserve du site T 19–25, T 140 (?), T 328; VIIe s. av. J.-C. (?). Sinn, U., «Der Kult der Aphaia auf Aegina», dans Hägg/Marinatos, *EarlyGCP* 151–152 fig. 2.

19. 22 exemplaires au total: Johnston n°s 3–24. Samos, Mus. H 83–99 et s. l.; milieu et seconde moitié du VIIe s. av. J.-C.

20. (= *ThesCRA* V 2 b Instruments de culte **1370**) Athènes, Mus. Nat. 7038. De l'Érechthéion. Johnston n° Cl.2; *IG* I[3] 549 bis. *Cf.* *ThesCRA* I 2 d Dedications, rom. **864**.

21. Berlin, Staatl. Mus. F 831. De Penteskouphia. Van Straten 95 fig. 38. *Cf.* Cook, J. M., «Protoattic Pottery», *BSA* 35 (1934–35) 173 pl. 73b (pinax attique de Sounion).

22. (= *LIMC* Suppl. 2009 Dioskouroi **add.3** avec bibl.) St-Pétersbourg, Ermitage Нф 82.526. De Nymphaion, sanctuaire d'Apollon et Aphrodite, 1ère moitié et/ou milieu du IIIe s. av. J.-C. Grac, C. N., «Ein neu entdecktes Fresko aus hellenistischer Zeit in Nymphaion bei Kertsch», dans Franke, H. (éd.), *Skythika*. Colloque Munich 1984 (1987) 87–95 pls. 26–39; Vinogradov, J. G., «Der Staatsbesuch der 'Isis' im Bosporos», *Ancient Civilizations from Scythia to Siberia* 5 (1999) 271–302; Höckmann, O., «Naval and other Graffiti from Nymphaion», *ibid.*, 303–356; Murray, W. M., «A Trireme named *Isis*: the Graffito from Nymphaion», *International Journal of Nautical Archaeology* 30 (2001) 250–256.

23. Alba Fucens, église San Pietro bâtie sur un temple d'Apollon du IIe s. av. J.-C. Graffites d'au moins deux bateaux, dont l'un avec inscription *navis tetretis longa* (fin de la République/début de l'Empire). Guarducci, M., «Alba Fucens», *NotSc* 7 (1953) 119–120 fig. 4; Mertens, J. (éd.), *Alba Fucens. Rapports et études* II (1969) 13–22 fig. 12 pl. 4, 30.

24. Cic. *nat.* 3, 89; Iuv. 12, 24–28. *Cf.* Hor. *c.* 1, 13–16.

25. Gianfrotta, P. A., «Navi mitologiche a Roma», dans *Atti della IV rassegna di archeologia subacquea*. Colloque Naxos 1989 (1991) 85–91.

26. Göttlicher, A., *Kultschiffe und Schiffskulte im Altertum* (1992); Romero Recio 141–150.

27. Dionysos sur un char-bateau: *LIMC* III Dionysos **827–829***; *ThesCRA* VII 3 Fêtes et jeux, gr. **III.2.2.2.1** avec bibl. et renvois.

28. Paus. 1, 29, 1; Him. 47, 12–16.

29. Aristeid. 15 (*politique de Smyrne*), 402–403; 22 (*prosphonétique de Smyrne*) 473–474; Philostr. *v. soph.* 1, 530–531.

30. Mounychie et Salamine: *IG* II[2] 1011, 16–18; Actium: Steph. Byz. *s.v.* «Ἄκτιον».

31. Fenet 1; Romero Recio 29–54.

tification typologique de cet accessoire nautique étant récente dans l'histoire de l'archéologie, tous les ex-voto de cette catégorie n'ont sans doute pas été identifiés comme tels; certains sont assimilés à des *argoi lithoi*[32]. Les deux plus fameux jas de pierre inscrits proviennent de Grande-Grèce: le premier, de Crotone, est dédié à Zeus Meilichios par l'athlète Phaullos[33] et le second, de Gravisca, dans un sanctuaire consacré à Héra (?), à Apollon d'Égine par le riche commerçant Sostratos[34]. Les dons de jas de métal sont, pour le moment, uniquement attestés par des textes[35]. On peut enfin raisonnablement imaginer l'existence d'ancres votives miniatures, pour certaines en métal précieux[36].

2.1.4. La mer et la mort

La mort en mer est considérée avec une horreur particulière par les Anciens, car elle empêche le bon déroulement des rites funéraires et compromet le devenir du défunt. Les pauvres restes des morts en mer ou leurs cénotaphes constituent ainsi le sujet de nombreuses épigrammes (*Anth. Pal.* 7)[37]. Pour pallier l'absence véritable de sépulture, les tombes vides sont signalées d'une stèle ornée d'une scène ou motif maritime (*Anth. Pal.* 6, 279), telle la stèle de Prothumos (pl. 119, 2)[38].

Un certain nombre de modèles de bateaux figurent par ailleurs parmi le matériel funéraire de tombes étrusques[39], grecques[40] et chypriotes[41], sans que l'on puisse déterminer s'il s'agit d'une symbolique religieuse liée au voyage vers l'au-delà ou d'une pratique liée au statut social du défunt.

2.2. En mer

Les *testimonia* relatifs à la navigation et l'amélioration de nos connaissances en archéologie navale mettent en évidence la forte présence du sacré à bord des bateaux, voire une accumulation des pratiques de façon à attirer sur l'embarcation et ses occupants le maximum de protection divine.

2.2.1. Présence du sacré à bord

BIBLIOGRAPHIE: Basch; Beltrame, D., *Vita di bordo in età romana* (2002) 69–78; Benoit, F., «L'archéologie sous-marine en Provence. Jas d'ancre et organeaux de plomb», *RStLig* 18 (1952) 266–275; id., «Pièces de gréement et d'armement en plomb, engins et pièces décoratives trouvées en mer», dans *Actes du IIIe Congrès international d'archéologie sous-marine*. Barcelone 1961 (1971) 394–411; Fenet 1 (avec catalogues); Frost, H., «On a Sacred Cypriot Anchor», dans *Archéologie au Levant. Recueil à la mémoire de R. Saidah* (1982) 161–166; Gianfrotta, P. A., «Note di epigrafia marittima. Aggiornamenti su tappi d'anfora, ceppi d'ancora e altro», dans *Epigrafia della produzione e della distribuzione* (1994) 591–608; id./Pomey, P., *Archeologia Subacquea* (1980); Göttlicher, A., *Nautische Attribute römischer Gottheiten* (1981); Kapitän; Mercanti, M. P., *Ancorae antiquae. Per una cronologia preliminare delle ancore del Mediterraneo* (1979); Reddé, M., «La figure de proue des galères romaines», dans *La mythologie, clef de lecture du monde classique. Hommage à R. Chevallier* (1986) I 121–130; id., *Mare Nostrum. Les infrastructures, le dispositif et l'histoire de la marine militaire sous l'empire romain* (1986) 65–92. 665–672; Svoronos; Tusa, T., «Ancore antiche nel museo di Palermo», dans *Marine Archaeology*. Colloque Bristol 1971 (1973) 411–437; Williams, H., «Figureheads on Greek and Roman Ships», dans *TROPIS* I. Colloque Pirée 1985 (1989) 293–297.

Les deux galères géantes hellénistiques de Hiéron de Syracuse et de Ptolémée Philopator allaient jusqu'à comporter un petit temple consacré à Aphrodite (Athen. 5, 205d. 207e)[42]. En dehors de ces cas extrêmes, certains documents, tel le relief Torlonia (pl. 118, 1), semblent attester la présence d'autels sur certaines embarcations[43]. À l'instar des monnaies figurant une divinité assise à la poupe comme si elle dirigeait la route de l'embarcation[44], il faut peut-être placer à cet endroit du bateau les éventuelles statues emmenées à bord[45].

---

32. ThesCRA IV 1 a Lieux de culte etr., ital., rom. Argoi lithoi.
33. Reggio di Calabria, Mus. 10917; fin VIe–début Ve s. av. J.-C.: Gianfrotta 1; SEG 17, 442.
34. (= ThesCRA I 2 d Dedications, gr. **183***) Tarquinia, Mus. Naz.; ca. 500 av. J.-C.: Gianfrotta 1; SEG 26, 1137; 28, 1596.
35. IDélos 1417A col. I, l. 163–167. Délos, Samothrakeion, inventaire de 155 av. J.-C. Arr. *per. p. E.* 9, 1–2 (attestation dans un sanctuaire).
36. Ancre en argent, Italie, IIe s. av. J.-C. Coll. part., long. 14 cm. *Ex-voto* n° 41bis.
37. Georgoudi, S., «La mer, la mort et le discours des épigrammes funéraires», dans *La parola, l'immagine, la tomba*. Colloque Capri (1988) 54–61.
38. Avignon, Mus. Calvet E 13. Prov. inc., Ier s. av. J.-C. (?). Cavalier, O., «Funérailles d'une navigation tragique. À propos d'une stèle funéraire grecque du Musée Calvet», *Cahiers du GITA* 6 (1990) 129–141; ead., dans *La Mer des dieux, des héros et des hommes dans l'art grec antique* (2008) 136–149.
39. «Nacelles» sardes en bronze et modèles en argile: inventaire et bibliographie dans Gras, M., «L'Etruria villanoviana e la Sardegna settentrionale: precisazioni ed ipotesi», dans *Atti della XXII riunione scientifica dell'Istituto italiano di preistoria e protostoria nella Sardegna centro-settentrionale* (1980) 513–539; id., *Trafics tyrrhéniens archaïques* (1985) 54–55. 136–140.
40. Romero Recio 5–10.
41. Nombreux exemplaires, essentiellement archaïques, retrouvés à Amathonte dans des tombes ou en liaison avec un sanctuaire d'Aphrodite: Hermary, A., *Amathonte* V (2000) 48–54 pls. 19–20.
42. Exemple de temples en modèle réduit trouvés à bord d'une épave, mais appartenant sans doute à la cargaison: Berti, F. (éd.), *Fortuna maris. La nave romana di Comacchio* (1990) 71–72. 205–207 figs. 23–24. Absence de témoignage archéologique de *sacellum* sur un navire: Beltrame 73–74.
43. Casson 182. L'interprétation des autels trouvés dans les épaves reste aujourd'hui discutée, ainsi pour l'épave archaïque de Géla: Panvini, R., *La nave greca arcaica di Gela* (2001) 33–34. 60 fig. 39.
44. Par ex. Apollon: *LIMC* II Apollon **57***: Tétradrachme d'argent d'Antigonos III Doson, 227–221 av. J.-C.
45. Maetzke, G., «Nuovi documenti della presenza del tabernacolo a bordo delle navi romane», dans *Gli archeologi italiani in onore di A. Maiuri* (1965) 245–258. Cas des statuettes trouvées à bord d'épaves romaines, peut-être à mettre en relation avec les croyances religieuses d'un ou des membre(s) de l'équipage ou des passagers: Beltrame 77.

Mais c'est surtout à travers l'architecture et le décor navals que se manifestent les cultes et les rites : les recherches en ce domaine promettent de nombreuses découvertes car l'archéologie navale est une science en plein développement. Sur la coque, à l'avant des embarcations, figure parfois le bien connu œil apotropaïque[46] ; de surcroît, au moins à partir de l'époque hellénistique, le *parasèmon*[47] (plaque fixée sur la caisse de rames) peut porter l'effigie d'une divinité protectrice tel un Dioscure sur le bateau de Nymphaion (pl. 118, 3) de même qu'on peut représenter sur le *stolos*, qui évolue vers une préfiguration de figure de proue, une Minerve (pl. 119, 3)[48] ou quelque autre divinité indéterminée (Isis?) ; l'éperon (*embolos*) lui aussi peut être orné de motifs religieux, comme le prouve l'exemplaire d'Athlit (pl. 120, 1)[49]. À l'arrière du bateau, une *stylis*, sorte de hampe, peut quant à elle donner à lire le nom d'un dieu[50]. Sur le navire marchand de gauche du relief Torlonia (pl. 118, 1), on distingue ainsi, à l'arrière et à l'avant de l'embarcation, une Vénus et un Liber Pater. Moins visible, l'emplacement symbolique qu'est l'emplanture du mât peut également conserver une monnaie votive[51], tel un dépôt de fondation.

Autre moyen d'attirer la protection sur les vaisseaux antiques – du moins ceux de guerre ou de commerce –: les baptiser de noms théophores. Les trières athéniennes et les galères hellénistiques et romaines[52] peuvent être désignées de noms de figures divines (*Héra, Athéna, Apollon, Zeus, Mercurius, Hercules*) comme le bâtiment de la fresque de Nymphaion inscrit *Isis* (pl. 118, 3), d'épiclèses telles *Euploia* ou *Sôzousa* (Plut. *mor.* 1057e) ou d'adjectifs dérivés (ex. *Artémisia, Aphrodisia*). Enfin, les découvertes sous-marines de plus en plus fréquentes de jas de plomb antiques inscrits ou figurés permettent de reconstituer la pratique de la consécration de la ou des ancres emmenées à bord par l'intermédiaire d'une inscription ou d'un décor. Plus d'une vingtaine porte un ou plusieurs noms de divinités (par ex. ceux de Zeus et de Vénus, pl. 119, 4)[53], et plus de soixante-quinze des motifs semblent présenter un sens religieux ou apotropaïque : principalement des astragales (en nombre et en associations diverses), mais aussi des dauphins, lions, coquilles.

Cependant, l'étude commune des inscriptions des ancres et des noms des bateaux ne permet pas de les associer en une seule et même réalité religieuse, tandis que le nom du bateau pourrait présenter un lien avec le décor du *stolos*. Il est difficile dans l'état actuel de nos connaissances de comprendre les relations entre tous ceux-ci et les éléments de décor du *parasèmon* et de la *stylis*. Quoi qu'il en soit, ces quelques exemples montrent que la navigation était placée sous la protection non pas d'une seule divinité, mais de plusieurs.

2.2.2. Peurs et tabous

Lors du voyage en mer, il existe de nombreux interdits tels que se couper les cheveux ou les ongles (Petron. 103-107) ou avoir des rapports sexuels (Ach. Tat. 5, 16), actes assimilés à des souillures et entraînant de ce fait un risque de naufrage et de destruction[54]. La présence de certaines personnes à bord peut influer tragiquement sur l'issue de la traversée, l'élément liquide révélant alors leur caractère impur ; au contraire, la compagnie d'hommes considérés comme saints ou protecteurs doit favoriser un voyage sans encombres[55]. Certains lieux ou passages, particulièrement redoutés ou réputés difficiles, deviennent l'objet de mythes ou de proverbes propres à susciter les prières à leur approche, tel le cap Malée (Strab. 8, 6, 20).

2.2.3. Pratiques des moments critiques

Un bel épisode de tempête en mer nous est conté selon une source hellénistique, transmise par Athénée (15, 675f-676c): «Lors de la 23ᵉ Olympiade [soit vers 685 av. J.-C.], notre concitoyen Hérostratos, pratiquant le commerce maritime et

---

46. Paire d'yeux en marbre, 14 cm diam. Épave d'un navire marchand, 3ᵉ quart du Vᵉ s. av. J.-C. Nowak, T. J., «A Preliminary Report on *ophtalmoi* from the Tekta Burnu Shipwreck», *International Journal of Nautical Archaeology* 30 (2001) 86-94. Au moins onze objets analogues au Pirée : Saatoglu-Paliadele, C., «Marbre Eyes from Piraeus», *ArchEph* (1978) 119-135 pls. 40-41.

47. Également désigné sous le terme d'*épisèmon*.

48. Ostie, Monument de Cartilius Poplicola ; 2ᵉ moitié Iᵉʳ s. av. J.-C. Chevalier, R., *Ostie antique, ville et port* (1986) 193-194 pl. 23. – *Cf.* également la figure indéterminée de le *stolos* des reliefs du Capitole (= *ThesCRA* V Instruments de culte **18** [reliefs 606 et 609]).

49. (= *LIMC* Suppl. 2009 Dioskouroi **add.9***) Haïfa, Nat. Maritime Mus. 81-900 ; hellénistique. Casson, L./Steffy, J. R., *The Athlit Ram* (1991). Les motifs (caducée sur profil supérieur ; bonnet surmonté d'une étoile sur chaque côté) renvoient à Hermès et aux Dioscures.

50. Karlsruhe, Bad. Landesmus. B 2400. Hydrie camp. IVᵉ s. av. J.-C. von Duhn, F., «Abschiedsdarstellung auf einer campanischen Hydria in Karlsruhe», *JdI* 3 (1888) 229-233 ; *CVA* 2 pl. 75, 1. *Stylis* portant l'inscription «Zeus Sôter».

51. Monnaie de bronze de la seconde moitié du IIᵉ s. av. J.-C., provenant de l'épave de Plane 1 qui a fait naufrage près de Marseille vers 50 av. J.-C. Lequément, R./Liou, B., «Céramique étrusco-campanienne et céramique arétine, à propos d'une nouvelle épave de Marseille», dans *Mélanges offerts à J. Heurgon* (1976) 587-603 ; *Ex-voto* n° 45. À ce jour, 12 cas recensés dans Beltrame 71.

52. Inventaires des noms attestés de bateaux antiques : Schmidt, K., *Die Namen der attischen Kriegsschiffe* (1931) ; Reddé, *Mare nostrum* 665-672 ; Casson 348-360.

53. Palerme, Mus. Reg. 12568 (3333). Jas d'ancre avec inscriptions *IOVI* et *VENERI*. Trouvée en mer, près de l'Isola delle Femine (Sicilia) ; époque augustéenne (?). Tusa, V., «Rinvenimenti sottomarini nella Sicilia Occidentale», *FA* (1959) n° 4282.

54. Wachsmuth 277-305. Sur l'impureté de certains actes en général, *cf.* Parker, *Miasma* et Firth, R., *Symbols : Public and Private* (1973).

55. Philostr. *v. Ap.* 4, 13 ; Janni 389-392 ; voir *supra* n. 2.

navigateur au long cours, aborda un jour à Paphos de Chypre. Il y acheta une statuette d'Aphrodite, haute d'un empan, de facture ancienne et l'emporta avec lui en rentrant à Naucratis. Comme il s'approchait de l'Égypte, une tempête s'abattit soudainement sur lui; ne voyant plus où ils étaient, tous se réfugièrent auprès de la statue d'Aphrodite, la priant de les sauver. Alors que l'équipage, désespérant du salut, était saisi d'un violent mal de mer et de forts vomissements, la déesse – elle était en effet pleine de bienveillance pour les habitants de Naucratis – couvrit soudainement de myrte vert tout ce qui l'entourait, remplissant le bateau de l'odeur la plus agréable qui soit. Le soleil se remit à briller : ils repérèrent les lieux d'ancrage et parvinrent à Naucratis. Hérostratos débarqua avec la statue, ainsi qu'avec les myrtes verts qui lui étaient soudainement apparus et les consacra dans le sanctuaire d'Aphrodite. Après avoir sacrifié à la déesse et consacré la statue d'Aphrodite, il invita à un festin dans ce même temple ses parents et ses amis les plus proches et donna également à chacun d'eux une couronne de myrte, qu'on appela depuis lors de Naucratis» (trad. Fenet 1).

Ainsi, au moment critique, tous se réfugient auprès d'une image religieuse – ici un objet qui semble appartenir à la cargaison – afin de prier; l'heureuse issue de l'épisode explique le transfert d'un culte d'une rive à l'autre de la Méditerranée, par le biais des dons opérés à terre. On notera cependant que le «miracle» opéré par la déesse semble davantage concerner la santé de l'équipage que le sauvetage du bateau lui-même. D'autres récits soulignent ces invocations et les promesses d'ex-voto faites au pire moment (Aisop. 53 et 308), par exemple de la chevelure ou des vêtements de naufragés[56].

L'équipage en particulier réserve pour la dernière extrémité le recours à l'«ancre sacrée» (Pollux 1, 93) : une ancre, gardée à part des autres, qui n'est jetée à l'eau qu'après que tout a été tenté pour sauver le navire[57]. Pline l'Ancien (nat. 28, 77) rapporte quant à lui qu'un moyen de détourner la tempête consiste en ce qu'une femme à bord se dénude face aux éléments déchaînés.

2.3. Les inscriptions d'*euploia*

BIBLIOGRAPHIE : Pagliara, C., «Euploia soi», dans *Historiè. Studi offerti dagli allievi a G. Nenci* (1994) 345-358; Robert, L., «Une dédicace de marins», dans *id.*, OMS 6 (1946) 302-307; Sandberg, N., Εὔπλοια. *Études épigraphiques* (1954) et le compte rendu de Robert, J. et L., *Bull-Epigr* (1956) 3; Van Compernolle, R., *et al.*, *Leuca* (1978); Wachsmuth 463-476.

À terre, certains lieux maritimes (grotte, port naturel) ont livré des concentrations d'inscriptions gravées à même le rocher. Elles consistent en invocations, prières ou remerciements pour une navigation sans embûche : une *euploia*. Ces endroits correspondent à des lieux stratégiques, mais désolés, où se manifeste la religiosité des marins de passage. Les mieux connus sont l'île de Protée, à l'ouest du Péloponnèse, avec des inscriptions d'époque romaine; deux autres sites homonymes «Grammata» («les mots»), l'un dans l'île cycladique de Syros et l'autre sur la côte sud de l'Albanie actuelle, où la tradition a perduré depuis le IIIe s. av. J.-C. jusqu'au début du XXe s.; la grotte de Santa Maria di Leuca, à l'extrémité du talon de la botte italienne. Les inscriptions des deux premiers ne donnent aucun nom de divinité, tandis que le troisième semble plutôt associé aux Dioscures et le dernier à Zeus. Ces *graffiti*, souvent difficilement lisibles ou parfois recouverts par d'autres plus récents, constituent par ailleurs des sources précieuses pour connaître les noms de bateaux antiques.

3. Les divinités liées au voyage en mer

3.1. Introduction

Les divinités marines sont nombreuses dans la mythologie, sans même parler des monstres ou des personnages légendaires qui évoluent dans ce même milieu aquatique; cependant elles semblent encore insuffisantes à satisfaire les aspirations des fidèles, qui préfèrent adresser leurs prières maritimes à des dieux plus puissants et aux champs d'action multiples. À côté des premières, plutôt à considérer du côté du folklore, les Anciens honoraient, dans l'espoir d'une bonne navigation, des dieux sans doute moins poétiques mais plus efficaces, auxquels on donne une spécificité plus ou moins maritime pour la circonstance sous la forme notamment d'une épiclèse particulière.

Souvent cependant, afin de mettre davantage de chance de son côté, le Grec en invoque plusieurs à la fois, ou même toutes sous l'appellation de «divinités marines» (*theoi thalassioi*). Ainsi Alexandre le Grand, tout à sa joie d'avoir retrouvé la moitié de son armée qui effectuait le retour de l'Inde vers l'Asie Mineure par bateau le long de la mer d'Oman et du golfe Persique, «offrit des sacrifices pour le salut de l'armée à Zeus Sauveur, à Héraclès, à Apollon Protecteur, à Poséidon, à tous les dieux marins» (Arr. *Ind.* 36, 3). Il est alors difficile de démêler les pratiques et les croyances religieuses spécifiques à chacune, qui se cumulent les unes aux autres.

3.2. Une géographie sacrée

BIBLIOGRAPHIE : Fenet 1; Giangiulio, M., «Tra mare e terra. L'orizzonte religioso del paesaggio costiero», dans Prontera, F. (éd.), *La Magna Grecia e il mare. Studi di*

---

56. Cheveux : *Anth. Pal.* 6, 245; Petron. 103. Vêtements : Verg. *Aen.* 12, 766-769 et scholie de Serv.

57. Fenet 1; Romero Recio 55-59.

storia marittima (1996) 251-271; Romero Recio 113-137; Morton, J., *The Role of the Physical Environment in Ancient Greek Seafaring* (2001); Semple, E. C., «The Templed Promontories of the Ancient Mediterranean», *Geographical Review* 17 (1927) 352-386 (à modérer par la critique de Wachsmuth n. 1850); id., *The Geography of the Mediterranean Region. Its Relation to Ancient History* (1932) spéc. 579-737.

Les passes, les plages, les écueils, les ports, les promontoires, les presqu'îles, tout le paysage marin est marqué du signe d'un dieu ou dédié à un dieu. Cet état d'esprit explique les vers d'Euripide (*Iph. T.* 260-277), dans lesquels Oreste et Pylade naufragés sont tout d'abord pris pour des dieux avant d'être recueillis comme simples humains par des bouviers qui rapportent l'épisode: «Nous faisions donc entrer nos sylvestres troupeaux dans la mer qui débouche entre les Symplégades. Or, là-bas est un roc, où la houle a creusé une excavation, une grotte profonde: et les pêcheurs de pourpre y trouvent un abri. Un bouvier, l'un des nôtres, y vit deux jeunes gens; puis, revenant vers nous sur la pointe des pieds, il nous dit: «Regardez: ce sont des dieux, bien sûr, qu'on voit assis là-bas». Et l'un de nous, alors, homme pieux, leva les mains, priant ainsi: «O fils de Leucothée-la-marine, Sauveur des nefs, ô monseigneur Palémon, sois propice! Ou peut-être est-ce vous qui siégez sur ces bords, Dioscures, ou vous, beaux enfants de Nérée, qui enfanta le chœur illustre des cinquante Néréides». Sur quoi, un autre, un libertin, qui devait son audace à son impiété, rit de cette oraison, et soutint que c'étaient des marins naufragés qui, dans cette caverne, s'étaient blottis (...)» (trad. Parmentier, L./Grégoire, H., *CUF*).

Les itinéraires maritimes sont ainsi marqués par les amers – points de repère terrestre servant à la navigation –, témoins de la présence divine: promontoires ou «finistères», plages de mouillage bien abritées, grottes. L'élévation d'un temple est loin de constituer la pratique majeure: souvent, on se contente d'élever une statue ou un autel, de couvrir un rocher d'inscriptions ou simplement de baptiser le lieu d'un nom de divinité. Certaines routes maritimes s'avèrent ainsi clairement identifiables, tel le canal d'Otrante lié à la navigation d'Énée[58]. Les constructions visibles depuis le large, les caps désignés du nom d'Hercule, d'Apollon ou autres dieux, renforcent le lien étroit entre les croyances religieuses et les périples nautiques. L'attribution d'un lieu à une divinité ne se fait pas au hasard et répond à une logique de personnalité divine. Il existe ainsi ce qu'on peut appeler une géographie sacrée des rivages, et toute personne qui passe au large se doit de saluer, depuis l'embarcation, le dieu auquel appartient la partie de terre consacrée qu'il est en train de doubler.

3.3. Les divinités

BIBLIOGRAPHIE: Bloch, R., «Les dieux de la mer dans l'Antiquité classique», dans *L'homme méditerranéen et la mer*. Colloque Jerba 1981 (1985) 437-441; Fenet 1; Fenet 2; Imhoof-Blumer, *Flussg* 241-256 pls. 17-18; Lesky, A., *Thalatta. Der Weg der Griechen zum Meer* (1947) 88-148; Mazaubert; Richard, F., «Les dieux des phares», *Sefunim* 6 (1981) 37-45; Ringel, J., *Marine Motifs on Ancient Coins at the National Maritime Museum Haifa* (1984); Romero Recio 151-156; Vian, F., «Génies des passes et des défilés», *RA* 39 (1952) 129-155; Wachsmuth 476-479.

Le nombre de divinités liées à des cultes maritimes est très important: toutes ou presque, pourrait-on dire, en offrent des témoignages plus ou moins nombreux[59]. Parmi celles attendues ici, il convient cependant de nuancer le rôle de Poséidon-Neptune, trop rapidement qualifié de «dieu de la mer»: les pratiques cultuelles vis-à-vis de «celui qui ébranle la terre» à l'aide de son trident, maître du cap Sounion, semblent plutôt destinées à éloigner ses interventions. Plus craint que vénéré, l'époux d'Amphitrite est d'abord chtonien avant d'être marin; associé par exemple à la pêche au thon (Paus. 10, 9, 3-4)[60], il n'est ni invoqué durant les tempêtes ni présent à bord des embarcations. Aphrodite, née de la mer[61], est honorée à travers toute la Méditerranée, notamment dans les îles. Son culte maritime se développe particulièrement à l'époque hellénistique, en tant qu'*Euploia*, *Sôzousa* ou *Tyché*. Présente dans bon nombre de ports, elle est invoquée pour le succès des aventures nautiques mais aussi amoureuses[62].

Les divinités olympiennes sont bien présentes dans les cultes maritimes, du moins dans le monde grec. Ceci s'explique sans doute en partie pour des raisons historiques, dans un contexte de fondation de colonies, notamment en Grande Grèce.

Parfois associé à Vénus, le pouvoir de Zeus est invoqué par les gens de mer en bien des circonstances, en tous lieux. Il reçoit de nombreux ex-voto ou sacrifices après une traversée réussie, et son nom est celui qui est le plus attesté sur les ancres emmenées à bord. Il protège la navigation en procurant une météo favorable – ce qui correspond à son statut de maître du ciel[63] –, un parcours et des escales aisées. Maîtrisant le foudre et le tonnerre, il calme les vents furieux, sous les épithètes d'*Ourios*, *Casios*[64] ou *Sôter*. La géographie de l'Héra maritime, bien que concernant un petit nombre de sites, est tout à fait caractéristique: son culte se développe particulièrement dans le processus de co-

---

58. Fenet 3; *cf.* Dion. Hal. *ant.* 1, 50, 4-51, 3.
59. Pour chacun des noms de divinités cités, voir les articles correspondants du *LIMC*.
60. Bloch.
61. *LIMC* II Aphrodite **1170-1182**.
62. Pirenne-Delforge, *Aphrodite*; Queyrel, F., «Aphrodite et les marins», dans *TROPIS* II. Colloque Delphes 1987 (1990) 283-286.
63. Cook, *Zeus* II-III, part. 1, chap. II «Zeus as god of the weather».
64. Chuvin, P./Yoyotte, J., «Documents relatifs au culte pélusien de Zeus Casios», *RA* (1986) 41-63.

lonisation archaïque vers l'Ouest[65]. Le caractère commun de ses sanctuaires maritimes (Pérachora, Crotone, Gravisca, Malte[66], Samos[67]) consiste en leur importance à l'époque archaïque : comptant parmi les plus anciens sanctuaires grecs, parfois implantés sur des lieux de culte plus anciens, leur notoriété fut immédiate. L'action d'Héra en faveur de la navigation semble s'exercer de manière globale mais indirecte, et porter particulièrement sur les vents et courants qui permettent d'arriver à une bonne destination. Elle détermine ainsi les bonnes routes maritimes et l'arrivée en un endroit favorable ; avec l'épiclèse de *Sôteira*, elle est aussi parfois l'étoile qui guide le pilote dans la nuit. Athéna, quant à elle, préside à l'art nautique[68] et assure les vents favorables, en tant qu'*Anémotis* ou *Aithuia*[69] ; son culte privilégie les hauteurs que distinguent de loin les navigateurs, ce qui n'est pas sans évoquer le culte de l'Athéna poliade, dominant l'acropole de la cité. Dans l'*Hymne homérique à Apollon* I (*à Apollon Délien*), le dieu détourne les vents afin d'infléchir la course des commerçants crétois vers le golfe de Corinthe, leur faisant passer sans encombre le cap Malée, le cap Ténare, doubler Pylos et naviguer jusqu'à Crissa. C'est lui qui guide les hommes et les bateaux en mer, lors des navigations côtières ou au large, sous la forme d'un dauphin[70] ou d'une lumière : son rôle est ainsi essentiel dans les légendes de fondation[71]. Artémis, quant à elle, règne sur les espaces maritimes sauvages et désolés, en particulier dans les îlots déserts. C'est à elle aussi que sacrifient les Grecs à Aulis pour obtenir les vents favorables vers Troie[72] ; elle mène par ailleurs, la colonisation spartiate en Crète (pl. 120, 2)[73] : ainsi, elle semble aussi protéger la navigation[74]. Outre ces paysages maritimes désertiques et sauvages, elle reçoit avec Hermès, Pan[75] et Priape[76] des marques de culte liées à la pêche[77]. Arès et Héphaïstos ne reçoivent pas de culte marin, la guerre sur mer étant associée à Apollon ou à Poséidon.

Les cultes rendus aux dieux olympiens dans un contexte maritime respectent ainsi leur personnalité divine. De même, la topographie des lieux consacrés aux divinités diffère de l'une à l'autre : ainsi les caps dangereux ou les *fines terrae* sont attribués à Apollon ou Poséidon, tandis qu'aux environs les mouillages ou ports, après le difficile passage, sont dévolus à Aphrodite et à Zeus. Par ailleurs, ces dieux portent des épiclèses diverses, parfois très explicites telles *Epibaterios* (de l'embarquement) / *Apobatérios* (du débarquement)[78], *Euploia*[79], *Sôter/Sôteira* ; certaines, cependant, peuvent qualifier différents dieux.

Les Dioscures, fils de Zeus Olympien, du moins pour l'un des deux jumeaux, se partagent l'immortalité en brillant sous forme d'étoiles et apparaissent au plus fort de la tempête au sommet du mât, phénomène appelé aujourd'hui « feu Saint-Elme ». Par cette intervention, ils sauvent l'embarcation du naufrage. Experts cavaliers, ils chevauchent aussi sur la mer[80]. Leur culte est très vivant, comme l'attestent des bas-reliefs les représentant (pl. 120, 3)[81] ; ils sont également assimilés aux Grands Dieux de Samothrace, les Cabires[82]. Le saint Nicolas des marins méditerranéens semble perpétuer les croyances en ces divinités païennes.

Dans le monde phénicien et punique, Melkart[83] et Tanit reçoivent les marques de dévotion des navigateurs[84]. Dans le monde italique et romain, Liber Pater et Portunus sont associés aux ports : ce sont eux qui sont identifiés, sur le relief

---

65. À rapprocher des conclusions de *Héra. Images, espaces, cultes*. Colloque Lille 1993 (1997) ; de Polignac, F., « Navigations et fondations : Héra et les Eubéens de l'Egée à l'Occident », dans *Euboica : l'Eubea e la presenza euboica in Calcidica e in Occidente*. Colloque Naples 1996 (1998) 23–29.
66. Le témoignage de Cicéron (*Verr.* 2, 4, 103–104) sur le sanctuaire d'Astarté assimilée à Héra-Junon met bien en évidence son caractère maritime et international, encore à l'époque hellénistique.
67. Le sanctuaire est particulièrement riche en ex-voto navals : Fenet 1.
68. (= *LIMC* II Athena/Minerva **361–363**) Construction d'Argô.
69. (= *LIMC* II Athena **59–66**, spécialement **61***) « Athéna ailée ».
70. Bourboulis, P. P., *Apollon Delphinios* (1949).
71. Wernicke, K., *RE* II 1 (1895) 1–111 *s.v.* « Apollon ». Il est aussi représenté sur les monnaies assis sur la proue d'un navire : *LIMC* II Apollon **57***.
72. *Cf.* Kall. *h.* 3, 228–232 : offrande d'un gouvernail par Agamemnon.
73. (= *LIMC* I Alexandros **57•**, IV Helene **181*** avec bibl.) Plaque d'ivoire du sanctuaire d'Artémis Orthia représentant un bateau ; VIIe s. av. J.-C. Pour ses liens avec Dictynna : Guarducci, M., « Dictynna », *StudMatStorRel* 11 (1935) 187–203.
74. *Cf. LIMC* II Artemis p. 725–727 : « Artémis protectrice de la navigation ? ».

75. Borgeaud, *Pan*, spéc. 2e partie sur paysages.
76. Sur le caractère maritime du dieu, voir les hypothèses suscitées par des phallus de terre cuite trouvés à proximité d'épaves : Neilson, H. R., « A Terracotta Phallus from Pisa Ship E : More Evidence for the Priapus Deity as Protector of Greek and Roman Navigators », *International Journal of Nautical Archaeology* 31 (2002) 248–253.
77. Piccirilli, L., « Le sopracciglia di Artemide », *Civiltà Classica e Christiana* 2 (1981) 223–252 ; *ThesCRA* VII **2 c–d**.
78. Pugliese Carratelli, G., « *Theoi apobaterioi* », dans *Studi in onore di L. Banti* (1965) 281–284 ; Wachsmuth 168ss., 460–461.
79. Miranda, E., « Osservazioni sul culto di *Euploia* », *Miscellanea greca e romana* 14 (1989) 123–144.
80. (= *LIMC* III Dioskouroi **2*** avec bibl.) Oxford, Ashmolean Mus. 1916.68. Stamnos attique, f. r. 450–440 av. J.-C.
81. (= *LIMC* III Dioskouroi **121**) Athènes, Mus. Nat. 1409. Du Pirée, IIe s. av. J.-C. (?). Svoronos II n° 107 pl. 33, 4 ; Wachsmuth 156–157. *Cf. LIMC* III Dioskouroi **122***.
82. Cole, *Theoi Meg.* ; Daumas, M., *Cabiriaca. Recherches sur l'iconographie du culte des Cabires* (1998).
83. Bonnet, C., *Melqart. Cultes et mythes de l'Héraclès tyrien en Méditerranée* (1988).
84. Brody ; id., « Further Evidence of the Specialized Religion of Phoenician Seafarers », dans Pollini, J. (éd.), *Terra Marique. Studies in Art History and Marine Archaeology in Honor of A. M. McCann* (2005) 177–182.

Torlonia (pl. 118, 1), avec Neptune et Aphrodite; le premier est assimilé à Mélicerte-Palémon, fils d'Inô-Leucothée, divinités marines grecques[85], et le second à Dionysos, représenté parfois comme un dieu navigateur[86]. Le culte d'Uni, tel qu'il est attesté à Gravisca et Pyrgi, montre des liens avec la navigation; la déesse étrusque semble avoir dans ce domaine subi l'influence d'Héra ou d'Aphrodite Érycine, et est rapprochée par les Grecs de Leucothée[87].

Les divinités orientales sont également liées à la mer. Isis, la vieille déesse égyptienne, se voit honorée d'un premier sanctuaire dans le monde grec au Pirée, le port d'Athènes, vers 333 av. J.-C., avant de connaître un vif succès durant toute l'époque hellénistique, qui se prolonge sous l'empire romain. Isis *Pélagia*[88], *Pharia* est maîtresse des flots; elle est l'inventrice de la voile ou parfois du bateau, elle protège les marins à l'instar du Phare d'Alexandrie que son nom évoque. Dans l'Égypte grecque, son culte se confond parfois avec celui d'Aphrodite[89] et même celui des reines lagides divinisées[90]. On se plaît à la figurer sur de nombreuses lampes en terre cuite naviformes, seule ou accompagnée d'autres divinités[91]. Sarapis figure aussi sur ce type de lampes et joue un rôle non négligeable dans la protection des marins[92]. De la même manière, Cybèle, la *Magna Mater*, peut être associée à la navigation et représentée sur le bateau qui l'a amenée à Rome (pl. 120, 4)[93].

ANNICK FENET

---

85. Bonnet, C., «Le culte de Leucothea et de Mélicerte, en Grèce, au Proche-Orient et en Italie», *StudMatStorRel* 52 (1986) 53-71.

86. *Cf.* «Dionysos en mer», *LIMC* III Dionysos **788-790**, dont la fameuse coupe d'Exékias.

87. Cristofani, M., *Gli Etruschi del mare* (1983) 119-120; id. (éd.), *Dizionario della civiltà etrusca* (1985) 310-311.

88. Voir *LIMC* IV Isis Pelagia.

89. Bérard, C., «Modes de formation et modes de lecture des images divines: Aphrodite et Isis à la voile», dans ΕΙΔΩΛΟΠΟΙΙΑ. Colloque Lourmarin en Provence 1982 (1985) 163-171.

90. Tondriau, J. L., «Notes ptolémaïques. III Les cultes 'maritimes' royaux», *Aegyptus* 28 (1948) 172-175.

91. (= *ThesCRA* V 2 b Instruments de culte **1368***, = *LIMC* III Dioskouroi **254**, V Isis **205***) Isis accompagnée de son parèdre Sarapis et d'un Dioscure, avec inscription Euploia.

92. Paphos, District Mus. PHH 380. Lampe naviforme avec inscription ΗΛΕΙΟ ΣΕΡΑΠΕΣ. De Paphos, Maison d'Orphée, IIe-IIIe s. ap. J.-C. Karageorghis, V., *BCH* 111 (1987) 689 fig. 45; Michaelides, D., «A Boat-shaped Lamp from Nea Paphos and the Divine Protectors of Navigation in Cyprus», *CCEC* 39 (2009) 197-226. *Cf.* (= *LIMC* VII Sarapis **203***) Sérapis à la proue d'une galère, sur une monnaie de Caracalla.

93. (= *ThesCRA* I 2 d Dedications, rom. **496***, II 5 Images de culte **541**, = *LIMC* VIII Suppl. Kybele **5***) Autel avec relief et dédicace à Cybèle et au bateau Salvia. Rome, Mus. Cap. 321. Voir (= *ThesCRA* II 5 Images de culte **543***, = *LIMC* VIII Suppl. Kybele **5a***) Antéfixe avec Magna Mater sur un bateau. Bâle, Antikenmus. BS 1921.569.

Addendum to vol. II 4.c. Music, Greek V.B.

V. Typical occasions for musical activities in cults

B. Private activities

1. Wedding music 415
2. Music and healing 418
3. Music in funerals 420

«No human activity is complete without music», states the music theorist Aristides Quintilianus (*On Music* 2, 4). Music was present at all significant events in the human life cycle. In marriage, it emphasized joy; in death, it dispersed sorrow, leading the soul to compassion. Because of its power, it could affect people's emotions, and it was believed that specific kinds of music had the ability to cure certain mental diseases.

1. Wedding music

In ancient Greece, music and dance were an inseparable part of the wedding. It is worth noting that *Hymenaios* referred to both the conjugal union and the wedding song. According to literary and iconographical evidence, music was involved in various stages of the ceremony: in the pre-nuptial sacrifice (**34**), in the *loutrophoria* procession (**35–37**), in the adornment of the bridal procession (**38–41**), in the wedding ceremony itself (**32**), during the nuptial banquet (**8. 28**), in the conveyance of the new couple to their new house (**45–48**), in the new house, before the chamber (**22. 23.** 30 etc.; **49–50**).

The wedding music was both instrumental and vocal. The musical instruments accompanying the various stages of the ceremony were the aulos, especially the *lotos* or Libyan aulos (**13. 14** etc.), the *syringes*, the instruments of the lyre-family (lyra, barbitos, phorminx, kithara), the instruments of the harp-family and the krotala. In Pollux (**26**) there is mention of a solo instrumental auletic piece for the wedding.

Female performers had a preeminent role since marriage was a significant event in a woman's life. Choruses of young girls sang in different phases of the ceremony. On occasions, the song was performed by double choruses (**4. 5**) or the entire city (**12**); in other instances, when different age groups were involved, each group had a specific role in the performance, singing a different genre, as in **5**, describing the archetypical couple of Hector and Andromache: during the *nymphagogia*, girls sing, women dance, while men perform a paean. Literary sources and iconographical evidence show that the bride herself (**15. 39–40**), and less frequently the groom (**20**), would perform their own wedding song.

Two musical genres are related to marriage, the *hymenaios* and the *epithalamion*, terms used interchangeably (Lambin 86). The *hymenaios* was an apotropaic choral song of propitiation, necessary for a happy marriage (**11**; *cf.* also Lambin 83). It was characterized by the *epiphthegma* ὑμὴν ὦ ὑμέναιε (Lambin 77 for different forms and meanings), an invocation of the heroic figure connected mythically to the institution of marriage.

The *epithalamion* was sung outside the bridal chamber in the evening, lasting probably all night long (**6. 23**) typically by unmarried girls of the same age as the bride (**8**). There were two kinds of *epithalamia*: the *katakoimetika* (for lulling to sleep), and the *orthria* or *diegertika* (of waking up) (**23**). Lyric poets such as Alcman (*cf. Anth. Pal.* 7, 19, **1–2**), Stesichorus, Sappho, Theocritus etc., composed *epithalamia*.

BIBLIOGRAPHY: Brulé, P., «Hyménée sonore: la musique du gamos», in *id.*/Vendries, Chr. (eds.), *Chanter les dieux. Musique et religion dans l'Antiquité grecque et romaine* (2001) 243–275; Crowhurst, R., *Representations of Performance of Choral Lyric on the Greek Monuments. 800–330 B.C.* (1963); Kauffmann-Samaras, A., «Parole et musique de mariage en Grèce antique. Sources écrites et images peintes», in Cavalier, O. (ed.), *Silence et fureur. La femme et le mariage en Grèce. Les antiquités grecques du Musée Calvet* (1996) 434–448; Lambin, G., *La chanson grecque dans l'Antiquité* (1992); Mathiesen, Th., *Apollo's Lyre. Greek Music and Music Theory in Antiquity and the Middle Ages* (1999); Muth, R., «Hymenaios und Epithalamion», *WSt* 67 (1954) 5–45; Oakley, J. H./Sinos, R. H., *The Wedding in Ancient Athens* (1993); West, M. L., *Ancient Greek Music* (1992).

LITERARY SOURCES
1. (= *ThesCRA* II 4 b Dance **101**) Hom. *Il.* 18, 490–496. – «Therein fashioned he also two cities of mortal men exceeding fair. In the one there were marriages and feastings, and by the light of the blazing torches they were leading the brides from their bowers through the city, and loud rose the bridal song. And young men were whirling in the dance, and in their midst flutes and lyres sounded continually; and there the women stood each before her door and marvelled» (trans. A. T. Murray, *LCL*).

2. (= *ThesCRA* II 4 b Dance **102**) Hom. *Od.* 4, 15–19. – «So they were feasting in the great high-roofed hall, the neighbours and kinsfolk of glorious Menelaus, and making merry; and among them a divine minstrel was singing to the lyre, and two tumblers whirled up and down through the midst of them, as he began his song» (trans. A. T. Murray, *LCL*).

3. (= *ThesCRA* II 4 b Dance **103**) Hom. *Od.* 23, 133–136. – «But let the divine minstrel with his clear-toned lyre in hand be our leader in the gladsome dance, that any man who hears the sound from without, whether a passer-by or one of those who dwell around, may say that it is a wedding feast» (trans. A. T. Murray, *LCL*).

4. (= *ThesCRA* II 4 b Dance **104**) Hes. *asp.* 272–280. – «The men were at pleasure, in revelries and choruses; some were leading a bride to her husband on a well-wheeled wagon, and a great wedding-song rose up. From afar rolled the blaze of burning torches in the hands of slaves, who walked in front, blooming in revelry, and performing choruses followed them. The men sent forth their voices from their soft mouths, accompanied by shrill panpipes, and around them spread the echo; while the women led the lovely chorus to the accompaniment of lyres» (trans. G. W. Most, *LCL*).

5. Sappho *fr.* 44, 24–27. 31–34 L.-P. – «The sweet-singing *aulos* and the [*kitharis*?] were mingled, and the noise of *krotala*, and maidens [clearly?] sang a pure song, and a wonderous sound echoed to the sky... and the women, those that were older, whirled in the dance, and all the men cried out a high (*orthios*) and lovely song calling on *Paon* the farshooter with the fine lyre and hymned godlike Hector and Andromache» (trans. Barker I, 48–51 with commentary). See also Sappho *fr.* 194 L.-P. (= Him. 9, 4) – «the rites of Aphrodite were left (by other poets) to the Lesbian Sappho alone to sing to the lyre and form into the epthalamium. After the contests she goes into the bridal chamber, garlands the room and makes up the bed, then she (gathers?) the girls into the bridal room and brings in Aphrodite herself on the Graces' chariot with her chorus of Loves to join in the fun» (trans. D. A. Campbell, *LCL Greek Lyric* 1 (1982) 183–185).

6. Sappho *fr.* 30 L.-P. – «... night ... maidens ... all night long ... might sing of the love between you and the violet-robed bride. Come, wake up: go (and fetch) the young bachelors of your own age, so that they may see (less) sleep than the clear-voiced (bird)» (trans. D. A. Campbell, *o.c.* 79). Sappho's *epithalamia fr.* 223–231 in D. L. Page, *Lyrica Graeca Selecta* (1968). See also Lobel/Page, *PLF fr.* 104–117.

7. Thgn. 1, 15–18. – Muses and Charites sing at the wedding of Kadmos and Harmonia. *Cf.* Pind. *P.* 3, 88–92.

8. Pind. *P.* 3, 17–19. – «But she [Koronis] could not wait for the marriage feast (νυμφίαν τράπεζαν) to come or of the sound of full-voiced nuptial hymns (παμφώνων ἰαχὰν ὑμεναίων) with such endearments as unmarried companions are wont to utter in evening songs» (trans. W. H. Race, *LCL*).

9. Aischyl. *Ag.* 701–708 (for the marriage of Paris and Helena). – «Wrath brought a marriage rightly named a mourning, exacting in after-time requital for the dishonour done to hospitality and to Zeus, the partaker of the hearth, to those who with loud voice celebrated the song in honour of the bride (νυμφότιμον μέλος), even the bridegroom's kin to whom it fell that day to raise the marriage-hymn (ὑμέναιον)» (trans. H. W. Smyth, *LCL*).

10. Aischyl. *Prom.* 554–560. – Probable reference to the *hymenaios* song during the premarital bath; (chorus): «and the difference in the strain stole into my thought – this strain and that, which, about thy bridal bed and bath, I raised to grace thy marriage, what time thou didst woo with gifts and win my sister Hesione to be thy wedded wife» (trans. H. W. Smyth, *LCL*).

11. Eur. *Hel.* 1433–1435 (for a successful marriage). – «All the land must be filled with the sound of happy singing so that Helen's marriage and mine may be truly enviable» (trans. D. Kovacs, *LCL*).

12. Eur. *Herc.* 10–12. – (Amphitryon): «All the people of Thebes once sang her [Megara's] wedding song to the music of the pipe, when the illustrious Heracles brought her to my house as his bride» (trans. D. Kovacs, *LCL*).

13. (= *ThesCRA* II 4 b Dance **106**) Eur. *Iph. A.* 436–438. – (Messenger): «and you, lord Menelaus, get ready the Hymen song! Let the pipe (λωτός) sound in the tents and let there be the sound of dancing feet!» (trans. D. Kovacs, *LCL*). For the connections of *lotos* with marriage, see also Suda *s.v.* «λωτός».

14. Eur. *Iph. A.* 1036–1057. – The Pierian Muses dance and sing the wedding song to the accompaniement of lotos, kithara and syrinx at the wedding of Peleus and Thetis, Pierides, singing and dancing, Libyan aulos, kithara.

15. (= *ThesCRA* II 4 b Dance **108**) Eur. *Tro.* 325–341; see also Barker I 78–79.

16. *Scholia* Eur. *Or.* 1384. – The *harmateion* is a wedding song sung on the chariot bringing the bride to her new house.

17. Aristoph. *Pax* 1316ff. – Exodos formed in a procession escorting the bride (*nymphagogia*) and singing the Hymenaios (1333ff). See also Calame, C., «Quelques formes chorales chez Aristophane: adresses aux dieux, mimésis dramatique et 'performance' musical», in Brulé, P./Vendries, Chr. (eds.), *Chanter les dieux. Musique et religion dans l'Antiquité grecque et romaine* (2001) 115–140.

18. Aristoph. *Av.* 1728–1765. – The last part of the play takes the form of a nymphagogia in which the *hymenaios* is sung and danced; this marital procession coincides metaphorically with the exodus of the chorus.

19. Aristoph. *Thesm.* 1034–1036. – The kinsman asks the women at the Thesmophoria to mourn him, «not with a nuptial paean» (γαμηλίῳ παιῶνι) but with a hymn of wailing (γόος). *Cf.* Eur. *TrGF* V 1 *fr.* 122.

20. Men. *Samia* 125 (222). – Moschion sings his own wedding song (*hymenaios*)

21. Chares in Athen. 12, 538e–539a. – Weddings of Alexander the Great and his friends: At the nuptial banquet (538e) the call to the banquets was sounded on the salpinx; during the wedding feast, lasting five days, many famous artists contributed their services: harp-players, kitharodes, aulodes, auletes playing the Pythian aulema and accompanying then the choruses «(538f) And from that day forth the people who had previously been called 'Dionysus-flatterers', were called 'Alexander-flatterers' because of the extravagant presents in which Alexander took such delight» (trans. C. B. Gulick, LCL). Cf. also Anaxandrides, PCG fr. 42 (= Athen. 4, 131b) (= ThesCRA II 4 c Music, gr. **92**).

22. Apoll. Rhod. 4, 1160. – Orpheus sang to his phorminx the *hymenaios* before the bridal chamber of Jason and Medea.

23. Theokr. 18. – The *epithalamion* of Helen, the only wholly preserved *epithalamion*. v. 1–8: The first twelve maidens of Lakonia dance and sing the *hymenaios* before the chamber of Menelaos and Helen uttering wishes for the new couple. Cf. also Schol. Theokr. 18 (p. 331 Wendel). – Two kinds of *epithalamia*, the *katakoimetika* (for lulling to sleep), sung from the evening to the middle of the night, and the *diegertika* or *orthria* (for waking-up); the reason for singing these songs is to cover the cry of the bride forced by her husband.

24. Diod. 5, 49, 1. – Wedding of Kadmos and Harmonia. The gods offered to the newly weds musical instruments, along with other gifts: Hermes a lyre, Athena an aulos, the Great Mother of the Gods cymbals and tympana, Apollo and the Muses their music (Apollo played kithara and the Muses auloi). Cf. Brulé 272–273.

25. Plut. quaest. conv. 666f–667a. – A wedding cannot pass unnoticed, since during the wedding banquet (τράπεζα) there are loud songs of *hymenaios* and aulos-music.

26. Pollux 4, 75. – *Gamelion aulema*: solo instrumental music played at weddings. In 4, 80 Pollux states that the nuptial aulos-air was played on two auloi, of which one was longer, constituting a concord. Cf. Athen. 4, 175f–176a: the hymn is played on the *monaulos*.

27. Xen. Ephes. 3, 6, 2. – When the bride (Anthia) approaches the bridal chamber the relatives and near friends shouted the *hymenaios*.

28. Athen. 4, 129f–130a. – Celebration of Karanos' wedding in Macedonia with banquet, in which a chorus of one hundred men participated.

29. Longus 4, 40, 1–2. – Playing of syringes and auloi and singing of *hymenaios* before the bridal chamber of Daphnis and Chloe.

30. Aristain. 1, 10, 85. – Performance of the *hymenaios* before the bridal chamber, during the announcement of the wedding (i.e. before the wedding). cf. 1, 10, 101–108: while the companions of the bride were singing the *hymenaios*, the chorus leader looked angrily at the one singing out of tune, and indicated the right tune with one hand gesture; another one accompanied the song rhythmically using the r. hand to strike the palm of the left and thus both hands sounded as cymbals. For the clapping of hands see Anth. Pal. 7, 186, 1–2 (Philippus): the sound of lotus and the clapping of hands was echoing in the bridal chambers.

31. Nonn. Dion. 5, 88–120. – Wedding of Kadmos and Harmonia: the mother sings the *hymenaios*, while decorating Harmonia's newbuilt bower for Kadmos; the father danced «while he sounded the spirit of the Loves on his wedding-salpinx answering the syringes». Apollo Ismenios came with his kithara and the Muses danced and sang. Nike, after the *makarismoi* to Kadmos, wove the wedding song about the bride-bed while dancing; all night long «the merry rout of untiring dancers were singing with clear voices beside the bridal chamber in happy romps». Cf. also Nonn. Dion. 5, 283–286 (wedding of Aristaios and Autonoë): «before the gates of the bridal chamber the people twirled their reeling legs for the wedding; the women struck up a lovely sounding noise of melody, the Aonian auloi tootled with the bridal syrinx» (trans. W. H. D. Rouse, LCL, slightly modified).

32. Prokl. in Phot. bibl. 321a, 17–28. – The *epithalamion* was sung by a group of young unmarried men and maidens at the door of the wedding chamber; the *hymenaios* was sung at the wedding itself. According to Photius the *hymenaios* is a prayer for a happy marriage since the terms ὑμεναίειν and ὁμονοεῖν are equivalent and mean «to live together in harmony». See also Mathiesen 126–127.

33. Page, PMG 881a, b. – ἐκκόρει κόρη κορώνας (or ἐκκορὶ κορὶ κορώνη) rhythmic formulas of a wedding song: «maiden drive away the crow (the crow being a prognostic of widowhood)». LSJ s.v. «ἐκκορέω». See also Brulé 245–247; Lambin 85ff., relates these formulas to *ololyge*.

ICONOGRAPHICAL DOCUMENTS

For Divine, mythical and heroic prototypes see LIMC II Apollo p. 840–853.

Pre-nuptial sacrifice

34.* (= ThesCRA I 1 Processions, Gr. **97***, II 4 c Music, gr. **220** with ref.) Wooden Pinax. Athens, NM 16464. From Pitsá (near Sikyon). – 530 B.C. – The sacrificial procession depicted on the painted pinax with a votive inscription to the Nymphai is probably related to a pre-nuptial ceremony.

Loutrophoria – pre marital washing/ bathing

35. (= ThesCRA II 4 b Dance **113***, V 2 b Cult instruments **127**, VI pl. 36, 2) Loutrophoros, Attic rf. Karlsruhe, Bad. Landesmus. 69/78. – ARV² 1102, 2: Near the Naples P.; Oakley/Sinos 60–61 figs. 16–19. – 440–430 B.C. – Aulos-player leads the loutrophoria procession; the fourth woman in the procession holds krotala.

36. (= ThesCRA VI 1 c Marriage, Gr. pl. 36, 1) Loutrophoros, Attic rf. Athens, NM 1453. – ARV² 1127, 18: Washing P.; Para 453; Oakley/Sinos 15–16 figs. 14–15; Kauffmann-Samaras fig. 129. – 430–420 B.C. – Procession of loutrophoria to the accompaniment of an aulos player.

37.* (= LIMC III Eros **388***). Pyxis, Attic rf. Würzburg, Wagner Mus. L 541 (H 4455). – ARV² 1133, 196: Washing P.; Oakley/Sinos 17–18 figs.

24–27; Kauffmann-Samaras fig. 131. – 430–420 B.C. – A woman carries a loutrophoros; two Erotes fight; Aphrodite, woman holding a basket and young woman playing harp.

Preparations of the bride
38.* Hydria, Attic rf. Athens, NM 17918. – *ARV²* 1040, 19: Peleus P.; Kauffmann-Samaras fig. 128. – 440 B.C. – Preparations of the bride: seated woman with barbitos, six women and a youth. These scenes follow the model of assemblies of the Muses, who embodied the ideal of cultivated women (Kauffmann-Samaras 442).
39.* Lebes gamikos, Attic rf. New York, MMA 07.286.35. – *ARV²* 1126, 1: Washing P.; *Para* 453; *Add²* 332; Oakley/Sinos fig. 36. – 430–420 B.C. – The bride plays harp and her companions bring the items for her adornment; on each handle, Nike. Cf. Lebes gamikos, Attic rf. New York, MMA 16.73. – *ARV²* 1126, 6: Washing P.; Oakley/Sinos 20 fig. 37; Kauffmann-Samaras fig. 132.
40.* Lebes gamikos, Attic rf. Athens, NM 14791. – *ARV²* 1126, 4: Washing P.; Oakley/Sinos 20 fig. 38. – 430–420 B.C. – The bride examines an aulos while one of her companions plucks the strings of an harp.
41. (= *ThesCRA* VI 1 c Marriage, Gr. pl. 40, 2) Pyxis, Attic rf. Berlin, Staatl. Mus. V. I. 3373. – Oakley/Sinos 38 figs. 115–119. – 360–350 B.C. – Three stages of the wedding: *A*: Adornment, *B*: Procession bringing gifts to the bride to the accompaniment of female aulos player, *C*: Groom leads bride to their house.

Wedding dances accompanied by music
42.* (*probably connected with wedding dances*) Loutrophoros, Protoattic. Paris, Louvre CA 2985. – *CVA* 18 pl. 28–29; Kauffmann-Samaras fig. 133. – Analatos P., 700–680 B.C. – On the neck: two couples dance to the accompaniment of an aulos-player. Related to the wedding ceremonial also by the shape of the vase.
43.* (= *ThesCRA* II 4 b Dance **111***) Lekythos, Attic bf. New York, MMA 56.11.1. – *Para* 66: Amasis P.; *Add²* 45; Lonsdale 216 fig. 215; Oakley/Sinos 25 fig. 59. – 550–540 B.C. – On the shoulder, women dance in groups separated by a lyre-player and an aulos-player. The main scene on the body a wedding procession: Music of auloi and lyre, accompanying female dance related to a wedding.
44.* (= *ThesCRA* II 4 b Dance **112*/164**, = *LIMC* II Apollon **947***) Lebes gamikos, Attic rf. Mykonos, Mus. 970. From Rheneia. – *ARV²* 261, 19: Syriskos P.; *Add²* 204; Oakley/Sinos 25. 80–81 figs. 54–58. – 470 B.C. – Probably female lyre-player accompanying a female dance on a lebes gamikos.

Wedding procession
45.* Pyxis, Attic rf. white ground. London, BM D 11. From Eretria. – *ARV²* 899, 146: Splanchnopt P.; Crowhurst no. 198; Oakley/Sinos 34 figs. 96–98. – 470–460 B.C. – The groom leads the bride towards a flaming altar, to the sound of aulos-music; two women advance with torches.
46.* Loutrophoros, Attic rf. Athens, NM 1174. – *ARV²* 1127, 15: Washing P.; *Para* 453; Oakley/Sinos 32 fig. 85; Kauffmann-Samaras fig. 138. – 430–420 B.C. – Wedding procession: the husband holds the bride by the wrist, a small Eros flying between them plays double aulos.
47. (= *ThesCRA* VI 1 b Childhood, Gr. pl. 10, 3) Calyx-crater, Attic rf. Athens, NM 1388. – *ARV²* 1317, 1: P. of the Athens Wedding; Oakley/Sinos figs. 87–88. – 410 B.C. – Wedding procession: in the lower zone the *nympheutria*, the bride and the groom move towards a chariot (on the other side of the vase); a second male figure is probably the *parochos*. On the upper zone female aulos-player, nude youth with torches and three seated bearded men.
48.* (= *ThesCRA* II 4 b Dance **116***). Lebes gamikos, Attic rf. St. Petersburg, Hermitage Гп 1881.167 (KAB 81a). – Schefold, *UKV* 30 no. 284 pls. 29. 50. – 340–330 B.C. – Female aulos-player leads the wedding procession.

Arrival at the new house
49.* (= *LIMC* V Add. Hekate **45*** [A]) Kylix, Attic rf. Berlin, Staatl. Mus. F 2530. From Vulci. – *ARV²* 831, 20: P. of Amphitrite; 1702; *CVA* 3, pl. 101, 1–4; Oakley/Sinos 33 fig. 91; Kauffmann-Samaras fig. 136. – 460–450 B.C. – B: Arrival of the married couple in their house, to the accompaniment of a lyre-player. A: Apollo (?) in chariot, accompanied by two women (one plays kithara); in front of the chariot Hermes. I: Herakles and a king (Zeus?).
50.* Loutrophoros, Attic rf. Copenhagen, NM 9080. – *ARV²* 841, 75: Sabouroff P.; Oakley/Sinos 33–34 figs. 92–95. – 460 B.C. – The groom's mother leads the new couple in the house where a seated male youth is playing double aulos.

2. Music and healing

Ancient Greeks believed that music had the power to console people, affecting their moods and curing certain diseases. In the *Iliad*, the Achaeans tried to activate the healing powers of Apollo by singing paeans (**51**; *cf.* **63**); Hesiod refers to the therapeutic power of the Muses' gift, which enabled the aoidos to cheer up a grieving man by singing about gods and deeds of men of earlier times (**52**; *cf.* West 2, 59). In Sparta, music was believed to help in the avoidance of civic disaster (**69**; *cf.* **53**).

According to Plato, if the soul loses its inner harmony, music assists in restoring it to order and concord with itself (**58**). Damon, one of the most important theorists of music, was the first to focus on the ethical effects of music in connection with the education of the young, future citizens of the *polis*, as well as on the relation between musical customs and laws of the polis (Plat. *pol.* 4, 424c).

Apart from its educational attributes, music's emotional effects could lead to katharsis. The mythological *aition* can be found in the history of Melampous who healed the Argive women homeopathetically, «with the help of ritual cries and a sort of possessed dancing» (Dodds 77; **64**). Dionysiac and Corybantic rituals promised to give katharsis to the mentally disturbed homeopathetically, by using orgiastic dance and music, i.e. by activating the emotional part of the soul through violent movements and tunes (**57. 59**; Dodds 77-78). Plato and Aristotle considered these rituals useful tools of social health.

Not every kind of music or instrument can function therapeutically. Very important for its cathartic effects is the music of the aulos, especially when played in the Phrygian mode, best suited for healing many mental diseases, owing to its power over the emotions. It is noteworthy that when Plato refers to the relation between music and madness he does not use the word *mousike* but the words *aulos* or its composites (11 times), *melos* (4 times) and *rhythmos* (once) while there is no mention of percussion instruments (Rouget 297-306). Plato in *Ion* maintains that there are specific *mele* that influence excited souls (see Dodds 81) serving both as a diagnosis and as a cure (Dodds 79; **59**; *cf.* also **61**). Among various musical genres, paeans (**51. 63. 70**) and incantations (**54. 60**) were considered as more appropriate for therapeutic and purificatory purposes, though in incantations words were more powerful than music.

Music also served an important role in the katharsis of the soul according to the Orphics and the Pythagoreans. The latter developed various types of musicotherapy (**62. 70-71**). In order to reach katharsis they aimed to cure the emotions and the irrational part of the soul (**68**).

For the Orphics music – especially incantations – had magical powers which could even influence the natural order. According to Plato incantations were used by Orphic priests in order to expiate and cure an ancestor's misdeeds (**60**). A scholium to Virgil about an Orphic poem called *The Lyre*, implies that the soul of a dead person could escape the bonds of death and be brought back by means of the lyre's music (West, M. L., *The Orphic Poems* [1983] 29-33). The presence of Orpheus on funerary vases of South Italy relates to these beliefs about the afterlife (Trendall, *RFSIS* 268).

BIBLIOGRAPHY: Blakely, S., «Madness in the Body Politic: Kouretes, Korybantes, and the Politics of Shamanism», in Hubert, J. (ed.), *Madness, Disability and Social Exclusion. The Archaeology and Anthropology of 'Difference'* (2002) 119-127; Boyancé, P., *Les cultes des Muses chez les philosophes grecs* (1972); Dodds, E. R., *The Greeks and the Irrational* (1951); West, M. L., *Ancient Greek Music* (1992) (= West 1); id., «Music Therapy in Antiquity», in Horden, P. (ed.), *Music as Medicine. The History of Music Therapy since Antiquity* (2000) 51-68 (= West 2).

LITERARY SOURCES

51. Hom. *Il.* 1, 472-474. – «So the whole day long they sought to appease the god with song (μολπῇ), singing the beautiful paean, the sons of the Achaeans, hymning the god that worketh afar; and his heart was glad as he heard» (trans. A. T. Murray, LCL).

52. Hes. *theog.* 98-103. – Therapeutic power of the Muses' gift: «when a singer, the servant of the Muses, chants the glorious deeds of men of old and the blessed gods who inhabit Olympus, at once [the grieving man] forgets his heaviness and remembers not his sorrows at all; but the gifts of the goddesses soon turn him away from these» (trans. H. G. Evelyn-White, LCL). *Cf.* West 2, 59.

53. Pratinas, Page, *PMG* 713 (iii) = Plut. *de mus.* 1146c. – Thaletas released Sparta from the grip of plague. *Cf.* Paus. 1, 14, 4.

54. Pind. *P.* 3.51. – Asclepius relieved people of their ills by means, among others, of calming incantations (μαλακαῖς ἐπαοιδαῖς).

55. Soph. *Ichn.* 325 (= *TrGF* IV F 314, 325). – The lyre is remedy (ἄκεστρον) and comfort for the unhappy.

56. Eur. *Iph. T.* 1336-1338. – Iphigeneia «raised the sacrificial shout and intoned barbarian songs, playing the role of magus, as she were cleansing blood guilt». (trans. D. Kovacs, LCL).

57. Plat. *nom.* 7, 790d-791b. – Motion could be a very appropriate remedy for very excited people, such as children and the Korybantes. When children are sleepless, mothers do not give them quiet but motion, «and instead of silence, they use a spell upon the children (καταυλοῦσι), like the victims of Bacchic frenzy by employing movements of dance and song (χορείᾳ καὶ μούσῃ) as a remedy». The causes of both affections (πάθη) are «forms of fright; and frights are due to poor condition of the soul. So whenever one applies an external shaking to affections of this kind, the external motion overpowers the internal motion of fear and frenzy, … and brings a manifest calm in the soul and a cessation of the grievous palpitation of the heart which had existed in each case. Thus it produces very satisfactory results. The children it puts to sleep; those who are awake, it brings into a sound state of mind instead of a freiend condition, by means of dancing and aulos music (ὀρχουμένους τε καὶ αὐλουμένους), with the help of whatsoever gods they chance to be worshipping with sacrifice» (trans. R. G. Bury, LCL, slightly modified).

58. Plat. *Tim.* 47d-e. – «And harmony, which has motions akin to the revolutions of the Soul within us, was given by the Muses to him who makes intelligent use of the Muses, not as an aid to irrational pleasure, as is now supposed, but as an auxiliary to the inner revolution of the Soul, when it has lost its harmony, to assist in restoring it to order and concord with itself. And because of the unmodulated condition, deficient in grace, which exists in most of us, Rhythm also was bestowed upon us to be our helper by the same deities and to the same ends» (trans. R. G. Bury, *LCL*).

59. Plat. *Ion* 536c. – «The Corybantian worshippers are keenly sensible of that strain (μέλους) alone which belongs to the god whose possession is on them, and have plenty of gesture and phrases for that tune, but do not heed any other» (trans. W. R. M. Lamb, *LCL*). See also Linforth, I., «The Corybantic rites in Plato», *University of California Publications in Classical Philology* 13 (1945) 121–162; Rouget, G., *La musique et la transe* (1990²); Ustinova, Y., «Corybantism: the Nature and Role of an Ecstatic Cult in the Greek Polis», *Horos* 10–12 (1992–98) 503–520.

60. Plat. *pol.* 2, 364b-c. – «And begging priests and soothsayers go to rich men's doors and make them believe that they by means of sacrifices and incatations (ἐπῳδαῖς) have accumulated a treasure of power of the gods that can expiate and cure with pleasurable festivals any misdeed of a man or his ancestors» (trans. P. Shorey, *LCL*).

61. Aristot. *pol.* 8, 1342a, 8–11. – «Under the influence of sacred music, we see these (the emotional) people, when they use tunes that violently arouse the soul, being thrown into a state as if they had received medicinal treatment and taken a purge (καθάρσεως)» (trans. H. Rackham, *LCL*).

62. Aristox. *fr.* 26 (Wehrli). – The Pythagoreans used music for the purification of the soul.

63. Aristox. *fr.* 117 (Wehrli). – When a strange madness afflicted the women of the Locrians and the inhabitants of Rhegium, the oracle advised the two cities to sing in spring 12 paeans a day for 60 days, to release the women from the disease.

64. Apollod. *bibl.* 2, 2, 2. – «So Melampous, taking with him the most stalwart of the young men, chased the women in a bevy from the mountains to Sikyon with shouts and a sort of frenzied dance (μετ' ἀλαλαγμοῦ καί τινος ἐνθέου χορείας)» (trans. J. G. Frazer, *LCL*). *Cf.* Diod. Sic. 4, 68, 4; Paus. 2, 18, 4.

65. Plut. *quaest. conv.* 712f–713a. – Blowing on the aulos and plucking the lyre bring calm to our mind and soothe our moods.

66. Plut. *de Is. et Os.* 384 a. – The Pythagoreans used to employ the tunes of the lyre «before sleeping as a charm and a cure for the emotional and irrational in the soul» (trans. F. C. Babbitt, *LCL*). *Cf.* Athen. 14, 624f for the Pythagorean Kleinias. *Cf.* Arist. Quint. 2, 19 (91, 30).

67. Dion Chrys. 32, 56–57. – «And yet the arts of Muses and Apollo are kindly gifts and pleasing. For Apollo is addressed as Healer and as Averter-of-Evil (Παιήονα καὶ Ἀλεξίκακον), in the belief that he turns men aside from misfortune and implants health in soul and body, not sickness or madness; and the Muses are called maidens, implying their modesty and their chastity. Furthermore, music is believed to have been invented by men for the healing of their emotions (παθῶν), and especially for transforming souls which are in a harsh and savage state. That is why some philosophers attune themselves to the lyre at dawn, thereby striving to quell the confusion caused by their dreams. And it is with song that we sacrifice to the gods, for the purpose of insuring order and stability in ourselves. And there is, moreover, a different type of song, accompanied by the aulos, that is employed at time of mourning, as men attempt, no doubt, to heal the harshness and the relentlessness of their grief and to mitigate the pain by means of song, song that operates scarce noticed amid lament (δι' ᾠδῆς λανθανούσης μετὰ γόων), just as physicians, by bathing and softening wounds that are inflamed, remove the pain». (trans. H. Lamar Crosby, *LCS*, slightly modified).

68. Athen. 4, 184e. – Many of the Pythagoreans were devoted to aulos playing. *Cf.* though Arist. Quint. *de mus.* 2, 19.

69. Ail. *var.* 12, 50. – «The Spartans ... if they needed help from the Muses in sickness or madness or any other such civic disaster, they would send for foreigners, doctors or purifiers, in accordance with a pronouncement from the Delphic Oracle. For example they sent for Terpander and Thaletas and Tyrtaeus and Nymphaeus of Cydonia and Alcman, who was a Lydian» (trans. D. A. Campbell, *LCL Greek Lyric* 2 (1988) 299); *Cf.* Suda *s.v.* «μετὰ Λέσβιον ᾠδόν». – During a period of civic strife, Terpander brought the souls of Spartans into harmony.

70. Porph. *v. Pyth.* 32. – Pythagoras sang paeans by Thaletas and verses by Homer and Hesiod to bring the soul into a calm state. *Cf.* Iambl. *v. P.* 164. – For the power of music to charm away troubles of the body and the soul see also Porph. *v. Pyth.* 30. 33. 41. 112.

71. Iambl. *v. P.* 25, 114. – «The Pythagorean school created what is called 'musical arrangement' and 'musical combination' and (musical) treatment, skilfully reversing dispositions of the soul to opposite emotions with certain suitable tunes. For on going to bed they purified their intellects from the disturbances and pervasive noise of the day with certain odes and special types of tunes, and secured for themselves by this means quiet sleep with few and good dreams. And on rising again from bed, they got rid of sluggishness and drowsiness by means of a different type of chant, and sometimes even with melodies without words. There are cases in which they healed emotions and certain sicknesses, as they say, truly by means of singing as an incantation and it is probable that thence the noun 'incantation' passed into common use. So Pythagoras established the more useful method of improvement of human characters and ways of life by means of music» (trans. J. Dillon/J. Hershbell, *Iamblichus. On the Pythagorean Way of Life* [1991]). See also Iambl. *v. P.* 15, 64–65; 25, 110–113; 29, 164; 32, 224.

3. Music in funerals

According to ancient sources, the musical genres related to death were the θρῆνος (lamentation) (also called ἐπικήδειος ᾠδή. *Cf.* Barker I, 69 n. 44: *epikedios*, before burial, *epitaphios* after **95**), and in many cases not distinctive from γόος, the ἰάλεμος or ἰήλεμος, the αἴλινος (**75**), the ἔλεγος or ἐλεγεῖον (for the mournful origins of this genre see Alexiou 104). The θρῆνος and γόος were hardly distinguished by classical writers. In Homeric epics, θρῆνος occurs twice and seems to be a song performed by professionals (see **72**). That is why probably threnos was developed artistically by lyric poets, as Pindar and Simonides, although the classification of many of them as θρῆνοι by Alexandrian scholars cannot be certain (Alexiou 11–12.). Γόος, the most frequent term in Homeric epics, is performed by relatives and has an improvised content. Mourners, professional and non-professional, principally women, could be interwoven in an antiphonal singing (antiphonal verses, followed by refrain of cries, a form which survived in the κομμός of tragedy **72. 73. 77**).

From the time of Solon laws were established to control excessive demonstration at funerals – especially of women –, and in Athens composed dirges were forbidden (**89. 96–97**; Alexiou 14–23). It is very interesting that after the 6th cent. B.C., representations of mourners on vases are very rare. During that period, the scenes related to music depicted on funeral vases or monuments are either sirens – symbols of lamentation –, or the lyre in the hands of the deceased. The lyre symbolizes the happiness of Elysium and the absence of sorrow (Maas/McIntosh-Snyder 89; *cf.* Delatte).

Instrumental music (especially stringed instruments) was not considered appropriate for the expression of profound grief (**74. 79**). This is probably why music was usually absent in the sacrifices to chthonic deities (Quasten 2–3. 18–19). The term ἄλυρος, lyre-less, was frequently used by the tragedians to describe laments and dirges (*cf.* **80**). However, there were several types of auloi – an instrument with close relation to lamentation (**76. 90**) – associated with funerals (**93**; *cf.* Eur. *Hel.* 164–190 and Barker 67 n. 34). The auletes playing in funerals held the lower position in the hierarchy of musicians; note the reaction of the famous aulete Ismenias (or Antigenidas) when a musician for the funerals was called aulete (**96**). At the end of the 1st cent AD auletes for funerals are mentioned with the specialized name τυμβαύλης (**92**; *cf.* also θρηναύλης, **99**), designating their speciality.

BIBLIOGRAPHY: Alexiou, M., *The Ritual Lament in Greek Tradition* (1974); Barker, A., *Greek Musical Writings* I. *The Musician and his Age* (1984) esp. 62–71; Boardman, J., «Painted Funerary Plaques and Some Remarks on Prothesis», *BSA* 50 (1955) 51–66; Brand, H., *Griechische Musikanten im Kult. Von der Frühzeit bis zum Beginn der Spätklassik* (2000); Crowhurst, R., *Representations of Performance of Choral Lyric on the Greek Monuments. 800–330 B.C.* (1963) App. 4; Delatte, A., «La musique au tombeau dans l'antiquité», *RA* 21 (1913) 318–332; Andrikou, E./Goulaki-Voutira, A./Lanara, Ch./Papadopoulou, Z. (eds.), *Dons des Muses, Musique et danse dans la Grèce ancienne* (2003) (= *Dons des Muses*); Lambin, G., *La chanson grecque dans l'Antiquité* (1992); Loraux, N., *Les mères en deuil* (1990); *ead.*, *La voix endeuillée. Essai sur la tragédie grecque* (1999); Maas, M.,/McIntosh-Snyder, J., *Stringed Instruments of Ancient Greece* (1989); Mathiesen, Th., *Apollo's Lyre. Greek Music and Music Theory in Antiquity and the Middle Ages* (1999); Quasten, J., *Music and Worship in Pagan and Christian Antiquity* (original: *Musik und Gesang in den Kulten der heidnischen Antike und christlichen Frühzeit* [1930], 1983); Reiner, E., *Die rituelle Totenklage der Griechen* (1938). Vermeule, E., *Aspects of Death in Early Greek Art and Poetry* (1979); West, M. L., *Ancient Greek Music* (1992).

LITERARY SOURCES

72. Hom. *Il.* 24, 719–722. – Threnos performed by professional aoidoi and women, when Hector's body was brought back to Troy: «But the others, when they had brought him to the glorious house, laid him on corded bedstead, and by his side set singers, leaders of the dirge, who led the song of lamentation – they chanted the dirge, and thereat the women made lament. And amid these white-armed Andromache led the wailing (ἦρχε γόοιο), holding in her arms the while the head of man-slaying Hector» (trans. A. T. Murray, *LCL*).

73. Hom. *Od.* 24, 58–61. – «Then around thee stood the daughters of the old man of the sea wailing piteously, and they clothed them about with immortal raiment. And the Muses, nine in all, replying to one another with sweet voices, led the dirge» (trans. A. T. Murray, *LCL*).

74. Stesich., Page, *PMG fr.* 232. – «Apollo loves dancing most of all and merriment and songs, but mourning and wailing are the portion of Hades» (trans. D. A. Campbell, *LCL Greek Lyric* 3 (1991) 163).

75. Pind. *fr.* 128c 4–10 = *Scholia* Eur. *Rhesus* 895. – The lament was named before in honor of Ialemos son of Apollo and Kalliope as Pindar says «(...) but (other songs) put to sleep three sons of Kalliope, so that memorials of the dead might be set up for her. The one sang *ailinon*, for long haired Linos; another sang of Hymenaios, whom the last of hymns took when at night his skin was first touched in marriage; and another sang of Ialemos, whose strength was fettered by a flesh-rending disease» (trans. W. H. Race, *LCL*). On the linus-song, see *Scholia* b Hom. *Il.* 18, 570.

76. Pind. *P.* 12, 6–10. – «Athena once invented, by weaving into music the fierce Gorgon's deathly dirge that she heard pouring forth from under the unapproachable snaky heads of the maidens in their grievous toil» (trans. W. H. Race, *LCL*).

77. Aischyl. *Pers.* 1038–1077. – Final antiphonal lament (chorus and Xerxes). Other antiphonal laments in *Ag.* 1448–1576, *Choeph.* 306–478, *Sept.* 980–1010. On antiphonal laments, see Alexiou 131ff.

78. Aischyl. *Pers.* 938. – Mariandynian mourner. *Cf.* also *Schol.* Aischyl. *Pers.* 938. – «Callistratus in Book 2 of his work *On Heraclea* says Tityus had three sons, Priolas, Mariandynus and Bormus, who was killed while hunting: even now, the Mariandynians mourn his death in the height of summer. Mariandynus developed the pipe song for use in mourning, and he was the teacher of Hyagnis, Marsyas' father. Certain pipes are known as Mariandynian and are suitable for songs of mourning; there is also the saying, 'he pipes on Mariandynian reeds, playing in the Ionian tuning', the Mariandynians being singers of mourning-songs» (trans. D. A. Campbell, *LCL Greek Lyric* 5 (1993), 265). For oriental influences in mourning, see also Aischyl. *Choeph.* 423-428. *Cf.* Plat. *nom.* 800d-e; L 18, 23.

79. Soph. *fr.* 765 Nauck. – The nabla and the lyre are not appropriate for laments.

80. Eur. *Iph. T.* 144-146. – «In what painful lamentations am I enmeshed, in elegies that no lyre accompanies and the muses do not love» (trans. D. Kovacs, *LCL*).

81. Eur. *Or.* 1381ff. – The Phrygian laments the destruction of Ilion by singing the chariot melody (ἁρμάτειον μέλος) with barbarian cry. He repeats the ritual cries of lament ἰαλέμων, ἰαλέμων, and αἴλινον, αἴλινον which is the beginning of the barbarian's lament in Asian tones (1395ff.).

82. Eur. *Alc.* 430-431. – When Admetus mourns his wife, he orders the stopping of the music of lyre and aulos in the city for 12 months.

83. Isokr. 9, 1. – (The discourse entitled *Evagoras*, is an encomium composed for a festival held by Nikokles in memory of his father Evagoras, king of Salamis at Cyprus): Nikokles honours the tomb of his father with rich offerings, dances, music, athletic contests etc.

84. Posidonius in Athen. 13, 594e. – Harpalus escorted the corpse of his mistress Pythionike to the burial place with a large chorus of the best Dionysiac artists and with all kinds of instruments.

85. Apollod. *bibl.* 3, 15, 7. – Minos was sacrificing to the Graces in Paros, when he learned about the death of his son Androgeos: «he threw away the garland from his head and stopped the music of the aulos, but nevertheless completed the sacrifice; hence down to this day they sacrifice to the Graces in Paros without *auloi* and garlands» (trans. J. G. Frazer, *LCL*).

86. Plut. *quaest. conv.* 3, 657a. – «Dirge and funeral (ἐπικήδειος) aulos at first rouse grief and cause tears to flow, and thus by leading the soul to pity little by little remove and consume distress» (trans. P. Clement/H. Hoffleit, *LCL*). *Cf.* Arist. Quint. 2, 4 (57, 29-31).

87. Plut. *cons. ad Apoll.* 114f. – Funeral festivals with musicians (in anniversary days of death) «those who have been in the deepest grief and greatest mourning often become most cheerful under the influence of time, and at the very tombs where they gave violent expression to their grief by wailing and beating their breasts, they arrange most elaborate banquets with musicians and all the other forms of diversion» (trans. F. C. Babbitt, *LCL*). *Cf.* Lukian. *luct.* 19.

88. Plut. *de mus.* 1136c. – Olympus played an *epikedeion* for the Python in the Lydian mode. *Cf.* Pollux 4, 79. See also Plat. *pol.* 3, 398e-399a: The mixed-Lydian and the tense-Lydian are very threnodic *harmoniai*.

89. Plut. *Sol.* 21, 4-5. – «(Solon) also subjected the public appearances of the women, their mourning and their festivals, to a law which did away with disorder and licence (...). Laceration of the flesh by mourners, and the use of set lamentations, and the bewailing of anyone at the funeral ceremonies of another, he forbade (...). Most of these practices are also forbidden by our laws, but ours contain the additional proviso that such offenders shall be punished by the board of censors for women, because they indulge in unmanly and effeminate extravagances of sorrow when they mourn» (trans. B. Perrin, *LCL*). *Cf.* Plut. *Lyc.* 27. – All mourning for the dead must end after 11 days. See also Alexiou 14-23.

90. Plut. *de E apud Delphos* 394b-c. – Aulos in the beginning was related to funeral ceremonies.

91. Plut. *Arist.* 21. – A funeral procession is undertaken annually to make funeral offerings, led by a trumpeter sounding the signal for battle (τὸ πολεμικόν).

92. Dion Chrys. 49, 12. – «It made Ismenias especially angry that the pipers at funerals (τυμβαύλας) should be called auletes (αὐλητάς)». *Cf.* Apul. *flor.* 1, 4.

93. Pollux 4, 76; 4, 102. – The monaulos (single aulos) of Phrygian origin, and the giggras, another type of monaulos of Phoenician origin, are appropriate for lamentation; *Cf.* Athen. 4, 174f-175a; 14, 618c: the αὐλὸς γίγγρας was used by Carians for lamentation. See also Plat. *nom.* 800d-e; Arist. Quint. 2, 4 (57, 29-31).

94. Ail. *var.* 12, 43. – Famous persons coming from low status parents, such as Eumenes whose father was a poor aulete at funerals.

95. Serv. *ecl.* 5, 14: *Epikedion* is sung before the burial, contrasted with *epitaphion*. See Barker I, 69 n. 44. *Cf.* Prokl. *ch. ap.* Phot. *bibl.* 321a 30-33. According to Proclus, the *epikedion* is uttered during the funeral, whereas the *threnos* has no limits of time.

EPIGRAPHICAL SOURCES

96. *LSCG* 97 A 10-12 (second half of 5th cent. B.C.). – Law from Ioulis. The funeral procession must be silent. West 23-24; Alexiou 15-16. *Cf.* also *LSAM* 16.

97. *LSCG* 77 C 13ff (ca. 400 B.C.). – Delphi, regulation of Labyadai: wailing is forbidden during the ekphora and is permitted at the tomb. No set dirges, no lamenting on the tombs of those long dead. Ban of dirges on the customary days after burial. See Alexiou 16.

98. Copenhagen, Nat. Mus. 14897 (2nd cent. A.D.). – Funeral song of Seikilos inscribed on a grave stele. – Pöhlmann, E./West, M. L., *Documents of Ancient Greek Music* (2001) no. 23.

99. *PSA Athen*. 43 verso I, 13 (2nd cent. A.D.). –]μωρος, θρηναύλης. in a papyric catalogue of auletes from Egypt.

ICONOGRAPHICAL DOCUMENTS

100.* (= *ThesCRA* II Music, Gr. **158***) Oenochoe, Attic LG. Athens, NM 17497. – *CVA* 2 pl. 12, 1–4; Rombos, Th., *The Iconography of Attic Late Geometric II Pottery* (1988) 283 ff; Brand 69–74 (GAtt10). – Late 8th cent. B.C. – On the shoulder, cult, probably funeral, scene: in the middle, on a very high seat, a man to the r. plays a four-string phorminx. The phorminx-player is flanked by two other seated men holding a spindle-like object in each hand (rattle?) and having a stemmed vase (kylix?) in front of them. For another interpretation of the kylix see *Dons des Muses* no. 46. For other examples of the same group see Rombos 286 and Brand (*supra*). See Rystedt, E., «Notes on the Rattle Scenes on Attic Geometric Pottery», *OpAth* 19 (1992) 125–133.

101.* (= *LIMC* I Achilleus **897***, VI Nereides **415**) Hydria, Corinthian. Paris, Louvre E 643. From Caere. – Payne, *NC* no. 1446; Crowhurst no. 225, Maas/McIntosh-Snyder 38. 51 fig. 15a. – Mid 6th cent. B.C. – Prothesis scene: Nereids mourn over the body of Achilles; one of the Nereids holds a nine-string lyre in one hand. The lyre here serves as a symbol as the armour beneath the couch: it symbolizes the musical *paideia* of Achilles, described in the Hom. *Il*. 9, 186–189.

102. (= *ThesCRA* VI 1 e Death and burial, Gr. pl. 52, 2) One-handled kantharos, Attic bf. Paris, Cab. Méd. 353. – *ABV* 346, 7; *CVA* 2, pl. 71, 2; 72, 1–5; Crowhurst no. 228; Laxander, H., *Individuum und Gemeinschaft im Fest* (2000) 117–119. 205 EZ 4 pl. 64. – Late 6th cent. B.C. – Funeral procession: arrival of corpse at tomb carried by four bearers, followed by two female mourners, young rider and an old man. Behind the tomb, female mourners are waiting with aulos-player and warriors executing a funeral dance.

103.* One handled kantharos, Attic bf. Paris, Cab. Méd. 355. – *ABV* 346, 8; *CVA* 2, pl. 71, 2. 4. 6; 73, 1–3; Vermeule 20 fig. 16 Laxander, *o.c.* **102**, 117–119. 205 EZ 5 pl. 66. – Late 6th cent. B.C. – Arrival of the funeral procession at the tomb: Warriors executing funeral dance, aulos player, two female mourners seated on the funeral wheeled platform, two others, facing each other, standing near the mules pulling the cart.

104.• Lekythos, Attic bf. Once Athens, Coll. Fauvel. – *ABV* 586, 11: Manner of the Emporion P.; Vermeule 204 fig. 27. – 500–450 B.C. – Two sirens, one playing double auloi, on a pair of earth-heaped tombs in a grove. Sirens, symbols of beautiful music and death, are also often depicted on funeral monuments holding musical instruments (*LIMC* VIII Suppl. Seirenes **106–113**).

ZOZIE D. PAPADOPOULOU

Plates / Planches / Tafeln / Tavole

1.a. NAISSANCE ET PETITE ENFANCE, GR.

1. Naissance, gr. (note 2)

2. Naissance, gr. (note 2)

3. Naissance, gr. (note 39)

4. Naissance, gr. (note 41)

1.a. NAISSANCE ET PETITE ENFANCE, GR.

1. Naissance, gr. (note 49)

2. Naissance, gr. (note 50)

3. Naissance, gr. (note 65)

1.a. NAISSANCE ET PETITE ENFANCE, GR. – 1.a. NAISSANCE ET PETITE ENFANCE, ÉTR.

1. Naissance, gr. (note 66)

2. Naissance, gr. (note 71)

3. Naissance, étr. (note 1)

4. Naissance, étr. (note 2)

1.a. NAISSANCE ET PETITE ENFANCE, ÉTR.

1. Naissance, étr. (note 3)

2. Naissance, étr. (note 3)

3. Naissance, étr. (note 5)

4. Naissance, étr. (note 6)

5. Naissance, étr. (note 10)

1.a. NAISSANCE ET PETITE ENFANCE, ÉTR. – 1.a. NAISSANCE ET PETITE ENFANCE, ROM.

1. Naissance, étr. (note 11)

2. Naissance, étr. (note 14)

3. Naissance, étr. (note 15)

4. Naissance, rom. (note 24)

1.a. NAISSANCE ET PETITE ENFANCE, ROM.

1. Naissance, rom. (note 3)

2. Naissance, rom. (note 30)

3. Naissance, rom. (note 38)

4. Naissance, rom. (note 50)

1.a. NAISSANCE ET PETITE ENFANCE, ROM.

1. Naissance, rom. (note 50)

2. Naissance, rom. (note 67)

1.a. NAISSANCE ET PETITE ENFANCE, ROM. – 1.b. KINDHEIT UND JUGEND, GR.

1. Naissance, rom. (note 69)

2. Kindheit, gr. (Anm. 8)

3. Kindheit, gr. (Anm. 29)

1. Kindheit, gr. (Anm. 30)

2. Kindheit, gr. (Anm. 30)

1. Kindheit, gr. (Anm. 30)

2. Kindheit, gr. (Anm. 31)

3. Kindheit, gr. (Anm. 43)

1.b. KINDHEIT UND JUGEND, GR.

1. Kindheit, gr. (Anm. 36)

2. Kindheit, gr. (Anm. 44)

3. Kindheit, gr. (Anm. 45)

1. Kindheit, gr. (Anm. 47)

2. Kindheit, gr. (Anm. 50)

1.b. KINDHEIT UND JUGEND, GR.

1. Kindheit, gr. (Anm. 51)

2. Kindheit, gr. (Anm. 52)

3. Kindheit, gr. (Anm. 53)

1. Kindheit, gr. (Anm. 57)

2. Kindheit, gr. (Anm. 56)

3. Kindheit, gr. (Anm. 60)

4. Kindheit, gr. (Anm. 64)

1.b. KINDHEIT UND JUGEND, GR.

1. Kindheit, gr. (Anm. 64)

2. Kindheit, gr. (Anm. 69)

3. Kindheit, gr. (Anm. 67)

1. Kindheit, gr. (Anm. 75)

2. Kindheit, gr. (Anm. 78)

1.b. KINDHEIT UND JUGEND, GR.

1. Kindheit, gr. (Anm. 78)

2. Kindheit, gr. (Anm. 83)

3. Kindheit, gr. (Anm. 89)

4. Kindheit, gr. (Anm. 90)

18   I.b. KINDHEIT UND JUGEND, GR.

1. Kindheit, gr. (Anm. 93)

2. Kindheit, gr. (Anm. 100)

3. Kindheit, gr. (Anm. 102)

1.b. KINDHEIT UND JUGEND, GR.

1. Kindheit, gr. (Anm. 104)

2. Kindheit, gr. (Anm. 107)

3. Kindheit, gr. (Anm. 108)

4. Kindheit, gr. (Anm. 111)

5. Kindheit, gr. (Anm. 112)

6. Kindheit, gr. (Anm. 119)

1.b. KINDHEIT UND JUGEND, GR.

1. Kindheit, gr. (Anm. 120)

2. Kindheit, gr. (Anm. 121)

3. Kindheit, gr. (Anm. 123)

4. Kindheit, gr. (Anm. 124)

5. Kindheit, gr. (Anm. 125)

1.b. KINDHEIT UND JUGEND, GR.

1. Kindheit, gr. (Anm. 128)

2. Kindheit, gr. (Anm. 129)

3. Kindheit, gr. (Anm. 140)

4. Kindheit, gr. (Anm. 157)

1.b. KINDHEIT UND JUGEND, GR.

1. Kindheit, gr. (Anm. 176)

2. Kindheit, gr. (Anm. 183)

3. Kindheit, gr. (Anm. 192)

4. Kindheit, gr. (Anm. 194)

5. Kindheit, gr. (Anm. 194)

1.b. KINDHEIT UND JUGEND, GR.

1. Kindheit, gr. (Anm. 205)

2. Kindheit, gr. (Anm. 207)

3. Kindheit, gr. (Anm. 223)

24   I.b. KINDHEIT UND JUGEND, GR.

1. Kindheit, gr. (Anm. 224)

2. Kindheit, gr. (Anm. 238)

3. Kindheit, gr. (Anm. 267)

4. Kindheit, gr. (Anm. 270)

5. Kindheit, gr. (Anm. 274)

6. Kindheit, gr. (Anm. 276)

1.b. KINDHEIT UND JUGEND, GR.

1. Kindheit, gr. (Anm. 283)

2. Kindheit, gr. (Anm. 286)

3. Kindheit, gr. (Anm. 292)

4. Kindheit, gr. (Anm. 294)

1.b. KINDHEIT UND JUGEND, GR.

1. Kindheit, gr. (Anm. 311)

2. Kindheit, gr. (Anm. 321)

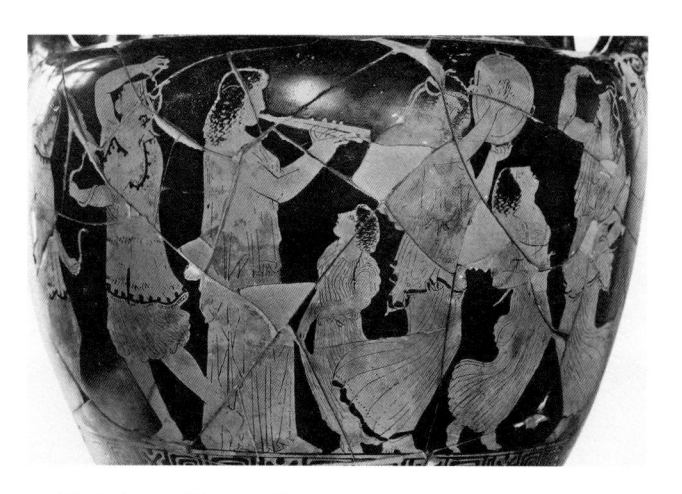

3. Kindheit, gr. (Anm. 328)

4. Kindheit, gr. (Anm. 377)

5. Kindheit, gr. (Anm. 347)

I.b. KINDHEIT UND JUGEND, GR.

1. Kindheit, gr. (Anm. 385)

2. Kindheit, gr. (Anm. 385)

3. Kindheit, gr. (Anm. 389)

4. Kindheit, gr. (Anm. 394)

5. Kindheit, gr. (Anm. 396)

1.b. KINDHEIT UND JUGEND, GR.

1. Kindheit, gr. (Anm. 412)

2. Kindheit, gr. (Anm. 417)

3. Kindheit, gr. (Anm. 427)

4. Kindheit, gr. (Anm. 428)

5. Kindheit, gr. (Anm. 436)

6. Kindheit, gr. (Anm. 436)

1.b. ENFANCE ET ADOLESCENCE, ÉTR.

1. Enfance, étr. (note 8)

2. Enfance, étr. (note 6)

3. Enfance, étr. (note 9)

4. Enfance, étr. (note 11)

5. Enfance, étr. (note 14)

1. Enfance, étr. (note 14)

1.b. ENFANCE ET ADOLESCENCE, ÉTR.

1. Enfance, étr. (note 15)

2. Enfance, étr. (note 32)

3. Enfance, étr. (note 16)

4. Enfance, étr. (note 20)

5. Enfance, étr. (note 30)

1. Enfance, rom. (notes 118. 148)

2. Enfance, rom. (note 128)

3. Enfance, rom. (note 136)

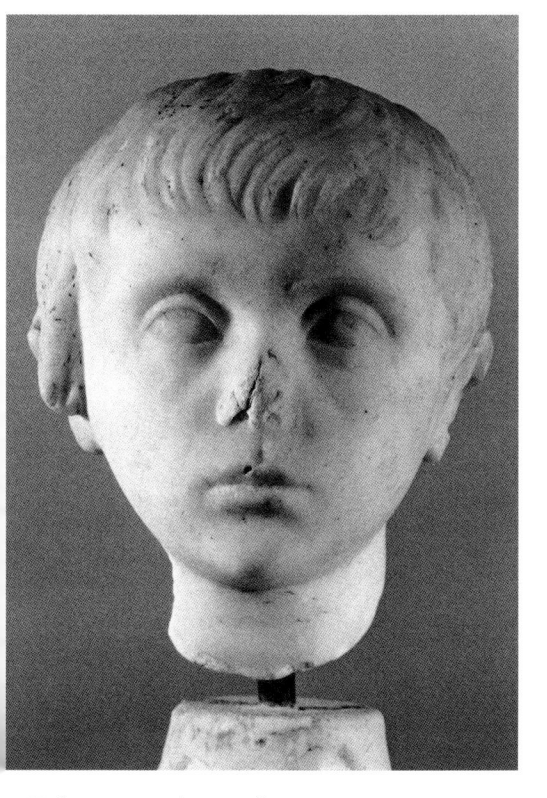

1.b. ENFANCE ET ADOLESCENCE, ROM.

1. Enfance, rom. (note 138)

2. Enfance, rom. (note 142)

3. Enfance, rom. (note 144)

4. Enfance, rom. (note 145)

5. Enfance, rom. (note 146)

6. Enfance, rom. (note 157)

1. Marriage, gr. (note 35)

2. Marriage, gr. (note 44)

3. Marriage, gr. (note 46)

1. Marriage, gr. (note 26)

2. Marriage, gr. (note 47)

3. Marriage, gr. (note 54)

4. Marriage, gr. (note 56)

1. Marriage, gr. (note 58)

2. Marriage, gr. (note 59)

3. Marriage, gr. (note 60)

1.C. MARRIAGE, GR.

1. Marriage, gr. (note 64)

2. Marriage, gr. (note 67)

3. Marriage, gr. (note 72)

4. Marriage, gr. (note 68)

5. Marriage, gr. (note 69)

1. Marriage, gr. (note 74)

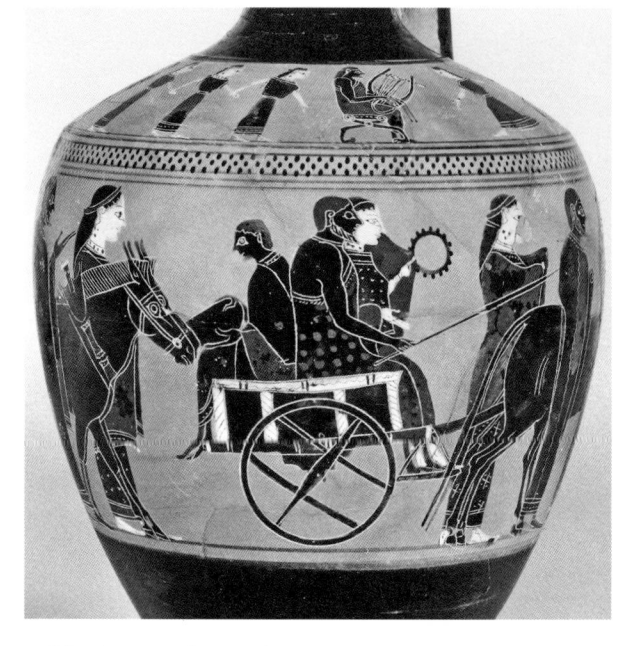

2. Marriage, gr. (note 79)

3. Marriage, gr. (note 76)

1. Marriage, gr. (note 79)

2. Marriage, gr. (note 86)

3. Marriage, gr. (note 85)

1. Marriage, gr. (note 89)

2. Marriage, gr. (note 102)

1.C. MATRIMONIO, ETR.

1. Matrimonio, etr. (nota 11)

2. Matrimonio, etr. (note 41-42)

3. Matrimonio, etr. (nota 46)

42   1.C. MATRIMONIO, ETR.

1. Matrimonio, etr. (nota 45)

2. Matrimonio, etr. (nota 46)

3. Matrimonio, etr. (nota 48)

1.C. MATRIMONIO, ETR.

1. Matrimonio, etr. (nota 48)

2. Matrimonio, etr. (nota 50)

3. Matrimonio, etr. (nota 50)

1. Mariage, rom. (note 6)

2. Mariage, rom. (note 6)

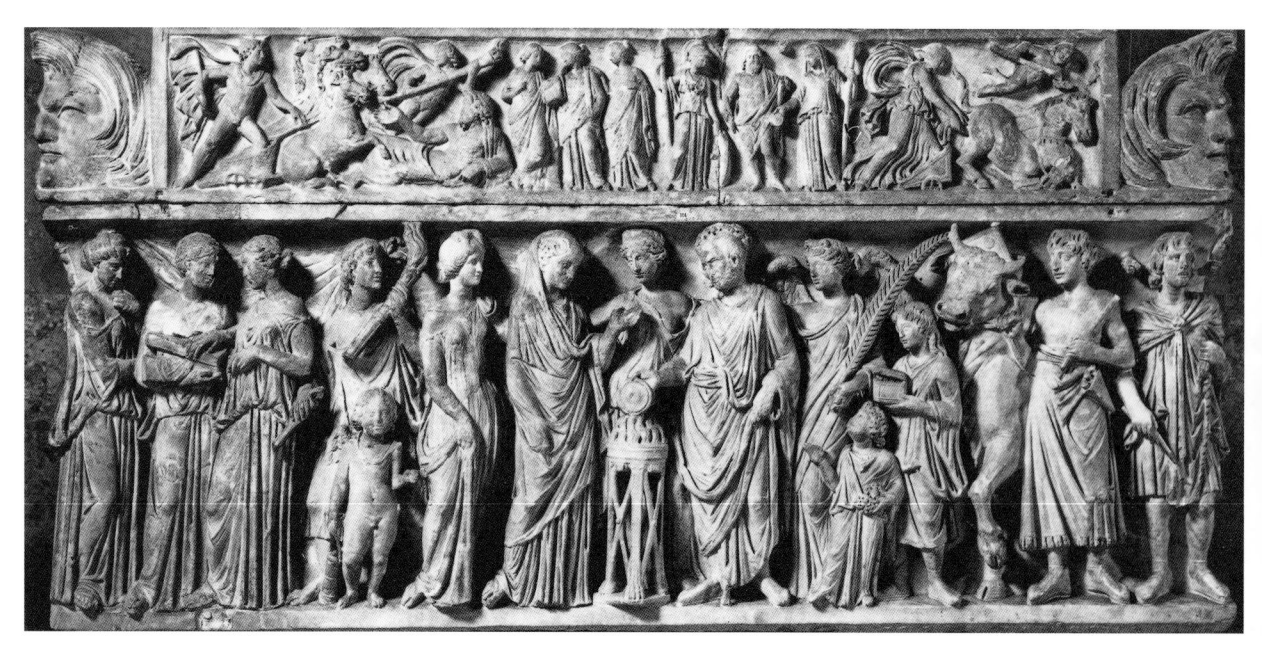

3. Mariage, rom. (note 8)

1.C. MARIAGE, ROM.

1. Mariage, rom. (note 8)

2. Mariage, rom. (note 9)

3. Mariage, rom. (note 65)    4. Mariage, rom. (note 99)

46   1.c. MARIAGE, ROM. – 1.e. TOD UND BESTATTUNG, GR.

1. Mariage, rom. (note 97)

2. Tod, gr. (Anm. 10)

3. Tod, gr. (Anm. 4)

1.e. TOD UND BESTATTUNG, GR.

1. Tod, gr. (Anm. 8)

2. Tod, gr. (Anm. 12)

3. Tod, gr. (Anm. 15)

4. Tod, gr. (Anm. 17)

1. Tod, gr. (Anm. 19)

2. Tod, gr. (Anm. 24)

1.e. TOD UND BESTATTUNG, GR.

1. Tod, gr. (Anm. 29)

2. Tod, gr. (Anm. 35)

3. Tod, gr. (Anm. 39)

4. Tod, gr. (Anm. 40)

5. Tod, gr. (Anm. 37)

6. Tod, gr. (Anm. 37)

50   1.e. TOD UND BESTATTUNG, GR.

1. Tod, gr. (Anm. 42)

2. Tod, gr. (Anm. 41)

3. Tod, gr. (Anm. 48)

4. Tod, gr. (Anm. 43)

1.e. TOD UND BESTATTUNG, GR.

1. Tod, gr. (Anm. 49)

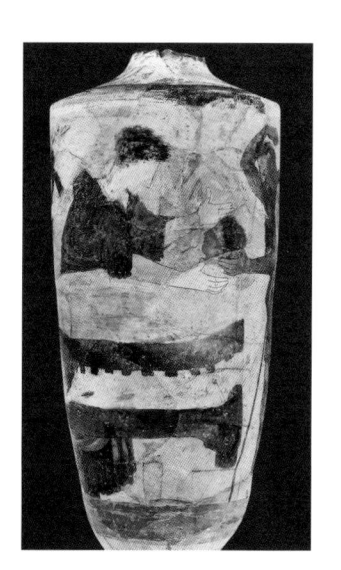

2. Tod, gr. (Anm. 51)

3. Tod, gr. (Anm. 56)

4. Tod, gr. (Anm. 55)

52   1.e. TOD UND BESTATTUNG, GR.

2. Tod, gr. (Anm. 58)

1. Tod, gr. (Anm. 57)   3. Tod, gr. (Anm. 63)

1.e. TOD UND BESTATTUNG, GR.

1. Tod, gr. (Anm. 75)

2. Tod, gr. (Anm. 82)

3. Tod, gr. (Anm. 83)

4. Tod, gr. (Anm. 85)

54 1.e. TOD UND BESTATTUNG, GR.

1. Tod, gr. (Anm. 87)

2. Tod, gr. (Anm. 88)

3. Tod, gr. (Anm. 89)

4. Tod, gr. (Anm. 91)

5. Tod, gr. (Anm. 93)

1.e. TOD UND BESTATTUNG, GR.

1. Tod, gr. (Anm. 103)

2. Tod, gr. (Anm. 104)

3. Tod, gr. (Anm. 108)

56   1.e. TOD UND BESTATTUNG, GR.

1. Tod, gr. (Anm. 109)

2. Tod, gr. (Anm. 110)

1. Tod, gr. (Anm. 113)

2. Tod, gr. (Anm. 114)

1.e. TOD UND BESTATTUNG, GR.

1. Tod, gr. (Anm. 120)

2. Tod, gr. (Anm. 121)

3. Tod, gr. (Anm. 122)

1.e. TOD UND BESTATTUNG, GR.

1. Tod, gr. (Anm. 128)

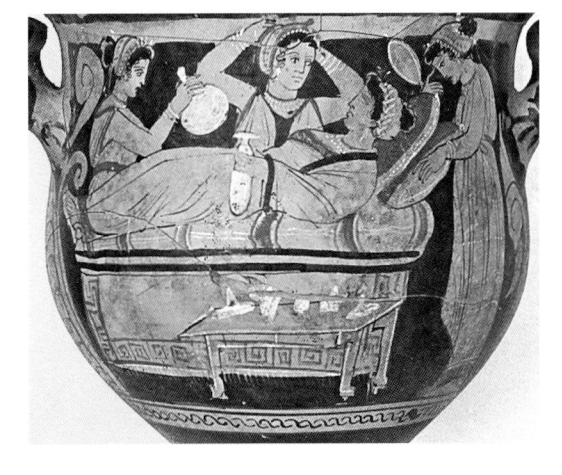

2. Tod, gr. (Anm. 133)

3. Tod, gr. (Anm. 134)

1.e. TOD UND BESTATTUNG, GR.

1. Tod, gr. (Anm. 137)

2. Tod, gr. (Anm. 148)

3. Tod, gr. (Anm. 145)

1.e. TOD UND BESTATTUNG, GR.

1. Tod, gr. (Anm. 148)

2. Tod, gr. (Anm. 154)

3. Tod, gr. (Anm. 151)

1.e. MORTE E INUMAZIONE, ETR.

1. Morte, etr. (nota 26)

2. Morte, etr. (nota 27)

3. Morte, etr. (nota 32)

1.e. MORTE E INUMAZIONE, ETR. 63

1. Morte, etr. (nota 47) 2. Morte, etr. (nota 53)

1. Morte, etr. (nota 57)

2. Morte, etr. (nota 71)

3. Morte, etr. (nota 66)

1.e. MORTE E INUMAZIONE, ETR.

1. Morte, etr. (nota 79)

2. Morte, etr. (nota 79)

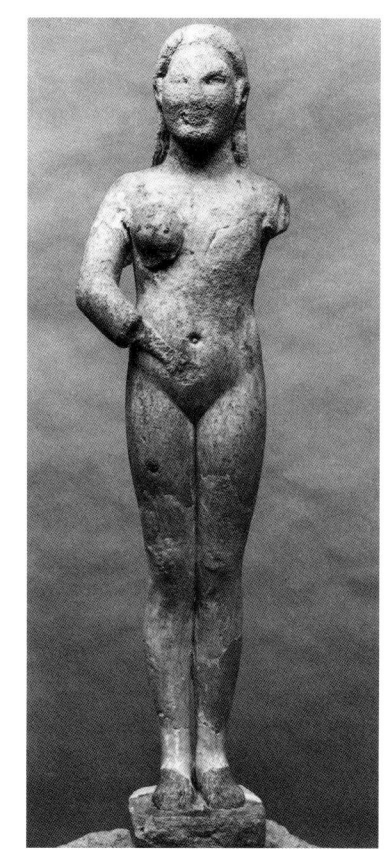

3. Morte, etr. (nota 98)

4. Morte, etr. (nota 89)

5. Morte, etr. (nota 112)

1.e. MORTE E INUMAZIONE, ETR.

1. Morte, etr. (nota 129)

2. Morte, etr. (nota 134)

3. Morte, etr. (nota 134)

4. Morte, etr. (nota 138)

1.e. MORTE E INUMAZIONE, ETR.

1. Morte, etr. (nota 145)

2. Morte, etr. (nota 147)

3. Morte, etr. (nota 155)

4. Morte, etr. (nota 165)

68   1.e. MORTE E INUMAZIONE, ETR.

1. Morte, etr. (nota 173)

2. Morte, etr. (nota 174)

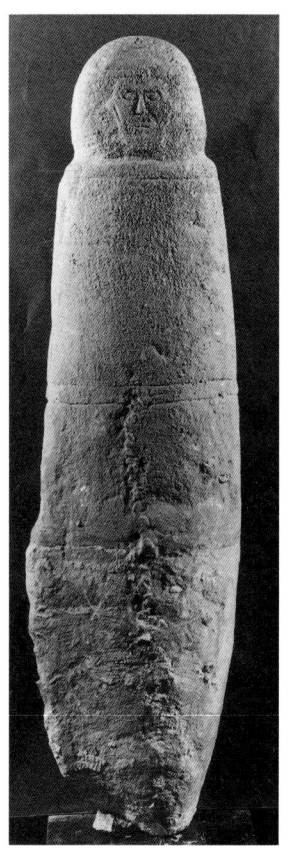

3. Morte, etr. (nota 177)

4. Morte, etr. (nota 187)

1.e. MORTE E INUMAZIONE, ETR.

1. Morte, etr. (nota 204)

2. Morte, etr. (nota 208)

3. Morte, etr. (nota 209)

4. Morte, etr. (nota 208)

70 1.e. TOD UND BESTATTUNG, RÖM.

1. Tod, röm. (Anm. 10. 35)

2. Tod, röm. (Anm. 18)

1.e. TOD UND BESTATTUNG, RÖM.

1. Tod, röm. (Anm. 14)

2. Tod, röm. (Anm. 15)

3. Tod, röm. (Anm. 20)

4. Tod, röm. (Anm. 21)

1.e. TOD UND BESTATTUNG, RÖM.

1. Tod, röm. (Anm. 23)

2. Tod, röm. (Anm. 26)

3. Tod, röm. (Anm. 29)

1.e. TOD UND BESTATTUNG, RÖM.

1. Tod, röm. (Anm. 33)

2. Tod, röm. (Anm. 32)

3. Tod, röm. (Anm. 41)

4. Tod, röm. (Anm. 42)

1.e. TOD UND BESTATTUNG, RÖM. – 1.e. MORTE E INUMAZIONE, ROM.

1. Tod, röm. (Anm. 31)

2. Tod, röm. (Anm. 39)

3. Morte, rom. (nota 68)

4. Morte, rom. (nota 73)

1.e. MORTE E INUMAZIONE, ROM.

1. Morte, rom. (nota 70)

2. Morte, rom. (nota 84)

3. Morte, rom. (nota 88)

4. Morte, rom. (nota 94)

1.e. MORTE E INUMAZIONE, ROM.

1. Morte, rom. (nota 95)

2. Morte, rom. (nota 113)

3. Morte, rom. (nota 114)

4. Morte, rom. (nota 117)

1. Morte, rom. (nota 119)

2. Morte, rom. (nota 118)

4. Morte, rom. (nota 120)

3. Morte, rom. (nota 124)

5. Morte, rom. (nota 125)

1.e. MORTE E INUMAZIONE, ROM.

1. Morte, rom. (nota 128)

2. Morte, rom. (nota 139)

3. Morte, rom. (nota 143)

4. Morte, rom. (nota 140)

5. Morte, rom. (nota 142)

1.f. SANTÉ, MALADIE, MÉDECINE, GR.

1. Médecine, gr. (note 16)

2. Médecine, gr. (note 19)

3. Médecine, gr. (note 17)

1.f. SANTÉ, MALADIE, MÉDECINE, GR.

2. Médecine, gr. (note 102)

1. Médecine, gr. (note 76)

3. Médecine, gr. (note 105)

4. Médecine, gr. (note 103)

5. Médecine, gr. (note 130)

1. Médecine, gr. (note 128)

2. Médecine, gr. (note 129)

1. Médecine, gr. (note 178)

2. Médecine, gr. (note 190)

1.f. SANTÉ, MALADIE, MÉDECINE, GR. – 1.f. SALUTE, MALATTIA E MEDICINA, ETR.

1. Médecine, gr. (note 182)

2. Médecine, gr. (note 201)

3. Medicina, etr. (nota 11)

4. Medicina, etr. (nota 6)

1. Medicina, etr. (nota 24)

2. Medicina, etr. (nota 24)

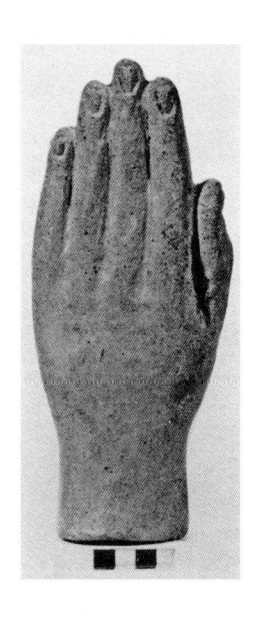

3. Medicina, etr. (nota 34)

4. Medicina, etr. (nota 24)

5. Medicina, etr. (nota 51)

1.f. SALUTE, MALATTIA E MEDICINA, ETR. – 1.f. SANTÉ, MALADIE, MÉDECINE, ROM.

1. Medicina, etr. (nota 51)    2. Medicina, etr. (nota 51)

3. Médecine, rom. (note 8)    4. Médecine, rom. (note 9)

1. Médecine, rom. (note 27)

2. Médecine, rom. (note 23)

3. Médecine, rom. (note 23)

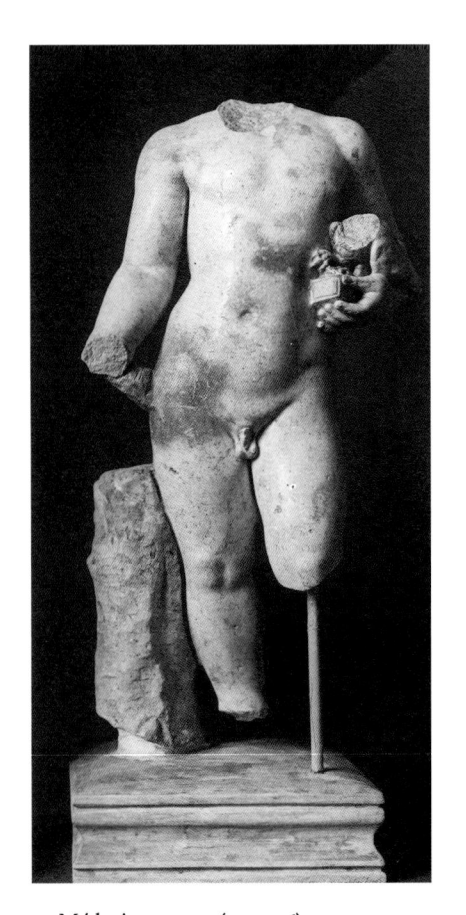

4. Médecine, rom. (note 26)

5. Médecine, rom. (note 33)

6. Médecine, rom. (note 34)

1.f. SANTÉ, MALADIE, MÉDECINE, ROM.

1. Médecine, rom. (note 35)

2. Médecine, rom. (note 40)

3. Médecine, rom. (note 42)

4. Médecine, rom. (note 43)

88 1.f. SANTÉ, MALADIE, MÉDECINE, ROM.

1. Médecine, rom. (note 45)    2. Médecine, rom. (note 48)    3. Médecine, rom. (note 51)

4. Médecine, rom. (note 44)    5. Médecine, rom. (note 47)

1.f. SANTÉ, MALADIE, MÉDECINE, ROM.

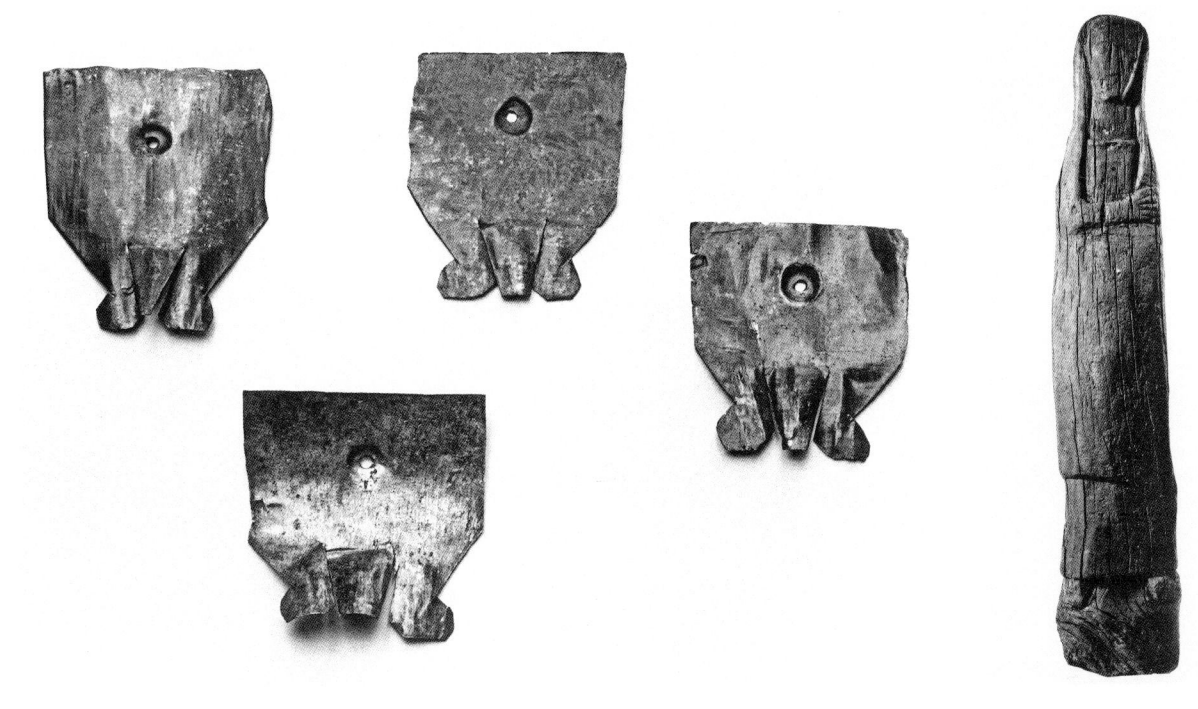

1. Médecine, rom. (note 51)

2. Médecine, rom. (note 51)

3. Médecine, rom. (note 57)

90   1.f. SANTÉ, MALADIE, MÉDECINE, ROM.

1. Médecine, rom. (note 61)    2. Médecine, rom. (note 97)    3. Médecine, rom. (note 115)

4. Médecine, rom. (note 83)    5. Médecine, rom. (note 86)

6. Médecine, rom. (note 119)

1.g. FORTUNE ET INFORTUNE, GR.

1. Fortune, infortune, gr. (note 20)

2. Fortune, infortune, gr. (note 15)

3. Fortune, infortune, gr. (note 59)

4. Fortune, infortune, gr. (note 60)

1.g. FORTUNE ET INFORTUNE, GR.

1. Fortune, infortune, gr. (note 61)

2. Fortune, infortune, gr. (note 73)

3. Fortune, infortune, gr. (note 67)

1.g. FORTUNE ET INFORTUNE, GR. – FORTUNE ET INFORTUNE, ROM.

1. Fortune, infortune, gr. (note 89)    2. Fortuna, sfortuna, etr. (nota 21)

3. Fortune, infortune, rom. (note 26)    4. Fortune, infortune, rom. (note 36)

94 1.g. FORTUNE ET INFORTUNE, ROM. – 2.a. AGRICULTURE, GR.

2. Fortune, infortune, rom. (note 39)

1. Fortune, infortune, rom. (note 84)

3. Agriculture, gr. (note 14)

4. Agriculture, gr. (note 24)

5. Agriculture, gr. (note 26)

2.a. AGRICULTURE, GR.

1. Agriculture, gr. (note 38)    2. Agriculture, gr. (note 43)

3. Agriculture, gr. (note 51)

4. Agriculture, gr. (note 48)

1. Agriculture, gr. (note 54)

2. Agriculture, gr. (note 57)

3. Agriculture, gr. (note 60)

4. Agriculture, gr. (note 65)

5. Agriculture, gr. (note 68)

6. Agriculture, gr. (note 87)

2.a. AGRICULTURE, GR.

1. Agriculture, gr. (note 102)

2. Agriculture, gr. (note 105)

3. Agriculture, gr. (note 104)

4. Agriculture, gr. (note 106)

1. Agriculture, gr. (note 107)

3. Agricoltura, etr. (nota 17)

2. Agriculture, gr. (note 108)

4. Agricoltura, etr. (nota 34)

2.a. AGRICOLTURA, ETR.

1. Agricoltura, etr. (nota 47)

2. Agricoltura, etr. (nota 52)

3. Agricoltura, etr. (nota 36)

4. Agricoltura, etr. (nota 53)

5. Agricoltura, etr. (nota 55)

1. Agricoltura, etr. (nota 65)

2. Agricoltura, etr. (nota 60)

3. Agricoltura, etr. (nota 65)

4. Agricoltura, etr. (nota 65)

5. Agricoltura, etr. (nota 68)

6. Agricoltura, etr. (nota 72)

7. Agricoltura, etr. (nota 80)

8. Agricoltura, etr. (nota 82)

1. Agricoltura, etr. (nota 86)

2. Agricoltura, etr. (nota 89)

3. Agricoltura, etr. (nota 91)

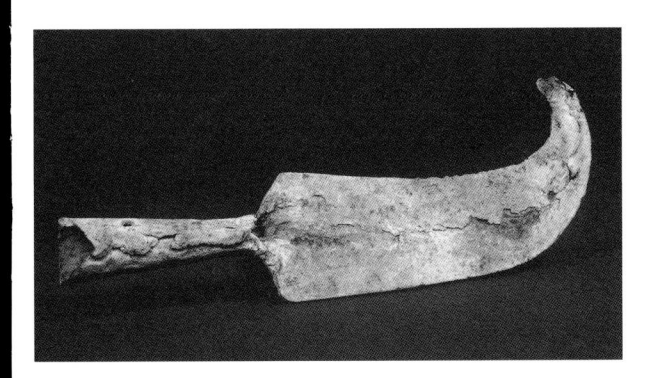

4. Agricoltura, etr. (nota 93)

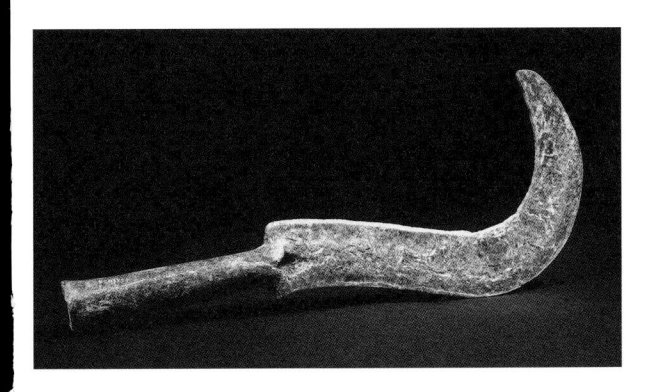

5. Agricoltura, etr. (nota 93)

6. Agriculture, rom. (note 28)

2.a. AGRICULTURE, ROM.

1. Agriculture, rom. (note 55)

2. Agriculture, rom. (note 72)

3. Agriculture, rom. (note 74)

2.b. ARTISANAT, COMMERCE, GR.

1. Artisanat, commerce, gr. (note 40)

2. Artisanat, commerce, gr. (note 41)

3. Artisanat, commerce, gr. (note 41)

4. Artisanat, commerce, gr. (note 42)

5. Artisanat, commerce, gr. (note 43)

1. Artisanat, commerce, gr. (note 50)

2. Artisanat, commerce, gr. (note 55)

3. Artisanat, commerce, gr. (note 62)

4. Artisanat, commerce, gr. (note 54)

1. Artisanry, trade, etr. (note 11)

2. Artisanry, trade, etr. (note 14)

2.b. ARTISANAT, COMMERCE, ROM.

1. Artisanat, commerce, rom. (note 1)

2. Artisanat, commerce, rom. (note 15)

3. Artisanat, commerce, rom. (note 2)

1. Artisanat, commerce, rom. (note 19)

2. Artisanat, commerce, rom. (note 22)

3. Artisanat, commerce, rom. (note 23)

4. Chasse, gr./rom. (note 21)

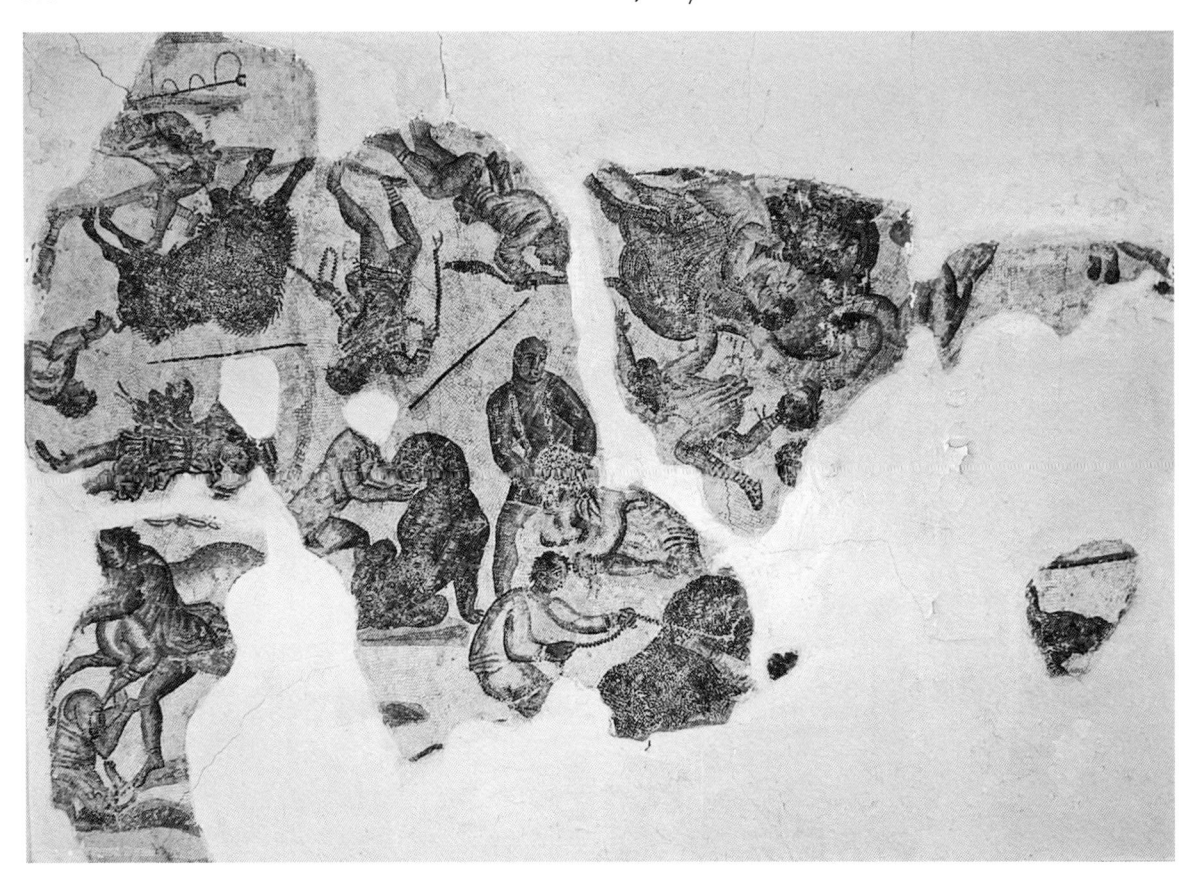

1. Chasse, gr./rom. (note 28)

2. Chasse, gr./rom. (note 29)

1. Chasse, gr./rom. (note 42)

2. Chasse, gr./rom. (note 43)

3. Chasse, gr./rom. (note 47)

110   2.C. CHASSE, GR./ROM.

1. Chasse, gr./rom. (note 59)

2. Chasse, gr./rom. (note 89)

3. Chasse, gr./rom. (note 90)

4. Chasse, gr./rom. (note 91)

1. Caccia, etr. (nota 17)

2. Caccia, etr. (nota 9)

3. Caccia, etr. (nota 13)

4. Caccia, etr. (nota 9)

5. Caccia, etr. (nota 19)

6. Caccia, etr. (nota 11)

2.C. CACCIA, ETR.

1. Caccia, etr. (nota 21)

2. Caccia, etr. (nota 22)

3. Caccia, etr. (nota 26)

4. Caccia, etr. (nota 24)

5. Caccia, etr. (nota 27)

1. Caccia, etr. (nota 35)

2. Caccia, etr. (nota 29)

3. Caccia, etr. (nota 30)

4. Caccia, etr. (nota 37)

1. Caccia, etr. (nota 42)

2. Caccia, etr. (nota 49)

3. Pêche, gr./rom. (note 10)

2.d. PÊCHE, GR./ROM.

1. Pêche, gr./rom. (note 14)

2. Pêche, gr./rom. (note 16)

3. Pêche, gr./rom. (note 87)

4. Pêche, gr./rom. (note 25)

1. Pêche, gr./rom. (note 87)

2. Pesca, etr. (nota 6)

3. Pesca, etr. (nota 7)

4. Pesca, etr. (nota 10)

5. Pesca, etr. (nota 14)

1. Pesca, etr. (nota 14)

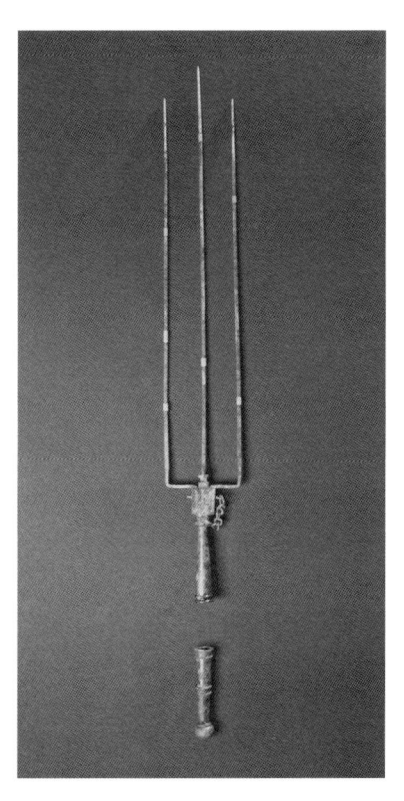

2. Pesca, etr. (nota 19)

3. Pesca, etr. (nota 31)

2.f. VOYAGES EN MER

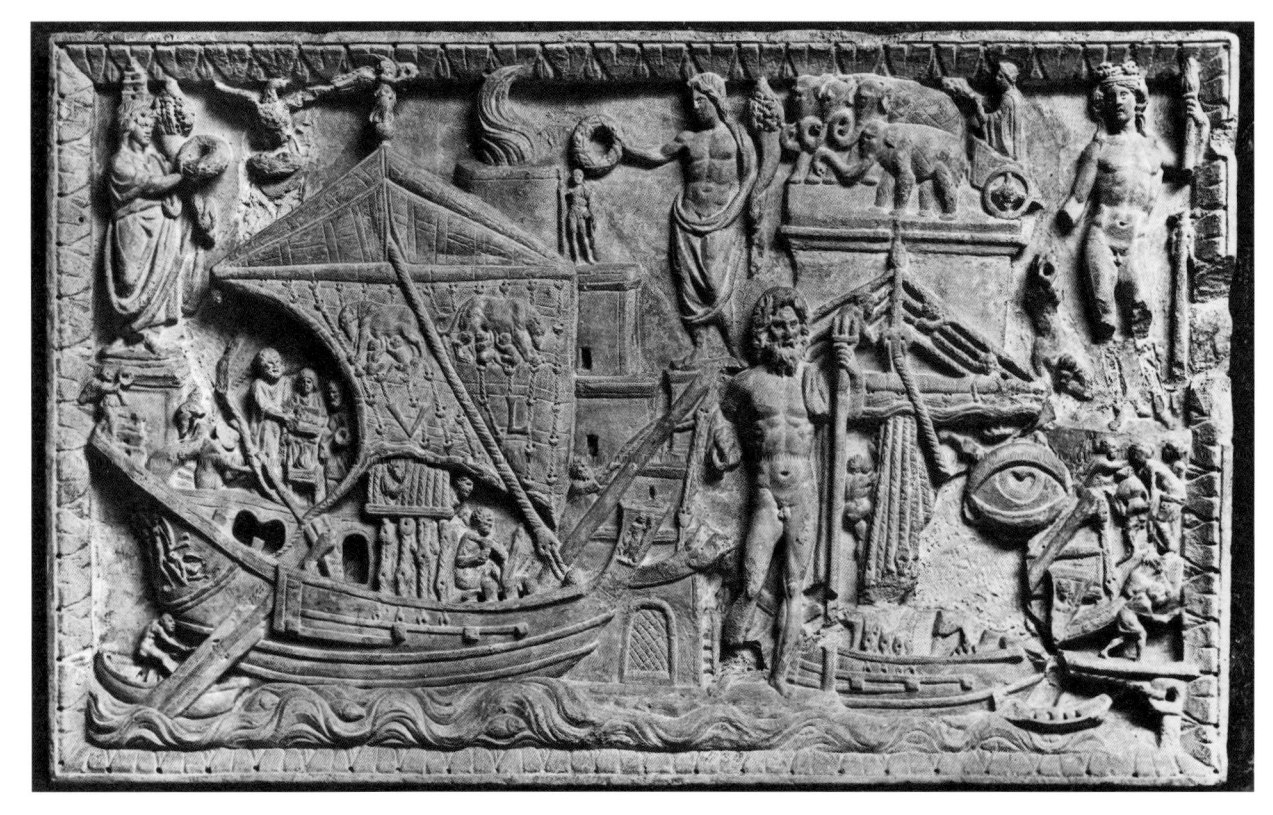

1. Voyages en mer (note 10)

2. Voyages en mer (note 20)

3. Voyages en mer (note 22)

2.f. VOYAGES EN MER

1. Voyages en mer (note 21)

2. Voyages en mer (note 38)

3. Voyages en mer (note 48)

4. Voyages en mer (note 53)

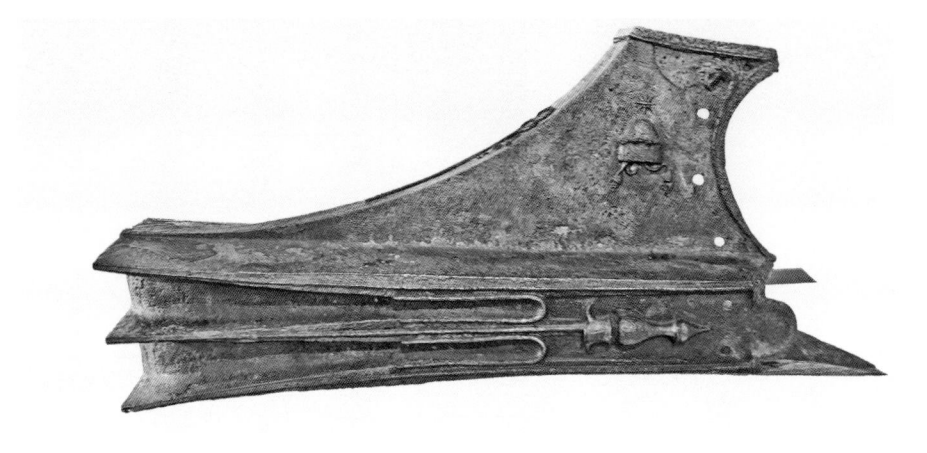

120   2.f. VOYAGES EN MER

1. Voyages en mer (note 49)

2. Voyages en mer (note 73)

3. Voyages en mer (note 81)    4. Voyages en mer (note 93)

ADDENDUM VOL. II 4.C. MUSIC, GR.

Cat. 34

Cat. 37

Cat. 38

Cat. 39

Cat. 40

Cat. 43

Cat. 42

Cat. 45

Cat. 44 Cat. 46

Cat. 48

Cat. 49

Cat. 50

Cat. 100

Cat. 101

Cat. 103

List of illustrations in the text
List of plates
Table of contents of volume VI

List of illustrations in the text / Table des illustrations dans le texte
Verzeichnis der Textabbildungen / Lista delle illustrazioni nel testo

1.a. Birth and infancy, Etr. Fig. 1	Gerhard, *EtrSp* III pl. 257B.
1.a. Birth and infancy, Rom. Fig. 1	Fayer, C., *Aspetti di vita quotidiana nella Roma arcaica* (1982) 133 fig. 40.
1.b. Childhood and adolescence, Gr. Fig. 1	*BSA* 50 (1955) pl. 1.
1.b. Childhood and adolescence, Gr. Fig. 2	Phot. American School of Classical Studies, Corinth Excavations 1983-28-15.
1.b. Childhood and adolescence, Gr. Fig. 3	*I pinakes di Locri Epizefiri* II (2003) fig. 23.
1.b. Childhood and adolescence, Gr. Fig. 4	*I pinakes di Locri Epizefiri* II (2003) fig. 25.
1.b. Childhood and adolescence, Gr. Fig. 5	*I pinakes di Locri Epizefiri* III (2007) fig. 27.
1.b. Childhood and adolescence, Gr. Fig. 6	*I pinakes di Locri Epizefiri* III (2007) fig. 38.
1.b. Childhood and adolescence, Gr. Fig. 7	*I pinakes di Locri Epizefiri* III (2007) fig. 6.
1.b. Childhood and adolescence, Gr. Fig. 8	Lebessi, A., *Το ιερό του Ερμή και της Αφροδίτης στη Σύμη Βιάννου* I (1985) no. A 50 pl. 49.
1.b. Childhood and adolescence, Gr. Fig. 9	Lebessi, A., *Το ιερό του Ερμή και της Αφροδίτης στη Σύμη Βιάννου* I (1985) no. Γ 5 pl. 41.
1.b. Childhood and adolescence, Gr. Fig. 10	Lebessi, A., *Το ιερό του Ερμή και της Αφροδίτης στη Σύμη Βιάννου* I (1985) no. A 23 pl. 51.
1.b. Childhood and adolescence, Rom. Fig. 1	Fröhlich, *Lararien* 286 fig. 6.
1.c. Marriage, Gr. Fig. 1	Oakley, J./Sinos, R., *The Wedding in Ancient Athens* (1993) fig. 13.
1.c. Marriage, Etr. Fig. 1	Puma, R. D./Small, J. P. (eds.), *Murlo and the Etruscans* (1994) fig. 11.2.
1.c. Marriage, Etr. Fig. 2	Torelli, *Rango* figs. 67–68.
1.e. Death and burial, Etr. Fig. 1	Paoletti, O. (ed.), *Dinamiche di sviluppo delle città nell'Etruria meridionale* (2005) 376 fig. 4a.
1.e. Death and burial, Etr. Fig. 2	von Vacano, O. W., *Die Etrusker* (1955) 224 fig. 95.
1.e. Death and burial, Etr. Fig. 3	Zifferero, A. (ed.), *L'architettura funeraria a Populonia tra IX e VI s. a.C.* (2000) 132 fig. 7.
1.e. Death and burial, Etr. Fig. 4	Steingräber, *EtrWmal* 286 fig. 43.
1.e. Death and burial, Etr. Fig. 5	Colonna di Paolo, E., *Castel d'Asso* (1970) pl. LXXV.
1.e. Death and burial, Etr. Fig. 6	Vincenti, V., *La tomba Bruschi di Tarquinia* (2009) pl. I.
1.e. Death and burial, Etr. Fig. 7	Bermond Montanari, G. (ed.), *La formazione della città in Emilia Romagna* (1987) fig. 75.
1.e. Death and burial, Etr. Fig. 8	Colonna, G. (ed.), *Civiltà del Lazio primitivo* (1976) pl. XIV A.
1.e. Death and burial, Rom. II Fig. 1	*CIL* VI 29877.
1.e. Death and burial, Rom. IV Fig. 1	Drawing J. Ortalli.
1.e. Death and burial, Rom. IV Fig. 2	*Les Dossiers d'Archéologie* 330 (2008) 35 fig.
1.f. Health, illness, medicine, Gr. Fig. 1	Marcone, A. (ed.), *Medicina e società nel mondo antico* (2006) 93 fig. 2.
1.f. Health, illness, medicine, Gr. Fig. 2	Marcone, A. (ed.), *Medicina e società nel mondo antico* (2006) 96 fig. 6.
1.f. Health, illness, medicine, Gr. Fig. 3	Drawing V. Lambrinoudakis.
1.f. Health, illness, medicine, Gr. Fig. 4	Drawing V. Lambrinoudakis.
1.f. Health, illness, medicine, Gr. Fig. 5	Drawing V. Lambrinoudakis.
1.f. Health, illness, medicine, Gr. Fig. 6	Drawing V. Lambrinoudakis.
1.f. Health, illness, medicine, Gr. Fig. 7	Riethmüller, J. W., *Asklepios. Heiligtümer und Kulte* I (2005) fig. 13.
1.f. Health, illness, medicine, Gr. Fig. 8	Riethmüller, J. W., *Asklepios. Heiligtümer und Kulte* II (2005) fig. 119.
1.f. Health, illness, medicine, Gr. Fig. 9	Drawing V. Lambrinoudakis.
1.f. Health, illness, medicine, Gr. Fig. 10	Riethmüller, J. W., *Asklepios. Heiligtümer und Kulte* I (2005) fig. 48
1.f. Health, illness, medicine, Rom. Fig. 1	*AdI* 39 (1867) pl. K, 1.

1.f. Health, illness, medicine, Rom. Fig. 2	*Britannia* 37 (2006) 281 fig. 7.
1.g. Good fortune and misfortune, Gr. Fig. 1	*EAA* I fig. 564.
1.g. Good fortune and misfortune, Etr. Fig. 1	de Grummond/Simon, *Religion* 137 fig. VIII.8.
2.a. Agriculture, Etr. Fig. 1	Bonghi Jovino, M./Chiesa, F. (edd.), *Offerte dal regno vegetale e dal regno animale nelle manifestazioni del sacro* (2005) pl. 5, 3.
2.a. Craft, industry, trade, Gr. Fig. 1	*EADélos* XIX (1939) 24 fig. 23.
2.c. Hunting, Etr. Fig. 1	Sieveking, J./Hackl, R., *Die königliche Vasensammlung zu München* I (1912) 103 fig. 108.
2.c. Hunting, Etr. Fig. 2	*CSE* Belgique 1 fig. 24a.
2.c. Hunting, Etr. Fig. 3	Camporeale, G., *La caccia in Etruria* (1984) fig. 20.
2.d. Fishing, Etr. Fig. 1	*AntK* 52 (2009) 15 fig. 7.
2.d. Fishing, Etr. Fig. 2	*NotSc* (1935) 44 fig. 3bis.
2.d. Fishing, Etr. Fig. 3	Cataldi, M., *Tarquinia* (1993) 26 fig. 19.
2.d. Fishing, Etr. Fig. 4	Steingräber, *EtrWmal* 322 fig. 185.
2.e. Travel by land Fig. 1	Büsing-Kolbe, A./Büsing, H., *Stadt und Land in Oberitalien* (2002) fig. 80.
Add. II 4. C. Music, Gr. 104	Vermeule, E., *Aspects of Death in Early Greek Art and Poetry* (1979) fig. 27.

List of plates / Table des planches
Tafelverzeichnis / Indice delle tavole

Pl. 1, 1   Athènes, Musée Archéologique National 749. Phot. Mus.
Pl. 1, 2   Paris, Musée du Louvre MA 3115 (MND 726). Phot. Mus. (P. Lebaube).
Pl. 1, 3   Selçuk, Musée Archéologique d'Ephèse KL 96.115. Phot. Ecole Française de Rome, Rome KL 96.115 (M. Dewailly).
Pl. 1, 4   Corinthe, Musée Archéologique V 111. Phot. American School of Classical Studies at Athens, Corinth Excavations 1986-43-15.
Pl. 2, 1   Paris, Musée du Louvre MNB 3061. Phot. Mus. (M. et P. Chuzeville).
Pl. 2, 2   Abdère, Musée Archéologique MA 366. Phot. Mus.
Pl. 2, 3   London, British Museum 1929.10-16.2. Phot. The Trustees of The British Museum.
Pl. 3, 1   London, British Museum E 530. Phot. The Trustees of The British Museum.
Pl. 3, 2   Athènes, Musée Archéologique National 3088. Phot. Mus.
Pl. 3, 3   Firenze, Museo Archeologico 73694. Phot. Soprintendenza per i Beni Archeologici della Toscana, Firenze 24948.
Pl. 3, 4   Capua, Museo Provinciale Campano 40-1 (394). Phot. Mus.
Pl. 4, 1   Capua, Museo Provinciale Campano 21-88. Phot. Mus.
Pl. 4, 2   Capua, Museo Provinciale Campano 8-46. Phot. Mus.
Pl. 4, 3   Bonn, Akademisches Kunstmuseum der Universität D 34. Phot. Mus. (J. Schubert).
Pl. 4, 4   Volterra, Museo Etrusco Guarnacci. D'après Haynes, S., *Etruscan Civilization* (2000) fig. 279.
Pl. 4, 5   Roma, Museo Nazionale Etrusco di Villa Giulia 59760. Phot. Soprintendenza per i Beni Archeologici dell'Etruria Meridionale, Roma 141284.
Pl. 5, 1   Vulci, Museo Nazionale 59740. Phot. Soprintendenza per i Beni Archeologici dell'Etruria Meridionale, Roma 8443.
Pl. 5, 2   Orvieto, Museo Civico C. Faina 143. Phot. Soprintendenza per i Beni Archeologici dell'Umbria, Perugia.
Pl. 5, 3   Leyde, Rijksmuseum van Oudheden C.O.4. Phot. Mus. (P. J. Bomhof).
Pl. 5, 4   Pratica di Mare (Lavinium), Casa degli scavi P 77.171. D'après *Enea nel Lazio. Archeologia e mito* (1981) 208 D 124 fig.

Pl. 6, 1   Paris, Musée du Louvre MA 319. Phot. Mus. (M. et P. Chuzeville).
Pl. 6, 2   Pratica di Mare (Lavinium), Casa degli scavi P 77.227. D'après *Enea nel Lazio. Archeologia e mito* (1981) 212 D 137 fig.
Pl. 6, 3   Casamari (Latium), Museo dell'Abbazia di Casamari CM 362. Phot. Mus.
Pl. 6, 4   Vaticano, Musei Vaticani 10491. Phot. Musei Vaticani, Archivio Fotografico FAK 2265/0.
Pl. 7, 1   Roma, Via Po. Phot. DAI Rom D-DAI-Rom 1972.2938 (Singer).
Pl. 7, 2   Musarna, Nécropole orientale, tombes à fosse de nouveau-nés. Phot. Ecole Française de Rome, Rome MU 3158 (O. de Cazanove).
Pl. 8, 1   Roma, Museo Nazionale Romano 29739. Phot. DAI Rom D-DAI-Rom 1972.3024 (Singer).
Pl. 8, 2   London, British Museum 1865.7-20.20. Phot. The Trustees of The British Museum.
Pl. 8, 3   Taranto, Museo Archeologico Nazionale I.G. 4545. Phot. su concessione del Ministero per i Beni e le Attività Culturali – Soprintendenza per i Beni Archeologici della Puglia, Taranto Dia 37141; Dia 37142.
Pl. 9, 1   Athènes, Musée du Céramique 2694. Phot. DAI Athen D-DAI-ATH-KERAMEIKOS 6268.
Pl. 9, 2   München, Staatliche Antikensammlungen und Glyptothek 7578. Phot. Mus.
Pl. 10, 1 Athènes, Musée Archéologique National 1250. Phot. Mus.
Pl. 10, 2 Karlsruhe, Badisches Landesmuseum 69/78. Phot. DAI Athen D-DAI-ATH-Ath. Var 754.
Pl. 10, 3 Athènes, Musée Archéologique National 1388. D'après *ArchEph* 12 (1905) pls. 6-7.
Pl. 11, 1 Thèbes, Musée Archéologique 31923. D'après *Eros: from Hesiod's Theogony to Late Antiquity* (2009) 186 fig.
Pl. 11, 2 Berlin, Staatliche Museen zu Berlin, Antikensammlung F 2372. D'après Furtwängler, A., *Die Sammlung Sabouroff* I (1883–87) pl. 58.
Pl. 11, 3 Heidelberg, Antikenmuseum des Archäologischen Instituts der Universität 72/1. Phot. Mus.

LIST OF PLATES

Pl. 12, 1 Saint-Pétersbourg, Musée de l'Ermitage Π 1906.175 (15592). Phot. State Hermitage Museum, St. Petersburg (V. Terebenin – L. Kheifets – Y. Molodkovets).

Pl. 12, 2 Bologna, Museo Civico Archeologico 1438. Phot. Mus. G.0002.01.

Pl. 13, 1 Tübingen, Antikensammlung des Archäologischen Instituts der Eberhard-Karls-Universität H./10 1153. Phot. Mus.

Pl. 13, 2 Athènes, Musée Archéologique National 12352. Phot. Mus.

Pl. 13, 3 Berlin, Staatliche Museen zu Berlin, Antikensammlung V.I. 3333. Phot. Antikensammlung, Staatliche Museen zu Berlin – Preussischer Kulturbesitz, Berlin Ant 4569.

Pl. 14, 1 Paris, Musée du Louvre MNB 905 (L 4). Phot. Mus. (M. et P. Chuzeville).

Pl. 14, 2 Berlin, Staatliche Museen zu Berlin, Antikensammlung F 1813. Phot. Antikensammlung, Staatliche Museen zu Berlin – Preussischer Kulturbesitz, Berlin N1 (I. Geske).

Pl. 14, 3 Paris, Musée du Louvre CA 1325. Phot. Mus. (L. Fosse).

Pl. 14, 4 Athènes, Musée du Céramique 691. Phot. DAI Athen D-DAI-ATH-KERAMEIKOS 12880; 12879.

Pl. 15, 1 Athènes, Musée Archéologique National VS 321. Phot. Mus.

Pl. 15, 2 Brunswick (Maine), Bowdoin College Museum of Art 1984.23. D'après Neils, J./Oakley, J. H. (eds.), *Coming of Age in Ancient Greece* (2003) 298 fig. 112c.

Pl. 15, 3 Berlin, Staatliche Museen zu Berlin, Antikensammlung F 3999. Phot. Antikensammlung, Staatliche Museen zu Berlin – Preussischer Kulturbesitz, Berlin Ant 3726.

Pl. 16, 1 Baltimore, Walters Art Museum 48.225. D'après *BSA* 50 (1950) pl. 8b.

Pl. 16, 2 Bursa, Musée Archéologique 1633. Phot. DAI Istanbul D-DAI-Ist R 1077 (W. Schiele).

Pl. 17, 1 Bursa, Musée Archéologique 2080. Phot. DAI Istanbul D-DAI-Ist Inv. 2080 (Gauer).

Pl. 17, 2 Athènes, Musée Archéologique National 1244. Phot. Mus.

Pl. 17, 3 Athènes, Musée Archéologique National 2211. Phot. Mus.

Pl. 17, 4 Athènes, Musée Archéologique National 304. Phot. Mus.

Pl. 18, 1 Brauron, Musée Archéologique 1167. Phot. Mus.

Pl. 18, 2 Athènes, Musée de l'Acropole 581. Phot. DAI Athen D-DAI-ATH-1969/1599 (G. Hellner).

Pl. 18, 3 Venezia, Museo Archeologico Nazionale 80. Phot. su concessione del Ministero per i Beni e le Attività Culturali – Soprintendenza speciale per il patrimonio storico, artistico ed etnoantropologico e per il polo museale della città di Venezia e dei comuni della Gronda Lagunare, Venezia.

Pl. 19, 1 Le Pirée, Musée Archéologique 405. Phot. Mus.

Pl. 19, 2 Berlin, Staatliche Museen zu Berlin, Antikensammlung Sk 724. Phot. Antikensammlung, Staatliche Museen zu Berlin – Preussischer Kulturbesitz, Berlin Sk 3252.

Pl. 19, 3 Athènes, Musée Archéologique National 1779. Phot. Mus.

Pl. 19, 4 Athènes, Fetihie Djami P 53 B. Phot. DAI Athen D-DAI-ATH-1993/1207.

Pl. 19, 5 Berlin, Staatliche Museen zu Berlin, Antikensammlung Sk 711. Phot. Antikensammlung, Staatliche Museen zu Berlin – Preussischer Kulturbesitz, Berlin Sk 3258.

Pl. 19, 6 Athènes, Musée de l'Agora S 750. D'après Cohen, A./Rutter, J. B. (eds.), *Constructions of Childhood in Ancient Greece and Italy* (2007) 47 fig. 2.4.

Pl. 20, 1 Athènes, Musée Archéologique National 3873. Phot. Mus.

Pl. 20, 2 Brauron, Musée Archéologique 1153. Phot. Mus.

Pl. 20, 3 Padova, Museo Civico Archeologico agli Eremitani 820. Phot. su concessione del Comune di Padova, Assessorato alla Cultura.

Pl. 20, 4 Athènes, Musée Archéologique National 3304. Phot. Mus.

Pl. 20, 5 Paris, Musée du Louvre MA 755. Phot. Mus. (M. et P. Chuzeville).

Pl. 21, 1 Athènes, Musée Archéologique National 1333. Phot. Mus.

Pl. 21, 2 Athènes, Musée Archéologique National 1429. Phot. Mus.

Pl. 21, 3 New York, Metropolitan Museum of Art 31.11.10. Fletcher Fund 1931. Phot. Mus. DT357; DT264.

Pl. 21, 4 Basel, Sammlung Herbert A. Cahn HC 501. D'après Reeder, E. D., *Pandora* (1996) 323 fig. 98.

Pl. 22, 1 Ferrara, Museo Archeologico Nazionale 44894. Phot. su concessione del Ministero per i Beni e le Attività Culturali – Soprintendenza per i Beni Archeologici dell'Emilia Romagna, Bologna.

Pl. 22, 2 Paestum, Museo Archeologico Nazionale. Phot. Soprintendenza Archeologica per le Provinicie di Salerno, Avellino, Benevento e Caserta, Salerno (F. Valletta – G. Giovanni).

Pl. 22, 3 Stuttgart, Landesmuseum Württemberg 65/1. Phot. Mus. arch65-1-ant10776.

Pl. 22, 4 Berlin, Staatliche Museen zu Berlin, Antikensammlung F 2394. Phot. Antikensammlung, Staatliche Museen zu

	Berlin – Preussischer Kulturbesitz, Berlin N2 (J. Laurentius).
Pl. 22, 5	Athènes, Musée Archéologique National VS 319. Phot. Mus.
Pl. 23, 1	New York, Metropolitan Museum of Art 13.232.3. Rogers Fund 1913. Phot. Mus. DT223433, DT223434, DT223435.
Pl. 23, 2	New York, Metropolitan Museum of Art 75.2.11. Gift of Samuel G. Ward, 1875. Phot. Mus. 36182A.
Pl. 23, 3	Athènes, Musée de l'Acropole 3030. D'après Neils, J./Oakley, J. (eds.), *Coming of Age in Ancient Greece* (2003) 97 fig. 14.
Pl. 24, 1	Paris, Musée du Louvre G 138. Phot. Mus. (Chr. Larrieu).
Pl. 24, 2	Athènes, Musée Archéologique National 2723. Phot. Mus.
Pl. 24, 3	Berlin, Staatliche Museen zu Berlin, Antikensammlung F 2658. Phot. Antikensammlung, Staatliche Museen zu Berlin – Preussischer Kulturbesitz, Berlin Ant 5459.
Pl. 24, 4	Paris, Musée du Louvre CA 1683. Phot. Mus. (M. et P. Chuzeville).
Pl. 24, 5	London, British Museum E 533. Phot. The Trustees of The British Museum.
Pl. 24, 6	Paris, Musée du Louvre CA 2527. Phot. Mus. (M. et P. Chuzeville).
Pl. 25, 1	Paris, Musée du Louvre MNB 1158. Phot. Mus. (M. et P. Chuzeville).
Pl. 25, 2	Boston, Museum of Fine Arts 95.51. Catharine Page Perkins Fund. Phot. Mus. © 2011 B5307.
Pl. 25, 3	Boston, Museum of Fine Arts 95.53. Catharine Page Perkins Fund. Phot. Mus. © 2011 CR9205-d1.
Pl. 25, 4	München, Staatliche Antikensammlungen und Glyptothek 7502. Phot. Mus.
Pl. 26, 1	München, Staatliche Antikensammlungen und Glyptothek 2610. Phot. Mus. (E. Böhr).
Pl. 26, 2	Roma, Museo Barracco 1116. Phot. Archivio Fotografico dei Musei Capitolini, Roma 5629.
Pl. 26, 3	Ferrara, Museo Archeologico Nazionale 2897. Phot. su concessione del Ministero per i Beni e le Attività Culturali – Soprintendenza per i Beni Archeologici dell'Emilia Romagna, Bologna.
Pl. 26, 4	London, British Museum B 133. Phot. The Trustees of The British Museum.
Pl. 26, 5	Paris, Musée du Louvre F 10. Phot. Mus. (M. et P. Chuzeville).
Pl. 27, 1	Taranto, Museo Archeologico Nazionale 52368. Phot. su concessione del Ministero per i Beni e le Attività Culturali – Soprintendenza per i Beni Archeologici della Puglia, Taranto 47653.
Pl. 27, 2	Paris, Musée du Louvre G 278. D'après Valavanis, P., *Games and Sanctuaries in Ancient Greece* (2004) 152 fig. 206.
Pl. 27, 3	London, British Museum 208. Phot. The Trustees of The British Museum.
Pl. 27, 4	Leyde, Rijksmuseum van Oudheden RO.II.60. Phot. Mus.
Pl. 27, 5	Paris, Musée du Louvre MA 756. Phot. Mus. (M. et P. Chuzeville).
Pl. 28, 1	Stuttgart, Landesmuseum Württemberg 79/2. Phot. Mus. (P. Frankenstein – H. Zwietasch).
Pl. 28, 2	Copenhague, Musée National 6327. Phot. Mus., Department of Classical and Near Eastern Antiquities D 1415.
Pl. 28, 3	Paris, Musée du Louvre MA 3302. Phot. Mus. (P. Lebaube).
Pl. 28, 4	Leyde, Rijksmuseum van Oudheden Pb 18. Phot. Mus. X 447.
Pl. 28, 5	Malibu, J. Paul Getty Museum 86.AE.288. Phot. The J. Paul Getty Museum, Villa Collection, Malibu, California.
Pl. 28, 6	Pennington (NJ), Collection Joan T. Haldenstein. Phot. du propriétaire.
Pl. 29, 1	Chiusi, Museo Archeologico Nazionale. Phot. Soprintendenza per i Beni Archeologici della Toscana, Firenze 49975-02.
Pl. 29, 2	Vaticano, Musei Vaticani 12108. Phot. Musei Vaticani, Archivio Fotografico XXXVI.21.65.
Pl. 29, 3	London, British Museum B 64. Phot. The Trustees of The British Museum.
Pl. 29, 4	Roma, Villa Albani. Phot. Musei Vaticani, Archivio Fotografico XXXIV.34.27.
Pl. 29, 5	Roma, Museo Barracco 201. Phot. Archivio Fotografico dei Musei Capitolini, Roma.
Pl. 30, 1	Perugia, Museo Archeologico Nazionale dell'Umbria 264 (634). Phot. Soprintendenza per i Beni Archeologici dell'Umbria, Perugia.
Pl. 31, 1	Chiusi, Museo Archeologico Nazionale 2276. Phot. Soprintendenza per i Beni Archeologici della Toscana, Firenze D-87974.
Pl. 31, 2	Volterra, Museo Etrusco Guarnacci 226. D'après Haynes, S., *Etruscan Civilization* (2000) fig. 293.
Pl. 31, 3	Palermo, Museo Archeologico Regionale "A. Salinas" 8435. Phot. Mus.
Pl. 31, 4	Vaticano, Musei Vaticani 12107. Phot. Musei Vaticani, Archivio Fotografico XXXV.9.14/1.
Pl. 31, 5	Roma, Museo Nazionale Etrusco di Villa Giulia 57022-2. Phot. Soprintendenza per i Beni Archeologici dell'Etruria Meridionale, Roma 3607.
Pl. 32, 1	Roma, Ara Pacis Augustae. Phot. Archivio Fotografico dei Musei Capitolini, Roma.
Pl. 32, 2	Augst, Römermuseum 69.11776. Phot. Römerstadt Augusta Raurica Q 450 (O. Pilko).
Pl. 32, 3	Pompei, Foro, Tempio del Genius Augusti. D'après Fless, *Opferdiener* pl. 19, 2.

Pl. 33, 1　Würzburg, Martin-von-Wagner-Museum der Universität ZA 23. Phot. Mus.
Pl. 33, 2　Terracina, Museo Civico Archeologico. Phot. Mus.
Pl. 33, 3　AE, Sesterz, Domitian, Rom. D'après Rawson, B., *Children and Childhood in Roman Italy* (2003) fig. 1.7.
Pl. 33, 4　AR, Denar, Domitian, Rom. D'après Fless, *Opferdiener* pl. 11, 3.
Pl. 33, 5　AR, Denar, Domitian, Rom. D'après Fless, *Opferdiener* pl. 11, 2.
Pl. 33, 6　Würzburg, Martin-von-Wagner-Museum der Universität Glaspaste 492. Phot. Mus. 8-7-5.
Pl. 34, 1　Boston, Museum of Fine Arts 03.802. Francis Bartlett Donation of 1900. Phot. Mus. © 2011 SC 40907.
Pl. 34, 2　Oxford, Ashmolean Museum of Art and Archaeology 1966.714. Phot. Ashmolean Museum, University of Oxford.
Pl. 34, 3　Mainz, Antikensammlung des Instituts für Klassische Archäologie der Universität 116. Phot. Mus. L 6/5, L 6/6, L6/8.
Pl. 35, 1　Boston, Museum of Fine Arts 13.186. Francis Bartlett Donation of 1912. Phot. Mus. © 2011 39273.
Pl. 35, 2　Siracusa, Museo Archeologico Regionale "Paolo Orsi" 21186. Phot. Mus. 44002-B.
Pl. 35, 3　Athènes, Musée de l'Acropole 1957-Aa-189. Phot. DAI Athen D-DAI-ATH-1972/3015 (G. Hellner).
Pl. 35, 4　Oxford, Ashmolean Museum of Art and Archaeology 1966.888. Phot. Ashmolean Museum, University of Oxford.
Pl. 36, 1　Athènes, Musée Archéologique National 1453. Phot. Mus.
Pl. 36, 2　Karlsruhe, Badisches Landesmuseum 69/78. Phot. DAI Athen D-DAI-ATH-Ath. Vas. 752; Ath. Vas. 753; Ath. Vas. 755.
Pl. 36, 3　New York, Metropolitan Museum of Art 1972.118.148. Bequest of Walter C. Baker, 1971. Phot. Mus. MM 31186.
Pl. 37, 1　Athènes, Musée Archéologique National 1454. Phot. Mus.
Pl. 37, 2　Ferrara, Museo Archeologico Nazionale 2893. D'après Oakley, J. H./Sinos, R. H., *The Wedding in Ancient Athens* (1993) fig. 74.
Pl. 37, 3　Athènes, Musée Archéologique Nationale 17456. Phot. Mus.
Pl. 37, 4　Thèbes, Musée Archéologique 31923. Phot. Mus.
Pl. 37, 5　New York, Metropolitan Museum of Art 19.192.86. Gift of John Marshall, 1919. Phot. Mus. DP 117207.
Pl. 38, 1　Saint-Pétersbourg, Musée de l'Ermitage Ю-О 9 (St 1791). Phot. State Hermitage Museum, St. Petersburg (V. Terebenin – L. Kheifets – Y. Molodkovets).
Pl. 38, 2　New York, Metropolitan Museum of Art 56.11.1. Purchase, Walter C. Baker Gift, 1956. Phot. Mus. 161003B.
Pl. 38, 3　London, British Museum GR 1920.12-21.1. Phot. The Trustees of The British Museum.
Pl. 39, 1　New York, Metropolitan Museum of Art 56.11.1. D'après von Bothmer, D., *The Amasis Painter and His World* (1985) 183 fig.
Pl. 39, 2　Boston, Museum of Fine Arts 10.223. James Fund and Museum purchase with funds donated by contribution. Phot. Mus. © 2011 SC204659.
Pl. 39, 3　Athènes, Musée Archéologique National 19363. Phot. Mus.
Pl. 40, 1　Toronto, Royal Ontario Museum 929.22.3. D'après Oakley, J. H./Sinos, R. H., *The Wedding in Ancient Athens* (1993) figs. 82–83.
Pl. 40, 2　Berlin, Staatliche Museen zu Berlin, Antikensammlung V.I. 3373. Phot. Antikensammlung, Staatliche Museen zu Berlin – Preussischer Kulturbesitz, Berlin Ant 11243; 11244; 11239; 11240.
Pl. 41, 1　Berlin, Staatliche Museen zu Berlin, Antikensammlung Fr. 37 (Misc. 3497). Phot. Antikensammlung, Staatliche Museen zu Berlin – Preussischer Kulturbesitz, Berlin (S. Linke).
Pl. 41, 2　Boston, Museum of Fine Arts 1975.799. Museum purchase with funds by exchange from a Gift of Mr. and Mrs. Cornelius C. Vermeule III. Phot. Mus. © 2011 C6627; C6628; C6629.
Pl. 41, 3　Boston, Museum of Fine Arts 1975.799. Museum purchase with funds by exchange from a Gift of Mr. and Mrs. Cornelius C. Vermeule III. Phot. Mus. © 2011 SC192861.
Pl. 42, 1　Chiusi, Museo Archeologico Nazionale 2260. Phot. Soprintendenza per i Beni Archeologici della Toscana, Firenze 30236/4.
Pl. 42, 2　Boston, Museum of Fine Arts 86.145a-b. Museum purchase with funds donated by contribution and the Benjamin Pierce Cheney Fund. Phot. Mus. © 2011 SC39668.
Pl. 42, 3　Perugia, Museo Archeologico Nazionale dell'Umbria 341. Phot. Soprintendenza per i Beni Archeologici dell'Umbria, Perugia.
Pl. 43, 1　Volterra, Museo Etrusco Guarnacci 613. D'après SBH, *Etrusker* figs. 286–287.
Pl. 43, 2　Firenze, Museo Archeologico 73577. Phot. Soprintendenza per i Beni Archeologici della Toscana, Firenze 14322.
Pl. 43, 3　Firenze, Museo Archeologico. Phot. Soprintendenza per i Beni Archeologici della Toscana, Firenze 37102-01.
Pl. 44, 1　Los Angeles, County Museum of Art 47.8.9a-c. D'après *SarkRel* I 3, pl. 1, 3.
Pl. 44, 2　Mantova, Galleria e Museo di Palazzo Ducale I.G. 6728. Phot. DAI Rom D-DAI-Rom 1962.0126 (Koppermann).

LIST OF PLATES

Pl. 44, 3 Saint-Pétersbourg, Musée de l'Ermitage A 433. Phot. State Hermitage Museum, St. Petersburg (V. Terebenin – L. Kheifets – Y. Molodkovets).

Pl. 45, 1 Vaticano, Musei Vaticani 1089. Phot. Musei Vaticani, Archivio Fotografico XXXIV.23.95.

Pl. 45, 2 Vaticano, Musei Vaticani 268. Phot. Musei Vaticani, Archivio Fotografico Inv. 268 dig.

Pl. 45, 3 Pratica di Mare (Lavinium), Casa degli scavi P 77.162. D'après *Enea nel Lazio. Archeologia e mito* (1981) 251 D 234 fig.

Pl. 45, 4 AU, Antoninus Pius. D'après *BMC Emp* IV pl. 8, 5; AE, Antoninus Pius. D'après *BMC Emp* IV pl. 28, 8.

Pl. 46, 1 Vaticano, Musei Vaticani 9836. Phot. Musei Vaticani, Archivio Fotografico FAK 1778/8.

Pl. 46, 2 New York, Metropolitan Museum of Art 14.130.15. Rogers Fund 1914. Phot. Mus. 261653; 261655.

Pl. 46, 3 Athènes, Musée Archéologique National 804. Phot. Mus.

Pl. 47, 1 Schweiz, Privatsammlung, Leihgabe Basel, Antikenmuseum und Sammlung Ludwig. Phot. Mus. (A. Voegelin).

Pl. 47, 2 Athènes, Musée Archéologique National 803. Phot. Mus.

Pl. 47, 3 Dresden, Staatliche Kunstsammlungen, Skulpturensammlung ZV 1635. Phot. Mus. 95/40 (Klut).

Pl. 47, 4 Athènes, Musée Archéologique National 990. Phot. Mus.

Pl. 48, 1 New York, Metropolitan Museum of Art 14.130.14. Rogers Fund, 1914. Phot. Mus. 31023.

Pl. 48, 2 London, British Museum 1912.5-22.1. Phot. The Trustees of The British Museum.

Pl. 49, 1 Paris, Musée du Louvre A 575. Phot. Mus. (M. et P. Chuzeville).

Pl. 49, 2 New York, Metropolitan Museum of Art 14.146.3a.b. Rogers Fund, 1914. Phot. Mus. 127664 B LS.

Pl. 49, 3 Berlin, Staatliche Museen zu Berlin, Antikensammlung F 1811 + F 1826. D'après Mommsen, H., *Exekias* I (1997) pl. I, Zeichnung H. Mommsen mit Erlaubnis der Autorin.

Pl. 49, 4 Berlin, Staatliche Museen zu Berlin, Antikensammlung F 1813 + F 1826k. D'après Mommsen, H., *Exekias* I (1997) pl. XV, Zeichnung H. Mommsen mit Erlaubnis der Autorin.

Pl. 49, 5 Berlin, Staatliche Museen zu Berlin, Antikensammlung F 1823 + F 1814. D'après Mommsen, H., *Exekias* I (1997) pl. XIV, Zeichnung H. Mommsen mit Erlaubnis der Autorin.

Pl. 49, 6 Berlin, Staatliche Museen zu Berlin, Antikensammlung F 1819. D'après Mommsen, H., *Exekias* I (1997) pl. VII, Zeichnung H. Mommsen mit Erlaubnis der Autorin.

Pl. 50, 1 Paris, Musée du Louvre CA 255. Phot. Mus. (M. et P. Chuzeville).

Pl. 50, 2 Boston, Museum of Fine Arts 27.146. Charles Amos Cummings Fund. Phot. Mus. © 2011 P-C2198.

Pl. 50, 3 Athènes, Musée du Céramique 1742. Phot. DAI Athen D-DAI-ATH-KERAMEIKOS 14793.

Pl. 50, 4 Athènes, Musée Archéologique National VS 324a–b. Phot. Mus. + Amsterdam, Allard Pierson Museum 1742. Phot. Mus.

Pl. 51, 1 Paris, Musée du Louvre CA 453. Phot. Mus. (M. et P. Chuzeville).

Pl. 51, 2 Athènes, Musée Archéologique National 1170. Phot. Mus.

Pl. 51, 3 Brunswick, Bowdoin College Museum of Art 1984.23. Bowdoin College Museum of Art, Brunswick, Maine Museum Purchase, Adela Wood Smith Trust, in memorys of Harry de Forest Smith, Class of 1891. Phot. Mus.

Pl. 51, 4 Berlin, Staatliche Museen zu Berlin, Antikensammlung F 2684. Phot. Antikensammlung, Staatliche Museen zu Berlin – Preussischer Kulturbesitz, Berlin (G. Stenzel).

Pl. 52, 1 Athènes, Musée Archéologique National 450. Phot. Mus.

Pl. 52, 2 Paris, Cabinet des Médailles et Antiques de la Bibliothèque Nationale de France 353. D'après Laxander, H., *Individuum und Gemeinschaft im Fest* (2000) pl. 64.

Pl. 52, 3 Athènes, Musée Archéologique National 3. Phot. DAI Athen D-DAI-ATH-NM 4293 (H. Wagner).

Pl. 53, 1 Athènes, Musée Archéologique National 19355. Phot. Mus.

Pl. 53, 2 New York, Metropolitan Museum of Art 35.11.5. Purchase, Anonymous Gift 1935. Phot. Mus. 14911.

Pl. 53, 3 Schweiz, Privatsammlung. Phot. Kl. Sommer, Cavigliano.

Pl. 53, 4 Karlsruhe, Badisches Landesmuseum B 1528. Phot. Mus. 11328.

Pl. 54, 1 Athènes, Musée du Céramique 45. Phot. DAI Athen D-DAI-ATH-KERAMEIKOS 5859.

Pl. 54, 2 Athènes, Musée Archéologique National 26747. Phot. DAI Athen D-DAI-ATH-Emile 848 (Emile).

Pl. 54, 3 Athènes, Musée Archéologique National 3477. Phot. Mus.

Pl. 54, 4 Athènes, Musée Archéologique National 869. Phot. Mus.

Pl. 54, 5 Athènes, Musée Archéologique National 1488. Phot. Mus.

Pl. 55, 1 Paestum, Museo Archeologico Nazionale 133457–133460. D'après

	Andreae, B., *Malerei für die Ewigkeit. Die Gräber von Paestum* (2007) 90–91 fig.; 92–93 fig.
Pl. 55, 2	Paestum, Museo Archeologico Nazionale. D'après Andreae, B., *Malerei für die Ewigkeit. Die Gräber von Paestum* (2007) 147 fig.
Pl. 55, 3	Paestum, Museo Archeologico Nazionale 21507. 21509. D'après Pontrandolfo, A./Rouveret, A., *Le tombe dipinte di Paestum* (1992) 125 fig. 2; 123 fig. 3.
Pl. 56, 1	Paestum, Museo Archeologico Nazionale 31734–31737. D'après Andreae, B., *Malerei für die Ewigkeit. Die Gräber von Paestum* (2007) 115 fig.; 116–117 fig.
Pl. 56, 2	Paestum, Museo Archeologico Nazionale 5009–5012. D'après Pontrandolfo, A./Rouveret, A., *Le tombe dipinte di Paestum* (1992) 216 fig. 1–2.
Pl. 57, 1	Paestum, Museo Archeologico Nazionale 5013–5016. Phot. reconstruction de l'auteur.
Pl. 57, 2	Paestum, Museo Archeologico Nazionale 21551–21554. D'après Pontrandolfo, A./Rouveret, A., *Le tombe dipinte di Paestum* (1992) 141 fig. 2; 137 fig. 1–2.
Pl. 58, 1	Basel, Antikenmuseum und Sammlung Ludwig S 24. Phot. Mus. (A. Voegelin).
Pl. 58, 2	Vaticano, Musei Vaticani 18256. Phot. Musei Vaticani, Archivio Fotografico VII.11.23.
Pl. 58, 3	Genève, Collection privée. D'après Aellen et al., *Darius* 151 fig.
Pl. 59, 1	München, Staatliche Antikensammlungen und Glyptothek 3297. Phot. Mus. Kop. 3.
Pl. 59, 2	Napoli, Collezione privata I 146. Phot. du propriétaire.
Pl. 59, 3	Basel, Antikenmuseum und Sammlung Ludwig BS 330. BS 329. Phot. Mus. (A. Voegelin).
Pl. 60, 1	Aghios Athanassios (Thessaloniki), Tombe. D'après Descamps-Lequime, S. (Hsg.), *Peinture et couleur dans le monde grec antique* (2007) 60 fig. 3; Brécoulaki, H., *La peinture funéraire de Macédoine* (2006) pls. 99–100.
Pl. 60, 2	Lefkadia, Tombe de Lyson et Kalliklès. D'après Miller, S. G., *The Tomb of Lyson and Kallikles* (1993) pl. 4a.
Pl. 60, 3	Vergina, Tombe III. D'après Brécoulaki, H., *La peinture funéraire de Macédoine* (2006) pl. 52, 1.
Pl. 61, 1	Lefkadia, Tombe de Lyson et Kalliklès. D'après Miller, S. G., *The Tomb of Lyson and Kallikles* (1993) pl. 111b–c.
Pl. 61, 2	Volos, Musée Archéologique Athanassakion. D'après Arvanitopoulos, A. S., *Γραπταί στῆλαι Δημητριάδος-Παγασῶν* (1928) pl. 2.
Pl. 61, 3	Thessalonique, Musée Archéologique. D'après Brécoulaki, H., *La peinture funéraire de Macédoine* (2006) pl. 111, 2. 110, 1. 111, 1.
Pl. 62, 1	Chiusi, Museo Archeologico Nazionale. Phot. Soprintendenza per i Beni Archeologici della Toscana, Firenze 2297-2.
Pl. 62, 2	Chiusi, Museo Archeologico Nazionale 2258. Phot. Soprintendenza per i Beni Archeologici della Toscana, Firenze D 88015-62197.
Pl. 62, 3	Tarquinia, Tomba delle Leonesse. Phot. Soprintendenza per i Beni Archeologici dell'Etruria Meridionale, Roma 409.
Pl. 63, 1	Chiusi, Museo Archeologico Nazionale 62655 (1289). Phot. Soprintendenza per i Beni Archeologici della Toscana, Firenze 29645-3
Pl. 63, 2	Cerveteri, Tomba delle Cinque Sedie. Phot. Soprintendenza per i Beni Archeologici dell'Etruria Meridionale, Roma.
Pl. 64, 1	Ceri, Tomba delle Statue. Phot. Soprintendenza per i Beni Archeologici dell'Etruria Meridionale, Roma 24928. 24907.
Pl. 64, 2	Vulci, Tumulo della Cuccumella. D'après *Spectacles sportifs et scéniques dans le monde étrusco-italique* (1993) 329 pl. II, 1.
Pl. 64, 3	Comeana (Carmignano), Tumulo di Montefortini. Phot. Soprintendenza per i Beni Archeologici della Toscana, Firenze 18572.
Pl. 65, 1	London, British Museum D 1. Phot. The Trustees of The British Museum.
Pl. 65, 2	London, British Museum 434. Phot. The Trustees of The British Museum.
Pl. 65, 3	Orvieto, Museo Etrusco "Claudio Faina" 1307. Phot. DAI Rom D-DAI-Rom 1965.0616 (Felbermeyer).
Pl. 65, 4	Blera, Necropoli della Casetta, Grotta Penta. Phot. Soprintendenza per i Beni Archeologici dell'Etruria Meridionale, Roma.
Pl. 65, 5	Firenze, Museo Archeologico 73842. Phot. Soprintendenza per i Beni Archeologici della Toscana, Firenze 27500/12.
Pl. 66, 1	Marzabotto, Museo Nazionale Etrusco "Pompeo Aria" SAER 162770. Phot. su concessione del Ministero per i Beni e le Attività Culturali – Soprintendenza per i Beni Archeologici dell'Emilia Romagna, Bologna.
Pl. 66, 2	Bologna, Museo Civico Archeologico 21999. Phot. Mus.
Pl. 66, 3	Bologna, Museo Civico Archeologico 67495. Phot. Mus.
Pl. 66, 4	Bologna, Museo Civico Archeologico. Phot. Mus.
Pl. 67, 1	Bologna, Museo Civico Archeologico 17276. Phot. Mus. N 254/9879.
Pl. 67, 2	Bologna, Museo Civico Archeologico Ducati 169. Phot. Mus.
Pl. 67, 3	Ferrara, Museo Archeologico Nazionale 15. Phot. su concessione del Ministero

LIST OF PLATES

	per i Beni e le Attività Culturali – Soprintendenza per i Beni Archeologici dell'Emilia Romagna, Bologna.
Pl, 67, 4	Bologna, Museo Civico Archeologico 27843. Phot. Mus.
Pl. 68, 1	Bologna, Museo Civico Archeologico Ducati 2. Phot. Mus.
Pl. 68, 2	Bologna, Museo Civico Archeologico 11683. Phot. Mus.
Pl. 68, 3	Bologna, Museo Civico Archeologico 17422. Phot. Mus.
Pl. 68, 4	Bologna, Soprintendenza Archeologica SAER 36906. Phot. su concessione del Ministero per i Beni e le Attività Culturali – Soprintendenza per i Beni Archeologici dell'Emilia Romagna, Bologna.
Pl. 69, 1	Bologna, Museo Civico Archeologico 23805. Phot. Mus.
Pl. 69, 2	Bologna, Museo Civico Archeologico Ducati 78. Phot. Mus.
Pl. 69, 3	Marzabotto, Museo Nazionale Etrusco "Pompeo Aria" 233. Phot. su concessione del Ministero per i Beni e le Attività Culturali – Soprintendenza per i Beni Archeologici dell'Emilia Romagna, Bologna.
Pl. 69, 4	Bologna, Museo Civico Archeologico Ducati 96. Phot. Mus.
Pl. 70, 1	Vaticano, Musei Vaticani 9998–9999. Phot. Musei Vaticani, Archivio Fotografico –; FAK 2189/1.
Pl. 70, 2	London, British Museum 1805.7-3.144. Phot. The Trustees of The British Museum.
Pl. 71, 1	Copenhague, Musée National 2226. Phot. Mus., Department of Classical and Near Eastern Antiquities D60.
Pl. 71, 2	Roma, Museo Nazionale Romano 34048. Phot. su concessione del Ministero per i Beni e le Attività Culturali – Soprintendenza per i Beni Archeologici di Roma, Roma 77833; 77834.
Pl. 71, 3	Roma, Catacombe di San Sebastiano, Sepolcro di M. Clodius Hermes. Phot. Pontificia Commissione di Archeologia Sacra, Roma SEB-dp-07-012b.
Pl. 71, 4	Roma, Catacombe di San Sebastiano, Sepolcro di M. Clodius Hermes. Phot. Pontificia Commissione di Archeologia Sacra, Roma SEB-dp-07-017.
Pl. 72, 1	Madrid, Musée National du Prado 353. Phot. Mus.
Pl. 72, 2	L'Aquila, Museo Nazionale d'Abruzzo. Phot. su concessione del Ministero per i Beni e le Attività Culturali – Soprintendenza per i Beni Archeologici dell'Abruzzo, Chieti.
Pl. 72, 3	L'Aquila, Museo Nazionale d'Abruzzo. Phot. su concessione del Ministero per i Beni e le Attività Culturali – Soprintendenza per i Beni Archeologici dell'Abruzzo, Chieti.
Pl. 73, 1	Altino, Museo Archeologico Nazionale d'Altino AL 1031. Phot. su concessione del Ministero per i Beni e le Attività Culturali – Soprintendenza per i Beni Archeologici del Veneto, Padova 16458.
Pl. 73, 2	Roma, Musei Capitolini 1213. Phot. Archivio Fotografico dei Musei Capitolini, Roma.
Pl. 73, 3	Assisi, Convento di San Damiano. Phot. Provincia dei Frati Minori dell'Umbria – Santuario San Damiano, Assisi.
Pl. 73, 4	Paris, Musée du Louvre MA 488. Phot. Mus. (M. et P. Chuzeville).
Pl. 74, 1	Frankfurt am Main, Archäologisches Museum α 22468. Phot. Mus.
Pl. 74, 2	Lyon, Musée gallo-romain AD 217. Phot. Mus. (Ch. Thioc).
Pl. 74, 3	Classe (Ravenna), Podere Minghetti, sepolcreto. Phot. J. Ortalli.
Pl. 74, 4	Rimini, Necropoli della Via Flaminia, tomba a *bustum*. Phot. J. Ortalli.
Pl. 75, 1	S. Pietro in Casale (Bologna), Palazzo Comunale. Phot. J. Ortalli.
Pl. 75, 2	Bologna, Sepolcreto dell'Arena del Sole, tomba a cremazione indiretta. Phot. J. Ortalli.
Pl. 75, 3	Classe (Ravenna), Podere Minghetti, sepolcreto. Phot. J. Ortalli.
Pl. 75, 4	Sarsina, Museo Archeologico Sarsinate, corredo sepolcrale tomba 5. Phot. J. Ortalli.
Pl. 76, 1	Classe (Ravenna), Podere Minghetti, sepolcreto, tomba di infante. Phot. J. Ortalli.
Pl. 76, 2	Sarsina, Necropoli di Pian di Bezzo. Phot. J. Ortalli.
Pl. 76, 3	Ravenna, Sepolcreto del Ponte Nuovo. Phot. J. Ortalli.
Pl. 76, 4	Pompei, Necropoli di Ponte Nocera. D'après von Hesberg, H./Zanker, P. (Hsg.), *Römische Gräberstrassen* (1987) pl. 37a. 38a.
Pl. 77, 1	Tunis, Musée National du Bardo. Phot. J. Ortalli.
Pl. 77, 2	Rimini, Necrpoli della Via Flaminia, mensa funeraria. Phot. J. Ortalli.
Pl. 77, 3	Pompei, Necropoli di Ponte Nocera. D'après *Les Dossiers d'Archéologie* 330 (2008) 61 fig.
Pl. 77, 4	Ostia, Necropoli dell'Isola Sacra, tomba 69. D'après Baldassare, I. et al., *Necropoli di Porto. Isola Sacra* (1996) 96 fig. 40
Pl. 77, 5	Rimini, Necropoli della Via Flaminia, tomba di cremato. Phot. J. Ortalli.
Pl. 78, 1	Copenhague, Glyptothèque Ny Carlsberg 846. D'après Zanker, P./Edwald, B. C., *Vivere con i miti* (2008) 36 fig. 26.
Pl. 78, 2	Este, Museo Nazionale Atestino. D'après *RdA* 14 (1990) 38 fig. 2.
Pl. 78, 3	Cluj-Napoca, Musée National d'Histoire de Transylvanie 3528. D'après

	Bianchi, L., *Le stele funerarie della Dacia* (1985) fig. 122.
Pl. 78, 4	Aquileia, Museo Archeologico Nazionale 317. D'après Scrinari, V. S. M., *Museo Archeologico di Aquileia. Catalogo delle sculture romane* (1972) fig. 322a.
Pl. 78, 5	Aquileia, Museo Archeologico Nazionale 322. D'après Scrinari, V. S. M., *Museo Archeologico di Aquileia. Catalogo delle sculture romane* (1972) fig. 318.
Pl. 79, 1	Athènes, Musée Archéologique National 1393. Phot. Mus.
Pl. 79, 2	Vaticano, Musei Vaticani 571. Phot. Musei Vaticani, Archivio Fotografico XXV.16.16bis.
Pl. 79, 3	Berlin, Staatliche Museen zu Berlin, Antikensammlung Sk 685. Phot. Antikensammlung, Staatliche Museen zu Berlin – Preussischer Kulturbesitz, Berlin Sk 5743.
Pl. 80, 1	Athènes, Musée de l'Agora AS 36 + AS 24. Phot. American School of Classical Studies at Athens, Agora Excavations.
Pl. 80, 2	Athènes, Musée Archéologique National 15084. Phot. Mus.
Pl. 80, 3	Athènes, Musée Archéologique National 3369. Phot. Mus.
Pl. 80, 4	Athènes, Musée Archéologique National 1395. Phot. Mus.
Pl. 80, 5	Épidaure, Bâtiment E, table pliable. Phot. V. Lambrinoudakis.
Pl. 81, 1	Épidaure, Sanctuaire d'Asclépios. Phot. V. Lambrinoudakis.
Pl. 81, 2	Épidaure, Sanctuaire d'Apollon Maléatas, Terrasse de banquets. Phot. V. Lambrinoudakis.
Pl. 82, 1	Épidaure, Grille en pierre fermant la collonnade de l'abaton. Phot. V. Lambrinoudakis.
Pl. 82, 2	Épidaure, Hestiatorion, propylées. Phot. V. Lambrinoudakis.
Pl. 83, 1	Épidaure, Hestiatorion, restes de lits. Phot. V. Lambrinoudakis.
Pl. 83, 2	Épidaure, Ex-voto avec serpent en relief. Phot. V. Lambrinoudakis.
Pl. 83, 3	Vaticano, Musei Vaticani 12240. Phot. Musei Vaticani, Archivio Fotografico XXXI.50.6.
Pl. 83, 4	Firenze, Museo Archeologico 80757. Phot. Soprintendenza per i Beni Archeologici della Toscana, Firenze 6736; 11881.
Pl. 84, 1	Roma, Museo Nazionale Etrusco di Villa Giulia 59749. Phot. Soprintendenza per i Beni Archeologici dell'Etruria Meridionale, Roma 8451.
Pl. 84, 2	Roma, Museo Nazionale Etrusco di Villa Giulia 59748. Phot. Soprintendenza per i Beni Archeologici dell'Etruria Meridionale, Roma 9969.
Pl. 84, 3	Tarquinia, Museo Nazionale di Tarquinia 4442. D'après Comella, A., *Il deposito votivo presso l'Ara della Regina* (1982) pl. 73a.
Pl. 84, 3	Tarquinia, Museo Nazionale di Tarquinia 4471. D'après Comella, A., *Il deposito votivo presso l'Ara della Regina* (1982) pl. 83a.
Pl. 84, 3	Tarquinia, Museo Nazionale di Tarquinia 4125. D'après Comella, A., *Il deposito votivo presso l'Ara della Regina* (1982) pl. 92a.
Pl. 84, 4	Vulci, Museo Nazionale. Phot. Soprintendenza per i Beni Archeologici dell'Etruria Meridionale, Roma 8472.
Pl. 84, 5	Vulci, Museo Nazionale 87201. D'après Costantini, S., *Il deposito votivo del santuario campestre di Tessennano* (1995) pl. 37a.
Pl. 85, 1	Vulci, Museo Nazionale 87152. D'après Costantini, S., *Il deposito votivo del santuario campestre di Tessennano* (1995) pl. 33b.
Pl. 85, 2	Tuscania, Museo Nazionale Archeologico 87308. D'après Costantini, S., *Il deposito votivo del santuario campestre di Tessennano* (1995) pl. 40a.
Pl. 85, 3	Vaglio di Basilicata (località Macchia di Rossano), Santuario di Mefite. Phot. O. de Cazanove.
Pl. 85, 4	Avellino, Museo Irpino 1499. Phot. Mus.
Pl. 86, 1	Roma, Musei Capitolini 1175. Phot. Archivio Fotografico dei Musei Capitolini.
Pl. 86, 2	Trier, Rheinisches Landesmuseum ST 9725. Phot. Mus. D 3947 (Th. Zühmer).
Pl. 86, 3	Trier, Rheinisches Landesmuseum ST 9724. D'après Gose, E., *Der Tempelbezirk des Lenus Mars in Trier* (1955) pl. 20, 37.
Pl. 86, 4	Trier, Rheinisches Landesmuseum. Phot. Mus. D 2175 (H. Thörnig).
Pl. 86, 5	Dijon, Musée Archéologique 55.1. Phot. Mus. (F. Perrodin).
Pl. 86, 6	Ann Arbor, Kelsey Museum of Archaeology, University of Michigan Bonner 134. D'après Dasen, V. (éd.), *Naissance et petite enfance dans l'antiquité* (2004) 266 fig.
Pl. 87, 1	Nimègue, Museum Het Valkhof 12.1951.2. Phot. Mus.
Pl. 87, 2	Vaticano, Musei Vaticani 1038. Phot. Musei Vaticani, Archivio Fotografico 93.VAT.628; 93.VAT.629.
Pl. 87, 3	Senlis, Musée d'Art et d'Archéologie A.005.82. Phot. Mus.
Pl. 87, 4	Senlis, Musée d'Art et d'Archéologie A.99.3.13. Phot. Mus.
Pl. 88, 1	Semur-en-Auxois, Musée Municipal. D'après Deyts, S., *Un peuple de pelerins. Offrandes de pierre et de bronze des Sources de la Seine* (1994) pl. 2, 2.
Pl. 88, 2	Nuits-Saint-Georges, Musée Municipal B 98. Phot. Mus.
Pl. 88, 3	Dijon, Musée Archéologique 75.2.36. Phot. Mus. (Remy).
Pl. 88, 4	Dijon, Musée Archéologique Arb. 752. Phot. Mus. (F. Perrodin).

LIST OF PLATES

Pl. 88, 5   Lydney Park (Gloucestershire). D'après Wheeler, R. E. M./ Wheeler, T., *Report on the Excavations of the Prehistoric, Roman and Post-Roman Site in Lidney Park, Gloucestershire* (1932) pl. 26.

Pl. 89, 1   Dijon, Musée Archéologique 933. 934. Phot. Mus. (F. Perrodin).

Pl. 89, 2   Dijon, Musée Archéologique 75.2.34. Phot. Mus. (Remy).

Pl. 89, 3   Clermont-Ferrand, Musée Bargoin. Phot. Service régional d'archéologie DRAC Auvergne (M. Dumontet; J. Romeuf).

Pl. 90, 1   Deneuvre, Musée les Sources d'Hercule SA 8. D'après Landes, Ch. (éd.), *Dieux guérisseurs en Gaule romaine* (1992) 188 fig. 32.

Pl. 90, 2   Paris, Musée du Louvre E 27145. Phot. Mus. (G. Poncet).

Pl. 90, 3   Sion, Musée d'histoire du Valais. Phot. Mus.

Pl. 90, 4   Paris, Cabinet des Médailles et Antiques de la Bibliothèque Nationale de France. D'après *ZPE* 78 (1989) Pl. IIIa–b.

Pl. 90, 5   Malibu, J. Paul Getty Museum 80.AI.53. Phot. The J. Paul Getty Museum, Villa Collection, Malibu, California.

Pl. 90, 6   Collection privée. Phot. Fortuna Fine Arts, Ltd., New York.

Pl. 91, 1   Athènes, Musée de l'Agora S 2370. Phot. American School of Classical Studies at Athens, Agora Excavations 86-465bis.

Pl. 91, 2   Athènes, Musée de l'Acropole 4069. Phot. Mus.

Pl. 91, 3   Délos, Maison du Lac. Phot. Ecole Française d'Athènes, Athènes L 371, 14.

Pl. 91, 4   Délos, Maison du Lac. Phot. Ecole Française d'Athènes, Athènes L 1795, 40bis (Ph. Bruneau).

Pl. 92, 1   Antioche sur l'Oronte, Maison du mauvais œil. Phot. Antioch Archive, Department of Art and Archaeology, Princeton University 5556.

Pl. 92, 2   London, British Museum Mosaic 55a (1857.12-20.434). D'après Hinks, *BMPaintings* fig. 159.

Pl. 92, 3   Olynthe, Maison. D'après *AJA* 38 (1934) 504 fig. 2.

Pl. 93, 1   Gela, Museo Archeologico Regionale 17546. Phot. Servizio Museo Archeologico Regionale di Gela – Assessorato dei Beni Culturali dell'Identità Siciliana, Dipartimento dei Beni Culturali e dell'Identità Siciliana.

Pl. 93, 2   Berlin, Staatliche Museen zu Berlin, Antikensammlung Fr 146. Phot. Antikensammlung, Staatliche Museen zu Berlin – Preussischer Kulturbesitz, Berlin.

Pl. 93, 3   Pompei, Maison de Pansa. D'après Gell, W./Gandy, J.-F., *Vue des ruines de Pompéi* (1827) pl. 47.

Pl. 93, 4   Vaticano, Musei Vaticani 2244. Phot. Musei Vaticani, Archivio Fotografico XXXIV.16.76.

Pl. 94, 1   Napoli, Museo Archeologico Nazionale 5313. Phot. DAI Rom D-DAI-Rom 1960.0490 (Koppermann).

Pl. 94, 2   Fiesole, Museo Civico Archeologico 466a. Phot. Mus. 6981.

Pl. 94, 3   London, British Museum 1906.12-15.1. Phot. The Trustees of the British Museum.

Pl. 94, 4   Paris, Cabinet des Médailles et Antiques de la Bibliothèque Nationale de France 424. D'après *JHS* 34 (1914) 255 fig. 6.

Pl. 94, 5   Marché de l'Art. D'après *100 Jahre deutsche Ausgrabung in Olympia* (1972) 144 fig.

Pl. 95, 1   Athènes, Musée Archéologique National 13209. Phot. Mus.

Pl. 95, 2   Ferrara, Museo Archeologico Nazionale 2738. Phot. su concessione del Ministero per i Beni e le Attività Culturali – Soprintendenza per i Beni Archeologici dell'Emilia Romagna, Bologna 10274.

Pl. 95, 3   Athènes, Musée Archéologique National 4465. Phot. Mus.

Pl. 95, 4   Boston, Museum of Fine Arts 99.489. Henry Lillie Pierce Fund. Phot. Mus. © 2011 C 42927.

Pl. 96, 1   Athènes, Musée Archéologique National 16285. Phot. Mus.

Pl. 96, 2   Cambridge (Mass.), Arthur M. Sackler Museum, Harvard University Art Museums 1960.345. Bequest of David M. Robinson. Phot. Michael A. Nedzweski © President and Fellows of Harvard College.

Pl. 96, 3   London, British Museum E 140. Phot. The Trustees of the British Museum.

Pl. 96, 4   Ruvo di Puglia, Museo Nazionale Jatta J 1093. Phot. DAI Rom D-DAI-Rom 1964.1253 (Koppermann).

Pl. 96, 5   Délos, Musée Archéologique A 3195. Phot. Ecole Française d'Athènes, Athènes R 795, 3.

Pl. 96, 6   Dublin, National Museum of Ireland 1103.1880. D'après Hamilton, *Choes* fig. 11.

Pl. 97, 1   Athènes, Musée de l'Agora P 815. Phot. American School of Classical Studies at Athens, Agora Excavations.

Pl. 97, 2   Corinthe, Musée Archéologique C-62-268. Phot. American School of Classical Studies at Athens, Corinth Excavations 1962-90-3 (I. Ioannidou – L. Bartzioti).

Pl. 97, 3   Thasos, Musée Archéologique. Phot. Ecole Française d'Athènes, Athènes 33420; 33419.

Pl. 97, 4   Thasos, Musée Archéologique. Phot. Ecole Française d'Athènes, Athènes 33225 (Cl. Rolley).

Pl. 98, 1   Autrefois Collection C. Bergeaud. D'après *Hellenica* 10 (1955) pl. VII.

Pl. 98, 2 Autrefois Collection C. Bergeaud. D'après *Hellenica* 7 (1949) pl. VIII.

Pl. 98, 3 Roma, Museo Nazionale Etrusco di Villa Giulia 24562. Phot. Soprintendenza per i Beni Archeologici dell'Etruria Meridionale, Roma 19521.

Pl. 98, 4 Firenze, Collezione von Schwarzenberg. Phot. S. Bruni.

Pl. 99, 1 Tarquinia, Museo Nazionale di Tarquinia. Phot. Soprintendenza per i Beni Archeologici dell'Etruria Meridionale, Roma 110568.

Pl. 99, 2 Chiusi, Museo Archeologico Nazionale 2277. Phot. Soprintendenza per i Beni Archologici della Toscana, Firenze 30235/5.

Pl. 99, 3 Siena, Museo Archeologico Nazionale 36. Phot. Soprintendenza per i Beni Archeologici della Toscana, Firenze 61424-06.

Pl. 99, 4 Orbetello, Museo Archeologico 10688. 10669. 10683. 10684. 10678. 10682. Phot. Soprintendenza per i Beni Archeologici della Toscana, Firenze 31967-8.

Pl. 99, 5 Orbetello, Museo Archeologico 70940. Phot. Soprintendenza per i Beni Archeologici della Toscana, Firenze 31954-9.

Pl. 100, 1 Roma, Museo Nazionale Etrusco di Villa Giulia 56096. Phot. Soprintendenza per i Beni Archeologici dell'Etruria Meridionale, Roma 3281.

Pl. 100, 2 Firenze, Museo Archeologico 508. Phot. Soprintendenza per i Beni Archeologici della Toscana, Firenze 10467.

Pl. 100, 3 Roma, Museo Nazionale Etrusco di Villa Giulia 56097. Phot. Soprintendenza per i Beni Archeologici dell'Etruria Meridionale, Roma 101130.

Pl. 100, 4 Scansano, Museo Archeologico 96788. Phot. Soprintendenza per i Beni Archeologici della Toscana, Firenze 26046-4.

Pl. 100, 5 Marzabotto, Museo Nazionale Etrusco "Pompeo Aria" 58/1109. Phot. su concessione del Ministero per i Beni e le Attivita Culturali – Soprintendenza per i Beni Archeologici dell'Emilia Romagna, Bologna.

Pl. 100, 6 Roma, Museo Nazionale Etrusco di Villa Giulia 2717. Phot. Soprintendenza per i Beni Archeologici dell'Etruria Meridionale, Roma 17343.

Pl. 100, 7 Firenze, Museo Archeologico 93135. Phot. Soprintendenza per i Beni Archeologici della Toscana, Firenze 42061-2.

Pl. 100, 8 Vulci, Museo Nazionale 59896. 59897. Phot. Soprintendenza per i Beni Archeologici dell'Etruria Meridionale, Roma 8487.

Pl. 101, 1 Fontana Liscia, Deposito votivo. Phot. DAI Rom D-DAI-Rom 1931.1639 (Körte).

Pl. 101, 2 Scansano, Museo Archeologico 98540. Phot. Soprintendenza per i Beni Archeologici della Toscana, Firenze 35722.

Pl. 101, 3 Firenze, Museo Archeologico 80761. Phot. Soprintendenza per i Beni Archeologici della Toscana, Firenze 41207-1.

Pl. 101, 4 Vaticano, Musei Vaticani 11993. Phot. Musei Vaticani, Archivio Fotografico.

Pl. 101, 5 Vaticano, Musei Vaticani 11994. Phot. Musei Vaticani, Archivio Fotografico.

Pl. 101, 6 Saint-Germain-en-Laye, Musée des Antiquités Nationales 83116. D'après *RecMosGaule* III 2 (1981) pl. 116a.

Pl. 102, 1 Sant'Antonio Abate (Località Casa Salese), Villa romana, Larario. D'après Van Andringa, W., *Quotidien des dieux et des hommes* (2009) fig. 242.

Pl. 102, 2 Roma, Musei Capitolini 15704. Phot. Archivio Fotografico dei Musei Capitolini, Roma.

Pl. 102, 3 Roma, Musei Capitolini Mag. Antiquarium NCE 3091. Phot. Archivio Fotografico dei Musei Capitolini, Roma.

Pl. 103, 1 Berlin, Staatliche Museen zu Berlin, Antikensammlung F 871. Phot. Antikensammlung, Staatliche Museen zu Berlin – Preussischer Kulturbesitz, Berlin Ant 9181.

Pl. 103, 2 Berlin, Staatliche Museen zu Berlin, Antikensammlung F 608. Phot. Antikensammlung, Staatliche Museen zu Berlin – Preussischer Kulturbesitz, Berlin (I. Geske).

Pl. 103, 3 Berlin, Staatliche Museen zu Berlin, Antikensammlung F 802. Phot. Antikensammlung, Staatliche Museen zu Berlin – Preussischer Kulturbesitz, Berlin (J. Laurentius).

Pl. 103, 4 Paris, Musée du Louvre MNB 2857. Phot. Mus. (M. et P. Chuzeville).

Pl. 103, 5 Paris, Musée du Louvre MNB 2858. Phot. Mus. (M. et P. Chuzeville).

Pl. 104, 1 Athènes, Musée Archéologique National 2. Phot. Mus.

Pl. 104, 2 Athènes, Musée de l'Acropole 681. Phot. DAI Athen D-DAI-ATH-AKROPOLIS 272.

Pl. 104, 3 Délos, Musée Archéologique A 4340. Phot. Ecole Française d'Athènes, Athènes 46668 (Ph. Collet).

Pl. 104, 4 Délos, Musée Archéologique A 728. Phot. Ecole Française d'Athènes, Athènes 1929bis.

Pl. 105, 1 Cetamura, Artisans' quarter, Structure K. Phot. courtesy N. T. de Grummond, Florida State University.

Pl. 105, 2 Poggio Civitate/Murlo, Complex Building 2. Phot. Poggio Civitate Excavations, Reconstruction by E. Batson.

Pl. 106, 1 Roma, Musei Capitolini Mag. Antiquarium 1909. Phot. Archivio Fotografico dei Musei Capitolini, Roma.

Pl. 106, 2 Frankfurt am Main, Archäologisches Museum X 2511. Phot. Mus. 2761-2763.
Pl. 106, 3 Capua, Museo Provinciale Campano 4/IV. Phot. Mus.
Pl. 107, 1 Pompei, VII 12, 11. Phot. DAI Rom D-DAI-Rom 1931.2459.
Pl. 107, 2 Herculanum, VI 13/14. D'après *Cronache ercolanesi* 18 (1988) 210 fig. 1.
Pl. 107, 3 Napoli, Museo Archeologico Nazionale 8991. D'après *PPM* IV (1993) 391 fig.
Pl. 107, 4 Héraklion, Musée Archéologique 4112. Phot. Mus.
Pl. 108, 1 Sousse, Musée Archéologique. Phot. Mus.
Pl. 108, 2 Sousse, Musée Archéologique. Phot. Mus.
Pl. 109, 1 Barcelone, Musée Archéologique de Catalogne 870. Phot. D-DAI-MAD-NOA-D-843 (D. M. Noack).
Pl. 109, 2 Kélibia, Maison des deux chasses. D'après *CMGR* VII 1 (1999) pl. CVI, 1.
Pl. 109, 3 Rouen, Musée Départemental des Antiquités. Phot. Mus. (Ellebé, Rouen).
Pl. 110, 1 Athènes, Musée Archéologique National 12119. Phot. Mus.
Pl. 110, 2 Athènes, Musée Archéologique National 13087. Phot. Mus.
Pl. 110, 3 Athènes, Musée Archéologique National 13054. Phot. DAI Athen D-DAI-ATH-NM 4129 (Emile).
Pl. 110, 4 Tégée, Musée Archéologique 1736. D'après *BCH* 64-65 (1940-41) pl. 3, 2.
Pl. 111, 1 Freiburg i. Br., Galerie Günter Puhze. Phot. Galerie Günter Puhze, Freiburg i. Br.
Pl. 111, 2 London, British Museum 791. Phot. The Trustees of The British Museum.
Pl. 111, 3 Copenhague, Musée National 2267. Phot. Mus., Department of Classical and Near Eastern Antiquities.
Pl. 111, 4 Berlin, Staatliche Museen zu Berlin, Antikensammlung FG 379. Phot. Antikensammlung, Staatliche Museen zu Berlin – Preussischer Kulturbesitz, Berlin.
Pl. 111, 5 Firenze, Museo Archeologico 70792. Phot. Soprintendenza per i Beni Archeologici della Toscana, Firenze 3503.
Pl. 111, 6 Bruxelles, Musées Royaux d'Art et d'Histoire R 1277. Phot. Mus. 10RA172.
Pl. 112, 1 Firenze, Museo Archeologico 80675. Phot. Soprintendenza per i Beni Archeologici della Toscana, Firenze 27733/7; 27733/10.
Pl. 112, 2 Tübingen, Antikensammlung des Archäologischen Instituts der Eberhard-Karls-Universität 67.5809. Phot. Mus.
Pl. 112, 3 Vaticano, Musei Vaticani 15051. Phot. Musei Vaticani, Archivio Fotografico XXXII.37.49.
Pl. 112, 4 Firenze, Museo Archeologico 72748. Phot. Soprintendenza per i Beni Archeologici della Toscana, Firenze 8068.
Pl. 112, 5 Paris, Musée du Louvre S 2028. Phot. Mus. (M. et P. Chuzeville).
Pl. 113, 1 Fiesole, Museo Civico Archeologico 1131. Phot. Mus. 6980.
Pl. 113, 2 Wien, Archäologische Sammlung der Universität 499. Phot. Mus.
Pl. 113, 3 Utrecht, Nederlands Muntmuseum 2002. D'après Zazoff, *EtrSk* pl. 33, 165.
Pl. 113, 4 Roma, Museo Nazionale Etrusco di Villa Giulia 57066. Phot. Soprintendenza per i Beni Archeologici dell'Etruria Meridionale, Roma 60657; 190386.
Pl. 114, 1 Tarquinia, Museo Nazionale di Tarquinia 9874. Phot. DAI Rom D-DAI-ROM 1932.1388.
Pl. 114, 2 Roma, Museo Nazionale Etrusco di Villa Giulia 12987. Phot. Soprintendenza per i Beni Archeologici dell'Etruria Meridionale, Roma 31398.
Pl 114, 3 Wien, Kunsthistorisches Museum IV 3727. Phot. Mus. IV 3727-4; IV 3727-1.
Pl. 115, 1 Avenches, Musée Romain 63/2630. Phot. Mus. (J. Zbinden).
Pl. 115, 2 Izmir, Musée Archéologique 377. Phot. LIMC-France.
Pl. 115, 3 London, British Museum 59.4-2.110. Phot. The Trustees of The British Museum.
Pl. 115, 4 Apamée, Edifice dit «au triclinios». Phot. Centre belge de recherches archéologiques à Apamée de Syrie, Bruxelles.
Pl. 116, 1 Tunis, Musée National du Bardo A 293. Phot. LIMC-France.
Pl. 116, 2 Roma, Museo Nazionale Romano 293975. Phot. su concessione del Ministero per i Beni e le Attività Culturali – Soprintendenza per i Beni Archeologici di Roma, Roma.
Pl. 116, 3 Lacco Ameno, Museo Archeologico di Pithecusae 168813. D'après *I greci in occidente*, Cat. mostra Venezia (1996) 135 fig.
Pl. 116, 4 Roma, Museo Nazionale Etrusco di Villa Giulia. Phot. Soprintendenza per i Beni Archeologici dell'Etruria Meridionale, Roma 3693.
Pl. 116, 5 Tarquinia, Tomba della Caccia e della Pesca. D'après Steingräber, *EtrWmal* pl. 50.
Pl. 117, 1 Tarquinia, Tomba della Caccia e della Pesca. Phot. Soprintendenza per i Beni Archeologici dell'Etruria Meridionale, Roma 138649.
Pl. 117, 2 Firenze, Museo Archeologico 7123. Phot. Soprintendenza per i Beni Archeologici della Toscana, Firenze D 85573.
Pl. 117, 3 Siena, Museo Archeologico Nazionale 39501. Phot. Soprintendenza per i Beni Archeologici della Toscana, Firenze 36075/4.
Pl. 118, 1 Roma, Museo Torlonia 430. Phot. DAI Rom D-DAI-ROM 1933.1326 (Felbermeyer).

Pl. 118, 2   Athènes, Musée Archéologique National 7038. Phot. Mus.

Pl. 118, 3   Saint-Pétersbourg, Musée de l'Ermitage Hφ 82.526. Phot. State Hermitage Museum, St. Petersburg (Vl. Terebenin).

Pl. 119, 1   Berlin, Staatliche Museen zu Berlin, Antikensammlung F 831. Phot. Antikensammlung, Staatliche Museen zu Berlin – Preussischer Kulturbesitz, Berlin (I. Luckert).

Pl. 119, 2   Avignon, Musée Calvet E 13. Phot. Mus.

Pl. 119, 3   Ostia, Sepolcro di Cartilio Poplicola. Phot. Archivio Fotografico, Soprintendenza per i Beni Archeologici di Ostia, Ostia Antica – Roma 180-46.

Pl. 119, 4   Palermo, Museo Archeologico Regionale "A. Salinas" 12568 (3333). Phot. Mus.

Pl. 120, 1   Haifa, National Maritime Museum 81-900. Phot. Mus.

Pl. 120, 2   Athènes, Musée Archéologique National 15362. Phot. Mus.

Pl. 120, 3   Athènes, Musée Archéologique National 1409. Phot. Mus.

Pl. 120, 4   Roma, Musei Capitolini 321. Phot. Archivio Fotografico dei Musei Capitolini, Roma.

Pl. 121   Addendum, Music, Gr. 34: Athènes, Musée Archéologique National 16464. Phot. Mus.
Addendum, Music, Gr. 37: Würzburg, Martin-von-Wagner-Museum der Universität L 541 (H 4455). Phot. Mus. PF 9/3; PF 9/7; PF 9/4; PF 9/6 (K. Öhrlein).

Pl. 122   Addendum, Music, Gr. 38: Athènes, Musée Archéologique National 17918. Phot. Mus.
Addendum, Music, Gr. 39: New York, Metropolitan Museum of Art 07.286.35. Rogers Fund, 1907. Phot. Mus. 259766.
Addendum, Music, Gr. 40: Athènes, Musée Archéologique National 14791. Phot. DAI Athen D-DAI-ATH-NM 3018 (H. Wagner).
Addendum, Music, Gr. 42: Paris, Musée du Louvre CA 2985. Phot. Mus. (P. et M. Chuzeville).
Addendum, Music, Gr. 43: New York, Metropolitan Museum of Art 56.11.1. Purchase, 1956, Walter C. Baker Gift. Phot. Mus. 161001B.

Pl. 123   Addendum, Music, Gr. 44: Mykonos, Musée Archéologique 970. Phot. Ecole Française d'Athènes, Athènes 25141; 25140; 25146; 25142 (Ch. Dugas).
Addendum, Music, Gr. 45: London, British Museum D 11. Phot. The Trustees of The British Museum.
Addendum, Music, Gr. 46: Athènes, Musée Archéologique National 1174. Phot. Mus.

Pl. 124   Addendum, Music, Gr. 48: Saint-Pétersbourg, Musée de l'Ermitage Гп 1881.167 (KAB 81a). Phot. State Hermitage Museum, St. Petersburg.
Addendum, Music, Gr. 49: Berlin, Staatliche Museen zu Berlin, Antikensammlung F 2530. Phot. Antikensammlung, Staatliche Museen zu Berlin – Preussischer Kulturbesitz, Berlin (J. Tietz-Glagow).

Pl. 125   Addendum, Music, Gr. 50: Copenhague, Musée National 9080. Phot. Mus., Department of Classical and Near Eastern Antiquities CV 1258; CV 1259; CV 1257; CV 1256.
Addendum, Music, Gr. 100: Athènes, Musée Archéologique National 17497. Phot. Mus.
Addendum, Music, Gr. 101: Paris, Musée du Louvre E 643. Phot. Mus. (M. et P. Chuzeville).

Pl. 126   Addendum, Music, Gr. 103: Paris, Cabinet des Médailles et Antiques de la Bibliothèque Nationale de France 355. D'après Laxander, H., *Individuum und Gemeinschaft im Fest* (2000) pl. 66.

Table of contents of volume VI / Table des matières du volume VI
Inhaltsverzeichnis von Band VI / Indice del volume VI

Preface	IX
General Introduction	XI
Plan of *ThesCRA*/Plan du *ThesCRA*/Plan des *ThesCRA*/Piano del *ThesCRA*	XVII
Authors/Auteurs/Autoren/Autori (volume VI)	XXI
Note to the reader	XXII
Abbreviations/Abréviations/Abkürzungen/Abbreviazioni	XXIII

CONTEXTS AND CIRCUMSTANCES OF CULTIC AND RITUAL ACTIVITIES
OCCASIONS ET CIRCONSTANCES DES ACTIVITÉS CULTUELLES ET RITUELLES
GELEGENHEITEN UND ANLÄSSE VON KULTHANDLUNGEN UND RITEN
OCCASIONI E CIRCOSTANZE DELLE ATTIVITÀ CULTUALI E RITUALI

1. Stages and circumstances of life / Étapes et circonstances particulières de la vie / Altersstufen, besondere Ereignisse und Umstände des Lebens / Tappe e circostanze particolari della vita

1.a. Birth and infancy / Naissance et petite enfance / Geburt und Kleinkindalter / Nascita e prima infanzia

Naissance et petite enfance dans le monde grec (Véronique Dasen)	1
Naissance et petite enfance dans le monde étrusque (Jean-Paul Thuillier)	9
Naissance et petite enfance dans le monde romain (Olivier de Cazanove)	11

1.b. Childhood and adolescence / Enfance et adolescence / Kindheit und Jugend / Infanzia e adolescenza

Kindheit und Jugend in der griechischen Welt (Anneliese Kossatz-Deissmann)	17
Enfance et adolescence dans le monde étrusque (Jean-Paul Thuillier)	62
Enfance et adolescence dans le monde romain (Annie Dubourdieu, Erika Simon)	66

1.c. Marriage / Mariage / Hochzeit / Matrimonio

Marriage in the Greek World (Amy Smith)	83
Matrimonio nel mondo etrusco (Gilda Bartoloni, Federica Pitzalis)	95
Mariage dans le monde romain (Philippe Moreau, Alexandra Dardenay)	101

1.d. Old Age / Vieillesse / Alter / Vecchiaia

Old Age in the Greek and Roman World (Tim Parkin)	107

1.e. Death and burial / Mort et inhumation / Tod und Bestattung / Morte e inumazione

Tod und Bestattung in der griechischen Welt (Henriette Harich-Schwarzbauer, Antoine Hermary, Othmar Jaeggi)	111
Morte e inumazione nel mondo etrusco (Giovannangelo Camporeale, Dominique Briquel, Jacopo Ortalli)	140
Tod und Bestattung in der römischen Welt (Henriette Harich-Schwarzbauer, Thomas Knosala, Othmar Jaeggi, Jacopo Ortalli)	171

1.f. Health, illness, medicine / Santé, maladie, médecine / Gesundheit, Krankheit, Medizin / Salute, malattia, medicina

Santé, maladie et médecine dans le monde grec (Jacques Jouanna, Vassilis Lambrinoudakis)	217
Salute, malattia e medicina nel mondo etrusco (Paolo Giulierini)	251
Santé, maladie, médecine dans le monde romain (Danielle Gourevitch)	259

1.g. Good fortune and misfortune/Fortune et infortune/Glück und Unglück/ Fortuna e sfortuna

Fortune et infortune dans le monde grec (Emmanuel Voutiras, Charalambos Kritzas)	277
Fortuna e sfortuna nel mondo etrusco (Fernando Gilotta)	285
Fortune et infortune dans le monde romain (Jacqueline Champeaux)	289

2. Work, hunting, travel/Travail, chasse, voyage/Arbeit, Jagd, Reise/ Lavoro, caccia, viaggi

2.a. Agriculture/Agriculture/Landwirtschaft/Agricoltura

L'agriculture dans le monde grec (Michèle Brunet)	301
Agricoltura nel mondo etrusco (Stefano Bruni)	324
L'agriculture dans le monde romain (Marie-Karine Lhommé, Valérie Huet)	331

2.b. Artisanry, trade/Artisanat, commerce/Handwerk, Handel/Artigianato, commercio

Artisanat et commerce dans le monde grec (Philippe Jockey)	345
Artisans and Trade in the Etruscan World (Ingrid E. M. Edlund-Berry)	353
Artisanat et commerce dans le monde romain (Nicolas Tran)	356

2.c. Hunting/Chasse/Jagd/Caccia

La chasse dans le monde grec et romain (Noëlle Icard, Pascale Linant de Bellefonds)	361
Caccia nel mondo etrusco (Giovannangelo Camporeale)	371

2.d. Fishing/Pêche/Fischerei/Pesca

La pêche dans le monde grec et romain (Noëlle Icard/ Anne-Violaine Szabados, Pascale Linant de Bellefonds)	379
Pesca nel mondo etrusco (Luigi Donati)	388

2.e. Travel by land/Voyages terrestres/Landreise/Viaggi per terra

Landreisen in der griechischen und römischen Welt (Ulrich Sinn)	395

2.f. Travel by sea/Voyages en mer/Seereise/Viaggi per mare

Voyages en mer dans le monde grec et romain (Annick Fenet)	405

Addendum to vol. II 4.c. Music, Greek/Musique, grec/Musik, griechisch/ Musica, greco Wedding, healing, funerals (Zozie D. Papadopoulou)   415

PLATES/PLANCHES/TAFELN/TAVOLE   425

List of illustrations in the text/Table des illustrations dans le texte/ Verzeichnis der Textabbildungen/Lista delle illustrazioni nel testo	555
List of plates/Table des planches/Tafelverzeichnis/Indice delle tavole	557
Table of contents of volume VI/Table des matières du volume VI/ Inhaltsverzeichnis von Band VI/Indice del volume VI	569